HISTÓRIA DA
Moda
NO BRASIL

# História da Moda

## NO BRASIL

*Das influências às autorreferências*

Luís André do Prado e João Braga

2ª EDIÇÃO

**DISAL EDITORA**
**PYXIS EDITORIAL**
SÃO PAULO
2011

EDIÇÃO

REALIZAÇÃO

pyxis editorial
e comunicação

APOIO

ELLE

# O que é que a moda brasileira tem?

A ideia de realização deste trabalho surgiu pela primeira vez em 1997, como uma pesquisa de história oral. Na época, chegamos a formatar um projeto, que foi encaminhado a poucas instituições e empresas do setor, sem resultados positivos. Não era o momento! Outras produções se interpuseram e a História da Moda no Brasil ficou para o futuro. Ela chegou em 2004, dois anos depois da criação da empresa Pyxis Editorial e Comunicação. Então, parceiros de primeira hora, voltamos a nos reunir e reformatamos a proposta já com ambições de realizar uma ampla pesquisa que teria um livro histórico e um documentário em vídeo digital como produtos finais. Aprovada para captação no Ministério da Cultura (MinC) pela Lei Rouanet (Pronac 044894), conseguimos efetivar os recursos por meio das Pernambucanas – empresa à qual somos imensamente gratos – em meados de 2006, quando a empreitada, finalmente, tomou curso.

É necessário admitir aqui que nos demos conta da dimensão do trabalho proposto somente durante a pesquisa, ou seja, traçar um painel abrangente em profundidade e em recorte temporal de um segmento que equivale a uma fatia significativa da economia nacional – o do vestuário. Exigia em pesquisa e esforços de redação muito mais do que fora esboçado no projeto proposto. Basta dizer que nossa primeira estimativa foi captar 30 entrevistas e, ao final dos trabalhos, em 2010, havíamos gravado e transcrito um total de 126 depoimentos – 90 em formato de áudio e 36 em vídeo. Também a consulta a publicações (livros, teses e periódicos) e *sites* foi muito além do previsto, somando cerca de 420 itens – aproximadamente 220 livros, teses, dissertações e artigos, 160 periódicos e catálogos e 40 *sites*. Com tudo isso – e até por tudo isso –, decidimos reduzir o recorte temporal inicialmente planejado, que iria do Descobrimento – os tempos de Pindorama – à contemporaneidade. Decidimos restringir nosso percurso, partindo do período protoindustrial pós-República brasileira (1889) à atualidade.

Justamente por isso, adotamos o subtítulo *Das influências às autorreferências*, que evoca o percurso da moda no Brasil exposto neste trabalho. Influências, porque durante longas décadas bebemos em fontes internacionais, especialmente na francesa, uma vez que a ideia de moda baseava-se no que era criado e lançado em Paris e em algumas outras capitais de moda internacionais, como Londres, Milão e Nova York. Nossa busca por autorreferência na moda se deu de forma incipiente a partir do surgimento de nossos costureiros e feiras têxteis e de confecções; depois, de modo mais incisivo com os grupos de moda, prosseguindo com as escolas de graduação e, por fim, com os calendários e eventos de moda, a partir da última década do século

XX. O criador brasileiro, ao longo dessas fases, buscou referências próprias para encontrar seu estilo e sua moda. O período anterior – dos autóctones, passando pelo Brasil Colônia, Primeiro e Segundo Impérios – ficou para o futuro. Ressaltamos que, mesmo com o recorte temporal adotado, tivemos que dobrar o número de páginas previstas para o livro: de 300 para as 642 que o leitor tem em mãos.

Ainda para ampliar a abrangência e o acesso do público ao vasto material pesquisado, planejamos para o projeto História da Moda no Brasil uma Fase 2, no formato de um Museu Virtual Permanente, disponibilizado via internet. Retornando ao livro, a ampliação da pesquisa acarretou aumentos proporcionais nos esforços de redação e da pesquisa iconográfica (fotos, croquis etc.), a qual abrangeu cerca de 500 imagens provenientes de acervos diversos, sendo os entrevistados nossa principal fonte. Esclarecemos que todos os esforços possíveis (muitos além do possível, com sacrifício pessoal e financeiro) foram feitos para localizar personagens, datas e autores, sendo, contudo, inexequível (beirando ao insano) atender a todos os requisitos impostos pela legislação de direitos autorais e de imagens vigente no País, que envolve direitos diretos, indiretos, correlatos etc. Acreditamos que essa legislação precise sofrer uma revisão, urgente, sob pena de tolher a pesquisa histórica e a produção cultural, inviabilizando trabalhos cruciais à nossa cultura. No caso da moda, então, as carências (assim como os direitos envolvidos) são enormes.

História é território que vai além de interesses comerciais; é essencial ao desenvolvimento cultural e ao reconhecimento da identidade de indivíduos, regiões e nações; permite lastrear a compreensão do que somos, assim como balizar as escolhas e os rumos tomados. Não pode, portanto, ser tratada apenas pela ótica do mercado. A pesquisa e a história da moda (no Brasil em especial) padecem de bibliografia qualificada, talvez justamente pelo segmento ter sempre recebido abordagens que, com facilidade, resvalaram para a mistificação ou para o superficialismo. Até outro dia, a moda era, com preconceito ostensivo, vista como tolice de mulheres e afeminados fúteis. Para nós, é muito mais do que tramas, babados e fuxicos; envolve economia, desenvolvimento industrial, sensibilidade estética e comportamento. Nossa abordagem, por isso, não se resumiu ao viés das variações de estilos e modelos, ocorridas ao longo do tempo. Acreditamos entregar ao público produtos dignos em seus conteúdos e apresentações, certos também de que o Brasil, assim como a moda feita aqui, está mudando para melhor. Basta dizer que detemos, na contemporaneidade, número invejável de escolas no segmento, somando mais de 130 cursos superiores de graduação presencial em todo o país, nas áreas de moda, desenho de moda e estilismo (Censo da Educação Superior, 2008). A cada processo seletivo, os cursos oferecem mais de 12 mil vagas de norte a sul do Brasil.

Este volume foi organizado em capítulos cronológicos que discorrem sobre o tema central – o desenvolvimento da criação de moda no Brasil –, divididos em subtemas que tratam de personagens e/ou eventos específicos a cada período. Textos menores e graficamente diferenciados contextualizam nossa narrativa, abordando assuntos paralelos à moda – como tecnologia, política, comportamento, comércio, indústria e imprensa de moda. Trata-se, portanto, de um formato que tem parentesco com o da enciclopédia ou o do almanaque, sem que os textos sejam rasos ou imprecisos. O leitor pode, por conseguinte, tomar qualquer texto individualmente – todos têm início, meio e fim – ou, se desejar, ler a narrativa integralmente, sem perder o fio da meada.

Em diversos momentos, usamos a expressão alta-costura para designar o trabalho de profissionais brasileiros que produziam moda exclusiva sob medida, mais especificamente o da geração de costureiros surgida no final da década de 1950. Não desconhecemos que a expressão *haute couture* seja protegida na França em função de patentes obtidas por entidade classista, nem quisemos equiparar o trabalho dos profissionais daqui aos de lá. Tivemos por objetivo apenas demonstrar a similaridade da forma artesanal e exclusiva dos trabalhos de ambos e, acima de tudo, preservar a expressão utilizada costumeiramente pelos próprios costureiros e pela imprensa brasileira do período, entendendo que a patente sobre *haute couture* não possa abranger traduções em línguas de outros países. Além disso, nenhuma entidade classista do Brasil patenteou ou estabeleceu termo específico para definir a moda exclusiva sob medida dos costureiros, o que nos fez apropriar ora da expressão usual em língua francesa, ora em língua italiana. Portanto, seja alta-costura ou alta moda, estamos sempre nos referindo à moda produzida por costureiros brasileiros para clientelas privilegiadas.

Sendo o Brasil um país de origem colonial, forjamos aqui hábitos de indumentária e uma cultura de moda baseados, inicialmente, na copiagem e imitação do que vinha da metrópole (ou das metrópoles internacionais) – o que deixou marcas profundas na história que narramos. A criação de moda é fenômeno recente no país e, como tal, até o ano de 2010, voltava-se quase exclusivamente ao atendimento do mercado interno – o que já não era feito de pouca monta. Nas passarelas estrangeiras, a moda feita no Brasil estava, ainda, firmando seus primeiros passos; seu reconhecimento internacional deve passar, necessariamente, pela construção de uma identidade sólida para o setor no país, e esta se projeta também a partir do autorreconhecimento no espelho da história. A moda e seus conceitos surgiram na Europa, mas tiveram aqui trajetórias peculiares a serem pesquisadas, elucidadas e escritas – propósito deste volume, assim como do documentário que acompanha o projeto, no qual focalizamos especialmente a questão da identidade da moda feita no Brasil, uma polêmica que vai longe. Se, por um lado, dispomos de um vasto arcabouço de valores e símbolos "vestíveis" com significações para a moda, não podemos esquecer que o ato criativo se faz também da negação e até da anulação desses significantes, como fica evidente em vários depoimentos que coletamos. Retomamos aqui, curtamente, o que é aprofundado no documentário, a partir da sacra opinião de nossa pitonisa maior, a jornalista Regina Guerreiro: "Hoje você pode, perfeitamente, estar muito bem vestido em Paris, usando uma roupa brasileira. Qual o nosso problema? Ainda, uma extrema falta de identidade. Eu acho que existe uma insegurança. Até porque nós somos um país colonizado; então, a gente vem com um complexo de inferioridade".[1] Para o empresário e estilista Tufi Duek, criar uma identidade de moda brasileira é como interligar os fios e formar uma "grande teia": "Depois, quando se percebe, criou-se um desenho de quem nós somos. [...] Cada um faz de um jeito. Eu faço inspirado em tema urbano, o outro, no folclórico; o outro se baseia em materiais ecológicos, o outro, em percepções da musicalidade... Há 'n' maneiras de se criar. Quem somos nós? Isso o tempo cria, o tempo faz...".[2]

Um desses outros poderia ser o mineiro Ronaldo Fraga, que acrescentou ao raciocínio de Duek o de outro mais, o cineasta alemão Wim Wenders (em Caderno de Notas sobre Roupas e Cidades (1989), filme sobre o estilista Yohji Yamamoto), que define identidade como "a cidade que cada um carrega dentro de si, e que é passível de transformações; cabe a cada um escolher o que vai preservar, o que vai destruir, o que vai plantar e as praças que vai manter no lugar".[3] A imagem poética deixa transparecer o quanto é tênue o conceito de identidade, tanto mais num mundo que caminha acelerado para a globalização, nivelado pelo *mass media* e pela informática, justamente pelo que nos tornamos ainda mais carentes de raízes, de chão ao qual possamos nos sentir pertencentes. "A identidade no mundo moderno parte do indivíduo para se tentar entender o grupo. Então, [não vamos] pensar que o carioca se veste como a [moda da] Isabela Capeto, ou que o paulista como a do Alexandre Herchcovitch; ou o cearense como a do Lino Villaventura. Não é isso. [...] Quando, curiosamente, alguém fala: 'Ah, você é um estilista mineiro e isso é muito claro no seu trabalho', eu tomo como elogio, porque é o olhar do outro. Tudo bem; mas é forçação de barra dizer que só faço coisas mineiras: 'Ah, porque você sempre fala de escritores mineiros'. Sinceramente, esqueço que Drummond é mineiro; esqueço que Guimarães Rosa é mineiro",[4] argumentou Fraga.

A moda de Fraga pode ser mesmo bastante mineira, mas, ao mesmo tempo, é absolutamente internacional. Uma coisa não exclui a outra e, se assim é, podemos perguntar – aproveitando a referência da emblemática canção de Dorival Caymmi – o que é que a moda brasileira tem? O que ela tem a dizer ao mundo e a nós mesmos? Quando Carmen Miranda se (e nos) internacionalizou cantando O Que é Que a Baiana Tem? – o *hit* que a projetou para o mundo –, levou na mala e desfilou nas telas do grande cinema norte-americano uma indumentária tipicamente brasileira: a roupa da baiana que, todavia, havia sido já alterada pelo figurinista carioca J. Luiz – o Jotinha –, seu amigo. Ele desconstruíra a tipicidade descrita na letra de Caymmi para fazer uma releitura lúdica, com uma saia de losangos multicores e um bustiê dourado. E foi a partir dessa baiana estilizada que Carmen derivou todas as outras divertidas variações que vieram à frente e definiram seu estilo *tutti-frutti* radical – cravando para sempre uma imagem-ícone do Brasil. Precisamos negá-la? Ou, por outro lado, a moda tem que seguir ou assumir signos emblemáticos do país para ser nacional? Vamos deixar Glória Kalil continuar perguntando (e respondendo): "Moda brasileira é roupa de baiana? É bombacha de gaúcho? É roupa de couro de nordestino? Não; isso é traje típico, não é moda. Pertence ao eterno, à área do folclore. Moda é uma coisa contemporânea que muda o tempo todo. Então, é difícil dizer que existe uma moda brasileira. Agora, que existe um estilo brasileiro, disso não tenha dúvida".[5] E como ele seria? "Há uma maneira brasileira de selecionar e de misturar cores. É sempre um pouquinho mais justo, mais curto, mais pelado que os outros. São coisas para as quais temos que ficar atentos, porque devem contar a favor, e não contra. Mas dizer que a gente um dia vai criar uma identidade de moda brasileira, isso não existe. Aliás, qual é a identidade da moda francesa? Não tem também...",[6] ela estabeleceu.

O estilo brasileiro tende, sim, para o mais colorido e sumário possível. Afinal, somos um "país tropical, abençoado por Deus e bonito por natureza". Não por outra razão, a maior projeção alcançada no exterior, até o momento, pela moda feita no Brasil tem sido a da moda praia: "A única coisa que nós inventamos, de verdade, foi o maiô. Nosso maiô é ótimo. Você chega na Europa e fala: 'Esse biquíni é brasileiro!' Eles babam... Nós somos bons de nudez. Roubamos a tanga do índio, mas, pelos menos, difundimos mundialmente a tal tanga,"[7] anuiu, ainda, Guerreiro. Outros itens que nos identificam aos olhos estrangeiros são as sandálias Havaianas e os *jeans*. Isso quer dizer que precisamos, sim, saber valorizar e tirar partido daquilo que nos caracteriza e nos identifica; ou seja, que nos dá identidade. Sem esquecer que nossa moda se faz – em grande estilo –, também, da urbanidade paulistana de Alexandre Herchcovitch: "A moda brasileira depende do resultado individual de cada marca. Nenhum comprador [internacional] é pago para comprar de estilistas brasileiros. Ninguém entra na minha loja e diz: 'Quero comprar uma roupa de estilista brasileiro'. [...] Considero minha moda brasileira só pelo fato de eu ter nascido aqui. Ponto e acabou! Não preciso incluir ícones e temas folclóricos para dizer que ela é brasileira, mesmo porque lá fora ninguém sabe o que é Saci Pererê! O americano não sabe nem qual é a capital do Brasil, quanto mais o que é Iemanjá ou Bumba Meu Boi! Não sabe! Essa preocupação é burra",[8] ele afirmou. Nem por isso, Herchcovitch deixou de explorar temas locais em suas coleções, como o candomblé, os boias-frias e até mesmo Carmen Miranda, assim como temas que nada têm diretamente a ver com Brasil.

Já estilistas como Tufi Duek e Carlos Miele optam, frequentemente, por temas e técnicas da nossa tradição, alcançando resultados respeitáveis: "Eu quero fazer parte da história do Brasil deste jeito. Coloquei o Cinema Novo; estampei Deus e o Diabo na Terra do Sol [o cartaz do filme de Glauber Rocha]; coloquei frases da Rita Lee... Quer dizer, é preciso ter coragem para fazer isso. Estampei a praia brasileira, a musicalidade escrita em português. Não era para exportar, mas para o Brasil se admitir como um país que tem muito a dar a si mesmo. Acho que o brasileiro tem que ter orgulho. É incrível quando o americano assume sua bandeira, com fervor, e acho bonito o francês [assumir as cores] *bleu, blanc, rouge* como algo que faz parte da vida dele. O Brasil tem que assumir o verde e amarelo. Mas tem um pouco de vergonha disso, porque em nossa própria história isso foi criado. [...] Temos vergonha de nós. Mas eu tenho orgulho de ser brasileiro. E minha roupa tem a bandeira do Brasil, não porque eu queira exportar. É para dizer que isso é a moda brasileira",[9] defendeu Duek, sem ver nenhum problema em explorar temas nacionais, seja futebol, Amazônia, Lampião e Maria Bonita, Ipanema, Niemeyer, samba ou bossa nova, para fazer "uma moda com inspiração ou com as influências da nossa cultura".[10]

Também Carlos Miele, estilista da marca M. Officer e de duas outras com seu próprio nome, tem alcançado boa projeção internacional muitas vezes utilizando referências da tradição nacional, como a técnica do fuxico: "Eu trabalhei a autoestima do brasileiro; preparei várias cooperativas no Brasil com artesanato. A alta-costura não é nada mais do que artesanato. O que eu trouxe de melhor para a moda mundial é dizer que o Brasil tem uma cultura popular riquíssima e que pode gerar ideias nossas, autorais, para a moda mundial",[11] apostou Miele, ao desfilar em setembro de 2010 uma coleção que incluía vestidos feitos em fuxico, para a Primavera 2011, na Mercedez-Benz Fashion Week, em Nova York, EUA – na qual o segundo nome brasileiro presente era justamente Alexandre Herchcovitch.

Como se vê, o debate não se fecha, até porque qualquer conclusão seria limitadora ao próprio movimento da moda, que se faz do ilimitado renovar. Moda, na acepção do linguista alemão radicado nos EUA Edward Sapir, seria a contínua "variação no interior de uma série conhecida".[12] Como o reciclar da própria vida, é parte do motor perpétuo que estimula a febre do novo inerente ao frenesi consumista contemporâneo, fornecendo o alimento permanente do inédito que embala massas carentes de pertencimento ao presente, ainda que não passe de ardil publicitário. O eterno país do futuro ameaça, enfim, romper o acinzentado horizonte de uma economia periférica ao qual esteve atado por séculos para inverter o jogo e exportar estilos capazes de promover a "disjunção com a forma de coerção coletiva que assegura a permanência costumeira"[13] – para citar Lipovetsky –, situando-se no contexto das demandas internacionais da moda.

Luís André do Prado e João Braga

## Notas

1. Depoimento ao projeto HMB, gravado em março de 2008.
2. Depoimento ao projeto HMB, gravado em julho de 2007.
3. Depoimento ao projeto HMB, gravado em agosto de 2007.
4. Idem.
5. Depoimento ao projeto HMB, gravado em julho de 2007.
6. Idem.
7. Depoimento ao projeto HMB, gravado em março de 2008.
8. Depoimento ao projeto HMB, gravado em julho de 2007.
9. Depoimento ao projeto HMB, gravado em julho de 2007.
10. Idem.
11. Jeito brasileiro de fazer moda é destaque na New York Fashion Week, texto sem autor identificado; Programa Mundo S.A.; site GloboNews [http://globonews.globo.com/Jornalismo/GN/0,,MUL1619940-17665-315,00.html], acesso em outubro de 2010.
12. Sapir, Edward. Anthropologie. Editions de Minuit, Paris, 1967. *In*: A Cidade e a Moda: novas pretensões, novas distinções – Rio de Janeiro, século XIX, de Maria do Carmo Teixeira Rainho, Editora Universidade de Brasília, Brasília, DF, 2002.
13. Império do Efêmero: a Moda e seu Destino nas Sociedades Modernas, de Gilles Lipovetsky; Companhia das Letras, São Paulo, SP, 1987.

# Sumário

**17** Introdução
Um país que nasceu com a moda

**27** Capítulo 1 | Belle Époque [ 1889 | 1918 ]
Elegância fala francês, com distinção

**97** Capítulo 2 | Anos Loucos [ 1919 | 1930 ]
Costureiras e alfaiates vestem melindrosas e almofadinhas

**133** Capítulo 3 | Era do Rádio [ 1931 | 1945 ]
Alô, alô, Casa Canadá, Jotinha e Garotas do Alceu!

**185** Capítulo 4 | Anos Dourados [ 1946 | 1960 ]
Alta moda surge no Brasil com costureiros do *jet set*

**271** Capítulo 5 | Tropicália & Glamour [ 1961 | 1975 ]
Fenit e Rangan tornam a moda um grande espetáculo

**405** Capítulo 6 | Anos Azuis [ 1976 | 1990 ]
*Jeans* e grupos de estilistas fazem moda "democrática"

**537** Capítulo 7 | Supermercado de Estilos [ 1991 | 2010 ]
Com escolas e semanas de moda, setor atinge maturidade

**632** Referências Bibliográficas

**638** Créditos das Imagens

À esquerda, índio da etnia Kuntanawa; Mato Grosso, MT, 2009. Nesta página, a modelo Mila Moreira vestindo criação de José Nunes; Coleção Brazilian Primitive da Rhodia, setembro de 1965.

INTRODUÇÃO

# Um país que nasceu com a moda

Não há exagero em dizer que o Brasil nasceu sob o signo da moda. Afinal, o primeiro produto que oferecemos ao mercado externo (e que, mais tarde, deu nome ao próprio país) foi o pau-brasil: espécie arbórea usada para a extração de um pigmento, então raro e valorizado, nas cores vermelha e púrpura, usado para tingir tecidos. Assim, podemos dizer que um produto de moda – um corante de tecidos – deu nome à própria nação. Mais que isso, foi justamente no período do descobrimento ou achamento (como preferem alguns) do nosso continente que o conceito de moda estava se consolidando na Europa. Surgira, para ser preciso, entre o final da Idade Média e o princípio da Idade Moderna, em particular na Corte de Borgonha – onde, posteriormente, se situou a Borgonha francesa. Por que motivo? A resposta para esta perguntinha é longa e demanda uma digressão histórica. Então, vamos lá: durante o feudalismo – período que abrange a primeira fase da Idade Média, entre os séculos V e XI – surgiu no Oriente a religião islâmica, mais especificamente no ano de 622, quando Maomé recebeu a iluminação do anjo Gabriel e ditou os textos sagrados do Alcorão. Maomé conhecia as tradições judaicas e cristãs, mas definiu-se como um novo profeta, emissário direto de Deus, Allah. Em 638 d.C., os árabes de fé islâmica tomaram a Palestina, inclusive Jerusalém. Durante séculos, aquela ocupação não chegou a preocupar os cristãos, já que os árabes os respeitavam e continuavam permitindo suas peregrinações que seguiam à região. Em 1071, porém, a Terra Santa foi tomada por turcos otomanos, também muçulmanos, intolerantes aos cristãos. Como Jerusalém (onde, hoje, localiza-se Israel) é sagrada para essas três importantes religiões monoteístas (o judaísmo, o cristianismo e o islamismo), é de se imaginar a reação ocasionada. Então, com respaldo dos reis católicos, o papa Urbano II declarou guerra aos infiéis muçulmanos, sob o brado de "Deus o quer!".

*Cocar de tribo indígena da região de Mato Grosso com penas de arara; sem data.*

Assim, a partir de 1095, cavaleiros europeus de diversas origens atenderam ao chamado do papa para compor uma expedição à Terra Santa. O símbolo principal dessa guerra foi uma cruz pintada na armadura ou bordada nas vestes. Por isso, esses guerreiros foram chamados de cruzados. Naquele tempo, a Europa estava organizada em monarquias hereditárias rígidas, feudais – ou seja, segregadas intramuros –, um sistema que começava a entrar em crise estrutural. Ainda que pelo caminho bélico, o período das cruzadas levou os europeus a terem contato com inúmeras outras culturas que desconheciam, abrindo aquela sociedade até então voltada ao próprio umbigo para outras formas de pensar, de produzir arte e, também, de se vestir. Os cruzados encontraram no Oriente povos mais desenvolvidos estética e cientificamente, sociedades mais dinâmicas e mais ricas. Os que conseguiam retornar traziam consigo novos produtos e conhecimentos, difundindo desejos de consumo, o que, consequentemente, aumentava as trocas comerciais. Fala-se, então, do período da Europa gótica, isto é, aquela da Baixa Idade Média, marcada pelo ressurgimento dos centros urbanos.

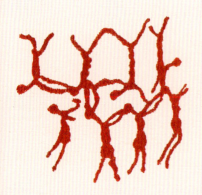

Nesse contexto, configurou-se uma nova camada social, mercantilista, estruturada no atendimento a essa demanda por novos produtos. Ou seja, formou-se na Europa a chamada burguesia mercantil, uma nova classe social que, gradativamente, ganhou mais e mais poder econômico, além de influências social e política. O mundo ocidental passou a viver transformações, a partir daí, de maneira cada vez mais acelerada... Embora a burguesia mercantil acumulasse poder econômico com a consolidação das monarquias europeias e o consequente surgimento de estados monárquicos, o poder central – o que, posteriormente, chamaríamos de poder político – manteve-se nas mãos da realeza. Aquela nova classe social, fundamentada no comércio, não tinha sangue azul, tradição ou títulos de nobreza, que só eram adquiríveis por hereditariedade ou por benesse real. Mas ela passou a ambicionar e a comprar o prestígio e o modo de vida dos nobres, incluindo sua sofisticada forma de se vestir, que era, como sempre foi em qualquer tempo e sociedade, um meio de estabelecer distinção social entre os indivíduos: de acordo com classes, castas ou grupos de pertencimento.

Então, a burguesia mercantil começou a vestir-se imitando as roupas dos nobres. É claro que estes se incomodaram ao se verem igualados a tipos emergentes. Iniciou-se, assim, um processo de reinvenção dos modos de se vestir que passou a ser cíclico, sempre vindo de cima para baixo: partindo do topo da nobreza rumo aos burgueses. Esse fenômeno, com o tempo, ganhou o nome de moda. Em outras palavras, a imitação do modo de se vestir de um determinado grupo social que espelha e/ou sintetiza os desejos dos demais produziu um processo de reinvenção permanente no trajar da sociedade ocidental; porque uma nova roupa (ou moda) produzia no grupo social hegemônico a sensação de se tornar exclusivo, diferenciado, ainda que esse efeito fosse temporário, durante o tempo de os grupos inferiores passarem a imitá-lo.

Já nos primórdios da moda, a incansável burguesia mostrou ter disposição (e recursos) para copiar, quantas vezes fossem necessárias, as novas modas inventadas pelos nobres. Estabeleceu-se assim um processo de reinvenção permanente das indumentárias, que terminou por se institucionalizar e se tornar uma peça-chave do processo que posteriormente conheceríamos como desejo de consumo. O contemporâneo mercado de moda deriva dessa dinâmica de criação e cópia, cravada desde então na cultural ocidental, juntamente com o conceito de sazonalidade das roupas: a ideia de que elas devem durar apenas um determinado período (o tempo em que não são copiadas). O ineditismo, por assim dizer, é o que torna a roupa (ou a moda) válida. A partir do momento em que surge a cópia, em que todos se igualam, a moda está superada. E assim, sucessivamente, novas propostas surgem para se sobreporem àquelas então popularizadas.

O período de hegemonia da burguesia mercantil na Europa durou do Renascimento até o início da era industrial, que tem como marcos a Revolução Francesa (que identifica a decadência final da monarquia) e o surgimento incipiente dos processos técnicos de produção em série. O abastecimento dos mercados europeus durante aquele perío-do foi feito pelas manufaturas burguesas (dos mestres de ofício) e com os produtos exóticos levados das novas terras – continentes conquistados, que se transformaram em colônias europeias. Portanto, muitos desses produtos, envolvidos no processo de fabricação têxtil e das roupas, foram levados do Brasil à Europa (como foi o caso do pau-brasil, com sua tinta avermelhada, e das plumárias de aves tropicais, que passaram a adornar chapéus, roupas etc.). No decorrer do século XIX, os processos de produção em série criaram novas formas de abastecimento do mercado. Não por acaso, a indústria de tecidos foi o pilar mais importante da Revolução Industrial – também no Brasil. Da produção em série de tecidos, passamos à produção em série de roupas...

Evidentemente, nos tempos ainda da burguesia mercantil, as modas permaneciam muitas décadas, e até séculos, em voga antes de se tornarem inválidas. O mundo estava, ainda, muito distante da produção em série da indústria, mais ainda da indústria informatizada e robotizada. No século XXI, chegamos a um ponto em que ocorreram tantos ciclos de invalidação da moda de se vestir que esse processo chegou a um esgotamento. Vivemos em 2010 o ápice do que passou a ser designado, um tanto simbolicamente, de fim da moda. Porque na verdade o que acabou não foi a moda em si, mas a moda padronizada, em que todos vestiam modelos muito semelhantes, ainda que com detalhes e tecidos diversos. Moda propriamente dita está associada a aspectos de coletividade e, sendo dessa maneira, ainda há esta premissa que democratiza as propostas de estilo; todavia, um valor contemporâneo imprime aspectos de subjetividade, de autoria, como forma de diferenciação das padronizações e estandardizações da moda.

Ocorreu que, na sociedade de consumo estabelecida com força no século XX, as mudanças aceleraram-se de tal modo – impulsionadas por eficientes técnicas de *mass media* – que simultânea e paradoxalmente impõem e massificam tanto a ponto de favorecerem surgimentos de novas possibilidades particularizadas. A moda individualizou-se: numa estratégia que amplia ainda mais as possibilidades de consumo, a moda do século XXI propõe que cada indivíduo invente seu próprio visual. Vivemos, então, a era do supermercado de estilos, do hibridismo, da pluralidade, desde o final do século XX – que equivale a dizer que a pós-modernidade, para uns, ou a hipermodernidade, para outros, chegou à moda.

## À moda de Cabral

Retomando o longínquo 21 de abril de 1500, quando a frota de Pedro Álvares Cabral aportou no litoral baiano, nas proximidades de Porto Seguro, a 3 quilômetros da costa, não deixa de ser curioso observar que as primeiras trocas efetuadas entre portugueses e indígenas, na tarde do dia 23 (uma quinta-feira), já envolveram vestuário. Foi, evidentemente, um choque para ambos os lados observar os estranhos modos de vestir de um povo e outro. Talvez mais para os nativos, já que os portugueses, como navegadores, estavam habituados a encontrar nativos desnudos em suas viagens exploratórias. Era apenas a primeira vez que não eram negros. No caso dos índios (como os lusos consagraram nomear todos os nativos de terras que supunham ser a Índia) nem se pode falar em vestir-se: o que eles faziam era adornar o corpo. Não usavam roupas nem tinham hábitos pudicos de esconder o sexo, como descreveu o escriba oficial da frota cabralina, Pero Vaz de Caminha: "A feição deles é serem pardos, um tanto avermelhados, de bons rostos e bons narizes, bem-feitos. Andam nus, sem cobertura alguma. Nem fazem mais caso de encobrir ou deixar de encobrir suas vergonhas do que de mostrar a cara. Acerca disso são de grande inocência".

A nudez absoluta dos selvagens fazia contraponto com as excessivas e pesadas vestes renascentistas dos tripulantes das caravelas portuguesas. Os comandantes portugueses eram nobres e usavam roupas ostensivas, características de sua classe social, ainda que mais despojadas – considerando-se que eram navegadores. Compunha a indumentária masculina renascentista o gibão – que corresponderia posteriormente ao paletó –, normalmente acolchoado, podendo ou não ter mangas. Sobre o gibão usava-se a *jacket* (jaqueta) ou uma túnica aberta na frente. Na parte inferior, calções bufantes e, nas pernas, meias coloridas, muitas vezes diferentes em cada perna – na cor ou no padrão, como listras –, simbolizando pertencimento a determinado clã. Tanto o homem quanto a mulher renascentista usavam trajes austeros, sobre os quais era colocada uma grande gola chamada rufo: um tiotado circular de tecido fino e branco, engomado, que podia ser ornado com rendas e que devia ser pouco usual nas caravelas, já que limitava os movimentos. Os calçados masculinos tinham bicos achatados e largos, mais confortáveis do que os pontiagudos predominantes no período gótico da Idade Média.

Já os soldados vestiam apenas malhas metálicas e capacetes; nas viagens aos trópicos, não usavam mais as armaduras metálicas, por serem pesadas e quentes. Fonte sempre citada, a carta de Caminha a "el-rei" Dom Manuel, soberano português do período, é também aqui nosso esteio, relida com foco nas indumentárias: "Pardos, nus, sem coisa alguma que lhes cobrisse suas vergonhas. Traziam arcos nas mãos, e suas setas. Vinham todos rijamente em direção ao batel [canoa]. E Nicolau Coelho lhes fez sinal que pousassem os arcos. E eles os depuseram. Mas não pôde deles haver fala nem entendimento que aproveitasse, por o mar quebrar na costa. Somente arremessou-lhe um 'barrete vermelho' e uma 'carapuça de linho' que levava na cabeça, e um 'sombreiro preto'. E um deles lhe arremessou um 'sombreiro de penas de ave', compridas, com uma copazinha de penas vermelhas e pardas, como de papagaio. E outro lhe deu um 'ramal grande' de continhas brancas, miúdas que querem parecer de 'aljôfar', as quais peças creio que o Capitão manda a Vossa Alteza. E com isto se volveu às naus por ser tarde e não poder haver deles mais fala, por causa do mar".

Como se vê, o primeiro contato entre portugueses e índios que habitavam o litoral da nova terra – Pindorama –, da tribo Tupiniquim, pertencentes à mesma ascendência tupi-guarani, foi obviamente um momento de extrema curiosidade de ambas as partes, focada de imediato no que usavam sobre o corpo; e a primeira troca entre eles foi de indumentárias. Quando o batel de Nicolau Coelho – um dos mais experientes capitães da frota – chegou à foz do pequeno rio onde se deu o encontro (para alguns o rio Caí, ao sul do Monte Pascoal; para outros, o rio do Frade, em Trancoso), não foi possível qualquer tentativa de diálogo com a dezena de índios ou pouco mais que ali se encontrava (haviam sido reunidos no barco homens que falavam diversas línguas), "por o mar quebrar na costa", escreveu Caminha.

Portanto, sem descer da embarcação – o que inclusive envolvia risco –, os portugueses atiraram aos índios um "barrete vermelho" (espécie de boné sem aba), uma "carapuça de linho" e um "sombreiro preto". O sombreiro português era o que ainda em 2010 chamamos pelo mesmo nome, ou seja, um chapéu de aba larga que dá sombra. Já o que Caminha identifica como um "sombreiro de penas de ave", arremessado pelos indígenas, seria na verdade um diadema, ou seja, uma espécie de coroa com base tecida em palha e adornada com penas, para se usar amarrada em torno da cabeça, que eventualmente também oferecia sombra aos olhos. O "ramal grande", por sua vez, também oferecido pelos tupiniquins, seria um colar de aljôfar, ou seja, de contas miúdas ou material semelhante.

Mas o que se pode considerar de fato como o primeiro encontro entre portugueses e indígenas ocorreu no final do segundo dia à chegada da frota e após ela ter percorrido alguns quilômetros rumo ao norte e fundeado próximo à Coroa Vermelha. O piloto da nau capitânia, Afonso Lopes, foi mandado sondar, por dentro, "um arrecife com um porto muito bom e muito seguro", e ali encontrou dois "mancebos de bons corpos" e os capturou, levando-os à presença do capitão em sua nau. É curioso notar que toda a narrativa de Pero Vaz de Caminha, a partir daí, está focada

em aspectos das indumentárias usadas por aqueles povos em momentos civilizatórios que expressam gritante contraste. Os dois convidados de Cabral tinham o seguinte aspecto: "[...] beiço de baixo furado e metido nele um osso verdadeiro, de comprimento de uma mão travessa, e da grossura de um fuso de algodão, agudo na ponta como um furador. Metem-nos pela parte de dentro do beiço; e a parte que lhes fica entre o beiço e os dentes é feita a modo de roque de xadrez. E trazem-no ali encaixado de sorte que não os magoa [machuca], nem lhes põe estorvo no falar, nem no comer e beber".

Descreve os cabelos dos índios como corredios: "E andavam tosquiados, de tosquia alta antes do que sobre-pente, de boa grandeza, rapados todavia por cima das orelhas. E um deles trazia por baixo da solapa, de fonte a fonte, na parte detrás, uma espécie de cabeleira de penas de ave amarela, que seria do comprimento de um coto, mui basta e mui cerrada, que lhe cobria o toutiço e as orelhas. E andava pegada aos cabelos, pena por pena, com uma confeição branda como, de maneira tal que a cabeleira era mui redonda e mui basta, e mui igual, e não fazia míngua mais lavagem para a levantar".

Cabral recebeu os tupiniquins cerimonialmente, como faziam os portugueses nessas ocasiões, sentado numa cadeira sobre um grande tapete, muito bem-vestido, com um colar de ouro "mui grande" ao pescoço, tendo seus capitães em seu entorno, sentados sobre o tapete. Apesar de tomar os nativos como "gente bestial e de pouco saber", Caminha não deixa de ressaltar que "andam bem curados e muito limpos", comparando-os a "aves, ou alimárias montesinhas", ou seja, animais silvestres, não domesticados: "[...] porque os seus corpos são tão limpos e tão gordos e tão formosos que não pode ser mais!". Certamente tinham hábitos bem mais limpos que os portugueses, há meses usando as mesmas vestes, sem tomar banho e fechados em suas caravelas.

"Acenderam-se tochas. E eles entraram" – inicia Caminha, descrevendo aquele primeiro encontro dos lusos com os nativos tupiniquins: "Mas nem sinal de cortesia fizeram, nem de falar ao capitão, nem a alguém. Todavia um deles fitou o colar do capitão e começou a fazer acenos com a mão em direção à terra e, depois, para o colar, como se quisesse dizer-nos que havia ouro na terra. E, também, olhou para um castiçal de prata e, assim mesmo, acenava para a terra e novamente para o castiçal, como se lá também houvesse prata!". Por maiores que fossem a discrepâncias culturais, os gestos dos indígenas indicando a existência de ouro e prata na terra firme (para os lusos, então, apenas uma ilha) permitiram imediato entendimento entre aqueles dois povos, indicando o fascínio que os metais preciosos exercem em todos os povos.

Aqueles gestos respondiam, de certo modo, ao que mais os portugueses desejavam saber sobre a nova terra. O povo luso vinha erguendo seu poderio econômico por meio da conquista de riquezas além-mar: "[...] a riqueza, mas a riqueza que custa ousadia; não riqueza que custa trabalho", como destaca Sérgio Buarque de Holanda, em seu livro Raízes do Brasil. Os navegadores lusos ambicionavam lucros com a conquista e barganha de produtos que buscavam, com suas naus, em terras longínquas, para comercializar na Europa, "como estavam acostumados a alcançar na Índia, com as especiarias e metais preciosos". Foi, aliás, como se fez a riqueza das nações europeias durante todo o período mercantilista.

*Na página ao lado e na seguinte, camisa João Braga, Coleção História do Brasil, mês de abril (abrange ilustrações das p. 5, 7, 18, 19, 20 e 21); bordados manuais de Maria da Conceição de Melo Faria; 2007.*

*abril*

Pindorama
Ilha de Vera Cruz
Terra Nova
Terra dos Papagaios
Terra de Vera Cruz
Terra de Santa Cruz

Terra de Santa Cruz
do Brasil
Terra do Brasil

BRASIL

| POTIGUAR | TUPINIQUIM | TUPI-GUARANI | TABAJARA | TAMOIO |
| GUAIKURU | YANOMAMI | | XAVANTE | KADIWÉU |
| KARAJÁ | BOTOCUDO | | TUPINAMBÁ | CARIJÓ |
| PATAXÓ | AIMORÉ | | BORORO | GOITACÁ |

Na carta de Caminha não há, porém, qualquer menção ao pau-brasil. Ele se impressiona com o verde exuberante das matas e com as tinturas vermelhas usadas no corpo pelos indígenas, feitas então (como ainda em 2010) com urucum, este mais fácil de ser obtido e com menos poder de fixação. Nenhuma referência direta é feita ao "pau de tinta", que se tornaria a primeira riqueza explorada nas novas terras, usado para obtenção do então raro e valioso pigmento rubro/púrpura, o mais difícil de se conseguir por meios naturais, por isso mesmo reservado a vestes da elite monárquica e eclesiástica da época. Daí seu alto valor financeiro.

Voltando à cena descrita por Caminha, após a cerimônia do primeiro encontro, os "selvagens" acomodaram-se no convés do navio, ali pernoitaram e, na manhã seguinte, o capitão mandou "que Nicolau Coelho e Bartolomeu Dias fossem em terra e levassem aqueles dois homens, e os deixassem ir com seu arco e setas, aos quais mandou dar a cada um uma camisa nova e uma carapuça vermelha e um rosário de contas brancas de osso, que foram levando nos braços, e um cascavel e uma campainha". Ocorreu assim o primeiro episódio do que passamos a chamar de aculturação, com os portugueses presenteando seus, por acaso, anfitriões (seriam mesmo?) com indumentárias e apetrechos europeus, ainda que seja improvável que os dois tupinambás tenham desfilado, em suas tribos, com as camisas que receberam; se é que entenderam a serventia...

Pelo relato de Caminha, fica claro que os nativos do Brasil já "entrelaçavam manualmente fibras vegetais, produzindo telas rudimentares para várias finalidades. [...] Usavam o algodão para fazer redes, faixas e revestimentos de pontas de flechas".[1] Por volta de 1550, algumas vilas instaladas no litoral brasileiro começaram a produzir nossos primeiros artesanatos em tecelagem orientadas pelos jesuítas, que foram os primeiros tecelões do Brasil utilizando como matéria-prima a fibra do algodão, à qual nossa tecelagem estará sempre associada. Por essa época, em carta enviada a seu superior, em Portugal, padre José de Anchieta referia-se à grande quantidade de algodão existente no território brasileiro, confirmando que já era usado "para confecção de tangas, charpas e redes".[2] Os primeiros colonos portugueses trouxeram para o Brasil "o descaroçador, a roca, a roda de fiar e o tear, com os quais faziam panos de algodão para o seu consumo".[3] Com o início do tráfico de escravos negros da África, o trabalho de tecer foi "passado para as escravas negras, que produziam vestuário para os próprios escravos, para sacarias de café e demais população pobre".[4] Os africanos traziam hábitos de tecer próprios de suas tradições, configurando-se então a confluência de três tradições de tecelagem provenientes das etnias indígena, africana e europeia. Tratava-se, então, de produzir "tecidos grossos e sem tingimento destinados a cobrir a nudez dos índios e escravos".[5] Uma carta régia datada de 1696 decretou: "as escravas de todo o Estado do Brasil em nenhuma das capitanias dele podem usar vestido algum de seda, nem se sirvam das cambraias ou hollandas, com rendas ou sem elas [...]".[6] Só após a transferência da Corte portuguesa para o Rio de Janeiro, em 1808, é que "produtos mais refinados, destinados a uma seleta freguesia",[7] sempre importados, puderam ser encontrados nos centros de comércio mais elegantes do Rio e do Brasil...

## Notas

1. Santista Têxtil: uma história de inovações, 75 anos, de Maria Helena Estellita Cavalcanti Pessoa (coord.) e Mário Ernesto Humberg (edição e texto final); CLA Comunicações, São Paulo, SP, 2004.
2. Idem.
3. Idem.
4. História da Indústria Têxtil Brasileira, artigo de Manoela Carta; Vogue-Brasil nº 91, Carta Editorial, São Paulo, SP, janeiro de 1983.
5. Arte Têxtil Brasileira: bidimensional e tridimensional, de Hilda Teixeira Souto de Santana; dissertação de mestrado, Instituto de Artes da Unesp, São Paulo, SP, 2004.
6. *In*: Santista Têxtil: uma história de inovações, 75 anos, de Maria Helena Estellita Cavalcanti Pessoa (coord.) e Mário Ernesto Humberg (edição e texto final); CLA Comunicações, São Paulo, SP, 2004.
7. Idem.

CAPÍTULO 1 BELLE ÉPOQUE [ 1889 | 1918 ]

# Elegância fala francês, com distinção

N a última década do século XIX e início do século XX – período definido como a *Belle Époque* –, os brasileiros ainda delongavam em assimilar os estilos de vestir da florescente sociedade industrial europeia. Nosso passado colonial resultara na formação de uma aristocracia rural que ambicionava se vestir à imagem e semelhança das elites europeias, referenciadas na França. Após a Independência, ocorrida em 1822, isso pouco mudara: a roupa era (como continuou sendo), acima de tudo, uma forma de estratificação e um código de pertencimento de grupos sociais: daí o dito popular "fulano se veste com distinção" – ou seja, a roupa distingue bem a camada ou grupo social ao qual quem a veste pertence.

A silhueta feminina da *Belle Époque* foi, portanto, exportada da França para o resto do mundo, no tempo em que Paris já tinha se consolidado como principal polo de criação da moda internacional – uma moda feita sob medida (apesar de já existirem roupas de confecção) em peças exclusivas para a elite, que as grandes massas copiavam como podiam: "A obsessão aos valores europeus pela elite carioca chegava a extremos,

*Fotografia de moda; Fon-Fon, Ano I, Nº 28, Rio de Janeiro, RJ, 19 de outubro de 1907. Ao fundo, molde encartado em A Moda Ilustrada, Ano XVI, nº 354, Lisboa, Portugal/ Rio de Janeiro, Brasil, 1893.*

*Na página ao lado, croqui de moda publicado em O Século, Ano I, Nº 52, Lisboa, Portugal/Rio de Janeiro, RJ, 5 de fevereiro de 1913.*

pois o desconforto dos trajes usados no século XIX, aliado ao clima tropical do Rio de Janeiro, tornava a adesão à moda europeia, com pouca ou nenhuma liberdade para adaptações, uma tarefa árdua tanto para homens quanto para mulheres. [...] Já no meio do século XIX, os rigores da moda exageravam os atributos femininos, acentuando o busto, os quadris e o traseiro. Além disso, o uso de joias era bastante difundido, onerando mais os gastos com vestuário, que só era confeccionado com tecidos finos, importados e em grande profusão. O preço de tal desconforto era alto".[1]

Não por outro motivo, os termos em francês predominavam na designação de quase tudo que se referia às roupas: "Nada de estranhar – escreveu, então, um cronista da revista Modas e Elegância – que o francês seja a língua da elegância, até mesmo da masculina, onde o sobretudo é um *gilet de soirée*, a sobrecasaca chama-se *pardessus*, o chapéu de feltro é o *souplé*. Para as senhoras a nomenclatura é riquíssima, começando nas *négligée-chambres*, que se usam na maior intimidade, até os vestidos *brocart pompadour* (engrinaldados de rosas), passando pelos *corsets* (corpetes), *plastrons* (blusas finas *sic*), *décolletages* (decotes), *jupons* (saias curtas *sic*), *désabillés* (traje caseiro), *capelines* (chapéus para senhoritas) etc.".[2]

Se Paris ditava a moda para o mundo, no Brasil, a capital federal, então sediada no Rio de Janeiro, irradiava valores para o resto da nação impondo novas modas e comportamentos e se tornando, de acordo com Gilberto Freyre, uma cidade "pan-brasileira" que centralizava todos os eventos e valores mais caros ao país.

Nas primeiras quatro décadas do século XX, a comercialização de roupas prontas com expressão de moda atendia, no Brasil, especialmente ao consumo de luxo, com peças importadas restritas, ou – em outro extremo – ao de roupas confeccionadas em grande escala, com tecidos rústicos e padrão popular. A maior parte das pessoas vestia-se com roupas sob medida, confeccionadas por alfaiates, modistas ou costureiras – que se espalhavam aos milhares por todo o país. A função de modista apareceu no final do século XVIII entre os armarinhos franceses como uma espécie de ofício ligado à aparência, favorecendo o crescimento do consumo de roupas e unindo não só a frivolidade ao dinamismo do consumo, como também a mão de obra produtora ao cliente. As modistas não manufaturavam produtos ou artigos, mas eram as responsáveis pelo embelezamento e pela ornamentação das roupas propriamente ditas. Geralmente, aqui no Brasil, eram imigrantes francesas ou italianas. São linhagens que derivaram dos ofícios medievais: sabe-se que, pelo menos até o século XVII, o ofício da costura na Europa era exercido exclusivamente pelos mestres alfaiates, que tinham direito legal de vestir tanto homens quanto mulheres, chegando a ocorrer verdadeiras "caças às bruxas" em combate às costureiras contraventoras que insistiam em exercer o ofício. "Somente em 1675, por ordem do rei Luís XIV, é que as mestras costureiras adquiriram reconhecimento e parte do mercado [...] Por fim, em 1782, lhe é concedido o direito de rivalizar com

## O QUE FOI A *BELLE ÉPOQUE*?

A expressão *Belle Époque* define o espírito da época que vai de 1890 até o início da Primeira Guerra Mundial (1914 a 1918). Limitada a ambientes urbanos, a *Belle Époque* brasileira carregava um paradoxo desconcertante: ao mesmo tempo em que estávamos em busca de nossas raízes, mantínhamos um "desejo de ser estrangeiros", como escreveu Antonio Candido, explícito nas formas de vestir e de usar estrangeirismos vocabulares (à francesa) das elites. Nesse tempo, chegaram ao País, com a criação da Light and Power, os primeiros carros com motores de combustão interna e bondes elétricos urbanos; o cinema aparece aqui em 1896, e logo foi possível ter acesso ao telégrafo sem fio, ao gramofone, à fotografia, à telefonia e a objetos que facilitaram o cotidiano, como o ferro elétrico, a máquina de escrever e a bicicleta industrializada. Na área das vestimentas, começaram a ser importados os tecidos elásticos (aliás, confeccionados com borracha da Amazônia), o fecho *éclair* e a própria máquina de costura.

Na área cultural, emanava de Paris a estética do *art nouveau* influenciando a arquitetura, as artes decorativas e as artes aplicadas. Nas artes plásticas, floresceram movimentos como Expressionismo, Fauvismo, Cubismo, Abstracionismo, entre outros, mais interessados na interiorização da criação artística do que na exteriorização da criação humana. Enquanto nos Estados Unidos surgia o *ragtime* – primeiro gênero musical autenticamente norte-americano, originado nas comunidades afro-americanas –, no Brasil, a maestrina Chiquinha Gonzaga vivia um período de êxitos compondo maxixes, marchas e polcas para peças musicais apresentadas nos cineteatros da Praça Tiradentes, Rio de Janeiro, como Forrobodó e Juriti. No território político, ganharam força os movimentos anarquista e socialista estabelecendo a dicotomia entre os modelos de estado burguês e proletário, com a primeira vitória comunista na Rússia, em 1917. Diversas paralisações operárias ocorreram no Brasil a partir de 1905, sendo a de 1917 a mais importante do período, em São Paulo.

A *Belle Époque* brasileira teve contornos próprios e foi, acima de tudo, um período de afirmação do estado republicano, iniciado em 1889, e de poderio econômico da elite cafeicultora. A sociedade brasileira era rigidamente patriarcal, ou seja, um mundo em que os homens reinavam absolutos. Mulheres, crianças e criados eram seres subalternos, que lhes deviam graças. Só a partir do final da primeira década do século XX é que – com o progressivo aumento das influências culturais externas vindas pela imprensa e, principalmente, pelos cinemas, que se alastravam pelo País – a mulher brasileira começou a abandonar as saias pesadas, que se arrastavam pelo chão, e a romper o território limítrofe das cozinhas e salas de suas casas, ao qual estavam confinadas, em busca de um novo espaço social.

Na primeira década do século XX, a energia elétrica passou a ser gerada em escala industrial, no Rio de Janeiro e em São Paulo. Em decorrência, apenas no mês de janeiro de 1910, quatro salas de cinema foram abertas na capital federal espelhando o interesse crescente pela sétima arte em todo o Brasil. A jovem geração feminina dos anos 1910 – principalmente a das classes mais abastadas – encontrava, nas telas, heroínas que rompiam com a obediência cega a ditames dos maridos e da vida reclusa ao lar. Para ir à luta no novo mundo que se lhes abria, precisavam de novas roupas, mais confortáveis e livres de espartilhos, amarras, babados e adereços em excesso.

## A REPÚBLICA VELHA

Período de afirmação da república, instalada no Brasil a partir de 1889, e de superação de arcaísmos que nos distanciavam da sociedade industrial, já em curso na Europa e nos Estados Unidos. Éramos uma nação patriarcal, provinciana e fortemente marcada pelo passado escravista, mas ansiosa por alcançar o cosmopolitismo científico. Almejávamos uma autenticidade cultural que concretizasse o ideal de pátria com valores próprios, desvinculados de nossas origens coloniais.

Foi o período da política do café com leite, assim denominado o acordo entre os dois principais partidos políticos do país na época, que será encerrado com a Revolução de 1930. O Partido Republicano Mineiro (PRM) e o Partido Republicano Paulista (PRP) alternavam-se no comando da nação, expressando sempre os interesses das oligarquias cafeicultoras. Foi também uma época de imigração em massa de trabalhadores de várias origens, a maioria italianos, portugueses e árabes, resultado da política governista para substituição da mão de obra escrava.

os alfaiates na confecção de corpetes, espartilhos e crinolinas, assim como de *robes* masculinos e dominós [espécie de pelerine com capuz] para baile. A partir de então, algumas se tornam famosas...".[3]

No Brasil, até a Abertura dos Portos às Nações Amigas, promulgada por meio de carta régia pelo príncipe regente Dom João, de Portugal, em 28 de janeiro de 1808, as roupas eram ou trazidas prontas da Europa ou cosidas por alfaiates portugueses aqui instalados e apoiados por ajudantes escravos negros. Até o início do século XIX, as tradições regionais e das cortes na Europa eram rigidamente seguidas, com definição de tecidos para cada estação e demais características das roupas e dos adornos. O surgimento do conceito de moda se dera entre o final da Idade Média e o início da Idade Moderna, mas, como nos diz Didier Grumbach em sua obra Histórias da Moda, "[...] a moda, antes de mais nada, era um privilégio da corte". Ou seja, não havia uma moda criada pelos alfaiates ou costureiras, que seguiam rigidamente as definições das contramestras: "Assembleias anuais das corporações determinam, após longas deliberações, as mudanças que serão introduzidas na moda. [...] de modo que a transformação da moda era extremamente lenta. Apenas um acontecimento significativo, como o casamento de um soberano com uma princesa estrangeira, podia resultar em modificações bruscas das formas adotadas no intuito de harmonizá-las aos hábitos ou ao gosto da nova rainha".[4] A Corte portuguesa e, por sua vez, a brasileira, antes e após a Independência de 1822, preservaram essas tradições.

A criação de roupas livres das regras das cortes só se viabilizou integralmente com a hegemonia burguesa e pelas mãos dos costureiros franceses, que estabeleceram um negócio profícuo, sediado em Paris, a partir de meados do século XIX. O pioneiro dessa linhagem foi o inglês radicado em Paris Charles Frederick Worth (1825-1895), primeiro dos *couturiers* a ser considerado mais um artista que um mero artesão: "Pela primeira vez, a moda é feita por homens. Ao elevar o *status* do costureiro, Worth revoluciona igualmente os hábitos de vestir. [...] Efetivamente reconhecido como artista, o costureiro, artesão anônimo, adquire o *status* de criador e pode assinar suas criações".[5]

No inverno de 1857/58, Worth criou um novo conceito para as casas de moda em Paris, quando apresentou às suas clientes uma coleção de modelos inéditos para que elas pudessem escolher os que preferissem, a serem elaborados sob medida. Worth, com a fundamentação desta proposta, lançava novos valores para a moda: assinava as roupas, o que até então não acontecera, dando *status* de artista ao costureiro; impunha o seu próprio gosto, ou seja, criava e produzia independentemente da opinião das clientes; e também lançava a ideia de desenvolver suas coleções por estação climática, isto é, primavera/verão e outono/inverno, dando às roupas um prazo menor de validade, incentivando, assim, o aumento do consumo de moda. Tratava-se de uma nova dinâmica – a *Couture* – que, devido ao contexto histórico do período e ao grande dinheiro circulante da Revolução Industrial, deu origem, dez anos depois, em 1868, à Chambre Syndicale de la Confeccion et de Couture pour Dames et Fillettes (Câmara Sindical de Confecção e Costura para Damas e Moças) e, posteriormente, na década de 1870, ao termo *couturier* (costureiro). Portanto, aquele que trabalhava dentro destas premissas tornava-se costureiro. Este sindicato arregimentava qualquer estabelecimento que fabricasse roupas. Com o passar do tempo, tendo um produto diferenciado e intenção de defender as suas próprias especificidades, a Costura se separou da Câmara Sindical das Confecções e fundou, no final do ano de 1910, a Chambre Syndicale de la Couture Parisienne (Câmara Sindical da Costura Parisiense), passando então a usar o termo alta-costura: "Ao optar por se dissociar de uma vez por todas da confecção, em 1910, a Costura trata de definir suas normas de funcionamento. Costura e confecção se distinguem, claramente. A primeira veste as mulheres sob medida, ao passo que a segunda se dirige à senhora Todo-mundo. [...] Rapidamente, cada profissão se desdobra intensificando suas respectivas vantagens. Uma procura enfatizar o luxo e o *savoir-faire* que se exige dela, exaltando a criatividade, ao passo que a outra se padroniza a fim de se tornar mais competitiva".[6]

Definiu-se, então, como campo de atuação da *haute couture*, a "esfera mais elevada do vestuário, que desde a sua origem, se caracterizou pela exclusividade dos modelos e por um sistema de produção extremamente minucioso e luxuoso. A alta-costura ou artesanato de luxo da moda irá colaborar para a formação de um corpo de profissionais especializados na criação e difusão dos modelos, além, é claro, de orquestrar as mudanças incessantes do vestuário, tornando-as sazonais, mas nem por isso, previsíveis. A alta-costura é, neste sentido, um momento fundamental na estruturação do campo da moda em sua trajetória rumo à autonomia em relação às outras esferas da sociedade".[7] No Brasil, havia sindicatos regionais de alfaiates, mas estávamos longe de ter entidades representativas para as roupas que se assemelhassem à alta-costura. Parte das donas de casa cosia as vestimentas da família; outra parte contratava os serviços de costureiras, a fim de fazerem peças específicas ou para serviços por empreitada. As peças eram sempre poucas e preservadas ao limite. As elites agrárias e a burguesia emergente preferiam vestir-se diretamente na Europa, especialmente em Paris, até porque geralmente muitos residiam lá.

De modo geral, alfaiates e costureiras disputaram o mercado em igualdade de condições. As últimas costuravam, em geral, para mulheres, crianças e adolescentes. Modistas e alfaiates mais renomados eram acionados em ocasiões sociais importantes – como festas, celebrações ou recepções. Até o final do século XIX, muitos alfaiates ainda

*Acima, Rhodia Parreiras, Araguary, MG, c.d. 1905.*

Acima, croqui de moda publicado em O Século, Ano I, Nº 52, Lisboa, Portugal/ Rio de Janeiro, RJ, 5 de fevereiro de 1913.

Na página ao lado, croqui de moda publicado em O Século, Ano I, Nº 49, Lisboa, Portugal/ Rio de Janeiro, RJ, 15 de janeiro de 1913.

costuravam para mulheres, seguindo a tradição mais antiga, como comprova uma nota fiscal de 21 de abril de 1877, emitida pela Casa Aguiar, Ferreira e Bravo – "grande sortimento de fazendas e armarinho" –, situada na Rua da Quitanda, 62, Rio de Janeiro, que discrimina a compra de "4 franjas com vidrilho" e "350 metros de renda imitando *applie*", adquiridos pelo alfaiate Bernardes, aparentemente de origem francesa. Já no início do século XX, os alfaiates se voltam mais exclusivamente às roupas masculinas.

A informalidade era generalizada tanto na gestão dos negócios quanto na formação técnica. Existia escassez de escolas técnicas no Brasil: algumas das poucas opções eram os liceus de artes e ofícios existentes na maioria das capitais. Eles foram criados no Rio de Janeiro e em São Paulo, respectivamente em 1857 e 1873, oferecendo cursos, entre outros, de alfaiataria, corte e costura. Havia também escolas informais abrangendo métodos para confecção de roupas para crianças, roupas brancas (íntimas) e chapelaria. Recorrentemente, as técnicas eram passadas de profissional para profissional ou de pai para filho e mãe para filha, no dia a dia.

## Moda da *Belle Époque*

O conceito de beleza estética da *Belle Époque* – que sucedeu às identidades de moda da chamada Era Vitoriana – determinava, às elegantes, a "silhueta-ampulheta" ou a "cintura de marimbondo", construídas à força de espartilhos, que comprimiam o ventre e as costas e projetavam os seios para frente e as nádegas para trás. Rígido, feito de tecido forte, mantido ereto por varetas feitas de barbatana de baleia, o espartilho devia ser usado pelas mulheres desde os 11 anos e acabava por produzir deformações na estrutura óssea, como a atrofia das costelas inferiores; sacrificava também os pulmões, o baço, o fígado e os rins. A partir de 1918, no Brasil, foram introduzidas as varetas flexíveis de aço, que reduziram o sofrimento das mulheres: "As mais gordas com pretensões à elegância, no entanto, continuavam padecendo: a transpiração produzida por seus corpos provocava ferrugem e destruía não só os espartilhos, mas toda a roupa que os cobrisse".[8]

As descrições do espartilho são sempre condenatórias e terríveis. Foi ainda comparado a uma armadura medieval: "Depois de cingido e apertado, 'madame' comparecia confiante e risonha a uma festa onde não podia comer nem tomar um copo de água, porque a compressão do aparelho digestivo não lhe permitia tal liberdade. Tinha de debicar como passarinho [...] Não podia curvar-se. [...] Se rebentasse um cordão, aconteceria algo semelhante ao estouro de um pneu".[9] Um dos principais cronistas históricos brasileiros da *Belle Époque*, Luiz Edmundo, não é menos contundente: "[...] o pavoroso instrumento de suplício feito de lona, aço e barbatana de baleia durante cerca de oitenta anos viveu cingindo o busto da mulher, comprimindo-o, deformando-o, comprometendo, com isso, vísceras importantes, enfermando-as e até provocando a morte".[10]

Esses excessos resultavam do maior tempo que a mulher burguesa da *Belle Époque* dispunha para se dedicar a se embelezar, o que fomentava o consumo de modas coletivizadas de forma cada vez mais rápida, estimulando a indústria e o comércio voltados a disponibilizar novidades a cada temporada. Assim, modas que antes perduravam algumas décadas passaram a ser substituídas em períodos menores, lançadas a cada estação do ano. O processo era mais lento no Brasil, já que não dispúnhamos de uma produção local de moda. Praticamente tudo o que se consumia era importado: tecidos finos, roupas acabadas, moldes, acessórios.

Tínhamos uma indústria embrionária, atrasada em relação ao mercado de moda da Europa, onde já existia a figura do "profissional de moda", o *couturier* (costureiro), personagem que no Brasil só surgiria em meados do século XX. Sem criação local (exceto as advindas das tradições populares), tivemos durante décadas produção e consumo de vestes como decorrência do já usado na Europa e, posteriormente à Segunda Guerra Mundial, também nos Estados Unidos. E como é natural em todo processo de imitação, a cópia não conseguia repetir a matriz em suas especificidades, ritmo ou intensidade, mesmo porque o Brasil dependia da importação de produtos, fossem tecidos ou roupas acabadas de primeira linha. Nossa industrialização incipiente, iniciada justamente com a indústria de tecelagem por volta de 1840, produzia basicamente algodão rústico. Efetivávamo-nos na condição de economia periférica, fornecedora de matérias-primas extrativas e agrícolas às economias hegemônicas.

O Brasil da *Belle Époque* era ainda movido pela monocultura cafeeira – e nem a implantação da República, por um movimento militar, em 1889, mudara esse quadro. Enquanto lá fora havia burgueses clássicos, enriquecidos pelo capital industrial, aqui tínhamos ainda uma conjuntura política e econômica miscigenada em ideais republicanos e democratas, que conviviam com uma elite formada por barões e baronesas segregados em casarões patriarcais, comandando latifúndios movidos pela mão de obra não mais escravizada e, cada vez mais, de imigrantes advindos de diversas nações – inicialmente germânicos, depois espanhóis, italianos e japoneses – graças a políticas que objetivavam "branquear" e, assim, requalificar o trabalho manual disponível. A massa imigrante que aportava no Brasil trazia nas malas e nos baús roupas de tradições que influenciaram a caracterização de trajes usados em algumas regiões do País – como no caso da indumentária típica do gaúcho e do catarinense. Mas os imigrantes foram, com o tempo, obrigados a se adaptar às condições da nova terra adotiva, dispondo apenas de algodão barato para a confecção doméstica de peças bastante simples.

Foram muitas as transformações nos modos de vestir ocorridas nas duas décadas e meia abrangidas pela *Belle Époque*. No topo da hierarquia social brasileira, estava a elite cafeeira, que educava seus filhos na Europa e preservava hábitos aristocráticos. E a roupa era importada ou cópia do que se vestia lá fora, ainda que muitas vezes em desacordo com nosso clima e circunstâncias sociais. As mulheres consideradas belas eram as possuidoras do "'corpo-ampulheta', verdadeiras construções trabalhadas por espartilhos

e anquinhas capazes de comprimir ventres e costas, projetando seios e nádegas. A couraça vestimentar deveria servir para protegê-las, simbolicamente, do desejo masculino. Desejo alimentado pela voluptuosidade da espera, do mistério, do jogo de esconde-esconde que as mulheres traduziam com seus corpos. A mão cobria-se com luvas, os cabelos, com véus e chapéus, os pés com sapatos finos, o corpo, submerso por toneladas de tecidos, só se despia por ocasião de bailes. Aí os decotes revelavam o verdadeiro desenho de pescoços e ombros. O ideal do charme feminino correspondia a um mosaico de cheios e vazios, curvas e retas: ombros arredondados e inclinados em suave queda, pescoço flexível e bem lançado, seios 'obviamente' opulentos, bacia larga e *évasé* talhe esbelto e fino, braços carnudos, pulsos delicados e magros, mãos longas, mas recheadas, dedos afilados, pernas sólidas, pés pequenos e de artelhos bem graduados. Curvas, ondas, acidentes compunham a cartografia física, feita de escrupulosa distribuição de superfícies e volumes".[11]

Surgia também uma nova camada social, a classe média, composta pelo funcionalismo público e pelos profissionais liberais formados nas faculdades de direito e medicina, que paulatinamente eram criadas. As condições econômicas de cada faixa social determinavam suas formas de vestir. Mesmo sem estar na mesma situação econômica, os estratos menos aquinhoados não deixavam de imitar, de algum modo, as vestes das elites, que, por seu turno, copiavam ou importavam a moda da Europa. Esse movimento de importar e copiar gerou, certamente, adaptações de toda a sorte, ora para adequar as roupas ao nosso clima, ora pela criatividade ou por hábitos locais.

É possível dizer que os trajes do baronato cafeicultor, assim como os usados pela massa trabalhadora, replicavam, em escala decrescente, as vogas europeias, mas de modo dessincrônico e heterogêneo, o que continuaria ocorrendo até que os meios de comunicação alargassem o trânsito de informações sobre moda e costumes, e colocassem o mundo todo (ou quase todo) numa mesma sintonia. Essa "europeização" da elite brasileira resultou de nosso processo colonial e imperial, este último inaugurado com a chegada da Corte portuguesa ao Rio de Janeiro, que trouxe modas hegemônicas na Europa (vindas da França e Inglaterra). Os bons modos

europeus – incluindo a distinção no vestir – sempre caracterizaram, para nós, as qualidades de uma sociedade civilizada. Em particular, a partir da chegada da família real, a "boa sociedade" da Corte iniciou uma etapa de transformação desejando igualar-se, na aparência, aos europeus. Durante todo o correr do século XIX, a vida na corte exigia "a mulher de salão, a mulher vestida com propriedade e elegância e que, por procuração, refletia a riqueza dos homens".[12]

Isso se tornara mais viável após os navios movidos a vapor substituírem as embarcações a vela, reduzindo significativamente o tempo de travessia do Atlântico, fato que facilitou a importação de tecidos, figurinos e mesmo toaletes completas da Europa, em especial de Paris. Assim, lojas instaladas em redutos do comércio chique das maiores cidades, como a Rua do Ouvidor, no Rio de Janeiro, ou a Rua de São Bento, em São Paulo, puderam oferecer mercadorias variadas às senhoras da alta sociedade, que lançavam aqui as modas estrangeiras e eram copiadas pelas costureiras locais. Os livreiros que importavam publicações da Europa, em particular da França, incluíam também a oferta de periódicos ilustrados sobre moda francesa, com belas litogravuras, detalhando instruções sobre como confeccioná-las.

A pintura do rosto não era bem-vista na *Belle Époque*. Em seu livro O Rio de Janeiro do Meu Tempo, o cronista Luiz Edmundo ironizava: "Não há pintura de olhos, de lábios, nem de rosto. As mulheres cariocas são figuras de marfim ou cera, visões maceradas evadidas de um cemitério. Quando passam em bandos lembram uma procissão de cadáveres. Diz-se pelas igrejas que é pecado pintar o rosto, que Nossa Senhora não se pintava. [...] Usam, apenas, as nossas patrícias, como vaidade, um tom rosado, mas muito leve, nas unhas. E joias. Se uma aparece de lábio rubro ou de tez colorida, já se sabe, é estrangeira. Brasileira não pode ser. Isto é, pinta-se a atriz, quando entra em cena, e a frequentadora de casas de *rendez-vous*, quando sai para o ganha-pão. É a bela época. A sociedade condena a pintura do rosto, sem se lembrar que a cidade, cheia de ranço e de usanças coloniais, não deveria repudiar o que foi consagrado e bem-visto pelos antigos tempos, quando as nossas avós traziam as faces mais pintadas do que muita porta de tinturaria", ele enfatizava, lembrando os rostos excessivamente pintados dos tempos coloniais.

*Páginas centrais do jornal português distribuído no Brasil A Moda Ilustrada, Ano XXXIII, nº 1118. Lisboa, Portugal / Rio de Janeiro, Brasil, 11 de julho de 1910.*

É também de Luiz Edmundo uma das mais deliciosas descrições das vestimentas femininas daquela época: "Tempos das saias de baixo: três, quatro, cinco, seis saias, todas muito compridas, escondendo, quando soltas, os pés, mas que se arrepanham com mão direita. Tempo das *laizes*, dos *suraths*, dos *failles*, das nobrezas, dos adamascados, das casas, dos *pongés*, dos *molmols*, dos *nanzuks*. [...] As senhoras vestem saias compridas, amplas, cheias de subsaias, sungadas [levantadas] à mão; mostram cinturinhas de marimbondo, os traseiros em tufos, ressaltados por coletes de barbatanas de ferro, que descem quase um palmo abaixo do umbigo. Todas de cabelos longos, enrodilhados no alto da cabeça sobre os quais equilibra-se um chapéu que, para não fugir com o vento, fica preso a um grampo de metal, em forma de gládio curto, com um cabozinho enfeitado de madrepérola ou pedras de fantasia. Usam como fazendas o *surah*, o *faille*, o *chamalotte*, o *tafettás* e o *merinó*; calçam botinas de cano alto, de abotoar ou presas a cordão; o infalível leque de seda ou gaze na mão, sempre muito bem enluvada. [...] Começo da reação à botina, à bota de atacar, ao borzeguim de botão, como o aparecimento do abotinado e até do sapato para passeio, tempo das meias rendadas no peito do pé, dos leques, indispensáveis como complemento de uma *toilette*, das *mittaines*, dos chapéus enormes, cheios de plumas, fitas, flores, frutos e fivelas, que se equilibram sobre cabelos em coque e que se prendem por compridos estiletes de metal. [...] As boas costureiras chamam-se, aqui, Estoueight, Dumorthout, Dreyfus, Madame Guimarães. Chapeleiras de fama: Douvizy e Barandier. Sapateiros: Ross, Incroyable, Cadete. Cabeleireiros: Schimidt, Chesnau e Doré. Luveiros: Cavanelas e Formosinho".[13]

Naquele contexto, o correto vestir deveria ser contido e absolutamente adequado a especificidades das situações sociais, horário do dia, estado civil, idade e outros. "Havia roupa certa para o luto, para a quaresma, fantasias para o Carnaval e roupas de montaria; trajes para bailes, para *soirées*, para teatros, saraus, casamentos, primeira comunhão, passeios ou, meramente, para se estar em casa".[14] Num manual de 1900, lemos: "Nos vestidos, devem as senhoras de bom-tom evitar a multiplicidade de cores e, em uma palavra, tudo quanto indicar mau gosto, sendo bonito o gênero e boa a costureira. Nada de sobrecarregar-se nas rendas, fitas e outras bagatelas, para não ser objeto de riso".[15]

O luto era, em particular, ocasião em que a roupa entrava como elemento ritual relevante. Havia lojas especializadas exclusivamente em preparar o enxoval de luto da família. Em depoimento à historiadora Silvana Gontijo, Nieta Nava, que residia no Rio de Janeiro, relatou: "Quando mamãe morreu, fiquei dois anos só usando roupas pretas. Meu pai mandou vir da 'Casa das Fazendas Pretas' o meu luto e o de minha irmã. O traje era inteirinho preto: sapatos, meias, saias, blusa, chapéu com véu, luvas e bolsa. Não se podiam usar joias; só as de ônix, mesmo assim se fossem muito discretas".[16] No luto evidenciavam-se as interseções entre criação de moda e moral religiosa, que sempre existiu menos para condenar a

*Na página ao lado (acima), publicidade na Fon-Fon Ano 1, Nº 28; Rio de Janeiro, RJ, outubro de 1907; (abaixo) ilustração de moda de O Século Ano 1, Nº 52; Portugal, Lisboa, 5 de fevereiro de 1913.*

suntuosidade que o despojamento dos trajes, a exibição do corpo e as insinuações libidinosas. Essas influências, no caso brasileiro, marcadamente da Igreja Católica, ecoaram ainda até a metade do século XX, por meio de regras e bons costumes e dos livros de etiqueta, como o clássico Boas Maneiras, de Carmen D'Ávila, várias vezes reeditado nas primeiras décadas do século XX: "Em todas as eras da nossa história encontra-se, como prova de respeito religioso, o cuidado esmerado das *toilettes* com que se vai às igrejas [...] O vestuário de cor preta para as cerimônias da Semana Santa é uma bela tradição, mas para a Sexta-Feira de Paixão é de rigor para os católicos. [...] Não se deve entrar no confessionário de luvas, e muito menos se comunga com as mãos enluvadas. Não se comunga com os vestidos abertos mais de quatro dedos abaixo da garganta. Os homens se descobrem para entrar na igreja, e as senhoras só devem ali penetrar com a cabeça coberta. [...] Para as meninas, o tradicional vestido de organdi, organza etc. [...] O vestido de uma primeira comungante será sempre branco, de uma só peça, se possível recobrindo o tornozelo; com enfeites, pregas do próprio tecido do vestido e mangas compridas. O que a Igreja condena são os decotes, os tecidos transparentes, as saias e as mangas curtas e os enfeites de rendas e abertos".

Reforçando ainda essa relação entre roupa e religiosidade, Carolina Nabuco (1890-1981), filha do escritor abolicionista Joaquim Nabuco (1849-1910), contou: "Em menina, eu dava relativamente pouca importância aos vestidos que me chegavam de Paris e, em geral, à roupa que usava. Lembro-me, porém, da alegria com que, no meu sétimo aniversário (em 1897), usei meu primeiro vestido cor-de-rosa. Terminara nessa idade a promessa de minha mãe, seguindo uma devoção bem francesa e muito usada naquele tempo, pela qual, em honra das cores da Virgem Maria, as meninas eram *vouées au bleu et blanc* até determinada idade. Daí os sapatinhos azuis que me chegavam de Paris, por não existirem aqui".[17]

## Primórdios das têxteis

Historiadores da Revolução Industrial costumam estabelecer seu início justamente com o advento das máquinas automáticas de tecer, na Grã-Bretanha, entre os anos de 1750 e 1800. Os primeiros passos da indústria no Brasil também foram dados pelo ramo têxtil, mas com significativo atraso em relação à Europa, ou seja, em meados da primeira metade do século XIX. Antes, porém, de as máquinas "automáticas" de tecer chegarem aqui (então movidas à energia hidráulica, a carvão ou a vapor), ainda no período colonial, as manufaturas tiveram uma fase de apogeu. Em 1750, devido à farta produção de algodão no Brasil, a Coroa lusa implementou medidas auxiliares ao estabelecimento de manufaturas no interior do país. O progresso foi tanto (principalmente nas Minas Gerais) que os portugueses se alarmaram, pois desejavam sua colônia sul-americana delimitada à condição de mera produtora de matérias-primas.

Então, para impedir o "desvio de braços das lavouras ou das minas",[18] D. Maria I, a Louca, assinou, em 5 de janeiro de 1785, um alvará que proibia a atividade de "[...] todas as fábricas, manufaturas e teares de algodões; de tecidos ou de bordados de ouro e prata; de

brilhantes, cetins, tafetás ou de qualquer outra qualidade de fazenda de algodão ou de linho, branca ou em cores; e de panos, baetas, droguetes, saetas ou de qualquer qualidade de tecidos de lã ou misturados e tecidos uns com os outros; excetuando-se tão somente aqueles teares e manufaturas em que tecem ou manufaturam fazendas grossas de algodão que servem de uso e vestuário dos negros, para enfardar e empacotar fazendas e para outros ministérios semelhantes; todas as mais sejam extintas e abolidas em qualquer parte onde se acharem nos meus domínios do Brasil, deixando da pena do perdimento em tresdobro do valor de cada uma das ditas manufaturas ou teares e das fazendas que nelas ou neles houver e que se acharem existentes, dois meses depois da publicação deste."[19] Ou seja, a pena era a destruição do maquinário e a perda da produção. Na prática, constatou-se que, na maior parte das capitanias, existiam apenas teares artesanais.

Este alvará só cairia após a transferência da Corte portuguesa para o Brasil, em 1808, ano em que foi criado o Tribunal da Real Junta do Comércio, Agricultura, Fábricas e Navegação do Estado do Brasil, que objetivava dinamizar a economia brasileira para, desse modo, poder financiar a manutenção da Corte em seu exílio forçado pela invasão de Portugal por Napoleão Bonaparte. Em 1809, um novo alvará era editado para recomendar – ao inverso do anterior – o uso de tecidos fabricados no país pelas tropas do exército nacional e, ainda, estimular o setor com isenções fiscais e envio de técnicos a São Paulo e Minas Gerais para a instalação de filatórios e fábricas de tecidos. A alegria não demorou muito. Já no ano seguinte, para mimar os parceiros ingleses, a Corte portuguesa decidiu encetar o Tratado de Comércio e Amizade com a Grã-Bretanha, que dava tratamento tarifário especial, de 15%, a produtos advindos daquele país – taxa menor que a incidente sobre as próprias mercadorias vindas de Portugal (16%), sendo de 24% para aquelas das demais nacionalidades. Foi o suficiente para aniquilar as poucas manufaturas têxteis brasileiras e piorar as contas do governo, já que não existia um aparelho eficiente para captar as taxas devidas às aduanas. Das manufaturas (seria temerário usar o termo indústria) surgidas nesses primórdios, a primeira teria aparecido em 1814, em Vila Rica – posteriormente Ouro Preto.[20]

Naquele tempo, praticamente tudo que se consumia no Brasil vinha do exterior: de tecidos a calçados, de remédios a velas e sabão. A produção interna (industrial ou artesanal) não se desenvolvia, sufocada pelas importações. A produção têxtil interna ocorria em pequena escala, gerando tecidos de algodão, linho e juta para "roupas rústicas, rendas, redes, mosquiteiros, cordas, cordões e sacos feitos em fusos, rocas e teares manuais, operados por artesãos das próprias fazendas ou por fiandeiras e tecelões em pequenas oficinas independentes nas cidades",[21] atividade ligada à economia de subsistência, no máximo a um parco comércio regional.

Este quadro só melhorou após o início do Segundo Reinado (1840), quando uma lei, de 12 de agosto de 1844, conhecida como Tarifa Alves Branco (devido ao seu autor, o então ministro da Fazenda, Manuel Alves Branco), estabeleceu que cerca de 3 mil artigos importados pagariam taxas entre 20% e 60%. Para as mercadorias mais necessárias ao consumo interno, foram estabelecidas taxas de 20%. A maioria delas foi taxada em

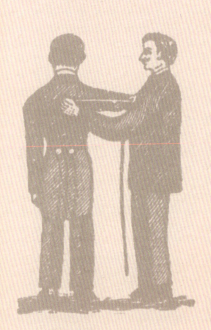

*Ilustração retirada de Catálogo de Clichês / D. Salles Monteiro; Ateliê Editorial, São Paulo, SP, 2003.*

## ÍNDIOS JÁ CONHECIAM O ALGODÃO

Nativo do país, o algodão arbóreo era já cultivado pelos índios quando os portugueses aqui chegaram, embora fosse usado principalmente como alimento (para produção de um mingau feito com o caroço esmagado e cozido). Entretanto, a fibra servia também para tecer tiras a fim de compor ornamentações para o corpo, tiaras, redes para dormir etc. Há informações de índios do Amazonas que teciam roupas de algodão, estas tingidas de azul.

Ao chegar aqui, os portugueses identificaram a existência do algodão como uma das riquezas naturais a serem exploradas. Em carta datada de 1549, o padre Manoel da Nóbrega escreveu da Bahia ao também clérico – padre mestre Simão: "[existe a] necessidade de virem pessoas que soubessem tecer o algodão, que cá há muito".[1] E ainda sugeria a necessidade de se produzirem roupas para cobrir os convertidos: "Ao menos uma camisa a cada mulher, pela honestidade da religião cristã".[2] De fato, os jesuítas ajudaram a disseminar entre os índios que habitavam o litoral baiano o ofício da tecelagem que, por volta de 1562, chegava ao Espírito Santo. A Bahia era, junto com Pernambuco, o território com maior produção da fibra. A qualidade do algodão brasileiro desde cedo chamou a atenção dos portugueses, e políticas de estímulo à sua produção foram implementadas, elevando-o a principal produto, ao lado da cana-de-açúcar, no modelo econômico agroexportador adotado pela Coroa.

Em 1703, o Tratado de Methuen, estabelecido entre Portugal e Inglaterra, estipulava a compra pelos ingleses de toda a produção de vinho português. Em troca, os lusitanos, além de obterem o apoio bélico britânico, deveriam importar tecidos britânicos. O acordo atingiu diretamente o Brasil, já que as exportações do nosso algodão aumentaram sensivelmente. Quando, em fins do século XVIII, as fábricas têxteis inglesas ganharam grande impulso, o algodão arbóreo de fibra longa, nativo do Brasil, foi premiado em Liverpool. Entre 1780 e 1820, continuamos a ser importantes fornecedores dessa matéria-prima para a Inglaterra. Quando o atento viajante francês Auguste de Saint-Hilaire visitou São Paulo, pouco antes de 1820, registrou que "o futuro da província estava no algodão, não no café".[3] Não foi bem assim, pois, a partir justamente daquela época, a Inglaterra passou a adotar políticas de proteção às suas ex-colônias, dando preferência ao algodão cru dos Estados Unidos e da Índia, além daquele do Egito.

Um hiato nessa política protecionista ocorreu durante a Guerra da Secessão, nos Estados Unidos (ou Guerra Civil, 1861-1865), quando houve escassez de algodão no mercado internacional e a Inglaterra voltou a importar o produto do Brasil, passando, inclusive, a estimular aqui o cultivo de espécies norte-americanas enviando sementes da Louisiana e de New Orleans às autoridades locais para que distribuíssem aos produtores brasileiros. A Manchester Cotton Supply Association incentivou, então, diretamente o plantio em São Paulo. A partir de 1870, todavia, com a recuperação da produção norte-americana, os preços do algodão baixaram novamente no mercado internacional a níveis anteriores à Guerra Civil e, nas décadas seguintes, o café passou a predominar como cultura central de exportação no Brasil. Mesmo assim, o país continuou a ser um grande produtor mundial de algodão.

1 *In:* Caminhos e Fronteiras, de Sérgio Buarque de Holanda; 3ª ed.; Companhia das Letras, São Paulo, SP, 1994.
2 Idem.
3 Viagem à Província de São Paulo, de Auguste Saint-Hilaire; Martins/Edusp, São Paulo, SP, 1972.

## A CIA. FIAÇÃO E TECELAGEM CATAGUASES

Criada por um grupo de sócios acionistas na cidade de Cataguases, região mineira da Zona da Mata, em 1905, a Companhia Fiação e Tecelagem de Cataguases passou a operar já no ano seguinte, com 20 teares importados da Inglaterra, produzindo 15 mil metros mensais de tecidos de linho. A empresa nasceu quase que em decorrência do surgimento, naquele mesmo ano, da Companhia Força e Luz Cataguases-Leopoldina (CFLCL), tendo inclusive alguns acionistas nos quadros de ambas as empresas: "É muito interessante, porque naquela época produziam-se tecidos com largura de 1,5 metro. Mas, em 1911, iniciou-se a tecelagem de algodão e os tecidos passaram a ter 90 centímetros de largura, quando meu bisavô comprou a fábrica e a transformou em uma fiação e tecelagem de algodão",[1] relatou Marcelo Peixoto, descendente do empresário Manuel Ignácio Peixoto, imigrante de Açores, que adquiriu, em 2010, o passivo da empresa, que se encontrava insolvente devido à inexperiência de seus fundadores no ramo.

A opção do bisavô de Marcelo Teixeira pelo algodão, fibra nativa do Brasil, colocou a indústria no rumo certo: "O linho era uma fibra importada, cotada em libra, enquanto que o algodão, principalmente o seridó antigo, estava disponível em nosso mercado, e Minas Gerais tinha boa produção de algodão, na região norte", acrescentou. A tecelagem mudou de nome várias vezes, chamando-se M. Ignácio Peixoto, M. Ignácio Peixoto & Filhos, Irmãos Peixoto & Cia. e, a partir de 1998, Companhia Industrial Cataguases. O patriarca Manoel Peixoto ficou pouco tempo à frente da empresa, falecendo em 1917; a partir daí, o grupo foi dirigido pelos filhos – quatro homens e duas mulheres –, que migraram para outras atividades industriais, algumas relacionadas ao mesmo mercado (como a produção de sacarias ou cuecas samba-canção). Entre os tecidos lançados pela Cataguases, um pioneiro de sucesso foi o Capitu, nome inspirado na personagem de Machado de Assis. "Foi desenvolvido pelo meu avô e, a princípio, ninguém acreditou nele. A Cia. chegou a ter um estoque absurdo desse tecido cru, porque era simples, de 90 cm de largura, 30x30, fio 30 também na trama. Foi criado como base para receber estampas e acabou mesmo sendo um sucesso. O Capitu da Cataguases é famoso até hoje; os mais velhos ainda conhecem o produto",[2] afirmou Marcelo Teixeira. O Capitu fez fama e ajudou a estruturar a empresa em seus primeiros tempos.

---

1     Depoimento ao projeto HMB, gravado em agosto de 2007.
2     Idem.

30%, ficando as tarifas mais altas (de 40% a 60%) para os produtos estrangeiros com artigos similares ou com possibilidade de serem produzidos aqui, o que abrangia alguns tipos de tecidos e estimulava a instalação de fábricas em território nacional.[22]

Foi quando surgiu um núcleo industrial de tecidos na Bahia, estado que produzia algodão com abundância já desde fins do século XVIII e que dispunha de boas fontes de energia hidráulica, além de sistemas fluvial e portuário que facilitavam o transporte das mercadorias. Já em 1834, começou a funcionar em Salvador a Fábrica Santo Antônio do Queimado; no ano seguinte, foi a vez da Fábrica Nossa Senhora da Conceição – as duas primeiras. O mais importante entre os estabelecimentos industriais têxteis baianos dos primórdios, porém, foi a Fábrica Todos os Santos, criada justamente em 1844, empreendimento inovador e de vulto, com participação de capital e mão de obra norte-americanos. Localizada no município de Valença, BA, foi um investimento da Lacerda & Cia., empresa dos sócios Antônio Francisco de Lacerda, Antônio Pedroso de Albuquerque e do norte-americano John Smith Gillmer, a maior do século XIX em toda a América do Sul.

A execução do projeto, cujas atividades produtivas tiveram início em 1848, coube ao norte-americano naturalizado brasileiro João Monteiro Carson. Foi o primeiro empreendimento a usar energia hidráulica (do Rio Una, BA) e a empregar cerca de 100 operários "nacionais e livres, de um e de outro sexo",[23] modelo de trabalho contrastante com o cenário escravista predominante na economia brasileira. Em janeiro de 1860, a fábrica recebeu a visita de D. Pedro II, quando já empregava de "200 para 300 operários, pela maior parte do sexo feminino, com belas máquinas, sobretudo as americanas",[24] de acordo com o próprio imperador. Cresceu, chegando em 1875 a fabricar 1,1 milhão de metros de tecido (35% da produção nacional da época), com 250 trabalhadores; porém, no ano seguinte paralisou suas atividades e foi incorporada, em 1877, à Valença Industrial.

Em São Paulo, faltam registros precisos que apontem a primeira indústria têxtil do estado, dentre as surgidas entre 1850 e 1860, na região de Sorocaba e Itu. Sabe-se que, em 1852, o abastado fazendeiro Manuel Lopes de Oliveira montou na sua fazenda de Sorocaba, junto às senzalas, "equipamentos para descaroçar, cardar, fiar e tecer panos de algodão",[25] teares montados ali mesmo e substituídos, em 1857, por outros vindos da Inglaterra (alguns sem plantas que informassem sua montagem). Produzia, com mão de obra escrava, "trezentas onças de fio por dia",[26] tendo fechado as portas por volta de 1861. Em Itu, o coronel Luís Antonio de Anhaia, junto com outros investidores, construiu, em 1869, a Fábrica de Tecidos São Luiz, mecanizada e a vapor, projetada por um engenheiro da Cia. Lidgerwood (com sede em Campinas); as máquinas e a mão de obra especializada foram trazidas dos Estados Unidos.

A Guerra de Secessão norte-americana, iniciada em 1861, provocara uma repentina valorização da lavoura algodoeira no Brasil, pois o fornecimento do produto aos ingleses, por sua colônia, ficara gravemente prejudicado. A demanda da Inglaterra por algodão estimulara o surgimento de novas fábricas na Bahia, no Rio de Janeiro, em Alagoas e em Minas Gerais; até mesmo as pequenas manufaturas se multiplicaram. Em 1866, Salvador e arredores abrigavam cinco das nove fábricas têxteis existentes no país, todas produzindo basicamente tecidos grossos de algodão para abastecer um mercado

*Ilustração retirada de Catálogo de Clichês / D. Salles Monteiro. Ateliê Editorial, São Paulo, SP, 2003.*

*Na página ao lado, a obra A Colheita e o Beneficiamento do Algodão, de 1916, de Oscar Pereira da Silva (1867-1939); USP/ Esalq, Piracicaba, SP.*

Abaixo, ilustração retirada de Catálogo de Clichês / D. Salles Monteiro. Ateliê Editorial, São Paulo, SP, 2003.

rural e urbano, formado por um grande contingente de escravos negros e de trabalhadores livres. Para se ter um parâmetro do atraso industrial brasileiro, na mesma época a Inglaterra possuía "mais de 3 mil fábricas de tecidos, contando com 11.250.000 fusos e empregando cerca de 600 mil operários".[27]

O caso é que o desenvolvimento da atividade, aqui, estava atrelado à importação de maquinário, já que não dispúnhamos – e demoramos muito para dispor – de uma indústria de base estruturada. Na década de 1860, possuíamos apenas nove fábricas de tecidos, enquanto que a Inglaterra contava já com mais de 3 mil estabelecimentos industriais. Em 1873, um grupo de fabricantes da Bahia foi premiado na Exposição de Viena pela técnica usada na produção de algodão grosso. Contudo, naquele momento, o fim da guerra civil norte-americana já havia viabilizado a retomada das exportações de algodão daquele país para a Europa, e as fábricas têxteis do Brasil tiveram de mudar seu foco para o atendimento do mercado interno, o qual era estável para tecidos e roupas em geral e que crescia proporcionalmente ao aumento das concentrações urbanas (com participação de imigrantes europeus). A principal dificuldade técnica era a importação de maquinário fabril. Nosso maior fornecedor era justamente a Inglaterra, que mantinha políticas rígidas de reserva de mercado, impedindo a venda de equipamentos têxteis mais sofisticados, fator que nos limitava à produção de tecidos rústicos.

De 1866 a 1885, a Bahia passou a ter 12 fábricas têxteis. Em todo o país, o total subira, em 1882, para 48, sendo que 33 delas ficavam no Sudeste (Rio de Janeiro, São Paulo e Minas Gerais).[28] Nove delas estavam em São Paulo, como a Fábrica São Luís, em Itu, e sua irmã, a Fábrica de Tecelagem e Fiação Anhaia, no Bom Retiro, em São Paulo (mais tarde, Cia. Fabril Paulistana). Em Minas Gerais, a Companhia de Fiação e Tecidos Cedro e Cachoeira teve sua primeira unidade na cidade de Taboleiro Grande, criada em 1872 pela família Mascarenhas; a Fábrica de Tecidos Marzagão foi fundada em 1878, na cidade de Sabará, MG. A Companhia Têxtil Ferreira Guimarães foi fundada na cidade de Valença, RJ, em 1906 (como Companhia Industrial de Valença) pelo coronel Benjamim Ferreira Guimarães; também na cidade do Rio de Janeiro, despontou em 1889 a Companhia Progresso Industrial do Brasil (que se tornou conhecida como Bangu, nome da fazenda onde foi instalada, transformando-se, mais tarde, num bairro da Cidade Maravilhosa).

Um empreendimento de vulto, implantado no Nordeste brasileiro, foi a Fiação e Tecidos de Malha, situada a 14 quilômetros de Recife, PE, que, em 1898, confeccionava "meias para homens, senhoras e crianças, do Amazonas ao Rio Grande de Sul".[29] Uma fábrica arrojada para a época, com seção de tinturaria e branqueamento impecáveis, equipada com hidroextratores e estufas. A empresa produzia a própria cartonagem (ou seja, caixas feitas de papel-cartão) e chegou a receber o Grande Prêmio, na Exposição do Rio de Janeiro (1908), além de Diploma de Honra, em Bruxelas (Bélgica, 1910) e em Turim (Itália, 1911).

No Sul do país havia, já no final do século XIX, empresas industriais fundadas desde o fim do Império. No Rio Grande do Sul, as primeiras, criadas em 1891 em Porto Alegre, foram a Cia. de Fiação e Tecidos Porto-Alegrense e a Cia. Fabril Portoalegrense; em seguida, veio a Santo Bocchi & Cia., tecelagem ítalo-brasileira fundada com capitais

42

estrangeiros. Produziam-se vários tipos de casimiras, cobertores, flanelas, baetas (tecido felpudo e grosseiro à base de lã) e mantas. A mão de obra dessas empresas era composta, de 1840 a 1890, por escravos; mesmo após a Abolição, isso pouco mudou... A maior parte dos proprietários tratava seus operários como os fazendeiros tratavam seus escravos; poucos recebiam pagamento pelo dia de trabalho.

Com as políticas de imigração europeia, adotadas principalmente a partir de 1890, começaram a chegar espanhóis, italianos e alemães, que foram ocupando postos na indústria têxtil, pagos como assalariados. Esses trabalhadores compunham grupos de famílias que viviam juntas sob a administração paternal dos proprietários. Tal regime gerou a construção de diversas vilas operárias, algumas por iniciativa das próprias empresas, como a Vila Zélia, fundada em 1916 pela Cia. Nacional de Tecidos de Juta, no Belenzinho, em São Paulo, e a Vila Chácara do Algodão, no posterior bairro Jardim Botânico, no Rio de Janeiro. Esta última foi um vilarejo habitado pelos operários da Cia. de Fiação e Tecelagem Carioca e se transformou num local onde, ainda em 2010 – decorridos os dez primeiros anos do século XXI –, estava estabelecido grande número de ateliês de moda autoral.

No final do século XIX, São Paulo deu uma arrancada no setor têxtil, preparando-se para assumir a liderança nacional, com o surgimento de diversos empreendimentos têxteis de porte. Por exemplo, no bairro da Mooca na capital paulista, os irmãos Crespi – Rodolfo e Giuseppe – criaram, em 1897, o Cotonifício Rodolfo Crespi, totalmente movido a energia elétrica, para produzir tecidos de algodão, malha e lã, artigos de cama e mesa, coberturas de colchão etc. Em 1907, um grupo inglês e escocês escolheu o mesmo bairro para implantar a Alpargatas S.A.

Em 1893, o empresário português Antônio Pereira Inácio inaugurou em Sorocaba, SP, a Fábrica de Tecidos Votorantim, com 1.300 teares. Para abrigar seus cerca de 3 mil operários, construiu uma verdadeira cidade, com rede telefônica, jardins e iluminação pública. Em 1881, próximo a Sorocaba, Martinho Guedes Pinto de Mello construiu a Companhia Fiação e Tecidos São Martinho, primeira equipada contra incêndio (provida de *sprinkler* – chuveiro automático contra incêndios), assim como foi dele a iniciativa de plantar algodão com sementes importadas durante a Guerra Civil norte-americana. Também foram importantes, nos primórdios das fábricas têxteis no estado do Rio de Janeiro, a Companhia América Fabril, fundada em 1878, em Pau Grande, distrito de Magé, RJ, e a Companhia Nova América, criada na década de 1920, na capital, por uma diretoria demissionária da anterior. Em Petrópolis, RJ, ainda no período do Império, constituiu-se também um polo têxtil a partir da inauguração da Companhia Petropolitana de Tecidos, em 1873, que atraiu trabalhadores de diversas regiões. Em 1889, ano da Proclamação da República, foi instituída a Fábrica de Tecidos Dona Isabel e, em 1903, a Indústria Cometa.[30] A Werner, de 1904, foi iniciada pelos irmãos Max, Leopoldo e Hilmar Werner.

# FON-FON!
## Five ó clock tea no "Bar" da Praia de Botafogo

A elegantissima festa mundana com o concurso das mais distinctas senhoras da sociedade *smart*, em beneficio do *Asylo do Bom Pastor*.

1 — Mesa branca — Mme. Galvão Bueno e senhorita Maria Isabel Ramos.

2 — Mesa amarella — Mmes. Bernardina Azeredo, Dyonisio Cerqueira e Carlos de Carvalho. Senhoritas Nair Azeredo, Dyonisio Cerqueira, Elsa Barroso e Zulmira Muniz.

*Ao lado, página de Fon-Fon, Ano I, Nº 28, Rio de Janeiro, RJ, 19 de outubro de 1907.*

*Abaixo e na página ao lado, ilustrações de moda retiradas de O Século / Suplemento de Modas & Bordados, Ano I, Nº 32, Lisboa, Portugal/Rio de Janeiro, Brasil, 18 de setembro de 1912.*

## URBANISMO, MÁQUINAS E ROUPA

Nas primeiras décadas do século XX, novos conceitos de urbanismo promoveram uma remodelação das cidades, com a criação de espaços públicos de desfile, passeios e consequente exibição social, como jardins, praças e avenidas, replicados em menor escala também nas pequenas e médias municipalidades interioranas. Nesses locais, as famílias passaram a expor seu *status* social por meio das vestimentas. Cidades antes paroquiais, cortadas por vielas escuras, ganharam avenidas mais amplas, iluminação pública e redes de esgoto. Nasciam as cidades higiênicas, com ares cosmopolitas, concentrando populações crescentes e heterogêneas, compostas por imigrantes, egressos da escravidão e gente vinda do interior em busca de mais oportunidades. Tal contexto favorecia a individualidade e impunha a necessidade de mais cuidados pessoais com a aparência.

As cidades tornavam-se, portanto, espaços privilegiados ao desenvolvimento da moda, já entendida como "uma forma de exteriorizar a personalidade de cada um".[1] O novo urbanismo incluía ruas e centros comerciais que facilitavam o acesso a vários bens de consumo, de forma segmentada, para atender às diversas camadas sociais. Os produtos disponibilizados aos menos aquinhoados imitavam as modas de vestir das classes mais altas, o que gerou um processo cada vez mais acelerado de troca de modas, à medida que essas últimas rapidamente passavam a adotar "novas modas como forma de se distinguir socialmente".[2] Surgiram os magazines e as lojas de departamento.

As inovações urbanas e tecnológicas forçavam mudanças nas estruturas das roupas, adaptando-as aos meios de transporte mecanizados, cada vez mais velozes — como os trens, bondes e automóveis —, que exigiam vestes mais práticas e menos constrangedoras. Alterava-se um estilo de vida até então restrito a ambientes domésticos e religiosos. A intelectualidade republicana tropical já se preocupava também em fincar alicerces para a afirmação cultural da ex-colônia, mas, nos modos e modas de vestir, considerava-se ainda muito natural que as vogas viessem da França. Essa identidade cultural acabaria sendo encontrada mais nas tradições e festas populares, como a "festa da Penha, os candomblés, o Carnaval da Praça Onze, as rodas de samba, os quiosques e freges (festa ou função de má catadura), as favelas e zungas (albergue de ínfima classe)".[3] As elites do País, a exemplo da carioca, buscavam assemelhar seu cotidiano ao modo de vida europeu, com os "salões da moda, as confeitarias, as conferências literárias, o Jockey Club, o *five o'clock tea*, os passeios pelo Botafogo, Flamengo e pela Avenida Central".[4]

---

1     Trabalho, Lar e Botequim: o cotidiano dos trabalhadores no Rio de Janeiro da *Belle Époque*, de Sidney Chalhoub (org.); Nova Fronteira, Rio de Janeiro, RJ, 2005.

2     Idem.

3     Idem.

4     Idem.

Em Santos, SP, na primeira década do século XX, a belga Bunge y Born iniciou atividades com a aquisição do Moinho Santista e, posteriormente (1929), implantou uma fábrica para atender à demanda de sacos dessa própria empresa e de outras indústrias. O ramo têxtil acabou sendo responsável pela formação de importantes núcleos econômicos, gerados a partir de vilas e centros urbanos que surgiram em torno de tecelagens, como a cidade de Americana, SP. Regiões inteiras foram marcadas economicamente pelas fábricas têxteis, como: a da Linha Sorocabana; a zona industrial da capital, em São Paulo; o Vale do Itajaí, SC; a Zona da Mata, MG; a cidade de Paulista, PE; e a Região Serrana, RJ.

## Comércio de roupas no Império

Entre as medidas de liberalização adotadas após a chegada da família real portuguesa, em 1808, passou a ser permitida a entrada de imigrantes de outras nações europeias no Brasil. Muitos deles foram fundadores de manufaturas e comércios no segmento do vestuário, no Rio de Janeiro e em outras cidades do Império. Em seu livro O Velho Comércio do Rio de Janeiro, originalmente publicado pela Garnier, em 1910, Ernesto Senna – jornalista e historiador nascido em 1858 – fez um relato raro sobre o comércio no Rio de Janeiro no período, no qual descreveu os "caixeiros" (atendentes das lojas): "Seu vestuário sóbrio consistia de jaqueta de alpaca preta, calça e colete, de fazenda escura sempre, alva camisa de colarinho deitado, não usando gravata, nem deixando desaparecer entre as fumaradas do bom charuto o preço avultado do seu custo. Caminhava e caminhava muito, diariamente, e a pé, levando as encomendas à freguesia ou entregando nas residências das costureiras volumosos embrulhos de roupas cortadas para o respectivo preparo".[31] Eram "dúzias de calças, paletós e ceroulas etc.", levadas às costureiras, "moradoras quase sempre em meio arrabalde da cidade".[32]

Entre as lojas de comércio existentes no Rio de Janeiro, destacadas por Senna, algumas se relacionavam à produção de roupas. É o caso de um armarinho – loja de miudezas – chamado Ao Bastidor de Bordar, fundado em 1844 pelo suíço Jacques Henri Roche, a partir de uma "casa de modas" que adquirira de Joseph Tracola, criada dois anos antes. O Ao Bastidor de Bordar ocupou vários imóveis na Rua do Ouvidor, fixando-se, afinal, no número 87, onde se tornou conhecido também como Casa Mme. Roche, devido à nora do fundador ter se ocupado, em sua última fase, com o atendimento da freguesia. Comercializava "aviamentos de bordar, objectos de phantasia e de miudezas de armarinho", como "lãs, sedas frouxas, frocós, missangas, desenhos, talagarsas, bastidores, e uma variada collecção de artigos de madeira esculpida".[33]

Também instalada na Rua do Ouvidor, a loja Ao Trovador, de 1855, foi criada pela francesa "concerteira de rendas"[34] Eugénie Dol, que oferecia à clientela mais abastada da capital federal suprimentos de camisas, ceroulas e roupas brancas "sob medida".

*Acima, ilustrações retiradas de Catálogo de Clichês / D. Salles Monteiro. Ateliê Editorial, São Paulo, SP, 2003.*

*Na página ao lado, pequenos anúncios no jornal O Século, Ano II, N° 98, Lisboa, Portugal/ Rio de Janeiro, RJ, 24 de dezembro de 1913.*

## AS MÁQUINAS DE COSTURA

A ideia de uma máquina que substituísse a costura manual surgiu por volta de 1760 e, daí por diante, diversos inventores desenvolveram projetos e patentearam modelos em vários países, sem que nenhum alcançasse bons resultados práticos. Por volta de 1830, Barthélemy Thimonnier, um alfaiate francês, pôs à venda um modelo com uma agulha de ponta dupla acionada por uma alavanca, movimentada por uma roda, o que permitia à sua máquina produzir 200 pontos por minuto, fazendo-o alcançar algum sucesso. Mas, por isso mesmo, Thimonnier tornou-se malvisto e foi quase linchado pelos de sua classe, precisando fugir para a Inglaterra, de onde retornou à França, pobre, anos mais tarde. Quase ao mesmo tempo (em 1834), o norte-americano Walter Hunt desenhou uma máquina de pesponto, que não chegou a comercializar. Seu compatriota Elias Howe usufruiu daquele invento, patenteando em 1846 um modelo que tinha uma lançadeira sincronizada com a agulha. Em 1851, Isaac Merrit Singer, mecânico, ator e inventor, patenteou um modelo que alcançou grande sucesso de público por sua eficácia. A empresa que Singer fundou para comercializar seu invento foi ainda pioneira no sistema de vendas à prestação.

No Brasil, as máquinas de costura demoraram a se popularizar, apesar de a Singer ter instalado seu primeiro ponto de venda, ainda em 1858, na Rua do Ouvidor nº 117, no Rio de Janeiro. Ocorreram a partir daí vendas esparsas, porque só 30 anos mais tarde a Princesa Isabel concedeu autorização para a empresa efetivamente funcionar no país, quando foram abertas filiais – Niterói, RJ; Campos, RJ; São Paulo, SP; Salvador, BA; Recife, PE; e Pelotas, RS –, cujas vendas já eram feitas pelo sistema a crédito, com pagamentos semanais (de um mil-réis).

Só em 1905 saiu o registro definitivo para a Singer operar no Brasil. A partir de então sobreveio, efetivamente, a popularização de seu produto, a ponto de a marca tornar-se quase sinônimo de máquina de costura. Em 1910, um novo salto: teve início a fabricação em série, também pela Singer, das máquinas elétricas de costura, que demoraram a ganhar mercado em razão do preço mais alto. As máquinas de costura permitiram que qualquer pessoa pudesse criar suas próprias roupas. Durante muitas décadas, foi objeto de desejo de grande parcela das mulheres brasileiras e considerada uma "companheira inseparável da dona de casa".[1] O uso frequente da máquina de costura doméstica chegou, inclusive, a ser tema da Medicina, em trabalhos pertinentes e outros nem tanto, como o do médico António dos Santos Coragem. Em sua tese de doutoramento pela Faculdade de Medicina do Rio de Janeiro, em 1919, ele afirmava que "o pedalar produzia excitação vaginal, daí a necessidade de se evitar o uso diário das referidas máquinas".

[1] História da Vida Privada no Brasil, vol. 3, de Fernando A. Novais (coord. geral) e Nicolau Sevcenko (org. do volume); Companhia das Letras, São Paulo, SP, 1998.

## IMIGRANTES E COMÉRCIO DE ROUPA EM SÃO PAULO

Após a Proclamação da República, os sucessivos governos civis estimularam a migração europeia e oriental para o Brasil objetivando requalificar a mão de obra antes quase exclusivamente negra e escrava, promovendo, como propósito simultâneo, o "branqueamento" da população. Naquele contexto, chegavam ao país trabalhadores com experiência têxtil (em particular, da Itália e da Europa Oriental), muitos dos quais se instalavam nas cidades que surgiam e cresciam em torno das estações de trem. O desembarque em São Paulo ocorria pelo Porto de Santos, SP, de onde eles seguiam para a capital paulista e, dali, para as lavouras no interior do estado. Muitos ficavam na capital, onde alguns bairros passaram a concentrar imigrantes, casos da Mooca, da Bela Vista e do Bom Retiro, endereços da maioria dos que aqui desembarcaram nas últimas décadas do século XIX. De 1911 a 1920, o fluxo de imigrantes aumentou ainda mais: entraram no Brasil 821.522 no período, que, somados aos cerca de 3 milhões de estrangeiros que aqui já viviam, equivaliam a quase 10% da população do país. Predominavam portugueses, italianos, árabes e, a partir de 1908, japoneses. Muitos deles tinham experiência em confecção de roupas ou se dedicavam a comercializá-las. "No Bom Retiro, mascates russos (denominados *clientelchiks*) vendiam tecidos, roupas e acessórios à prestação, para as classes populares da Capital e do interior paulista".[1]

A Rua 25 de Março (nome em homenagem à data da primeira Constituição Brasileira, outorgada por D. Pedro I, em 25 de março de 1824), no Centro da cidade, foi outra região que congregou imigrantes com vocação para o comércio de roupas. Até a virada para o século XX, havia ali mais chácaras que lojas. O local foi paulatinamente se transformando, com a chegada de imigrantes que vendiam por atacados e para mascates e "comerciantes que vinham dos mais distantes rincões do país".[2] Em 1901, havia ali mais de 500 lojas de imigrantes sírio-libaneses. Com a inauguração da Estação da Luz, o comércio do local ganhou forte impulso, ampliando as vendas a compradores do interior. Os negociantes tinham lojas embaixo e moravam com suas famílias na parte superior, em sobrados que se multiplicavam. Por volta dos anos 1930, estabeleciam-se na esquina da Rua General Carneiro os primeiros atacadistas de tecidos, que deram origem ao comércio que ainda existe com enorme força na região. Muitos desses imigrantes traziam também experiência em confecção de roupa e formaram um considerável contingente de alfaiates e costureiras, num tempo em que boa parte do vestuário dos brasileiros era confeccionada artesanalmente.

Ali tiveram início, ainda, muitas fabriquetas de confecção de roupas explorando produtos de qualidades inferiores, vendidos por mascates e viajantes. Eram pequenas indústrias, muitas vezes familiares, que requeriam "um capital mínimo; podia-se instalar uma fábrica com quatro ou cinco empregados, numa sala alugada, usando máquinas de costurar de segunda mão. Era muito comum que irmãos ou parentes cooperassem no mesmo negócio. Um dirigia a fábrica enquanto os outros viajavam para vender os produtos. Havia muitos revezes e falências, mas, gradualmente, essas indústrias prosperaram. Outros, observando o êxito, montavam fábricas idênticas".[3] Em 1920, um recenseamento em São Paulo confirmou que, dentre os 91 dos estabelecimentos industriais sírios e libaneses estabelecidos na cidade, "65 operavam no setor de confecções e 12 no setor de têxteis, dos quais oito no subsetor das malharias e meias".

---

1 Moda e Identidade no Cenário Contemporâneo Brasileiro: uma análise semiótica das coleções de Ronaldo Fraga, de Carol Garcia; dissertação de mestrado, PUC-SP, São Paulo, SP, 2002.

2 25 de Março: memória da rua dos árabes, de Rose Koraicho; Kotim, São Paulo, SP, 2004.

3 Stanley J. STtein, 1979. *In:* 25 de Março: memória da rua dos árabes, de Rose Koraicho; Kotim, São Paulo, SP, 2004.

4 25 de Março: memória da rua dos árabes, de Rose Koraicho; Kotim, São Paulo, SP, 2004.

O reclame da casa informava: "Apromptão-se camisas de casamento e de baile em 12 horas, e qualquer encomenda em tres dias",[35] destacando a prontidão do serviço. Os diversos itens que a casa comercializava – "sortimentos de roupas brancas para homens, senhoras e crianças; camisas de todas as qualidades, meias, ligas, cambraias, irlandas, morins, ceroulas, lenços de mão, gravatas, camisolas, chitas francesas para camisas, peitos de camisa bordados e de fantasia, *lingeries* para senhoras, enxovais para crianças, fustão, musseline, bazin brilhante, *nanzouck*, flanelas, tiras bordadas, entremeios, saias e camisas lisas e bordadas para senhoras etc."[36] – existiam para pronta entrega, à disposição da freguesia, em certa quantidade. Entre eles, vale destacar, havia roupas produzidas em série, em sistema artesanal.

A partir de 1872, os proprietários franceses retornaram a seu país de origem e a loja Ao Trovador passou para as mãos de Vitorino Pereira de Magalhães, antes empregado, que a rebatizou de Casa Dol. Com sua morte, em 1906, o negócio foi tocado por seu irmão Francisco – o senhor Chiquinho – e outros sócios. Manteve-se ativa até as primeiras décadas do século XX fazendo "importação e fabrico de roupas brancas e confecções, enxovais para recém-nascidos, batizados e casamentos";[37] mantinha inclusive uma casa de compras própria em Paris, 53, Rue d'Hauteville. Foi fornecedora da Casa Imperial e da antiga fidalguia da Corte; mais tarde, "de todos os chefes da nação e das famílias mais distintas"[38] da capital federal.

A Chapelaria Armada, estabelecida desde 1852 na Rua São José, oferecia grande sortimento de chapéus masculinos e femininos, e tinha "montada a sua fábrica, com maquinismos aperfeiçoados da época".[39] A casa adaptava, ainda, modelos europeus ao clima brasileiro: introduziu modificações no processo de fabricação, especialmente na guarnição da "carneira tubular"[40] no chapéu de sede de copa alta, "cujo defeito era o aquecimento demasiado da cabeça, inconveniente que fora sanado, pela penetração do ar e a diminuição do peso dos chapéus pela natureza da matéria-prima empregada".[41] Também comercializava chapéus importados e, a partir de 1904, desistiu da produção própria, em função dos baixos retornos, concentrando-se na venda de chapéus a varejo, importados ou de outros fabricantes nacionais.

Outro segmento que, à época, já contou com produção seriada foi o de calçados. A Calçados Clark foi a primeira fabricante de sapatos em série do país, criada pelos irmãos escoceses James e George Clark. Iniciou atividades no Brasil em 1822, quando montaram na Rua do Ouvidor, 35, uma "modesta" casa comercial, sem prateleiras ou armações (vitrines), servindo de mostruário os próprios caixões em que vinham da Escócia as diversas qualidades de calçados, fabricados em Kilmarnock. Reza a lenda que D. Pedro I recebeu a coroa de Imperador do Brasil, naquele mesmo ano, usando sapatos Clark – os de sua predileção. Um diferencial que chegou ao comércio do Rio com os irmãos Clark foi o preço fixo, razão do sucesso do negócio instalado em uma casinha "escura, sem ventilação ou adornos, de cujos tetos pendiam complicadas bambinetas de teias de aranha e onde, em enormes caixões, se amontoavam numerosos pares de borzeguins, sapatos, botinas, botas e galochas".[42]

*Ilustrações retiradas de Catálogo de Clichês / D. Salles Monteiro; Ateliê Editorial, São Paulo, SP, 2003.*

Em 1863, sob o comando de descendentes dos fundadores aliados a sócios brasileiros, foram instaladas lojas filiais no Rio Grande do Sul, em São Paulo e na Bahia e, em 1895, foi criada a primeira unidade fabril do grupo, num terreno de 5.000 m², no bairro da Mooca, em São Paulo, com mais de 200 máquinas e 300 operários, e capaz de produzir 20 mil pares mensais. Logo, foram estabelecidas dez casas filiais e agências em todas as principais cidades do Brasil. Quando se tornou norma governamental dotar as forças policiais, militares e o corpo de bombeiros de calçados, a Clark venceu diversas licitações, especialmente em São Paulo, e, em 1910, vendia 200 mil pares por ano[43]. Em meados do século XX, já era a maior indústria de calçados do Brasil, com uma fábrica no Rio de Janeiro, três em São Paulo, um curtume em São José do Rio Preto, SP, e 42 lojas próprias espalhadas pelo País.

## Confecções e comércios pioneiros

No período da *Belle Époque*, não havia no Rio de Janeiro, capital do país, "muitas casas comerciais centenárias",[44] e a produção de roupas em série restringia-se a peças femininas básicas – como *manteaux*, *robes de chambre* e alguns acessórios – e a poucas peças masculinas, como camisas e gravatas. "Até meados de 1910, a oferta de roupas prontas para homens e crianças era mínima. Com exceção das roupas de cama, mesa e banho e de algumas peças do vestuário feminino, a maior parte das coisas era encomendada em costureiras".[45] Segundo relato do jornalista Ernesto Senna, "tudo se transformou e progrediu na vertiginosa carreira do século XIX", quando o comércio carioca, refletindo apenas em parte o resto do país, "da unidade passou à variedade e da variedade à diversidade".[46]

Algumas das lojas e dos magazines pioneiros – por exemplo, Notre Dame de Paris, A Brazileira, O Barateiro, Casa Colombo, Casa Raunier e Parc Royal, todas do Rio de Janeiro; Casa Allemã e Mappin Stores,[47] ambas de São Paulo – somavam a oferta de tecidos e aviamentos com roupas prontas importadas. Descrevendo a elegância dos caixeiros (atendentes) desses estabelecimentos, Senna informa que eram "resplandecentes de custosos vestuários, deslumbrando a freguesia com abrilhantados anéis, alfinetes e botões de peito, calçando finas botinas de pelica e verniz e usando gravatas lustrosas e policrômicas".[48]

Eram lojas chiques: a moda pronta feminina que vinha da Europa era, evidentemente, muito cara. "As que tinham ambições sociais, mas recursos escassos, copiavam cuidadosamente os modelos vendidos nas lojas, esperando que os outros não percebessem que suas roupas eram feitas em casa. As que viviam com orçamento apertado guardavam cuidadosamente cada uma das roupas compradas em lojas como preciosidades".[49] É preciso ter em mente que tudo era importado: os tecidos (os aqui produzidos geralmente eram de baixa qualidade), os aviamentos e os acessórios. Essas lojas vendiam, portanto, as matérias-primas para a confecção de roupas em geral e ofereciam a possibilidade de executá-las em suas oficinas, copiando modelos da moda internacional – é claro!

A Casa Raunier merece destaque neste cenário: surgiu como modesta alfaiataria, criada pelo francês Edouard-Jean Raunier, em 1855. Prosperou em muito pela parceria que ele estabeleceu com o sócio português, João Cabral, homem "operoso" que, com sua hábil tesoura de alfaiate, fazia "prodígios de perfeição", cuidadoso ao manufaturar "uma casaca, uma sobrecasaca, um par de calças",[50] angariando "numerosa freguesia da gente abastada e dos leões da moda. [...] Em 1892, faleceu Cabral, que durante um quarto de século fora o mestre da moda, deixando perfeitamente solidificada a Casa Raunier".[51] A partir daí, Gabriel José Raunier, filho do fundador, assumiu a frente do negócio e o ampliou ao criar uma seção de "artigos para senhoras com oficinas de costura, suprindo-a de artigos superiores".[52]

Em 1902, a Casa Raunier inicia um ambicioso projeto de expansão, com a abertura de filial em São Paulo, num prédio elegante projetado por Ramos de Azevedo, na Rua 15 de Novembro, 39. Outro passo ousado foi dado em 1º de junho de 1907, com a inauguração de nova e luxuosa sede para a loja carioca, um verdadeiro *magasin* situado na esquina da Rua Uruguayana com Ouvidor. Revestido de mármore até o 1º andar, o prédio dispunha de três "ascensores, sendo um hidroelétrico, para passageiros, o outro elétrico, para cargas, e um outro automático, para pequenos volumes".[53] Seus 145 empregados operavam as oficinas de costura e alfaiataria, ou cuidavam da venda de diversificadas mercadorias em vestuário: chapéus para senhoras, calçado para homens e senhoras, perfumarias, roupas brancas para senhoras; cama e mesa, chapelaria para homens, camisaria, tapetes e cortinados; artigos para presentes e viagens; fazendas e confecções, seção para senhoras. Para abastecer seus estoques, possuía a casa de compras em Paris. Entre os entregadores da loja, no início do século, estava um jovem que faria grande sucesso no rádio – o cantor Orlando Silva. Foi entregando encomendas da Raunier que ele sofreu um acidente, num bonde, que o tornou manco para sempre. A Raunier sobreviveu em sua sede própria do Rio de Janeiro até 1950, quando cedeu lugar à Casa Sloper.

As confecções pioneiras surgiram no Brasil a partir de ateliês de costura ou da iniciativa de industriais têxteis na segunda metade do século XIX. Foi esse segundo fator que originou um núcleo instalado na cidade de Petrópolis, RJ, a partir da inauguração, em 1904, da Petrópolis Fabril – que, além de tecidos, confeccionava camisas masculinas e meias. Foi a precursora das confecções brasileiras, implantada em sistema artesanal pelo empresário Manoel Soares de Sá, que batizou a empresa com o nome da família. O sucesso do negócio – que escoava sua produção para a capital federal – estimulou o surgimento de outras iniciativas no ramo, originando um polo de confecções que se concentrou na Vila Teresa, ainda em 2010 reconhecido pela qualidade das malhas que fabrica, com o famoso comércio da Rua Teresa e arredores.

Um exame dos reclames publicitários veiculados por periódicos das décadas de 1910, 1920 e 1930 de editoras do Rio de Janeiro e de São Paulo confirma que a confecção de roupas prontas não abrangia, no período, todo o conjunto do vestuário, restringindo-se a peças de execução menos complexas e de custo factível à produção seriada,

*Acima e na página ao lado (detalhe), propaganda de Ao 1º Barateiro; Fon-Fon, Ano I, Nº 5, Rio de Janeiro, RJ, 11 de maio de 1907.*

## A PRESTIGIOSA CASA ALLEMÃ

Fundada em 1883 na Rua 25 de Março, em São Paulo, pelo imigrante alemão Daniel Heydenreich (1855-1930), a Casa Allemã começou como um comércio doméstico pequeno de artigos importados de seu país natal. Dois anos depois, foi para um cômodo alugado na Ladeira João Alfredo (posterior General Carneiro), Centro de São Paulo, mas sem vitrines – como ocorria à maior parte do comércio paulistano. Em 1893, transferiu-se para a Rua Direita, na região nobre do "Triângulo". Angariou prestígio, inicialmente, cativando a freguesia composta pelas colônias europeias – em particular as moças alemãs, francesas, austríacas e húngaras, que eram contratadas pelas famílias ricas para dar aulas a seus filhos. Elas teriam se encarregado de fazer a fama da casa junto às patroas.

Em 1910, transferiu-se para sua sede mais famosa, já como loja de departamentos, na mesma Rua Direita, número 176, ocupando prédio neoclássico em cimento armado, projetado pelo arquiteto sueco Carlos Eckman, com elevador, vitrines e farta oferta de produtos estrangeiros manufaturados. A partir de 1926, ganhou um salão de chá no qual eram promovidos desfiles, com novidades em roupas importadas da Europa. Chegou a ter filiais em Campinas, Jaú, Ribeirão Preto, Santos e Rio de Janeiro.[1] Em 1943, temendo retaliações decorrentes da Segunda Guerra Mundial, o estabelecimento mudou de nome e passou a se designar Galeria Paulista de Modas, que funcionou até 1959.

Jorge Americano narrou em São Paulo Naquele Tempo 1895-1915 a cena de uma senhora fazendo compras, em 1908, que bem denota o preconceito da classe média brasileira com os produtos nacionais:

"Entraram na Casa Allemã:

– Deixa ver aquela fazenda ali em cima, faz o favor. Não! Não é essa, a outra.

Desceu o caixeiro com a peça da fazenda. Desenrolou, amassou com a mão e esticou para mostrar que não vincava.

– É estrangeira?

– Não, é nacional.

– Ah, não serve. O senhor acha que vou comprar fazenda nacional?

– Temos estrangeira.

– Ah, isso sim.

– É que a senhora não tinha avisado.

– Mas não era preciso avisar; eu não estou fazendo compras para as criadas.

– A senhora me desculpe".

---

1   Mappin 70 Anos, de Zuleika Alvim e Solange Peirão; Ex-Libris, São Paulo, SP, 1985.

*Ilustrações do catálogo da Casa Allemã, São Paulo, SP, s.d.*

secundárias na demarcação dos estilos de moda. Predominavam roupas íntimas (chamadas roupas brancas ou roupas de baixo), camisas masculinas, roupas infantis, mantôs, vestidos (*robes*) e roupas de banho. Havia, ainda, acessórios diversos seriados, como calçados, meias, gravatas, punhos e colarinhos, comercializados em vários pontos.

Na capital federal, por exemplo, existiam as camisarias Ypiranga e Progresso; a confecção de coletes JPJ; os colarinhos da Marvelle; as meias Mousseline e Visetti; os sapatos da Clark e da Fox; além de vários fabricantes de chapéus – com destaque para a Ramenzoni, a mais famosa e antiga do ramo. Em São Paulo, segundo o memorialista Antônio Francisco Bandeira Júnior,[54] havia, já em 1901, diversos estabelecimentos – fábricas, fabriquetas e ateliês – intitulados "fábricas de roupas feitas", todos fundados após 1870, como Au Bon Diable, Augusto Rodrigues & Cia, Hermínio Ferreira & Cia, Braga & Cia, Samartino & Marrano, J. M. de Carvalho & Cia. Contudo, a maior parte da produção era feita por alfaiates e costureiras sem vínculo empregatício, contratados por produção. O quadro das confecções existentes no Rio de Janeiro e em São Paulo repetia-se, em menor escala, nos demais centros mais urbanizados do País – exceção para o Sul, onde um polo de confecção mais forte se firmou, desde os primórdios, em Porto Alegre, RS, e Blumenau, SC.

# Casas Pernambucanas

Uma das mais tradicionais redes varejistas voltadas ao vestuário de nosso país, as Casas Pernambucanas (posteriormente, somente Pernambucanas) espelha, em sua trajetória, a própria história do varejo no Brasil. O início da rede de lojas se deu com a inauguração, em 25 de setembro de 1908, da primeira casa, na Praça da Sé, em São Paulo, SP. Mas a história da Arthur Lundgren Tecidos S.A. teve início com o embarque, ainda em 1855, de Herman Theodor Lundgren em Norrjköping, Suécia, com destino ao Brasil. *Self made man*, Herman fixou-se na cidade do Recife, PE, onde passou a atuar no comércio exterior intermediando negócios de abastecimento de víveres e fretes de mercadorias com tripulantes e passageiros de navios estrangeiros. Já no Brasil, casou-se em 1876 com a dinamarquesa Elizabeth Stolzenwald, com quem teve 5 filhos.

Em 1866, ergueu seu primeiro empreendimento industrial, a Pernambuco Powder Factory – que se tornou conhecido como Fábrica de Pólvora de Pontezinha –, empresa que forneceu pólvora para o Exército Imperial de D. Pedro II durante a Guerra do Paraguai. Em 1904, os negócios de Lundgren rumaram para a área do vestuário, com a aquisição da Cia. de Tecidos Paulista, localizada na cidade de Paulista, Grande Recife, PE.

Alguns anos mais tarde, essa fábrica alcançava a condição de maior do Nordeste, num período em que os tecidos eram vendidos exclusivamente por caixeiros viajantes naquela região. Iniciou-se, então, uma bem-sucedida aposta na eliminação de intermediários na venda dos tecidos que produzia: os Lundgren ampliaram sua atuação para a Região Sudeste com a abertura da loja número 1 das Casas Pernambucanas, em

*Construção de loja da Casas Pernambucanas, Ribeirão Preto, SP, 1918.*

1908. Com a Grande Guerra, ocorrida entre 1914 e 1919, houve a necessidade de substituição das importações de tecidos, e então a Cia. Paulista de Tecidos e as Casas Pernambucanas ganharam impulso. Os distribuidores independentes dos tecidos produzidos pelos Lundgren reuniram-se na Arthur Lundgren Tecidos S.A & Cia, que, a partir de então, multiplicaram-se em centenas de filiais espalhadas por vários estados brasileiros comercializando a produção de sua fábrica por canais de distribuição próprios.

## A gaúcha Renner

Ações pioneiras na indústria de vestuário no Brasil ocorreram nos estados do Sul do país. No Rio Grande do Sul, Antônio Jacob Renner (1884-1966), neto de imigrantes alemães, investiu na recuperação de uma pequena indústria têxtil que passava por sérias dificuldades e apostou, em 1912, no lançamento das capas Ideal, impermeáveis e resistentes ao frio, ao vento minuano e às chuvas, produto que se tornou indispensável tanto ao gaúcho da campanha (do interior) quanto aos citadinos. A empresa instalou-se, inicialmente, num galpão de madeira utilizado para pouso de tropeiros, em São Sebastião do Caí, RS. Deu-se assim o começo do que seria a rede de lojas Renner, magazine em funcionamento ainda em 2010. Nos primeiros tempos, os fios eram importados, de baixa qualidade e os equipamentos, rudimentares. Com as restrições à importação impostas durante a Grande Guerra, a empresa aumentou suas vendas a ponto de a fábrica ter passado a trabalhar em três turnos.

No final da década de 1920, já era a maior indústria de fiação, tecelagem e confecção gaúcha, produzindo capas e roupas masculinas com o mesmo tecido. Foi uma das primeiras a investir na fabricação de ternos masculinos, até então feitos apenas sob medida. A produção industrial permitiu o pronto atendimento a custos bem menores. A técnica da fiação penteada, inovação da Renner, produziu um tecido similar à casemira inglesa. Em 1933, passou a produzir linho e estendeu sua produção a todo o Brasil, tornando-se um conglomerado com atuação em diversas áreas, nas quais incluíam-se a rede de lojas e as tintas Renner, além da fábrica de tecidos. Outras empresas gaúchas que prosperaram fabricando e comercializando roupas masculinas foram a Guaspari e a Wollens.

## Blumenau, tradição em malhas

A industrialização de malhas e confecção de Blumenau, SC, teve início em 1866, quando Hermann Bruno Otto Blumenau (1819-1899), o dr. Blumenau, adquiriu, na Alemanha, um tear de ferro para atender aos moradores de sua colônia interessados em implantar uma tecelagem. Fora o criador da Colônia Blumenau, projeto voltado à imigração de germânicos para aquela região do país, idealizado por ele e iniciado em 1850 em colaboração com o governo imperial brasileiro (a cidade se emancipou em 1880). A iniciativa do dr. Blumenau acabaria definindo uma vocação para sua colônia, continuada mais de uma década depois com o surgimento de uma das mais importantes malharias do Brasil, também por iniciativa de imigrantes germânicos – a Hering.

Originários de Hartha, na Saxônia – região alemã com forte vocação industrial –, os irmãos Hermann e Bruno Hering decidiram emigrar para o Brasil num período em que outros compatriotas para cá vieram, devido à depressão econômica que atingira a recém-unificada Alemanha, causando empobrecimento principalmente à classe trabalhadora. Hermann veio em 1878 e trabalhou em atividades diversas até que, em 1880, adquiriu um tear circular manual e uma caixa de fios em Joinville. Após ajustar sua máquina, confeccionou, ainda como teste, aquelas que podem ser consideradas as primeiras camisetas da marca Hering: uma pequena produção que ele e o irmão Bruno colocaram à venda, alcançando resposta surpreendente. Nasceu assim a mais tradicional malharia brasileira, também a primeira indústria têxtil e de confecção do município de Blumenau.

## OS MASCATES

A venda porta a porta de produtos diversos, muitos de vestuário, é uma tradição secular no Brasil e no mundo. Era comum nos séculos XVIII e XIX, e, muitas vezes, o único modo de as mercadorias das metrópoles chegarem ao interior do país; permaneceu intensa no século XX e ainda em 2010 era bastante comum. Nas primeiras décadas do século XX, os viajantes, em sua maioria contratados pelas próprias empresas, e os mascates, que vendiam livremente seus produtos, eram em grande parte imigrantes – de várias origens, mas predominantemente libaneses, sírios, árabes, turcos e judeus. Eles mantinham certa rotina nos itinerários que percorriam, de modo a habituar a freguesia ao seu aparecimento, todo mês, em determinado dia e horário, com suas malas e caixas carregadas de mercadorias, que chegavam a pesar "de 40 a 60 quilos, presas aos ombros por meio de tiras de couro".[1] Anunciavam-se fazendo estrilar a matraca (instrumento de percussão) ou apregoando em viva voz as belas mercadorias que portavam em suas "caixas de turco, dotadas de portinhas e escaninhos fechados com vidro",[2] de onde surgia um farto e variado sortimento de produtos, incluindo "alfinetes, dentaduras, cosméticos, óculos, novelos de lã, tesourinhas, pentes, colarinhos e punhos duros, botões de madrepérola, agulhas, gravatas, meias, fitas, rendas [...] peças inteiras de fazenda, morins, chitas, toalhas felpudas e de mesa, lençóis, uns poucos vestidos já prontos ou apenas alinhavados, pijamas",[3] entre outros. As demonstrações dos mascates, em praças públicas, eram encenações que paravam o público e movimentavam as pequenas cidades; poderiam ser comparadas ao "espetáculo de um mágico tirando maravilhas da cartola".[4]

Caso proeminente foi o do sr. Ragueb Chohfi, que aqui chegou vindo da cidade de Homs, na Síria. Tornou-se mascate por poucos anos, até se firmar economicamente; abriu comércio têxtil fixo e, depois, a empresa Cia. Têxtil Ragueb Chohfi. Nos idos dos anos 1980, quando já havia falecido e estavam à frente da empresa três de seus filhos (apenas os homens) – Lourenço (primogênito), Nagib e Raul Chohfi –, a empresa tornou-se a maior atacadista de tecidos do Brasil e da América Latina. Chegou a comercializar em torno de 13 milhões de metros de tecidos por mês, fornecendo produtos para lojistas e confeccionistas. Também trabalhou com o varejo atendendo diretamente ao grande público.

1 25 de Março: memória da rua dos árabes, de Rose Koraicho; Kotim, São Paulo, SP, 2004.
2 Idem.
3 Idem.
4 Idem.

*Ragueb Chohfi.*
*São Paulo, SP, c.d. 1976.*

# Esplendor do látex

Antes da chegada dos europeus às terras que seriam as Américas, os povos indígenas que habitavam o vasto continente já conheciam as propriedades extensíveis da goma, que chamavam de *cau-chu* ("madeira que chora"), obtida pela coagulação do látex extraído da seringa ou seringueira (*Hevea brasiliensis*), árvore nativa da Floresta Amazônica. Há relatos antigos sobre indígenas usando uma espécie de proteção para os pés feita com o látex e, já em 1525, um certo padre d'Anghieria relatou ter observado nativos do México jogando "bolas elásticas". Apesar disso, o primeiro estudo científico sobre o látex só foi realizado em 1735, pelo francês Charles Marie de la Condamine (de onde deriva o nome Condon para os preservativos anticoncepcionais masculinos), que conhecera essa substância durante viagem ao Peru.

Em 1770, o químico inglês Joseph Prisley recebeu amostras de um viajante e constatou que o material podia apagar marcas deixadas pela grafite quando esfregado sobre o papel. Ele, então, desenvolveu o produto que chamou de *indian rubber* ("esfregador indiano", já que a seringueira também existia nas Índias), disseminando um dos usos mais comuns dados ao látex, e, assim, batizou o produto em inglês: *rubber*, derivado do verbo *to rub* (esfregar). O nome em português decorreu também de uma das primeiras aplicações dadas pelos lusitanos à matéria-prima: a fabricação de botijas que substituíam as "borrachas de couro" usadas no transporte de vinho.

Com a Revolução Industrial europeia, teve início uma febre de interesse pela borracha. Em 1866, calçados toscos, inspirados nos modelos feitos pelos índios, eram fabricados artesanalmente, no Pará e Amazonas, e exportados para a Europa, de acordo com registro feito pelos reverendos James C. Fletcher e D. P. Kidder.[55] A partir desses modelos, surgiram vários calçados impermeáveis (as galochas) e produtos de látex, como tubos flexíveis e tecidos com fios extensíveis, criados em Paris em 1903 e usados como ligas ou suspensórios. Contudo, um sério problema comprometia o uso da borracha natural: com o tempo, ela se tornava quebradiça, ante o excesso de frio, ou aderente, se exposta a muito calor. Essas dificuldades só foram sanadas quando o jovem americano Charles Goodyear descobriu, acidentalmente, a técnica da vulcanização, ou seja, o cozimento do látex a alta temperatura com enxofre, que lhe deu excelentes propriedades mecânicas, como mais resistência e elasticidade.

Daí por diante, a borracha conquistou enorme emprego industrial, particularmente a partir de 1895, na emergente indústria automobilística, obtendo ótimos preços no mercado internacional

*Cartão-postal com vista da capital paraense no período do Ciclo da Borracha, tendo ao fundo o torreão do edifício que abrigava a loja Paris na América; Belém do Pará, PA, c.d. 1910.*

e dando início ao chamado Ciclo da Borracha, no Brasil, cujo auge ocorreu entre 1879 e 1912 – parte importante de nossa *Belle Époque*. Na indumentária, a borracha vulcanizada encontrou diversos empregos, como calçados com solados colados em lonas usados para práticas esportivas.

Consta que, já em 1832, uma indústria norte-americana patenteou um método para fixar solas de borracha a sapatos e botas. Em 1868, catálogos da Candee Manufacturing Company, de New Haven, em Connecticut (EUA), traziam como novidade as sandálias para jogar croqué, com sola de borracha, lona e cadarço. Estava criado o primeiro tênis. Mas foi com a produção artesanal de Joseph William Foster, em Bolton, Inglaterra, em fins do século XIX, que o calçado passou a ser usado para corrida. Em 1915, a Converse Rubber Company (que em 1918 criou a marca All Star) lançou um calçado para jogo de tênis; três anos depois, colocou no mercado o pioneiro, entre os modelos para basquete, com cano alto, solado de borracha marrom e lona preta. Em 1916, a U.S. Rubber Company (posteriormente Uniroyal) lançou o Keds, primeiro tênis produzido em larga escala, já colocando-o como parte do vestuário do dia a dia. Em 1922, na Alemanha, nasceu a Adidas – criada por Alfred "Adi" Dassler, focada em calçados para corrida e futebol.

A crescente demanda pelo látex, nas últimas décadas do século XIX, impulsionou transformações culturais e sociais em uma das regiões mais desabitadas e pobres do Norte do Brasil, enriquecendo as cidades de Manaus, AM, Porto Velho, RO, e Belém, PA, para onde grandes empresas e bancos estrangeiros foram atraídos. A renda *per capita* de Manaus passou a ser duas vezes superior à da região cafeeira do Rio de Janeiro, de São Paulo e do Espírito Santo, e a Amazônia tornou-se responsável por quase 40% das exportações brasileiras. Manaus, elevada a centro econômico do país, foi a segunda cidade a possuir energia elétrica (a primeira foi Campos de Goytacazes, RJ). Milhares de imigrantes estrangeiros foram para lá sonhando fazer fortuna, passos seguidos também por um vasto contingente de nordestinos que, fugindo da seca da década de 1870, foi trabalhar na coleta do látex.

Manaus e Belém eram prósperas e dotadas de benefícios que outras cidades ricas do Sul não possuíam, como sistemas de esgoto, bondes elétricos, água encanada e edifícios suntuosos. Em Manaus, destacam-se o Teatro Amazonas, o Palácio do Governo, o Mercado Municipal e o prédio da Alfândega; já em Belém, o mercado de ferro Ver o Peso, o Teatro da Paz, além de diversos palacetes residenciais. A cidade era conhecida, então, como Paris na América, nome dado também a um grande magazine (Paris N'América), fundado em 1870. Seu Cinema Olympia foi um dos mais luxuosos daquele tempo, inaugurado em 1912, no auge do cinema mudo internacional, na Praça da República, frequentado pelos elegantes clãs dos barões da borracha. A influência europeia, seja nos estilos arquitetônicos neoclássico e *art nouveau*, seja nos modos de vestir e viver, foi marcante nessas cidades.

*Alice Marcondes de Moura Motta e Nininha; Guaratinguetá, SP, 1913.*

O Ciclo da Borracha encerrou-se quando a Amazônia perdeu a primazia do monopólio da borracha para os seringais plantados pelos ingleses na Malásia, no Ceilão e em países da África. Em 1876, os ingleses contrabandearam sementes de *Hevea brasiliensis* para Londres e, por meio de enxertos, desenvolveram variedades resistentes, enviadas para suas colônias na Ásia, onde passaram a fazer exploração intensiva com plantio das árvores a distâncias pequenas entre uma e outra, alcançando assim mais produtividade. A incapacidade de evoluir nos métodos de produção dos governantes e produtores brasileiros custou caro ao país. A euforia durou até 1910, quando o Brasil já não suportava a concorrência das colônias inglesas, que, em 1913, nos superou pela primeira vez; seringais foram abandonados e seringueiros voltaram ao Nordeste.[56] Em 1916, uma era de fausto havia virado cinzas. Além disso, a Grande Guerra impulsionou pesquisas que geraram o produto sintético, o elastômero, material que, nas décadas seguintes, passou a ser fabricado em larga escala. O preço da borracha brasileira perdeu competitividade e, na ausência de alternativas econômicas, as regiões produtoras se estagnaram.[57]

## Trajes femininos na República Velha

Durante a *Belle Époque*, muitas vogas foram lançadas na Europa, e o Brasil tentou copiá-las na medida do possível. Vigorava, nas artes decorativas, nas artes aplicadas e na arquitetura, o estilo *art nouveau,* consagrado na Exposição Universal de Paris de 1900, que propunha um retorno à natureza com a adoção da estilização de formas orgânicas, o que evidentemente influenciou a moda de vestir feminina. A mulher tornou-se ainda mais curvilínea graças às roupas de baixo: os espartilhos justos afinavam a cintura ao máximo. O objetivo era que essa região do corpo atingisse uma circunferência mais próxima possível do pescoço. Além disso, na virada do século, a moda pedia uma espécie de "monobusto", que remetia a um peito de pombo. Para se obter este efeito, eram usadas armações especiais ou enxertados franzidos, rendas e laçarotes nos decotes. "Os figurinos vinham da França e traziam mudanças radicais a cada seis meses",[58] comentou em suas crônicas sobre a época o professor Jorge Americano – catedrático em Direito Civil que nos legou um delicioso retrato da *Belle Époque*.

As mangas ganharam novamente a altura do antebraço, abrindo-se nas extremidades, assim como as saias e os vestidos, justos nos quadris e coxas, mas abertos a partir da altura da panturrilha, descendo em formato de um bordão de sino até o chão e cobrindo os pés. "Na parte superior, o espartilho vinha até os seios fazendo o papel dos atuais *soutiens-gorges*. Na parte inferior, descia até a virilha", descreveu Americano, reforçando que o objetivo da peça, em vigor até meados da primeira década do século XX, era "dar realce aos seios e comprimir o ventre", efeito salientado "por laços, babados, *tuyautés* ["tiotês", em português; pequenos babados em formas ondulantes] nos seios".[59]

## MAGAZINES, VENHAM CORRENDO...

Alguns dos mais importantes magazines (ou lojas de departamento) – estabelecimentos com diversos setores oferecendo variada gama de produtos – foram criados no Brasil nas primeiras décadas do século XX. Essas grandes lojas surgem no mundo já desde o século XIX, como resposta do varejo à produção industrial e ao crescimento das metrópoles, dotadas de sistemas de transportes públicos e centros voltados ao comércio – evidentemente para atender às elites e classes médias. Na Inglaterra e nos Estados Unidos, elas foram batizadas de *department stores* – casos da Harrod´s, de Londres, ou da Macy's e a Bloomingdale's, de Nova York –; na França, chamadas *magasins de nouveautés*, como o La Belle Jardinière, o Louvre, a La Samaritaine, o Printemps, o Bon Marché e as Galeries Lafayette. Todas oferecendo variedade de produtos expostos diretamente ao contato do público, a preços fixos, sem intermediação de balcões e sem compromisso de compra. Nelas, a moda era um chamariz importante e as mulheres, um público preferencial. No Brasil, as primeiras lojas com características de magazines remontam, igualmente, ao século XIX: fala-se em "pré-lojas de departamento", no Rio de Janeiro, já em 1820, mas as pioneiras – ambas de 1870 – seriam a Paris N'América, em Belém do Pará, e a Notre Dame de Paris (Rua do Ouvidor, 182 a 188), na capital federal, onde apareceu, em seguida, a Parc Royal.

A Mesbla S. A. surgiu no Brasil como filial carioca da firma francesa Mestre&Blatgé, sediada em Paris, onde atuava exclusivamente no comércio de máquinas e equipamentos. Instalada em 1912 na Rua da Assembleia, 83, centro do Rio de Janeiro, teve no início pouca importância para a rede francesa. Quatro anos mais tarde, sua administração foi entregue ao francês Louis La Saigne, vindo da filial de Buenos Aires, Argentina. Em 1924, La Saigne tornou-se loja carioca autônoma, com o nome "Sociedade Anônima Brasileira Estabelecimentos Mestre et Blatgé"; em 1939, mudou seu nome para Mesbla S. A. (associação das primeiras sílabas do nome original) temendo que o nome francês pudesse ocasionar problemas devido ao fato de a França ter sido ocupada por Hitler durante a Segunda Guerra Mundial. A Mesbla passou a se dedicar a eletrodomésticos e outros artigos para o lar, formando uma rede de lojas nas principais capitais do país; verteu-se em loja de departamentos clássica a partir dos anos 1950.

Já a trajetória do grupo Mappin, que criou o primeiro grande magazine da capital paulista, remonta à Inglaterra de 1774, quando as famílias de comerciantes Mappin e Webb uniram-se e inauguraram, na cidade de Sheffield, uma loja de prataria e artigos finos. Foi com essa característica que o grupo se firmou e se manteve em seu país de origem, com cerca de dez lojas em diversas cidades, e em outras praças da Europa. Em fins do século XIX, o Mappin&Webb instalou-se em Buenos Aires, Argentina; em 1911, foi inaugurada a filial do Rio de Janeiro, na Rua do Ouvidor, 100 (loja que resistiu até 1960); no ano seguinte, 1912, foi aberta uma filial paulistana, na Rua 15 de Novembro, 26 – sempre com as características de comércio de produtos finos.[1]

A associação entre os ingleses da Mappin&Webb com os conterrâneos Henry Portlock e John Kitching levou à criação, em novembro de 1913, da Mappin Stores, primeira loja de departamentos do grupo, situada inicialmente no mesmo endereço da Rua 15 de Novembro, ao lado da loja já existente em São Paulo. Dotado de grandes vitrines de vidro, o magazine logo conquistou a próspera elite cafeeira da capital paulista, então com apenas 320 mil habitantes: de 40 funcionários chegou, em três anos, a 180. Em 1919, a Mappin Stores foi para novo endereço: um prédio de três andares na confluência das ruas Direita, de São Bento e da Quitanda – onde se criaria a retangular Praça do Patriarca, apelidada "esquina dos quatro cantos" –, num casarão projetado por Ramos de Azevedo que pertencera ao Barão de Iguape e já abrigara uma fábrica de chapéus e a Scaramella, casa de luvas, leques e miudezas para senhoras.

O sucesso do Mappin deveu-se às diversas inovações que introduziu: manteve, desde o início, seções de roupas prontas e chapéus femininos – importados da Europa –, além de uma oficina, que "funcionava basicamente para ajustar o tamanho dos vestidos que recebíamos prontos de Londres e Paris",[2] relatou Emília Mosca Cabrera, que atuou como costureira da loja em 1913. Já as roupas masculinas eram feitas sob medida

60  *Ao fundo, nesta e na página ao lado, detalhes de anúncio Mappin Stores.*

pela alfaiataria e camisaria da casa: "Para as camisas, só usávamos tecidos vindos da Inglaterra",[3] acrescentou Bartolomeu Perrota, contratado pelo Mappin em 1915, com 17 anos. Ele confirmou que o magazine atendia à elite paulistana — como os membros das famílias Prado, Souza Queiroz e Matarazzo. Nas primeiras décadas, as roupas femininas importadas eram apresentadas às clientes em catálogos sofisticados — enviados pelo correio — a cada estação.

O Mappin foi, ainda, um dos pioneiros na adoção do crediário (o famoso "crédito automático") e, a partir de 1929, quando a crise do café esvaziou os bolsos dos paulistanos, na colocação de etiquetas informando os preços dos produtos com o objetivo de atingir os consumidores de baixa renda. O sucesso do Mappin levou o grupo, desde cedo, a projetos de expansão para outras praças do interior de São Paulo e capitais do país. As lojas de departamentos foram, no início, casas de luxo; mas estavam predestinadas ao grande público...

1  Mappin 70 Anos, de Zuleika Alvim e Solange Peirão; Ex-Libris, São Paulo, SP, 1985.
2  Idem.
3  Idem.

*Acima, ao centro, publicidade Mappin Stores; São Paulo, SP, 1913.*

Os casacos podiam ter corte em "v", na parte superior, escondendo o busto. Os seios podiam ainda ser sustentados, pelo menos para as mais chiques, por um dispositivo metálico chamado *blanchet* (filtro), com efeitos bastante nocivos. Persistia o tabu das pernas, que deviam permanecer cobertas por várias camadas de saias, só deixando entrever, na "fímbria" (franja, guarnição), as pontas das botinas. As saias ainda dispunham de uma pequena cauda que se arrastava pelo chão, usada cotidianamente e para todas as ocasiões. Para andar na rua ou em outras situações em que a cauda não devesse ser arrastada, "a senhora apanhava-a por trás, com a mão, mais ou menos à altura da coxa, e a mantinha sempre segura, num gesto elegante, que evitava que a cauda fizesse a varredura das ruas".[60] Além disso, para ajustar os passos à roupa, muitas elegantes chegaram mesmo a aderir ao uso das chamadas "ligas de entrave" (presas às panturrilhas e unidas uma à outra por um fitilho ou cadarço), que restringiam o andar para torná-lo mais curto, compassado e elegante. Foi o auge do aprisionamento do corpo feminino, que, não por acaso, antecedeu a fase de liberação mais radical, que viria durante e após a Grande Guerra.

As saias de uso doméstico das senhoras, rodadas e geralmente em tons escuros, dispunham de corte lateral, chamado maneira, e eram abotoadas na cintura, por onde a mulher tinha acesso a outra saia interna, na qual havia um bolso em que eram guardados apetrechos como lenço, um pequeno caderno, lápis e chaves. Sob esta segunda saia, havia ainda uma ou até duas saias brancas, com babados, rendas e bordados, que podiam ser "percebidas por ocasião de algum movimento brusco".[61] Mais por baixo ainda, havia a calçola, peça de *lingerie* que cobria os joelhos e terminava em tiras bordadas, rendas ou babados engomados em *tuyautés*.

"Da cintura para cima – detalhou Jorge Americano – a primeira cobertura era a camisa (também segredo de morte), partindo da clavícula e descendo aos joelhos. Por cima da camisa, o espartilho, que tinha a função dupla de *soutien-gorge* e compressão da cintura. Acima, um 'corpinho' e, afinal, a *matinée*, que era um casaquinho folgado, de fazenda leve, ajustado por cinto da mesma fazenda, costurado atrás e entrelaçado na frente".[62]

No que diz respeito aos tecidos, vigoravam: no verão, seda, tafetá, gaze, *chiffon* de seda, crepe da Índia e linho; no inverno, *shantung*, veludo, lã, brocado e adamascado. O algodão, principal fibra produzida em nosso país, não era apreciado, ficando restrito às roupas de baixo e aos trajes de banho, que logo passaram a ser confeccionados em malha de lã. O caso é que o algodão era sempre associado à indumentária das classes mais pobres e continuava sendo considerado um tecido de segunda categoria. Diziam que Rui Barbosa perdeu nas duas campanhas eleitorais às quais se candidatou para a Presidência da República – em 1910, contra Hermes da Fonseca, e em 1919, em oposição a Epitácio Pessoa – porque sua plataforma eleitoral incluía a criação de uniformes em sarja de algodão azul para os funcionários públicos, proposta considerada ofensiva pela categoria.

*Na página ao lado, Henriqueta Catharino, descendente de Bernardo Catharino, rico empreendedor baiano; mais tarde, ela foi a fundadora do Museu do Traje e do Têxtil, Salvador, BA, 1909.*

Consideráveis também eram os acessórios femininos, como os broches (o camafeu era muito apreciado), os colares e os brincos; o leque, a bolsa e, sempre, os indefectíveis chapéus ostensivamente ornados, com arranjos florais, laços e plumas, sobre os cabelos, que deviam ser habitualmente longos e presos em coque ou por travessas: "A senhora vai sair. Tem trinta e cinco anos. A gola é sustentada por barbatanas altas [...] escolhe um 'toucado' e põe sobre os ombros uma capinha discreta de casimira ou tricô. Apanha a cauda da saia, recomenda alguma coisa à criada e vai. Está segura de que não ouvirá gracejos na rua. [...] As mocinhas usavam, também, chapéus em palha de Itália com espigas de trigo. Arranjavam os cabelos em *catogan*. Uma trança grossa, redobrada e tresdobrada, tão curta quanto possível, apertada por um laço de fita. Alguma coisa como a cauda do cavalo da estátua de Joana D'Arc na Place des Piramides, em Paris. Quando já moças, levantavam o cabelo e eram admitidas a usar *aigrette* [penacho] no chapéu, *mitaines* [luva sem dedos] e saia *entravée*, que começou a aparecer em 1910 ou 1912".[63]

Os cabelos longos para as mulheres eram uma tradição de séculos, símbolo de feminilidade e atração erótica, apesar de serem usados presos naquele período. Apenas às donzelas – moças jovens e solteiras – aceitava-se que os mantivessem soltos sobre os ombros ou em tranças. Para mulheres casadas, era considerado de bom alvitre conservá-los, em coques altos no cimo da cabeça, atados com "postiços de crina ou cabelo natural",[64] por meio de grampos e prendedores de tartaruga ou metal, deixando as orelhas de fora, sob chapéu

ou touca. Só deveriam soltá-los para seus maridos, na intimidade do quarto. À noite, em encontros socias, as damas poderiam polvilhar os cabelos com pó de ouro ou prata; durante o dia, usavam "chapéus delirantes com rendas, plumas e flores".[65] Cortá-los era uma punição reservada às adúlteras e devassas, quase uma castração, já que, sem eles, uma mulher se masculinizava e não seria mais desejada. Ainda nas primeiras décadas do século XX, "cortar a cabeleira era a forma sumária de expulsar prostitutas salientes nas pequeninas cidades e vilas do Brasil",[66] conta Luís da Câmara Cascudo, em Civilização e Cultura. Além disso, o corte do cabelo feminino podia também ser um símbolo de renúncia. Uma freira, quando entrava para o convento, cortava-os e passava a usar apenas o véu; também as viúvas que o faziam estavam anunciando a decisão de não contrair segundas núpcias e de abandonar as alegrias festivas da vida.

Os calçados femininos mais comuns eram as botinhas com muitos botões ou os sapatos fechados, bordados e com saltos baixos, usados com meias de lã ou seda. Os pés femininos deviam ser pequenos e estar sempre escondidos; era considerado apelo erótico mostrar os pés descalçados. Nos bailes, "as meias eram de seda branca e os sapatos em cetim da cor dos vestidos".[67] Entre os acessórios, toda mulher da época devia trazer consigo, ainda tomando a palavra de Jorge Americano, "[...] uma sombrinha ou guarda-chuva, uma pequena bolsa para dinheiro e um lenço, sempre na mão, por não caber na bolsinha. Pendurado por uma corrente de ouro, ao pescoço, o *lorgnon* espécie de óculos com cabo pelo qual era levantado à altura dos olhos para ver as pessoas e as vitrines das lojas, que deixava-se tombar, negligentemente. E mais uma corrente no pescoço, prendendo o leque de madrepérola e plumas brancas ou de madrepérola e renda branca; ou de tartaruga e renda, ou de seda ou pergaminho pintado, sustentado em varetas de marfim, adequados, conforme a solenidade – baile, visita ou passeio –, e também a idade e condição de viúva, casada ou solteira. Os leques de varetas de osso ou barbatana e papel estampado, assim como as ventarolas japonesas, com o vulcão Fujiyama, eram para gente pobre. Pretos para viúvas; cor-de-rosa para mocinhas".[68]

O guarda-sol ou sombrinha era acessório indispensável. Nos anos 1910, as sombrinhas longas fizeram grande sucesso, com cabos decorados que, muitas vezes, escondiam recipientes para guardar lenços, espelhos, fotografias etc. Confeccionadas em tecidos finos, como seda (branca, colorida ou preta), eram decoradas com pinturas (aquarela ou guache) ou bordadas com motivos florais. Podiam ainda ser em rendas (de Bruxelas ou irlandesas), com tantos furos que mal tapavam o sol. Em qualquer caso, havia a possibilidade de terem sanefas de rendas ou franjas nas bordas. Sem falar nas sombrinhas com duas coberturas sobrepostas. As mais extravagantes eram as feitas em ráfia. As japonesas, confeccionadas com papel de arroz, com estruturas de bambu e decoradas com desenhos de sumiê, eram usadas pelas moças menos aquinhoadas. O objetivo das sombrinhas, assim como das luvas e de todo um arsenal de roupas da época, era preservar a pele alva das moças, "com tom pálido, macilento, quase fúnereo",[69] sinal de distinção dos que não precisavam trabalhar de sol a sol.

A escritora Carolina Nabuco detalhou o costume: "Em moça, eu nunca ouvira falar em banho de sol. Não se admiravam as peles tostadas e, por isso, todas evitavam queimar-se. Também não era moda usar vidros escuros contra a excessiva claridade. Qualquer tipo de óculos era julgado desfigurante e posto de lado como apanágio das avós ou dos míopes. Nenhuma moça pensava em se enfear usando os que existiam então, sempre de vidro claro, com armação de metal. Nossa defesa contra o sol eram apenas as sombrinhas. Eu gostava especialmente de uma vermelha porque roseava minha palidez e quase me servia de cosmético, num tempo em que não se admirava o rosto pintado. As nossas *ombrelles*, ou sombrinhas, além de serem bonitas (muitas vezes cascateando em rendas e babados), eram de um manejo gracioso e feminino, como o dos leques, muito usados também. Tive uma de que guardo saudade; era de penas de maribu, montadas em tartaruga loura".[70]

Moças e rapazes da elite deviam evitar sair em horários de sol forte, alguns chegavam a tomar vinagre pela manhã, acreditando que, com isso, poderiam conferir "um efeito esverdeado e musgoso à cútis".[71] O uso das sombrinhas só declinou após a década de 1920, quando as roupas femininas tornaram-se mais leves e adequadas ao nosso clima, e teve início o hábito de bronzear a pele com o sol, que passou a ser moda, permanecendo em uso apenas a versão para proteção da chuva. E por falar em chuva, outro item introduzido na indumentária, a partir da aplicação industrial do látex, foram os tecidos impermeabilizados: "Lembro-me do prazer com que vesti uma capa

*Acima, Colletes de Mme. Garnier; Fon-Fon, Ano I, N° 31, Rio de Janeiro, RJ, 9 de novembro de 1907.*

*Na página ao lado, Almerinda Martins Catharino da Silva, irmã de Henriqueta Catharino, fundadora do Museu do Traje e do Têxtil; Salvador, BA, 1910.*

impermeável, recebida de Paris, presente de Laura Barros Moreira. Os impermeáveis, naquele tempo, eram uniformemente neutros e feios, de cor e feitio. Essa capa, porém, e o respectivo chapeuzinho, ambos de pelica branca com debrunzinho preto, eram espetaculares. Bastava um rápido passar de olhos para reconhecer a origem parisiense e apreciar o ineditismo da brancura",[72] continua Carolina Nabuco.

Também as luvas marcavam presença, usadas fora de casa (na igreja, nos teatros, em visitas e nos passeios) por mulheres e também homens, como "indispensável à distinção de uma *toilette*".[73] As regras de etiqueta da época diziam que "uma dona de casa nunca deveria receber de luvas, mas as visitas deveriam conservá-las".[74] Já nos teatros e reuniões sociais, mesmo à noite, as luvas eram abolidas "para deixar à mostra o trato das mãos e a riqueza dos anéis, indispensáveis, segundo as exigências da moda [...]; nos enterros, homens e senhoras conservam-se enluvados".[75] O ideal da beleza feminina era, de certo modo, ainda inspirado no romantismo, e a mulher devia parecer delicada como uma flor.

## Trajes masculinos

Ao contrário dos trajes femininos, a roupa dos homens percorreu uma trajetória contínua de despojamento, chegando ao início do século XIX quase a uma uniformização. O estilo decorado antes predominante nas cortes europeias, em particular na francesa, foi abandonado em favor de uma simplificação derivada das roupas de campo inglesas, que consistiam em casacas de tecido liso, paletó, camisas sem babados de renda nos pulsos ou no pescoço, calça culote (do tipo montaria), completados por botas resistentes nos pés e, na cabeça, chapéu em forma primitiva de cartola. Este costume inglês usado para montaria chamado *riding coat* (*redingote*, para os franceses e brasileiros) foi o ponto de partida para o traje que se fixou como roupa clássica do homem ocidental, o trio básico do vestuário masculino ainda nosso conhecido: o terno completo, composto por calça comprida, paletó (de dois, três ou quatro botões) e colete.

A burguesia fixou uma estética que se adequava aos novos papéis preconizados aos gêneros feminino e masculino. A roupa feminina enfeitava ao máximo uma mulher restrita a ambientes domésticos, ao passo que a do homem ampliava sua mobilidade e facilitava seu trânsito no mundo da indústria e dos negócios. Era a consolidação da roupa de trabalho para os homens. Os excessos, antes até mais próprios aos varões nobres, migraram para o gênero feminino, que, de certo modo, compensava a sobriedade masculina. O homem passou a expressar seu poder social e econômico por meio das vestes ornamentadas de sua esposa e filhas.

Na passagem da vestimenta exuberante e colorida do século XVIII para a austeridade do século XIX, um personagem teve papel destacado: o inglês George Bryan "Beau" Brummell (1778-1840), que se tornou famoso como o "Belo" Brummell. Filho do secretário particular de um lorde, ele cresceu em meio à aristocracia britânica, chamando

*Na página ao lado, Joaquim de Sousa Ribeiro, fundador do jornal Correio Popular, Campinas, SP, c.d. 1917.*

a atenção desde cedo pelo modo de vestir requintado e estilo sofisticado. Foi, por isso, considerado o precursor do dandismo – que consiste mais num comportamento masculino que valoriza o bem-vestir e o bem viver, do que propriamente num tipo de roupa específico. No contexto brasileiro, o dândi foi um ancestral do almofadinha (dos anos 1920), do janota (anos 1950), dos *yuppies* (anos 1980), dos mauricinhos (anos 1990) e dos metrossexuais (anos 2000). O "Belo" Brummell estudou em Oxford, onde conheceu o príncipe de Gales, mais tarde rei George IV, de quem se tornou amigo e protegido. Frequentando o White's Club londrino, ganhou fama de ser o homem mais bem-vestido de Londres. Para ele, a roupa devia, além de ter corte impecável, ser "suavizada" pelo uso, pois considerava a peça estalando de nova sinal de mau gosto. Demorava horas para se vestir e costumava mandar lustrar os sapatos com champanhe e mel. Em razão de sua paixão pelo jogo e da sua língua solta, terminou seus dias em um asilo na França, pobre e insano devido à sífilis. Mas isso não impediu que se tornasse lendário...

Brummell influenciou definitivamente a moda masculina ao lançar os lenços usados em laço – *plastrons* – sobre golas em pé, meticulosamente engomados e dobrados em laços duplos (nó que ganhou o seu nome), e, principalmente, pela introdução da calça "chaminé", num tempo em que as fábricas se multiplicavam. Trata-se da calça comprida masculina posteriormente de uso consagrado. Até então, vigoravam os culotes, calções de tecido que iam até o joelho, usados com meias brancas e sapatos (dos quais descenderam as calças

## CÓDIGO CIVIL DE 1916

Em 1916, foi aprovado pelo Congresso Nacional brasileiro um novo Código Civil que alterou vários pontos da retrógrada legislação civil anterior, editada em 1890, que conferia ao homem a chefia da sociedade conjugal, a responsabilidade pública pela família e por sua manutenção. No Código de 1916, a manutenção da família passou a ser responsabilidade dos cônjuges, mas esse aparente avanço não era mais que um paradoxo jurídico, já que vários de seus preceitos perpetuavam a submissão da mulher ao marido. Por exemplo, para trabalhar, a esposa dependia de autorização de seu cônjuge (ou de arbítrio de um juiz) e continuava cabendo ao homem a chefia da sociedade conjugal, a representação legal da família, a administração dos bens comuns, mesmo os só da esposa, além do direito de fixar e mudar o local de domicílio da família. A mulher continuava dependente e subordinada ao homem, além de inabilitada ao exercício de determinados atos civis, restrições equivalentes às "impostas aos pródigos, aos menores de idade e aos índios".[1]

1   *In*: História da Vida Privada no Brasil, vol. 3, de Fernando A. Novais (coord. geral) e Nicolau Sevcenko (org. do volume); Companhia das Letras, São Paulo, SP, 1998.

culotes usadas com botas para cavalgar). Desde a adoção das calças "chaminé", os trajes masculinos rumaram para formatos de maior conforto, compondo um homem que "ainda queria parecer importante, mas era mais ativo e criador do que os velhos lordes".[76] No século XIX, a moda masculina variou sempre a partir do trio calça comprida, colete, casaca/paletó, que não foi mais abandonado. Esse traje atenuava a visibilidade das barrigas, em contraposição aos antigos cortes das roupas. De 1810 até por volta de 1840, a casaca era ainda a de cavaleiro, com cauda até a altura dos joelhos, e, sobre a cabeça, a cartola. Daí até 1870, o comprimento da casaca encurtou. As camisas masculinas podiam ter colarinhos costurados diretamente na gola ou destacáveis, presos por meio de botões, modelo que foi muito usado da metade do século XIX até a segunda década do século XX. Os colarinhos podiam ser em pé, virados nas pontas (como os contemporâneos usados em trajes mais formais, como casacas ou *smokings*) ou dobrados, com as pontas caídas – chamados colarinhos clássicos –, feitos com entretela rígida ou semirrígida, com ou sem barbatanas. Sobre os colarinhos, ao invés de lenços largos, passaram a predominar as gravatas mais estreitas, que podiam ser drapeadas (com efeito de brilho obtido pela trama do tecido), em laço "borboleta" ou amarradas com nó e as pontas caídas para baixo.

Depois de um curto revivalismo das casacas de caudas mais longas, esta peça ficou restrita a ocasiões mais solenes, cedendo lugar definitivamente aos paletós mais curtos, ao mesmo tempo em que as cartolas foram substituídas por chapéus de feltro, roupa típica do homem da *Belle Époque*, quando se deu uma mudança significativa na roupa masculina. Os homens desejavam, então, uma roupa que se identificasse com o mundo mecanizado que o novo século prometia e modelos mais dinâmicos, sem o aprisionamento e o formalismo da casaca. Já não estávamos mais diante de "nobres pomposos, mas de empresários, e foi isso o que movimentou a roupa para libertá-la dos ditames dos tempos da rainha Vitória da Inglaterra".[77] Fixaram-se, então, no guarda-roupa básico dos homens das classes alta e média: a calça, o paletó e (mais tarde, só eventualmente) o colete, que deviam ser combinados com camisa (preferencialmente branca) de colarinho duro e gravata.[78]

Na *Belle Époque*, a valorização da elegância foi retomada e o dandismo ganhou diversos adeptos brasileiros, como o escritor João do Rio ou o aviador Alberto Santos Dumont. Este último, em 1906, realizou o primeiro voo com seu "mais pesado que o ar", batizado 14 Bis, em Paris, e se tornou um dos maiores símbolos de modernidade e requinte masculino de seu tempo, no Brasil ou fora daqui. Dândi típico, Santos Dumont lançou modas, em especial no período em que viveu na França, como o traje masculino com listras verticais – que disfarçavam sua baixa estatura –, e o chapéu panamá afunilado e com as abas caídas (sua marca registrada). Dava preferência às gravatas de cores chamativas, não dispensava uma flor na lapela, penteava os cabelos impecavelmente partidos ao meio e fixados com gomalina e mantinha o bigode bem aparado, imagem oposta à dos austeros senhores barbados com roupas pesadas do século XIX.

Testemunha do período, Jorge Americano registrou o processo de despojamento da indumentária masculina, ocorrido na *Belle Époque*: "Quase todos os senhores de 50 anos para cima usavam sobrecasaca e cartola preta. Iam inteiramente vestidos de preto, mas a gravata podia ter uma pintinha branca. Traziam bengala ou guarda-chuva, conforme o tempo. [...] Alguns senhores, bem mais antigos, como o Barão de Ramalho, vestiam sobrecasaca e cartola com calças brancas e traziam guarda-chuva. A gravata era uma espécie de fitinha ou cordão estreito, preto, cujo laço não armava e ficava pendente. [...] Os rapazes já estavam inovando. Começavam a vestir fraque claro, colarinho em pé, gravata plastrão de cor, com alfinete de pérolas, luvas, chapéu cinza e abas duras, partido ao meio; flor na lapela. Outros vestiam casaco escuro ou preto e calças de xadrez, colarinho em pé, gravata de fustão branco com uma espécie de anel de ouro para prendê-la, em vez de dar o laço; flor à lapela, bengala e chapéu-palheta. Esse mesmo traje comportava polainas e luvas, se o chapéu fosse de feltro cinza. Ainda um outro estilo era o terno escuro, todo igual, e o chapéu duro de coco".[79]

O uso das gravatas masculinas é bem anterior: apesar dos registros de adornos de pescoço em Roma Antiga, considera-se que surgiu no século XVII, na França, no reinado de Luís XIV, durante a Guerra dos Trinta Anos, a qual dividiu a Europa entre países católicos (Sagrado Império Romano) e protestantes (em particular a antiga Boêmia, posteriormente parte da Alemanha). O exército francês, que integrava o primeiro grupo, era formado por muitos mercenários croatas, que tinham o hábito de usar um tipo de lenço amarrado ao redor do pescoço, para também diferenciá-los dos outros homens durante as batalhas. O costume passou a ser adotado ainda pelos soldados franceses e, no fim do conflito, a aristocracia francesa (e em particular o rei Luís XIV), querendo tornar-se simpática ao povo, adotou a moda do lenço *à la croate*, de onde se originou a palavra francesa *cravate*, ou "gravata" em português. Exilado na França, o rei da Inglaterra gostou da moda e a levou consigo ao retornar para seu país, e assim as gravatas foram se espalhando por toda a Europa, também por aquecerem os pescoços nos períodos de inverno. E acabaram migrando com os europeus que vieram para as Américas, nem tão frias assim...

Inicialmente, o laço era feito a partir de lenços quadrados dobrados uma vez sobre a sua diagonal. Com o tempo, as gravatas passaram a ser enlaçadas de várias maneiras, inclusive no formato "borboleta". No decorrer do século XIX, ganharam um feitio mais prático de enlaçar: tiras cortadas na direção do tecido e forradas com outro tecido mais leve, com pontas longas que se cruzam obliquamente, a

*Alberto Santos Dumont; Paris, França, 1901.*

## RECEPÇÕES, 1913

"São cinco horas da tarde. É dia de recepção de D. Costancinha Vieira de Carvalho. [...] Servem chá com bolo e sanduíches no terraço dos fundos, de onde se assiste o tênis. Servem sorvetes. [...] Uma das moças que joga veste saia pregueada de flanela branca, até o tornozelo, blusa branca de renda, com colarinho e punhos, mangas estofadas. Usa preso com alfinetes, ao cabelo alto, um chapéu de palha (como palheta de homem), com laço de fita e buquê de *paquerettes* [margarida ou malmequer branco]. A outra veste saia azul-marinho pregueada, descendo até o tornozelo, e casaquinho-corpete azul, com gola revirada, colarinho e gravata. Tem na lapela um raminho de flores. O chapéu *canotier* preso com alfinetes ao penteado é de casimira azul e traz, como adorno, um beija-flor. Os dois rapazes que jogam usam calças compridas, de flanela, camisas brancas com punhos, colarinho e gravata. Ao terminar, vestem os casacos azul-marinho. [...]

São cinco horas da tarde. É dia de recepção na casa de D. Belinha Paranaguá, à Alameda Barão de Piracicaba. [...] Fala-se sobre literatura e teatro e comenta-se a tentativa de implantar a *jupe-culotte* [saia-calção]. A Casa Allemã contratara, há tempos, um 'modelo' para passear pela cidade, protegida por um caixeiro corpulento, muito vermelho, que lhe suspendia a sombrinha. Era uma calça de seda leve, muito larga, muito longa e ajustada no tornozelo. – 'Não pega!' [...]

São cinco horas da tarde. É dia de recepção na casa de minha tia Helena, à Rua Barão de Campinas. [...] Comenta-se a última fita do Cinema Royal e uma tropelia[1] dos 'Bororós', que se empilhavam no automóvel de Edu Chaves, seu tio. O carro passava na porta do cinema à hora da saída, a toda velocidade e com escapamento aberto. Não se sabe como não morreu gente..."[2]

1   Tropelia: tumulto; bororós era como se designavam grupos de jovens. Edu Chaves foi Eduardo Pacheco Chaves (1887-1975), filho de tradicional família de cafeicultores, fez fama como aviador, sendo o primeiro a realizar uma travessia noturna entre Paris e Orléans, em 31 de outubro de 1911.
2   São Paulo Naquele Tempo: 1895-1915, de Jorge Americano; Saraiva, São Paulo, SP, 1957.

chamada gravata plastrão. Essas, porém, desgastavam-se rapidamente e o nó apresentava rugas um tanto deselegantes. Por isso, ganharam algumas variações no formato de tiras e cordões. Em meados do século XIX, surgiu um grupo profissional que passou a ser identificado pelo uso da gravata: os funcionários de escritórios. Gravatas com cortes diagonais, tais como as usadas ainda em 2010, só surgiriam por volta da segunda década do século XX.

O sobretudo ou as sobrecasacas (também chamadas capotes) eram peças usadas sobre o paletó, sendo que o primeiro devia ter comprimento até a panturrilha; já a sobrecasaca contemplava variações, podendo ir até a canela. Confeccionadas em casimira e forradas de merino ou seda, podiam ter gola de veludo. Eram adequadas a ocasiões mais formais ou no inverno rigoroso; por isso, menos frequentes no Brasil ou usadas com algum sacrifício pelos "elegantes da região tropical, que trazem no mês de fevereiro sobrecasaca de lã preta inglesa e [...] diluem-se em cachoeiras de suor",[80] constatava o cronista Luiz Edmundo.

De acordo com seus relatos: "usa-se, ainda, a sobrecasaca, a cartola, o fraque fitado, coletes de seda de várias cores, colarinhos muito altos, gravata de *plastron* [plastrão]. É por esse tempo que surgem os 'pingas', umas famosas meias-cartolas, feitas de castor, algumas afuniladas, como as usadas durante a Revolução Francesa e, depois, ressurgidas em 1830. A moda, porém, dura pouco. No verão o homem ainda usa roupas pesadíssimas. O colete de sarja ou de seda é que se substitui, às vezes, por um colete de fustão branco. Os mais ousados usam uma faixa de seda em lugar de colete... O Raunier e o Lacurte são os grandes alfaiates de fama, não obstante, Almeida Rabelo e Vale vêm já se impondo. O Incroyable é, por assim dizer, o sapateiro oficial dessa (alta) roda. Chapéus, os da Chapelaria Watson".[81]

Também era prestigiado o *cavour*, uma capa usada sobre traje a rigor, composta por um sobretudo de casimira leve, forrado de seda, sem mangas, no lugar das quais havia duas cavas largas, por onde se passavam os braços. Toda a parte superior era coberta por uma capa curta, pouco abaixo dos cotovelos, presa à gola – um costume que caracterizou o personagem Sherlock Holmes, do inglês Arthur Conan Doyle. Para serem usadas nas mesmas circunstâncias que os *cavours*, havia, ainda, capas grandes de casimira preta, forradas com cetim branco, ao estilo das capas gaúchas, ou seja, cobrindo todo o corpo, até as canelas, sem mangas, permitindo a passagem das mãos e dos antebraços por talhos largos abertos à frente, na altura deles. Os fraques e casacas eram trajes masculinos antecessores dos paletós, utilizados nas altas rodas, ambos requintados e com cauda arredondada, fendida ao meio, até a altura da parte de trás dos joelhos. A diferença é que a casaca é talhada na cintura, tendo a parte de trás como continuidade das costas. Já o fraque parte do peito e continua em curva, reduzindo-se até o final da cauda. Ruy Barbosa usava fraques com frequência.

*Na página ao lado, festas no Campo de Sant'Anna; Fon-Fon, Ano VII, Nº 47, Rio de Janeiro, RJ, 22 de novembro de 1913.*

*Embarque para Europa do senador Lauro Müller (com bouquet), ao lado do ministro da Aviação, dr. Calmon (com bengala); Fon-Fon, Ano I, N°7, Rio de Janeiro, RJ, 25 de maio de 1907.*

*Na página ao lado, ilustração retirada de Catálogo de Clichês / D. Salles Monteiro; Ateliê Editorial, São Paulo, SP, 2003.*

A grande novidade das calças, na *Belle Époque*, foi o vinco na frente, além de uma eventual bainha virada à inglesa. Dois alfaiates portugueses foram os principais introdutores do "estilo inglês" na alfaiataria do período: Almeida Rabelo, no Rio de Janeiro, e Vieira Pinto, em São Paulo, onde o freguês deveria procurar a Casa Raunier – com sede no Rio de Janeiro e filial em São Paulo –, caso preferisse o estilo francês. Como acessórios, tínhamos, ainda, a bengala – empregada não como apoio, mas como representação de poder, substituindo as espadas antes usadas na cintura – e o relógio, colocado no bolso do colete e preso por meio de uma corrente a uma de suas casas de botão. Eventualmente, luvas...

A roupa masculina do final do século XIX era bastante austera: "O comedido e o moderado que então caracterizavam a atitude dos brasileiros, sobretudo os de idade, pareciam trazer algo da goma que lhes endurecia os colarinhos. Não existiam naquele tempo camisas esporte, e o colete era parte indispensável do terno, hoje reduzido a duas peças [costume]. Nunca, fora do seu quarto ou do seu gabinete de trabalho, vi meu pai [o abolicionista Joaquim Nabuco] sem paletó e colete. Aparecia a todas as horas do dia completamente aprumado, de gravata e colarinho. Nenhuma concessão fazia-se nas roupas às exigências do clima tropical, a não ser pelo peso do tecido. Também nenhum homem, de senador a operário, saía sem chapéu. Em geral, coco ou palheta",[82] registrou Carolina Nabuco. Ou seja, esses trajes caracterizavam a indumentária masculina preferida pelas elites "brancas" copiando a moda europeia. Negros e trabalhadores rurais usavam roupas simples, em geral em algodão rústico, mas ainda assim buscando reproduzir aspectos das vestimentas das elites: por exemplo, o chapéu, o paletó sobre a camisa e mesmo, quando possível, a gravata.

Entre os acessórios, os sapatos masculinos mais chiques eram os de verniz, sempre brilhantes, brancos ou em duas cores, sendo que este último viria a ser uma espécie de "distintivo do malandro carioca".[83] Muitas vezes, os sapatos eram usados com polainas, peças em pano ou couro que revestiam a parte superior do pé e da canela, protegendo o calçado e também a barra da calça da graxa de sapato. O borzeguim, sapato de tecido ou couro que cobria o pé e o tornozelo, fechado por cordões, marcou os anos 1910 e teve em Rui Barbosa um fã particular. Seu principal descendente foi o tênis de cano longo. Também as galochas – protetores de sapatos para as águas das chuvas, produzidas em borracha – tinham uso comum entre homens e mulheres abastados, sendo quase sempre produtos importados.

Na *Belle Époque*, a cartola sobrevivia entre os mais velhos ou durante acontecimentos cerimoniosos. Persistia, porém, o hábito de cobrir a cabeça em ambientes externos, fosse com chapéus de feltro ou bonés – esses últimos, por populares ou em ocasiões informais. Em ambientes internos, o uso de chapéus masculinos era considerado pouco educado e, no interior das igrejas, desrespeitoso; também jamais sentava-se à mesa com a cabeça coberta. Nos dias mais quentes, faziam-se presentes os chapéus de palha com abas, chamados de "palhinhas" ou "palhetas". Também usuais entre as mulheres, os chapéus podiam ser portados por elas, mesmo em ambientes fechados, sem constrangimentos.

Os monóculos e os óculos *pince-nez* ("pinçado no nariz") eram os preferidos: "[...] são as grandes *cocottes* que moram pela Richard ou Valéry, acompanhadas de velhos abrilhantados, de polainas brancas e monóculos; são diretores de jornais, banqueiros, senadores e deputados, *brasseurs d'affaires*, que vão trincar um *poulet Marengo* [...] Isso é chic, é elegante, é bom-tom. Consola, agrada, delicia",[84] ironizou o cronista Luiz Edmundo. Só nas primeiras décadas do século XX ganharam evidência os óculos de hastes sobre as orelhas, com aros de tartaruga.

Também a novidade do carro impôs novas modas. Como eram abertos e sem para-brisas (e as estradas não tinham qualquer pavimentação), foram criadas, para os motoristas, roupas que os protegessem do vento, da poeira e mesmo da chuva, como casacões e capas vestidos sobre as roupas habituais. Na cabeça, um boné eventualmente com abas que podiam ser abotoadas ao queixo, além dos óculos fechados nas laterais, ao estilo dos contemporâneos de natação. Para as mulheres, além de casacos e óculos, grandes echarpes para prender os enormes chapéus à cabeça – mas eram poucas as motoristas. "Qualquer passeio de carro a motor exigia o uso de guarda-pó e as mulheres prendiam seus chapéus com um véu amarrado sob o queixo. Viam-se nas ruas quase tantos carros parados quanto andando. Encalhes eram previstos em todos os programas", relatou Carolina Nabuco.[85]

A aviação também exigiu roupas próprias, inspiradas nas de caça: calças culotes, com polainas de couro altas, à altura das canelas, paletós curtos (de couro ou tecido espesso), bonés e óculos próprios. "O Adão moderno, com um pouco mais de roupa e um pouco menos de bigode, dispondo do monóculo e das pulseiras [...], é um boneco talhado em brilhantina concreta, perfumado com as essências femininas da frivolidade, escanhoado de bom senso, diabético de doçuras doentias, ataviado de figuinhas contra superstição da 'urucubaca' e tilitante de guizos do ridículo", escreveu, irônico, o cronista Cláudio de Souza, da Revista Feminina,[86] confirmando que o figurino do dândi sobreviveu no Brasil quase até o final da segunda década do século XX, sem dispensar luvas, bengala, chapéu de feltro, gravata inglesa e sapatos preferencialmente italianos.

A camiseta em malha de algodão, usada na Europa como "roupa de baixo" para proteção contra o frio e também para evitar que o suor molhasse a camiseta propriamente dita, veio para o Brasil no guarda-roupa de imigrantes portugueses e italianos e aqui, devido ao calor intenso, passou a servir de roupa "de cima" para trabalhadores

braçais. Nas horas de trabalho, eles tiravam a camisa e ficavam somente com a camiseta, como registrou o fotógrafo francês Marc Ferrez, no Rio de Janeiro, já em 1895. A popularização da camiseta, no entanto, aconteceu por meio do cinema, a partir dos anos 1930, e especialmente com Marlon Brando e James Dean, nos anos 1950. A moda *hippie* dos anos 1960 e 1970 conferiu uma nova cara a essa peça do vestuário, que ainda em 2010 era parte de qualquer guarda-roupa. "A camiseta surgiu por acaso e pela necessidade. É tão simples, objetiva e útil quanto recorrer a um camelo no deserto".[87]

## Banhos de mar

Os banhos de mar, que, desde meados do século XIX, eram mais de caráter terapêutico, tornaram-se, na virada para o século XX, parte do enaltecimento da vida esportiva. Evidentemente, o corpo deveria ser protegido o melhor possível do sol e, principalmente, dos olhos vizinhos. Os primeiros modelos de trajes de banho femininos, feitos em tecidos espessos (sarja, de preferência, ou ainda algodão), eram calças bufantes que iam até os joelhos, sobrepostas por saiote na mesma altura e por uma blusa-casaco acinturada até a altura dos quadris, abaixo das nádegas, com mangas curtas ou até os cotovelos. Muitas vezes tinham golas no estilo marinheiro. Na cabeça, usava-se uma touca franzida ou um chapéu de abas pequenas. As cores predominantes eram o preto ou azul-marinho. Nos pés, usavam-se sapatos de lona com solados de borracha ou corda, amarrados no tornozelo, algumas vezes com meias três-quartos.

Para os homens, os trajes de banho eram inteiriços, feitos em tecido de algodão e listrados, com a calça indo até o joelho. Jorge Americano descreveu na crônica Viagem a Santos (1900): "Para homens e meninos as roupas de banho eram de baeta azul. Justas no pescoço, uma abertura, com três botões. As mangas vinham até os cotovelos, pernas cobertas até os joelhos. Para senhoras ou meninas também eram de baeta azul. Tinham calção que descia até o meio das canelas, onde ajustava com elástico, e alargava em babados. Nos braços, o elástico era abaixo do cotovelo, e também alargava em babados. No pescoço, uma gola redonda, e um corte abotoado. Havia, do lado esquerdo do peito, uma âncora bordada. Gola, mangas e calção eram ornados com guarnição de cadarço branco. A parte da cintura para

*Az nossas praias de banhos*

*Página de Paratodos..., Ano I, Nº 54, 27 de dezembro de 1919.*

baixo era recoberta por um saiote fofo, até os joelhos, onde terminava por guarnições de cadarço branco. Uma touca, também de baeta azul com cadarço branco".[88]

Contudo, o banho de mar era prática pouco usual para toda a população e até considerado prejudicial à saúde, devendo ser feito sob recomendação médica. O amanhecer era a hora mais apropriada, evitando-se o sol: "De manhã, no inverno, levantávamo-nos às seis horas. Era escuro, mas devíamos ir pra o mar antes do sol, 'para não tomar congestão' e para aproveitar, 'porque a água era mais iodada nessa hora'. Sentíamos estremeções de frio, e éramos conduzidos por um banhista que cheirava aguardente 'para esquentar'. Dávamos meia dúzia de pulos contra as ondas amortecidas, voltávamos correndo para 'chegar com o corpo quente', e só então bebíamos leite com pão e manteiga. Daí podíamos voltar à praia, já com sol, com chapelões de palha, 'para evitar insolação'", continuou Jorge Americano.[89] As moças, após molharem-se nas franjas do mar, envolviam-se em roupões de banho: "Nos passeios de praia, depois do banho, as moças iam descalças, com vestidos caseiros, arregaçados, para não molhar quando caminhavam à beira-d'água. Os homens também iam sem sapatos, com a calça dobrada até as canelas".[90] Em Santos, as praias mais frequentadas eram Ponta da Praia e Gonzaga. No Rio de Janeiro, as elites preferiam Botafogo e a chamada Praia da Saudade, trecho entre a enseada de Botafogo e o Morro da Urca que resultara de aterramento feito em 1908, ocupado, a partir de 1920, pelo Iate Clube do Rio de Janeiro. Ipanema era ainda zona rural e Copacabana, uma praia quase deserta, com poucas casas. Ao final da Grande Guerra, a população começou a se interessar mais pelos esportes, e os banhos de mar passaram a ser vistos como atividade prazerosa.

## Reurbanização e comércio de moda

Diversas lojas especializadas no ramo do vestuário marcaram época no Rio de Janeiro, em São Paulo e nas demais capitais estaduais do país, num tempo em que praticamente tudo o que se vendia era importado. Uma boa descrição da capital federal, na primeira década do século XX, nos legou Carolina Nabuco: "O Rio era uma cidade provinciana onde toda a gente se conhecia. Tinha a beleza das novas avenidas e o quadro incomparável das águas e montanhas, mas nenhum movimento nas ruas. À noite a cidade era fracamente iluminada. Não havia turistas, nem hotéis próprios para recebê-los. Apenas o velho Hotel dos Estrangeiros, instalado num antigo Solar do Império, na Praça José de Alencar, oferecia serviços em condições aceitáveis. Ninguém morava em apartamento. Todas as casas tinham jardim e quintal. [...] Copacabana era um arraial, com as ruas apenas traçadas e poucas casas construídas. Não havia indústria de qualquer espécie. Tudo vinha de fora. A penúria da lavoura aparecia nas mesas de família".[91] A Rua do Ouvidor, um beco estreito e sinuoso, no centro da cidade, com 313 prédios, era a única com calçamento de paralelepípedos, endereço dos mais aquinhoados de 1900, *habitués* da já famosa Confeitaria Colombo (na Rua Gonçalves Dias, próxima à Rua do

*La Mode du Jour, casa comercial carioca; Fon-Fon, Ano XI, Nº 1, Rio de Janeiro, RJ, 6 de janeiro de 1917.*

Ouvidor), reduto de intelectuais. Suas lojas eram, em boa parte, comandadas por comerciantes estrangeiros, o que a tornava uma pequena Paris da moda, por reunir lojas como Torre Eiffel, Notre Dame de Paris, Mme. Coulon, Palais Royal, Chapelaria Watson, Casa Raunier, Chic Paris ou Casa Louvre – sempre caríssimas. Todas apresentavam criações vindas diretamente da Europa.

Machado de Assis a definiu como "a via dolorosa para os maridos pobres"[92] e Luiz Edmundo detalhou: "Nelas veem-se caixeiros e patrões dentro de uniformes de linho branco, muito limpos, muito bem barbeados, afetando maneiras, mostrando sorrisos e falando em francês".[93] Os comerciantes de origem francesa prefeririam se dedicar às fazendas e roupas femininas, aos chapéus, cosméticos e perfumes, estabelecendo-se na região das ruas dos Ourives e do Ouvidor. Os ingleses optavam pelos trajes masculinos ou pela venda de tecidos, que durante muito tempo foram "o forte das exportações da Inglaterra para o Brasil";[94] ou, ainda, a "importação e comercialização de sapatos para ambos os sexos".[95] Entre os endereços comerciais que atendiam aos senhores, no Rio de Janeiro, despontavam as casas Coulon e Dol.

A partir de 15 de novembro de 1905, a passarela da moda carioca iniciou processo de mudança para a Avenida Central (rebatizada, em 1912, Barão do Rio Branco), sem que as ruas do Ouvidor e Gonçalves Dias perdessem imediatamente a evidência. A nova avenida, implantada na região central do Rio de Janeiro, tinha quase dois quilômetros de extensão e 33 metros de largura, ligando a projetada Avenida Beira-Mar, diante da entrada da baía de Guanabara, à zona portuária da capital. Introduziu um novo padrão urbanístico sobre o traçado colonial da cidade antiga, marco das reformas modernizadoras da jovem República, as quais puseram abaixo os sombrios e apertados sobrados coloniais que ocupavam a região, focos de doenças. Resultado do chamado Plano Pereira Passos – baseado nas reformas feitas em Paris, decênios antes, pelo prefeito de Napoleão III, o Barão de Haussmann –, a reurbanização foi implantada pelo engenheiro e prefeito Francisco Pereira Passos, nomeado pelo presidente Rodrigues Alves entre 1902 e 1906: "Com ruas amplas, com a moldura alegre das casas novas [...], o próprio passo pode ter a cadência que a *toillete* demanda, porque, não sei se já tens observado, a mulher que traja a elegância custosa de um vestido de seda não tem no passo a mesma cadência da que exibe a elegância apetitosa de um *tailleur* de brim branco".[96]

As largas avenidas abriam espaço para a nova coqueluche do automóvel: "As senhoras ricas abandonavam os tílburis e passavam a fazer compras a bordo de *limousines* com chofer. Em 1908, já havia na cidade catorze garagens".[97] Além de magazines, como A Exposição e Colombo, a nova via abrigava a Camisaria Francesa e a Casa das Fazendas Pretas, entre outras, voltadas ao comércio de roupas e tecidos. Mais tarde, a Rua da Assembleia seria também uma via dotada de boas lojas de artigos para vestir, com Agostinho Pereira instalando nela, em 1917, seu magazine popular O Camiseiro.

A capital paulista, que explodira com o expressivo desenvolvimento da cafeicultura, registrado entre 1885 e 1900, nada mais tinha a ver com a rústica cidadela, com cerca de 20 mil habitantes e edifícios modestos, de meados do século XIX. Já com 240 mil habitantes, a metrópole dos barões do café mudara radicalmente suas feições e seu traçado: em 1892, fora concluído o Viaduto do Chá, sobre o Vale do Anhangabaú, ligando o Centro a novos bairros; várzeas e pântanos foram aterrados; surgiram as avenidas Higienópolis (em 1890, originando o bairro homônimo) e, em 1891, Paulista, ambos endereços adotados pelos magnatas. Em 1902, o conde Álvares Penteado construiu, em Higienópolis, a Vila Penteado, um palacete inteiramente em estilo *art nouveau*. Em 1904, foi ajardinada a Praça da República. Em 1900, foi inaugurada, pela The São Paulo Railway, Light and Power Co., a primeira linha de bonde elétrico, com destino à Barra Funda – com passagem inaugural grátis e grande afluxo de curiosos. Foi também a Light que encheu São Paulo de fios e postes e a inundou de luz elétrica, deixando, aos poucos, sem função os velhos acendedores de lampiões que, à tardinha, corriam as ruas "com suas varas no ombro, acendendo os acetilenos da iluminação pública",[98] como escreveu Oswald de Andrade.

## Mas o coração da capital paulista da *Belle Époque* pulsava no famoso Triângulo formado pelas ruas Direita, 15 de Novembro (antiga Rua da Imperatriz) e de São Bento, no Centro. Ali se instalou o comércio mais fino da cidade, incluindo as principais casas de moda, em sobrados de três andares, compondo cenário digno de qualquer capital europeia. Antes mesmo de ter início o período das intensas imigrações, o comércio e os serviços relacionados a roupas já estava em mãos de imigrantes franceses (que também atuavam como cabeleireiros e perfumistas).

Muitas costureiras e chapeleiras francesas montavam pequenos ateliês que depois se tornavam lojas. Aliás, as casas voltadas aos elegantes de então atendiam, quase sempre, por nomes em francês, a tal ponto que um turista, "se houvesse limitado suas atenções à leitura das tabuletas das lojas no centro de São Paulo, haveria de pensar que a cidade era habitada, sobretudo, por franceses. [...] Na Rua XV de Novembro, por exemplo, funcionavam À Pygmalion, Au Paradis des Enfants, Louvre Paulista, Au Printemps, Aux Nouveautés Parisiennes. A Rua de São Bento abrigou Au Bon Marche, À La Belle

77

Jardinière, Grand Bazar Parisien, Au Figaro de Paris, Palais Royal, L'Opéra, La Saison, Petit Bazar, Au Rendez-Vouz des Dames e À Bota de Paris. E a Rua Direita também abrigou lojas com nomes e sobrenomes franceses, como Au Bon Diable, À La Ville de Paris, À La Capitale e Aux 600.000 Paletots".[99] Au Bon Marché – "fazendas, modas & novidades, com importação directa d'Europa"[100] –, inaugurada em 1915, copiava o nome de magazine existente em Paris, desde 1876 (aliás, o mesmo nome já havia sido usado por outra loja em São Paulo[101] e, ainda, por um armazém de Copacabana, Rio de Janeiro, do final do século XIX). Havia, ainda, em São Paulo, os ateliês de "alta moda" de Honorine Grazan e Louise Dahet; comércio de chapéus e de luvas, como A Luva Paulistana, o salão de beleza La Grande Duchesse, a Livraria Garraux e a joalheria À La Pendule Suisse. A Rua 25 de Março era já um endereço emergente, com grande concentração de imigrantes, em especial sírio-libaneses, italianos e espanhóis.

## Alfaiates, costureiras e modistas

De um modo geral, a formação dos alfaiates dava-se nas próprias oficinas de alfaiataria, seguindo um modelo derivado das antigas ordens, corporações ou escolas de ofício, surgidas na Europa durante a Idade Média – as chamadas guildas. Muitas vezes, o treinamento iniciava-se ainda na adolescência, quando o jovem aprendiz era admitido nas oficinas de alfaiataria ou passava a frequentar escolas técnicas profissionais. As normas eram rígidas, os segredos de profissão, guardados a sete chaves e a aprendizagem seguia uma hierarquia de funções abrangendo cortadores, oficiais e aprendizes.

"O cortador tomava a medida do cliente, seja no salão de provas ou em domicílio, cortava o tecido que era dado para alinhavar e costurar pelos ajudantes de cortador. Era também o cortador que fazia as provas do traje, peça-chave de um *atelier*. O aparelhador vinha em segundo lugar; era geralmente um ajudante de cortador que atuava no corte dos forros, também encarregado de pregar botões e galões. Ao oficial encarregado dos retoques, cabia alinhavar e, também, desmanchar e consertar os defeitos."[102] O bom alfaiate dominava sua técnica e conhecia os recursos dos materiais, para obter os talhes corretos numa roupa bem estruturada.

Também as modistas e costureiras que mantinham ateliês "escondiam seus conhecimentos das ajudantes, deixando para cortar o modelo durante a noite, quando não havia ninguém para olhar".[103] Mais do que técnica, porém, a boa modista devia saber reproduzir um modelo e orientar sua cliente sobre o que estivesse na moda. Ou seja, era também uma espécie de consultora de estilo (como diríamos em 2010). Muitas delas importavam de Paris figurinos prontos ou telas de tecidos já cortadas para montarem aqui os modelos.

As boas chapeleiras, costureiras ou coleteiras eram disputadas pelas elegantes. No Rio de Janeiro, muitas delas se concentravam na Rua Sete de Setembro, no Centro da cidade. Um "reclame" publicado no Jornal das Senhoras diz: "Mme. Mohé Jardim – Modista e Colleteira. Tem bem montada officina e colletes, modas e confecções. Especialidade – vestido para bailes, enxovaes para casamentos e lutos. Executados com perfeição, brevidade e modicidade. Todos os trabalhos d'esta officina são executados com perfeição e os colletes, ligas e cintas privilegiados pela Patente nº 3841, Rua 7 de setembro, 124".[104]

Era comum, no entanto, que muitas profissionais do ramo não dispusessem de formação técnica aprofundada: "Para alguém habilidoso, bastava desmontar uma peça de vestuário para copiá-la. Com o tempo, a prática proporcionava a segurança necessária para introduzir pequenas modificações no modelo original".[105] A partir da desmontagem de uma peça bem confeccionada era possível reproduzi-la. Para auxiliar nessa formação empírica, multiplicavam-se as revistas com conteúdo sobre moda, muitas trazendo moldes e manuais de costura; também crescia o número de cursos de corte e costura (alguns por correspondência), tudo para facilitar a disseminação do aprendizado sobre costura.

# Costura em família

O trabalho com tesoura, linhas, dedais e agulhas fazia parte da rotina das donas de casa, e seu conhecimento era considerado pré-requisito da boa esposa. Toda mulher devia receber ensinamentos sobre costura e bordado, ainda no convívio familiar, o que ocorria muitas vezes de forma lúdica, em rodas de costura e bordados quando as garotas podiam fazer exercícios usando panos de amostras: "Desde cedo, as meninas eram incentivadas a aprender bordados, tricô e crochê. Passava-se do ponto-cruz às *frivolités*, das linhas mais grossas aos delicados fios de seda, indo até os mais sofisticados bordados e técnicas de acabamento".[106]

Moças de classes mais altas deviam ter a costura e o bordado como uma prenda, para não ficarem ociosas; as mais delicadas buscavam alcançar a sofisticação e o requinte, exibindo seus trabalhos como prova de talento e competência. Já as moças de classes mais baixas aprendiam as tarefas para tê-las como meio de complementar a renda da família, um trabalho que podiam conciliar com as demais atividades do lar. Comumente, as mães de classe média executavam apenas as roupas do dia a dia, encomendando as melhores – de ir à missa ou festas – aos alfaiates (caso das masculinas) ou às costureiras (femininas e infantis). Não era incomum que o presente de casamento dessas moças fosse uma máquina de costura.

Além de terem função ornamental, os bordados eram uma forma de individualizar os trajes com monogramas que traziam as iniciais dos nomes próprios ou referências à atividade profissional ou, ainda, alguma qualidade do portador. Nos enxovais de casamento, monogramas e bordados simbolizavam a união do casal, confirmada em letras e flores nas roupas de uso comum. Famílias de maior poder financeiro – como os Prado ou os Matarazzo, em São Paulo – produziam riquíssimos enxovais de casamento, que incluíam toucas, camisas brancas, camisolas, combinações, anáguas, xalinhos, tudo entremeado de fitas, rendas, flores, nervuras, casas de abelha, cujos acabamentos levavam meses para ser concluídos. Também a chegada do novo filho mobilizava a família na produção do enxoval do bebê, que incluía fraldas, cueiros, mijões e pagãos, meias, sapatinhos, lençóis, mantas, toucas e casacos. Para confeccioná-los, tudo devia ser da melhor qualidade, ou seja, importado. Num rol dos artigos importados comuns naquela época, Jorge Americano incluiu: linho belga, francês e português; casimiras inglesas; couro e sapatos ingleses e italianos; chapéus Stetson, ingleses; gravatas inglesas e francesas; renda de Bruxelas; camisas francesas Bertholet; máquinas de costura americanas; agulhas americanas; carretéis de linha americanos; retroses franceses; lenços portugueses.[107]

## Imigrantes e vestimentas

O Brasil vivenciou várias levas de imigração, quase sempre estimuladas pelos governos, objetivando colonizar ou atrair mão de obra para o país. Vieram em geral camponeses e aldeões germânicos, portugueses, italianos, japoneses, árabes e de outras nacionalidades, que chegavam em navios portando, geralmente, bagagens com um mínimo de roupas. Os primeiros grupos estiveram vinculados aos planos de colonização do Império pós-independência, com base na pequena propriedade. Em 1822, iniciaram-se esforços para atrair imigrantes alemães para Santa Catarina e Rio Grande do Sul, onde surgiram várias colônias. Após 1870, o governo imperial incentivou a vinda de colonos italianos para o Rio Grande do Sul: pequenos agricultores, procedentes em maioria do Tirol, do Vêneto e da Lombardia, imigraram para essa região; entre 1882 e 1889, de 41.616 estrangeiros que ingressaram no Rio Grande do Sul, 34.418 eram italianos.[108] As comunidades nascidas dessas primeiras levas de imigração para o Sul tenderam a preservar por mais tempo as tradições de origem relacionadas às indumentárias.

Diferentemente, europeus de diversas nacionalidades, que imigraram ao Brasil entre o final do século XIX e início do século XX para trabalhar como colonos em fazendas cafeeiras, já estavam adaptados ao uso de roupas simples, feitas com tecidos industrializados. Como os italianos, os espanhóis vieram mais concentradamente entre 1887 e 1914, mas em menor número, preferencialmente para o estado de São Paulo. Em 1920, 78,2% dos imigrantes espanhóis residiam neste estado: vinham em grupos familiares para atuar em atividades agrícolas e viver nas pequenas cidades do interior. Os japoneses se estabilizaram, como os espanhóis, em São Paulo. Em 1920, o estado concentrava 87,3% dos imigrantes deste grupo de origem. Por volta de 1925, eles já não eram encaminhados às lavouras de café; fixavam-se no campo por mais tempo do que qualquer outra etnia, mas como pequenos proprietários exercendo significativo papel na diversificação das atividades agrícolas.[109]

Uma reportagem do jornal Correio Paulistano descreveu a chegada dos primeiros imigrantes japoneses ao Porto de Santos, em 1908: "O repórter revela ter uma expectativa prévia das figuras que espera encontrar, derivada de imagens de gravuras japonesas, perpassando pelo texto uma certa decepção causada pela não identificação dessas imagens. Ele se depara com gente vestida à ocidental, com trajes muito simples; porém, a decepção se reduz ao vislumbrar nas mulheres 'os penteados que temos visto em pinturas japonesas, mas sem os grampos colossais que as mesmas pinturas nos apresentam'. E fala da impressão agradável que lhe causam a limpeza da roupa e o cuidado das mulheres, calçadas com luvas brancas de algodão".[110]

Os portugueses se concentraram mais nas regiões urbanas do Rio de Janeiro e em São Paulo. O Censo de 1920 contou 172.338 portugueses residentes no Distrito Federal e 167.198 em São Paulo atuando com destaque no pequeno e médio comércio. Os sírio-libaneses e judeus, imigrantes espontâneos (não estimulados), também se fixaram mais nas cidades. Chegaram em número significativo no começo do século; os judeus, sobretudo depois da década de 1920. Ambos os grupos destacaram-se como vendedores ambulantes (mascates), em cidades e fazendas; vários tornaram-se comerciantes e industriais.[111] Ou seja, as roupas usadas por esses imigrantes faziam referências às indumentárias tradicionais e modas em curso em seus respectivos países de origem. Mas, com o tempo, eram obrigados a se adaptar às condições que o Brasil lhes impunha no que dizia respeito ao clima e aos tecidos disponíveis (principalmente de algodão), com os quais eram confeccionadas as roupas cotidianas das famílias. As das mulheres compunham-se de saias, blusas, aventais, lenços e chapéus; nos domingos e dias de festa, a vestimenta era a mesma, porém

*Piero Morassi, São Bernardo do Campo, SP, c.d. 1918.*

## FLOR NA LAPELA

"Não se podia imaginar um homem elegante trajando casaca sem trazer à lapela um cravo branco. Quando vestia *smoking*, o cravo tinha que ser vermelho. Mas não era só em traje de rigor que se usava flor à lapela. O dr. Guilherme Ellis usava indispensavelmente uma rosa. E o Fonsecão, uma orquídea rara, fosse qual fosse a época do ano. Possuía uma das melhores coleções de orquídeas de São Paulo. Amores-perfeitos e violetas murchavam depressa, mas vendiam-se nas lojas de flores pequenos tubos, como tubos de ensaio de química, fixados num alfinete e neles se mergulhava um pedúnculo atravessado na casa da lapela, retardando de umas horas a vida da flor."[1]

1   São Paulo, Naquele Tempo: 1895 – 1915, de Jorge Americano; Saraiva, São Paulo, SP, 1957.

limpa. Os homens usavam camisas de algodão riscado, calças de brim ou algodão marrom ou azul-escuro, botinas de couro e chapéu de palha.

Os camponeses imigrantes adquiriam os tecidos para suas roupas nas cidades mais próximas ou nos armazéns que os fazendeiros mantinham próximos às suas moradias; os trajes eram confeccionados pelas mulheres das comunidades. Desse modo, em pouco tempo, as referências às indumentárias tradicionais, dos diferentes países de origem, ficaram restritas às cerimônias de celebração. Com o correr do tempo e das possibilidades de ascensão social, esses imigrantes, que chegavam pobres, eventualmente adquiriam *status* social e refinavam "a etiqueta, com os olhos postos no paulista de elite que, por seu turno, imitava o francês. A falta de 'classe' representava uma barreira, aliás, logo superada, ao ingresso no mundo dos chamados paulistas de quatrocentos anos".[112]

## Imprensa feminina e de moda

Antes de existir a imprensa, como eram disseminadas as modas de vestir? Nos tempos da monarquia, quando a construção do poder nas cortes principescas se fazia, entre outros aspectos, pela peculiaridade das roupas, elas costumavam ser intercambiadas por meio das chamadas "bonecas de moda"[113] – espécies de manequins feitos de cera, madeira ou porcelana, nos quais se "trocavam as vestimentas, de acordo com as estações".[114] Com o surgimento da imprensa, em 1456 (quando o alemão Johann Gutemberg inventou o processo tipográfico móvel), as "bonecas de moda" foram aos poucos substituídas por gravuras publicadas, de forma seriada, em papel. Essas ilustrações permitiram disseminar a moda de vestir muito além dos círculos aristocráticos. Junto com elas, moldes impressos passaram a ser vendidos na Europa, ainda no século XIX, contribuindo sobremaneira para divulgar cortes de roupas, em especial a partir de 1875; todavia, as "bonecas de moda" não deixaram de existir.

Ao longo do século XIX, período em que os valores da sociedade ocidental passaram a ser ditados pela sisuda burguesia industrial, roupas decoradas com babados, laços, apliques e fartura de cores foram aos poucos se tornando mais vinculadas às vestes das senhoras. Mais tarde, ao surgirem publicações sobre moda, "alguns cronistas sentiam-se obrigados a desculpar-se com as mulheres", quando "publicavam figurinos masculinos, ou escreviam artigos de interesse dos 'amáveis *dandys* ou *petimetres*', ou ainda dos 'nossos *gentlemen*'".[115]

A imprensa só pôde existir no Brasil após a chegada da Corte portuguesa ao país, em 1808, e com a fundação, em 13 de maio daquele ano, da Imprensa Régia – inicialmente exclusiva para publicações reais – "com dois prelos e 28 caixotes de tipos".[116] Ainda em 10 de setembro de 1808, começou a circular a Gazeta do Rio de Janeiro, edição oficial da Corte portuguesa. Até então, jornais eram proibidos no país e informações também sobre moda só transitavam aqui com auxílio dos escassos periódicos franceses

*Na página ao lado, Jornal das Senhoras, Ano II, Nº 22, Rio de Janeiro, RJ, 7 de dezembro de 1905.*

ANNO II     Rio de Janeiro, 7 de Dezembro de 1905     N. 22

# Jornal das Senhoras

DIRECTOR: **Luis Honorio**
*Escriptorio e Administração:*
Rua do Rosario, N. 111
1º Andar

Publica-se ás Quintas-feiras

ASSIGNATURAS:
Anno............ 8$000
Semestre........ 4$000
Trimestre....... 2$000
Avulso 200 réis

## EXPEDIENTE

Aos Srs. Annunciantes prevenimos que o pagamento dos annuncios inseridos neste jornal sómente serão cobrados á vista do recibo firmado pelo director, depois da primeira publicação.

## JORNAL DAS SENHORAS

Voltamos, adoraveis leitoras; eis-nos entregues á nossa doce faina. Esta ausencia que se prolongou mais do que esperavamos, em bôa hora findou...

A' guisa dessas avesinhas viajantes que de tempos em tempos, azas espalmas pelo azul em fóra, libram a extensão indefinida em direcção a paragens extranhas e longinquas, mas que vivem ininterruptamente presas de nostalgia e anciosas por voltar á calentura de seu lar, ao convivio de seus amigos, aos labores de sua agradavel tarefa, tivemos que deixar por algum tempo esta modesta mesa de trabalho, e, afastados desta humilde tenda tão cheia de attractivos, que saudade sentimos deste minusculo jornal, por intermedio do qual hebdomadariamente entretinhamos desprenciosa palestra com as benevolas leitoras que nos dispensavam acolhida, prelibando a deliciosa sensação de que lhes fallavamos pessoalmente!

Em nosso exilio, porém, sentimos um mensageiro alado soprar-nos aos ouvidos que á medida que se escoava a ampulheta do velho Saturno diminuia a distancia que nos separava, tão máo grado nosso, dessas queridas leitoras.

E confirmou-se a prophecia, tanto que como acima dissemos, volvemos anciosos, e estamos a postos, empenhados nesta doce actividade, que mesmo fatigando os musculos, poderosamente nos reconstitue a imaginação para que possamos transfundil-a nesta ligeira palestra que de sete em sete dias travaremos com as leitoras que tiverem a paciencia de nos supportar.

A tarefa primeira que nos impomos é fazer voltar este periodico á feição primitiva, estabelecendo, todavia, certas normas, introduzindo alguns melhoramentos, etc.

Tambem a avesinha que regressa ao pouso não encontra quasi sempre o que reconstruir, modificar, remodelar?

As falhas que porventura houverem notado neste jornal, sua suspensão inclusive, não

SENHORITA NAIR BARRÃO DOS SANTOS
que aos 15 annos foi laureada pela Escola Normal de Nictheroy, onde obteve o 1.º premio *Alberto de Oliveira* e approvada com distincção nos cursos de Odontologia e Pharmacia na Faculdade de Medicina do Rio de Janeiro.

devem ser levadas pelas nossas estimadas leitoras á conta de imperdoaveis, porque o *Jornal das Senhoras*, não sabemos si pelo fim a que se dedica, é de uma fragilidade feminina; apezar disso, porém, ora tropego vencendo mil difficuldades, ora mais alentado, proseguiu sempre na rota que lhe foi traçada, ao passo que quantas e quantas publicações que a nossa delicadeza de sentimentos não permitte declinar o titulo, supposta em condições melhores de estabilidade têm tido a duração das rosas de Malherbe e algumas nem essa, ao menos!...

O fim desta chroniqueta, em summa, alinhavadamente feita, é communicar ás nossas bondosissimas leitoras e collaboradoras que o *Jornal das Senhoras* pretende visital-as com a possivel regularidade todas as quintas-feiras e prevenil-as de que continuamos a seu serviço com o ardor e bôa vontade que hemos sempre revelado.

E como fallamos em aves, terminamos rogando aos Céos que logremos ver nossas gentis collaboradoras voltarem em revoada, trazendo com suas estimaveis e mimosas producções animação a esta tenda que aguardando prazerosa as suas determinações, não mais aspira que ser-lhes agradavel quando não proveitosa.

Ha pouco uma joven doutora parisiense, mlle. Sara Brodie, foi admittida como medico de bordo nos vapores que fazem a travessia entre as possessões francezas da Argelia e o porto de Marselha. Em Londres, duas moças, lady Luggins e miss Agnes Clerk acabam de ser eleitas membros da Sociedade Real de Astronomia. O Estado norte-americano do Colorado nomeou em 1904 a senhora Leona Ross Anthony, commissaria geral na Exposição de S. Luiz, e a academia de medicina de Lyon, seguindo o exemplo da de Paris, nomeou, ha mezes passados, interna dos hospitaes a doutora mlle. Modol.

---

## CASA VIANNA

**28, Rua do Ouvidor, 28**

O primeiro sortimento nesta Capital de
✳ Christoffle, Porcellanas, Cryslaes, Electro-plate e Louças ✳
LUZ INCANDESCENTE
*Deposito do Aluminio PURO, EDEN FILTRO,*
*metal ERCUIS e GALLIA*

**Antonio Vianna & Comp.**
— RIO DE JANEIRO —

*Na página ao lado, caricaturas publicadas na Galeria das Elegâncias, seção da revista Fon-Fon desenhada por Rian, pseudônimo de Nair de Tefé von Hoonholtz, primeira mulher cartunista (além de ex-primeira-dama) do País: acima, à dir., "a pètilantte Mm. SS", Fon-Fon, Ano IV, Nº 34, 20 de agosto de 1910; à esq., "Mlle. C. R., a quintessencia da parisina", Fon-Fon, Ano IV, Nº 39, 24 de setembro de 1910; abaixo, ao centro, "Mme G. C. M., formósa e encantadora esposa do genio de nossa litteratura"; Fon-Fon, Ano IV, Nº 48, 26 de novembro de 1910.*

que chegavam por via marítima, ou através das poucas lojas comerciais que vendiam produtos importados, ou ainda pelos relatos de brasileiros que viajavam ao exterior e de estrangeiros que para cá vinham.

Além do mais, o acesso à educação formal por parte do público mais interessado nas futilidades da moda – ou seja, as mulheres – era bastante limitado numa sociedade absolutamente machista. Estatísticas de 1870 mostram que, das 4 milhões de brasileiras recenseadas, apenas 550 mil (ou seja, menos de 14%) eram alfabetizadas.[117] Na capital federal, o cenário era um pouco melhor: 37% da população feminina livre do Rio de Janeiro era alfabetizada.[118] De todo modo, o universo das leitoras era reduzido no País, contexto em que as gravuras de moda tornavam-se fontes relevantes, pois davam acesso, mesmo às iletradas, à cópia de modelos – num tempo em que o papel reservado às mulheres era de "administradoras do lar", quando muitas se incumbiam de coser as roupas da família.

A primeira lei de "instrução pública", estendendo às mulheres o direito à alfabetização, foi instituída no Brasil em 1827, por coincidência (ou não), no mesmo ano em que surgiu a primeira publicação do Rio de Janeiro – e possivelmente do Brasil – voltada ao público feminino, com o nome de Espelho Diamantino: Periódico de Política, Literattura, Bellas Artes, Theatro e Modas Dedicado às Senhoras Brasileiras, editada com despojamento quase absoluto, com pouquíssimas ilustrações, pelo francês Pierre Plancher. Contudo, em seu primeiro editorial, ele proclamava que manter as mulheres em "estado de estupidez" seria "uma empresa tão injusta como prejudicial ao bem da humanidade".[119]

Espelho das Brasileiras, a segunda publicação feminina do país, foi lançada em 1831, no Recife, PE;[120] ainda na capital pernambucana, tivemos, em 1841, O Espelho das Bellas, que sintetizava no verso de abertura: "Nada é belo, nada é amável/sem modéstia e sem virtude".[121] No Rio de Janeiro, em 1839, surgiu, entre outros, O Correio das Modas, que prometia "as melhores e mais modernas e mais interessantes notícias sobre o tema, e ainda a publicação de figurinos litografados de homens e de senhoras",[122] sobrevivendo por várias décadas e chegando a 1852 como Novo Correio de Modas: "novellas, poesias, viagens, recordações históricas, anedoctas e charadas".[123]

Na França, moldes de roupas (os *coupes geométriques*) começaram a circular pela primeira vez no L'Iris, em 1830. Edições sobre moda já existiam bem antes naquele país, mas proliferaram principalmente no Segundo Império francês (*Second Empire*, monarquia implantada por Napoleão III entre 1852 e 1870), "quando surgiram La Mode Illustrée, o Conseiller des Dames, o Magasin des Demoiselles e, a partir de 1878, o célebre Petit Echo de la Mode [...] Em 1893, o Echo vendia 210 mil exemplares e, em 1930, já alcançava 1.130.000".[124] Em Portugal, publicações voltadas ao público feminino propagaram-se a partir da década de 1840, quando apareceram O Jardim das Damas (1845-1849), que possuía ilustrações coloridas, O Mensageiro das Damas (1853) e O Mundo Elegante (1858-1860) – este último editado no Porto e redigido pelo romancista Camilo Castelo Branco.

## PIONEIRAS FEMINISTAS NO BRASIL

Nas primeiras décadas do século XX, a figura feminina começava a ambicionar espaço social mais significativo que as exíguas paredes do lar. No decorrer do século XIX, o papel reservado às mulheres da "boa sociedade" era "fazer os grandes homens", fosse como esposa ou mãe. A mulher distinta devia seguir normas rígidas, como não sair de casa sozinha, não rir alto nem falar gírias, não cruzar as pernas nem fumar; ter a pele sempre alva, sem uso de maquiagem, os cabelos longos, porém presos, o olhar meigo etc. Isso só começou a mudar com o movimento sufragista, que ganhou corpo inicialmente na Europa e nos Estados Unidos. No Brasil, ele mobilizava pouco: em 1917, houve no Rio de Janeiro uma passeata pela extensão do direito ao voto à mulher, que contou com apenas 84 participantes.

Ampliava-se, porém, a inserção do sexo feminino no mundo do trabalho, com o surgimento de novos postos para mulheres de classe média — como datilógrafas, secretárias, telefonistas, balconistas, enfermeiras etc. Nas classes baixas, a mulher sempre trabalhou, doméstica ou formalmente: em 1919, as mulheres já constituíam 37% da mão de obra operária do País. Nas ligas operárias, elas lutavam por melhores condições de trabalho e salários iguais aos dos homens. Entre as líderes operárias brasileiras, destacaram-se Teresina Carini, em São Paulo; Alexandrina Pires e Maria Antônia Soares, em Santos. O anarquismo, movimento político que ganhou força no início do século XX, contava com o engajamento de muitas mulheres, com destaque para a educadora mineira Maria Lacerda de Moura, que fundou no Rio de Janeiro, em 1920, a Liga para a Emancipação Intelectual da Mulher, combatendo em favor do voto feminino.

Outras sufragistas aguerridas foram a médica mineira Alzira Reis e a cientista Berla Lutz, que participou da criação, em 1919, da Liga para a Emancipação Feminina. Em 1910, Leonilda Daltro fundou o Partido Republicano Feminino. A primeira repórter brasileira foi Eugênia Brandão: aos 16 anos, em 1914, ela ingressou no vespertino carioca A Rua (que existiu de 1914 a 1927), dirigido por Viriato Corrêa. Até então, mulheres eram apenas cronistas. Mineira de Juiz de Fora, ela formou com o marido, o poeta Álvaro Moreyra (redator do semanário Fon-Fon), uma dupla vanguardista que marcou seu tempo, morando no Rio de Janeiro, assim como ocorreu com a artista plástica Tarsila do Amaral e o poeta Oswald de Andrade, na fase em que estiveram casados. No mesmo contexto, a artista plástica Anifa Malfatti expôs, em 1914 e, depois, em 1917, trabalhos considerados precursores da Semana de Arte Moderna, de 1922 – da qual também participou.

A primeira advogada aceita no Instituto da Ordem dos Advogados foi Mirtes Campos, por volta de 1915; em 1918, Maria José de Castro Rebelo Mendes teve seu pedido de inscrição para o concurso diplomático do Ministério do Exterior aceito por Rui Barbosa e Carlos Bevilacqua, classificando-se em primeiro lugar. Nair de Teffé Hermes da Fonseca, filha do Barão de Teffé, cresceu na Europa e se casou, em 1914, com o marechal Hermes da Fonseca, então Presidente da República, tornando-se uma primeira-dama nada convencional aos 27 anos. Ela quebrou os protocolos e a sisudez dos corredores palacianos realizando saraus no Catete que incluíam apresentações de modinhas por Catulo da Paixão Cearense e de Chiquinha Gonzaga, que compôs para ela o famoso maxixe Corta-jaca. Nair escrevia poemas, cantava e foi uma caricaturista criativa, assinando com o codinome Rian (Nair ao contrário).

85

*A Moda Ilustrada, jornal de moda português com representação e distribuição no Brasil; Ano XXXIII, N° 1128, Lisboa, Portugal/Rio de Janeiro, Brasil, 19 de setembro de 1910.*

Foi particularmente após o início do governo de D. Pedro II, em 1840, que floresceu no Brasil maior número de periódicos dedicados à moda – portanto, sem descompasso com o que ocorria na Europa. Em 1851, foi a vez de O Álbum Semanal, que circulou durante dois anos e fazia, na coluna Modas, recomendação de "vestuários para casamentos, bailes, quaresma e enterros". Recreio do Bello Sexo: modas, literattura, bellas artes e theatro, surgiu em 1856; O Espelho: revista semanal de litteratura, modas, indústria e artes, existiu de 1859 a 1860; tivemos ainda A Primavera, 1861, Jornal das Famílias, de 1863 a 1868, e outros. O Jornal das Damas, "periódico de instrução e recreio",[125] foi editado em Recife, PE, em 1862; refletindo a mentalidade da época, na publicação de 6 de dezembro de 1862, ele trazia a seguinte descrição da mulher perfeita: "Para ser completamente bella, deve ter a mulher trinta perfeições, divididas da seguinte maneira: três cousas alvas: a pele, os dentes e as mãos; três pretas: os olhos, as sombrancelhas e as pálpebras; três vermelhas: os beiços, as faces e as unhas; três compridas: o corpo, os cabellos e as mãos; três curtas: os dentes, as orelhas e os pés; três largas: o peito, a fronte e o espaço entre as sombrancelhas; três estreitas: a boca, a cintura e a entrada do pé; três grossas: o braço, a coixa e a barriga das pernas; três finas: os dedos, os cabellos e os beiços; três pequenas: os seios, o nariz e a cabeça".[126]

Por meio das colunas de moda das edições femininas, podemos saber, também, quais eram os locais mais frequentados pelas leitoras no Rio de Janeiro, como "as lojas da 'feiticeira Rua do Ouvidor', as confeitarias Carceller e Francioni, os teatros de São Januário, de São Pedro, Lírico, o Prado Fluminense e as regatas na Ponta do Caju".[127] Voltados à mulher da "boa sociedade", esses periódicos procuravam ser sóbrios nos comentários sobre a família imperial enfatizando sua simplicidade e austeridade no trajar – o que era verdadeiro –, como salientou o Correio das Modas, no dia do aniversário da Independência, ao afirmar que "suas altezas atraíam a atenção pela simplicidade elegante com que estavam vestidas".[128]

Entre as publicações femininas do século XIX, o Jornal das Senhoras, que circulou aos domingos de 1852 a

1855,[129] foi o primeiro a ser totalmente editado e redigido por mulheres, sob a direção da professora argentina Joana de Noronha, que registrou no editorial seu propósito de "cooperar com todas as forças para o melhoramento social e para a emancipação moral da mulher", provocando raivosas reações de leitores do sexo masculino. Por volta de 1874, houve uma edição brasileira da revista de moda francesa La Saison, traduzida como A Estação. Dois anos mais tarde, surgiu a Revista Illustrada, que chegou a circular com 4.000 exemplares e bem exemplificou a ideologia da época sobre a mulher: "Crêmos que a esphera de acção do sexo gentil dever ser ampliada; mas também nos parece que o círculo não póde ter um grande raio [...] Na política, o bello sexo só deve passar a *vol d'oiseau*, n'um âmbito largo, que lhe deixe ver os factos de longe [...]. Desgostos e decepções viriam azedá-la [...] sacrificando o bom tempero do jantar do marido e até os vagidos desesperados do seu filho mais moço".[130]

Em 1904, o Jornal das Senhoras voltou a circular, então sob direção de Luiz Honório e Martins Ramos. Na edição de 7 de dezembro de 1905, a colunista Nenê, que assinava a seção "Moda", escreveu: "Nada de interessante a assignalar no conjunto geral das *toilettes*: nos costumes de uma certa elegância, as saias continuam longas, vaporosas e envolvedoras. [...] Os últimos figurinos ingleses trazem uma quantidade de *toilettes* de noite muito elegantes, ligeira modificação nos modelos franceses; as saias quase todas são guarnecidas com três fôlhos de renda leve, com *bollêro* também de renda [...]".[131] Vê-se claramente que o trabalho da comentarista era traduzir às brasileiras o que lia em publicações vindas da França e da Inglaterra.

Apesar da diferença de ciclos climáticos, publicações editadas em Portugal se propagaram com alguma desenvoltura no Brasil até a primeira década do século XX, casos, por exemplo, dos tabloides A Moda Illustrada e O Seculo – suplementos de modas e bordados, impressos em Lisboa, com cerca de dez páginas. O primeiro, dirigido por D. Leonor Maldonado, teve até escritório de representação no Rio de Janeiro: Victor Marks, Rua do Ouvidor, 103. Ambos eram divididos por seções sobre vida social, higiene, beleza e –

O Século, jornal de moda português com representação e distribuição no Brasil, Ano II, Nº 98, Lisboa, Portugal/Rio de Janeiro, RJ, 24 de dezembro de 1913.

como principal atrativo – uma média de 12 croquis com modelos de vestidos por edição, sem autoria identificada, prováveis réplicas ou adaptações da moda francesa. Mais que isso, continham encartado o molde de uma dessas peças. Os comentários sobre as novidades da moda, contudo, eram genéricos e difusos: "O feitio dos costumes dos vestidos modernos distinguir-se-ão pouco daqueles do ano passado", escreveu Mme. Carvalho, diretora de O Seculo, na edição 110, de 18/03/1914. No número seguinte, acrescentou: "A moda na presente estação caracteriza-se pelo mais perfeito ecletismo. Aceita tudo que é lindo, tudo que fica bem [...]".

A introdução da máquina fotográfica portátil possibilitou à imprensa incorporar imagens às suas páginas, estabelecendo maior diferencial entre jornais e revistas. Estas últimas caracterizavam-se pelo formato menor, além de serem mais ilustradas. Foram pioneiras no uso de fotografia, no Brasil, a Revista da Semana (Rio de Janeiro, 1900, de Álvaro de Teffé), Ilustração Brasileira (Rio de Janeiro, 1901) e Kosmos (Rio de Janeiro, 1904), publicações de variedades que inovaram oferecendo material fotográfico mais rico, inclusive em suas seções femininas e de moda.

Os direitos da mulher foram assuntos de alguns periódicos já no final do século XIX, como O Sexo Feminino, lançado pela professora Francisca Senhorinha da Mota Diniz em Campanha, MG, ou A Família, editado por Josephina de Azevedo (irmã de Álvares de Azevedo), de 1888, no Rio de Janeiro e em São Paulo. Como movimento, porém, o feminismo só transformou valores sociais e a própria moda a partir de meados do século XX. Ainda assim, as publicações voltadas ao público feminino e à moda passaram pelo feminismo sem deixar de seguir um cardápio de temas que abrangia culinária, saúde e beleza, ora adicionando reportagens sobre gente famosa e a alta sociedade, ora notícias vinculadas a novos comportamentos, esportes e artes. Eram assim edições como A Estação (1880), Bello Sexo, Vida Moderna, A Mensageira (de São Paulo), A Cigarra (de 1913, periódico mensal dirigido por Gelásio Pimenta, mais tarde adquirido pelos Diários Associados), Jornal das Moças (1914) e Frou-Frou... (1923) (do Rio de Janeiro).[132]

Ainda em 1914, surgiu em São Paulo um jornal mensal de quatro páginas, chamado A Luta Moderna, título logo alterado para Revista Dedicada à Mulher Brasileira, resumido em 1915 para Revista Feminina. A publicação da Empresa Feminina Brasileira, também voltada a cosméticos e livros para mulheres, era editada por Virgilina de Souza Salles, casada com João Salles – que teve papel destacado como diretor do periódico, após o falecimento prematuro da mulher, em 1918.[133] A Revista Feminina alcançou sucesso e chegou à marca, incrível para a época, de 20 mil exemplares por mês – tornando-se a de circulação mais expressiva no segmento até então. Seu diferencial consistia no conteúdo abrangente, não restrito aos assuntos do lar. Continha as seções clássicas, como culinária ("O Menu do meu Marido"), consultório sentimental, moda e beleza, mas abria espaço para crônicas literárias, comportamento, direitos da mulher (na seção "Vida Feminina") e pincelava temas políticos e econômicos.

Ainda que inicialmente tenha apresentado inovações, guardava aspectos moralistas e machistas que recrudesceriam com o tempo, até pelo fato de muitos de seus textos serem escritos por homens usando pseudônimos femininos. Por exemplo, uma crônica da edição de agosto de 1916 rechaçava os modos da mulher moderna, considerada uma "esbagachada", com sua "saia curta e colante, de braços e aos beijos com os homens, com os decotes a baixarem de nível e as saias a subirem de audácia [...], perfumadas com exagero, pintadas como palhetas, estucadas a gesso e postas na vida como a figura disparate de uma paisagem cubista". Ou ainda o Decálogo da Esposa, publicado em 1924, ditando regras para o comportamento feminino, tais como "ama teu esposo acima de tudo na terra" [...]; "espera teu esposo com teu lar sempre em ordem e o semblante risonho" etc. O periódico, que circulou até 1936 – quando foi fechado por João Salles –, contou, por mais de dez anos, com uma seção chamada A Moda, contendo a média de quatro páginas, conduzida pela cronista Marinette (não identificada e possivelmente um homem) e ilustrada com desenhos não assinados, extraídos de publicações estrangeiras, comentados com riqueza de detalhes, "fato que se justifica, talvez, pela grande quantidade de leitoras que costumavam pedir às costureiras que confeccionassem seus vestidos no modelo apresentado".[134] Nesse sentido, a Revista Feminina se distinguia de concorrentes, como A Cigarra e Revista da Semana, ambas contendo seções de moda mais focadas em ilustrações e fotos do que no texto.

## Grande Guerra e moda

A Grande Guerra, de 1914, posteriormente chamada de Primeira Guerra Mundial, representou duros embates também para a moda. A Europa passou a viver sob novas condições e o papel da mulher na sociedade foi alterado. Com a ida dos homens para a guerra, elas passaram a ser mais requisitadas no trabalho das indústrias e para atuar como suporte nas frentes de batalha. Esse novo papel exigia que fossem menos embonecadas, e que trajassem vestes que lhe dessem mais liberdade. O Brasil foi, evidentemente, influenciado por essas novas vogas: os vestidos perderam mais volume e as anáguas excessivas; as saias subiram, deixando a silhueta da canela aparente; os espartilhos – que tanto ajustavam-se ao corpo, afunilando a cintura feminina – deixaram de ser usados. Como substituto, para prender os seios, surgiu o sutiã, que teve sua primeira patente datada de 1914, nos Estados Unidos, concedida a Mary Phelps Jacob.

Apesar de distantes do conflito bélico, as mulheres brasileiras tiveram bons motivos para receber bem essas novas modas, pois, além de deixar a silhueta mais charmosa, eram mais arejadas e mais adequadas ao nosso clima. Por volta de 1915, "a altura das saias chegou a ficar um pouco acima dos tornozelos e os modelos podiam ser rodados ou justos; mas acentuavam as formas femininas e tinham a cintura marcada; eram comuns também as roupas de duas peças, às vezes com a blusa para fora da saia, e

MODAS DE ESTIO E DE MEIA ESTAÇÃO

*Croquis de Fabian; Almanaque Eu Sei Tudo; Editora C.E.A., Rio de Janeiro, RJ, dezembro, 1917.*

cinto".[135] Esse grande combate ao aprisionamento do corpo feminino teve como mentor o costureiro Paul Poiret, que simplificou o guarda-roupa da mulher do período.

Em 1896, Poiret iniciara sua incursão na costura, na *maison* de Jacques Doucet, já um dos costureiros mais famosos de Paris, respeitado pelo esmero do acabamento de suas roupas. Quatro anos mais tarde, Poiret colaborou com o ateliê de Charles Worth (já falecido, mas com a continuidade da casa mantida pelos seus filhos), outra *maison* renomada de então. Em 1904, abriu sua própria casa, apadrinhado por Doucet; mas suas roupas só foram assimiladas e copiadas em todo o mundo a partir dos anos 1910, quando se tornou o grande nome da moda francesa vestindo as mulheres mais famosas da época, como a dançarina Isadora Duncan, e promovendo festas monumentais.

Poiret criou figurinos para companhias de balé e ópera, o que o colocou em contato com indumentárias orientais, que lhe inspiraram a incluir em suas coleções quimonos, calças em estilo turco e estampas com característica oriental. Ao compor novas formas de vestir para a mulher ocidental das primeiras décadas do século XX, atendeu às necessidades de uma sociedade urbana crescente.

Propôs os vestidos com decotes em forma de V, mais aprofundados e que expunham mais o colo feminino – desenho que recebeu dos puritanos o apelido de "decote pneumonia", por representar, na opinião daqueles, um "perigo para a saúde".[136] Sua roupa era composta, basicamente, por duas peças: uma saia longa, justa nos tornozelos, e uma espécie de túnica usada por fora da saia, até abaixo dos joelhos. Jorge Americano relatou a fase em que as saias e os vestidos das mulheres paulistanas, já sob a influência de Poiret, perderam as caudas: "Vieram as saias *trotteuse*. Redondas e folgadas, distavam três centímetros do solo. No movimento normal, via-se o pé inteiro. Num movimento brusco, percebia-se que o calçado era abotoado ao lado. Ainda mais brusco, via-se a botinha de cano alto. Num estabanamento injustificável, via-se, acima, a meia de seda preta".[137]

A eclosão da Grande Guerra, em 1914, obrigou a moda feminina europeia (e, por contingência, de todo o mundo ocidental) a economizar em elaboração e ornamentos. Popularizaram-se, então, os *tailleurs*, difundidos como moda urbana pelo inglês radicado em Paris Charles Redfern, usados inicialmente para a equitação. Eles aproximavam o corte da roupa feminina da masculina, compondo duas peças com a parte de cima, muitas vezes, remetendo ao desenho dos paletós masculinos. Em 1916, Gabriele "Coco" Chanel inovou ao apresentar *tailleurs* feitos em jérsei, tecido leve, prático e que não amassava, até então usado para o fabrico de roupas de baixo, uma vez considerado de qualidade inferior. A saia, que compunha o casaco, era longa, até as canelas, e ganhou apelido de "crinolina de guerra".[138]

No Brasil, todas essas inovações eram assimiladas graças à ampliação do número de revistas femininas e de moda em circulação trazendo desenhos e moldes. O uso dos chapéus se manteve, mas com volumes reduzidos, ajustados à cabeça, com abas estreitas e plumas menos espalhafatosas, formando ângulos retos: os de abas largas eram apropriados para o verão; os pequenos, para o inverno. Em voga, ainda, o turbante alto e um penacho (*aigrette*, em francês); os gorros, o modelo quadrado (usado pelas normalistas); o modelo de mitra, caído sobre as orelhas. A maquiagem era bastante restrita, resumindo-se à anilina, pó de arroz ou de pérolas, sem nada nos lábios. As mais ousadas poderiam acentuar as sobrancelhas ou as veias próximas do olho, ligeiramente, com lápis; *rouge* só mesmo se usado em segredo. Um tom rosado nas orelhas podia ser obtido com cochonilha, corante carmim extraído de um pequeno inseto (*Dactylopius coccus*) originário do México.

A moda era ditada de Paris para o mundo, mas já havia quem questionasse no Brasil essa "ditadura da Europa", como a cronista Marinette, da Revista Feminina: "Até quando viveremos assim: isso não se usa em Paris, aquilo não se faz na Europa, não é assim que se diz na Inglaterra?". Por muitas décadas, responderia o futuro à Marinette – aliás, supostamente pseudônimo de um jornalista. E assim, copiando Paris, a mulher brasileira trocou as saias e os vestidos que se arrastavam no chão pelos de comprimento à altura dos tornozelos, mas sem ainda expor as canelas, pois usavam meias. Os sapatos à mostra motivaram a seguinte advertência de uma modista da época: "Saia curta com sapatos de entrada baixa é crime que merece severa punição".[139] O certo, então, era usar botas de cano alto, em camurça ou pano, com

Seção Reverências e Galanteios, revista Paratodos..., Ano I, Nº 46, Rio de Janeiro, RJ, 1 de novembro de 1919.

bicos e frisos de verniz, que davam mais altura e elegância (antevendo os sapatos de salto), além de cobrirem melhor os pés da mulher de uma sociedade ainda bastante conservadora.

Prova disso foi um episódio ocorrido no Rio de Janeiro, registrado com alarde pela imprensa: "Naquela manhã de sábado, 11 de março de 1911, ela passeava muito calmamente, pela Avenida Central. Vestia a última moda parisiense, uma *jupe-culotte* [saia-calção], imitando couro de crocodilo. Como no cinema, a *jupe* se ajustava ao corpo, realçando as formas femininas. De repente, em frações de segundo, a Avenida virou um pandemônio. Foi vaiada, agarrada brutalmente, quase despida em público. Teve que se refugiar na Camisaria Americana, para não ser linchada".[140] Apesar dos retrógrados, a moda rumou rapidamente para o despojamento. Já em 1918, as roupas femininas haviam sofrido mudanças radicais, lamentadas pelo cronista Cláudio de Souza, da paradoxal Revista Feminina: "Embriagada pelo luxo, offuscada pelas joias, estonteada pela febre dos novos rythmos, foi nesta vertigem que a Eva antiga perdeu a percepção primeira e o melhor de sua feminilidade. [...] Deixou, com prazer, que a thesoura da moda lhe fosse despoticamente aparando, um a um, os gommos de suas saias amplas que, escondendo-lhe as formas, a cercavam do encanto do pudor e do mysterio. Deformou-se; despojou-se... Encurtou as saias, desnudou os braços e, atando ao pescoço o lenço vermelho do *s'en fichisme*, trocou o minuete da galanteria pelo tango apache. A natureza nas suas fontes puras começou a repugnar-lhe. Adoptou a agua mineral para sua dyspepsia e o estuque plástico para sua anemia, fatigada pela insominia. Com as cores varias da anilina reduziu sua belleza antiga a uma paisagem de tons artificiaes, sobre a qual elevou a architectura de múltiplos andares de seus postiços. Tornou-se uma deliciosa boneca, um *bibelot* extravagante, uma linda flôr de estufa... mas deixou de ser mulher!"

*Croquis de Fabian, Almanaque Eu Sei Tudo; Editora C.E.A., Rio de Janeiro, RJ, dezembro, 1917.*

## Notas

1. Moda e Estilos de Vida: um estudo sobre a formação do campo da moda no Brasil, de Karla Bilharinho Guerra; dissertação de mestrado, Fafich/UFMG, Belo Horizonte, MG, 1997.
2. 80 Anos de Moda no Brasil, de Silvana Gontijo; Nova Fronteira, Rio de Janeiro, RJ, 1987.
3. Histórias da Moda, de Didier Grumbach; Cosac Naify, São Paulo, SP, 2009.
4. Idem.
5. Idem.
6. Idem.
7. Moda e Estilos de Vida: um estudo sobre a formação do campo da moda no Brasil, de Karla Bilharinho Guerra; dissertação de mestrado, Fafich/UFMG, Belo Horizonte, MG, 1997.
8. República: da Belle Époque à Era do Rádio. In: História da Vida Privada no Brasil, vol. 3, Nicolau Sevcenko e Fernando A. Novais (coord.); Companhia das Letras, São Paulo, SP, 1998.
9. In: Nosso Século, vol. 1, 1900-1910; Abril, São Paulo, SP, 1980.
10. Idem.
11. Corpo a Corpo com a Mulher: pequena história das transformações do corpo feminino no Brasil, de Mary Del Priore; Senac, São Paulo, SP, 2000.
12. A Cidade e a Moda: novas pretensões, novas distinções – Rio de Janeiro, século XIX, de Maria do Carmo Teixeira Rainho; UnB, Brasília, DF, 2002.
13. In: Nosso Século, vol. 1, 1900-1910; Abril, São Paulo, SP, 1980.
14. A Cidade e a Moda: novas pretensões, novas distinções – Rio de Janeiro, século XIX, de Maria do Carmo Teixeira Rainho; UnB, Brasília, DF, 2002.
15. Idem.
16. In: 80 Anos de Moda no Brasil, de Silvana Gontijo; Nova Fronteira, Rio de Janeiro, RJ, 1987.
17. Oito Décadas, de Carolina Nabuco; 2ª ed.; Nova Fronteira, Rio de Janeiro, RJ, 2000.
18. A Industrialização Brasileira, de Francisco Iglesias; Brasiliense, São Paulo, SP, 1985.
19. Idem.
20. História da Indústria Têxtil, texto-reportagem de Manoela Carta; Vogue-Brasil, n. 91, Carta Editorial, São Paulo, SP, janeiro de 1983.
21. A História da Indústria Têxtil Paulista, de Francisco Teixeira; Artemeios, São Paulo, SP, 2007.
22. Santista Têxtil: uma história de inovações – 75 anos, de Maria Helena Estellita Cavalcanti Pessoa (coord.) e Mario Ernesto Humberg (edição e texto final); CLA, São Paulo, SP, 2004.
23. A História da Indústria Têxtil Paulista, de Francisco Teixeira; Artemeios, São Paulo, SP, 2007.
24. Idem.
25. Idem.
26. O Algodão em São Paulo: 1861-1875, de Alice P. Canabrava; T. A. Queiroz, São Paulo, SP, 1984.
27. Atividade Industrial em Cataguases ao Longo do Século XX: um retrato da indústria têxtil cataguasense. In: A Indústria Têxtil em Cataguases, de F. G. Lamas e L. F. G. Leitão; pesquisa referencial do Museu da Pessoa, São Paulo, SP, maio de 2006.
28. 150 Anos da Indústria Têxtil Brasileira, de Débora Berman; Senai-Cetiqt, Rio de Janeiro, RJ, 1990.
29. Idem.
30. Site da Câmara dos Dirigentes Lojistas de Petrópolis/Prefeitura Municipal de Petrópolis: <http://www.cdlpetropolis.com.br/index.php?pg=historico>; acesso em dezembro de 2009.
31. O Velho Comércio do Rio de Janeiro, de Ernesto Senna; 2ª ed. (1ª ed. de 1910); G. Ermakoff Casa Editorial, Rio de Janeiro, RJ, 2006.
32. Idem.
33. Idem.
34. Idem.
35. Idem.
36. Idem.
37. Idem.
38. Idem.
39. Idem.
40. Idem.
41. Idem.
42. Idem.
43. Idem.
44. Idem.
45. Moda e Sociabilidade: mulheres e consumo na São Paulo dos anos 1920, de Maria Cláudia Bonadio; Senac, São Paulo, SP, 2007.
46. O Velho Comércio do Rio de Janeiro, de Ernesto Senna. 2ª ed. (1ª ed. de 1910); G. Ermakoff; Casa Editorial, Rio de Janeiro, RJ, 2006.
47. O Mappin foi inaugurado primeiro no Rio de Janeiro, e posteriormente em São Paulo.
48. O Velho Comércio do Rio de Janeiro, de Ernesto Senna. 2ª ed. (1ª ed. de 1910); G. Ermakoff; Casa Editorial, Rio de Janeiro, RJ, 2006.
49. Modernizando a Desigualdade: reestruturação da ideologia de gênero no Brasil (1914-1940), de Susan Besse; Edusp, São Paulo, SP, 1999.
50. O Velho Comércio do Rio de Janeiro, de Ernesto Senna. 2ª ed. (1ª ed. de 1910); G. Ermakoff; Casa Editorial, Rio de Janeiro, RJ, 2006.
51. Idem.
52. Idem.
53. Idem.
54. A Indústria no Estado de São Paulo em 1901, de Antônio Francisco Bandeira Júnior. In: Fazer Roupa Virou Moda: um figurino de ocupação da mulher (São Paulo 1920-1950), de Wanda Maleronka; Senac, São Paulo, SP, 2007.
55. Brazil and the Brazilians, portrayed in historical and descriptive sketches, de Daniel Parish Kidder e James Cooley Fletcher.; Childs & Peterson, Philadelphia, PA, 1857. Disponível em: <www.books.google.com.br>; acesso em janeiro de 2010.
56. História da Borracha, texto do Centro de Estudos da Educação da UFSC. Disponível em <http://www.ced.ufsc.br/emt/trabalhos/borracha/borracha/historia.htm>; acesso em fevereiro de 2010.
57. Breve História da Amazônia, de Márcio de Souza; Marco Zero, São Paulo, SP, 1994.
58. São Paulo Naquele Tempo: 1895-1915, de Jorge Americano; Saraiva, São Paulo, SP, 1957.
59. Idem.
60. Idem.
61. Idem.
62. Idem.
63. Idem.
64. Idem.
65. Idem.
66. Civilização e Cultura, de Câmara Cascudo; Global, São Paulo, SP, 2004
67. São Paulo Naquele Tempo: 1895-1915, de Jorge Americano; Saraiva, São Paulo, SP, 1957.
68. Idem.
69. Idem.
70. Oito Décadas, de Carolina Nabuco, 2ª ed.; Nova Fronteira, Rio de Janeiro, RJ, 2000.
71. Idem.
72. Idem.
73. Idem.
74. Idem.
75. Boas Maneiras, de Carmen D'Avila; 10ª ed.; Civilização Brasileira, Rio de Janeiro, RJ, 1956.
76. O Homem Casual, de Fernando de Barros; Mandarim, São Paulo, SP, 1998.
77. Idem.
78. Idem.
79. São Paulo Naquele Tempo: 1895-1915, de Jorge Americano; Saraiva, São Paulo, SP, 1957.
80. O Rio de Janeiro do Meu Tempo, de Luiz Edmundo; Edições Eletrônicas do Senado Federal, vol. 1, (1ª ed. de 1938); Senado Federal, Brasília, DF, 2003.
81. Idem.
82. Oito Décadas, de Carolina Nabuco; 2ª ed.; Nova Fronteira, Rio de Janeiro, RJ, 2000.

83 Idem.

84 O Rio de Janeiro do Meu Tempo, de Luiz Edmundo; Edições Eletrônicas do Senado Federal, vol. 1, (1ª ed. de 1938); Senado Federal, Brasília, DF, 2003.

85 Oito Décadas, de Carolina Nabuco; 2ª ed.; Nova Fronteira, Rio de Janeiro, RJ, 2000.

86 Revista Feminina, crônica de Cláudio de Souza; Mensário, São Paulo, SP, abril de 1918.

87 O Homem Casual, de Fernando de Barros; Mandarim, São Paulo, SP, 1998.

88 São Paulo Naquele Tempo: 1895-1915, de Jorge Americano; Saraiva, São Paulo, SP, 1957.

89 Idem.

90 Idem.

91 Oito Décadas, de Carolina Nabuco; 2ª ed.; Nova Fronteira, Rio de Janeiro, RJ, 2000.

92 In: O Brasil tem Estilo?, de Ruth Joffily; Ed. Senac Nacional, Rio de Janeiro, RJ, 1999.

93 O Rio de Janeiro do Meu Tempo, de Luiz Edmundo; Edições Eletrônicas do Senado Federal, vol. 1, (1ª ed. de 1938); Senado Federal, Brasília, DF, 2003.

94 A Cidade e a Moda: novas pretensões, novas distinções – Rio de Janeiro, século XIX, de Maria do Carmo Teixeira Rainho; UnB, Brasília, DF, 2002.

95 Idem.

96 Kósmos, revista mensal; Editor Mário Behring, Rio de Janeiro, RJ, 1907

97 In: Nosso Século, vol. 1, 1900-1910; Abril, São Paulo, SP, 1980.

98 Um Homem sem Profissão, de Oswald de Andrade; (1ª ed. de 1954); Globo, São Paulo, SP, 2002.

99 São Paulo, a Juventude do Centro, de Pedro Cavalcanti e Luciano Delion; Códex, São Paulo, SP, 2004.

100 Anúncio publicitário. In: Eu Sei Tudo, almanaque anual; Americana, Rio de Janeiro, RJ, dezembro de 1917.

101 A Cidade-Exposição: comércio e cosmopolitismo em São Paulo, 1860-1914, de Heloisa Barbuy; Edusp, São Paulo, SP, 2006.

102 Plugados na Moda, de Nízia Villaça e Khatia Castilho; Anhembi Morumbi, São Paulo, SP, 2006.

103 Oito Décadas, de Carolina Nabuco; 2ª ed.; Nova Fronteira, Rio de Janeiro, RJ, 2000.

104 Jornal das Senhoras, ano II, n. 19, p. 3; Rio de Janeiro, RJ, 27 de abril de 1905.

105 Plugados na Moda, de Nizia Villaça e Khatia Castilho; Anhembi Morumbi, São Paulo, SP, 2006.

106 História da Vida Privada no Brasil, vol. 3, de Fernando A. Novais (coord. geral) e Nicolau Sevcenko (org. do volume); Companhia das Letras, São Paulo, SP, 1998.

107 São Paulo Naquele Tempo: 1895-1915, de Jorge Americano; Saraiva, São Paulo, SP, 1957.

108 História do Brasil, de Boris Fausto; 8ª ed.; Edusp, São Paulo, SP, 2000.

109 Idem.

110 Imigração: cortes e continuidades, de Boris Fausto. In: História da Vida Privada no Brasil, vol. 4, de Fernando A. Novais (coord. geral) e Lilia Moritz Schwarcz (org. do volume) Companhia das Letras, São Paulo, SP, 1998.

111 História do Brasil, de Boris Fausto; 8ª ed.; Edusp, São Paulo, SP, 2000.

112 Idem.

113 A Cidade e a Moda, de Maria do Carmo Teixeira Rainho; UnB, Brasília, DF, 2002.

114 Idem.

115 Idem.

116 A Revista no Brasil, de Humberto Werneck; Abril, São Paulo, SP, 2000.

117 Idem.

118 Idem.

119 Idem.

120 Idem.

121 Mulher de Papel: a representação da mulher pela imprensa feminina brasileira, de Dulcíli-na Helena Schroeder Buitoni; Edições Loyola, São Paulo, SP, 1981.

122 Idem.

123 Idem.

124 Idem.

125 Jornal das Damas, p. 35-36. Recife, PE, 6 de dezembro de 1862.

126 Idem.

127 A Revista no Brasil, de Humberto Werneck; Abril, São Paulo, SP, 2000.

128 Idem.

129 Mulher de Papel: a representação da mulher pela imprensa feminina brasileira, de Dulcílina Helena Schroeder Buitoni; Edições Loyola, São Paulo, SP, 1981.

130 Idem.

131 Jornal das Senhoras, revista semanal; Editora Jornal das Moças, Rio de Janeiro, RJ, 7 de dezembro de 1905.

132 In: Mulher de Papel: a representação da mulher na imprensa brasileira, de Dulcília H. S. Buitoni; Edições Loyola, São Paulo, SP, 1981.

133 Moda e Sociabilidade: mulheres e consumo na São Paulo dos anos 1920, de Maria Cláudia Bonadio; Senac, São Paulo, SP, 2007.

134 Idem.

135 A Moda no Século XX, de Maria Rita Moutinho e Máslova Teixeira Valença; Senac Nacional, Rio de Janeiro, RJ, 2005.

136 Plugados na Moda, de Nízia Villaça e Khatia Castilho; Anhembi Morumbi, São Paulo, SP, 2006.

137 São Paulo Naquele Tempo: 1895-1915, de Jorge Americano; Saraiva, São Paulo, SP, 1957.

138 Idem.

139 In: Nosso Século, vol. 1, 1900-1910; Abril, São Paulo, SP, 1980.

140 Idem.

CAPÍTULO **2** ANOS LOUCOS [ 1919 | 1930 ]

# Costureiras e alfaiates vestem melindrosas e almofadinhas

A roupa que se vestia no Brasil dos Anos Loucos refletia a moda internacional, que, por sua vez, reproduzia a euforia do pós-guerra. A emancipação feminina começava a ganhar as ruas: a mulher moderna exibia o contorno das pernas, cortava os cabelos, fumava e dirigia automóveis; algumas até trocavam o lar por prósperas carreiras profissionais. Fortalecia-se, entre os nossos intelectuais, a busca por uma identidade cultural brasileira. Contudo, pouco se cogitava a existência de uma moda local ou mesmo moda como forma de criação. As roupas de uso diário ou até as especiais, dos dias de festa, eram artesanatos de importância relativa, a cargo dos alfaiates, costureiras e modistas – essas últimas dedicadas à ornamentação das vestimentas femininas mais elaboradas. Criação de moda? Essa era uma prerrogativa exclusiva dos franceses; isso ninguém discutia ou questionava. Até porque o setor lá ainda se adequava aos novos tempos: foi no início da década de 1930 que uma grande afluência de compradores e jornalistas estrangeiros forçou a Câmara Sindical da Costura Parisiense a fixar "[...] um calendário de apresentações por manequins", de modo que se pudesse "melhor acolher o novo público fascinado pela moda parisiense"[1] – ou seja, um calendário de lançamento de moda.

No Brasil, um exército de costureiras anônimas produzia, em ateliês domésticos ou informais, as peças também sob medida, mas sem o mesmo *glamour*, que vestiam

*Niny Parreira e Calutinha em praça de Araguary, MG, 8 de novembro de 1927.*

as nossas mulheres, quando não eram feitas pelas próprias donas de casa – todas já municiadas de máquinas de costura, equipamento presente na maioria dos lares de classe média. Algumas costureiras, eventualmente, ganhavam notoriedade e alcançavam *status* de *madame* – seguindo uma tradição deixada pelas modistas francesas que imigraram para o Brasil após a Abertura dos Portos, por D. João VI, no início do século XIX. Seguia-se com desvelo – por meio das revistas femininas – as vogas europeias, uma necessidade para se preservar a distinção de vestimentas em acordo com a "última moda" de Paris...

Entre as muitas modistas que granjearam fama, geralmente identificadas só pelo prenome antecedido do Mme., podemos citar – apenas como exemplo (são inúmeras no país todo) – no Rio de Janeiro: Mme. Pezenti (que em Fon-Fon,[2] de 1939, desculpa-se com sua "ilustre freguezia" por ter de se ausentar "desta Capital, por motivos imperiosos à sua vontade"); Mme. Buttelli, Mme. Melita, Mme. Faria, Mme. Deolina Natal, Mme. Beatriz Biar (mãe da atriz Célia Biar); Mme. Bertha Kligerman, Mme. Iracema[3] e Mme. Mary Angélica (1900-1978). Esta última, também conhecida como Maria Angélica, nasceu em Montevidéu, Uruguai, e imigrou para o Brasil aos 17 anos. A partir de 1921, iniciou-se na produção de roupas femininas, conquistando fama pela qualidade do acabamento dos vestidos de noiva e gala produzidos em seu ateliê, localizado no casarão da Rua do Catete e adquirido, em 1929, de sua ex-patroa – a também modista Simone Bailey.[4] Era casada com o escultor Matheus Fernandes, que fazia manequins de gesso e criou a estátua do jogador de futebol Bellini (exposta em frente ao Maracanã). Confeccionou vestidos para os desfiles promovidos pela Bangu, nos anos 1950, e para outros desfiles beneficentes, como outras modistas de sua época.

Em São Paulo, desfrutaram de boa fama: Mme. Cordélia, Mme. Ema, Mme. Lucy, Mme. Lili Junqueira, Mme. Castilho[5] – com loja na Rua Barão de Itapetininga e, depois, na Rua Augusta – e Mme. Georgina (Georgina de Andrade Nadaline, 1912-2005), santista, filha de portugueses, que iniciou carreira na década de 1930 e chegou a ter ateliê com cerca de 40 ajudantes, fechado em 1997. As modistas eram valorizadas pela qualidade de seus trabalhos artesanais, produzidos em ateliês bem-estruturados que atendiam à clientela de maior poder aquisitivo, e desenvolviam cópias ou interpretações de moda francesa: "Não dito moda, pois me baseio em escolas e tendências estrangeiras para fazer minhas criações",[6] admitiu, com integridade, Mme. Georgina. A tarefa de avaliar o trabalho das costureiras e modistas, do ponto de vista da criatividade, é sinuosa, mas podemos nos guiar por relatos orais, alguns ricos em detalhes, como o recolhido em outubro de 2000 pela pesquisadora Cristina Seixas de uma costureira que prestou serviços a Mme. Melita, no Rio de Janeiro: "Ela via o vestido no figurino, pegava o tecido e o armava todinho, de um lado só, no manequim. Vamos dizer, o lado esquerdo... Ela montava a blusa, menos a manga, e pegava a tesoura e cortava, com a maior tranquilidade. [...] Nós marcávamos aquele lado todinho; depois, tirávamos os alfinetes, pegávamos o restante da fazenda, botávamos em cima da mesa e passávamos no outro lado. Era trabalhoso, mas era perfeito. [...] As costuras ficavam todas escondidas; o vestido

ficava como se estivesse pronto. [...] A cliente vinha, provava; então nós íamos marcar a altura [da saia]; era uma régua que pousava no chão", detalhou Lina Cid, confirmando a fonte de inspiração francesa dos modelos executados: "A gente nunca trabalhou com figurino nacional. Revistas, figurinos, era praticamente tudo francês. Porque, inclusive, as clientes faziam questão. Você não podia apresentar uma revista de moda nacional, porque elas não davam valor, entendeu? Você tinha que ter no ateliê aqueles [periódicos] sempre atualizados: revistas, figurinos franceses; porque elas faziam questão de se vestirem com a moda que estivesse usando lá, no momento".[7]

A moda parisiense era ecoada aqui por jornais e revistas que reproduziam croquis, fotos ou moldes de moda francesa, como denota a seção A Moda Feminina, da revista Fon-Fon: "Os bordados de todas as qualidades e feitios são a última nota da semana. [...] Vimos alguns modelos de costureiros parisienses muito lindos. Um de [Jacques] Doucet que nos agradou bastante é o que reproduzimos. Feito em crepe georgette verde

*Ao centro, Rei Alberto I e Rainha Elizabeth, da família real belga, ladeados de elegantes damas mineiras; Belo Horizonte, MG, outubro de 1920.*

*Na página ao lado, ilustrações de Frou-Frou; Rio de Janeiro, RJ, julho de 1924.*

## NA PRAÇA DUQUE DE CAXIAS

Á sahida da missa

# VIDA SOCIAL

Baile dos hospedes do America Hotel.

*Acima, página de Frou-Frou, Ano IV, Nº 37; Rio de Janeiro, RJ, junho de 1926.*

jade, tem túnica tríplice sendo a de cima um labyrintto de bordado feito a missangas, rematado com franjas, também de missangas".[8] Vestir a mesma roupa usada nos países ricos era, também, uma forma de se fazer pertencer àquela realidade. A moda era entendida como futilidade feminina à qual os homens deviam, supostamente, manter-se imunes: "É muito commum ouvir um homem dizer que as mulheres, acompanhando a moda, escravizando-se à moda, não têm senso comum. Obedecem, commentam as regras geraes e adotam feitios e cores que não lhes vão bem. E terminam affirmando que a moda é um absurdo, que só persiste porque as mulheres são mais absurdas ainda. [...] Às vezes, os homens são sinceros, culpando a moda dos absurdos ambulantes que lhes sucede encontrar pelas ruas. [...] Mas a moda não tem culpa do máu gosto de muitas mulheres",[9] escreveu a cronista Cinderela, de Fon-Fon.

A moda do pós-Primeira Guerra sugeria uma mulher de corpo mais reto, com seios e quadris menores. As atenções se voltavam para a novidade da exibição das canelas e dos tornozelos. Bem aos poucos, as bainhas das saias e dos vestidos foram subindo, e ficaram à altura logo abaixo dos joelhos por volta de 1925 em Paris, a partir de onde e quando migraram para as outras partes do mundo. A roupa de baixo devia ser mais leve, como os *pagliaccetos – lingerie* no formato de uma macacão. Para reduzir o volume dos seios, as mulheres passaram a usar "achatadores" – faixas presas às costas –, mas o *soutien-gorge* (*soutien*: suporte em francês) começou a ganhar adeptas. Um precursor da peça fora criado, ainda no final de século XIX, na França, pela boutique de Herminie Cadolle (1845-1926), confeccionado em algodão e seda, semelhante a seus sucessores. O ancestral direto que nos é contemporâneo, contudo, foi patenteado nos Estados Unidos em 1914 pela *socialite* nova-iorquina Mary Phelps Jacob. Revoltada com o espartilho de barbatana, ela criara um porta-seios composto de dois lenços, um pedaço de fita cor-de-rosa e cordões que o sustentava nos ombros. Pouco tempo depois, vendeu a patente do invento à *Warner Brothers Corset Company*, por 15 mil dólares. A empresa iniciou a industrialização da peça e ganhou milhões nos anos seguintes.

*Acima, Alcira Aracy Camarano Prado; Araguari, MG, 1929.*

Acima, ilustração de Frou-Frou;
Rio de Janeiro, RJ, abril de 1925.

Na página ao lado, ilustração
de M.C; Fon-Fon, Ano XXIV,
Nº 4, Rio de Janeiro, RJ,
25 de janeiro de 1930.

## O QUE FORAM OS ANOS LOUCOS

O período que vai do final da Grande Guerra até 1930 foi marcado por fortes rupturas políticas, comportamentais e formais, motivo pelo qual ganhou a epígrafe de Anos Loucos. O eixo político e econômico do mundo começou a se deslocar da Europa, palco do conflito, para os Estados Unidos da América, onde Hollywood se consolidava como capital do "império da celulose" ao exibir um extravagante Olimpo de astros e estrelas que disseminavam novos comportamentos e modas de vestir por todo o Ocidente. E a mulher que surgia das telas dos cinemas era ousada: fumava, dançava, praticava esportes, usava roupas da "última moda", dirigia automóveis e, cada vez mais, a própria vida.

Na Europa, a demanda por mão de obra provocada pela Grande Guerra levara mais mulheres para as fábricas. Moças da classe média encontravam trabalho no comércio ou em escritórios. Além de adotar roupas mais práticas, as mulheres engajadas no trabalho começaram a participar também de movimentos reivindicatórios e lutas políticas. A maior parte, porém, continuava ambicionando apenas vestir-se de acordo "com a última moda de Paris" e "casar-se por amor", o que não era pouca mudança, já que, até fins de século XIX, vigorara o casamento por interesse e por determinação paterna.

A Grande Guerra gerou o início do processo de emancipação feminina. Terminado o conflito, a mulher percebeu sua capacidade de autoprovedora e, a partir de então, não deixou o mercado de trabalho. Obteve diversas conquistas sociais no período, incluindo lutas vitoriosas pelo direito ao voto na Europa, nos Estados Unidos e no México. No Brasil, esse direito só foi legitimado em 1932 pelo Congresso Nacional. Todavia, ainda em 1929, Alzira Soriano tornou-se a primeira mulher a ocupar um cargo eletivo na América do Sul, ao assumir a prefeitura de Lages, SC.

Após o Impressionismo (1874), o mundo se abriu a experimentações e ousadias nas artes que colocaram abaixo os cânones acadêmicos antes em vigor. Eclodiram movimentos vanguardistas, como Expressionismo, Cubismo, Orfismo, Futurismo, Abstracionismo e, durante a Grande Guerra, Dadaísmo, que ecoaram no Brasil com a Semana de Arte Moderna, em 1922, realizada em São Paulo. Era o ano da comemoração do centenário de nossa Independência, tornando necessária uma demonstração de nacionalismo pelo viés cultural.

O destino de turismo preferido das elites locais eram as estações de águas nas estâncias hidrominerais, a maioria situada em Minas Gerais, como Poços de Caldas, Araxá, Cambuquira, Lambari e Caxambu. Belo Horizonte, nova capital planejada do estado, contava já com centenas de automóveis. Na arquitetura, o estilo *art déco* foi criado, referenciado na geometria do Cubismo, do Construtivismo e do Suprematismo, que também valorizava a funcionalidade das formas, de acordo com a fundamentação da escola Bauhaus. O *jazz* virou febre disseminada pelos cinemas, e também surgiram o *charleston*, com passos e movimentos rápidos de mãos cruzando-se e descruzando-se sobre os joelhos, e o *foxtrot*. Mais importante para nós foi o samba, que desceu o morro para girar nas "victrolas", disputando ouvintes de valsas, marchas, modinhas, fox e cançonetas.

Gravações mecânicas das pesadas "bolachas" de cera de 14 polegadas, com apenas uma música de cada lado, passaram a ser prensadas no Brasil, a partir de 1902, pela Casa Edson, no Rio de Janeiro, criada pelo tcheco Frederic Figner, sob licença da International Talking Machine GmbH, de Berlim. Tal parceria originou, em 1913, a primeira fábrica de discos do país, a Odeon, situada em Vila Isabel, Rio de Janeiro. Em 1917, Donga e Mauro de Almeida gravaram o primeiro samba, Pelo Telefone, e logo as "bolachas" pretas inundaram o mercado, soando as vozes de Vicente Celestino ou Francisco Alves, com tiragens que superavam as 3 mil cópias.

Nos Anos Loucos, diversas invenções das décadas anteriores — como o automóvel, o telefone, a eletricidade, o fonógrafo e o cinematógrafo — tornaram-se acessíveis a grande parte da população. Ser moderno se concretizava também por meio do consumo dos produtos oferecidos às classes médias urbanas, aos quais eram associados novos padrões de comportamento, que o cronista carioca João do Rio definiu como "vertiginosos", incluindo mais lazer e mais prazer: os bailes de sociedade e o Carnaval foram aceitos, assim como os banhos de mar, os passeios em parques e os piqueniques. As mulheres mais ousadas dirigiam automóveis.

No Carnaval, "almofadinhas" e "melindrosas" divertiam-se, com muito confete e serpentina, em corsos (desfiles em carros decorados) pelas principais avenidas das cidades, delirando com lenços umedecidos em lança-perfume da marca Rodouro, fabricados pela Rhodia e comercializados livremente. São Paulo começava a desempenhar papel relevante no cenário nacional, mas era a capital federal que irradiava os ideais de nossa elite financeira e intelectual, a qual ambicionava modos de vida à imagem e semelhança dos europeus: "Não é tarde de recepção, de *tea* ou de *cocktail* nas embaixadas, nem nos salões de nossa aristocrática sociedade. Porque o pessoal da *haute* está pela cidade, tomando chá na Colombo ou no Paschoal e *cocktail*. [...] Viro-me. As palavras estrangeiras me vêm de vozes doces. É Izabel de Maurtua, vestida de preto — modelo Lebouvier — com Marieta Medeiros — de crepe estampado", registrou a autora da coluna De Elegância, da revista Paratodos...[1] O clima de deslumbre dos Anos Loucos entrou em declínio a partir de 29 de outubro de 1929, com o *crash* da Bolsa de Valores de Nova York, dando início a um ciclo de restrições e forte depressão econômica.

1   *In*: Civilização e Cultura, de Luís da Câmara Cascudo; Global, São Paulo, 2004.

Anúncios de sutiãs começaram a circular em revistas brasileiras no correr dos anos 1920, mas eram oferecidas poucas opções de tamanho: o ajuste devia ser feito por presilhas nas alças e ainda não havia enchimentos. As jovens da época, de todo modo, não desejavam exibir seios opulentos. Ao contrário, achatavam o busto usando faixas presas às costas, feitas com tecido leves, como cambraia ou crepe, nas cores branca, preta, bege ou cor-de-rosa, o que não deixava de ser uma espécie improvisada de sutiã. Para afinar a cintura, haviam surgido os tecidos elásticos (feitos com borracha). Então, "[...] ao final da Primeira Guerra Mundial, as chamadas 'exuberâncias adiposas' passam a ser contidas, não mais pelo terrível espartilho, causador de danos irreparáveis, mas pela cinta elástica".[10]

## Melindrosa e despojada

Seria exagero dizer que as roupas femininas do período imitavam as masculinas, mas o despojamento de volumes e a diminuição do comprimento das saias e dos vestidos, comparados aos da *Belle Époque*, foram radicais, compondo uma silhueta mais lisa e reta. Os cabelos eram cortados *à la garçonne*, ou seja, como os de um menino: curtos e com fios retos, na altura do queixo; lisos e com uma franja do tipo pega-rapaz; virados na ponta ou ondulados com ferros de frisar – moda que encontrou forte rejeição das mais velhas, resistentes em preservar as longas cabeleiras presas em coques simples ou trançados. É preciso destacar aqui a inovação que este corte curto representou nos costumes: "Cortar a cabeleira feminina era castigo atroz, penalidade às esposas adúlteras e mulheres devassas. Ainda em 1944-1946, era punição imposta na Itália pelos *partigiani* às mulheres acusadas de ligação fascista, assim como na França, uma vez que, ao término da Segunda Guerra, todas as 'colaboracionistas' – como eram chamadas as mulheres que, de alguma forma, se vincularam ao nazismo – tiveram suas cabeças raspadas e foram obrigadas a desfilar de combinação sob vaias públicas na principal rua de sua cidade (no caso de Paris, na Avenue des Champs-Élysées). Mas no Brasil, além dessa acepção, havia outra: símbolo de renúncia ao mundo. Quando uma viúva cortava a cabeleira, anunciava o voto de jamais aceitar segundas núpcias e abandonava as alegrias festivas".[11]

Os vestidos passaram a apresentar cortes mais simples, com cinturas baixas ou simplesmente inexistentes, na linha cilíndrica. A forma da roupa acinturada, que antes desenhava a mulher em X, foi substituída por linhas retas, que se aproximavam do H.[12] A altura da saia subiu até pouco abaixo dos joelhos; por volta de 1928, chegaram a ficar ligeiramente acima deles. Para o dia, roupas mais esportivas e, para a noite, mais extravagantes. As mangas podiam ser longas ou, na maioria das vezes, inexistiam. O corte para o dia era o mesmo da roupa para a noite, variando os tecidos e os materiais usados.

Os dias quentes pediam tecidos mais vaporosos, como seda, tafetá, gaze, *chiffon* de seda, crepe da china e linho. Para dias frios, as opções eram *shantung*, veludo e lã, por exemplo. Se a situação exigisse requinte: brocados ou adamascados. Foram reduzidos também os laços e babados; a graça da roupa estava no tecido ou na estamparia. Tornaram-se mais comuns os bordados feitos à máquina (a mais usada era a *Cornely*) evidenciando a mecanização da confecção das roupas. A aparência feminina se despojou: "Até a roupa de baile perdeu o bom senso, com a febre igualitária, já que nossas senhoras se recusam a parecerem mulheres",[13] apontou um cronista citado em Nosso Século.

Os chapéus ficaram menores e mais justos, enterrados quase até os olhos e restritos ao uso diurno: eram os chapéus *cloche* (sino, em francês, devido ao seu aspecto campaniforme), usados com cabelos curtos de maneira a deixá-los quase imperceptíveis. Para a noite, as plumas, *aigrettes* – feixe ou penacho de plumas para ornamento de cabeça, preso na testa por uma faixa ou tiara – já usadas pelas mulheres desde a *Belle Époque*, então exibidas com novo padrão estético. Os *cloches* podiam ser confeccionados em feltro, palha natural ou outros tecidos, sempre com apliques e enfeites de fitas, flores etc. Houve também uma epidemia de boinas, como confirma Sorcière, pseudônimo de uma editora de moda da seção De Elegância, da revista Paratodos...: "Pelerine e boina! O que há de mais estudante. Juvenilidade e loucura! Todas as mulheres serão collegiaes pelo traje, e pelo traje poderão fazer muita tolice. Se não tiverem pouca idade, terão, pelo menos, a desculpa de que a roupa illude quem a admira e ainda mais quem a usa. Pequeno trabalho de autossugestão".[14] Como complementos, eram usados colares compridos, quase até o abdome, algumas vezes com nós na altura dos seios. Meias de lã ou seda, brancas ou beges, entraram em voga no começo dos anos 1920; até então, eram mais admitidas as escuras. Iam até a altura das coxas, presas por cintas-ligas rendadas, que, a partir de 1926, poderiam ser vislumbradas por baixo das saias, à altura dos joelhos, moda lançada em Paris por Jacques Doucet, que logo ganhou a adesão das mais coquetes. As bolsas eram geralmente pequenas, para poucos objetos, como lenço, pente, uma *poudrière* (estojo para pó de arroz) e alguns mil-réis, tostões ou vinténs.

*Saída da missa de domingo;*
*Fon-Fon, Ano XXII, N° 39,*
*Rio de Janeiro, RJ,*
*29 de setembro de 1928.*

*Acima, membros da família Calixto, Palmyra (posterior Santos Dumont); MG, segunda metade dos anos 1920.*

Os sapatos, mais rasos, eram baixos ou com saltos grossos, no estilo carretel; os de verão tinham presilhas bordadas ou pedrarias sobre o peito do pé ou, ainda, traziam tornozeleiras; os de inverno eram abotinados. A maquiagem passou a ser mais aceita, com olhos bem marcados, pintados com *kajal* (tintura preta de origem indiana); as sobrancelhas, afinadas e pintadas ou arrancadas e delineadas a lápis; os cílios, perolados com gotas de cera. A boca, desenhada pequena com batom carmim, na forma de um "arco de cupido" ou de coração; tudo contrastando com o rosto claro, empoado com pó de arroz. As unhas eram polidas com óleo e lustradas com pele de camurça, para serem exibidas sem luvas, que continuaram em voga apenas para situações formais, feitas de *suede* (tecido acamurçado), couro fino ou fio de escócia, para o dia, e de jérsei ou seda, para a noite.

A "mulher moderna" dos anos 1920 ganhou no Brasil o apelido de "melindrosa" (correspondente à francesa *la garçonne*) e seu par masculino, de "almofadinha". As mais audaciosas carregavam na maquiagem e eram chamadas *vamps*, imagem tirada das *femmes fatales* de Hollywood, mulheres consideradas "perigosas" pelos homens, porque bebiam gim, jogavam tênis e exibiam, desinibidas nos salões, as danças e as roupas da última moda. Para todas, porém, era desejável aprender os passos do *charleston*, do *foxtrot* ou de ritmos brasileiros, como o maxixe, as marchas, a batucada e o samba, que ganhavam cada vez mais adeptos. Para isso, precisavam estar em dia com os saltos "asas de pombo" (usados para marcar compasso batendo os calcanhares) e com os vestidos que deviam ser mais curtos e soltos para permitirem as gesticulações e os passos frenéticos das danças.

A higiene íntima da mulher, assunto guardado a sete chaves durante todo o século XIX, começava a ser exposta em artigos de revistas femininas e explorada com o lançamento de produtos, divulgados por meio de reclames publicitários, como as "'toalhas higiências com franjas', *serviettes* [toalhas de papel] esterilizadas, 'calças sanitárias em borracha e *marquisette* rematada com debruns de borracha', 'cintos para *serviettes*'".[15] Eram itens sanitários vendidos às dúzias "que atendiam pelos nomes insólitos de Kotex, Kez e Modess' e anunciavam o fim do tabu da menstruação".[16] "Catálogos de roupas brancas, feitas por sofisticadas bordadeiras, revelavam que a vida no *boudoir* [toucador,

106

penteadeira, no sentido de intimidade], no quarto de vestir e de dormir, ganhava novos contornos. Contrariamente às suas antepassadas, capazes de passar os dias em roupão branco e desgrenhadas, a mulher dos anos 1920 parecia querer seguir à risca os conselhos da Revista Feminina, em que a articulista Henriette admoestava: 'Como, então, há ainda leitoras que andem em casa sem meias? Há pelo menos 60% de senhoras casadas que, pelo menos até a hora do almoço, ficam com o chinelo com que se levantam, o cabelo amarrado com uma fitinha e o roupão 'saco' à vontade! [...] Devemos lembrar-nos que nós, mulheres, fomos criadas para a fantasia. Toda vez que nos mostramos muito materiais perdemos o encanto que nos acham os homens'".[17]

## Maquiagem, das telas para a plateia

O cinema foi fundamental na introdução da maquiagem feminina a partir da década de 1920, e um personagem de importância nesse processo foi o judeu polonês Max Faktor (ou Factor, como ficou famoso), homem de baixa estatura (menos de 1,50 m), nascido em família de operários, em Lodz. De aprendiz de peruqueiro e cosmeticista, aos 9 anos, ele chegou a cosmeticista preferido da aristocracia russa aos 22 anos. Apesar disso, fugiu em 1903 para os Estados Unidos escapando da perseguição aos judeus desencadeada por Nicolau II, czar da Rússia. Em 1904, expôs seus produtos na Feira Mundial de St. Louis e, em seguida, abriu, nas proximidades de Los Angeles, Califórnia, a pequena Loja Capilar Antisséptica de Max Factor para atender aos artistas que rodavam filmes curtos em pequenos estúdios da região e dispunham apenas de maquiagens pesadas usadas no teatro. Estas eram estranhas misturas de amido de milho, farinha, vaselina e até gordura de porco.

Percebendo a necessidade dos artistas, Max Factor criou, em 1918, o princípio Harmonia das Cores, com maquiagens mais adequadas ao cinema da nascente Hollywood: cremes de consistência fina, flexíveis na pele e em vários tons de gradação, além de perucas, barbas e bigodes postiços, feitos com cabelos humanos amarrados fio a fio. Ele também era distribuidor de duas marcas de cosméticos já famosas na Europa, a Leichner e a Miner. Logo, os rostos maquiados das telas saltaram para as plateias: mulheres de todo o mundo queriam se parecer com Pola Negri, Jean Harlow, Bette Davis, Norma Shearer, Joan Crawford, Greta Garbo ou Claudette Colbert.

Ainda nos anos 1920, ele pintou de vermelho, em forma de coração, os lábios de Clara Bow, aparência logo copiada e que, no Brasil, foi associada à "melindrosa". Era a famosa "boquinha de coração". Anos mais tarde, exagerou os lábios de Joan Crawford, já naturalmente largos, para distingui-la das inúmeras imitadoras de Clara Bow.

## CINEMA EM EVIDÊNCIA

O cinema e a imprensa foram os principais veículos das transformações ocorridas nos Anos Loucos: enquanto a imprensa se diversificava e ampliava o uso da fotografia e das cores, as salas de exibição rapidamente se multiplicavam, chegando às localidades mais remotas, já com uma emergente produção nacional, com destaque para o diretor Humberto Mauro, de Cataguases, MG; a portuguesa Carmem Santos e Ademar Gonzaga, do Rio de Janeiro, RJ.

Porém, o domínio era de Hollywood; mais ainda a partir de 1927, quando surgiu o cinema falado, com O Cantor de Jazz (The Jazz Singer), produção da Warner Brothers, tornando a sétima arte ainda mais persuasiva e sedutora, "feita para os olhos e o subconsciente".[1] O público feminino adotava as personagens que emergiam das telas como modelos de comportamento. Eram mulheres que, em geral, trabalhavam fora do lar e apresentavam maior engajamento social. Era praticamente obrigatório ir ao cinema pelo menos uma vez por semana vestindo uma roupa da moda.

No Brasil, no final da década de 1920, um episódio marcou o poeta franco-suíço Blaise Cendrars, um dos criadores da poesia cubista, comprovando a transposição das modas das telas para as ruas: "Eu estava no Brasil na época em que o filme Platinum Blonde foi exibido, de forma que pude testemunhar que o filme foi de fato um tremendo sucesso no Rio de Janeiro, pois em menos de uma semana todas as lindas mulatas e negras caprichosas que saem de suas casas ao pôr do sol para passear na Avenida Central, se exibindo e gozando da brisa fresca vinda da orla do mar, na praia do Flamengo, haviam descolorido seu cabelo e maquiado o rosto com tons cor-de-rosa".[2]

A última viagem de Cendrars ao Brasil ocorreu entre agosto de 1927 e janeiro de 1928, pelo que se deduz ter havido um equívoco em relação ao título do filme por ele mencionado, já que Platinum Blonde, dirigido por Frank Capra e estrelado pela louríssima Jean Harlow, só foi lançado em 1931. Contudo, sua observação confirmando a forte influência do cinema norte-americano nas modas do período não deixa de ser verdadeira, tanto que a Cinelândia – praça localizada no final da portentosa Avenida Rio Branco – tornou-se a alma do Rio de Janeiro, endereço dos cinematógrafos Pathé, Avenida, Odeon e Rio Branco e, logo, de vários outros, sem falar das casas de espetáculos, que destacavam nos letreiros das "revistas teatrais" os nomes de Alda Garrido, Aracy Cortes, Soares Brandão, Leopoldo Fróis, entre outros.

---

1   História da Vida Privada no Brasil, vol. 3, de Fernando A. Novais (coord. geral) e Nicolau Sevcenko (org. do volume); São Paulo, Companhia das Letras, 1998.

2   Idem.

A partir dos anos 1920, Max Factor incorporou o termo *make-up* (do verbo em inglês *to make up* – até então só usado no cinema) ao cotidiano da mulher ocidental, que passou a pintar os lábios com batons de diversas tonalidades, a delinear os olhos, a usar sombras e cremes delicados. Os produtos criados por Max Factor para atender ao cinema influenciaram a estética feminina, estabelecendo seu império.

Ele lançou, em 1914, o lápis de boca (*lip gloss*); criou tonalidades específicas de tinturas para cabelo, como o *platinum blond* (para Jean Harlow), *medium special* (para Joan Crawford) e *dark* (para Claudette Colbert). Simultaneamente, em 1921, foi lançado, em Paris, o batom em formato de um pequeno tubo, vendido em cartucho – um sucesso tamanho que, em 1930, os estojos de batom, em diversas formulações, passaram a dominar o mercado. O *pancake* (*pan* = panela e *cake* = torta), uma massa espessa de cor bege – o pó compacto ou base, como o produto ficou conhecido no Brasil –, foi usado pela primeira vez nos filmes Vogues of 1938 (United Artists, 1937) e The Goldwyn Follies (Samuel Goldwyn Home Entertainment, 1938), atendendo às demandas do tecnicolor. Polvilhado com uma esponja de camurça úmida, o *pancake* corrigia imperfeições e dava brilho ao rosto, tornando-se um dos seus produtos de maior aceitação.

Max Factor faleceu em 1938 e foi substituído à frente da empresa por seu filho. Seus produtos estiveram presentes em nosso mercado desde 1930, inicialmente por importação. "Em 1932, os produtos da Max Factor eram anunciados à venda na Casa Cyrio [do Rio de Janeiro]. A maquiagem era recomendada como recurso indispensável para a boa aparência. Devia-se combinar o *make-up* com o vestido, e criar através da maquiagem um dos tipos sugeridos: sapeca, *vamp* ou ingênua. Na Sloper [também no Rio de Janeiro], a vendedora misturava, na hora, para a freguesa, o tom adequado de pó de arroz: a melhor proporção de branco, rosa e *rachel* [um tom de bege]. O esmalte para as unhas começava a ser usado, ao mesmo tempo em que se disseminava o hábito de as mulheres fumarem".[18] A Max Factor do Brasil teve a primeira fábrica instalada em São Paulo, no ano de 1945.[19]

*Acima, ilustração Chapeuzinho Vermelho, de Bastos Barreto; Frou-Frou, Ano II, N° 15, Rio de Janeiro, RJ, dezembro de 1924.*

*Na página ao lado, ilustração de M.C.; Fon-Fon, Ano XXII, N° 18, Rio de Janeiro, RJ, 5 de maio de 1928.*

## Banhos de mar

*Acima, roupas de banho usadas em praias cariocas; Fon-Fon, Ano XXII, N° 43, Rio de Janeiro, RJ, outubro de 1928.*

Também os trajes de banho ganharam maior praticidade e elasticidade: na segunda metade dos anos 1920, tornaram-se usuais os maiôs até a parte superior das coxas, em malha (jérsei) de lã, inteiriços ou em duas partes, compostos por um calção curto colado no corpo e blusa cavada, ou por um calção sob uma túnica inteiriça, com cinto. Também surgiram as toucas de borracha: "Íamos muito à praia, em Copacabana; eu e minha irmã gêmea, Claude Moraes Gray. Usamos em 1924 os primeiros maiôs de malha de lã do Rio de Janeiro. Foi o maior frisson e alguns rapazes vinham de longe só para nos ver. O meu era vermelho e o de Claude era verde. Tinham decotes redondos e iam até o meio da coxa. Costumava levar vitrola para a praia e isso era outro escândalo", relatou a pioneira nessa moda, Lucília M. V. Oswaldo Cruz.[20]

A mulher não devia mais aparentar uma tez pálida e desvitalizada de vida reclusa; ao contrário, ela queria denotar esportividade, saúde e capacidade de trabalho. Entravam aí "[...] os banhos de mar, banhos de sol, caminhadas, exercícios físicos, *check ups* periódicos, tônicos, laxantes, elixires e emolientes, mas também todo um repertório de pós, loções, cremes, pomadas, emplastros, sabões, sabonetes, xampus, tinturas, descolorantes, enfim, 'dessas coisas que servem ao apuro da higiene corpórea'".[21] Os passeios de bicicleta tornaram-se frequentes, assim como o culto aos esportes em geral, como se pode confirmar pelos comentários de Socière, na coluna De Elegância, da revista Paratodos...: "Gymnastica, massagem, natação e tennis. Não se pode fazer tudo ao mesmo tempo. [...] Decido-me, pois, pelos mergulhos. A praia ainda está convidativa. O outomno é summamente gentil. Permitte banhos de mar, agasalhos leves. [...] O sol, que já não é tão quente, ainda queima todo aquelle povo que nelle vae queimar lá pelas bandas de Copacabana. Até a miss carioca procura a praia e exhibe a plástica ante os olhos curiosos dos banhistas".[22]

## PRIMÓRDIOS DOS CONCURSOS DE BELEZA

O primeiro concurso de eugenia feminina no Brasil foi realizado, em 1921, pela Revista da Semana e pelo vespertino A Noite, ambos do Rio de Janeiro. A escolha da mais linda mulher do Brasil durou três anos e teve várias etapas, nas quais, primeiro, as cidades e, em seguida, os estados do país escolheram suas candidatas, cujas fotos foram enviadas ao Rio de Janeiro, onde um júri — formado pelo artista plástico Batista da Costa, o escultor Correia Lima e o caricaturista Raul Pederneiras — elegeu, em abril de 1923, a santista Zezé Leone como a mais linda "flor patrícia". Ela chegou a seguir carreira de atriz de cinema, sem muita expressão.

Em agosto de 1930, o mesmo vespertino carioca A Noite encampou a realização de um Concurso Internacional de Beleza para eleger a primeira Miss Universo. A vitória ficou com a gaúcha Yolanda Pereira, que, antes, transpôs com êxito as diversas etapas do certame sagrando-se, sucessivamente, miss Rio Grande do Sul e Brasil: "Não discutimos o torneio de que nossa patrícia sahiu victoriosa. Constatamos apenas que ella é formosa e representa um exemplar magnífico da raça brasileira, pelo conjunto de graças que encerra"[1], registrou a revista Fon-Fon. A repercussão do evento se restringiu ao nosso país, apesar de seu caráter internacional e dos cuidados dos realizadores em garantir isenção na avaliação das 25 candidatas a cargo de jurados provenientes de diversos países. Só bem mais tarde — a partir de 1954 — o Miss Brasil entrou para o calendário de eventos fixos e festejados do país.

1 Fon-Fon, Edição nº 30, Empresa Fon-Fon e Selecta S/A, Rio de Janeiro, RJ, 26 de julho de 1930.

*Ao lado, Yolanda Pereira, eleita primeira Miss Universo; Fon-Fon, Ano xxv, Nº 30, Rio de Janeiro, RJ, 26 de julho de 1930.*

## Homem esportivo e competitivo

Nos anos 1920, também para os homens a roupa perdeu a austeridade dos pesados costumes de lã e linho, em tons de cinza ou preto, até então predominantes. Já antes da Grande Guerra, o padrão do *dandy* da *Belle Époque* foi substituído pelo do *sportsman* inspirado no modelo do *self-made man* norte-americano, o homem que constrói sua própria carreira e fortuna, de forma pragmática e racional, sem depender de influências e lastros familiares. Disseminado para a classe média, tinha pouco a ver com a sociedade brasileira, marcada pelo patriarcalismo e pela desigualdade social profunda. Termos em francês passam a ser trocados por outros em inglês: no esporte, o *rowing* (remo) e o *football* ganharam adeptos; dias de regata e ludopédios movimentavam as cidades.

Uma nova geração de homens desejava se vestir de acordo com o século XX, rompendo com a elegância austera dos pesados trajes passadistas. A roupa devia cair "com naturalidade, sem cintos ou constrições, de maneira a ressaltar as formas da anatomia e a textura da pele".[23] Predominavam a noções de higiene, limpeza, saúde e beleza. A publicidade comercial apresentava um homem "semidespido, jovem, saudável, atlético e impoluto".[24] Competir passou a ser imperativo para a vitória de cada indivíduo, e o esporte simbolizava o jogo social, ainda revestido de valores, como "o ócio, o adestramento militar e o *sportsmanship*",[25] ou seja, o cavalheirismo, a imparcialidade e a lealdade.

Os tecidos foram, então, trocados pelos de texturas mais leves, como sarja, alpaca, *palm beach*, linho branco, gabardine ou lãs leves, sempre em tons mais claros. Os importados, bastante comuns, começaram a ser substituídos por produtos nacionais após a Grande Guerra. Os paletós, de ombros estreitos, deviam ser acinturados (para acentuar os quadris), compridos (com três botões) e ter lapelas estreitas. As calças ganharam novo corte, mais apertado, de pernas que conferiam à silhueta masculina uma forma mais esguia, exibindo duas pregas a cada lado da parte da frente.

As camisas sociais tinham modelagem semelhante às contemporâneas, "sempre em tons leves e discretos, de accôrdo com a côr da roupa. Geralmente em linhas verticaes e, algumas vezes, cruzadas, formando quadrinhos".[26] Começaram a sair de uso os colarinhos destacáveis (presos à gola por botões), assim como o colarinho em pé (duro) de linho inglês, símbolo de autoridade, que ficou reservado a ocasiões mais cerimoniosas; uma dúzia deles chegava a custar 14 mil-réis e podiam ser comprados junto com os punhos "independentes", usados

Um grupo de "sportmen" que tomaram parte na competição do Club Esperia, em São Paulo.

com abotoaduras de ouro ou madrepérolas. Já se considerava de bom-tom tirar o paletó no escritório quando a temperatura o exigisse. Para qualquer situação, exigia-se um corte impecável. "As calças são mais largas que antes? Não – nem por sonho! – essas formidáveis calças Oxford que vão até a ponta dos sapatos. Esses são para os 'almofadinhas'".[27]

Os fraques entraram em desuso e os trajes para a noite, mais discretos, deviam ser nas cores azul ou cinza escuros, com colete, meias e gravata combinando; sem esquecer o lenço branco no bolsinho esquerdo do paletó. Para os momentos que exigiam mais sofisticação, deviam-se usar "peitilhos" (também chamados *plastrons*), em linho inglês engomado. No dia a dia, predominavam os colarinhos de pontas caídas, no modelo clássico (com entretela rígida, semirrígida, ou com barbatanas), ou com pontas arredondadas; ou ainda com pontas presas por botões (modelo que surgiu por

*Acima, Geremário Lomba (dir.) e amigos; Rio de Janeiro, RJ, c.d. 1920.*

*Na página ao lado, "Grupo de sportmen", Clube Espéria, São Paulo, SP; Fon-Fon, Ano XXII, Nº 16, Rio de Janeiro, RJ, abril de 1928.*

# CASA RIVER

Ultimos modelos creação da Casa
**11$000 a 16$000**

CASA RIVER

Perder tempo para que?!
– IDE A –
**CASA RIVER**
Vejam!! Chapéos **Principe de Galles** artigo fino e todos os modelos de 30$ a 45$000
Admirem!! Chapéos **Rhandal** rigor da moda
Meias Nacionaes e Allemães — Elegantissimas Bengalas só na

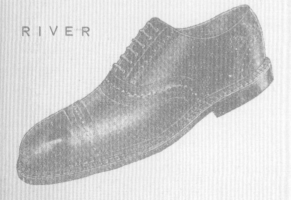

RIVER

**CASA RIVER**
Sapatos **Charleston** o rigor da moda — nossa creação
**42$000**
**É INUTIL REFLECTIR MUITO**
Um elegante **Chapéo de Palha** com fita preta ou fantasia, preço de verdadeiro reclame, sem competidores

Rua Assembléa, 46          Tel. Central 5477
**EDUARDO BARBOSA & C.**

---

demanda dos jogadores de polo ingleses). E havia o colarinho "italiano" – chamado de "inglês" por britânicos e norte-americanos –, mais aberto que o tradicional, com as pontas afastadas, para ser preenchido com a gravata em nó duplo.

A gravata também sofreu significativas transformações nos anos 1920. Antes, eram cortadas na direção do tecido e forradas. O problema era que, assim, os nós formavam rugas deselegantes. Para sanar esse problema, um gravateiro de Nova York chamado Jessé Langsdorf criou e patenteou a técnica do corte diagonal em três partes, feito em um ângulo exato de 45 graus – o que facilitou a fabricação do acessório e lhe deu mais elasticidade. Essa inovação permitiu, ainda, que em uma mesma peça de tecido fossem cortadas gravatas mais largas na extremidade da frente (variando de acordo com a moda), estreitando-se na altura do peito até atingir uma largura mínima prolongada que seguia da volta do pescoço, sobre o colarinho, e continuava escondida, subposta à parte frontal. As gravatas de Langsdorf já eram revestidas internamente por tecidos macios, na parte larga que vai até o colarinho. O modelo revolucionou seu caimento permitindo os nós sem rugas, razão do seu enorme sucesso, que levou o autor a registrar a patente de sua criação, vendida e assimilada posteriormente por fabricantes do produto em todo o mundo, inclusive no Brasil. Tornou-se, assim, um padrão para as gravatas masculinas produzidas a partir de então.

Ainda entre os acessórios masculinos, os chapéus continuavam a ser imprescindíveis, porém, mais leves, com predominância, para o dia, do panamá ou do palheta; para a noite, podiam ser de feltro escuro (preto, cinza, marrom etc.) e "quebrados" ao meio, com a aba ligeiramente caída, ou de tecido duro, arredondado e de abas curtas, em substituição à cartola e ao chapéu coco. Inspirados no estilo inglês, surgiram os *pullovers* (malhas de lã sem mangas, com decotes em "v", usadas no lugar de coletes) e os *sweaters*, paletós de malha de lã.

Nos pés, as botinas, os borzeguins e os sapatos de canos altos cederam vez aos sapatos rasos, mais cômodos e ventilados e, muitas vezes, bicolores. O relógio com corrente guardado no bolso do colete, quase uma joia que poucos tinham, foi parar no pulso e se popularizou graças ao brasileiro Santos Dumont. Tudo teve início com o presente que o aeronauta recebeu da Princesa Isabel, já exilada na França: uma medalha de São João Baptista. Para evitar que o objeto machucasse seu pescoço durante seus exercícios de trabalho, ele decidiu prendê-lo ao pulso e amarrou junto também seu relógio de bolso, de modo a resolver a dificuldade de cronometrar seus voos.

Como a ideia funcionou bem, Santos Dumont decidiu encomendar ao amigo e joalheiro Louis Cartier um modelo de relógio para pulso. Em março de 1904, Cartier apresentou-lhe a peça, batizada de "Santos", com pulseira de couro. Na verdade, relógios de pulso já existiam: a invenção do modelo, ainda em fins do século XIX, foi atribuída à tradicional empresa Patek Philippe. Porém, eram usados como adereços essencialmente femininos, feitos sob encomenda. O mérito de Santos Dumont foi popularizar o relógio de pulso no meio masculino, o que se deu durante a Grande Guerra, tornando mais fácil aos soldados a consulta das horas.

Uma peculiaridade do século XIX, preservada nas roupas masculinas dos anos 1920, foram os monogramas bordados que identificavam o usuário. Eles não foram descartados, mas passaram a conviver com as novas insígnias agregadas de uso eminentemente masculino, como os distintivos de lapela, que vinculavam o portador a algum grupo ou instituição – como era o caso dos estudantes de ensino superior, membros de sociedades, como Rotary Club, Jockey Club, maçonaria, clubes de futebol, partidos políticos (então existiam o Republicano, Democrático e Constitucionalista), associações religiosas (Congregação Mariana etc.). Esses símbolos, que representavam dignidade ou competência, ganharam destaque no visual masculino tanto quanto o anel de grau, no caso dos médicos e advogados, o prendedor de gravata e a caneta personalizada, com o nome do proprietário gravado.

Quanto à barba, a maioria dos *sportsmen*, dos anos 1910, ou dos almofadinhas, dos anos 1920, apresentava o rosto limpo e bem escanhoado. As fartas barbas do século anterior cederam lugar a bigodes desenhados, finos e bem aparados, apesar de ainda se encontrarem exemplares pontiagudos ou arredondados nas extremidades. Os cabelos deviam ser curtos, penteados para trás, com risca no centro ou na lateral e fartamente emplastrados com gomalina. Os barbeiros ganharam *status*, considerados artistas artesãos que atendiam com hora marcada e, em casos especiais, em domicílio. A barba inaugural do adolescente ainda dependia de autorização paterna, representando um aval de maioridade: "Fulano já faz a barba", dizia-se. Era também parte do ritual do luto: homens descendentes e parentes próximos do falecido só deviam se barbear depois da missa de sétimo dia.

O termo "almofadinha", aplicado entre o final da Grande Guerra e o início da década de 1920, foi usado para designar o homem que se vestia com esmero, descendente do *dandy*. O termo teria sua origem em um evento que reuniu rapazes da alta sociedade carioca que costumavam gastar seu precioso tempo jogando tênis e dançando tango argentino. Em determinada ocasião, promoveu-se em Petrópolis, RJ, um concurso beneficente de "pintura e bordados em almofadas de seda", feitos por esses laboriosos jovens. O jornal A Notícia[28] divulgou em sua coluna social, assinada por Marquês de

*Na página ao lado, propaganda Casa River; Fon-Fon, Ano XXII, Nº 18, Rio de Janeiro, RJ, 5 de maio de 1928.*

Ilustração sem autor identificado; Frou-Frou, Ano VIII, N° 32, janeiro de 1926.

Diniz, uma nota ilustrada sobre os talentosos rapazes. Dali a notícia logo se espalhou e, assim, o termo "almofadinha" ganhou no vocabulário nacional a acepção de um homem que exibe tratos finos e interesse por assuntos que tocam a sensibilidade, tais como moda e cosmética masculinas.

Para o almofadinha clássico, os casacos já não tinham "cinta", ou tinham-na "muito baixa"; "dois botões, mangas largas, hombros folgados";[29] "o lenço do bolso interno do 'veston' será muito menor do que o que se usa no bolso interno [...]";[30] "como bengala, um simples junco, de volta, sem enfeites nem aro de couzo ou de qualquer metal".[31] Os sapatos de verniz podiam ser bicolores e espelhavam o tipo ao mesmo tempo viril e delicado de astros como o ator norte-americano Rodolfo Valentino ou o cantor brasileiro Francisco Alves. A roupa masculina encetou, então, um estilo de alfaiataria clássica, que predominou daí por diante.

O homem urbano brasileiro das classes média e alta sempre se mirou no modo de vestir do homem europeu (inicialmente) e/ou norte-americano (posteriormente). Porém, nas classes mais baixas e nos ambientes interioranos do país, as roupas masculinas permaneceram rústicas, com variações de acordo com hábitos e tradições típicos de cada região. E foi nos anos 1920 que teve início também o chamado êxodo rural, a migração de moradores do campo para a cidade, decorrente da constituição de indústrias, colocando em choque os hábitos de vida dos homens urbanos e os "caipiras", com predomínio de *status* sempre dos primeiros.

## Indústria têxtil avança

Entre 1905 e 1921, o número de fábricas de tecido de algodão no Brasil saltou de 110 para 242, graças principalmente à prosperidade da cafeicultura do Sudeste. De 1921 a 1927, o incremento foi de 242 para 354 fábricas, num contexto em que os estados do Sul e Sudeste suplantaram o antigo centro têxtil da Bahia. Isso quer dizer que nem mesmo o panorama recessivo do mundo, na Grande Guerra (1914-1918), desmobilizou o setor. O amparo governamental recebido do recém-eleito presidente Wenceslau Brás permitiu que as empresas se estruturassem e aproveitassem a oportunidade de ouro que se abria para conquistar o mercado interno, já que dispunham de *know-how* e canais de distribuição adequados. O resultado foi além do previsto: em 1918, no final da guerra, a indústria têxtil nacional já fornecia entre 75% e 85% dos tecidos de algodão consumidos no país. Surgiram inclusive fábricas pequenas, no interior do Brasil, com seções de fiação próprias.

O maior crescimento foi registrado no estado de São Paulo, mas diversas localidades do Sul e outros estados do Sudeste também foram beneficiados. No Rio de Janeiro, destacaram-se Nova Friburgo (onde, em 1911, Julius Arp instalou a Fábrica de Rendas Arp, que se tornaria a maior fabricante de bordados da América do Sul) e Petrópolis, onde o setor empregava, na época, 3.438 pessoas (23% de sua população ativa). No Sul do país, a Fábrica de Rendas e Bordados foi criada em 1913, em Blumenau, SC.

A mão de obra técnica predominante era estrangeira. O quadro profissional da América Fabril, "maior indústria têxtil do país, na época, ilustra a afirmação: sua tecelagem ficava sob o comando dos portugueses e a responsabilidade pela fiação e acabamento cabia, num primeiro momento, aos ingleses (é bom lembrar que a maioria das máquinas e equipamentos vinha da Inglaterra); depois, aos alemães – que dominavam no setor químico – e aos italianos, com forte presença na fiação. Os estrangeiros formavam uma sociedade à parte, com clubes exclusivos e regalias. Prevalecia um sistema de castas. O cargo máximo a que um brasileiro empregado podia alcançar era o de contramestre. Mesmo nas empresas familiares – muito comuns –, os empresários costumavam mandar os filhos estudar no exterior para, na volta, trabalharem em suas fábricas".[32]

Um caso à parte, no Nordeste, foi o da Companhia Agro-Fabril Mercantil, inaugurada em 1914 pelo empresário cearense Delmiro Gouveia, voltada ao fabrico de linhas, na cidade de Pedra (posterior Delmiro Gouveia, AL), onde ele possuía uma fazenda de gado. Já nos seus primeiros anos, a empresa amargou resultados decepcionantes. Apesar de a Grande Guerra ter facilitado as vendas internas, Delmiro ainda enfrentava o truste das empresas inglesas, o qual mantinha controle sobre o comércio de linhas no mundo. Ele então ampliou seu negócio construindo também uma fábrica para produzir tecidos com as linhas que fabricava. Não chegou a realizar seu sonho, pois foi assassinado em 10 de outubro de 1917.

A partir de 1926, a indústria têxtil brasileira, após 25 anos de prosperidade, entrou num período sombrio. O declínio dos preços das mercadorias, provocado pela superprodução de tecidos, exigiu dos empresários a adoção de medidas emergenciais. A diversificação e produção de tecidos finos, a diminuição da jornada de seis para três dias, a redução do número de teares em operação, a não importação de novas máquinas e a eliminação de intermediários que forneciam matérias-primas e comercializavam tecidos acabados foram algumas dessas medidas.

Na tentativa de eliminar intermediários, a Companhia de Tecidos Paulista, dos irmãos Lundgren, passou a comercializar sua produção por meio de canais de distribuição próprios. A empresa chegou a ter 600 lojas varejistas espalhadas por todo o país (no decorrer do século) – as famosas casas Pernambucanas –, nas quais vendia, além de seus produtos, os de outros fabricantes.

A fábrica de meias Bernardo Mascarenhas, de Juiz de Fora, MG, e a Companhia Têxtil Santa Basilissa, de Bragança Paulista, SP, utilizaram a mesma estratégia para conter a crise. No entanto, a campanha, iniciada em 1928, reivindicando proteção tarifária para os produtos nacionais, foi bem-sucedida e o aumento das taxas alfandegárias, implementado pelo governo do presidente Washington Luís, contribuiu para o incremento das têxteis brasileiras.

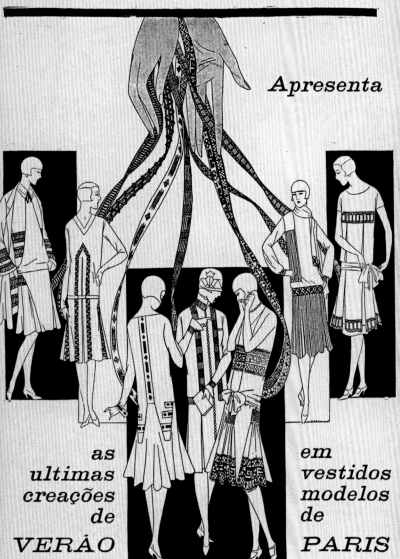

Anúncio Ao 1º Barateiro; Frou-Frou, Ano III, Nº 33, Rio de Janeiro, RJ, janeiro de 1926.

## O QUE VINHA DE PARIS

Uma das principais referências da costura sofisticada internacional, nos anos 1920, foi Gabriele "Coco" Chanel, que continuava uma carreira bem-sucedida lançando saias, *blazers*, capas e cardigãs de cortes retos – mais adequados à época –, roupas definidas pelo seu antecessor em sucesso Paul Poiret como "moda pobre". Ao lado dela, destacou-se Jean Patou, com suas coleções fortemente marcadas pelo despojamento e pelo *sportswear*, razão talvez da intensa divulgação que teve, no Brasil, por meio da revista Fon-Fon, dona de uma seção de moda das mais lidas da época, que publicava com exclusividade croquis do criador francês. Patou criou modelos para diversas estrelas de cinema e confeccionou coleções inteiras para a campeã do tênis Suzanne Lenglen, a fim de serem usadas "dentro e fora" das quadras. A *maison* de Jacques Doucet, que ainda mantinha sua influência, inovou em 1927 subindo as saias ao extremo das coxas e deixando à mostra ligas rendadas, o que foi, evidentemente, considerado um escândalo ou pura *coquetterie*, mas logo incorporado ao cotidiano.

Outros nomes importantes na moda francesa dos anos 1920 foram Jeanne Lanvin e Madeleine Vionnet, a "rainha do corte diagonal". Lanvin iniciou com modelos exóticos, inspirados no orientalismo que também influenciara Poiret, e os chamados *robes de style*, com cintura marcada e saias fartamente rodadas. Já Vionnet lançou, na década de 1920, seu famoso corte enviesado, técnica que fazia com que o tecido delineasse a silhueta do corpo, potencializando a expressão dos movimentos da mulher. Evitando *corsets* e quaisquer estruturas rígidas, ela acentuou a forma do corpo feminino inspirando-se também nas vestes gregas, que flutuam livremente em torno do corpo. Seu corte em viés reinou até a década de 1930 vestindo estrelas como Marlene Dietrich, Katharine Hepburn e Greta Garbo.

Em 1929, com a quebra da Bolsa de Valores de Nova York, o café, principal produto da economia brasileira desde meados do século XIX, foi diretamente afetado, acarretando a falência de cafeicultores, o fechamento de centenas de fábricas e demissões em massa dos trabalhadores. Por outro lado, essas crises provocaram intensa movimentação no mercado têxtil do País, promovendo desde a entrada de indústrias estrangeiras até a diversificação na produção de tecidos. A Bunge, que em 1908 assumira o controle acionário da S. A. Moinho Santista, decidiu ampliar seu investimento no setor têxtil. Assim, em 29 de outubro de 1929, promoveu, na sede da S. A. Moinho Santista, a Assembleia Constitutiva da Fábrica de Tecidos Tatuapé S.A. São exemplos de iniciativas que, apesar daquele momento econômico difícil, prosperaram e se firmaram como indústrias sólidas do setor.

## Fibra artificial em 1926

A produção de fibras artificiais foi marco para a indústria têxtil no mundo. No período entre os dois grandes conflitos bélicos internacionais, os países subdesenvolvidos – entre os quais o Brasil – cresceram como produtores da matéria-prima natural. Simultaneamente, difundiram-se na Europa as fibras artificiais, que logo chegaram também por aqui. Em 1926, as Indústrias Matarazzo, então o maior grupo industrial do país (empregava cerca de 6% da população da capital paulista), iniciaram a produção da viscoseda em sua unidade fabril de São Caetano, SP. Usando tecnologia italiana, produziam duas toneladas diárias das fibras *rayon* de viscose e *fiocco* (pedaços curtos de fibra artificial misturados ao algodão, resultando num tecido misto). O *rayon* (ou raiom) é uma fibra artificial obtida a partir da pasta de celulose de madeira ou do línter da semente de algodão – tratada com soda cáustica. Há basicamente dois tipos de *rayons*: o de acetato e o de viscose. A tecnologia foi empregada pela primeira vez em 1905, pela Comptoir des Textiles Artificiels, indústria francesa, permitindo a produção de uma malha com textura de seda, ideal para a confecção de peças íntimas femininas. O fabrico das fibras artificiais envolvia apenas matéria natural (mais tarde, o mundo conheceria as fibras sintéticas, feitas de polímeros por processos químicos).

O nome viscoseda, porém, acabou tendo de ser abandonado pela Matarazzo por pressão dos produtores de seda natural, que conseguiram aprovar uma lei que restringia o uso do termo "seda" a produtos originários do bicho-da-seda. E logo a fábrica de fios artificiais da Matarazzo ganhou concorrentes: em 1929, foi inaugurada a Companhia Brasileira Rhodiaseta (nome depois alterado para Rodiaceta, porque *seta*, em latim, significa "seda") para produzir fios *rayon*. A Cia. Química Rhodia Brasileira instalara-se aqui – como subsidiária do grupo francês Sociètè Chimique des Usines de Rhône (Scur), mais tarde Rhône-Poulenc – desde 1919, em São Bernardo Estação, região que viria a ser o município de Santo André, no ABC paulista, para fabricar os lança-perfumes Rodo (a palavra "odor", ao contrário), que faziam sucesso desde o Carnaval de 1907. Em 1931, a empresa iniciou a fabricação de tecidos de *rayon* e, em 1935, instalou, também em Santo André, SP, a primeira unidade da Valisère – em acordo com a francesa detentora da marca –, para produzir *lingeries* em jérsei indesmalhável (pertenceria ao grupo até 1986). Em 1949, ela criou ainda a Rhodosá de Rayon, em Santo André, SP. Uma associação entre Votorantim, Klabin Irmãos e capital norte-americano gerou, ainda em 1935, a Cia. Nitro-Química Brasileira. A DuPont, norte-americana, inaugurou sua primeira unidade para fibras artificiais no Brasil em Barra Mansa, RJ, em 1949.[33] Tivemos, ainda, a Fiação Brasileira de Rayon, a Snia Viscosa (italiana).

## Moda, modistas e comércio

Na área comercial, surgiram nos centros urbanos, durante a década de 1920, novas lojas e magazines oferecendo tecidos de tipos e padronagens diversas. No Rio de Janeiro, as lojas Sibéria, Colombo, Torre Eiffel, Casa Raunier, A Primavera e A Imperial ofereciam roupas prontas, mas eram ainda modelos importados e de alto custo. Em 1929, foi criada a Casa Canadá, por Jacob Peliks, inicialmente com explícito propósito de importar peles. Havia outras casas especializadas na importação e venda de estolas e casacos de peles naturais, como de arminho, *vison* ou, principalmente, raposa, cujo uso era considerado elegante, mesmo no Rio de Janeiro. A maior parte das mulheres chiques, porém, recorria às chamadas modistas. O termo modista, na França, referia-se à responsável pela ornamentação das roupas. Aqui, acabou sendo empregado para distinguir uma costureira que estava acima das demais, que conhecia e acompanhava a moda (francesa, claro!), estava sempre bem informada sobre as últimas novidades e sabia adaptá-las ao jeito brasileiro e ao gosto da freguesa. As modistas mais sofisticadas trabalhavam apenas com revistas e jornais de moda, importados de Paris ou de Portugal, que traziam moldes encartados. O endereço das boas modistas, assim como os das mais afamadas chapeleiras e coleteiras, era disputado e guardado como segredo pelas damas chiques...

No Rio de Janeiro, a moda chegava, muitas vezes, por meio das *cocottes*, belas francesas trazidas e patrocinadas por poderosos endinheirados, que atraíam atenção ao circular pela cidade trajadas à última moda de Paris. Na própria França, as *cocottes* eram visadas pelos costureiros, que as presenteavam com modelos exclusivos para que divulgassem as novas modas. Modistas e mulheres de classe média do Rio de Janeiro costumavam espionar as *cocottes* para copiar o que vestiam. Em depoimento a Silvana Gontijo, a carioca Emma Carneiro da Rocha relatou que sua irmã Ivette desobedecia ao pai e ia com sua costureira para o centro da cidade, nos finais da tarde, para "ver o que estavam usando as *cocottes*; e daí a alguns dias já estava ela com a roupa igual".[34] Uma

*Acima, venda de tecidos, Casa Allemã; São Paulo, SP, c.d. 1928.*

*Na página ao lado, propaganda Casa Colombo; Fon-Fon, Ano XIX, Nº 41, Rio de Janeiro, RJ, 10 de outubro de 1925.*

*cocotte* era necessariamente *coquette*, mas nem toda *coquette* era obrigatoriamente *cocotte*. Ser *coquette*, ou seja, uma mulher que se sobressai, que expõe sua feminilidade e cativa era, na opinião de um cronista de A Cigarra, a qualidade "[...] mais admirável na mulher. Graças a ela muitas mulheres feias parecem bonitas, e as bonitas, encantadoras. É a *coquetterie* que acentua a graça aos cabelos que beijam a nuca ou sombreiam a fronte; é a *coquetterie* que imprime sorrisos de glória à linda curva do seio; por ela, os olhos expressam languidez ou triunfo, os corpos, com trajes artísticos, fazem ressaltar a harmonia das formas".[35] A *coquetterie* era, por assim dizer, a graça feminina que ajudou a difundir a postura das melindrosas.

A leitura de periódicos da época confirma o quanto os termos em francês (e em inglês) eram usuais nos textos sobre comportamento e moda: a roupa podia ser feita aqui, mas o modelo seguia a "última moda" (*dernier cri*) de Paris. Tarsila do Amaral, a artista plástica modernista, intelectualizada e de elite, viveu longo tempo em Paris e

*Camillo Sabbagh, dono de ateliê que importava e reproduzia roupas francesas; São Paulo, SP, c.d. 1930.*

se casou com seu segundo marido, Oswald de Andrade, em 30 de outubro de 1926, já com 40 anos, trajando um vestido de noiva desenhado por Paul Poiret – um dos mais consagrados costureiros franceses –, confeccionado com tecido brocado, antes usado pela mãe de Oswald em seu próprio casamento. Ainda em 2010, a parte superior deste vestido encontrava-se no acervo do Museu Nacional de Belas Artes (MNBA), no Rio de Janeiro. Washignton Luís, então Presidente da República, foi padrinho do noivo. "Tupi *or not* tupi? *That is the question*", questionou Oswald de Andrade, no texto de seu Manifesto Antropofágico. Os modernistas produziram uma arte que questionava os valores das nossas elites, mas não as roupas por elas usadas. Tarsila soube escolher um nome significativo da moda francesa. Todavia, é também verdade que são escassos os registros sobre ateliês de moda sofisticada no Brasil do decênio de 1920.

Merece destaque, na capital paulista, o trabalho de Camillo Sabbagh (1888-1950),[36] "mestre que vestiu as elegantes da década de 1920", como comprova um pequeno acervo de seis peças doado ao Museu de Arte de São Paulo (Masp) por sua viúva e parceira de trabalho, a costureira Agnez Aloisi Sabbagh. Camillo foi um "dos principais costureiros da cidade, vestindo as damas das famílias de elite no nascente universo urbano paulistano".[37] Nascido em Alepo, Síria, viveu no Cairo (Egito) e cursou seminário em Jerusalém – pois pretendia tornar-se religioso –, aprendendo correntemente seis idiomas: francês, árabe, italiano, espanhol, inglês e português. Residiu durante a maior parte de sua vida no Brasil, onde conheceu e se casou com Agnez, filha de italianos. Seu último ateliê situava-se numa casa da Avenida Brigadeiro Luiz Antônio, em São Paulo, decorada com motivos *art déco*, dotada de "imensas mesas de cinco metros de comprimento, onde Camillo trabalhava com seus ajudantes, todos brasileiros".[38] Ao receber as peças doadas pela viúva de Camillo, o ex-diretor do Masp, Pietro Maria-Bardi, registrou suas impressões sobre o local: "Estavam ainda guardadas caixas de vestidos maravilhosos; *chiffons* de estampados delicados, bordados, lantejoulas, cadernos com croquis elegantes, manequins de pano com vestidos inacabados".[39]

Entre as roupas depositadas no acervo do Masp, destacam-se três: um vestido de noite em *voile* de seda vermelha, com aplicação de rendas, de corte reto, datado de 1925;

## MODERNOS E SELVAGENS

As primeiras manifestações importantes do modernismo nas artes plásticas brasileiras foram, em São Paulo, as exposições de Lazar Segall, em 1913 – que pouco chamou a atenção –, e as de Anita Malfatti, em 1914 e 1917, que deram início à polêmica que desembocou na Semana de Arte Moderna, ocorrida em 13, 15 e 17 de fevereiro de 1922, no Teatro Municipal de São Paulo. O evento para comemorar o centenário da Independência do Brasil, capitaneado pelo chamado Grupo dos Cinco – do qual faziam parte Tarsila do Amaral e Anita Malfatti, além dos escritores Mário de Andrade, Oswald de Andrade e Menotti Del Picchia –, incluiu conferências, leitura de poemas, dança e música. Contou ainda com participações de Brecheret, Manuel Bandeira, Di Cavalcanti, Graça Aranha, Guilherme de Almeida, Ronald de Carvalho; Villa Lobos, Guiomar Novaes, Hernani Braga (na música) e vários outros.

Os modernos brasileiros propunham novas formas de interpretar um país marcado pelo passado colonial e escravista, com uma grande massa semianalfabeta, formada por sertanejos, ex-escravos e descendentes de etnias indígenas, grupos de baixa qualificação para o mercado de trabalho e sem acesso à educação formal. Desprovidos de políticas para qualificação dessa massa, os governos continuaram a atrair um vasto contingente de imigrantes de várias origens para suprir o mercado de trabalho.

Com uma industrialização incipiente, o Brasil caminhava descompassado, com um pé na economia de mercado e outro no atraso dos grotões pobres. A inquieta geração modernista rejeitava o positivismo republicano e buscava uma identidade cultural para o país, propósito do *pensée-sauvage* de Oswald de Andrade, eixo de seu Manifesto da Poesia Pau-Brasil, de 1924, e do Manifesto Antropofágico, de 1928. Esse também era o objetivo de Mário de Andrade com seu Macunaíma, que narra a alegórica jornada do herói "sem nenhum caráter"; da artista plástica Tarsila do Amaral, com sua pintura de cores, formas, signos de um "caipirismo muito bem aproveitado"; ou, ainda mais adiante, da empreitada sociológica de Gilberto Freyre em Casa-grande e Senzala, de 1933, entre outras obras.

Mais eventos importantes ocorridos em 1922 foram: a fundação do Partido Comunista Brasileiro (PCB), entre 25 e 27 de março, no Rio de Janeiro, por ex-militantes anarcossindicalistas; a Revolta dos 18 do Forte de Copacabana – rebelião de jovens militares, a maioria tenentes do Exército Brasileiro, que reivindicavam reformas políticas, como o voto secreto. Em 1924, tivemos a Revolta Paulista e a Comuna de Manaus e, entre 1925 e 1927, a Coluna Miguel Costa-Prestes – comandada por Miguel Costa e Luís Carlos Prestes –, ambos movimentos que prenunciaram a Revolução de 1932. Ainda em 1922, em agosto, tivemos a primeira transmissão radiofônica do país na Exposição Comemorativa do Centenário da Independência e a apresentação, em Paris, de Os Oito Batutas, grupo formado por Pixinguinha, Donga, China, Raul e José Palmieri, Luis de Oliveira, Nelson e José Alves, sob o patrocínio do ricaço Arnaldo Guinle.

Em 1927, o arquiteto russo radicado em São Paulo Gregori Warchavichk construiu, na Rua Santa Cruz, a primeira casa modernista do Brasil, toda de linhas retas e equipada com uma sala de projeção. O universo de tipos dos anos 1920, como a melindrosa e o almofadinha, encontrava formas bem-humoradas nas caricaturas de Belmonte, Enésimo Dutra, K. Lixto (Calixto Cordeiro), Raul Pederneiras e J. Carlos, publicadas em revistas como O Malho, Careta, Paratodos... e Fon-Fon.

outro vestido, também de 1925, em tom salmão claro, de comprimento até os joelhos, com três camadas de babados na barra, cintura baixa (bem aos padrões da década) e mangas longas; e um bolero de veludo preto, com botão frontal superior, datado do mesmo ano. Camillo vestia damas libanesas e brasileiras da alta sociedade paulistana, como Olívia Guedes Penteado – a *patronnesse* dos modernistas –, a condessa Marina Cresi, Lena Alves Lima e Violeta Jafet – filha do comendador Basílio Jafet. Aos 101 anos, D. Violeta confirmou, em 2009, ter se vestido com Camillo.[40] "Ele ia à Europa duas vezes por ano, com sua mulher, para comprar peças da alta-costura francesa e se inspirar nas coleções de Maggy Rouff, Vionnett, Rocha Molyneux, Lanvin, Schiaparelli e Heim, criando vestidos que batizava com nomes *fantaisistes*: Nenúfar, Paienn Incomprise, Fleurs Étrangers, Bone Aventure...".[41] O trabalho de Camillo confirma que havia já no período, em São Paulo – assim como, provavelmente, nas demais capitais brasileiras –, costureiros que elaboravam roupas femininas de qualidade sob medida, ainda que baseadas em premissas da estética da moda francesa.

## Frou-Frou e o sonho de uma moda brasileira

Lançada em 1924, dirigida por Manoel Santos – com redação na Avenida Rio Branco, 110, Rio de Janeiro –, a revista Frou-Frou teve vida curta, mas um esmero editorial que ainda impressiona pelo conteúdo e pelo desenho gráfico, o qual apresentava gravuras em alto-relevo (algumas laminadas), rica clicheria, ilustrações elaboradas e divertidas caricaturas desenhadas por Bastos Barreto. Focada no público feminino, trazia em todas as edições a seção Sua Majestade a Moda, assinada por Flora Darlayne, que orientava suas "gentis leitoras", por exemplo, no que deveriam portar em suas viagens a "Petrópolis, Friburgo, Therezópolis, Poços de Caldas e Caxambu".[42] Seus textos saborosos procuravam não se restringir ao repasse do que se lia nas revistas internacionais. Flora apoiava e propagava a novidade dos chapéus pequenos, vestidos e cabelos curtos e repudiava os "anti-hygienicos e anti-estheticos cabellos compridos de antes da guerra".[43] Considerava que "[...] a principal característica da moda moderna é a simplicidade. Para tanto, basta confrontar um figurino de hontem com um de hoje. Aquelles complicados folhos e ferôlhos, aquelles babados, aquellas guarnições, aquellas rendas, cederam lugar a pequenos detalhes accidentaes, e que, por isso, nem lhes perturbam a harmonia...".[44]

A cronista de Frou-Frou entendia, evidentemente, que a moda provinha dos grandes costureiros de Paris – "Dorat, Tollmann, Worths e Dellange" – e das casas "elegantes da *rue de la Paix*", como Agenés, Lucile, Beer etc., mas debatia "a rivalidade com New York". Demonstrando visão abrangente, apoiou as ideias do jornalista e poeta paulista Paulo Torres (autor de Hora da Neblina), quando, em 1925, lançou o conceito da "criação da 'moda brasileira'". Num artigo de 1926, ela foi ao cerne da questão: "Se não a temos [moda brasileira], e não é sem razão, é porque não temos o elemento essencial da sua criação e o factor maximo da sua vitalidade: o costureiro feminino. Realmente, é um typo quasi

*Nesta página e na seguinte, capas de revistas Frou-Frou, edições Ano II, Nº 23, abril de 1925; Ano III, Nº 32, janeiro de 1926; Ano IV, Nº 37, junho de 1927.*

# Frou-Frou...

ANNO IV  
Nº 37

PREÇO  
2$500

desconhecido no Brasil. Os que por ahi andam são lamentavelmente medíocres, quando não enxergam um palmo siquer diante do nariz. Não há nenhum homem de requintado temperamento artístico e de bom gosto '*raffiné*', que se dedique entre nós, ao offício gracioso, embora ingrato, de organizar o guarda-roupas das senhoras".[45]

O jornalista confirmava, portanto, a ausência de criadores de moda em atividade, naquele período, no Brasil: "O que falta é um estheta *doublé* de um commerciante moderno, isto é, um homem que, tendo o sentimento esthetico apurado, possua também o senso de oportunidade e a bravura das realizações".[46] E argumentava que motivos para se dar características próprias a uma moda nacional não faltariam: "Na velha indumentaria de nossas avós e na popular iríamos basear assumptos lindíssimos com que nos vestir. Usaríamos, assim, um vestuario adequado ao nosso clima e que não contrastasse nem com nosso physico, nem com a côr de nossa pelle, com o nosso typo, em summa. Não passará tudo isso de um sonho?".[47] Por muitos anos, ainda seria....

## Confecções surgem como utilitárias

A maior parte das confecções pioneiras de vestuário do Brasil – como, ademais, no resto do mundo – derivou de pequenos ateliês de costura e alfaiatarias familiares e de capital fechado, muitas fundadas por imigrantes. Vários fatores contribuíram para isso: tratava-se de um negócio que exigia agilidade e permanente adequação às mudanças da moda. A execução de diversificados modelos impunha capacidade de ajuste e simplicidade administrativa, no que as pequenas empresas levavam vantagens. No Censo Industrial realizado em 1920[48] pelo Instituto Brasileiro de Geografia e Estatística (IBGE), o segmento "indústria do vestuário" – integrado pelas confecções, fábricas de calçados e de artefatos em tecidos – perfazia, no país, um total de 1.988 estabelecimentos, equivalentes a 14,9% das unidades industriais, ocupando o 3º lugar em valor de produção (8,2%), superadas apenas pela indústria de alimentação (40,2%) e têxtil (27,6%). O setor específico de "confecção de roupas e agasalhos" correspondia a 9,9% do total produzido, e o de indumentárias para mulheres e crianças era tão inexpressivo que foi inserido no grupo "roupas para homens". Além disso, predominavam no Censo os trajes prontos utilitários, como roupas brancas (ou íntimas) e uniformes.

Especificamente na cidade de São Paulo havia, em 1924, de acordo com o Boletim do Departamento Estadual do Trabalho:[49] "33 fábricas de chapéus para homens; 11 de chapéus de sol; 2 de artigos para chapéus de sol; 10 de bonés; 3 de coletes para senhoras; 39 de camisas e roupa branca; 15 de roupa feita; 12 de gravatas; 3 de plissês; 45 de flores artificiais; 7 de botões de osso; 2 de botões de osso e metal; 18 oficinas de conserto de chapéus para homens; 83 oficinas de chapéus para senhoras; 15 de conserto de chapéus de sol; 126 oficinas de costura para senhoras; 13 de bordados; 108 engomadeiras; 458 alfaiatarias; 83 tinturarias e 4 lavanderias". Tais dados demonstravam a crescente demanda na cidade por produtos e serviços ligados ao vestuário.

*Ilustração (acima) e propaganda Mappin Stores (página ao lado); Frou-Frou, Ano II, Nº 15, Rio de Janeiro, RJ, dezembro de 1924.*

# Mappin faz desfiles pioneiros

Já na segunda metade da década de 1920, o Mappin Stores, magazine da elite paulistana, então localizado na Praça do Patriarca, Centro, realizava "desfiles de moda com modelos vivos"[50] para apresentar roupas femininas das coleções semestrais, importadas da Europa, também divulgadas em catálogos enviados às clientes pelo correio. Um curioso anúncio, datado de 1926 e ilustrado com a cena de um desfile, detalha como era feita a aquisição dos modelos comercializados pelo Mappin: "Insinuantes modelos de Pariz – Synthetisando o que há de mais bello, gracioso e notavelmente original para a risonha estação que se annuncia, fazemos por alguns dias – a começar de hoje – na sobreloja, uma interessantíssima exposição de *toilettes* de passeio, de baile e *soirée*. Nesta maravilhosa e selecta collecção, escolhida pessoalmente pela nossa eximia *premiére*, quando de sua recente excursão à Europa, figuram, com singular relevo, os mais famosos exemplares dos grandes costureiros de Pariz e certas criações de assegurado êxito de casas londrinas de prestígio".[51]

Os modelos vendidos e desfilados pelo Mappin, portanto, advinham, principalmente, da moda francesa. "Os anúncios de vestidos de *soirée*, dos 'célebres costureiros de Paris, Bernard, Drécoll, Patou, Philippe, Gaston e Savary', recebidos para a temporada lírica já de 1924, não deixam dúvidas quanto à clientela que a loja pretendia atingir. Dentre os costureiros citados no anúncio, é possível destacar Drécoll e Patou. O primeiro era presença constante no Mappin Stores: muitos modelos anunciados eram 'chez Drécoll', e a loja gostava de lembrar, em suas propagandas, que a mestra da oficina de costura era uma ex-funcionária da *Maison* Drécoll, conhecida pelos 'vestidos de chá, vestidos de passeio e de noite'. As *Maisons* Drécoll e Patou estavam sempre no roteiro de compra de Yolanda Penteado em suas viagens a Paris nos anos 1920".[52]

A primeira dentre as "paradas de *modéles vivants*", como a loja denominava seus desfiles, aconteceu em 1926 na sobreloja do Mappin. A partir de 1927, elas passaram a ser realizadas no salão de chá. "As manequins eram recrutadas entre as funcionárias da loja e treinadas por Edward Couch, cenógrafo que iniciou a carreira na Harrowd's inglesa, responsável pelas premiadas vitrines da loja por 45 anos".[53] "O desfile de manequins [...] apresentando as últimas criações para o verão, constituiu, como não poderia deixar de ser, a nota elegante da tarde de anteontem na aristocrática e tradicional Casa Mappin",[54] registrou a Folha da Manhã, em 1935. Um desfile ocorrido em 1939 apresentava "criações exclusivas", como "o vestido de veludo negro criado por Edward Couch".[55] É válido observar que, em 1939, a Segunda Guerra Mundial já estava em curso, dificultando as importações, o que pode ter motivado o Mappin a entregar a tarefa de criar modelos a Couch.

O dado mais relevante, contudo, é que os desfiles de moda do Mappin, na segunda metade da década de 1920, foram os primeiros realizados no Brasil pelos dados disponíveis, informação confirmada por anúncios publicitários e registros fotográficos existentes no Acervo Histórico do Mappin Stores.[56] Eles tentavam replicar aqui a fórmula

Ilustração de J. Carlos; Paratodos..., Ano IX, Nº 436, Rio de Janeiro, RJ, 23 de abril de 1927.

## J. CARLOS E A MELINDROSA

Um dos mais expressivos ilustradores de revistas da primeira metade do século XX foi o carioca J. Carlos (José Carlos de Brito e Cunha, 1884-1950), representante do *art déco* no *design* gráfico brasileiro, ao lado de K. Lixto e Raul Pederneiras. Colaborou com O Malho, Careta, Paratodos..., Fon-Fon e A Cigarra, entre outras. Dois de seus principais personagens estavam relacionados à moda: a "melindrosa" e o "almofadinha" – a mulher e o homem elegantes e urbanos dos Anos Loucos, cujos traços foram divulgados, principalmente, em Paratodos...: "Deseja Vossa Excelência vestir-se à Moda? Leia Paratodos...", vangloriava-se a revista.

Sem ser propriamente um criador de modelos de roupa, J. Carlos influenciou a moda dos anos 1920, como se pode depreender pelo seguinte editorial de Paratodos...: "Desenhistas de lápis polychromicos, ao mesmo tempo que põem *rouge* na bocca de suas figuras, vão creando *toilettes* originais para as melindrosas mudas, que as outras falantes procuram copiar ainda mais do que às Marys Pickford e Glorias Swansons do cinema. A prova disso é que alguém bem enfronhado nas cousas de nossa vida, há tempos me observava: '– Olhe, fazendo essas figurinhas assim tão galantes e animadas do Paratodos..., J. Carlos torna-se o verdadeiro creador da melindrosa. – Em logar de copiar as meninas das ruas e dos salões, elle passa a ser autor dessa encantadora boneca carioca, que serve de modelo a todas as outras do Brasil".[1]

1   Paratodos..., nº 520; Rio de Janeiro, RJ, 2 de abril de 1927.

de apresentação e venda de alta-costura das *maisons* francesas, e contribuíram para firmar a loja como símbolo de modernidade, numa São Paulo que projetava para si a imagem de locomotiva do Brasil.

Em 1939, o Mappin Stores transferiu sua loja para o outro lado da Praça do Patriarca, no chamado Centro Novo da capital paulista – viabilizado após a construção do Viaduto do Chá, em 1936. Ocupava os cinco primeiros andares do edifício *art déco* construído pela Santa Casa de Misericórdia, na Praça Ramos de Azevedo, entre as ruas Cel. Xavier de Toledo e Conselheiro Crispiniano, onde se manteve até seu fechamento na última década do século XX. Localizado no 4º andar, seu Salão de Chá serviu ainda a muitos desfiles de moda – o primeiro já comemorando a inauguração da nova loja –, eventos que continuaram a ser realizados até a primeira metade dos anos 1960. Na década seguinte, o Mappin – já uma grande rede de magazines com lojas em diversas capitais – voltou-se ao consumo de massa e os desfiles acabaram. Seu foco se transferiu para as grandes liquidações, embaladas pelo *jingle*, ainda na memória de muitos: "Mappin! Venha correndo... Mappin! Chegou a hora... Mappin! É a liquidação...".

*Manequim Leonor Perrone exibe costume durante uma "parada de modéle vivant", no Salão de Chá do Mappin; São Paulo, SP, 29 de março de 1935.*

129

*Passeio matinal em Copacabana; Frou-Frou, Ano IV, Nº 37, Rio de Janeiro, RJ, junho de 1926.*

VERÃO NO RIO, 1930

"[...] e as elegantes já perambulam pela cidade: casas de chá, lojas, omnibus e automóveis particulares já readquiriram a animação elegante da *official saison*. Cruzam-se baratas e limousines; cruzam-se mulheres lindas pela Ouvidor, pela Avenida, pelo quarteirão dos arranha-céos. No Dorét, na Colombo, no Leblon, no Fadigas, no Paschoal, cortando os cabellos, polindo as unhas, gastando alguns minutos no massagista, bebendo chá, fazendo compras, passeando apenas para admirar as vitrines, as elegantes movimentam-se pela cidade e as rodas dos homens aumentam, juntam-se elles pelas calçadas, às portas dos cafés e nas esquinas, para ver as passantes, admirál-as, cobiçá-las... (Coluna De Elegância, de Souciére, na revista Paratodos...).[1]

1   Paratodos..., nº 596, Rio de Janeiro, RJ, 17 maio de 1930.

## Notas

1. Histórias da Moda, de Didier Grumbach; Cosac Naify, São Paulo, SP, 2009.
2. Fon-Fon, nº 51; Empresa Fon-Fon e Selecta S/A, Rio de Janeiro, RJ, 23 de dezembro de 1939.
3. Datas de nascimento e morte indisponíveis para todas.
4. *In:* 80 Anos de Moda no Brasil, de Silvana Gontijo; Nova Fronteira, Rio de Janeiro, RJ, 1987.
5. Datas de nascimento e morte indisponíveis para todas.
6. Agulhas da Alta Moda Brasileira, catálogo do evento; promoção da Apae-SP, 1997.
7. *In:* A Questão da Cópia e da Interpretação no Contexto da Produção de Moda da Casa Canadá, no Rio de Janeiro da década de '50, de Cristina Araújo Seixas; dissertação de mestrado, PUC-RJ, Rio de Janeiro, RJ, 2002.
8. Fon-Fon, nº 50, Empresa Fon-Fon e Selecta S/A, Rio de Janeiro, RJ, 15 de dezembro de 1923.
9. Fon-Fon, nº 49, Empresa Fon-Fon e Selecta S/A, Rio de Janeiro, RJ, 7 de dezembro de 1929.
10. Corpo a Corpo com a Mulher: pequena história das transformações do corpo feminino no Brasil, de Mary Del Priori; Senac, São Paulo, SP, 2000.
11. Civilização e Cultura, de Luís da Câmara Cascudo; ed. Global, São Paulo, SP, 2004.
12. Moda e Sociabilidade: mulheres e consumo na São Paulo dos anos 1920, de Maria Claudia Bonadio; Senac, São Paulo, SP, 2007.
13. *In:* Nosso Século, vol. 2, 1910-1930; Abril, São Paulo, SP, 1980.
14. Paratodos..., revista semanal; nº 416, Rio de Janeiro, RJ, dezembro de 1926.
15. Corpo a Corpo com a Mulher: pequena história das transformações do corpo feminino no Brasil, de Mary Del Priori; Senac, São Paulo, SP, 2000.
16. Idem.
17. História do Amor no Brasil, de Mary Del Priori; Contexto, São Paulo, SP, 2005.
18. Obra Consumada: uma abordagem estética da moda feminina no Rio de Janeiro entre 1932 e 1947, de Maria Cristina Volpi Nacif; UFRJ, Rio de Janeiro, RJ, 1993.
19. História da Confecção Brasileira, artigo de Manoela Carta; Vogue-Brasil, nº 91; Carta Editorial, São Paulo, SP, janeiro de 1983.
20. *In:* 80 Anos de Moda no Brasil, de Silvana Gontijo; Nova Fronteira, Rio de Janeiro, RJ, 1987.
21. História da Vida Privada no Brasil, vol. 3, de Fernando A. Novais (coord. geral) e Nicolau Sevcenko (org. do volume); Companhia das Letras, São Paulo, SP, 1998.
22. Paratodos..., nº 595, S. Santos & Comp.; Rio de Janeiro, RJ, 24 de maio de 1930.
23. Idem.
24. Idem.
25. Idem.
26. Frou-Frou, ano III, nº 33; S. Santos & Comp.; Rio de Janeiro, RJ, fevereiro de 1926.
27. Idem.
28. *In:* Nosso Século, vol. 2, 1910-1930; Abril, São Paulo, SP 1981.
29. Frou-Frou, ano III, nº 33; S. Santos & Comp.; Rio de Janeiro, RJ, fevereiro de 1926.
30. Idem
31. Idem
32. 150 Anos da Indústria Têxtil Brasileira, de Débora Berman; Senai-Cetiqt, Rio de Janeiro, RJ, 1990.
33. BNDES 50 Anos/O Complexo Têxtil, de Dulce C. Monteiro Filha e Abidack Corrêa; BNDES, dezembro de 2002.
34. *In:* 80 anos de Moda no Brasil, de Silvana Gontijo; Nova Fronteira, Rio de Janeiro, RJ, 1987.
35. A Cigarra, número não identificado; Empresa Gráfica O Cruzeiro, São Paulo, SP, julho de 1920.
36. Registro feito pelo Museu de Arte de São Paulo (Masp).
37. Moda e Arte no Masp, um breve estudo sobre o tema e formação do acervo de vestuário no Museu de Arte de São Paulo 'Assis Chateaubriand' (1947-1972), de Patricia Sant Anna; monografia de museologia, Museu de Arqueologia e Etnologia da USP, MAE-USP, São Paulo, SP, dezembro de 2002.
38. Camilo, o Lanvin Brasileiro dos Anos 20, artigo de Pietro MariaBardi; Vogue-Brasil (página avulsa s.d. guardada no acervo familiar).
39. Idem.
40. Depoimento ao projeto HMB, gravado em outubro de 2009.
41. Camilo, o Lanvin Brasileiro dos Anos 20, artigo de Pietro MariaBardi; Vogue-Brasil (página avulsa s.d. guardada no acervo familiar).
42. Frou-Frou, ano II, nº 23, S. Santos & Comp.; Rio de Janeiro, RJ, abril de 1925.
43. Frou-Frou, ano II, nº 22, S. Santos & Comp.; Rio de Janeiro, RJ, março de 1925.
44. Idem.
45. Frou-Frou, ano III, nº 32, S. Santos & Comp.; Rio de Janeiro, RJ, janeiro de 1926.
46. Idem.
47. Idem.
48. *In:* O Avesso da Moda: trabalho a domicílio na indústria da confecção, de Alice Rangel de Paiva Abreu; Hucitec, São Paulo, SP, 1986.
49. *In:* Fazer Roupa Virou Moda: um figurino de ocupação da mulher (São Paulo 1920-1950), de Wanda Maleronka; Editora Senac, São Paulo, SP, 2007.
50. Moda e Sociabilidade: mulheres e consumo na São Paulo dos anos 1920, de Maria Claudia Bonadio; Senac, São Paulo, SP, 2007.
51. *In:* Moda e Sociabilidade: mulheres e consumo na São Paulo dos anos 1920, de Maria Claudia Bonadio; Senac, São Paulo, SP, 2007, p. 89.
52. Idem.
53. Idem.
54. *In:* Mappin 70 Anos, de Zuleika Alvim e Solange Peirão; Ex-Libris, São Paulo, SP, 1985.
55. Idem.
56. Depositado no Museu Paulista da USP (Museu do Ipiranga), em São Paulo, SP.

CAPÍTULO **3** ERA DO RÁDIO [ 1931 | 1945 ]

# Alô, alô, Casa Canadá, Jotinha e Garotas do Alceu!

*Desenhos de J. Luiz; Fon-Fon, Edição Ano XXXV, Nº 26, Rio de Janeiro, RJ, 27 de junho de 1942.*

O Brasil da década de 1930 se urbanizava e se industrializava; suas principais capitais já contavam com bondes elétricos, vias para veículos automotores (importados), e centros comerciais, nos quais se concentravam lojas que ofereciam variada gama de artigos de vestuário, alimentação e utilidades para o lar. As vestimentas da maior parte da população, contudo, eram ainda feitas de forma artesanal ou semiartesanal – exceto por alguns nichos, como o de roupas íntimas e alguns acessórios. A máquina de costura se popularizava, mas faltava tecnologia para a produção de indumentárias em série. O tecido era adquirido em cortes – também denominados fazendas – e os trajes eram encomendados a alfaiates e costureiras – ou modista, a costureira mais sofisticada. Havia uma infinidade de ateliês – na maior parte domésticos e/ou informais – espalhados pelo país, variando o preço da mão de obra de acordo com o feitio, a elaboração e o requinte oferecidos. Todos, evidentemente, se baseavam na moda ditada por Paris, divulgada por revistas estrangeiras ou nacionais – como o Jornal das Moças, Figurino Moderno e Fon-Fon – recheadas de croquis, fotos e, algumas delas, com moldes encartados.

*Nesta página e na seguinte, "desfile-espetáculo" de moda francesa importada por Madame Rosita; Teatro Municipal, São Paulo, SP, 1945.*

*Na página ao lado, abaixo, ilustração de J. Luiz; Fon-Fon, Ano XXXVI, Nº 50, Rio de Janeiro, RJ, 12 de dezembro de 1942.*

O incremento dos meios de comunicação – e, particularmente, o sucesso do cinema falado – fez crescer a divulgação da moda e a velocidade com que as vogas eram substituídas: cada vez mais rapidamente, elas ficavam *démodé*. Apesar de sediada em Paris, a moda passou a fazer escalas em Londres e em Hollywood, com passagem por Nova York. No período em que a Segunda Guerra Mundial paralisou a economia europeia – entre 1939 e 1945 –, as importações de roupas e tecidos praticamente estagnaram, em particular as provenientes da França, então sob o domínio nazista. A ocupação de Paris ocorreu em 14 de junho de 1940; em 10 de julho do mesmo ano, o marechal Pétain assumiu o governo autoritário, na cidade de Vichy, permanecendo no poder até 6 de junho de 1944. Muitos nomes da alta-costura fecharam suas casas ou as transferiram para outros países. Lucien Lelong, então presidente da Chambre Syndicale de la Couture Parisienne, defendeu junto ao governo instalado a permanência das *maisons* em Paris (os alemães quiseram transferir o centro da criação da moda de alta-costura para Viena e Berlim), propiciando que continuassem ativas dentro das possibilidades vigentes. A conjuntura de guerra também tensionou a relação entre as *maisons* autorizadas, forçando a Chambre a fixar regras objetivas para classificar a alta-costura.

Mas a moda francesa mantinha, ainda, uma posição quase hegemônica na cultura ocidental e em nosso país, como atesta o samba Menina Fricote, composição divertida dos irmãos Marília e Henrique Batista, de 1940, que comprova a influência gálica, forte até o período da Segunda Guerra Mundial: "Não sei que doença deu na Risoleta; que agora só gosta de ouvir opereta; cheia de prosa, cheia de orgulho, cheia de chiquê. E faz fricote como o quê, não canta mais samba, só quer imitar Lucienne Boyer: *Parle moi d'amour*; só quer *l'argent, l'argent toujours*. Ela não sabe nem ler e já quer gastar o francês; e diz que despreza quem só fala português. Essa Risoleta está muito mudada, está cheia de pose pra ser elegante; ela diz que o bastante é usar *bois de rose; quelque chose, bois de rose?*".

O cenário da guerra, porém, contribuiu para reduzir a influência europeia: à escassez de produtos vindos da zona da guerra, acrescentou-se a criação de leis pelo governo brasileiro do Estado Novo, aumentando impostos para a importação de bens, inviáveis de serem repassados às revendas. Abriu-se, então, espaço para que a indústria brasileira se capitalizasse, em particular o setor têxtil, que recebeu impulso, também passando a fazer maior uso criativo de estratégias divulgadas por reclames publicados na imprensa e/ou alardeados pelos radialistas.

Embora mais conservadora que nos Anos Loucos, a moda seguiu – no exterior e no Brasil – uma estética que dava maiores liberdades ao corpo e delineava as formas de uma mulher mais atuante, sem perder a elegância. Tecidos leves (como o raiom, usado em especial nas roupas íntimas) permitiram cortes mais precisos e, por razões de economia de tecido durante a guerra, mais ajustados ao corpo. Com o incremento da industrialização, a riqueza interna foi dinamizada, dando origem a uma classe média composta por empregados assalariados e funcionários públicos, que demandavam produtos de moda. Além disso, muitas das tradicionais famílias de cafeicultores, que antes montavam seus guarda-roupas em Paris, perderam suas fortunas e tiveram que mudar seus estilos de vida.

Para atendê-los havia, nas capitais brasileiras, grandes magazines voltados ao comércio de tecidos e roupas prontas – estas últimas produzidas, ainda, em pequena escala e quase artesanalmente. Um dado significativo do período foi o surgimento das casas moldadas à imagem e semelhança das *maisons* francesas, importando e reproduzindo aqui a moda lançada em Paris. Para isso, contavam com oficinas de costura e alfaiataria, estoques de tecidos, aviamentos e adornos vindos de fora. Essas casas, portanto, não criavam moda; operavam como entrepostos importadores, reprodutores e adaptadores. A partir, principalmente, da Segunda Guerra Mundial, elas cresceram e se habilitaram a fazer cópias fiéis da *haute couture*, viabilizadas por meio da importação de modelos e moldes, vendidas a preços robustos, mas facilitando a vida das mulheres da nossa alta sociedade, que já não precisariam ir à França em busca de novidades.

A mais emblemática dessas casas foi a Canadá – que cresceu e, depois, se transformou na Canadá de Luxe –, sediada na então capital federal do Rio de Janeiro. Em São Paulo, tivemos as casas Madame Rosita e Vogue; em Porto Alegre, houve Madame Mary Steigleder, instalada na Avenida Independência, que começou fazendo chapéus e, mais tarde, se dedicou à importação de alta-costura. Similares devem ter existido nas principais capitais do país, muitas se abastecendo com as réplicas feitas, no Rio, pela Casa Canadá, que operou como redistribuidora da moda francesa no Brasil.

De um início baseado apenas na importação de modelos prontos, a partir de 1929, as casas de moda brasileiras – assim como similares existentes em quase todos os países do Ocidente – puderam produzir réplicas, processo referendado pelas *maisons*. Estas passaram a oferecer a seus compradores internacionais, a partir daquele ano, a opção de obterem os moldes das roupas adquiridas – as *toiles* (telas em tecido, em geral algodão) – que viabilizavam a copiagem. Isso se deu porque, devido à crise de 1929, "para resistir, a alta-costura comercializou seus moldes".[1]

Também é verdade que se tornara impossível às *maisons* parisienses coibir a copiagem dos modelos que lançavam, difundidos pela imprensa e desejados internacionalmente. Os olhos lânguidos do mundo da moda se voltavam para Paris e, a cada temporada, ambicionavam as novidades; uma horda chique de compradores das mais diversas nacionalidades invadia os desfiles em busca das mercadorias "exclusivas" dos costureiros. Formou-se, assim, uma grande demanda para a alta-costura: "O desvirtuamento do sistema não passa de uma consequência direta de seu próprio funcionamento: como não ser copiado, se o objetivo da venda é justamente a cópia? Era uma ilusão imaginar que fosse possível controlar a utilização dos moldes depois de entregues. A melhor estratégia talvez tivesse sido a proibição pura e simples dos moldes, mas o prejuízo teria sido bem maior. Com efeito, no plano internacional, a legislação sobre a fraude ou a cópia revelava-se, a tal ponto, permissiva que ainda era melhor vender o máximo possível do que se deixar roubar sem apelação".[2]

Em visível contradição com a sociedade de consumo ascendente, baseada na produção em série, a alta-costura insistia em preservar um sistema artesanal que valorizava a peça única. Nesse contexto, as *maisons* acharam brecha nas regras de sua rígida Câmara de Costura de Paris, que permitia a venda das telas para copiagem por terceiros. E, já que as cópias eram inevitáveis, o melhor era tentar obter o máximo de resultados por meio da venda dos moldes, fator que disseminou a copiagem no Brasil e em diversos países do mundo. A Bélgica, por exemplo, chegou a ser alvo de ação específica da Câmara, que organizou uma lista negra de compradores indesejáveis daquele país. Cônscia da copiagem de seus modelos, a costureira italiana Elsa Schiaparelli chegou a exigir de todo fabricante que visitasse seu salão "a aquisição de no mínimo três modelos".[3]

A dor de cabeça maior, porém, eram as confecções norte-americanas, que podiam praticar as adaptações e copiagens em grande escala. "A angústia dos costureiros é imensurável. As grandes empresas americanas já não se dão ao trabalho de esperar pelas apresentações em Paris para obter informações; abrem na capital escritórios pessoais (*resident buyers*), legítimos centros de espionagem industrial que os mantêm informados sobre a evolução das tendências, de modo a poderem conceber antecipadamente suas coleções, servindo os desfiles só para permitir retoques finais".[4] Ou seja, a "replicagem" limitada das casas de alta moda sul-americanas era um pormenor na luta dos parisienses contra a cópia e pirataria dos seus modelos. Aqui, o negócio seguia naturalmente e sem restrições da seguinte forma: ao adquirir um modelo, após os desfiles das *maisons*, o comprador tinha a opção de obter, além da peça em si, a tela (molde), pagando um valor adicional – que correspondia a uma espécie de *royalty* pela permissão da copiagem. Por esse meio, as *maisons* tentaram ao menos ampliar seus ganhos.

Essa permissividade não deixa de ser curiosa, já que um atributo essencial da *haute couture* é a exclusividade da peça. Um decreto de 1945 do governo francês determinava às *maisons* de alta-costura o seguinte em relação a seus modelos: "só poderão ser reproduzidos pela própria empresa, excluindo qualquer terceirização ou confecção em série. Poderão ser realizados sob medida para as clientes mediante provas em alinhavo,

## A ERA DO RÁDIO

A primeira emissora a entrar em operação no Brasil foi a Rádio Sociedade do Rio de Janeiro, em abril de 1923, criada por Roquette Pinto; várias outras a sucederam, mas eram ainda clubes ou sociedades fechadas, sem fins lucrativos, com concessões fornecidas pelo Estado. Ainda assim, o rádio, aos poucos, caiu no gosto popular e foi se tornando um veículo de comunicação de massa de significativa importância. Em março de 1932, o governo federal decidiu baixar o Decreto-lei 21.111, autorizando a veiculação de publicidade e propaganda radiofônicas: foi o estopim de uma explosão de anúncios e reclames de tudo que se pudesse comprar, ecoada por toda a década de 1930.

Junto com os anúncios surgiram também, nas grandes rádios comerciais, programações bem-orquestradas com *castings* exclusivos de artistas. Para citar as emissoras de maior expressão, em 1926 foram inauguradas a Mairynk Veiga e a Educadora, no Rio; em 1931 surgiu a Record e em 1932, a América, ambas de São Paulo; em 1934 apareceram: Cultura, Difusora, Excelsior, Kosmos e Jovem Pan, também em São Paulo; em 1935 nasceu a Tupi, no Rio, e, em 1936, a Nacional, ainda no Rio. Diversas outras de menor porte pipocaram pelas demais capitais e pelo interior, em todos os estados. As emissoras profissionalizaram-se, investiram em equipamentos e tornaram suas programações atrativas, somando entretenimento e jornalismo.

Apareceram os programas de auditório (como os *shows* de calouros), as radionovelas, os noticiários, os humorísticos e os concursos com ofertas de brindes, patrocinados pelos valorosos anunciantes, além de muitos programas voltados ao público feminino, que davam dicas de cuidados no lar e também de moda. Os cantores de música popular foram, no entanto, o principal sustentáculo da radiofonia, que transformou em estrelas Carmen e Aurora Miranda, Araci de Almeida, Alzirinha Camargo, Dalva de Oliveira, Linda e Dircinha Batista, Mário Reis, Francisco Alves, Lamartine Babo, Noel Rosa, Orlando Silva, Vicente Celestino e diversos outros que cintilavam já no final dos anos 1930.

A partir de 1940, o rádio se consolidou como principal veículo de comunicação do país. Chegaram ao mercado as radiolas (rádio com toca-discos) e aparelhos receptores menores, porém eficientes; tudo para atender às demandas do "querido ouvinte". O rádio invadiu os lares brasileiros, estabelecendo uma estrutura de sociedade de consumo. A Era do Rádio estendeu-se até fins da década de 1950, quando a televisão passou a oferecer conteúdo semelhante, acrescido de imagens. Dali por diante, o rádio manteve seu espaço, mas perdeu a hegemonia, conservada durante cerca de três décadas, como principal meio de comunicação do país.

*Ilustração de J. Luiz; Fon-Fon, Ano XXXVI, Nº 50, Rio de Janeiro, RJ, 12 de dezembro de 1942.*

*Na página ao lado, Marietta Rosa, Rio de Janeiro, RJ, 1º de abril de 1932.*

ou vendidas para empresas francesas ou estrangeiras visando à reprodução".[5] Está aí a definição imbricada da peça única com brecha para exportação dos moldes – condição que persistiu até a admissão final do *prêt-à-porter* dos costureiros, a partir da década de 1950. No intuito, ainda, de estabelecer algum limite à copiagem "ilegal", as *maisons* ofereciam aos compradores das telas um estoque limitado de etiquetas da marca, a serem pregadas às roupas prontas (ainda internamente). Vale observar que houve períodos de restrição às importações de produtos acabados no Brasil – afetando a entrada das roupas prontas, ocasiões em que apenas as telas, os tecidos e os aviamentos podiam ser trazidos, por serem considerados insumos –, como confirmou Saul Libman, filho de Madame Rosita, importadora instalada em São Paulo.[6]

Outro fator que marcou o período foi o surgimento, na imprensa nacional, de desenhistas de moda com trabalhos estáveis, casos do mineiro Alceu Penna – que passou a ter seções de comportamento e moda na revista O Cruzeiro – e do carioca J. Luiz – que produziu para a revista Fon-Fon belos croquis, entre o final dos anos 1930 e início da década de 1960. Antes deles, as fotos e a maior parte dos croquis de moda publicados pela imprensa feminina brasileira eram extraídos de publicações estrangeiras ou provinham diretamente das *maisons*. Esses desenhistas brasileiros se limitavam, ainda, a copiar ou adaptar modelos da moda parisiense – na maior parte das vezes indicando (como Alceu sempre tinha o cuidado de fazer) o autor original da peça. Até porque o público leitor esperava mesmo por modelos de moda da França, e não do Brasil!

Esses desenhistas supriam, com ilustrações de alto nível, um segmento editorial que se florescia no mundo todo: o das revistas de moda, voltadas à crescente classe média urbana, desejosa de seguir a última moda. Simultaneamente, as máquinas de costura eram já aparelhos comuns nos lares dessas famílias de classe média. Das *maisons* até chegar ao corpo da brasileira, a moda passava por um inevitável processo de adaptações e reinterpretações. Mas ninguém, no Brasil de então, ousava ainda assumir a condição de criador! A moda vinha de Paris e ponto final; isso ninguém discutia. Mas, de cópia em cópia, mudando aqui e ali, costureiras, alfaiates e desenhistas deglutiam influências e, de algum modo, começavam a engendrar alguma identidade própria.

## Tecidos nacionais mais bem aceitos

No Estado Novo, as classes trabalhadoras avançaram na conquista de direitos legais (em 1940 foi instituído o salário mínimo e, em 1945, assinada a Consolidação das Leis do Trabalho), compondo uma camada de consumo para a qual se voltou uma gama de produtos de vestuário de baixo custo. Mas a indústria de confecção implantada no país era incipiente. As classes média e alta vestiam roupas sob medida feitas por modistas, costureiras e alfaiates, copiadas de revistas de moda (tais como Jornal das Moças, Fon-Fon e Figurino Moderno). Havia nessas camadas grande preconceito contra tecidos nacionais, ainda confeccionados com fibras um tanto grossas, geralmente empregados na produção de roupas rústicas de trabalhadores; entre eles estavam os de algodão, o algodãozinho e a alpaca (esta em algodão ou viscose, empregada em forros), os brins e sarjas (para calças, blusões, jaquetas e macacões), as chitas e chitões, as lonitas e lonas (feitas em algodão pesado) e flanelas. Mesmo as cambraias e tricolines (tecidos de algodão penteado, de fibra longa) ou linho leve, com ligamento tela (para camisas e blusas finas), eram de produção pequena por aqui.

Tecidos produzidos com fios mais finos e penteados eram importados, pois as têxteis brasileiras não dispunham de tecnologia apropriada para criá-los. No caso dos artesanais, nossa tradição era o tear rústico. E na alta moda, a distinção não estava apenas na exclusividade dos modelos; dependia também da sofisticação dos tecidos com os quais eram confeccionados, tais como brocados, canelados, *jacquards*, cetins, *chiffons*, casimiras, crepes (*georgette, romain, suzette* etc.), *failles* e *failletes*, gabardines, lamês, musselinas, linhos, sedas, xantungues, tafetás, *tweeds*, veludos e piquês. A indústria norte-americana, naquele período, já avançava na pesquisa de fios sintéticos e padronagens ricas em desenhos e cores.

A depressão econômica decorrente da Segunda Guerra, contudo, fez escassear a oferta de tecidos no mercado mundial, chegando a haver racionamento na Europa, já que "a lã era usada para confeccionar uniformes e cobertores; a seda para fazer paraquedas e imprimir mapas mais resistentes; o couro era destinado às botas: cada homem usava uma por mês".[7] Neste contexto, os tecidos brasileiros foram mais valorizados e variedades antes rejeitadas passavam a ser aceitas, como a cambraia de algodão ou o crepe da China, este último até então confinado a forros. O costureiro norte-americano Mainbocher (cujo nome verdadeiro era Main Rosseau Bocher), um dos poucos de seu país a alcançar sucesso em Paris (onde manteve um salão entre 1929 e 1939), lançara, no pré-Guerra, um despojado conjunto de calça e casaco em cambraia listrada, recebido com ironia por aqui: "Como nos vestiremos no verão? Será que vamos passar os dias todos de *maillots* pelas praias ou a bordo de um iate em alto mar? [...] Como fugir para longe, onde um pijaminha de cambraia nos bastaria?"[8] – interrogou nota em coluna social do Jornal do Brasil de dezembro de 1935.

*Virgínia Edi Maffei Del Guerra, São Carlos, SP, 1943.*

*Na página ao lado, detalhe de ilustração de J. Luiz; Fon-Fon, Ano XXXVI, Nº 50, Rio de Janeiro, RJ, 12 de dezembro de 1942.*

## O corpo feminino redefinido

A moda dos anos de 1930 redefiniu o corpo feminino para um maior protagonismo social, abandonando a forma reta (tipo tubo) e andrógena, com busto e quadris achatados, dos anos 1920. As curvas femininas foram revalorizadas, compondo uma silhueta sinuosa com busto, cintura e quadris bem desenhados – principalmente nos vestidos mais sofisticados, longos justos ao corpo valorizando seus contornos, exibidos pelas estrelas de cinema. No dia a dia, porém, a moda tomou o curso da praticidade, aproximando as peças do guarda-roupa feminino às do masculino, atendendo à demanda

*Abaixo, publicidade de A Cinta Moderna; Anuário das Senhoras, Rio de Janeiro, RJ, Edição de 1945.*

*Na página ao lado, Seção Lingerie; Fon-Fon, Ano XXXVIII, Nº 39, 23 de setembro de 1944.*

de uma mulher mais ativa, que se engajava no mundo do trabalho, ocupando postos como professora, enfermeira, balconista, secretária, datilógrafa, telefonista, funcionária pública, entre outras profissões. O *tailleur*, geralmente em cores e cortes sóbrios, remetia ao costume masculino, e até mesmo calças compridas femininas foram introduzidas na primeira metade da década de 1930, sem conseguir a aceitação que teriam mais tarde: "Que a mulher esteja a fumar, que participe de saraus literários, que seja moderna... Mas não abdique da formosura dos movimentos das saias a envolverem as pernas; abaixo as pantalonas!",[9] protestava a então conservadora Revista Feminina em seus últimos suspiros (deixou de circular em 1936). Com a deflagração da Segunda Guerra Mundial, em 1939, a tendência à rigidez no vestuário se acentuou e os *tailleurs* estruturados, inspirados nas fardas militares, ocuparam a linha de frente da moda, mesmo no pacato Brasil, onde os revolteios do samba angariavam maior interesse que os bélicos. Exceção para os opositores do Estado Novo, que padeceram dos rigores da polícia política ditatorial.

Influenciado pelo movimento *art déco*, que valorizou a funcionalidade das formas, o corte das roupas tornou a silhueta feminina mais reta e alongada: as cinturas, antes eliminadas, voltaram a seu lugar. O paletó do *tailleur* ganhou ombreiras masculinas, que tornavam os ombros quadrados em oposição à cintura fina, privilegiando os seios médios, recobertos por sutiãs forrados. O corte da roupa devia ser impecável, ou poderia deformar a silhueta. As saias, que na década anterior resvalaram para a altura dos joelhos, desceram para quase seis dedos abaixo deles (comprimento *mi-molet*, que em francês quer dizer "no meio da panturrilha"), contribuindo para alongar o corpo e deixar as pernas apenas discretamente à mostra, com cintas-ligas modeladoras sustentando meias de seda. Ganharam a luz do dia vestidos trespassados, com pregas, e drapês até o meio da perna. À noite, desfilavam longos (com ou sem mangas e decotados), acompanhados por luvas (longas para os sem manga). Se a ocasião fosse de gala, o vestido podia resplandecer em lamê e brocado, adornado com canutilhos e paetês. De acordo com a roupa, combinava-se o agasalho: paletó, capa curta, três-quartos ou mantô comprido. Os acessórios, usados em profusão, complementavam a *toilette* feminina.

Já na década de 1940, o aproveitamento máximo dos tecidos nos anos de guerra levou a uma onda de misturas de tecidos diferentes, com detalhes (como golas, mangas, punhos, bolsos, palas etc.) em cores e padronagens distintas, sobrepostas ou destacadas entre a parte superior da roupa e as saias. Também estiveram em alta os boleros – casaco curto de origem espanhola, usado normalmente aberto – e os conjugados de saia e blusa, que facilitavam as permutas e os passos das danças de salão, acompanhando o crescente interesse pelos sucessos musicais, divulgados pelas emissoras de rádio e pelos discos de 48 rpm. Os vestidos ficaram alguns dedos mais curtos, apenas por praticidade e economia de pano (faltava tecido no mercado internacional). Os adornos passaram a ser úteis, com muitos bolsos, grandes botões e detalhes em pesponto.

Predominavam as monocromias ou as cores neutras e escuras: "Uma mulher aristocrática, fina, harmoniosa, jamais se vestiria de vermelho, azul berrante, de amarelo vivo. Só os selvagens gostavam de cores vibrantes. Os espíritos *rafinnés* preferem as nuanças delicadas... Para as joias, o mesmo requinte deve presidir a escolha dos ornatos. O dourado vivo, cintilante, é muito do gosto dos *nouveaux riches*, dos que gostam de dar ao próximo uma impressão de bem-estar, de prosperidade, de grandeza", relatou Chermont de Brito, em depoimento a Silvana Gontijo.[10]

## Acessórios e *lingerie*

Os acessórios ganharam mais importância sobre roupas tão simplificadas, mas uma eventual flor de seda (na cintura ou no decote), um broche ou um colar podiam ser suficientes para dar graça à roupa. A praticidade e a sobriedade são irmãs siamesas: luvas, bolsa, chapéu e sapatos deviam formar *composés* nos mesmos tons, formatos e materiais. Os sapatos do período da guerra ganharam feitios abotinados, transpondo o visual austero dos campos de batalha para o dia a dia. Os chapéus tomaram formas variadas, abrangendo o estilo *directoire* ou cossaco (abas curtas e copas altas), o *galette* (bolacha), o redondo de aba larga, os tricórnios (três pontas), as boinas (de feltro ou pele), inclinadas sobre um dos olhos, e os turbantes – sempre adornados com

## REVOLUÇÃO FINDA "CAFÉ COM LEITE"

A Revolução de 1930 pôs fim à chamada política "café com leite", tirando do poder a elite política que mantinha o país atrelado aos interesses da monocultura cafeicultora: um acordo entre o Partido Republicano Mineiro (PRM) e o Partido Republicano Paulista (PRP) previa a alternância entre um mineiro e um paulista na presidência da República. Em 1926, o presidente Washington Luís indicou para sucedê-lo, ao contrário do previsto, o também paulista Júlio Prestes, frustrando as pretensões do mineiro Antônio Carlos Ribeiro de Andrada. Isso provocou uma cisão de consequências imprevistas. Andrada juntou-se a políticos gaúchos, já na oposição, compondo a Aliança Liberal, que indicou Getúlio Vargas à presidência e propôs reformas eleitorais.

Nas eleições de 1º de março de 1930, porém, o candidato eleito foi Júlio Prestes, do PRP, que não conseguiu se sustentar no poder. O quadro político deteriorou-se, em particular após o assassinato (por motivos pessoais) do governador da Paraíba, João Pessoa, que era membro da Aliança Liberal. Em outubro, teve início a Revolução, culminando na chamada Era Vargas – de 1930 a 1945. Getúlio assumiu um governo provisório que, em 1932, enfrentou uma retaliação paulista (Revolução Constitucionalista), e seguiu até 1934, ano em que foi eleito presidente pelo Congresso Nacional.

Em 1937, deu um golpe e implantou o Estado Novo, fazendo uma reforma constitucional que se tornou conhecida como "polaca", devido às semelhanças que tinha com a adotada na Polônia, durante o período fascista comandado pelo general Pilsudski. A Era Vargas foi, de todo modo, determinante para tirar o país das mãos da elite agrária e colocá-lo na rota da produção fabril, fortemente centrada no setor têxtil, estabelecendo um conjunto de regulamentações e leis (em especial na área trabalhista) que sintonizou o Brasil com a era industrial.

detalhes, como fitas, laços, flores ou penas. Mas a peça já estava ameaçada de extinção pelo próprio cinema que o divulgava...[11] Os cintos, mais finos de preferência, ganharam importância sobre vestidos, saias ou paletós acinturados. Também os cabelos passaram a variar de tamanho, admitindo cortes diversos. A maquiagem, por sua vez, destacava-se mais: pó de arroz, ruge e batom – ultrapassando o contorno dos lábios para desenhar uma grande boca – eram imprescindíveis.

No início dos anos 1930, a italiana Elsa Schiaparelli foi pioneira com a introdução do zíper (*zipper*, em inglês) nas roupas de moda, também conhecido como fecho *éclair* (do francês *fermeture éclair* – fecho relâmpago – que se refere aos detentores da marca, a Éclair Prestil SN). O versátil fecho de correr, composto por duas tiras dotadas de dentes metálicos que se encaixam por ação de um cursor, derivou de um sistema de ganchos e fendas que fora patenteado, em 1893, por W. Litcomb Judson, de Chicago, EUA. O apetrecho recebeu melhorias entre 1906 e 1914 feitas pelo sueco radicado nos EUA Otto Frederick Gideon Sundbäck e foi, inicialmente, empregado em botas e em bolsas para tabaco. A patente do *separable fastener* foi emitida em 1917, quando passou a ser usado em casacos da marinha norte-americana. Com o nome *zipper* – criado por B. F. Goodrich –, o fecho propagou-se na confecção de roupas durante a segunda metade da década de 1930, substituindo botões em braguilhas de calças masculinas e, em seguida, em fechamentos de saias e vestidos.

A pesquisa industrial viabilizou o surgimento de tecidos feitos a partir de fibras sintéticas. A pioneira delas foi o *lastex*, marca fantasia da US Rubber Company para um fio elástico de borracha recoberto com seda ou algodão, usado em peças íntimas, como espartilhos e cintas elásticas, no início do século XX (o fio de borracha em si já era usado desde o século XIX). Também havia o raiom (ou *rayon*), seda artificial feita com fibra de celulose, de bom caimento e boa absorção de tintura. Mas a grande revolução daquele período ocorreu com o desenvolvimento do náilon (*nylon*, em inglês), nome genérico dado a uma fibra sintética resistente, produzida a partir do polímero, um tipo de plástico sintetizado em 1935 pelo químico Wallace Hume Carothers. A origem do nome é controversa: seria resultado da junção dos nomes de Nova York e Londres – cidades que abrigaram as primeiras fábricas da fibra e onde imaginava-se que teria um grande sucesso comercial.

Na moda, o primeiro emprego do tecido foi em *lingeries*: fino e leve, o náilon viabilizou o surgimento, com impacto, da confecção de roupas íntimas femininas – calçolas, anáguas, combinações, sutiãs, calcinhas –, numa progressão cada vez mais reduzida em quantidade de tecido e mais sofisticada em acabamento e inovações. A fibra teve também uso na produção de meias e trajes de banho, como maiôs, calções masculinos etc. Delicado e bem mais barato do que as sedas naturais, o náilon deu mais sensualidade à roupa. Permitiu, ainda, a produção do velcro, outro tipo prático de fecho que, contudo, só encontrou maior uso na moda a partir dos anos 1970.

Em seu livro de memórias, Laura Rodrigo Octávio, aos 100 anos, recordou a evolução das roupas de baixo, desde a *Belle Époque*: "... um mundo de peças de roupas precediam o vestido: camisa, colete, *cache-corset* ou corpinho, cassa (bem comprida), saia de baixo e, enfim, o próprio vestido, forrado. As jovens atuais morreriam sufocadas com tal acúmulo de roupas. Aos poucos, foram diminuindo esses *dessous* e passaram a camisa-calça, depois só calça; cinta flexível substituiu o colete cheio de barbatanas e, agora, quando Deus quer, o vestido vem sobre a pele e uma calcinha tão pequenininha...".[12] Foi, aliás, com a fabricação de roupa íntima que a confecção industrial se sedimentou, ofertando produtos diversos como as combinações, sutiãs e calcinhas, cuecas e meias em tecidos sintéticos ou malhas, sedas ou crepe da China. Antes, predominavam no Brasil as fábricas de chapéus (em maior parte, masculinos), alguma roupa de trabalho (calças e camisas rústicas de algodão), sapatos, cintos e outros acessórios.

## Roupas de banho

Uma consequência direta da maior exposição das curvas femininas permitida pelas *lingeries* foi que as mulheres precisaram cuidar mais de suas medidas. Claro, com regime e ginástica! Começou, então, a corrida para as piscinas, praias e academias. A memorialista Carolina Nabuco, também autora de um livro muito popular na década de 1930, A Sucessora (1934), registrou a rapidez com que os maiôs (termo originário do francês *maillot de bain*, possivelmente derivado de *maille*, malha) passaram a frequentar as praias brasileiras, assim como as sungas masculinas as quais, apesar

*Na página ao lado, Max de Belém Hermann; Revolução Constitucionalista, 3º Batalhão de Ribeirão Preto, SP, 16 de julho a 20 de outubro de 1932.*

*Abaixo, ilustração sem autor indicado; Fon-Fon, Ano XXV, Nº 26, 27 de junho de 1931.*

— Presenteou-me com um lindo annel de noivado; o diamante, porém, tem um defeito.
— Não deverias reparar nisto. O amor é cégo.
— Sim; mas não tanto assim...

Acima, frequentadoras do Santa Tereza Clube, no Rio de Janeiro, RJ; Fon-Fon, Ano XXXVIII, Nº 46, Rio de Janeiro, RJ, 11 de novembro de 1944.

Na página ao lado, o cinema ditando a moda; Fon-Fon, Ano XXXIV, Nº 18, Rio de Janeiro, RJ, 4 de maio de 1940.

de bem mais largas, já assumiam a forma de suas sucessoras: "Foi num espaço relativamente curto que vimos a nudez tomar conta das praias. Lembro-me do tempo, no início da moda dos banhos de sol, em que guardas circulavam nas areias de Copacabana, incumbidos de fiscalizar a decência das roupas de banho. Traziam régua no bolso para medir os centímetros que porventura faltassem nos trajes dos rapazes. Assisti, certa vez, a um grupo de moços de famílias tradicionais expulsarem da praia um jovem turista que se apresentava usando apenas calção, sem camiseta. Teve que se retirar, protestando, para o hotel onde se hospedava. Não demorou muito, porém, para que esses mesmos jovens abandonassem também a camiseta".[13]

Os maiôs começaram a ser aceitos a partir do final dos anos 1920, confeccionados com tecido de algodão, em jérsei (malha) de lã ou com as fibras elásticas sintéticas. Passaram por uma evolução rápida, da peça inteiriça à altura das coxas, cobrindo a calça e formando uma espécie de saia ou sainha, a modelos mais ousados, com decotes abertos (em variações em geral maiores nas costas), cavas nos ombros ou apenas alças. Em meados da década de 1930, surgiram o tomara que caia e o duas-peças. Este último pouco se diferenciava dos maiôs inteiriços, exceto pela estreita faixa que deixava de fora a altura do estômago (jamais o umbigo). A cintura era marcada, alguns com cintos estreitos de tecido. Toucas de borracha protegiam os cabelos, sapatilhas também de borracha e roupões de tecido atoalhado completavam a indumentária praieira do período...

No Rio de Janeiro do início dos anos 1940, a praia de Copacabana era um *must*, frequentada por garotas com muito *it*. Foi o início do período áureo daquela orla, que até os anos 1960 seguiu como a mais badalada praia carioca, recebendo hordas de "alegres, tropicaes e scintillantes" banhistas. "Nas manhãs claras, cheias de sol, os *shorts* de tecido estampado darão a nota alegre sobre as areias prateadas de Copacabana. Os *maillots* modernos colantes, de cores vistosas,

144

marcarão linhas perfeitas",[14] escreveu o cronista de Fon-Fon, ao lado de fotos nas quais o que se via, porém, eram estrelas de Hollywood como Betty Grable, Rosemary Lane e Brenda Joyce exibindo modelos de banho "elegantíssimos, que causarão sucesso".

# Cinema e moda

Desfilar semanalmente as melhores roupas nos grandes cineteatros era garantia de visibilidade social. E não era incomum ver mulheres nas salas de projeção empunhando pranchetas, lápis e papel para esboçar, no escuro mesmo, as modas exibidas pelas estrelas de Hollywood; desenhos depois dados às costureiras para que os reproduzissem. No Brasil, a maior estrela dos anos 1930 e 1940 foi, sem dúvida, Carmen Miranda, que estourou no rádio com marchinhas carnavalescas e foi, ao lado do ator Raul Roulien, um caso de sucesso artístico que transcendeu as fronteiras nacionais e alcançou Hollywood.

As novas estéticas e valores propagados pelo cinema contribuíram na construção de padrões de beleza e comportamento para a mulher do século XX, demolindo ideologias arraigadas: por exemplo, a juventude passou a ser mais valorizada que a maturidade; impôs-se o padrão da mulher magra e longilínea, capaz de movimentar-se de forma ágil, com vestidos mais curtos e estreitos, exibindo cabelos igualmente mais curtos (coques passaram a ser coisa das avós), com rosto rosado pelo ar livre, imagem radicalmente oposta à da mulher pálida e amarrada por espartilhos, arrastando caudas, do século XIX.

O "cinema falado" dos anos 1930, foi, também, o "grande culpado" pela redução do uso de chapéus femininos, em particular os de copas e abas amplas e com muitos adornos, que passaram a ser proibidos em muitas salas de projeção para evitar que atrapalhassem a visão dos outros espectadores. O som das películas sincronizado às imagens ampliou consideravelmente o público e a

## A MODA EM CARTAZ

Em meados dos anos 1930, as produções de Hollywood correspondiam a 85% da produção mundial de filmes. O poder dos estúdios norte-americanos começou a ultrapassar o território do mero entretenimento para interferir diretamente no comportamento e na moda internacionais. Não por acaso, alguns dos principais nomes que se destacaram na moda da década de 1930 tinham Hollywood como plataforma de lançamento: a figurinista norte-americana Edith Head (1897--1981) da Paramount e, depois, Universal; Adrian (Adrian Adolph Greenberg, 1903-1959), da MGM; e Travis Banton (1894--1958), da Paramount e, depois, da Fox, que, indiretamente, lançavam moda ao criarem figurinos para astros e estrelas.

Eles vestiram Greta Garbo, Joan Crawford, Jean Harlow, Marlene Dietrich e muitas outras transformadas em celebridades mundiais, e ditaram comportamentos também fora dos filmes, abalando a posição da França, como único centro irradiador da moda mundial. O Brasil sentiu a força de Hollywood na moda, já a partir da década de 1920, quando as distribuidoras norte-americanas aqui se instalaram. Era parte do *marketing* dos estúdios inundar as revistas femininas com material fotográfico e noticiário em que as atrizes famosas exibiam modelos criados por seus figurinistas.

*Abaixo, detalhe de publicidade da malharia masculina Vencedor; Fon-Fon, Ano XXVIII, Nº 19, Rio de Janeiro, RJ, 12 de maio de 1934.*

*Na página ao lado, estudantes da Escola de Agronomia Luiz de Queiroz (Esalq); Piracicaba, SP, 19 de abril de 1935.*

*Publicidade Camisaria Progresso; Fon-Fon, Ano XXVI, Nº 53, Rio de Janeiro, RJ, 31 de dezembro de 1932.*

criação de novas salas; cinemas mais cheios e chapéus fixados aos cabelos por grampos que dificultavam sua remoção – isso sem falar do clima quente brasileiro – contribuíram para o desuso do acessório.

Em contrapartida, os cabelos foram valorizados e surgiram várias técnicas de tratamento, de modo que podiam ser longos e soltos, cortados à altura do queixo (corte Chanel), ondulados (com permanente), polidos com brilhantina ou frisados a ferro. E já não precisavam exibir cor natural: mesmo moças de família aderiram às tinturas. Ser loura, morena, ruiva ou platinada tornou-se uma opção. As antigas chapelarias foram se transformando em salões de beleza, locais para cuidar dos cabelos e do rosto com tratamentos e maquiagem (*make-up*).

O corte Chanel, moda lançada pela francesa Gabrielle "Coco" Chanel, tem uma história à parte: em fins dos anos 1910, quando ainda predominavam os cabelos longos, Chanel desejava encontrar uma forma elegante de usar chapéus sem ter que, necessariamente, fazer um coque. Então, decidiu experimentar: prendeu seus cabelos em rabo de cavalo e os cortou próximo à nuca. Quando soltou, tinha criado uma nova moda: nasceu assim o famoso corte, disseminado durante os anos 1920 e 1930 e adotado em legião por muitas mulheres que aderiram também aos *tailleurs* de *mademoiselle*.

E foi igualmente o cinema que propagou o hábito do *make-up*, tornando imprescindível a uma mulher uma *nécessaire* com produtos para toques e retoques: ruge ou pétalas de rosas embebidas em álcool para marcar as maçãs do rosto; *crayon* ou carvão para redesenhar as sobrancelhas depiladas; rímel ou graxa para reforçar os cílios curvados; batons de cores diversas para ampliar e destacar os lábios. As unhas longas deveriam, mesmo quando debaixo de luvas, estar sempre esmaltadas em tonalidades avermelhadas, avassaladoras.

## Galãs e malandros

A moda masculina também sofreu, no período, forte influência dos astros das telas. Homens de classes mais abastadas identificavam-se com os impecáveis ternos usados por Gary Cooper, Cary Grant e Clark Gable, que institucionalizaram também o rosto barbeado ou com o tradicional bigodinho *à la* Gable... O astro brasileiro de maior projeção na grande tela foi o ator Raul Roulien, que chegou a protagonizar quase duas dezenas de filmes produzidos por estúdios norte-americanos – entre eles Deliciosa (Delicious, 1931) e Voando para o Rio (Flying Down to Rio, 1933) –, até seu retorno definitivo, em 1947. Entre os astros do rádio nacional, Francisco Alves, Mário Reis, Vicente Celestino e Orlando Silva foram os mais cultuados e imitados em seus ternos príncipe de gales, com paletós tipo jaquetão, com seis botões, adornados por coletes e gravatas não mais pretas, mas com desenhos discretos, como riscas enviesadas ou bolinhas. Para os bailes, *smoking* preto ou *summer* (versão branca, menos usual por aqui). Os ternos ou costumes em tons mais claros – bege, pérola, areia e cinza –, assim como o branco de linho, passaram a ser mais comuns nas ruas quentes das capitais brasileiras. O chapéu continuou em voga, mais leve também, em pano ou feltro; todavia o preferido era o palheta.

Outra figura masculina que entrou para a tipologia de identidade nacional (e pode ser considerada referência para a criação de moda brasileira) foi o malandro carioca, associado ao samba – ritmo musical consagrado pelo rádio. O malandro seria, em boa parte, o próprio sambista, homem do morro e da favela, frequentador da vida boêmia, que sobrevive de bicos, mas é um sujeito bamba. Cheio de ginga, com muito jeitinho brasileiro e simpatia, o malandro surgiu em cena descrito em canções como Mulato de Qualidade (André Filho, 1932), O que Será de Mim (Francisco Alves, Ismael Silva e Nilton Santos, 1931), Camisa Listada (sem "r" mesmo, de Assis Valente, 1938) ou Cachorro Vira-lata (Alberto Ribeiro, 1937). Também os sambas de breque com o compositor carioca Moreira da Silva contribuíram para fixá-lo na galeria de tipos nacionais. Noel Rosa vestiu a roupa do malandro e ironizou, em Com que Roupa (1931), a penúria da figura: "Já estou coberto de farrapo; eu vou acabar ficando nu. Meu terno virou estopa e eu nem sei mais com que roupa; com que roupa que eu vou, pro samba que você me convidou...".

A roupa típica do malandro era o costume de linho branco (linho irlandês, *York Street*, S-120, de preferência, que amassasse bastante), camisa de malha listrada na horizontal (marinho e branco, à semelhança dos marinheiros), o chapéu de copa chata e abas retas, mais conhecido como *canotier* (canoeiro), ou palhinha, ou palheta (branco ou bege-claro com uma faixa escura contornando a base da copa). Nos pés, sapatos de verniz amarrados com cadarço, se possível bicolores. Acrescentava-se um lenço de seda pura, rosa ou vermelho, no bolsinho do peito esquerdo. Além de adorno, o adereço tinha utilidade: servia de defesa para tirar o fio da navalha alheia, instrumento que todo bom malandro sempre levava no bolso da calça.

Figura marginal, o malandro seria um contraventor vinculado ao jogo do bicho, com ojeriza ao trabalho regular. Sua versão mais lúdica foi originada por Walt Disney, com o personagem Zé Carioca, um alegre papagaio criado nos tempos da política da boa vizinhança entre Brasil e Estados Unidos para introduzir o Pato Donald em terras sul-americanas, cuja primeira aparição se deu no filme Alô, Amigos (1943). Mas, por mais pueril que fosse, a imagem do malandro sem gosto pelo trabalho contrariava o trabalhismo preconizado ferrenhamente pelo Estado Novo getulista, a ponto de o Departamento Nacional de Propaganda (DNP), órgão de censura do governo, ter passado a proibir, por meio de portaria oficial, a exaltação da malandragem, aconselhando aos compositores adotar temas de exaltação ao trabalho e condenação à boemia.

## Peles: nas telas e plateias

Em 1929, foi inaugurada pelo comerciante Jacob Peliks, na Rua Uruguaiana, 21, a Pelleteria Canadá, especializada no sofisticado comércio de peles, em plena ensolarada capital federal do Rio de Janeiro. Vivia-se o auge da moda das estolas, casacos e chapéus com peles. Durante anos, a Canadá operaria como importadora de moda no atacado, suprindo não apenas sua loja carioca, mas também casas criadas em São Paulo e Buenos Aires. Sob o *slogan* "Nada embelleza tanto a mulher quanto uma linda pelle",[15] Peliks anunciava, na revista Paratodos..., em edição de 1930, dispor de um farto estoque de *renards* (raposas) "de todos os países do mundo da neve", "legítimas *martres* martas francesas, soltas e em pares", além de modelos de guarnições "das melhores casas parisienses", tudo a preços "no valor real da sua compra". Em 1934, a loja foi equipada com uma câmara frigorífica, necessária à manutenção das peles na temperatura ideal. Concorrendo com a Canadá havia, ainda na capital federal, a Casa Sibéria.

O comércio de peças femininas em peles legítimas foi impulsionado no Brasil e no mundo, no decorrer dos anos 1930, também graças aos filmes de Hollywood. Atrizes como Marlene Dietrich, Joan Crawford e Greta Garbo surgem sedutoras nas telas, envoltas em peles sedosas, que passaram a ser ambicionadas mesmo pelas brasileiras. Assim, contrariando a lógica climática, passou a ser chique às mulheres daqui exibirem-se, ainda que episodicamente e por um tempo mínimo suportável, envoltas em caríssimos *visons*, martas, zibelinas, raposas etc.

Em São Paulo, as peles podiam ser encontradas, além de nos magazines Mappin Stores e Casa Allemã, em lojas especializadas como a Casa Vogue e a Pelleria Americana (peleria é corruptela para peleteria), esta situada na Rua Barão de Itapetininga, no Centro da cidade, que ampliaria sua freguesia, nos anos posteriores, por também dispor, como a Pelleteria Canadá no Rio de Janeiro, de uma disputada câmara frigorífica para a conservação das peles no período de verão. Essas câmaras (algumas chegavam a ser equipadas com porta blindada e segredo de cofre) deviam ter temperatura

estável (nem sempre possível, com o abre e fecha) em dois níveis: uma antecâmara a 10 °C e uma câmara a 4 °C, de acordo com a norma norte-americana (a europeia é ainda mais baixa) para peles mais sensíveis, como o *vison* – fetiche maior das mulheres de então. O objetivo da baixa temperatura era evitar a ação de fungos e da traça, que comem a pele (não o pelo): com o ataque, os pelos se soltam e a peça fica comprometida. Para conservar suas peles na câmara, as clientes pagavam às peleterias uma mensalidade, incluindo seguro, de acordo com o valor declarado para as peças, em geral caçadas e provenientes do Canadá e dos EUA.

As peleterias comercializavam peças prontas importadas ou modelos confeccionados a partir de peles brutas. Ofereciam-se estolas, casacos longos, curtos ou três-quartos, sempre com as marcas próprias das casas brasileiras, porque as importadas eram, em geral, produzidas por pequenos confeccionistas sem relevância. Não por coincidência, tanto a Casa Canadá, do Rio, quanto as peleterias paulistanas tornaram-se, com o passar do tempo – e com o paulatino decréscimo do interesse das mulheres pelas peles –, importadoras de roupas da alta-costura, abastecendo as elegantes das mais importantes cidades do país, entre 1930 e o final dos anos 1960.

*À esquerda, Madame Rosita examina peles para importação; Montreal, Canadá, 1942.*

*Acima, modelos francesas posam durante desfile realizado por Madame Rosita no Hotel Esplanada; São Paulo, SP, 1939.*

*Na página ao lado, detalhe de publicidade da loja A Esquisita, Rua Gonçalves Dias, 62; Fon-Fon, Ano XXVI, Nº 22, Rio de Janeiro, RJ, 28 de maio de 1932.*

## Pedacinho de Paris no Rio

No caso da Casa Canadá, o sucesso esteve fortemente vinculado a uma figura marcante da moda brasileira: a petropolitana descendente de italianos, Mena Fiala (Philomena Pagani Selleni Fiala, 1908-2001). A cidade serrana onde ela passou a infância e juventude foi, no início do século, um centro de elegância, frequentado pela elite carioca: "Petrópolis era, tradicionalmente, uma cidade de veranistas. Enchia-me de melancolia ver fechadas, de março a dezembro, todas as casas da Avenida Köeller e apenas a nossa se acender à noite", recordou Carolina Nabuco, que residiu na cidade a partir de 1910.[16] Petrópolis foi, certamente, uma extensão da *Belle Époque* carioca e teve seu movimento ampliado na mesma medida que se facilitava o acesso por estrada e automóvel. Filhas de um locador de carros (carruagens, tílburis, cupês etc.), Mena e sua irmã Cândida – que também teve atuação importante na moda – conviveram desde jovens com modistas locais. Na adolescência, aprenderam a arte de confeccionar chapéus femininos com as irmãs Falconi, que tinham uma loja na cidade: "Naquela época, todas as mulheres usavam luvas e chapéus e, nos fins da tarde, era um desfile de mulheres bem-vestidas que iam buscar seus maridos que voltavam do Rio. [...] Minha irmã Cândida [Gluzman], com quem sempre trabalhei, tinha muito bom gosto. Nós estávamos o tempo todo envolvidas num clima de moda. Convivíamos com as irmãs Falconi e com Marietta Pongetti, mãe do saudoso [dramaturgo] Henrique Pongetti, que eram as grandes criadoras de moda naquele tempo",[17] ela relatou, em 1997, à pesquisadora Cristina Seixas.

Mena casou-se com o austríaco Anton Fiala em 1928 e foi residir no Rio de Janeiro, onde, algum tempo depois, empregou-se na Pelleteria Canadá, estabelecida por Jacob Peliks: "Comecei dirigindo o atacado da Canadá, em 1931, quando ela funcionava na [Rua] Golçalves Dias. Foi a primeira casa a trazer *visons* para o Brasil", detalhou Mena a Cristina Seixas. Mas naquele mesmo ano, Mena decidiu abrir um pequeno ateliê de chapéus na Rua Sete de Setembro, número 88, que logo conquistou uma cliente especialíssima, indicada por Peliks, com quem manteve "leal amizade": a primeira-dama Darcy Vargas. Sua irmã Cândida veio de Petrópolis e montou um ateliê de costura, e as duas retomaram a parceria: "Foi um endereço chique, digo com orgulho! Lá vestimos da cabeça aos pés as Guinle, as Mello Franco, as Leitão da Cunha... Nosso nome ganhava vulto no meio da moda e inspirava confiança nas clientes, habituadas aos requintes parisienses",[18] ela descreveu.

Em 1934, Peliks transferiu sua loja para a Rua Sete de Setembro e, mais que isso, ampliou o negócio, que passou a contar com câmara frigorífica e a importar moda francesa. Foi quando ele convidou Mena Fiala para dirigir a seção de roupas importadas e Cândida Gluzman para assumir a responsabilidade pelas compras: "Ampliou os produtos, porque só o mercado de peles não dava para sustentar a loja, porque havia as épocas (de verão) em que não vendiam. Então, começou a incluir roupas importadas.

## MOVIMENTO ART DÉCO

O *art déco* foi um movimento da arquitetura, das artes decorativas e aplicadas (*design* de interiores, desenho industrial, artes gráficas e moda) que predominou dos anos 1920 aos 1940. Inicialmente restrito à França, espalhou-se internacionalmente, via Paris, após a Exposition des Arts Décoratives et Industrielles Modernes de 1925, período em que se estabeleceram os conceitos da sociedade de comunicação de massa, incorporados a estratégias que objetivavam estimular o desejo de consumo. Por isso mesmo, foi a princípio usado em produtos "efêmeros", como propaganda, vitrinas e moda; numa segunda etapa, chegou aos bens duráveis, móveis, construções e joias. Fundamentava-se mais em conceitos decorativos do que filosóficos (ao contrário dos movimentos das artes plásticas do princípio do século XX). Foram traduzidos por linhas geométricas, derivadas principalmente dos princípios cubistas, construtivistas e por influência da Escola Bauhaus, que valorizava a funcionalidade. O requinte das ornamentações da estética do *art déco*, simples e geométricas apareceu em edificações, joias, luminárias, móveis, roupas, estamparias, cartazes etc.

Outro aspecto importante do *art déco* foi a ruptura com a relação entre o valor da arte ou do produto e o material com que é produzido. Passou-se a dar mais importância ao ato criativo (mais tarde, à marca ou etiqueta) do que à base material que lhe dava substância, conceito que se consolidou na nova sociedade industrial: os objetos do *art déco* eram confeccionados em materiais simples, como concreto armado ou compensado de madeira, recebendo complementos de materiais mais nobres, como adornos em bronze, mármore, prata, marfim e outros materiais refinados, tal qual a baquelita. Durante vários anos entendido como parte do "modernisno", o *art déco* só foi interpretado como um estilo específico a partir da exposição Les Années 25: Art Déco/Bauhaus/Stijl/Esprit Nouveau, ocorrida em Paris, em 1966. No Brasil, o *art déco* se popularizou por meio do *design* gráfico (publicidade e revistas ilustradas, como O Malho, Paratodos..., Fon-Fon e outras), da moda, da arquitetura e do *design* de móveis e de objetos, compondo o imaginário de uma sociedade industrializada e cosmopolita.

*Cândido e Dirce Castejón em viagem de núpcias; Rio de Janeiro, RJ, 1935.*

Mas eram simples; vestidinhos, meias, coisa assim... E material para fornecer aos chapeleiros, como palha, tecidos, flores, feltro...", relatou Cristina Seixas.[19] Com o passar dos anos, o negócio foi cada vez mais se voltando à importação da *haute couture*. Durante a Segunda Guerra Mundial, dois fatores afetaram a importação de moda da Canadá: os altos impostos cobrados sobre importações e o fechamento ou cerceamento do comércio de muitas *maisons* francesas, no contexto da França ocupada. A Canadá, assim como as outras casas que vendiam moda francesa de luxo no Brasil, viu-se forçada a buscar alternativas, como importar de outros países (especialmente Estados Unidos e Argentina), ou, ainda, a produzir internamente sua própria costura sob medida, o que se tornou possível pelo processo de copiagem ou "interpretação" da moda francesa.[20] Para perpetrar essas "interpretações" da *haute couture*, os modelos adquiridos eram desmontados e estudados: "Nós chegávamos a desmanchar um vestido para ver como era feito para fazer exatamente igual... Se tivesse dificuldade de interpretar, desmanchava e, depois, repunha tudo no lugar", detalhou Mena Fiala. A equipe analisava os pormenores das roupas, fazendo a partir daí uma "reprodução" (uma cópia exata) ou uma "reinterpretação" (ou seja, uma cópia adaptada em diversos aspectos, tais como o tipo do tecido, mudança de detalhes etc.).

Para fazer da cópia uma reinterpretação, a Canadá ampliou sua estrutura, organizando um setor de costura apto ao serviço e uma loja com espaço suficiente para promover eventos de moda. Em julho de 1944, Jacob Peliks deu um passo decisivo para tornar seu negócio a principal referência da moda luxo no Brasil, nos anos seguintes: criou a Casa Canadá de Luxe, instalada num prédio de três andares na Avenida Rio Branco, número 138, em ângulo com a Rua da Assembleia – centro do Rio –, comparável a uma *maison* parisiense, que oferecia o "suprassumo da elegância e da sofisticação",[21] a custos, evidentemente, equivalentes. Suas vitrines no térreo eram em mármore rosa, emolduradas em dourado. Para promover a nova loja, Mena Fiala teve a ideia de realizar aquele que ela acreditava ter sido o "primeiro desfile com manequins"[22] ocorrido no Brasil, em 17 de julho de 1944 – por coincidência (ou não), poucas semanas após a desocupação nazista da França. A aceitação do evento "foi a melhor possível". Mas aquele não fora exatamente "o primeiro" desfile de moda no Brasil: a concorrente paulista da Canadá, Madame Rosita, havia já realizado em São Paulo um desfile em 1939 no Hotel Esplanada, e antes dela ocorreram desfiles na Mappin Stores desde 1926, além de outros mais, na Casa Allemã, na década de 1930 – ambas também de São Paulo.

Um diferencial a favor do desfile inaugural da Canadá de Luxe foi a estrutura que o cercou, envolvendo estratégias de divulgação igualmente copiadas de Paris: "Como eu tinha visto, no cinema, passar manequins, achei uma beleza! A inauguração da Canadá [de Luxe] foi, assim, uma bomba na cidade! Eu disse: 'Vamos convidar a imprensa'. Porque eu li no jornal que em Paris se fazia uma *première* para a imprensa. [...] Convidamos todos os jornalistas; não eram só os de moda, mas jornalistas em geral. Era importante ter nomes conhecidos para a *première* da inauguração da Canadá...".[23] A partir de então, passou a ser praxe da Canadá de Luxe realizar desfiles a cada abertura de estação, com convites para a imprensa e corpo diplomático. Entre os jornalistas que frequentaram esses eventos figuraram Elsie Lessa, Maluh Ouro Preto (cronista de Fon-Fon), Gilberto Trompowsky, Jacinto de Thormes (colunista social) e, algum tempo depois, Ibrahim Sued (também colunista social).

Mena detalhou como funcionava o negócio: "Minha irmã Cândida era a compradora da Casa Canadá e ia a Paris cinco vezes ao ano [sic]. A Canadá importava tudo e nós vendíamos, para todo o Brasil, a moda francesa. Como o sucesso era grande e a importação estava ficando difícil, resolvemos fazer um salão de modas, a Canadá de Luxe. Foi a primeira grande casa do Brasil".[24] A casa se firmou como principal no comércio de roupas de luxo da capital federal e, portanto, do país: "Eu queria que tivesse o mesmo brilho de Paris. Então, fazia o possível: a entrega era no dia e na hora exata. Se dizia que o Brasil era o 'país do amanhã', que tudo se deixava para amanhã... Vou mostrar que nós temos o 'país do hoje'",[25] afirmou Mena. Uma inovação que agradou em cheio foi o uso de "modelos vivos": a apresentação das roupas às clientes por moças "especialmente contratadas e treinadas". Também chamadas "manequins de cabine", as modelos que diferenciavam o estilo da casa. Para esses desfiles do dia a dia, era mantida uma "meia passarela", no salão central. Já para os desfiles de abertura das estações, ocorridos em geral às terças-feiras, a passarela se estendia por todo o salão de formato em L.

"Nós comprávamos a coleção inteira... Tínhamos a coleção de Paris inteira, aqui no Rio de Janeiro. Então, tínhamos que adaptar aquela linha ao inverno do Rio de Janeiro e do Brasil. Em geral, o comércio de tecidos [do Brasil] esperava para fazer as primeiras compras [também importadas], para acompanhar a moda lançada por Paris, que era mostrada no Rio de Janeiro, adaptada ao nosso clima, ao nosso tempo, pela Canadá",[26] explicou Mena. Em outro depoimento, ela detalhou o processo de réplica dos modelos franceses: "Lá na Canadá fiz um trabalho pioneiro, o atacado; ou seja, produzia uma quantidade grande de peças do mesmo modelo e distribuía para lojas finas de todo o Brasil. [...] As roupas era limitadas".[27] Ora, um dos diferenciais de uma roupa de *haute couture* seria justamente a exclusividade da peça mas, evidentemente, as *maisons* tinham conhecimento de que, no Brasil (como no resto do mundo), havia casas que se especializaram em copiar a moda lançada por elas.

A Casa Canadá acabou funcionando, portanto, como uma espécie de entreposto que redistribuía as cópias que produzia para revendas de outras capitais, encurtando a distância entre elas e a moda de Paris. Assim, não é exagero afirmar que tivemos aqui, já a partir da década de 1940, uma espécie de pré-*prêt-à-porter* de luxo, com expressão de moda, antes mesmo de os franceses trabalharem com esta dinâmica – com a diferença de que a copiagem da Canadá não poderia ser considerada produção em série, porque era artesanal e vendida como *haute couture*. Para executar cópias perfeitas, a Canadá de Luxe se dispunha a "absorver a técnica da costura parisiense para reproduzi-la em moldes nacionais".[28] Mas havia, também, modelos exclusivos e criações de Cândida e Mena, adaptadas da moda francesa, em geral vestidos de noiva ou *habillés*: "Esses eram únicos, verdadeiras obras-primas, disputadas após os desfiles pelas elegantes da alta sociedade".[29]

Dentre as modelos que trabalharam para a Canadá, a pioneiríssima teria sido Vânia Pinto – antes Miss Brasil –, descoberta e treinada por Mena Fiala e que chegou a ter atuação regular na profissão. Ao lado dela, desfilaram também Luciana (de origem italiana), Helga Loreida (bailarina do Municipal do Rio, um modelo "para as mulheres *mignones*") e outras identificadas quase sempre apenas por pré-nome ou apelido, como Ara (Araci), Norah, Nicole, Monique (que na verdade se chamava Oky, uma holandesa), Christie, Rosemarie, Myrthes Varanda, Maria Gracinda, Vânia Badan, Adalgisa Colombo (começou lá aos 13 anos, depois foi Miss Brasil) e até as atrizes Norma Bengel e Ilka Soares, todas pioneiras de nossas passarelas que, é importante notar, tinham características físicas tipicamente europeias e sabiam se mover – como anotou o jornalista Marcos André – "sob os olhos severos de Mena e Cândida, com uma graça, um *chic* que nada fica a dever às mais nobres modelos de Paris ou New York".[30]

"Naquela época, era comum *showgirls* desfilarem a moda. Inovamos também por aí: as moças tinham de ter ótima aparência e ar distinto. Eram exclusivas nossas e não podiam fotografar nem apresentar roupas de outras etiquetas",[31] distinguiu Mena. Ilka Soares, que chamava atenção pelos lindos olhos verdes, contou sua experiência: "Eu já estava fazendo cinema quando fui para a Canadá, em 1948. Fui por um anúncio de jornal. Eu me enquadrava no que queriam: altura, peso, idade. Naquela época, modelo tinha corpo normal; não tinha que ser magérrima como hoje. Mas precisava ter cintura fina, com 55 cm, e altura mínima de 1,70 m. Fui aprovada e fiquei muitos anos lá... Durante os primeiros meses, fiquei fixa como 'manequim de cabine', atendendo às clientes, mostrando roupas. Éramos três nessa função. E, muitas vezes, tive que ficar em cima de uma mesa por horas, de salto alto e com uma saia, para acertarem a barra. Uma vez, desmaiei... Isso era muito chato. Depois, me desliguei dessa função e passei a fazer apenas desfiles, quando havia lançamentos de coleções. Geralmente, as manequins da Canadá não podiam desfilar para outros lugares. Mas, como eu era atriz, me concederam essa liberdade e desfilei também para muitas outras casas".[32]

"Nós ficávamos em cima das mesas [...] a ponto de ter vertigem e descer. As costureiras ficavam fazendo bainha naqueles vestidos grandes. Não na cliente, era na

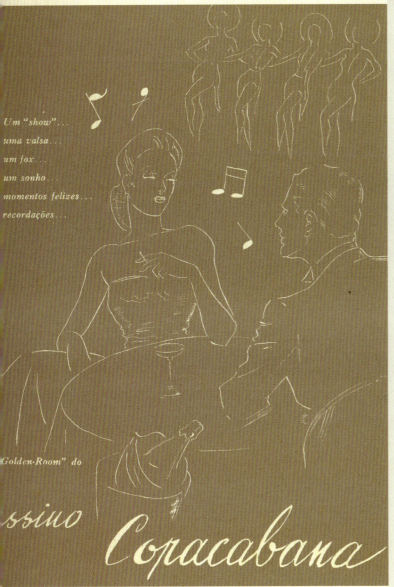

Publicidade do Cassino Copacabana; Anuário das Senhoras, Rio de Janeiro, RJ, Edição de 1945.

## AUGE DOS CASSINOS: 1930 A 1946

Jogos de azar eram praticados informalmente no Brasil, desde os tempos da Colônia. Um pioneiro cassino foi inaugurado na cidade de Lambari, MG, por Américo Werneck, em 1911, mas funcionou por pouco tempo. Depois desse, no final da década de 1920, foi inaugurado o cassino do Hotel Copacabana Palace, no Rio de Janeiro, por iniciativa do empresário Octávio Guinle – que obtivera do então presidente Epitácio Pessoa (1919-1922) incentivos fiscais e licença para seu luxuoso empreendimento.[1] Ele vigorou absoluto na noite carioca até que um mineiro audacioso, o empreiteiro Joaquim Rolla, entrou na jogada. De origem modesta, Rolla se tornou sócio na década de 1930 e, depois, dono do Cassino da Urca, que arrendou, investindo em espetáculos, como os musicais com cantores do rádio. Em pouco tempo, o Urca tomou conta da noite carioca; foi ali, por exemplo, que Carmen Miranda obteve seu passaporte para Hollywood. No Rio, surgiu ainda o Cassino Atlântico, da família Bianchi. O Copacabana manteve seu prestígio, mais reservado à elite. Rolla continuou investindo nos negócios do ramo, que cresciam vertiginosamente. Cassinos prosperaram nas principais estâncias hidrominerais de Minas Gerais – em Araxá, no Barreiro e em Poços de Caldas (que teve várias casas) – e na capital, Belo Horizonte, com o Cassino da Pampulha; no litoral paulista, em Ilha Porchat, em Santos, e o do Grande Hotel, no Guarujá. Em Teresópolis, houve o Cassino do Higino Palace Hotel, e em Petrópolis, o suprassumo das realizações de Rolla: o Quitandinha, obra-prima posteriormente considerada arquitetura *kitsch* nacional, de 1941. Até Icaraí, em Niterói, teve o seu cassino, apelidado de Necrotério, porque dizia-se que era frequentado por clientes "que estavam pela hora da morte".[2] Em 1946, numa canetada, o presidente Eurico Gaspar Dutra acabou com a festa, assinando o Decreto-lei 9.215, que proibiu os jogos de azar no Brasil.

1   A Era dos Cassinos em Poços de Caldas, de Diego Marcondes Mendes e outros; Unifae, São João da Boa Vista, SP, 2007.
2   Vogue, o fim de uma era, crônica do livro A Casa da Minha Infância, de Luiz Nassif, 04/12/2005; disponível no site [http://www.projetobr.com.br/web/blog?entryId=10109], acesso em março de 2010.

Anuário das Senhoras, publicação de O Malho, Rio de Janeiro, RJ, Edição de 1945.

Na página ao lado, Revista Boa Nova; São Paulo, SP, julho de 1936; A Cigarra, revista mensal dos Diários Associados; São Paulo, SP, agosto de 1945;

manequim. [...] Ficávamos horas ali em cima",[33] confirmou outra ex-manequim da casa, Helga Loreida. Mais importante que ter contribuído para o reconhecimento da profissão de modelo, no Brasil, a Canadá de Luxe lançou bases para a valorização da moda em nosso país. Em seu último andar, dispunha de nada menos que cinco ateliês: um dedicado à alfaiataria (confecção de *tailleurs*); três à feitura de vestidos e um a consertos. Cada ateliê ficava sob o comando de uma contramestra, responsável por cerca de 30 funcionárias (incluindo chefe de mesa, cortadeiras, costureiras, arrematadoras, ajudantes e aprendizes), todas uniformizadas com guarda-pós brancos, exceto o da contramestra, que era preto de gola branca.

Nos demais andares, ficavam a loja e o salão em formato de L, inspirado nas *maisons* francesas, onde eram recebidas as clientes, muitas vezes com seus maridos empresários e figurões da política. "A Canadá sempre foi uma loja destinada às grandes fortunas. Os clientes podiam passar uma tarde inteira. Você podia entrar e pedir para lhe passarem uma pele, um vestido; havia modelos fixas, que ficavam o dia inteiro à disposição. Enquanto você assistia ao desfile, tomava um café, um chá; tudo sem a obrigação de comprar, é claro",[34] descreveu Lucianita de Carvalho, filha de Mena Fiala.

Além da Canadá, atuavam no Rio de Janeiro, também com importação e copiagem/reinterpretação da moda francesa (algumas só com copiagem) a Imperial Modas, a Casa Sloper, a Casa Sibéria e A Moda – como confirmam depoimentos de costureiras que trabalharam para essas empresas. Outra que fez fama no ramo foi a Notre Dame de Paris ("Um mundo de sedas finas, para o fino mundo elegante"), situada na Rua do Ouvidor, números 182 a 188. Por meio da copiagem, essas casas se esquivavam de produzir uma moda própria, em parte por não dispor de *know-how* para tanto, mas também (e principalmente!) porque suas clientes não desejavam consumir moda criada no Brasil.

Contudo, o mero ato de copiar ou reinterpretar a moda francesa viabilizava a aquisição de *know-how* e permitia à mão de obra local treinar e aprender: "A utilização da cópia foi fator importante daquele momento, que serviu para realizar não só modelos complicados e elaborados, mas, principalmente, por ajudar a treinar e desenvolver a mão de obra nacional",[35] avaliou Cristina Seixas. Copiar modelos de roupas, ademais, era um comportamento naturalizado e alimentado, desde sempre, pelo próprio mercado da moda internacional: revistas do segmento propunham e estimulavam – como continuaram a fazer, posteriormente – a réplica dos modelos que publicavam, detalhados em croquis e moldes anexos.

Durante a Segunda Guerra Mundial, quando muitas *maisons* francesas deixaram de lançar moda e as importações se tornaram difíceis, a Canadá viu-se na contingência de ter que criar seus próprios modelos, ocasião em que lançou uma etiqueta própria, batizada de Estúdio Canadá (ou Studio Canadá), cujos desenhos são atribuídos à Mena Fiala. Dali por diante, em todas as suas coleções eram sempre incluídos modelos próprios, ao lado dos que traziam etiquetas da *haute couture*. Isso confirma que seus ateliês operaram como laboratórios de pesquisa: a copiagem e a interpretação possibilitaram, então, um processo de apropriação, do qual resultou a moda feita pela Canadá, mais especificamente por Mena – como autora dos modelos –, focada especialmente nos vestidos de noite e de noiva, que tinham como diferencial os bordados minuciosos com fios de ouro, prata e pedrarias. Mena Fiala confirmou que a casa criou, sim, sua própria moda: "Empolgadíssima com o sucesso [dos desfiles], comecei a criar os manequins",[36] ela afirmou. Em outro depoimento, detalhou: "Nós criamos nossa moda própria: os vestidos longos, os vestidos de noiva e também os da parte esportiva".[37]

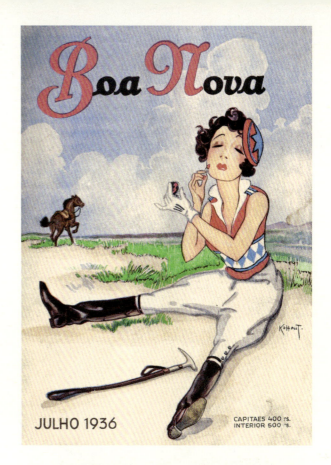

# Paris, sempre Paris...

Acima, seção feminina; revista Fon-Fon, Ano XXXVI, Nº 22, Rio de Janeiro, RJ, 30 de maio de 1942.

Página ao lado (centro), Madame Rosita despede-se do jornalista Napoleão Carvalho Dias, diretor dos Diários Associados em SP, ao embarcar em DC-3 para Nova York; São Paulo, SP, 1940.

Página ao lado (à direita), tailleur em jersey com blusa de crepe; coleção week end Jean Patou; Fon-Fon, Ano XXXIII, Nº 20, Rio de Janeiro, RJ, 20 de maio de 1939.

Ainda na década de 1930, foram criadas em São Paulo duas peleterias que, mais tarde, se tornaram importadoras afamadas de alta-costura: a Casa Vogue, aberta no início da década de 1930, e a *maison* de Madame Rosita, que surgiu em 1935 pelas mãos do casal uruguaio Max e Rosa de Libman, inicialmente chamada Pelleria Americana. "Eram casas de alta-costura que compravam roupas estrangeiras e traziam para revender para uma elite... Ou, então, faziam as roupas a partir de 'telas' que compravam lá fora: porque as casas de alta-costura francesas vendiam suas 'telas', depois de um ano ou oito meses, após a comercialização de suas coleções. Elas achavam que reproduzi-las aqui no Brasil não as ia incomodar. Escolhiam algumas coisas para vender para esses ateliês de luxo, que ficavam no Rio – caso da Casa Canadá – ou aqui em São Paulo, onde tinha a Madame Avadis, a Vogue e a Madame Rosita. Mamãe [Gabriella Pascolato] chegou a ser gerente de uma dessas casas: a Madame Avadis",[38] informou a consultora de moda e empresária Costanza Pascolato.

A trajetória da Casa Vogue teve início, então, como peleteria, na Rua São Bento, transferindo-se em seguida para a Rua Marconi; mais tarde, voltou-se à revenda de alta-costura e acessórios, como luvas e chapéus importados. Seu criador foi o polonês Paulo Franco (1897-1971) – cujo sobrenome originalmente era Francovitch. Ele importava modelos da moda francesa e, para adequar as roupas ao físico das clientes, assim como – mais tarde – para produzir cópias dos modelos, equipou seu ateliê com oficina apta a executar o equivalente local à alta-costura, com todos os seus requintes. A freguesia da Casa Vogue podia optar por um original ou uma cópia, sendo o primeiro – evidentemente – mais caro. Não havia um limite para copiagem das peças: "Tivemos um vestido que se chamava *Poésie* – naquela época as roupas tinham nomes – que chegamos a copiar umas vinte vezes. Alguns vestidos eram impraticáveis de serem copiados; esses eram modelos únicos",[39] informou José Nunes, costureiro que no final da década de 1950 se incorporou

à equipe de Paulo Franco. A Vogue também realizava desfiles para apresentar as coleções de cada estação, e oferecia, além das roupas, uma ampla gama de acessórios como sapatos, bolsas e cintos – sempre importados.

Madame Rosita – nome comercial da uruguaia Rosa de Libman (1901-1991) – fez igualmente uma carreira longa e relevante, de quase 60 anos, na alta moda sob medida de São Paulo e do Brasil. Seu primeiro negócio foi a Pelleria Americana, localizada na Rua Barão de Itapetininga, um dos vértices do centro chique da São Paulo da época – situada, aliás, bem próxima à concorrente Casa Vogue, na Rua Marconi, ambas dedicadas inicialmente ao comércio de *visons*, martas, raposas e zibelinas... Uruguaia, descendente de judeus poloneses – os Elemberg, que imigraram para a América do Sul em fins do século XIX –, Rosita nasceu em 1901 na charmosa Colonia del Sacramento, margeada pelo Rio da Prata. Em 1926, casou-se com o primo-irmão Max Libman, que por sua vez havia emigrado da Polônia apenas uma década antes, fugindo da Grande Guerra de 1914.

Casados, viviam em Montevidéu, onde Max era representante de uma fábrica de camas do tipo patente. Um dia, um amigo o convidou para ser sócio numa empresa de doces no Rio de Janeiro. Max topou e, no começo de 1935, partiu para o Rio, trazendo a família; mas a fábrica, cujo principal produto eram "balas-apito", não lhe agradou. Tanto que logo aceitou a proposta de outro conhecido uruguaio: a compra de uma loja de peles na capital paulista: "Minha mãe, que trabalhava com ele, se entusiasmou. Eles vieram para São Paulo ainda no segundo semestre de 1935, gostaram do negócio e compraram a peleria",[40] contou Saul Libman, filho do casal.

O negócio correu tão bem que, pouco depois, a loja mudou para um espaço mais amplo na mesma rua, ganhou decoração vistosa, incluindo um lustre em cristal Baccarat

*Mariquinha Chaer, Araxá, MG, 1937.*

*Na página ao lado, Terezinha Prado, Paraguaçu, MG, c.d. 1945.*

e uma vitrine diagonal; mais tarde, foi incrementada com uma câmara frigorífica para conservação das peles, chamariz poderoso de clientes. Com o tempo, o nome da dona – Madame Rosita – ganhou mais importância que o da loja, principalmente depois que ela resolveu se dedicar também ao comércio de alta moda sob medida importada: "Minha mãe pegou gosto pela coisa e disse: 'Vou começar a vender moda, junto com as peles'. E resolveu ir para a França, com a cara e a coragem, numa época em que sul-americano era totalmente desconhecido por lá".[41]

Conseguir acesso às *maisons* francesas não era fácil: "Os grandes costureiros cobravam uma taxa absurda para quem quisesse frequentar um desfile nas temporadas de lançamentos, justamente para não irem turistas. Se a pessoa comprasse uma roupa, eles, então, descontavam o valor da entrada no preço da roupa. Desse modo, quem entrasse tinha que comprar alguma coisa, de qualquer jeito. Porque o custo da entrada era um horror, muito alto... Minha mãe não teria condições de custear os diversos desfiles. Então, para se introduzir nas *maisons*, ela arrumou uma credencial de repórter de moda de um jornal uruguaio",[42] recordou Saul Libman. Rosita já havia atuado como "*cronista viajera de moda*" do El Pais, de Montevidéu, pelo qual viajara à França em outubro de 1934, o que comprova ser seu interesse pela moda anterior à vinda para o Brasil. E foi com credencial do El Pais que ela conseguiu acesso aos grandes desfiles da alta-costura em Paris.

Logo a equipe de Rosita e Max cresceu; uma de suas mais antigas funcionárias foi Cely Giraud (Cely Augusta Loris Giraud, 1920- ), contratada como caixa por volta de 1938: "Um dia, vi no jornal um anúncio: 'Procura-se caixa!' Fui até a loja; estava a Madame Rosita e o seu Max. Eu perguntei: 'É aqui que está precisando de uma moça para caixa?' Ele se virou e disse: 'Não, a vaga já foi preenchida'. Mas ela retrucou: 'Não está preenchida não; está vaga! Você quer? Então esteja aqui para trabalhar amanhã'. Saí de lá atordoada... E fiquei por 18 anos trabalhando ali, na loja da Barão de Itapetininga".[43] Cely acompanhou o desenvolvimento da casa. "Chamava-se Pelleria Americana e só tinha peles mesmo. Só tínhamos uma oficina e, às vezes, se fazia um vestido de noiva. No mais, era tudo pronto... Ela não gostava muito de fazer a roupa sob medida, porque dava muito trabalho. No começo, tinha pouco mais que uma dezena de clientes que faziam questão de fazer sob medida, com modelos de costureiro francês. [...] Quando eu estava para sair, em 1956, é que começou a engrossar o negócio de encomenda. Eles estavam com costureiras boas. Mas era uma luta, a gente apanhava muito. Era cada cliente enjoada, que Madame Rosita botava a mão na cabeça, desesperada: 'Meu Deus, como vamos fazer'. Teve uma que tirou a roupa e chutou. Eu peguei do chão, acertei no manequim e levei até a casa dela: ela vestiu e me beijou".[44]

O nível da clientela era equiparável ao valor das peças, ainda de acordo com Cely Giraud: "Apareceu uma senhora muito elegante na porta. Eu olhei e disse: 'Madame Rosita, a senhora está reconhecendo?' Ela respondeu: 'Não!'. Eu disse baixinho: 'É a mulher do Getúlio!'. Ela se desconsertou: 'Ai, meu Deus! Eu não vou; vá você atender!'. Eu discordei:

'Mas como não! A senhora tem que ir'. Acabou que fomos as duas... E foi assim que ela conheceu a dona Darcy Vargas, que se tornou uma boa cliente."[45] Anualmente, Madame Rosita frequentava as temporadas de lançamentos de Paris e escolhia peças das mais renomadas *maisons*: "Comprava dez de um, cinco de outro; enfim, o que achasse mais interessante...".[46] Pagava *royalties* pelas peças, como faziam todas as demais casas do ramo, e no Brasil as replicava tantas vezes quanto lhe fosse conveniente: "Sempre com adaptações, claro! Se muita gente fazia igual, ela parava. Acho que ela nunca fez conta de quantas cópias eram feitas",[47] explicou Saul. Nos começos de estação, mesmo as peças originais eram vendidas; mas essas vinham em tamanhos minúsculos.

Para fazer adaptações e copiagens das peças importadas, Madame Rosita montou, também, um ateliê de moda sob medida que procurava se aproximar dos que conhecera na França; assimilou as técnicas sofisticadas e estruturou equipes de alfaiates e costureiras: "Havia costureiras para saias, para vestidos e os alfaiates, que faziam os *tailleurs*. Ela não fazia blusas; apenas eventualmente. Depois, vieram as calças. Mas fazia, principalmente, vestidos: de noivas, para festas, para passeios, de todos os tipos",[48] ele informou.

Saul Libamn confirmou que sua mãe "não sabia desenhar moda" e que sua "grande arte era adaptar" os vestidos da alta-costura. "Vinha uma senhora que queria comprar; por exemplo, uma fazendeira, que, porém, tinha o dobro do tamanho. Então, ela adaptava o vestido ao figurino da cliente. Se tinha um laço grande, ela tirava; acertava as cores, os tecidos...".[49] Ou seja, um mesmo modelo era reproduzido sem repetir cores ou detalhes, de modo a não criar o inconveniente de duas clientes se encontrarem em uma mesma festa com roupas iguais. "Como as clientes de alta-costura formavam um grupo relativamente pequeno, ela nunca repetia. Guardava tudo na cabeça: madame fulana comprou em azul, a outra em vermelho, a seguinte em amarelo; e assim por diante...".[50] Ressalte-se que as *maisons* francesas tinham o cuidado de nunca vender um mesmo modelo para

*Desfiles de moda francesa importada por Madame Rosita; Hotel Esplanada, São Paulo, SP, 1939 (fotos laterais) e 1944 (foto central).*

casas de um mesmo país – o que não deixava de caracterizar certa exclusividade; aliás, a única que, em geral, as *maisons* davam.

Madame Rosita aprendeu também – sempre imitando Paris – que os desfiles de moda repercutiam bem e promoviam as vendas. E começou a realizá-los, com fins beneficentes: o primeiro ocorreu em 1939, no Hotel Esplanada (que ficava atrás do Teatro Municipal de São Paulo), com o diferencial de que não só os modelos apresentados, mas também as manequins eram francesas – o que acabou atraindo público masculino. "O primeiro desfile foi o do Esplanada. Antes, houve apenas alguma coisa interna, na própria loja. Os desfiles aconteciam durante chás da tarde. Mas, desde cedo, minha mãe teve manequins permanentes em sua loja; captou isso dos franceses, que não vendiam roupa em cabides. A freguesa ia até a *maison* e a manequim desfilava a roupa para ela. Minha mãe sempre teve uma, depois duas e, nas épocas pesadas, após os desfiles, até três manequins na própria loja",[51] afirmou Saul. Outros desfiles de moda francesa, produzidos por Madame Rosita, ocorreram em 1944, outra vez no Esplanada e, no ano seguinte, no Teatro Municipal – este bastante diferente por ter sido realizado num palco de teatro, com iluminação e coreografia, pelo que foi chamado "desfile-espetáculo".

Trabalhavam no ateliê de vestidos de Madame Rosita, entre 1945 e 1950, o futuro ator Leonardo Villar (protagonista do clássico O Pagador de Promessas, 1960) e o figurinista, cenógrafo e artista plástico Odilon Nogueira, ambos, então, estudantes da recém-aberta Escola de Artes Dramáticas (EAD). "Eu e o Léo trabalhávamos na mesma mesa, um espaço de oficina isolado, sem nenhum contato com a Madame, que ficava na loja atendendo às clientes",[52] relatou Odilon. Naquela fase da loja, muitos modelos vinham de Buenos Aires: "Ela ia buscar cópias da 'última moda' na Argentina. Uma pessoa mais atenta que olhasse no zíper veria que lá estava escrito 'Made in Argentina'", ele revelou.

Saul Libman confirmou o fato: durante a Segunda Guerra Mundial, Paris foi controlada pelo regime nazista e a exportação de moda da França ficou, pode-se dizer, proibida. Ocorreu, porém, que "vários desenhistas de moda franceses que conseguiram escapar, muitos judeus, outros não judeus, foram para os EUA e para a Argentina; daí, minha mãe começou a comprar roupa nesses países. Os americanos ficaram com uma linha mais esportiva; os argentinos, com a clássica. Mas a roupa trazida da Argentina não era assinada; tinha apenas a marca de um fabricante. Ela se socorria lá, porque minha mãe não sabia desenhar. O que ela tinha de diferente é que ela sabia adaptar a moda para o Brasil",[53] continuou Saul.

163

Odilon Nogueira confirmou o processo de copiagem, muitas vezes sem telas ou moldes: "Por exemplo, vinha um *tailleur* de *pied-de-poule* [olho de perdiz, tipo de padronagem do tecido]. Ela comprava um tecido mais ou menos igual e a gente copiava, vendo o modelo em si: o contramestre cortava igual. E o mais importante era copiar o 'sistema' de fazer a roupa. Porque naquele tempo se usavam as chamadas 'anquinhas' na cintura, para acentuar a frente. Vendo, a gente fazia igual".[54] No pós-Guerra, as relações entre Madame Rosita e a moda italiana conquistaram maior prestígio, época em que madame Rosita estreitou relações com Emílio Pucci, que teria chegado a lhe conceder "exclusividade" de vendas. Saul Libman confirmou o fato, observando: "Os franceses não davam exclusividade para ninguém. Eles eram os donos do mundo e acabou. E eram mesmo...".[55]

## Confecções começam a se firmar

Foi apenas na década de 1940 que as empresas dedicadas às roupas prontas cresceram em número e em produção, assumindo um caráter semi-industrial, possivelmente para ocupar nichos deixados por produtos importados, que se tornaram escassos em decorrência da Segunda Guerra Mundial. No ano de 1940, o setor de "confecções, calçados e artefatos com tecidos" abrangia 3.218 empresas, segundo o Censo Industrial realizado pelo Instituto Brasileiro de Geografia e Estatística (IBGE). Nesse contexto, o segmento dedicado especificamente à "confecção de roupas e agasalhos" correspondia a 14,9% e, dentre essas, o porcentual das voltadas a roupas para senhoras e crianças já chegava a 16,8%. Muitas eram malharias que, mais tarde, se dedicaram às roupas femininas em tecido.

O sistema de produção, contudo, continuava quase o mesmo das confecções surgidas ainda no século XIX: as fabriquetas essencialmente riscavam e cortavam as peças que, depois, seguiam para serem fechadas e acabadas por mão de obra externa – as chamadas "costureiras-satélites" –, que trabalhavam em suas residências, sem vínculo empregatício. O mesmo recenseamento do IBGE mostrou que a indústria do vestuário e toucador absorvia 45% do total dos trabalhadores domiciliares, em maioria mulheres. O interesse por criação de moda entre as confecções era praticamente nulo: elas se restringiam a atender às demandas de lojas, magazines e indústrias têxteis, produzindo lotes de peças de acordo com pedidos específicos. Cabia aos clientes definirem modelos, tipos de tecidos e quantidades de peças, assim como as etiquetas a serem afixadas.[56] O forte dessas confecções eram as roupas funcionais, tais como uniformes e vestimentas para trabalhadores, além das chamadas "roupas brancas" (ou roupas íntimas) e meias. Este cenário não era muito diverso do que se encontrava na Europa, onde as confecções também apresentavam "grande pobreza de invenção e de fabricação medíocre, com tecidos grosseiros e pouco atraentes".[57]

## FORTALECIMENTO DAS TÊXTEIS

Da crise econômica que seguiu o *crash* da Bolsa de Nova York, em 1929, até a Segunda Guerra Mundial, as importações de bens de consumo europeus para o Brasil restringiram-se drasticamente, com efeitos benéficos às indústrias nacionais têxteis e de confecção, as quais viram crescer suas demandas de forma consistente. Entre 1931 e 1938, a produção anual de tecidos aumentou cerca de 50%, passando de 633.893.000 metros para 963.766.000. Entre 1939 e 1945, as importações de tecidos caíram de forma drástica, girando entre 10% e 20% do consumo interno e abrangendo tanto os artigos grosseiros quanto os finos. No início da década de 1940, o país ocupava a segunda posição mundial na produção de tecidos.[1]

Cresceram também os investimentos no setor: em 1931, a Rhodia S.A. – filial brasileira da francesa Rhône-Poulenc – iniciou a fabricação de "seda artificial" e, em 1934, instalou aqui uma unidade da também francesa Valisère, para produção de roupas íntimas femininas, diversificando sua produção e lançando a *lingerie* de jérsei "indesmalhável". No mesmo segmento das fibras artificiais, em 1937, a norte-americana que criara a fibra sintética, a DuPont (posterior Invista), associada à britânica Chemical Industries, iniciou atividades no Brasil, sob a denominação de Indústrias Químicas Duperial. As fibras artificiais foram, portanto, aqui introduzidas quase simultaneamente ao seu aparecimento no exterior e as empresas que se dedicaram à sua produção tiveram rápido crescimento, favorecidas pela abundância do linter de algodão, matéria-prima para a produção de viscose.

Até a lã, antes importada da África, da Austrália e, depois, do Uruguai e da Argentina, passou, a partir de 1937, a contar com produção local. Numa iniciativa conjunta com o governo do Rio Grande do Sul, a Santista investiu em um programa de aprimoramento dos rebanhos de ovelhas, com a meta de melhorar a lã produzida no país. A empresa montou em Pelotas (RS) uma pista de classificação e passou a comprar o produto diretamente das fazendas, criando depósitos em nove cidades gaúchas. O tecido mais produzido e promovido no Brasil, contudo, era mesmo o algodão, fibra nativa e adequada ao nosso clima.

O setor têxtil foi, também, o primeiro segmento industrial a abrir as portas para a mão de obra feminina, criando a figura da operária, imortalizada pela canção Três Apitos, de Noel Rosa, de 1933: "Quando o apito da fábrica de tecidos vem ferir os meus ouvidos, eu me lembro de você. [...] Você, no inverno, sem meias vai para o trabalho, não faz fé com agasalho, nem no frio você crê. Mas você é mesmo artigo que não se imita; quando a fábrica apita, faz reclame de você". Em 1934, o setor empregava em torno de 17 mil mulheres, mas seus salários não atingiam os mesmos patamares dos pagos aos homens.

*Publicidade da Feira Internacional de Amostras; Fon-Fon, Ano XXXI, Nº 47, Rio de Janeiro, RJ, 20 de novembro de 1937.*

---

1   150 Anos da Indústria Têxtil Brasileira, de Débora Berman; Senai/Cetiqt, Rio de Janeiro, RJ, 1990.

São Paulo concentrou a maioria das empresas que apareceram e se firmaram entre as décadas de 1930 e 1940, boa parte delas dedicadas às malhas – casos da Pull Sport, Império, Ouro e Tricot-Lã. Outras produziam em parceria com têxteis, caso da Manvar, criada em 1933 por um polonês de sobrenome Grunkraut, dedicada entre 1940 e 1950 à produção de calças e macacões feitos com brim Coringa (para a Alpargatas) e, depois, a calças de Nycron (fio sintético da Sudantex, concorrente do Tergal) e maiôs de náilon. A General Modas, surgida em 1934 na Rua General Flores, bairro do Bom Retiro – em seus primórdios aparelhada com seis máquinas e poucos funcionários –, teve trajetória semelhante. Seu fundador, Salomão Triezmelina, descreveu o ambiente do período: "Naquele tempo eram muitas as confecções que apareciam e desapareciam. Elas se sentiam atraídas por ganhos imediatos, mas logo quebravam por falta de *know-how*. Aquelas que se mantiveram, desde as décadas de 1940 e 1950, foram as que tiveram o trabalho de criar um produto para um mercado sujeito a mudanças de clima, moda, desempregos, crises econômicas e inflação".[58]

Em Petrópolis, RJ, o polo pioneiro de malharias que ali se instalara no início do século enfrentava, no final da década de 1940, uma fase de declínio, possivelmente pela concorrência das confecções paulistas. Porém, o *know-how* adquirido por ex-operários das empresas que fecharam as portas viabilizou o surgimento de pequenas confecções familiares; garagens de residências foram transformadas em pontos de venda.[59] Assim, o comércio na Rua Teresa da cidade fluminense conseguiu se manter, sustentado pela tradição e pelo turismo.

## Jotinha e Fon-Fon

Uma revista feminina se destacou no Brasil da Era Vargas (de 1930 ao pós-Guerra): a semanal Fon-Fon, que se diferenciou das concorrentes pelo tratamento dado à moda, em especial a partir de uma reforma editorial feita em 1938, não por coincidência, quando o princípio do conflito bélico na Europa entrava em sua fase mais aguda. Naquele momento, o material de divulgação proveniente das *maisons* parisienses escasseou, obrigando a publicação a recorrer a fontes locais para suprir sua já bastante conhecida seção de moda, que, ao invés de minguar, cresceu. Foi implantado um suplemento robusto, batizado Fon-Fon Feminino, sob a direção de Hélène – pseudônimo sobre o qual faltam informações. O mais interessante foi que o suplemento passou a publicar croquis originais criados por um brasileiro – o figurinista carioca J. Luiz – mais conhecido pelo apelido de Jotinha ou Jota.

Também artista plástico e maquiador, J. Luiz (José Luiz Teixeira, c/d 1907-1972)[60] angariou certa fama no meio artístico de seu tempo; mas seu talento foi ofuscado em muito pela discriminação que envolveu sua figura – como ocorria à maior parte daqueles que optavam por profissões não convencionais naquele período. E o preconceito começava no próprio ambiente familiar: nascido num clã tradicional do Rio, Jotinha era filho de Antonieta de Meira e José Rodrigues Teixeira (os pais eram primos), ele, proprietário da afamada Casa Malta, voltada ao comércio de comestíveis finos (uma *delicatessen*), concorrente da Casa Carvalho e da Confeitaria Colombo – todas localizadas no centro fino da capital federal. Caçula de sete irmãos, desde cedo Jotinha revelou talento para o desenho e interesse por roupas e adereços femininos, o que desgostava seu pai. "Meus avós moravam num casarão enorme no Botafogo, onde foi a Sears, quando ele era garoto. Ele se pintava, punha uma flor no cabelo e ficava na janela, de frente; quando a garotada saía dos colégios, assoviava para ele, pensando que era menina",[61] contou Yolanda de Barros Cotia, sobrinha que chegou a conviver com ele.

J. Luiz trabalhava num ateliê montado na parte de baixo do sobrado da família, situado na Rua Sorocaba, número 158, em Botafogo. "Eu ia muito à casa da minha avó, mas não podia ficar lá embaixo no ateliê dele, porque iam os artistas... Ele não teve formação acadêmica, muito pouca, mas era um artista, desenhava bem, mas sem confeccionar; ele não costurava. Desenhava e alguma modista fazia a roupa, sob a supervisão dele",[62] continuou Yolanda.

Jotinha vivia do que recebia pelos figurinos que produzia para revistas: "Ele fazia para várias; não sei dizer quais, mas recebia encomendas".[63] Ele também fez muitos amigos no meio artístico e trabalhava como maquiador e figurinista – além de ser ilustrador de moda. Uma amizade em especial marcou sua vida: a de Carmen Miranda. "Eles tiveram uma amizade muito estreita e longa. Ela ia muito na casa dele...",[64] confirmou Yolanda. Para Carmen, J. Luiz desenhou nada menos que o famoso traje estilizado de baiana por ela usado na temporada de lançamento do samba O Que é Que a Baiana Tem?, no Cassino da Urca, em fins de 1938.

Carmen havia filmado, poucas semanas antes, um quadro no qual interpretava a música do jovem e até então desconhecido Dorival Caymmi, no filme Banana da Terra, produzido pelo norte-americano Wallace Dowley. No filme, usara uma roupa de baiana desenhada por ela mesma. Porém, talvez por julgar o figurino que havia feito muito convencional, procurou o amigo Jotinha, acompanhada do compositor baiano, para lhe encomendar uma interpretação mais vibrante da baiana. Na biografia que fez de Carmen, o jornalista Ruy Castro definiu J. Luiz como um "pioneiro da maquiagem no Brasil": "Numa época em que *pancake* e rímel não existiam por aqui, Jotinha improvisava com pó de arroz, maquiava com guache e aplicava *cilion*, uma espécie de rímel. Os cílios postiços de suas clientes eram colados por ele um a um. Mas Jotinha era também desenhista e figurinista da revista Fon-Fon, condição em que Carmen, acompanhada de Caymmi, o procurou em seu ateliê, em Botafogo".[65]

A baiana que J. Luiz criou marcou o figurino de Carmen para sempre: era mais alegre, sofisticada e moderna. Jotinha "exorbitou" e, assim, abriu "caminho para todas as liberdades tomadas pelos estilistas que lhe sucederam trabalhando com Carmen" –

*Acima e na página anterior, croquis de J. Luiz; seção feminina de Fon-Fon, Ano XXXIII, Nº 51, Rio de Janeiro, RJ, 23 de dezembro de 1939.*

*Baiana estilizada desenhada por J. Luiz para Carmen Miranda, em 1938; Museu Carmen Miranda, Rio de Janeiro, RJ, 2010.*

*Abaixo, cartão de visita da artista Sonia Delaunay indica a Casa de Aladin como revendedora de suas criações, no Rio de Janeiro, na década de 1920.*

ainda citando Ruy Castro. Foi com esta baiana e uma maquiagem em tom mais escuro no rosto que Carmen se apresentou no Cassino da Urca, cantando O Que é Que a Baiana Tem?, entre novembro e o Carnaval de 1939. Sua interpretação fascinante e todo um gestual que desenvolveu para cantá-la, girando os braços e virando os olhos, encantaram o público e, em especial, o magnata do *showbizz* norte-americano Lee Shubert, que viera passar o Carnaval no Brasil. Imediatamente, Shubert lhe propôs contrato para se apresentar nos Estados Unidos; Carmen aceitou e levou na mala a baiana de Jotinha, que exibiu durante toda sua primeira temporada na Broadway. A história, a partir daí, todo mundo conhece. O que poucos sabem é que foi a baiana de Jotinha que acabou definindo a identidade artística com a qual o mundo conheceu Carmen Miranda e que se tornou um ícone para a moda brasileira.

"Para vestir a estilização internacional do samba, Carmen Miranda adotava a mistura estado-novista de tradição e modernidade. Com balangandãs no braço e frutas na cabeça, vestindo uma saia geométrica com quadrados de veludos enviesados, criada por J. Luiz, ilustrador da revista Fon-Fon. 'Para ficar mais moderna', confirmou Dorival Caymmi".[66] Jotinha reduziu a tradicional bata da baiana quase a um bustiê em tecido dourado, coberto por renda larga dourada, deixando ombros e altura do estômago (não o umbigo) à mostra. O turbante, no mesmo tecido da saia, era maior que os convencionais, com dois lanços na frente e duas cestinhas no topo, enfeitadas com frutas e flores. A saia rodada, até os pés, foi confeccionada com retalhos de veludo em formato de losango de diversas cores, referenciado no geometrismo *art déco*, com um quê dos "vestidos simultâneos" de Sonia Delaunay (1885-1979). Nada a estranhar: a ousada pintora, figurinista, cenógrafa, *designer* têxtil e criadora de moda ucraniana, radicada em Paris, chegou a ter pontos de venda de suas roupas ultramodernas em Paris, Londres e, imaginem, no Rio de Janeiro: a Casa de Aladin, situada à Rua 13 de Maio, número 52. Mais que isso, ela chegou a criar figurinos para o Carnaval carioca de 1928. A roupa de J. Luiz somava modernismo com excessos típicos do barroco dos adornos afros: uma profusão de colares, correntes, pulseiras e braceletes que lembravam, ainda, os acessórios criados pela italiana Elsa Schiaparelli – amiga de Salvador Dali e Jean Cocteau, que introduzira as premissas do surrealismo na moda.

Mas Carmen – é bom esclarecer – não foi a primeira artista a se apresentar com figurino de baiana num palco brasileiro. Longe disso! Desde que Pepa Ruiz apareceu com sua pioneira baiana em uma revista, no longínquo 1892, a indumentária – ademais – típica do culto de candomblé e das vendedoras de acarajé das ruas de Salvador (e do Rio, para onde a tradição migrara no início do século XX) esteve sempre em cena nos palcos e nas ruas, evidenciando nossa forte ascendência cultural africana. Baianas eram comuns, ainda, como fantasias de Carnaval, nos bailes de clubes e nos corsos (grupos fantasiados que transitavam em carros pelas avenidas); por volta de 1930, foi institucionalizada como uma "ala" obrigatória nos desfiles das escolas de samba do Rio de Janeiro. Num tempo de nacionalismo exacerbado, como o Estado Novo, o culto às tradições e regionalismos se acentuava.

Havia muito, também, o traje típico de baiana extrapolara as formas tradicionais e ganhara adaptações de toda sorte, incluindo variações da pitoresca "cestinha de frutas de cera" no topo do turbante (que Carmen levou a extremos inimagináveis nos filmes que fez em Hollywood). Mas quando, em fins de 1938, ela procurou Jotinha, não poderia vislumbrar quanto aquele figurino ficaria associado à sua imagem. A ligação entre a cantora e o desenhista decorreu mais do vínculo que ele tinha nos palcos (como maquiador e figurinista) do que de sua atuação em Fon-Fon. Para a moda brasileira, contudo, é preciso levar em conta que, quando a revista viu desaparecer, devido à Guerra, as fotos e os croquis que recebia das *maisons* e agências internacionais, foi a Jotinha que recorreu para preencher suas páginas. Poucos teriam talento para produzir desenhos de moda com a qualidade que ele desenvolveu, em muitos aspectos mais completos e detalhados do que o material antes publicado pela revista.

Apesar da boa repercussão alcançada pelos croquis de Jotinha, nos primeiros tempos de sua colaboração em Fon-Fon, ele nem mesmo recebia crédito pelos desenhos, possivelmente porque os editores desejavam esconder das leitoras (habituadas a nomes franceses na moda) a identidade brasileira do autor. Jotinha só assumiu seus croquis, com um discreto "Desenhos de J. Luiz", a partir de 1940. Também não fica claro o papel que ele e Hélène – a diretora da seção de moda – teriam na criação dos modelos de Fon-Fon. Pode-se afirmar que nenhum dos dois criava inteiramente os modelos publicados; tratavam-se, certamente, de adaptações de figurinos da moda internacional. Também é certo que Jotinha não foi o primeiro brasileiro a publicar croquis de moda em revistas nacionais. Já em 1917, um desenhista que assinava apenas Fabian, também do Rio de Janeiro, teve croquis impressos na seção de moda do almanaque Eu Sei Tudo, da Editora Americana, publicação da primeira década do século XX que durou até os anos 1960. Na maior parte das vezes, eram cópias de modelos tirados de revistas importadas. Tivemos ainda os desenhos de J. Carlos, que, porém, não criava moda;

*Seção Fon-Fon Feminino, ilustrada por de J. Luiz; Rio de Janeiro, RJ, edição Ano XXXVI, Nº 38, setembro de 1942 (acima) e Nº 46, novembro de 1942 (abaixo).*

A HISTÓRIA DE FON-FON

A mais relevante revista feminina da década de 1930 foi Fon-Fon. Criada em 1907, com sede no Rio de Janeiro, Centro, à Rua da Assembleia, número 62, inicialmente voltada para a literatura, a revista teve inspiração modernista já pelo título, que "proclamava, como marca do progresso, um ruído novo nas cidades: o das buzinas dos automóveis", como destaca Semiramis Nahes, em sua dissertação de mestrado sobre a publicação, de 2007. Movidos por idêntica motivação, aliás, os modernistas de São Paulo (entre os quais Oswald de Andrade) haviam lançado, em 1922, uma revista com o nome Klaxon — buzina em francês.

De vida longa (ao contrário de Klaxon), Fon-Fon teve sucursal em São Paulo (na Rua São Bento, 220) e distribuição em Londres e Paris. Na década de 1910, passou ao controle de um grupo integrado pelos escritores modernistas cariocas Olegário Mariano, Ronald de Carvalho, Álvaro Moreyra e outros. Interessa-nos aqui justamente a fase posterior a 1922 de Fon-Fon, quando a publicação passou às mãos de Sérgio Silva e se tornou a principal disseminadora de moda feminina para a classe média brasileira – período que coincidiu com a Era Vargas. A redação era composta basicamente por homens, que assinavam colunas com pseudônimos, alguns femininos.

Fon-Fon assumiu o formato de magazine ilustrado, incluindo fotos em todas as suas seções e valorizando mais sua seção de moda, inicialmente intitulada A Mulher Chique, que exibia, em boa parte, clichês publicitários vindos de Hollywood ou das *maisons* parisienses, em especial a *maison* de Jean Patou (com a qual anunciava manter "exclusividade"), mas também de Chanel, Suzanne Joly, Lucien Lelong etc. Outras publicações femininas que lhe eram contemporâneas — como A Cigarra, Frou-Frou, Jornal das Moças (a mais vendida em 1940) — adotavam editorial semelhante. Já O Cruzeiro e Paratodos... eram mais amplas em suas abordagens.

A partir de 1935, a Fon-Fon, de Sérgio Silva, tornou-se uma espécie de "substrato ideológico" feminino do Estado Novo, "perfeito porta-voz do discurso ideológico daquele Estado totalitário; a estratégia de retirada da mulher do espaço público, restringindo-a ao espaço privado do lar", como avaliou Semiramis Nahes. Apesar disso (e talvez até por isso), foi a principal revista de moda do período...

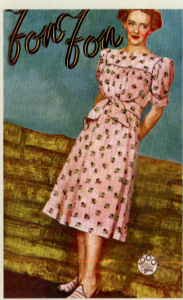

*Capas de Fon-Fon, edições de Nº 14, 8 de abril; Nº 52, 30 de dezembro; Nº 25, 24 de junho; Nº 50, 16 de dezembro; Ano XXXIII, 1939, Rio de Janeiro, RJ.*

produzia ilustrações com figuras femininas vestidas à moda das melindrosas.

Jotinha manteve uma colaboração regular e assinada com Fon-Fon durante um longo período, que vai até a primeira metade da década de 1950, quando foi, paulatinamente, substituído por Gil Brandão. A cada edição semanal, a revista trazia em média 13 croquis de J. Luiz, com frente e verso. Como a roupa da época era feita sob medida, esses croquis eram reproduzidos e adaptados por milhares de donas de casa, costureiras e modistas de todo o Brasil. Fon-Fon ocupava o terceiro lugar entre as revistas de maior circulação nacional, atrás apenas de O Cruzeiro e A Cigarra.[67] Avalia-se, por isso, a repercussão alcançada pela moda divulgada na revista. Fon-Fon oferecia às leitoras, ainda, dois modelos com moldes encartados a cada edição. Moldes sob medida de qualquer modelo publicado podiam ser obtidos por meio de um cupom de solicitação enviado à redação, junto "com a módica quantia de 200 réis".

Após 1945 – não por coincidência, ano do final da Segunda Guerra Mundial –, Fon-Fon Feminino deixou de ser um suplemento com direção de Hélène e retornou ao formato de simples seção de moda, ilustrada com croquis sem assinatura e fotos de agências internacionais ou extraídas diretamente de revistas estrangeiras, originários de *maisons* francesas. J. Luiz continuou trabalhando como figurinista e maquiador em salões do Rio de Janeiro. No final dos anos 1960, disputou o concurso de fantasias do Municipal, com um figurino de arlequim desenhado por ele mesmo. "Tirou o primeiro prêmio, mas, quando perceberam que ele era travesti, tiraram o prêmio dele. A fantasia era realmente maravilhosa",[68] contou Yolanda Cotia, informando que J. Luiz havia se inscrito na categoria feminina. Em 1973, foi encontrado morto – provavelmente devido a um derrame cerebral – no apartamento em que vivia sozinho, cedido pelo amigo Carlos Alberto Seabra. Podemos considerá-lo o primeiro a publicar com regularidade e um dos pioneiros do desenho de moda no Brasil, ao lado do mineiro Alceu Penna, que na mesma época catalisava atenções pela alta qualidade dos desenhos que publicava na revista O Cruzeiro.

Capa de Fon-Fon, Ano XXIII, N° 15, Rio de Janeiro, RJ, 15 de abril de 1939.

## As Garotas do Alceu, em O Cruzeiro

Apesar de a revista O Cruzeiro, criada em 1928 pelos Diários Associados, de Assis Chateaubriand, ter inaugurado a rotogravura na imprensa ilustrada brasileira, com distribuição em escala nacional, não chegou a alcançar sucesso imediato. Sua escalada só começou cerca de dez anos mais tarde, quando o jovem jornalista Accyoli Netto assumiu sua reformulação editorial e, entre outras coisas, abriu maior espaço ao público feminino. Como parte dessa estratégia, Accyoli imaginou uma seção inspirada nas *pin-up girls*, que faziam sucesso na imprensa norte-americana. A expressão *pin-up* era usada para definir uma figura de mulher em pose sensual, do tipo que os homens desejavam ter *pinned up* (pendurada) na parede; ou seja, a "garota do calendário" ou "do pôster de borracharia", como se popularizou dizer no Brasil. Esse conceito difundiu-se a partir da Segunda Guerra Mundial, quando o governo dos Estados Unidos convidou a atriz de cinema Betty Grable a posar em uma foto que seria enviada aos soldados norte-americanos em campo de batalha na Europa. Como ela estava em princípio de gravidez, posou de costas, com o tronco e rosto ligeiramente virados para trás. Usava maiô de perninha, cabelos presos e salto alto grosso, em sapato de aspecto pesado. Evidentemente, a foto foi um sucesso e propiciou alegria momentânea para muitos soldados, que a penduravam em algum lugar com um percevejo preso na parte superior. Assim, criou-se o conceito de *pin-up girl*. A atriz passava uma imagem de sensualidade ingênua e, no período da formatação dessa identidade, assim o foi.

Naqueles anos conservadores, as *pin-ups* eram desenhadas, já que poucas mulheres se disporiam a poses fotográficas sensuais. Para retratá-las de forma não agressiva às famílias, Accyoli procurou, em 1933, o jovem desenhista mineiro, natural de Curvelo, Alceu de Paula Penna (1915-1980), que já colaborava como ilustrador da revista: "Estávamos no fim dos anos de 1930 e eu, encantado com as figuras femininas do The Saturday Evening, as chamadas Gibson Girls – criadas por Charles Dana Gibson –, fui certo dia procurá-lo em seu moderno apartamento 504 do número 56 da Rua das Marrecas, nos arredores da Lapa [Rio]. Sugeri que ele fizesse uma coisa semelhante. Duas semanas depois, ele me procurou, mostrando-me um desenho muito original. Eram vários grupos de lindas mocinhas, vestidas na última moda, conversando. O texto, na forma de diálogo e dedicado ao público juvenil, deveria ser escrito por um humorista malicioso. Fiquei encantado com o projeto",[69] relatou Accioly.

A ideia se originara, portanto, da imprensa norte-americana, em que, além das Gibson Girls, popularizadas pela revista Life, havia as Petty Girls (desenhadas por George Petty) e as Vargas Girls (ilustradas por Alberto Vargas), para citar as mais famosas. Em 5 de abril de 1938, os jornais dos Diários Associados anunciaram a novidade: "As garotas são a expressão da vida moderna. As garotas, endiabradas e irrequietas, serão apresentadas todas as semanas em O Cruzeiro, desenhadas por Alceu, o mais malicioso e jovem de nossos artistas. 'As Garotas', em duas páginas em cores, constituem um dos *hits* de O Cruzeiro, a revista que acompanha o ritmo da vida moderna."[70]

*Acima e na página anterior, seções de moda e As Garotas, ilustradas por Alceu Penna; O Cruzeiro, Ano XIII, Nº 3, Rio de Janeiro, RJ, novembro de 1940.*

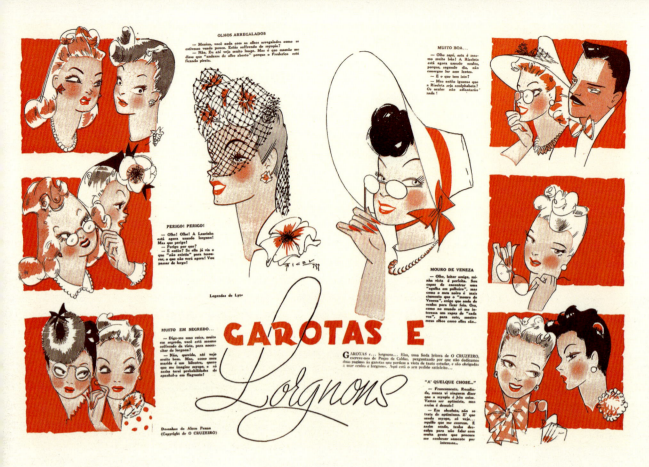

*Seção As Garotas, com desenhos de Alceu Penna; O Cruzeiro, Ano XI, Nº 35, Rio de Janeiro, RJ, 1º de julho de 1939.*

Surgia assim uma das seções mais famosas e duradouras de O Cruzeiro, publicada por 26 anos ininterruptos; pode-se dizer que seu principal apelo foi o toque pessoal dado pelo autor às suas coloridas *pin-ups*. Detalhe: Alceu era daltônico; quem escrevia os nomes das cores nos lápis, para ele, era a irmã Tereza: "Às vezes, ele se entusiasmava e trocava tudo; [...] cansei de surpreendê-lo pintando olhos de vermelho e bocas de azul",[71] ela testemunhou. Flagradas em momentos um tanto frívolos, elas representavam garotas comuns, mas nunca vulgares; mantinham certa dubiedade nas posturas, que lhes permitia capturar tanto o interesse masculino – pela sensualidade das poses – quanto o feminino – em razão dos modelos de roupas detalhados, pautados pelas estações do ano e datas sociais. Aos poucos, a seção de Alceu foi se tornando um referencial de comportamento e moda, com suas garotas "endiabradas" difundindo hábitos associados a um ideário de independência e emancipação femininas – tais como dirigir automóveis, estudar línguas, fazer faculdade, frequentar sessões de psicanálise, fantasiar-se no Carnaval.

No campo da moda, elas influenciavam as leitoras a assumir novos comportamentos e modelos. Por exemplo, estimularam o uso de saias mais curtas, de calças compridas, de *shorts*, do maiô de duas peças (ainda bem mais largo do que os biquínis das décadas posteriores) ou do *baby-doll*. Os textos que acompanhavam os desenhos tiveram vários autores ao longo do tempo. Primeiro, foi o próprio Accioly, depois Millôr Fernandes (assinando como Vão Gogo), seguido por Edgar de Alencar e Maria Teresa Castelo Branco. Sempre com traço primoroso e criativo, Alceu produzia verdadeiros croquis de moda, que podiam ser (e eram) copiados pelas mulheres. Na maior parte das vezes, as roupas não eram desenhadas integralmente, mas ainda assim sugeriam detalhes e possibilidades; outras vezes, os desenhos chegavam a detalhar os cortes das roupas, sugerindo texturas e tramas para os tecidos; também traziam acessórios, penteados e cortes para os cabelos.

As Garotas do Alceu ajudaram a ampliar a vendagem de O Cruzeiro, que cresceu paulatinamente ao longo da década de 1940 para atingir, no final dela, tiragens superiores a meio milhão de exemplares, quando o Brasil contava com menos de 50 milhões de habitantes. O ideal da mulher moderna – jovem, elegante, ingênua e maliciosa – era admirado pelos homens, como bem descreveu o cartunista e escritor Ziraldo, no catálogo de uma exposição com os trabalhos sobre o desenhista, realizada em 1983, em Belo Horizonte, MG: "Nós amávamos as 'Garotas do Alceu'. Durante anos, todas as moças bonitas deste País – dos fins da tarde nas calçadas da Praia de Icaraí, em Niterói, e das filas do Cine Metro, no Rio, aos *footings* das pracinhas do interior – se penteavam, se sentavam, gesticulavam, sorriam e se vestiam como as 'Garotas do Alceu'. E nos encantavam e nos faziam sonhar. Tanto que, muitos de nós – quase todos os que se casaram naquela época – nos tornamos, um pouco, genros do Alceu". No início dos anos 1990, o jornalista Fernando de Barros disse que "Alceu Penna ajudou a formar o bom gosto brasileiro na moda".[72]

Tendo sido inspirada nas Gibson Girls, Petty Girls e Vargas Girls norte-americanas, as Garotas do Alceu evidentemente expressavam comportamentos e vogas identificados com o *american way of life*. Não se pode dizer que seus biótipos refletissem o físico diversificado da brasileira média, mas elas eram mulheres idealizadas, com cinturas finas, quadris reduzidos, pescoços longos, narizes afilados e lábios finos. Podiam ser ruivas, louras ou morenas; podiam vestir fantasias como de baiana; raramente,

## HAYDU: CURSO E REVISTA TÊXTEIS

O engenheiro têxtil húngaro Joseph Haydu, formado em Bérgamo, Itália, veio para o Brasil durante a Grande Guerra e começou sua vida de imigrante trabalhando nas Indústrias Têxteis Votorantim. Logo se deu conta da carência de técnicos e engenheiros dessa área por aqui. Naquela época, as têxteis brasileiras eram obrigadas a importar não apenas máquinas e equipamentos, mas também profissionais. Então, Haydu – que adotara o nome José Haydu da Silva Aranha (Silva, da mulher, e Aranha, pelo amor à tecelagem) – pensou: por que não criar uma Escola de Tecelagem? Surgiu assim, em 1928, na Rua Piratininga, bairro do Brás, em São Paulo, a primeira escola brasileira de fiação e tecelagem. "Muitos de nossos grandes industriais têxteis foram alunos dele, como dona Gabriella Pascolato e Fuad Mattar [então presidente do Grupo Paramount Têxteis]", contou sua nora – a produtora Vivi Haydu, em depoimento ao livro. Nessa escola pioneira formaram-se muitos mestres, contramestres e simples comerciantes passaram a "bater" seus próprios tecidos. José aconselhava-os a fabricar, em vez de importar. Também se dando conta da escassez de informações no setor têxtil, Haydu lançou em fevereiro de 1931 a Revista Têxtil, primeira publicação técnica do país na área, com 200 exemplares (1ª tiragem) de periodicidade mensal e de distribuição gratuita (sustentada por anúncios). Ainda ativa, continuada por seu filho, Ricardo da Silva Haydu, a revista informa sobre maquinário, fiação, tecelagem, estamparia e moda. Os cursos por correspondência surgiram em seguida: "Vinham muitas solicitações de gente que não morava em São Paulo, sobre como ter acesso ao curso", explicou Vivi. A escola não sobreviveu ao falecimento de seu criador, ocorrido em 1975.

## RAY-BAN LANÇA ÓCULOS ESCUROS

Em 1937, foram lançados comercialmente os primeiros óculos de proteção ao sol pela Ray-Ban. Com o impulso tecnológico recebido durante a Segunda Guerra Mundial, as aeronaves passaram a alcançar grandes altitudes, expondo os pilotos norte-americanos, de olhos claros, à intensa claridade acima das nuvens. A Força Aérea dos EUA solicitou, então, à Bausch & Lomb – empresa ótica pioneira, fundada em 1850 pelos sócios J. J. Bausch e H. Lomb – que pesquisasse lentes capazes de combater os danos criados pelos raios UV. A resposta veio, dez anos mais tarde, na forma de óculos dotados de lentes verdes em cristal especial, capazes de refletir e bloquear a luz solar e proteger os olhos dos raios ultravioletas e infravermelhos.

Os primeiros modelos, com *design* inspirado nas máscaras dos pilotos de avião do período da Guerra, foram batizados com o nome de Anti-Glare Aviator (antibrilho) e se tornaram parte dos acessórios militares. A versão civil, lançada em 1937, foi o Ray-Ban Aviator ('banidor' de raios). Na década de 1940, surgiram as versões com lentes espelhadas e, em 1953, o modelo que marcou a cara do período: o Ray-Ban Wayfarer com grossas armações de plástico – adotado pela Bonequinha de Luxo Audrey Hepburn e por uma horda de roqueiros e transviados. Os óculos Ray-Ban, seus similares e sucessores incorporaram-se desde então aos acessórios das populações urbanas modernas.

porém, havia negras entre elas. A identificação com o modo de vida norte-americano naquele tempo não era exclusiva de Alceu, mas de toda a classe média brasileira (como seguiria sendo nas décadas posteriores), espelhando o poderoso veículo ideológico em que Hollywood se transformara – em boa parte, replicado por Alceu. E foi justamente a curiosidade em relação à meca do celuloide e às inovações gráficas provenientes dos Estados Unidos que levou Alceu, em setembro de 1939, a uma viagem pela América do Norte. Por coincidência (ou não), sua ida ocorreu cerca de quatro meses depois do embarque de Carmen Miranda (para seu bem e mal) rumo ao olimpo hollywoodiano.

Alceu foi a Nova York com o objetivo de tentar fixar-se por lá como ilustrador. Apesar de ter conseguido espaço em algumas publicações importantes (como a Esquire), decidiu retornar antes de estabelecer uma carreira. Nos quase dois anos de experiência norte-americana, um fato lhe marcou de modo especial: a aproximação com Carmen Miranda. Os dois se reencontraram (conheciam-se do Cassino da Urca) no estande brasileiro da Feira Mundial de Nova York, onde ele conseguira trabalho. Tratava-se de um megaevento que pretendia expor novidades tecnológicas de 64 países, durante dois anos, e também apresentava espetáculos artísticos internacionais. Carmen era a principal dentre as atrações brasileiras.

Nesse reencontro, Alceu se transformou num consultor informal de figurinos da cantora. Em entrevista, afirmou que teria adicionado a ele "as saias multicolores, os turbantes fantásticos e os sapatões de solas grossas".[73] Alceu teria ainda desenhado vários modelos de baiana para Carmen e sugerido o uso de "calça de *smoking* com sapatos e camisas listradas" (um tipo malandro chique) ao Bando da Lua, o grupo instrumental que a acompanhava. Os registros fotográficos confirmam, porém, que Carmen vestiu durante a temporada de Streets of Paris (primeira produção da qual participou nos EUA) a roupa criada por Jotinha. Há informações sobre figurinos desenhados por Alceu que teriam sido usados pela cantora nos EUA, em *shows* e filmes.

A fama de Alceu se fez, acima de tudo, por sua colaboração com O Cruzeiro, inicialmente pela seção As Garotas, cuja repercussão cresceu ao longo dos anos, arrastando o autor para o terreno mais próprio do jornalismo de moda – naquela época, ainda em gestação. O motivo foi o mesmo que levara J. Luiz para as páginas de Fon-Fon: com a França ocupada pelos nazistas durante a Segunda Guerra Mundial, a revista ficou repentinamente sem o material fotográfico que antes recebia das *maisons* francesas. Accioly não teve dúvidas em recorrer a Alceu Penna, que daí por diante passou a produzir não apenas os croquis, mas também os textos da seção, baseando-se, inicialmente, em fontes da moda norte-americana – que podiam vir facilmente via Panair. A partir de então, ele se fixou como comentarista de moda da revista, selecionando para as leitoras os modelos internacionais que estivessem mais de acordo com a mulher brasileira.

Daí foi um pulo para que logo lhe chegassem diversas solicitações de criação de figurinos, por exemplo, para os desfiles beneficentes Providência dos Desamparados (ocorridos entre 1946 e 1948, no Copacabana Palace), para o figurino do Balé do IV Centenário do Rio de Janeiro (1965), para espetáculos musicais e teatrais e até mesmo para vestidos de casamento... Seu biógrafo, Gonçalo Júnior, fez o seguinte registro: "a partir da década de 1950, casar moças ricas com vestidos de Alceu Penna se torna um ritual de luxo, no Rio. Muitas vezes, ele cria não só para a noiva como para mães, madrinhas e todo o cortejo. E sempre sem cobrar nada pelo trabalho. A retribuição, quase sempre, vem como uma garrafa de vinho ou o convite para a festa. Na família, entretanto, atende a pedidos semelhantes, de todas as mulheres, com o máximo de presteza. Raras foram as primas, sobrinhas ou sobrinhas-netas que se casaram, nos vinte anos seguintes, sem um vestido concebido por ele".[74] Recusar pagamento pelas roupas que criava talvez fosse uma forma que Alceu encontrou de não se assumir como costureiro ou modista profissional. Seus argumentos para isso logo conheceremos...

## Carmen, ícone de moda

A partir de sua ida para os Estados Unidos, Carmen Miranda adotou o figurino estilizado de baiana como uma marca registrada, variando as composições dos modelos de formas cada vez mais mirabolantes e distantes das tradicionais bata e saia: surgiram saias longas e justas, abertas na frente, deixando as pernas à mostra, e vestidos inteiriços. Os turbantes foram sofisticados com penas, flores, bananas, sombrinhas e até um farol, tudo sempre muito *tutti frutti*. Eram criações dos figurinistas que trabalhavam para seu empresário e para as produções da Twenty Century-Fox, estúdio do qual era contratada, entre eles Travis Banton (1894-1958), o mais importante da Hollywood do período – que trocara a Paramount pela Fox justamente entre 1939 e 1941, quando Carmen desembarcou por lá. Mas, como ela própria sempre teve facilidade para criar roupas, é bem provável que houvesse muita interferência sua nos modelos.

No início da carreira, no Brasil, Carmen criava suas roupas de palco e do dia a dia – sempre ousadas, diga-se –, encomendadas a modistas e alfaiates, quando não confeccionadas por ela mesma. Sim: ela costurava e bem, como confirmou seu biógrafo, Ruy Castro. Por volta dos 16 anos, em 1925, trabalhou em uma chapelaria chamada La Femme Chic, de Luiz Vassalo Caruso, na Rua do Ouvidor, número 141, cuja oficina, instalada nos fundos da casa, era comandada por uma certa Madame Boss, que lhe iniciara na arte da confecção dos chapéus; daí para as roupas foram só alguns pontinhos a mais (à máquina, claro). Nos fins de semana, ela criava modelos inspirando-se no Jornal das Moças

*Ilustração de Alceu Pena, c.d. 1940.*

## SAMBA E CARNAVAL

O termo deriva de *semba* (umbigada), dança de roda e ritmo musical populares praticados em todo o Brasil, com variações predominantemente na Bahia, no Rio de Janeiro e em São Paulo. Tem origem em ritmos praticados pelas comunidades afrodescendentes, como o lundu, o maxixe e o batuque. Desenvolveu-se como dança e gênero musical urbanos, a partir do Rio de Janeiro, nas primeiras décadas do século XX. A mais antiga gravação em disco feita no Brasil, em 1902, pela Casa Edson, era já um lundu ("Isto é Bom", de Xisto Bahia), e o primeiro samba gravado, em 1917, por Donga (Ernesto dos Santos), chamou-se "Pelo Telefone".

Com o crescimento da indústria do disco e da radiofonia, a partir da década de 1930, o samba evoluiu e tomou a dianteira como ritmo brasileiro por excelência, tornando-se uma das principais manifestações culturais do país, um símbolo de identidade nacional. Nas décadas que se seguiram, o ritmo ganhou diversas variações (samba-choro, samba-canção, samba de raiz, samba de breque, samba de enredo etc.) pelas mãos de compositores de estirpe, como Sinhô (José Barbosa da Silva), Pixinguinha (Alfredo da Rocha Viana), Ismael Silva, Noel Rosa, Ari Barroso, Lamartine Babo, Braguinha (João de Barro), Ataulfo Alves, Cartola (Angenor de Oliveira), Heitor dos Prazeres, Paulinho da Viola (Paulo César Batista de Faria), Martinho da Vila (Martinho José Ferreira) e muitos outros. O samba esteve sempre associado ao Carnaval, que cresceu como manifestação cultural quase simultaneamente ao ritmo.

*Detalhe de ilustração de Alceu Pena, c.d. 1940.*

– principal publicação de modas do período. Seu sucesso se deu quase instantaneamente, após a gravação de Taí (Prá você gostar de mim), no Carnaval de 1930: na festa de Momo se davam os lançamentos mais aguardados do rádio. Já estrela das ondas hertzianas, ela abusava dos *shorts*, calças compridas e casaquinhos masculinos.

Preocupada com a baixa estatura (media apenas 1,52 m), encomendou, em 1934, ao "seu Caldas", um sapateiro da Lapa, um misto de sapato que o homem executou a contragosto: "Isso vai parecer sapato de aleijado", avisou. Carmen estava inventando o tamanco plataforma – com estreia em sua primeira turnê argentina, em outubro daquele ano – que, com os turbantes, tornaram-se suas marcas registradas. O propósito, nos dois casos, era aumentar sua estatura no palco. O que Carmen pedira a seu Caldas foi para que adicionasse um salto grosso e uma base para pisar à semelhança de um tamanco português, bem mais alto que os convencionais – diga-se. Sendo filha de portugueses (imigrou com a família com apenas dez meses e oito dias), conhecia muito bem a peça. Ruy Castro comparou o primeiro modelo criado pelo sapateiro a um "ferro de engomar", adornado com tachinhas coloridas. Mas, aparentemente, não se tratava de uma plataforma inteiriça, como diversas que ela usaria posteriormente. A peça teria salto separado da sola do pé.

No Brasil e fora daqui, o que caiu no gosto popular durante os anos 1940 não foi exatamente o tamanco plataforma imaginado por Carmen, mas o salto Anabela, que teve também uma história curiosa. Na mesma época em que ocorreu a estreia de O Que é Que a Baiana Tem?, no Cassino da Urca, estava em férias no Rio de Janeiro o galã Tyrone Power com sua "suposta" namorada, a atriz francesa Annabella – também de baixíssima estatura. O galã e Annabella circularam pelas altas rodas da Cidade Maravilhosa; ela sempre usando um sapato com solado inteiriço que, daí em diante, passou para nós a ser o "salto Anabela". A diferença entre um e outro é que o sapato da francesa tinha salto alto integrado ao solado, mas reduzia sua altura na frente, como um sapato de salto alto normal.

Já o tamanco plataforma de Carmen deixava o pé em posição mais reta, tendo salto ou sendo inteiriço, o que lhe permitia alcançar maior estatura, chegando a elevar-se em 15 centímetros, por isso mesmo mais próprio para uso no palco. O sucesso popular dos solados plataforma, para jovens, é bem mais recente e foi viabilizado pelo surgimento de materiais emborrachados ao mesmo tempo resistentes e leves. As plataformas de madeira de Carmen tinham este defeito grave: eram muito pesadas. De todo modo, fazem parte da linha evolutiva

## MAGAZINES CRESCEM E SE MULTIPLICAM

Situada na Rua Direita, número 176, em São Paulo, a Casa Allemã estabeleceu-se durante as primeiras décadas do século XX como um dos principais pontos de varejo em tecidos e acessórios para o vestuário da capital paulista, oferecendo sofisticado estoque de mercadorias importadas e nacionais. Durante a Segunda Guerra, porém, a loja sofreu perseguições em decorrência de seu nome e da origem de seus fundadores, a ponto de a filial do Rio de Janeiro ter sido confiscada pelo governo do Estado Novo. Em consequência, a loja passou por uma reformulação e foi rebatizada, em 1943, como Galeria Paulista de Modas. A motivação política, contudo, não foi a única causa da reformulação da Casa Allemã. Pretendeu-se também adequar o negócio aos tempos em curso, período em que as "lojas de departamento" tomavam a frente do comércio de roupas, em especial o Mappin Stores — seu principal concorrente — que, também durante a Segunda Guerra, passou a se chamar Casa Anglo-Brasileira, por motivos igualmente políticos — ainda que a Inglaterra fosse um país "aliado".

Com a instalação da ditadura do Estado Novo, em 1938, houve uma reforma constitucional de cunho nacionalista que reverberou no mundo dos negócios. Atento ao momento político, em 1939, o Mappin decidiu transferir sua sede, até então em Londres, para São Paulo; também incluiu um sócio brasileiro e mudou seu nome para "Sociedade Anglo-Brasileira". Mas a nova nomenclatura não convenceu o público. Poucos anos depois, o nome Mappin voltou com força e se fixou como marca de uma das redes de magazine mais conhecidas do País.

Abaixo, publicidade Mappin&Webb; Fon-Fon, Ano XXXVIII, Nº 29, Rio de Janeiro, RJ, 15 de julho de 1944. Ao lado e ao fundo, detalhes de ilustrações do catálogo da Casa Allemã, posteriormente Galeria Paulista de Modas, São Paulo, SP, 1943.

## COMÉRCIO PAULISTANO

As maiores e, também, as melhores lojas da capital paulista na década de 1940 situavam-se no Centro e imediações, como as Lojas Americanas – atravessando o quarteirão entre a Rua Direita e a Rua José Bonifácio, conhecida também como "casa dos 2 mil réis", por ter sido uma das primeiras grandes no varejo popular, oferecendo mercadorias baratas (de no máximo 2 mil réis). As Lojas Americanas foram fundadas em 1929 na cidade de Niterói, RJ, pelos norte-americanos John Lee, Glen Matson, James Marshall e Batson Borger, atuando também no comércio de roupas prontas e ainda em atividade. Seu avesso era a Casa Sloper, mais chique e distinta, oferecendo luvas, lenços, echarpes, bijuterias e maquiagem.

A Casa Kosmos especializava-se em roupas masculinas, ofertando camisas sociais com bordados no peito e lenços com monogramas. Mais popular era a Triunfal, onde podiam ser compradas cuecas e meias a bom preço, na Rua São Bento. Curiosidade: "em 1931, uma camisa Bandeirantes custava 32$000 (trinta e dois mil réis)" – relatou a cronista Neuza Guerreiro de Carvalho.[1]

Ela contou ainda que "tecidos finos eram encontrados na Tecelagem Francesa, onde as pessoas eram atendidas com todo o respeito e cortesia. Trabalhava com tecidos importados, mas foi cedendo em importância para casas que ficavam do outro lado do Viaduto do Chá: as Casas Hasson, na Barão de Itapetininga, e Liberty, na Rua Sete de Abril; esta, de dois irmãos judeus, José e Aron Melaned. Às vezes eles mandavam peças de fazenda para a casa de minhas tias, modistas finas, para que a escolha fosse particular, pessoal e sem pressa. Todos se conheciam pelos nomes. A Casa Bonilha de modas ficava na Rua Direita, na calçada de frente à Casa Alemã. Vinha da década de 1920. Perto dela ficava um cinema, o Alhambra, cinema de luxo que minhas tias conheceram porque uma freguesa de costura lhes deu uma entrada para que elas copiassem uma gola do vestido de uma atriz. [...] Ainda na São Bento ficava a Casa Genin, onde as senhoras se abasteciam de lãs, linhas e agulhas para seus tricôs e crochês. E no número 34 ficava a Alfaiataria e Confecções Ausônia".

1   O Centro da Cidade de Que me Lembro: Rua Direita (não tão direita assim) e adjacências, crônica de Neuza Guerreiro de Carvalho; 27 de outubro de 2005; disponível no site [http://www.saopaulominhacidade.com.br/list.asp?ID=122], acesso em março de 2010.

do modelo, como os calçados de solado plataforma (sejam tamancos, sandálias, sapatos ou botas) adotados nos anos 1970 pelos astros do *rock* e incorporados às criações da estilista inglesa Vivienne Westwood, considerada a "mãe dos *punks*", uma vez que intelectualizou o conceito de uma "roupa denúncia", usada por jovens ingleses desempregados, devido à crise do petróleo. No final do século XX, as jovens japonesas também adotaram a plataforma alta como identidade de moda para os calçados.

Carmen parece ter produzido, já desde o início, variações de seu modelo de tamanco plataforma com saltos e inteiriças, pois teria encomendado ao sapateiro da Lapa "vários pares" para a turnê argentina de 1934, quando também passou a usar os turbantes com frequência. "Se bem que, neste caso, não estava inventando nada: os turbantes já eram socialmente aceitos como opção aos chapéus na indumentária feminina e sua colega Jesy Barbosa às vezes os usava. Mas a combinação turbante e plataforma, aliada à brejeirice radical, deu a Carmen o toque de absurdo, alegria e extravagância que passou a caracterizá-la",[75] afirmou Castro.

Na moda internacional, os turbantes foram introduzidos na década de 1910, quando os orientalismos influenciaram a moda francesa, em especial nas criações de Paul Poiret. Mas foi apenas a partir de 1939 e 1940 – justamente quando Carmen chegou aos EUA, às vésperas da Segunda Guerra ser declarada – que o adereço foi realmente aceito como item de moda e divulgado pelas estrelas de cinema, em grande parte devido às contenções impostas pelo conflito. Os turbantes foram especialmente usados pelas francesas por motivos curiosos: faltavam cabeleireiros, pois os homens estavam nos campos de batalha; era pouco dinheiro para gastos "desnecessários" em salões em tempos de guerra; servia para disfarçar os cabelos com aparência de sujos e, especialmente, para reforçar o *glamour* da moda francesa – uma espécie de nacionalismo feminino – perante os alemães, que então ocupavam a França.

Já nos Estados Unidos, os turbantes foram difundidos por meio do cinema, devido a uma solicitação do próprio governo norte-americano às produtoras de Hollywood. O objetivo era reduzir o número de acidentes de trabalho nas fábricas, que cresciam proporcionalmente ao aumento do número de mulheres substituindo, nas linhas de montagem, os homens que partiam para os campos de batalha. O turbante facilitava a vida das operárias, já que vigorava a moda dos cabelos longos e soltos – com permanentes ou franjas, *a la* Verônica Lake, diva fatal das telas –, e as madeixas acabavam presas nas engrenagens das máquinas. A estratégia governamental ajudou, também, a pôr abaixo os chapéus extravagantes, então ainda em voga.

**Antes disso, já em meados da década de 1930, houve uma onda de gorros (principalmente no inverno) e toucas, que abriu caminho para a adesão ao turbante, cujo modelo mais simples podia ser feito com um lenço dobrado em dois. A escritora francesa Simone de Beauvoir foi uma das que aderiram ao adereço e o manteve como marca pessoal. Além de Carmen, diversas outras estrelas das telas, como Joan Crawford e Lana Turner, promoveram o turbante, em formatações variadas.**

A origem do turbante (do persa *dulbänd*) vem do Oriente Médio e precede até mesmo o surgimento do islamismo. Tradicionalmente, é usado pelos homens dos povos desérticos, como forma de proteção ao calor e às tempestades de areia. Posteriormente, ele se estendeu pela Ásia e África, tornando-se identidade dos indianos e também dos muçulmanos. A peça tradicional consiste numa grande tira de pano, que pode chegar a 45 metros, enrolada sobre a cabeça. As formas de amarrar o turbante podem indicar posição social, tribo e até o humor dos usuários. Os indianos também os usam, mas em versões diferenciadas.

O adereço chegou às baianas brasileiras por meio dos escravos vindos de regiões da África de maior influência moura, onde os caçadores costumam usar uma espécie de turbante de pano grosso chamado *chechia*. Vale lembrar que, por coincidência ou não, o calçado tradicional da baiana é não mais (ou menos) do que o tamanco convencional do tipo português, calçado popular e barato dos velhos tempos, feito com um pedaço de madeira (algumas vezes apenas um pequeno paralelepípedo) e uma tira de couro sobre o peito do pé. Ou seja, Carmen já havia adotado dois itens da indumentária típica da baiana antes mesmo de querer vestir-se exatamente como uma delas.

Atribui-se a ela, ainda – e com procedência –, a difusão das estampas e padronagens de colorido forte, num momento em que predominavam cores neutras na moda internacional; também multicoloridos eram os colares, brincos (geralmente presos ao turbante, e não nas orelhas) e pulseiras em profusão, que completavam seu estilo. No Brasil, nunca foram lançados produtos com sua marca, enquanto ela esteve viva, ao contrário dos EUA. Seu empresário Lee Shubert chegou a fazer diversos licenciamentos, como esclareceu Castro: "O magazine Macy's foi o primeiro. Logo em julho (de 1939)

*Detalhes de publicidade da Casa do Bastos; Fon-Fon, Ano XXXI, N° 23, Rio de Janeiro, RJ, 4 de junho 1938.*

começou a vender batas, saias e plataformas – 'roupas ao estilo Carmen Miranda' – e a publicar enormes anúncios de varejo, com o nome e a foto de Carmen remetendo ao Broadhust Theatre".[76] Também a Saks Fifth Avenue e a Leo Glass & Co. (bijuterias) comercializaram produtos vinculados a Carmen. Porém, mais que contribuições diretas, sua importância maior está na imagem que projetou e se associou ao próprio país. Mais que lançar vogas, Carmen Miranda tornou-se um ícone eterno para a moda brasileira, depois de morrer de ataque cardíaco provocado por dependência química, em 5 de agosto de 1955.

## Notas

1 Histórias da Moda, de Didier Grumbach; Cosac Naify, São Paulo, SP, 2009.

2 Idem.

3 Women's Wear Daily, de 1º dez. 1937. In: Histórias da Moda, de Didier Grumbach; Cosac Naify, São Paulo, SP, 2009.

4 Histórias da Moda, de Didier Grumbach; Cosac Naify, São Paulo, SP, 2009.

5 Idem.

6 Depoimento ao projeto HMB, gravado em agosto de 2009.

7 A Moda no Século XX, de Maria Rita Moutinho e Máslova Teixeira Valença; Senac Nacional, Rio de Janeiro, RJ, 2005.

8 In: 80 Anos de Moda no Brasil, de Silvana Gontijo; Nova Fronteira, Rio de Janeiro, RJ, 1987.

9 Idem.

10 Idem.

11 Idem.

12 Elos de uma Corrente, de Laura Oliveira Rodrigo Octávio; Civilização Brasileira, São Paulo, SP, 1994.

13 Oito Décadas, de Carolina Nabuco; 2ª ed.; Nova Fronteira, Rio de Janeiro, RJ, 2000.

14 Fon-Fon, ano, Nº 48; Empresa Fon-Fon e Selecta S/A, Rio de Janeiro, RJ, 2 de dezembro de 1939.

15 Paratodos..., Nº 598; Rio de Janeiro, RJ, 31 de maio de 1930.

16 Oito Décadas, de Carolina Nabuco; 2ª ed.; Nova Fronteira, Rio de Janeiro, RJ, 2000.

17 A Questão da Cópia e da Interpretação no Contexto da Produção de Moda da Casa Canadá, no rio de Janeiro da década de 50, de Cristina Araújo Seixas; dissertação de mestrado, Departamento de Arte e Design, PUC-Rio, Rio de Janeiro, RJ, 2002.

18 In: O Brasil na Moda, edição de João Carrascosa e Paulo Borges; Editora Caras, São Paulo, SP, 2004. Citação de entrevista à jornalista Gilda Chataignier, p.210.

19 Depoimento ao projeto HMB, gravado em agosto de 2007.

20 O conceito de "interpretação" foi originalmente empregado em A Questão da Cópia e da Interpretação no Contexto da Produção de Moda da Casa Canadá, de Cristina Araújo Seixas; dissertação de mestrado, Departamento de Arte e Design, PUC-Rio, Rio de Janeiro, RJ, 2002.

21 A Questão da Cópia e da Interpretação no Contexto da Produção de Moda da Casa Canadá, de Cristina Araújo Seixas; dissertação de mestrado, Departamento de Arte e Design, PUC-Rio, Rio de Janeiro, RJ, 2002.

22 Idem.

23 Idem.

24 Idem.

25 Idem.

26 Idem.

27 O Brasil na Moda, edição de João Carrascosa e Paulo Borges; Editora Caras, São Paulo, SP, 2004.

28 A Questão da Cópia e da Interpretação no Contexto da Produção de Moda da Casa Canadá, de Cristina Araújo Seixas; dissertação de mestrado, Departamento de Arte e Design, PUC-Rio, Rio de Janeiro, RJ, 2002.

29 Idem.

30 Mena Fiala, um nome da história da moda; catálogo da exposição realizada no Museu Histórico Nacional (MHN), Rio de Janeiro, RJ, de 16 de outubro a 24 de novembro de 1996.

31 O Brasil na Moda, edição de João Carrascosa e Paulo Borges; Editora Caras, São Paulo, SP, 2004.

32 Depoimento ao projeto HMB, gravado em julho de 2009.

33 A Questão da Cópia e da Interpretação no Contexto da Produção de Moda da Casa Canadá, de Cristina Araújo Seixas; dissertação de mestrado, Departamento de Arte e Design, PUC-Rio, Rio de Janeiro, RJ, 2002.

34 Mena Fiala e Cândida

Gluzman: as irmãs que impulsionaram a Casa Canadá e a moda brasileira, de Crib Tanaka; disponível no site Moda Brasil [http://www2.uol.com.br/modabrasil/rio_link/casa_canada/index.htm]; acesso em março de 2010.

35 A Questão da Cópia e da Interpretação no Contexto da Produção de Moda da Casa Canadá, de Cristina Araújo Seixas; dissertação de mestrado, Departamento de Arte e Design, PUC-Rio, Rio de Janeiro, RJ, 2002.

36 Idem.

37 História da Moda no Brasil, documentário produzido pela Televisão Educativa (TVE) e Faculdade Cândido Mendes; Rio de Janeiro, RJ, 1998.

38 Depoimento ao projeto HMB, gravado em maio de 2007.

39 Depoimento ao projeto HMB, gravado em agosto de 2009.

40 Depoimento ao projeto HMB, gravado em agosto de 2009.

41 Idem.

42 Depoimento ao projeto HMB, gravado em setembro de 2009.

43 Depoimento ao projeto HMB, gravado em setembro de 2009.

44 Idem.

45 Idem.

46 Idem.

47 Depoimento ao projeto HMB, gravado em agosto de 2009.

48 Idem.

49 Idem.

50 Idem.

51 Idem.

52 Depoimento ao projeto HMB, gravado em maio de 2009.

53 Depoimento ao projeto HMB, gravado em setembro de 2009.

54 Depoimento ao projeto HMB, gravado em maio de 2009.

55 Depoimento ao projeto HMB, gravado em setembro de 2009.

56 História da Confecção Brasileira, artigo de Manuela Carta; Vogue-Brasil, nº 91; Carta Editorial, São Paulo, SP, janeiro de 1983.

57 Histórias da Moda, de Didier Grumbach; Cosac Naify, São Paulo, SP, 2009.

58 In: História da Confecção Brasileira, artigo de Manuela Carta, Vogue-Brasil, nº 91; Carta Editorial, São Paulo, SP, janeiro de 1983.

59 Texto histórico elaborado pela Câmara dos Dirigentes Lojistas de Petrópolis (CDL) e Prefeitura Municipal de Petrópolis, enviado ao projeto HMB em julho de 2009.

60 J. Luiz assinava José Luiz Teixeira (pelo lado materno era Meira). Seu ramo familiar não tinha relação direta com os Borgert Teixeira, como seu sobrenome consta em Carmen, uma Biografia, de Ruy Castro (Companhia das Letras, São Paulo, SP, 2005). Por coincidência, as duas famílias residiam próximas: os pais de J. Luiz, na Rua Sorocaba, número 158, em Botafogo; e os Borgert Teixeira, num sobrado na mesma rua, alguns números à frente.

61 Depoimento ao projeto HMB, gravado em abril de 2009.

62 Idem.

63 Idem.

64 Idem.

65 Carmen, uma Biografia, de Ruy Castro; Companhia das Letras, São Paulo, SP, 2005.

66 Carmen Miranda foi a Washington, de Ana Rita Mendonça; Record, Rio de Janeiro, RJ, 1999.

67 Revista Fon-Fon: a imagem da mulher no Estado Novo (1937-1945), de Semiramis Nahes; Arte&Ciência, São Paulo, SP, 2007. Fonte original, Seguin des Hons, 1985.

68 Depoimento ao projeto HMB, gravado em abril de 2009.

69 In: Alceu Penna e As Garotas do Brasil, de Gonçalo Júnior; Cluq – Clube dos Quadrinhos, São Paulo, SP, 2004.

70 Idem.

71 In: O Brasil na Moda, edição de João Carrascosa e Paulo Borges; Editora Caras, São Paulo, SP, 2004.

72 História da Moda no Brasil, documentário produzido pela Televisão Educativa (TVE) e Faculdade Cândido Mendes, Rio de Janeiro, RJ, 1998.

73 Alceu Penna e As Garotas do Brasil, de Gonçalo Júnior; Cluq – Clube dos Quadrinhos, São Paulo, SP, 2004.

74 Idem.

75 Carmen, uma Biografia, de Ruy Castro; Companhia das Letras, São Paulo, SP, 2005.

76 Idem.

CAPÍTULO **4** ANOS DOURADOS [ 1946 | 1960 ]

# Alta moda surge no Brasil com costureiros do *jet set*

A Segunda Guerra Mundial afetou o Brasil, na maior parte das vezes, indiretamente: nossa participação bélica foi reduzida e nem se pode dizer que todas as consequências do conflito tenham sido ruins por aqui. Ao contrário, num período em que o Estado se voltava ao fortalecimento da indústria, houve bons motivos para que nos beneficiássemos com a desestruturação da economia europeia, razão de um considerável incremento da produção fabril nacional, com a geração de sucedâneos de produtos antes importados, em particular, no setor têxtil. Também os Estados Unidos se favoreceram – e muito – com o conflito, assumindo a dianteira da economia internacional, contexto em que parcerias em território latino-americano foram fortalecidas por meio da chamada "política da boa vizinhança".

Os anos duros da guerra afetaram drasticamente a produção têxtil europeia. Com isso, a indústria brasileira encontrou espaço para prosperar, aumentando exportações e substituindo tecidos importados. Chegamos ao pós-Guerra ocupando a segunda posição mundial em capacidade produtiva e nosso forte continuava sendo o algodão. Capitalizado, o setor iniciou um processo de reaparelhamento, que permitiu ampliar a variedade e a qualidade do tecido nacional. Nossas classes média e alta, contudo,

*Na página ao lado, Ilka Soares vestindo modelo da Casa Canadá; Rio de Janeiro, RJ, c.d. 1950.*

continuavam achando mais chique vestir tecidos importados, como sedas, tafetás, gazes, *chiffons* de seda, crepes da China, gorgorões, organdis, fustões, cetins e linhos (no verão); ou xantungues, veludos, lãs, *tweeds*, drapês, brocados e adamascados (no inverno). O algodão não era apreciado, pois costumava-se associá-lo aos menos favorecidos economicamente. Foi preciso sofisticar os produtos da fibra e investir em *marketing* para valorizá-lo junto ao público feminino.

E foi questão de tempo para que a indústria têxtil chegasse à outra ponta da cadeia – a criação de moda – para atingir seus objetivos. Sendo áreas inter-relacionadas e interdependentes, uma coisa levaria invariavelmente à outra. Eventos de moda passaram a ser estimulados e promovidos pelas têxteis em ações isoladas ou conjuntas. Ocorreram os primeiros movimentos consistentes para a promoção da moda feita no Brasil. Foi quando se começou a ouvir falar de "moda brasileira" ou "moda feita no Brasil".

A indústria de confecção estava, ainda, restrita a nichos, como moda íntima, esportiva ou funcional (uniformes etc.). No cenário internacional, seu peso já era maior, graças ao crescimento de magazines, lojas de departamento e galerias – conglomerados de lojas. Para todos esses polos de comércio, a roupa pronta era fundamental; e ela alcançava maior valor se trouxesse agregado o conceito de moda. Mas, até então, confecção e alta-costura eram na França segmentos distintos e a criação da moda se mantinha restrita à alta-costura. Os modelos eram lançados, semestralmente, nas temporadas de desfiles por estações – primavera/verão e outono/inverno – como peças exclusivas, vendidas a preços restritivos. Às massas restava a possibilidade de copiar a moda – por meio dos croquis e fotos divulgados à farta pelas revistas femininas em todo o mundo. A partir do final da década de 1940, após o término da Segunda Guerra Mundial, pôde-se começar a falar, de maneira incipiente, daquilo que mais adiante se firmaria com o nome de *prêt-à-porter*, ou seja, a roupa produzida em série com expressão de moda.

Um exército de costureiras anônimas ou as próprias donas de casa continuavam a prover a maior parte dos trajes das famílias de classe média. Até a maior estrela do cinema brasileiro da década de 1950, Eliana Macedo – a "mocinha" das chanchadas da Atlântida –, produzia com a mãe as roupas que exibia nas telas: "[...] Nos aspectos referentes à composição do estilo pessoal, também a apresentação de Eliana colaborava para a confirmação do tipo feminino predominante nestes anos. E as roupas que usava na composição de suas personagens mostravam as tendências da moda que chegava ao Brasil, adaptada às condições brasileiras. [...] As roupas que Eliana usava nos filmes eram pensadas por ela própria ou por sua mãe e, sempre, costuradas por esta última. Eliana também sabia costurar e fazia roupas para o uso próprio, tirando ideias de revistas nacionais e importadas, sobretudo as específicas de moda. [...] As roupas eram, então, costuradas pela própria família, baseadas em modelos vistos em

*Na página ao lado, desfile na maison de Madame Rosita, na Rua Barão de Itapetininga; São Paulo, SP, c.d. 1957.*

## MODA SOB MEDIDA

"Eu era pequena, tinha uns 6 anos, minha irmã menor, uns 3 anos, e minha mãe nos levava ao pediatra ou ao dentista na cidade. Tudo era no Centro da cidade. Íamos de luvas, todas de luvas... Não bastava o chapéu. Eu ficava fascinada: 'Por que usar luvas?' E que a gente depois passava na Casa Cave, ou na Colombo, para tomar sorvete; era um acontecimento... Naquela época, não tinha roupa pronta; havia costureira da família. Ela pegava os figurinos, chamava a costureira... E, na cidade, havia uma loja chamada Casa Santa Branca, imensa, com todos os tipos de tecido, onde comprávamos os cortes. Ela escolhia nos figurinos e as roupas eram copiadas *ipsis litteris*. [...] A costureira vinha em minha casa, pegava a encomenda e, depois, trazia, experimentava... Se ficasse comprido ou curto, apertava no corpo, na hora; porque toda família de classe média que se prezasse tinha uma máquina de costura em casa. Minha mãe tinha a sua..."[1]

1  Depoimento de Celina de Farias ao projeto HMB, gravado em março de 2007.

revistas ou inspirados nos vestidos usados por atrizes de cinema".[1]

Eliana refletia o comportamento da classe média brasileira, mas havia uma elite que continuava valorizando a alta moda e que sustentou o surgimento, no correr da década de 1950, dos primeiros costureiros brasileiros. Todos, evidentemente, se pautavam pelas ideias de Paris – que deveriam compor uma boa "Receita de Mulher", na opinião, muito abalizada, aliás, do poeta Vinicius de Moraes: "As muito feias que me perdoem, mas beleza é fundamental. É preciso que haja qualquer coisa de flor em tudo isso; qualquer coisa de dança, qualquer coisa de *haute couture*...".[2] Os costureiros brasileiros vinham suprir essa necessidade: eles apareceram em eventos de beleza e moda promovidos ou estimulados pela indústria têxtil, que buscava valorizar e estimular o consumo interno de seus produtos, ainda discriminados em detrimento dos importados.

Esses profissionais montaram ateliês para atender a senhoras da alta sociedade, para as quais desenhavam e produziam artesanalmente modelos exclusivos sob medida e caríssimos... Simultaneamente, começavam a aparecer por aqui também as primeiras *boutiques* que vendiam produção própria ou *prêt-à-porter* francês e de outros países europeus, concorrendo com as casas importadoras de moda. Ou seja, uma produção local de alta moda sob medida se firmava ao mesmo tempo em que na Europa aparecia o *prêt-à-porter*, explicitando nosso atraso nesse sistema. A nascente moda brasileira conviveu, ainda, com uma indústria de confecção em luta para vencer sua incipiência técnica e criativa. Porque também na confecção, por aqui nada se criava, tudo se copiava... Esse processo de imitação – em qualquer caso – não deixou de servir como aprendizado. O espaço para comercialização dos produtos da moda – fosse *prêt-à-porter* importado, confecção local ou até sob medida – era o das butiques, que brotavam em todo o território nacional. O conceito de butique também veio da França, onde foi criado para diferenciar o espaço da alta-costura – a *maison* – das lojas voltadas ao *prêt-à-porter* refinado dos costureiros que se adaptavam a esta nova dinâmica como forma de sobrevivência econômica. Com jeitinho tropical, elas se tornaram bem mais ecléticas...

Em ateliês próprios ou nas butiques, a criação local de moda finalmente floresceu no Brasil... O primeiro costureiro com trajetória significativa, na primeira metade da década de 1950, foi José Ronaldo; ao lado dele, apareceram: na capital federal, o português Nazareth, além dos nativos João Miranda e Guilherme Guimarães; em São Paulo, a húngara Madame Boriska, Dener Pamplona de Abreu (que,

*Croquis de Gil Brandão; Fon-Fon, Edição Nº 2602, Rio de Janeiro, RJ, 12 de março de 1957.*

embora tenha iniciado sua vivência com moda no Rio de Janeiro, projetou-se profissionalmente em São Paulo), Clodovil Hernandes e José Nunes; no Sul, surgiram Rui Spohr, Galdino Lenzi e Luciano Baron. Todos assumiram as roupas que faziam como criações próprias, ainda que mantivessem os olhos voltados para Paris em busca de inspiração! Muita inspiração...

## Moda chega ao *prêt-à-porter*

O avanço da confecção de vestimentas em série em todo o mundo – e em particular nos Estados Unidos – colocou em cheque a dinâmica da *haute couture* na França, o que se refletiu também no Brasil. Roupa é artigo de produção complexa, que impõe desafios à sua reprodução de forma seriada, em escala industrial. Na França, onde a criação de modelos de roupas mais se desenvolveu na primeira metade do século XX, ocorreu uma divisão entre os segmentos de costura e de confecção, estabelecidos ainda na segunda metade do século XIX, quando a máquina de costura (existente desde a década de 1820) se disseminou. No ano de 1910, o setor da costura criou a Câmara Sindical da Costura Parisiense e, atribuindo a tal setor o nome de *haute couture*, isto é, alta-costura, separou os dois segmentos e concedeu à "costura" o *status* de artesanato criativo de luxo e de proposta ultraelaborada, irreproduzível por meio da copiagem. Já a confecção foi relegada à condição secundária de trabalho seriado, portanto restrito do ponto de vista da criação, e voltado às demandas do varejo, principalmente da roupa utilitária. Entretanto, o crescimento avassalador do mercado e das técnicas para a produção de trajes em série impôs ao setor novos rumos.

Durante a Segunda Guerra Mundial, a *haute couture* perdeu espaço considerável para as confecções, particularmente para as norte-americanas e inglesas. Na década de 1950, a copiagem ou imitação das coleções lançadas a cada estação pelas casas de *haute couture* tornara-se um problema para os costureiros franceses. Eles desfrutavam de um prestígio internacional que tornava a imitação ou copiagem da moda que lançavam quase inevitável. Ainda mais porque o *status* de criadores de moda (na França e no resto do mundo) estava fora do alcance das confecções, que, entretanto, aprimoravam suas técnicas e qualificavam seus produtos, sempre de menor custo por serem produzidos em escala industrial. As etiquetas afixadas às roupas das confecções eram, na maior parte das vezes, dos varejistas (lojas ou magazines) – sem pagar aos costureiros *royalties* pela criação dos modelos imitados ou copiados.

Nos belicosos anos entre 1939 e 1945, os norte-americanos desenvolveram uma maneira própria para produzir, com rapidez, baixo custo e até com uma certa qualidade, roupas e uniformes a serem enviados para os soldados em campo de batalha. Terminado o conflito, o que fazer com maquinário e *know-how* especializados em produzir roupas em série? Direcionaram toda essa dinâmica para a fabricação de roupas com expressão de moda, legitimando, assim, as características de grade (tamanho

*Acima, propaganda da Malhas Fambra; Fon-Fon, Edição Nº 2131, Rio de Janeiro, RJ, 19 de abril de 1956.*

*No fundo, detalhes de propaganda de moldes em tecidos; Confecções Santiago; Fon-Fon, Ano XLIV, Nº 46, novembro de 1950.*

## BRASIL, APRENDIZ DE DEMOCRACIA

Politicamente, a década de 1950 foi, para o Brasil, um tempo de aprendizado da vida democrática, depois do longo período ditatorial do Estado Novo. O suicídio de Getúlio Vargas, em 1954, marcou o início da nova era, com ventos a favor da economia, gerando desenvolvimento e um tremendo "oba-oba" nacionalista, potencializado, sobretudo, no período em que Juscelino Kubitschek assumiu a Presidência (1956-1960). Seu propalado Plano Nacional de Desenvolvimento – Plano de Metas – tinha como *slogan* fazer o país crescer "cinquenta anos em cinco". De fato, foi uma época de urbanização acelerada, redução de desigualdades regionais e implantação da indústria automobilística, gerando um surto de otimismo inédito entre as classes médias. Seu ápice, no planalto Central, foi a construção de uma nova capital federal, inserida no centro geográfico do país (prevista desde a primeira constituição republicana, de 1891). As obras iniciadas em 1957 foram inauguradas oficialmente em 21 de abril de 1960, com planejamento urbano arrojado de Lúcio Costa e arquitetura moderna espetacular de Oscar Niemeyer. Em contrapartida, gerou inflação e agravou a dívida externa brasileira.

O Brasil estava mais cosmopolita e consumista; comunista jamais! Iniciavam-se ali, também, os anos cinzentos da Guerra Fria, que fracionaram o mundo em dois blocos rígidos – "capitalistas" e "comunistas", pairando sobre todos o pavor de uma guerra atômica. A comunicação de massa promovia o consumismo e disseminava novos valores e comportamentos: instalava-se a sociedade de consumo, criando desejos de compra em todas as áreas – eletrodomésticos (eletrolas, geladeiras, ferros elétricos, enceradeiras etc.), mobiliários, transportes (motocicletas, carros e caminhões), alimentos, medicamentos, cigarros, bebidas (destaque para os refrigerantes, como Crush, Grapette, Guaraná Champagne e Coca-Cola) e produtos para o vestuário. Foram os "anos dourados" risonhos para as classes médias urbanas...

Entre os eventos importantes da época tivemos: a inauguração da primeira TV do país, a Tupi, dos Diários Associados; a realização da 1ª Bienal de São Paulo e a inauguração do Museu de Arte Moderna (MAM) do Rio; a primeira vitória na Copa do Mundo de Futebol, em 1958; na música, a fossa de Maysa, o roquezinho ingênuo dos irmãos Tony e Celly Campello e o surgimento da Bossa Nova, oficialmente, com o LP Canção do Amor Demais (1958), de Elizeth Cardoso, acompanhada pelo violão de João Gilberto; em agosto do mesmo ano, apareceu o compacto simples do próprio João, tendo Chega de Saudade (Tom/Vinicius) e Bim Bom (J. Gilberto).

das roupas), as variantes de cores para uma mesma peça, a qualidade técnica aprimorada e a propriedade de mudanças com mais regularidade, além, obviamente, da divulgação dos produtos elaborados. Estava fundamentado o conceito de *ready-to-wear*. Os franceses ficaram incomodados com essa prática de moda, que estava dando muito certo, especialmente sob a ótica comercial. Jean-Claude Weill, um industrial têxtil francês, liderou uma missão em caráter de espionagem com destino aos Estados Unidos para saber como tudo isso funcionava. Entendendo a logística, a missão voltou à França, adaptou-a à realidade local e fundamentou o conceito de *prêt-à-être-porté*, que, com o passar do tempo, transformou-se no *prêt-à-porter*. Sendo assim, os franceses também atualizaram a produção de roupas em série que, desde o século XIX, era chamada de "roupa de confecção" e, a partir do final da década de 1940, passou a ser chamada de *prêt-à-porter*. Dessa forma, "os franceses, assustados com o decréscimo de sua clientela, procuraram soluções para contornar a crise e encontraram como opção o *prêt-à-porter* – meio termo entre o luxo da alta-costura e a baixa qualidade prevalecente, até então, na indústria da confecção".[3]

A *haute couture* foi atropelada pela imitação de si mesma: donas de casa podiam replicar artesanalmente os modelos divulgados em revistas de moda. Mas a cópia em série, disseminada a partir dos EUA sem constrangimentos, era, porém, inaceitável aos costureiros, porque eles não ganhavam nada com ela...

Faziam-se adaptações ou cópias exatas e em série da moda francesa já desde a década de 1930. Os grandes magazines norte-americanos, como Macy's e Saks, "não hesitam em veicular nos jornais publicidade enganosa. Assim, a Macy's oferece 'elegantes trajes esportivos da *maison* David de Paris' por 'cerca da metade do preço original'. [...] A Saks, por sua vez, gaba-se de oferecer às suas clientes grandes costureiros parisienses 'copiados pelos pequenos costureiros parisienses'". [4] Roupas na última moda de Paris eram alardeadas pelo cinema, rádio e imprensa. No Brasil, a moda francesa era importada por diversas casas das principais capitais do país. Algumas certamente traziam cópias seriadas produzidas nos EUA e na própria Europa.

O caso é que as confecções estavam alcançando portes consideráveis. Não era mais possível que a moda continuasse a ser um privilégio de poucas mulheres em condições de pagar por peças únicas. Todas queriam ter acesso à moda. Era uma demanda da moderna sociedade de consumo que as roupas de moda fossem produzidas em série. Christian Dior foi o primeiro a aderir: ainda em 1948, abriu uma casa de *prêt-à-porter* de luxo em Nova York, no nº 730 da 5th Avenue, com o nome Dior New York, bancada pelo empresário e industrial Marcel Boussac – que logo também se associou, no Brasil, às Indústrias Têxteis Matarazzo, para produzir tecidos e promover a moda local. "A ideia é muito simples: consiste em explorar a marca no exuberante mercado americano, instaurando um sistema de gestão direta mais estável que permita escapar aos pedidos eventuais e caprichosos dos compradores profissionais. A coleção é desenhada por Christian Dior, que [...] a cada estação se estabelece por algumas semanas em Nova York".[5] A loja sobreviveria à morte do próprio dono, pois seria fechada apenas em 1975. Outros da alta-costura (como Jacques Fath, primeiro a fazer licenciamento) logo tornaram-se adeptos da produção de roupas em série...

Iniciava-se um processo que muitos definem como democratização da moda, ou seja, a transposição da moda – antes vinculada ao *status* da produção única e sofisticada para a roupa industrializada – (finalmente). A despeito de regras e regulamentos, as casas de *haute couture* incorporavam a moda-produto, abalando a superioridade da peça única e original perante a cópia – como, aliás, já antevia o filósofo alemão Walter Benjamin, da Escola de Frankfurt, em seu ensaio de 1936 A Obra de Arte na Era de Sua Reprodutibilidade Técnica, no qual afirmou que a réplica técnica permitia uma democratização estética. O nosso poeta modernista Oswald de Andrade declarou certa vez:

*Acima, publicidade da loja Real Modas; Anuário das Senhoras, Rio de Janeiro, RJ, 1952.*

## BONECA E BONITA

"Começaram a surgir no Rio de Janeiro as lojas de roupas infantis; tinha, por exemplo, a Boneca, mais infantil, e a Bonita, mais juvenil. Toda classe média vestia seus filhos ali... Estudei num colégio tradicional, o Sion, e as meninas disputavam, exibindo roupas da Bonita. A Bonita teve papel importantíssimo na História da Moda do Rio de Janeiro, porque tirou o antigo vestidinho de lacinho e lançou uma moda a caminho da adolescência. A Bonita fechou há uns 10 anos e foi reaberta de novo, no Rio e em São Paulo, com a mesma logomarca e preservando muitos modelos, como as roupinhas de marinheiro dos garotos, as casinhas de abelha, para as meninas... Não mudou nada. É uma loja que representa *status* desde a minha geração."[1]

[1] Depoimento de Celina de Farias ao projeto HMB, gravado em março de 2007.

"A massa ainda comerá do biscoito fino que fabrico", antevendo que os processos industriais romperiam a distância entre povo e arte. Foi o que se deu com a moda, num momento em que as artes plásticas também questionavam a validade da arte seriada. A diferença é que moda é criação estética, mas também produto, uma arte-produto altamente sedutora. E a massa estava louca para experimentar fornadas dos "biscoitos finos" produzidos pelos costureiros, desde que os preços coubessem em seus bolsos...

O Brasil acompanhou esse processo, em descompasso: por um lado, começávamos a ter criadores de moda – os costureiros – mas, por outro, nossas confecções focavam em roupas íntimas e em malhas. As que se dedicaram à vestimenta feminina seguiram o mesmo esquema das confecções norte-americanas: fabricavam modelos copiados dos costureiros de Paris ou copiavam diretamente modelos das confecções dos EUA, por sua vez replicados da moda francesa, mas já adaptados à produção industrial.

Começávamos a desvendar as técnicas para produção em série: "O que marcou fundamentalmente a década de 1950 foi o que podemos chamar de consciência da moda",[6] relatou Rudy Davidsohn, que criou, com a esposa Rita, a Confecção Ru-Ri-Ta, em 1957. Na época, segundo Rudy, "existia roupa, mas não existia moda"[7] – deixando implícito que as poucas confecções não produziam moda própria. Eram estruturas pequenas, semiartesanais, que atendiam às demandas de magazines e não constituíam, ainda, "marcas", nem se preocupavam em ter uma imagem de moda: "A produção industrial de tecidos nacionais, tendo o algodão como seu representante maior, estimulou os modistas brasileiros a realizarem adaptações em função das características da textura do tecido, permitindo assim identificar, a partir daquele momento, o *prêt-à-porter* com singularidades nacionais".[8] Os fios sintéticos entravam com força na indústria têxtil, sugerindo o uso de um vestuário mais prático pela mulher moderna: "Assim, a moda do *prêt-à-porter* estava diretamente associada à produção industrial têxtil e, posteriormente, ao comércio, pois respondia à indústria à medida que inseria novos materiais e desenhos para compor a silhueta feminina".[9] Lá e aqui, a imprensa teve papel importante na difusão da moda em série, menos por ideologia e mais pela forte identificação que tinha com o setor – ambas eram indústrias interdependentes. Enquanto os costureiros eram estrelas, muitas vezes de difícil acesso aos repórteres, as confecções pagavam pelos anúncios e pelos editoriais de moda publicados.

*Revista Querida, N° 68; Rio Gráfica Editora, Rio de Janeiro, 2ª quinzena de março de 1957.*

# Dior e o *glamour* do pós-Guerra

A principal missão da moda no pós-Guerra era resgatar o *glamour* perdido nos tempos das batalhas. Coube ao então novato *monsieur* Christian Dior cumpri-la com um desfile devastador, realizado em 12 de fevereiro de 1947. Para o mundo da moda, foi ali que a Segunda Guerra Mundial de fato acabou. Dior, em parceria com o industrial têxtil Marcel Boussac, apresentou sua primeira coleção de *haute couture*, batizada com os nomes singelos de *Ligne Corolle* e *Ligne Huit*, ou seja, Linha Corola e Linha Oito, referindo-se à corola de uma flor e à silhueta de uma ampulheta, que se parece com a grafia do numeral oito. Os nomes remetiam às saias da coleção, amplas e rodadas, um pouco acima dos tornozelos, com volumes que marcavam uma cintura fina, contraposta ao busto acentuado por blusas estruturadas. Tratava-se, evidentemente, de um retorno, em linhas modernas, à silhueta ultrafeminina da *Belle Époque*, na qual o autor claramente se dizia inspirar, contrariando a tendência de masculinização da mulher, em curso durante os belicosos anos da conflagração.

Dior propunha, ainda, acessórios como chapéus de abas largas, sapatos fechados de saltos altos, luvas e outros complementos luxuosos, como peles e joias. A exultante coleção correspondia aos desejos de uma mulher mais próspera, que não precisava mais economizar tecidos, ambiciosa por mais consumo e sofisticação. Carmel Snow (irlandesa radicada nos Estados Unidos), então editora da Harper's Bazaar (a mais antiga entre as revistas norte-americanas de moda, lançada em 1867), decretou em seu artigo sobre o desfile: *"It's quite a revolution, dear Christian [...] your dresses have a new look."* ("É uma revolução, querido Christian [...] seus vestidos têm um novo visual."). Foi o que bastou para que a coleção fosse imediatamente rebatizada de *New Look*, em inglês, o que não deixava de comprovar que a moda, então, poderia vir de Paris, mas teria que receber *referendum* norte-americano. Acima de questiúnculas nacionalistas, a indústria têxtil festejou gratificada o visual proposto por Dior, que exigia metros e mais metros de tecidos...

O *New Look* agradou a todos, principalmente às mulheres: recolocou Paris na condição de centro irradiador da moda internacional; ofereceu à mulher do pós-Guerra mais *glamour*, requinte, sofisticação e feminilidade; estimulou a indústria têxtil, de acessório e de beleza, todos seguindo cordeiramente a nova trilha... A maquiagem, até então leve, passou a ser bem delineada, com o batom marcando os lábios, olhos desenhados com rímel, sombra variando do marrom ao verde-jade e

*Croquis de J. Luiz; Fon-Fon, Edição Nº 2155, Rio de Janeiro, RJ, 24 de julho de 1948.*

## NO TEMPO DAS DEZ MAIS!

"Mas o Rio de Janeiro também é a capital da elegância, que promove, à tarde e à noitinha, os concorridos Desfiles Bangu, nos clubes sofisticados. O Rio elege, também, as personalidades mais *bien habillées* do país, como Didu e Teresa Sousa Campos — chamados 'casal 20', pois ambos frequentam as listas dos '10 mais', dos cronistas Ibrahim Sued e Jacinto de Thormes. [...] Nos anos 50, o colunista Jacinto de Thormes [de O Cruzeiro], encarregou-se de elaborar a lista anual das 'dez mulheres mais elegantes do Brasil'. O primeiro rol das *bien habillées* foi publicado em 1951. Coube o 1º lugar à sra. Nélson Mendes Caldeira (Cristiane Florence Perin), esposa do influente homem de negócios paulista. Por três anos seguidos, Cristiane seria a mais, entre as dez mais. Outras *habituées* da lista: sra. Álvaro Catão (Lourdes); sra. Carlos Eduardo de Sousa Campos (Teresa); sra. Walter Moreira Salles (Elisinha); sra. Jorge Guinle (Dolores); sra. Mayrink Veiga (Carmem Teresinha Solbiati). Sobre o Rio de Janeiro dos anos 50, destaca-se que, de dia, as praias e os bares tomam a cidade (lugares mais frequentados)."[1]

1     Nosso Século 1945-60; Editora Abril, São Paulo, SP, 1980, p. 147 e 156.

sobrancelhas arqueadas. Dior celebrizou-se como principal nome da moda de seu tempo; seguindo seus passos, em 1954 o desenhista de calçados Roger Vivier — o único com quem Dior dividia uma etiqueta — criou o salto agulha ou *stiletto*[10] (de até 6,5 cm de altura), tão fino que exigia uma estrutura de ferro para não quebrar, e que acentuava a graça e a fragilidade da silhueta proposta por Dior; além do sapato Gôndola, com o salto vírgula.

Via Hollywood, o New Look se disseminou pelo mundo, inclusive pelo Brasil, onde as saias rodadas de cintura marcada abundaram nos salões e nas ruas. Vestidos de festa com ombros à mostra, dotados de barbatanas para sustentar o busto, faziam sucesso, não sendo incomum — apesar do nosso clima quente — o uso de estolas de pele ou de tecido para agasalhar. A mesma função tinha o *spencer* ou bolero — casaquinho curto e justo, na marca da cintura, aberto e com mangas, de origem espanhola (usado pelos toureiros, embora o nome vingado ser inglês, do Lord Spencer): "Na época se usava muito vestido de alças — largas — com bolero, aquele casaquinho curto, com meia manga ou manga comprida. E era proibido ficar só com o vestido, pelo menos na frente dos pais",[11] confirmou Danuza Leão, em seu Quase Tudo. Danuza mencionou, ainda, a música Um Vestido de Bolero, de Dorival Caymmi, para lembrar como a peça marcou a época: "Um casaco bordô, um vestido de veludo; pra você usar. Um vestido de bolero; lero, lero, lero... já mandei comprar. Se o casaco for vermelho, todo mundo vai usar... Saia verde, azul e branco; todo mundo vai usar... Apesar dessa mistura, todo mundo vai gostar. É que debaixo do bolero, lero, lero, lero... tem você yayá".

O *twin set* — conjunto de blusa e casaquinho fino, geralmente da mesma malha —, fazendo par com a saia rodada ou plissada, tinha ar juvenil. No verão, os vestidos de saias-balão mais decotados ou de alcinha combinavam com blusas drapeadas de golas ovais; vestidos coquetel podiam ser tomara que caia justos, com cintura marcada, acompanhados de casaco sem gola, debruados em cor contrastante. O conjunto de calça comprida listrada ou xadrez com casaquinho liso em tecido sintético ou a *cigarette* em algodão e blusa com punhos grandes funcionava bem nas situações mais informais.

*Paquetá Sempre aos Domingos; editorial de moda com peças da Casa Canadá; Manchete (páginas avulsas), Rio de Janeiro, RJ, c/d 1960.*

Nos eventos noturnos, tecidos brocados, corpo justo com decotes profundos nas costas; saias rodadas com altura variável, acompanhadas de blusa justa, cavada e fechada na frente por botões forrados. Também vigorou a partir de 1958 a linha trapézio, mais próxima ao corpo na parte superior e alargando-se para baixo. Essa silhueta foi lançada naquele ano como primeira coleção da Casa Dior após a morte de Christian, em 1957, pelo jovem talentoso Yves Saint Laurent, que era um dos assistentes do finado costureiro que revolucionara paradigmas da moda em 1947. O *tailleur* típico Chanel voltou à moda, obviamente renovado, depois que *mademoiselle* retornou à Paris, em 1954; sob o casaco, blusa de jérsei com as emblemáticas e eternas correntes douradas. Saia justa e casaco curto solto no corpo combinavam com blusa sem gola ou com detalhes de *jabot*. No inverno, a jovial combinação de suéter com casaquinho de caxemira ou saias em lã com pulôver. Os acessórios eram incentivados: chapéus, luvas e *escarpins* fazendo par com bolsa. As luvas eram para ocasiões especiais, denotando refinamento. Anos de muito *glamour*, e não é à toa que foram chamados "anos dourados da alta-costura".

Nos banhos de mar ou piscina, maiôs de helanca (fio sintético) – marca Rose Marie Reid – com enchimento no busto (de alças ou tomara que caia); ou duas-peças – para as mais ousadas – em algodão, eventualmente com sutiã tomara que caia e calça lisa, cobrindo o umbigo, com babado (tipo saiote). Eram os preferidos das Certinhas do Lalau – paródia do personagem Stanislaw Ponte Preta (o humorista Sérgio Porto) às dez mais bem-vestidas de Ibrahim Sued. As "Certinhas" (trocadilho com bom comportamento e medidas ideais) consistiam na lista das "mais bem despidas do ano", moças "boazudas", econômicas no vestir, que deixavam apreciar seus corpos tipo violão, sempre com mais de 60 kg. Seios fartos eram prestigiados, a ponto de a fabricante de sutiãs Duloren ter lançado o modelo Overture Extra Longue, anunciado sob o *slogan* "ergue, prende e realça com naturalidade".

Chapéus pequenos com ou sem abas, quando a situação pedia, menos excessivos nos enfeites (laços, pequenas plumas ou véu sobre a face – *voilette*). Luvas combinando com lapelas e lenços, ou luvas de *suède* (camurça) presas por braceletes de *strass*. Brincos grandes e colares de duas ou quatro voltas. Meias

*Croquis de Alceu Penna para modelos de Balmain e Fath; O Cruzeiro, Ano XXV, Nº 27, Rio de Janeiro, RJ, 18 de abril de 1953.*

*Abaixo, reportagem sobre a Coleção Bangu, com modelos de José Ronaldo, desfilada no Copacabana Palace; Querida, Rio de Janeiro, RJ, março de 1957.*

finas de náilon, cor da pele, com costura atrás. Bolsas sempre, tipo maletas (em couro) ou carteira formato envelope. Os *escarpins*, para momentos sofisticados, eram formados com o mesmo tecido da roupa; garotas usavam sapatilhas no dia a dia. "Detalhe importante eram os óculos 'gatinho', repuxados, tendo os modelos mais exóticos formato de asas pontudas de borboleta. Para as mocinhas que pegavam carona nas lambretas, era indispensável o lencinho no pescoço".[12] As mais jovens prendiam os cabelos para trás ou em rabo de cavalo, com faixas de tecido de malha ou em tecido comum, amarrado; ou, ainda, com arcos de metal ou plástico, eventualmente revestidos. Percebe-se que, na década posterior à do término da Segunda Guerra Mundial, já começavam a aparecer duas correntes comportamentais de moda: a moda adulta, sofisticada e nitidamente influenciada pelas referências francesas, e a incipiente moda jovem, enunciada pelas estudantes universitárias, advindas da influência *college* norte-americana. A manutenção do refinamento, de um lado, e o início da transgressão, de outro.

## A elegância do algodão

A indústria têxtil brasileira ia muito bem no pós-Guerra, mas tinha ainda uma árdua batalha por vencer mesmo aqui dentro, no Brasil: o preconceito do público consumidor com os têxteis nacionais. Com mentalidade típica de cidadãos de uma ex-colônia, o brasileiro médio (imitando as classes mais altas) habituara-se a considerar a qualidade de um produto pela procedência europeia (hábito, aliás, ainda em vigor para

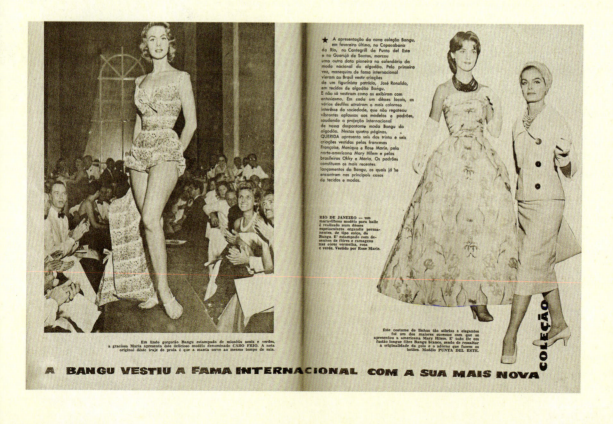

muitos). Mesmo que isso pudesse ser verdadeiro em boa parte das vezes, como diz o ditado, "o hábito do cachimbo entorta a boca"; de modo que os brasileiros das classes mais abonadas mostravam-se resistentes a aceitar tecidos locais, mesmo quando eram de boa qualidade.

Alguns episódios históricos exemplificam bem esse fato: em 1948, a Companhia Industrial Cataguases, uma das mais tradicionais de Minas Gerais, estimulada pelos bons retornos obtidos durante a Segunda Guerra, adquiriu na Inglaterra instalações para fiação "zero quilômetro, que permitiam obter fios de algodão 100% penteados, uma mercadoria nobre, um fio inglês 40",[13] contou Hênio Murilo de Barros Lemos Filho, diretor comercial da empresa em 2010. Explica-se: na medida inglesa, quanto mais grosso o fio, menor sua numeração. Portanto, um fio 40 equivale a um fio extrafino, de espessura semelhante à das linhas de costura: "Resulta das fibras longas do algodão e por isso é possível, com ele, um tecido de brilho e maciez acentuados, um tafetá de ligamento simples, porém leve, que o mercado conhecia como batista ou cambraia de algodão",[14] ele acrescentou. A empresa apostou nesse tecido para promover "uma revolução do vestuário brasileiro, por ser um algodão fresco, inocente, arejado e não nocivo à saúde, batizado por isso mesmo com o nome de uma personagem famosa de Machado de Assis: Capitu [do romance Dom Casmurro]".[15]

Não foi de aceitação fácil: "Chegamos a ter na Cataguases mais de 20 milhões de metros estocados, porque o Capitu não tinha saída. Mas a empresa tinha convicção de que aquele era o tecido! Foi meio violento! E foi aí que nasceu uma aliança da indústria com revendedores da cidade de Cataguases, que se mudaram para o Rio e criaram as Casas José Silva. E chegou, então, um momento em que as vendas começaram a crescer e acabou sendo uma explosão: o tecido virou um *best-seller* que moveu a história da Cataguases dali por diante, até a década de 1980. Ou seja, um produto vitorioso!",[16] afirmou Hênio Murilo. O Capitu, que ainda é produzido, foi fundamental para a Cataguases e alicerçou as vendas da cadeia de lojas montada por uma família de portugueses – a Casas José Silva – que ganhou fama adotando um conceito de comércio moderno para a época: a distribuição exclusiva.

*Desfile da Festa do Algodão no Palácio das Industrias, em São Paulo, SP; Manchete, Edição Nº 143, Rio de Janeiro, RJ, 15 de janeiro de 1955.*

## CHAPELARIA À FRANCESA

Replicar modelos europeus era prática também comum na produção de chapéus femininos. As chapeleiras do Brasil mantinham ateliês especializados e igualmente se intitulavam "madames" sempre que alcançavam graduação mais alta na arte do chapéu. Todas eram artesãs que trabalhavam com base em modelos e materiais franceses, ainda que com adaptações: "Era muito comum comprar o chapéu na Europa para copiá-lo. Também havia clientes que traziam modelos para serem reproduzidos", relatou Diaulas de Novaes, filho de Madame Olly, chapeleira e cabeleireira que teve muita fama na capital paulista.

Sua mãe, Benedita Novaes, foi na verdade a "segunda" Madame Olly. Ela teria adquirido a "marca" na década de 1960, juntamente com um ateliê situado na Alameda Casa Branca, Jardins, criado duas décadas antes, por sua ex-patroa – a Madame Olly original. "Eu e mamãe viajávamos juntos para Paris, e ficávamos dias rodando e pesquisando materiais. Comprávamos toda a matéria-prima necessária, muitas das quais tenho até hoje. Os chapéus eram montados aqui, com material francês", relatou Diaulas, em 2009, que perpetuou o trabalho da mãe num ateliê em Perdizes, São Paulo, SP, restrito a atender demandas para toaletes de luxo, figurinos de teatro e desfiles de moda. Outras chapeleiras famosas de São Paulo, na década de 1950, foram Madame Irma Franck (húngara, com ateliê na Rua Barão de Itapetininga), Madame Flora, Madame Lucy (francesa, com ateliê na Alameda Casa Branca) – todas em São Paulo. Os poucos remanescentes nessa arte trabalhavam ainda em 2010 com arranjos de cabeça para noivas.

Estava sendo difícil convencer os brasileiros de que tecidos bons para a Europa não eram imediatamente bons para o Brasil. Mas logo alguém ligou os pontos e entendeu que seria necessário estabelecer, também aqui, um vínculo resistente entre tecido e moda. Como fazer isso se no Brasil não havia criadores de moda? Será que não existiam mesmo? E se não, seria possível inventar uma moda brasileira? Ainda sem respostas para todas essas questões, a indústria têxtil partiu em busca delas, ou seja, de caminhos pelos quais pudessem valorizar seus produtos, em especial a fibra mais produzida no país e a mais adequada ao nosso clima: o algodão. O momento exigia união dos fabricantes, empreitada na qual seria imprescindível contar com o apoio de um setor determinante na formação da opinião pública: a imprensa. Na dianteira da iniciativa, estavam a Bangu, do Rio, e a Matarazzo, de São Paulo.

*Seção de moda com ilustrações de Alceu Penna; O Cruzeiro, Ano XXXI, Edição Nº 13, Rio de Janeiro, RJ, 10 de janeiro de 1959.*

## Nasce o Miss Elegante Bangu

A Companhia Progresso Industrial do Brasil, mais conhecida por Bangu – nome do bairro no Rio de Janeiro onde se instalara –, foi uma das têxteis que investiram em maquinário adquirido nos EUA, em 1950: "Como o parque industrial europeu havia sido destruído pela guerra, só os americanos podiam nos fornecer aquelas máquinas, as melhores da época. Eram máquinas de mercerizar, estampar, chamuscadeiras que nos permitiam um acabamento mais nobre, mais moderno. Ao mesmo tempo, começaram a aparecer novos tipos de corante que reagiam muito bem com a fibra de algodão. Então, com aquelas máquinas e aqueles corantes, foi possível apresentar uma variada gama de tecidos de fino acabamento",[17] relatou Carlos Guido Del Soldato, então diretor técnico da empresa.

Ou seja, como outras têxteis nacionais, a Bangu estava apostando na fibra tropical por origem, adequação e (por que não?) por excelência de qualidade. Mas era preciso uma estratégia para estabelecer uma opinião mais favorável ao algodão – até então de uso mais comum para roupas íntimas ou grosseiras. Tentativas de glamorizá-lo por meio de uma parceria com o costureiro francês Jacques Fath – que inclusive veio ao Rio de Janeiro – foram um tanto pretensiosas e, por isso mesmo, ineficazes. As empresas não dispunham ainda de equipes que bolassem estratégias de *marketing* para criar desejos de consumo. O máximo que se cogitava era o uso dessa "decisiva atividade contemporânea" – a "propaganda" –, como sugeria a revista Habitat.[18] A resposta veio, em parte, por "intuição feminina" e de forma modesta, com a produção de um desfile beneficente, organizado por dona Candinha Silveira, ninguém menos que a própria "senhora Bangu" – ou seja, Maria Cândida de Souza Silveira, a esposa do Joaquim Silveira, um dos filhos do dono da fábrica, Guilherme da Silveira –, com ajuda de amigas da alta roda carioca.

"A moda algodão foi lançada por nós nesse desfile. A moda puramente brasileira, nada importado. Pegamos uns estampados que tínhamos, alguns bem bonitos, e mostramos que o algodão podia ser usado e muito bem usado. Então, o tecido ganhou prestígio e começou a ser empregado em vestidos de *toilette*, um sucesso absoluto. E era nosso, algodão brasileiro, ao alcance de todo mundo. Qualquer pessoa podia comprar aquele tecido, fazer aquela saia, aquela blusa, aquela roupa... [...] tudo criado por nós, sem desenhistas, só com a Mary Angélica e mais duas ou três costureiras que conhecíamos, mesmo porque não podíamos gastar muito dinheiro na ocasião. Só mais tarde, então, é que iríamos adotar uma estrutura profissional",[19] registrou dona Candinha. Mary (ou Maria) Angélica foi uma modista de origem uruguaia famosa no Rio na época.

*Acima, Gilda Maria Ribeiro no desfile de pré-seleção do concurso Miss Elegante Bangu; Clube Caiçaras, Rio de Janeiro, RJ, 1953.*

No salão do Copacabana Palace, foi improvisada uma passarela, onde senhoras da sociedade carioca – Tereza de Souza Campos, Lourdes Catão e outras – apresentaram, em 1951, a "moda do algodão", demonstrando que os tecidos da Bangu podiam ser usados com versatilidade e elegância. A imprensa deu ampla cobertura e o evento seguiu por São Paulo e Belo Horizonte, sempre arrecadando recursos "em benefício da Pequena Cruzada". E, assim, um tecido até então pouco apreciado pela elite brasileira começou a ganhar mais prestígio.

O sucesso da iniciativa fez com que a Bangu desse ao evento um calendário fixo e uma base de apoio estruturada: "A ideia foi do senhor Joaquim Guilherme da Silveira e vinha sendo trabalhada há algum tempo: realizar um concurso, patrocinado pela sua fábrica Bangu, em que pudesse ser realçada a elegância da mulher brasileira",[20] informou a revista Manchete, noticiando a eleição da "Miss Elegante Bangu 1952" – que teve Corina Baldo como vencedora em 24 de janeiro de 1953, entre 32 candidatas. O núcleo que conduziu o evento – sob o comando de dona Candinha – era composto pela jornalista Gilda Robichez, o figurinista José Ronaldo e o radialista Ribeiro Martins – que fazia a apresentação dos concursos em suas diversas etapas, mesmo algumas regionais, em especial da finalíssima, transmitida pela Rádio Nacional, a mais importante emissora da época. "Nós organizávamos tudo. Para isso, tínhamos que nos desdobrar, pois a produção dos desfiles era muito trabalhosa. O passo inicial era dado pelo Ribeiro Martins, que entrava em contato com os clubes. Em seguida, eu e o Ronaldo fazíamos a seleção das moças. Isso, umas duas semanas antes do desfile. Escolhíamos, então, os tecidos que, juntamente com os modelos desenhados pelo Ronaldo, eram passados às costureiras. A essa altura acontecia a parte mais difícil da produção, com as tomadas de medidas, provas dos vestidos, dos sapatos, ajustes, ensaios, tudo sob nossa direção. Finalmente, chegava a hora do desfile,

*Acima, reportagem sobre o Miss Elegante Bangu; Manchete, Edição Nº 447, Rio de Janeiro, RJ, 19 de novembro de 1960.*

*Página ao lado, Gilda Maria Ribeiro (1ª à esq.) e outras concorrentes na final do concurso Miss Elegante Bangu; Clube Caiçara, Rio de Janeiro, RJ, outubro de 1953.*

apresentado pelo Ribeiro e integralmente assistido por nós, que não podíamos permitir a ocorrência de qualquer desacerto",[21] relatou Gilda Robichez.

Os concursos de beleza entravam em seu período áureo: havia concurso para eleger *misses* nas mais inusitadas categorias: Miss Objetiva (que fotografasse melhor), Glamour Girl, Charm Girl – concursos realizados no Golden Room do Copa, no Rio etc. Isso sem falar do Miss Brasil e Miss Universo – este último criado também em 1952. Várias empresas usaram os concursos de *misses* para promover suas marcas; na área da moda, além da Bangu, houve em São Paulo, entre maio e junho de 1955, o Miss Suéter, "gênero de concurso de sensação na Europa e nos Estados Unidos [...] promovido pelas Lojas Mappin, Moinho Santista, Tricô-Lã e Max Factor".[22] Ao júri coube a "árdua tarefa" de eleger – entre quarenta moças de clubes esportivos, colégios e artistas de televisão – duas vitoriosas, uma loura e outra morena, levando em conta "a elegância da candidata, a beleza do suéter e, sobretudo, a plástica do busto que o suéter modela".[23] Bustos devidamente moldados por sutiãs revestidos com grossas camadas de espuma... O Miss Suéter, contudo, teve abrangência local, restringiu-se a uma única edição e ficou longe de alcançar a repercussão obtida pelo Miss Bangu, título que passou a ser a glória das meninas de alta sociedade, passe certo para as colunas sociais. A Bangu apostou no filão: "De agora em diante, o título de Miss Elegante Bangu é uma preocupação de todas as jovens do Brasil", sentenciou Ibrahim Sued, repórter da Manchete, na cobertura do primeiro evento da série. Já a revista Vida Doméstica destacou o evento por trás do evento: "Desfile no Copacabana Palace: Miss Elegante Bangu 1952, com figurinos nacionais por José Ronaldo".[24] U-lá-lá! Já tínhamos nosso próprio costureiro!

*Acima, o empresário Zimon Leirner, fundador da Tricot-Lã, entrega prêmio à Miss Suéter; São Paulo, SP, 1955. Abaixo, reportagem sobre etapa intermediária do concurso Miss Suéter, promoção Max Factor, Mappin e Tricot-Lã; publicação não identificada, São Paulo, SP, 1955.*

Atenção: podiam concorrer ao título apenas garotas "de sociedade", selecionadas em eliminatórias realizadas em clubes frequentados pelas elites das maiores cidades do país, por estado. "Eu era funcionário contratado da Bangu já a partir do primeiro ano do desfile. Fui solicitado pelo Rio para organizar nos três estados do Sul: Paraná, Santa Catarina e Rio Grande. Porque havia as etapas regionais. Na final, no Rio, era eleita a Miss Elegante, do Brasil. A fábrica mandava os tecidos e eu só ia às cidades para contatar os clubes. Eles mandavam desenhos de José Ronaldo para todas as roupas das candidatas e também os tecidos: um traje esporte/passeio e outro de gala. A execução era feita por costureiras daqui. Depois dos desfiles, as moças ganhavam as roupas",[25] comentou Zury Machado, ex-colunista social em Florianópolis, Santa Catarina.

Sendo um evento voltado para a alta sociedade, o Miss Bangu recebia farta cobertura das colunas sociais, área que, aliás, passou a ganhar destaque no jornalismo brasileiro justamente naquele período. Ibrahim Sued, com sua coluna em O Globo e, depois, em Manchete, foi um pioneiro que galvanizou atenções e exerceu grande influência, criando bordões que marcaram época, como "panteras e panterinhas", "*sorry*, periferia", "de leve", "níver" e "*à demain* que eu vou em frente", além das adjetivações "pão" para moço bonito e "cocada" para moça bonita – era a geração "pão com cocada". Antes dele, houve Jacinto de Thormes – pseudônimo empertigado, tirado de um personagem de Eça de Queiroz –, autor da "primeira coluna social moderna" do jornalismo brasileiro, em 1943, no Diário Carioca, no qual cravou expressões ainda imprescindíveis ao segmento, caso de "colunável". Seu melhor *insight* foi, porém, a instituição da lista anual das "dez mais elegantes" do país, publicada a partir de 1951 em O Cruzeiro (ver coluna pag. 194). Jacinto, que também atendia por Maneco Müller (ou, ainda, Manoel Bernardez Müller, seu nome de batismo), simbolizou uma época e foi o genitor do jornalismo que sabe "bem frequentar", mestre na garimpagem de fofocas picantes e notas reveladoras que só circulavam atrás dos biombos sociais, essenciais desde então a todo periódico nacional.

## O BRASIL NA TV

A TV foi um veículo para elites desde a sua gênese – com o início, em setembro de 1950, das transmissões do primeiro canal brasileiro, a TV Tupi, instalado pelos Diários Associados junto à sua Cidade do Rádio, no Alto do Sumaré, em São Paulo – até o final daquela década. Os primeiros aparelhos receptores aqui comercializados eram importados dos EUA, o que os tornava caros e acessíveis apenas aos mais abastados. TV na Taba foi o primeiro programa da TV brasileira, apresentado por Homero Silva, em meio a muitas improvisações. Não havia *videotape*, era todo ao vivo, em preto e branco e sem filmes publicitários. Os anúncios de produtos eram feitos igualmente ao vivo, pelas "garotas-propaganda", como Rosa Maria, que fazia os comerciais da casa Marcel Modas, patrocinadora do programa humorístico A Bola do Dia. Programas femininos, incluindo comentários sobre moda, logo encontraram espaço nos horários vespertinos.

*Os melhores de 1956 na televisão; Fon-Fon, Edição Nº 2602, Rio de Janeiro, RJ, 12 de março de 1957.*

Convém aqui esclarecer que o lançamento da moda, então, não era algo dado às massas, mas um atributo exclusivo das grandes damas da sociedade: cabia a elas divulgá-la. "A importância dessas damas da sociedade na difusão do gosto para vestir era inquestionável, tanto que elas estavam presentes nos principais eventos de moda no país, como, por exemplo: desfiles de moda, bailes beneficentes, concursos de beleza e elegância etc. [...] Geralmente elas apareciam nas colunas sociais fotografadas de corpo inteiro a fim de se mostrar os modelos que estavam usando, em pose discreta e cuidadosamente arranjada. [...] Alguns eventos repercutiam imensamente na imprensa da época [...] Era o caso do Grande Prêmio Brasil, principal acontecimento do turfe nacional, de grande tradição, oportunidade na qual a alta sociedade se esforçava em demonstrar a riqueza que possuía [...]. A questão era tão somente a de produzir oportunidade nas quais a alta sociedade se transformasse em notícia, falando tanto de suas viagens, quanto de seus banhos de sol em lugares requintados no país ou fora dele; destacando o seu bom gosto em termos de cultura, lazer e vestuário, transformando-o em sinônimo de bem viver".[26]

Por meio das colunas sociais, o público tinha acesso ao *grand monde* dos endinheirados. Entre a nota sobre uma festa ou uma viagem, "os colunistas abriam parênteses para descrever o vestido de cada senhora, indicando a *maison* de procedência e até mesmo o preço pago. Eventualmente, mencionavam-se as virtudes morais de algumas dessas 'ditadoras da moda'. [...] Ibrahim Sued imaginava 'quantas e quantas pessoas já não copiaram das revistas elegantes os vestidos que essas mulheres usam em público'. Eis a razão de serem fotografadas de corpo inteiro, em pé, com o vestido cuidadosamente arranjado e iluminado para ser visto em pormenor. Às vezes apareciam sentadas no canapé da sala de visitas, apoiadas nos cotovelos, com os quadris levemente contorcidos e as pernas esticadas para melhor mostrar o vestido".[27]

Mais ou menos polêmicos, os colunistas sociais eram fontes sobre moda, com destaque para Alik Kostakis (de origem grega, atuou no Última Hora e também chegou a praticar moda sob medida no mesmo período), para o pernambucano (José) Tavares de Miranda (do Diário da Noite) e o catarinense Zury Machado, entre outros. Jacinto e Sued – os mais famosos da época – foram eternizados no irônico samba-canção Café Society, de Miguel Gustavo (1955): "Estou acontecendo no café *society*; só digo *enchanté*, muito *merci*, *all right*; troquei a luz do dia pela luz da Light. Agora estou somente contra a Dama de Preto; nos dez mais elegantes eu estou também. Adoro Riverside, só pesco em Cabo Frio; decididamente eu sou gente bem... Enquanto a plebe rude na cidade dorme; eu janto com Jacinto, que é também de Thormes. Teresas e Dolores falam bem de mim; já fui até citado na coluna do Ibrahim...".

Participante da segunda edição do Miss Bangu, a carioca Gilda Maria Prochownik – na época apenas Ribeiro – contou sua experiência como candidata: "Eu tinha 21 anos e fazia muitos desfiles, mas não cheguei a ser modelo profissional, porque a família não deixava. Eram só desfiles beneficentes, em chás de caridade, como o 'Chá das Rosas', que acontecia sempre em setembro. Participei do Miss Bangu 1954, e fui eleita pelo Clube Caiçaras, mas na final do Copa quem ganhou foi a Sônia Carneiro.

## MODA JOVEM REBELDE

A moda jovem foi um fenômeno – até então inédito – do período pós-Segunda Guerra Mundial que manteve-se até a contemporaneidade. Os jovens passaram a buscar uma moda própria, mais descontraída, que expunha o inconformismo juvenil ante os padrões sociais de comportamento. Dos EUA, disseminou-se pelo mundo por meio do cinema e da música – em particular o *rock 'n' roll* –, a partir da década de 1950, estabelecendo o que passou a ser chamado pela imprensa de "conflito de gerações". Os jovens usavam roupas mais despojadas, que expressavam rebeldia e inconformismo com injustiças, preconceitos e desigualdades. Estabeleceu-se um sistema mimético de identificação entre grupos juvenis, que sofreu mudanças ao longo das décadas, mas se mantém até hoje. Naquele período, eram os "transviados" contra os "quadrados". Montados em motocicletas possantes, os transviados vestiam blusões de couro, suéteres e calças rústicas de brim, camisas coloridas, óculos escuros (de aros plásticos grossos), mocassins italianos, cabelos com topetes gomalinados e costeletas; as garotas, saias rodadas (plissadas) ou calças *cigarette*, que iam até o tornozelo e eram bem justas; blusas de malhas, cabelos em coques ou rabo de cavalo e sapatilha. Os quadrados faziam a linha mais clássica, adaptada às identidades visuais que marcaram a década. Dos Estados Unidos também veio a linha *college*, roupa típica dos estudantes norte-americanos muito marcada na moda feminina, com saia xadrez preguead ou rodada, blusa lisa de cor clara, sapato baixo e, obviamente, meia soquete, sem esquecer o rabo de cavalo no alto da cabeça.

*Jornal das Moças, Nº 1978, Rio de Janeiro, RJ, 14 de maio de 1953.*

## LAQUÊ X CHAPÉU

O abandono do uso de chapéus, no final da década de 1950, decorreu da introdução, no mercado, de novos produtos de fixação para os cabelos: no caso das mulheres, o laquê (*hairspray*, em inglês), que permitia a construção e moldagem de grandes penteados, de forma antes impossível com auxílio de prendedores, pentes ou grampos (ramonas). Para os homens, os fixadores em pasta – já usados desde a década de 1930 – foram melhorados, como os das marcas Brilhantina, Glostora ou Biorene.

A fórmula original do laquê feminino continha polímero (goma laca, razão do nome laquê), solvente e aditivos. Aplicado sobre o penteado, criava uma camada invisível que o mantinha fixo por longo período. Era ofertado em embalagens *spray* aerossol (lata com gases sob pressão) e não aerossóis (bomba plástica que, quando comprimida manualmente, esparge jato fino). Os primeiros *hairsprays* apareceram nos EUA no final de 1940. O sistema aerossol resultara de pesquisas desenvolvidas durante a Segunda Guerra Mundial para fins bélicos (emissão de gases tóxicos) e aplicação de inseticidas. Na década seguinte, ganhou usos industriais diversos, como aplicação de tintas e cuidados pessoais.

Penteados femininos pomposos já eram comuns entre os séculos XV e XVIII; porém, feitos com apliques (complementos capilares) e fixadores grosseiros. O laquê permitiu que se fizessem penteados com os cabelos naturais da mulher. A moda, disseminada a partir dos EUA, pegou e gerou diversos penteados, como o "coque banana" (cone para cima), ampliado muitas vezes com recursos extras, como os apliques ou chumaços de palha de aço seca. A moda dos penteados grandes estimulou, ainda, o consumo das perucas, que se tornaram febre na década de 1960 – influência do uso dos capacetes pelos astronautas durante a conquista espacial. Com o tempo, perucas e grandes penteados tornaram-se "cafonas", mas o laquê (ou *hairspray*) teve sua fórmula aperfeiçoada, tornando-se mais maleável e menos agressivo, incorporando-se ao arsenal de recursos para os cuidados com os cabelos.

Nós recebíamos da Bangu os tecidos e os desenhos, feitos pelo José Ronaldo. Uma modista indicada pela Bangu fazia os vestidos de gala, porque eram de alta moda, costurados por dentro e muito bordados. Os outros nós fazíamos com as costureiras que tivéssemos, mas também com desenhos do José Ronaldo. Havia, além do traje de gala, os de passeio e esporte; não havia desfile de maiô. Éramos ensaiadas pelo José Ronaldo e, creio, também pela Maria Augusta, da Socila". [28]

As grandes finais eram realizadas no Copacabana Palace, no Rio de Janeiro, quando as candidatas exibiam sua elegância em passarelas montadas no Golden Room, para um júri formado por "personalidades, empresários, intelectuais, artistas e jornalistas", encarregados da "árdua missão" – ainda segundo Ibrahim Sued – de apontar a primeira colocada, premiada com uma viagem a Paris. Eleitas, as finalistas circulavam em desfiles por clubes das principais cidades participantes, divulgando a moda Bangu. O certame teve apenas quatro edições bianuais, vencidas ainda por Maria Sônia Soares de Araújo (1956) e Maria Helena Quirino dos Santos (1958), a única paulista. Etapas intermediárias chegaram a ocorrer em 1960, mas não houve a final no Copa. Dentre as diversas concorrentes, muitas se tornaram assíduas nas colunas sociais, como Beth Szafir, Marici Trussardi, Carmen Therezinha Solbiati (depois, Mayrink Veiga), Ana Bentes Bloch ou as Glorinhas Pires Rebelo e Drumont – esta última a segunda colocada de 1956, agraciada dois anos mais tarde com uma aliança nupcial pelo ex-jurado e jornalista... Ibrahim Sued. A viúva de Adolfo Bloch, Ana Bloch, também deixou registradas suas impressões da experiência: "Tinha 12 ou 13 anos quando concorri. Foi a partir do Miss Elegante Bangu que aprendi a usar salto alto, a não roer as unhas, a ter mais postura. O concurso transformou completamente minha vida, me preparou para a TV". [29]

O Miss Elegante Bangu contribuiu, ainda, de forma consistente para a popularização dos desfiles de moda e, consequentemente, da profissão de manequim em nosso país, na medida em que passaram a ser promovidos desfiles que viajavam por todo o Brasil, junto com o badalado concurso de Miss, promovido pela empresa. Para esses desfiles paralelos, as modelos eram escolhidas em clubes da cidade do Rio de Janeiro pela jornalista Gilda Robichez e pelo desenhista José Ronaldo.[30] Contudo e apesar de louvado pelo *jet set* das cidades onde foi realizado, o Miss Elegante Bangu acabou por ser amplo demais em sua concepção – somava evento social com desfile de moda e concurso de beleza – ou, talvez, tivesse apenas esgotado seu sentido de existir. Cumpriu, porém, a meta de promover a marca Bangu e de fazer com que os tecidos da fábrica alcançassem ótima aceitação: "aqueles desfiles foram [...] atingir o alvo desejado, ou seja, a classe média ascendente do período pós-guerra. E daí todo o mundo passou a conhecer e a valorizar os tecidos Bangu e a moda carioca",[31] avaliou certeiro Jacinto de Thormes.

## Festa brasileira em Coberville

Uma figura central na divulgação do algodão brasileiro – interna e externamente – foi Assis Chateaubriand, ou Chatô, o poderoso dono dos Diários Associados. A estratégia articulava interesses políticos e empresariais, envolvendo mídia e indústria têxtil. Sabe-se, por exemplo, que os Silveira, donos da Bangu, eram pró-Getúlio Vargas – o que explicava o fato de a revista Manchete, dos Bloch, ter sempre dado maior cobertura aos eventos do Miss Elegante Bangu do que O Cruzeiro (dos Diários Associados) – já que Chatô era notório crítico de Getúlio e, naquele momento, havia sido eleito ao Senado Federal. Foi ele, porém, o idealizador de uma série de eventos envolvendo a moda e o algodão brasileiros, motivadores de reportagens em publicações de seu grupo, irrigadas – em contrapartida – com jorros de anúncios das têxteis. Como criação de moda era assunto de franceses e italianos, foi para esses países que ele se voltou. Assim, um evento com tudo para passar despercebido ganhou, por aqui, dimensão inusitada: ainda em 1951, Chatô arrebanhou um grupo seleto de belas mulheres das sociedades carioca e paulista e as colocou em dois voos fretados da Panair rumo à inauguração do Instituto Internacional do Costume e das Artes, do Palazzo Grassi, em Veneza. A missão consistia simplesmente em "ir a todos os lugares com nossos vestidos feitos por costureiros brasileiros"[32] – segundo registro de Danuza Leão, uma das convocadas.

Como não havia ainda criação de moda no Brasil, o objetivo de Chatô era apenas exibir o algodão brasileiro vestindo belas mulheres; ou, simplesmente, criar um fato para noticiar nas pá-

*O costureiro francês Jacques Fath e sua mulher Seneviève Bruyère; Madame Rosita e seu marido Max Libman; Castelo de Coberville, Paris, França, 3 de agosto de 1952.*

DOIS BEIJOS PARA A PRIMEIRA DAMA

*Acima, Assis Chateaubriand e Jacques Fath cumprimentam a 1ª dama Darcy Vargas em desfile do costureiro francês com algodão da Bangu; Manchete, Edição Nº 24, Rio de Janeiro, 4 de outubro de 1952.*

*Na página ao lado, atuações de Danuza Leão como manequim no Rio e na festa de Coberville, em Paris; Manchete, nº 24, Rio de Janeiro, RJ, 4 de outubro de 1952.*

ginas de seus jornais e revistas, promovendo seus anunciantes. "Chiquérrimas como Teresa Souza Campos, Lourdes Catão e Carmen Solbiati embarcaram de chapéu, luvas e uma sacola de mão com uma roupinha para trocar no avião. Claro: eram trinta horas de voo, com escalas em Recife, Dacar e Lisboa. [...] Chegamos a Roma e, dois dias depois, voamos para Veneza, ainda a cidade que mais amo na vida. [...] Em seguida, fomos para Paris. Para ir às festas – que aconteciam diariamente –, levávamos um guarda-roupa fantástico, feito pelas melhores *maisons de couture*, como a Canadá, do Rio, e a Vogue, de São Paulo, todos em algodão nacional, tudo pago pelas fábricas – Bangu, América Fabril etc. E a viagem, BLT (boca livre total)",[33] confirmou Danuza Leão.

Chatô não parou por aí! Segundo seu biógrafo, Fernando Moraes, fazia muito que ele "suspirava" por poder apresentar "à alta sociedade do Velho Mundo o Brasil verdadeiro, o Brasil que somos nós: um Brasil de mestiços autênticos, mulatos inzoneiros, índios e negros a promover a vasta experiência de cruzamentos que empreendemos no trópico, em vez do falsificado Brasil branco, de catálogos de grã-finos que, *parvenus* e *snobs*, tentam impingir filauciosamente ao mundo".[34] A proposta teria partido, como só poderia ter sido, do próprio Jacques Fath, costureiro parisiense famoso por levar ao pé da letra o *slogan* "Paris é uma eterna festa", no que era irrestritamente apoiado por sua deslumbrante esposa, a modelo Geneviève Bruyère. Tratava-se da realização pelos Diários Associados de uma "festa de arromba para promover na Europa o algodão brasileiro",[35] copatrocinada pelo setor têxtil, mais especificamente por Joaquim Guilherme da Silveira, da Bangu.

Uma equipe dos Associados e da Bangu se instalou em Paris um mês antes, para os preparativos. Realizada no Castelo de Coberville, propriedade de Fath situada nos arredores de Paris, a festa à fantasia reuniu, em 3 de agosto de 1952, além de "dezenas de convidados estrangeiros – gente da sociedade, do mundo dos negócios, da moda e do cinema, como Clark Gable, Orson Welles, Ginger Rogers e Jean-Louis Barrault –, uma grande comitiva brasileira levada à França pela Bangu, em avião especial".[36] Entre os exemplares da nossa gente "inzoneira", arrebanhados por Chatô e pelos donos da Bangu, incluíam-se "dona Darci Vargas, esposa do presidente da República, sua filha Alzira Vargas do Amaral Peixoto, Lourdes Catão, Josefina Jordan, Maluh Ouro Preto, Rosita Tomás, Teresa de Sousa Campos, Marihá Silveira Dória (a irmã de Joaquim e Silveirinha), Candinha Silveira e muitas outras damas da sociedade brasileira".[37]

Uma alegre comitiva de cerca de cem pessoas foi levada ao evento em dois voos fretados da Panair; a "nata" da gente bem – no mínimo bem bonita ou bem relacionada – do Rio e de São Paulo. Entre os convivas, estava Danuza Leão, jovem de classe média que frequentava a praia certa na época certa – Copacabana – em sua plenitude dos anos 1950. Ela contou o impacto que a festa lhe causou: "Estavam na festa as pessoas mais famosas do mundo social, cultural e da moda europeia... [...] Eu me deslumbrei. Entrei no baile vestida de Maria Bonita – roupa de couro e chapéu de cangaceiro – e por mim aquela noite não acabaria nunca...".[38]

A trilha sonora ficou a cargo da Orquestra Tabajara, de Severino Araújo (contratada da TV Tupi) e de um escrete de cantores do primeiro time da MPB – Elizeth Cardoso, Ademilde Fonseca, Jamelão, Zé Gonzaga e Pato Branco –, mandando ver num repertório com sambas, marchinhas e baiões para não deixar parado nenhum dos cerca de 3 mil convidados. Dona Candinha pôs-se à frente de um grupo de carregadoras de flores, fantasia inspirada numa gravura de Debret. Passistas de samba, vestidas de baianas, e vinte cangaceiros, a cavalo e carregando cada qual uma parceira na garupa, invadiram os jardins do castelo em dado momento da festa, tendo à frente o antropólogo Arbousse Bastide vestido de Lampião, levando Danuza, de Maria Bonita, na garupa. Fechando a tropa, Assis Chateaubriand, de calça, gibão e chapéu de couro, trajes típicos de vaqueiro nordestino, montado num alazão e levando na garupa ninguém menos que Elsa Schiaparelli. A costureira italiana, aliás, estivera dias antes no Brasil para receber a "Ordem do Jagunço", instituída pelo dono dos Associados.

A festa de cair o queixo varou a madrugada e ganhou rumorosa repercussão, pulando rapidamente das colunas sociais para as páginas políticas, transformada no "escândalo do ano". Em parte, porque a ela compareceram dona Darci e Alzira Vargas, então retornadas aos postos de primeira-dama e primeira-filha do país, após a triunfal volta ao poder, em 1951, do ex-ditador Getúlio Vargas, via voto popular, pela sigla PTB (ele havia sido deposto em 1945). E também porque o arquirrival de Getúlio, paradoxalmente o próprio Assis Chateaubriand, tinha acabado de tomar posse no Senado Federal pela

Sua última travessura foi se tornar manequim profissional em Paris, onde ainda se encontra. Como convidada dos "Diários Associados", estava na festa de Jacques Fath, em seu castelo de Corbeville, quando foi "descoberta" pelo famoso costureiro. Fath, impressionado com a elegância natural de Danuza, ofereceu-lhe "um contrato de 100.000 francos mensais, para passear seus vestidos". E a travessa Girafinha – é êste o seu apelido, na intimidade – não hesitou. Espera, agora, continuar em Paris, dispensando a boa mesada que o pai lhe manda. E foi assim que a capital da moda ganhou o primeiro manequim brasileiro – Danuza – que, com 19 anos, será provàvelmente o mais jovem modêlo de modas do mundo.

Desfilando numa festa de caridade, no Rio.

Foi na festa de Jacques Fath, no castelo de Corbeville, que o anfitrião "descobriu" Danuza Leão. Aqui vemos o brotinho capixaba em companhia do famoso costureiro e de seus mais lindos modelos.

FOTOS DE CARLOS E KASMER

O gerente geral da organização de Jacques Fath abraça, entusiasmado, o novo manequim contratado pelo rei da moda parisiense. O jornalista brasileiro Jacinto de Thormes, ao lado, mostra seu contentamento.

Paraíba, seu estado natal. A nata da alta sociedade brasileira e todos os empresários que praticavam importação de moda no Brasil estavam lá – incluindo Madame Rosita e Paulo Franco da Casa Vogue, ambos de São Paulo. Na volta do evento, Madame Rosita e o marido Max Libman sofreram um acidente automobilístico grave (o motorista havia bebido mais do que devia) e acabaram hospitalizados por dias.

Se nas publicações dos Diários Associados a festa foi enaltecida como "evento espetacular", nas de oposição a Vargas foi lamentada a presença da primeira-dama do país na "orgia promovida por um grupo de brasileiros, tendo à frente o senhor Guilherme da Silveira, acusado no inquérito do Banco do Brasil" (referindo-se ao dono da Bangu) – como atacou a Tribuna da Imprensa, de Carlos Lacerda, sob a manchete "205 mil dólares numa festa em Paris". Para O Estado de S. Paulo, jornal da família Mesquita – também opositor de Vargas e concorrente direto dos Associados –, tratou-se de um "bacanal de repercussão mundial". Palavras consistentes a favor de Chateaubriand partiram do sociólogo Gilberto Freyre (em artigo publicado, por sinal, em O Cruzeiro), para quem "um país novo, desconhecido e ignorado como o Brasil não pode, ou não deve, dar-se ao luxo de ser um país de gente elegantemente discreta e cinzenta, como os britânicos ou ingleses do tempo da rainha Vitória".[39]

O objetivo maior, de qualquer modo, foi alcançado: a valorização da fibra tropical aos olhos não dos europeus, mas das elites locais, que ainda achavam "uma pobreza" vestirem-se com tecido nacional. Autor de modelos espirituosos e curvilíneos, Fath rivalizava em fama com Christian Dior – este, então, considerado as próprias mãos divinas a talhar o *New Look* da mulher durante a década de 1950. Dior havia posto fim à dureza e à economia na moda no histórico desfile de 1947, em que deu panos às saias (muitos panos, diga-se), abrindo uma ampla roda que formatou a silhueta feminina do período e iria desembocar na saia-balão de meados da década.

Mas ainda não foi daquela vez que o sertão virou moda! Nem o Brasil! Mas Jacques Fath – que, aliás, trajou na festa um "costume tupi" (ou seja, tapa sexo, peruca de índio brasileiro e cocar) – estreitou relações com nosso país e, ainda em 1952, veio desfilar modelos em algodão criados para a Bangu no Rio de Janeiro, em São Paulo e em Salvador. O primeiro desfile, no Rio, foi transmitido ao vivo pela Rádio Nacional (campeã de audiência) e contou com franco interesse da imprensa – leia-se Diários Associados e O Globo.

*Croquis de Eugén; Jornal das Moças, Nº 2020, Rio de Janeiro, RJ, 2 de fevereiro de 1956.*

## Danuza, modelo internacional

O evento em Paris rendeu, ainda, mais um fato curioso para a moda brasileira: Danuza Leão acabou sendo contratada por Jacques Fath e viveu uma temporada como modelo em Paris. Dizer que ela teve uma carreira seria exagero: Danuza nunca chegou a ser modelo profissional no Brasil ou fora daqui. Teve atuações episódicas, participando de uns poucos desfiles no Copa. Antes de ter-se tornado jornalista e escritora reconhecida, teria sido difícil definir sua área profissional exata de atuação. Antes de tudo, Danuza era, como descreveu a revista Manchete em reportagem de capa, "uma autêntica uva" para os jovens, uma "excêntrica, para os mais velhos" e "aos Tartufos parecia levada da breca".[40]

Tão levada que, terminada a festança de lançamento da moda do algodão no castelo de Fath, Danuza, com apenas 18 anos, decidiu permanecer em Paris, apaixonada que estava pelo ator francês Daniel Gélin – então um astro de fama internacional. Os dois haviam se conhecido meses antes, durante um festival de cinema em Punta del Este, Uruguai. Manchete informava ainda, em sua reportagem, que ela teria sido "descoberta por Fath", que, "impressionado com a elegância natural de Danuza, ofereceu-lhe um contrato de 100 mil francos mensais, para passear seus vestidos". Não foi bem assim: sem dinheiro para bancar sua estada em Paris, a "travessa Girafinha" – como Manchete a apelidou – procurara Fath para se oferecer como modelo, ao que ele aceitou "na hora". E, assim, Danuza tornou-se modelo em uma *maison de haute couture* pelo período de um ano – tempo máximo que o sindicato da categoria permitia a uma estrangeira.

Daquela temporada, ela recordou, em sua autobiografia, ter feito "muito sucesso – no Brasil". E ainda: "A vida das manequins era muito diferente da vida das modelos de hoje. Às dez horas eu já estava na *maison* para fazer as provas da coleção seguinte. Em pleno verão, vestia roupas pesadas de *tweed* e as costureiras marcavam com alfinetes os ajustes e bainhas – as saias deveriam ser a trinta e cinco ou quarenta centímetros do chão; tudo isso sob o olhar vigilante de Fath, que ao mesmo tempo criava o que seria a moda do novo ano. No inverno, provávamos maiôs e vestidos leves. Tínhamos um intervalo rápido para almoçar, íamos para a maquiagem e às três da tarde, todos os dias, desfilávamos a coleção".[41]

*Danuza Leão em reportagem de capa que destaca sua pioneira carreira como modelo em Paris; Manchete, nº 24, Rio de Janeiro, RJ, 4 de outubro de 1952.*

*Abaixo, Regina Guerreiro desfila o traje Gardênia, em surah francês, coleção primavera de Madame Boriska; Club Homs, São Paulo, SP, 8 de outubro de 1957.*

*Na página ao lado, a socialite Liliana Paganoci, em desfile beneficente de Madame Boriska; Círculo Israelita, São Paulo, SP, 1957.*

Segundo Danuza, o salário era baixo e os banhos, no minúsculo quarto de hotel que ocupava, restringiam-se a "uma luva de crina ensaboada, equilibrando-me na pia". Mesmo assim, ela "adorava" ser manequim, porque a profissão abria portas, permitia conhecer celebridades e o "mundo da sofisticação". Reavaliando aquele período, afirmou que a moda que vestia na *maison* de Fath não era "tão fantástica" assim: "Era aquela moda do Dior, o *New Look*, uma moda muito careta, para pessoas mais velhas. Aliás, não usava ser jovem naquele tempo. Fazíamos tudo para parecer mais velhas. Ser jovem só ficou na moda tempos depois".[42] Mas a vida de manequim foi deixada para trás quando ela teve de retornar ao Brasil, um ano depois, sabendo que "alguma coisa ia acontecer".[43] Só não sabia "o quê". E muita coisa aconteceu a Danuza, mas não foi bem uma carreira na área da moda...

## Boriska, sonhos para vestir

É difícil avaliar o quanto havia de cópia, reinterpretação ou criação no processo de trabalho das inúmeras costureiras e modistas, com ateliês espalhados por todo o Brasil. Contudo, a partir da década de 1950, muitas assumiram as roupas que produziam como criações próprias. Simultaneamente, começava a cair de uso o francesismo *madame* antecedendo o nome da costureira da moda sob medida, e surgiam os "costureiros" – homens que criavam moda feminina. Em São Paulo, uma modista que fez fama fazendo uma moda "quase" própria foi Boriska Perl (1913-1986), húngara de família judia, nascida em uma vila nas imediações de Budapeste, que imigrou para o Brasil em 1927, aos 14 anos. Seu vínculo com a área se deu por meio de um casal de tios – Gisela e Eugênio Spivak –, os primeiros da família que imigraram para São Paulo e acabaram trazendo os demais parentes, vindos todos juntos num mesmo navio. Esses tios estabeleceram-se na Rua do Arouche, Centro de São Paulo, logo após sua chegada, com o Ateliê Spivak – que se tornou muito conhecido, produzindo roupas femininas.

Boriska (Bárbara, em húngaro) passou a adolescência aprendendo com os Spivak a fazer roupas e a gostar de moda. Uma moda, aliás – no caso deles

–, bem clássica, para não dizer conservadora. "Meus tios faziam uma moda usável, despojada, e com ela mantiveram sua loja por 50 anos, com duas vitrinas grandes na entrada e um bom entra e sai de clientes",[44] recorda Suzi Guttmann, filha de Boriska e herdeira da tradição familiar de fazer roupas. Boriska montou em 1941 seu primeiro ateliê – Boriska Modas – com o marido Julio, primo-irmão e seu namorado já antes mesmo de vir para o Brasil e que também era alfaiate. Seguindo os passos dos tios, o casal instalou-se num sobrado da Praça da República, vizinho à Avenida São Luís, que despontava como ponto chique da cidade. "Montei, numa pequena janela que dava para a rua, uma espécie de vitrina para expor meus próprios modelos. As mulheres passavam, olhavam e entravam. Como não existia concorrência, as vendas eram ótimas. Em pouco tempo, já tinha uma clientela fixa: quem não viajava, vestia-se comigo. [...] Os poucos costureiros existentes copiavam os figurinos internacionais, sem acrescentar um detalhe inovador. Eu não. Apesar de também usar essas revistas como base, em cima das tendências, principalmente francesas, procurava idealizar modelos de acordo com a minha sensibilidade, gosto e fantasia",[45] ela registrou em entrevista de 1981.

Em 1955, Boriska recebeu a Agulha de Ouro pelo vestido mais votado no desfile em benefício da Campanha

## VOGUE, A BOATE EM VOGA

Assim como as butiques na moda, as boates foram a grande novidade da vida noturna na década de 1950. Nada tinham a ver com as casas de pistas dançantes, ao embalo de som estereofônico e luzes piscantes, de meados dos anos 1960. As pioneiras contavam com serviço de restaurante (de alta gastronomia), bar, música ao vivo e – claro – pista para danças. Duas delas marcaram época no Rio de Janeiro da década de 1950: a Vogue e a Sacha's – servindo de modelo a centenas de outras criadas pelo Brasil. A primeira foi invenção de Max Stukart, um barão austríaco que, durante a Segunda Guerra, veio para o Brasil trabalhar no Cassino Copacapana. Com a proibição dos jogos de azar, em 1946, ele abriu uma casa noturna aos moldes dos pequenos *night clubs* que prosperavam na Europa. Teve como sócio o português Duarte Atalaia, dono do prédio de oito andares, na Avenida Princesa Isabel, em Copacabana, no térreo do qual a boate foi instalada. A Vogue logo virou centro da vida noturna carioca: lá Dolores Duran começou sua carreira, ainda em 1946; Linda Batista foi uma das suas contratadas, entre 1947 e 1952, onde também vários ídolos do rádio cantaram: Ângela Maria, Sílvio Caldas, Jorge Goulart, Inezita Barroso, Aracy de Almeida, Maysa e outros. Havia um pianista que saudava cada um dos *habitués* da alta, à entrada, com sua canção preferida: o turco Sacha Rubin. Foi nele que o empresário Carlos Machado apostou a fim de fazer frente à Vogue, convidando-o para uma sociedade. Surgiu então a Sacha's, na Rua Padre Antônio Vieira. Tudo bem! A Vogue continuou vendo passar por suas mesas fofocas e confabulações de toda sorte, que no dia seguinte podiam ser manchetes em jornais. E foi assim até um domingo, 14 de agosto de 1955, quando suas noites feéricas terminaram, literalmente, em chamas: um incêndio consumiu o prédio, deixando cinco vítimas fatais. Não foi reaberta, nem a vida carioca foi a mesma, dali por diante: a capital federal havia sido transferida para Brasília, surgiu a Bossa Nova, o Beco das Garrafas e a ensolarada Ipanema, polarizando os cariocas de todas as horas.[1]

1   Referências extraídas, entre outras fontes, de Vogue, 1946-1956, crônica de Luiz Nassif; disponível no site do autor em 4 de dezembro de 2005; também de reportagem de O Globo, 16 de agosto de 1955.

Contra o Câncer, prêmio que a consagrou na alta sociedade paulistana. A partir daí, realizou desfiles beneficentes anuais, misturando criações próprias com peças reproduzidas da alta moda internacional. Num desses desfiles, em 1957, exibiu, por exemplo, réplicas de Patou, Lanvin, Dior, Balmain, apresentadas por garotas à sociedade paulista – entre elas uma jovem que teria carreira promissora na moda, ainda que não como modelo, a futura jornalista Maria Regina Guerreiro. Algumas vezes, a música era ao vivo a cargo de cantores como Cláudia ou a Traditional Jazz Band e, até mesmo, Elis Regina.

Madame Boriska – como era conhecida – figurou entre os concorrentes mais assíduos do Festival da Moda Brasileira, promovido pela Matarazzo-Boussac, e vestiu *misses* como Julieta Strauss (Miss Brasil 1962). Suas criações eram interpretação das tendências internacionais, adaptadas "ao físico e exigências da brasileira".[46] "Minha mãe ia a Paris com frequência",[47] recordou Suzi, que, a partir de 1960, passou a acompanhá-la nas viagens; "comigo podia trazer mais vestidos, já que havia um limite por pessoa".[48] Suzi ponderou, porém, que a bagagem mais importante vinha na cabeça da mãe e nas anotações que ela fazia: "Nós íamos para ficar desenhando, copiando… Visitávamos os ateliês mais afamados, fotografávamos modelos e vitrines; mas não ficava registro de onde tinha vindo isto ou aquilo. Eram apenas boas ideias…".[49]

Até porque, para se adquirir moldes da *haute couture*, nem mesmo seria necessário sair do Brasil: "Havia intermediários que traziam e vendiam as 'telas' francesas aqui; comerciantes que cobravam muito caro. Mas me lembro de minha mãe querer estar atualizada, de ir a Paris para ver os desfiles e de ela acompanhar os figurinos de moda, que sempre terminava de ler, dizendo: 'Não tem nada nesse figurino'",[50] afirmou Suzi Guttmann. Boriska não desenhava; cortava diretamente as peças ou, se necessário, contratava alguém para ilustrar seus modelos. "Para criar, ela escolhia o tecido, dobrava com as mãos e não titubeava com a tesoura; era totalmente segura, tinha técnica e sabia o que queria. Depois que cortava, passava para as costureiras continuarem o serviço. Muitas vezes, mandava refazer… Quando o ateliê cresceu, havia contramestras que comandavam a equipe de costura",[51] relatou Suzi, descrevendo o período mais produtivo do ateliê situado na Avenida Ipiranga, onde havia manequins fixas que desfilavam para as clientes – entre as quais a futura dramaturga Leilah Assumpção. A única experiência de Boriska com confecção ocorreu em meados de 1970, com a marca Versátil, que durou pouco "por problemas administrativos".[52] No mais, foi fiel à alta moda sob medida, mesmo após o segmento perder espaço. Dedicou os últimos anos quase exclusivamente aos vestidos de noivas e de madrinhas, com bordados sofisticados, que, acreditava, satisfaziam "a necessidade de sonhar que as pessoas têm".[53]

*Acima, a socialite Maria Helena Gurgel em desfile beneficente de Madame Boriska; Círculo Israelita, São Paulo, SP, 1957.*

*Na página ao lado, Miss Israel e Madame Boriska; ateliê na Rua Cardoso de Almeida, São Paulo, SP, 1950.*

## Masp e Flávio de Carvalho: ousadias

Outras iniciativas – inusitadas pela ousadia – que marcaram a década de 1950 não foram impulsionadas por criadores de moda, mas por intelectuais que tomaram a moda a sério, em São Paulo: o italiano Pietro Maria Bardi e o artista plástico paulistano Flávio de Carvalho. Bardi, entre outras coisas, articulou o Primeiro Desfile de Moda Brasileira, no Museu de Arte de São Paulo (Masp), em 1952, e Flávio realizou, em 1956, uma *performance* histórica na qual lançou "uma nova moda, para um novo homem"[54] – evento por ele batizado de Experiência nº 3. Foram episódicos e circunscritos ao contexto que os originou, mas nem por isso deixaram de ter importância.

O Primeiro Desfile de Moda Brasileira do Masp foi, certamente, pioneiro em colocar em questão a ideia da criação de uma moda "a mais apta possível ao nosso ambiente e à nossa psicologia".[55] Jornalista, historiador e negociador de obras de arte, Pietro Maria Bardi transferira-se para a capital paulista em 1947, a convite de Assis Chateaubriand, recém-casado com sua segunda mulher, a arquiteta Lina Bo Bardi. Veio para dirigir o Museu que o poderoso dono dos Diários Associados idealizara. Em seus primeiros tempos, ainda com acervo incipiente, o Masp foi instalado em área do edifício em que funcionavam os próprios Diários Associados, na Rua 7 de Abril, Centro da capital paulista, onde permaneceu até 1968 – quando ocupou sua sede definitiva, na Avenida Paulista, inaugurada pela rainha Elizabeth II, da Inglaterra.

*Acima, o Primeiro Desfile de Moda Brasileira, evento promovido pelo Museu de Arte de São Paulo (Masp); na plateia, à frente, o jornalista Assis Chateaubriand, o Chatô; São Paulo, SP, 6 de novembro de 1952.*

*Na página ao lado, modelo apresenta o traje Iguassu no Primeiro Desfile de Moda Brasileira, no Museu de Arte de São Paulo (Masp); São Paulo, SP, 6 de novembro de 1952.*

Logo que chegou ao Brasil, o casal Bardi tornou-se muito próximo do polonês Paulo Franco, dono da já afamada Casa Vogue, e de sua mulher Aila – ambos também em segundo casamento. Assim, os Bardi ficaram íntimos da moda paulistana: Franco transitava com frequência pela Europa e EUA, a fim de se abastecer de mercadorias sofisticadas que vendia em sua loja, situada na Rua Marconi (próxima à Barão de Itapetininga). Já em 1951, Paulo propôs a Bardi a realização do "primeiro desfile de modas em um museu", iniciativa que objetivava "abreviar sempre mais a distância entre o museu-templo e a vida"[56] – como explica artigo da revista Habitat, publicação do Masp. Em contrapartida, Franco, que estava "liderando a moda no Brasil",[57] doaria ao acervo do Museu um costume que encomendara ao mestre do surrealismo, o catalão Salvador Dali.

A revista Mirante das Artes, também do Masp, compôs em 1968 um perfil de Paulo Franco, retratando-o como um promotor atinado: "Nesse pequeno mundo estático [a capital paulista], Vogue surgiu como um símbolo de renovação: realizado por um moço reservado, observador atento da evolução estética, psicólogo sem cursos de 'comunicação', mas mestre na matéria. [...] Foi em 1951: Paulo e sua esposa, nascida para a moda, voam para Paris. Assistem ao desfile Christian Dior, compram a coleção inteira; um dia após a embarcam num avião da Panair, juntamente com quatro 'manequins-vedetes': Bettine, Sophie, Allah e Silvie. Desembarcam-nas, ajeitam-nas. Apresentam a coleção espetacularmente na Pinacoteca do Museu de Arte de São Paulo, numa passarela que serpenteia entre os Van Gogh, Renoir e Gauguin… O desfile Dior foi precedido por uma apresentação de trajes antigos, ao som de músicas coevas e do 'Costume para a mulher de 2050', desenhado por Salvador Dali – todos adquiridos e doados posteriormente ao Museu pelo próprio Paulo Franco".[58]

No mesmo artigo, é relatada a história da roupa do futuro criada por Dali, que se transformou num item relevante do acervo de indumentária do Masp: "Salvador Dali o recebeu em Nova York, colete de brocado, bengala, rodeado, enfim, de toda aquela

## MEMÓRIAS DE UM ARMARINHO

Uma loja que certamente contribuiu para tornar a Rua 25 de Março, em São Paulo, uma referência nacional no comércio de roupas foi o Armarinho Koraicho. Sua história começou em 1951, quando os irmãos Fuad e José Koraicho, de origem árabe, alugaram um prédio de 150 m² no número 867 e abriram um pequeno armarinho, com acessórios para costura. O Koraicho foi um fornecedor importante para centenas de costureiras e alfaiates que atuavam na cidade. Demorou cerca de cinco anos para "o ponto pegar"; mas entre 1957 e 1958 seu progresso era notável: "As prateleiras recheadas de mercadorias, a freguesia fervilhando e aumentando, os funcionários satisfeitos e as vendas em pleno crescimento. Tudo isso incluía de 12 a 14 horas de trabalho diário. Dedicação quase exclusiva à loja [...]. Durante quatro anos eles se dedicam assim à loja. O resultado permitiu que os irmãos Koraicho comprassem um imóvel no número 837 da famosa rua – antiga loja de Taufik Camasmie [...]. Decidiram ali construir um prédio maior e melhor. [...] O prédio, de 5.500 m², foi terminado e inaugurado em 1959".[1] Não parou por aí... Algum tempo depois, mais duas casas vizinhas foram compradas, demolidas e foi construído um prédio de nove andares, então o mais moderno da 25 de Março, tornando-se uma "verdadeira atração turística na tradicional rua de comerciantes árabes". Em 2010 a Koraicho, na Rua Barão de Duprat, nº 233, voltava-se para brinquedos, papelaria e informática, ocupando uma área de 10.500 m².

1    25 de Março: Memória da Rua dos Árabes, de Rose Koraicho; Kotim, São Paulo, SP, 2004.

aura que constitui seu mundo. Tendo lhe explicado o objetivo de sua vinda (a solicitação de desenhar, para o desfile, o traje para a mulher vestir na lua), Salvador Dali pediu-lhe um dinheiro pelo trabalho em questão. Acertados os detalhes, expressou Paulo Franco o desejo de vê-lo no Brasil, por ocasião do desfile, perguntando-lhe se julgava possível aceitar o convite. Salvador Dali respondeu rápido, sem indecisões: 'Dinheiro algum do mundo me faria ir à América Latina'". Também foram desfiladas, antes da peça culminante de Dali, indumentárias características de outras culturas ou de antigas, emprestadas pela Union Française des Arts du Costume. Fica evidente, pelo relato e por toda a produção que envolveu o desfile, a intenção – de Paulo Franco e Bardi – de apresentar à alta sociedade paulista as novidades de Christian Dior e, ainda, de conferir à sua moda *status* de criação artística. Nasceu, desse modo, a seção de costumes do Masp, constituída ainda por um acervo parco de doações.

No ano seguinte, 1952, também por iniciativa de Pietro Maria Bardi – então sem qualquer vínculo com Paulo Franco e sua Casa Vogue –, realizou-se no Masp o Primeiro Desfile de Moda Brasileira, sob os auspícios do Sindicato de Fiação e Tecelagem. Daquela feita, o evento foi engendrado, também, sem qualquer indução ou motivação comercial imediata do dono dos Diários Associados e criador do Masp, Assis Chateaubriand – ainda que, eventualmente, pudesse contar com seu aplauso. Até porque aquele desfile poderia ser incluído sem erro na sequência de iniciativas relacionadas com moda, ocorridas entre 1951 e 1952, que tinham como pano de fundo a valorização do algodão brasileiro. Inclua-se entre elas, ainda, a vinda ao Rio e a São Paulo, em outubro de 1952, do próprio Jacques Fath, "o famoso rei da alta-costura internacional, para apresentar os seus maravilhosos vestidos confeccionados exclusivamente com algodão da Bangu".[59]

Bardi resolvera, com o Primeiro Desfile de Moda Brasileira, ir ao âmago da questão: "A posição da moda brasileira situa-se, aparentemente, nos seguintes termos: os nossos melhores 'costureiros' [sic] tomam passagem num avião, desembarcam em Le Bourget, atravessam Paris, enviam malas para o Palace Hotel e correm a procurar Christian Dior, Jacques Fath e outros colegas de mais elevada categoria. Examinam as coleções, compram-nas, transportam-nas para cá e eletrizam as senhoras de nossa sociedade capazes de desembolsar as altas quantias de que necessitam. Assim é a moda no Brasil", sintetizou artigo da revista Habitat.[60] Para mudar esse quadro, foi criada no extinto Instituto de Arte Contemporânea (IAC) do Masp "uma escola para costureiros e artesãos que se dedicam aos problemas colaterais da moda".[61] E olha

Da esq. para dir., Pietro Maria Bardi, as modelos Anah, Silvie e Bettine; a esposa de Paulo Franco, Lina Bo Bardi e Paulo Franco durante o desfile de modelos de Christian Dior, no Masp; São Paulo, SP, 1951.

que "problemas colaterais" não faltavam! A começar pela qualidade dos tecidos, passando pela tímida estamparia e desembocando na indigência da criação. Sem falar em lançamento, comercialização e formação (informação) do público consumidor. Para ser exato, toda a cadeia da moda brasileira estava por ser construída; particularmente sua ponta extrema – o público consumidor –, ainda interessada apenas pela moda europeia ou norte-americana.

O IAC do Masp conseguiu angariar apoiadores, dentre os quais talvez o mais importante fosse o Mappin – que se disponibilizou a expor à venda, em suas vitrinas, os vestidos a serem criados. Quase todo o resto coube mesmo à equipe do IAC, aliás, altamente qualificada. Nesse ponto, Bardi não errava: tinha um raro talento para se fazer bem acompanhado. A concepção e a coordenação do projeto ficaram a cargo do casal de italianos Luisa e Roberto Sambonet, então professores do Instituto de Arte Contemporânea – ela, de estamparia, ele, de desenho livre. Importante nome do *design* industrial italiano do pós-Guerra, Sambonet viveu em São Paulo com a mulher entre 1948 e 1953, quando tornaram-se próximos do casal Pietro e Lina. Ele criou estamparias para os tecidos, juntamente com Carybé e Roberto Burle Marx, impressas em sedas fornecidas pela recém-inaugurada Tecelagem Santa Constância, da família Pascolato – à frente, Gabriella Pascolato –, e em algodões de diversas têxteis apoiadoras. Klara

Hartoch – ex-aluna da Bauhaus – desenvolveu tecidos artesanais em ráfia e outros materiais. Lilli Correa de Araújo produziu linhos "de inspiração marajoara". Tudo, aliás, era absolutamente exclusivo, incluindo os acessórios: os chapéus foram criados por Alberto Gabrielli; as sandálias e sapatos, de Antonio Parisi; as joias, com pedras brasileiras por Lina Bardi; até os botões tinham desenhos arrojados de Saulle Rossi.

A criação dos modelos teria sido um trabalho coletivo, mas é possível supor como foi decisiva a contribuição de Luisa Sambonet. Em artigo na Habitat nº 9, ela argumentou com uma lucidez atordoante para a mentalidade da época: "Chegou o momento de enfrentarmos o problema da moda brasileira. [...] O clima inglês ou francês não podem sugerir elementos a quem vive no Brasil. [...] Do ponto de vista dos figurinos, é inexplicável o esforço até aqui empregado na adaptação da moda estrangeira ao mercado brasileiro. Poderia toda essa energia e esse trabalho serem canalizados num só sentido: naquele de tirar proveito do folclore local, não perdendo de vista as possibilidades de criar, no futuro, elementos de exportação".[62]

Tanta ousadia para pensar a moda brasileira só seria possível, àquela altura, a uma italiana – dispensável ressaltar o paradoxo da assertiva. Acostumada ao trato dos modos locais, a jornalista Helena Silveira confessou-se "amedrontada", em artigo sobre o projeto, e enxergou fortes possibilidades de "insucesso". Intrépidos, Bardi e os Sambonet seguiram em frente: "Procurou-se, acima de tudo, na execução dos vestidos idealizados e confeccionados no Museu, não ir além do espírito dos motivos tradicionais, de desfrutar ao máximo as possibilidades sugestivas de objetos e motivos populares, tendo, por outro lado, presente, em todos os pormenores dos modelos, a séria finalidade que nunca deveria ser desvirtuada: absoluta originalidade".[63]

Mas ainda faltava uma importante etapa para que se pudesse fazer o lançamento das criações à alta sociedade paulista: o desfile. Ainda não havia no Brasil – salvo raras exceções – modelos profissionais; a saída foi criar, também, a "primeira escola de modelos" do país; ou, melhor dizendo, um "curso de estilística do gesto feminino", do qual há registros fotográficos de alunas caminhando com livros na cabeça, "método antigo e fundamental para o busto ereto e o passo leve".[64] Fato é que, superadas todas as dificuldades, em 6 de novembro de 1952, às 17 horas, teve início o Primeiro Desfile de Moda Brasileira, na grande sala do Masp, para uma plateia de cerca de "mil pessoas".

Nenhuma moda até então havia sido feita no Brasil com tanta inventividade estética e ousadia conceitual – isso em poucos meses. Teria sido um desfile arrojado mesmo para a Europa. As estamparias foram, previsivelmente, aliás, o ponto forte de uma moda criada por um Museu de Arte! Estruturalmente, ela seguia passos próximos aos da moda internacional do período: saias rodadas amplas, vestidos retos tomara que caia ou com alças, que expunham ombros e braços; modelos de calças compridas que chamavam atenção: o modelo "Jacaré", "para caça", era feito em couro de crocodilo. "Com peles de animais brasileiros poder-se-iam confeccionar casacos de pele e outros objetos de feitio primoroso, de qualidade incomparável e de, relativamente, baixo custo".[65]

O modelo "Jangada", composto por calça e blusa em lonita, "para usar no iate", remetia aos trajes praieiros simples do povo do litoral brasileiro; o modelo "Balaio" – apresentado pela mulata Glória (uma manequim negra, talvez a primeira a desfilar no Brasil) –, "para os passeios no campo", era quase inteiriço, em "algodão tecido à mão com palha"; o modelo "Cuíca", "para os dias em Santos", era feito em lonita e tricoline; o modelo "Cascavel", "para a chuva", era composto de "duas peças em gabardine impermeável e couro de cobra"... E, nesse ritmo, o desfile apresentou nada menos que cinquenta modelos brasileiríssimos, arejados, criativos, simples e leves, usando sempre tecidos de fibras adequadas ao nosso clima e estamparias modernas, inspiradas em nossa cultura e folclore. Tudo parecia fadado ao sucesso: mas não foi!

Exposta à venda na Casa Mappin com preços entre 1.500 e 9.800 cruzeiros (o mais caro foi o Mãe de Santo, em "algodão tecido à mão, com fios de ouro"), a moda brasileira do Masp teve pouquíssima aceitação. Afinal, que paulistana daquele período queria andar por aí com um vestido chamado Urubu, ou Escola de Samba, ou Favela, ou Macumba? A moda do Masp estava pelo menos quatro ou cinco décadas à frente do seu tempo. Lamentavelmente! A experiência foi arquivada e Bardi não voltou mais, daí por diante, à moda. Pelo menos não à patropi... O Brasil – pelo menos as suas elites – não estava preparado para ter moda própria; preferia as imitações...

Estava, menos ainda, pronto para a desconcertante moda unissex que o arquiteto, artista plástico e venerável iconoclasta Flávio de Carvalho (Flávio de Resende Carvalho, 1899-1973) lançou em outubro de 1956, em evento que intitulou Experiência nº 3. Tratava-se de um *new look* unissex – ironizando a moda de Dior – que questionava, justamente, a importação de costumes pelo Brasil, como ele explicou à revista Manchete: "A roupa tradicional é uma imposição dos costumes europeus, importados e mal digeridos. Anti-higiênica, porque veda a transpiração".[66] Flávio estava convencido de que os modelos masculinos usados na época, tipicamente europeus – ternos de casimira inglesa sempre escuros, casacos pesados, calças de lã, chapéus de feltro, gravatas largas amarradas ao pescoço –, eram impróprios ao nosso clima de verão tropical. Além disso, acreditava na necessidade de haver uma moda unissex em consequência do "nivelamento social" entre homens e mulheres.

O modelo que ele desfilou pelas ruas do Centro de São Paulo duas vezes, à "frente de um enorme séquito de jornalistas e curiosos",[67] beneficiaria, portanto, os usuários em sete aspectos diferentes: "estética, ventilação, higiene e saúde; movimentos fáceis, economia, complexos psicológicos".[68] O costume, executado pela figurinista de teatro Maria Ferrara, era composto por uma blusa amarela em cristal de náilon, tecido sintético ventilado (com aberturas nas axilas) e um tanto armado, com gola redonda folgada no pescoço para não obstruir a circulação do sangue (favorecendo a quem sofria de complexo de inferioridade), dotada de um curto franzido que remetia, discretamente, às vestes renascentistas – constituídas de rufos (golas tiotadas), aspecto reforçado pelas mangas largas, à altura dos cotovelos. Uma saia em brim, acima dos joelhos, com pregas largas, dava liberdade aos movimentos, tornando esta moda de verão "capaz

*Abaixo, Flávio de Carvalho desfila seu* New Look *pelas ruas de São Paulo;* Manchete, *Edição Nº 236, Rio de Janeiro, RJ, 27 de outubro de 1956.*

*Na página ao lado, publicidade da têxtil, Paramount; setembro de 1958.*

de conter, acalmar e substituir as primeiras manifestações de desequilíbrio mental"[69] – segundo o idealizador. Como acessórios, Flávio sugeria meias de malha, do tipo arrastão (as que ele exibiu foram, aliás, emprestadas por sua amiga, a atriz Maria Della Costa), com a função de "proteger as pernas dos contatos com objetos, sem prejudicar a ventilação",[70] e uma sandália de couro comum, como as usadas no Nordeste brasileiro.

Previsivelmente, a moda unissex de Flávio não pegou... Mais importante que o modelo em si, porém, foi seu propósito, que acabou se tornando corriqueiro: usar a vestimenta para questionar ou sugerir valores à sociedade. No caso, ele estava apontando em direção a uma roupa mais leve, mais ventilada e adequada ao nosso clima, ideia que sem dúvida foi aderida. Flávio também acertou em cheio ao profetizar a moda unissex – usada sem distinção por ambos os sexos –, eixo dos movimentos comportamentais do final da década de 1960, incorporada por meio de várias peças que se tornaram triviais, como o *jeans*, a camiseta, o tênis etc. Com suas experiências, Flávio foi também precursor dos chamados *happenings* ou *performances*, ao utilizar o próprio corpo para produzir impacto visual e debate cultural, antecipando propostas como a realizada, na década de 1960, pelo artista plástico Hélio Oiticica, com seus Parangolés.

## TÊXTEIS DESCOBREM A MODA

Ainda no início dos anos 1940 – em plena Segunda Guerra –, o Brasil chegou a ocupar a segunda posição mundial na produção de tecidos. Mas o maquinário de nossas fábricas era, em grande parte, anterior a 1915. Com a retomada das economias europeia e norte-americana no pós-Guerra, o cenário internacional se tornou mais difícil: "Enquanto os teares automáticos foram introduzidos na Europa e nos Estados Unidos em 1930, só chegaram ao Brasil em 1950, sem desativar, no entanto, as máquinas mais antigas".[1]

Assim, a indústria têxtil brasileira adentrou os "anos dourados" ainda exibindo índices garbosos, mas tendo que renovar seu maquinário, focando num mercado interno majoritariamente de baixa renda. As exportações eram difíceis, porque nossos preços superavam os norte-americanos, que retornaram fortes no pós-Guerra. E surgia concorrência latino-americana, principalmente da Argentina, do Chile e do Uruguai. De todo modo, se em 1955 possuíamos 585 indústrias têxteis, em 1959 este número subiu para 716.[2] Os tecidos de algodão continuavam sendo os mais qualificados: "Era a principal fibra nacional, matéria-prima geradora de divisas e um pano bem adaptado ao clima quente do país".[3]

Mas também surgiram têxteis habilitadas a produzir tecidos antes importados, como sedas, veludos, gabardines etc. Já tínhamos bons tecidos, mas não sabíamos, ainda, dar "alma" às roupas, como faziam, muito bem, aliás, os franceses. Ou seja, desconhecíamos como fazer moda! De todo modo, as têxteis acordavam para a importância dessa outra ponta do segmento. É curioso notar que elas divulgassem, ainda, seus produtos para o consumidor final, porque mantinha-se o hábito de compra de tecidos (ou melhor, das "fazendas") em "cortes". Mesmo assim, suas propagandas não mostravam "cortes" ou rolos de tecidos, mas modelos prontos, quase sempre associados à moda francesa. Ou seja, os fabricantes entendiam que não era o tecido em si que convencia seu público – menos ainda as mulheres –, mas, sim, a roupa de moda! Estávamos no início de um processo de valorização da moda, no qual algumas empresas tomaram a dianteira – caso da Rhodia, por exemplo – e outras foram a reboque, ou ficaram no caminho…

---

1   Santista Têxtil: uma história de inovações, 75 anos, de Maria Helena Estellita Cavalcanti Pessoa (coord.) e Mario Ernesto Humberg (edição e texto final); Clã Comunicações, São Paulo, SP, 2004.
2   A Indústria Têxtil em Cataguases; pesquisa para elaboração do projeto museológico do Museu Nacional da Indústria Têxtil; Museu da Pessoa, São Paulo, SP, maio de 2006.
3   Moda, Luxo e Economia, de José Carlos Durand; Babel Cultural, São Paulo, SP, 1988.

## Auge e queda da cópia

Na década de 1950, as casas de alta moda sob medida do Brasil, que copiavam moda francesa, chegaram a seu apogeu. Era um "canto do cisne" – já que, ao final daquele período, elas seriam suplantadas pelo *prêt-à-porter*. No Rio de Janeiro, a Canadá de Luxe dominava a cena, promovendo desfiles periódicos para "colocar a elegância brasileira inteiramente em dia com a evolução da moda parisiense", exibindo "as novidades que o senhor Jacob Peliks mandou trazer de Paris", incluindo as "últimas criações de Dior (linha A) e Balenciaga (linha I)".[71] Entre modelos assinados por grandes nomes internacionais, como Dior, Givenchy, Fath ou Jeanne Lafaurie – apresentados em outra reportagem de Manchete sobre Moda para o Sweepstake de 1953 –, havia aqueles com a marca Studio Canadá, criações de Mena Fiala (com etiqueta apenas da casa), cujo trabalho focava vestidos de noiva e de gala que fizeram fama pelos bordados luxuosos.

Já a partir do final da década de 1940, o prestigiado calendário de desfiles da Canadá de Luxe passara a ser intenso – entre quatro e cinco por ano. Eles eram realizados em espaço próprio da loja, incluindo uma originalidade bem nacional: os lançamentos de fantasias para o Carnaval. Em abril, havia a "abertura da estação", seguida pela tradicional temporada anual do Sweepstake, no Jóquei Club do Rio – uma corrida de cavalos com loteria –, evento que se tornava um verdadeiro desfile de elegantes cariocas; em setembro, era a vez da moda verão. Cobrindo um desses desfiles, o jornalista de moda Alceu Penna comentou em crônica intitulada Paris em Pessoa: "Saímos satisfeitíssimos ao constatar que tudo vai bem, no campo da moda; que Paris continua a nos enviar enfeites para realçar, ainda mais, a beleza destas jovens [modelos]. E ficamos orgulhosos, finalmente, quando desfilaram os vestidos de noite, lindos, criados por costureiros nossos, misturados aos de Paris, o que tornou aquela tarde mais feliz pela contemplação eufórica da beleza e pelo orgulho de um bairrismo justificado".[72] Lamentavelmente, Alceu não menciona os nomes dos tais "nossos costureiros" – sendo de se supor que, entre eles, estivesse pelo menos Mena Fiala.

"Embora não se propusesse a fundar a alta-costura nacional, a Casa Canadá realizou um trabalho de importação de moda mais elaborado e pioneiro. Ele envolvia organização de desfiles, um ateliê de costura fina, encarregado das

*Abaixo, reportagem de Alceu Penna sobre desfile de moda da Casa Canadá; O Cruzeiro, Ano XXVIII, Nº 36, Rio de Janeiro, RJ, 23 de junho de 1956.*

*Na página ao lado, manequim francesa posa modelo da coleção primavera de Madame Rosita; São Paulo, SP, 1950.*

coleções dos desfiles, das encomendas exclusivas e de um pequeno estoque para os pedidos do *prêt-à-porter*. Compreendia também um esforço de divulgação, com serviço de imprensa e apresentações nos estados mais importantes. Tais funções exigiam formação de pessoal. Mena Fiala, diretora do ateliê de alta-costura, supervisionava a produção das coleções e a organização dos desfiles. Essas tarefas obrigaram-na a montar uma equipe de costureiras e outra de manequins".[73] Para a pesquisadora Cristina Seixas – autora de uma dissertação de mestrado apresentada em 2002 sobre a Canadá –, a casa representou um momento de aprendizado: "Parece-me que uma característica da Casa Canadá foi o cuidado de estudar a roupa, de não fazer a cópia pela cópia. Se hoje há uma moda brasileira, um *design* brasileiro, é porque houve esse passo lá de trás... Dona Mena teve a preocupação de entender a estrutura de construção da roupa: do vestido tomara que caia, do *tailleur* francês ou do vestido de noite, que precisava ter chumbinho na bainha, para a saia não levantar. A roupa tinha sempre um segredo e ela queria desvendar esse segredo. Para isso, desconfigurava, desmontava as roupas para ver que corpo tinham por dentro, quantas camadas de tecido recebiam, como é que era o forro etc...".[74] Ela observou ainda que a Casa Canadá teve a primeira contramestra negra: "Era uma figura que tinha papel importante no ateliê, porque chefiava as costureiras, e, naquela época, as contramestras eram todas estrangeiras. Daí a importância de se dizer que houve ali uma contramestra que, além de ser brasileira, era negra", ela confirmou.

No final da década de 1950, a Canadá viu-se diante da necessidade de se adaptar aos novos tempos e chegou, também, a lançar o que chamou de coleção Boutique (ou *Petite Collection*), apontada como "o primeiro *prêt-à-porter* lançado no Brasil" – obviamente, portanto, coleções seriadas, mas ainda na linha luxo. Os bons ventos levaram a Canadá de 1930 até os anos dourados; porém, em 1966, fechou suas portas. O mercado passava por mudanças com a chegada do *prêt-à-porter* e o surgimento de costureiros brasileiros. Contudo a causa imediata de seu fim foi o falecimento do dono, Jacob Peliks, dois anos antes: "A mulher dele ficou no comando e, segundo relato de dona Mena, faltou conhecimento administrativo. Gastava-se mais do que se podia. Mas, antes de falir, fechou ainda de forma elegante. Foi feita uma venda de tudo que havia lá dentro e conta-se que as clientes disputaram até as meias das manequins. Acabou todo o estoque e, pronto, fecharam-se as portas",[75] relatou Cristina Seixas. A sede foi vendida a um banco e, a partir daí, as irmãs Mena e Cândida passaram a produzir por conta própria, ainda por longo tempo, criando vestidos de gala e para noivas, sempre preservando a sofisticada técnica de bordados que haviam desenvolvido na Canadá: "[...] você tem que desenhar primeiro no papel; depois, passa para a organza; daí passa para o filó. Aí junta os três e vai para a máquina de bordar; entra três vezes na máquina: primeiro, para bordar de branco, depois, para bordar de ouro e de prata, se tiver ouro e prata. Aí recorta! E, para recortar, às vezes é uma semana de trabalho...",[76] descreveu Mena Fiala, já aos 92 anos.

Trajetória semelhante teve a Casa Vogue, de Paulo Franco, em São Paulo. Muito "contra a vontade"[77] de seu dono – no começo –, a Vogue criou uma seção de moda *boutique*, com a linha *prêt-à-porter* de Pucci um pouco mais barata – mas com vendas sempre em *cash*. Seguindo a estratégia de adaptação aos novos tempos, incorporou o trabalho de criação do costureiro José Nunes, que passou, a partir de 1958, a desenhar moda para as coleções da casa, durante três anos. Não tinha crediário, mas instituiu o Cheque Vogue, "que as mulheres adoravam ganhar de presente".[78] Na década de 1960, a Casa Vogue foi transferida para a Avenida Paulista, esquina com Peixoto Gomide – onde ainda desfrutou um período auspicioso –, vendendo *prêt-à-porter* e criando uma etiqueta jovem, a Voguinho. Sobreviveu à morte de seu criador, em 1971, mas sem engendrar igual sucesso: a marca foi vendida em leilão, em 1981.

A casa de Madame Rosita também sobreviveu ao *prêt-à-porter*, mas porque já vinha promovendo mudanças – de endereço e de estratégia comercial. O processo de adaptação e copiagem de peças importadas crescera, exigindo que Rosita montasse um ateliê habilitado a produzir similares da *haute couture*; então ela estruturou equipes de alfaiates e costureiras: "Havia costureiras para saias, para vestidos e os alfaiates, que faziam os *tailleurs*. Ela não fazia blusas; apenas eventualmente. Depois, vieram as calças.

*Na página ao lado, desfile de moda da Casa Canadá; Rio de Janeiro, RJ, década de 1950.*

*Abaixo, desfile no ateliê de Madame Rosita da Rua Barão de Itapetininga; São Paulo, SP, c.d. 1957.*

*Na página ao lado, As Garotas do Alceu, seção desenhada por Alceu Penna com textos de A. Ladino; O Cruzeiro, Ano XXVI, Edição Nº 41, Rio de Janeiro, RJ, 24 de julho de 1954.*

Mas faziam, principalmente, vestidos: de noivas, para festas, para passeios, de todos os tipos",[79] informou Saul Libman. Também os modelos exclusivos foram, com o tempo, caindo: "Não dava mais para copiar, como ela fazia no começo; o melhor era trazer a roupa pronta. Ela se adaptou a isso automaticamente; passou a trazer o *prêt-à-porter*. Mas, ainda assim, tinha que fazer os ajustes e tinha que copiar, para as pessoas muito gordas. E Madame Rosita sempre tinha uma atenção muito grande com as pessoas mais avantajadas",[80] acrescentou o filho da empresária.

Em 1960, a loja foi transferida para a Avenida Paulista, também acompanhando a debandada da elite do Centro da capital paulista (após curta passagem pelo Conjunto Nacional), fixando-se num casarão branco, número 2.295, próximo à Consolação – ambiente clássico, com tapetes orientais, cadeiras de veludo e móveis antigos, onde atendia com hora marcada. "Tinha lá um armário riquíssimo com cortes de zibelinas, xantungues de seda, cetins e rendas maravilhosas, que ela mantinha trancado a sete chaves",[81] contou Petrô Stival – também estilista (com loja, em 2010, no bairro de Moema, em São Paulo) –, que chegou a atuar como assistente de Rosita, na década de 1970. "Uma roupa podia ser desmontada e refeita, se necessário, no tamanho da cliente, e ficava perfeita",[82] ela confirmou.

No conjunto das clientes de Rosita, figuravam os sobrenomes mais bem aquinhoados de São Paulo e do país; por exemplo, os Jafet, os Maluf, os Mesquita etc. Entre as primeiras-damas do país, ela vestiu Darcy Vargas e Iolanda Costa e Silva (mulher do marechal Artur da Costa e Silva, presidente de 1967 a 1969); do estado, vestiu Leonor Mendes de Barros (mulher de Ademar de Barros, interventor federal de 1938 a 1941, e governador entre 1947 e 1951 e de 1963 a 1966) e Jô Abreu Sodré (mulher de Roberto Costa de Abreu Sodré, governador de 1967 a 1971).

Madame Rosita manteve-se ativa até sua morte, em 1991; seu sucesso comercial sustentava-se, também, por uma boa estratégia de relacionamentos com colunistas sociais, que ajudaram a manter a fidelidade da clientela – incluindo políticos e empresários. Por ter sido pioneira no comércio de moda importada, foi definida, com humor e boa dose de acerto, como a "avó da Daslu". Após seu falecimento, a marca foi mantida durante curto tempo pela filha Dora Libman Werebe, na Alameda Jaú, Jardim Paulista. Fechou, definitivamente, apenas em fins de 1992.

No Rio Grande do Sul, a hegemonia de Madame Mary Steigleder foi quebrada pelo surgimento de costureiros que ofertaram criação própria, casos de Rui Spohr e Luciano Baron. Rui confirmou que as roupas de Steigleder baseavam-se na importação de moldes de Paris. "Inclusive, havia uma troca desses moldes entre ela, Madame Rosita e Mena Fiala, da Canadá: uma comprava, por exemplo, dez moldes, copiava e vendia para suas clientes; depois, trocava com a outra por moldes diferentes, adquiridos também nas grandes *maisons*".[83] Substituída por criação local ou por *prêt-à-porter*, a copiagem da *haute couture* por meio das telas vigorou, no Brasil, durante quase três décadas; mas saiu de cena, definitivamente, na década de 1960.

As garotas indiferentes pelos rapazes, porque o objetivo delas são outros rapazes... Não ligando a uns, elas fingem ligar mais a terceiros... Mas os terceiros que se cuidem...

Desenhos de ALCEU PENNA
Texto de A. LADINO

Garôtas que nem ligam!

## "As Garotas" em destaque

Com editorial amplo e colorido, Alceu Penna continuava comentando em O Cruzeiro a moda internacional – a francesa em especial. Entre 1946 e 1947, passou uma temporada de sete meses na Europa, três em Paris, acompanhando *in loco* a retomada da moda francesa no pós-Guerra e o surgimento de Christian Dior, como costureiro. Em seu trabalho jornalístico, Alceu tinha o cuidado de informar, na chamada principal, que os modelos comentados – ilustrados com fotos de agências ou croquis dele próprio – eram "criados em Paris"[84] ou "criações italianas";[85] que se tratavam das "mais novas criações da moda parisiense"[86] ou, ainda, de "vestidos *prêt-à-porter* dos grandes costureiros parisienses".[87] Ao lado de cada croqui, indicavam-se os criadores originais da roupa, em geral Carven Junior, Balmain, Lanvin, Madeleine de Rauch, Hubert de Givenchy, Nina Ricci, Jacques Fath e quase sempre... Dior – a quem dedicava devoção maior. Indicar a origem europeia da criação era quase um estratagema para valorizar a seção e, supostamente, também uma exigência editorial da revista...

*Abaixo, desfile de fantasias criadas por Alceu Penna. O Cruzeiro, Ano XXXII, Nº 4, 28 de janeiro de 1961.*

*Na página ao lado, As Garotas do Alceu, seção desenhada por Alceu Penna, com textos de Maria Luiza, Ano XXXI, Nº 13, 10 de janeiro 1959.*

Durante suas estadas em Paris (outras viagens se repetiram), Alceu pôde vivenciar a forte estrutura da moda francesa, mas isso – ao contrário de motivá-lo a assumir uma carreira de costureiro/figurinista – parece tê-lo intimidado. Em entrevista dada em meados da década de 1950, ele expôs seus motivos: "Gostaria muito. Mas isso de desenhar moda requer um laboratório. Não basta desenhar. É preciso executar também. Nesse caso, tem de ter costureiros, ajudantes etc."; e ironizou sobre a possibilidade de montar um ateliê, afirmando que "procurava sempre afastar os maus pensamentos".[88]

Ou seja, Alceu reconhecia que não bastava um traço primoroso – como de fato o tinha – para se posicionar como um criador de moda. Com conhecimento de causa, apontou a necessidade de formação específica e experiência prática. Criar roupa não poderia resultar apenas da capacidade de se imaginar um modelo: era necessário saber torná-lo exequível, conhecer tecidos e técnicas específicas em sua utilização e prever seus resultados sobre o corpo. Alceu colocava-se, portanto, na condição de jornalista e desenhista de moda, ou – usando suas modestas palavras – "apenas um porta-voz" da moda estrangeira em nosso país. "Aqui no Brasil, nós só fazemos adaptar. Ninguém tem prestígio suficiente para criar alguma coisa diferente de Paris".[89] Se não via possibilidade de praticar uma moda que fosse além da adaptação (note que ele usa a palavra "prestígio" com sagacidade), Alceu contava pontos em favor da elegância da mulher brasileira: "Mesmo a mulher das classes menos favorecidas tem um certo requinte que nenhuma outra mulher do mundo consegue ter. Nas requintadas, então, nem se fala". E destacava a beleza das jovens: "Nenhuma mulher, em parte alguma, é tão bonita dos 14 aos 20 anos. [...] para os franceses, a mulher de 20 anos nem sequer é notada. Eles não aproveitam as garotas, dando-lhes o destaque que damos", comentou orgulhoso com o fato de as suas "garotas" estarem, então, sendo comparadas "a esta geração de 'brotos' atual".[90]

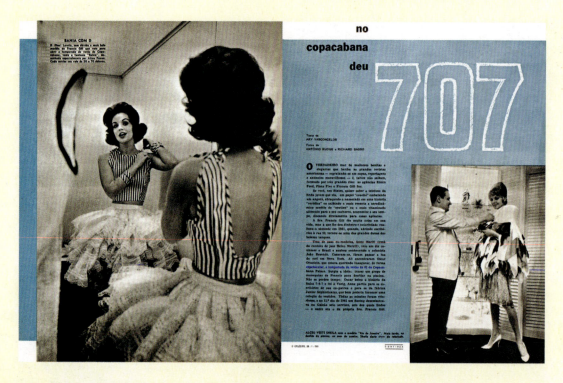

# O Vocabulário das Garôtas

**DESENHOS DE ALCEU PENNA**           **TEXTO DE MARIA LUIZA**

AFIRMAM os homens — quanta coisa afirmam os homens! — que o vocabulário de uma mulher adulta de cultura média não passa de quinhentas palavras.

Conclui-se daí que o vocabulário de uma garôta deve ser ainda mais reduzido. A verdade é que pode êle ser reduzido, mas é saboroso...

As garôtas conseguem fazer miséria com algumas dezenas de palavras, às quais elas dão o sentido que entendem, para grande espanto dos gramáticos e filólogos.

E quando uma garôta resolve abrir um dicionário e aprender palavras "novas" a aflição dos entendidos é ainda maior.

Um dia dêsses, almoçando em casa de uma amiga, uma bonitona declarava, entre a salada e o frango:

— Eu fui de uma extraordinária magnanimidade com a Célia! Anotei meu gesto no diário, para a posteridade!

Depois que a garôta foi embora a amiga "traduziu" a frase para a família, palavra por palavra:

— Magnanimidade é a disposição de aturar desaforos, enquanto se arquiteta um plano de vingança. Diário é um conjunto de anotações daqueles episódios de nossa vida que todo o mundo pode ler e posteridade é a fase em que a Humanidade, já iluminada, julgará ótimo e digno dos maiores elogios tudo o que a gente fêz.

As mulheres gostam mesmo de falar, com ou sem sentido, e é por isso que ao sair de casa, depois de uma gripe com febre altíssima e pavorosa angina, uma garôta, ainda rouca, dizia baixinho:

— O pior não é a febre, não é a dor, é a gente não poder falar na gripe!

Em O Cruzeiro, Alceu criou também a tradição dos croquis de fantasias para o Carnaval, publicados todo santo mês de fevereiro. Afinal, em matéria de Carnaval, francês nenhum tinha moral para nos dar lições... Num segmento similar, assinou os "trajes típicos" desfilados por Marta Rocha, no concurso Miss Universo de 1954 (aquele que a bela baiana de olhos verdes perdeu devido às "duas polegadas" a mais nos quadris...), e por Emília Correia de Lima, no Miss Brasil 1955. Isso sem falar dos diversos figurinos e cenários que idealizou para peças teatrais e *shows*, incluindo as vestes para o balé comemorativo aos festejos do Quarto Centenário do Rio de Janeiro.

E seu jornalismo de moda não se restringiu apenas a O Cruzeiro. Ao contrário, foi nas páginas de A Cigarra que teve mais destaque. Adquirida pelos Diários Associados em meados dos anos 1930, a revista mensal chegou a ter, na década de 1940, mais de cem páginas em encadernação brochura, com foco no público feminino. Alceu iniciou sua colaboração com ela produzindo croquis para o Suplemento Feminino, comandado pela jornalista Elza Marzullo – que também escrevia a seção Elegância e Beleza de O Cruzeiro. Na década de 1950, assumiu os editoriais de moda da revista, seguindo a mesma linha adotada em O Cruzeiro – e criou a seção Mocinha, assinada por Tia Marta – uma variação de As Garotas, com desenhos de jovens sempre vestidas com primor, acompanhados de textos curtos, em tom proverbial dos conselhos de uma amorosa tia sobre questões um tanto pueris das moçoilas da época. Ainda entre 1945 e 1952, Alceu manteve colaboração com a S.A. Moinho Santista Indústrias Gerais, uma das mais tradicionais fabricantes de linhas e lãs do país, criando os calendários anuais da empresa, ilustrados com graciosas *pin-ups*, e colaborando com a revista bimestral Tricô e Crochê, lançada em 1942. Editada em São Paulo, divulgava pontos e modelos de suéteres, cachecóis, chales, blusas etc., para serem confeccionados pela dona de casa. Alceu desenhava a capa e diversos modelos para serem feitos em tricô e mesmo em tecido.

Mas foi só no final da década de 1950 que ele deixou de se colocar como um "porta-voz" da moda internacional, assumindo-se como criador de moda. Com o surgimento das arrojadas revistas Jóia, da Bloch Editores, em 1958, e Manequim, da Editora Abril, em 1959, A Cigarra se viu obrigada a ousar para não perder espaço. Seu formato foi ampliado e ganhou uma seção nova, intitulada Coleções de Alceu Penna, explicitamente colocado como autor dos modelos. Naquelas alturas, ele foi também contratado pela Rhodia para compor as coleções a serem desfiladas na nascente Feira Nacional da Indústria Têxtil (Fenit). Alceu encontrou na Rhodia espaço para exercitar seu talento de criador, o que de fato já o era há muito tempo...

As Garotas do Alceu continuaram ativas nas páginas de O Cruzeiro até 1964, quando deixaram de circular por mais de um motivo. O principal é que seu autor tomou outros rumos, como o trabalho de criação e consultoria de moda para a Rhodia. A revista entrou

*Na página ao lado, Gabriella Pascolato na Tecelagem Santa Constância; São Paulo, SP, 1948.*

## UMA TECELAGEM PARA A MODA

A Tecelagem Santa Constância surgiu em 1948 já com forte vínculo à moda: começou produzindo um tecido altamente sofisticado – a seda – e, mais que isso, foi criada pelo casal italiano Gabriella e Michele Pascolato, que imigrara para o Brasil em 1945. A fábrica nasceu de modo até casual. Quem conta a história é a filha e herdeira Costanza Pascolato: "Papai começou trabalhando com importação e exportação, como sócio dos Matarazzo, dos Crespi, famílias italianas importantes aqui da Capital. Em Santos, por causa da Guerra, era um grande caos: barcos mercantis aportavam, com cargas que ninguém queria mais... Então, meu pai ia ao porto de Santos, se informava dessas mercadorias que haviam chegado. Às vezes, eram máquinas agrícolas; outras vezes, eram máquinas de tecido. Então, ele dava um lance e comprava tudo; e sempre fazia bons negócios, porque revendia, depois, por preços de mercado. Numa dessas vezes, ele arrematou teares feitos em Lyon, França. E, naquela mesma época, ouviu falar que algumas empresas haviam colocado fios de seda pura em bancos, como garantia para transações financeiras [empréstimos a colônias alemãs e japonesas, que cultivavam o bicho da seda]; e os bancos não sabiam o que fazer com aquela mercadoria, que, inclusive, poderia estragar [o fio cru dura de 4 a 5 anos]. Então, minha mãe juntou a história dos teares com a da seda que estava nos bancos: eles pediram um empréstimo para o meu avô, que era rico, e foi assim o início da fábrica... Meus pais tinham conhecido um técnico têxtil que acabou sendo sócio, na fábrica montada em uma garagem. E começaram produzindo seda pura.... Foi assim, até os anos 1960. Era fantástico, porque eles exportavam seda e, imagine, os franceses não queriam que se colocasse *Made in Brazil* no nosso produto, porque a seda era tão boa!".[1]

Como se vê, as têxteis brasileiras não tinham boa fama lá fora, pelo menos para produção de tecidos mais sofisticados. Antes da construção da fábrica, os Pascolato já haviam investido na compra de uma carga de seda e tafetá, vendida com sucesso – experiência que os animara a investir no ramo têxtil. Um parceiro fundamental apareceu na mesma época: "Coincidentemente, meu marido foi procurado por Luigi Castiglioni, um italiano que tinha chegado aqui antes da guerra e montado uma pequena tecelagem – onde fazia uns cobertores horríveis. Ele queria começar a trabalhar com *jacquard*. E arriscou: '*Dottore, facciamo una píccola fabbrica!*'. Foi assim que começou'. Michele viu ali um bom negócio, comprou o estoque de seda e alguns teares e alugou um barracão. Inventou-se um nome: 'Meu marido dizia que deveria ser 'santa-qualquer-coisa' porque as fábricas daqui sempre se chamavam Santa Genoveva, Santa Isabel, santo isso, santo aquilo... Pusemos Santa Constância, por causa da nossa filha Costanza – que muito santa não era, mas enfim...' 'Eu que nunca tinha visto um tear na minha vida, mas sabia muito bem o que devia sair dele; passava horas ao lado do sr. Luigi, fazendo testes e treinando a mão-de-obra. Conseguimos um produto bom e bem-acabado",[2] acrescentou Gabriella Pascolato. A Santa Constância prosperou oferecendo tecidos mais sofisticados: "Poucas pessoas entendiam o que a gente vendia; a maioria só achava caro demais. Mesmo assim crescemos rápido... Comecei com oito teares, num ano já eram 12; em três anos 120. Quando começamos, era um bom negócio, depois de 15 anos se tornou um alto negócio. Tive ótimos lucros".[3] A tecelagem produzia tecidos finos para vestuário feminino e tapeçarias em seda, linho e algodão; mais tarde, fibras sintéticas. Ainda em 2010 é uma das tecelagens nacionais que investem em produtos sofisticados para a moda.

1    Depoimento ao projeto HMB, gravado em maio de 2007.
2    Brasil na Moda, vol. 1, edição de Paulo Borges e João Carrascosa; Editora Caras, São Paulo, SP, 2004.
3    Idem.

**Seja sempre um mestre de elegância...**

**escolhendo sarjas AURORA**

Sim, pois a tradicional qualidade das Sarjas Aurora, corresponde, exatamente, ao padrão de apresentação impecável exigido pela sua personalidade.

Uma roupa de Sarja Aurora, pela qualidade que representa, significa para V. a garantia de estar sempre "pronto para qualquer programa".

Tecidos Aurora... para a qualidade que assegura bom corte, caimento e durabilidade...

## DUCAL E GARBO: SÓ PARA ELES

Em 1950, José Vasconcelos de Carvalho, filho de Lauro de Souza Carvalho, dono da já afamada rede de lojas A Exposição, associou-se aos primos José Cândido e José Luiz Moreira de Souza e compôs o capital de 22 milhões de cruzeiros que viabilizou um projeto ousado de roupa pronta masculina – até então quase inteiramente restrita aos alfaiates. Com 30 anos incompletos, Carvalho, havia feito cursos de administração nos Estados Unidos e idealizou a Companhia Brasileira de Roupas, confecção masculina popular, cuja trajetória marcou o varejo brasileiro. A coluna vertebral do negócio do trio de Josés era a venda a crédito, em parcelas fixas, em até 24 meses, além da promoção compre um terno e leve uma calça extra, ou seja, "duas calças" – palavras cujas sílabas iniciais batizaram as lojas do grupo: Ducal (ironicamente, trata-se, também, do adjetivo que se concerne a um duque).

No caso da Ducal – pelo menos das roupas – os adjetivos eram, digamos, mais práticos que nobres. Tratava-se de oferecer ao consumidor uma "calça extra", que permitia alongar o tempo de uso do costume ou terno – considerando-se que a peça de baixo se desgastava mais rápido. O leitor contemporâneo deve estar se perguntando sobre a monotonia dessa roupa, sempre igual – nos tons predominantemente cinzentos e pardos, que faziam o estilo Ducal. Pura verdade! Mas também é fato que o gênero masculino, naquele período, não se preocupava (ou não deveria se preocupar) com frescuras como variações de cores ou dos modelos das roupas. Afinal, moda era coisa para mulheres...

A principal concorrente da Ducal, sediada no Rio, era outra rede de roupa masculina fundada em 1947, em São Paulo: as Lojas Garbo, criadas por João Ribeiro – das Organizações Ribeiro. Ambas disputavam o homem de classe média que desejava se vestir de forma prática e conveniente. "Quem quiser roupa bem cortada que procure um alfaiate", dizia Paulo Afonso de Carvalho, irmão do fundador da Ducal.[1] Com publicidade agressiva, Garbo e Ducal focavam sempre a economia e a praticidade da roupa (apostando nos fios sintéticos com "vincos permanentes" e nas liquidações "monstro"), contratando personalidades da tevê e dos esportes para atrair seu público: Pelé foi do time de garotos-propaganda da Ducal logo após a primeira conquista da Copa do Mundo, ainda em 1958; também o campeão de Fórmula 1 Emerson Fittipaldi fez campanhas da marca. Em 1966, a Ducal se uniu à rede de lojas de eletrodomésticos Bemoreira, de Minas Gerais – supostamente para ampliar sua rede de lojas.

O declínio da rede Ducal coincidiu com o acirramento da concorrência no mercado de roupa masculina. Novas etiquetas apostavam na ideia de que homem podia, sim, usar moda, caso do Clube Um, da Gal Modas e das licenciadas de Pierre Cardin e outras marcas estrangeiras. Entre 1970 e 1974, a Ducal contra-atacou com uma linha assinada pelo costureiro Ugo Castellana. Mas seu espaço já não era o mesmo; com a crise inflacionária que assolou a década de 1980, não resistiu: sua última loja – a propósito, em Duque de Caxias, RJ – foi fechada em 1986. Já a Garbo conseguiu sobreviver aos ciclos econômicos e às intempéries da moda: em 1976, após a morte do patriarca, foi incorporada pelos herdeiros de Nilo de Souza Carvalho (criador da antiga Exposição Clipper e ex-sócio do criador da Garbo), permanecendo em 2010 ainda sólida na moda masculina acessível, com cerca de 30 lojas – a maior parte em *shopping centers* – em diversas cidades do país.[2]

---

1. Crônica de Gustavo do Carmo em Todo Cultural [http://tudocultural.blogspot.com/2008/08/memria-entre-15-e-30-linhas-ducal.html]; e crônica Bemoreira-Ducal, em Boemia-Nostalgia [http://boemiaenostalgia.blogspot.com/2009/03/bemoreira-ducal.html]; acessos em março de 2010.
2. Trajetória de sucesso, texto institucional, em Garbo Moda Masculina [http://www.garbo.com.br/empresa]; acesso em março 2010.

num processo de decadência, que se arrastaria por vários anos. Em entrevista de meados da década de 1950, Alceu chegou a alegar, sardônico, que suas "Garotas" teriam sido superadas por outras, de carne e osso: "usam linguajar incompatível com as minhas, bem mais cultas e inteligentes".[91] É fato que suas "Garotas" tinham a cara da década de 1950 – tanto que passaram a simbolizá-la. E mesmo não se tratando de uma seção de moda, os modelos que as vestiam eram tão detalhados e bonitos que foram copiados e tornaram-se uma referência de moda brasileira para o período. Qual a razão disso? Uma resposta possível é que Alceu se sentisse bem à vontade para vestir suas espevitadas garotas com roupas (quase sempre poucas) que expressavam seu próprio estilo, com toques de brasilidade...

*Na página ao lado, propaganda dos tecidos Aurora; outubro de 1955. Ilustração de moda masculina (abaixo); Jornal das Moças Nº 1961, Rio de Janeiro, RJ, 15 de janeiro de 1953.*

*Abaixo, o costureiro José Ronaldo e criação de sua autoria, Rio de Janeiro, RJ, agosto 1953.*

## O pioneiro José Ronaldo

Havia chegado o momento de o Brasil ter seus próprios criadores de moda – de alta moda, sob medida, diga-se. Quem assinaria, por exemplo, a moda desfilada nas passarelas de um evento como o Miss Elegante Bangu? A resposta não poderia vir da França... Mas, pode-se dizer, passava por lá, ou pelo menos pela festa de Coberville, que serviu de balão de ensaio para o lançamento do costureiro José Ronaldo (José Ronaldo Pereira da Silva, 1933-1987): "Para uma das festas de Coberville, [ele] idealizou vários modelos. Dona Darcy Vargas usava um deles. Jacinto de Thormes conta em sua coluna o sucesso de José Ronaldo e os elogios de Jacques Fath. Na sua volta ao Brasil é contratado como desenhista exclusivo da Bangu, alcançando muito êxito".[92] José Ronaldo não desfilou, propriamente, em Coberville, mas suas roupas estavam lá, vestindo boa parte das *socialites* brasileiras presentes no evento.

Nascido no Rio de Janeiro, filho (adotivo) de diplomatas, José Ronaldo teve ali seu *début* como o "figurinista da alta sociedade" – como gostava de se autodefinir. Sua importância circunscreveu-se ao contexto de uma moda calcada em Dior e demais contemporâneos franceses – o que se encaixava como luva aos desejos da elite brasileira de então, assim como aos propósitos do Miss Elegante da Bangu; foram, portanto, suas roupas que deram vida às passarelas do evento enquanto ele durou: José Ronaldo foi contratado para integrar o núcleo responsável pela organização do Miss Elegante Bangu.

Em meados da década de 1950, seu ateliê era bem frequentado no Rio, e sua fama cresceu, com o lançamento de Manchete, em 1952, pela Bloch Editores – forte concorrente de O Cruzeiro. Ele foi convidado a assumir a seção de moda, disputando leitoras com Alceu Penna que, desde a Segunda Guerra, assumira a área na semanal dos Diários Associados. Em sua seção, José Ronaldo apresentava croquis de sua autoria, mas "dentro dos dispositivos da nova linha de Dior" – como explicava na edição de outubro de 1954, sob o título "José Ronaldo

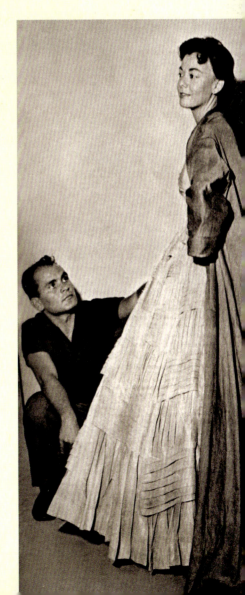

# Curtas ou longas

SAIAS curtas, bem mais curt aparecem como ponto de da moda atual.

Pretendendo estudar a rea nina quanto ao alongamento Dior lançou na estação pas mas saias no tornozelo: ( d'essais)

Embora no momento seja inverno na Europa, o enc das saias vem a calhar com brasileiro. O ideal será 42 cr A saia deve apenas cobrir o Com êsse "truc" a silhueta tura, torna-se mais leve e gante. As medidas de Chris (42 cm) e de Lanvin Ca cm) já foram lançadas na francesa por Balenciaga (4 solo). A saia curta, porém, ser excessivamente justa porq riza o tipo.

Curtas ou longas, já não e blema. A saia com menos seu comprimento normal e cm) será muito mais elegante xima estação. Creio que o mento pronunciado, como o dos 46 cm, deve ser evitado, decer a uma imposição norma a 42 cm do solo, será o cer Teresa Sousa Campos, Y pes e Lourdes Catão geralme saias bem curtas no verão.

As saias subirão normalme complicações. Nada é mais nem mais jovem. Porém, var brar das proporções.

Curtas, bem curtas, será são inteligente.

*38 cm do solo, que aparentemente é qua-se normal. Modêlo em tafetá de coton areia.*

**Dois exemplos do comprimento da saia atual:**

*42 cm do solo, curta e elegante, surge neste modêlo pregueado em surah-de-coton branco.*

*Filtê de coton (imita o veludo nesta jovem sugestão azul-porce cinto entra na blusa e termina atrás. A saia, 40 cm do solo.*

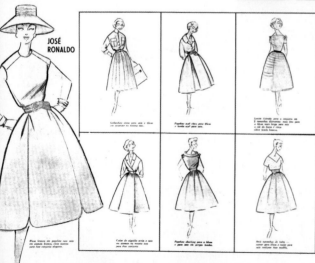

## Saia e blusa

Na mesma côr Madalaine de Rauch foi quem reviveu os novos aspectos, a saia e blusa. Nessa sua última coleção, apareciam idéias realmente novas e jovens, verdadeiros "achados" que vêm restituir a êsse tão conhecido traje, o favoritismo de várias horas. No desfile final Bangu — apresentamos várias idéias novas. Essas e outras aqui estão à disposição de vocês.

*Novamente o "faille" de algodão amarelo, drapeado em forma de laço. Pregas de ambos os lados.*

*"Piquet", amarrado por tiras de veludo, saia franzida.*

*Fustão azul, decote reto na frente, longo nas costas. Um cinto de listras marca a cintura.*

apresenta a moda brasileira", com o alerta: "Sendo moda de inverno, é óbvio que se aproveite a ideia, com modificações para o verão carioca". Ou seja, estava claro que a criação era de Christian Dior, com as características de cintura marcada e armações: "Embora usadas discretamente para baile longo, [as armações] chegam ao exagero em vestido de *cocktail* e baile curto. Givenchy usou-as de modo estranho em sua última coleção, isto é, projetadas para frente",[93] ele comentava, confirmando tratar-se de moda internacional, com farta citação de costureiros em evidência, como Jeanne Lanvin, Castillo, Germaine Leconte, Pierre Balmain, Nina Ricci, Coco Chanel ou o espanhol Cristóbal Balenciaga. Havia espaço também para citar *socialites* cariocas, suas clientes: "Teresa Sousa Campos, Yvone Lopes e Lourdes Catão geralmente usam saias bem curtas no verão".[94]

José Ronaldo desenhava, ainda, coleções promocionais para a Bangu. Em 1957, por exemplo, manequins "de fama internacional" foram contratadas pela fábrica para exibir, no Copacabana, em Punta del Este e no Guarujá, criações "do figurinista patrício".[95] Em entrevista à revista Jóia, admitiu que cobrava "uma pequena fortuna" por um croqui e só desenhava "para o *top* do Rio".[96] E falava explicitamente em moda brasileira: "O colorido é a real base da elegância latina. O sol simboliza a radiosa beleza da mulher brasileira que, incontestavelmente, é das mais belas e elegantes de todo o mundo. Por esta razão é que a elegância brasileira, uma elegância tropical, digamos assim, tem tudo para conseguir um lugar de destaque no cenário mundial da moda. [...] Quanto à ideia de fazer moda brasileira, no mais estrito sentido da palavra, aqui está o meu apoio, ressalvando, porém, a afirmativa de que a inspiração poderá ser francesa sem, contudo, desmerecer o nosso trabalho de artista". Ou, um tanto mais ufanista: "Nós seremos o centro da moda sul-americana. Podemos criar uma moda toda nossa, aproveitando motivos nossos e principalmente nossas cores. Temos tudo no Brasil para ser um grande centro de moda internacional".[97]

Ao longo da década de 1960, José Ronaldo permaneceu trabalhando em seu ateliê, no Flamengo, aberto em 1963. Manteve sua clientela, ainda que perdesse evidência para concorrentes mais esfuziantes. Preservou sempre seu estilo *low profile* até o falecimento, aos 54 anos. Em seus últimos anos, trabalhou para a Maison D'Ellas, montada por Glorinha Pires Rebelo, em meados da década de 1970. Mais que todos, José Ronaldo merece o título de pioneiro; seu perfil reservado talvez explique o fato de ser muitas vezes colocado em segundo plano. As datações, porém, confirmam que ele criou moda bem antes de Dener Pamplona de Abreu, muitas vezes apontado como o primeiro costureiro do Brasil.

*Na página ao lado, seção de moda escrita e desenhada por José Ronaldo; Manchete, Edições Nº 282, 14 de setembro de 1958 (acima); Nº 131, outubro de 1954 (abaixo à esq.) e Nº 236, 27 de outubro de 1956 (abaixo à dir.).*

## Moda que veio do Sul

Outro nome que despontou, na mesma época do Miss Elegante Bangu, foi o do catarinense Galdino Lenzi (Galdino José Lenzi, 1924- ), radicado durante toda a sua carreira em Florianópolis. Natural de Rio dos Cedros, situada a cerca de 40 km de Blumenau, Lenzi iniciou-se como aprendiz de alfaiate, por volta dos 14 anos, devido "às circunstâncias": "A necessidade era grande e eu precisava aprender algum ofício; tinha um tio formado alfaiate no Liceu Coração de Jesus de Loreto, de São Paulo, e ele disse: 'Mande o rapaz lá para minha casa, que vou dar um jeito nele'",[98] contou Lenzi, com 85 anos em 2009, e ainda em atividade com ateliê em Florianópolis. Quando começou, eram comuns os cursos técnicos em alfaiataria para homens, e corte e costura para mulheres. "Na minha cidade, havia umas duas ou três alfaiatarias, que vestiam os homens. As mulheres faziam roupas em casa. As que podiam mais, iam para Blumenau ou Timbó... Mas era uma coisa muito primária. No Brasil, a moda só apareceu de 1950 para cá...".[99] No começo, Lenzi não se deu bem com roupas femininas, ainda que a mãe insistisse para que fizesse pelo menos os "ternos de mulher". Os *tailleurs* acabariam sendo mesmo uma de suas especialidades.

Com cerca de 20 anos, ele mudou-se para Blumenau e, em seguida, para São Paulo, onde chegou a viver por três anos, trabalhando no ateliê do alfaiate José Antonio Martinez, na Rua Xavier de Toledo, que atendia "aos homens mais elegantes" da cidade: "São Paulo era uma Paris; as missas, aos domingos, eram verdadeiros desfiles de elegância e mal havia lugar para tantos chapéus femininos",[100] ele contou. Em novembro de 1949, Lenzi se transferiu para Florianópolis, abrindo seu próprio ateliê, mas ainda voltado à roupa masculina; naquela época, aprendeu um método alemão e passou a se dedicar mais aos *tailleurs*. A amizade com o colunista social Zury Machado o levou ao Miss Elegante Bangu do Sul: "Participei do Miss Bangu, em Florianópolis. Os desfiles aconteciam no Clube 12 de Agosto. Eram grandes festas; o Zury era muito amigo da família Silveira e me contou que quando a dona Candinha Silveira ficou sabendo que eu havia feito roupas para o Miss Bangu, aqui em Santa Catarina, comentou: 'Nossa, como Florianópolis está chique! Já tem até costureiro...'",[101] relatou Lenzi.

O costureiro iniciou-se na roupa feminina pelo Miss Bangu, mas ainda apenas como executor. "O Lenzi tinha uma irmã muito bonita e eu a convidei para desfilar. Me lembro muito bem, ela iria usar um vestido de cetim verde e eu disse: 'Olha, Lenzi, as mulheres fazem muito mais roupas do que os homens...'. Ele executou o vestido para a irmã, mas a partir do desenho do José Ronaldo. Depois disso, se entusiasmou...",[102] recordou Zury Machado. Dali por diante, o catarinense voltou-se apenas à moda feminina, com um estilo reconhecido pela economia de recursos: "Minha roupa é diferente, por um motivo simples. Quando comecei, só tinha empregados homens. Então, tive que limpar a roupa ao máximo para tornar a execução fácil. Essa simplicidade me deu um caminho. É claro que eu também enfeito, faço viadagens... Mas meu estilo ficou marcado e faço, ainda, a mesma coisa que fazia nos anos 1950".[103]

A dificuldade na formação profissional é um aspecto que Lenzi lamenta em sua trajetória: "Nunca planejei ser costureiro; até me acanhava com isso. Se na época certa eu tivesse sido bem orientado, acho que teria dado um grande nome... O problema é que não tive escola nenhuma, só a prática e o curso do professor alemão...".[104] O costureiro manteve-se sempre fazendo apenas roupa sob medida para famílias tradicionais de Florianópolis: "Nunca fiz *prêt-à-porter* e nem tive vontade. Não gostaria de ver roupa minha pendurada em qualquer mulher. Acho a palavra moda muito popular; quando se fala que algo é moda, é porque a rua inteira está vestindo a mesma coisa. Estou errado, nisso, inclusive... Mas prefiro a roupa sob medida; no meu ateliê, só faço sob encomenda".[105]

E não foi apenas Lenzi que surgiu no Sul do país, durante a década de 1950. Em Porto Alegre, apareceu Rui (Flávio Spohr, 1929- ) para desbancar a hegemonia da *maison* de Madame Mary Steigleder,[106] que reinava absoluta – seguindo a fórmula da venda de cópia de modelos franceses, similar à de Madame Rosita e da Casa Canadá. "Durante anos, ela foi a rainha-mor. Mas eu abalei as estruturas dela, porque vim de Paris com a mentalidade de desenhar os vestidos que fazia. Nos tornamos 'inimigos íntimos'; nos tratávamos cordialmente, mas havia uma guerra nos bastidores",[107] contou Rui.

Ele pertence a uma geração de costureiros que assumiu a condição de criadores das roupas que produziam – ainda que referenciadas em Paris. "Infelizmente, acho que não existe uma moda brasileira. Nós copiamos muito, ainda, da Europa, e uma moda baseada no nosso folclore não interessa a ninguém", ele argumentou. Seu principal "lema" tem sido, desde o início, a busca pela "sofisticada originalidade do simples": "Gosto de cortes, linhas e tecidos bons. Evito as pedrarias, os efeitos fáceis e cintilantes. Para mim, um vestido tem que ter frente, lado e costas; tem que ter princípio, meio e fim", detalhou.

Nascido em Novo Hamburgo, RS, neto de imigrantes germânicos, Rui decidiu ainda na adolescência que desejava fazer moda, mesmo indo contra a vontade dos pais e para escândalo de sua provinciana cidade natal, onde chegou a realizar dois desfiles, em 1949 e 1951, enquanto ainda cursava Belas-Artes, em Porto Alegre. Com 22 anos, em outubro de 1952, zarpou num navio para a França, custeado por uma pequena herança deixada pelo pai, com quem aprendera a única frase

*O costureiro Rui Spohr (de óculos, sentado) na escola da Chambre Syndicale de la Couture Parisienne; França, Paris, 1953.*

239

que sabia em francês – *"j'ai perdu ma plume dans le jardin de ma tante"*. Não era muito, mas ele estava também munido de uma certeza que lhe parecia suficiente: "Paris era o centro da moda".[108] Dias depois da chegada, já era o "primeiro brasileiro" matriculado no curso da escola da Chambre Syndicale de la Couture Parisienne, entidade oficial dos costureiros franceses. Das 35 vagas anuais, cerca de 17 eram destinadas a estrangeiros – que pagavam, naturalmente, o dobro do que custava para os franceses porque, "no entender deles, ao final do curso eles estariam levando um pouquinho de cultura [...], um verniz, ao país de origem, uma vez que era praticamente líquido e certo que não teriam como trabalhar com moda na França".[109]

Rui entendeu, com o passar dos meses, que estrangeiros ali eram discriminados, mas aproveitou ao máximo as oportunidades que teve, podendo como aluno, por exemplo, frequentar os desfiles dos afiliados da Chambre: "Promoviam-se quase duas dezenas de coleções em Paris, naquela época, só de alta-costura", relembrou. Alguns meses depois, ele se matriculou também na École Guerre-Lavigne (mais tarde Esmod), que "oferecia um curso mais prático, com ênfase no corte e costura", onde aprendeu a diferença entre os métodos básicos de *couture à plat*, ou seja, baseada no molde de papel, além da técnica do *moulage*, em que a roupa é armada em manequim, com tecido de algodão (a *toile*), e então desmontada para dar origem a um molde e, depois, à roupa final.

Em março de 1955, Rui retornou ao Brasil certo de que o país estava pronto para "largar de mão os moldes franceses, as *madames* costureiras, os vestidos comprados no exterior e as cópias". Assim, sem saber dos passos da moda em São Paulo e no Rio, ele relata: "comecei aqui no Sul o mesmo que Dener havia começado em São Paulo – ou seja, a coisa estava caindo de madura...".[110] Rui na verdade iniciou alguns anos antes que o próprio Dener, mas na volta de Paris se dedicou primeiro aos chapéus. Só quando eles saíram de moda, por volta de 1958, passou definitivamente à roupa feminina. Promoveu desfiles em que atuaram como modelos, ainda iniciantes, Lilian Lemmertz, Elizabeth Hartmman (ambas, depois, atrizes famosas) e Lúcia Cúria (que foi manequim de sucesso na Itália e na França, além de amiga e secretária de Coco Chanel, antes de se tornar a senhora Walter Moreira Salles, um dos mais poderosos banqueiros do país, falecida em janeiro de 2009).

Rui Spohr não só suplantou as adversidades dos primeiros tempos, em Porto Alegre, como se tornou um dos mais reverenciados nomes da moda gaúcha. Entre 1962 e 1964, integrou o grupo de costureiros que criou modelos para as coleções desfiladas nos eventos da Rhodia, da Fenit. Mais tarde, já nos chamados "anos de chumbo", em fins da década de 1960, vestiu a primeira-dama Scyla Médici, esposa do general Emílio Garrastazu Médici, sempre com sua "moda sob medida", que ele distingue da "alta-costura" – "o artesanato da moda, a roupa quase toda feita à mão" – restrita à França. Naquele período, seu ateliê – comandado por sua mulher, Dóris – produzia, em média, 40 vestidos de noiva e 60 de debutantes, por ano, empregando 60 pessoas. E, em 2010, atendia a solicitações sob medida e oferecia *prêt-à-porter* em loja localizada no mesmo endereço.

Lenzi e Rui abriram as portas para a criação de moda em terras sulistas. Ainda em Porto Alegre, logo surgiu o costureiro Luciano Baron (1940- ), que emigrara de Treviso, Itália, para a capital gaúcha, em 1950, acompanhando os pais. "Meu pai, Fausto Baron, foi um grande costureiro. No início de 1930, ele fez um curso técnico na respeitada escola de alfaiataria Rocco Alloy, em Turim, porque já trabalhava com um alfaiate. Durante a Segunda Guerra, ele viveu dificuldades e minha mãe tinha uma irmã que veio para o Brasil nos anos 1920, uma pioneira. Eles começaram a se corresponder e meus pais decidiram vir para Porto Alegre, onde já estava esta tia",[111] contou Baron. O pai de Luciano se instalou, inicialmente, como alfaiate, mas logo decidiu mudar de segmento: "Ele sentiu que, aqui, havia melhor oportunidade para a roupa feminina, porque era uma novidade. Havia bons alfaiates, mas não costureiros. E havia copistas; senhoras que viajavam, traziam moldes da França e reproduziam. E não havia outra opção, porque não havia no Brasil cursos onde se pudesse aperfeiçoar o corte. Então, um ano depois de estar aqui em Porto Alegre, meu pai voltou a Turim para fazer outro curso, de corte feminino", relatou Baron (Idem).

Filho único, Luciano começou no ateliê do pai. O primeiro desfile ocorreu em 1958: "Eu tinha 18 anos e era um trabalho conjunto com meu pai, baseado em figurinos. Ideias próprias vieram mais tarde, com a experiência", ele confirmou. Em 1964, foi a vez de Luciano retornar ao país natal em busca de formação, no Istituto Marangoni, de Milão: "Acho o conhecimento técnico fundamental para o sujeito não criar o que não é factível, o que fica bem apenas no papel branco, que aceita tudo... Meu estilo é mais limpo e despojado, porque domino a técnica", argumentou. Realizando desfiles por estações, em clubes locais, Luciano se firmou e, em 2010, mantinha ateliê com clientela fiel, em Porto Alegre. Em maio de 1970, ele participou de um evento que contribuiu para firmá-lo na cena da moda brasileira: o 1º Encontro dos Grandes da Alta Moda no

*Acima, modelo usa chapéu criado por Rui Spohr; Revista do Globo, Edição Nº 704, 30 de novembro a 13 de dezembro de 1957.*

*Na página ao lado, o costureiro Rui Spohr e modelo de sua primeira coleção, apresentado pela manequim Marlene Lynn; Porto Alegre, RS, 1958.*

*Acima, modelo criado pelo costureiro Narazeth; Jóia, Edição Nº 55, 2ª quinzena de março de 1960.*

Brasil, que pretendia criar a Câmara da Alta-Costura Brasileira e conseguiu reunir, pela primeira vez, os principais nomes de então – organizado pelo costureiro Nazareth, que chegou a ter destaque na moda gaúcha daquele período...

As informações sobre Nazareth (1920-1972) são escassas: sabe-se que nasceu em Lisboa, Portugal, e imigrou para o Brasil já como profissional de moda, atuando no Rio de Janeiro, no início da década de 1950. Transferiu-se, em 1958, para Porto Alegre, financiado por um sócio que bancou seu ateliê na capital gaúcha, negócio interrompido por seu súbito falecimento aos 52 anos, em acidente automobilístico: "Ele chegou a ter uma certa repercussão, no Rio, mas foi mal de negócios... Depois, reapareceu aqui, em Porto Alegre, trazido por uma modelo chamada Aline Faraco, que havia desfilado para ele no Rio e se casou aqui. Badalou por algum tempo, mas não chegou a ter um trabalho marcante. Era um senhor de mais idade, muito simpático",[112] contou Rui Spohr.

Segundo Galdino Lenzi, Nazareth contribuiu para sua afirmação na moda: "Ele fez numa ocasião um desfile aqui em Florianópolis e eu o recepcionei. Ele elogiou o meu trabalho e, depois, recebi convite para participar do 1º Encontro dos Grandes da Alta-Costura no Brasil, em Porto Alegre. Os outros eram mais conhecidos; eu era iniciante. Depois que o Nazareth morreu, um sócio dele me pediu para substituí-lo, em seu ateliê, em Porto Alegre. Fiquei por dois anos indo e vindo, mas depois tive que me desligar...". Para Luciano Baron, Nazareth teria sido mais um promotor que um criador de moda: "Foi o Nazareth que tomou a iniciativa de promover este evento, para criar uma Câmara da Alta-Costura Brasileira. Ele era de uma simpatia fantástica e tinha a capacidade de agregar as pessoas. Conseguiu passagens da Varig, estadias em hotéis e alguns patrocínios. [...] Era um homem experiente e tinha facilidade em promover a moda, com muito trânsito na sociedade, entre jornalistas e divulgadores. Acho que ele foi isso...", definiu.

Em reportagem publicada por O Globo, sobre o 1º Encontro dos Grandes da Alta-Costura no Brasil, em Porto Alegre, Nazareth reivindicava a condição de pioneiro na linhagem dos nossos costureiros: "Até 1953, fui o único costureiro conhecido do Brasil. Depois, veio o José Ronaldo, Dener e uma porção de gente. Morei no Rio, vindo de Lisboa, onde nasci. Fechei o ateliê do Rio e, desde 1958, resolvi me fixar nesta bela cidade".[113] Pode ser que Nazareth tenha mesmo antecedido José Ronaldo, mas não chegou a ter igual expressão. Com razão, porém, ele propunha na época a união da categoria em um órgão representativo, o que comprova sua capacidade de articulação e senso de classe. Não viveu para ver seu sonho realizado; muitos contemporâneos que sobreviveram a ele também não viram...

# Dener, o costureiro vedete

Muitos costureiros angariaram prestígio a partir da segunda metade da década de 1950. Nenhum, porém, superou Dener Pamplona de Abreu (1936-1978), não tanto pelo seu pioneirismo, mas por sua personalidade espalhafatosa e, sem dúvida, por seu talento... Nascido em Belém do Pará, Dener migrou para o Rio de Janeiro, com a mãe Eponina (ou Lolita, seu apelido), em 1945. Seu pai, Alfredo Braga de Abreu, um ex-jogador de futebol de Ilhéus, BA, falecera naquele mesmo ano. Filha de um produtor de borracha, Eponina fora educada na Inglaterra, e falava inglês com perfeição, o que lhe facilitou obter vaga como secretária na Panair – a famosa empresa de aviação do período. Entrecortadas por casos não confirmados, as narrativas disponíveis sobre o início da carreira de Dener estão envoltas por relatos fantasiosos, em boa parte por obra dele próprio.

Por exemplo, em sua autobiografia O Luxo, Dener narrou com detalhes um encontro com Mena Fiala, diretora da Casa Canadá – então a principal casa de luxo do Rio –, num "lotação" público.[114] Nessa circunstância improvável, Mena teria conseguido observar, casualmente, desenhos que ele fazia por distração, reconhecendo imediatamente seu talento e convidando-o para trabalhar com ela. Na biografia que fez do costureiro, o sociólogo Carlos Dória oferece versão diferente do mesmo episódio: Dener tomava, supostamente, o mesmo ônibus usado pelas netas da diretora da Canadá para ir à escola, e, por meio delas, seus desenhos teriam ido parar "na mesa da diretora da *maison*", que, então, o chamou para uma entrevista e se encantou "com seu talento mortal: era capaz de fazer cem desenhos por hora".[115] Dener teria, no período que afirmou ter "trabalhado" na Canadá, apenas 13 anos, marco que tomou como início de sua carreira profissional, citado em várias entrevistas. Porém, segundo a pesquisadora Cristina Seixas, autora de estudo sobre a Casa Canadá, Dener não trabalhou lá em época nenhuma: "Posso dizer que não trabalhou. Dona Mena era uma pessoa retraída e não desmentia essa história porque, como dizia, preferia 'deixar o rapaz sonhar'",[116] ela garantiu. A história foi refutada, também, em depoimento da própria Mena Fiala, coletado pela pesquisadora Fernanda Queiroz: "Mena revelou que ele frequentou a Casa [Canadá], ainda menino, mas apenas como acompanhante de uma funcionária [supostamente, uma costureira portuguesa]. Ficava quieto, sentado no ateliê, mas não deve ter conhecido sequer o salão".[117]

Outra passagem polêmica da autobiografia de Dener é a que narra seu encontro com Danuza Leão, na Canadá, quando ele teria desenhado para ela um vestido de debutante, ocasião em que a modelo teria colocado em

*Dener Pamplona e a primeira-dama Maria Thereza Fontella Goulart; Rio de Janeiro, RJ, 1963.*

Danuza Leão – então apelidada Girafinha – desfila a moda de Ruth Silveira na boate Vogue; Manchete, Edição Nº 40, 24 de janeiro de 1953.

seu bolso o seguinte bilhete: "Tenho uma amiga que vai abrir o maior *atelier* do Brasil e você tem que ir para lá". A amiga de Danuza seria Ruth Silveira, que ofereceria "10 contos por mês" pelo passe de Dener. A mera contagem das datas revela que, quando Danuza debutou, em 1948, Dener somava 12 anos. Além disso, ela própria negou a história: "Não fui encomendar vestido na Canadá, porque nós – a minha família – não teríamos dinheiro para isso. Então, meu vestido de debutante foi feito por uma costureirinha. Essa história é uma invenção; posso garantir que é absolutamente inverídica...".[118]

Várias fontes corroboram, porém, que Dener de fato trabalhou com Ruth Silveira (1928-2006), em meados da década de 1950, parceria que, anos mais tarde, teria se invertido, com Ruth se tornando diretora "de moda e indústria" do ateliê do costureiro, em São Paulo. Danuza confirmou também sua amizade com Ruth Silveira, nos tempos da famosa boate Vogue: "Ela era minha amiga sim, mas não teve o tal bilhete. A Ruth tinha um caso com um gaúcho chamado Napoleão Alencastro Guimarães, homem bonito, já mais velho e casado. Então, para se distrair, resolveu entrar no ramo da costura; mas nunca teve uma loja. Fazia na casa dela, mesmo, chamando bordadeiras etc., uma coisa doméstica. Naquela época, a gente terminava a noite na boate Vogue, onde ela estava sempre com o Alencastro Guimarães. Então, resolveu fazer um desfile, num espaço pequeno. E foi aí que desfilei para ela, por amizade", ela relatou. Alencastro Guimarães, já com mais de 50 anos, figurava na lista dos dez homens "mais elegantes" de Ibrahim Sued. Além da fama de bem-vestido, tinha sido senador da República (1951 a 1954) e ministro do Trabalho no transitório governo de Café Filho (1954 a 1955).

A amizade entre Ruth e Dener serviu para amadurecer o talento do paraense. "Além de criar, ele ganhou experiência ao observar os modelos estrangeiros que eram ali deixados para reformas e consertos pelas frequentadoras do ateliê".[119] Outro nome fundamental da moda brasileira, Guilherme Guimarães, também frequentou o apartamento de Ruth no mesmo período e confirmou a sua influência sobre a nova geração de costureiros que então surgia: "Dener trabalhou com a Ruth; ele desenhava algumas coisas que ela reproduzia. Ela tinha uma noção de costura fantástica; costurava muito bem. Foi como uma mãe para todos nós". Guilherme, ainda adolescente, "vivia" na casa de Ruth: "Ela viajava muito, trazia vestidos franceses, sapatos do Roger Vivier e, quando ela chegava, para mim era uma festa porque me mostrava tudo que trazia... Ruth não criava moda; ela se inspirava e adaptava as coisas que trazia de Paris. Mas tinha um bom gosto incrível. Depois, montou uma loja em Copacabana que se chamava La Petite Maison. Um pequeno negócio, mas uma graça... Naquela época, negócios grandes, tipo Daslu, não existiam. Nem a Casa Canadá era assim tão grande. Eles trabalhavam uma coleção e ponto. Não tinham centenas de vestidos em estoque; era tudo sob encomenda. Importavam modelos originais e havia as cópias feitas por eles, que, naturalmente, tinham um preço bem menor. O mesmo ocorria com a Casa Vogue, de São Paulo. Todas essas casas trabalhavam no mesmo esquema: copiavam a partir das telas e dos tecidos que traziam",[120] relatou Guilherme Guimarães.

Segundo Carlos Dória, Dener também "logo percebeu que seus vestidos tinham grande aceitação, e que as paulistanas chegavam a ir ao ateliê carioca atrás das roupas criadas por sua imaginação". Seu passo seguinte, após uma viagem à Europa, foi a mudança definitiva para São Paulo, ocorrida em 1956, para trabalhar com a também paraense Gutta Teixeira, dona da butique Scarlett. A parceria se deu em 1957, mas ele logo abriu seu próprio ateliê na Praça da República, em São Paulo. No ano seguinte, Dener faturou os principais prêmios do Festival da Moda Brasileira, da Matarazzo-Boussac – a Agulha de Ouro e a de Platina –; em 1960, transferiu-se para a Avenida Paulista, 810, então, novo endereço dos paulistanos chiques. Naquelas alturas, já estava – como afirmou, imodesto, em O Luxo – "decidido a inventar a moda brasileira". Ainda em suas palavras: "Sabia que podia e não me faltava o talento de figurinista". Tinha entendido, também, que se "o negócio era ser *vedette*, o jeito era ser até o fim". O cenário era promissor: as têxteis investiam com força na promoção da moda local e novos nomes surgiam, a cada ano, com espaço na imprensa, que encontrava nos babados dos costureiros assuntos para fofocas as quais, de todo modo, ajudavam a abrir espaço para a moda.

## SLOPER, CLIPPER ETC.

Em 1950, um antigo prédio construído por George Raunier – sede de um dos pioneiros magazines cariocas, a Casa Raunier –, situado na esquina da Rua Uruguaiana com Ouvidor, deu lugar a uma construção nova e moderna, onde foi instalada a Sloper – que logo se tornou ponto de referência para a classe média carioca. Vendia roupas prontas e produtos para o lar, como as redes Mesbla, Mappin e Sears (no Brasil desde 1949), suas concorrentes, as quais também passavam por crescimento, abrindo filiais em outras capitais e cidades do interior.

A Mesbla, que surgira como filial de uma rede francesa, atingiu seu auge na década de 1950 e se transformou poderosa, com lojas de departamento espalhadas por todo o país, sob o comando de Henrique de Botton – que se casara com a filha do francês Louis La Saigne, condutor da primeira fase da loja. Henrique e, depois, seu filho André comandaram a expansão da empresa, que seguiria até a década de 1980. Por quase três decênios, a Mesbla foi muito bem no varejo, com uma rede abrangente, vendendo de roupas prontas a automóveis, lanchas e aviões.

A acessibilidade e conveniência da roupa pronta, em relação à feita sob medida, foi o grande atrativo da Modas Clipper, que surgiu em São Paulo, no bairro de Santa Cecília, com o diferencial de ser um magazine focado apenas em vestuário. A Clipper oferecia variedade em roupas prontas para toda a família, já apostando na moda. Sua sede tinha decoração e arquitetura modernas. As novidades da moda eram selecionadas por uma gerente de compras, Sônia Coutinho, que criou, para atrair os consumidores, campanhas centradas em motes da moda jovem, como a "Garota Soquete", que propunha um visual *college* para as moças mais avançadinhas. Essas campanhas envolviam publicidade e desfiles de moda.

## Costuras com Agulhas de Ouro

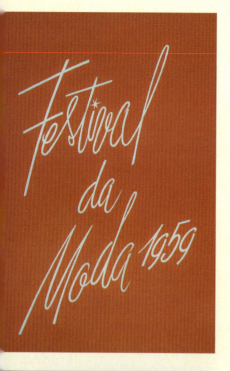

Os desfiles de moda ocorridos entre as décadas de 1950 e 1960 nas principais capitais brasileiras eram sempre beneficentes. Era chique que fosse assim, como se a finalidade enobrecesse um evento considerado mera futilidade feminina. Assim, damas da alta sociedade podiam, sem culpas, admirar e adquirir roupas caríssimas – sempre por uma causa nobre. No Rio, os desfiles eram realizados com frequência no Copacabana Palace, mas também em outros clubes da alta sociedade, modelo replicado em São Paulo e em todas as cidades médias do país – sempre como eventos fechados, elitistas e um tanto provincianos.

Nesse contexto, surgiu em São Paulo o Festival da Moda Brasileira, bancado pela Matarazzo-Boussac, objetivando eleger os melhores costureiros e modistas de cada ano, premiados com os troféus Agulha de Ouro e Agulha de Platina. O evento surgiu, inicialmente, como promoção para arrecadação de fundos à Campanha de Combate ao Câncer, comandada por Carmen Prudente – conhecida senhora da alta sociedade paulista. Há registros de edição do Agulha de Ouro já em 1955, quando Madame Boriska foi premiada. A partir do ano seguinte, o evento ganhou maior dimensão, com a entrada em cena das Indústrias Reunidas e Fábricas Matarazzo (IRFM), que selaram acordo comercial com os franceses da Comptoir de l'Industrie Cotonnière Établissements Boussac – do empresário Marcel Boussac, magnata da indústria de roupas francesa, com braços na produção de tecidos, confecção, no varejo e, claro, na criação de moda. Uma aposta certeira de Boussac, por exemplo, fora Christian Dior. "Como parte da campanha [promocional], foram organizados inúmeros desfiles de moda, acompanhados por divulgação nos meios de comunicação de massa".[121] Em entrevista à revista O Cruzeiro, em 1962, o costureiro Dener Pamplona atribuiu ao evento caráter de ponto inaugural da moda brasileira: "Não se pode determinar, precisamente, quando nasceu [a moda brasileira], pois foram diversas as tentativas isoladas. Mas podemos dizer que o movimento mais positivo, com força de marco inicial, foi o Festival da Moda, em São Paulo".[122]

Ações vinculando a indústria têxtil com criação de moda tornavam-se mais frequentes naquele período. Fabricantes de fios, tecidos e malhas descobriam, finalmente, "que seus produtos se inseriam num espaço econômico, social e cultural bem mais amplo: o espaço da moda".[123] A indústria têxtil nacional diversificava seus produtos, alcançando a faixa dos tecidos mais finos, mercado até então dominado pelos artigos importados; e para promovê-los buscava o apoio dos "grandes agentes difusores da moda: os colunistas sociais e as senhoras da sociedade, enquanto detentores do bom gosto para vestuário, que emprestariam o seu prestígio aos produtos lançados por eles".[124] Redimensionado pela parceria Matarazzo-Boussac, o Festival da Moda Brasileira oferecia os prêmios Agulha de Ouro e de Platina a costureiros locais. Com ele, os costureiros que emergiam na cena local passaram a ter um palco para exibir suas produções e obter seus talentos premiados e incensados pela imprensa, sequiosa por eventos de moda

locais. Uma comissão de especialistas foi incumbida de escolher os modelos merecedores do prêmio Agulha de Platina (melhor traje a rigor) e Agulha de Ouro (melhor modelo esporte); cabia ao público eleger a melhor manequim, premiada com o troféu Sapatinho de Ouro.

Ainda apoiando causas beneficentes – no caso, a Campanha Contra o Câncer –, o Festival da Moda de 1956 ocorreu no Palácio das Nações, no Parque Ibirapuera, recebendo 5.342 pessoas. Além do desfile competitivo, eram apresentadas coleções de costureiros convidados, algumas vezes estrangeiros. Em 1957, o filho do costureiro francês Jacques Heim – Philippe – "representou Paris com a alta-costura no Festival da Moda, realizado no Rio e em São Paulo", mas não se dignou a comentar a moda local: "A moda nasce em Paris e prolonga-se pelo mundo afora. Está provado que ela se torna cada vez mais importante em nosso mundo mecanizado",[125] asseverou. A despeito disso, as passarelas do Festival da Moda Brasileira revelariam nomes que fizeram história na moda do país, a começar por Dener Pamplona, que competiu pela primeira vez em 1958 e faturou, de uma só vez, as Agulhas de Ouro e de Platina, com modelos desfilados pela ex-Miss Pará, Gilda Medeiros. Foi sua consagração... Em 1960, outra revelação importante: o paulista Clodovil Hernandes levou a Agulha de Ouro (a de Platina ficou com Madame Boriska), ambos derrotando Dener. "Concorri pela primeira vez em 1960, por uma loja recém-formada chamada Signorinella, de uma italiana. Eu desenhei e a loja executou. Fui convidado a participar e a loja, por meu intermédio, talvez porque eu fosse estilista e eles quisessem coisas novas. Ganhei com um vestido chamado George Sand, uma mulher vestida de homem. Mas era uma roupa feminina, cinza, branco e bordô. Tinha um chapéu de homem de palha branco, com a calota bem alta",[126] contou Clodovil.

*Na págin ao lado, acima, capa do catálogo do Festival da Moda Brasileira; São Paulo, SP, 1959. Abaixo, a manequim Darci Ferrante Teixeira Rodrigues desfila no Festival da Moda Brasileira, II Fenit, São Paulo, SP, 1960.*

*Nesta página, o troféu Agulha de Ouro, criado pela H. Stern para o concurso da Matarazzo-Bussac; peça recebida pelo costureiro Ugo Castellana; São Paulo, 1964.*

**Estabeleceu-se, a partir dessa pueril competição pela Agulha de Ouro, a rivalidade mais famosa da moda brasileira: Dener *versus* Clodovil, cultivada por ambos – entre ironias e alfinetadas – durante a década seguinte. Na edição de 1961, o "jovem e promissor figurinista"[127] Clodovil, ainda costureiro da Casa Signorinella, foi outra vez vencedor, levando a Agulha de Platina pelo modelo Turandot (personagem da ópera homônima de Puccini) – "uma sinfonia em tons amarelo, branco e ouro, em *mousseline degradée arc-en-ciel*, apresentada pela 'aristocrática Patrícia'".[128] A Agulha de Ouro ficou com o modelo Loreley, da butique Prímula; a modelo Paula, de Madame Rosita, levou o Sapatinho de Ouro.**

Naquele ano de 1961, o Festival da Moda Brasileira vivia seu ápice, com farta cobertura da imprensa. Para evitar que a exibição dos modelos se tornasse uma "sucessão contínua e uniforme que tende inevitavelmente para a monotonia",[129] a artista plástica Rosa Frisoni, organizadora daquela edição, imaginou quatro momentos cenográficos,

A modelo Paula, da casa Madame Rosita, recebe o prêmio Sapatinho de Ouro no concurso Agulha de Ouro; São Paulo, SP, 1961.

ilustrados por telas pintadas, expostas ao fundo do palco-passarela montado no 6º andar do Edifício Matarazzo – situado no Vale do Anhangabaú, junto ao Viaduto do Chá –, com quatro motivos: Manhã de Sol à Beira-mar, Almoço no Jockey Club, Cocktail de 20 às 22 Horas e Gala no Teatro. A ingenuidade e pompa dos temas denotava o elitismo passadista que emoldurava o evento. Clodovil venceu Dener no Festival da Moda de 1961 e nos anos posteriores. Aliás, ele gostava de dizer o seguinte, para não perder o hábito da maledicência recíproca: "Depois que comecei a participar do concurso, nunca mais ele ganhou. [...] A verdade é que, a partir daí, ele só perdeu, nunca mais teve prêmio nenhum, depois que eu entrei em cena, na Agulha de Ouro: ganhei em 1960, 1961 e, em 1963, ganhei a Agulha de Platina de novo. Mas, aí, acabaram-se os concursos".[130] Nisso, Clodovil é corroborado pelos fatos!

Competiam no Festival da Moda Brasileira da Matarazzo-Boussac modelos criados por jovens costureiros que ganhavam espaço no Brasil, mas, principalmente, os produzidos pelas butiques chiques que tentavam reproduzir aqui o *prêt-à-porter* de luxo francês, como Carina, Chinchila, Matildes Modas, Butique Dana Mendonça, Evelyn, Prímula ou ainda por Madame Sóvia, Madame Boriska ou Madame Rosita. Com o tempo, o formato se desgastou: na penúltima edição daquela fase, o Festival da Moda 1963/64 premiou, além de Clodovil – com um vestido em xantungue cor-de-rosa –, a Butique Dana Mendoça, com a Agulha de Ouro. No ano seguinte, quem levou a Agulha de Ouro foi Ugo Castellana, o costureiro italiano que viera desfilar na Fenit de 1962 e decidira permanecer no Brasil. O Festival da Moda, então, acabou e seu principal papel havia sido servir como plataforma para o lançamento dos mais destacados nomes da primeira geração de costureiros brasileiros, dedicados a produzir moda sob medida, ao mesmo tempo em que, na França, a *haute couture* abria espaço para o *prêt-à-porter*. Este, por sua vez, já invadia nossas paragens – mas como artigo importado e caro.

O fim do Festival da Moda foi decretado, principalmente, pela concorrência da Feira Nacional da Indústria Têxtil (Fenit), mais afinada com os interesses do mercado têxtil de promover o consumo de tecidos nacionais – e já entendendo moda como produto para as massas, e não apenas como privilégio de "madames". Ainda não se tratava de um calendário de moda, como ocorria nos países que encabeçavam a moda internacional. Mas, pelo menos, não era um evento fechado, com ranços aristocráticos. Tratava-se de uma grande feira de negócios, aberta ao público (mediante pagamento de ingressos), com muitos estandes e atrativos. Criada em 1958, pela Alcântara Machado Promoções, a Fenit pretendia ser um espaço de exposição para as inovações em matérias-primas, máquinas e implementos têxteis, além das novidades do vestuário apresentadas em seu Salão de Moda. Incluiu, portanto, desde a primeira edição, desfiles de moda – que acabaram por roubar a cena. A Fenit revelou-se um espaço ideal para o fortalecimento do elo entre as indústrias ligadas ao mercado de moda: criadores, confecções e têxteis, que, finalmente, se davam conta da necessidade de haver uma moda criada no Brasil. Para consolidar uma ação orgânica das têxteis, foi também determinante a fundação, em 1957, da Associação Têxtil do Estado de São Paulo (Atesp) – embrião da futura Associação Brasileira da Indústria Têxtil (Abit). O órgão passou a atuar conjuntamente com o Sindicato das Indústrias Têxteis de São Paulo (Sinditêxtil-SP), existente já desde a década de 1930.

Ainda que tardiamente, o aparecimento de costureiros no Brasil tornou possível dinamizar etapas da moda já vivenciadas por países como França, Itália, Inglaterra e EUA. Em tempo compactado, nossa alta-costura surgiu, cresceu e murchou, para dar espaço à irreversível dinâmica do *prêt-à-porter*. Foi uma vida curta, mas glamorosa, que cravou nomes de importância inquestionável: para se ter uma dimensão de seu poder, basta dizer que, na década de 1960, as três personalidades mais famosas do Brasil eram: Roberto Carlos, Pelé e... Dener.

*Abaixo, 1ª Feira Nacional da Indústria Têxtil (Fenit), realizada no Pavilhão do Ibirapuera, em São Paulo, SP; Manchete, Edição Nº 347, Rio de Janeiro, RJ, 6 de dezembro de 1958.*

# Costureiros do final dos anos 1950

*Acima, a 1ª edição, com Tônia Carrero na capa; Jóia, Ano 1, Nº 1, 30 de novembro de 1957.*

*Na página ao lado, reportagem sobre o lançamento da Coleção Café, da Rhodia, que contou com as colaborações de Darci Penteado, Alceu Penna e Heitor dos Prazeres; O Cruzeiro, Ano XXXII, Nº 48, 10 de setembro de 1960.*

Em 1957, foi lançada, no Rio, pela editora Bloch (que já editava Manchete), a revista Jóia, inovando no segmento das publicações femininas, até aí dominado por Fon-Fon e Jornal das Moças. Jóia tinha formato grande, papel *couché* e um editorial elaborado, com reportagens consistentes e farto uso de material fotográfico, em boa parte colorido e produzido no Brasil. Tivemos ali um embrião dos editoriais de moda, que, mais à frente passariam a compor esses periódicos. Acima de tudo, Jóia deixou de ser mera informadora sobre o que ocorria na moda francesa para se preocupar com quem fazia moda no Brasil. Na edição de 30 de junho de 1959, por exemplo, a revista trouxe a seguinte matéria: São Paulo e Rio mostram como será a moda brasileira amanhã. Além de Dener, eram ali destacados: José Ronaldo, Maria Augusta Teixeira (Gutta Teixeira), Nazareth, Laís, Darcy Penteado e Elza Haouche.

De José Ronaldo e Dener já falamos. Nazareth, como vimos, atuou no Rio naquela época, mas transferiu-se depois para Porto Alegre, RS, onde faleceu; Laís era a dona de uma butique em Copacabana – assunto do próximo bloco. Já o paulista Darcy Penteado (1926-1987), artista plástico de talento reconhecido, começou sua carreira – fato pouco conhecido por muitos – desenhando croquis de moda para revistas femininas; em 1953, ele chegou a criar uma coleção completa, por solicitação da Companhia Rhodiaceta, numa das primeiras ações promocionais de moda da empresa francesa no Brasil, para lançamento dos fios sintéticos, quando eles ainda não eram produzidos aqui (os direitos sobre a patente só seriam negociados em 1955). Esse desfile foi, também, um dos primeiros a apresentar uma coleção inteiramente desenhada por um costureiro brasileiro. Antes disso, só José Ronaldo havia desenhado modelos individualizados para os desfiles do Miss Elegante Bangu.

Penteado criou 40 modelos, usando tecidos Albene e Rhodianyl – marcas registradas de sintéticos derivados do náilon –, tomando como fonte de inspiração obras de grandes escritores brasileiros. Todos foram desfilados em meados daquele ano, em São Paulo, no Teatro Cultura Artística, e, no Rio, com "a maior audiência que já compareceu em qualquer tempo no Copacabana Palace: 2 mil mulheres e quase [sic] trinta homens".[131] Os nomes dos modelos – naquela época usava-se dar nome às roupas – eram, evidentemente, densos de inventividade; coisas como Sentimento do Mundo e Claro Enigma – poemas de Carlos Drummond de Andrade –; Opus 10 – Manuel Bandeira –; Mulher Ausente – Adalgisa Nery –, entre previsibilidades como Vestido de Noiva – Nelson Rodrigues. Darcy, porém, não chegou a montar ateliê e, nos anos seguintes, ainda que eventualmente tivesse atuado em outras ocasiões para a própria Rhodia, tomou as artes cenográficas e plásticas como hegemônicas em sua carreira.

O contrário se deu com Elza Haouche,[132] que atuou no Rio de Janeiro desde o final da década de 1930. Foi, inicialmente, desenhista e figurinista de *shows*.[133] Na década de 1950, seu nome estava em evidência, a ponto de ser citada por Rubem Fonseca em seu romance Agosto,[134] situado no ano de 1954. Referindo-se à personagem Salete, o escritor comenta: "Não foi ao chá no Monte Líbano, em benefício da Sociedade dos Maronistas, com desfile de modelos de Elza Haouche, a modista cujos vestidos ela mais apreciava, mesmo sabendo que Mário Mascarenhas, seu músico favorito, acompanhado de mais quinze acordeonistas, tocaria, no desfile, músicas clássicas e folclóricas...".

Elza costurava sob medida, em ateliê particular e, de fato, realizava dois desfiles anuais beneficentes, em geral no Copacabana Palace, quando exibia sua moda, que pode ser inserida na tradição das modistas, como ela própria admite na reportagem de Jóia: "Tenho mais de vinte anos no *métier* e reconheço a França como berço da moda. Minhas criações são sempre baseadas nas linhas ditadas pelos grandes nomes da alta-costura francesa. Dentro, porém, do que vem de lá, faço algumas modificações e mesmo criações, mais de acordo com o gosto e feitio da mulher brasileira, visando na realidade ter uma linha certa para uma estação exata".[135] Sua casa de moda ficava próxima ao Copacabana Palace: "Era uma pessoa muito simpática e fazia todo ano um desfile, ali mesmo no Copa. Algumas vezes, esses desfiles beneficentes eram promovidos pela Associação das Ex-Alunas do Colégio Sion, e eram chamados Chás da Acácia Dourada. Eu desfilava todo ano para esse evento",[136] contou a ex-manequim Ilka Soares.

Outros nomes dos anos 1950 não mencionados pela reportagem da revista Jóia foram os de João Miranda (1921-1989) e Gerson (Jerson de Paiva Karl, 1928- ), ambos mais velhos que o próprio José Ronaldo. Nascido no interior do estado do Rio de Janeiro em família de origem judaica, Gerson – comercialmente ele usava G – teve ateliê no Flamengo e, segundo recordou a colunista social Nina Chavs, de O Globo, era muito prestigiado pela alta sociedade carioca e também de outros estados: "O Gerson era o *top* do *top* antes mesmo do José Ronaldo e do Guilherme Guimarães. Antes até de a alta sociedade descobrir a Europa e, depois, os Estados Unidos... Não havia casamento *chic* em que a noiva não estivesse vestida por ele; aliás, todas se vestiam com ele: mães, madrinhas e convidadas mais ligadas no que era bom".[137] Mas restaram poucos registros sobre as atividades de Gerson ou de João Miranda. Deste último, quem nunca se esquece de mencionar é Guilherme Guimarães, até porque sua carreira começou com o apoio do colega, já estabelecido: "Joãozinho é anterior a mim. Quando eu comecei, ele já era conhecido, tinha ateliê",[138] confirmou Guilherme, caracterizando-o da seguinte forma: "A pessoa mais sofisticada que conheci".[139] João teria por volta de 37 anos quando Guigui o conheceu, na segunda metade da década de 1950: "Ele tinha um ateliê que funcionava no próprio apartamento; naquela época, os ateliês eram pequenos, ninguém tinha loja montada. O único que teve, mais tarde, foi Dener, em São Paulo. Mas João criava tão bem quanto o José Ronaldo; jogava com um colorido maravilhoso e o que fazia era criação, não era cópia...",[140] garantiu. Em 1958, João Miranda decidiu ir morar na Europa e indicou o jovem colega à sua clientela; ao retornar, manteve ainda seu prestígio junto às altas rodas cariocas. Em 1963, foi um dos costureiros convocados pela Rhodia a fim de criar modelos para a coleção Brazilian Look, ao lado de José Ronaldo, Rui Spohr, Dener e outros. Sem conseguir a mesma visibilidade na mídia que, por exemplo, seu amigo Guilherme Guimarães, ele atendeu, em seu ateliê, no Rio, clientes como Ionita Guinle e Beki Klabin, até sua morte, aos 68 anos, em decorrência da Aids.[141]

DARCY PENTEADO PREPARA BIJUTERIAS COM GRÃOS DE CAFÉ.

ALCEU PENNA ESTUDA CHAPÉUS COM OS CESTOS DE COLHEITA.

HEITOR DOS PRAZERES DESENHA PADRÕES DE "LINHA CAFÉ".

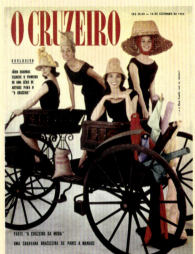

# Confecções descobrem a moda

Em 1950, o Censo Industrial do IBGE apontou crescimento significativo dos estabelecimentos de "confecções, calçados e artefatos com tecidos", que somavam 5.076 unidades no país. O setor específico de "confecção de roupas e agasalhos" correspondia a 17,5%, dos quais 18,6% dedicavam-se já a vestimentas para senhoras e crianças.[142] Como em todos os demais ramos vinculados à moda, predominava entre os confeccionados brasileiros a cópia de modelos europeus e, também, norte-americanos. O que conferia certa singularidade à roupa pronta daqui eram particularidades dos tecidos nacionais, como as padronagens mais coloridas e desenhadas ou a preferência pelas fibras mais leves, além de necessárias adaptações dos modelos ao clima tropical – como reduções das mangas ou maior abertura nos decotes. Mas também a pouca opção de tecidos mais sofisticados era motivo de reclamação do setor, como observou o diretor artístico e desenhista de moda Mário Guido à revista Vida Doméstica, em 1949: "Em, Paris, lançam-se modelos de acordo com os tecidos fabricados pela indústria francesa. Mas, chegados esses mesmos modelos ao Brasil, como executar tais vestidos com tecidos de fabricação brasileira? Compreendemos que o resultado de beleza não será o mesmo".[143]

No período do pós-Guerra, a urbanização e a industrialização crescentes, assim como a maior inserção da mulher no mercado do trabalho, estimularam o desenvolvimento da moda *prêt-à-porter*, a partir dos EUA, no final da década de 1950. No Brasil, as políticas desenvolvimentistas do governo de Juscelino Kubitschek (1956-1961) estimularam o crescimento das classes média e alta urbanas. A moda em roupas prontas vinha atender às demandas desse segmento, oferecendo maior praticidade ao vestuário dos habitantes das novas metrópoles. De acordo com Censos Industriais do IBGE,[144] a produção de calçados manteve a liderança nos setores da indústria de vestuário, entre as décadas de 1940 e 1950. Porém esse quadro começou a mudar, a partir de então, com o crescimento das confecções, concentradas principalmente na cidade de São Paulo – nos bairros do Itaim e Bom Retiro.

A produção já se diferenciava das roupas funcionais dos primórdios: de forma incipiente, as confecções começavam a se preocupar com a criação, copiando ou se inspirando em modelos norte-americanos e europeus. O fenômeno do *prêt-à-porter* ocorreu aqui simultaneamente ao lançamento dos fios sintéticos (principalmente os de náilon e poliéster). A ação conjunta das confecções com a Rhodia – que passou a exercer quase um monopólio desses fios no Brasil – criou uma conjuntura excepcional para a promoção da moda pronta, lançada em desfiles espetaculares realizados durante as edições da Feira Nacional da Indústria Têxtil (Fenit), no Pavilhão do Ibirapuera. Predominavam no setor empresários imigrantes, em maioria sírios, libaneses e judeus, ou remanescentes da primeira geração de confeccionistas constituída no país.[145]

A procura por moda pronta para venda em magazines – como Mappin ou Modas Clipper – foi outro fator que alimentou a demanda das confecções. A Modas Clipper, localizada no Largo de Santa Cecília, em São Paulo, integrava a rede do empresário Milo Carvalho, que abrangia A Exposição, situada na Praça do Patriarca, e suas similares no Rio de Janeiro. A Clipper se diferenciava por se dedicar exclusivamente a vestuário, em seus cinco andares: o primeiro de roupas, o segundo de sapatos e tênis; o terceiro, com *lingerie* e os últimos, administrativos. Algumas campanhas da Clipper fizeram história, como a Garota Soquete, concurso para jovens que usavam a moda *rock'n'roll:* saia plissada, suéter, meias soquete e cabelos presos em rabo de cavalo. Em 1954, uma jovem admitida no cargo de compradora da loja promoveu ali diversas inovações: "O problema era a falta de variedade. Eu comprava cerca de 2 mil *tailleurs* de um só modelo e com, no máximo, duas cores",[146] relatou Sônia Coutinho.

Os fornecedores da Clipper eram alguns dos pioneiros de São Paulo na roupa pronta, como a Pull-Sport, a General Modas, a Tricô-Lã e a Prelude: "Eu conversava com o diretor da General Modas e pedia: 'Pelo amor de Deus, mudem um pouco'. Mas a compra chegava e lá estavam mais 300 *manteaux*, naquelas mesmas três cores. Eu queria que me liberassem para comprar outro tipo de roupa",[147] explicou Sônia. Descontente com este sistema que implicava "comprar 3 mil vestidos de um único modelo",[148] Sônia deixou a Clipper no início da década de 1960 para abrir sua própria confecção. Sinal dos tempos: as confecções começavam a entrar numa fase de maior diversificação. Para todas – incluindo a de Sônia Coutinho – os magazines continuaram a ser um canal de escoamento importante.

*Abaixo, reportagem sobre a tecelagem Gaspar Gasparin Industrial; O Cruzeiro, Ano XXXII, Nº 26, 9 de abril de 1960.*

## RHODIA LANÇA SINTÉTICOS

Em 1949, a Rhodia S.A. – filial brasileira da futura Rhône-Poulenc francesa – iniciou as operações da Rhodosá de Rayon, em São José dos Campos, SP, ainda para produzir a fibra artificial raiom (ou *rayon*) de viscose. Em 1955, a empresa passou a deter direitos exclusivos para a fabricação, no Brasil, de náilon (ou *nylon*): nome comercial de um tipo de poliamida (PA 66), fibra sintetizada pelo químico Wallace Hume Carothers, para a norte-americana DuPont, em 1935, a partir de componentes do petróleo e o benzeno. A fibra fora comercialmente anunciada durante a Feira Mundial de 1939, em Nova York; porém, sua produção ficara direcionada para fins bélicos – principalmente na confecção de paraquedas – durante a Segunda Guerra. Terminado o conflito, houve um *boom* de desenvolvimento do uso das poliamidas em vários segmentos da indústria, incluindo a manufatura de plásticos.

A Rhodiaceta francesa obteve licença para fabricar náilon na Europa, em 1941, e chegou a haver filas e tumultos quando meias femininas produzidas com o fio sintético – mais finas, firmes e transparentes do que a seda – começaram a ser comercializadas. Apesar de já ter escritório de representação e venda de seus produtos no Brasil desde 1938, a DuPont abdicou da fabricação de seu náilon aqui, após estudos que consideraram que nosso mercado seria desprezível; a empresa optou por licenciar (por dez anos) a Rhodiaceta, que passou a produzi-lo em 1955. Antes disso, já comercializava aqui os tecidos sintéticos das marcas Albene e Rhodianyl, importados da França: "A Divisão Têxtil da Rhodia inicia, então, o processo de substituição da matéria-prima, tendo como meta a produção de um novo fio e a sua popularização".[1] O náilon foi usado, nos seus primórdios, para a confecção de meias finas, malharia, impermeáveis e roupas funcionais; mas logo ganhou aplicações mais amplas, no vestuário e no uso doméstico, acarretando uma crise na indústria de fibras "artificiais" (feitas a partir de celulose).

Em 1958, a Companhia Química Rhodia Brasileira – por meio de sua subsidiária, a Companhia Brasileira Rhodiaceta – obteve também a patente para fabricação, aqui, de outra inovação em fio sintético criada – ainda durante a Segunda Guerra – pela inglesa Imperial Chemical Industries (ICI): tratava-se do poliéster (PES), comercialmente batizado como Terylène. Esta fibra substituía o algodão e o linho, muito usados para confecção de ternos e costumes masculinos. Havia sido sintetizado em 1941 por um laboratório inglês, e, devido à sua ampla possibilidade de utilização no vestuário, gerou uma corrida entre laboratórios para sua produção em escala. Surgiram, no pós-Guerra, diversos fios de poliéster, como o Dacron (EUA) e o Trevira (da Höescht, alemã). Em 1961, a Rhodia lançaria no Brasil, pioneiramente, nosso primeiro tecido em poliéster: o Tergal.

No decorrer de toda a década de 1960, a Rhodia não poupou esforços publicitários para convencer o brasileiro das vantagens dos fios sintéticos, puros ou em mistura com outras fibras: eles teriam cores mais firmes e vibrantes, seriam mais resistentes, fáceis de lavar, dispensavam ferro de passar, não amarrotavam nem perdiam o vinco; faziam um plissado permanente, e – ufa! –, acima de tudo, eram mais baratos... "Em 1960, a empresa francesa implementou no país uma política de publicidade calcada na produção de editoriais de moda (para revistas) e desfiles, os quais conjugavam elementos da cultura nacional (música, arte e pintura), a fim de associar o produto da multinacional à criação de uma moda brasileira".[2]

---

1    O Fio Sintético é um Show! Moda, política e publicidade: Rhodia S.A. 1960-1970, de Maria Claudia Bonadio; tese de doutorado, IFCH/Unicamp, Campinas, São Paulo 2005.

2    Idem.

# Calças Rodeio, Rancheira ou Far-West

Antes do final da Segunda Guerra Mundial e depois de passar por várias turbulências, a São Paulo Alpargatas S.A. lançou, em 1942, um novo produto voltado ao público rural brasileiro, que se juntava às suas já famosas Alpargatas Roda e lonas enceradas para caminhões. Eram as calças Rodeio, que imitavam, no aspecto e cor, o índigo *blue* das calças rústicas lançadas pela Levi's nos EUA, destinadas ao público rural: os *jeans*. Também tinham bolsos reforçados com rebites, etiquetas pregadas no traseiro, costuras triplas nas pernas, em linha forte amarela e vermelha. Mas a Rodeio era confeccionada com tecido exclusivo da Alpargatas, o brim Coringa, menos espesso (portanto, mais adaptável ao nosso clima) e "sanforizado", ou seja, pré-encolhido em "moderníssimas máquinas", qualidade destacada pelo *slogan*: "Por mais que molhe, jamais encolhe".[149] Outra grande vantagem do brim Coringa era que ele não desbotava!

A calça Rodeio (que tinha versões masculina, feminina e infantil) foi bem-aceita pelo público; tanto que em 1948, seguindo o mesmo filão, a Confecção Roupas AB, de São Paulo, lançou outro modelo de calça rústica destinado ao público interiorano: as calças Rancheira, feitas, porém, com brim mais espesso. Por causa deste produto, durante muito tempo as calças do tipo *jeans* ficaram conhecidas, no Brasil, como "calças rancheiras". O que essas confecções não imaginaram é que as calças azuis de brim rústico, destinadas ao campo, tornar-se-iam em breve roupas básicas dos jovens urbanos. E seria mesmo impossível aos sisudos gestores das confecções daquela época antever a revolução comportamental promovida pelo *rock 'n' roll*, em especial depois do escândalo causado por Elvis Presley, em 1957, rebolando dentro de uma calça *jeans* e cantando o *hit* Jailhouse Rock. Estava em curso a revolta dos "rebeldes sem causa", tradução de Rebel Without a Cause – ou Juventude Transviada, como se chamou no Brasil –, título do filme emblemático, de 1955, que lançou James Dean ao estrelato. Os jovens punham abaixo uma carrancuda sociedade patriarcal em que só adultos tinham voz e vez. Parte da juventude brasileira – e do resto do mundo – se identificou com o jeito esquisitão do personagem de Dean no filme de Nicolas Ray, e com os interpretados por Marlon Brando em O Selvagem (The Wild One, 1953) e em Sindicato de Ladrões (On the Waterfront, 1954). Eles usavam casacos de couro, camisetas brancas em malha de algodão e calças de índigo *blue*, a roupa certa para todo jovem que desprezasse os valores burgueses e preferisse levar a vida sobre uma moto (ou Lambretta), sentindo o vento bater forte no rosto...

No Brasil, logo surgiram representantes dessa juventude transviada: Sérgio Murilo, nosso primeiro cantor de *rock*, emplacou nas paradas o *rock*-balada Marcianita (1959, na verdade, versão de uma rumba), e Celly Campello, brotinho legal de boa família, estourou com Estúpido Cupido (1959), vestindo saia rodada, blusa de Ban-Lon e meias soquete. Atinada com a nova onda, a Alpargatas lançou, ainda em 1956, as devidamente americanizadas calças Far-West – versão urbanizada das calças Rodeio: "... insista sempre na legítima calça americana Far-West!",[150] dizia o anúncio da marca,

*Acima, propaganda das calças Far-West, da Alpargatas; junho de 1956.*

*Na página ao lado, modelo "veste" um tubo de jérsei em fio sintético; O Cruzeiro, Ano XXX, N° 41, 19 de julho de 1958.*

destacando a variedade de modelos, atendendo também às mulheres, com "corte exclusivo, que realça a beleza do corpo feminino", o "feitio afunilado, ultramoderno", e a "cintura facilmente ajustável, pelos botões da frente".

Outro *slogan* aliava o produto ao público jovem: "Todo mundo é gente moça quando a calça é Far-West".[151] Não convenceu! A Far-West também era fabricada com o brim Coringa, que tinha uma qualidade terrível: era indesbotável, vantagem que acabou por abater o produto, rejeitado pelos jovens que preferiam pagar mais caro por uma calça Levi's ou Lee importada, ambas lindamente desbotáveis. No final da década de 1960, as calças Rancheira e Far-West entraram para a memória da roupa pronta nacional, hoje *so far...*

## Confecções do Bom Retiro

Foi por volta de 1950 que a inclinação comercial do bairro paulistano do Bom Retiro, na área do vestuário, começou a se sedimentar, já tendo como via central a famosa Rua José Paulino. Na origem dessa vocação, contudo, estão os imigrantes – muitos deles mascates – que se instalaram ali por volta dos anos 1920, atraídos pela proximidade do bairro com a Estação da Luz. Não por acaso, a José Paulino era então conhecida como Rua dos Imigrantes. Os vendedores ambulantes, figuras típicas do bairro por várias décadas, tinham em grande parte tradições culturais propícias ao comércio, caso dos judeus, e preferiam localizar-se próximos à estação de trem, por facilitar o transporte.

Como todo mascate, os do Bom Retiro também carregavam suas mercadorias em malas, verdadeiras "lojas móveis": vendiam calças e camisas prontas, roupas íntimas, blusas, cortes de tecidos etc. A profissão exigia tino, capacidade de argumentação e muita vivacidade – para o caso de se ter que bater em fuga dos "fiscais da prefeitura", sempre no encalço dos irregulares... Muitas confecções, ainda ativas em 2010, originaram-se do trabalho desses estrangeiros; alguns vendiam de porta em porta, em praças e pelo interior do estado; outros eram pequenos comerciantes. Com o tempo, esses pioneiros ampliaram seus negócios, oferecendo sempre a vantagem do preço acessível. Assim, o comércio da região expandiu-se e, ainda na década de 1950, apareceram ali as primeiras galerias abrigando conjuntos de lojas que vendiam roupas de tecidos planos, malharias e acessórios.

Foi essa a origem, por exemplo, da Cia. Marítima e da Rosa Chá, duas famosas marcas de moda praia contemporâneas, conduzidas pelos descendentes de imigrantes pioneiros: "Meu avô Henrique tinha uma mala cheia de camisas e não voltava para casa antes de vender tudo",[152] relatou o diretor da Cia. Marítima, Benny Rosset, cuja sede fica no Bom Retiro e é o maior fabricante de tecidos com Lycra do país. Henrique Rosset imigrou para o Brasil nos anos 1940 e o negócio passou de avô para neto. Como os judeus, imigrantes de outras nacionalidades e tradições também foram atraídos ao Bom Retiro, como os gregos e, mais recentemente, coreanos e latino-americanos.

No caso da Rosa Chá, a época é posterior: "Meus pais são imigrantes e vieram para o Brasil na década de 1950. Minha mãe é romena e meu pai veio do Iraque; ele já é falecido. Eles se casaram em Israel e vieram para o Brasil. No início, meu pai trabalhou como representante, vendedor, de porta em porta; depois, começou a trabalhar com confecção",[153] contou Amir Slama, que criou a famosa marca em 1991, inspirada na confecção de malhas de ginástica que o pai tivera e cujas atividades já tinha encerrado. "Meu pai tinha guardado quatro máquinas de costura e umas sobras de tecido, que me deu... Daí a gente começou a desenvolver, num primeiro momento, também roupas de ginástica". O maior acerto, porém, veio algum tempo mais tarde, quando a pequena confecção colocou seu foco na moda praia...

## De butique em butique

O termo *boutique* surgiu na França com a finalidade de distinguir a loja exclusiva para venda das roupas produzidas em série – ou seja, o *prêt-à-porter* – das *maisons* de *haute couture*. Em pouco tempo, porém, se difundiu e se confundiu com uma variada gama de usos. Para a maioria, ficava difícil discernir uma peça *prêt-a-porter* de uma confecção comum ou uma peça pronta única. Além disso, com o tempo, as marcas se tornariam mais relevantes do que a categoria em que a peça se inseria: cópia, peça em série ou exclusiva.

Mais ainda no Brasil, onde a imitação e a replicagem de modelos europeus era comum, mesmo nas casas de alta moda sob medida; o que sempre tivemos aqui, na maior parte das vezes, foi uma espécie de pré-*prêt-à-porter*. Então, no pacote da moda vendida pelas butiques brasileiras coube perfeitamente um pouco de *prêt-à-porter* de luxo (produzido pelos próprios costureiros franceses) e local (criado pelas donas de butiques daqui, e certamente adaptado), assim como a roupa sob medida desenhada por costureiros tupiniquins, que despontavam.

Além de flexíveis na formação de seus produtos – algumas só faziam varejo, outras tinham ateliês –, as butiques eram também mais charmosas, simpáticas e acessíveis, despidas de pompas como a porta fechada e a hora marcada, características das *maisons* ou casas de moda sob medida, no que combinavam com o espírito democratizante do *prêt-à-porter*. Em sua tradução de O Livro da Elegância[154] – escrito por Geneviève Antoine Dariaux, ex-diretora da *maison* Nina Ricci –, a jornalista Maluh Ouro Preto, colunista da revista feminina Fon-Fon, acrescentou um pequeno guia de compras local, à guisa de provar à autora francesa que "topázios e águas-marinhas" não eram as "únicas coisas que se podia encontrar no Brasil". Nesse guia, informou que "a pioneira de nossas *boutiques*, no Rio, é o Mayfair, cuja loja, no Copacabana Palace Hotel, atrai grandemente às turistas. Em Copacabana, há centenas de *boutiques* mais ou menos elegantes, especializadas, sobretudo, em roupas mais esportivas, mas oferecendo também toaletes e *habillé*. As mais elegantes são Laís, Elle et Lui, St. Tropez, Lurdes, Jean et Marie, Casa Lebelson Modas (de Regina Lebelson) e Taíssa. Nessas *boutiques*, encontram-se também artigos estrangeiros importados, tais

*Modelos da butique Carina; Jóia, Edição Nº 14, 14 de junho de 1958.*

como sapatos e bolsas italianos, lenços, fazendas, blusas e maiôs franceses, saias inglesas, *sweaters* de *cashmere*, *tailleurs* de malha; enfim, tentações e mais tentações! Falando de tentação, não existe nada mais tentador do que a Rua Augusta, em São Paulo, toda ela praticamente uma só *boutique*. E que *boutique*!".

Mayfair era loja de uma confecção de Petrópolis, criada por um casal de franceses; já Elle et Lui foi criada, em 1961, na Rua Xavier da Silveira, Copacabana, pelo imigrante marroquino Al Abtibol – que começara vendendo gravatas –, em sociedade com o colunista Ibrahim Sued. Vendia marcas importadas masculinas e femininas e, a partir da década de 1970, passou a desenvolver confecção própria, migrando para *shopping centers* e estabelecendo uma rede nacional sofisticada, que se mantinha em 2010. As demais vendiam roupas prontas de procedências diversas e não perduraram; como ocorreu a inúmeras outras que nasceram e fecharam pelo país afora. Maluh, que vivia no Rio, restringiu-se a comentar que a Rua Augusta, em São Paulo, reunia a maior parte das butiques paulistanas, em galerias ao longo da via. Não especificou as mais destacadas, casos de Primula (criada por Ornella Riveti, em 1954, na Rua Augusta), Rigoli, Bigi, La Mascotte, Manderley, Marie Claire, Marie Chantal, Dante, De Fiori, Scarlett, Rastro e Signorinella (esta no bairro Pacaembu).

Criada na década de 1950 pela paraense de Marajó Gutta Teixeira (Maria Augusta Dias Teixeira, 1918-2008), a Scarlett importava e produzia modelos inspirados na alta moda internacional. O nome da butique foi tirado da personagem Scarlett O'Hara, interpretada pela atriz Vivian Leigh no clássico filme *E o vento levou...* (*Gone with the Wind*, 1939). O envolvimento de Gutta com a moda, porém, é anterior à criação da Scarlett: teve início durante a Segunda Guerra, quando ela se tornou representante, no Rio de Janeiro, de uma loja argentina que importava alta moda internacional. Gutta também desenhou moda e teria sido pioneira no uso das rendas do Ceará, empregadas em uma coleção desfilada em Nova York, a convite do costureiro Oscar de la Renta – dominicano que fez carreira na Espanha e nos EUA. Tratava-se de um conjunto "de vestidos brancos de renda e *tailleurs* de saias evasês com viés". "Eu sonhava com coleções inteiras, vestidos *black-tie*, em cetim bordado a ouro. Fazia enxovais de noiva; e tudo surgia em sonhos",[155] descreveu Gutta, explicando seu processo criativo.

Gutta também deu suporte aos jovens criadores brasileiros que surgiram no final dos anos 1950: "Fiquei um tempo com a Maria Augusta, na Scarlett, onde o Dener também havia trabalhado. Vi coisas muito bonitas lá dentro. Ela era uma mulher arrojada, muito moderna. Perfumada e linda, parecia uma página de figurino. Eu nunca tinha visto aquilo na minha vida... Ela trazia os modelos de Paris e da Itália e executava aqui. A loja tinha uma clientela super elegante; atendia-se com hora marcada, uma coisa muito fechada. Fiquei pouco lá. A Maria Augusta me pôs para fora com uma bolsada, porque 'eu não sabia como me dirigir a ela...'. Um dia, ela estava saindo do elevador e eu a chamei de tia Maria Augusta, como o Dener fazia. Eu não sabia que ela odiava tanto o Dener. Por isso, fui demitido...",[156] contou Clodovil Hernandes, referindo-se possivelmente ao ano de 1959.

No ano seguinte, Clodovil estava na Signorinella, da italiana Angioletta Miroglio, que ao mesmo tempo era ateliê de moda exclusiva e butique – com *prêt-à-porter* de luxo –, formato semelhante ao da maioria das lojas de moda do período.

A Rastro foi uma butique criada em 1956 pelo empresário Aparício Basílio (Aparício Antonio Basílio da Silva, 1936-1992), na Rua Augusta, nº 2.223, endereço badalado durante a década de 1960. Começou como uma espécie de loja de *bric-à-brac*, em que ele vendia moda e decoração. Aparício estudara pintura e escultura; "foi monitor de bienais, participou de grupos de arte, mas foi acabar sendo dono da Rastro, butique principal da Rua Augusta [sic]: 'A princípio, houve uma reação de minha parte. Eu achava que, como pintor, o fato de lidar com moda era a minha decadência artística'",[157] – ele declarou à revista Jóia, a qual, por sinal, exacerbou ao incluí-lo entre os criadores de alta moda do período. Aparício fazia, como ele próprio explicita à revista da Bloch, uma "linha bem descontraída", qualificável como *prêt-à-porter* fino. Em 1965, um pouco à moda dos costureiros franceses, ele lançou a água-de-colônia Rastro de Citrus, objetivando oferecer ao mercado nacional uma fragrância "com a qualidade dos perfumes importados, mas com algum toque de brasilidade".[158] O perfume fez enorme sucesso e acabou suplantando a carreira de Aparício como costureiro ou estilista. Retomando sua relação com as artes plásticas, ele foi presidente do Museu de Arte Moderna de São Paulo por nove anos, na década de 1980, e faleceu tragicamente, vítima de latrocínio praticado por um garoto de programa da boate Rave.

Houve ainda, no final da década de 1950, uma *boutique* de Jacques Heim, no Rio, com loja na torre do edifício Mesbla, dirigida por Zacarias do Rego Monteiro, egresso da Casa Canadá. De todas as butiques pioneiras do eixo Rio-São Paulo, sobreviveram pouquíssimas... Além da rede Elle et Lui, apenas a butique Laís se mantém, ainda como loja única no mesmo endereço onde nasceu, em Copacabana. Laís Palmer (1931- ) a criou em 1956, na Rua Inhangá, 45/104, buscando ampliar as opções para a boa freguesia que já tinha conquistado como costureira. Em entrevista à revista Jóia, em 1959, ela explicava seu êxito: "O sucesso da boutique Laís é usar grandes fazendas em modelos o mais simples possível". Gaúcha de Alegrete, Laís cresceu em Campos dos Goytacazes, cidade litorânea do estado do Rio de Janeiro, e se mudou para a então capital federal, no início da década de 1950, com as duas filhas pequenas, depois de se separar do primeiro marido.

"Comecei a costurar com 25 anos porque precisava criar minhas filhas, em casa mesmo; em outubro de 1956, com 27 anos, abri a loja. Fazia roupa sob medida, mas também tinha peças prontas, únicas e exclusivas. Naquele tempo, não havia boas confecções; só as mais populares [...]; eu criava os modelos lendo L'Officiel e outras revistas da moda. Mas era tudo muito fino",[159] ela descreveu. Em parte, Laís era costureira, em outra parte, lojista: adaptou a ideia emergente da butique de roupa pronta – no caso, peça única – com roupa sob medida. Em meio a isso, encontrou espaço para moda importada, como vestidos de Pucci, bolsas Louis Vuitton ou Roberta Di Camerino, vestimentas de confecções brasileiras e até produtos copiados: "A Lila Boscoli, mulher do Vinicius de Moraes, trabalhava comigo; ela, a Mimi Ouro Preto e a Vera Barreto Leite eram manequins da Chanel, e quando voltavam da Europa traziam muita coisa, como bolsas lindas da Chanel, que eu copiava. Consegui um fabricante bom, no Rio, que fazia igualzinho. Vendi muita cópia de bolsa da Chanel", ela admitiu.

As butiques brasileiras do início eram assim mesmo: ofereciam um pouco de tudo. Laís foi bem-sucedida: "Meu ateliê chegou a ter dez costureiras; fiz roupas para Sarah

*Lady, a companheira da mulher; Edição Nº 1, Editora Monumento; São Paulo, SP, outubro de 1956.*

Kubitschek e para muita gente da elite carioca. Os anos dourados foram maravilhosos... Mas quando chegaram os anos 1970, época do *jeans* e das Havaianas, o conceito de moda mudou e os ateliês de alta-costura fecharam, porque ficou muito caro manter aquela costura que era quase um bordado, perfeita... As costureiras foram para as fábricas e não sabiam mais fazer coisas finas. Elas foram para a linha de produção e sabiam fazer partes de uma roupa; um punho, uma manga, uma gola... Fazer um vestido de alta-costura ficou muito caro e, além do mais, já havia roupa pronta de boa qualidade... Eu tenho minha loja até hoje porque passei a vender roupa pronta, barata e popular. Tivemos que nos adaptar para sobreviver",[160] argumentou Laís, em 2009.

## Lá na das Lu

A partir de uma iniciativa muito peculiar – de caráter filantrópico –, surgiu em 1958, no bairro de Vila Nova Conceição, em São Paulo, uma butique que se transformaria, décadas mais tarde, na maior importadora de moda internacional do Brasil: a Daslu. A denominação não era mais do que uma prosaica abreviação dos nomes das primeiras proprietárias: "É esquisito, mas a gente se acostumou. Mamãe se chamava Lúcia e a outra sócia que ela teve, no início, era Lourdes [Aranha]. Então, era um tal de ir 'nas Lu'; 'lá na casa das Lu...'. E ficou: butique Das Lu, porque era mesmo da Lúcia e da Lourdes. E não tinha marca; a logomarca da Daslu, que temos hoje, é a minha letra mesmo; porque quando eu entrei, não tinha nada disso... Era só: 'Vamos lá na butique das meninas'",[161] recordou em 2007 Eliana Tranchesi, herdeira da casa e responsável por sua transformação em grande negócio.

Casada com um advogado, dona Lúcia Piva de Albuquerque, mãe de seis filhos – cinco homens e uma única menina, Eliana –, começou em 1958 cosendo enxovaizinhos de bebês para serem doados à Liga das Senhoras Católicas: "Muitas faziam isso, na geração dela, porque não era muito bonito mulher trabalhar, não é? Parecia que o marido não podia sustentá-la. Mamãe começou com uma prima, que depois saiu porque teve gêmeos e ganhou do marido um Sinca Jangada, para que parasse de trabalhar", continuou Eliana. Dos enxovaizinhos, passaram à venda informal de roupas prontas para amigas. A clientela foi crescendo e, também, o estoque. Em 1968, decidiram alugar para sede da loja uma casa de uns 70 m², na Vila Nova Conceição, em São Paulo, onde a butique permaneceria por anos, ampliando cada vez mais seu espaço com a incorporação de casas vizinhas.

"A primeira loja era bem pequenininha; tinha uma costureira que fazia os consertos, a Clarice. Elas revendiam marcas de confecções e começaram a desenvolver uma linha de seda pura, porque se usava muito vestido de seda, *chemise* de seda... E todo mundo acha que a gente inventou isso, de não ter provador; mas realmente eram amigas atendendo amigas; então, não tinha provador porque amigas se vestem na frente umas das outras. De vez em quando, vinha a empregada e trazia um cafezinho para elas, sentadas na sala, batendo papo e comendo biscoitinho... Tudo isso acontece ainda hoje na Daslu...", afirmou Eliana. A marca Daslu só foi definida por volta de 1980, quando Eliana, que já trabalhava com a mãe, começou a assumir o negócio, o que se efetivou com o falecimento de dona Lúcia, em 1983.

"Eu tinha 26 anos e me vi tomando conta de tudo!". Daí por diante, o negócio só cresceu. E parte do sucesso se devia à informalidade que marcava o estilo da casa, com jeito de encontro de amigas, como confirmou Eliana: "Nunca tivemos letreiros, vitrines... Havia apenas um guardinha na porta, seu Leônidas, para não chamar atenção de que era uma butique; porque não queríamos atrair gente; só as amigas". A partir da década de 1980, a Daslu tomaria outro curso para se tornar a maior loja de luxo do Brasil.

O termo butique popularizou-se, passando a ser adotado por qualquer pequeno comércio de roupa pronta e lojas do interior do país. A partir da década de 1970, surgiriam redes de lojas de confecções próprias – as marcas ou grifes –, com decorações padronizadas e letreiros facilmente identificáveis, pulverizadas por ruas de comércio e... nos *shopping centers*. Em essência, elas preservam o conceito original das butiques.

## As "intocáveis" da Socila

Em 1954, a carioca Maria Augusta Nielsen (1923-2009) trabalhava no Ministério da Cultura, organizando lançamentos de livros e espetáculos teatrais, quando decidiu abrir um escritório para produzir teatro e cultura no Rio de Janeiro – seguindo conselho de um amigo e jovem crítico teatral chamado Paulo Francis. Com sua sócia Lígia Carrato, escolheu para batizar o empreendimento um nome no mínimo pomposo: Sociedade Civil pela Integração Literária e Artística. O Brasil todo passaria a conhecer essa empresa, porém, apenas por sua sigla: Socila, marca tão famosa na década de 1960, que virou adjetivo: dizer que fulana era uma "garota Socila" significava que era de fino trato. Porque a despeito de seus objetivos estatutários, a Socila logo encontrou sua verdadeira vocação, oferecendo formação em etiqueta, elegância e beleza feminina. Logo depois de aberta, enxergou o potencial desse mercado: mães de família começaram a levar suas filhas para receber um "lustro" essencial ao alcance da meta principal da maior parte das mulheres daquele tempo: um bom casamento.

Maria Augusta foi, então, buscar em Paris e Nova York embasamento técnico, matriculando-se em cursos de *hostess* e maquiagem. Logo que retornou, foi convocada pelo recém-empossado presidente Juscelino Kubitschek, que lhe conferiu a missão de preparar as filhas Márcia e Maria Estela para um *début* em Versalhes: "Passei a dar aulas no Palácio das Laranjeiras para as meninas. Depois disso, dona Sarah (a primeira-dama) reuniu amigas e irmãs para que eu as orientasse também. Até o presidente ia para lá, na hora do lanche. E perguntava: 'Como é que eu estou, professora, estou bem?'", recordou Maria Augusta em reportagem do Caderno Ela, do jornal O Globo.[162] A Socila foi legalizada em 1957, com o apoio de JK, já que não havia, até ali, enquadramento legal possível para uma empresa de "aperfeiçoamento social" no país. Dali por diante, a fama da empresa só cresceu... Assis Chateaubriand foi outro que logo bateu à porta de Maria Augusta, pedindo orientação às concorrentes ao Miss Brasil – evento, então, de enorme popularidade. Assim, foi ao comando da mestra da Socila que as *misses* passaram a se movimentar, a fazer giros ou a parar em poses simetricamente estudadas. Ficaram famosas as batidas de bengala no chão de madeira ("era para não ficar rouca"), ferramenta que Maria Augusta transformou em marca registrada.

Das *misses*, tornou-se curto o passo para outros mercados carentes de etiqueta e de mulheres bonitas: a publicidade foi um dos mais auspiciosos, voraz por rostinhos bonitos e corpos torneados para adornar os anúncios das revistas; a televisão – iniciada com a TV Tupi, dos Diários Associados, em 1950, que abria espaço para as garotas-propaganda. A moda era outro mercado significativo, demandando modelos às suas passarelas e aos editoriais publicados pelas revistas ilustradas agora com fotografias – e não mais apenas com croquis (desenhos), como no passado. Todos esses segmentos acorreram à Socila, até porque ela surgia como única opção; não havia nenhuma agência de modelos no país, e ela acabou sendo também a primeira empresa do ramo na América Latina. Até aí, as mulheres que atuavam como modelos – e mesmo as agenciadas pela Socila – não eram profissionais, mas "moças de sociedade, atrizes e até mesmo *showgirls* que desfilavam eventualmente".[163]

Naqueles primórdios, o agenciamento se dava no contexto possível: Maria Augusta recrutava suas modelos entre garotas da alta sociedade, que faziam seus cursos de etiqueta – todas de biótipo evidentemente europeu. Como eram "moças de família", a contratante assumia sobre elas um papel quase de tutora, controlando seus passos: "Tinha que manter um certo mistério em torno delas. [...] E tinha que manter o controle. Eram meninas lindas, e claro que chamavam muita atenção. Mas elas ficavam presas nos hotéis, como num colégio interno. Eram moças de família e deveriam permanecer assim. Eu mesma também precisava ser muito discreta. Era uma mulher desquitada, mas nunca aparecia publicamente com um namorado. Mesmo assim, todas nós nos divertíamos muito...", relatou Maria Augusta.[164]

Desse rigor, derivou o apelido ao grupo de "intocáveis", que Maria Augusta aprovava: "Esse apelido surgiu porque eu não deixava mesmo ninguém chegar perto delas. Era um grupo de oito meninas, que depois cresceu um pouco; algumas saíram, outras entraram. [...] Eu sempre dizia: 'Olha, vocês vão sair daqui intocáveis, porque tenho que dar satisfação aos pais de vocês e entregá-las como levei'. [...] Para cada uma, dentro da personalidade delas, eu criava um tipo: 'Pauline, você é uma menina extremamente alegre; então você tem que se apresentar sempre risonha, saudável e saltitante'. E, assim, eu estudava os tipos, a movimentação delas na passarela e ia constituindo as personalidades",[165] continuou Gugu –, como Maria Augusta era chamada por suas garotas,

*Ilka Soares em desfile para a Socila; Rio de Janeiro, RJ, c/d 1962.*

*Acima, Ilka Soares em desfile para a Casa Canadá; Rio de Janeiro, RJ, c/d 1955.*

para as quais compunha tipos como "a descontraída, a triste, a exótica, a sonhadora, a pensadora, a doce, a glamorosa" etc.

As carreiras das "intocáveis" duravam pouco. Segundo Gugu, dos 18 aos 23 anos, porque depois elas "se casavam e apareciam outras mais jovens".[166] Também não desfilavam pelo retorno financeiro, mas para "vestir aquelas roupas maravilhosas, ser bem produzidas, ficar famosas".[167] Paradoxo dos paradoxos, em 1959, foi Maria Augusta e suas "intocáveis" que o governo JK convocou (ele novamente) para representar o Brasil na parada de saudação à vitória da Revolução Cubana liderada por Fidel Castro e Che Guevara: "Ela levou uma ala da escola de samba da Mangueira e botou na rua, em Havana, junto com suas meninas, que envergavam as luxuosas fantasias de Carnaval premiadas no baile do municipal".[168]

O estilo "intocável" das modelos da Socila denotava amadorismo e sofreu inevitáveis abalos com o passar dos anos. Maria Augusta atribuiu a mudança à entrada no mercado de ex-*girls* e bailarinas dos cassinos (fechados por Gaspar Dutra ainda em 1946). "Tinha a Elizabeth Gaspar, que era linda! Tinha sido *girl* do Cassino da Urca. Tinha Norma Bengel, que era uma gracinha... Mas, com a chegada delas, as meninas de família foram proibidas de continuar desfilando. As mães não queriam que elas se misturassem".[169] Porém houve outro fator mais objetivo, também reconhecido por Gugu: a profissionalização do mercado. Em 1956, ela foi procurada pela Standard Propaganda – uma das agências pioneiras do país –, interessada em uma garota-propaganda para um comercial da Varig. A enviada foi Ilka Soares, que se saiu muito bem, chamando a atenção de Maria Augusta para o fato de que todas as propagandas então veiculadas no Brasil usavam fotos importadas de modelos estrangeiras, fazendo-a pensar em formar garotas-propaganda e, é claro, também manequins para fotos de moda. Nesse campo, logo apareceria a Rhodia, fazendo um investimento pesado: "Quando começaram os *shows* da Rhodia, o Lívio Rangan pegou muitas das minhas meninas. Roubou mesmo. Eu não podia fazer nada. Afinal, tratava-se de uma carreira profissional e eu as tinha como filhas. Queria o melhor para elas...",[170] ela admitiu.

Na década de 1960, a atividade de modelo deixaria o terreno da veleidade de menina de família para se tornar profissão reconhecida. Mas é preciso também reconhecer que não foram poucas as manequins lançadas pela Socila que deixaram seus nomes na história da moda brasileira, casos de Pauline, Patrícia, Isabela, Mariela Tarnaswiska (esta posteriormente absorvida pela Rhodia), Florinda Bolkan (depois atriz), Marina Colasanti (a escritora), Pia Nascimento e Ilka Soares – esta última na ativa antes mesmo de a Socila existir: "Fui a primeira manequim contratada da Socila e conheci o Brasil inteiro desfilando lançamentos de roupas para fábricas",[171] ela recordou. A de beleza mais "exótica" foi Josefa, que vivia na pobre Baixada Fluminense, descoberta por Maria Augusta casualmente, num elevador. Fez carreira na Europa, onde se casou e ainda vive. Nos tempos áureos, a Socila chegou a ter filiais nas principais capitais do país, oferecendo cursos de modelo, etiqueta e tratamentos estéticos. Em 1980, Maria Augusta vendeu sua participação da empresa que, sem ela, foi aos poucos perdendo o brilho até se apagar completamente...

# Duas pecinhas explosivas

A moda internacional atribui ao francês Louis Réard a invenção do biquíni, traje de banho desenvolvido para o verão de 1946, formado por duas partes distintas. Tratava-se de um conjunto composto pelo que poderíamos chamar de calcinha e sutiã, audacioso pelo formato da parte de baixo: um grande triângulo preso no alto do quadril por uma tira fina, similar ao modelo das futuras tangas, deixando inteiramente à mostra os quadris e o umbigo. O modelo teve efeitos tão explosivos para o período, que foi batizado com o nome de um pequeno atol do oceano Pacífico, onde os Estados Unidos atacaram navios japoneses: o atol de Bikini. As fumaças da Segunda Guerra Mundial ainda pairavam no ar e o racionamento de matérias-primas vigorava, tanto que a falta de tecido no mercado foi um dos argumentos usados por Réard para justificar a economia de pano em sua criação, para a qual previu efeitos tão estrondosos quanto os provocados pelas bombas atômicas atiradas sobre o atol de Bikini naquele mesmo ano de 1946.

Foi preciso contratar uma *stripper* para desfilar tal roupa, à beira da piscina Molitor, em Paris, uma vez que modelos mais ortodoxas não ousavam vestir, publicamente, coisa tão miúda. Até então, o avanço máximo nas piscinas e praias ocidentais havia sido o chamado "maiô de duas peças", lançado em 1935[172] que, como o próprio nome indica, já era composto de duas "grandes" partes, sendo que a de baixo cobria toda a altura do estômago e escondia, devidamente, os resquícios umbilicais das banhistas. Na verdade, havia pouca diferença entre o "maiô de duas peças" e o maiô inteiriço, ambos importados ou, em boa parte, confeccionados em série por malharias nacionais, como a Vencedor – fundada em 1920, no Rio de Janeiro –, a Catalina, patrocinadora dos concursos de *misses*, e a Jantzen, que produzia um "maiô modelador em tecido 'kava-knit', malha de cesta, última palavra para proporcionar uma silhueta insinuante de elegância".[173] Eram comuns, também, as peças feitas por costureiras em tecido plano. Além de maiô inteiriço, é possível comprovar o uso – ainda que eventual – do "maiô de duas peças" na praia de Copacabana, Rio, em ensaios fotográficos publicados pela revista Fon-Fon já em 1939.[174] Há, ainda, registros imagéticos das décadas de 1920 e 1930 de artistas usando duas-peças como trajes de palco (como a dançarina Eros Volúsia) sem que de fato eles tenham sido assimilados pelo grande público e se tornado moda como trajes esportivos de banho.

Na história da indumentária, evidências do uso de duas-peças são bem antigas: mosaicos romanos dos séculos III e IV da Era Cristã mostram ginastas sicilianas usando peças similares ao que passamos a chamar de biquíni: a tanga e o *strophium* – uma banda de tecido enrolada sobre os seios. Pouco antes de Réard lançar seu modelo, o costureiro francês Jacques Heim tinha igualmente desenvolvido um "duas-peças" menos ousado que o de seu compatriota, denominado *atome* – átomo, em francês, palavra derivada do grego *átomon* que significa indivisível –, uma vez que, tendo ele cortado ao meio e encurtado um pouco para cima e para baixo o velho maiô (traje inteiriço), não dava mais para dividi-lo. Mas o nome proposto por Heim (assim como seu modelo que, aliás, encobria o umbigo) não pegou e acabou prevalecendo o proposto por Réard: o biquíni.

A peça não foi imediatamente assimilada, mas, com o passar do tempo, o biquíni tornou-se de uso comum, e ganhou variações inimagináveis em quatro pequenos triângulos de tecido unidos dois a dois.

Aqui em *Terra brasilis*, sob os auspícios de um litoral e um calor imensos – em algumas regiões, durante todo o ano –, o biquíni não só foi bem integrado como se tornou ícone nacional. Inicialmente chamada de "maiô biquíni", a peça teria feito sua estreia em areias nacionais na praia do Arpoador, Rio de Janeiro, sob a pele da uma imigrante alemã de 1,70 m e olhos azuis chamada Miriam Etz, que vivia no Brasil desde os 13 anos. Seu marido, Hans, tinha uma agência de publicidade onde Miriam posava como modelo: "Naquela época, só havia aqueles maiôs de lã de marcas muito caras. E ela sempre costurou; então, Miriam fazia seus próprios maiôs, o que acabou sendo uma novidade, sem ser tanto assim, porque estava dentro dos hábitos dela, da maneira dela encarar a vida,"[175] contou sua nora, Maria Teresa Etz.

Em fotos de 1946, aos 32 anos, Miriam aparecia já no Arpoador – residia em Ipanema, na Rua Joaquim Nabuco, 192 – usando um maiô de duas peças. Mas foi no verão de 1948 – que ganharia o epíteto de "verão do biquíni" –, quando ela resolveu cortar três dedos de pano desse velho "maiô de duas peças" e, com isso, acabou sendo tomada por aqui como uma adepta da peça proposta por Réard, em 1946. Isto se deu porque Miriam e seu biquíni de cintura baixa, com o umbigo completamente exposto, acabaram virando manchete e atração, no calor da polêmica entre defensores e detratores do *bikini*: inicialmente, foram três linhas na revista A Cigarra – o suficiente para atrair público: "E foi assim, enfiada em quatro triângulos de tecido arrematados por argolas de cortina, que ela inventou o jeito carioca de ir à praia. Uma revolução nos costumes. Sem Miriam e seu umbigo de fora, possivelmente não existiriam a barriga grávida de Leila Diniz, o corpo dourado de Helô Pinheiro, as pernas malhadas de Cinthia Howlett."[176] Sem querer, Miriam tinha feito história: 'Dizem que eu inventei moda, mas para mim aquilo era natural. Minha mãe ensinou que o sol no umbigo faz bem. [...] Eu queria apenas pegar sol, mas sei que muito homens se escondiam nas pedras e se masturbavam'",[177] ela contou à reportagem da revista O Globo.

"As pedras do Arpoador separavam o Rio de Copacabana do Rio de Ipanema. Ou, a década de 1940 da década de 1950. Ou, enfim, o céu do inferno. Nos anos 40, alugar um apartamento em Copacabana custava três vezes mais do que em Ipanema. As grandes cadeias de lojas – como a Sloper e as Casas Pernambucanas – preferiam se instalar no centro da cidade ou, no máximo, se espichavam até a Nossa Senhora de Copacabana. [...] Copacabana fervia com turistas, música, comércio. [...] As mulheres de 1948 cultivavam o 'corpo violão', usavam cinta para marcar a cintura. [...] O Arpoador era lugar do pecado. O biquíni, que mais tarde chegou a ser proibido por decreto de Jânio Quadros, só chegou a Copacabana dez anos depois, no corpo da vedete Carmen Verônica. Foi notícia de primeira página nos jornais [...] O verão de 1948 – foi o verão em que tudo começou",[178] descreveu, ainda, a revista O Globo.

Entre a ousadia quase involuntária de Miriam e a popularização do biquíni, porém, muitas águas e polêmicas rolaram. As mais avançadas o adotavam, enquanto as moderadas e puritanas preferiam o maiô de corpo inteiro. Ainda na década de 1950, uma mulher de biquíni teria sido expulsa de Copacabana, com "punhados de areia atirados por homens e mulheres, indignados com o traje".[179] Numa edição da revista Fon-Fon de 1952, a articulista Maluh de Ouro Preto refutou a peça: "Não gosto de maiô biquíni. Não acho propriamente indecente, mas feio, antiestético; não segue as linhas naturais do corpo; corta, deforma".[180] "Vale a pena usar *bikini*?"[181], questionou, dois anos depois, a revista Aconteceu – em edição que tinha na capa O suicídio do Presidente Vargas.[182] O semanário promovia uma enquete entre as "profissionais do *bikini* no Brasil", ou seja, as vedetes do teatro rebolado, entre as quais, evidentemente, predominava o voto a favor; apenas Virginia Lane e Mara Rubia disseram evitar a microindumentária, por motivos que, sugere a reportagem, "devem ser outros, pois corpo elas possuem".[183] Já "Margot Morel, com plástica privilegiada, se sentia muito à vontade de *bikini*".[184] Em 1960, uma matéria de Manchete fazia entender que a moda já estava se popularizando: "Uma das propriedades do biquíni é conferir à praia em que é usado a categoria de 'praia do bem'. No Arpoador, em Ipanema (perto do Country), na Barra da Tijuca e em Copacabana, a maioria das moças não dá ouvidos ao que se diz, e usa biquíni sem o menor constrangimento...".[185] Aos poucos este mínimo tecido acabou por se tornar o máximo da moda nacional – e vale anotar, o modelo de Miriam, de cintura baixa, predominou durante toda a década de 1960, enquanto os similares ao de Réard só vingaram com o "asa delta", no final dos anos 1970, este último uma invenção legitimamente patropi. Ou seja, como bem definiu a jornalista Regina Guerreiro e a história de nossa moda comprovou, "nós [brasileiros] somos bons de nudez".[186]

*Na página ao lado, Mirian Etz, ainda com maiô de duas peças, em foto de estúdio feita por seu marido Hans Kauffmann; Rio de Janeiro, RJ, 1946.*

*Abaixo, reportagem sobre maiô X biquíni; Manchete Ano 8, Nº 446, Rio de Janeiro, RJ, 05 de novembro de 1960.*

## Notas

1. Moda e Cinema no Brasil dos Anos 50: Eliana e o tipo 'mocinha' nas chanchadas cariocas, de Luciana Crivellari Dulci; dissertação de mestrado, Fafich/UFMG, Belo Horizonte, MG, 2004.
2. Novos Poemas II, de Vinicius de Moraes; Livraria São José, Rio de Janeiro, RJ, 1959.
3. Moda e Estilos de Vida: um estudo sobre a formação do campo da moda no Brasil, de Karla Bilharinho Guerra; dissertação de mestrado, Fafich/UFMG, Belo Horizonte, MG, 1997.
4. Histórias da Moda, de Didier Grumbach; Cosac Naify, São Paulo, SP, 2009.
5. Idem.
6. História da Confecção Brasileira, artigo de Manoela Carta; Vogue-Brasil, n° 91, Carta Editorial; São Paulo, SP, janeiro de 1983.
7. Idem.
8. O Cenário da Moda do Prêt-à-porter no Brasil, do Pós-guerra aos Anos 50: produção de vestimentas femininas, de Ana Paula Lima de Carvalho; dissertação de mestrado; PUC-Rio, Rio de Janeiro, RJ, 2001.
9. Idem.
10. Italian Fashion: The History of High Heels, disponível no site Life In Italy [www.lifeinitaly.com/fashion/high-heels.asp]; acesso em abril de 2010.
11. Quase Tudo: memórias, de Danuza Leão; Companhia das Letras, São Paulo, SP, 2006.
12. Moda no Século XX, de Maria Rita Moutinho e Máslova Teixeira Valença; Senac Nacional, Rio de Janeiro, RJ, 2005.
13. Depoimento ao projeto HMB, gravado em agosto de 2007.
14. Idem.
15. Idem.
16. Idem.
17. Bangu e seus Principais Momentos, disponível no site do Centro Cultural da Região de Bangu [http://www.bangu.org.br]; acesso em abril de 2010.
18. Habitat, edição n° 8; Museu de Arte de São Paulo (Masp), São Paulo, SP, 1952.
19. Depoimento de Cândida Silveira. *In:* Bangu, 100 Anos: a fábrica e o bairro, de Gracilda Alves de Azevedo Silva; Sabiá, Rio de Janeiro, RJ, 1989.
20. Manchete; Bloch, Rio de Janeiro, RJ, fevereiro de 1953.
21. Depoimento de Cândida Silveira. *In:* Bangu, 100 Anos: a fábrica e o bairro, de Gracilda Alves de Azevedo Silva; Editora Sabiá, Rio de Janeiro, RJ, 1989.
22. São Paulo elege "Miss Suéter", reportagem de Manchete, n° 161; Bloch, Rio de Janeiro, RJ, 21 de maio de 1955.
23. Idem.
24. Vida Doméstica, edição n° 420; Sociedade Gráfica Vida Doméstica Ltda., Rio de Janeiro, RJ, março de 1953.
25. Depoimento ao projeto HMB, gravado em agosto de 2009.
26. Moda e Estilos de Vida: um estudo sobre a formação do campo da moda no Brasil, de Karla Bilharinho Guerra; dissertação de mestrado, Fafich/UFMG; Belo Horizonte, MG, 1997.
27. Moda, Luxo e Economia, de José Carlos Durand; Babel Cultural, São Paulo, SP, 1988.
28. Depoimento ao projeto HMB, gravado em junho de 2009.
29. Caras, edição 736, ano 14, n° 50; Editora Caras, São Paulo, SP, dezembro de 2007.
30. Dignidade, Celibato e Bom Comportamento: relatos sobre a profissão de modelo e manequim no Brasil dos anos 1960, de Maria Claudia Bonadio; Cadernos Pagu, n° 22, Unicamp, Campinas, SP, 2004.
31. Depoimento de Jacinto de Thormes. *In:* Bangu, 100 Anos: a fábrica e o bairro, de Gracilda Alves de Azevedo Silva; Sabiá, Rio de Janeiro, RJ, 1989.
32. Quase Tudo: memórias, de Danuza Leão; Companhia das Letras, São Paulo, SP, 2006.
33. Idem.
34. Chatô, O Rei do Brasil, de Fernando Moraes; Companhia das Letras, São Paulo, SP, 1994.
35. Idem.
36. Bangu, 100 Anos: a fábrica e o bairro, de Gracilda Alves de Azevedo Silva; Sabiá, Rio de Janeiro, RJ, 1989.
37. Idem.
38. Quase Tudo: memórias, de Danuza Leão; Companhia das Letras, São Paulo, SP, 2006.
39. Chatô, O Rei do Brasil, de Fernando Moraes; Companhia das Letras, São Paulo, SP, 1994.
40. Manchete, n° 24; Bloch, Rio de Janeiro, RJ, 4 de outubro de 1952.
41. Quase Tudo: memórias, de Danuza Leão; Companhia das Letras, São Paulo, SP, 2006.
42. Depoimento ao projeto HMB, gravado em julho de 2009.
43. Quase Tudo: memórias, de Danuza Leão; Companhia das Letras, São Paulo, SP, 2006.
44. Depoimento ao projeto HMB, gravado em abril de 2009.
45. Shopping News; Editora Shopping News, São Paulo, SP, 30 de agosto de 1981.
46. A Moda dos Anos 80, de Deise Sabbag Thamer; Datiloplate/Oesp, São Paulo, SP, 1988.
47. Depoimento ao projeto HMB, gravado em abril de 2009.
48. Idem.
49. Idem.
50. Idem.
51. Idem.
52. Idem.
53. Idem.
54. Manchete, n° 236; Bloch, Rio de Janeiro, RJ, 27 de outubro de 1956.
55. Habitat, edição n° 9; Museu de Arte de São Paulo (Masp), São Paulo, SP, 1952.
56. Habitat, edição n° 2; Museu de Arte de São Paulo (Masp), São Paulo, SP, 1951.
57. Idem.
58. Dener – Sensação, de M. H. Devisate. *In:* Mirante das Artes, edição n° 8; Museu de Arte de São Paulo (Masp), São Paulo, SP, 1968.
59. Manchete, edição n° 24; Bloch, Rio de Janeiro, RJ, 4 de outubro de 1952.
60. Habitat, Edição n° 8; Museu de Arte de São Paulo (Masp), São Paulo, SP, 1952.
61. Idem.
62. Habitat, edição n° 9; Museu de Arte de São Paulo (Masp), São Paulo, SP, 1952.
63. Idem.
64. Idem.
65. Idem.
66. Flávio de Carvalho estreou o seu *new look*, reportagem de Daniel Linguanotto; Manchete, edição n° 236; Bloch, Rio de Janeiro, RJ, 27 de outubro de 1956.
67. Idem.
68. Idem.
69. Idem.
70. Idem.
71. Manchete, edição n° 159; Bloch, Rio de Janeiro, RJ, 7 de maio de 1955.
72. O Cruzeiro, ano 28, n° 36; Diários Associados, Rio de Janeiro, RJ, 23 de junho de 1956.
73. Moda, Luxo e Economia, de José Carlos Durand; Babel Cultural, São Paulo, SP, 1988.
74. Depoimento ao projeto HMB, gravado em agosto de 2007.
75. Idem.
76. *In:* A Questão da Cópia e da Interpretação no Contexto da Produção de Moda da Casa Canadá, de Cristina Araújo Seixas; dissertação de mestrado, Departamento de Arte e Design/PUC-Rio, Rio de Janeiro, RJ, 2002.
77. Depoimento de José Nunes ao projeto HMB, gravado em agosto de 2009.
78. Dicionário da Moda, de Marco Sabino; Campus, São Paulo, SP, 2007.
79. Depoimento ao projeto HMB, gravado em agosto de 2009.
80. Idem.
81. Depoimento ao projeto HMB, gravado em março de 2008.
82. Idem.
83. Depoimento ao projeto HMB, gravado em julho de 2009.
84. O Cruzeiro, ano 27, n° 23; Diários Associados, Rio de Janeiro, RJ, 19 de março de 1955.
85. O Cruzeiro, ano 31, n° 24; Diários Associados, Rio de Janeiro, RJ, 31 de março de 1959.
86. O Cruzeiro, ano 31, n° 20; Diários Associados, Rio de Janeiro, RJ, 28 de fevereiro de 1959.
87. Idem.
88. Alceu Penna e As Garotas do Brasil, de Gonçalo Júnior; Cluq – Clube dos Quadrinhos, São Paulo, SP, 2004.
89. Idem.
90. Idem.
91. Idem.

92 80 Anos de Moda no Brasil, de Silvana Gontijo; Nova Fronteira, Rio de Janeiro, RJ, 1987.

93 Manchete, nº 131; Bloch, Rio de Janeiro, RJ, 22 de outubro de 1954.

94 Manchete, nº 178; Bloch, Rio de Janeiro, RJ, 14 de agosto de 1958.

95 Querida, nº 68; Rio Gráfica, Rio de Janeiro, RJ, março de 1957.

96 Jóia, nº 39; Bloch, Rio de Janeiro, RJ, 30 de maio de 1959.

97 80 Anos de Moda no Brasil, de Silvana Gontijo; Nova Fronteira, Rio de Janeiro, RJ, 1987.

98 Depoimento ao projeto HMB, gravado em julho de 2009.

99 Idem.

100 Idem.

101 Idem.

102 Depoimento ao projeto HMB, gravado em agosto de 2009.

103 Depoimento ao projeto HMB, gravado em julho de 2009.

104 Idem.

105 Idem.

106 Datas indisponíveis.

107 Depoimento ao projeto HMB, gravado em julho de 2009.

108 Memórias Alinhavadas, de Rui Spohr e Beatriz Viégas Faria; Artes e Ofícios, Porto Alegre, RS, 1997.

109 Idem.

110 Idem.

111 Depoimento ao projeto HMB, gravado em setembro de 2009.

112 Idem.

113 O Globo; Editora Globo, Rio de Janeiro, RJ, 20 de maio de 1970.

114 O Luxo, de Dener Pamplona de Abreu; Cosac Naify, São Paulo, SP, 2007 (1ª edição pela Editora Laudes, 1972).

115 Bordado da Fama, de Carlos Dória; Senac, São Paulo, SP, 1998.

116 Depoimento ao projeto HMB, gravado em agosto de 2007.

117 Os Estilistas, vol. 8; Senai/ Cetvest, São Paulo, SP, 1998.

118 Depoimento ao projeto HMB, gravado em julho de 2009.

119 Dicionário da Moda, de Marco Sabino; Campus, São Paulo, SP, 2007.

120 Depoimento ao projeto HMB, gravado em julho de 2009.

121 Matarazzo 100 Anos, de Maria Pia Matarazzo e outros; CL-A Comunicações, São Paulo, SP, 1982.

122 A Moda Brasileira em Desfile, reportagem de A. Accioly Neto. In: O Cruzeiro, ano 34, nº 28; Diários Associados, São Paulo, SP, 18 de agosto de 1962.

123 A História da Indústria Têxtil Paulista, de Francisco Teixeira; Sinditêxtil, São Paulo, SP, 2007.

124 Moda e Estilos de Vida: um estudo sobre a formação do campo da moda no Brasil, de Karla Bilharinho Guerra; dissertação de mestrado, Fafich/ UFMG, Belo Horizonte, MG, 1997.

125 Jóia, nº 1; Bloch, Rio de Janeiro, RJ, 30 de novembro de 1957.

126 Depoimento ao projeto HMB, gravado em setembro de 2007.

127 O Cruzeiro, ano 33, nº 9; Diários Associados, Rio de Janeiro, RJ, 16 de dezembro de 1961.

128 Idem.

129 Idem.

130 Depoimento ao Projeto HMB, gravado em setembro de 2007.

131 A moda não pára, reportagem de Ibrahim Sued; Manchete, nº 61, Bloch, Rio de Janeiro, RJ, 20 de junho de 1953.

132 Datas indisponíveis.

133 Dicionário da Moda, de Marco Sabino; Campus, São Paulo, SP, 2007.

134 Agosto, de Ruben Fonseca; Companhia das Letras, São Paulo, SP, 1990.

135 Jóia, nº 34, Bloch, Rio de Janeiro, RJ, 30 de junho de 1959.

136 Depoimento ao projeto HMB, gravado em agosto de 2009.

137 Informação por e-mail ao projeto HMB, em fevereiro de 2010.

138 Depoimento ao projeto HMB, gravado em julho de 2009.

139 Idem.

140 Idem.

141 Veja, nº 1068; Abril, São Paulo, SP, 22 de fevereiro de 1989.

142 O Avesso da Moda: trabalho a domicílio na indústria da confecção, de Alice Rangel de Paiva Abreu; Hucitec, São Paulo, SP, 1986.

143 O Cenário da Moda do Prêt-à--porter no Brasil, do Pós-guerra aos Anos 50: produção de vestimentas femininas, de Ana Paula Lima de Carvalho;

dissertação de mestrado, PUC--Rio, Rio de Janeiro, RJ, 2001.

144 O Avesso da Moda: trabalho a domicílio na indústria da confecção, de Alice Rangel de Paiva Abreu; Hucitec, São Paulo, SP, 1986.

145 Idem.

146 Depoimento ao projeto HMB, gravado em fevereiro de 2010.

147 Idem.

148 Idem.

149 Santista Têxtil: uma história de inovações, 75 anos, de Maria Helena Estellita Cavalcanti Pessoa (coord.) e Mario Ernesto Humberg (edição e texto final); Clã Comunicações, São Paulo, SP, 2004.

150 O Cruzeiro, ano 30, nº 41; Diários Associados, Rio de Janeiro, RJ, 19 de julho de 1958.

151 Manchete, nº 446; Bloch, Rio de Janeiro, RJ, 5 de novembro de 1960.

152 Moda Brasil: fragmentos de um vestir tropical, de Katia Castilho e Carol Garcia (organizadoras); Anhembi-Morumbi, São Paulo, SP, 2001.

153 Depoimento ao projeto HMB, gravado em outubro de 2007.

154 O Livro da Elegância, de Geneviève Antoine Dariaux; Record, Rio de Janeiro, RJ, 1964.

155 O Pará faz Moda, de Felícia Assmar Maia e Isadora Avertano Rocha; Ideias e Letras, Aparecida, SP, 2007.

156 O Brasil na Moda, edição de Paulo Borges e João Carrascosa; Editora Caras, São Paulo, SP, 2004.

157 Quem faz alta-costura no Brasil, reportagem de Jóia; Bloch Editores, Rio de Janeiro, maio de 1967.

158 Brasilessência, de Renata Ashcar; Best Seller, Rio de Janeiro, RJ, 2001.

159 Depoimento ao projeto HMB, gravado em setembro de 2009.

160 Idem.

161 Depoimento ao projeto HMB, gravado em novembro de 2007, para todas as citações.

162 Meninas da Socila, reportagem de Roni Filgueiras; Caderno Ela, O Globo; Editora Globo, Rio de Janeiro, RJ, 2 de agosto de 2005.

163 Dignidade, Celibato e Bom Comportamento: relatos sobre a profissão de modelo e manequim no Brasil dos anos 60, de Maria Claudia Bonadio; Cadernos Pagu, nº 22, Unicamp, Campinas, SP, 2004.

164 O Brasil na Moda, edição de Paulo Borges e João Carrascosa; Editora Caras, São Paulo, SP, 2004.

165 Idem.

166 Idem.

167 Idem.

168 Idem.

169 Idem.

170 Idem.

171 Depoimento ao projeto HMB, gravado em outubro de 2009.

172 Biquíni, duas peças polêmicas, reportagem de Margarida Autran; Revista de Domingo, Jornal do Brasil, Rio de Janeiro, RJ, 27 de agosto de 1972.

173 Fon-Fon, Editora Fon-Fon, Rio de Janeiro, RJ, 14 de maio de 1938.

174 Fon-Fon, Editora Fon-Fon e Selecta S/A, Rio de Janeiro, RJ, 8 de abril de 1939.

175 Depoimento ao projeto HMB, gravado em setembro de 2010.

176 Revista O Globo, ano 4, nº 145, Especial Verão; Editora Globo, Rio de Janeiro, RJ, 2 de dezembro de 2007.

177 Idem.

178 Idem.

179 Dicionário da Moda, de Marco Sabino; Campus, Rio de Janeiro, RJ, 2007.

180 Fon-Fon, nº 2342; Editora Fon--Fon e Selecta S/A, Rio de Janeiro, RJ, 1 de março de 1952.

181 Vale a pena usar bikini?, reportagem de Samuel Averbach. In: Aconteceu, nº 12; Rio Gráfica Editora, Rio de Janeiro, RJ, setembro de 1954.

182 Aconteceu, nº 12; Rio Gráfica Editora, Rio de Janeiro, RJ, setembro de 1954.

183 Idem.

184 Idem.

185 Manchete, nº 446; Bloch, Rio de Janeiro, RJ, 5 de novembro de 1960.

186 Depoimento ao projeto HMB, gravado em agosto de 2007.

CAPÍTULO **5** TROPICÁLIA & GLAMOUR [ 1961 | 1975 ]

# Fenit e Rangan tornam a moda um grande espetáculo

Se para a *haute couture* a década de 1960 foi, na França, um tempo de absorção e implantação do sistema de licenciamento das marcas – fosse para roupa pronta ou para outros produtos que as *maisons* passaram a lançar –, no Brasil, ao contrário, foi o tempo em que os costureiros da moda luxo ganharam visibilidade nacional, sustentados principalmente por grandes investimentos em publicidade e no que, posteriormente, chamaríamos de *marketing*. Eram realizados pela indústria têxtil, em especial as fabricantes de fios sintéticos, a fim de estabelecer a ideia de uma moda feita por aqui. O palco central dessa estratégia acabou sendo a Feira Nacional da Indústria Têxtil (Fenit, criada em 1958), servindo de espaço para o lançamento de coleções de moda, na época, até porque não tínhamos aqui uma instituição que congregasse nossos costureiros e organizasse um calendário para lançamento sazonal das coleções – fossem elas de alta moda sob medida ou de confecções (*prêt-à-porter*).

No campo político, adentramos um período de exceção, submetidos a um governo militar, contraposto em seus anos mais duros por movimentos de guerrilha urbana. Na moda, ao contrário, o rumo era o da liberação do corpo – principalmente na moda jovem, que ganhava espaço e se tornava um segmento importante para o

*Na página ao lado, Lilian, Inge, Mailu, Sandra, Mila e Lúcia vestem criações de José Nunes, com estampas de Aldemir Martins, da coleção Brazilian Style, Rhodia; Jardim de Alá, Salvador, BA, 1964.*

mercado confeccionista. Seu surgimento refletia o embate entre pais de formação conservadora *versus* filhos do pós-guerra, rebeldes e liberais – o chamado conflito de gerações. Foi, acima de tudo, um período decisivo para a instalação de uma moda industrial no Brasil e no mundo todo. Essa moda para massas se traduzia, necessariamente, numa roupa em série, que democratizava ao mesmo tempo em que igualava as pessoas, inclusive em gêneros, com o surgimento do conceito de moda unissex, na segunda metade da década de 1960, como consequência da liberação comportamental e da moda *hippies*. A distinção de grupos sociais deixou de se evidenciar pelo modelo ou pelo tecido mais sofisticado, para se fazer por meio das etiquetas das *griffes* (marcas) anexadas às roupas.

Assim, as novas modas se impunham, no Brasil, a uma indústria de confecção ainda conservadora e pautada por estratégias comerciais e padrões estéticos tímidos, o que franqueou e impulsionou o surgimento de novas fábricas mais atinadas com as demandas de uma juventude sequiosa por voz e vestes próprias. Com a explosão do *mass media*, tivemos pelo menos dois grandes movimentos comportamentais marcantes na década de 1960: na primeira metade, eclodiu o Iê-iê-iê dos Beatles, traduzido aqui pela Jovem Guarda sob o comando do trio Roberto Carlos (o Rei), Erasmo Carlos (o Tremendão) e Wanderléa (a Ternurinha), idolatrados por séquitos de fanzocas histéricas, dadas a chiliques e desmaios. Em 1963, Roberto Carlos emplacou seus primeiros *hits* nas paradas de sucesso: Splish Splash e Parei na Contramão. Em 1965, passou a comandar, pela Rede Record de tevê, o programa Jovem Guarda, ao lado de Erasmo e Wanderléa. A Jovem Guarda dominou a cena musical do período e influenciou o comportamento e a moda juvenis, com as grifes Calhambeque (do Rei), Tremendão e Ternurinha.

Com a invenção da pílula anticoncepcional, as mulheres colocaram as pernas de fora, em minissaias (e, depois, em microssaias) ousadíssimas – invenções reivindicadas lá fora pelo francês André Courrèges e pela inglesa Mary Quant. Aqui no Brasil, Clodovil garantiu que vestiu Elis Regina de micro, antes de todo mundo, em meados da década de 1960: "Eu fiz a saia mais curta na história do mundo. Não foi a Mary Quant. [...] Eu fiz para a Elis Regina um vestido sem mangas, de linho preto, evasê; eu dobrei a bainha para cima e disse para a contramestra: 'A senhora vai descer isso aqui'. Ela não entendeu e, ao invés de descer, subiu 16 centímetros. Alguns dias depois, liguei a televisão, acho que no programa Fino da Bossa, e a Elis estava cantando O Pato, com aquele gestual que aprendeu com o [bailarino] Lenny Dale... E o vestido subia mais ainda; fiquei angustiado em casa... No dia seguinte, liguei para ela: 'Elis, o vestido estava muito curto'. Ela respondeu: 'Não discuto com quem cria roupa; ponho como me mandou'".[1]

Mais que Elis, porém, foi Wanderléa quem protagonizou, no imaginário nacional, a moça avançadinha de vastas coxas expostas e encimadas por minúsculas faixas de pano; assim como a atriz Leila Diniz emblematizou a mulher liberada que dizia o que vinha à cabeça e exibia o corpo sem constrangimentos – sendo a primeira a exibir-se

*Na página ao lado, o colunista social Jacinto de Thormes ao lado das modelos Sandra e Inge com criações de Dener Pamplona para a Seleção Rhodia Têxtil; Rio de Janeiro, RJ, maio de 1961.*

## ANOS DE EXCEÇÃO E DESBUNDE

A partir do golpe militar de 31 de março de 1964, o Brasil passou a viver sob um regime de exceção que extinguiu as eleições para cargos executivos e implantou, no Congresso Federal, o chamado bipartidarismo (Arena X MDB). Daí por diante, seguiram-se anos de confronto entre democratas e apoiadores da ditadura. O ano de 1968 foi um marco da rebeldia juvenil – no Brasil, nos EUA e na Europa –, sacudindo os velhos valores patriarcais que se mostravam incompatíveis com a nova sociedade de consumo: lá fora, os protestos se voltavam contra o racismo, a desigualdade social e a guerra do Vietnã. Por aqui, a luta era por liberdade civil: em junho de 1968, aconteceu no Rio a Passeata dos 100 mil, ápice de uma série de protestos populares clamando por democracia. Mas, ao contrário de flexibilizar o regime, os militares o endureceram com a edição do Ato Institucional nº 5 (AI-5), que impôs censura prévia à imprensa e deu suporte legal à perseguição policial (e parapolicial) de seus opositores – a maior parte deles já no exílio.

O Brasil viveu, então, a época política mais sombria de sua história, acobertada com ajuda da boa *performance* do PIB nacional: o período de 1969 a 1973 ficou conhecido como o do "milagre brasileiro" em razão de uma sequência de bons índices de crescimento registrados durante o governo do terceiro general-presidente, Emílio Garrastazu Médici, resultado de uma farta entrada de capitais estrangeiros, do fortalecimento do setor estatal e do apoio sistemático do governo à indústria. O consumo explodiu impulsionando a abertura de supermercados, magazines e incrementando a venda de automóveis e eletrodomésticos, em especial a televisão: "Em 1960, apenas cerca de 9,5% das residências urbanas tinham televisão, mas em 1970 já chegavam a 40%".[1] Esse *boom* econômico só beneficiou, porém, as camadas alta e média da sociedade, em consequência da concentração de renda. Apoiada por uma campanha de mídia sob o *slogan* "Brasil, ame-o ou deixe-o", a ditadura militar aproveitou, também, a vitória do Brasil na Copa do Mundo de Futebol, em 1970, no México, para instaurar um clima ufanista, que conferia uma aparência de cumplicidade entre povo e governo, que não existia de fato.

Mas o namoro da classe média com a ditadura militar só vingou durante os anos mais favoráveis; com a elevação dos preços do petróleo e o endividamento externo do país, a euforia deu lugar à crise econômica e à tensão social, que se alongaram pelos anos da chamada distensão política do quarto general-presidente, Ernesto Geisel – de 1974 a 1978. O Brasil viu-se obrigado a iniciar um programa de substituição do petróleo, o Proálcool, que veio a se tornar modelo para o resto do mundo. Apesar das restrições políticas, a sociedade avançava comportamentalmente, estimulada pela indústria de consumo e pelos movimentos culturais – como a contracultura, o tropicalismo e o feminismo – que redefiniram valores e estabeleceram um modelo de sociedade mais liberal.

1 Passagens da Moda, de Edgard Luiz de Barros; Editora Senac, São Paulo, SP, 1993.

grávida de biquíni nas praias cariocas. O segundo movimento importante daquela década foi a liberação *hippie*, aqui musicalmente traduzida pela Tropicália, liderada pelo também trio Caetano Veloso, Gilberto Gil e Gal Costa, mais uma plêiade de adeptos dos "papos-cabeça". Marcantes nas estéticas desses movimentos, os cabelos passaram por transições quase transcendentais: na Jovem Guarda, garotas papo-firmes deviam esculpi-los em coques "bolotê" (cônicos) de modelos variados, fixados com litros de laquê (*hair spray*), adornados com franjinhas retas, laçarotes de gorgorão (de preferência cor-de-rosa) e/ou apliques de cabelos sintéticos. Na liberação *hippie*, as madeixas deviam cair soltas, longas e volumosas, fossem lisas ou cacheadas, adornando cabeças masculinas ou femininas. Tudo deveria ser unissex...

Com as roupas não foi diferente: na Jovem Guarda, as garotas vestiam, além de minissaias tubinho, calças cigarrete e blusa de Ban-Lon, tudo bem agarradinho. Rapazes prafrentex deviam usar cabelos na testa (franjas imensas), calças Saint-Tropez (de cós baixo) coladas nas pernas, botinha sem meia, terninhos carecas sobre blusa de malha com gola rolê ou camisa de tecido sintético com golas altas e pontudas (como as de Elvis Presley) aberta no peito exibindo correntes grossas no pescoço (e nos pulsos), além do anel Brucutu – item fundamental. No final da década, tudo virou pelo avesso com uma moda despojada e unissex, que vestia igualmente bichos-grilos de ambos os gêneros – ou seja, com *jeans* desbotados na raça, camisetas com o símbolo de paz e amor, roupas étnicas, batas indianas, túnicas inteiriças, de preferência em fibras naturais de cores vivas e alegres, fossem listras ou estampas. A pele bronzeada pedia pouca maquiagem; nos pés, tênis, sandálias de couro, mocassins, botas ou sapatos baixos.

Essa subversão do vestir ganhou o rótulo, na imprensa, de antimoda: "Com imaginação faz-se uma invenção. O vestir. Desvestir. Ato mágico que se renova. A antimoda como reação subterrânea na busca da liberdade total. No vestir, a linguagem que foge dos dogmas, que ri dos preconceitos e desafia o bom gosto. É um processo pacífico contra o estabelecido. A antimoda nasce com uma juventude inquieta. Sua linguagem é livre, despudorada, inventiva...",[2] teorizou a jornalista Mariza Alvarez de Lima, em O Cruzeiro. Surgida pelo comportamento contestador dos jovens e absorvida, posteriormente, por butiques descoladas, a antimoda *hippie* estabeleceu com ela um formato de loja pequena focada em estilos diferenciados e com produtos artesanais ou semiartesanais, que permaneceria ainda por vários anos. E também acabou tendo elementos apropriados pela moda jovem industrial das confecções.

*Na página ao lado, Sandra, Lucia e Inge vestem modelos de Dener Pamplona para a Seleção Rhodia Têxtil; Palácio do Planalto, Brasília, DF, maio de 1961.*

## Moda "faça você mesma"

Na virada da década de 1950 para a de 1960, o jornalismo brasileiro alcançou maior grau de sofisticação gráfica, com a introdução de processos de impressão em película de acetato substituindo a impressão "a quente" – como se dizia –, com linotipos e clichês metálicos. Nos jornais, esse processo foi mais lento; mas nas revistas avançou rapidamente, em particular nas publicações sobre moda, que se tornavam mais coloridas e ilustradas. Os desenhos de roupas (croquis) em branco e preto foram, paulatinamente, desaparecendo das páginas para dar lugar a editoriais fotográficos similares aos que passaram a vigorar daí por diante: ensaios ambientados nos quais manequins posavam as roupas em locações naturais ou cenográficas que pretendiam expressar as ideias norteadoras das coleções. Assim, os desenhistas de moda, antes essenciais às publicações femininas, cederam espaço aos fotógrafos de moda. Apressou esse processo o crescimento do mercado de roupas prontas fabricadas por confecções e divulgadas por esses editoriais fotográficos – e também por meio dos anúncios publicitários.

O desenho de moda (croqui) pretendia mais do que ilustrar as páginas das revistas e dos jornais: servia para orientar a leitora na confecção dos modelos apresentados; tanto que vinha acompanhado com o verso da peça em tamanho reduzido. Além disso, um modelo era eleito, a cada edição, para ter seu molde encartado anexo. Já a fotografia de moda passou a ter objetivo distinto: exibia um produto disponível à venda em lojas ou magazines. Então, o desenho de moda perdeu espaço nas revistas, mas não o desenhista, que foi realocado nos periódicos femininos para a execução de ilustrações de moda, que funcionavam como apoios gráficos na composição das páginas. Ao longo da década de 1960, porém, os croquis de moda continuavam a ser usados nas publicações voltadas para as mulheres brasileiras, das mais arcaicas, como Fon-Fon ou Jornal das Moças, que tiveram dificuldade para se adaptar aos conceitos emergentes, mais modernos, que usavam croquis com fotografias de formas complementares.

Dentre os expoentes da última fase do desenho de moda brasileiro, destacaram-se Eugén (Eugênia Ponsade[3]), Gil Brandão (Gilberto Machado Brandão, 1924-1982), Ramon (Ramon Llampaya[4]) – entre outros cujos dados biográficos são escassos. Sobre Eugén, sabe-se que publicou desenhos de moda durante quase toda a década de 1950 no Jornal das Moças, editado no Rio por Álvaro Menezes – mais especificamente no encarte Jornal da Mulher, dirigido por Yara Sylvia –, assim como na revista Fon-Fon; porém nesta com menor assiduidade. Eugén chegou a coordenar, em meados daquele decênio, a seção Consultório de Moda do Jornal das Moças, desenhando modelos em resposta a

*Abaixo, revista Manequim, Ano III, Nº 24, Editora Abril, São Paulo, SP, junho de 1961.*

# GUIA DE TRABALHO - MOLDES DA FOLHA A

**MOLDE 1**

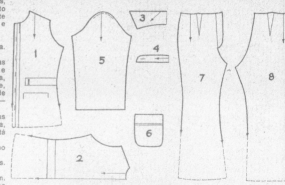

1.965 — PARA O ESPORTE — MANEQUIM 44 — Próprio para os momentos esportivos, este conjunto tem calças retas e um paletó franzido na cintura por meio de um cinto mole que passa por dentro de uma bainha interna. Uma patte abotoada fecha a frente enquanto dois grandes bolsos se aplicam sobre os quadris. Gola pontuda com pé e mangas compridas retas. Pespontos.

TECIDO — Gabarlene.     METRAGEM — 4,50 m com 0,90 m de largura.

1. FRENTE DO PALETÓ — Corte duas vezes, prolongando o molde nas medidas indicadas na ponta das setas. Tire o molde da patte pela linha traçada, corte-a duas vezes e volte a aplicá-la pela mesma marcação. Aplique no lado avesso, ao nível da cintura, uma tira de fazenda com 6 cm de largura e com a medida tirada no próprio molde, incluindo costas. Costure pelas linhas marcadas e abra duas pequenas casas de botão com pouco mais de 3 cm de comprimento — de acordo com a marcação — por onde será introduzida um cintinho-molde de 3 cm de largura.
2. COSTAS DO PALETÓ — Corte uma vez com a fazenda dobrada pelo meio das costas. Prolongue o molde nas medidas indicadas na ponta das setas. Na cintura, continue a montagem da bainha interna para a passagem do cinto, como está explicado na peça anterior.
3. GOLA — Corte duas vezes com a fazenda dobrada pelo meio das costas em pleno viés. Entretele e monte no pé da gola.
4. PÉ DA GOLA — Corte duas vezes com a fazenda dobrada pelo meio das costas. Entretele e monte no decote.
5. MANGA — Corte duas vezes. Embeba a parte superior da cava antes da montagem.
6. BOLSO — Corte duas vezes. Prepare, pesponte pelas marcações e aplique no lugar marcado na peça 1.
7. FRENTE DA CALÇA — Corte duas vezes, prolongando o molde nas medidas indicadas na ponta das setas. Na costura central do gancho, pregue um zíper de 20 cm de comprimento.
8. COSTAS DA CALÇA — Corte duas vezes, prolongando o molde nas medidas indicadas na ponta das setas. Arremate a cintura com uma fita de gorgorão aplicada pelo lado avesso ou então com uma bainha postiça.

---

**MOLDE 2**

1.966 — UM TERNINHO SIMPÁTICO — MANEQUIM 46 — O paletó deste terninho tem lapelas masculinas bem largas, fecha-se com dois botões apenas e é galbeado por costuras verticais. Dois bolsos grandes se aplicam embaixo e outro menor em cima, no lado esquerdo somente. Mangas compridas, gênero alfaiate. Pespontos marcam as costuras. Calças largas e retas.

pedidos enviados pelas leitoras: "Sra. Nice – Deseja um modelo bem decotado e creio que este é do seu gosto... [...] Laurita – Lindo modelo lhe preparamos para fazer com a fazenda da qual nos enviou amostra...".[5]

Ainda na década de 1970, Eugén mantinha-se em atividade colaborando com um suplemento de O Jornal, dos Diários Associados, editado por Elza Marzullo – uma das principais jornalistas da área feminina do período: "Vivenciei, no início da década de 1970, a redação do Clube das Leitoras, tabloide comandado pela Elza, que saía aos domingos em O Jornal; era um fenômeno, as vendas disparavam por causa desse caderno em que as leitoras podiam se corresponder, trocando receitas culinárias e dicas sobre o dia a dia da dona de casa. Elas eram as 'abelhinhas', leitoras laboriosas, identificadas apenas por um pseudônimo e localização. O sucesso do Clube das Leitoras havia feito com que Elza ganhasse força nos Diários Associados, e entregaram a seu comando, em meados da década de 1960, o Jornal Feminino, suplemento *standard* de oito páginas. Saía também aos domingos. Por último, Elza criou o suplemento Você, que saía às quintas-feiras. A Eugén colaborava em todos esses cadernos. No Jornal Feminino, fazia a página central, que trazia um molde. Era uma senhora baixa, de origem espanhola, que vivia sempre nos prometendo uma *paella*... Ela produzia os moldes e croquis, como fazia o Gil Brandão [no Jornal do Brasil], na mesma época...",[6] relatou a jornalista carioca Celina de Farias.

A comparação com Gil Brandão é oportuna – ainda que o trabalho do pernambucano tenha alcançado maior repercussão. Nascido em Recife, PE, Gil viveu em sua cidade natal até o período em que cursou o terceiro ano da Faculdade de Medicina do Recife, quando se transferiu para a Faculdade Nacional do Rio de Janeiro – onde concluiu sua

*Acima, guia de moldes; Figurino Moderno, Ano VI, Nº 71; Editora Vecchi, Rio de Janeiro, RJ, junho de 1971.*

*Abaixo, ilustração de Eugén para o suplemento Clube das Leitoras; O Jornal, Rio de Janeiro, RJ, 28 de abril de 1974.*

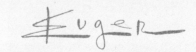

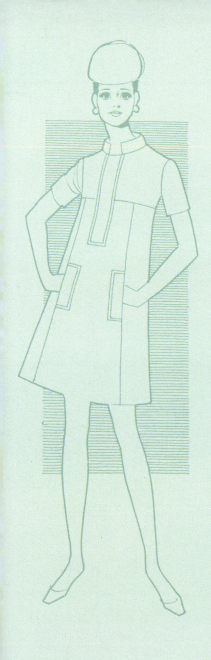

*Acima e na página ao lado, croquis de Gil Brandão; Figurino Moderno, Ano I, Nº 16, Editora Vecchi, Rio de Janeiro, RJ, outubro de 1967.*

graduação. Já no ano seguinte, 1948, iniciou colaboração com Fon-Fon, produzindo desenhos de moda, ao lado de J. Luiz, o Jotinha – que ainda colaborava com a publicação. Seu vínculo com a moda daí por diante só cresceu: ainda na década de 1950, desenhou modelos para a Confecção Joliet, pioneira do ramo.[7] Isso fez crescer seu interesse pela estrutura da roupa, ou seja, pela modelagem.

Naquele período, as revistas Fon-Fon e Jornal das Moças reinavam soberanas e disputavam acirradamente o segmento que se convencionou chamar de "moda com moldes" – ou seja, das revistas que traziam moldes encartados, bastante procuradas. Ambas estavam preparadas para atender por correio aos pedidos de moldes das leitoras. Como esses moldes eram produzidos? Os modelos eram, em geral, copiados de revistas estrangeiras ou de fotos compradas de agências, como a Apla ou Reuters, a partir dos quais eram feitos os desenhos de moda (os croquis ou as "bonecas", como se dizia comumente). A partir deles, eram feitos os moldes detalhados, e, em seguida, a arte-final dos moldes encartados nas edições. Normalmente, eram publicados em tamanho natural, no manequim 42. Para aumentá-lo ou diminuí-lo, bastava a leitora acrescentar ou reduzir um centímetro em todas as partes da roupa. Outras vezes, os moldes vinham reduzidos para serem ampliados por escala. No Jornal das Moças, durante a década de 1940, os moldes eram produzidos pela Escola Regis, de Mme. Ottra Mary, do Rio.

Fon-Fon, na década de 1940, informava usar o método Toutemode, do professor Justiniano Dias Portugal. A partir de 1952, anunciou a adoção de um novo processo, de autoria de Mme. Eloyna Annecchini de Araújo ([8]), daí por diante autora técnica oficial dos moldes divulgados na revista, cuja revisão artística ficava a cargo de Gil Brandão. Eloyna – que também chegou a desenhar croquis de moda para a revista – lançou pela editora de Fon-Fon o livro Corte e Costura, Método Prático e Aperfeiçoado, com desenhos de Gil, em 1952. Pode ter sido um pioneiro na adaptação de métodos estrangeiros para o Brasil, mas certamente não foi o primeiro. Contudo certamente, já naquele período, Gil passou a conviver com a complexidade da elaboração de moldes para a imprensa, compreendendo que devia optar pelos modelos mais simples para não deixar a leitora confusa. Aqueles com excessos de detalhes podiam resultar em problemas e abalar a vendagem da publicação.

O interesse pela modelagem de roupas pode ter sido um fator que levou Gil Brandão a cursar a Faculdade Nacional de Arquitetura do Rio; num tempo em que não havia cursos superiores de moda, a arquitetura era opção para interessados na área. Até porque, ao concluir o curso, era esta a carreira que esperava por ele: em 1958 – mesmo ano em que deixou Fon-Fon – Gil assumiu, a convite do jornalista Reynaldo Jardim, a seção Aprenda a Costurar da Revista de Domingo, suplemento então novo do Jornal do Brasil. Já no primeiro dia, alertava às leitoras: "Começamos hoje a publicação em série de um conteúdo simples e objetivo de como cortar e costurar. Através dela, a leitora tomará conhecimento das regras gerais do corte e dos pequenos detalhes que dão a necessária elegância à costura... Costurar bem se baseia apenas em um pequeno trinômio: paciência, bom-gosto e um pouco de imaginação".[9]

Gil Brandão começava a desenvolver seu método de modelagem, que – segundo dizia – resultava da soma das experiências vividas em Fon-Fon com os estudos de anatomia na Faculdade de Medicina e a formação em arquitetura. Havia, no Brasil, uma lacuna na área: quase sempre, as leitoras daqui recorriam a métodos estrangeiros, como Método Singer, Toutemode, Vogue, Burda. E já havia o contumaz Instituto Universal Brasileiro, com seus eternos anúncios (ainda em 2010 circulando) do curso por correspondência incluindo o de Corte e Costura. Para usar esses métodos estrangeiros em seus moldes, as revistas brasileiras precisavam pagar *royalties*. Era necessário ter um autor de métodos local: Gil percebeu que podia ocupar esse espaço e começou a desenvolver sua própria tabela. "Ele me dizia que a mulher brasileira, até então, só dispunha desses moldes estrangeiros e que, do ponto de vista anatômico, a europeia não tem nenhuma identidade com a brasileira; faltavam seios e quadris naqueles moldes estrangeiros, de modo que as leitoras daqui tinham que fazer adaptações. Ele usou seu aprendizado de anatomia descritiva para fazer um molde adaptado ao corpo da mulher brasileira",[10] relatou o jornalista João Victorino Ferreira, que trabalhou com Gil por vários anos.

O nome de Gil Brandão como modelista se fez no Jornal do Brasil, em seções como Escolha seu Modelo, O Modelo da Semana e Nossas Crianças, todas contendo orientações sobre corte e costura. Em 1962, ele lançou seu primeiro livro com método: Aprenda a Costurar, uma "edição especial contendo as lições publicadas na Revista de Domingo, do Jornal do Brasil",[11] alcançando excelente vendagem e firmando-o como o mais respeitado modelista do país. Gil Brandão permaneceu no Jornal do Brasil até 1967, período em que produziu "mais de 2.000 peças, entre figurinos e moldes"[12] e angariou tanto prestígio que teve cacife para montar seu jornal próprio: Gil Brandão Modas, um semanário restrito ao Rio de Janeiro.

Outros jornais diários disputavam o segmento de moda com moldes, o qual, por sua complexidade, estava vocacionado ao formato de revista. Na década de 1960, só cresceu: foi apenas em julho de 1964 que a Editora Abril passou a publicar um molde por edição em Manequim, a revista brasileira que mais se consagraria no setor; depois, a Editora Vecchi, carioca, lançou, em 1967, Figurino Moderno e convidou Gil Brandão para executar seus moldes, publicados ao lado de outros que reproduzia da alemã Burda, da qual era licenciada. A Vecchi – até então dedicada às fotonovelas e aos quadrinhos – acertou em cheio. Logo também as editoras de Jóia (Bloch) e A Cigarra (Diários Associados) passaram a encartar moldes em suas edições e a briga se acirrou: Figurino Moderno começou a ofertar o diferencial de 28 modelos por edição – ou seja, uma mesma folha contendo vários moldes sobrepostos, impressos em frente e verso, que a leitora podia distinguir pela cor da linha e tipo de pontilhado.

Foi o início de um *boom* do segmento que perdurou por anos: as revistas de moda

## UM MUNDO SINTÉTICO

A ascensão das fibras sintéticas, na década de 1960, foi avassaladora, não só no Brasil. Também a moda internacional incorporou a matéria-prima, projetando por meio dela uma imagem de roupa de inspiração futurista: costureiros como André Courrèges, Pierre Cardin e Paco Rabanne usavam as possibilidades do sintético para criar modelos que sugeriam uma moda espacial. "Em 1966, Pierre Cardin lançou capas de chuva com 'um novo tecido maravilhoso'. Era o algodão com uma camada de poliuretano, 'maravilha' que, além de repelir a água, era fácil de lavar e não amassava. Courrèges, por sua vez, aproveitara o nascimento da Lycra – o fio de elastano criado por DuPont, em 1960 – e fazia desfilar pelas passarelas da Europa suas calças, minissaias e colantes muito de aspecto futurista, na linha Barbarella".[1] Por aqui, a transformação das fibras sintéticas em produto para consumo de massa deve ser creditada principalmente à indústria Rhodia, mas também à Sudantex e à DuPont, entre outras.

Ao longo da década, várias novidades foram lançadas pela Rhodia: além do Rhodianyl (náilon) e suas parentes Rhodalba, Rhodosá, Rhodiela, tivemos o Tergal, resultado de sua parceria com a Imperial Chemical Industries, da Inglaterra. Marcaram época produtos como as camisas masculinas Volta ao Mundo (em legítimo fio Rhodianyl, e "também com Vaflex, o colarinho que não deforma nunca"),[2] ou as calças masculinas e as saias plissadas em Tergal, que bastavam ser lavadas antes de serem usadas, dispensando o ferro elétrico. Ban-Lon e Helanca foram marcas terceirizadas referentes a fibras derivadas do Rhodianyl, que não pertenciam à Rhodia. Várias outras marcas de fibras sintéticas texturizadas, retorcidas ou misturadas a outras fibras naturais, foram lançadas no período.

Já em 1961, a Rhodia enfrentou sua primeira concorrente na fibra sintética: a Sudantex, empresa com patente e capital norte-americanos que fabricava, no Rio de Janeiro, a fibra de poliéster Nycron, que se popularizou com o bordão: "Senta, levanta; senta, levanta... Não amarrota e não perde o vinco". Outra produtora de fibra sintética foi a Celanase do Brasil – filial de empresa norte-americana, sediada em São Bernardo do Campo, SP. Mas ambas tinham estruturas menores. Em meados de 1960, a DuPont lançou aqui as fibras Lycra e Orlon, esta última usada como substituta da lã. Mas a primeira fabricante que fez frente ao poderio da Rhodia no setor surgiu em 1968: foi a Safron-Teijin, sediada em Aratau, BA, "*joint venture* do grupo Safra com a Teijin (Japão)".[3] Naquele mesmo ano, a Rhodia lançou a Crylor – nome fantasia de uma fibra poliacrílica (PAC); a soma de Tergal com Crylor gerou o Tercryl.

Os números não deixam dúvida sobre a evolução das fibras sintéticas no mercado nacional: se, em 1958, perfaziam apenas 2% dentre as produzidas no Brasil, em 1975 atingiam 17% e, ao final da década, entre 35% e 36% do total. De 1955 a 1970, a produção de fibras sintéticas e artificiais cresceu 211,5%, no Brasil, ao passo que a de algodão registrou aumento de apenas 24,2%, concentrados nos estados do Sul.[4] Sendo mais baratas do que as fibras naturais, as sintéticas impulsionaram outro segmento voltado às camadas médias: o das roupas prontas. Durante todo esse período houve quem colocasse em dúvida a adequação das fibras sintéticas ao nosso clima, por dificultarem a ventilação. Isso era em boa parte verdadeiro, especialmente nos primeiros tempos; mas a propaganda foi mais forte e convenceu! Depois, com a evolução das pesquisas, essas fibras foram aperfeiçoadas e acabaram por se tornar mais confortáveis e leves.

1  150 Anos da Indústria Têxtil Brasileira, de Shirley Costa, Débora Berman e Roseane Luz Abib; Senai/Cetiqt, Rio de Janeiro, RJ, 2000.
2  Manchete (anúncio publicitário), Edição Nº 801; Bloch Editores, Rio de Janeiro, RJ, 26 de agosto de 1967.
3  O Complexo Têxtil, de Abidak Correia e Dulce Corrêa Monteiro Filha. *In:* BNDES 50 Anos de Histórias Setoriais; BNDES, Brasília, DF, 2003.
4  O Fio Sintético é um Show! Moda, política e publicidade; Rhodia S.A. 1960-1970, de Maria Claudia Bonadio; tese de doutorado, IFCH/Unicamp, Campinas, SP, 2005.

*Acima, revista Jóia, Nº 164, Editora Bloch, Rio de Janeiro, RJ, março de 1967.*

com moldes se tornaram uma coqueluche e o nome Gil Brandão era garantia de bons moldes. Seu jornal circulou por cerca de cinco anos e acabou por desavenças entre ele e seu sócio. Em entrevista ao Correio da Manhã, de 1971, Gil explicou: "Procurei, desde o começo, atingir o maior número de mulheres. Publico em jornais e revistas os moldes e, por dois cruzeiros, elas têm uma coisa estruturada nas mãos. Procuro dar um cunho utilitário e social à minha atividade".[13] Segundo, ainda, João Victorino – que a partir de 1979 foi diretor editorial de Figurino Moderno –, "Gil cuidava para que os moldes não tivessem muitas peças; nada além do que caberia numa folha A4. Dizia que muitas partes, muitos riscos sobrepostos faziam com que as leitoras não conseguissem cortar e se perdessem. Ele se preocupava em evitar o erro e o desperdício. Por isso, dizia que os moldes tinham que ser milimetricamente precisos, sem distorções, e planejados pensando no bolso da leitora, incluindo gastos em tecido e aviamentos etc.".[14] Essa simplicidade foi sua garantia de sucesso...

É possível que o Gil Brandão desenhista tivesse sido mais talentoso que o modelista ou criador de moda. Seu belo traço guardava similaridades com o de seu inegável inspirador, Alceu Penna. Certo é que o modelista suplantou o desenhista: sinal dos tempos! "O Gil Brandão nunca quis entrar em disputas com os costureiros, que estavam começando, pela alta-costura. Nunca quis produzir para o *high society*. Procurava, conscientemente, desenhar uma moda acessível, voltada para a classe média",[15] confirmou Victorino. Sua popularidade cresceu auxiliada ainda por participações em programas de tevê: a convite da apresentadora Edna Savaget, atuou em programas femininos nas redes Continental e Tupi, restritos ao Rio de Janeiro.

Gil chegou a ter também um curso presencial de corte e costura, no qual, em 1965, se matriculou um rapaz simples de Olaria, região do subúrbio do Rio de Janeiro, que estava decidido a se tornar alfaiate: "Eu tentava fazer história em quadrinho, mas de verdade mesmo trabalhava como torneiro mecânico. Como a grana era pouca, pegava a roupa do meu pai e ajeitava para mim. Ele usava calças com pregas; eu tirava as pregas e adaptava. Achava que costurava muito, mas não sabia nada... Um dia desisti dos quadrinhos e pensei: 'Acho que vou virar alfaiate; mas vou costurar para mulher, porque elas consomem mais'. Foi quando decidi fazer o curso do Gil Brandão. Na sala só tinha mulher; eu era o único homem. Como desenhava bem, ele me chamou para estagiar no jornal dele e daí fui em frente",[16] recordou o modelista Roberto Marques (1945- ), que acabou por se tornar o principal sucessor de Gil Brandão. Ou melhor, talvez tenha sido seu principal concorrente...

Mas foi o mestre Gil quem levou Marques para prestar seus serviços a Figurino Moderno. Em 1969, Marques recebeu um convite importante: produzir moldes e editar a seção de modas de A Cigarra, que, segundo ele, deu um salto nas vendas. Como ele incrementou os moldes da revista dos Diários Associados? "O Gil fazia um negócio muito simples. O texto dele era o seguinte: monte a gola no decote, a manga na cava. Eu passei a dar o tecido, a metragem, os aviamentos e como a leitora devia distribuir aquelas

*Ao lado, croqui de Gil Brandão; Figurino Moderno, Ano I, Nº 7, Editora Vecchi, Rio de Janeiro, RJ, janeiro de 1967.*

peças no tecido, o que se chama 'plano de corte'. E explicava com gráficos como montar o zíper, como faço até hoje. Deu resultado, porque facilitou a vida das pessoas",[17] argumentou em 2010. A projeção do nome de Roberto Marques como modelista contou ainda com a força dos Diários Associados, que tinham nas mãos a ainda poderosa TV Tupi; e, para apimentar a concorrência, A Cigarra ofertou mais moldes: passaram a ser 36 por edição.

Assim, na primeira metade da década de 1970, quando o *prêt-à-porter* ganhava força no Brasil, o segmento das revistas de moda com moldes teve ainda fôlego para crescer... Roberto, com o nome feito, migrou em 1974 para Manequim, da Abril. Houve ainda uma década de ouro antes que o mercado para revista com moldes começasse a se restringir: a Vecchi manteve Gil Brandão no comando de Figurino Moderno até 1983, quando fechou as portas. Gil foi contratado, então, pela Editora Três, de São Paulo, SP, em junho daquele ano para fazer a revista Moda Mais, incluindo moldes, com o diferencial imposto pelo editor Domingos Alzugaray, dono da editora: a publicação deveria ter 40 moldes – dez por folha. "Gil ajudava na escolha dos modelos que iriam virar moldes: metade feita com base em fotos de moda compradas das agências internacionais, outros 50% croquis de autoria dele. As leitoras se encantavam mais com as roupas das fotos",[18] recordou ainda João Victorino. Pela Três, Gil lançou também aquele que era o projeto central de Alzugaray, o Curso de Corte e Costura em fascículos. Vivia-se a febre das coleções em fascículos... A série estava em curso quando seu autor foi assassinado, em seu apartamento, por três garotos de programa, em 6 dezembro de 1983.

Roberto Marques, por sua vez, permaneceu produzindo moldes para Manequim e algumas similares, firmando-se como o mais conhecido modelista de imprensa feminina do país. Foi ele quem introduziu a ideia dos moldes testados, ou seja, confeccionados previamente para comprovar que funcionavam: "Tentei melhorar fazendo prova, como fazem as confecções que produzem uma peça-piloto. No início, testava muito; depois, a gente vai testando menos, porque já sabe que vai dar certo".[19] A essa altura, os apelos de venda chegavam ao extremo e as revistas passaram à oferta incrível de 150 moldes por edição.

O método de Marques – como ele confirmou – foi baseado no de Gil, assim como este teria desenvolvido o seu a partir do elaborado por sua mestra, Eloyna Annecchini de Araújo: "Se você for ver, o método dela e do Gil são a mesma coisa... Ele usou o trabalho dela para desenvolver o dele, como eu comecei com o dele, para desenvolver o meu. Mudei com a experiência, mas a base não muda muito. Existe pouca diferença entre a tabela do Gil, a minha e a da Burda, por exemplo".[20] Segundo Marques, "as tabelas são criadas por uma necessidade de se seguir uma padronização, pois nem todas as pessoas têm as medidas iguais às da tabela. No Brasil, por exemplo, mesmo, as nordestinas se caracterizam por terem mais nádegas e menos busto. Existem exceções e não são só essas medidas que vão se diferenciando das existentes nas tabelas. Há, ainda, as medidas dos ombros, do costado, abaixo ou acima do busto, na altura dos quadris etc.

*Acima, curso de Corte e Costura, revista Manequim, Nº 22, Editora Abril, São Paulo, SP, abril de 1961.*

Por isso, ninguém pode dizer: 'A minha tabela é que é a certa'. Até porque ninguém tem uma tabela que seja a certa",[21] ele argumentou.

Como Marques cria os modelos de seus moldes? "Antes eu os tirava de revistas. Depois, mudei e passei a ir a grandes lojas, dessas com fila na porta. Copiava modelos e fazia pequenas modificações. Deu certo! Porque era uma roupa que eu sabia que estava sendo usada",[22] detalhou. As revistas de moda com moldes tiveram seu mercado reduzido proporcionalmente ao fortalecimento da roupa pronta, mas adentraram o século XXI com expressividade, com Manequim, da Abril, na dianteira de vendas das revistas de moda do Brasil e grande reconhecimento público. Houve, ainda, tentativas de se levar o comércio de moldes para a internet, mas os resultados foram pouco substantivos. O próprio Roberto Marques tem seu *site* mais para "marcar presença" – ele admitiu. Sem o viço de outros tempos, o segmento sobrevivia consistente, em 2010, e – tudo indica – terá sempre seu nicho no mercado.

## Invenção do costureiro de luxo

Surgiram no Brasil, a partir de meados da década de 1950, vários costureiros criando uma moda autoral exclusiva – feita sob medida e de alto custo: "Com a potencial mudança nos padrões de comportamento e consumo da sociedade brasileira, com o surgimento da indústria de fios sintéticos e o lançamento da primeira Fenit, o mercado de moda no país começou a tomar uma forma mais genuína e, assim, os jovens passaram a se lançar na criação de moda. Esses jovens pioneiros na criação de moda no Brasil eram, em geral, oriundos de famílias modestas e, por isso, pouco haviam recebido, em termos de cultura e relações sociais, pela via familiar. Com a exceção de José Ronaldo, que era de família de diplomatas, ou do italiano Ugo Castellana e do português Fernando José, que já vieram da Europa com um *know-how* em alta-costura, os jovens costureiros brasileiros precisaram, muitas vezes, inventar a vida de costureiro de luxo no país, visto que o Brasil tinha pouca tradição em moda".[23]

Um dos mais destacados dentre os primeiros costureiros de luxo foi Dener Pamplona de Abreu, por isso mesmo sempre citado como nosso primeiro costureiro. Não foi o primeiro! É fato, porém, que seus antecessores não tiveram a mesma desenvoltura e projeção pública que ele: José Ronaldo era reservado; Alceu Penna idem e passou a maior parte de sua trajetória profissional dedicado ao jornalismo de moda; Darcy Penteado optou pelas artes plásticas. Não era mesmo fácil para nenhum profissional daquele período se legitimar como costureiro, profissão estigmatizada num país subdesenvolvido e machista. Dener teve coragem para isso; era inventivo, fantasioso e disposto a usar e abusar de trejeitos, afetação e o que mais necessário fosse para atrair atenções sobre si. Como ele próprio admitiu: "O que eu pude fazer para chocar e chamar atenção eu fiz. Só não fiz mais porque não sabia o que poderia fazer ou a polícia não deixava. Se soubesse e deixassem, eu fazia. Isso me ajudou muito".[24] Mais importante,

*Quimono, croqui de Roberto Marques; A Cigarra, Ano 58, nº 10, Diários Associados, Rio de Janeiro, 1972.*

porém, foi que Dener não se resumiu a vedetismos: ele tinha talento. Todavia, adorava o reconhecimento público de seu trabalho e da sua pessoa, tornando-se, ao lado de Pelé e Roberto Carlos, uma das três pessoas mais conhecidas do Brasil na década de 1960. "Povo é bom para bater palma",[25] ele ironizava.

O crescimento da indústria têxtil brasileira, a qual investia em produtos mais sofisticados que competiam com importados, desenhou um cenário propício à valorização da criação de moda local. E criação de moda era entendida como território da sofisticada alta moda: os costureiros passaram a ser valorizados em eventos como o Miss Elegante Bangu – no Rio – ou o Festival da Moda Brasileira, da Matarazzo-Boussac, e a Fenit – em São Paulo.

A ascensão de Dener se deu por meio do evento paulista, mas sua consagração ocorreu quando foi eleito costureiro oficial de uma das mais belas primeiras-damas de nossa história política: Maria Thereza Fontella Goulart. Emoldurando a aura nacionalista em vigor, Dener foi o primeiro brasileiro a criar moda genuína para uma esposa de presidente – no caso, a do gaúcho João Goulart, o Jango. Dona Darcy Vargas, mulher de Getúlio, vestia-se na Casa Canadá, que importava ou copiava moda francesa, independentemente do trabalho da brasileira Mena Fiala; dona Sarah Kubitschek idem. Jango foi eleito vice em janeiro de 1961 e assumiu a Presidência após a renúncia de Jânio Quadros, em agosto daquele mesmo ano. Tinha 45 anos e era casado com uma gaúcha de 24 anos, que foi logo comparada pela imprensa à primeira-dama dos EUA, Jacqueline Kennedy, também jovem, elegante e badaladíssima. Jackie havia projetado para a fama o francês, filho de russos, radicado nos Estados Unidos, Oleg Cassini, seu costureiro preferido. E Maria Thereza cumpriu papel semelhante, no Brasil, com Dener.

Eis, então, que – no início de 1963 – estourou a notícia nas colunas sociais de que o casal Kennedy faria uma visita ao Brasil. Uau! Aquele seria o momento ideal para um embate de beleza entre as primeiras-damas: qual era a mais linda e elegante, Jackie ou Maria Thereza? Os colunistas sociais se encheram de entusiasmos nacionalistas, como se às vésperas de um confronto internacional de eugenia. Alik Kostakis, do Última Hora, foi quem deu a dica: "Fala-se que Maria Thereza já encomendou seus vestidos para a agenda com os Kennedy com o francês Jacques Heim. Nós teríamos, então, um lembrete para a primeira-dama: a especialidade de Heim são os vestidos de noiva e de *jeune fille* – ele não seria, portanto, o mais indicado. Em nossa opinião, um brasileiro poderia tomar conta do recado".[26] Mensagem que foi ouvida e acatada. Dias depois, três costureiros brasileiros foram convocados: José Ronaldo, João Miranda – que havia retornado de uma temporada na Europa – e Dener, então instalado em São Paulo, na Avenida Paulista.

*Na página ao lado, Inge em três poses diferentes, tendo Sandra ao fundo na 3ª foto. Ambas vestem modelos de Dener Pamplona para a Seleção Rhodia Têxtil; São Paulo, SP, maio de 1961.*

"Embrulhado em blazer azul de listras vermelhas, encontro o asmático e anêmico geniozinho Dener, que nos contou sua ida ao Rio de Janeiro para uma entrevista com a primeira-dama do país, dona Maria Thereza Goulart. Segundo o próprio, ele será doravante o figurinista oficial da bela primeira-dama",[27] escreveu o colunista Ricardo Amaral – também do Última Hora. Dener dava a Amaral, em primeira mão, a notícia de sua escolha pela primeira-dama de medidas perfeitas. "Hoje, a primeira-dama é um fator importante no desenvolvimento da indústria nacional de seu país. Vejamos o caso da *haute couture*. [...] os costureiros nacionais são sempre prestigiados. A senhora Giovanni Gronchi [então, primeira-dama italiana] só usa etiqueta Fontana",[28] ele argumentou

Uma coleção de oito vestidos em cores claras ("os tons que melhor combinam com seu tipo moreno") foi desenhada por Dener para Maria Thereza usar no encontro com os Kennedy. Estava tudo encaminhado, quando chegou outra notícia-bomba dos EUA: por conta de uma crise envolvendo mísseis com a União das Repúblicas Socialistas Soviéticas (URSS), a visita fora cancelada! A visita, sim! Mas não a escolha de Dener para vestir Maria Thereza, que se manteve durante toda a temporada dos Goulart no poder – concluída abruptamente, no dia 31 de março de 1964, quando um golpe militar os depôs sob os olhos impávidos e apolíticos de Dener, que, sabendo dos fatos, lamentou: "Mas ela [Maria Thereza] não pode ir para o exílio de tailleurzinho azul-turquesa! Meu Deus, isso não é traje para a ocasião!".[29]

Secretamente, Dener sabia, também, que seu posto de maior costureiro do Brasil já estava assegurado. O que ele havia feito para isso? "Resolvi libertar-me das concepções em destaque e começar a criar da minha cabeça. Seguindo, é claro, as grandes linhas de orientação francesa que dita para todo mundo, mas só orientação. [...] Queria fazer algo de brasileiro, cheirando à nossa terra. [...] Eu fiz os brasileiros acreditarem em moda e o figurinista passou a ser um assunto. Lancei uma imagem e, hoje, ninguém tem vergonha de dizer que se veste no Brasil. Antes de mim, para ser elegante era preciso usar etiqueta de fora".[30]

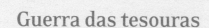

## Guerra das tesouras

"Estoura a guerra, finalmente! Envolvendo milhões de cruzeiros e de interesses, como qualquer guerra que se preze. Já se prenunciava, há algum tempo, uma guerra na moda – que em Paris sempre existiu, abertamente. Em São Paulo, ela só agora eclodiu, dos bastidores. Os contendores – Dener, Clodovil e Amalfi – têm doses quase iguais de juventude e ambição",[31] alardeou o repórter Franco Paulino, do jornal Última Hora. Logo em seguida, Walter Bouzan emendou, em três páginas da Fatos e Fotos: "De repente, as colunas sociais de São Paulo passaram a falar de uma guerra nos domínios da alta-costura: três figurinistas estariam mergulhados numa violenta batalha de extermínio, criando suspense nos círculos elegantes e pondo em risco o mais promissor centro de modas do país. Fotografias de Dener ao lado de Clodovil e Amalfi foram estampadas, com destaque de primeira página, seguidas de legenda em que 'plagiário' e 'intruso' eram as expressões mais constantes".[32]

Mas, afinal, de qual guerra falavam esses repórteres e em que flancos ela foi travada? Evidentemente, era uma escaramuça de palavras que, longe de extermínio ao inimigo, pretendia apenas atrair atenções do público. Até porque a mera existência de adversários notáveis, no campo da alta-costura brasileira, já era algo de valor por si mesmo e repercutia muito bem a cada um dos jovens costureiros envolvidos, individualmente. A "guerra das tesouras" não era mais do que um divertido jogo de cena, em que os contendores atacavam com sarcasmo, vencendo o mais ferino. Supostamente, disputava-se – entre sedas, plumas e alfinetadas – um mercado envolvendo "milhões de cruzeiros e de interesses". Não era tanto assim! A alta moda existia como um

*Acima, Dener Pamplona ladeado por modelos trajando peças da sua coleção criada para a Seleção Rhodia Têxtil; São Paulo, SP, maio de 1961.*

*Na página ao lado, croqui de Matteo Amalfi; São Paulo, SP, 1969.*

mercado elitista, voltado às senhoras que frequentavam o topo da afunilada pirâmide social de um país, então, subdesenvolvido.

Não há dúvida, porém, de que o episódio divertia e, por isso mesmo, repercutia em toda a imprensa! Sendo assim, Dener – então com 25 anos – não perdia a chance de espetar: "De todos [os costureiros] que surgiram até agora, apenas um revela certas qualidades: José Ronaldo. Os demais, alardeando um talento que não possuem, procuram fazer publicidade à minha custa, esquecidos de que saber desenhar um vestido não é tudo. [...] Um figurinista digno deste nome deve ter, além de talento artístico, experiência, senso comercial e uma base financeira. [...] Dos costureiros brasileiros – não falo das casas que operam com modelos importados –, sou talvez o único capaz disso...". Ao Última Hora, Dener apontava como "promessa" apenas o português Fernando José, então seu assistente, e garantia: "Estou, indiscutivelmente, num gabarito bem superior aos figurinistas brasileiros".[33]

Do flanco inimigo, Clodovil Hernandes – com 23 anos – contra-atacava: "Sou o único figurinista que tem uma filosofia... [...] Quanto a Dener, considero-o a Marilyn Monroe da alta-costura, em São Paulo: tem muita vocação publicitária, mas pouco talento criador. [...] A moda brasileira não existe; o que se faz é plagiar Paris; só eu tenho condições de criar uma escola nacional".[34] Ou, ainda: "Ignoro solenemente os outros figurinistas. Um deles [Dener] tem o método de trabalho que consiste em empregar um figurino francês, acrescentar-lhe alguns enfeites de mau gosto e vender como criação sua! Vulgar plagiário, nunca um criador. O outro [Amalfi] é simplesmente um desenhista de publicidade, nunca um figurinista".[35]

Italiano radicado no Brasil desde os 13 anos – e também contando 23 anos –, o jovem Amalfi (Matteo Amalfi, 1939- ) era a mais nova revelação da moda paulistana. Na guerra das tesouras era identificado como o "general lírico" ou, ainda, como a "pausa que refresca": "O campo é vasto e tem lugar para todos", ele ponderava. Mas tinha também motivos para desfechar algumas farpas: "Dener é o criador brasileiro número um; Clodovil é um temperamental, com algumas ideias aproveitáveis".[36] Explica-se: Amalfi substituíra Clodovil como desenhista da butique Signorinella, uma das eleitas da elite paulistana da época, o que justifica sua pouca simpatia por Clô. Também cognominado "costureiro das linhas puras", ele acreditava: "Com o tempo, as casas de moda brasileira poderão se igualar às melhores da Europa"; e, ainda: "São Paulo tem lugar e clientela para todos. [...] Com guerra ou sem guerra...".[37] Amalfi procurava distinguir-se como "o mais técnico" dentre os três costureiros, mas, em geral, preferia manter postura conciliatória a desfechar os ataques verbais tão desejados pelas colunas de fofocas.

"O Clodovil fez lá uma loucura, como sempre. Ele quis fazer *tailleur* de *mousseline*, o que não tem nada que ver... Gastou 80 metros de tecido e não deu certo. Aí, brigou com a dona [da Signorinella], a Angioletta Miroglio, e a gerente, que conhecia um amigo meu, me indicou. Eu fui substituí-lo, e logo me jogaram no Festival da Moda da Matarazzo-Boussac. Fiquei em segundo lugar, na Agulha de Ouro. Eu tinha corte, ia mais para a alfaiataria; já o Dener e o Clodovil faziam aqueles *frou-frous*... Mas fiquei na Signorinella por pouco tempo e a loja acabou, porque a Angioletta não quis mais; ela sofreu um desfalque e decidiu fechar",[38] recordou Amalfi. Nota-se que, por trás do jogo de cena, era possível entrever um quê de verdade: "Havia muita política entre eles [os costureiros que desfilavam na Fenit]. Um dia perguntei ao Clodovil – para quem fiz um cenário de televisão: 'E os desfiles da Rhodia, em que ano você esteve?'. E ele me respondeu: 'Mas eu nunca estive; eu não fiz nada para a Rhodia'. Me surpreendi: 'Mas não é possível, Clodovil! Você é um costureiro dos anos 60 e nunca esteve lá?'. E ele: 'Não, porque o Dener não deixava!'",[39] relatou o cenógrafo e professor Cyro Del Nero, confirmando uma rixa real entre os dois principais nomes da moda do Brasil, no período. Segundo Cyro, a definição de quais costureiros seriam convidados a criar modelos para a Rhodia era "algo distribuído entre Alceu [Penna], Livio [Rangan] e os próprios jovenzinhos que faziam costura...".[40]

É fato que Clodovil desfilou coleções na Fenit da década de 1960; porém, jamais foi escalado para o time de Livio Rangan: "A Rhodia nunca me chamou, graças a Deus, nunca! O contrato do Dener com eles proibia, não é? Mas não teve problema; eu nunca quis mesmo! Nunca gostei de fazer nada com fio sintético e nunca participei dos desfiles do Livio Rangan. Eles me pediram, uma vez, dois vestidos emprestados para fotografar em Ouro Preto",[41] confirmou Clodovil. Em outras entrevistas, ele assegurou ter visto um contrato de Dener com a Standard, agência que cuidava da propaganda da Rhodia, no qual seu nome seria explicitamente citado como "proibido".

Isso não quer dizer que a relação entre Dener e Livio Rangan fosse assim tão estável: "Se estavam bem, anúncios da Rhodia davam destaque às criações do figurinista. Caso contrário, imperava o silêncio até que se fizessem as pazes, e o ciclo recomeçava".[42] Também Caio de Alcântara Machado, criador da Fenit, confirmou o arranca-rabo permanente entre os costureiros, nos bastidores: "Vieram o Dener e o Guilherme Guimarães. [...] para eles, a feira era mais um acontecimento social. Não era para vender. [...] E, depois, havia muita briga entre eles: era o Dener com o Clodovil; Clodovil com todo mundo... [...] Um queria desfilar antes do outro; outro queria ser o último a desfilar... Frescuras! Eles se pegavam nos camarins,

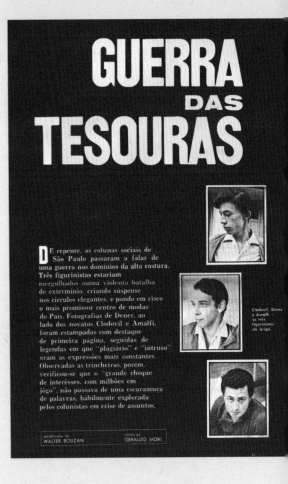

*Acima, reportagem da Fatos e Fotos, Edição Nº 59, 21 de fevereiro de 1962.*

*Na página ao lado, croqui do costureiro Matteo Amalfi, São Paulo, SP, 1969.*

arrancavam os cabelos; eu só ouvia berros...",[43] relatou. Caio se referia, provavelmente, ao desfile Os Quatro Grandes da Moda, ocorrido na Fenit de 1969, que apresentou coleções de Clodovil, Dener, Guilherme Guimarães e José Nunes – fechado pelo italiano Valentino. "Claro que foi um dia de encrencas", descreveu Clodovil. "Teve muito bate-boca, se discutia quem ia desfilar antes de quem, se ia ou não ia ter noiva. A noiva do Dener acabou não desfilando, porque eu rasguei todo o vestido dele. Nós sempre fomos desrespeitosos...",[44] admitiu, com naturalidade.

O mesmo desembaraço com que reconheceu o valor de seu oponente: "Foi Dener quem me deu a chance de existir. [...] Quando ele viu que eu era um estilista, começou a me dar chances, falando mal de mim e tal... Era muito chato para ele concorrer sozinho; porque não existia concorrência! Quando viu que eu era bom, resolveu fazer intrigas comigo".[45] A imprensa sensacionalista, por seu turno, via na rixa Dener *versus* Clodovil, em boa parte forjada, excelente matéria-prima para nutrir seu noticiário jocoso: "Ele inventava coisas, dizia que ele era chiquérrimo, que a família dele era Pamplona de Abreu e que eu era um ninguém. [...] Ele era mau mesmo. Me chamava por uns apelidos esquisitos; me chamava de Nega Vina. Ele tinha uma cachorra preta grande e botou nome nela de Nega Vina, só para me incomodar. E isso tudo saía nos jornais... Mas nunca me afetou... Eu me encontrava de noite com ele para comentar o dia e morríamos de rir dessas coisas",[46] relembrou Clodovil.

O "geniosinho asmático" da moda – apelido dado a Dener pelo colunista Ricardo Amaral – era já o mais estruturado do trio: contava cinco anos de carreira e comandava em seu ateliê, instalado na Avenida Paulista, São Paulo, SP, "um pequeno império de roupas femininas", salvo possíveis exageros. Empregava "cerca de 200 funcionários, aparelhados para produzir 100 vestidos de alta-costura por mês, além de mil conjuntos para as grandes lojas e mais de mil para butiques", um dos poucos em "condições de aplicar 5 milhões numa única coleção"[47] – segundo Fatos e Fotos. Sua "organização de casas de *haute couture* já atinge Curitiba, Porto Alegre, Rio, Belo Horizonte e Salvador [sic]",[48] garantiu ao Última Hora. O "rei da moda" de "gestos afetados" dizia cobrar por um vestido Cr$ 70 mil, enquanto Amalfi admitia, modestamente, receber da Signorinella um salário de apenas Cr$ 60 mil por mês. "Arrogantemente delicado", Dener acrescentava não se ater "apenas às camadas altas"; e continuava: "Já atingi, inclusive, a classe média", sugerindo que já produzia *prêt-à-porter*, mas sem explicitar como o fazia.

Clodovil Hernandes, por sua vez, assumia-se naquele ano de 1962 em carreira solo, com a instalação de sua primeira *maison* num palacete do bairro Pacaembu, São Paulo. Denotava ser o que tinha melhor visão da

*Acima, croqui de Dener Pamplona, 1972, e, na página ao lado, croquis de 1976 (acima) e 1975 (abaixo).*

moda como um mercado além do atendimento a damas da alta sociedade. Situava o setor, corretamente, como "terceira principal fonte de rendas da França" e anunciava planos de investir em *prêt-à-porter*: "Farei vestidos a preços caros. Mas, ao lado da inauguração de minha casa de *haute couture*, industrializarei meus desenhos",[49] por meio da Ligne Confecções – planos aparentemente postergados.

Nascido na pequena Elisiário, SP, Clodovil Hernandes (1937-2009) foi o único filho, adotivo, de um casal de camponeses espanhóis. Foi aluno interno em um colégio da vizinha Floreal e se diplomou normalista, finalizando o curso na capital paulista, para onde se mudou em 1956. Pensava graduar-se em Filosofia, mas seu talento para a moda acabou levando-o a outros rumos: "Comecei estimulado por uma colega de classe chamada Regina. Ela disse: 'Você tem tanto jeito, por que não vai fazer moda?' Eu respondi: 'Mas como?'. 'Vai para a Barão de Itapetininga e vende lá seus desenhos', ela sugeriu. Eu fiz, então, onze desenhos e fui para a Barão; entrei numa loja chamada Florence Modas e a dona Evelyn, gerente, me comprou seis [desenhos de] vestidos, e me pagou 200 cruzeiros por cada um",[50] relatou Clodovil, corroborando outros relatos sobre lojas que compravam desenhos de costureiros iniciantes naquele período.

Até 1959, Clodovil enfrentou dificuldades para viver em São Paulo: "Foram anos de luta, fome, pensão... Eu morava com operários, porque nunca pedi nada para o meu pai, depois que saí de casa. [...] Tentava sempre trabalhar, mas como *freelancer* porque não existia um esquema de moda; eram lojas e butiques. Tinha lojas chiquérrimas – como a da Rosita, a Vogue –, e outras menores, mas de categoria – como Scarlett, da Maria Augusta, onde trabalhei cerca de 30 dias".[51] A descrição de Clodovil sobre sua curta passagem pela loja de Gutta Teixeira, onde Dener também havia trabalhado, revela bem o esquema da época: "Ela trazia modelos de Paris e da Itália e executava aqui. A loja tinha uma clientela superelegante; atendia-se com hora marcada, uma coisa muito fechada. [...] A Maria Augusta me pôs para fora com uma bolsada, porque eu não sabia me dirigir a ela. Um dia, ela estava saindo do elevador, e eu a chamei de tia Maria Augusta, como o Dener fazia. Eu não sabia que ela odiava tanto o Dener. Por isso, fui demitido...".[52]

Quando Clodovil concorreu – e venceu – pela primeira vez o Agulha de Ouro, em 1960, já estava na recém-formada Signorinella, na Rua Maranhão, no bairro do Pacaembu, em São Paulo. A conquista dos prêmios máximos do Festival da Moda da Matarazzo-Boussac por três vezes – ele arrebatou, ainda, as Agulhas de Platina de 1961 e 1963 – o projetou definitivamente: "Nessa época, não existiam manequins profissionais e a minha era uma comissária de bordo da British Airways, uma inglesa de cabelos

platinados. [...] Só sei que, quando ela entrou na passarela e virou para a plateia, o vento levantou aquela musseline levezinha, e ela veio de braços abertos... Foi uma comoção, um delírio. Eu ganhei por unanimidade...",[53] ele contou, referindo-se à vitória da Agulha de Platina em 1961.

Em 1962, Clodovil abriu seu próprio ateliê, colocando-se, também, como maior rival de Dener, até então o vencedor mais destacado do Festival da Moda, pelos dois principais prêmios que acumulara na edição de 1958. "Mas, depois que eu comecei a participar do concurso, ele nunca mais ganhou. Ele concorria e perdia...", Clodovil não se cansava de repetir. "Mas engraçado é que o Dener tinha muito respeito por mim; só percebi isso uns 20 anos depois, que ele havia me dado a chance".[54] Clodovil se confirmou como o segundo maior nome da moda brasileira da época. Não era pouco: tinha entre suas clientes um séquito de *socialites* e artistas de fama, como Cacilda Becker, Maria Bethânia e Elis Regina. Protagonizar a alta-costura nacional, contudo – ele reavaliou –, não era fácil: "Eu ia a Paris e trazia rolos de panos, de veludos. Não podia dobrar, tinha que enrolar e, com alças, trazer nas costas pendurados. Tinha que ser amigo da primeira-dama, amigo não sei de quem para poder tirar os tecidos da alfândega. Enfim, fazer roupas era um sacrifício. [...] A importação era proibida; era tudo proibido... [...] O Dener tinha um acabamento melhor porque, por sorte, teve duas contramestras muito boas; duas espanholas. Na época, as pessoas migravam para cá do Nordeste, gente que sabia fazer costura. Porque era uma costura à mão mesmo; os bordados eram manuais, era *haute couture*".[55]

Os costureiros viveram seu auge na década de 1960, Dener acima de todos... Que o diga Maria Stella Splendore, ex-modelo que iniciou sua carreira e, quase imediatamente, casou-se com o seu contratante, em 1965, num evento de repercussão nacional: "A Record televisionou nosso casamento e o Brasil inteiro parou para assistir. Também o parto do meu primeiro filho [Frederico Augusto, em 29 de maio de 1966] foi quase comédia italiana... Imagine, eu era ainda uma menina, passando mal com dores, porque a criança não saía e os repórteres invadiram meu quarto, na Beneficência Portuguesa. Foi um horror...",[56] ela recordou. Maria Stella era uma adolescente da alta sociedade paulistana, a princesinha do bem situado clã Splendore. Entre seus muitos predicados, era neta de Alfonso Splendore, bacteriologista descobridor da blastomicose; seu pai era industrial e sócio de Sebastião Paes de Almeida, ex-ministro da Fazenda de Juscelino Kubitschek. Seu casamento com Dener, aos 16 anos, não deixou de ser mais um ato do grande espetáculo público em que o costureiro transformara sua vida: "Ele levava a sério aquilo tudo; vivia mesmo aquele personagem e acreditava nele. Eu entrei naquele mundo por uma paixão adolescente. Mas, a partir do

*Abaixo, Clodovil recebe prêmio Agulha de Ouro de Garibaldi Dantas; São Paulo, SP, 1960.*

*Na página ao lado, reportagem sobre concurso Agulha de Ouro; O Cruzeiro, Ano XXXIV, Nº 10, Rio de Janeiro, RJ, 16 de dezembro de 1961.*

## Consagração da ELEGÂNCIA brasileira

"Agulha de Platina" — A Sra. Iná Poletti recebe, pela Casa Signorinella, o prêmio "Agulha de Platina", do presidente do júri, Dr. Garibaldi Dantas.

Em São Paulo, a grande festa da moda brasileira, com tecidos e padrões de Matarazzo, coleção "Lyon-Paris", "Matarazzo-Boussac" e figurinistas nacionais — A "Agulha de Platina" para Signorinella, inspirada em Turandot, com Patrícia — A "Agulha de Ouro" para Prímula, que recorda loreley, com Liló — Ganha o "Sapatinho de Ouro", como melhor manequim do ano, a carioca Paula, desfilando para Rosita — A consagração de Clodovil, o mais jovem figurinista de São Paulo, com o prêmio máximo da competição de alta-costura — 36 modelos em quadros plásticos, focalizando: "Manhã de Sol à Beira-Mar", "Almoço no Jockey Club", "Cocktail de 20 a 22 Horas" e "Gala no Teatro".

O júri que conferiu os 2 grandes prêmios, "Agulha de Platina" e "Agulha de Ouro", estava assim constituído: Sras. [...] Giorgi Monteiro, Adri[...] Crespi Bonomi, Anélia [...]hoa Junqueira, Ana Bianca [...]ssewifly, Bimbim Assun[...], Carmen Alves de Lima, [...]ly Ottone Fornari, Maria [...]ling, Marina Cruz Lima, [...]nata Mellão, Silvinha Car[...]o, e os jornalistas Maria [...]arecida Saad, Irene de Bor[...]o, Alik Kostakis, Silvana [...]rita, Antônio Accioly Net[...] Ditceu Nascimento e José [...]vares Miranda. O prêmio [...]apatinho de Ouro", destina[...] ao melhor manequim de [...]1, foi indicado pelo público [...]presente ao Festival da [...]da, realizado em S. Paulo.

[...]gem de ALCEU PEREIRA
[...]fias de JOSÉ PINTO

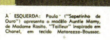

À ESQUERDA: Paula ("Sapatinho de Ouro") apresenta o modêlo Auntie Mamy, de Madame Rosita. "Tailleur" inspirado em Chanel, em tecido Matarazzo-Boussac.

EM CIMA: Patrícia apresenta o modêlo Turandot ("Agulha de Platina"), de Signorinella, criação de Clodovil, uma sinfonia em tons amarelo, branco e ouro, em "Mousseline Degradée Arc-en-Ciel". (Corpo comprido e reto, de onde parte a saia em panos "godet". Larga estola em duas grandes "écharpes".) Liló apresenta o modêlo Loreley "Agulha de Ouro" de Prímula, confeccionado em "Sourah Lyones" (gracioso "manteau" de corte reto e forrado de "twill" de sêda pura turquesa, abrindo-se sôbre uma "princesse", dando, assim, a ilusão de "tailleur"). Estes modelos foram credenciados pelo júri, composto de jornalistas e figuras da sociedade.

CONTINUA

---

momento em que entrei, não tinha como sair, porque o Dener estava no auge total; era idolatrado pelas clientes, era o papa da moda no Brasil. Estava numa fase de criatividade intensa e financeiramente estável. [...] O Dener era para ter sido bilionário",[57] ela afirmou.

Maria Stella conheceu Dener por indicação de Tereza Leite de Barros, na época gerente de seu ateliê na Avenida Paulista. O estilista procurava uma menina-moça para o desfile de algumas peças de sua coleção outono/inverno daquele ano: "Havia o time de modelos da Rhodia, todas já com mais de 20 anos; e tinha as modelos *freelancers* – como a Leilah Assumpção, a Jô, uma alemã que sumiu, a Eugênia Fleury –, todas também moças com mais de 20 anos. E o Dener queria uma *jeune fille*",[58] detalhou Maria Stella. Uma faísca a mais, porém, crispou já no primeiro contato entre os dois e ele passou a galantear Maria Stella. No dia do desfile – cerca de dois meses depois –, fez com que ela fechasse a coleção, usando um vestido de noiva. "Entrei na passarela e todo

*BUREAU DE STYLE*

Surgiu na França, em 1966, o Bureau de Style Promostyl, criado por Françoise Vincent-Ricard. Seu principal instrumento passou a ser o Trend Book, lançado em 1968, um livro de tendências que se tornou uma "ferramenta indispensável para profissionais de moda e do setor têxtil".[1] O Promostyl serviu de modelo para *bureaux* similares que apareceram mais tarde em diversos países, cumprindo o papel de identificadores e reguladores das tendências, estabelecendo norteadores — tais como materiais, formas, cores e padronagens, a serem seguidos por todo o complexo segmento da moda — tanto para tecelagens, quanto para confecções. Tiveram importância particular num período em que a moda era seguida de forma mais padronizada, provocando o que se poderia chamar de "comportamento de manada"; ou seja, todos acompanhando vogas similares a cada período. As inovações muitas vezes pregavam sustos em partes do segmento da cadeia industrial, que se viam despreparadas para atender às novas demandas da moda. Os chamados *books* ou cadernos de tendências eram acompanhados pelas empresas interessadas. Por meio deles, elas recebiam com antecipação o que deveria estar na moda na próxima temporada; pode-se dizer, também, que eles sintetizavam o que era ditado pelas principais casas de moda da Europa e, desse modo, facilitavam a interação entre os integrantes da cadeia de produção, em particular a indústria têxtil, que muitas vezes era pega de calças curtas ofertando tecidos inadequados às demandas da moda em curso.

Por outro lado, também é possível afirmar que eles naturalizavam a orquestração da moda a partir dos grandes centros europeus, eixos das tendências sintetizadas pelos *bureaux* a serem seguidas pelo resto do mundinho *fashion*. O mapeamento de tendências proposto pelos *bureaux* acabou servindo de suporte também a outros segmentos do *design* de produtos industrializados, como os de objetos utilitários e de decoração, roupas de cama, mesa e banho etc. Assim, logo surgiram *bureaux* especializados em algumas dessas áreas específicas. No Brasil, o Promostyl foi contratado exclusivo da Rhodia e utilizado como orientação ao Serviço Global Rhodia, que também editava um caderno de tendências publicado desde 1966 (com desenhos do Alceu Penna), como parte do Orientação Moda — que atendia as confecções que eram clientes de sua área têxtil. Vários outros *bureaux* surgiram na Europa e EUA, voltados para diversas áreas da criação industrial, tais como "Here & There, Italtex, I. M. International, Design Intelligence, Nigel French, Micheli Report, Design Direction, Selection of Novelty Designs, Pat Tunsky (de Paris), Dominique Peclers, Benjamin Dent, Sacha Pacha, A Digest, Fred Carlin International e Faces".[2]

1   Arena e a Moda, uma história de amor eterno, de Deborah Nunes Arena; trabalho de pós-graduação em Moda & Criação, Faculdade Santa Marcelina (FASM), São Paulo, SP, 2009.
2   Idem.

o público se levantou. Quando eu estava no meio do caminho, Dener veio ao meu encontro, beijou minha mão e, olhando-me nos olhos, perguntou: 'Quer casar comigo?' Naturalmente, respondi: 'Sim'".[59] Afinal, tudo parecia para ela pura encenação. Mas, em seguida, todos foram comemorar a noite na boate Le Club: "Era a primeira vez que eu ia a uma boate. Quando chegamos, equipes das revistas mais importantes do Brasil e de todos os jornais esperavam por nós. [...] Majestosamente, Dener apresentou-me: 'Maria Stella Splendore, minha noiva'".[60]

E, por incrível que pareça, o casamento foi realizado contrariando inclusive as previsões do pai da noiva, que a liberara para trabalhar com o costureiro por achar que se tratava de um "homossexual", dizendo: "não vai ter problema tirar a roupa na frente dele...".[61] A exposição pública a que Maria Stella foi envolvida, a partir de então, transformou-a na primeira modelo celebridade, fato que contribuiu para desestigmatizar a profissão, até então considerada vulgar. Maria Stella era uma garota da altíssima sociedade paulistana: "Aliás, nem se pode dizer que existisse, naquela época, uma carreira de modelo. Havia algumas modelos muito bonitas, mas eram mais voltadas para a propaganda, publicidade. As modelos profissionais [de moda] eram todas desconhecidas. Por isso, digo que fui a primeira *top model* do Brasil. Porque foi aquele *boom*: 'Dener se casou com uma modelo'. Fiquei famosa, sendo apenas modelo e, imagine, tinha só 16 anos... [...] Havia a equipe da Rhodia, algumas delas com certa projeção, mas ninguém teve o nome tão conhecido quanto eu tive. As modelos eram apenas cabides; não existia a profissão",[62] ela argumentou.

Também é notório que Maria Stella ascendeu na mídia mais por sua ligação com Dener que por atuações como modelo profissional. De estatura mediana e com "algumas polegadas a mais, como Marta Rocha", segundo observou certa vez a colunista Nina Chavs, seu rosto belíssimo certamente lhe assegurava espaço como modelo fotográfico, mas não foi suficiente para alongar sua estada nas passarelas. Depois do fim igualmente rumoroso de seu casamento com Dener, em maio de 1969, ela atuou apenas episodicamente como modelo. Por exemplo, quando desfilou – na França e no Brasil –, para o costureiro Ektor (Irajá Offmeister[63]), primeiro brasileiro a lançar uma coleção de alta-costura em Paris: "Um lorde inglês apaixonou-se perdidamente pelo Ektor e lhe arrendou o ateliê que havia sido do [Cristóbal] Balenciaga, com toda a equipe, situado na [Rue] Richemont, nº 5, em Paris. Ele fez uma coleção que foi um sucesso enorme",[64] confirmou Maria Stella – que, segundo a imprensa de fofocas da época, teria se tornado noiva de Ektor, o que ela não corrobora.

A relação entre Ektor e Maria Stella parece ter sido apenas golpe publicitário: "Ektor adorava criticar Dener para aparecer no noticiário. Foi sua a ideia magistral de convidar Stella para participar dos desfiles na embaixada inglesa em Paris, sob patrocínio da brasileira Tecelagem Bangu. Para fustigar ainda mais Dener, Ektor presenteou Stella com uma joia valiosíssima, da marca Boucheron. Quanto a Dener, sabia que o *affair* Ektor era uma necessidade publicitária de Stella".[65]

*Na página ao lado, modelos da coleção de verão Brazilian Primitive, da Rhodia; São Paulo, SP, 1965.*

A flamejante e meteórica trajetória do gaúcho Ektor na alta-costura em Paris foi um dos mais inusitados eventos envolvendo um brasileiro na moda internacional. Cabeleireiro e transformista, ele começara sua carreira no espetáculo de teatro rebolado Vive Les Femmes,[66] produzido por Carlos Machado, no Rio; depois, seguira atuando como o travesti Sofia Loren na boate Night and Day. Em 1962, mudou-se para Paris, onde teria atuado, também, como manequim masculino de Pierre Cardin. A sorte lhe bateu à porta quando conheceu *sir* Nicholas Seckers, "fabricante húngaro de tecidos naturalizado inglês",[67] que apostou em seu talento como costureiro: "O Ektor foi o primeiro brasileiro a ter registro na Chambre Syndicale de la Haute Couture de Paris. Ele montou um ateliê financiado pelo amante e contratou a equipe do Balenciaga, que, então, tinha acabado de fechar. Veio, inclusive, fazer um desfile em São Paulo [em 1969] de uma coleção que chamou de Balangandã e deixou todo mundo de boca aberta",[68] relatou o estilista José Gayegos. A carreira de Ektor reluziu pelo mesmo tempo que durou o relacionamento com seu rico protetor: "Um dia, o lorde o pegou com 'outro' na cama; fechou o ateliê e acabou a carreira do Ektor...".[69] Desde então, teria ido morar no México, onde permaneceu, sem nenhum vínculo com a moda.

## A década dos costureiros

Ao longo de quase duas décadas – entre fins de 1950 e meados de 1970 –, expoentes da chamada alta-costura brasileira ganharam destaque não apenas em São Paulo, maior metrópole industrial do país, mas também nas principais capitais brasileiras, alcançando maior ou menor projeção. Em Porto Alegre, tivemos Rui Spohr e Luciano Baron; em Florianópolis, Galdino Lenzi; em Recife, Marcílio Campos; e no Rio de Janeiro, além do pioneiríssimo José Ronaldo, surgiram João Miranda, Guilherme Guimarães, Ney Barrocas e Hugo Rocha; mas foi São Paulo que abrigou o maior núcleo de alta moda do país, incluindo Dener Pamplona, Clodovil Hernandes, José Nunes, Matteo Amalfi, Ugo Castellana, Fernando José, Ronaldo Esper, Jorge Farré, Aparício Basílio, Julio Camarero, Ana Frida e Cesar Strazgorodsky, entre outros – citando-se os mais mencionados pela imprensa, muitas vezes inapropriadamente.

São Paulo se tornou o principal centro da moda brasileira no período, seguindo um fenômeno internacional: a moda florescia, sempre, nas metrópoles industriais do mundo, justamente porque elas concentravam maior poder econômico – casos de Milão (Itália), Londres (Inglaterra), Nova York (EUA) e, obviamente, Paris (França). Assim, foi principalmente na maior cidade do Brasil que os costureiros encontraram espaço para exercitar seu ofício de luxo. O início foi difícil para todos, ainda mais para os que advinham de origens humildes. Abria-se – contudo –, para eles, uma porta de entrada para a moda da alta-costura e das confecções, ambas carentes de criadores, habituadas até ali à importação ou copiagem da moda francesa.

Em São Paulo, uma das mais famosas e perenes importadoras de moda europeia foi a Vogue, do empresário Paulo Franco. Percebendo a valorização da moda nacional, Franco passou a apostar em criadores locais, que contratava para atuar com exclusividade para sua marca. Seu primeiro empregado foi o paulista de Araraquara José Nunes (José Gomes Nunes, 1932- ), que começou na carreira por volta de 1958. Há relatos sobre Nunes ter se iniciado desenhando modelos para uma loja de tecidos – como era habitual no período – do Largo de Santa Cecília. Ele, porém, informa que começou um tanto casualmente, por meio de Marcelino de Carvalho, então cronista social do Diário de S. Paulo, que – sabedor de seu talento para o desenho, por relações familiares – lhe pediu uma ilustração de Iolanda Penteado Matarazzo, casada com o empresário Francisco (Ciccillo) Matarazzo Sobrinho, trajando um Dior, para sua seção no jornal. Franco viu o desenho publicado e gostou; Nunes tinha cerca de 25 anos: "Naquela época, eu não conhecia tecido, moda, nada... Mas o Paulo me convidou para trabalhar lá, eu aceitei e me apaixonei; comecei a estudar os tecidos, que eram todos nobres; não tinha sintético. No ano seguinte, já estava em Paris, pela Vogue",[70] ele relatou. Nunes recordou, ainda, a inauguração do ateliê de Dener, na Praça da República, em 1958: "Nós começamos na mesma época; fui na inauguração do primeiro ateliê dele, em São Paulo. Eu já estava na Casa Vogue, começando...".

A primeira função de Nunes na Vogue foi, justamente, abastecer a coluna Perfil, mantida por Marcelino no Diário, com desenhos semanais de clientes trajando roupas da casa. Logo, assumiu a função de diretor de modas e passou a criar modelos: "Até eu entrar, tudo lá era importado. Fui o primeiro que fez desenhos para a Vogue, vendidos como alta-costura. Eu desenhava e dava para a contramestra, que fazia a *toile* [tela]. A partir daí, os desfiles da Casa Vogue passaram a ser uma mistura de roupa minha com roupa importada [...] Paulo importava coleções anuais. Eram comprados os tecidos e os modelos, com os quais vinham as 'telas' [moldes]". Nunes deixou Paulo Franco quase quatro anos depois, quando recebeu convites para criar modelos para aos grandes *shows*-desfiles promovidos pela Rhodia, na Fenit. Em 1963, abriu seu primeiro ateliê na Rua Augusta, em sociedade com Odila Mathias e a ex-manequim Marisa Crespi Leardi – que teria trabalhado para a casa Dior, em Paris. A sociedade entre os três não durou muito, mas a carreira de Nunes sim: atravessou décadas, alternando ateliês em diferentes endereços nobres com temporadas na Europa.

Na Vogue, o processo de sucessão de José Nunes não foi simples, talvez porque Paulo Franco tivesse se dado conta de que sua casa poderia servir de trampolim para o lançamento de novos costureiros – portanto, seus concorrentes – no mercado; como, ademais, havia ocorrido com o próprio Nunes. Durante alguns anos, vários profissionais passaram por lá, sem se fixar: primeiro, foi o português Fernando José; depois, vieram o gaúcho Hélio Martinez e o novato de Bauru, SP, Ronaldo Esper. Recorrentemente elogiado pela qualidade do seu corte, Fernando José (Fernando José Soares, 1937-1992) imigrou para o Brasil por volta de 1954, supostamente para escapar do serviço militar salazarista – que durava quatro anos e enviava os recrutas para a guerra em Angola.

*Croquis de Fernando José, sem datas.*

## MAPPIN: DESFILES COREOGRAFADOS

"Eu morava no Centro [de São Paulo], porque isso era normal na década de 1960. Morei na Rua João Adolfo. Meu passeio era muito legal: subia a escada da [rua] Xavier de Toledo e ia passear no Mappin. E fazem parte de nossa história da moda os chás da tarde com desfiles do Mappin. Aquilo, para mim, era muito fascinante... Os desfiles do Mappin eram apresentados pela Vilma Sander e pela Idalina de Oliveira. Lembro da Pietra, da Diva, que foram modelos do Mappin, assim como a apresentadora de tevê Claudete Troiano. Eram desfiles bem convencionais, com locução para o público e para compradores; eram desfiladas roupas que estavam à venda. Eram desfiles diários... Depois, houve uma época mais moderna, quando começaram os desfiles coreografados, aqui no Brasil. E continuei vendo e admirando os desfiles do Mappin, mesmo sem ser, ainda, da área... Os desfiles eram coreografados pela Aladia Centenaro, grande campeã do [Prêmio] Roquete Pinto como coreógrafa da TV Record. Lógico que essa tendência vinha de fora. Foi já no final da década de 1960, começo de 1970. Realmente, tivemos várias fases. E guardo com muita emoção quando, na década de 1980, eu comecei – por mera coincidência – a fazer produção de moda e acabei tendo o Mappin como cliente meu. Fiz desfiles no Mappin, como organizadora, também coreografados. Por sinal, naquela época, eu usava o ex-assistente da Aladia Centenaro – o Roberto Azevedo. Veja você como a história vai se emendando: quando criança, eu assistia aos desfiles no Mappin e, de repente, estava organizando esses desfiles..."[1]

1    Depoimento de Vivi Haydu, ex-modelo e ex-diretora da Fenit, ao projeto HMB, gravado em maio de 2007.

Nascido em uma vila portuguesa, foi acolhido em São Paulo por uma irmã que ali se casara. Em 1961, conseguiu uma vaga de auxiliar de escritório no ateliê Dener Alta Costura,[71] onde pôde acompanhar os anos iniciais do costureiro. "O emprego foi arrumado por uma amiga da família, também portuguesa, chamada Maria Valéria, que era gerente do Dener. Foi lá que ele começou a se interessar por moda e decidiu fazer um curso de desenho. Depois, acabou sendo contratado pela Casa Vogue – ainda na Rua Marconi –, para fazer desenhos de moda. Eu, muitas vezes, fui encontrar o Fernando, lá na Marconi, porque éramos amigos",[72] relatou José Gayegos, que, mais tarde, se iniciaria na moda, influenciado por Fernando.

Durante alguns anos, Fernando José desenhou moda para a Casa Vogue, sem contrato empregatício: "Porque o Fernando trabalhou, na mesma época, para várias confecções do Bom Retiro. Ele desenhou durante muito tempo, por exemplo, para a Pull-Sport. Ia lá duas vezes por semana e entregava os desenhos", confirmou Gayegos. Em 1963, Fernando José integrou o elenco de costureiros que criou a coleção de alta-costura Brazilian Look, da Rhodia. No ano seguinte, foi estudar na Europa: "Entre 1965 e 1967, ele estudou na École Guerre-Lavigne e na Chambre Syndicale de la Couture Parisienne. Na Itália, fez estágio na *maison* Pucci, onde aprendeu a dominar o corte do *jersey*".[73] Com esse estofo, retornou ao Brasil apto a enfrentar as mais exigentes senhoras da elite paulistana: seu ateliê foi instalado, por volta de 1968, num pequeno palacete da Rua dos Ingleses, na Bela Vista, e ali permaneceu por anos. "De todos os costureiros que conheci, era de longe o melhor, no aspecto técnico. Por isso, atendia à 'nata da nata' de São Paulo. Também foi o mais rico: ganhava muito bem porque cobrava caríssimo... Mas era discreto e avesso à publicidade; tinha pavor de badalação, preferia ficar fora do circuito. Mas a roupa dele era maravilhosamente benfeita",[74] descreveu Gayegos.

A trajetória do próprio José Gayegos (1945- ) é, por outro lado, emblemática do percurso da maior parte dos integrantes daquela que poderia ser definida como a segunda geração de criadores de moda atuando no Brasil, surgida na segunda metade da década de 1960 – e que pendulava entre o *glamour* da alta moda e o potencial que se abria para a moda seriada das confecções, com vantagem considerável para a última. Seu início, porém, foi pela via da alta-costura; aliás, pelas mãos de Fernando José: "Em 1964, o Fernando foi para Paris fazer o curso de modelagem e eu resolvi me encontrar com ele lá. Aí começou minha carreira na moda, porque ele tinha um relacionamento grande na área, era amigo da Lucia Curia, que

Acima, reportagem *Os Grandes Vestem os Pequenos*: da esq. para a dir., Sônia Coutinho, José Nunes, Ugo Castellana, Tomaso (da Tomaso Confecções), Jorge Farré e Matteo Amalfi; *Jóia*, Nº 158, Rio de Janeiro, RJ, outubro de 1966.

tinha sido uma manequim da Rhodia aqui e, naquele momento, era chefe de cabine da Chanel. [...] Eu ia todo dia à Chanel, ficava esperando 'as meninas'; tinha uma manequim brasileira chamada Marilu Cherqui, que mora lá até hoje, e que foi a manequim que mais tempo desfilou para a Chanel – durante doze anos...".[75]

Picado pela mosca da moda, Gayegos começou também a estudar na mesma escola em que Fernando estava matriculado: a Guerre-Lavigne, fundada em 1841, em Paris, que se tornaria Esmod Fashion University Group. Mas ele ainda não levava os estudos tão a sério; até que, numa noite de 1965, foi assistir a um desfile que marcou sua vida: "Passei o dia seguinte em transe...". Gayegos teve oportunidade de sentir, *in loco*, o impacto do que a imprensa chamou de "explosão da bomba Courrèges" – o desfile em que o costureiro francês lançou sua coleção Space Age, com roupas sem silhueta marcada e ligeiramente evasê, com materiais sintéticos e cores metálicas, menos antecipando uma moda para se usar em viagens ao espaço, e mais atendendo às demandas da moda jovem que já se impunha mesmo no território da alta-costura. No ano seguinte, Gayegos retornou ao Brasil decidido a ser costureiro e – sendo este o caso – foi direto ao papa do assunto por aqui: com indicação de Lucia Curia, bateu à porta da mansão de Dener, no bairro do Pacaembu, e, já no dia seguinte, começou a trabalhar como seu assistente – cargo que exerceu por cerca de dois anos: "Eu queria trabalhar com o Dener; para mim ele era o suprassumo",[76] admitiu. O que aprendeu com Dener? "Olha, o Dener não tinha propriamente um processo criativo; ele nasceu com aquilo. [...] Aprendi com ele a provar uma roupa; ele modificava totalmente o modelo na prova, e sempre para melhor. Além de desenhar o modelo, na hora da prova ele ia fazendo modificações; aumentava decote, fechava ali, e a roupa mudava totalmente. Era a mão dele, sempre com uma tesourinha que desmanchava, costurava; puxava para cá, ia para lá, mudava aquela parte..."

Fernando José, o costureiro que apresentara Gayegos à moda, deve ter se incomodado ao ver o amigo trabalhando como auxiliar de Dener. Mas a história prosseguiu

*Coquetel de inauguração do ateliê de José Gayegos na Alameda Franca, 1434; da esq. para a dir.: Dener Pamplona, Anthonio Carllos (cabeleireiro), convidada, Meire Nogueira (apresentadora de tevê), Ia Azevedo (modelo), Clodovil Hernandes, modelo não identificada (em pé), Karitas (modelo); São Paulo, SP, maio de 1968.*

e não tardou para que ele saboreasse o momento em que Gayegos também deixou o grande mestre para se lançar em carreira solo, cheio de ambição: "Eu não queria ser o Clodovil, queria ser o Dener...".[77] Assim, em 1967, Gayegos abriu seu próprio ateliê, "porque [trabalhar com] Dener era opressivo; era uma personalidade tão poderosa que todo mundo gravitava em volta dele; e eu queria ter, também, a minha vida. [...] A loja do Dener já estava na Alameda Jaú [para onde se transferira, após a Avenida Paulista], e eu fui para a Alameda Lorena, esquina com a Haddock Lobo. [...] O Fernando José nunca me perdoou por ter aberto um ateliê antes dele. Achava que eu iria trabalhar com ele, mas eu queria seguir meu próprio caminho...".[78]

Gayegos desde cedo investiu no *prêt-à-porter* – na época, feito pela confecção Hiperchic –; dois anos depois, em 1969, com o ateliê já num local mais amplo e na Alameda Franca, foi convidado a se apresentar na Fenit, sob o patrocínio da Paramount Têxtil, na mesma noite do desfile do costureiro francês Ted Lapidus: "Fiz um desfile que deixou as pessoas estupefatas, porque, até então, os desfiles de alta-costura eram uma menina que vai e volta; vai e volta outra vez e sai da passarela. E aquilo se repetia, com música de disco; e tira disco de *jazz*, e põe disco de ópera; não tinha trilha sonora. Pensei: 'Não adianta fazer isso; preciso de algo diferente'".[79] Gayegos desfilou ao som de seis atabaques de Umbanda e da banda de *rock* Os Incríveis: "Eles tinham um equipamento de som que ninguém tinha no Brasil, com câmeras de eco, equipamentos de luz negra e estroboscópica – e tudo isso estava aparecendo... E coloquei quatro, cinco manequins na passarela, ao mesmo tempo, e elas dançavam... Como depois do meu desfile viria o Ted Lapidus, ele acabou me pedindo emprestados os caras do atabaque, para não quebrar o clima...".[80]

Impressionado com a *performance* de Gayegos, Lapidus o convidou naquela noite, em público, para trabalhar como seu assistente, em Paris. Mais ainda, Gayegos foi convidado em seguida para fazer os figurinos (com Carlos Gil) de abertura e fechamento da primeira novela da Globo sobre moda: Pigmalião 70, de Vicente Sesso, com Tônia Carrero e Suzana Vieira. "Decidi fechar meu ateliê e ir para Paris; mas, antes, fui fazer a Globo e foi um Deus nos acuda, porque todo mundo queria o cabelo – que eu fazia – e a roupa do Pigmalião."[81] Em 1971, Gayegos embarcou rumo à *maison* Lapidus, mas lá chegando se decepcionou e mudou os planos: foi estudar na Guerre-Lavigne (mais tarde Esmod), por dois anos, e "foi a maravilha das maravilhas". Quando retornou ao Brasil, estava com "outra cabeça". Desistiu de ter ateliê e da alta moda: "Dei meu pulo do gato, porque me tornei o estilista industrial mais conhecido na área de *jeans*, no Brasil, nas décadas de 1970 e 1980; trabalhei para as maiores e, também, para as menores marcas...".[82] Gayegos se enveredou pela indústria de confecção, ao contrário de seu iniciador no território da moda, Fernando José, que acabou se fixando quase exclusivamente na moda sob medida. Por volta de 1980, Fernando transferiu seu ateliê para a região chique da Rua Oscar Freire, em São Paulo, SP, onde permaneceu até seu falecimento, em 1992, em decorrência da Aids.

Como Gayegos, a maior parte dos criadores de moda surgidos na segunda metade da década de 1960 – Sérgio Blain, Élio Aznar, Roberto Issa, Julio Camarero, Hélio Martinez e outros – foi, inúmeras vezes, rotulada pela imprensa como costureiros, denominação apropriada ao criador de alta moda sob medida. Na verdade, deveriam ter sido chamados de estilistas, termo adequado ao criador de moda para produção em série. É fato que alguns deles atuaram, episodicamente, em ambos os campos. Mas os meios de comunicação não especializados desconheciam mesmo como diferenciar esses campos; em contrapartida, a tardia alta moda feita no Brasil já estava em franca decadência, ao passo que o mercado de roupas prontas só crescia...

## Lançados pela Casa Vogue

Quem, afinal, se estabilizou por mais tempo como desenhista de moda da Casa Vogue, de Paulo Franco, na década de 1960, foi Miltinho (Milton de Carvalho, 1940- ): "Os outros não ficavam, porque não entraram no padrão da loja; ali funcionava muito a figura humana", contou Miltinho, que permaneceu desenhando modelos para a casa entre fins de 1963 até, praticamente, o fechamento da loja, em 1971, três meses antes da morte do dono. Paulista de Bauru de origem modesta, Miltinho foi obrigado a trabalhar logo que desembarcou na capital paulista, aos 18 anos, planejando cursar medicina: "Fui morar numa pensão na Rua Canuto Do Val, em Santa Cecília, onde também estava o Clodovil, que já tentava ser estilista. Ele era cinco anos mais velho que eu e, orientado por ele, acabei indo fazer moda... [...] O Clodovil tinha uma condição familiar melhor do que a minha; acho que o pai ajudava... Porque ele não precisou dar aulas para sobreviver, como eu. Foi vender os croquis dele, na Scarlett, onde eu também acabei vendendo meus primeiros desenhos...",[83] recordou Miltinho. Havia um grupo de jovens vocacionados para a moda que trocava informações e se apoiava na busca por mercado: "Formávamos um grupo de amigos; além do Clodovil, tinha o Sidnei, que depois se mudou para a Bahia e já faleceu; o meu xará Milton de Assis; o Cleón, que foi morar no Paraná e que, por sinal, era o melhor de todos nós. Éramos cinco ou seis... Vivíamos de

## BUTIQUE EM CASA

Um fenômeno correlato ao comércio formal de moda, comum no Brasil, entre as décadas de 1950 e 1970, foi o das chamadas butiques em casa: "Usava-se muito, na época, a 'butique em casa'. Eram pessoas que vendiam roupas, dentro de casa, informalmente. Eu, por exemplo, comprava roupas na butique da Lina Horta, esposa do Fred Horta – que era diretor da Fenit. E havia uma senhora na Avenida São João, onde eu também comprava roupas... Dificilmente íamos a uma loja; algumas traziam roupas de fora, mas já havia muito produto [pronto] brasileiro; e o atendimento era mais personalizado, a pessoa já sabia seu gosto, vinha com uma roupa pensando em você",[1] relembrou a ex-modelo e ex-diretora da Fenit, Vivi Haydu.

A origem de muitas casas de moda sofisticadas que vingaram mais tarde – como Daslu, Lita Mortari, Claudete e Deca – foi esse tipo de atendimento informal, que é citado por José Carlos Durand, em seu livro Moda, Luxo e Economia, até como uma ameaça aos nossos costureiros: "Assim, sem conseguir livrar-se de uma antiga e sorrateira rival – a 'muambeira' de alta sociedade, que trazia vestidos para vender às amigas –, os jovens criadores viram-se desde logo às voltas com um novo e poderoso adversário, as etiquetas estrangeiras no mercado de *prêt-à-porter* de luxo".[2] Havia de fato senhoras que, em viagens à Europa, aproveitavam para encher a mala com um bom estoque de roupas compradas nas então recém-inauguradas butiques ou sessões de *prêt-à-porter* das *maisons* parisienses, para revender às amigas, fora do mercado formal. Com roupas prontas importadas ou nacionais, as "butiques em casa" foram uma forma de comércio alternativo consequente também das pesadas alíquotas impostas pelo governo militar às importações e ficaram vivas na memória de Vivi Haydu, até por outro episódio pessoal: "Uma vez, a Lina Horta tinha que fazer um desfile no Senac, beneficente, e não podia pagar modelos. E me pediu para desfilar. Eu achei aquilo um absurdo: 'Como assim?' Eu era contadora, séria, como ia desfilar? 'É muito simples: entra e desfila', ela respondeu. Eu disse: 'Tudo bem'. Entrei e desfilei... E aquela foi minha primeira experiência como modelo. Lembro que me mandaram tomar uns drinques para perder a timidez. Como nunca tinha bebido, enquanto eu desfilava, um senhor rodou na cadeira, eu tropecei e caí sentada no colo dele: não foi muito legal, mas acabou valendo. Isso foi na década de 1970",[3] ela relatou.

1   Depoimento de Vivi Haydu, ex-modelo e ex-diretora da Fenit, ao projeto HMB, gravado em maio de 2007.
2   Moda, Luxo e Economia, de José Carlos Durand; Babel Cultural, São Paulo, SP, 1988.
3   Depoimento de Vivi Haydu ao projeto HMB, gravado em maio de 2007.

vender croquis de moda. Um mostrava seu desenho ao outro e vendíamos na Signorinella, na Mme. Boriska e na Scarlett. [...] Você chegava na Scartett e havia uma porta, com um quadradinho para deixar os desenhos; os que não serviam, voltavam; os outros, eles compravam. Mas não davam crédito nenhum pelas nossas criações e o que pagavam, também, era muito pouco. Não dava para comprar um par de sapatos", ele relatou.

Dentro da Vogue, Miltinho vivenciou a migração da loja da decadente Rua Marconi, Centro, para uma pungente Avenida Paulista, em 1964. "Eu fui o primeiro funcionário que o Paulo Franco levou para conhecer a nova loja, que era um deslumbramento. Ali, comecei a linha de *prêt-à-porter* que era 50% mais barata. A loja era um quartel; a alta-costura tinha cinco vendedoras, meninas saídas da Sloper; na parte de cima ficavam as oficinas. [...] A roupa que tinha na Vogue e que todo mundo acreditava ser original era, na verdade, feita na Itália, em Milão. Era uma grande copista de modelos que a Vogue trazia prontos, como originais. Já no caso do Dior, a Vogue comprava entre vinte e trinta peças de cada coleção. Então, nós recebíamos os modelos com os moldes e os tecidos. Então, era só confeccionar e colocar a etiqueta. [...] Também o *prêt-à-porter* era todo baseado na alta-costura. Eu fazia uma média de seis a oito desenhos diários. De cada modelo produzido eram feitas no máximo seis peças de cada nos números 40, 42 e 44. Às vezes, era mais bonito que a alta-costura".

Remanescente das lojas que importavam moda europeia, a Vogue sobreviveu à era dos costureiros de luxo, porque Paulo Franco soube incorporá-los e preservar a reputação que sua casa construíra nas décadas anteriores. Miltinho teve projeção pública acanhada, se comparado a seus contemporâneos, talvez por ter ficado tempo demais escondido atrás da etiqueta da Vogue ou por seu perfil reservado. Maior visibilidade conseguiu, por exemplo, Ronaldo Esper (1944- ), que permanecia em 2010 prestigiado na moda sob medida – em especial para noivas. Paulista de Jacareí – mas criado em Taubaté –, ele reiterou que sua carreira começou também na Vogue: "O Paulo Franco era um comerciante de moda; era uma Daslu da época, até na face oculta... [...] A coisa se deu assim: havia um programa chamado Revista Feminina, na TV Tupi, de São Paulo, em que todo mundo ia: o Dener, o Clodovil, o Amalfi etc. Um dia, eu fui lá no [estúdio no bairro] Sumaré, na hora do programa, e pedi para falar com a Maria Thereza Gregori, que era a apresentadora. Mostrei meus desenhos para ela e para a Denise Coutinho, que fazia o quadro sobre moda dentro do programa, e elas gostaram muito... E meus desenhos foram mostrados na tevê... Para minha surpresa, dias depois, elas me ligaram dizendo que tinham telefonado da Casa Vogue querendo falar comigo. Liguei para a Vogue e atendeu a Elza Mosconi, mulher muito chique, responsável na casa pela seção de *tailleurs* e mantôs. Fui lá, com os meus desenhos debaixo do braço, e o Paulo Franco, com a arrogância que lhe era peculiar, olhou para eles e falou: 'Ou você é um embusteiro ou é um gênio. Eu quero que você desenhe aqui na minha frente.' Veio uma modelo que tinha sido uma Miss São Paulo e vestiu um modelo da Madame Grès, todo drapeado em verde-esmeralda, deslumbrante. Eu desenhei o vestido, entreguei a ele e disse: 'Olha, posso desenhar outras coisas...'".[84]

Ronaldo foi contratado: era 1963, ele tinha 18 anos e nenhuma formação na área de moda. Neto de libanês por parte de pai – dono de postos de gasolina no interior – e de italianos por parte de mãe, seu gosto pela moda formou-se lendo revistas como Fon-Fon e Jornal das Moças ("eram um delírio"). Chegou a tomar algumas aulas de desenho com Matteo Amalfi, que ensinou por um período em uma escola da Rua D. José Gaspar. "Mas ele me dizia: 'Você não precisa de aulas; já te ensinei como faz a boneca...'". Esper permaneceu por cerca de oito meses na Vogue, ainda na Rua Marconi: "Eu adorava fazer aquilo; era tudo muito chique e fazia frio em São Paulo. Vinham aquelas roupas de fora, a

*Ronaldo Esper e modelos posando duas criações de sua autoria; São Paulo, SP, 1968.*

gente desmontava e via como eram feitas. Na mesma época, eu estava fazendo o cursinho para entrar – e entrei – na USP, para fazer Filosofia e me especializar em Estética".[85]

Porém, já no dia 31 de março de 1964 – por coincidência, dia do golpe de Estado que depôs o governo de Jango –, ele inaugurou seu próprio ateliê, na Alameda Jaú, em São Paulo, SP: "Eu pensei: se eles ganham tanto dinheiro com isso, eu também posso ganhar... Conversei com meu pai e ele bancou: 'Então monta!' Era um sobradinho, que decorei como pude e tinha só uma funcionária. O início foi bastante duro, porque eu não tinha clientes. [...] Um dia, telefonei para a [colunista social do Última Hora] Alik Kostakis, que não me conhecia e que, eu sabia, era uma pessoa bastante venal. [...] Liguei e falei: 'Você não me conhece, eu me estabeleci em tal lugar... E ela falou: 'Eu vou aí, Ronaldo'. Foi e me pediu um monte de vestidos... Eu já sabia que teria que fazer. Logo em seguida, ela me retornou: 'Olha, tem uma senhora de sociedade que eu vou levar para você vestir. É uma muito cotada na alta, mas não tem dinheiro nenhum. Você vai ter que fazer um vestido para ela!' Fiquei rezando para que tivesse pelo menos 1,70 e fosse magra. Mas, imagine! Ela me levou a Bia Coutinho, um amor de pessoa, mas que tinha 1,20 por 1,20... [...] Eu fiz um vestido para ela em *georgette* verde-água, um tomara que caia".[86]

A roupa seria usada pela *socialite* em uma recepção, no Guarujá, SP, à Christina Ford – esposa do empresário norte-americano Henri Ford II: "No dia seguinte à festa, eu abro a coluna da Alik e ela dizia que a Bia tinha arrasado... Daí começaram a aparecer clientes no meu ateliê e comecei a ter mídia, porque a Alik forçava e, também, trouxe toda a turma dela. Logicamente, esse pessoal pagava; mas a Alik, eu sustentava; ela, a irmã e a mãe...", relatou Esper, compondo um retrato dos bastidores da vida do costureiro de luxo, dependente das colunas sociais e do sucesso entre as mulheres da *high society*. "Quando comecei, em 1964, existia em São Paulo um grupo de mulheres excepcional. Eram mulheres ricas que se vestiam muitas vezes na Europa; eram educadas e elegantes. Nós aprendemos com essas mulheres; todo o *savoir-faire* que adquirimos – eu, o Dener, o Clodovil etc. –, foi com elas, que vinham para dentro das nossas casas e nos ensinavam. [...] Mas esse mercado era, realmente, muito disputado, porque eram só aquelas mesmas pessoas",[87] ele confirmou.

Com a tomada do Executivo Federal pelos militares, o conflito entre estudantes e a polícia política se acirrou: "Fiz dois anos de Filosofia, mas saía muito quebra-pau; invadiram a faculdade e prenderam professores; ficou uma situação tão insuportável que resolvi trancar matrícula, também porque comecei a ser malvisto na escola: tinha uma profissão de burguês".[88] Para compensar, Ronaldo Esper firmava-se entre os nomes paulistas da alta-costura, mesmo sem ter sido convidado a integrar o grupo de costureiros da Rhodia e desfilando poucas vezes na Fenit – a primeira em 1966. No início dos anos 1970, ele passou a atuar como cronista social, primeiro no Diário de S. Paulo, depois na Folha de S. Paulo e na Gazeta Mercantil, escrevendo sobre moda e sociedade. Entre um jornal e outro, passou um tempo na Itália, onde trabalhou com Pino Lancetti e Renato Balestra – sempre considerado *troppo sudamericano*.

304

Na volta, encontrou o ambiente no Brasil completamente mudado: "Era só *prêt-à-porter*, como a Clô Orozco e a Sônia Coutinho... Então, botei a cabeça no lugar e cheguei à conclusão de que alta-costura não existe no Brasil, não adianta... O único jeito de ganhar dinheiro aqui é fazendo noivas; e comecei a fazer... Cheguei a ter 46 funcionários e três lojas. Foi quando ganhei dinheiro e, basicamente, é o que faço até hoje. Deu uma grana violenta e dá, ainda...",[89] admitiu, em 2010, Esper, que se consagrou costureiro das noivas e se manteve na mídia como comentarista de programas de variedades em redes de tevê. É um dos que resistem mantendo, ainda no final da primeira década do século XXI, a fleuma glamorosa e a língua afiada do costureiro de luxo.

O gaúcho Hélio Martinez ([90]), sobre quem as informações são escassas, teria também trabalhado na Rhodia por vários anos – após curta passagem pela Casa Vogue. "Posso garantir que o desenho de moda dele era maravilhoso; foi um desenhista extremamente talentoso", avaliou, ainda, José Gayegos. Afastado da moda, Martinez teria fixado residência em Atibaia, SP. Vai longe o tempo em que os admiradores da alta-costura, em São Paulo, tomavam a Casa Vogue como espécie de meca por onde todos teriam que passar, pelo menos, uma vez na vida. Apesar disso, não é de se estranhar que Julio Camarero (Julio Gabriel Camarero Tomasi, 1933- ) reivindique também sua estada – ainda que curta – entre os que trabalharam com Paulo Franco: "Trabalhei na Vogue um pouquinho, acho que por uns seis meses, quando saí da Editora Abril. Na realidade, o Paulo Franco queria ver se eu podia controlar as mulheres que trabalhavam lá e que eram metidas a fazer parte da *high society*".[91] Natural de São José do Rio Preto, SP, Julio aprendeu modelagem com a mãe, Cotinha Camarero, modista de fama na cidade onde o filho nasceu. Autodidata – como todos de sua geração –, iniciou-se com desenho gráfico na Editora Abril, onde pôde acompanhar os primeiros tempos da revista Claudia – que surgira em outubro de 1961. "Eu fui editor de arte da Abril; trabalhei primeiro com o Mino Carta, quando apareceu o Jornal da Tarde e, depois, com o irmão dele, o Luís Carta, na revista Claudia. Quando cheguei lá, o Attilio Baschera já era editor de arte da Abril e fui trabalhar com ele."[92]

Entre 1963 e 1965, Julio aparecia no expediente da revista Manequim, da mesma editora, como "editor de arte e moda". Na edição n° 71, de maio de 1965, ele foi fotografado ao lado de modelos que vestiam suas criações para diversas confecções (Tomaso, Mac-Era, Sela, Well-Sport, Rose Valoá, Sônia Coutinho, Luxobell e Amorela), num editorial de oito páginas intitulado "Julio Camarero define as tendência da nova moda". Teve ateliê de alta-costura na antiga Rua Iguatemi (posteriormente Avenida Faria Lima), mas foi como "*layout man* de moda" (sic) que seu trabalho melhor se efetivou. A propósito, Julio se distinguiu dos contemporâneos: "Na época em que comecei, as pessoas me confundiam com os costureiros. Mas eu não era nem sou um costureiro; sou um ilustrador e não desenho apenas moda. Também desenho sapatos, joias e, hoje em dia, sou artista plástico",[93] afirmou em 2010.

Como *layout man* de moda – ou estilista – seu mercado principal eram, portanto, as confecções: "Era um negócio em que eu vendia o meu desenho. Era tão

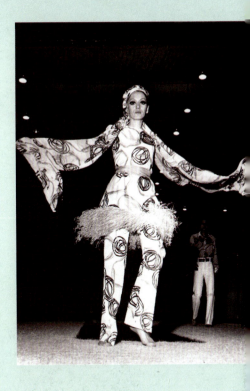

*Desfile da coleção Pigmaleão de José Gayegos, na 12ª Fenit; São Paulo, SP, junho de 1969.*

*Na página ao lado, José Gayegos (esq.) e o costureiro francês Ted Lapidus são homenageados na 12ª Fenit; São Paulo, SP, junho de 1969.*

interessante que todas queriam comprar; fiz muitas confecções. O estilista tem algo a mais que o costureiro, porque precisa entender de modelagem",[94] ele discerniu. Camarero desenhou *prêt-à-porter*, inclusive, para confecções vinculadas à Rhodia: "O Alceu Penna criava os modelos para todas as confecções do Rio, ligadas à Rhodia, que eram em menor número. Eu fazia, na época [meados de 1960], o *prêt-à-porter* – de maiô até o vestido de noiva – para as confecções de São Paulo. Aí não entravam Dener, Clodovil ou José Nunes...".[95] Em meados de 1980, foi contratado pela Levi's, onde permaneceu por cerca de quatro anos, antes de se radicar em Fortaleza, CE.

Tule todinho trabalhado com fita, é uma criação exclusiva de Amalfi. O modelo de Cezar Stragodovsky é de shantung de sêda, com barra bordada em pérolas e capa do mesmo tecido. Ao lado, a linha clássica de Clodovil. Véu estilo medieval, inteiro salpicado de florinhas.

Aparecem, ainda, como costureiros atuando em São Paulo durante aquele período, em reportagens da imprensa especializada, o espanhol Jorge Farré ([96]) e o argentino César Strazgorodsky ([97]). Farré começou como alfaiate de Dener, no ateliê da Avenida Paulista. Lançou-se, depois, em carreira solo e chegou a ter ateliê que ocupava dois andares do Edifício 5ª Avenida, na Paulista; seu talento maior, contudo, foi sempre a alfaiataria. Quando a década dos costureiros deu indícios de esgotamento, ele se voltou para a confecção, mas acabou deixando a cena da moda paulistana, ao que se sabe, para retornar a seu país. Como a maior parte de seus colegas, César Strazgorodsky foi também introduzido no circuito da alta-costura por meio, ainda, do programa de tevê Revista Feminina, de Maria Thereza Gregori. Dedicou-se, inicialmente, aos chapéus, véus e grinaldas para noivas, fazendo concorrência para a mais tradicional casa do ramo na cidade de São Paulo – a de Irma Frank. Seguiu, assim, o mesmo rumo tomado por Ana Frida ([98]), ex-jornalista da Abril, que se instalou na Alameda Franca, Jardim Paulista, bem em frente ao ateliê de Irma, oferecendo os mesmos produtos. Tanto Ana quanto César, porém, ampliaram sua linha de produtos passando a vestir as noivas por completo, assim como suas madrinhas.

## Safra de agulhas cariocas

No decorrer da década de 1960, o centro nervoso da moda brasileira se deslocou do Rio de Janeiro para São Paulo. Mas, nem por isso, a ex-capital federal deixou de dispor de expoentes importantes, como Guilherme Guimarães (1940- ). Nascido no distrito de Canguçu, em Pelotas, RS, foi levado ao Rio pelos pais adotivos (seus tios) com apenas um ano, onde foi criado, em ambiente de classe média, recebendo formação fundamental em colégio católico. Se para os costureiros paulistas a principal referência de moda era a Vogue, para os cariocas era, naturalmente, a chiquérrima Casa Canadá. E foi lá, justamente, que Guilherme entrou certo dia imbuído de audácia, apesar dos tenros 17 anos: "Fui sem conhecer ninguém, depois da aula; ainda estava de uniforme escolar. Dona Mena foi um amor comigo. Eu disse a ela que queria muito assistir a um desfile, porque nunca tinha visto um na vida... Então, ela respondeu: 'Vou te presentear com um desfile agora...' E fez passar uma coleção inteira para mim. Naquele minuto, vi que meu futuro era a moda...",[99] ele recordou. É possível que o tempo tenha ampliado a generosidade de dona Mena na memória do costureiro, mas é verdade que ele se tornou protegido de Zacarias do Rego Monteiro, então *public relations* da Canadá e personagem conhecida do Carnaval carioca por suas indefectíveis variações de Pierrô, apresentadas *hors-concours* nas disputas do Municipal, sem risco de ser ofuscado pelo brilho implacável das monumentais fantasias de Clóvis Bornay, Evandro de Castro Lima, Jésus Henrique, Mauro Rosas ou Marcos Varella. "Zacarias viu meus croquis, me achou um gênio e me apadrinhou. Ele disse: 'Se você quiser dar um desfile, eu te ajudo...'". Mas, para isso, Guilherme precisava ter uma coleção...

Ocorreu, em 1958, que o costureiro João Miranda foi passar uma temporada na Europa e indicou o jovem colega às clientes: "Fiquei também com as costureiras dele e, então, montei um pequeno ateliê num apartamento onde morava, em Copacabana. Foi quando dei o meu primeiro desfile, em minha casa, no Rio, já com manequins famosíssimas: Pierina, Ilka Soares, Geórgia... Foi um desfile pequeno, mas Olga Moretzsohn – que escrevia no Correio da Manhã – deu uma página me lançando e me achando o máximo...".[100] Guilherme tinha apenas 18 anos; sua projeção, nos anos seguintes, só cresceria, em especial depois que foi convidado a integrar o grupo de alta-costura da Rhodia, cuja primeira coleção foi a Brazilian Look, de 1963: "Eles quiseram fazer com costureiros de todo o Brasil e com tecidos pintados por artistas plásticos brasileiros. Me lembro que o vestido do Joãozinho Miranda era com estampa do Aldemir Martins. [...] A intenção era lançar o fio no Brasil, e não lançar os nomes brasileiros da moda lá fora. Mas o evento foi maravilhoso. Tudo da Rhodia era um sucesso imenso, porque era muito benfeito e com uma verba sem tamanho. E tudo era feito na Fenit...",[101] recordou Guigui, apelido cunhado pelo colunista Ibrahim Sued.

Naquele mesmo ano de 1963, em dezembro, Guilherme desfilou uma coleção própria em Washington e Nova York. Como ele chegou lá? Não foi de um dia para o outro... "Um belo dia, peguei um lotação na cidade e estava nele o Fernando Marques, diretor da Varig, que me disse: 'Eu tenho visto você nos jornais; faça um desenho e mande para o nosso escritório porque estamos promovendo um concurso para os novos uniformes das aeromoças da Varig. O prêmio é uma viagem a Nova York e 500 dólares'. Respondi: 'Eu quero!' Desenhei, mandei e ganhei... A diretora da Varig, em Nova York, chamava-se Charlotte e adorou meu trabalho. Fui passar uma temporada lá e comecei a mexer os pauzinhos para fazer um desfile...".[102]

Guilherme teria ficado uma temporada nos EUA, conquistando a atenção da então embaixadora Dora Vasconcelos e fazendo bons contatos, por exemplo, com a editora da Town&Country – revista tradicional, em 2010 editada pela Hearst Communications – que também prometeu apoiá-lo: "Ela me garantiu que, se eu produzisse uma coleção, me arranjaria um espaço; eu voltei para o Brasil, procurei o Ludovico Landau, da [fábrica] Werner, em Petrópolis, para me dar os tecidos, e ele deu. Como não tinha dinheiro para comprar forro, ele me deu tecido a mais... E os vestidos eram forrados todos com o próprio tecido, um luxo... A Charlotte da Varig liberou passagens para mim e para as manequins e, assim, aconteceu o desfile em Nova York...".[103] Na edição de 16 de dezembro de 1963, o New York Journal noticiou, em três colunas inteiras, sob o título *"The*

*Acima, reportagem sobre a Coleção Outono-Inverno de Guilherme Guimarães para 1968; Joia, Nº 177, Editora Bloch, Rio de Janeiro, RJ, maio de 1968.*

*Na página ao lado, noivas criadas pelos costureiros Matteo Amalfi e Cezar Stragodovsky; Manequim, Nº 92, São Paulo, SP, fevereiro de 1967.*

*Na página ao lado, Vivi Haydu atuando como modelo: à esq., posando vestido de noite, São Paulo, SP, 1975; à dir., em campanha da calça Levi's, São Paulo, SP, 1974.*

*Abaixo, o costureiro Hugo Rocha e modelo vestindo criação de sua autoria; Jóia, Nº 192, Rio de Janeiro, RJ, agosto de 1969.*

*Excitement of Brazil Nights*": "Guilleaume [sic], do Brasil, é comparável a Roberto Capucci, de Roma, pelo fato de esses talentosos *designers* terem sido notados pelo mundo *fashion* quando tinham, cada qual, apenas 22 anos. Admirador de Capucci, o jovem brasileiro tem com ele uma semelhança física. [...] Dora Alencar de Vasconcelos, consulesa geral do Brasil em Nova York, reconhecida por seu generoso suporte aos talentos brasileiros, organizou um chá para exibição da última coleção de Guilherme no Gothan Hotel, que foi um sucesso imediato".[104] A comparação com Capucci – cognominado Givenchy da moda italiana – devia-se a ambos terem se projetado ainda jovens.

Por menor que tivesse sido a repercussão de Guigui nos EUA, para fins internos ela serviu muito bem: "No Brasil, só dão valor quando você faz sucesso no exterior. E aqui foi um choque: teve uma cobertura da imprensa fantástica; deu na Manchete etc. Hoje, qualquer um que queira ser costureiro e tem dinheiro para pagar aparece. Naquela época, não tinha nada disso; não existia comércio de moda, ninguém escrevia por obrigação. Era a verdade: ou você era bom ou não era".[105] Daí por diante, Guigui foi de vento em popa: tornou-se assíduo nas coleções da Rhodia – enquanto duraram – e galgou logo o posto de predileto da alta sociedade carioca. Então, em 1968, repetiu a dose e desfilou uma nova coleção – "inspirada nas linhas ultramodernas da arquitetura de Brasília e estampas de Burle Marx" – em Washington e em Nova York, no Waldorf Astoria, tendo entre suas modelos Vera Barreto Leite. Foi quando deu no New York Times: "As senhoras elegantes da América do Sul costumavam ser a principal clientela dos costureiros de Paris, mas, ultimamente, algumas delas têm feito suas compras em casa. Uma razão disso é Guilherme Guimarães, costureiro de 25 anos, do Rio de Janeiro, que se tornou, nos últimos cinco anos, um dos principais desenhistas [de moda] de seu país".[106]

Guilherme se ajustou com perfeição à imagem do costureiro *snob* e temperamental cravada por Dener, como denotam declarações suas, então, já consagrado, à revista Jóia: "O *glamour* é a tônica das minhas coleções" ou "eu só costuro para quem eu quero. [...] No Brasil, é muito grande o número de mulheres indecisas, por isso meu estúdio é fechado. Não quero mais freguesas".[107] Preferiu, porém, se identificar com a moda norte-americana: "Todas as criações que levei até lá foram destacadas em páginas inteiras dos jornais mais importantes",[108] enfatizou. Guigui, José Ronaldo e Joãozinho Miranda não foram os únicos nomes da moda carioca do período; tiveram ainda reconhecimento da mídia, em graus variados, Hugo Rocha e Ney Barrocas.

Hugo Rocha ([109]) teve ateliê no Leblon e "ficou conhecido por seu corte impecável em túnicas e vestidos redingotes e pelo *mix* da cultura brasileira com africana".[110] Começou a ganhar projeção nos primeiros tempos da TV Globo, inaugurada em 1965, época em que atuou como figurinista da emissora, vestindo as atrizes, apresentadoras e personalidades da tevê que despontavam como Beth Faria, Márcia de Windsor, Neuza Amaral, Marina Montini. Mulato, trouxe referências

### VIVI, MODELO DOS ANOS 1970

"Em 1971, a Fenit saiu do Ibirapuera e foi para o Anhembi. Então, disseram que o doutor Caio [de Alcântara Machado, promotor do evento] era totalmente louco por fazer aquela coisa monstruosa, na Marginal. O [prédio do] Anhembi foi levantado em um dia: de manhã não existia e à noite já estava lá... Foi pré-montado; então, quem passou ali para voltar para casa teve uma surpresa. O doutor Caio sempre foi arrojado; além da primeira feira de moda, criou o primeiro Centro de Exposição Oficial – o Anhembi, em parceria com a Embratur [autarquia do Ministério do Turismo]. Até então, trabalhávamos em tendas, no Ibirapuera. O Fred Horta, como eu, trabalhava com Bolsa de Valores, me chamou para vender ações do projeto Embratur dentro da Fenit. Eu achei a ideia linda; adorava vender ações e fui toda contente. Apresentaram-me ao Anhembi. No primeiro dia de Fenit, fui com pastinha embaixo do braço vender as ações... E, mesmo naquela época, nenhum expositor queria comprar absolutamente nada; eles queriam era vender... Um dia, um senhor me chamou e eu achei que ia vender ações para ele. Mas ele me convidou para desfilar uma marca de maiôs, chamada Selimar. 'Mas como?'. Ele disse: 'Mas tem tudo a ver: você é bonita... Vamos provar os maiôs; se ficarem bem, você vai e desfila no auditório'. Perguntei: 'E eu ganho por isso?' – 'Sim, ganha...', ele respondeu. Quando me falou o valor, fiquei encantada: era quase meio mês do meu salário no Invest Banco. Provei, subi no auditório e havia uma coordenadora – bem à moda europeia –, a dona Diva. Entrei e disse: 'Vim desfilar'. 'Tudo bem; vai tirando a roupa para botar os maiôs'. Era época dos desfiles dançadinhos... Enfim, foi uma comédia: acabou e eu continuei, porque não sabia que tinha acabado. Mas dona Diva me mandou ir para um outro auditório e eu vesti outros maiôs, e não sabia que já estava desfilando para outra marca, a Paris Lã. É que tinha faltado uma modelo e ela gostou de mim. Quando fui receber, me chamaram para mais três desfiles. Nisso, também fui escolhida para desfilar os maiôs da Christian Dior. De repente, larguei a pasta de ações e me senti importante, com uma agenda nas mãos; porque até aí eu anotava os desfiles que tinha na palma da mão. Um dia, chegado ao Anhembi para trabalhar, o Fred Horta me falou: 'Vivi, preciso que você me quebre um galho: nossa Relações Públicas faltou, não tenho ninguém que fale francês e o Louis Féraud está tendo ataques de histeria no auditório, odiando as modelos. E nós nem sabemos o que ele quer. Falei: 'Tudo bem...' Quando subi a rampa do auditório, o Féraud vinha espumando de raiva, resmungando que tinham arrumado modelos de um 1,80 m e ele odiava mulher alta. Olhou para mim e disse: 'Eu gosto de mulheres como ela'. Acabei sendo a intérprete do Féraud no Brasil e fiz o desfile para ele. Como eu dançava, ele queria acabar o desfile com samba... A imprensa – como eu falava com ele em francês – publicou que eu tinha vindo com ele. Ele explicou que eu era brasileira, mas que ia embora com ele desfilar em Paris. Aí, realmente, começou a minha carreira como modelo... Tive bastante sorte; desfilava para a Regina Tomaso – da Modas Tomaso – e todos começaram a me chamar para desfilar..."[1]

1  Depoimento de Vivi Haydu, ex-modelo e ex-diretora da Fenit, ao projeto HMB, gravado em maio de 2007.

*Reportagem sobre o costureiro Ney Barrocas, ao lado de criações de sua autoria; Jóia, Nº 192, Rio de Janeiro, RJ, agosto de 1969.*

da indumentária afro-brasileira para a sua moda: a exemplo disso, em 1971, a revista Manchete publicou uma coleção sua dedicada às "Princesas de Isabel".[111] Também criou roupa masculina: "Imaginem, um costureiro ousar inventar calças e camisas para os senhores circunspectos e medrosos de cair na moda! Hugo não se conforma: 'Crio roupas maravilhosas para minhas clientes e elas saem com esses maridos de camisa Volta ao Mundo!' Entre suas ideias, está a camisa aberta, com medalhão; depois, pegou e virou mania;"[112] e também sinônimo de breguice – principalmente se a camisa fosse em tecido sintético, com estampas extravagantes. Em 1979, o cantor Ney Matogrosso recorreu a Hugo Rocha quando decidiu eliminar os excessos de figurino e maquiagem que marcaram seu início de carreira na banda Secos&Molhados. Hugo criou um terninho branco com colete e paletó, do qual Ney se desvencilhava aos poucos, no *show* Seu Tipo, até restar apenas calça e suspensório justos. O costureiro morreu assassinado por volta de 1990, em sua casa, no Botafogo, por um garoto de programa.

Ney Barrocas (Olney Barrocas, 1949-2009) abriu ateliê em meados da década de 1960, no Rio de Janeiro, e se tornou conhecido pelos editoriais e croquis de moda que publicava na imprensa carioca. Desenhou para clientes, confecções e butiques – como a coleção "altamente *habillée*",[113] que criou para a Mariazinha, em 1966. Na edição de março de 1967, por exemplo, a revista Querida, da Rio Gráfica (posteriormente Editora Globo), exibiu sua moda "fácil pelas linhas simples, distintas, mas elegantes",[114] modelos que não podiam ser encontrados nas lojas; ou seja, eram para ser copiados. Era sempre possível saber sobre Ney lendo a coluna social de Maria Cláudia de Mesquita e Bonfim, publicada pelo Diário de Notícias e prestigiada pelo *grand monde* carioca.

Em novembro de 1969, a coluna Modos e Modas da revista Fatos e Fotos destacava sua mudança para uma nova *maison* de três andares: "Uma vez por ano, [é lançada] a grande coleção de Ney Barrocas. [...] No próximo dia 13, a concepção mais equilibrada da nossa alta-costura estará na passarela. 'No Brasil, não podemos fazer nada de absolutamente novo', diz Ney, 'temos que adaptar o que fazem os franceses, italianos e americanos'. E é com esse espírito que ele apresenta seus 40 modelos para 69/70. Esperar uma explosão de temperamento e de extravagâncias é desconhecer o senso prático deste costureiro".[115] Um pouco mais sobre sua visão da moda transparece em comentário à revista A Cigarra, sobre uma colega que se tornara um nome expressivo da cena brasileira – Zuzu Angel: "Eu não estou de acordo com dona Zuzu Angel. Ela faz um tipo de moda folclórica, regional, que tem seu valor, mas só serve para americano colocar na vitrine e dizer que é coisa engraçada dos países tropicais. Eles 'curtem' muito dona Zuzu Angel lá nos Estados Unidos. Mas, não apenas na moda, em tudo, não pode mais haver regionalismo. [...] Pois pode dizer que eu disse isso: eu acho que ninguém copia dona Zuzu Angel porque ninguém copia moda regional de mau gosto; e quem ainda está naquela de fazer moda brasileira de baiana está por fora".[116] O debate sobre o que seria ou não identidade na moda brasileira estava apenas começando e Zuzu teria uma contribuição que o tempo demonstrou ser mais efetiva do que a moda de Barrocas.

## O *prêt-à-porter* de nossos costureiros

Quase todos os costureiros consagrados na década de 1960 tentaram, de algum modo, lançar criações ou fazer licenciamentos de *prêt-à-porter* e outros produtos. Nenhum, porém, conseguiu se consolidar como marca de apelo comercial forte. Mesmo os que granjearam grande fama – como Dener, Clodovil ou Guilherme Guimarães – não efetivaram a transição da moda luxo sob medida para os produtos em série. Isso ocorreu ao mesmo tempo em que, sob seus olhos, o *prêt-à-porter* e os licenciamentos de marcas de costureiros europeus tomavam o Brasil. Ainda em agosto de 1967,[117] o próprio Pierre Cardin – no ápice do seu reinado de licenciamentos – esteve na Fenit apresentando sua espantosa moda espacial, inspirada nos astronautas da Nasa, e, mais impactante ainda, anunciando a novidade dos licenciamentos de sua marca para o Brasil. Ele viera trazido pela América Fabril, de Fernando Gasparian, empresário que sofreu perseguições políticas por se opor à ditadura militar. O contrato entre Cardin e a América Fabril, que vinculava a marca do costureiro a uma linha de tecidos da empresa, fora articulado por Marília Valls, então atuando pela têxtil. A chegada de Cardin ao Brasil pode ser considerada um marco, porque abriu nosso mercado de confecções para as grifes internacionais.

Lamentavelmente, Dener continuava pouco acessível a quem não tivesse uma carteira bem recheada: o tempo provou que esse elitismo só fez mal ao próprio Dener, nome inquestionavelmente forte de moda brasileira. Tentativas de fabricar moda seriada e outros produtos com sua assinatura parecem ter havido desde cedo. Há informes sobre coleções de *prêt-à-porter* de sua marca já em 1964, quando ele teria se associado à Montricot para lançar criações em malha; em 1965, licenciou meias femininas. Como vários de seus contemporâneos, Dener tinha, porém, pouco tino empresarial e suas aventuras pelo território da seriação, assim como suas finanças em geral, careceram sempre de boa administração: "Dener aceitava se associar a quem o procurasse, bastava que acenassem com dinheiro. Assim, abriu sua primeira butique em Salvador, que, apesar de localizada no melhor hotel da cidade, fechou suas portas em menos de um ano".[118]

Quando se casou, ainda em 1965, com a modelo Maria Stella Splendore, passou a receber orientação de seu cunhado, Affonso Splendore, que, objetivando ampliar os negócios com sua marca, lhe indicou o empresário português Augusto Fernandes de Azevedo – até então diretor de uma empresa financeira. Da parceria entre os dois, surgiu, em 1968, a Dener Difusão Industrial de Moda. Mas gerir uma figura pouco afeita à disciplina como o costureiro paraense não era tarefa fácil. Inicialmente, o contrato entre eles abrangeu direitos sobre toda produção com a marca Dener, por dez anos, contra pagamento de *royalties*. Esse acordo teria sido reformado depois, por meio da advogada Maria Leite Neto, ficando reservado a Azevedo apenas o *prêt-à-porter*.[119] Muitos licenciamentos da marca Dener foram negociados, como com a loja A Exposição, que anunciou em 1970 o lançamento da coleção Dener "pronto-para-vestir, um ramo especial de sua linha *prêt-à-porter*"[120] – por mais redundante que possa parecer. Mas o costureiro não atendia às demandas geradas pelos licenciamentos de sua Difusão: "Azevedo fazia contratos homéricos de venda e pedia a Dener que desenhasse. Ele desenhava uma ou duas peças e parava; o contrato de fornecimento de Azevedo ia por água abaixo".[121] Os interesses do costureiro, na área industrial, parecem ter tido sempre maus resultados por culpa dele próprio: "Como empresário, era um desastre: não pagava os direitos trabalhistas de seus funcionários nem sequer os salários em dia".[122]

Clodovil repetia o estilo irreverente e gerencialmente desorganizado, assim como os altos e baixos financeiros do colega rival: "Muitas vezes na vida eu fiquei muito pobre. Mas muito pobre mesmo, de ficar sem um tostão... Mas com o mesmo padrão de vida, porque nunca mais fiquei com cara de pobre, depois que comecei a fazer moda... Tenho cara de pobre? Não tenho e nunca mais tive. Mas passei por apertos muito grandes...".[123] A mesma frase soaria verdadeira na boca de Dener, assim como a experiência de Clodovil com o *prêt-à-porter* que não foi diferente: "Nunca me dei bem com *prêt-à-porter*, porque o que se fazia de alta-costura não podia ser incutido na cabeça do povo. O povo sempre foi anárquico", ele argumentou. Guilherme Guimarães reagia com a mesma verve, ainda em 1965: "Não admito que a alta-costura seja prostituída, vendida em larga escala como fazem Cardin e Saint Laurent. Esse tipo de moda engraçadinha, moda de bossa, é uma desgraça".[124]

No entanto, todos eles experimentaram, querendo ou não, o malfadado *prêt-à-porter*. Clodovil lançou seus *jeans*, no início dos anos 1970: "Eram *jeans* com as cores da bandeira e a propaganda tinha um cacho de bananas revestidas de índigo *blue*",[125] recordou. Não deu certo! Guigui teve também sua linha *prêt-à-porter*, lançada pela confecção Vila Romana: "Era só linha feminina; eram blusas, suéteres, calças... [...] Foi quando lancei o *jeans* com filetes de ouro que, depois, a Dijon veio e copiou, dizendo que era ideia deles. Foi super bem-sucedido...",[126] garantiu. Apesar do sucesso, o costureiro decidiu parar com o *prêt-à-porter*, segundo explicou, por conta de um problema societário.

*Página ao lado, criação de Clodovil Hernandes, ateliê da Rua Oscar Freire, São Paulo, SP, c.d. 1974.*

Ugo Castellana, por sua vez, produziu *prêt-à-porter* para a rede de lojas Ducal e para a confecção Staroup: "Fui o primeiro a lançar *jeans* nacionais com minha marca. Fiz Ducal entre 1970 e 1974; era muito trabalhoso. Eu ia para a fábrica e fazia junto com o modelista a peça-piloto. Junto com ele, fazia um modelo da roupa. [...] Um dia, fui a uma festa e um senhor, com sotaque espanhol, me cumprimentou: 'Ugo Castellana, mas que prazer!' E mostrou a etiqueta do paletó dele, com meu nome. Eu perguntei onde ele tinha comprado. Contou que tinha sido em uma loja de Buenos Aires. Agradeci e, no dia seguinte, telefonei para a fábrica que fazia a minha roupa e perguntei: 'Vocês exportam para a Argentina?' Responderam: 'Sim!' Eu recebia *royalties* pelo volume de venda, mas só para o que se vendia no Brasil, porque era isso que estava no contrato, que não mencionava nada sobre os caminhões de roupas que exportavam para lá...".

*Catálogo da linha masculina criada por Ugo Castellana para a Vicunha; São Paulo, SP, março de 1971.*

Essa dificuldade de controlar as quantidades vendidas foi argumento repisado pelos costureiros para justificar seu distanciamento do *prêt-à-porter*: "Havia exceções, mas o fabricante brasileiro era, na época, safado por natureza. Vendia 100 peças de roupa, mas fazia uma nota fiscal de dez. Eu fiz [licenciamentos para] chocolates, muitas coisas, e todos me deram calote; fui ficando enjoado... Uma vez, peguei uma fábrica de sapatos em Sapiranga, no Rio Grande do Sul, e resolvi fazer sandálias com salto alto de sola, com efeitos de rolotê em couro de várias cores. [...] Eram lindos os sapatos. Um dia, cheguei a Nova York e dei de cara com uma vitrine na 5ª Avenida com meus sapatos. Na etiqueta, estava o nome da loja com *Made in Brazil*, mas o meu nome não estava lá... Cheguei aqui, fui direto a Sapiranga e desmanchei o contrato. Foi assim, também, com o chocolate, com tudo... Não adiantava fazer *prêt-à-porter* com a vigarice que era o país",[127] reclamou Clodovil.

Castellana Ranch Verão
Produzido por Jack - Ref.: 5006
Cores: branco, preto, vermelho, cinza, azulão e cielo.
Preço varejo: Paletó Cr$ 104,00
Calça Cr$ 64,00

A legislação brasileira que regulamentou o setor só adquiriu maturidade em meados da década de 1970. Os argumentos de ambos os lados são usados de modo excessivo; outras motivações afetavam a relação dos costureiros com a roupa em série e que eram da própria natureza da profissão: "Esse começo nosso acho que, ao mesmo tempo em que nos lançou, nos emperrou. Por causa do aconchego a essa elite, nunca tivemos vontade de transpor as fronteiras e cair no *prêt-à-porter*. Nenhum de nós conseguiu fazer *prêt-à-porter*; a gente tentou, mas não dava, porque era aquele negócio de fazer a roupa em cima do corpo da mulher para a tal festa. E tinha a disputa: qual iria ser o vestido mais bonito da noite",[128] refletiu Ronaldo Esper.

Em 1978, seu último ano de vida, Dener, em situação financeira precária, se sujeitou a desenhar modelos a clientes da loja Mary Stuart, na Rua São Caetano nº 377,

famosa e popular rua das noivas em São Paulo. Sentava-se numa espécie de trono de veludo vermelho com seu nome bordado em dourado e recebia as clientes, uma a uma, pelo sistema "ponto de ônibus" – como ele próprio apelidou as filas de espera que se formavam, aguardando seu atendimento. Aquele final de carreira um tanto triste e ainda jovem – morreu de cirrose hepática aos 42 anos – retratava, em boa parte, o que ocorreu com a própria alta-costura feita no Brasil, que ele tão bem espelhou: o segmento teve vitalidade por pouco tempo, já surgiu fadado a ceder espaço à moda de grande consumo das confecções – conforme já ocorria lá fora. Aos poucos, o *prêt-à-porter* foi abocanhando o mercado: primeiro, as camadas mais populares, depois, as classes médias para, por fim, até mesmo as restritas elites, deixando sem respiro a moda sofisticada sob medida. Restou aos costureiros uma minúscula parte da clientela habitante do topo da pirâmide social brasileira, em especial a roupa para festa ou

*Acima, reunião dos mais prestigiados costureiros da década de 1960 no 1º Encontro dos Grandes da Alta Costura no Brasil: da esq. para a dir., Luciano Baron, Hugo Rocha, Nazareth, Ugo Castellana, Ney Barrocas e Galdino Lenzi; Porto Alegre, RS, 1979.*

casamento e, frequentemente, em tamanhos indisponíveis no mercado. Pode-se dizer, então, que houve uma recíproca indisposição entre costureiros e *prêt-à-porter*, talvez até porque um segmento não soubesse muito bem como lidar com o outro. Nem poderia mesmo ser diferente, já que a roupa industrial se distingue sistematicamente daquela produzida de forma artesanal: "Moda a gente fazia era para as mulheres de sociedade. [...] Naquela época, não tinha artista de televisão, nada disso interessava à gente; só mulheres de sociedade", reafirmou Guilherme Guimarães, que, aliás, se manteve sempre dignamente instalado, com ateliês em São Paulo e no Rio de Janeiro, atendendo a uma clientela fiel que nunca o abandonou. Por que ele deixou de fazer desfiles? "Porque não tinha mais *glamour*... Porque não tinha mais aquela mulher que valorizava a beleza pela beleza; a joia pela joia, e não pela propriedade. [...] Hoje em dia, as mulheres fantasiam sagu de caviar; é o fim do mundo",[129] justificou: "Eu é que não queria as clientes que teria que ter hoje", ele afirmou, em 2007.

Ronaldo Esper e Amalfi – este último chegou a trabalhar com a Trevira (onde lançou a coleção Synphonie, em 1976), a Wembley (MG) e a Vilejack Jeans (PI) – são também exemplos de resistência: como muitos outros costureiros espalhados pelo Brasil afora, mantiveram-se sempre ativos, produzindo roupa sob medida para clientela restrita. A todos os demais, o caminho rumo ao *prêt-à-porter* foi inevitável. E, para a maioria, desenhar para confecções significou também abdicar do espetáculo da moda e dispor-se ao trabalho escondido por trás de uma etiqueta – como ocorreu, de certo modo, com Élio Azar, Heitor Martinez, Julio Camarero, José Gayegos e outros ainda menos divulgados. Na década de 1970, a marca da confecção colocou-se acima do nome de quem a criava: era o *marketing* e a propaganda se expressando na moda. Os tempos haviam mudado, rapidamente, e suprimindo os espaços, antes fartos, reservados pela mídia às fofocas sobre as vidas e a moda dos exóticos costureiros de luxo.

# Na Fenit, tecido vira *show*

A verdade é que a Feira Nacional da Indústria Têxtil (Fenit), no início, não deu certo! Foram anos de prejuízos seguidos, a começar pela primeira edição ocorrida entre 15 e 30 de novembro de 1958, nos Pavilhões do Ibirapuera, numa área coberta de 20 mil m², que permanecia abandonada e vazia desde os festejos, em 1954, do IV Centenário de São Paulo. Como bem diz o nome, tratava-se de uma feira têxtil, e não da confecção ou da moda, áreas abrangidas por decorrência natural. Mas está claro que o propósito do idealizador da Fenit – o empresário Caio de Alcântara Machado – passava longe da criação de um calendário para lançamentos da moda ou coisa que o valha... Inspirado em eventos similares já realizados em várias metrópoles industrializadas, como Nova York (EUA), Milão (Itália) ou Hannover (Alemanha), seu objetivo era promover uma feira de negócios – aliás, a primeira da agência Alcântara Machado, até aí focada em publicidade –, com *stands* de produtores (naquele começo, divididos por caixotes de frutas) exibindo maquinários, matérias-primas e produtos finais – no caso, os tecidos e seus sucedâneos.

A escolha do setor têxtil para inaugurar os investimentos da Alcântara Machado na promoção de feiras – depois, vieram as de Mecânica (1959), o Salão do Automóvel (1960), a UD, Utilidades Domésticas (1960) e o Salão da Criança (1961) – não se deu por acaso: tratava-se de um setor pioneiro e dos mais estruturados da indústria nacional; tanto que atraiu a presença do próprio presidente Juscelino Kubitschek, em sua abertura. As feiras se estruturavam por meio do aluguel dos *stands* aos expositores (para exibição de produtos e efetivação de negócios no atacado/varejo) e da venda de ingressos ao público – média de 40% do faturamento, no caso da Fenit. Desejava-se, portanto, atrair visitantes pelo alarde das inovações industriais e com as atrações especiais.

Na 1ª edição, por exemplo, houve uma exposição de "trajes usados por artistas de cinema [americano] em filmes famosos",[130] a eleição da Miss Algodão e, o que mais interessava, sete desfiles de moda, iniciando pelos costumes importados de Madame Rosita, na abertura do evento, e prosseguindo com convidados internacionais célebres: as irmãs italianas Gilda e Zoe Fontana, a Condessa Simonetta e os franceses Jean Dessès e Pierre Cardin. Hula, hula! Não era pouco: nomes da alta-costura internacional só apareciam por aqui se trazidos a laço – leia-se "muitas verdinhas"! Desses, apenas Pierre Cardin já questionava a inacessibilidade da alta moda e começava a aderir ao *prêt-à-porter*. E nenhum trouxe modelos inéditos... Resultado: o público de classe média baixa que visitou a feira – segundo a revista Manchete – ficou tão constrangido diante daquelas peças chiquíssimas e caríssimas que, "examinava as vitrinas como se estivesse num museu onde é proibido tocar".[131] E por que não costureiros brasileiros? Porque, na época, mal se sabia que eles existiam...

*Desfile de coleção Brazilian Primitive, da Rhodia, na 8ª Fenit; Ibirapuera, São Paulo, SP, 1965.*

*Na página ao lado, croqui de Ugo Castellana; São Paulo, SP, c.d. 1970.*

Comercialmente, a 1ª e, vamos dizer logo, a 2ª e a 3ª Fenits foram mal... Caio fala em 1 milhão de dólares de prejuízo apenas na primeira (há versões de que esta cifra equivale ao défice das três primeiras).[132] "Na época da 1ª Fenit, mesmo aqui dentro do Brasil, ninguém acreditava na indústria [têxtil brasileira]. Era curioso quando se lançava um produto de qualidade na Fenit; as pessoas ficavam esfregando o tecido com os dedos e perguntando: 'Isso é brasileiro? Isso é brasileiro?'",[133] admitiu Caio. Um empresário – Fuad Mattar, dono da Paramount Têxtil – avaliou que faltavam "experiência e hábito" em feiras ao nosso empresariado, e, por isso, "havia medo de que o concorrente roubasse 'meu cliente'".[134] "Nos primeiros anos da feira, predominavam as exposições de máquinas e amostras de novos fios e tecidos em *stands* sisudos e desfiles tradicionais, com apresentação formal e voltinha na ponta da passarela – em auditórios sem estrutura e conforto, nos quais se assistia ao *show* de pé, deixando muito a desejar ao público frequentador".[135]

A Fenit priorizava, naqueles anos iniciais, as fibras naturais brasileiras; as sintéticas eram vistas com desconfiança, como se fossem "matéria-prima estrangeira, ainda que fabricada no Brasil".[136] A moda esteve presente desde então, mas como uma espécie de atração extra. Em 1959, Dener Pamplona, em franca ascendência na alta--costura nacional, abriu a temporada com uma coleção de 120 peças, batizada Velha São Paulo;[137] no mesmo ano, duas grandes têxteis – a Matarazzo-Boussac e a Votorantim – aderiram à feira. Sinais positivos se confirmariam nos anos seguintes. Em 1960, a Rhodia começou a participar, ainda que de forma contida: "Na 1ª Fenit tivemos 30 mil visitantes, na segunda, a mesma coisa. Aí veio a Rhodia, o público aumentou muito",[138] afirmou Caio. Outra explicação para a boa bilheteria de cerca de 60 mil ingressos seriam os *shows* musicais de Luiz Peixoto. No ano seguinte, 1961, a Rhodia desfilou sua Coleção Moda Café, incluindo criações de Dener, e a Tecidos Ibirapuera exibiu uma coleção de Vera Laufer – sobre as quais logo comentaremos...

Outro complicador foi a escalada da inflação, no final do governo JK, desestabilizando o país econômica e politicamente. Os fabricantes de tecidos, temerosos, "acreditavam poder se defender dos humores da economia escondendo seus estoques. Por isso, a feira não tinha o que vender".[139] Com isso, a Fenit foi se tornando mais um espaço de exposição que de negócios, com ênfase naquela área de aparência tão fútil – a moda. Até porque, bastava falar nela que o público aparecia; isso num país de tradição machista, com enorme dificuldade em tratar o segmento como seriedade. A moda era vista pelo viés do preconceito e da mistificação! Para começar, não estava clara a diferença entre a moda das elites (a alta-costura dos costureiros) e a moda das massas (a das confecções ou *prêt-à-porter*). Mesmo assim, a Fenit buscou desde seu início aproximar-se dos emergentes costureiros nacionais.

A aposta na moda italiana, que se fortalecia então, foi retomada na Fenit de agosto de 1962: "A abertura da V Fenit assumiu este ano um caráter inédito. Não houve discursos e mais de 1.500 pessoas assistiram a um desfile de modas que durou horas e 'apresentou a moda italiana com tecidos brasileiros'".[140] O esquema montado por Caio de Alcântara Machado e o Sindicato da Indústria Têxtil foi o seguinte: "A indústria têxtil daria os tecidos, nós os mandaríamos para os costureiros estrangeiros e eles confeccionariam as roupas com tecidos nacionais. Que seriam mostradas, depois, em desfiles durante a feira".[141]

Daquela vez vieram Emilio Pucci, De Baretzen, Clara Centinaro, as irmãs Fontana, Biki, Brioni, Valentino e Ugo Castellana (1928- ): "Eu e Valentino éramos os dois mais jovens da equipe de italianos que veio para a V Fenit. Ele tinha já uma clientela boa, mas não era um nome internacional. [...] Cada um de nós tinha que inventar uma coleção com os tecidos que recebia. E tínhamos que enfeitar um pouco, pôr uns forros que ajudavam os tecidos, porque alguns eram difíceis, sobretudo os sintéticos. Porque não havia maquinário adaptado aos sintéticos. O único que recusou foi o Pucci. O marquês disse:

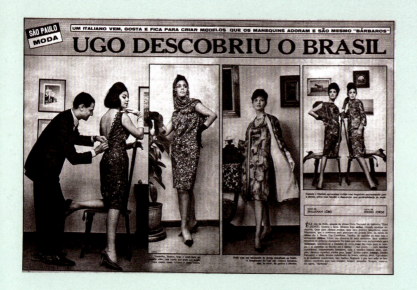

Reportagem sobre Ugo Castellana; Fatos e Fotos, Ano III, nº115, Brasília, DF, 13 de abril de 1963.

'Esse tecido, no meu palácio, não entra...' Era *chiffon*, um tecido que franze enquanto costura",[142] relatou Castellana, integrante da caravana.

Suas primeiras impressões sobre a Fenit foram, no mínimo, de surpresa: "Encontramos mesas de abrir de ripa com toalhinhas em cima, onde o público comia cachorro-quente e bauru... O pavilhão da Fenit era todo forrado com uma cobertura de um plástico mais resistente, cor-de-rosa... E a gente comentava: 'Meu Deus, mas é aqui que vão acontecer os desfiles?' Se uma chamazinha, por acaso, caísse ali, tudo se acabava em segundos... E havia uma 'animadora' de simpatia incrível, que se chamava Maria Thereza Gregori – de quem sou amigo até hoje... Sem querer ser depreciativo, a Fenit era algo entre um circo e uma exposição. Havia, também, um espaço com lustres fabulosos de cristal; um emaranhado de coisas que não combinavam... E já havia uma passarela, forrada com tapetes Ita: tudo era aberto [subdividido por *stands*] e, no fundo, ficava a passarela...".

Caçula de três filhos, Ugo nasceu em Roma e se formou *costumista* (figurinista) cinematográfico e teatral, depois de passar boa parte da juventude rodando sanatórios: aos 14 anos contraíra tuberculose, só se curando aos 21 anos, após o uso sistemático da penicilina. Quando finalmente pôde estudar, decidiu – orientado pelo costureiro da mãe – cursar a pioneira entre as escolas italianas de moda: a Accademia Internazionale d'Alta Moda e d'Arte del Costume Koefia, criada em Roma em 1951. Ao concluir os estudos, trabalhou como figurinista de cinema e teatro; depois, montou ateliê, em seu próprio apartamento, em Roma.

A ideia da caravana italiana vinda à V Fenit surgira, em parte, por meio dele: em 1958, Ugo conheceu e, depois, namorou a húngara Vera Laufer, que residia no Brasil, mas passava uma temporada na Europa (chegando a trabalhar na *maison* de Nina Ricci). O pai de Vera, Alexandre Laufer, era o dono de um dos salões de cabeleireiro mais bem frequentados de São Paulo: atendia dos Crespi aos Matarazzo. Judeu, emigrara de Budapeste antes da Segunda Guerra e residia, com a família, num prédio da Avenida Ipiranga. Vera sempre se interessara por moda: começou profissionalmente na Sears de São Paulo, organizando pequenos desfiles. No período em que viveu na Europa, procurou se aproximar dos meios ligados à moda e, assim, conheceu Ugo. Retornando ao Brasil com o crédito de ter trabalho com Ricci, ela chegou a realizar um desfile na Fenit de 1961. No ano seguinte, convenceu a Alcântara Machado a trazer o grupo italiano: "Ela botou essa ideia na cabeça do Caio, porque em Roma eu a havia apresentado a meus colegas. E, também, porque ela queria casar comigo... Eu vim como convidado, junto com os outros...",[143] relatou Castellana.

## INDÚSTRIA TÊXTIL

Em 1962, a Comissão Econômica para a América Latina (Cepal), organismo vinculado à Organização das Nações Unidas (ONU), concluiu um estudo sobre a indústria têxtil brasileira abrangendo 855 empresas. Entre outros dados, indicou que o segmento sofria com a obsolescência de seu maquinário, em grande parte com mais de 30 anos, e com problemas organizacionais que reduziam sua competitividade nos mercados internacionais. "Enquanto em 1949 o setor empregava 30% da mão de obra de toda a indústria de transformação, em 1961 teve esse índice reduzido para 24% e, em 1964, para 20%, ainda que mantendo a posição de maior empregador individual. [...] A recessão mostrava sua cara. Em apenas três anos, por exemplo, 130 tecelagens foram fechadas".[1]

E apesar dos apelos constantes dos industriais, o apoio governamental tardou: "O BNDES só passou a financiar o complexo têxtil após 1965. [...] Em 1966, a Rhodia instalou em Cabo de Santo Agostinho, PE, uma fábrica de poliéster. Naquele ano, criou-se ainda o Grupo Executivo das Indústrias Têxteis (Geitex) no Ministério de Indústria e Comércio/Conselho de Desenvolvimento Industrial (CDI), que concedia 100% de isenção de impostos para importação de máquinas têxteis".[2] Mas, em 1967, o país, que já tinha sido o 2º do mundo em produção têxtil, ocupava o 7º lugar neste *ranking*.[3]

Nesse contexto, apenas as que trabalhavam com fios sintéticos – em particular a Rhodia, que exercia um quase monopólio na área – seguiam pujantes: "Na década de 60, as grandes novidades em matéria de tecidos eram o náilon, o acrílico, o xantungue, o poliéster e o Tergal. Bonitos, baratos e práticos, viraram sensação na moda simbolizada pelas famosas camisas Volta ao Mundo, de náilon, e nas calças e saias de Tergal, que depois de lavadas estavam prontas para usar, dispensando o uso do ferro elétrico".[4] Novos *players* entravam na produção de fibras químicas, impulsionados por uma resolução do BNDES, de 1970, que estabelecia estímulos, por meio de incentivos fiscais: entraram no segmento a Companhia Brasileira de Sintéticos (CBS), a Polyenka (Akzo), a DeMillus e a Fiação Brasileira de Rayon (Fibra), da Snia Viscosa (Itália).[5]

Um exemplo de crescimento contínuo e sustentado na década de 1960 foi o das empresas controladas pelas famílias Steinbruch e Rabinovich, unidas, em 1965, para criar a Companhia Têxtil Brasibel, em São Paulo. Os negócios entre esses ramos familiares advinham de muito antes, especificamente de uma pequena tecelagem criada, em 1946, por Samuel Rabinovich, em São Roque, SP, que fora adquirida por seus cunhados Eliezer e Mendel Steinbruch e rebatizada como Têxtil Elizabeth. Quase 20 anos depois, os irmãos Steinbruch e o filho de Samuel, Jacks Rabinovich, associaram-se para fundar a Têxtil Brasibel, cujo sucesso lhes permitiu, já no ano seguinte, adquirir o lanifício Varam, com três fábricas. Nasceu, assim, a Vicunha – nome de uma espécie de camelo andino tirado de uma marca de casimira da antiga Varam. Em 1973, a companhia se associou aos grupos cearenses Otoche Baquit para fundar a Fiação Nordeste do Brasil (Finobrasa), em Fortaleza, CE. Daí por diante, seu crescimento foi permanente; mas a unificação do Grupo Vicunha só ocorreria em 1999.[6]

Entre 1972 e 1974, o setor têxtil viveu um *boom* de investimentos que lhe permitiu se modernizar – em particular no segmento de malharia –, com a implantação de grandes fiações de algodão japonesas (Toyobo, Nishinbo e Daiwa) e novas fabricantes de sintéticos (Cobafi, Banylsa e Polynor). Houve, contudo, um aumento exagerado da capacidade produtiva (de cerca de 40%) que, mais tarde, teve reflexos negativos ante um quadro de economia recessiva.[7]

---

1   Santista Têxtil: uma história de inovações – 75 anos, de Mario Ernesto Humberg e outros; Clã Comunicações, São Paulo, SP, 2004.

2   O Complexo Têxtil, de Dulce Corrêa Monteiro Filha e Abidack Corrêa. *In:* BNDES 50 Anos de Histórias Setoriais, BNDES, Brasília, DF, 2003.

3   O Fio Sintético é um Show! Moda, política e publicidade; Rhodia S.A. 1960-1970, de Maria Claudia Bonadio; tese de doutorado, IFCH/Unicamp, Campinas, SP, 2005.

4   Santista Têxtil: uma história de inovações – 75 anos, de Mario Ernesto Humberg e outros; Clã Comunicações, São Paulo, SP, 2004.

5   O Complexo Têxtil, de Dulce Corrêa Monteiro Filha e Abidack Corrêa. *In:* BNDES 50 Anos de Histórias Setoriais, BNDES, Brasília, DF, 2003.

6   Linha do Tempo Vicunha; disponível no site da empresa [http://linhadotempo.vicunha.com.br]; acesso em março de 2010.

7   O Complexo Têxtil, de Dulce Corrêa Monteiro Filha e Abidack Corrêa. *In:* BNDES 50 Anos de histórias Setoriais, BNDES, Brasília, DF, 2003.

Dentre os convidados, os nomes de maior relevo eram as Fontana, Pucci e Vicky. Mas o desfile de Ugo foi um dos que mais chamaram a atenção, em particular do dono da Confecção Mac Rae, que abastecia o departamento de roupa pronta do Mappin – de São Paulo e filiais. Atraído por uma proposta financeira irrecusável, o italiano resolveu se estabelecer no Brasil e se casar com Vera: "O dono da Mac Rae adorou minha coleção, porque era usável, e me ofereceu um contrato de 2 mil dólares por mês, em 1962 [algo próximo de R$ 30 mil, hoje]. Retornei ao Brasil em novembro e, em dezembro, me casei com a Vera, no restaurante Fasano".[144] A relação entre Ugo e a Mac Rae durou bem menos do que os nove anos de seu casamento com Vera; mas sua paixão pelo Brasil foi a mais duradoura possível – para a vida toda... Ugo deixou a confecção poucos meses depois de aqui se instalar, abrindo ateliê próprio e se tornando um dos nomes mais conhecidos da alta-costura brasileira por décadas.

Recordando seu primeiro retorno ao Brasil, em fins de 1962, ele ilustrou: "Quando voltei para ficar, os que faziam festa, antes, para me receber, passaram a mandar dizer que não estavam... O único que foi muito gentil comigo foi o Dener: ele deu um jantar e me apresentou às suas clientes e aos amigos dele".[145] Ainda sobre seu generoso anfitrião, comentou: "Dener esnobava os tecidos nacionais; mas fazia isso porque a elite brasileira não os aceitava. Dener tinha esse carma de não poder usar tecido brasileiro em alta-costura. Então, o tecido nacional tomou impulso comigo; porque, como estrangeiro, fiquei fascinado com ele: os algodões brasileiros eram os melhores do mundo; pareciam cetins... Um algodão fantástico, que as grandes damas daqui não usavam. Meu primeiro vestido, aqui, foi justamente de algodão: um tomara que caia com casaquinho bordado".[146]

Os relatos de Ugo confirmam que a Fenit não era mesmo o melhor lugar para desfilar alta-costura – criações feitas, vamos lembrar, como peças únicas e caríssimas para "madames" da alta sociedade. É de se reconhecer que o Festival da Moda da Matarazzo-Boussac e similares – para convidadas de fino trato – tinham características mais adequadas aos propósitos da alta-costura. Aliás, já no ano seguinte, Ugo venceu o prêmio Agulha de Ouro 1963. A Fenit tinha mais afinidade, como se confirmaria mais tarde, com a moda em série: "Todas as suas atrações eram abertas ao grande público; para entrar e conhecer as novidades, bastava adquirir o ingresso, vendido a preço popular (20 cruzeiros ou algo próximo de 5 reais)".[147] Ainda assim, nos primeiros tempos, predominaram os desfiles de costureiros nacionais e internacionais.

Outra estratégia para atrair público eram os desfiles das vencedoras do Miss Universo e Miss Brasil – as dez primeiras colocadas – sob patrocínio dos fios Helanca. Mas o maior incremento à feira foi dado a partir de 1963, quando Caio de Alcântara Machado percebeu que, em vez das fibras naturais brasileiras, o foco devia ser colocado na recém-lançada fibra sintética: "A Fenit era um palco que procurava um espetáculo. Meu amigo Livio Rangan era um *showman* à procura de um palco. Ele era um extraordinário homem de produção – naquele tempo, não havia a palavra *marketing* – e vinha

fazendo muito barulho à frente da gerência de publicidade da Rhodia, empresa que ganhava agressivamente o mercado de vestuário para a fibra sintética. Sugeri ao Livio que usasse a Fenit como plataforma de promoção da Rhodia. E ele usou... A feira, que vinha de um mau resultado inaugural, decolou. Arrastou multidões, virou o maior e melhor programa da cidade", ele relatou.[148]

Os anos de 1963 a 1970 foram cabalísticos para a moda nacional: a Rhodia fez da feira palco principal dos seus eventos anuais para lançamentos de produtos e a Fenit passou a registrar números positivos, especialmente a partir da 6ª edição, em 1964 – quando vendeu, em 15 dias, mais de 20 milhões.[149] No ano seguinte, 1965, a renda de público colocou o faturamento dos organizadores no positivo e a Fenit passou a desfilar cada vez mais o *prêt-à-porter* – que, na década de 1970, se tornou seu carro-chefe. Confecções, fabricantes de fios sintéticos ou têxteis, todos os expositores passaram a ampliar seus espaços e investimentos nas decorações dos *stands* – promovendo desfiles e apresentando atrações que procuravam sobressair, a qualquer custo. Assim, a moda dos costureiros e das confecções dividia irmanamente o espaço da feira, sem problemas – o que jamais ocorreria, por exemplo, em Paris, onde os dois segmentos mantinham-se em territórios distintos e bem demarcados.

*Acima, reportagem sobre costureiros que desfilavam na Fenit; Manchete, Ano 14, N° 800, Rio de Janeiro, RJ, 19 de agosto de 1967.*

*Na página ao lado, croqui de Gil Brandão; Figurino Moderno, Ano I, N° 6, São Paulo, SP, dezembro de 1966.*

323

A exemplo disso, foi a Fenit que criou, em 1966, o I Festival Brasileiro de Alta-Costura – patrocinado pela Mafisa (uma malharia; veja o paradoxo), pela Coty (dos produtos para maquiagem) e pela editora Bloch – apresentando desfiles de Clodovil, Dener, Guilherme Guimarães e José Nunes. No mesmo ano, foi realizado o II Festival da Roupa Feita, promovido pela Associação Nacional da Roupa Feita – que teve como principal atração a presença de John Michael, então um inovador da moda masculina. Aquele ano marcou um momento em que a moda tomava, definitivamente, a frente do evento: ocorreram 328 desfiles – de confecções nacionais a costureiros internacionais –, em apresentações contínuas e ininterruptas: "[...] tecidos e confecções continuavam presentes nos 133 *stands*, mas indiscutivelmente a quinzena de grandes desfiles ficou em primeiro plano".[150]

Além disso, havia os *shows* musicais com artistas *top* da MPB e uma boa dose de atrações inusitadas, como a exibição de uma ovelha viva, simbolizando a luta do "Secretariado Nacional da Lã contra o crescimento da fibra sintética" (1963), ou o desfile de modelos em lã da Anglo-Americana feito "sobre patins, em pista de gelo de 100 m$^2$" (1965) – em pleno Ibirapuera. Num relato saboroso, a jornalista carioca Gilda Chataignier descreveu a primeira cobertura que fez da Fenit, em 1963: "Lá fui eu, estudante de Jornalismo da UFRJ, e já editora feminina (o cargo de editora de moda surgiu no início dos anos 1970) do Jornal do Brasil, tímida e meio medrosa, usando um *tailleur* de lã azul-hortência, com saia reta e justa e o casaquinho com gola de pele branca, verdadeira – não era pecado –, luvas curtas de couro fino e bolsa Chanel com matelassê e alças com correntes douradas, exatamente no tom do sapato também Chanel: gelo, cor da moda, um semitom do branco entrando na escala do cinza. A garota carioca ficou impressionada com a pompa do evento, com a elegância das compradoras das lojas mais importantes de todo o Brasil, encarapitadas nos saltos 6, sempre de braços dados com seus maridos... Havia uma mistura do profissional com o pessoal. Um programão, que acabava inevitavelmente na Baiuca, boate da moda. E, para a mídia mais boêmia, na alegria das mesas do Gigetto, com seus filés antológicos e o cafezinho com casquinha de limão. Ou na Cantina Speranza, com soberbas pizzas picantes".[151]

Acima de tudo, a Fenit marcou transformações importantes no hábito de vestir do brasileiro, com o fortalecimento das confecções e da moda jovem. Em 1966, por exemplo, aconteceu o desfile Moda Jovem Guarda, com modelos dos ídolos Erasmo Carlos e Wanderléa; naquele mesmo ano, um *stand* patrocinado por Claudia e Manequim – revistas da Editora Abril – apresentava a moda jovem de Mona Grovitz ([152]).[153] Em 1967, "[...] Pierre Cardin (convidado pela organização da Fenit) traz para a feira sua famosa coleção de inspiração futurista e espacial, desfilada por suas manequins Maryse, Hiroko, Penny e Maria. No mesmo ano, outros três nomes muito associados à moda jovem, marcam presença no evento: Biba e Paco Rabanne (ambos convidados da Alcântara Machado) e o americano Rudi Gernreich, que apresenta modelos confeccionados em tecidos da América Fabril".[154]

*Croqui de Gil Brandão; Figurino Moderno, Ano I, Nº 6; São Paulo, SP, dezembro de 1966.*

No ano seguinte – 1968 –, a Fenit inteira era um *show*! "*Show* não apenas de tecidos, mas, sobretudo, de moda. E de moda nacional e de moda estrangeira. [...] Na Fenit há desfiles – 30 *stands* este ano fizeram desfiles simultâneos, para convidados especiais e para o público em geral – [...]; há um clima circense, engraçado de se ver."[155] E apesar de a Rhodia ser a grande estrela da festa – e até por causa dela –, as demais têxteis e confecções investiram pesado na competição pelo melhor espetáculo. Naquele ano, Pierre Cardin estava novamente no palco, trazido pela Tricot-Lã – com a qual fechara seu primeiro contrato para *prêt-à-porter* feminino no Brasil. E, novamente, voltava à passarela a famosa coleção espacial, em confecção patropi, a partir de então acessível à brasileira. Na opinião da colunista Lea Maria, de A Cigarra, "Cardin, executado por malharias e confecções brasileiras, mostra roupas cuidadosas, mas que pouco têm de novo".[156]

A última Fenit do Ibirapuera ocorreu em 1970. Por coincidência (ou não), foi também o último ano de Livio Rangan à frente da publicidade da Rhodia, fatos que encerravam o período de puberdade da moda brasileira. Muitos lamentaram o episódio como perda irreparável. O próprio Caio de Alcântara Machado teria dito que "uma Fenit sem Rhodia é um Dia das Mães sem mãe"[157] – frase lapidar. Não era bem assim, e os fatos parecem ter confirmado os benefícios da separação: entraves careciam de superação; a moda brasileira precisava deixar de ser tutelada (pelas têxteis) e começar a andar pelas próprias pernas.

Assim, em 1971, a Fenit ganhou espaço próprio: o Palácio das Exposições do Anhembi, construído pela Alcântara Machado, ocupando uma área de 72 mil m², com dez auditórios, galerias de lojas, bulevares, restaurantes, estacionamento para 3.500 carros, paisagismo de Burle Max. "Na verdade, a Fenit se tornou um evento profissional quando foi para o Anhembi. Foram os próprios expositores que solicitaram isso ao dr. Caio. Tinha passado aquele momento do *glamour*, das modelos lindíssimas, do burburinho de artistas e alta sociedade com carros importados estacionados na porta do Ibirapuera. As empresas queriam tirar pedidos e ganhar dinheiro. Foi quando se deu a ida para o Anhembi, quando a Fenit se tornou, de fato, uma feira de negócios... Mas as pessoas perguntavam: 'Onde está o *glamour* da Fenit dos anos 1960?' 'Ficou nos anos 1960!' Porque todos precisavam ganhar dinheiro e a Fenit se tornou um evento comercial [...] E como seria nossa indústria se não tivéssemos nenhum evento profissional?",[158] avaliou Vivi Haydu, ex-modelo e ex-diretora da Fenit.

Caio também referendou: "Na época lá do Ibirapuera, nós tivemos 90 participantes na última feira que fizemos (em 1970); e isso era negócio da Rhodia... Quando fomos para o Anhembi, na primeira feira tivemos 450 expositores. E a Rhodia perdeu, então, aquela imagem de grande lançadora da Fenit... Daí, a Fenit pegou...

[...] A Fenit foi criada para ser uma *trade-fair* mas, devido às dificuldades iniciais – com as indústrias [com estoques] vendidos um ano à frente –, o jeito foi dar uma guinada da feira de comércio para a feira de promoção. [...] Tivemos que esperar 14 anos, quando mudamos para o Anhembi, para que pudéssemos fazer da Fenit o que ela sempre devia ter sido: só de comércio".[159] A gratidão de Caio a Livio foi eterna, expressa num gesto repleto de simbolismo, ocorrido ainda nos tempos do Ibirapuera: Livio recebeu um envelope contendo um cheque em branco, com a assinatura do criador da Fenit. Rasgou o cheque, retornou os pedaços ao envelope e o devolveu ao destinatário...

Ainda por coincidência (ou não), a primeira metade da década de 1970 foi também momento de ascensão das confecções e de ocaso da alta moda dos costureiros. No Anhembi, a Fenit se voltaria, cada vez mais, para a venda de *stands*, principalmente a confecções, concretizando-se como espaço de negócios do *prêt-à-porter* brasileiro (tanto que a bilheteria deixaria de ter a mesma relevância de antes). Contudo, nem os bons negócios nem a grandiosidade do novo espaço apagaram da memória nacional a nostalgia da espetaculosidade e dos grandes *shows* que marcaram os tempos do Ibirapuera... Tempos nos quais – em plena ditadura militar – a feira se tornou uma espécie de vitrine blindada à realidade política, onde eram exibidas, com o aval do *laisse faire laisse paisser* dos bons negócios, as grandes novidades da moda e da cultura de vanguarda (e de contestação) do país. Sendo mais exato, por meio dos grandes *shows*-desfiles de lançamento dos fios sintéticos em nosso mercado, foi possível fazer uma efetiva busca pela identidade para a moda nacional.

## A Rhodia, por Livio Rangan

Não seria errado dizer que a importância da Rhodia dentro (e fora) da Fenit, na década de 1960, foi tamanha que uma passou a se confundir com a outra. Muitos, inclusive, não sabem distinguir a feira dos grandiosos *shows*-desfiles realizados pela expositora. A Rhodia passou a expor na Fenit em 1960, ano em que o total de visitantes saltou da média de 30 mil, nas edições anteriores, para 61.380 visitantes. Evidentemente, esse público todo não ia ao Ibirapuera para ver máquinas ou amostras de tecidos, mas atraía-se por algo mais lúdico, ou seja, pelos *shows* de artistas da MPB e pelos desfiles de moda. No caso da Rhodia, eles foram ganhando vulto cada vez maior, ano a ano. Acionando os cordões desses *shows*-desfiles – como passaram a ser chamados – estava uma figura muito particular: Livio Rangan (1933-1984), que durante o período exato de uma década, entre 1960 e 1970, os elevou à condição de principal evento da feira.

Por trás do espetáculo, havia uma explicação de ordem econômica: no Brasil e, lógico, na França, o grupo Rhodia passou, entre o final da década de 1950 e início da seguinte, por uma fase de expansão de sua divisão têxtil – resultado da exploração das

...oleza de bordo, contrabando de cais.
...mão do Moringueira é cem,
...qualquer loja num tem.
...a aqui pro Waldemar,
...ou-tra ali pro seu Oscar!

Moreira da Silva

Tropicalistas de Ipanema:
uni-vos!

Banda de Ipanema
com Gilberto Gil

enormes possibilidades de uso no vestuário dos fios sintéticos, derivados do petróleo. A estratégia da empresa era associar seus produtos – o Rhodianyl (náilon) e o Tergal (poliéster) e similares – à ideia de modernidade, promovendo-os por massivas campanhas publicitárias. A própria área da publicidade e da propaganda (ainda não se usava o termo *marketing*) estava em fase de estruturação, mais ainda no Brasil. Não havia cursos de graduação – apenas técnicos – e a comunicação de massa focava principalmente os reclames para o rádio (*spots* gravados em discos de acetato) e a publicidade impressa (em jornais e revistas); em segundo plano, apareciam os cartazes e os painéis publicitários (*outdoors*). A televisão apenas começava sua expansão.

São Paulo congregava o maior número de agências publicitárias do país, entre as quais se destacavam Norton, McCann-Erickson, Doria, Eclética, Columbia, Alcân-

*Acima, seleção Moda Rhodia prêt-à-porter de inverno, referenciada no Tropicalismo (à esq., o cantor Moreira da Silva ladeado por modelos da Rhodia; à dir. Banda de Ipanema, modelos da Rhodia e o cantor Gilberto Gil); Jóia, Ano XI, Nº 176, abril de 1968.*

*Revistas que divulgavam a moda produzida pela Rhodia: Claudia (com as modelos Lucia Curia e Mila Moreira), Ano III, Nº 24, São Paulo, SP, setembro de 1963; Manchete (com a modelo Mailu, vestindo criação de Rui Sphor), Nº 648, Rio de Janeiro, 19 de setembro de 1964.*

tara Machado (também idealizadora da Fenit) e Standard Propaganda S.A. Esta última, criada em 1933, era das mais antigas e estruturadas e foi, justamente, a escolhida pela Rhodia para cuidar de suas campanhas. Na ausência de especialização formal, as empresas contratavam profissionais advindos de vendas e outros setores afins para responsabilizar-se por sua publicidade. Foi assim que, em 1960, a Rhodia contratou o italiano radicado no Brasil Livio Rangan. Nascido em Trieste (Itália), Livio – que estudou balé em seu país – desembarcou no Brasil em 1953, com 20 anos, segundo consta, para participar do Balé do IV Centenário de São Paulo, realizado no ano seguinte. Pelas poucas informações biográficas disponíveis, sabe-se que ele era filho único e que foi campeão de natação em sua cidade natal. Em São Paulo, logo conseguiu trabalho como professor de latim no Colégio Dante Alighieri e como repórter do jornal Farfulla, periódico voltado à comunidade italiana. Depois, passou a produzir espetáculos de balé e, para viabilizá-los, buscava patrocínios de empresas. Foi assim que, um dia, ele foi bater às portas da multinacional francesa: "Apresentou seus projetos à Rhodia e ganhou a simpatia de dois importantes diretores da empresa: Thompier, então chefe de publicidade, e o diretor da área têxtil, Berthier; acabou contratado para atuar como gerente de publicidade".[160] Isso teria se dado em 1958, ano em que Livio já teria recebido – segundo seu ex-sócio Licínio de Almeida – um prêmio de reconhecimento da Rhodia: "Era Natal de 1959. Eu tinha 23 anos e ele, pouco mais... O prêmio foi um Dauphine branco".[161]

Amigos e ex-colegas retratam Livio com generosidade: "Livio era extremamente elegante e dava sempre a impressão de que havia saído do banho naquele momento. Isso o dia inteiro".[162] Era também bonito, *workaholic*, intuitivo, ousado e tinha sensibilidade para agregar bons parceiros. De seu escritório, instalado na Standard Propaganda, ele passou a comandar o espetáculo de lançamento dos fios sintéticos; sua primeira iniciativa foi mudar o público-alvo das campanhas, até então focadas nas mídias setorizadas – casos da Revista Têxtil (feita pela escola de tecelagem de José Haydu), Química e Derivados (da Abril) e outras similares. Livio preferiu focar o consumidor final; para isso, era necessário mostrar não os fios ou os tecidos, mas as roupas feitas com eles: "Produzir, mesmo, a empresa só produzia matéria-prima, um produto químico. Uma espécie de paçoca dentro de latões de metal. Dali saíam fibras sintéticas, como náilon, Ban-Lon e Tergal. Quando o Livio assumiu a Rhodia, essas fibras estavam se tornando popularíssimas no Brasil. O Tergal principalmente, que era o tecido 'que não amassa nem perde o vinco', com o qual se faziam as saias plissadas, que estavam muito na moda",[163] confirmou Licínio de Almeida.

Campanhas demonstrando a versatilidade e a praticidade da roupa com fio sintético não eram propriamente inéditas: o que Livio fez foi incorporar à estratégia uma produção cuidadosa e profissionalizada, passando a vender "tanto o fio sintético, quanto uma identidade para sua marca".[164] E para dar cara à moda da Rhodia, teve que engendrar uma identidade para a própria moda brasileira, até então, feita à imagem e semelhança de matrizes europeias. Livio incursionou inicialmente por um terreno – repetido por muitos – da tradição, do folclore e de símbolos típicos: mas fez isso com articulação e bons resultados.

Naquele contexto, o principal veículo para divulgação de moda eram as revistas semanais ilustradas, em crescimento e evolução técnica: de 104 milhões de exemplares por ano em 1960, elas pularam para 139 milhões anuais, em 1965.[165] Já eram impressas predominantemente em quatro cores, papel glacê ou cuchê. Para eixo estratégico, foram eleitas, entre 1960 e 1964, as semanais de variedades O Cruzeiro (Diários Associados) e Manchete (Bloch) – aliás, concorrentes e as de maior tiragem. As femininas, segmento que também se firmava, só foram priorizadas pela Rhodia a partir de 1965. Outra estratégia importante foi o uso da Fenit como espaço para lançamento de suas coleções de moda: "Livio teve a sorte de ser contratado pela Rhodia quando ainda repercutia o fracasso dessa primeira Fenit, uma feira de negócios em que os expositores preferiram esconder seus estoques para se defender da inflação e, por consequência, não venderam nada"[166].

O resultado fez com que Caio de Alcântara Machado a transformasse, às pressas, em uma feira promocional. Livio aproveitou-se da situação e fez dela um "grande *show-room* para a Rhodia. *Showroom* que faria da empresa o nome mais falado da moda e da indústria têxtil brasileiras durante toda a década de 60".[167] Foi o próprio Livio – num raro depoimento pertencente ao acervo da Alcântara Machado – quem explicitou o significado da Fenit (e, portanto, das campanhas da Rhodia) para a cultura de moda no Brasil: "Com a Fenit, o consumidor brasileiro recebeu suas primeiras aulas sobre como se vestir e as indústrias de tecidos e de confecções aprenderam os caminhos para transformar o potencial de compras do país em mercado de fato".[168] Visão lúcida e límpida sobre uma área vestal no Brasil de então: a moda!

## Os *shows*-desfiles da Rhodia

À frente da publicidade da Rhodia, o primeiro projeto de repercussão articulado por Livio Rangan foi o Cruzeiro da Moda, que, já pelo nome, evidencia o vínculo com a revista O Cruzeiro – então a de maior circulação nacional. Livio optou pela produção de editoriais de moda, e pode-se dizer que foram os primeiros feitos com estrutura profissionalizada no Brasil. Ou seja, com equipes completas e qualificadas, envolvendo modelos, maquiadores, cabeleireiros e fotógrafos especializados. Surgiram ali pioneiros da nossa fotografia de moda, como Otto Stupakoff e Paulo Namorado – este último atuando no período específico da parceria com O Cruzeiro. Mais que isso, Livio impôs às coleções, conceitos que orientavam todo o processo: da criação às locações das fotos. O resultado eram imagens sedutoras, de alto nível técnico, em nada aquém das que recebíamos da moda europeia. Modelos lindas e bem produzidas vestiam uma moda esfuziante, em cenários lúdicos e pitorescos. Livio criava os anúncios publicitários dos produtos da Rhodia e das empresas parceiras (internamente chamadas de homologadas), além dos editoriais que serviam às reportagens publicadas por O Cruzeiro em várias edições (entre 4 e 6),[169] acompanhando da criação às turnês de lançamento internacionais e

## ILUSTRAÇÃO DE MODA

Com o avanço da moda *prêt--à-porter*, o desenho de moda com caráter de croqui – antes publicado pelas revistas femininas para orientar costureiras e donas de casa na copiagem dos modelos que divulgavam – cedeu espaço a partir da década de 1970 à ilustração de moda, que tem mais função estética do que técnica. O desenho de moda se restringiu daí por diante ao meio acadêmico e formal, muitas vezes associado ao desenho técnico. Passou a ser usado também pelos cadernos de tendências, elaborados pelas indústrias têxteis nacionais e por atacadistas e/ou magazines, distribuídos a confeccionistas e clientes juntamente com jornais e livretos apresentando sugestões e orientações ao setor. Entre os nomes que se destacaram na ilustração de moda na década de 1980 tivemos o paulista Pablo Moreira (ilustrador da revista Manequim), o carioca Daniel Maia (ilustrador do jornal Toda Moda e cadernos de tendência) e o mineiro de Ubá, Miron Soares (ilustrador dos cadernos da Cianê, Mappin e outros veículos).

nacionais. O material era tratado como produção jornalística, e não publicitária – até porque O Cruzeiro e nenhuma outra revista brasileira do período tinham condições de produzir editoriais de moda equiparáveis. As imagens iam, portanto, além do objetivo da venda direta dos produtos: sugeriam atitudes de ousadia, sensualidade, aventura e modernidade.

Mas quais seriam os criadores das coleções de moda da Rhodia? Livio buscou resposta para essa questão, inicialmente, na própria redação de O Cruzeiro: Alceu Penna era, então, o nome mais consagrado da moda no Brasil, ainda que pouco do seu traço tivesse avançado do papel para as passarelas. Além da seção Garotas, atuava basicamente como jornalista de moda, sem ateliê próprio e sem lançar coleções como costureiro. Seu vínculo com a revista parceira da Rhodia no Cruzeiro da Moda o tornava candidato natural à coordenação dos modelos a serem lançados pela empresa, a partir de 1960 – e, finalmente, foi na Rhodia que ele pôde exercer, plenamente, um trabalho como criador.

A primeira coleção logo apareceu em extensa reportagem de O Cruzeiro: "Parte O Cruzeiro da Moda, uma caravana brasileira, de Paris a Manaus". Livio imaginou um simulacro que conferia à coleção uma aura de moda internacional: o lançamento da Linha Café (ou Coleção Café) foi realizado em Paris, composta por 100 modelos – entre os quais mais de 20 de alta-costura, em maior parte *prêt-à--porter* de confecções homologadas pela Rhodia. Colocava-se já aí uma justaposição entre confecções e costureiros que na França teria sido considerada um tanto promíscua; mas que permaneceu, durante anos, nas coleções da Seleção Moda Rhodia. Entenda-se: a Rhodia já via as confecções brasileiras como clientes centrais dos fios/tecidos que produzia e via que elas estavam, naquele tempo, ainda longe de se posicionarem como lançadoras de moda, contando com departamentos de criação estruturados etc. O que faziam era, em grande parte, apenas cópia adaptada de roupas trazidas da Europa e dos EUA. A Rhodia passou a capitanear o processo de criação de uma moda brasileira, ainda que ela não ultrapassasse a peça publicitária. Mais importante, passou a oferecer orientações de moda às confecções parceiras, processo em que Alceu Penna teve papel relevante. Os costureiros locais, em ascensão, eram agregados porque ajudavam a dar *status* aos produtos da Rhodia, que, num primeiro momento, esteve bastante focada na estamparia, criada para os tecidos sintéticos, desenhada por artistas plásticos de renome. Assim, a Rhodia ajudou a impulsionar nossas confecções e, simultaneamente, nossa chamada "alta-costura".

"Todos os detalhes da moda 1961, do maiô ao vestido de gala: a Linha Café, lançada na Europa. Tecidos, padrões e modelos brasileiros; uma promoção de âmbito mundial de O Cruzeiro e Seleções Albène, Rhodia e Rhodianil."[170] Note bem a ênfase na internacionalidade do evento: "A moda, volúvel, caprichosa, rainha das vaidades femininas, mora em Paris, mas tem passaporte internacional. A cada estação, busca

NO ELEGANTÍSSIMO "Le Club" de Nova Iorque, Patricia apresenta um dos mais belos modelos da coleção "Brazilian Nature", criação de José Nunes, em estampado com desenhos do artista Lívio Abramo.

CHOLLY KNICKERBOCKER, o mais famoso dos cronistas sociais americanos, abriu o desfile em Nova Iorque.

# III CRUZEIRO DA MODA SENSAÇÃO NOS EUA

CINCO CIDADES NORTE-AMERICANAS APLAUDIRAM (COM CALOR) A MODA BRASILEIRA PARA O VERÃO DE 62-63

Texto de RENATO DE BIASI    Fotos de PAULO NAMORADO

A Duquesa Helene de Leuchtenberg, o Conde V. Adlerberg, a Sra. Gary Cooper, o Barão e a Baronesa Von Wehcmar, a atriz June Allyson, o Cel. Serge Obolensky, Miss Anita Colby foram algumas das centenas de personalidades da vida social dos Estados Unidos que prestigiaram, com sua presença, o desfile da coleção "Brazilian Nature" realizado no "Le Club", da Rua 56, considerado o clube mais fechado de Nova Iorque. Com apresentação de abertura pelo mais famoso cronista social dos EUA, Cholly Knickerbocker, os modelos levados pelo III Cruzeiro da Moda atraíram os maiores costureiros e cronistas das principais revistas de moda norte-americanas, como Oleg Cassini (um dos costureiros da Sra. Kennedy), Marion Damroth (Park Ave. Social Review), Ethel Denney (Fashion Calendar), John Fairchild (Women's Wear Daily), Allan Howard (Social Spectator), Edward Seay (Diplomat), Nancy White (Harper's Bazaar), Rosemery McMurty (Seventeen), Janet Livingston (Good Housekeeping), Helene Obolensky (Redbook), Barriet La Barre (Cosmopolitan), Sue Barden (King Features), John Sturdevante (American Weekly), Jussica Dave (Vogue), Kathleen A. Casey (Glamour) e dezenas de outros.

UM PROJETOR iluminava os manequins no fechadíssimo "Le Club", onde se reúnem as mais altas personalidades dos Estados Unidos e normalmente não se permitem fotógrafos. Nesse ambiente, Giedre atravessou os salões repletos, arrancando aplausos para a moda brasileira.

---

novas inspirações. [...] Na estação em curso, a moda está se inspirando em trajes da Espanha, nas listras indianas, nas linhas de Marrocos. [...] Por que Espanha, Índia e Marrocos e não o Brasil? Até onde uma linha de inspiração brasileira poderia influenciar a moda internacional? Uma linha de expressão brasileira? Teríamos que descobrir algo que fosse de atualidade e, ao mesmo tempo, adaptável às novíssimas tendências da moda. Algo como – o café!",[171] asseverou o repórter.

Um time de peso foi escalado para dar suporte à Linha Café: as modelos eram Mariela ("a aristocrática"), Inge ("intelectual e sorridente"), Sandra (Heagler, "loura e esguia") e Lucia (Curia, "a linda gaúcha") – todas de biótipo nada café, fotografadas por Paulo Namorado e Otto Stupakoff, os primeiros a atuar com moda por aqui. As padronagens, "com combinações de cores e estampas sugeridos pelo café", eram assinadas

*III Cruzeiro da Moda, estratégia da Rhodia para promoção de tecidos feitos com fios sintéticos; O Cruzeiro, Ano XXXIV, Nº 36, 22 de setembro de 1962.*

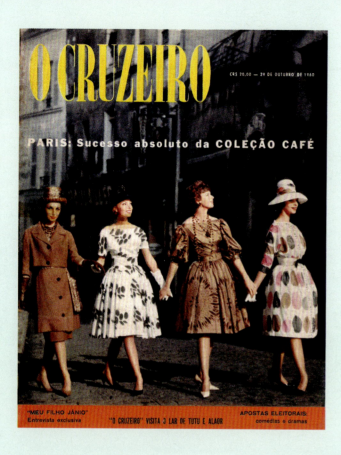

Coleção Café, I Cruzeiro da Moda, O Cruzeiro Ano 33, Nº 03, 19 de outubro de 1960.

pelos artistas plásticos Aldemir Martins, Alfredo Volpi, Darcy Penteado, Heitor dos Prazeres, Milton Dacosta, Maria Leontina, Maria Bonomi, Livio Abramo, Faiga Ostrower, Renina Katz, entre outros. "Mas e a modelagem? A roupa típica do cafezal transformar-se-ia num atualíssimo conjunto de calças colantes e sobre-saias, com lenços combinando com chapéus de palha, lembrando figuras das colheitas."[172] E seriam usadas criações de Dener Pamplona, Alceu Penna, Darcy Penteado, Irene Perkal, Casa Vogue e Jacques Heim do Brasil (sede no Rio). Ou seja, se o tema vinha da tradição – o café –, a criação provinha dos poucos criadores disponíveis.

Mas era objetivo da Linha Café, realmente, "influenciar a moda internacional"?[173] A reportagem de O Cruzeiro garantia que sim, mesmo admitindo ser a tarefa "árdua e custosa". E anunciava o lançamento da coleção em Paris – na Maison de L'Amerique Latine, onde baianas paramentadas ofereciam aos convidados "artísticos pacotinhos do nosso café" –,[174] com passagem posterior pelo hotel L'Atlantique, de Hamburgo (Alemanha), e retorno ao Brasil com desfiles previstos em 20 cidades de Norte a Sul do país. Resumo da ópera: a Linha Café passou despercebida para o resto do mundo; só por aqui se ouviu falar dela e não foi com pouco alarde... O Cruzeiro rebateu a mesma tecla ao longo de várias edições, em reportagens que acompanharam da elaboração dos modelos à epopeia dos desfiles.

A Linha Café mostrou-se uma eficiente peça publicitária interna e cumpriu os objetivos da Rhodia. Não tinha – nem importava que tivesse – conceito autoral. A coleção era, afinal, da Rhodia que, aliás – e paradoxalmente –, não produzia moda/roupa, mas sim fio sintético. "As pessoas achavam que a Rhodia fazia moda, o que não era verdade; mas o resultado do trabalho do Livio beneficiava toda a cadeia da indústria [...] Sem o apoio dele, não haveria revistas de moda, não haveria nada de moda no país. Livio abastecia o mercado com assuntos para reportagens, com editoriais de moda, com anúncios. Sua revolução foi unificar o mercado e direcioná-lo a um objetivo único",[175] afirmou, repleto de razão, Licínio de Almeida, ex-sócio de Livio.

A meta clara de Rangan era estabelecer vínculo entre a moda e os tecidos sintéticos da Rhodia. Ainda que por meio do simulacro, legitimava a moda brasileira por uma estratégia publicitária, apresentando-a nos mesmos cenários internacionais nos quais a consumidora daqui estava habituada a receber informações sobre moda: ou seja, a Europa, começando por Paris, obviamente conferia-se, assim, *status* internacional à criação dos emergentes costureiros locais, carentes de eventos e estruturas que dessem legitimidade a seus trabalhos. "Para reforçar ainda mais a ilusão de 'inspiração nacional' da alta-costura então nascente, a Rhodia fez viajar pelo Brasil costureiros, manequins e coleções, de modo a autenticar sua brasilidade, em sítios celebrados como símbolos da nacionalidade, como Salvador, Ouro Preto e Brasília. Nem mesmo Oscar Niemeyer escapou da iniciativa, posando sorridente entre manequins bem laqueadas, na rampa do Palácio do Congresso, então recém-inaugurado."[176]

Sobre o II Cruzeiro da Moda, realizado em 1961, há poucas informações: incluía modelos de Dener e foi lançado na Fenit, tendo como destino internacional a capital da vizinha Argentina, Buenos Aires. O III Cruzeiro chamou-se Brazilian Nature: "Moda do Brasil para o mundo" – afirmava, já no título, uma das cinco reportagens publicadas por O Cruzeiro sobre a coleção "idealizada para o nosso clima, aproveitando motivos tropicais do Brasil".[177] O tom americanizado do título dado à coleção tinha a ver com a escolha do destino previsto para aquele Cruzeiro da Moda: os Estados Unidos. O grupo de jovens costureiros brasileiros convidados para fazer a coleção de alta-costura se ampliou, ganhando abrangência regional: Dener Pamplona e José Nunes, por São Paulo; Guilherme Guimarães, pelo Rio; Rui Sphor, por Porto Alegre e Marcílio Campos, por Recife – este último, o menos conhecido.

Marcílio Campos (1929-1991), como o próprio Rui Spohr, ganhara visibilidade depois de ter cursado a École de la Chambre Syndicale de la Couture Parisienne, em 1957, aos 28 anos. Nascido em São João do Cariri, PE, numa família simples, trabalhou desde cedo como atendente de uma loja de tecidos – a Novo Continente, em Recife, para onde migrara. Foi ali que sua vocação se revelou, em desenhos que fazia para freguesas, usando papéis de embrulho. Logo, passou a costurar e, assim, juntou recursos para realizar seu sonho maior: cursar a Chambre, em Paris, obtendo uma das vagas destinadas a imigrantes. Aprendeu francês em um mês (como pôde) e muniu-se o suficiente para conseguir enfrentar o curso. Mas foi além disso: obteve, em seguida, um estágio na *maison* Christian Dior. Era 1959 e Marcílio já estava pronto para retornar triunfante ao Brasil e ganhar, em São Paulo, a Agulha de Ouro do Festival da Moda, da Matarazzo-Boussac – na categoria revelação. Decidiu, porém, voltar a Recife, onde instalou a Chez Marcílio e se firmou como o nome de maior expressão da alta moda nordestina – incluindo entre suas clientes a ex-primeira-dama Marly Sarney.

Foi sua passagem pelo Agulha de Ouro que o levou para a lista de costureiros convidados da Rhodia. Não que Livio Rangan visse o evento da Matarazzo-Boussac com grande entusiasmo: ao contrário, aquilo representava para ele a antítese do que desejava fazer: "Bastava lembrar o ABC da Moda 63/64 pra que Livio Rangan sorrisse... O ABC da Moda 63/64 foi o lançamento dos novos tecidos da Coleção Matarazzo, usados pelos organizadores do Festival da moda 63/64. Nos acanhados salões do sexto andar do prédio Conde Matarazzo, na Praça do Patriarca, a mostra, idealizada por Rosa Frisoni, havia abolido a passarela e qualquer coisa que fizesse pensar em um desfile tradicional, como a presença de manequins profissionais. Tecidos (e cores) ganharam presença em estandes. Moças da sociedade fizeram a apresentação dos modelos, que disputavam a Agulha de Ouro e a Agulha de Platina – na época os Oscars da alta-costura nacional. [...] 'Tudo muito bonito, até tocante, mas amador...' – analisava Livio. Porque aquela sociedade à que se destinavam os desfiles da Matarazzo – a das *avant premières* teatrais, das temporadas líricas do Municipal e das reuniões do Jóquei Club – já estava ultrapassada para o italiano da Rhodia. São Paulo estava pronta para o *prêt-à-porter*, e quem não se desse conta dessa realidade ficaria para trás. Para Livio, era urgente aproveitar a onda nacionalista e lançar a moda genuinamente brasileira".[178]

Livio apostou na valorização da alta-costura nacional, mas, também, estimulou as confecções, que, afinal, renderiam vendas mais substantivas aos produtos têxteis da Rhodia. Entre os modelos criados para a Coleção Brazilian Nature – de 1962 –, havia os fabricados pela Pull-Sport, Finostil, Tomasso e diversas outras. O lançamento do Brazilian Nature foi realizado na Fenit, em São Paulo, em agosto – e segundo, ainda, Rui Spohr, "o evento teve produção eficiente, o desfile foi fantástico e havia pôsteres e *outdoors* espalhados pela cidade [São Paulo], tudo com base na natureza brasileira: papagaios, frutas, o Brasil tropical".[179] Além das criações patropis, foram desfiladas produções estrangeiras – naturalmente – de Oleg Cassini (EUA) e de costureiros radicados em Paris – Givenchy, Chanel, Cardin, Lavin-Castillo, Jacques Heim, Nina Ricci, Phillip Venet e Gerar Pipart, modelos que a Rhodia "comprara ou pedira emprestado",[180] mas não desenvolvidos com exclusividade para o evento. Objetivava-se reforçar a internacionalidade da moda brasileira justapondo-a a modelos estrangeiros.

Valorizaram-se os costureiros locais e produziram-se editoriais de moda cuidadosamente planejados, até então nunca feitos por aqui, usando-se locações internacionais e nacionais, como detalhou Roberto Duailibi, então publicitário da Standard atuando para a Rhodia: "Nós fomos fazer uma reportagem, uma vez, em Ouro Preto, MG, e, quando nós descemos em Belo Horizonte, o diretor da Standard de lá falou: 'Mas por que é que vocês vão para Ouro Preto? Lá é tudo velho! Nós temos uns clubes aqui muito modernos!'. Ele não entendeu o espírito. Nós queríamos exatamente este contraste para mostrar a moda brasileira. Não se fazia isso no Brasil; ninguém tinha ido fotografar em Ouro Preto, em cima dos telhados".[181] Duailibi – que se tornaria o futuro sócio da agência DPZ – estava, por sua vez, inovando para o Brasil, mas copiando uma prática do costureiro italiano Emilio Pucci, que usava os telhados de Florença como cenários fotográficos de suas criações.

A caravana do III Cruzeiro da Moda percorreu várias cidades dos EUA, onde foram feitas as reportagens editoriais, com fotos de Paulo Namorado das criações que compunham a coleção Brazilian Nature. Uma leitora incauta que folheasse as páginas de O Cruzeiro dificilmente distinguiria como brasileira a moda posada pelas manequins Paula, Mariela, Patrícia e Lucia (Curia), com olhares infinitivos, em cenários como o "Harlem, o bairro negro onde nasceu o jazz", a "vetusta igreja de Trinity, de Nova York", o "Hotel Savoy" ou, ainda, os jardins de "casas de campo típicas norte-

-americanas". Livio pegava emprestados os "cenários dos EUA para a moda do Brasil", não propriamente para levar aos norte-americanos "a propaganda dos tecidos e da linha brasileira, numa eficiente e brilhante promoção que impressionou o grande público", fornecendo "uma medida exata das nossas possibilidades" – como insistia reportagem de O Cruzeiro.[182] O propósito implícito era dar à iniciante moda local ares internacionais, aos olhos do público interno, habituado a ver como melhor qualquer moda que viesse de fora.

A coleção Brazilian Nature – cujo título em inglês também evidencia a influência norte-americana superando a francesa mesmo no terreno da moda – foi lançada na V Fenit, em agosto de 1962. Até aquele ano a feira não era, para Livio, um eixo estratégico importante, mas apenas um dos espaços nos quais o Cruzeiro da Moda desfilava. Foi o impacto da presença, naquela Fenit, da caravana de costureiros italianos trazidos por iniciativa de Vera Laufer que fez o gerente de publicidade da Rhodia vê-la com outros olhos. Caio de Alcântara Machado explicou: "Quando nasceu a Fenit, eu conversei com o Livio Rangan, e o Livio foi frio na receptividade... Achava que não precisava disso. Mas, com a vinda dos costureiros estrangeiros [a caravana italiana], a feira teve uma grande repercussão e, aí, o Livio se entusiasmou e pegou a Fenit para promover a Rhodia".[183] Tanto foi assim que, naquele mesmo ano de 1962, um colaborador importante foi agregado à equipe da Rhodia: o cenógrafo Cyro Del Nero, advindo do Teatro Brasileiro de Comédia (TBC): "Fiz, na TV Excelsior, um cenário para uma série semanal, quando trouxeram um possível patrocinador, que viu meu trabalho e pediu ao Álvaro Moya, diretor da emissora, que me enviasse ao escritório dele, ali do lado. Estávamos no Teatro de Cultura Artística e ele tinha um escritório na Standard Propaganda, na Praça Roosevelt. Fui lá, e este senhor me disse: 'Você tem uma firma?' Isso assim, sem nenhuma conversa... Foi a primeira coisa que disse. Eu respondi: 'Não'. Ele disse: 'Abra uma! Vou precisar muito de você'. E, de fato, usou minha firma e a mim durante oito anos. Ele se chamava Livio Rangan e era o diretor de publicidade da Rhodia. [...] Formamos um verdadeiro tripé; Livio, Alceu Penna e eu. Livio orientava, dizia o que devia ser feito; Alceu desenhava e orientava os jovens [costureiros], que começavam naquele momento;

*Editorial sobre a divulgação da coleção Brazilian Nature, da Rhodia, nos Estados Unidos; O Cruzeiro, Ano XXXIV Nº 36, 22 de setembro de 1962.*

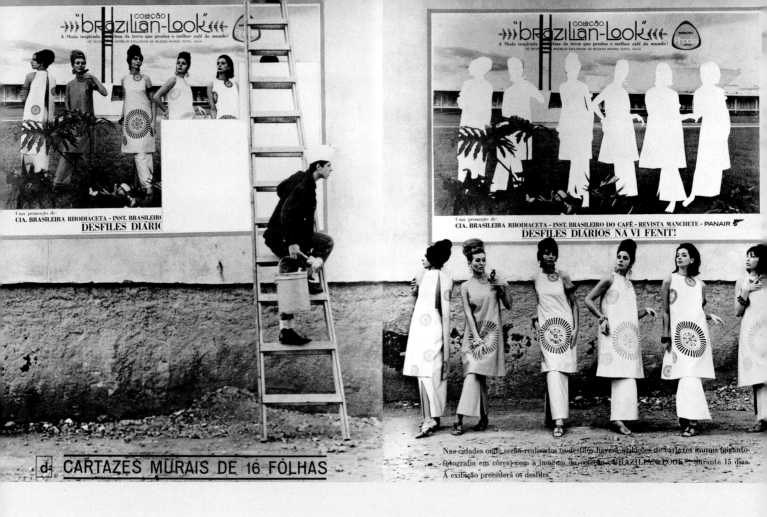

*Cartaz promocional da coleção Brazilian Style, da Seleção Rhodia Moda, com as modelos Darci, Inge, Lilian, Mila, Lucia e Mailu; São Paulo, SP, 1964.*

e eu dava forma a tudo... Foi um encontro mágico, dos mais extraordinários de minha vida...",[184] contou Cyro. Um parâmetro disponível para confirmar a contribuição de Alceu Penna, dentre os criadores que trabalharam para a Rhodia, é o acervo de peças doado pela empresa, em 1972, ao Museu de Arte de São Paulo (Masp) – que equivale apenas a uma pequena parte do total produzido: entre as peças que têm identificação do estilista (sendo peças únicas, o correto seria identificá-lo como costureiro), 19 são atribuídas a Alceu, três a Dener Pamplona, três a Jorge Farré, uma a José Ronaldo, uma a José Nunes, uma a Julio Camarero e uma a Ugo Castellana.

Cyro atuou ativamente já no lançamento da coleção do ano seguinte, 1963, que seguiu adotando nomenclatura americanizada: Brazilian Look, destacando a "presença de traços nativos e africanos" em nossa cultura, com editoriais feitos, não por acaso, na Itália de Emilio Pucci – Roma, Florença e Verona –, além de Portugal e Líbano. A parceria com os Diários Associados foi transferida para a concorrente Bloch e, assim, os editoriais migraram para as páginas das revistas Manchete e Jóia, caindo por terra o nome Cruzeiro da Moda. Foi naquele momento, também, que Alceu Penna se desligou definitivamente da revista, para se dedicar exclusivamente à Rhodia. E foi, ainda, quando

Livio tomou a Fenit como espaço central do lançamento anual da Coleção Rhodia. Ele entendera que as reportagens editoriais deviam surgir em consequência de um evento de lançamento, como ocorria na França; na inexistência, aqui, de um calendário de moda, aos moldes do promovido bianualmente pela Chambre Syndicale de la Couture Parisienne, fez a Fenit cumprir esse papel – ainda que fosse um evento anual, em descompasso com as estações da moda outono/inverno e primavera/verão.

Para que tivesse a pompa necessária – naquele ano, pela primeira vez –, os desfiles contaram com cenários temáticos criados por Cyro Del Nero, além de serem intercalados por apresentações musicais – com Sérgio Mendes e Bossa Rio... Um grupo de oito costureiros foi convidado a desenhar os modelos de alta-costura da Brazilian Look, incluindo dois estrangeiros – William Blass e Frederico Forquet. Entre os brasileiros estavam, também, João Miranda e José Ronaldo, ambos do Rio, e Fernando José – português que atuava em São Paulo. Compostas por 100 modelos, as coleções somavam a alta-costura dos costureiros com o *prêt-à-porter* das confecções homologadas pela Rhodia. Quem detalha a contribuição da roupa pronta é o costureiro gaúcho Rui Spohr: "[...] o *prêt-à-porter* brasileiro era um setor ainda muito tímido, muito pequeno. O Livio, então, pensou em juntar as forças das confecções que estavam começando, principalmente em São Paulo, e das tecelagens, que passariam a fabricar tecidos sintéticos com fios da Rhodia, para que, no fim, se lançasse uma moda de características brasileiras. [...] Prontos os tecidos de estampas autenticamente brasileiras [criadas pelos artistas plásticos], esses eram estudados pela equipe do Livio – uma espécie de *bureau de style* – onde se criavam os desenhos de vários trajes para cada pano e se encomendavam os trajes aos confeccionistas. As confecções interpretavam cada desenho em seu respectivo pano – alguns seriam rejeitados; outros, aproveitados – e, no fim, apresentavam-se dois ou três modelos para cada estampa. Nisso consistia a primeira parte do desfile. A segunda parte apresentava os chamados modelos de alta-costura".[185]

No conjunto de confecções que trabalhavam em sintonia com a cadeia Rhodia – que ia da estamparia à criação, produção e divulgação dos modelos (a publicidade era conjunta) –, estavam: Tomaso-Yasmina, Pull-Sport, Etam, Trimfit, Mac Rae, General Modas, Rose Valoá, Sônia Coutinho e várias outras que ganharam impulso e aprenderam a valorizar a moda. A ação publicitária, como esclareceu Licínio de Almeida (ex-Standard), também era casada: "Você tem uma confecção? Eu faço anúncio para você de graça... Mas quem é que aparece lá, vendendo a sua roupa? As manequins da Rhodia! As manequins estavam em todos os anúncios, fosse de quem fosse: de tecelagem ou de confecções",[186] ele confirmou.

Aos costureiros reservava-se o ápice dos desfiles: "Os tecidos eram criados em metragens suficientes para cada modelo. O que se via era um modelo único, inédito e que acabava nele mesmo. [...] As senhoras que assistiam aos desfiles sofriam uma grande decepção: sair de lá para procurar um vestido daqueles para comprar era absolutamente inútil",[187] esclareceu Del Nero, referindo-se à coleção da alta-costura. Para a produção

dos espetáculos, Cyro montou um conjunto de ateliês, na Rua Treze de Maio, no Bexiga, em São Paulo, SP: "Eu tinha seis prédios e um deles era o de costura. Havia uma chefe de costura chamada Mimi, dirigida pelo Alceu Penna. Ele orientava a costura e Mimi realizava os modelos, com um grupo de costureiras. [...] Uma coisa que não se sentia muito – ou só se sentia inconscientemente – é que os desfiles não eram, comercialmente, de moda ou de arte. O que realmente estávamos vendendo era o fio sintético... A Rhodia não fabricava moda; fabricava o fio sintético... E tinha sua produção vendida cinco anos à frente. Se alguém quisesse comprar produtos da Rhodia, tinha que esperar cinco anos. Nós vendíamos um conceito, uma imagem para a Rhodia; mas vendíamos, também, a arte brasileira",[188] confirmou Cyro – valendo lembrar que essa organização foi montada ao longo do período. O papel de Alceu Penna era estrutural: "... ele foi orientador de todas as nossas loucuras de moda; não era exatamente um crítico, era o doador de conceito sobre moda. [...] Havia uma aura de anjo em Alceu; era daltônico, mas isso não interferia na qualidade colorística, cromática de seus desenhos. Era um fenômeno daltônico... O Alceu foi uma das colunas da moda nos anos 1960. [...] Os jovens criadores surgidos para a moda, na época, tinham a convivência com o Alceu. [...] A definição de quem havia de desenhar para os desfiles era do Livio. Naturalmente, ouvindo o Alceu".[189]

Boa parte do que havia de identidade nacional nas coleções de moda produzidas pela Rhodia derivava das estamparias criadas pelos artistas plásticos convidados: "Os estampados brasileiros caracterizam-se pelo forte acento local. Pelo fato de serem bem brasileiros é que conseguem ter categoria internacional. Aqui o fruta-pão e o cangaceiro do Nordeste contrastam, maravilhosamente, com as escadarias de Piazza di Spagna,

As modelos fixas da Rhodia: Darci, Sandra, Mila (na página ao lado), Lílian, Lúcia, Inge (acima) e Mailu (página seguinte); São Paulo, SP, 1964.

em Roma",[190] descreveu reportagem de O Cruzeiro, sobre a coleção Brazilian Look, que também tratou dos desfiles realizados na Itália: "Três mil pessoas aplaudiram, com entusiasmo, modelos de Dener, José Nunes, Fernando José, Guilherme Guimarães, João Miranda, Rui e Marcílio". Porém, "ao que tudo indica, as promoções da Rhodia não faziam no exterior o sucesso divulgado pelas reportagens; em alguns casos, esses eventos contavam com o apoio das embaixadas ou dos adidos culturais do Brasil, no exterior".[191] Outras fontes confirmam o baixíssimo interesse da mídia estrangeira pelos desfiles da Rhodia realizados fora do Brasil.

Isso não afetou um centavo do polpudo orçamento reservado pela empresa às viagens e aos lançamentos anuais: em 1964 – ano do golpe militar – foi decretado o Brazilian Style, sem ênfase em linhas duras, vale ressaltar, e com editoriais fotografados bem longe daqui: no Japão. Não por acaso, Mailu (Maria Luiza dos Remédios[192]), de traços orientais, foi integrada ao grupo dos desfiles, conferindo-lhes maior diversidade étnica e adequação aos cenários nipônicos. Sobre Mailu, sabe-se apenas que era uma portuguesa nascida no estado de Goa, Índia, antiga possessão lusitana, liberta pela força em 1961.

A trilha sonora ficou a cargo de Nara Leão e, outra vez, Sérgio Mendes Trio; mas a criatividade e excentricidade dos cenários tornavam-se um atrativo dos shows-desfiles da Rhodia – aliadas a uma boa dose de inconsciência ecológica: um boto cor-de-rosa vivo foi exibido em cena, num poço cavado no meio do stand: "Tentamos por diversas vezes e não conseguimos pegar [o boto, no Rio Amazonas] ou ele morria no transporte... [...] Afinal, trouxemos o boto... Ele ficou lá e morreu no dia seguinte ao fechamento da Fenit; mas cumpriu com suas obrigações...",[193] recordou Cyro Del Nero.

Os costureiros convidados eram – sempre – generosamente pagos: o gaúcho Rui

Sporh confirmou ter pedido por um único modelo daquela coleção a bagatela de 10 mil dólares. "Não tem problema", ouviu, lívido, do gerente da Rhodia. "As informações de moda vinham da Europa e Estados Unidos e quem as colocava num liquidificador era Alceu Penna, transformando tudo num suco brasileiro. Alceu dava qualidade e formava os meninos que, no início dos anos 1960, não tinham formação específica para produzir moda, mas já produziam... Guigui, Clodovil, Dener etc. estavam lá, quando eu abria os caixões cheios de produtos, de peças de arte da moda estrangeira. Eles corriam para examinar a engenharia de moda, a função de cada peça e corte, num vestido... A engenharia da moda, no Brasil, nasceu da abertura desses caixotes; foi um momento pedagógico e didático e esse *know-how* embasou os futuros produtos de moda do Brasil. [...] Livio Rangan trouxe para a moda o próprio Brasil, com a reunião que fez de artistas brasileiros para criar estamparias, dirigir os *shows*, *ballets*; a música nacional... Isso era ideia fixa em Livio: a nacionalização da moda",[194] acrescentou Del Nero. Mais confirmação sobre a importância das roupas vindas da França: "Eram caixotes e mais caixotes, de onde saíam centenas de peças, depois penduradas nas araras para deleite de jovens como Dener, que então se punha a estudar a engenharia da moda, a se interrogar o porquê de uma determinada costura, de um corte feito em diagonal etc.".[195] Dois novos nomes foram integrados à alta-costura na coleção Brazilian Style: Jorge Farré e Julio Camarero. Garimpar talentos, a cada coleção, era parte da estratégia de Livio...

Em 1965, foi desfilada a coleção Brazilian Primitive, que buscava referências em nossas mais remotas origens, com apresentação de Carlos Zara e *shows* de Elza Soares, do grupo Barra 4 e do bailarino Lennie Dale. Todas as coleções seguiam, basicamente, um mesmo esquema: "A Rhodia tinha um corpo de seis manequins, de faixa etária mais alta do que hoje; os desfiles eram essencialmente de costureiros brasileiros. Havia desfiles de costureiros estrangeiros convidados, [...] mas esses desfiles eram à parte, com manequins vindos de fora também. Tivemos até a sorte de ter um escândalo: a descoberta de que uma das manequins de um costureiro francês era homem: foi extraordinário... [...] Os auditórios milionários da Rhodia, desenhados e construídos por mim, eram a atração principal da Fenit. Nós construímos um espaço grande com cerca de 2.000 m², envidraçado no fundo do Pavilhão do Ibirapuera, que não existe mais. [...] Os auditórios onde havia os desfiles eram para entre 500 e 600 pessoas sentadas; eu criava palco, camarins, cenários, detalhes, cadeiras, vitrines, fachada etc. Houve uma progressão qualitativa desses auditórios, a partir de 1962, que foi quando eu cheguei lá. A cada ano, tínhamos um tema, uma nova coleção dirigida pela experiência do Alceu Penna e pelas solicitações do Livio. O espetáculo era colorido, com atrações específicas",[196] relatou Cyro Del Nero.

Mas a coleção de 1965 foi a última que incluiu modelos de alta-costura, assinados por Jorge Farré, José Nunes, Julio Camarero, Gerson, Guilherme Guimarães e Alceu Penna. Dalí por diante, a Rhodia desfilou apenas modelos de confecções: "O *prêt-à-porter* começou a se fortalecer e os modelos exclusivos de alta moda – que até então eram grandes destaques das promoções da Rhodia – perdem espaço para peças elaboradas por confecções e fabricadas em larga escala como, por exemplo, Le Mazelle, Pull-Sport, General Modas, Vigotex, Karibê, Cori, Atelier Parisiense".[197] Para compensar a perda de espaço pelos costureiros na Rhodia, a Fenit criou, no mesmo ano, o 1º Festival Brasileiro de Alta Costura.

Em 1966, ano da 8ª Copa do Mundo de Futebol, tivemos, evidentemente, a coleção Brazilian Fashion Team, desfilada simultaneamente ao *show* Mulher, este Super-homem, com texto de Millôr Fernandes, direção de Gianni Ratto, música de Geraldo Vandré e atuações de Carlos Zara, Lílian Lemmertz e Walmor Chagas. Entre os esquetes teatrais, ocorriam os desfiles. Era como se fosse necessário apresentar um *show* extra para fazer o público assistir à apresentação das roupas. Uma curiosidade: pela primeira vez, um jornal estrangeiro abriu espaço para comentar uma coleção da Rhodia quando ela foi levada a Londres: o The Times publicou uma substanciosa reportagem sobre nossa moda inspirada no futebol. Detalhe: a Copa estava sendo realizada na Inglaterra, cuja seleção, aliás, naquele ano, sagrou-se campeã.

Em 1967, vieram as Brazilian Fashion Follies e aí foi tudo folia... Em 1968, o Brasil viveu um período conturbado, com manifestações estudantis tomando as ruas e movimentos armados confrontando o governo militar de exceção. Foi quando Livio se deu conta do esgotamento das coleções "Brazilian qualquer coisa" e passou a diversificar mais os temas dos desfiles. Surgiu, assim, o *show*-desfile Momento 68, "uma grande festa plástica" – pela definição da revista Visão –, com textos de Millôr Fernandes, direção de Ademar Guerra, narração de Raul Cortez e Walmor Chagas e *shows* de Caetano Veloso, Gilberto Gil, Eliana Pittman e o do bailarino Lennie Dale. Livio aderia à Tropicália em pleno auge do movimento, apresentando a geleia geral brasileira em quadros como: Yes, Nós Temos Bananas, Bahia-ia-ia e outros... Um aspecto que ficou na memória de Caetano, sobre esse período, foi o controle que Livio mantinha sobre seu grupo fixo de manequins: "Acho que ele tinha um ciúme danado delas. Nunca deixava artistas e manequins se misturarem",[198] ele comentou. Caetano tinha razão: Livio exercia um rígido controle sobre o comportamento de suas modelos: "Tinha uma espécie de celibato. Era uma época muito machista, as mulheres que eram manequins tinham fama de que eram putas; de que eram fáceis",[199] contou a ex-modelo Ully. "Você não podia sair, era um 'colégio de freira'; falso, mas, enfim... [...] Nós não podíamos aparecer na mídia sob nenhuma circunstância, se não fosse a de manequim da Rhodia",[200] confirmou Betina Volk, também ex-modelo. A atividade era ainda malvista pelas famílias e encarada com amadorismo pelas empresas. Manequim – em geral – era uma "mulher bonita que era namoradinha do filho da confecção [...] A moça ficava um ano, dois, acabava o namoro, acabava o contrato... O Livio acabou com essa história. Elas eram muito bem tratadas, mas eram disciplinadas, tinham que fazer tudo certinho. [...] Elas eram um símbolo",[201] reforçou Licínio de Almeida.

Ademais, o chamado grupo de modelos (denominadas "manecas") de primeira

linha da Seleção Moda Rhodia nunca foi exatamente fixo: variou em sua composição, no correr da década, mantidas contratadas entre cinco e sete modelos, identificadas apenas pelo prenome ou por um apelido – criado por Livio para melhorar a sonoridade dos nomes.[202] O rosto que mais o marcou foi o da paulistana Mila Moreira (1946- ), a "manequim do furinho no queixo". Ela começou a carreira com apenas 14 anos, após ganhar o concurso Miss Luzes da Cidade, promovido pelo jornal Última Hora. Dali para se tornar garota-propaganda da UD – Feira de Utilidades Domésticas – da Alcântara Machado foi um passo. Em 1963, Livio a convidou para compor o grupo internacional da Rhodia: "Não pensem que foram só louros... Fui muito espetada também. [...] Eu era a caçula entre um bando de modelos – Sandra Haegler, Lucia (Curia) Moreira Sales, Mariela –, todas mais experientes e sem a menor disposição para me ensinar nada. Além disso, precisei fazer um regime monstro, até ficar só pele e osso...",[203] ela contou, referindo-se às componentes do primeiríssimo grupo da Rhodia – ao qual se integraram depois Ully (Ulrick Duwe, 1945- ) e Mailu. "Eu trabalhava muito, cheguei até a fotografar de pé quebrado. Por 11 anos, não tive Carnaval, feriado, fim de semana, nem tive namorado. Não dava tempo! Quando acontecia a Fenit, eu chegava a fazer 16 desfiles por dia. Mas ganhava três vezes mais do que meu pai. Pude comprar carro, apartamento, tudo que quis...",[204] acrescentou Mila. Sobre como era o trabalho de manequim, naquele tempo, ela recordou: "No começo, havia aquela coisa de caminhar jogando as costas para trás, treinando com livro na cabeça... Mas, com o tempo, o Livio ia pedindo que a gente cantasse, fizesse *performances*, entrasse dançando na passarela... Quase nos tornamos malabaristas de circo...".[205]

Não duvidem do que Mila diz: em 1969, Livio colocou mesmo malabaristas em cena, no Stravaganza Fashion Circus, um *show*-desfile monumental, com textos de Carlos Drummond de Andrade – ápice das produções da Rhodia, comemorativo dos 50 anos da empresa no Brasil: "Chegamos a um espetáculo extraordinário que teve o circo como tema. As maiores figuras circenses estavam lá; tivemos uma jaula, com um pequeno leão",[206] relatou Cyro Del Nero. As entradas do auditório eram duas bocarras [uma de palhaço, a outra de dragão] e o palco formado por três picadeiros; a narração era feita por Raul Cortez, contracenando com um verdadeiro zoológico – elefante, tigre etc. –, além de palhaços – entre eles o famoso Piolin –, mágicos, trapezistas e bailarinos, além dos bichos-grilos Gal Costa e Os Brasões. A banda Brazilian Octopus – com Hermeto Paschoal e Lanny Gordin, entre seus integrantes – tocava dentro de uma jaula, todos devidamente trajados com fantasias de bichos...

O desfile da coleção ocorreu – senhoras e senhores – no picadeiro, apresentando tecidos com estampas que imitavam peles de animais. O leão, seduzido por uma modelo usando *short* de oncinha, esqueceu seu adestramento e, tomado pelo instinto selvagem, atacou: "Aí, de repente, ele abriu um bocão que cabia meu bumbum inteiro! Mas não foi nada; só deu um beliscãozinho!",[207] relatou Ully – modelo da Rhodia. Foi ainda Cyro Del Nero quem nos narrou o momento mais inusitado de toda essa

extravagância: "Houve, acreditem, um desfile de moda para viúvas... [...] A ideia era fazer renascer o circo que, naquele momento, não tinha o brilho de décadas antes. Os costumes eram pretos e o desfile fúnebre, luxuosíssimo, em uma carroça do século XIX puxada por cavalos negros. Procurei esta carroça por todo o Brasil para usar somente por 15 dias; encontrei em Santa Catarina. Dentro de um palco circense, ela levava seis manequins em luto, representando a morte do circo. Foi de uma riqueza extraordinária... [...] Nós tivemos colaboradores de textos como o Carlos Drummond de Andrade e o Millôr Fernandes. [...] Millôr escreveu um texto maravilhoso para Momento 68, outro desfile que ficou na história da moda brasileira. Tenho certeza que o que fizemos nos anos 1960 foi o alicerce dos desfiles profissionais de moda no Brasil".[208]

Cartaz do Momento 68, show-desfile da Rhodia: a banda Brazilian Octopus, bailarinos e modelos da Rhodia; abaixo, os cantores Eliana Pittman, Caetano Veloso, Gilberto Gil; o maestro Rogério Duprat e os atores Walmor Chagas e Raul Cortez; 1968.

*Acima e na página ao lado, ilustração para a seção de Martha Alencar; Figurino Moderno, Ano II, Nº 16, outubro de 1967.*

O epílogo se deu com o Build Up Electronic Fashion Show, de 1970, *show*-desfile produzido por Roberto Palmari, que teve Rita Lee, aos 22 anos, como estrela central. A escolha por ela decorreu de dois outros eventos realizados pela Rhodia, nas 10ª e 11ª edições da UD – Feira de Utilidades Domésticas, também fomentada pela Alcântara Machado, sempre em abril. A importância da Rhodia na Fenit havia crescido tanto que Caio de Alcântara Machado abrira espaços para a multinacional, sem custo, em qualquer uma das feiras que promovia – todas já com considerável sucesso –, caso da UD e, ainda, dos salões do Couro, do Automóvel. Ele sabia que os espetáculos montados pela equipe de Livio agradariam ao público e lhe ampliariam os retornos; não por outro motivo, criou o September Fashion Show, realizado no Copacabana Palace, Rio de Janeiro, feira já com cara de evento de moda, que não passava de uma reprise de boa parte dos desfiles já apresentados na Fenit, no mês anterior, em São Paulo.

Para a 10ª UD, de 1969, o contrato da Rhodia não foi diretamente com Rita Lee, mas com sua banda, Os Mutantes, que havia estourado nas paradas com a música Ando Meio Desligado. Eles eram chamados de Beatles brasileiros e foram os convidados especiais do *show*-desfile que apresentou a moda Rhodia – masculina e feminina – para o inverno de 1969. Ocorreu que "[...] a imagem jovem, alegre e irreverente dos Mutantes era tão conveniente ao conceito do desfile que se tornou a própria grife do evento".[209] Assim, a coleção batizada Moda Mutante foi divulgada por cerca de 40 atores, figurantes e pelas manequins da Rhodia em espetáculos diários, apresentados por Eva Wilma e John Hebert, durante três semanas. E Rita polarizou atenções: tanto que na 11ª UD, ocorrida em abril de 1970, foi convidada para encarnar a personagem central de um musical conduzido pelas batutas de Julio Medaglia e Rogério Duprat, que fazia uma releitura da cultura caipira. Ela era Ritinha Malazarte, garota interiorana que cantava, dançava e desfilava a moda Nhô Look acompanhada por 14 músicos regionais, mais Os Mutantes, mais dançarinos folclóricos e cinco duplas caipiras, incluindo Tonico e Tinoco. O musical misturava o iê-iê-iê da Jovem Guarda com o hê-hê-hê do sertão. Enquanto Rita desfilava, a dupla sertaneja emendava com a quadrinha: "O home já foi pra Lua, o home sabe avoá; Mas a moda foi pra roça, é chique sê populá!".[210]

A moda Nhô Look, porém, observava pouco ou nada das tradições de vestir rurais brasileiras: "A coleção exibida por Rita [...] adaptava para o contexto brasileiro a moda *paysan*, inspirada no vestuário das camponesas europeias".[211] Fosse como fosse, Rita agradou em cheio: foi até convidada por uma confecção para lançar uma coleção de roupas com sua marca – que não teve maior repercussão. Mais importante que isso, ela ganhou o papel principal do *show*-desfile da Rhodia na Fenit de agosto daquele 1970.

O enredo do Build Up Electronic Fashion Show "girava em torno de uma garota que sonhava se tornar uma grande estrela e mostrava os bastidores do mundo da comunicação de massa e da propaganda".[212] Paulo José interpretava o diretor de uma agência de publicidade, cujos clientes eram os próprios copatrocinadores do espetáculo em curso – 14 empresas ao todo, incluindo Esso, Calói, Hollywood, rum Bacardi, uísque Old Eight etc. Ou seja, o espetáculo continha, em metalinguagem, uma crítica ao sistema do qual era parte. A mais avançada tecnologia de projeção de imagens disponível foi usada para convencer o público: o ultramoderno sistema audiovisual multivisão, controlado por computador, com seis telas, quatro das quais exibiam *slides* e duas projetavam filmes em 16 mm, sucessiva e simultaneamente, enquanto o *show* era realizado no palco, com o vigoroso apoio musical de Tim Maia, Trio Mocotó, Jorge Ben, Juca Chaves, Os Ephemeros, Os Diagonais e outros, sob direção dos maestros Diogo Pacheco e Rogério Duprat.

Com tudo isso, o espetáculo – que rendeu o primeiro LP solo de Rita – só poderia ter sido um grande sucesso. Mas não foi, como relata Carlos Mauro Fonseca Rosas (1941- ), então designado pela Rhodia para atuar como assistente de *backstage* de Livio Rangan: "Era o começo da tal multivisão e tinha telões, vários copatrocinadores, e tinha vindo um técnico dos Estados Unidos, porque tudo era computadorizado. E cheguei a ver o Livio deitado no chão, às voltas com trilhões de *slides*, porque deu uma encrenca e o sistema disparava tudo errado: na hora que tinha que explodir o Boeing da Panam, aparecia uma bicicleta da Calói, ou a imagem da petroquímica... [...] Tim Maia estava 'puto' da vida, porque desenharam para ele um terno amarelo que o deixava gigantesco. [...] Havia, também, uma série de praticáveis; o Jorge Ben subia num deles e os contrarregras o empurravam, lentamente, para o palco, em forma de arena... Quando terminava o número, ele ia sendo retirado, ao mesmo tempo em que entrava o Juca Chaves... Mas houve momento em que ninguém retirava o Jorge do palco, e a gente ficava ouvindo: 'Chove chuva, chove sem parar...', e aquilo não parava mesmo, não é? Eu falei com o Cyro [Del Nero]: 'Como é que faz?' Ele respondeu: 'É como um bumerangue... Mandam na minha cabeça e eu mando de volta; não tem dinheiro, não tem como pagar contrarregra; então, não tem show'. [...] Olha, foi um desastre total! Eu fui ouvindo tudo aquilo, dos bastidores, às voltas com os empresários – clientes diretos [que trabalhavam com fios e fibras Rhodia] e indiretos [copatrocinadores] – porque havia um descontentamento muito grande, entende? Cadê o produto deles? De que adiantava toda aquela parafernália? Olha, até o final do tal Build Up, a coisa não funcionava direito...".[213]

A grandiosidade do espetáculo acabou também por ofuscar a moda das confecções desfilada por 16 manequins. Com tantos desacertos, o Build Up se tornou *blow--up*: a estrutura montada por Livio foi para os ares, com sua demissão pela Rhodia. O relato de Carlos Mauro humaniza Livio Rangan, apresentado, em muitos depoimentos, de forma quase mítica – o que em parte, talvez, se deva à sua morte prematura. Livio, por meio da Rhodia, abriu espaços vitais para criação de uma identidade de moda brasileira e toda uma geração de profissionais do setor. Mas tratava-se de uma fase pioneira, propensa a bravatas e tropeços: os desfiles da Rhodia não eram inteiramente comerciais nem constituíam, ainda, um calendário de moda; transitavam da alta-costura dos costureiros à moda *prêt-à-porter* das confecções, sem situá-los como protagonistas do evento na criação da moda. Em essência, eram eventos interessados na venda da matéria-prima: a fibra sintética.

Os motivos da demissão de Livio pela Rhodia iam muito além das questões que envolviam a moda e os bastidores dos *shows*-desfiles: "[...] em 1960, o consumo aparente de fibras sintéticas no Brasil era de 5.731 toneladas, cinco anos mais tarde, este número quase triplica, somando 15.041 ton., e em 1970 salta para 56.640 ton. (consumo aparente de náilon, náilon 6, náilon 6.6 e poliéster)".[214] Ou seja, em 1970, a meta real da Rhodia, que era formar o mercado para as fibras sintéticas no Brasil, já havia sido plenamente realizada, dispensando – portanto – a estratégia complexa e onerosa montada por Livio. "O Brasil foi, naquele período, um grande consumidor de sintéticos. As multinacionais desse fio fizeram fortunas aqui. Nem vou dizer se isso foi certo ou errado, mas aconteceu e foi estranho...",[215] considerou Costanza Pascolato – então editora de moda da revista Claudia. Ela atribuiu ao trabalho de Livio a criação de uma imagem de moda brasileira, mas que "na verdade, era 'chupadérrima' do que vinha de fora; era praticamente internacional ou estrangeira. Então, foi um aculturamento, mas que tinha já uma personalidade. [...] A gente via que, até o final da década de 1970, metade [das roupas usadas pela população] era feita em casa mesmo ou no vizinho, com certeza. Então, a influência do Livio era mais de mídia; mas ia se criando uma mentalidade de moda, porque os estilistas, que eram o Dener, o Clodovil, o próprio Alceu Penna, o Ugo [Castellana] e tal faziam roupas para uma elite. [...] Estamos falando de novo de copiar uma elite...".[216]

O mercado da Rhodia estava, pode-se dizer, consolidado, mas não esgotado; já para o de fio sintético, que deveria girar em torno de 20% do consumo total de fibras têxteis locais, ainda tinha muito espaço para crescer. Nessa perspectiva, a própria estrutura da área de divulgação da empresa sofreu transformações: "Objetivando a evolução de sua política de comunicação, foi criada a gerência de *marketing* em 1970; à qual a publicidade passou a se subordinar. Então, Livio Rangan, que era chefe de publicidade, passou a ter que atender às diretrizes dessa gerência",[217] informou, ainda, Carlos Mauro. A empresa passou a buscar metas comerciais e estratégias diversas das idealizadas por Livio, que, por seu lado, já tinha prestígio suficiente para se lançar em voo solo...

# Gang relança o Club Um

Ao deixar a Rhodia, Livio Rangan levou consigo parte de sua equipe e criou, em sociedade com Licínio de Almeida (que, no mesmo ano de 1970, deixou a Standard) e Rodolfo Volk (seu ex-assistente), a agência de publicidade Gang, que não tardou a atrair contas importantes, tais como as da Höescht, da Air France, da Cia. União dos Refinadores e, na moda, da Ducal, da Valisère e – curiosamente – da própria Rhodia, o que nos induz a entender que sua saída foi bastante negociada... Pela Gang, foram lançadas, entre outras, as modelos Dalma Calado e Zizi Carderari – esta última, sua mulher nos derradeiros anos da vida. Uma ação significativa da Gang foi a retomada do Club Um, projeto inovador em moda masculina, lançado por meio da Rhodia no ano anterior: o Consórcio da Moda Brasileira, "um *pool* de oito fabricantes de ternos: Vila Romana, La Salle, Chester, Patriarca, Regência, Camelo, Ducal e Renner".[218] "O Livio fez a grande loucura de inventar um movimento de moda masculina que vendia ternos roxos e cor de abóbora. A ideia dele era dar uma chacoalhada para vender roupa masculina. E ele sabia que, quanto mais conseguisse influenciar o varejo, maiores as vendas e maior a produção – essa preocupação de mercado ele tinha muito clara. Só que ele também era criativo. Quando inventou o Club Um, não queria que as pessoas se vestissem de roxo ou abóbora – afinal, o Livio era elegantésimo. Ele só queria colocar a moda masculina na boca do povo. Conseguiu! Mas as pessoas continuaram vestindo roxo e abóbora muito loucamente... Até hoje vemos nas ruas uns tons de roupa que são pura herança do Club Um",[219] relatou Thomaz Souto Corrêa, diretor da Editora Abril no início da década de 1970.

*Catálogo Club Um, c.d. 1970.*

Bem entendido, o Club Um não era uma marca, mas uma etiqueta que dava chancela a um grupo de confecções e tecelagens. Ao mesmo tempo, funcionava como um *bureau* de estilo: "Antes de 1969, os tons eram escuros. Daí nós lançamos o verde, o roxo e foi um estouro. O Club Um foi o primeiro movimento realmente significativo em termos de moda [masculina]",[220] afirmou André Brett – dono, com o irmão Ladislao, da confecção Vila Romana, umas das agregadas ao consórcio. Eram dois os objetivos centrais do Club Um: primeiro, romper com o hábito do terno sob medida, feito por alfaiates, até então predominante entre os brasileiros; segundo, estabelecer uma estratégia conjunta das confecções de roupas masculinas nacionais para enfrentar o *prêt-à-porter* internacional – de marcas como Nina Ricci, Yves Saint Laurent e Lavin – que começava a invadir as lojas daqui com considerável sucesso, estratégia então chamada *diffusions*, outro nome para licenciamentos.

347

*O cenógrafo Cyro Del Nero (esq.) e o produtor Livio Rangan (dir.); Estação Maylasky, São Roque, SP, c.d. 1966.*

Houve pelo menos um desfile da moda Club Um ainda organizado no período de Livio na Rhodia, justamente na Fenit de 1970. Segundo Cyro Del Nero, iniciativas envolvendo moda masculina na Rhodia teriam ocorrido já antes do Club Um, com a realização de desfiles de modelos desenhados por Hélio Martinez – posteriormente radicado em Brasília. Mas essas ações não tiveram maior repercussão, nem a empresa chegou a contratar modelos masculinos fixos. Um anúncio da primeira fase do Club Um, publicado na revista Realidade – da Abril – explicava, quase didaticamente: "Somos o Club Um, uma associação 'com' fins lucrativos que reúne as dozes maiores autoridades em moda masculina do Brasil. Esses homens não iam gastar seu talento para fazer apenas uma roupa feita e colocá-la à venda nas lojas. Não! O que eles querem, através do Club Um, é escrever uma gramática que ensine você a se vestir melhor. Essa gramática estará representada por uma etiqueta. A etiqueta do Club Um".[221]

Carlos Mauro Fonseca Rosas colocou um elemento controverso, ao afirmar que a ideia original da reunião de confecções e têxteis sob uma etiqueta comum, respeitando um mesmo calendário e tendências de moda masculina, teria sido do publicitário Mauro Salles.[222] Um *case history* sobre o Club Um com data de novembro de 1969 e timbre Mauro Salles/Inter-Americana de Publicidade S.A., arquivado no Centro de Documentação da Rhodia, confirma a informação. Certo é, também, que o Club Um ressurgiu na Gang, em seguida, sem conseguir ir muito longe, por um problema jurídico: "O Club Um obteve sucesso, mas, subitamente, desapareceu, por causa de uma questão de 'troca de mãos'… O registro da marca era meu. Assim que Livio saiu da Rhodia, tentou desenvolvê-la e me fez uma oferta para compra do título. Mas nunca chegamos a um acordo e, com isso, a ideia não foi em frente…",[223] elucidou Cyro Del Nero. O espírito que orientava o Club Um ficou explícito num anúncio de 1971: "Os homens que mais entendem de moda masculina no Brasil reuniram-se no Club Um. Depois, eles foram buscar em Londres, Paris, Roma, New York e outros famosos centros de moda masculina os modelos da roupa Club Um", informava o texto, sob o título "Você só não se veste bem porque tem um problema de machismo".[224]

Não há informações sobre como era criada a moda Club Um. Também é possível constatar, pelos modelos divulgados nas propagandas, que nada havia de tão ousado nos modelos produzidos pela etiqueta – exceto pelo uso de cores mais estridentes e alguns poucos detalhes. Tratavam-se de ternos estruturados convencionais com lapelas largas, dois botões, calças boca de sino, ou seja, tudo bem de acordo com a moda masculina internacional do período. As cores fortes, ademais, eram também uma tendência da moda da década. O Club Um era mais uma estratégia publicitária – divulgada em revistas e programas afeitos ao público masculino – do que, propriamente, um movimento de criadores de moda.

Esses anúncios alardeavam uma moda para "o homem moderno, jovem e vencedor", e tentavam romper com a mentalidade machista latina de que "masculinidade é vestir-se mal". Nesse sentido – provocar entre homens o gosto pela roupa –, a ideia era inovadora! Tanto que foi resgatada, a partir de 1973, pela Rhodia, com a proposta de formação de outro consórcio de confecções, denominado Grupo Avançado de Líderes da Moda, que lançou produtos sob a etiqueta Gal Moda, seguindo os mesmos preceitos do Club Um, mas abrangendo moda masculina e feminina – sem alcançar o mesmo impacto! Talvez por ter faltado Livio na coordenação ou porque fosse tarde demais para ações em consórcio. Fato é que, de meados da década de 1970 à frente, as grifes masculinas – licenciadas ou nacionais – firmaram-se no mercado nacional por seus valores individuais.

Livio faleceu em 1984 – pouco mais de uma década depois de deixar a Rhodia –, em decorrência de aneurisma cerebral, aos 51 anos permanecendo, nos últimos anos, afastado da vida profissional... Não é errado, portanto, tomar sua saída da empresa de capital francês como marco do encerramento de um ciclo da moda brasileira; talvez, por aquele momento já estar efetivamente esgotado. Esboçou-se, na época, uma imagem de moda brasileira que, certamente, teve resultados positivos, estimulando a cadeia produtiva; particularmente, a que tinha em sua extremidade a roupa pronta, segmento que viveu crescimentos significativos dali por diante: "Do agasalho de ginástica aos conjuntinhos de Ban-Lon, calças Berta de Tergal, malhas Arp e uniformes escolares, os sintéticos ganham espaços em diversas peças do vestuário e naquelas 'prontas para vestir', as quais se tornam novos objetos de desejo do consumidor brasileiro."[225] Glória Kalil resumiu: "[...] quem estava vestida, nem que fosse impecavelmente, pela costureira da família, se sentia por baixo em relação àqueles conjuntinhos de fio Helanca, às blusas de Ban-Lon, aos acabamentos industriais, aos botões chapados, ao overloque".[226]

Uma avaliação precisa sobre o significado de Livio e da Fenit para a moda brasileira fica a cargo de Regina Guerreiro: "Livio foi uma das pessoas mais maravilhosas que aconteceram no panorama da moda brasileira. Ele entendeu, naquele tempo, que a gente precisava ter uma identidade. [...] Mas não diria que a Alcântara Machado [leia--se Fenit] foi um marco na moda brasileira. Foi, digamos, uma semente no meio de um campo qualquer que cresceu desvairadamente. Claro que tentaram trazer costureiros internacionais; tentaram várias coisas. Mas [a Fenit] nunca deixou de ser um evento sem coluna vertebral; na minha humilde opinião",[227] ela definiu. Ou seja, a Fenit se prestou (ou se emprestou), durante um bom período, para uma finalidade que não era da sua natureza. Seja como for, por mérito de ambas – Fenit e Rhodia – a moda brasileira dos costureiros e, mais efetivamente, a moda das confecções passaram a ser reconhecidas internamente. Ainda teríamos que experienciar a transição dessa puberdade exuberante para um período de formação e amadurecimento, com todas as vicissitudes inerentes ao processo...

A introdução do fio sintético no Brasil, pela Rhodia, foi um caso único em termos mundiais, porque foi intenso e quase sem concorrentes – diferentemente do que ocorreu na Europa e nos EUA. Durante a década de 1960, houve quase um monopólio da fibra pela empresa, o que lhe rendeu lucros astronômicos. Para a publicidade, tratava-se de fomentar desejos por um produto desconhecido e artificial, num país de vasto

*Propaganda da Gal Moda, coleção verão; São Paulo, SP, 1973/1974.*

349

território agricultável e com fartura de uma fibra nativa extremamente adequada ao clima local: o algodão. Nesse contexto, o principal aliado da Rhodia foi algo etéreo e até vago para os empresários de então, em particular os brasileiros: a moda.

A Rhodia venceu porque apostou na publicidade massificada – também algo novo, na época –, ou melhor, no *marketing*, termo então sem uso, porém, mais adequado para qualificar o que fez Livio Rangan. Teve êxito porque ousou em várias frentes, lançando, por exemplo, padronagens inovadoras, se comparadas às estamparias tímidas e monótonas antes predominantes em nossos têxteis: "O excesso de flores miúdas é substituído por padrões geométricos, os quais dialogam diretamente com as novas produções da moda parisiense, com a arte abstrata e concretista".[228] Outra vantagem, indiscutível para um país então classificado como subdesenvolvido, foi o preço menor da fibra sintética, que se refletia no valor final das peças prontas. Em resumo: eram tecidos bonitos, baratos, modernos e superpráticos: quem iria ligar para um calorzinho a mais?

## Licença para homem ter moda

Inovações na moda masculina vinham ocorrendo já desde o início da década de 1960, quando tivemos a introdução do terno safári pelo intempestivo e paradoxal Jânio Quadros, por meio da circular de n° PR 5.973.61, n°24, de 20 de março de 1961, após sua posse na Presidência da República. Se por um lado Jânio se mostrou moralista no terreno das indumentárias com o episódio canhestro da proibição do biquíni, por outro, contribuiu para a descontração masculina ao adotar, em seu cotidiano presidencial, o informal safári – modelo derivado das roupas de caça e, originalmente, usado pelos colonialistas ingleses na Índia, geralmente feito em brim cáqui ou verde. "Tratava-se de uma roupa de corte esportivo, uma espécie de casaco solto com grandes bolsos, feitos de algodão. Era para ser usado sem gravata, descontraidamente. Graças à grande repercussão [dada por Jânio], o safári tornou-se, por algum tempo, bastante difundido no país e chegou, em muitos casos, a substituir o terno. Contudo, não passou de uma moda que sumiu com o tempo".[229]

Mas os episódios inusitados na moda masculina brasileira do período vão muito além do safári de Jânio – se considerarmos o histórico um tanto apático do segmento também no exterior. Há notícias, por exemplo, de um desfile que colocou homens na passarela, realizado, em novembro de 1960, na Sociedade Hípica Brasileira do Estado da Guanabara, quando foram apresentadas roupas para passeio, esporte e sociais: "Pode-se dizer que a coisa aprovou. Assim sendo, haverá outros desfiles...",[230] redigiu, na revista Jóia, o habilitado jornalista Ronaldo Bôscoli, então já também autor de melodias famosas da Bossa Nova. Em seu texto, transparecem com limpidez os preconceitos diversos que permeavam as relações entre o gênero masculino e a moda: "'Felizes são os homens: compram dez ternos e estão eternamente na moda'.

É isto o que diz a maior parte das moças; mas não é a realidade. O fato de a 'variação em torno do tema' se processar de modo mais discreto talvez impeça um julgamento acertado da moda masculina pelo público. Na realidade, nunca os homens foram tão vaidosos e tão versáteis, em matéria de indumentária. A moda masculina tem preocupado grande parte dos marmanjos do mundo inteiro, principalmente na Itália e no Brasil".[231]

No âmbito internacional, o grande inovador da moda masculina foi o estilista Pierre Cardin – sempre ele... Coube-lhe alterar "não só a moda, como toda a concepção de roupa masculina. [...] Em 1960, Pierre Cardin apresentou em Paris a sua primeira coleção de roupa masculina. Não existiam manequins homens na época – quem desfilou os modelos foram jovens atores e estudantes. [...] Cardin aposentava as camisas brancas, que eram substituídas em sua coleção por camisas em tons azuis, bege e cor-de-rosa, com novos modelos de colarinho. [...] Em 1961, surgiu a primeira coleção de *prêt-à-porter* masculina assinada por Cardin e confeccionada pela Brill, maior confecção francesa. Em 1970, a Vila Romana assinou contrato com Cardin, para licenciamento da marca no Brasil, no segmento masculino".[232]

As *maisons* de *haute couture* francesas não davam bola, até então, para a moda masculina, que seguia uniforme nas confecções e no artesanato dos alfaiates – detentores da maior fatia do mercado, pelo menos aqui no Brasil. Dados referentes ao ano de 1968 "extraídos de pesquisa de um grande fabricante de fibras" indicam que "68% dos homens brasileiros faziam roupa com alfaiates e apenas 32% compravam roupas feitas".[233] Lá fora, não era muito diferente. Cardin abria, portanto, um filão que foi explorado, em seguida, por seus congêneres: o do licenciamento de marca para moda masculina. Fazia-se necessário estimular a liberação comportamental, o culto à vaidade e à moda no gênero masculino, o que era considerado no mínimo "suspeito" entre "marmanjos". Afinal, as roupas masculinas, sem variações sazonais significativas, geravam, também, maus consumidores. A liberação do unissex e da moda jovem ou esportiva foi, portanto, um excelente negócio para as confecções: "Falava-se, então, em *peacock revolution* – a 'revolução do pavão' –, termo que se referia ao fato de que os homens estariam permitindo-se mais a vaidade, integrando em sua forma de vestir elementos antes exclusivos das mulheres, como as cores fortes e o brilho".[234]

*Moda masculina da Vila Romana, São Paulo, SP, 1963.*

"A moda unissex vem abolir definitivamente os gêneros ultrapassados – homem, mulheres e os diversos matizes intermediários – deixando de pé apenas o essencial, que é o gênero humano: quem vê roupas não vê cromossomos. [...] A coleção de Jacques Estarel, desencadeador do unissex sem barreiras, suscitou surpresas, estarrecimentos, pânico, euforia, risos, ohs e ahs de toda espécie, traduzindo reações sortidas."[235] O radicalismo unissex teve mais efeito nos palcos que nas ruas, mas serviu para promover uma aproximação das roupas masculinas em diversos itens – principalmente na roupa esportiva. No mais, encurtar a distância do homem com a moda foi estratégia de vendas para provocar desejos de consumo e promover marcas. No Brasil, a Vila Romana, em 1981,[236] licenciou a linha de *jeans* de Pierre Cardin: "Com roupas de excelente qualidade, a Vila Romana cresceu. Foi a primeira a obter de Pierre Cardin autorização para a venda de um *jeans* com o seu nome, embora o estilista não acreditasse, inicialmente, em bons resultados. A Vila Romana fez grande sucesso, principalmente, vendendo blazers de Cardin e conquistou a licença de outras marcas, como Christian Dior, Yves Saint Laurent, Calvin Klein e Giorgio Armani".[237]

Até chegar aí, porém, foram muitos os percalços desde que o húngaro Estevam Brett desembarcou na capital paulista, em 1947, com a mulher e seus dois filhos – André e Ladislao. No início, Estevam abriu "um pequeno negócio onde podia fazer a única coisa que sabia: saias plissadas"[238] – aliás, uma novidade para a época. Deu tão certo que, de uma garagem na Rua Brigadeiro Galvão, a fabriqueta foi para o Largo do Arouche e dali para a Rua Guaicurus, 809, no bairro de Vila Romana, nome adotado pela empresa que, naquele local, atingiu certo porte, fabricando principalmente *tailleurs*. Mas, já em 1961, o empresário deu-se conta de que seu produto central entrava em declínio e decidiu dar uma guinada: "Para não despedir seus alfaiates, resolveu iniciar a produção de roupas para homens".[239] Havia no Brasil, é claro, diversos concorrentes dedicados à roupa masculina em série – melhor mesmo dizer roupa do que moda masculina. Eram fábricas de roupa convencional, como "Sparta, Igê, Barki La Salle, Patriarca, Regência, Fischer, Laragossy e outras".[240]

Em 1970, a Vila Romana integrou o Club Um, um grupo de confecções articulado por Livio Rangan para operar uma reforma visual na moda masculina do Brasil. Em 1966, Ladislao, filho mais novo dos Brett, foi aos EUA cursar engenharia de confecções em Nova York.[241] Em seu retorno, três anos depois, a empresa recebeu uma injeção de novidades: "Foi aí que a sensibilidade e o senso comercial de André (mais velho dos irmãos Brett), aliados à segurança administrativa do velho Estevam, detectaram uma tendência mundial: acertos com *griffes* internacionais. [...] Estava começando o Pierre Cardin *Made in Brazil*".[242] A partir dali, as grifes desembarcaram em nosso território massivamente: ter um Cardin ou um Yves Saint Laurent passou a ser viável a qualquer mortal brasileiro de padrão médio. Democratização ou transformação da moda em produto de massa? As duas respostas são válidas, dependendo do ponto de vista. Nesse contexto, as antigas lojas que vendiam uma roupa masculina "sem moda", ou melhor, sem *marketing* de moda, começaram a sofrer consequências desastrosas...

Nesta página, propaganda das camisas Volta ao Mundo, da Valisère, com o fil Rhodianyl; São Paulo, SP, setembro de 1963.

Não foi por outro motivo que, em 1973, a Garbo – rede de lojas com foco na roupa masculina – contratou Raul Souza Sulzbacher, advindo do pioneiro cartão de crédito Dinners, para ser seu diretor de *marketing*. Então havia 25 anos no mercado, a Garbo enfrentava uma crise: "Foi a partir dos negócios do velho [João] Ribeiro que nasceu a Garbo. [...] Eu entrei já nos anos 1970",[243] contou Sulzbacher. Garbo, de São Paulo, e Ducal, do Rio de Janeiro, eram desde a década de 1950 as principais redes de confecção com lojas próprias voltadas à roupa masculina, do país, com foco, padronização, praticidade e acessibilidade – pelo crediário. Naquelas alturas, ambas tomavam uma injeção de moda: a Ducal apostando no costureiro italiano radicado no Brasil, Ugo Castellana – que desenhou uma coleção para a marca –, e a Garbo com a marca George Michael, que Raul Sulzbacher tratara de inventar (nada a ver com o cantor inglês homônimo, que ainda usava calças curtas): "Minha ideia era abocanhar uma fatia da classe mais alta, a clientela dos alfaiates, oferecendo roupa pronta de grifes assinadas",[244] ele recordou. Quem era o criador por trás da etiqueta adornada por "um brasão elegante"? Ninguém! Na verdade, George Michael foi um nome encontrado ao acaso nas páginas de uma revista inglesa, que se sustentou, fantasmagoricamente, por algum tempo.

No início da década de 1970, as alfaiatarias e as confecções travavam um duelo feroz pelo segmento masculino. As primeiras lutavam pela sobrevivência, como podiam. Uma família das mais tradicionais na alfaiataria de São Paulo, os Minelli, inovou lançando a roupa semipronta, sistema em que o cliente comprava o terno já cortado, mas fazia os últimos ajustes no corpo: "Facilitava porque fazia em série, colocava nas lojas e chegava o camarada lá e já via sem manga, tudo alinhavado. E você podia pôr a roupa no corpo da pessoa, entendeu? Ficava perfeito, melhor do que qualquer outro profissional. Essa foi a invenção que fizemos e que ninguém teve no Brasil",[245] descreveu Artur Minelli, em depoimento de 1996. A tradição dos Minelli na alfaiataria fora iniciada, ainda na década de 1930, pelos irmãos italianos Giuseppe e Salvatore, depois continuada pelos filhos do segundo, Artur (Filippo Arturo) e Rafael, e seguia, em 2010, com o neto Bruno Minelli. Eles chegaram a ter, segundo Artur, 400 funcionários e 15 lojas, duas delas grandes, uma na Rua Barão de Itapetininga e outra no Shopping Iguatemi.

No final de 1982, a roupa pronta masculina havia virado o jogo e ganhado o mercado: naquele ano, "69% dos homens brasileiros compravam roupa feita, e 31% usavam alfaiates. Assim mesmo, 80% dessa última cifra se referiam ao interior".[246] Nas décadas seguintes, a Vila Romana cresceu e se firmou mais, alternando estratégias conforme o momento da moda local. Na primeira metade da década de 1980, apostou em Guilherme Guimarães; no vínculo com marcas de cigarro – como a Linha Marlboro – e, cada vez mais, na própria marca. Outras confecções que se destacaram, no período, fazendo moda pronta para o público masculino foram a Samira, Raphy (camisas), Alfred, Mr. Kitsch e Camelo. Nem todas estavam atentas à "revolução do pavão".

*Acima, propaganda da Sparta, moda masculina; São Paulo, SP, maio 1973.*

## JÓIA X MANEQUIM

Duas revistas lançadas na segunda metade da década de 1950 contribuíram significativamente para a renovação do jornalismo de moda no Brasil: Jóia, da Bloch (Rio), e Manequim, da Editora Abril (São Paulo). Ambas se diferenciavam das já existentes em vários pontos: no aspecto gráfico, por apresentarem formatos maiores e muitas fotos (algumas de página dupla, em duas ou quatro cores); no conteúdo, começaram a produzir editoriais de moda próprios – quando, antes, tudo era requentado de revistas internacionais. Para isso, tiveram de sair em busca da moda brasileira: dos costureiros, das butiques e das confecções. Jóia e Manequim representaram uma fase de transição entre o jornalismo de moda voltado às costureiras e donas de casa interessadas em copiar a moda que divulgavam e o jornalismo direcionado à moda pronta, de consumo. Além disso, elas apresentavam um editorial mais abrangente, bons textos e material fotográfico farto, já sem cacoetes da narrativa em tom pessoal e muitas vezes moralista, típicos de Fon-Fon e Jornal das Moças.

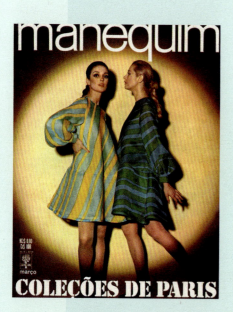

Diante das novidades, a já balzaquiana A Cigarra – principal título feminino dos Diários Associados – repaginou-se com a mesma intenção. Inicialmente, todas evitaram encartar moldes, como já faziam as velhas publicações; mas não tardariam a mudar de ideia a esse respeito...

Jóia surgiu em novembro de 1957, quinzenal, sob direção de Lucy Bloch (mulher do dono da editora), tendo a atriz Tônia Carreiro na capa nº 1. Trazia reportagens diversas, cerca de 20 páginas de moda e seções sobre atualidades, leitura e culinária. Foi a primeira a abrir espaço para a moda feita no Brasil, rumo que preservou até 1969, quando deu lugar à sua sucessora na Bloch, a revista Desfile. Manequim nasceu em agosto de 1959, idealizada por Sylvana Civita (igualmente, mulher do dono da editora), que nunca se perdoou por "ter escolhido para a capa do nº 1 um casacão de lã devidamente assessorado por chapéu, também de lã".[1] Ainda demasiadamente calcada na moda da França, a revista não levou em conta nosso ciclo climático. Valeu a lição: no segundo número, Manequim "se penitenciava, com uma seção chamada 'Onde o calor continua'".[2] Em fevereiro de 1960, a revista revelou a modelo gaúcha Lucia Curia (mais tarde, Lucia Moreira Sales): com 21 anos, já desfilava havia alguns anos e vencera o concurso A Manequim de Manequim; depois, seguiu carreira destacada aqui, integrando o primeiro grupo de modelos da Rhodia, e na Europa, com Chanel.

Já em 1964, a revista Manequim aderiu aos encartes com moldes, mas ainda apenas como um acessório complementar às suas reportagens sobre temas de interesse feminino, apostando na moda pronta das confecções. Até então, a imprensa do gênero era quase indiferente ao segmento, só se importando com a moda dos grandes costureiros (em particular os estrangeiros) e com as mulheres da alta sociedade: "As confecções brasileiras eram incipientes e nem sempre o que chamavam de coleções merecia exatamente esse nome. Sem falsa modéstia, podemos afirmar que [nós de Manequim] temos muito a ver com o *prêt-à-porter* nascido nessa década [de 1960] a poder de fórceps. Muita força foi feita para transformar o feio em bonito, através do milagre da produção de fotos"[3] – admitiu texto produzido pela redação da revista, nos seus 50 anos.

Entre as jornalistas pioneiras de Manequim estavam Frida Spiegler, Catherine Faillot e Regina Guerreiro – esta última contratada como redatora: "Eu não tinha paixão nenhuma por moda; só queria escrever... E fui contratada para fazer a seção Garotas, de Manequim, onde entrevistava meninas sobre o que gostavam de fazer, vestir, como era a vida... Mas aí começou a ter uma coisa de roupa pronta no Brasil. E me jogaram no estúdio. Deve ter sido entre 1963 e 1964. Mas o que faz uma produtora, quando chega um monte de roupas horrorosas e é obrigada a escolher entre esta e aquela? Eu odiei...

*Acima, Revista Manequim, nº 93, Editora Abril; São Paulo, SP, março de 1967.*

Tinha uma diretora de moda, uma italiana imensa, e ela me mandava passar as roupas a ferro. Eu tinha que vestir as modelos e fiquei ofendida. Pensei: 'Meu Deus, eu falo francês, tenho faculdade, o que estou fazendo aqui?' Mas, pouco a pouco, comecei a entender que, com as imagens [fotográficas] podia contar histórias. Então, tive uma oportunidade única... Porque acho que sou a única jornalista do Brasil que teve essa oportunidade de dirigir fotos e escrever também. Hoje em dia essas coisas são separadas: a produtora é uma, a redatora é outra e o trabalho sai todo estratificado. Mas naquela época as coisas estavam começando: havia fábricas, como a Ru-Ri-Ta e a Pull-Sport. Foi quando chegou a máquina de malharia *full fashion*, que fazia automaticamente a cava *raglan*. [...] Não existia cultura de moda e comecei a ficar apaixonada pelas imagens, os estudos de cor. [...] Então, fui autodidata; comecei a ler muitos livros e a fazer matérias",[4] relatou Regina Guerreiro – que, antes de Manequim, tinha colaborado com a revista independente Chuvisco, editada pelo cearense Fausto Maia.

O *prêt-à-porter* estava começando mesmo na Europa e, aqui, tínhamos poucas e incipientes confecções. Regina Guerreiro testemunhou esse período de transformações: "Em 1967, fui escolhida para fazer a primeira matéria internacional, na Espanha. [...] Lá eu recebi um telegrama me mandando ir ver, pela primeira vez, as coleções de Paris. Era 1967 e eu estava na *maison* Dior, morrendo de medo, intimidada por aquele mundo. As funcionárias recebiam a gente de preto, com colarzinhos de pérola, sorrindo na medida do seu poder aquisitivo: uma coisa esnobe. Jornalista do Brasil, o que é isso? Foi minha primeira experiência internacional, e comecei a ter uma visão maior... [...] Justamente, estava começando a explodir o *prêt-à-porter*, a criação industrializada. Quem inventou isso foi Pierre Cardin; aliás, expulso da Chambre Syndicale de Haute Couture francesa por causa disso. Era inadmissível industrializar a criação; bom, mas o *prêt-à-porter* foi se expandindo, também na moda brasileira. [...] E a roupa brasileira começou, pouco a pouco, a acontecer...",[5] ela acrescentou.

O jornalismo feminino teve papel preponderante na divulgação da moda industrial daqui, em especial a Manequim, que em sua primeira fase abriu espaço para as confecções, chegando a produzir editoriais que elas ainda não sabiam fazer, numa interação que desembocou nos Catálogos de Moda Pronta Nacional, de Manequim, cujo primeiro número foi lançado em agosto de 1968; o segundo, fotografado em Recife, exibiu modelos – incrível – "desenhados pela própria redação e executados pelas melhores confecções da época";[6] o terceiro, de janeiro de 1969, chegou a ter 80 anunciantes e foi fotografado no Havaí. Na década de 1970, porém, tudo mudou: já eram muitas as concorrentes voltadas ao *prêt-à-porter* nacional e todas tiveram de fazer um acerto de passos... Foi naquele momento que Manequim optou por sua vocação definitiva, a moda faça você mesma, que continuava tendo grande mercado. Em 1973, a revista passou a contar com os moldes de Roberto Marques – ex-colaborador de Gil Brandão –, que acabaram por se tornar sua espinha dorsal, crescendo em número e importância. "E foi com essa fórmula que Manequim alcançou seus recordes de circulação, na década seguinte, chegando ao ápice de 626 mil exemplares em 1989."[7]

| | |
|---|---|
| 1 | Histórico de Manequim, texto de circulação interna produzido por ocasião da comemoração de seus 50 anos; Editora Abril, São Paulo, SP, 2009. |
| 2 | Idem. |
| 3 | Idem. |
| 4 | Depoimento ao projeto HMB, gravado em agosto de 2007. |
| 5 | Idem. |
| 6 | Histórico de Manequim, texto de circulação interna produzido por ocasião dos seus 50 anos; Editora Abril, São Paulo, SP, 2009. |
| 7 | Idem. |

Acima, Revista Jóia, Nº 155, Editora Bloch; Rio de Janeiro, RJ, julho de 1966.

# Zuzu Angel abre suas asas

"Eu sou a moda brasileira!" A primeira impressão que se tem é de que Dener Pamplona de Abreu disse esta frase com a empáfia que o costureiro assumia com naturalidade. Mas não foi! Quem a proferiu foi Zuzu Angel (Zuleika de Souza Netto, depois Zuleika Angel Jones, 1923-1976). E, evidentemente, na boca dela, os dizeres – que, aliás, batizaram uma exposição sobre seu trabalho, realizada no Museu Histórico Nacional do Rio de Janeiro, em 2007 – ganharam sentido completamente diverso. Zuzu quis reivindicar para si o mérito de ter criado uma moda com características brasileiras, sem ranços colonizados. É verdade que ela perseguiu esse caminho e, também, que buscou fazer uma travessia da moda em ateliês artesanais sob medida – como era a alta moda de Dener e de Clodovil, por exemplo – para um *prêt-à-porter* chique com identidade local.

Mineira nascida em Curvelo, Zuzu passou a adolescência e a juventude em Belo Horizonte, para onde sua família se mudou quando ela ainda era menina. Como a maior parte das garotas brasileiras de classe média de seu tempo, era apaixonada por Hollywood e pela cultura norte-americana – tanto que aprendeu inglês e se tornou uma taquígrafa na língua de Tio Sam. Quando ela conheceu, por meio de parentes, o canadense naturalizado norte-americano Norman Angel Jones, que estava em Minas Gerais para negociar cristais, logo disse: "Vou me casar com ele".[247] Dito e feito: o enlace ocorreu em 1943; logo após o casamento, os dois foram morar em Salvador, BA, onde, em 1946, nasceu o primogênito Stuart Edgart. Em 1947, nova mudança para o Rio de Janeiro; lá deu à luz duas meninas: Ana Cristina e Hildegard Beatriz (a jornalista Hildegard Angel, conhecida colunista social do Jornal do Brasil).

Zuzu, "tal como a maioria das mulheres de classe média daquela época, costurava desde sua juventude e fazia apenas roupas para ela e os filhos".[248] A eleição de Juscelino Kubitschek para a Presidência da República, em 1956, levou para o Rio, então capital federal, grande número de mineiros, entre os quais uma tia de Zuzu, muito próxima de Sarah Kubitschek. Por meio dela, Zuzu cerrou fileira na Obra das Pioneiras Sociais, ação beneficente liderada pela primeira-dama que se propunha, entre outras coisas, a produzir uniformes para crianças carentes. Zuzu começou a costurar uniformes, ao mesmo tempo em que fazia contatos com senhoras da sociedade carioca. Em 1957, ela começou a "costurar para fora", em seu próprio apartamento na Rua Barão da Torre, em Ipanema, como forma de reforçar o orçamento doméstico. Foi assim seu aprendizado de costura, totalmente autodidata: "Aprendi a costurar praticamente por mim mesma. [...] fiz meu primeiro vestido sem eu mesma esperar",[249] ela contou, em entrevista.

Zuzu parece ter ido aos poucos, dominando peça a peça: "Inicialmente ela produzia apenas saias com tecidos que ganhava de presente do marido [representante comercial], que os comprava em suas viagens pelo interior do Brasil. As saias eram de modelagem tipo godê guarda-chuva e enfeitadas com fitas de gorgorão, galões, botões ou

*Na página ao lado, croqui de Zuzu Angel, c.d. 1972.*

laçarotes. Segundo Hildegard: 'Quase todas as mulheres das Pioneiras Sociais usavam suas saias e, então, essa primeira produção esgotou rapidamente. Ela aí foi às Casas Pernambucanas e comprou um tecido barato. [...] Fez saias de zuarte usado para forrar colchão'".[250] Até por essa originalidade, as saias de Zuzu atraíam clientela; o negócio foi crescendo e ela teve de arrumar uma ajudante. Logo seu apartamento foi apelidado "Zuzu Saias"[251] e, para não ficar estigmatizada, ela avançou para a parte de cima e passou a fazer, também, blusas. "Eram blusas com diversos tipos de golas que podiam ser arredondadas contornando toda a frente e as costas, duplas, redondas ou quadradas. [...] Nesse início, os figurinos ainda eram sua base de trabalho. [...] Somente com o tempo, Zuzu Angel pôde abrir mão dos figurinos, pois passou a ter maior domínio e segurança na costura."[252] Foi nesse esquema doméstico que, um dia, apareceu no Zuzu Saias, levada por uma amiga, a estrela norte-americana Yvonne de Carlo, "recém-saída do Mar Vermelho no épico Os Dez Mandamentos".[253] Yvonne gostou de Zuzu e vice-versa; a costureira chegou até mesmo a criar vários "mantos com galão de chifon [sic]",[254] os quais Yvonne prometia usar em seu filme seguinte, O Manto Sagrado. Não os vestiu; mas incluiu Zuzu entre as indicações turísticas a colegas-estrelas em visita ao Rio.

Em 1961, Zuzu se separou de Norman – legalmente só se desquitaram em 1970 –, quando se mudou para uma casa de dois andares, meio residência, meio ateliê, na Rua Nascimento e Silva, 510, também em Ipanema – vale lembrar que, naquela época, chique mesmo era Copacabana. Ela passou a manter a família com o trabalho de costureira – como se autodenominava: "Necessitou andar sozinha, após ter se separado do pai de seus filhos. [...] Criava peças originalíssimas, mas gostava de vender. E precisava vender. Era chefe de família, tinha três filhos para educar, orientar".[255]

O primeiro desfile de Zuzu foi realizado em 1966, no 2º Salão de Moda da Feira Brasileira do Atlântico, no Pavilhão de São Cristóvão, e já chamou a atenção! Matéria publicada em O Globo recebeu o título: "Etiquêta nova chamada Zuzu";[256] no Jornal do Brasil, Gilda Chataignier escreveu: "Zuzu Angel é um nome que está se impondo no campo da moda carioca, com criações da alta costura cheias de bossa e requinte. [...] É justamente o que faltava por aqui, pois sempre as mulheres nesse ramo se limitavam a copiar os grandes costureiros internacionais, deixando os louros da profissão para os homens".[257] Naquele mesmo ano, Zuzu desfilou, ainda, a coleção Soignée (sofisticada, em francês) no Clube de Decoradores do Copacabana Palace.[258] O galicismo denotava intenção de dar um toque parisiense à coleção, que Zuzu fechou com duas noivas: uma noiva "espacial ou iê-iê-iê, que usava calças do tipo pantalona, e, na frente, uma espécie de avental ou túnica"; e, a outra, uma noiva clássica, de vestido em renda provido de uma capa formando cauda arredondada e cobrindo a cabeça com um capuz.[259]

*Acima, criação para a International Dateline Collection I, de Zuzu Angel, inspirada nas rendas do Nordeste brasileiro; Rio de Janeiro, Brasil/Nova York, EUA, 1970.*

## MODA BUTIQUE ANOS 1970

"Essas poucas confecções [de São Paulo] começaram a ser bombardeadas por todas as microconfecções [do Rio] que, no conjunto, tinham muito mais graça do que o que faziam em São Paulo. Eu, de primeira, só queria me vestir no Rio de Janeiro porque tinha lá a Maria Bonita, a Blu-Blu, que estavam começando. Vivi isso tudo com eles... Era realmente extraordinário o que se fazia; tinha uma cara artesanal, uma cara brasileira, como os biquínis de crochê, que foram primeira página do WWD, bíblia do mundo da moda mundial... A Editora Abril, na época, tinha feito um acordo com o WWD, e todas as jornalistas americanas vinham para cá. Eu acompanhava todas elas, que escreviam sobre o que viam no Rio; era fascinante. Ao mesmo tempo, fotografavam e eu segurava a arara. Fotografavam ora o bumbum de uma aqui, com uma tanga de crochê, depois o [Fernando] Gabeira lá... Enfim, foi uma revolução e acho que a história brasileira da moda de confecção, mais democrática, fincou o pé na década de 1970 e ainda não tirou. Acho que toda vez que a gente entra um pouco no *hippie chic* é um sucesso. [...] Remete a tudo que é escapismo e que é a imagem que o estrangeiro faz da moda brasileira, ou seja: sol, calor, sexo, cidade bonita, praia... Então, essa imagem que o estrangeiro tem da gente e que a gente acha ridícula, porque é meio estereotipada; até hoje, é um pouco isso. Porque a mulher brasileira abdica de tudo, mas não de ser *sexy*. [...] É um objetivo, não é uma casualidade como nos outros países".[1]

1   Depoimento de Costanza Pascolato, editora de moda da revista Claudia Moda, da Editora Abril, na década de 1970, ao projeto HMB, gravado em maio de 2007.

*Estampa de pássaros criada por Zuzu Angel, c.d. 1972.*

*Acima, Kathy Lindsay, filha de John Lindsay, prefeito de Nova York no período, veste criação de Zuzu Angel da International Dateline Collection III; Nova York, EUA, 1971.*

*Na página ao lado (acima), croqui de Zuzu Angel, c.d. 1970.*

*Abaixo, Zuzu Angel; Rio de Janeiro, RJ, c.d. 1973.*

Em 1967, Zuzu fez alguns dos figurinos de Todas as Mulheres do Mundo, filme de Domingos de Oliveira protagonizado por Leila Diniz, que projetou a atriz como símbolo de irreverência e liberação. Zuzu também se identificava com o movimento de liberação feminina; tanto que, naquele ano, lançou a coleção Fashion and Freedom (Moda e Liberdade), para vestir mulheres libertas de amarras do passado: "Saias amplas estampadas com motivos tropicais, barrigas à mostra e tecidos leves ressaltavam o espírito jovem da mulher brasileira. Esta, uma vez vestida com um desses modelos, sentia-se mais livre e desobrigada do uso do *soutien*".[260] Naquele mesmo ano, Zuzu diferenciou-se, em entrevista, dos costureiros que insistiam em enfatizar a superioridade da alta-costura: "A mulher moderna quer estar apenas bem vestida, não importa a assinatura ou a procedência da roupa. O *prêt-à-porter* é a palavra mágica; pronto para vestir qualquer pessoa. O *slogan* 'viu, gostou, levou' se torna realidade".[261] Ainda em 1967, ela produziu "uma coleção de vestidinhos prontos para vestir, em brim e popeline", que eram vendidos "por menos de 100 cruzeiros novos".[262] Ou seja, Zuzu já era, desde aquela época, um misto de sob medida com roupa pronta, como seguiu sendo até o fim...

O ano de 1968 marcou a aproximação de Zuzu com o segundo país com o qual ela tanto se identificava: os EUA. Em abril, desfilou sua moda numa feira de San Antonio, Texas,[263] episódio possivelmente relacionado a dois contatos feitos por Zuzu no ano anterior: as atrizes Kim Novak, levada a seu ateliê por Jorginho Guinle,[264] e Joan Crawford, que estivera no Brasil para inaugurar uma fábrica da Pepsi-Cola (da qual era presidente). A iniciativa de procurar a atriz partiu da própria Zuzu. Ela ligou para o Copacabana Palace e a convidou para conhecer sua loja; a estrela não só topou, como tornou-se cliente e amiga de Zuzu, recebendo-a em sua casa, nos EUA, com um coquetel, evento noticiado pela coluna de Eugenia Sheppard, do Women's Wear Daily, e por Bernardine Morris, do New York Times.[265] Tudo isso repercutiu muito bem para Zuzu, lá e aqui no Brasil. Em seu retorno dos EUA, foi diplomada, em dezembro, pelo Conselho Nacional de Mulheres como mulher-destaque do ano, ao lado de Bibi Ferreira e Rachel de Queiroz. Aliás, naquele mesmo mês o governo militar decretou o Ato Institucional número 5 (AI-5), instaurando um período funesto no país. Os interesses de Zuzu por política eram, então, diáfanos – apesar de seu filho Stuart já estar militando na esquerda estudantil. Sua clientela incluía, inclusive, a primeira-dama Yolanda da Costa e Silva, mulher do general-presidente Arthur da Costa e Silva (de 1967 a 1969).

Já inserida no rol dos principais nomes da moda nacional, Zuzu não perdia o foco: sua meta era se tornar uma marca de *prêt-à-porter*, aqui ou nos EUA. Em 1969, ela foi aceita como membro do Fashion Group, de Nova York, entidade fundada por mulheres em 1928, o que abriu espaço para sua entrada nos EUA: em seguida, inaugurou escritório em Nova York e contratou a norte-americana Lisa Curtis para dirigi-lo. No ano posterior, lançou aqui uma coleção que chamou de Pastoral, provavelmente um ensaio para a primeira coleção que criou a fim de ser comercializada pela sofisticada Bergdorf Goodman, de Nova York, batizada de International Dateline Collection I. *Dateline*, no caso, refere-se à linha que divide o globo em dois lados, expressando o desejo da estilista de fazer uma moda sem fronteiras. Sem fronteiras, porém, cada vez mais brasileira – a coleção desfilada lá, em novembro, era composta por três conjuntos: o primeiro, inspirado na roupa típica da baiana (que os americanos conheciam bem via Carmen Miranda); o segundo, no casal Lampião e Maria Bonita; e o terceiro, nas rendeiras do Nordeste; na trilha sonora, Martinho da Vila e Olê Mulher Renderia, de Zé do Norte... Deu certo! "Nas primeiras três semanas que as roupas ficaram em exposição na Bergdorf Goodman venderam mais de mil modelos."[266]

A moda brasileira referenciada na roupa típica daqui, mas também na moda *hippie* do período – marcada pelas saias e pelos vestidos compridos em estampas florais, adornados com rendas –, agradou em cheio as norte-americanas. A partir de então, Zuzu só ampliou o número de lojas que distribuíam seus produtos nos EUA, e passou a lançar coleções anuais. No início de 1971, apresentou a International Dateline Collection II: "Num anúncio da cadeia de lojas Neiman Marcus que fez propaganda de modelos de Zuzu Angel, Geoffrey Beene e Oscar de la Renta; o da *designer* era vendido pelo valor mais elevado".[267] Zuzu entrou num ciclo virtuoso nos Estados Unidos, mas nem sempre bem recebido por aqui – repetindo um pouco o que se deu com Carmen Miranda, quando disseram que ela voltou "americanizada". Isso transparecia, por exemplo, no título de uma matéria sobre ela na revista Cláudia: "Moda só para americano ver".[268]

O exotismo da roupa regional brasileira – em Zuzu, como em Carmen – contribuiu de fato para agradar o público norte-americano, o que a estilista não considerava preocupante: "Acho muito natural que se goste do que é importado, é humano. Exatamente o que está acontecendo comigo no EUA; sou de outro país e isso contribui para meu sucesso. Acho certo comprar o que é estrangeiro; errado é não se dar valor ao que temos, ao que é nosso".[269] E foi justamente naquele ápice da carreira que seu filho, Stuart Angel, militante do Movimento Revolucionário 8 de Outubro (MR-8), entrou para a clandestinidade – ou seja, passou a militar contra a ditadura usando o codinome Paulo, sem endereço conhecido. No dia 14 de maio de 1971, aos 26 anos, ele foi preso e desapareceu; Zuzu passou a rodar quartéis em busca de Stuart, quando teve início sua saga trágica... Ela intuía como mãe que seu filho estava morto, o que só lhe foi confirmado anos depois, por meio de uma carta enviada por outro preso político, Alex Polari de Alvarenga, que testemunhara o assassinato de Stuart. O filho de Zuzu havia sido sequestrado por agentes do Centro de Informações da Aeronáutica (Cisa) e levado para a base aérea do Galeão, onde sofrera torturas bárbaras: amarrado

361

*Abaixo, bilhete da atriz norte-americana Joan Crowford para sua amiga Zuzu, c.d. 1968.*

*Na página ao lado, Zuzu Angel vestindo luto pelo assassinato de seu filho Stuart Angel; acima, o anjo que a estilista passou a adotar como logomarca; Rio de Janeiro, RJ, 1971.*

à traseira de um Jeep, fora arrastado pelo pátio e obrigado a inalar os gases tóxicos expelidos pelo escapamento aberto do veículo.

Profundamente abalada, Zuzu dali por diante passou a protestar contra o arbítrio e a reivindicar o paradeiro de seu filho, pelos (poucos) meios possíveis, num país sob severa censura. Um desses modos foi sua própria moda: "O primeiro gesto foi o desfile de sua nova coleção (a International Dateline Collection III – Holiday and Resort), na residência do cônsul do Brasil, em Nova York, Lauro Soutello Alves, em setembro de 1971. Em vez das cores alegres de seus pássaros, flores e borboletas, Zuzu estampou [e bordou] os vestidos com pássaros engaiolados, tanques, quepes, balas de canhão, pombas negras e anjos mortos. O enredo político do desfile repercutiu na imprensa americana e os anjos se tornariam uma constante em suas criações".[270] A coleção de título pueril, apresentada no Gotham Hotel, em Nova York, dividia-se em dois segmentos: Resort, com roupas descontraídas para férias e lazer, e Holiday, com peças especiais em sedas e organzas. Um grupo de modelos à parte arrematou o desfile, com vestidos brancos bordados até singelos, não fossem os temas representados tão contundentes, denunciando sua dor. Zuzu surgiu ao final na passarela trajando longo e com uma mantilha cobrindo a cabeça, tudo em preto; na cintura, uma corrente com cem crucifixos presos e, no pescoço, um pingente de um anjo branco em porcelana. Era sua veste fúnebre...

Aquela teria sido, como a própria Zuzu a caracterizou, "a primeira coleção de moda política do mundo".[271] Dali por diante, o traje negro tornou-se sua veste, sempre que a ocasião propiciasse denunciar o assassinato de seu filho, e o anjo, o símbolo de suas criações – identidade visual de sua marca, algo inovador na cena da moda brasileira daquele tempo. E a costureira já se qualificava de modo bem diverso: "Sou uma *designer*. Esta palavra não tem, no sentido figurativo da língua inglesa, nenhuma tradução em português. Um *designer* engloba o modista, o figurinista e o costureiro. O *designer* é tudo."[272] Tanto era que Zuzu passou também a desenvolver suas próprias estampas, em que predominavam os motivos da flora e da fauna, além dos anjos (antes, ela já dispunha de estampas exclusivas com seu nome na ourela, criadas pelas fábricas Werner e Dona Isabel).

Zuzu se dedicou ainda com mais afinco ao trabalho: em janeiro de 1972, lançou, novamente no Gotham Hotel, Nova York, a International Dateline Collection IV – The Helpless Angel (Anjo Desamparado), espécie de continuidade da anterior, também com bordados de anjos e outros motivos de sua moda-denúncia, descritos no Brasil como "detalhes de livros de história infantil".[273] E as vendas de sua roupa nos EUA só cresciam: "Poderiam ser encontradas na Bergdorf Goodman, Neiman Marcus, Lord and Taylor, International Sportwear Department e também em outras grandes lojas do Texas, Flórida, Massachusetts, Illinois, Chicago e Canadá".[274] Seu nome apareceu no Fashion Calendar (publicação semanal de eventos de moda, um *who's who* da costura mundial), ao lado de Yves Saint Laurent e Givenchy.[275]

Em 1973, ela inaugurou nova loja na Rua Almirante Pereira Guimarães, no Leblon, onde ampliou os produtos com sua marca, passando a oferecer também camisetas, lenços, roupas íntimas, bolsas diversas e outros acessórios com seu anjinho – o que já a caracterizava como uma grife. Foi lá que apareceu, certa vez, a atriz Liza Minelli, no auge com o sucesso do filme Cabaré. Vieram, então, as International Dateline Collections V e VI, com lançamentos no Brasil, antes de Nova York – esta última intitulada Filha e Mãe, com estampas de pássaros, frutas e, como sempre, anjos e desenhos que remetiam a vitrais de igrejas. Ainda naquele ano, sua nora Sônia Maria Moraes Angel Jones, esposa de Stuart e igualmente militante, exilada no Chile, retornou ao Brasil e foi também presa e assassinada... Zuzu seguia denunciando o arbítrio da ditadura como pudesse: "O trabalho não lhe servia apenas de terapia, era um pretexto para continuar sua pregação e fazer-se ouvida".[276]

Em 1974, a International Dateline Collection VII, Contemporary Classic, foi desfilada em sua loja; Elke (antes de ser Maravilha) era uma das modelos que entravam na passarela "jogando almofadas estampadas com anjinhos no colo das clientes".[277] No ano seguinte, houve a coleção Brazilian Butterfly, mas Zuzu tornara-se uma figura transcendente, que provocava curiosidades e desconfortos. Em fevereiro de 1976, ela burlou o aparato de segurança e entregou ao secretário geral norte-americano Henry Kissinger, em visita ao Rio, um pacote com fotos e documentos sobre o Caso Stuart. Tinha início a crise do petróleo, expondo as fragilidades do projeto econômico da ditadura brasileira, que não conseguia mais sustentar os sonhos de consumo da combalida classe média; setores radicais do meio militar tornaram-se incontroláveis. Em 14 de abril de 1976, Zuzu sofreu um acidente automobilístico fatal na estrada da Gávea; ela perdeu o controle de seu carro na saída do Túnel Dois Irmãos (depois rebatizado com seu nome) e voou metros abaixo. O laudo da época indicou que Zuzu dormira ao volante; vinte anos mais tarde, confirmou-se o que ela previra em carta enviada a amigos, dias antes: "Se eu aparecer morta, por acidente ou outro meio, terá sido obra dos mesmos assassinos de meu amado filho".[278]

Como estilista, Zuzu buscou – como ninguém antes fizera – uma moda com identidade brasileira, por mais polêmico que o assunto (e os rumos por ele tomados) pudesse ser. Tornou-se um paradoxo exposto da moda brasileira: fazia sucesso lá fora justamente por criar roupas com base em temas e tramas tipicamente brasileiros, folclóricos também, mas não apenas. Nossas elites, porém, preferiam os criadores europeus ou, como exceção, os costureiros que admitiam inspirar-se na França; ou, quem sabe ainda, as réplicas de moda europeia vendidas pelas casas mais sofisticadas do país. Vários dos nossos costureiros – casos de Dener, Clodovil, Guilherme Guimarães, entre outros – reiteradas vezes afirmaram não acreditar em moda brasileira. Mas Zuzu seguiu sempre perseguindo uma roupa com identidade local. Movida pela tragédia, deu sentido ainda mais amplo e pungente ao que antes se circunscrevia ao estético. Ela antecipou propostas e conceitos que só puderam ser plenamente desenvolvidos por estilistas das décadas seguintes. Reconhecendo isso, Ronaldo Fraga – estilista também mineiro – a homenageou em junho de 2001, com a coleção Quem matou Zuzu Angel?, desfilada na São Paulo Fashion Week.

363

## CLAUDIA X DESFILE

Não muito tempo após o lançamento de Manequim, a Editora Abril investiu num projeto ainda mais ousado voltado ao público feminino – mais especificamente às mulheres da classe média urbana: a revista Claudia, lançada em outubro de 1961, editada por Luís Carta, então um jovem jornalista com ideias arrojadas, depois diretor editorial da própria Abril, responsável pelo lançamento de títulos igualmente importantes da empresa, como Realidade e Quatro Rodas. Sob sua direção, Claudia rapidamente se tornou o veículo de maior influência sobre o público feminino brasileiro, abordando assuntos audazes e abrangentes. Na edição de fevereiro de 1968, por exemplo, trouxe uma reportagem intitulada "Afinal, o que são os *hippies*".[1]

Claudia buscava a mulher ativa, ao passo que suas similares (como Manequim, A Cigarra e Jóia) permaneciam demonstrando interesse pela mulher do lar, sonhadora e, quem sabe, ainda capaz de costurar sua própria roupa. "Pouco após seu lançamento, a revista começava a falar de pílulas anticoncepcionais e a ensaiar a luta pela liberação sexual. [...] Claudia inovava: em lugar de simplesmente estampar receitas, montou uma cozinha para testá-las. Um dia aparece nas páginas da revista uma inflamada psicóloga e jornalista gaúcha que desde a estreia se empenharia numa luta contra o machismo e o preconceito. Sua coluna chamou-se A Arte de Ser Mulher. Durante 21 anos, Carmen da Silva levantou e discutiu ideias que mobilizaram e estimularam as leituras".[2]

Com farto material fotojornalístico e formato ampliado (26 x 35 cm), Claudia não era exatamente uma revista de moda, mas um periódico sobre temas cotidianos à mulher moderna, quais fossem: trabalho, saúde, culinária, lazer, relacionamentos afetivos, família e – é evidente – moda... Aliás, muita moda já voltada para as confecções, pronta, sem moldes e dicas de costura. Não tardou para que surgisse Claudia Moda, versão da primeira, que abraçava inteiramente o segmento, inclusive com edições de Claudia Moda Masculina. Mesmo nas publicações mensais, nunca faltavam editoriais sobre modelos e tendências, principalmente os produzidos pelas nossas confecções. Nesse sentido, Claudia funcionava, também, como guia de compras, orientando as leitoras sobre as novidades que o mercado colocava à sua disposição.

"Eu entrei de paraquedas... Tive consciência de que Claudia era a primeira revista brasileira que falava com as mulheres com uma preocupação política; com, digamos, um feminismo *soft*. Ajudava a mulher a entender qual era sua função naquela sociedade, naquele momento que era de um 'pós-boonzinho', origem da classe média que estava começando a acontecer. As preocupações das mulheres eram sérias. Eu respondia às cartas [à revista], na época, porque o Thomaz Souto Corrêa [então, diretor de publicações femininas da Abril] me dizia: 'Leia as cartas; você vai entender a mentalidade dessa mulher... [...] Nunca vou esquecer as milhares de cartas que recebia, na década de 1970, de mulheres que perguntavam: 'Como me visto para acompanhar o meu marido?' Essas coisas... [...] Achava importante porque não era uma questão só de aparência; era de autoconfiança",[3] recordou Costanza Pascolato, que passou a integrar a equipe de Claudia em 1969, inicialmente na área de decoração. Pouco tempo depois, Costanza teve "o privilégio de começar a trabalhar em produção de moda, num momento em que a indústria de moda no Brasil estava começando. Então, tinha a Cori, tinha a Deblu, as confecções do Bom Retiro, com uma colônia judaica fortíssima. Eram duas coleções por ano, uma toda de lã e outra toda de linho e algodão", relatou. [...] Tive a sorte e o privilégio de cair de paraquedas numa Editora Abril que estava interessada em produzir o primeiro catálogo de moda pronta: a Claudia Moda. Na verdade, não era um catálogo comercial, mas um guia para a leitora saber que tal roupinha pronta já estava na loja tal; predominavam as grandes, tipo Mappin, casas desse tipo; e havia as butiques. [...] Como editora de moda, eu tinha que conhecer o que se fazia de melhor; selecionar, para dar às pessoas a melhor luz possível",[4] acrescentou Costanza.

Na década de 1970, a concorrência entre revistas femininas focadas no consumo e na moda pronta se acirrava, até porque, em 1969, a Bloch lançara Desfile, editada por Roberto

*Revista Claudia, Ano V, Nº 43, Editora Abril, São Paulo, SP, abril de 1965; Revista Desfile, Nº 52, Editora Bloch, Rio de Janeiro, RJ, janeiro de 1974.*

Barreira — "com mais *glamour* e brasilidade" —,[5] justamente para fazer frente à Claudia. Desfile investia, também, em reportagens sobre saúde, relacionamento e cultura, além de moda, decoração e culinária. Não foi um marco de inovação, mas fez sucesso pela qualidade editorial: na redação da Rua do Russel, no Rio de Janeiro, passaram jornalistas reconhecidos da área, como Ângela de Rêgo Monteiro, Gilda Chataignier, Lu Catoira, Ruth Joffily, Mauro Guerra e Bianca Clark. O periódico sobreviveu até o final da década de 1990, quando a editora Bloch entrou em crise financeira; sua falência foi decretada em agosto de 2000. O título Desfile foi adquirido em leilão, em dezembro de 2002, pelo empresário Marcos Dvoskin (ex-diretor geral da Editora Globo), que criou, então, a Manchete Editora, sem recolocar o título no mercado.[6] Preservando-se sempre dentro da fórmula "revista amiga da leitora", Claudia, da Abril, era em 2010 uma sobrevivente com forte posição no mercado.

1   Claudia, Edição nº 11; Editora Abril, São Paulo, SP, fevereiro de 1968.
2   A Revista no Brasil, edição de textos de Humberto Werneck; Editora Abril, São Paulo, SP, 2000.
3   Depoimento ao projeto HMB, gravado em maio de 2007.
4   Idem.
5   A Revista no Brasil, edição de textos de Humberto Werneck; Editora Abril, São Paulo, SP, 2000.
6   Dicionário da Moda, de Marco Sabino; Editora Campus, Rio de Janeiro, RJ, 2007.

# Em série, mas sem rotina

Foi no início da década de 1960 que se firmou, no Brasil, a noção de que a moda também poderia ser produzida em série, e não apenas criada pelos costureiros, sob medida e exclusiva. Vivíamos, então, num mercado fechado às importações – política adotada pelos sucessivos governos militares –, portanto com as opções restritas à confecção nacional. E é claro que a mulher brasileira começou a buscar marcas que saíssem da mesmice; ou seja, da repetição de modelos, tecidos, cores etc. Elas já não queriam comprar apenas roupa, queriam trajes com expressão de moda! E foi para atender a esse público que a paulista de São Bento de Sapucaí, Sônia Coutinho (1929 - ) criou, em 1964, uma confecção com seu nome, que se projetou como uma das marcas mais criativas do período. Seu trabalho poderia ser classificado – na opinião do costureiro Ugo Castellana – como "alta moda pronta".

Ela própria concordou com a classificação: "Todos diziam que eu fazia alta-costura no *prêt-à-porter*. Eu fazia tudo para os desfiles, inclusive calçados".[279] Sônia oferecia uma roupa com maior variedade de modelos, de tecidos e de padronagens, além de bom acabamento. Eram produtos em série para clientes mais exigentes, tal qual, aliás, a própria dona. Sua carreira teve início quando – e porque – seu casamento acabou: filha de José dos Reis Coutinho, fazendeiro e político getulista muito conhecido, na década de 1930, na região do Vale do Paraíba, SP, ela se casou aos 18 anos com toda a pompa requerida por uma moça de boa família. "Meu vestido de noiva foi feito por Madame Angelina, que tinha ateliê no Pacaembu e era uma das melhores de São Paulo",[280] ela contou. Isso não garantiu, porém, longevidade ao enlace; em meados da década de 1950, ela pediu o desquite, contrariando os pais e as regras de uma sociedade conservadora.

DESENHOS DE JOSÉ AUGUSTO

Sem apoio paterno e abrindo mão de ajuda financeira do ex-marido, Sônia teve de se virar sozinha: conseguiu emprego como compradora do magazine Clipper, que tinha como fornecedores algumas das maiores confecções do período – por exemplo, a Prelude, a General Modas e a Pull-Sport. "Essas confecções eram [na década de 1950] fábricas que faziam roupa, e não moda. Um mesmo modelo de *tailleur* se repetia em três cores: a cartela de cores da época se resumia ao marrom-escuro, bordô-escuro e cinza-escuro. Nas 'araras', só havia essas cores",[281] ela recordou. Sônia se deu conta de que existia uma enorme lacuna no mercado brasileiro de roupa pronta: faltavam variedade e qualidade; que dizer de requinte... Cansada de reclamar com os fornecedores, porque ninguém lhe dava ouvidos, resolveu fazer por conta própria o que achava que era certo: "Pensei: vou começar a fazer por mim; fui a São João da Boa Vista, SP, e vi um anúncio de uma fábrica de camisas masculinas falida, que estava à venda com todo o maquinário. Comprei e comecei a fazer experiências: quando cheguei a oito modelos diferenciados, vim para São Paulo e procurei a Marilu Villalobos, diretora do [magazine] Sensação, e mostrei os modelos. Ela tinha medo do *prêt-à-porter*, porque a 'mulherada' ou ia para a 'costureirinha' ou comprava aquelas coisas da General

Modas. Não havia saída, porque a Casa Vogue era inacessível. Então, dei a ela meus modelos em consignação; e vendeu tudo, tudo, tudo...".[282]

No final da década de 1960, já com estrutura instalada na Rua Pedro Taques, em São Paulo, SP, a Confecção Sônia Coutinho atingiu seu ápice, com 120 funcionários, apostando sempre na variedade: "Cheguei a fazer 60 modelos diferenciados. Produzia uma coleção e 30 dias depois soltava outra, seguindo o calendário europeu".[283] No mesmo período, ela abriu uma butique na capital paulista, nos Jardins: a Tweed, com salão de chá no piso superior, ao estilo europeu. Porém, seus principais pontos de venda continuaram a ser os magazines e as lojas multimarcas, além de uma parceria com as lojas Marie Claire – criadas, aliás, pela mesma família que controlava a Pull-Sport: "Tornei-me uma das melhores fornecedoras deles, porque trabalhava com seda pura e acessórios importados",[284] contou ela.

Os acessórios importados, trazidos em malas de viagem, faziam a diferença e valorizavam a roupa de Sônia: "Tudo era importado: botonagens, entretelas, acabamentos em fitas, fitilhos. Eu visitava os grandes atacadistas da Itália e França, comprava e despachava para o Brasil",[285] ela relatou. A autoria dos modelos era dela mesma, sempre com muita inspiração na moda europeia: "Eu jogava o pano no chão e imaginava o que podia sair dali. Era tudo muito intuitivo; nunca aprendi a cortar, mas sabia se o viés estava errado. Comecei a fazer o que queria, com estampados diferenciados, lenços, tiaras e outros acessórios. Interferia em tudo, até na mistura das cores",[286] descreveu.

Foi mérito de Sônia, no mínimo, espantar a preguiça criativa que reinava entre as confecções do período, quebrando a rotina na roupa em série e provocando o mercado com maior diversificação, iniciativa sintonizada com as que a Rhodia adotava quase concomitantemente, chacoalhando a moda conservadora e utilitária das confecções pioneiras de São Paulo e, por decorrência, do Brasil. O trabalho de Sônia Coutinho retratava bem sua época: "Sou uma sessentinha",[287] ela referendou. Sua empresa sobreviveu, assim como outras contemporâneas, até o início da década de 1990. Fechou por motivo também similar ao das "sessentinhas": "Com o Plano Collor, tive que atrasar contas e usar meus próprios recursos para completar o que faltava. Cansei e resolvi fechar...".[288]

*Acima, a estilista Sonia Coutinho, no escritório de sua confecção na Rua Pedro Taques; São Paulo; São Paulo, SP, c.d. 1967.*

*Na página ao lado, ilustração de moda prêt-à-porter de José Augusto Bicalho; 1972.*

367

## Escalada da moda pronta

As ações da Rhodia para estimular a moda pronta (ou *prêt-à-porter*), na década de 1960, foram as mais abrangentes realizadas no Brasil até então. Abarcavam toda a cadeia produtiva: do fio ao tecido, da estamparia à roupa confeccionada. Como a Rhodia selecionava as confecções com as quais manteve parceria? Em parte, pela proximidade, já que a maioria delas estava instalada em São Paulo; mas era neste mesmo estado que se concentrava o maior polo industrial do país. As confecções paulistanas acumulavam trajetórias consistentes, apesar de até a década de 1950 estarem ainda apegadas a produtos rotineiros, com pouca cultura de moda. Com as estratégias praticadas pela Rhodia, elas deram passos largos na construção de uma identidade para o *prêt-à-porter* local: passaram a produzir catálogos mais sofisticados, a realizar desfiles de coleções por estação e muitas vezes mantinham manequins próprias: "Os desfiles aconteciam dentro das confecções, para compradores. Cada confecção tinha uma passarela e uma ou duas manequins fixas que provavam as roupas. [...] Quando eu comecei a trabalhar na Pull-Sport, fui a primeira manequim a ser registrada. Mas não era como manequim, era como demonstradora",[289] relatou Ully Dowe, que também integrou o grupo de manequins exclusivas da Rhodia. Assim, a roupa pronta – feminina e masculina –, paulatinamente, foi ocupando o espaço.

A substituição da roupa sob medida (artesanal e mais cara) pela roupa pronta (industrial, versátil e mais barata) era mesmo questão de tempo num país que se industrializava, urbanizava e inseria as mulheres no mercado de trabalho, absorvendo o tempo que antes dedicavam ao cuidado das vestes ou da alimentação da família. O cotidiano urbano passou a exigir hábitos práticos, e nenhuma resistência por parte da alta-costura – na França, ou aqui – coibiria o avanço da roupa pronta. Prova disso foi a criação, já no início de 1960, do Salon du Prêt-à-Porter, em Paris, demarcador do momento em que a roupa em série se habilitou, também por lá, à condição de lançadora de moda, prerrogativa até então reservada aos grandes costureiros sediados em Paris: o *prêt-à-porter* deu, então, seu grito de independência!

*Abaixo, publicidade da confecção Ru-Ri-Ta, na Avenida São Luís; São Paulo, SP, maio de 1968.*

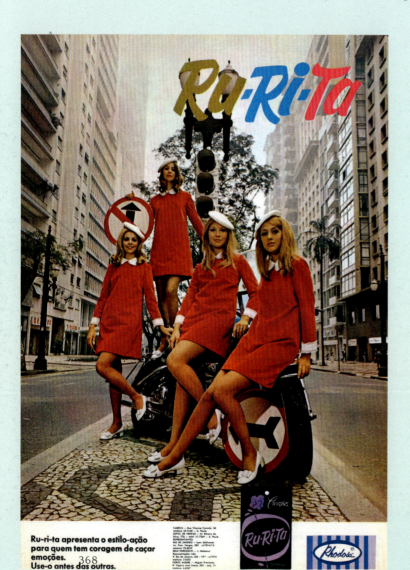

Paradoxalmente, no Brasil, o artesanato de luxo dos costureiros se fortaleceu ao mesmo tempo em que a moda das confecções abria espaço próprio: ambos apresentavam suas criações, muitas vezes, conjuntamente, em especial no principal espaço da moda nacional durante a década de 1960: a Fenit, originalmente idealizada como evento de negócios. A convivência harmônica entre o artesanato dos costureiros e a roupa seriada das confecções – que franceses mais puristas de então talvez tivessem considerado um tanto promíscua – marcou a história da moda no Brasil. Esclarecendo: na França, *haute couture* e confecções foram, durante décadas, segmentos distintos que não se misturavam. Aqui, muitos criadores de alta-costura transitavam com desenvoltura entre seus ateliês e as pranchas das indústrias, desenhando coleções para produção em série, sem restrições.

Foi assim, por exemplo, com Fernando José, Matteo Amalfi, Julio Camarero e outros. O estilista José Gayegos confirmou essa atuação dupla: "Fernando José desenhava para várias confecções do Bom Retiro; cerca de dez. Desenhava para a Ru-Ri-Ta, para a Pull-Sport e para a Hiperchic... Esta última era de um italiano chamado Franco e fazia o melhor, em confecção, da época; tanto que Dener comprava roupas da Hiperchic e colocava etiqueta dele para vender em sua butique. O próprio Amalfi fez moda para confecções durante anos; mas havia, também, uma modelista austríaca e alfaiates que modelavam roupas para essas confecções".[290]

No início da década de 1960, as confecções brasileiras eram poucas e, ainda, mal estruturadas do ponto de vista da criação de moda: seus modelos eram, em geral, cópias ou adaptações estrangeiras. Predominavam empresas de roupa masculina e malharias, e o peso da roupa sob medida como mercado era pouco significativo. Um novo jornalismo feminino surgiu, na mesma época, para servir como alicerce de divulgação do *prêt-à-porter*. Eram revistas que, no lugar de croquis e moldes que subsidiavam as leitoras para fazer elas próprias suas roupas, passaram a exibir, em belos editoriais fotográficos, trajes feitos em série, recheadas também de anúncios publicitários que propunham uma "roupa bonita, bem-feita e prontinha para ser vestida",[291] aliás, muito mais prática: "Se você é como nós e não tem tempo para nada, a solução é o *prêt-à-porter*. [...] Cada vez é mais marcante a influência da moda *prêt-à-porter*", que "antecipa as novidades de alta-costura".[292]

Dois anúncios da confecção Pull-Sport, uma das maiores do período, ilustram bem os argumentos das publicidades – um tanto verborrágicas – da época: "É uma vida agitada: é chegar, é partir, é correr para não ficar para trás... E, no meio de tudo isso, a moda não é mais apenas vaidade, mas uma necessidade capital".[293] "Tecidos modernos, estampas selecionadas, combinações audazes, desenhos jovens em cada um dos modelos Pull-Sport para você vestir e vestir, vestir, vestir, vestir, vestir...".[294] Já um reclame da

*Publicidade da confecção Le Mazelle, referenciada nos movimentos estudantis e na guerrilha urbana; São Paulo, SP, maio de 1968.*

Berta – focada nas práticas calças femininas em fio sintético da marca Helanca – relacionava as inúmeras situações em que a moda pronta seria bem-vinda: "Coquetéis, vendo tevê em casa, no clube, fazendo compras, cinema à noite, passeios, jantar no restaurante".[295] Ou seja, em qualquer lugar ou momento... A publicidade queria convencer a consumidora de que a moda não era mais algo restrito aos eventos especiais, mas uma necessidade para todos, a toda hora.

Transparece, ainda, nessas publicidades, a necessidade de se vincular os produtos daqui à moda estrangeira: "A modelagem Cori é exclusiva no Brasil (se bem que, às vezes, não é na Europa; porque trazemos muitas ideias de lá)".[296] Além de ideias europeias, importávamos, cada vez mais, o estilo de vida norte-americano, pelo cinema e pelos enlatados televisivos – seriados que compunham grande parte da programação das tevês locais. A Berta Confecção, por exemplo, "foi descobrir no Texas a calça que você queria [...] com toque de *far west*. Cintura ligeiramente baixa; cinto largo; fivelão; zíper na frente".[297] As influências inglesa e norte-americana apareciam já nos nomes escolhidos pelas marcas locais, carregados de anglicismos como Club Lady, Lady Modas, Darling, Full Sweet, LanOver, Mr. Freedom, New Man, Pull-Sport, Well Sport etc.

Fatores econômicos também ajudaram a impulsionar a moda pronta: o governo militar instalado em 1964 baixou decretos protecionistas que proibiam as importações de têxteis e de produtos confeccionados, fomentando o crescimento das confecções locais. No decorrer da década de 1960, o setor "ganhou caráter industrial e reduziu o espaço da costura sob encomenda".[298] Assim, "juntou-se um mercado interno de roupas em crescimento rápido com sua posição alterando-se, à medida que se expandiam, em efetivos e percentuais, as classes médias no conjunto da população e da força de trabalho. Enfim, um Brasil mais urbanizado, mais escolarizado, com classes médias mais amplas e de mulheres mais profissionalizadas, ofereceu estímulo continuado à produção industrial de roupas, à pesquisa de bens mais apurados e à renovação mais rápida de modelos".[299]

Foi a partir de 1963 e, principalmente, nos anos posteriores ao golpe militar que os confeccionistas conseguiram estruturar uma estratégia para a moda pronta feita no Brasil, o que se pode verificar pelo salto expressivo no número de anúncios e editoriais publicados em revistas como Manequim, Claudia e Jóia: naqueles anos,

*O empresário Orácio Leirner, a modelo Clarisse e Pierre Cardin no lançamento pela Tricot-Lã, no Brasil, da coleção prêt-à-porter do costureiro francês; São Paulo, SP, 1968.*

as confecções brasileiras absorveram finalmente a ideia de que vendiam não apenas roupa, mas roupa com expressão de moda. Até então – e isso persistiria ainda por vários anos –, a maior parte delas não dispunha de setores próprios de criação nem de profissionais habilitados ao desenho de moda. Tudo (ou quase tudo) era copiado ou adaptado da moda europeia ou norte-americana. O costureiro gaúcho Rui Sphor, que vivenciou os esforços de Livio Rangan – publicitário da Rhodia – para valorizar a moda feita no Brasil, confirmou: "As próprias confecções e tecelagens que trabalharam nas três coleções [da Rhodia] não acreditavam em estilistas, não acreditavam em desenhistas de moda e preferiam copiar os modelos das revistas; ou, então, viajavam para a Europa, fotografavam e vinham para casa copiar as coleções europeias".[300]

Entre as marcas que mais se destacaram no período, tivemos: Pull-Sport, Well Sport, General Modas, Rose Valoá, Le Mazelle, Cori, Ru-Ri-Ta, Wooltex, Vigotex, Manvar, Tomaso, Prist, Malharia Caribê, Petistil (infantojuvenil), Sabrina, Mac Rae, Paris-Lã, Tricô-Lã, Tricostil, Estamparia Água Branca, Confecção Campos do Jordão, Confecção Sônia Coutinho, Atelier Parisiense, entre outras. A maior parte delas não contava com profissionais de criação em seus quadros: "Os donos iam para Paris, compravam peças de lá e reproduziam aqui. Acredito que algumas empresas tivessem profissionais que desenhavam ou faziam variações, a partir desses modelos [trazidos de fora]. Mas isso é o que veio a caracterizar o final da década de 1970 e a de 1980, estendendo-se até a década de 1990, com o aparecimento das faculdades de moda",[301] afirmou Carlos Mauro Fonseca Rosas, ex-diretor do Serviço de Coordenação e Informação de Estilo da Rhodia.

Dirigente, com seu irmão Orácio, da Tricô-Lã, Adolpho Leirner confirmou: "Se uma confecção do período disser que não copiava, está mentindo".[302] Ele próprio respondia pelo *design* das peças de sua empresa e, para se manter atualizado, viajava anualmente à Europa. Fundada em 1935 por seu pai Zimon Leirner, a Tricô-Lã advinha de tempos pioneiros: em seu início, enfrentara um mercado escasso, em que "não existiam fiações e lã, e o mercado se restringia ao Rio Grande do Sul. [...] As máquinas faziam um material grosseiro e o algodão era todo encaroçado",[303] relatou Adolpho. Antes da introdução do fio sintético no Brasil, a Tricô-Lã trabalhava com malha de lã e de algodão, fabricando modelos padronizados de suéteres, blusas e camisas de malha. Em 1956, passou a trabalhar com fibras artificiais, principalmente em acetato, entrando num período de maior desenvolvimento, que foi da década

*Editorial produzido pela Tricot-lã para divulgação da coleção prêt-à-porter Pierre Cardin; São Paulo, SP, 1968.*

Acima, publicidade da confecção Berta; São Paulo, SP, outubro de 1968.

Na página ao lado, publicidade da confecção Vigotex; São Paulo, SP, setembro de 1966.

de 1950 até meados de 1980. A Tricô-Lã foi parceira da Rhodia no lançamento dos fios sintéticos desde a primeira hora: "Chegamos a testar fios que eles produziam, antes de serem lançados",[304] contou o ex-dirigente da empresa, que, na década de 1970, chegou a lançar uma marca de roupa esporte de sucesso, a Bona, mas que fechou as portas no início da década de 1990. Motivo: "Não dava mais lucro; era inviável num período altamente inflacionário ter um negócio de moda, que depende de investimento de capital, duas vezes por ano, para criação e lançamento das coleções",[305] ele justificou.

A Ru-Ri-Ta, como resume bem a própria marca, foi uma confecção criada por Rudy e Rita Davidshon, em 1961. O casal de origem romena desembarcou no Brasil em 1958 já "com a ideia de criar uma moda *prêt-à-porter* para as multimarcas do país",[306] segundo relatou Rita Davidshon. O crescimento foi rápido, também apoiado pelas estratégias publicitárias da Rhodia. A Ru-Ri-Ta se tornou conhecida pelos *tailleurs* e vestidos de festa que vendia em lojas multimarcas – e que eram então a maioria das existentes no Brasil. Em 1972, a empresa começou a investir no varejo, inaugurando uma loja própria, no Shopping Ibirapuera – um dos pioneiros do país –, com o nome de Viva-Vida. No mesmo ano, adquiriu em Porto Alegre, RS, um magazine que também passou a abrigar uma filial da Viva-Vida. Daí por diante, os Davidshon passaram a investir na construção de uma rede de lojas, que chegou a ter 11 pontos em *shopping centers* de vários estados do país, vendendo confecção própria; a rede fechou as portas em meados da primeira década do século XXI.

A trajetória da Confecção Berta – que em seu auge, na década de 1960, empregava 105 mulheres e 15 homens em sua sede de três andares em Pinheiros[307] – foi marcada pela inovação: em 1948, Berta Schlesinger, aos 26 anos, começou sozinha costurando numa Singer portátil, em seu apartamento, e o negócio deu tão certo que logo seu marido Félix deixou o emprego na área de exportação para cuidar do gerenciamento. A razão do sucesso? Berta apostou num item, então, incomum e até polêmico no guarda-roupa feminino: já sua primeira coleção era composta apenas por "uma dúzia de calças compridas para mulheres".[308] Para burlar a rejeição que as casas de moda tinham a seu produto, Berta as vendia em estabelecimentos de artigos esportivos. Tratava-se de um item que apenas começava a ser incorporado ao cotidiano das mulheres... Mas já na década de 1950, a calça comprida feminina ganhou popularidade e, na seguinte, foi um sucesso de vendas. Principalmente as mais justas, feitas com fio sintético Helanca, que se tornaram uma especialidade da Berta. Assim, a confecção cresceu junto com a demanda: "Em 1965, a fábrica vendeu 150 mil peças; e, em 1967, sua produção talvez chegue às 300 mil",[309] noticiou a revista Realidade, daquele ano. Quem desenhava as calças da Berta? A própria dona Berta, claro! Sempre nutrida por informações que colhia em suas viagens semestrais à Europa "para estudar as coleções que estão sendo lançadas por lá e trazer novas ideias para o Brasil".[310] Dificuldades? No início foram poucas, mas elas cresceram também, junto com o aumento da concorrência. Em depoimento de 1983, Silvia Schlesinger, filha da criadora da confecção, admitia: "Naquele tempo [década de 1950], não havia a concorrência que existe hoje e, com um pouco de cabeça e boa vontade, se ia para frente [...]. O mercado de então era apenas de roupas masculinas e alta-costura feminina".[311] Como boa parte de suas contemporâneas, a Berta não ultrapassou a década de 1990.

Uma de suas concorrentes de primeira hora que sobreviveram e souberam se renovar foi a Cori. A própria criação da marca, em 1959, pelos irmãos Jayme e Henrique Pasmanik, representou um momento inovador na trajetória de um negócio familiar que nascera décadas antes, mais precisamente em 1926, ano em que o imigrante de origem judaica Abrahão Pasmanik abriu, em Campinas, SP, uma loja de tecidos para roupas masculinas, a Casa Bom Gosto.[312] Do varejo, ele partiu para uma pequena alfaiataria. O salto maior foi dado já em parceria com seus dois filhos, quando criaram a Confecção 3P (referência aos três Pasmanik), na Rua Cardeal Arcoverde, no bairro de Pinheiros, São Paulo, para fabricar calças masculinas. Foi com o falecimento de Abrahão, dois anos mais tarde, que surgiu a Cori, voltada para as calças femininas em Helanca: "Com poucas máquinas e com um serviço de facção [mão de obra externa], se montava uma confecção",[313] descreveu Jayme Pasmanik, recordando os primeiros tempos. A partir das calças de Helanca, a Cori se reinventou para chegar a 2010 como uma forte marca de moda feminina. A partir dos anos 1980, investiu em lojas próprias, posteriormente ancoradas em *shopping centers* de diversas cidades do país.

Duas outras parceiras da Rhodia que tiveram grande projeção, na década de 1960, foram a Vigotex e a Pull-Sport. A primeira, fundada por Mikil Terpins, surgiu em 1961 com um forte trunfo: a Rhodia criara com exclusividade para a marca o fio sintético batizado com o nome de Crep D'Or, lançado no Brasil antes do mercado europeu. O Crep D'Or, que vestiu a seleção brasileira na Copa do Mundo de 1962, sustentou o crescimento da Vigotex durante aquele decênio. No início da década seguinte, a confecção lançou outra novidade: os fios Vizard, também da Rhodia. "A Vigotex tinha estamparia própria e, basicamente, fazia roupas de *jersey* estampado. A Mikil foi uma espécie de [Emilio] Pucci do Brasil",[314] comparou José Gayegos. Se não chegou a atingir a estatura das maiores do período, a Vigotex marcou pela ousadia e esteve entre as pioneiras na criação de rede própria de lojas: "Para fugir aos problemas de comercialização com as lojas, a Vigotex resolveu trabalhar com venda direta

ao consumidor, um modelo que ajudou a indústria de moda a pensar novas fórmulas de distribuição".[315] Com tudo isso, a marca não sobreviveu à morte de sua criadora: foi fechada no início da década de 1990.

Num *ranking* das maiores confecções do período, podemos com acerto situar entre as maiores a Companhia Pull-Sport de Malharia, criada pelo casal Dawid e Raisa Libermann, estabelecidos no Brasil em 1939: "Meus pais tiveram, durante muitos anos, em Paris, a Micheline Sports, uma confecção pequena que fazia tudo fora. Eles basicamente cortavam e vendiam para lojas importantes de Paris. Minha mãe me contou que se inspirava muito na Chanel; ela via as coisas que Chanel fazia e adaptava para uma roupa mais em conta",[316] relatou Michel Libermann, filho do casal e herdeiro de um dos negócios desenvolvidos pelos pais, a rede de lojas Marie Claire. De origem russa, os Libermann imigraram para o Brasil, como vários outros descendentes judeus, fugindo da perseguição antissemita.

Instalados na capital paulista, iniciaram três negócios: uma malharia, uma confecção com tecido plano (batizada com o mesmo nome da que tinham em Paris, Micheline Sport) e a loja Marie Claire. "Naquela época, todo mundo no Brasil importava mercadoria da França e meu pai tinha vários clientes aqui. Então, ele fez sociedade com o Neviere, que tinha uma loja no Rio, na Rua do Ouvidor, chamada Casa Dol. Os dois e mais um terceiro sócio chamado Peixoto abriram a malharia Peixoto, Libermann & Neviere, na Rua Pires da Mota, no Bom Retiro em São Paulo, SP. Esse Neviere quis que meu pai abrisse também uma loja em São Paulo, a Marie Claire, que ele inaugurou em dezembro de 1943, meio a contragosto, na Praça da República. Na Micheline, tudo no início era meio artesanal; havia uma mesa de corte e dali mandavam as peças para costureiras e alfaiates",[317] relatou Michel Libermann.

A Pull-Sport surgiu em 1959, como resultado da fusão das duas confecções dos Libermann, a malharia e a Micheline Sport. Ocorreu que a filha mais velha do casal, Mila, casou-se com David Zeiger, fabricante das então conhecidas capas de chuva Guntex. Zeiger adquiriu as participações dos antigos sócios de seu sogro e, com sua mulher, passou a gerenciar a Pull-Sport. "Meu pai já tinha uma certa idade e resolveu deixar o negócio com o genro, que era muito dinâmico. Ele fez muita propaganda e deu ao negócio uma proporção muito maior. A Pull fazia roupa industrializada de excelente qualidade e passou a trabalhar com os fios da Rhodia; tinha até um fio feito especialmente para a Pull, o Crepon",[318] acrescentou Michel.

Foi Mila Libermann quem tomou a iniciativa para introduzir desenhistas de moda locais na Pull-Sport, já entre 1960 e 1961. Naquele período, o costureiro e estilista Milton Carvalho foi o primeiro contratado: "A empresa se dedicava à roupa feminina, malharias, vestidos e *prêt-à-porter* de luxo, com tecido JK [de José Kalil, dono da têxtil fabricante, e não Juscelino Kubitschek] – um tipo de linho usado na linha *prêt-à-porter*, composta de conjunto, terninhos. Mas a Pull-Sport copiava coleções da Europa [...] A dona comprava modelos de lá e, depois, reproduzia aqui",[319] ele afirmou. Segundo Milton, sua experiência com o Libermann não foi bem-sucedida: "Mme. Libermann dizia que não era vendável".[320]

É fato que faltava ainda formação aos figurinistas (como eram chamados) locais: eram todos iniciantes e autodidatas, sem experiência que inspirasse confiança aos empresários do ramo. A própria Mila Zeiger confirmou que "buscar ideias de moda lá fora, nos grandes salões de Paris, trouxe-lhe muito *know-how* para que aplicasse na sua confecção".[321] "Minha mãe se inspirava muito durante as viagens; o que ela fazia era uma adaptação. E a Mila também fazia o mesmo; me lembro de ver ela vendo revistas estrangeiras e dizendo: 'Por que não fazemos parecido com isso?'. Mas a Mila foi pioneira, também, em levar, para a Pull o Fernando José, que desenhou muito para eles",[322] relatou Michel.

O costureiro Fernando José desenhou para a Pull-Sport durante vários anos, sem vínculo empregatício: "O Fernando José ia lá duas vezes por semana e entregava os desenhos. Depois, quando foi estudar em Paris, fazia as telas e enviava de lá",[323] confirmou o estilista José Gayegos. Teria sido, inclusive, a empresa dos Zeiger que custeou os estudos de moda do costureiro na França, em troca de serviços futuros a serem prestados à empresa.

A aposta do setor confeccionista em criadores locais era, contudo, eventual e menos consistente do que os investimentos que faziam em publicidade, naquele período. Pareciam acreditar – como os próprios costureiros – que a criação de roupas era um atributo exclusivo dos franceses; assim, o importante era segui-los de perto. "O fato de meus pais terem vindo de Paris; de eles terem vivido o mundo da moda de lá deu a eles uma força incrível, quando vieram para cá. Acho que éramos dos poucos que viajavam. Mila fala francês perfeitamente e isso nos permitiu entrar fundo na moda de Paris, nos colocando em grande vantagem em relação aos demais, que não tinham essa vivência",[324] comentou Michel Libermann. "Todas essas confecções começaram totalmente na base da cópia",[325] ele reafirmou.

Foi só naquela década que as confecções nacionais começaram a se preocupar em produzir uma roupa com criação de profissionais locais. Na Pull-Sport, o estilista que teve atuação mais duradoura foi Sérgio Blain (1943- ), contratado entre 1974 e 1986. Sérgio integrava a segunda geração de criadores brasileiros de moda, um grupo que trocou o *glamour* da alta-costura pelos bastidores das confecções: "Durante quase toda minha carreira atuei em confecções. Nem sei por que marquei na alta-costura... Na realidade, sempre fui estilista de *prêt-à-porter*...",[326] ele admitiu. Nessa segunda geração, podem ser incluídos, ainda: Julio Camarero, José Gayegos, Élio Azar (argentino), Antônio Meli (da General Modas), Hélio Martinez (que foi da Rhodia) e Luís Gonzaga (da Campos do Jordão e Tricô-Lã), entre outros. Eram todos figurinistas ou estilistas, ou seja, criadores de moda

*O estilista Sérgio Blain dá entrevista à apresentadora Idalina de Oliveira, TV Record, Canal 7; São Paulo, SP, c.d. 1971.*

375

seriada – atividade cujo pioneiro absoluto no Brasil, pelo papel que exerceu na Rhodia, foi Alceu Penna (que, aliás, nunca chegou a ter ateliê de roupa sob medida): "Lembro-me de ver os desenhos dele enviados pela Rhodia na General Modas",[327] recordou Blain.

E foram justamente os desenhos que Alceu publicava, tempos antes, em O Cruzeiro, que estimularam em Sérgio Blain, ainda garoto, o gosto pelo desenho de moda. Nascido em Campinas, SP, filho de um comerciante de guarda-chuvas de origem árabe e de uma italiana, Blain chegou a cursar química industrial e a trabalhar como escriturário, antes de se decidir pela moda: "Um dia, vi em uma revista Jóia uma reportagem sobre Courrèges e foi um impacto. Pensei: 'Por que não moda?' Foi quando apareceu o Dener, que realmente abriu caminho para todos da minha geração",[328] ele recordou. Era uma carreira difícil e envolta em preconceitos; sua primeira tentativa foi montar um ateliê de alfaiate, em São Paulo: "Não deu certo! Então, descobri a Rua 25 de Março e fui trabalhar em casas de tecidos, por uns seis meses, desenhando para modistas. Elas me elogiavam e, nisso, apareceu uma senhora chamada Sofia, cujo tio era dono da General Modas, que ficava na Rua General Flores, no Bom Retiro. Ela me disse: 'Vá lá falar com ele'. Fui e acabei trabalhando por uns oito meses na General Modas. Foi assim que entrei no *prêt-à-porter*, em 1968. Eu não copiava e acho que fui o primeiro, do *prêt-à-porter*, a estourar no Brasil. A mídia me descobriu muito rápido, [quando] mal cheguei em São Paulo, em 1964",[329] ele ressaltou.

Ao contrário de muitos colegas, Sérgio não apelava para "atitudes extravagantes, para aparecer na imprensa"[330] – e, talvez, fosse essa diferença a seu favor. Em sua passagem pela General Modas, Blain vivenciou os esforços da empresa, criada décadas antes pelo velho Salomão Triezmelina, para se atualizar: "Eles produziam aqueles mantôs pesados que ainda se usava em São Paulo".[331] Da General Modas, foi para a Confecção Campos do Jordão, de Élcio Gaz, cujo período áureo se deu entre 1968 e 1970: "Para mim, o Élcio é o maior *fashion worker* do Brasil, até hoje. Era uma malharia já coenizada [composição de tecidos aglutinados]; hipermoderna. Fiquei lá quatro anos espetaculares; como estilista, trabalhávamos eu e Luís Gonzaga, muito talentoso".[332] Foi, porém, na Pull-Sport que Blain se fixou por mais tempo – ao todo 12 anos, contados a partir de 1974. Sua experiência ali não deixa suspeitas quanto ao fato de que, na década de 1970, as confecções brasileiras não duvidavam da importância do *designer* de moda: "Eu tinha feito nome, na Campos do Jordão, entre os confeccionistas e donos de lojas. Entrei na Pull com um salário excelente e para trabalhar meio período, porque já tinha meu próprio ateliê funcionando".[333]

A razão de os Zeiger terem contratado Sérgio exemplifica o contexto da moda pronta no Brasil do período: a Pull-Sport tentou pegar a onda da moda jovem, licenciando a marca norte-americana Bobbie Brooks – uma linha de *prêt-à-porter*

*Acima, publicidade da confecção Pull-Sport, São Paulo, SP; outubro de 1968.*

*Na página ao lado (acima), publicidade da confecção Cori; São Paulo, SP; maio de 1971.*

*Na página ao lado, abaixo, ilustração para a seção de Martha Alencar; Figurino Moderno, Ano II, Nº 16, outubro de 1967.*

criada em 1953 por Maurice Saltzman e Max Reiter,[334] com fábrica em Cleveland, EUA, que foi um grande sucesso por lá, com roupas femininas para a faixa dos 15 aos 25 anos, na linha *college*.[335] A matriz norte-americana fornecia a modelagem, o *know-how* industrial e mercadológico, em troca de *royalties*. Como a marca não era conhecida no mercado nacional, "gastaram-se alguns milhões de cruzeiros"[336] para sua formação. No início, deu certo, mas, depois, as coisas começaram a se complicar, justamente quando recorreram a Blain: "Eles me ofereceram a Bobbie Brooks, porque a informação norte-americana já não estava funcionando aqui. Queriam manter a marca, mas com estilistas brasileiros",[337] relatou.

A mera réplica ou adaptação de modelos estrangeiros não atendia mais às expectativas do mercado interno, que começava a viver uma onda de moda jovem criada aqui: "Fiz duas ou três coleções da Bobbie Brooks; mas, depois, a Pull-Sport rompeu o contrato e o nome das coleções para essa linha mudou para Marie Cookie, seguindo também a linha *college*, marca que, mais tarde, foi também descartada",[338] relatou Blain. A Pull-Sport, que ocupava dois blocos de um prédio de oito andares, aos poucos foi perdendo espaço para a concorrência. Como seu poderio ruiu? Blain, que deixou a empresa em 1986 para se dedicar a seu ateliê sob medida, teceu sua hipótese: "A moda jovem dominou o mercado. Naquele momento, ouvíamos falar de marcas novas que estouravam. Por exemplo, houve o período áureo da Gledson; antes dela, tivemos a Portinhola, com um sucesso rápido... A moda jovem era feita de *jeans*, camiseta e [calça] fusô".[339] Ou seja, um universo novo de alusões passou a predominar na moda internacional, referenciado na cultura *pop*, que vinha de Londres e Nova York – pondo abaixo a hegemonia de Paris.

"O problema da Pull foi que ela cresceu demais; a marca teve muito peso, mas seu crescimento, ao invés de beneficiar, tornou-se desvantagem, porque a empresa perdeu flexibilidade e os erros ficaram grandes", reavaliou Michel Libermann. Por uma ou outra razão (ou por ambas), a Pull-Sport fechou as portas em meados da década de 1990.

Já a rede de lojas Marie Claire – negócio criado também pelos Libermann – atravessou as décadas. Desde 1979, passou ao comando de Michel Libermann: "Nós começamos naquela época a viajar e a copiar roupa; fazíamos a mesma coisa que a Pull-Sport fazia. Meu cunhado viajava com minha irmã e eu, com minha mulher; a gente trazia uma ou outra coisa; e deu certo",[340] ele relatou. Da rede de lojas multimarcas, a Marie Claire passou à comercialização de confecção própria. Um de seus primeiros investimentos foi o licenciamento da marca Ted Lapidus: "Eles vendiam para nós o *padron papier* [o talho da modelagem da roupa ainda no molde de papel] e nós produzíamos com confecções daqui".[341] Com estrutura sempre enxuta, terceirizando sua produção, a Marie Claire foi uma das poucas marcas que subsistiram da primeira geração de confecções brasileiras. Em 2010, possuía seis lojas: cinco em São Paulo e uma em Brasília.

## Era das butiques

Para a Primavera a Bibba já está lançando sua coleção de sandálias, incluindo o sabbot nos moldes 76/77. A Bibba vende em atacado para lojistas fora do Rio de Janeiro uma linha completa de moda que vai desde os camisolões e calças pantuffas femininas aos camisões masculinos. Inclui também uma linha de roupa infantil.

Bibba – Rua Maria Quitéria, 68
1.º andar – Tel.: 287-3276

Coleção Primavera/Verão
Decisiva e fascinante a coleção primavera/verão **Golf Poison** para jogos e misturas, padrões e texturas, num estilo marcado pela feminilidade. **Pronta Entrega:** R. João Cachoeira, 1.556 — Tel.: (011) 240-0815 — Itaim.

Do final ainda dourado dos anos 1950, atravessando os contestadores anos 1960, até o *boom* econômico do início da década de 1970 – o "milagre brasileiro" –, disseminou-se pelas principais capitais brasileiras o fenômeno das butiques, uma reação à monotonia da roupa pronta ofertada pelos grandes magazines – como Mappin, Mesbla, Sears, Clipper, Slopper, Garbo etc. –, até então principais pontos de venda de vestimenta pronta no Brasil. Butiques eram, ao contrário dos magazines, lojas pequenas no tamanho, mas repletas de novidades, variedade, identidade e estilo próprios – do nome aos detalhes gráficos, decorativos e, claro, à moda que vendiam. Foram os embriões de várias das marcas e/ou grifes que se projetaram na década de 1980. Podemos subdividi-las em dois grandes grupos: o primeiro vai dos anos 1950 até meados dos anos 1960, quando surgiram sofisticadas e elitizadas, à imitação das boutiques de *prêt-à-porter* idealizadas pelos costureiros europeus (tivemos, inclusive, uma filial da Boutique Jacques Heim, no Rio).

No segundo período – que vai de meados da década de 1960 ao início dos anos 1980 –, as butiques assumiram um jeitão descolado, jovial e abusado, diferenciando-se pela originalidade, seletividade e criatividade dos modelos que penduravam em suas araras. Muitas produziam moda própria, em pequena escala; outras apostavam na importação possível (já que vivíamos tempos de restrições a produtos estrangeiros); mas havia, ainda, as que operavam apenas como selecionadoras de peças de procedências diversas, com a marca da butique ou não. Em todas essas fases e formatos, as butiques tenderam a se concentrar nas ruas ou regiões moderninhas das cidades, alternativas aos velhos centros comerciais formados nas origens das cidades.

No Rio de Janeiro, esta "nova" região comercial foi, na década de 1950, Copacabana; em seguida, Ipanema e Leblon; em São Paulo, a Rua Augusta e imediações se colocaram como comércio alternativo entre os anos 1950 e 1960, estendendo-se, depois, para todo o Jardim Paulista e Itaim Bibi; em Belo Horizonte, os butiqueiros acorreram à Praça da Savassi; e assim por diante... Para a segunda geração das butiques "descolex", a inspiração maior foi a Bibba, de Barbara Hulanicki, em Londres, uma megabutique voltada à moda *hippie* e *underground*, com um andar inteiro dedicado a Mary Quant. Por aqui, a moda das butiques foi especialmente criativa no Rio de Janeiro: "No Rio, começou a tal da 'modinha', como eles chamavam uma moda artesanal de mais expressão, praticamente um *prêt-à-porter* que se fazia em 'fundo de quintal', tinturado, com um pé nos anos 1970, mesmo. Foi o tempo daquela liberação toda de costumes. Ideias jovens contra todo o *establishment* – o estabelecido, o formal, a elite. Era o antitudo... Foi uma concorrência brava com aquelas indústrias que faziam um 'roupinha' para a classe média mais elitizada, mais muito sem expressão; era *tailleur*, mantô e terninho, tudo poliéster porque estávamos sob o império das multinacionais do sintético",[342] reavaliou Costanza Pascolato, então editora de moda da revista Claudia. A pioneiríssima entre as butiques de Ipanema foi a Mariazinha, nome pueril de empreendimento duradouro, derivado do apelido de uma das três sócias fundadoras, Maria Mellin Sweet; as outras duas eram Jane Mellin e Edith Vasconcelos. A vitrine do primeiro endereço – no Bar 20, perto da Rua Henrique Dumond – foi feita com "uma sacada de demolição".³⁴³ A inauguração ocorreu no mesmo fatídico 21 de agosto de 1961 – dia em que o Brasil parou para Jânio Quadros descer de volta a recém-inaugurada rampa do planalto, renunciando à Presidência e abrindo um período convulsivo para a política nacional.

Um ano depois, quando já havia se mudado para a Visconde de Pirajá (perto da Praça Nossa Senhora da Paz), a Mariazinha acolheu uma nova sócia: Mara MacDowell (³⁴⁴), segundo quem, naqueles primórdios, em Ipanema só havia mesmo "açougues, padarias, borracheiros e outras lojas".³⁴⁵ A trajetória de Mara guarda similaridades com a de sua amiga de São Paulo, Sônia Coutinho: ambas começaram como compradoras de grandes magazines – Sônia na Clipper e Mara na Mesbla. E foi justamente a experiência na Mesbla que levou as sócias da Marizinha a convidarem Mara para formar um quarteto. As coleções da Mariazinha eram, então, criadas a oito mãos e apresentadas em casas de amigas: "Os desfiles que nós organizamos eram apenas para amigos e poucos clientes. Até porque estávamos usando casas particulares e não podíamos convidar muita gente".³⁴⁶ A butique vingou e atravessou décadas, com seu *prêt-à-porter* clássico. Em 1987, Mara MacDowell assumiu o controle da butique, que partiu para o atacado e adentrou os *shopping centers*. Em 2001, esta rara remanescente da era das butiques se despiu de diminutivos para se tornar Mara Mac, marca de densa personalidade e em plena atividade criativa.

Em seu Ela é Carioca, uma enciclopédia de Ipanema, Rui Castro destacou as principais butiques do bairro: "No decorrer da década [de 1960], inúmeras butiques abriram, brilharam e fecharam no espaço de um verão. Mas houve as que se firmaram e fizeram a fama do bairro. Por ordem de entrada em cena, elas foram a Bibba (1966-83), de José Luiz Queiroz Itajahy; a Aniki Bobó (1968-80), de Celina Moreira da Cunha; a Frágil (1969-73), de Adriano de Aquino; a Blu-Blu (1972-87), de Marilia Valls; e a Company (fundada em 1972), de Mauro Taubman. Seus proprietários não se limitaram a vestir (ou despir) corpos: por meio das roupas que criaram, eles definiram atitudes, comportamentos e estilos de vida".³⁴⁷

A Bibba-Ipanema foi mesmo a precursora do estilo "udigrudi". Criada por José Luiz Itajahy (1935- ), após uma viagem a Londres, oferecia uma moda sacadíssima e inteiramente "mamada" da *Swinging London*: "Comecei a comprar roupas lá para fazer igual aqui. E como eu digo sempre, não sou estilista de porra nenhuma; eu sou, na realidade, um copiador muito rápido...",³⁴⁸ ele confirmou. Uma espécie de cruzamento do *playboy* dos anos 1950 com o *hippie* dos 1960, Itajahy travou uma verdadeira guerrilha urbana contra o sutiã, e a favor das camisetas coloridas (sempre com logotipo de sua loja na manga esquerda), para ambos os sexos – ou seja, unissex. "Foi um coquetel molotov na moda, porque antes era tudo muito careta. [...] Em Ipanema, só davam minhas roupas. As saias curtas, as escocesas, o *baby-look*, os redingotes, os vestidos

Pequenos anúncios e logomarcas de confecções e butiques do Rio, de São Paulo e de Belo Horizonte; fontes diversas, década de 1970.

abertos meio 'princesa', que elas usavam com muito pouca coisa por baixo. Quanto mais curto melhor. [...] Ninguém entendia roupa manchada, como é que pode? Então, aluguei uma cobertura em cima do meu escritório e lá criava os tecidos, tinturava com corante Guarani e descorava ao sol. Foi um sucesso",[349] recordou o pai da Bibba.

A marca virou objeto de desejo: "Em pouco tempo, quem não tivesse uma camiseta com a marca Bibba-Ipanema estampada na manga era melhor que nem saísse de casa. Itajahy se inspirara na Mic-Mac, a famosa butique de Saint-Tropez, e foi o primeiro no Brasil a fazer *marketing* em camisetas. [...] E, numa época em que repartições, universidades e até alguns restaurantes ainda proibiam a entrada de mulheres de calça comprida, a Bibba subverteu a separação entre os sexos lançando os terninhos femininos (sem nada por baixo) e as camisetas unissex", que deixavam os mamilos em alto-relevo – "então, a ousadia das ousadias".[350] Em fins de 1968, a Bibba promoveu um evento inacreditável para lançamento no Brasil da Pepsi-Cola: "Teve desfile do ator Zózimo Bulbul e da *socialite* Vera Duvivier, direção de Flávio Rangel, chuva de papel higiênico e, nos alto-falantes, a todo o volume, Caminhando, com Geraldo Vandré – isso com o AI-5 recém-imposto e com os militares à cata de Vandré para beber-lhe o sangue".[351] Com o tempo, a Bibba cresceu e foi se moldando ao principal objetivo de todo comércio: crescer e faturar, chegando a uma rede de onze lojas incluindo *franchisings*, com direito a Bibba Man e Bibba Kids – todas nas imediações da matriz.[352] Foi fechada, em 1983, por livre e espontânea vontade de seu criador, inconformado, talvez, com tanto sucesso...

Transadíssimas, as butiques Aniki Bobó e a Frágil foram daquelas que apostaram sem medo na antimoda. O que era antimoda? Pela definição da jornalista Mariza Alvarez de Lima, então colunista de O Cruzeiro, era uma "reação subterrânea na busca da liberdade total; no vestir, a linguagem que foge de dogmas, que ri dos preconceitos e desafia o bom gosto".[353] Trocando em miúdos, era a moda jovem insurgindo contra tudo e contra todos, em particular em oposição à moda adulta "careta" e comportada. A Aniki Bobó – nome derivado de cantiga infantil portuguesa e do nome de um filme de Manoel de Oliveira de 1942 – apareceu em cena dois anos depois da Bibba, criada pela antenada Celina Moreira da Rocha, então com 20 anos, chocando pelo projeto visual "ultrapsicodélico" do artista plástico Gilles Jacquard: "Para começar, ela não tinha vitrine. A fachada era cromada, como a das boates, e o interior da loja só podia ser visto através das letras que escreviam Aniki Bobó, as quais usavam o *lettering* do Yellow Submarine, dos Beatles. Os móveis eram boleados, como os que seriam vistos, cinco anos depois, no filme Laranja Mecânica, de Stanley Kubrick. E as roupas eram unissex, como as calças de veludo amassado, que davam a impressão de molhadas. Celina mandava fazer dezenas de modelos iguais e só variava as cores: roxo, lilás, qualquer uma, desde que não estivesse no arco-íris".[354]

Quais itens a Frágil – do casal Celinha e Adriano de Aquino, ele artista plástico – oferecia à sua clientela? "Calças tipo pijama, roupas de tecido de saco, batas indianas,

sandálias com solado de pneu. A própria loja, na Rua Farme de Amoedo, 72, quase Visconde de Pirajá, era meio *drugstore*: continha uma banca, a Free Press, que vendia revistas de *rock* e objetos *underground*, abrigava exposições e promovia eventos. Era uma das lojas que supria o enxoval tropicalista de Gal Costa, e um de seus modelos, com 16 anos, era Gerald Thomas [futuro diretor de teatro]. Quando veio o píer, em 1971, a Frágil começou a vestir os *hippies* de butique". Para a jornalista de moda Iesa Rodrigues, a Frágil deu "*status* de estilo à roupa artesanal" e recuperou "a graça do estoque disparatado, com calças de carne-seca, saias de retalhos, pantalonas de pelúcia, coisas entre a fantasia e o bazar, perdidas entre móveis de antiquário, caixas de bijuteria, sapatos em crocodilo".[356] Em 1973, Adriano de Aquino "ganhou um prêmio do governo francês, fechou a Frágil e foi embora para Paris".[357] Em 1970, a Smuggler – de Paulo e Terezinha Bianco – foi a primeira butique "cuca-legal" surgida da Rua Prudente de Morais com Joana Angélica, Ipanema, seguindo a mesma trilha dos tamancos suecos, calças pijama, camisas de malharia etc. Mas, como confirmou a revista Claudia: "Quase tudo é importado de países escandinavos. [...] A grande exclusividade da Smuggler são os cintos de couro, larguíssimos, com aplicações de tachas e chaves de todos os tamanhos".[358] Ou seja, tudo muito *pop*, muito londrino...

Igualmente reverenciada pelos bichos-grilos foi a Groovy – gíria em inglês para bacana ou legal – criada por Sônia Galotta () e seu então marido, o *designer* de joias Antônio Bernardo Hermann. "Antônio vende correntinhas, onde se penduram dúzias de berloques esmaltados, em forma de peixinhos, bolas, elefantes, contas. Em 1974, o artesão trabalha com ouro e diamantes e lança um estilo de alianças quadradas, gargantilhas com um cubinho, onde instala um brilhante. Sem exibicionismos, são objetos de estimação, que a carioca usa até para ir à praia".[360] Sônia começara a criar roupas ainda adolescente, "bolando" peças diferentes para a Via Veneto, malharia e loja que seus pais tinham na Visconde de Pirajá, em Ipanema.[361] Depois de criarem a confecção Groovy, surgiu como "consequência natural" a simbiótica butique Sônia Bernardo, na Galeria Nossa Senhora de Copacabana: "Ali eram vendidas roupas da confecção, as joias de Antônio Bernardo e as famosas *meduses* francesas. Além dessas sandálias de plástico maleável, adotadas nas praias europeias para se proteger das pedras, comercializava acessórios variados, um tipo de *boot* de exportação e bijuterias do então universitário de Medicina, Marco Sabino".[362] A moda da Groovy seguia a trilha aberta por Zuzu Angel buscando elementos da tradição brasileira, mas radicalizava no estilo *hippie*. Produziu, talvez, a roupa mais nacionalista da fase bicho-grilo: "Sempre tive mania das rendas e de todas as coisas brasileiras. Uma vez fiz uma coleção toda de chitão, outra vez uma toda de pano de rede. Aprendia mexendo com o material; o pano de rede, por exemplo, sempre esgarçava. Aí tive que olhar uma rede para entender que ela é toda amarrada. Então, fiz uma coleção toda amarrada e, por isso mesmo, com acabamento em franjas. Ficava 'muito louco'... Tudo colorido com a franja em cru; muito *show*; muito *show*... Morais Moreira casou com um pano de rede;

*Pequenos anúncios e logomarcas de confecções e butiques do Rio, de São Paulo e de Belo Horizonte; fontes diversas, década de 1970.*

LA BAGAGERIE CONFECÇÕES LTDA
Rua Farme de Amoedo, 75
s/605 tel: 267-6483

Mau Mau lança seu Departamento de Atacado, exclusivo para lojistas fora do Rio de Janeiro.

MAU MAU
Rua Farme de Amoedo, 75 s/203

Regina Casé também teve uma calça de pano de rede, que ela roubou do Charles Negrita [dos Novos Baianos, com quem Galotta se casou, mais tarde]. [...] Então, eu misturava aquilo que via. Poxa, se está na moda ser doidão, tomar ácido, fumar maconha, minha roupa tem que ser confortável, colorida; não me interessa se a moda é preto, é cinza. Daí o porquê do Caetano Veloso, da Gal, dos Mutantes comprarem o que eu fazia: eu olhava para eles, e não para a Europa, para os Estados Unidos",[363] explicou Sônia, que em 1978 fez um desfile-contestação contra a ditadura militar (já em fase de distensão), num *loft* da Lapa decorado com velas e panos pregados nas paredes, em que todos os modelos (aliás, amigos) desfilaram nus em pelo:[364] "Ao som de chorinho, Sonia Galotta reuniu seus amigos para ver a sua nova coleção chamada Renascimento. Isso aconteceu num sobrado da Lapa, e os manequins eram as vendedoras da loja Sonia Bernardo e amigas, desfilando numa passarela improvisada. Para fazer essa coleção, Sonia aproveitou todos os aviamentos e tecidos que tinham sobrado de sua antiga confecção, a Groovy. [...] Entre os modelos, viam-se roupas com tecidos de rede misturados com cetins de cores vivas e lindíssimas rendas do Norte",[365] noticiou a revista Claudia. Talvez por tanto excesso de irreverência, Sônia não conseguiu se manter em alta na década seguinte, marcada pelo caretismo *yuppie*.

Àquelas alturas, ter butique tinha virado moda; eram pontos de encontro, locais para curtir roupa, falar sobre comportamento. Elas brotavam em série, principalmente em Ipanema, com a mesma facilidade com que desapareciam, muitas vezes por iniciativa de famosas: "Algumas se atiraram tanto ao trabalho que, às vezes, podiam ser vistas até atrás do balcão. Leila Diniz e Vera Barreto Leite, com a Butique 12, na Praça General Osório (onde havia quem vendesse ácido por baixo dos panos), Danuza Leão, com a Voom-Voom, em cima do Zeppelin, de Ricardo Amaral; Marília Carneiro, com a Lê Truc, na Rua Barão da Torre; Zelinda Lee, com a Obvius, na Garcia D'Ávila; Inês Kowalcsuk, com a Point Rouge, também na Garcia D'Ávila, onde trabalhava a monumental Tânia Caldas; Lygia Marina, com a Flash, na Teixeira de Melo; Luiza Konder e Christina Gurjão, com a Flash-Back, na Prudente de Morais, perto do Country (a primeira a fazer um desfile em plena rua e a usar uma modelo negra); e muitas outras".[366] Muitas para além de Ipanema; numa listagem sem datas de início e fim, valendo citar: Podrecca (da Galeria do Bruni-Copacabana), Butique 81 (da Rua Aníbal de Mendonça), Cantão 4, Hippie Center, Marijuana, Maga Patalógica, Mônaco, Movie, Veste Sagrada ("butique desbum de ultraluxo e galeria de arte"),[367] Sorry, Rô-pa, Lelé da Cuca, Lá na Modinha, Papillon, Fruto Proibido, Aquarius (espécie de filial da Fruto),[368] Bum Bum (de Alcino Silva, o Cidinho), Bee, Hyper-hyper, Station, Spy & Great (de Nora Sabbá, criada em 1970), e – ufa! – incontáveis outras, muitas acabando por se tornarem confecções de diferentes portes.

Uma história à parte foi a Blu-Blu, aberta em outubro de 1972 por Marília Valls (1937- ). Depois de passar pela Arp, malharia de Joinvile, SC, e pela têxtil América Fabril, do Rio, Marília decidiu abrir "uma lojinha",[369] na Rua Montenegro, 111 (mais tarde rebatizada Rua Vinícius de Moraes): "Ipanema era ainda um posto de vendas a ser desbravado. [...] Começamos vendendo blusas – daí o nome da butique, sugerido pelo [artista plástico Eduardo] Sued [marido de Marília] – porque não havia dinheiro suficiente para comprar tecidos para saias",[370] ela justificou. As coisas evoluíram e vieram coleções por estação: "Quem viveu as delícias da década de 1970 nunca há de esquecer o toque romântico das rendinhas e dos babados das roupas da Blu-Blu. [...] A Blu-Blu não fugiu à regra de estar atenta às tendências internacionais, mas sempre as adaptando ao nosso gosto, à nossa subjetividade, à nossa maneira de sonhar o mundo"[371] – detalhou Marília, que herdara da mãe – também costureira e chapeleira – e passara à filha, Biza Vianna, o gosto pela moda. A primeira gerente da loja foi Regina Martelli – depois jornalista de moda –, e logo de cara as "blusas brancas da marca viraram um objeto de culto da estação; além delas, estouraram também as camisetas com estampas inovadoras, sempre comentando algum fato atual, ou resgatando figuras do universo *pop*, como Betty Boop e Tio Patinhas".[372] Bem ao jeito despojado da época, a Blu-Blu promoveu *shows*-desfiles a céu aberto, a partir de 1973. Eles eram realizados em passarelas montadas no estacionamento em frente à loja, "com os passantes aplaudindo as coreógrafas sensuais que rompiam de vez com a formalidade anterior ligada a esse tipo de evento".[373] As "manecas" eram Xuxa Lopes, Isis de Oliveira, Débora Bloch, Betty Lago, Monique Evans, coreografadas pelo dançarino Paulo César de Oliveira e por Biza Vianna – filha de Marília. A butique e confecção chegou a ter 60 empregados e estamparia própria: "Era uma minifábrica",[374] afirmou Marília. "Muitas saias e sobressaias coloridas, franzidas e embabadadas foram o ponto forte da coleção para o outobro-inverno 77 da Blu-Blu. As mangas são fartas e as batas continuam, em cambraia de linho ou seda pura, lembrando *Belle Époque*",[375] descreveu a revista Claudia.

Em 1978, a dona da Blu-Blu integrou o Grupo Moda Rio, ao lado de Biza Vianna, que também criava modelos para a marca da mãe e, depois, teve luz própria na moda carioca: "A Blu-Blu nunca teria sido o que foi se não fosse a Biza; sem ela eu talvez tivesse montado uma espécie de Celeste Moda",[376] reconheceu Marília – referindo-se a uma casa convencional do Rio. As ousadias da Blu-Blu podem ser conferidas numa descrição do Jornal do Brasil, sobre coleção de 1979: "As manequins mostraram camisetões com *leggings* (perneiras) listradas, de poás gigantescos, saias e vestidos de algodão que desvendavam pernas queimadas pelo sol (até no inverno, afinal, estamos no Rio), decotes tomara que caia com casaquinhos curtos, camisas de seda, muita roupa colorida".[377] Mais de dez anos depois, em 1987, com a economia do país aos solavancos, a Blu-Blu, que chegou a ter duas filiais, não resistiu e fechou as portas – até porque a era das butiques havia se esgotado: "O motivo foi muito simples: os *shopping centers* apareceram e o mercado começou a se transformar"[378] – resumiu Marília, que passou a atuar como consultora. Com a chegada dos *shopping centers*, o mercado se transformou de fato, mas nem todas as marcas surgidas na era das butiques ficaram de fora dele. Algumas

*Pequenos anúncios e logomarcas de confecções e butiques do Rio, São Paulo e Belo Horizonte; fontes diversas, década de 1970.*

poucas, diga-se, conseguiram se tornar redes e adentrar os grandes templos de consumo. Aliás, como as redes de lojas dos *shopping centers* – padronizadas do letreiro à decoração e embalagens –, nada mais são do que butiques em série... Um exemplo de butique que virou rede de *shopping* foi a carioca Richards, criada por Ricardo Dias da Cruz Ferreira (1945- ). Aos 16 anos, Ricardo "Charuto" – seu apelido – era um surfista do Arpoador e praticante de caça submarina. Para descolar uma grana, passou a vender cintos artesanais e, mais tarde, após uma viagem a Londres – aliás, sempre depois de uma viajem a Londres –, ele descobriu a moda jovem e passou a investir em *t-shirts* (camisetas) com frases e desenhos *pop* em *silkscreen*, copiados dos *buttons* – que faziam um sucesso doido na época. Com os irmãos Otávio e Eliane, Ricardo abriu, em 1968, uma butique na Rua Carlos Góes, no Leblon: a Krishna, "minúscula, mas repleta de camisas que iam do modelo *western* às tropicais tinturadas".[379] Mas Ricardo quis, em seguida, dedicar-se apenas à roupa masculina e criou, sozinho, na mesma rua, a Mr. Krishna, que em 1974 passou a se chamar Richard e se tornou mais diversificada: "Além dos *jeans* desbotados, revolucionou o mercado com o estilo desestruturado".[380] A Krishna sobreviveria até 2006,[381] sem se expandir.

Já a Richard, da loja no Leblon partiu para Copacabana e Ipanema, iniciando uma rede que no final dos anos 1980 foi para dentro dos *shopping centers* e, em 2010, somava dezenas de unidades espalhadas por todo o país. O mesmo poderia ter ocorrido com a Company, caso seu criador não tivesse morrido tão cedo: estabelecida em 1973 por Mauro Taubman (1951-1994) e mais três sócios, a Company teve uma trajetória inicial muito parecida com a da Richard. Formado arquiteto pela Faculdade Santa Úrsula, Mauro havia começado fazendo bijuterias e cintos; depois, partiu para os vestidos: "Ele entendeu que o mercado mudara e inundou-o de camisetas, bermudas, sapatos, bonés, bolsas, cintos, mochilas".[382] A primeira loja da Company – um velho sobrado de dois andares típico do bairro – "foi pintada de verde e azul e rapidamente tornou-se o ponto focal de um estilo entre o *surfwear* e o *rock*, atualizado, mas acessível, que incluía vários modelos de calças de brim especialmente importado da Argentina, as célebres camisas polo de mil cores, com o 'C' de Company bordado do lado esquerdo do peito e, a cada verão, muitas novidades com pinta de terem vindo direto de Nova York, Londres, Los Angeles ou Havaí".[383] Da loja em Ipanema, Taubman e seu sócio Luís de Freitas Machado expandiram nos anos seguintes com uma rede em várias cidades. "Foi a primeira grife de Ipanema a conquistar expressão nacional e, apesar disso, continuar 'Ipanema'. [...] Mauro percebeu a força das novas causas e investiu nas camisetas com mensagens. [...] Uma de suas últimas campanhas foi a do alerta contra a Aids. Por ironia, foram as decorrências da Aids que o mataram – justamente quando sua marca movimentava milhões de dólares e ele parecia invencível".[384] As últimas lojas da Company se fecharam em 2003.

*Detalhes das ilustrações da seção de Martha Alencar; Figurino Moderno, Ano I, Nº 6, dezembro de 1966.*

# Augusta, a 120 por hora...

Na pauliceia as butiques tiveram, também, um movimento comercial bastante representativo: "O mais legal era 'bater perna' na Rua Augusta, coisa super *fashion*, onde, na Paraphernalia [...] com jeito da *Swinging London*, comprava-se a bolsa metálica de Paco Rabanne (tenho até hoje, um dos meus fetiches) e ia-se em linha reta para a Rastro, onde Aparício Basílio da Silva lançava sua colônia *cult*, hoje incorporada ao *Made in Brazil*, e misturava roupas exclusivas com obras de arte, com rodadas de vinho *rouge* e muita conversa boa com a fina flor da cultura local. Foi lá que lancei meu primeiro livro, 1.440 Minutos de Mulher, que contou até com a presença de Dener, entre elegantes quatrocentonas, artistas, *fashion people*; uma maravilha! Eu usava coque com cachos – era a grande moda; chegava-se a colocar 200 grampinhos invisíveis – e um *tailleur* [estilo] Chanel da Pull-Sport de *tweed* cinza, musgo claro e rosa, cópia das boas!",[385] descreveu a jornalista de moda Gilda Chataignier, testemunha ocular do período.

Na cronologia das ousadias augustianas, a pioneira foi a Rastro, de Aparício Basílio, mistura de peças de roupa chiques com acessórios e decoração. A segunda mais marcante no pedaço foi a Drugstore, de 1966 – que atravessaria pelo menos uma década e chegaria a ter unidades em *shopping centers*. Em 1985, a então gerente de compras da *boutique*, Circe Faldini, afirmou: "Na época áurea, o *jeans* chegou a representar 60% do nosso estoque".[386] Fixada na Alameda Franca, a Paraphernália, foi criada em 1968 por Lydia Chammis (1940- ) em sociedade com Guaracy e se tornou outro ícone da região: "Quem gostava mais de moda era eu; mas ela [Guaracy] também acompanhava as novidades e a ideia da loja deu certo. Na época, ela estava casada com o Thomaz Souto Corrêa, diretor da Editora Abril, e viajava muito para o exterior; então, isso ajudou bastante. Ela trazia os modelos que reproduzíamos aqui, além daqueles que a gente mesmo inventava",[387] recordou Lydia. A loja chegou a ter sua própria fabriqueta, explorando a minissaia: "As roupas curtas faziam tanto sucesso que, em determinada estação, chegamos a vender 200 vestidos iguais, tipo Mary Quant. Com a fábrica, já estávamos vendendo para outros estados, para outras lojas".[388] Após um incêndio em 1974, a

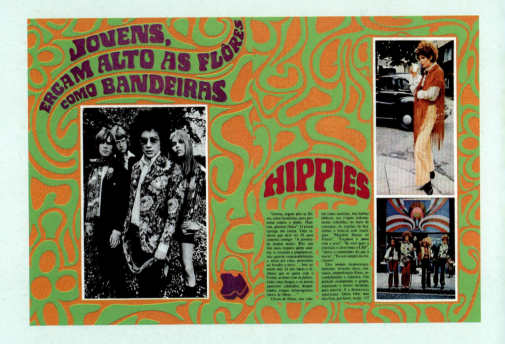

*Editorial sobre moda* hippie; *Claudia, Ano VIII, nº 77, fevereiro de 1968.*

Paraphernália ressurgiu das cinzas, com um desfile "que fechou a Alameda Franca; teve festa na calçada",[389] relembrou Lydia, que mantinha sua loja ativa em 2010 – sem sair do lugar de origem.

Em 1970, a epidemia das butiques com nomes "bem sacados" acometeu toda a região da Rua Augusta: apareceram a Kleptomania, a Freedom, e a Mondo Cane. "Vizinha da Paraphernália, também, havia uma outra loja incrível chamada Bípede [...]. Eu achava inteligente pôr um nome como este numa loja só de calças. Foi o momento em que São Paulo começou a ter interesse por moda",[390] delimitou Traudi Guida. Talvez fosse mais exato dizer que fora o período em que a "moda jovem" se expressou com força em São Paulo.

Em tempo, houve – ainda – a loja Ah! Se Eu Pudesse Arfar nos Braços Argentinos de Angelita – sim, o nome era isso tudo mesmo, mas para os íntimos podia ser simplesmente Angelita. Aliás, foi lá que decolou a carreira – de voo longo – de Traudi Guida, que, "como a maior parte dos 'butiqueiros' do seu tempo, começou de uma relação quase casual com a moda: 'Fui trabalhar lá [na Rua Augusta], porque a gerente da loja, minha vizinha de rua, achava que eu era uma pessoa 'transada' e, por isso, daria uma boa vendedora. Comecei a trabalhar só à tarde, porque de manhã fazia faculdade de Direito",[391] ela relembrou. Angelita era uma loja evidentemente *hippie*, aliás, era uma espécie de filial paulista de outra histórica butique dos anos 1970, no Rio, a Hippie Center – podes crer –, ambas boladas por um empresário norte-americano, o Joe...

Um ano depois de se iniciar na Angelita, Traudi sentiu-se segura para saltar da condição de vendedora para dona de butique – indo já muito além da Augusta: "Alugamos uma lojinha na Rua Tabapuã [no Itaim Bibi], e a Snupy surgiu. O Joe, dono da Angelita, deu a maior força; me ajudou a montar tudo com pouquíssimo dinheiro. Foram dele as dicas para fazer os balcões com caixas d'água, pintar as paredes de laranja etc. A ideia por trás da Snupy era a de uma loja de conceito. [...] No início o perfil era calcado em uma mulher de vinte e poucos anos. E no *mix* vinha de tudo um pouco: tinha a marca Printemps, de Belo Horizonte; o Georges Henri [Rio], o San Sebastian [também do Rio, criada por Simon Azulay] – que depois [em 1979] virou Yes Brazil. A gente tinha todas as etiquetas que eram consideradas *top*, com as confecções cariocas e as mineiras – que faziam muito sucesso nessa época".[392]

A maior parte das butiques do período era guiada pela intuição de seus donos: "Tudo o que era feito naqueles dias era na base do *feeling*. Não tinha *marketing*, não tinha nada. As coisas iam acontecendo, nada era planejado",[393] explicou Traudi, confirmando também que a moda *hippie* de São Paulo vinha, em maior parte, de Minas (veja só!) e do Rio. "Não havia o que comprar aqui em São Paulo. Só existia Cori, Lastri, Quatre Saisons, Atelier Parisiense, essas coisas... E essa era uma época de muito consumo. Quando íamos ao Rio buscar peças era aquela humilhação: 'Ah, não sei se vai ter roupa para você...' [...] Em São Paulo, só havia a Iara Neiva e o

Renato [Kherlakian, depois criador da Zoomp], que tinha uma roupa bem no estilo [*hippie*]; veludos molhados e essas coisas... A Glória [Coelho], que tinha chegado de Londres, trouxe todas aquelas gazes, bandagens, aquelas saias compridas, as batas amassadas... [...] Uma que me procurou na época para vender suas peças foi a Clô Orozco. Roupas feitas na panela, literalmente. Costurava-se e punha-se para tingir na panela. Ela tinha uma loja de multimarcas e resolveu começar a confeccionar essas gazes amassadas, tinturadas; tudo muito *hippie*".[394]

Ou seja, da moda *hippie* germinariam muitos girassóis da moda do Brasil: a própria butique de Traudi serviu como "laboratório" para muitos dessa geração que despontava, como Renato Kherlakian e Glória Coelho. O passo seguinte da "butiqueira" foi abrir uma loja de saldos, "uma espécie de liquidação eterna", que se chamou Estoque, no local: "onde era a Snupy; e a Snupy foi para a Rua Mário Ferraz, uma localização mais nobre".[395] Butiques atendiam, evidentemente, apenas aos chamados "*hippies* de butique". Porque para um *hippie* praticante, capaz de dizer um não redondo ao consumo, as butiques estavam completamente por fora... Eles preferiam o comércio popular do Saara – no Rio – ou do Brás, em São Paulo, onde compravam roupa usada em brechós – "havia o Lixão, no Shopping da Siqueira Campos [no Rio] [...] onde sempre rolavam altos *shows*. Criado como filial de uma loja do Saara, o Lixão vendia Lees e outras calças descoladas por 30 cruzeiros; e quem não corresse para pegar a melhor dançava".[396] E havia, ainda, as chamadas feiras *hippies*, como as da Praça da República, em São Paulo; da Praça General Osório, em Ipanema, Rio de Janeiro, e da Praça da Liberdade, em Belo Horizonte, replicadas em variantes pelo país afora. Todas repletas de bijuterias de arame retorcido com miçangas e vidrilhos; bolsas de couro e lã de lhama; chinelões de sola de pneu e tamancões; coletinhos bordados, camisetas estampadas em *silk screen*, batas e túnicas tingidas com corante e manchadas com amarrações de barbante... E viva o *tie-dye*!

Em meados da década de 1970, a era *hippie* entrou em extinção e, com ela, foram-se também as butiques da fase ingênua e intuitiva, submersas sob o consumismo dirigido pelo *marketing* agressivo dos *shopping centers*. Muitos dos criadores da moda jovem do período viraram fósseis; talvez, como acredita Traudi Audi – porque "essas pessoas tenham tido mais afinidade com o movimento que gerava aquela roupa e, por isso, não acompanharam o movimento das coisas".[397] Apenas uma parcela fez a travessia entre essas duas eras de extremos: Traudi está, evidentemente, entre os que conseguiram: ela soube se recriar, depois de fechar a Snupy, por meio da Le Lis Blanc, que sobreviveu como uma das grandes redes em atuação no segmento *shopping*: "Era uma mercadoria para a mulher da Snupy, com um baita preço melhor (sic). Era uma roupa exclusiva em pequena escala. Não tinha como dar errado",[398] ela explicou, exata, o que tornou a Le Lis Blanc seu negócio mais perene.

# A liberdade é azul e desbotada

Antimoda foi um termo que circulou, no final da década de 1960, associado à contestação pacifista e *hippie*, e a um movimento que objetivaria pôr fim à própria moda. Surgiu em meio às passeatas de protesto, aos festivais de *rock* e *shows* tropicalistas, às comunidades rurais frustradas e, paradoxalmente, podia ser ouvido até nas butiques mais descoladas da época. Avessa a qualquer requinte elitista e à monotonia da roupa em série, a antimoda preconizava uma roupa com estilo, mas despojada. Seus ícones maiores eram o *jeans* e a camiseta – roupas que, aos olhos das elegantes e refinadas vestimentas dos anos 1950, por exemplo, não eram mais do que trajes rudes, operários.

Mas a antimoda, depois chamada moda jovem, transformou radicalmente os padrões então predominantes no mercado, em nível internacional, pondo abaixo uma moda que tinha o papel de fazer a distinção entre as classes sociais, portanto, imposta de cima para baixo. A sociedade urbana contemporânea, estruturada na produção em massa, não comportava mais esse modelo advindo do artesanato elaborado dos alfaiates e costureiras ou, ainda, da sofisticada alta-costura. Ele foi substituído por um novo padrão de vestes práticas, fáceis de lavar, passar, conservar e com menor diferenciação entre os gêneros, mas nem por tudo isso desprovidas de expressão de moda. É inegável, portanto, que a moda jovem tenha representado uma fase de transformação radical: pela primeira vez na história contemporânea, os padrões de vestir surgiram de baixo para cima, mudança comportamental bastante significativa.

E o mercado sentiu a força dessa guinada: as confecções mais antigas que haviam se instalado no Brasil a partir da década de 1920, habituadas a copiar a moda de Paris ou a industrializar roupas padronizadas da velha alfaiataria, tiveram dificuldade em interpretar os novos códigos da moda e se adaptar ao novo momento – em especial as maiores e, por isso mesmo, com menor margem de manobra para corrigir erros, num território sob o comando do transitório. A maior parte delas fechou as portas. Para ocupar seu espaço, surgiram e cresceram novas empresas mais atinadas com as intenções de vestir das novas gerações.

Assim, a moda jovem, surgida inicialmente nas ruas e, na sequência, em pequenas butiques que produziam de modo semiartesanal, se desenvolveu e acabou por se tomar central na cena da moda em série brasileira, seguindo uma tendência nitidamente norte-americana e inglesa. "Se nos anos 1960 uma vanguarda colocou em xeque toda a sociedade, modificando os valores e modos, até mesmo seus objetivos, as décadas seguintes promoveram uma espécie de 'filtragem' dessa revolução, ou melhor, um 'assentamento'".[399] Percebendo logo os benefícios que a tal moda jovem lhes trazia, as grandes fabricantes de roupas para trabalhadores – ou seja, camisetas e calças rústicas – trataram de se aliar ao movimento, reforçando as ideias de liberdade e conforto no vestir que representavam. No Brasil, o maior fabricante de camisetas em malha de algodão já era, então, a Hering, de Blumenau, SC. Uma publicidade de 1968 da empresa demonstra claramente que ela reconhecia o novo uso que os jovens davam ao seu velho produto. Ilustrada com foto de um rapaz pintando desenhos e frases em inglês em uma camiseta da marca, a peça dizia: "Os jovens e as jovens da onda *hippie* encontraram um novo uso para as nossas camisetas. Muito divertido. Hering não vende camisetas já pintadas. Prefere deixar esse pequeno trabalho ao gosto e à 'moda' de cada um".[400] Evidentemente, logo a empresa mudou de ideia a esse respeito e passou a vender as camisetas já coloridas e estampadas...

Quando a popularidade das camisetas explodiu, "os Hering já possuíam uma indústria montada em sólidas bases e podiam implementar com competência as providências necessárias para atender à demanda. Estavam no lugar certo, na hora

*Publicidade das calças e jaquetas em índigo blue US Top, fabricados pela Alpargatas; São Paulo, SP, julho de 1977.*

## CAMISETAS: *OUTDOORS* AMBULANTES

A irreverente moda *hippie* vinda dos EUA e da Inglaterra, a partir de meados da década de 1960, propôs, como parceira inseparável do *jeans*, uma descontraída *T-shirt*, ou seja, uma camiseta em meia malha de algodão – velho item da roupa íntima masculina, usada sob as camisas para aquecer ou conter o suor. No Brasil, essa moda recebeu adesão imediata e maciça, até porque, já desde muito, era hábito entre trabalhadores imigrantes, vindos da Europa, tirar a camisa de cima e ficar só de camiseta.

Ao saltar da roupa íntima para virar roupa de fora, a camiseta recebeu incrementos, ou seja, passou a ser interferida, a receber cor e manchas, no princípio artesanalmente, com tinta para tecidos Guarany. Mas logo passaram a ser industrializadas em cores e com impressões de símbolos juvenis, como o símbolo *hippie* de paz e amor e frases divertidas ou de protesto – o próprio peito usado como *outdoor* que expressa as ideias e a personalidade do usuário. Daí por diante, a camiseta virou item essencial da moda contemporânea.

certa."[401] Mas, certamente, não eram os únicos no páreo. Lá mesmo, em Blumenau, SC, existia um verdadeiro polo de congêneres: a Malharia Blumenau S.A. (Mafisa), foi criada em 1929; havia ainda a Maju Indústria Têxtil Ltda. (de Cecília Lischke); a Fábrica de Malhas Thillmann S/A; a Sulfabril, criada em 1947 por Paulo Fritzche (malharia e camisaria); a Marisol, que apareceu em 1964 fazendo chapéus de praia (daí a junção de mar e sol) e passou às malhas infantis e juvenis; a Malwee que nasceu em pleno calor da onda jovem, em 1968, fundada por Wolfgang Weege. Para essas e várias outras que apareceram em diversas regiões do país, a camiseta em malha de algodão – nos modelos regata ou *T-shirt* (o T se refere ao formato da peça, com as mangas abertas) – era produto referencial, cumprindo papel de item básico da moda jovem por sua praticidade e, ainda, por servir como veículo para propagação de ideias: "[...] tradicionalmente usada como roupa de baixo, com a única serventia de poupar a camisa do desgaste produzido pela transpiração – ou na melhor das hipóteses, servir de uma proteção a mais contra o frio –, de uma hora para a outra – abruptamente, pode-se dizer – transformou-se em símbolo de uma geração, porta-voz das suas ideias e esperanças, como aconteceu na década de sessenta".[402]

Ao lado do *jeans*, seu parceiro mais fiel, a camiseta pulou para o lado de fora da roupa vestindo "rebeldes sem causa" propagados por Hollywood, em filmes desde o início dos anos 1950, a começar por Marlon Brando que exibia seus bíceps sob a malha colante de uma camiseta em Um Bonde Chamado Desejo (A Streetcar Named Desire, 1951), seguido por Paul Newman, James Dean, Elvis Presley e dezenas de outros astros de menor expressão. A camiseta e o *jeans* foram se fixando como símbolos de juventude e inconformismo, mas só se tornaram moda generalizada a partir da segunda metade da década de 1960. As camisetas eram tingidas (com ou sem manchas) e/ou estampadas com desenhos ou frases – como *make love, not war* ao lado do símbolo *hippie* de paz e amor. Não tardou, também, para que as empresas as vissem como eficiente veículo de propaganda: os primeiros registros de seu uso publicitário foram por torcidas organizadas, como as que vestiram camisetas promocionais da General Electric na Copa do Mundo de Futebol, ainda em 1962, no Chile, e, depois, da Ducal, na Copa de 1966, na Inglaterra. Em 1977, a Shell "distribuiu milhares de camisetas com a estampa do elefantinho, que costumava adotar como símbolo. [...] e o Bradesco na década de 1970 lançou uma campanha com o lema Vista a Camisa do Bradesco, distribuindo milhões de camisetas".[403]

A camiseta ganhou também variações de modelos – golas, mangas e corpo com recortes e acabamentos diferenciados: "Todo mundo ficou bem com o antigo símbolo de contestação."[404] No Brasil, além de tudo, era ideal ao clima tropical, proporcionando "frescor, charme, simplicidade e conforto."[405] O mesmo talvez não se pudesse dizer de seu companheiro quase inseparável, o *jeans*, segunda peça mais importante do guarda-roupa básico da moda jovem. Já em meados da década de 1960, as gerações brasileiras mais jovens, estavam fascinadas pelo *jeans*. Havia, porém, poucos modelos similares disponíveis em nosso mercado, como as calças Far-West – produzidas por um grupo de confecções vinculado à Alpargatas, tinha a péssima qualidade de não desbotar jamais...[406]

Só no início da década de 1970, apercebendo-se de que a onda jovem era novo *establishment*, têxteis de porte começaram a fabricar por aqui o *denim* índigo *blue*. Mas, até que isso ocorresse, vários modelos similares ao *jeans* foram lançados, sem que nenhum atendesse plenamente aos desejos do mercado. O contrabando de calças Lee ou calças americanas – como elas eram conhecidas – foi se tornando crônico, quase um problema de segurança nacional (as importações eram exíguas e controladas). Em 1965, a Alpargatas lançou as calças Topeka, já em confecção própria: "Uma calça americana feita de um brim que tinha aparência e o toque das americanas, mas não desbotava. [...] O produto, dirigido para os jovens, fazia-se acompanhar de uma opção de modelo, o *five pockets*, em duas cores – gelo e mescla especial. Vendeu bem, porém, ainda faltava alguma coisa. A cor não agradava, não desbotava, perdia para o artigo 'importado'. A perna era afunilada e relutava-se em alargá-la".[407] Ou seja, continuava faltando o índigo *blue*...

Ao montar estrutura de confecção própria – por conta de "uma verdadeira disputa de preços"[408] entre suas terceirizadas, com as quais produzia a antiga Far-West –, a Alpargatas acabou também provocando o surgimento de concorrentes, que antes eram suas aliadas. "Nós recebemos uma caravana com dois advogados e um cantor; eles foram nos visitar propondo que produzíssemos a calça Calhambeque. Era uma marca do Roberto Carlos; e nós chegamos a fazer 8,5 milhões de calças Calhambeque",[409] relatou Roberto Chadad, então dono da Confecção Chadad (na década de 1970, McChad), situada em Santos, SP, e, depois, presidente da Associação Brasileira do Vestuário (Abravest). Mas não apenas a Chadad foi convidada a produzir a calça Calhambeque; outras antigas fabricantes da Far-West foram licenciadas pelo rei da Jovem Guarda, como a Star Roupas (depois, Staroup) que – na crista da onda – fabricou e faturou, ainda, com as marcas Tremendão e Ternurinha, todas associadas aos ídolos máximos do movimento musical: Roberto Carlos, Erasmo Carlos e Wanderléa. Esses produtos eram, normalmente, licenciados para um *pool* de confecções, que reproduziam modelos padronizados. A Calhambeque, por exemplo, era feita com um tecido tipo *pied-de-poule* acinzentado, em modelo único, com corte Saint Tropez (ou seja, de cós baixo), com três botões na frente e boca de sino. "Fizemos até 1969; acabou porque as confecções do Brás começaram a piratear a etiqueta Calhambeque. Pelo contrato que tínhamos com o Roberto Carlos, pagávamos um cruzeiro por 'etiqueta' vendida e tínhamos direito a dois *shows* para promover o produto. Fizemos em Santos, e tinha mais de 15 mil pessoas na rua...",[410] relatou Roberto Chadad. Tanto a Confecção Chadad como a

## HAVAIANAS

Em 1962, a São Paulo Alpargatas S.A. lançou um produto extremamente popular que acabou se tornando item da moda brasileira de reconhecimento internacional: as prosaicas sandálias Havaianas, um calçado de borracha e plástico – inspirado nas sandálias de dedo japonesas, chamadas *zori*, as quais prendiam a sola com tiras que ficavam entre os dedos –, em cores variadas com a palmilha sempre na cor branca. Mais uma vez, a companhia apostava em um calçado popular, de custo reduzido, similar no conceito às antigas Alpargatas Roda, o calçado de corda e lona que havia dado nome à empresa. Num país em que uma grande massa populacional andava descalça, o sucesso das Havaianas foi enorme. Tanto que logo surgiram várias similares no mercado e a empresa foi obrigada a lançar uma campanha fazendo a distinção entre "as legítimas" e "as fajutas". Posteriormente, as sandálias Havaianas ganharam *status fashion* como uma espécie de identidade nacional em *design* de moda e passaram a ser cobiçadas pelo consumidor estrangeiro.

Star Roupas eram empresas fundadas por imigrantes europeus, atinados com o crescimento da demanda por roupa. A Star havia sido criada por János Gordon, húngaro de Budapeste, que se instalou no Brasil em 1952, já com formação e tradição familiar no segmento. Seu maior sucesso em vendas, porém, aconteceria alguns anos depois...

O maior destaque no comércio de calças tipo *jeans* no mercado brasileiro, na segunda metade da década de 1960, foi mesmo da Topeka. Depois dela, só sua sucessora, a calça US Top (Top de Topeka, claro!). Foi em 1972 que a Alpargatas, finalmente, passou a fabricar o verdadeiro *denim* índigo *blue*, lançado na XV Fenit sob o *slogan* "Liberdade é uma calça velha, azul e desbotada",[411] alardeado em revistas juvenis. Eram produtos de confecção própria, com a etiqueta US Top, feitos em tecido devidamente desbotável – pelo uso e desgaste natural, para quem tivesse paciência de esperar. Num primeiro momento, a Alpargatas não abria a venda de seu *denim* índigo *blue* – de um azul-marinho intenso – ao mercado confeccionista em geral, preservando-se de concorrentes. Isso foi possível por algum tempo, mas em 1974 apareceu o *denim* da Sudantex, instalada no Rio de Janeiro e, em 1975, a Santista, em São Paulo, passou a produzir o seu. Naquelas alturas, já tínhamos tecido para *jeans* em escala suficiente para suprir a demanda interna, em diferentes tonalidades de azul. A competição se estendeu, então, para o campo da criação de moda com *denim*: tinham início os chamados anos azuis.

## Moda jovem, Gledson e Ellus

Nada foi mais exemplar da guinada que a moda sofreu, no Brasil da década de 1960, do que a trajetória tão vitoriosa quanto improvável da Gledson – confecção desbravadora do segmento jovem em território nacional, muito antes que tivéssemos aqui a fabricação do *denim* índigo *blue*. O nome da empresa – aparentemente anglo-saxão, na pronúncia e grafia – teve origem bem mais trivial: era o nome do criador da empresa, Gledson José Assunção, nascido na pequena Passagem de Mariana, MG, em 1937 (vilarejo localizado entre as cidades históricas de Ouro Preto e Mariana), radicado em São Paulo desde a infância. Veja-se aí uma novidade notável: pela primeira vez na história de nossas confecções, não se tratava de um imigrante de origem judaica ou sírio-libanesa trazendo influências da moda europeia na bagagem, e sim de um nativo mineiro.

Nascido em família de poucas posses, Gledson José contou que aos 14 anos já trabalhava como camelô: "Eu vendia pente de tartaruga a 1 mil réis na Rua Direita. Depois, comecei a vender roupa na feira livre. Eu comprava no Brás, na Rua Maria Marcolino e na Rua Oriente. Tirei uma licença de feirante no nome da minha mãe, porque era menor de idade."[412] Em vez de conhecimentos sobre moda francesa, ele foi acumulando a preciosa vivência de vendedor. Foi assim por cerca de 10 anos, vendendo roupas que comprava nas confecções do Brás, nas feiras livres, outra tradição paulistana. Em 1961, ele deu um passo além ao montar uma fabriqueta na garagem de sua casa, no bairro do Itaim, para produzir aventais. "Mas não deu certo, porque eu não entendia nada de confecção. Sabia qual roupa vendia ou não vendia, mas era ainda um cego em confecção",[413] ele recordou. Mesmo assim, insistiu no ramo e, em 1959, em sociedade com seu irmão José Geraldo, instalou a Confecções Gledson – registro que seria oficialmente obtido em 1963 – num galpão alugado ali mesmo no Itaim, onde começou a fabricar conjuntos femininos e camisas infantis, com resultados, na verdade, ainda bem desanimadores.

*Publicidade de moda jovem da Gledson; São Paulo, SP, maio de 1976.*

O que o sustentava eram mesmo as roupas vendidas na feira, de procedências diversas: "Meu maior sofrimento era que todos fabricavam 'uniformes': havia apenas camisetas branca, azul-claro e amarelo-claro; mais nada. E os botões eram sempre os mesmos; os colarinhos idênticos; as calças variavam apenas nas cores bege, preto e azul-marinho. Ninguém se atrevia a fazer algo diferente; as indústrias eram limitadas e padronizadas",[414] relembrou. Enjoado da mesmice, Gledson José decidiu fazer a diferença por conta própria: fabricar camisas com jeitão de *cowboy* urbano, no estilo das usadas pelo Tremendão Erasmo Carlos, ídolo da Jovem Guarda: "Passei a produzir camisas xadrez mais largas, com zíperes na frente, bolsos dos lados e golas brancas."[415] Depois, ele fez modelos unissex: camisas longas, "quase um vestido",[416] abertas na frente, que interessam a ambos os gêneros, em popeline cor-de-rosa, vermelha e roxa.

E não é que as camisas diferentes da Gledson emplacaram! A moçada gostava e a demanda cresceu. Em 1961, ele precisou aumentar a produção e se transferiu para um galpão mais espaçoso, na Rua Clodomiro Amazonas, 1.320, endereço onde permaneceu durante toda a década de 1970. Gledson José estava conseguindo enxergar, a partir das ruas, os desejos de um grupo de consumidores desprezado pela maior parte das confecções da época: "O Brasil era um país de jovens, fazendo roupas para velhos. Comecei a fazer roupas para jovens; meu forte foi fazer aquilo que o público queria comprar. Havia mercado, mas não havia o produto."[417] Sua criação era, ainda, intuitiva: no final da década de 1960, pediu a amigos que trouxessem camisas dos Estados Unidos (naquela época, ele não costumava viajar ao exterior para ver as propostas da moda internacional). Recebeu camisas com tecidos estampados chamativos, referência que aplicou em sua confecção. "Mas não era cópia; fazíamos mudanças; roupa americana não era

o que o brasileiro queria. E se houvesse uma flor grande estampada, eu substituía por uma margaridinha",[418] contou.

Naquelas alturas, mais especificamente no ano de 1966, a Gledson agregou um novo colaborador: um garoto recém-chegado à capital paulista da cidade mineira de Formiga, que viria a desempenhar papel importante na empresa e na história da moda brasileira: Nelson Alvarenga Filho (1949- ) tinha 16 anos e trabalhava numa gráfica chamada Macron, ali mesmo no Itaim, quando conheceu seu futuro patrão: "Eu atendia no balcão e comecei a desenvolver, junto com o Gledson, cartão de visita, papel de carta, embalagens, caixas de camisa... Sempre com a ideia de fazer alguma coisa diferente. Tanto que o *slogan* da Gledson foi, durante anos, 'Gledson, uma camisa diferente', escrito na caixa... Um ano depois, o Gledson me convidou para trabalhar com ele e dobrou meu salário. [...] Entrei na Gledson como auxiliar de escritório; tinha 13 funcionários na época. Era uma pequena fábrica só de camisas. Só tinha um cargo no escritório; fui o segundo...",[419] contou Nelson, que se fixou na empresa por mais tempo do que podia prever. Dois anos depois, ele deixou de lado o sonho de fazer Medicina para assumir o cargo de gerente; tinha apenas 18 anos.

A partir do momento em que se tornou gerente, Nelson começou também a dar palpites na área de produtos: quem desenhava a roupa diferente da Gledson, desde o início, era a esposa de Geraldo José, o irmão-sócio de Gledson José, Yoriko Assunção (1942- ) – mais conhecida como Maria Japonesa [420]. "Fiz dupla de criação com a Maria. Por quê? Porque eu estava com 18 anos e estava acontecendo toda aquela grande mudança que considero a maior transformação sociológica do século passado, que foi o movimento *hippie*, a liberação sexual, paz e amor, contestação, anticonsumismo; aquele negócio todo... Minha mãe estava morando naquela época nos Estados Unidos. [...] Me deram férias e eu fui para lá. Aluguei um carrinho e dava carona pra todos os *hippies* e *easyriders* que encontrava, sem destino mesmo..." Dessa viagem aos EUA, Nelson trouxe um caderninho de anotações que foi lido, em reunião fechada, para a cúpula da empresa: "Nós passamos um dia trancados; li meu diário, também trouxe fotografias e aquilo me levou para o desenvolvimento de produtos. Nossas coleções começaram a ir mais para o lado contestador".[421]

A Gledson já não se limitava às camisas; produzia diversos itens da moda jovem, incluindo vestidos, saias, jaquetas e as calças em brim com boca de sino, *hits* da época que as confecções mais tradicionais demoraram para assimilar. Chegou a fazer calças com bocas de 50 centímetros, um escândalo! "Mas vendia tudo; eu deitei e rolei porque ninguém fazia o que fazíamos... Era grande a fome do mercado por algo novo",[422] relembrou Gledson José. As cores eram sempre intensas e extravagantes, os tecidos originais, como os brins mais espessos, os sintéticos e os acamurçados. Enfim, sem grande investimento de capital, nenhum plano estratégico nem campanhas publicitárias bombásticas, sem se guiar por viagens semestrais para acompanhar e copiar os lançamentos da moda europeia, a Gledson se tornou, conduzida pela intuição de um bom vendedor e pelas anotações de viagem de Nelson Alvarenga pelos EUA, o mais surpreendente fenômeno do mercado confeccionista brasileiro do final da década de 1970. Pegou a onda que vinha das ruas e se deu bem, firmando-se como a primeira marca brasileira de moda jovem.

"O rei de tudo se chamava Gledson; se tirarmos a São Paulo Alpargatas, a Pool, que era do Nordeste e fazia um zilhão de calças, a marca mais popular era a Gledson. Era difícil competir com eles, porque faziam coleções de 300 peças. Os estandes deles na Fenit eram uma 'caverna do Ali-ba-bá'; tudo pregado na parede com Durex, pregos e alfinetes. Mas vendia muito e o estilo era bom, roupa jovem para um mercado carente disso",[423] avaliou o estilista José Gayegos, que trabalhava para concorrentes do Bom Retiro. À medida que se estruturava e crescia, a Gledson ampliava proporcionalmente seus investimentos em publicidade. O jovem brasileiro passou, então, a desejar não só aquele determinado modelo de roupa, mas a etiqueta da marca Gledson, associada à ideia de roupa diferente e, também, à prática de esportes radicais, como automobilismo (a empresa montou a Equipe Gledson e patrocinou Nelson Piquet, entre outros pilotos), além do *surf* e *skate*.

Como gerente-geral da marca, Nelson Alvarenga passou a fazer viagens aos Estados Unidos e à Europa para ver de perto as coleções da moda internacional e trazer novas ideias, como estampas que misturavam "Batman com dragões chineses, com cruzes",[424] em "quatro minicoleções por ano".[425] No início da década de 1970, a Gledson comercializava 2 milhões de peças por ano, consolidando a posição de líder absoluto do mercado. No final da década de 1970, durante o auge da marca, chegou a produzir cerca de 560 mil peças por mês.[426] Quando o *denim* foi introduzido no Brasil, a partir de 1972, a Gledson passou a utilizá-lo e fazer os seus modelos

*Na página ao lado, publicidade de moda jovem da Gledson; São Paulo, SP, maio de 1979.*

*Abaixo, publicidade de moda jovem da Ellus; São Paulo, SP, maio de 1979.*

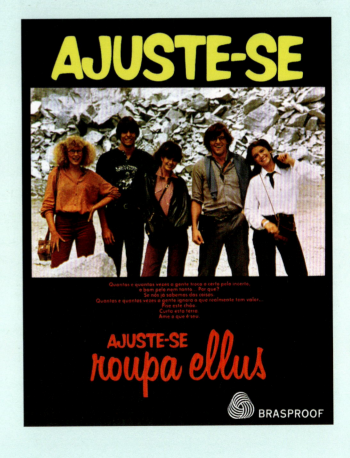

de roupas já com expressões de moda – ou seja, com detalhes diferenciados do tradicional: "O *jeans* foi um dos meus carros-chefe, mas não vivi dele, porque se fizesse isso teria muitos concorrentes",[427] explicou Gledson José, que tinha como clientes principais os grandes magazines da época: Sears, Mesbla, Mappin, Renner entre outros.

Tudo ia de vento em popa, quando a parceria entre os irmãos Assunção, donos da Gledson, e Nelson Alvarenga começou a estremecer. Motivo? O sucesso que levou a Gledson a um crescimento vertiginoso: "Estávamos ficando grandes demais. Entre nós, começou a haver disputa de poder, inveja; quem aparece mais, quem é mais badalado. Estava havendo muita briga. Briga mesmo",[428] recordou Nelson Alvarenga, que, além do salário, tinha um porcentual sobre o faturamento da empresa. Um dos pontos de discórdia teria sido a insistência de Nelson na ideia de que a empresa devia entrar no segmento das camisetas em malha de algodão (até então, a confecção trabalhava apenas com tecidos planos), enfrentando a resistência de Geraldo José, que era radicalmente contra: "A malha não era moda; não existia... Ela começou a acontecer via camiseta, via contestação; eu comecei a 'cutucar' com a proposta de fazer camiseta, mas o Geraldo dizia: 'Não, isso não...'",[429] Alvarenga contou.

Em 1972, as rusgas começaram a incomodar Nelson que, apesar do convite para se tornar sócio efetivo, optou por "romper com o sistema" – simbolizado no caso pelos irmãos Assunção: "Eu pensei: 'Dinheiro assim não vale a pena'. Estava com 22 anos de idade e, apesar de toda ambição e prazer que tinha no empreendedorismo, continuava sendo um cara daquela geração, um místico também... Estava adorando o capitalismo, o poder, a grana; mas tinha uma namorada *hippie* – a Glória –, que fazia Sociologia e que, um dia, quando terminou o curso, chegou pra mim e disse: 'Vamos partir, eu estou indo...' Ela foi morar num colégio abandonado, com irmãos e amigos, em Jacarepaguá, no Rio de Janeiro, onde ficavam todos ouvindo som, na maior paz e amor...".[430]

Nelson saiu da Gledson e passou a frequentar a comunidade *hippie* da namorada, mas não demorou para que seu lado racional falasse mais alto que o som pauleira que rolava na *pick up*: "Fui um dia com a minha Kombi na 25 de Março, comprei mil camisetas Hering brancas e todo tipo de adereço carnavalesco, como pedrinhas, lantejoulas, paetês, linhas grossas coloridas; agulhas e tintas. Levei para a minha turma de *hippies* pintar e bordar, que era o que eles gostavam de fazer. Todo mundo lá curtindo na sua; o som rolando... Eles me vendiam tudo; eu pagava por peça e, assim, dava para todo mundo comprar seu feijão e seu baseado. Depois, eu vendia tudo facilmente... A Kombi ia com as camisetas brancas e voltava com todas customizadas [personalizadas], uma peça diferente da outra",[431] recordou Nelson, que comercializou as camisetas com a etiqueta Ça (assim, em francês), por algum tempo. Pouco tempo... "Eu não queria nome com cara de butique; parti da palavra elo, porque expressava o espírito forte da vida em comunidade e enfeitei um pouquinho; botei *double* l e um s na final latina". Pronto: nascia uma das marcas mais fortes da moda brasileira, a Ellus.

Nelson apostou nas camisetas, evidentemente, porque elas haviam sido o pomo da discórdia entre ele e os irmãos Assunção. Reprisando a lenda de Troia, as camisetas personalizadas artesanalmente de Nelson se tornaram uma espécie de maçã de ouro cobiçada no mercado da moda, criando uma verdadeira guerra particular entre a Gledson e a novata Ellus: "Comecei fazendo só camisetas, para não concorrer com a Gledson, em 1972. Mas aí eles também resolveram fazer camisetas e quebraram a ética totalmente. Então, fui fazer *jeans* também e o que mais eu quisesse. Eles continuaram crescendo, foram líderes de mercado por mais uns dez anos. Pelo menos até 80 e poucos. Mas criaram uma guerra comigo que durou sete anos. Foi assim até que ele [Geraldo José] se cansou e o mercado se virou para ele e disse: 'Esquece, cara!'",[432] relatou Nelson.

A estratégia da Gledson foi, aos poucos, perdendo força diante das inúmeras outras marcas que passaram a competir no segmento. A empresa sobreviveu até 1995, já sem a mesma vitalidade, cada vez mais popular. Ainda em 1992, o casal Geraldo e Yoriko Assunção se desligou da marca e criou a Handbook Fashion – ou HBF –, ativa em 2010 com 22 lojas em *shopping centers* do estado de São Paulo, duas em Minas Gerais e uma no Distrito Federal. A Ellus, por sua vez, permaneceu firme: "Saí da Gledson e nunca mais voltei, nem para pegar meu saldo de salário. Quando se tem o envolvimento sentimental grande, uma ruptura às vezes é melhor. Aos poucos é mais doloroso. Até hoje, sonho com a Gledson pelo menos uma vez por mês; imagine o que foi para um adolescente viver tudo aquilo, calou profundamente no meu subconsciente...".[433]

## Notas

1. Depoimento ao projeto HMB, gravado em setembro de 2007.
2. *In:* O Brasil na Moda, vol. 1, edição de Paulo Borges e João Carrascosa; Editora Caras, São Paulo, SP, 2004.
3. Datas indisponíveis.
4. Datas indisponíveis.
5. Jornal das Moças, Edição nº 2130; Editora Jornal das Moças Ltda, Rio de Janeiro, RJ, 10 de abril de 1956.
6. Depoimento ao projeto HMB, gravado em abril de 2009.
7. Curso de Corte e Costura Gil Brandão; Editora Três, São Paulo, SP, c/d 1983.
8. Datas indisponíveis.
9. Aprenda a Costurar com Gil Brandão; texto disponível no site do Centro de Pesquisa e Documentação do Jornal do Brasil [http://cpdocjb.webnode.com], acesso em agosto de 2009.
10. Depoimento ao projeto HMB, gravado em agosto de 2009.
11. Aprenda a Costurar com Gil Brandão; texto disponível no site do Centro de Pesquisa e Documentação do Jornal do Brasil [http://cpdocjb.webnode.com], acesso em agosto de 2009.
12. Idem.
13. *In:* 80 Anos de Moda no Brasil, de Silvana Gontijo; Nova Fronteira, Rio de Janeiro, RJ, 1989.
14. Depoimento ao projeto HMB, gravado em julho de 2009.
15. Idem.
16. Depoimento ao projeto HMB, gravado em agosto de 2009.
17. Idem.
18. Depoimento ao projeto HMB, gravado em julho de 2009.
19. Depoimento ao projeto HMB, gravado em agosto de 2009.
20. Idem.
21. Idem.
22. Idem.
23. Moda, Luxo e Economia, de José Carlos Durand; Babel Cultural, São Paulo, SP, 1988.
24. Dener, O Luxo, de Dener Pamplona de Abreu; 2ª edição, Laudes, Rio de Janeiro, RJ, 1972.
25. Bordado da Fama, Uma Biografia de Dener, de Carlos Dória; Editora Senac, São Paulo, SP, 1998.
26. Idem.
27. Idem.
28. Idem.
29. Idem.
30. Dener, O Luxo, de Dener Pamplona de Abreu; 2ª edição, Laudes, Rio de Janeiro, RJ, 1972.
31. Guerra da moda em São Paulo, reportagem de Franco Paulino; Jornal Última Hora, Rio de Janeiro, RJ, 15 de janeiro de 1962.
32. Guerra das Tesouras, reportagem de Walter Bouzan; Fatos e Fotos; Bloch Editores, Rio de Janeiro, RJ, 1962.
33. Guerra da moda em São Paulo, reportagem de Franco Paulino; Jornal Última Hora, Rio de Janeiro, RJ, 15 de janeiro de 1962.
34. Guerra das Tesouras, reportagem de Walter Bouzan; Fatos e Fotos; Bloch Editores, Rio de Janeiro, RJ, 1962.
35. Guerra da moda em São Paulo, reportagem de Franco Paulino; Jornal Última Hora, Rio de Janeiro, 15 de janeiro de 1962.
36. Guerra das Tesouras, reportagem de Walter Bouzan; Fatos e Fotos; Bloch Editores, Rio de Janeiro, RJ, 1962.
37. Idem.
38. Depoimento ao projeto HMB, gravado em julho de 2009.
39. Depoimento ao projeto HMB, gravado em julho de 2007.
40. Idem.
41. Depoimento ao projeto HMB, gravado em setembro de 2007.
42. Bordado da Fama, Uma Biografia de Dener, de Carlos Dória; Editora Senac, São Paulo, SP, 1998.
43. O Fio Sintético é um Show! Moda, política e publicidade; Rhodia S.A. 1960-1970, de Maria Claudia Bonadio; tese de doutorado, IFCH/Unicamp, Campinas, SP, 2005. Esclarecimento: Clodovil Hernandes participou da Fenit apenas em 1966.
44. *In:* O Brasil na Moda, vol. 1, edição de Paulo Borges e João Carrascosa; Editora Caras, São Paulo, SP, 2004.
45. *In:* O Fio Sintético é um Show! Moda, política e publicidade; Rhodia S.A. 1960-1970, de Maria Claudia Bonadio; tese de doutorado, IFCH/Unicamp, Campinas, SP, 2005.
46. Idem.
47. Idem.
48. Guerra da moda em São Paulo, reportagem de Franco Paulino; Jornal Última Hora, Rio de Janeiro, RJ, 15 de janeiro de 1962.
49. Idem.
50. Depoimento ao projeto HMB, gravado em setembro de 2007.
51. Idem.
52. O Brasil na Moda, vol. 1, edição de Paulo Borges e João Carrascosa; Editora Caras, São Paulo, SP, 2004.
53. Idem.
54. Depoimento ao projeto HMB, gravado em setembro de 2007.
55. Idem.
56. Depoimento ao projeto HMB, gravado em abril de 2009.
57. Idem.
58. Idem.
59. Sri Splendore, Uma História de Vida, de Maria Stella Splendore; Edição da autora, São Paulo, SP, 2008.
60. Idem.
61. Idem.
62. Depoimento ao projeto HMB, gravado em abril de 2009.
63. Datas desconhecidas.
64. Depoimento ao projeto HMB, gravado em abril de 2009.
65. Bordado da Fama, Uma Biografia de Dener, de Carlos Dória; Editora Senac, São Paulo, SP, 1998.
66. Idem.
67. Idem.
68. Depoimento ao projeto HMB, gravado em março de 2010.
69. Idem.
70. Depoimento ao projeto HMB, gravado em agosto de 2009.
71. Carteira de Trabalho do Costureiro; acervo pessoal de José Gayegos.
72. Depoimento ao projeto HMB, gravado em fevereiro de 2010.
73. Texto de painel sobre o costureiro para a exposição Estilistas Brasileiros – Uma História de Moda, realizada de 8 a 18 de dezembro de 2004; Senac, São Paulo, SP; acervo pessoal de José Gayegos.
74. Depoimento ao projeto HMB, gravado em maio de 2007.
75. Idem.
76. Idem.
77. Idem.
78. Idem.
79. Idem.
80. Idem.
81. Idem.
82. Idem.
83. Depoimento ao projeto HMB, gravado em setembro de 2009.
84. Depoimento ao projeto HMB, gravado em fevereiro de 2010.
85. Idem.
86. Idem.
87. Idem.
88. Idem.
89. Idem.
90. Datas indisponíveis.
91. Depoimento ao projeto HMB, gravado em fevereiro de 2010.
92. Idem.
93. Idem.
94. Idem.
95. Idem.
96. Datas indisponíveis.
97. Datas indisponíveis.
98. Datas indisponíveis.
99. Depoimento ao projeto HMB, gravado em julho de 2009.
100. Idem.
101. Idem.

102 Idem.

103 Idem.

104 The Excitement of Brazil Nights, reportagem de Romola Metzner; New York Jornal, New York (EUA), 16 de dezembro de 1963 (acervo do estilista).

105 Depoimento ao projeto HMB, gravado em julho de 2009.

106 Reportagem de Bernadette Carey; The New York Times, New York (EUA), c./d. 1968 (acervo do estilista).

107 Revista Jóia; Bloch Editores, Rio de Janeiro, RJ, c./d. 1965 (acervo do estilista).

108 Depoimento ao projeto HMB, gravado em julho de 2009.

109 Datas indisponíveis.

110 Dicionário de Moda, de Marco Sabino; Editora Campus, Rio de Janeiro, RJ, 2007.

111 As Princesas de Isabel, texto de Haroldo Costa; Revista Manchete, nº 996; Bloch Editores, Rio de Janeiro, RJ, 22 de janeiro de 1971.

112 O Rio que Virou Moda, de Iesa Rodrigues; Memória Brasil, Rio de Janeiro, RJ, 1994.

113 Jóia, Edição nº 159; Bloch Editores, Rio de Janeiro, RJ, novembro de 1966.

114 A Moda Jovem de Ney Barrocas, reportagem sem assinatura; Querida nº 312, Rio Gráfica Editores, Rio de Janeiro, RJ, março de 1967.

115 Fatos e Fotos, Edição Nº 459; Bloch Editores Brasília, DF, 20 de novembro de 1969.

116 Ele ama uma mulher, reportagem de A Cigarra, Edição nº 12, Rio de Janeiro, RJ, dezembro de 1972. In: A Moda de Zuzu Angel e o Campo do Design, de Priscila Andrade Silva; dissertação de mestrado, PUC-Rio, Rio de Janeiro, RJ, 2006.

117 Marília Valls: um trabalho sobre moda, de Ruth Joffily; Salamandra, Rio de Janeiro, RJ, 1989.

118 Bordado da Fama, Uma Biografia de Dener, de Carlos Dória; Editora Senac, São Paulo, SP, 1998.

119 Idem.

120 Publicidade da loja A Exposição, de 1970; In: Dicionário de Moda, de Marco Sabino; Editora Campus, Rio de Janeiro, RJ, 2007.

121 Bordado da Fama, Uma Biografia de Dener, de Carlos Dória; Editora Senac, São Paulo, SP, 1998.

122 Idem.

123 Depoimento ao projeto HMB, gravado em setembro de 2007.

124 Revista Jóia; Bloch Editores, Rio de Janeiro, RJ, c./d. 1965 (do acervo pessoal do estilista).

125 Depoimento ao projeto HMB, gravado em setembro de 2007.

126 Depoimento ao projeto HMB, gravado em julho de 2009.

127 Depoimento ao projeto HMB, gravado em setembro de 2007.

128 Depoimento ao projeto HMB, gravado em fevereiro de 2010.

129 Depoimento ao projeto HMB, gravado em setembro de 2007.

130 A indústria têxtil em desfile, reportagem sem autor indicado. In: Manchete, número não disponível, Bloch Editores, Rio de Janeiro, RJ, 6 de dezembro de 1958.

131 Revista Manchete, Edição nº 192; In: O Fio Sintético é um Show! Moda, política e publicidade; Rhodia S.A. 1960-1970, de Maria Claudia Bonadio; tese de doutorado, IFCH/Unicamp, Campinas, SP, 2005.

132 O Fio Sintético é um Show! Moda, política e publicidade; Rhodia S.A. 1960-1970, de Maria Claudia Bonadio; tese de doutorado, IFCH/Unicamp, Campinas, SP, 2005.

133 O Brasil na Moda, vol. 1, entrevista a Paulo Borges, edição de João Carrascosa; Editora Caras, São Paulo, SP, 2004.

134 O Fio Sintético é um Show! Moda, política e publicidade; Rhodia S.A. 1960-1970, de Maria Claudia Bonadio; tese de doutorado, IFCH/Unicamp, Campinas, SP, 2005.

135 Idem.

136 Idem.

137 Guerra das Tesouras, reportagem de Walter Bouzan; Fatos&Fotos, Bloch Editores, Rio de Janeiro, RJ, janeiro de 1962.

138 O Fio Sintético é um Show! Moda, política e publicidade; Rhodia S.A. 1960-1970, de Maria Claudia Bonadio; tese de doutorado, IFCH/Unicamp, Campinas, SP, 2005.

139 Bordado da Fama, Uma Biografia de Dener, de Carlos Dória; Editora Senac, São Paulo, SP, 1998.

140 Reportagem da Folha de S. Paulo em 11 de agosto de 1962; In: O Fio Sintético é um Show! Moda, política e publicidade; Rhodia S.A. 1960-1970, de Maria Claudia Bonadio; tese de doutorado, IFCH/Unicamp, Campinas, SP, 2005.

141 O Brasil na Moda, vol. 1, entrevista a Paulo Borges, edição de João Carrascosa; Editora Caras, São Paulo, SP, 2004.

142 Depoimento ao projeto HMB, gravado em maio de 2009.

143 Idem.

144 Idem.

145 Idem.

146 Idem.

147 O Fio Sintético é um Show! Moda, política e publicidade; Rhodia S.A. 1960-1970, de Maria Claudia Bonadio; tese de doutorado, IFCH/Unicamp, Campinas, SP, 2005.

148 Vogue-Brasil, s/nº (encarte), artigo de Caio de Alcântara Machado; organização de Wagner Carelli; Carta Editorial, São Paulo, SP, 1994.

149 Idem.

150 Fenit Abafou de Cara Nova, reportagem da revista Visão, em 16 de setembro de 1966. In: O Fio Sintético é um Show! Moda, política e publicidade; Rhodia S.A. 1960-1970, de Maria Claudia Bonadio; tese de doutorado, IFCH/Unicamp, Campinas, SP, 2005.

151 60: Os Anos Dourados em São Paulo, artigo de Gilda Chataignier; site Moda Almanaque, [http:// almanaque.folha.uol.com.br/ clip_gilda.htm], acesso em março de 2010.

152 Datas não disponíveis.

153 O Fio Sintético é um Show! Moda, política e publicidade; Rhodia S.A. 1960-1970, de Maria Claudia Bonadio; tese de doutorado, IFCH/Unicamp, Campinas, SP, 2005.

154 Idem.

155 O Grande Circo da Moda, artigo de Lea Maria; A Cigarra Magazine, Ano 64, nº 9; Diários Associados, São Paulo, SP, setembro de 1968.

156 Idem.

157 O Fio Sintético é um Show! Moda, política e publicidade; Rhodia S.A. 1960-1970, de Maria Claudia Bonadio; tese de doutorado, IFCH/Unicamp, Campinas, SP, 2005.

158 Depoimento ao projeto HMB, gravado em maio de 2007.

159 O Fio Sintético é um Show! Moda, política e publicidade; Rhodia S.A. 1960-1970, de Maria Claudia Bonadio; tese de doutorado, IFCH/Unicamp, Campinas, SP, 2005.

160 Depoimento de Licínio de Almeida, em 10 de janeiro de 2003; In: O Fio Sintético é um Show! Moda, política e publicidade; Rhodia S.A. 1960-1970, de Maria Claudia Bonadio; tese de doutorado, IFCH/ Unicamp, Campinas, SP, 2005.

161 In: O Brasil na Moda, vol. 1, edição de Paulo Borges e João

161. Carrascosa; Editora Caras, São Paulo, SP, 2004.

162. Depoimento de Cyro Del Nero ao projeto HMB, gravado em julho de 2007.

163. *In:* O Brasil na Moda, vol. 1, edição de Paulo Borges e João Carrascosa; Editora Caras, São Paulo, SP, 2004.

164. O Fio Sintético é um Show! Moda, política e publicidade; Rhodia S.A. 1960-1970, de Maria Claudia Bonadio; tese de doutorado, IFCH/Unicamp, Campinas, SP, 2005.

165. A Moderna Tradição Brasileira, de Renato Ortiz; Brasiliense, São Paulo, SP, 1999.

166. O Brasil na Moda, vol. 1, edição de Paulo Borges e João Carrascosa; Editora Caras, São Paulo, SP, 2004.

167. *In:* O Brasil na Moda, vol. 1, edição de Paulo Borges e João Carrascosa; Editora Caras, São Paulo, SP, 2004.

168. Idem.

169. A Revolução no Vestuário: publicidade de moda, nacionalismo e crescimento industrial no Brasil dos anos 1960, artigo de Maria Claudia Bonadio; Revista Mosaico, Salvador, BA, janeiro/junho de 2009.

170. O Cruzeiro da Moda, reportagem de Alceu Pereira. *In:* O Cruzeiro; Diários Associados, São Paulo, SP, 29 de setembro de 1960.

171. Idem.

172. Idem.

173. Idem.

174. O Cruzeiro da Moda faz sucesso em Paris e Hamburgo, reportagem de Helder Martins. *In:* O Cruzeiro; Diários Associados, São Paulo, SP, 29 de outubro de 1960.

175. *In:* O Brasil na Moda, vol. 1, entrevista a Paulo Borges, edição de João Carrascosa; Editora Caras, São Paulo, SP, 2004.

176. Moda, Luxo e Economia, de José Carlos Durand; Babel Cultural, São Paulo, SP, 1988.

177. Moda do Brasil para o mundo, reportagem não assinada. *In:* O Cruzeiro; Diários Associados, São Paulo, SP, 3 de novembro de 1962.

178. Bordado da Fama, uma biografia de Dener, de Carlos Dória; Editora Senac, São Paulo, SP, 1998.

179. Memórias Alinhavadas, de Rui Spohr e Beatriz Viegas-Faria; Artes e Ofícios, Porto Alegre, RS, 1997.

180. Idem.

181. *In:* Dignidade, Celibato e Bom Comportamento: relatos sobre a profissão de modelo e manequim no Brasil dos anos 60, de Maria Claudia Bonadio; Cadernos Pagu, nº 22, Unicamp, Campinas, SP, 2004.

182. Moda do Brasil para o mundo, reportagem não assinada. *In:* O Cruzeiro; Diários Associados, São Paulo, SP, 3 de novembro de 1962.

183. *In:* O Fio Sintético é um Show! Moda, política e publicidade; Rhodia S.A. 1960-1970, de Maria Claudia Bonadio; tese de doutorado, IFCH/Unicamp, Campinas, SP, 2005.

184. Depoimento de Cyro Del Nero ao projeto HMB, gravado em julho de 2007.

185. Memórias Alinhavadas, de Rui Spohr e Beatriz Viegas-Faria; Artes e Ofícios, Porto Alegre, RS, 1997.

186. *In:* Dignidade, Celibato e Bom Comportamento: relatos sobre a profissão de modelo e manequim no Brasil dos anos 60, de Maria Claudia Bonadio; Cadernos Pagu, nº 22, Unicamp, Campinas, SP, 2004.

187. Depoimento ao projeto HMB, gravado em julho de 2007.

188. Idem.

189. Idem.

190. O Cruzeiro; Diários Associados, São Paulo, SP, 14 de setembro de 1963.

191. O Fio Sintético é um Show! Moda, política e publicidade; Rhodia S.A. 1960-1970, de Maria Claudia Bonadio; tese

192. de doutorado, IFCH/Unicamp, Campinas, SP, 2005.

192. Datas indisponíveis.

193. *In:* O Fio Sintético é um Show! Moda, política e publicidade; Rhodia S.A. 1960-1970, de Maria Claudia Bonadio; tese de doutorado, IFCH/Unicamp, Campinas, SP, 2005.

194. Depoimento de Cyro Del Nero ao projeto HMB, gravado em julho de 2007.

195. Bordado da Fama, Uma Biografia de Dener, de Carlos Dória; Editora Senac, São Paulo, SP, 1998.

196. Depoimento de Cyro Del Nero ao projeto HMB, gravado em julho de 2007.

197. O Fio Sintético é um Show! Moda, política e publicidade; Rhodia S.A. 1960-1970, de Maria Claudia Bonadio; tese de doutorado, IFCH/Unicamp, Campinas, SP, 2005.

198. *In:* O Brasil na Moda, vol. 1, edição de Paulo Borges e João Carrascosa; Editora Caras, São Paulo, SP, 2004.

199. *In:* Dignidade, Celibato e Bom Comportamento: relatos sobre a profissão de modelo e manequim no Brasil dos anos 60, de Maria Cláudia Bonadio; Cadernos Pagu, nº 22, Unicamp, Campinas, SP, 2004.

200. Idem.

201. Idem.

202. Idem.

203. *In:* O Brasil na Moda, vol. 1, edição de Paulo Borges e João Carrascosa; Editora Caras, São Paulo, SP, 2004.

204. Idem.

205. Idem.

206. Depoimento ao projeto HMB, gravado em julho de 2007.

207. *In:* O Fio Sintético é um Show! Moda, política e publicidade; Rhodia S.A. 1960-1970, de Maria Claudia Bonadio; tese de doutorado, IFCH/Unicamp, Campinas, SP, 2005.

208. Depoimento ao projeto HMB, gravado em julho de 2007.

209. A Divina Comédia dos Mutantes, de Carlos Calado;

210. Editora 34, São Paulo, SP, 1995.

210. Idem.

211. Idem.

212. O Fio Sintético é um Show! Moda, política e publicidade; Rhodia S.A. 1960-1970, de Maria Claudia Bonadio; tese de doutorado, IFCH/Unicamp, Campinas, SP, 2005.

213. Depoimento ao projeto HMB, gravado em junho de 2007.

214. Perspectivas da Indústria Petroquímica no Brasil, de C. F. Ribeiro e outros; Ipea, Brasília, DF, 1974.

215. Depoimento ao projeto HMB, gravado em maio de 2007.

216. Idem.

217. Depoimento ao projeto HMB, gravado em junho de 2007.

218. O Brasil na Moda, vol. 2, edição de Paulo Borges e João Carrascosa; Editora Caras, São Paulo, SP, 2004.

219. *In:* O Brasil na Moda, vol. 1, edição de Paulo Borges e João Carrascosa; Editora Caras, São Paulo, SP, 2004.

220. *In:* História da Confecção Brasileira, artigo de Manuela Carta; Vogue-Brasil Especial, nº 91, Carta Editorial, São Paulo, SP, janeiro de 1983.

221. *In:* Realidade; Abril Editorial, São Paulo SP, abril de 1970.

222. Depoimento ao projeto HMB, gravado em junho de 2007.

223. Depoimento ao projeto HMB, gravado em julho de 2007.

224. Senhor, nº 4 (revista mensal masculina); Inter Editores, São Paulo, SP, abril de 1971.

225. O Fio Sintético é um Show! Moda, política e publicidade; Rhodia S.A. 1960-1970, de Maria Claudia Bonadio; tese de doutorado, IFCH/Unicamp, Campinas, SP, setembro de 2005.

226. Depoimento ao projeto HMB, gravado em julho de 2007.

227. Depoimento ao projeto HMB, gravado em agosto de 2007.

228. O Fio Sintético é um Show! Moda, política e publicidade; Rhodia S.A. 1960-1970, de Maria Claudia Bonadio; tese

229 O Homem Casual, de Fernando de Barros; Mandarim, São Paulo, SP, 1998.

230 Homens na Passarela, reportagem de Ronaldo Bôscoli para a revista Jóia, Edição nº 71; Bloch Editores, Rio de Janeiro, RJ, novembro de 1960. *In:* Dicionário da Moda, de Marco Sabino; Editora Campus, Rio de Janeiro, RJ, 2007.

231 Idem.

232 A Indústria Brasileira do Vestuário: história, reflexões e projeções, de Francisco de Paula Ferreira; Editora Brasil Têxtil, São Paulo, SP, 2000.

233 Estrelas da Moda Brasileira/ Vila Romana, reportagem não assinada; Vogue-Brasil, Edição nº 91; Carta Editorial, São Paulo, SP, janeiro de 1983.

234 O Novo Homem, artigo de Dario Caldas e Mário Queiroz; *In:* Homens e Comportamento, organização de Dario Caldas; Editora Senac, São Paulo, SP, 1997.

235 Realidade, Edição nº 49; Editora Abril, São Paulo, SP, abril de 1970.

236 A Indústria Brasileira do Vestuário: história, reflexões e projeções, de Francisco de Paula Ferreira; Editora Brasil Têxtil, São Paulo, SP, 2000.

237 O Homem Casual, de Fernando de Barros; Mandarim, São Paulo, SP, 1998.

238 Estrelas da Moda Brasileira/ Vila Romana, reportagem não assinada; Vogue-Brasil, Edição nº 91; Carta Editorial, São Paulo, SP, janeiro de 1983.

239 Idem.

240 Idem.

241 A Indústria Brasileira do Vestuário: História, Reflexões e Projeções, de Francisco de Paula Ferreira; Editora Brasil Têxtil, São Paulo, SP, 2000.

242 Idem.

243 *In:* O Brasil na Moda, vol. 1, edição de Paulo Borges e João

de doutorado, IFCH/Unicamp, Campinas, SP, setembro de 2005.

Carrascosa; Editora Caras, São Paulo, SP, 2004.

244 Idem.

245 Depoimento ao Museu da Pessoa, gravado 16 de outubro de 1996, em São Paulo; disponível em [http://www.museudapessoa.net]; acesso em março 2010.

246 Estrelas da Moda Brasileira/ Vila Romana, reportagem não assinada; Vogue-Brasil, Edição nº 91, Carta Editorial, São Paulo, SP, janeiro de 1983.

247 Depoimento de Hildegard Angel, em 5 de maio de 2005. *In:* A Moda de Zuzu Angel e o Campo do Design, de Priscila Andrade Silva; dissertação de mestrado, PUC-Rio, RJ, 2007.

248 A Moda de Zuzu Angel e o Campo do Design, de Priscila Andrade Silva; dissertação de mestrado, PUC-Rio, RJ, 2007.

249 Zuzu Angel, a primeira dama da costura, reportagem publicada em O Jornal, em 11 de maio de 1968. *In:* A Moda de Zuzu Angel e o Campo do Design, de Priscila Andrade Silva; dissertação de mestrado, PUC-Rio, RJ, 2007.

250 A Moda de Zuzu Angel e o Campo do Design, de Priscila Andrade Silva; dissertação de mestrado, PUC-Rio, RJ, 2007.

251 Zuzu Angel: a identidade cultural brasileira através da moda, de Dayse Marques; dissertação de mestrado em História da Arte, UFRJ-EBA. Rio de Janeiro, RJ, 1998.

252 A Moda de Zuzu Angel e o Campo do Design, de Priscila Andrade Silva; dissertação de mestrado, PUC-Rio, 2007.

253 Ela é Carioca, Uma Enciclopédia de Ipanema, de Ruy Castro; Companhia das Letras, São Paulo, SP, 1999.

254 A Moda de Zuzu Angel e o Campo do Design, de Priscila Andrade Silva; dissertação de mestrado, PUC-Rio, RJ, 2007.

255 Zuzu Angel, Eu sou a moda brasileira, texto de Ruth Joffily; folder da exposição homônima

realizada pelo Instituto Zuzu Angel de Moda; Rio de Janeiro, RJ, 2007.

256 Etiquêta nova chamada Zuzu, reportagem em O Globo; Rio de Janeiro, 28 de junho de 1966. *In:* A Moda de Zuzu Angel e o Campo do Design, de Priscila Andrade Silva; dissertação de mestrado, PUC-Rio, RJ, 2007.

257 Zuzu Angel: alta-costura no feminino singular, reportagem do Jornal do Brasil, Rio de Janeiro, RJ, 7 de agosto de 1966. *In:* A Moda de Zuzu Angel e o Campo do Design, de Priscila Andrade Silva; dissertação de mestrado, PUC-Rio, RJ, 2007.

258 Zuzu Angel: Criatividade, força e coragem, texto de Dayse Marques; folder da exposição Eu sou a Moda Brasileira, realizada pelo Instituto Zuzu Angel de Moda, Rio de Janeiro, RJ, 2007.

259 A Moda de Zuzu Angel e o Campo do Design, de Priscila Andrade Silva; dissertação de mestrado, PUC-Rio, 2007.

260 Zuzu Angel: criatividade, força e coragem, texto de Dayse Marques; folder da exposição Eu sou a Moda Brasileira realizada pelo Instituto Zuzu Angel de Moda, Rio de Janeiro, RJ, 2007.

261 Prêt-à-porter talhado pela alta--costura, reportagem no Jornal do Brasil/Revista de Domingo, Rio de Janeiro, 19 de novembro de 1967. *In:* A Moda de Zuzu Angel e o Campo do Design, tese de mestrado de Priscila Andrade Silva; Pontifícia Universidade Católica do Rio de Janeiro, PUC RJ, 2007.

262 A mulher: pronto para vestir, nota na revista Visão, 19/10/1967; citado em "O Fio Sintético é um Show! Moda, Política e Publicidade; Rhodia S.A. 1960-1970"; de Maria Claudia Bonadio; dissertação de mestrado para o IFCH da UEC, set. 2005.

263 A Moda de Zuzu Angel e o Campo do Design, de Priscila

Andrade Silva; dissertação de mestrado, PUC-Rio, RJ, 2007.

264 Kim e o caftan..., reportagem de O Globo; Rio de Janeiro, 14 de novembro de 1967. *In:* A Moda de Zuzu Angel e o Campo do Design, de Priscila Andrade Silva; dissertação de mestrado, PUC-Rio, RJ, 2007.

265 Zuzu Angel: criatividade, força e coragem, texto de Dayse Marques; folder da exposição Eu sou a Moda Brasileira, realizada pelo Instituto Zuzu Angel de Moda, Rio de Janeiro, RJ, 2007.

266 A Moda de Zuzu Angel e o Campo do Design, de Priscila Andrade Silva; dissertação de mestrado, PUC-Rio, RJ, 2007.

267 Zuzu Angel: Us$ 185,00; Geoffrey Beene: Us$ 70,00; e Oscar de la Renta: Us$ 44,00; Zuzu amplia sua marca, reportagem em O Globo, Rio de Janeiro, 14 de julho de 1971. *In:* A Moda de Zuzu Angel e o Campo do Design, de Priscila Andrade Silva; dissertação de mestrado, PUC-Rio, RJ, 2007.

268 Moda só para americano ver, matéria publicada pela Revista Cláudia, Ano XI, nº 119. Rio de Janeiro, agosto de 1971. *In:* A Moda de Zuzu Angel e o Campo do Design, de Priscila Andrade Silva; dissertação de mestrado, PUC-Rio, RJ, 2007.

269 Zuzu Angel, sucesso em Nova York, reportagem publicada em O Jornal, Rio de Janeiro, 13 de dezembro de 1970. *In:* A Moda de Zuzu Angel e o Campo do Design, de Priscila Andrade Silva; dissertação de mestrado, PUC-Rio, RJ, 2007.

270 Ela é Carioca, Uma Enciclopédia de Ipanema, de Ruy Castro; Companhia das Letras, São Paulo, SP, 1999.

271 Designer's fashion make plea for her lost son, reportagem do The Montreal Star, Montreal, Canadá, 15 de setembro de 1971. *In:* A Moda de Zuzu Angel e o Campo do Design, de Priscila Andrade Silva; dissertação de

mestrado, PUC-Rio, 2007.

272 Fique sabendo que é uma certa Zuzu Angel, reportagem do Curvelo Notícias, Ano XIII, nº 67, Curvelo, MG, dezembro de 1971. *In:* A Moda de Zuzu Angel e o Campo do Design, de Priscila Andrade Silva; dissertação de mestrado, PUC-Rio, RJ, 2007.

273 A Moda de Zuzu Angel e o Campo do Design, de Priscila Andrade Silva; dissertação de mestrado, PUC-Rio, RJ, 2007.

274 Com muitos anjos conquistou Nova York, reportagem do Correio da Manhã, Rio de Janeiro, RJ, 27 de março de 1972. *In:* A Moda de Zuzu Angel e o Campo do Design, de Priscila Andrade Silva; dissertação de mestrado, PUC-Rio, RJ, 2007.

275 Eu sou a moda brasileira, reportagem publicada no Jornal Nacional. Corpo & Roupa. Domingo, 28 de maio de 1972. *In:* A Moda de Zuzu Angel e o Campo do Design, de Priscila Andrade Silva; dissertação de mestrado, PUC-Rio, RJ, 2007.

276 Ela é Carioca, Uma enciclopédia de Ipanema, de Ruy Castro; Companhia das Letras, São Paulo, SP, 1999.

277 A Moda de Zuzu Angel e o Campo do Design, de Priscila Andrade Silva; dissertação de mestrado, PUC-Rio, RJ, 2007.

278 Zuzu Angel (filme), roteiro de Sérgio Rezende e Marcos Bernstein, Imprensa Oficial, São Paulo, SP, 2006.

279 Depoimento ao projeto HMB, gravado em fevereiro de 2010.

280 Idem.

281 Idem.

282 Idem.

283 Idem.

284 Idem.

285 Idem.

286 idem.

287 Idem.

288 Idem.

289 *In:* Dignidade, Celibato e Bom Comportamento – relatos sobre a profissão de modelo e manequim no Brasil dos anos 60, de Maria Claudia Bonadio; Cadernos Pagu, nº 22, IFCH/Unicamp, Campinas, SP, 2004.

290 Depoimento ao projeto HMB, gravado em março de 2010.

291 Manequim, Ano 7, Edição nº 71; Editora Abril, São Paulo, SP, maio de 1965.

292 Idem.

293 Idem.

294 Jóia, Edição nº 158. Bloch Editores, Rio de Janeiro, RJ, outubro de 1966.

295 Jóia, Edição nº 159. Bloch Editores, Rio de Janeiro, RJ, novembro de 1966.

296 Idem.

297 Manequim, Ano 7, Edição nº 71; Editora Abril, São Paulo, SP, maio de 1965.

298 O Fio Sintético é um Show! Moda, política e publicidade; Rhodia S.A. 1960 – 1970, de Maria Claudia Bonadio; dissertação de mestrado, IFCH/Unicamp, Campinas, SP, 2005.

299 Vestuário, Gosto e Lucro, de José Carlos Durand; Cortez, São Paulo, SP, 1985.

300 Memórias Alinhavadas, de Rui Spohr; Artes e Ofícios, Porto Alegre, RS, 1997.

301 Depoimento ao projeto HMB, gravado em junho de 2007.

302 Depoimento ao projeto HMB, gravado em novembro de 2009.

303 Idem.

304 Idem.

305 Idem.

306 Depoimento de Rita Davidshon. *In:* O Brasil na Moda, de João Carrascosa e Paulo Borges; Editora Caras, São Paulo, SP, 2004.

307 Dona Berta, o diretor, reportagem de Carlos Azevedo. *In:* Realidade, Editora Abril, São Paulo, SP, janeiro de 1967.

308 Idem.

309 Idem.

310 Idem.

311 História da Confecção Brasileira, artigo de Manoela Carta; *In:* Vogue-Brasil, Edição nº 91; Carta Editorial, São Paulo, SP, janeiro de 1983.

312 A Indústria Brasileira do Vestuário: histórias, reflexões e projeções, de Francisco de Paula Ferreira; Editora Brasil Têxtil, São Paulo, SP, 2000.

313 Idem.

314 Depoimento ao projeto HMB, gravado em março de 2010.

315 Estilistas Brasileiros, Uma História de Moda; texto da exposição Senac, SP, dezembro de 2004.

316 Depoimento ao projeto HMB, gravado em maio de 2010.

317 Idem.

318 Idem.

319 Depoimento ao projeto HMB, gravado em novembro de 2009.

320 Idem.

321 História da Confecção no Brasil, de Manuela Carta; *In:* Vogue-Brasil, Edição nº 91; Carta Editorial, São Paulo, SP, janeiro de 1983.

322 Depoimento ao projeto HMB, gravado em maio de 2010.

323 Depoimento ao projeto HMB, gravado em março de 2010.

324 Depoimento ao projeto HMB, gravado em maio de 2010.

325 Idem.

326 Idem.

327 Idem.

328 Idem.

329 Idem.

330 Idem.

331 Idem.

332 Idem.

333 Idem.

334 The Encyclopedia of Cleveland History; disponível no site [http://ech.cwru.edu/ech-cgi/article.pl?id=BBI1], acesso em novembro de 2009.

335 Fenit 71: Três Opiniões Muito Importantes, reportagem sem indicação de autor. *In:* Revista Fios e Tecidos; Editora Fios e Tecidos, São Paulo, SP, junho de 1971.

336 Idem.

337 Depoimento ao projeto HMB, gravado em março de 2010.

338 Idem.

339 Idem.

340 Depoimento ao projeto HMB, gravado em maio de 2010.

341 Idem.

342 Depoimento ao projeto HMB, gravado em maio de 2007.

343 O Brasil na Moda, vol. 1, edição de Paulo Borges e João Carrascosa; Editora Caras, São Paulo, SP, 2004.

344 Datas indisponíveis.

345 *In:* O Brasil na Moda, vol. 1, edição de Paulo Borges e João Carrascosa; Editora Caras, São Paulo, SP, 2004.

346 Idem.

347 Ela é Carioca, Uma Enciclopédia de Ipanema, de Rui Castro; Companhia das Letras, São Paulo, SP, 1999.

348 *In:* O Brasil na Moda, vol. 1, edição de Paulo Borges e João Carrascosa; Editora Caras, São Paulo, SP, 2004.

349 Idem.

350 Ela é Carioca, Uma Enciclopédia de Ipanema, de Rui Castro; Companhia das Letras, São Paulo, SP, 1999.

351 Idem.

352 Aqui Estão Suas Compras Cariocas, reportagem de Edith Elek Machado; Claudia, Edição Nº 141; Editora Abril, São Paulo, SP, junho 1973.

353 *In:* O Brasil na Moda, vol. 1, edição de Paulo Borges e João Carrascosa; Editora Caras, São Paulo, SP, 2004.

354 Ela é Carioca, Uma Enciclopédia de Ipanema, de Rui Castro; Companhia das Letras, São Paulo, SP, 1999.

355 Idem.

356 O Rio que Virou Moda, de Iesa Rodrigues; Memória Brasil, Rio de Janeiro, RJ, 1994.

357 Ela é Carioca, Uma Enciclopédia de Ipanema, de Rui Castro; Companhia das Letras, São Paulo, SP, 1999.

358 Aqui Estão Suas Compras Cariocas, reportagem de Edith Elek Machado; Claudia, Edição Nº 141; Editora Abril, São Paulo, SP, junho 1973.

359 Datas indisponíveis.

360 O Rio que Virou Moda, de Iesa

360 Rodrigues; Memória Brasil, Rio de Janeiro, RJ, 1994.

361 Dicionário da Moda, de Marco Sabino; Editora Campus, Rio de Janeiro, RJ, 2007.

362 Idem.

363 O Brasil na Moda, vol. 1, edição de Paulo Borges e João Carrascosa; Editora Caras, São Paulo, SP, 2004.

364 Idem.

365 As Loucuras de Sonia Bernardo, nota na seção O Assunto é...; Claudia, Edição Nº 201; Editora Abril, São Paulo, SP, junho de 1978.

366 Ela é Carioca, Uma enciclopédia de Ipanema, de Rui Castro; Companhia das Letras, São Paulo, SP, 1999.

367 Almanaque dos Anos 70, de Ana Maria Bahiana; Ediouro, Rio de Janeiro, RJ, 2006.

368 O Rio que Virou Moda, de Iesa Rodrigues; Memória Brasil, Rio de Janeiro, RJ, 1994.

369 Marília Valls, um trabalho sobre moda, de Ruth Joffily; Salamandra, Rio de Janeiro, RJ, 1998.

370 Idem.

371 Idem.

372 O Brasil na Moda, vol. 1, edição de Paulo Borges e João Carrascosa; Editora Caras, São Paulo, SP, 2004.

373 Marília Valls, um trabalho sobre moda, de Ruth Joffily; Salamandra, Rio de Janeiro, RJ, 1998.

374 Depoimento ao projeto HMB, gravado em julho de 2007.

375 Coleções da Blu-Blu, nota na seção O Assunto é...; Claudia, Edição Nº 189; Editora Abril, São Paulo, SP, junho 1977.

376 O Brasil na Moda, vol. 1, edição de Paulo Borges e João Carrascosa; Editora Caras, São Paulo, SP, 2004.

377 Jornal do Brasil, 1979 (sem registro de dia e mês). *In:* O Brasil na Moda, vol. 1, de Paulo Borges e João Carrascosa; Editora Caras, São Paulo, SP, 2004.

378 Depoimento ao projeto HMB,

379 Das T-Shirts dos Anos 60 até Hoje, texto publicado em caderno especial da Vogue-Brasil, disponível no site da Richards [http://www.richards.com.br]; acesso em março de 2010.

380 Idem.

381 Estratégias de Design em Empreendimentos de Moda: As tramas do sucesso empresarial no design de moda na cidade do Rio de Janeiro; dissertação de mestrado de Luciana Costa de Freitas; Artes e Design, PUC-Rio, Rio de Janeiro, RJ, 2007.

382 Ela é Carioca, Uma enciclopédia de Ipanema, de Rui Castro; Companhia das Letras, São Paulo, SP, 1999.

383 Almanaque dos Anos 70, de Ana Maria Bahiana; Ediouro,Rio de Janeiro, RJ, 2006.

384 Ela é Carioca, Uma enciclopédia de Ipanema, de Rui Castro; Companhia das Letras, São Paulo, SP, 1999.

385 60: Os Anos Dourados em São Paulo, artigo de Gilda Chataignier para Moda Almanaque, disponível em [http://almanaque.folha.uol.com.br/clip_gilda.htm], acesso em março 2010.

386 Guia Oficial da Moda Profissional, nº 100. Centro Brasileiro de Moda, São Paulo, SP, 1985.

387 O Brasil na Moda, vol. 1, de Paulo Borges e João Carrascosa; Editora Caras, São Paulo, SP, 2004.

388 Idem.

389 Idem.

390 Idem.

391 Idem.

392 Idem.

393 Idem.

394 Idem.

395 Idem.

396 Almanaque dos Anos 70, de Ana Maria Bahiana; Ediouro, Rio de Janeiro, RJ, 2006.

397 O Brasil na Moda, vol. 1, de Paulo Borges e João Carrascosa; Editora Caras, São Paulo, SP,

398 2004.

398 Idem.

399 Uma Personagem que Faz História, artigo de Ruth Joffily; *In:* A História da Camiseta, de Ruth Joffily (editora executiva), Companhia Hering, Blumenau, SC, 1988.

400 Fatos e Fotos, Ano 7, Edição nº 407; Bloch Editores, Rio de Janeiro, RJ, 21 de novembro de 1968.

401 Uma Personagem que Faz História, artigo de Ruth Joffily; *In:* A História da Camiseta, Ruth Joffily (editora executiva), Companhia Hering, Blumenau, SC, 1988.

402 Idem.

403 Idem.

404 Idem.

405 A Moda no Século XX, de Maria Rita Moutinho e Máslova Teixeira Valença; Editora Senac Nacional, Rio de Janeiro, RJ, 2005. (4ª reimpressão).

406 80 Anos de Nossa História, edição de Mauro Ivan (marketing editorial); Alpargatas, São Paulo, SP, 1987.

407 Idem.

408 Idem.

409 Depoimento ao projeto HMB, gravado em julho de 2007.

410 Idem.

411 80 Anos de Nossa História, de Mauro Ivan (marketing editorial); Alpargatas, São Paulo, SP, 1987.

412 Depoimento ao projeto HMB, gravado em fevereiro de 2010.

413 Idem.

414 Idem.

415 Idem.

416 Idem.

417 Idem.

418 Idem.

419 Depoimento ao projeto HMB, gravado em março de 2010

420 Histórico Handbook Fashion, disponível no site da HBF [http://hbf.com.br/novo/#/a-marca/historico], acesso em dezembro de 2010.

421 Depoimento ao projeto HMB, gravado em março de 2010

422 Depoimento ao projeto HMB,

423 Depoimento ao projeto HMB, gravado em fevereiro de 2010.

423 Depoimento ao projeto HMB, gravado em abril de 2010.

424 *In:* O Brasil na Moda, de João Carrascosa e Paulo Borges; Editora Caras, São Paulo, SP, 2004.

425 Idem.

426 Depoimento de Gledson José Assunção ao projeto HMB, gravado em fevereiro de 2010.

427 Idem.

428 Depoimento ao projeto HMB, gravado em março de 2010.

429 Idem.

430 Idem.

431 Idem.

432 Idem.

433 Idem.

CAPÍTULO **6** ANOS AZUIS [ 1976 | 1990 ]

# *Jeans* e grupos de estilistas fazem moda "democrática"

A década de 1980 ganhou o epíteto de "anos azuis" graças à onipresença do *denim* índigo *blue* nas vitrines, em editoriais de moda e ruas do país, expressando coincidentemente (ou não) um tempo em que se democratizava a vida pública e também a moda – que deixava (definitivamente) de ser apenas uma forma de distinção das elites para se tornar um fenômeno de consumo de massa urbano, disseminado por meio de estratégias de *marketing* muito bem urdidas. Diferentemente do modelo francês, em que as *griffes* se alicerçavam em estilistas de renome, por aqui os estilistas não eram ainda vistos como a alma por trás das etiquetas; elas se faziam "quase" exclusivamente por força de ardis publicitários, capazes de capturar os desejos das camadas do público às quais se destinavam. Vivemos um apogeu da então chamada "moda jovem", que daí por diante tornou-se hegemônica e virou a moda de todo mundo: *jeans*, camisetas, roupas sociais, bermudas, tênis etc.

Nesse processo, muitas marcas ascenderam ou caíram: um duelo histórico foi travado, por exemplo, entre as marcas Zoomp e Forum – como recordou o criador da última, Tufi Duek: "Foi a primeira vez que a Forum mediu forças com a Zoomp, que viria a se tornar sua 'rival oficial' no mercado do *jeans*. Nessa época, a Zoomp era mais forte do que

*Moda jeans; São Paulo, SP, abril de 1984.*

eu, dez vezes. Todas as atenções eram voltadas para ela, e, de repente, foi uma explosão e os jornais deram grande destaque para a Forum. [...] Nos últimos dez anos [daquela década], o mercado do *jeans* tinha criado verdadeiras fortunas, do dia para a noite. Metade das quais se esvaiu, também, do dia para a noite. Nomes como Gledson, Fiorucci e Soft Machine viraram febre e caíram em desgraça nesse período... A Zoomp aparecia como a poderosa sobrevivente; a Forum a enfrentaria usando as mesmas armas. Também faria de seu produto um objeto de desejo. Enquanto os preços situavam a clientela, campanhas milionárias, assinadas por Miro, o *top* fotógrafo de então, situavam a marca".[1]

O final da década de 1970 e o decênio seguinte consagraram o *prêt-à-porter* e sepultaram de vez os sonhos dourados da geração pioneira de costureiros brasileiros, surgidos nos anos 1960, tendo Clodovil como seu último porta-voz, empenhado na construção de uma entidade de alta moda – a Aambra –, afinal, de vida curtíssima e realizações ainda menores. Transitamos, sim, do *glamour* elitista da alta moda para uma produção consistente de roupa em série – com ou sem grife –, para muito além do polo inicial de *prêt-à-porter* que havia feito a fama no Rio de Janeiro na década de 1970. A partir de meados dos anos 1980, a hegemonia carioca na moda nacional foi colocada em cheque: "Um seminário organizado em 1985, para discutir a 'vocação econômica' da antiga capital, destampou tanta queixa que pôde servir como termômetro de como o Rio se via na bolsa de moda, charme e elegância do Brasil. Os participantes mais otimistas tentaram tranquilizar seus colegas, afirmando que, como sempre, 'o que é bom para Ipanema, é bom para o país'. [...] Quanto a isso, pouco importava que a 'mulher paulista' gastasse mais com roupa fina: ela continuaria condenada a um *look* 'produzido demais'. [...] Já os pessimistas alertavam para o fato de que não era apenas o dinheiro que fugia, mas que mesmo esse capital simbólico, sob forma de charme ou 'feitiço', começava a sofrer abalos à medida que São Paulo, 'perdendo o ranço, acabava virando a Nova Iorque brasileira'".[2]

A despeito das rixas internas ao setor e das crises inflacionárias, a moda brasileira evoluiu e se disseminou em confecções por todo o país, originando polos regionais que tinham suas próprias feiras (miniFenits se replicaram pelo Brasil afora), assim como seus "grupos de moda", reunindo pequenos confeccionistas. O pioneiro deles, criado em 1978, foi o Grupo Moda-Rio, surgido na capital fluminense, que inspirou mais tarde outras iniciativas similares em várias capitais, configurando um fenômeno histórico que se prolongou por toda a década de 1980. No comércio, as butiques de rua cederam lugar às lojas com visual padronizado dos *shopping centers* e aos magazines de roupa pronta, como a rede de origem holandesa C&A, que em 1976 inaugurou sua primeira loja (logo vieram outras) no Brasil, no Shopping Ibirapuera em São Paulo.

No *design* de moda, assimilamos o racionalismo minimalista japonês – de Yohji Yamamoto, Issey Miyake e Rei Kawakubo –, bem adequado à produção seriada e ao ideário de uma geração que cultuava o trabalho como religião: os *yuppies*, sigla para *young urban professional people*, com seus paletós de largas ombreiras (para homens e mulheres), sobrepostos a calças clássicas de preguinhas no cós e bolso faca; *tailleurs* acinturados, macacões idem; e dentro da linha mais esportiva *leggings*, moletons, *collants*, *fuseaux* e conjuntos *joggings* – usados em qualquer situação social. Predominaram, além do endeusado puro linho Braspérola, tecidos com ares futuristas, com efeitos ou brilhos nas superfícies, assim como os extensíveis (*stretch*), evidenciando o corpo; as estampas graúdas preferencialmente figurativas, as cores cítricas e estridentes... "Utilizam-se materiais alternativos como vinil brilhante, *chintz*, plastificados, laqueados, emborrachados, metalizados, malhas *stretch*, náilon, cetim ou tecidos com acabamentos inovadores, como os resinados. [...] Nos anos 80, o tecido ganhou maior importância que a própria forma ou comprimento da roupa. Dependendo de suas características de peso, caimento e visual, ele passou a impor modelagem, encaminhando o processo de criação",[3] recordou a jornalista Deise Sabbag. Foi essa a moda exibida nos corpos arredondados das modelos de maior fama da época, como Luiza Brunet, Bruna Lombardi, Xuxa Meneguel (antes do estouro como apresentadora infantil), Dalma Callado, Beth Lago, Monique Evans, Luma de Oliveira, Cláudia Liz e Alexia Deschamps.

Na contracorrente da estética bem-comportada, ganharam expressão (ainda que atrasados) os movimentos *Punk* – anárquico e contestador –, Gótico (*Dark*) e *New Wave*; estes últimos puramente iconoclastas. O *New Wave* foi um dos mais expressivos no campo *fashion*: resgatou os cabelos armados com fixador e lançou os cortes em camadas assimétricas, colados ao couro cabeludo com *wet gel* ou *glitter gel*, para as mulheres (que se tornaram masculinizadas). Foi a época do primeiro Rock in Rio, em 1985, festival que agitou tanto o cenário musical quanto o de moda. Nos lábios, colágeno ou batom vermelho, acompanhado de sombras fortes nos olhos (pretas para os góticos; aliás, também o batom e o esmalte); adornos falsos cromados, de lata ou plástico, assim como alfinetes, caíam muito bem. Na contracorrente musical, o final dos anos 1980 foi também o momento do *New Age*, que chegou a influenciar o mundo da moda, privilegiando tecidos naturais, a cor branca e tendo como símbolo um cristal bruto – afinal, o acidente nuclear de Chernobyl (1986) desencadeara uma grande preocupação com o planeta e seus habitantes. Apesar de toda a ideia de modernidade que rondou a estética do período, as principais inovações tecnológicas popularizadas na época foram o *walkman*, o videocassete, o telefax, a secretária eletrônica e o forno micro-ondas – ou seja, nada comparável à revolução da informática que viria logo ali em frente...

*Luma de Oliveira posa moda de Ellus, coleção de inverno 1987.*

# A revolta das tesouras

Com este título belicoso – que, aliás, remetia à "guerra das tesouras" incitada pela imprensa entre nossos costureiros, no início da década de 1960 –, o jornal Última Hora[4] noticiou um encontro dos principais nomes da alta-costura brasileira, conclamado no final de 1976 por sua estrela maior: Dener Pamplona. Com qual objetivo? Redigir um ofício com reivindicações da categoria a ser enviado ao Governo Federal. Para qual órgão? Não se especificou ao certo. "Eu, eu, eu... Chega! Agora somos nós",[5] repercutiu o semanário Última Moda, em dezembro de 1976. No rol das queixas listadas pelos costureiros, incluíam-se "acabar com as muambeiras, mulheres que abrem butiques e levam nossas costureiras para consertar vestidos comprados prontos no exterior",[6] atacou Clodovil; "acordar o governo para o problema da nossa divisa na moda" (ou seja, os licenciamentos estrangeiros que invadiam o país); e "trazer professores franceses para abrir uma escola para formar mão de obra",[7] sugeriu o costureiro Fernando José.

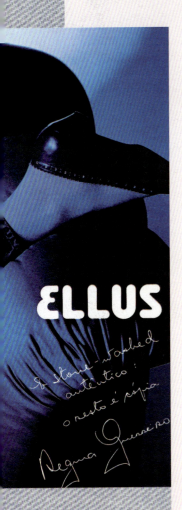

Juntavam-se na grita geral, além dos já citados, as vozes de Amalfi, Ana Frida, Cesar Strazgorodsky e José Nunes – este último gritando em nome também de Guilherme Guimarães, ausente em razão de um inesperado regresso ao Rio. O evento foi realizado na casa de Dener, durante jantar para o qual também foram convidados membros da imprensa ("escrita e televisada"[8]). Nas fotos que ilustram as reportagens, Clodovil apareceu devidamente instalado no colo de Dener, que já apresentava um semblante emagrecido e abatido. E assim, com idêntica apatia, as reivindicações alardeadas pelos costureiros – por mais justas que fossem – foram reproduzidas em tom de blague pela imprensa e se perderam, sem eco. Nenhum ofício foi produzido, nenhum órgão governamental foi acionado... A "revolta das tesouras" – como o Diário de S. Paulo chamou o episódio – não foi mais do que o patético epílogo de uma série de tentativas de uma geração de criadores de moda brasileiros – os costureiros da chamada alta-costura – que não conseguiu efetivar uma ação conjunta, classista, por motivos ainda a serem mais bem esclarecidos.

Aliás, naquele dia, as avaliações feitas por eles próprios sobre essa tal de alta-costura não eram as melhores: Cesar, o mais ameno, afirmou que a "alta-costura no Brasil é um mito"; já Fernando José disse sem ressalva que ela servia "apenas para atender velhas em casamentos"; José Nunes emendou: "quem procura alta-costura é museu"; e até o próprio Clodovil a descreveu como uma "velha gorda e decadente que só serve para laboratório".[9] Apenas Dener saiu em sua defesa: "Há 28 anos inventei a alta-costura brasileira e não vou deixá-la morrer, de maneira alguma",[10] garantiu. Talvez fosse mesmo um tanto tarde para isso. Em meados da década de 1970, o mercado brasileiro de moda já estava totalmente dominado pelo *prêt-à-porter*. Uma década antes, talvez, a vontade de Dener poderia ter-se feito valer. Era um tempo em que a alta-costura brasileira tinha vigor muscular e cútis de jovem modelo: mais precisamente em 14 de maio de 1970, quando os mais prestigiados nomes da moda brasileira estiveram reunidos para um evento, em Porto Alegre, RS, chamado 1º Encontro dos Grandes da Alta Costura no Brasil, com o objetivo de montar uma entidade de classe aos moldes da poderosa Chambre

*Publicidade da confecção Ellus; São Paulo, SP, 1982.*

## REDEMOCRATIZAÇÃO COM INFLAÇÃO

Em 1974, o general Ernesto Geisel assumiu a Presidência da República prometendo a volta ao estado de direito, mas de forma "lenta e gradual", como de fato ocorreu – até porque qualquer oposição à ditadura militar havia sido dizimada (ou exilada) nos "anos de chumbo". Teve início, então, a chamada "distensão política", continuada pelo general João Baptista Figueiredo, que em agosto de 1979 sancionou a anistia aos exilados pela ditadura desde 1964 (em 1980, o jornalista Fernando Gabeira, recém-retornado, causou furor ao posar em Ipanema trajando uma minúscula tanga de crochê, que era a parte de baixo do biquíni de sua prima, a jornalista Leda Nagle). Em 1982, foram restabelecidas as eleições diretas para governadores e, apesar do amplo movimento Diretas-Já!, tivemos em 1985 um pleito indireto elegendo para presidente, por meio de colégio eleitoral, Tancredo Neves – que faleceu sem tomar posse, deixando o cargo a seu vice, José Sarney. Somente em 1989 o Brasil, finalmente, votaria para Presidente da República, elegendo o alagoano Fernando Collor de Mello.

Simultaneamente ao processo de redemocratização política, a economia brasileira amargou um período que os especialistas denominaram "década perdida", consequente do alto endividamento externo herdado dos militares e de um processo inflacionário que devorou a poupança nacional. Sucessivos planos econômicos editados para debelar a crise foram mal-sucedidos, alguns beirando o patético: tivemos o Plano Cruzado (março de 1986), o Plano Bresser (junho de 1987) e o Plano Verão (janeiro de 1989), que apelaram para medidas radicais, como congelamento de preços e de salários e a criação de novas moedas. O Plano Cruzado inicialmente recebeu elogios do setor confeccionista: "Todos foram unânimes num aspecto: até agora o pacote só foi favorável",[1] comentou o Guia Oficial da Moda, em 1986. Meses depois, veio à tona uma crise de desabastecimento jamais vista no país: "Falta fio, malha, aviamento e anilina. Segundo os malharistas, muitos fornecedores diminuíram prazos de pagamento, cortaram descontos e estão cobrando ágio. Os fornecedores, por sua vez, reagem, afirmando que enfrentam crise de abastecimento",[2] registrou, ainda em 1986, o mesmo veículo.

O Plano Bresser, editado em pleno caos econômico, buscou fazer um ajuste fiscal e renegociar a dívida externa, mas também fracassou; com inflação galopante, o país mergulhou numa recessão tenebrosa, com os índices inflacionários que atingiram a casa dos 360% ao ano! O último episódio do governo Sarney, em 1989, foi o Plano Verão, que instituiu o Cruzado Novo e apelou (outra vez) para o congelamento de preços e aumento dos juros. Mas o mercado já se mostrava cético em relação aos planos mirabolantes; dados de 1990 da Associação Brasileira do Vestuário (Abravest) traçavam um triste painel da venda de *jeans* no Brasil, ao final da década de 1980: em unidades de calças vendidas, os números eram de 77 milhões (1983), 74 milhões (1984), 81 milhões (1985), 111 milhões (1986; Plano Cruzado), 86 milhões (1987), 71 milhões (1988) e 57 milhões (1989).[3] Daí até meados do decênio seguinte, a moda brasileira viveu um período esquálido e descolorido.

1   Guia Oficial da Moda Profissional, nº 107; Centro Brasileiro de Moda, São Paulo, SP, 1986.
2   Guia Oficial da Moda Profissional, nº 111; Centro Brasileiro de Moda, São Paulo, SP, 1986.
3   Guia Oficial da Moda Profissional, nº 146; Centro Brasileiro de Moda, São Paulo, SP, 1990.

Syndicale de la Couture Parisienne (criada ainda em 1910, porém com raízes desde o ano de 1868). O evento teve lugar no Teatro Leopoldina, inaugurado com um desfile e tendo como objetivo maior "lançar oficialmente a ideia de formação da Câmara da Alta Costura do Brasil",[11] como noticiou o Zero Hora.

A iniciativa partira de Nazareth, costureiro português então instalado na capital gaúcha: "Desde que me radiquei no Rio, em 1953, tive a ideia de reunir todos em torno de um ideal, coisa que já havia na Europa. Naquela época, era impraticável. Agora temos todas as possibilidades. [...] O próprio governo subsidiará os costureiros. Com as fábricas, teremos o seguinte contrato: para cada coleção de tecido a ser lançada, peças serão dadas a figurinistas, antes de chegarem ao público, que criarão modelos a serem apresentados, em conjunto",[12] afirmou Nazareth, discorrendo sobre as premissas da entidade. Outro participante, o costureiro Luciano Baron – italiano também radicado em Porto Alegre – confirmou que "foi Nazareth quem tomou a iniciativa. Ele tinha facilidade de fazer as ligações entre as pessoas, tinha simpatia e capacidade de agregar. Conseguiu alguns patrocínios, passagens aéreas da Varig e estadias em hotéis. Muitos chamaram o encontro de 1ª Febicha...",[13] ele ironizou, não deixando de expressar o preconceito com que muitos ainda viam o segmento.

"Foi uma tentativa de congregar os costureiros; inclusive, fizemos na época inscrições, cadastros e definimos mensalidade para manutenção; mas só durou algum tempo. Somos uma categoria muito difícil de congregar",[14] sentenciou Baron. Não sem motivos: defecções notórias foram registradas já entre colegas gaúchos, caso do conhecido costureiro Rui Spohr, que tinha poucas afinidades com Nazareth e preferiu estar fora do evento, juntando-se a outros ausentes mais evidentes. "Clodovil chegou malhando Dener, que esnobou o encontro",[15] noticiou ainda o Zero Hora: "Este tipo de vedetismo não existe mais", protestou Clodovil. "Dos oito costureiros esperados, chegaram apenas três: Clodovil e Ugo Castellana, de São Paulo, e Ney Barrocas do Rio de Janeiro".[16] Mas José Nunes, Hugo Rocha e Galdino Lenzi – este de Florianópolis, SC – chegaram a tempo de participar. Dener, Guilherme Guimarães, José Ronaldo e Marcílio Campos, do Recife, PE, em contrapartida, não foram vistos nos pampas.

*Reportagem sobre a criação da Associação da Alta Moda Brasileira; na foto, aparecem (da esq. para a dir.) os costureiros Ronaldo Esper, Ugo Castellana, Clodovil Hernandes e Dener Pamplona de Abreu; O Estado de S. Paulo, 23 de outubro de 1970.*

411

Das declarações coletadas pela imprensa durante o encontro, as mais consistentes partiam de Clodovil: "A Câmara é uma necessidade. A moda não é mais de salão. [...] É interesse do próprio país obter divisas, que só podem existir com a união dos costureiros. [...] O Brasil é o único país da América do Sul que tem moda e devemos explorar isto",[17] ele afirmou. E por aí ficou: encerradas as festividades, restou o vago agendamento de um novo encontro para o ano seguinte, que nunca ocorreu. Era mesmo difícil juntar um setor nascente, cujas principais estrelas alfinetavam-se publicamente via imprensa e faziam disso um meio de autopromoção. Era antes preciso mudar a imagem de inimigos públicos, cultivada há anos por Dener e Clodovil, e assumida por outros colegas como uma questão de estilo da categoria. Mas eles se deram conta disso em setembro daquele mesmo ano de 1970 e posaram para a imprensa "um nos braços do outro, após longos anos de arranca-plumas",[18] num encontro supostamente casual ocorrido num hotel no Rio.

Nem tão casualmente assim, no outubro seguinte Clodovil convidou o próprio Dener e mais alguns colegas para um jantar em sua residência: "A ideia de convocar uma reunião partiu de Clodovil. Da ideia, ele passou ao telefone: o de Dener estava ocupado. O de Ronaldo Esper foi atendido com uma desculpa: 'Ele não está'. Mas Clodovil não perdeu a paciência. Insistiu. E assim, foi possível a reunião para a fundação da Associação da Alta Moda Brasileira".[19] Note-se que o nome da pretendida entidade já tinha mudado: aparentemente, os costureiros paulistas começaram a se movimentar para fazer frente à iniciativa gaúcha. "Ronaldo Esper, Ugo Castellana e Dener foram à casa de Clodovil. A princípio, desconfiados. Ronaldo dizia rindo que o cafezinho servido estava envenenado. [...] Ugo Castellana não tem dúvidas: só uma organização do tipo da Câmara Nacional de Moda Italiana pode proteger nossa alta-costura; projetá-la, protegê-la e até mesmo poupar as divisas remetidas ao exterior – *royalties* sobre etiquetas como Dior, Cardin, Férraud".[20] Eis aí a principal motivação da união dos nossos costureiros: o país já estava sendo tomado pelos licenciamentos de *prêt-à-porter* e começava a ficar claro que, para enfrentar o poderio das marcas internacionais, seria necessário mudar o discurso da moda e deixar de considerá-la uma dádiva exclusiva da França; era preciso pensar numa moda com identidade emitida no Brasil. Assim, empenhados em demonstrar *esprit de corps*, Dener e Clodovil apareceram numa entrevista pingue-pongue, publicada pelo Correio da Manhã, do Rio, no início de outubro de 1970, ilustrada por foto de ambos em pose afetiva: "Dener – Explique o que é a Associação de Moda Brasileira. Clodovil – O movimento tem como objetivo, em sua primeira fase, congregar os figurinistas nacionais em torno dos mesmos ideais. Partindo do figurinista, chegaremos ao povo, através da indústria. E, aliados à indústria e ao governo, chegaremos ao mercado externo. [...] Dener – O *prêt-à-porter* deveria substituir a alta-costura? Clodovil – Absolutamente! A alta-costura é o laboratório onde surgem a ideias que permitirão a industrialização da moda".[21] Esta última resposta, lapidar, resume bem como aquela geração ainda pensava um modelo de criação de moda que, mesmo na Europa, especialmente na França, vivia um momento no qual as roupas de *prêt-à-porter* já estavam estabelecidas como nova realidade na criação, produção e difusão comercial.

Em dezembro de 1970, o Noticiário da Moda, uma publicação dirigida ao segmento, anunciou: "Será oficial a Câmara da Alta Costura no Brasil", adiantando que Dener havia reunido "recentemente os costureiros para a leitura dos estatutos". Tudo resolvido, nada efetivado... Dener bateu o quanto pôde na velha tecla do "costureiro de luxo", numa atitude esnobe que atacava impiedosamente a concorrência, fosse Clodovil ou outros mais: "O Clodovil veste bem seu tipo de clientela e é útil porque me poupa o trabalho de atender muita gente para quem eu não poderia criar. [...] Dona Zuzu Angel simplesmente nunca existiu... Uma vez, Zacarias do Rego Monteiro me disse que Zuzu Angel precisava ser es-quar-te-ja-da da alta-costura, para que nenhum jornalista viesse mais a citar o nome dela e fazer-nos perder tempo. [...] Guilherme [Guimarães] não é um costureiro profissional. É um costureiro para meia-dúzia de amigas",[22] ele registrou em sua autobiografia, lançada em 1972.

O culto à língua solta e à rivalidade desmedida entre os costureiros foi uma estratégia que funcionou para atrair a imprensa, mas os afastou do espírito classista: "Essas tentativas de organização não tinham seriedade. Tentativas houve, mas, talvez, não tenha havido força de vontade para fazer acontecer. Por quê? Acho que não havia dinheiro suficiente e ninguém queria patrocinar; a moda não tinha a importância que tem hoje. [...] Era sinal de frescura, e não sinal de divisa. Mas aqueles ódios, aquelas brigas todas, na verdade, nem existiam tão profundamente entre nós. Tanto que no fim a gente acabava gargalhando de tudo. Lembro-me, numa daquelas reuniões, do Dener falando em criar perfumes a partir da flora amazônica: 'Imagine! Um perfume marajoara na França?'. Mas a gente ficava sonhando, viajando na maionese e tudo acabava assim...",[23] confirmou o costureiro Ronaldo Esper.

Em 1972, depois de ter gerido a linha de *prêt-à-porter* de Dener e de ter participado de infrutíferas reuniões para criação da Câmara Brasileira de Alta Costura (que não foi além de um estatuto), o empresário português Augusto Fernandes de Azevedo fundou o Centro Brasileiro de Moda (CBM)[24] – entidade que teria cooptado "mais de 200 associados industriais dos setores de tecelagem, confecção e varejo".[25] O CBM chegou a organizar uma Semana de Moda Brasileira, em São Paulo, com desfiles ao ar livre na Rua Augusta, que foi acarpetada e fechada ao trânsito de automóveis aos sábados, no período de Natal daquele ano, "transformada em um verdadeiro *boulevard* de moda".[26] O CBM, contudo, não cumpria o papel de uma entidade representativa da categoria. Encerrou atividades mais tarde, segundo seu criador, "por falta de recursos".[27] Sua principal realização foi o Guia Oficial da Moda, publicação profissional especializada em moda, lançada em 1973, que durou mais de duas décadas. Entidades classistas de criadores de moda só se efetivaram no Brasil no início da década de 1980. Mesmo assim, por pouquíssimo tempo...

# A cintilância glamurosa de Markito

A era *disco* teve seu representante na moda brasileira: Markito (Marcus Vinícius Resende Gonçalves, 1952-1983) brilhou entre plumas e paetês nas pistas da segunda metade da década de 1970, traduzindo ao ritmo tupiniquim a moda *sexy chic* que rodopiava nas *discothèques* do primeiro mundo (aqui apelidadas de danceterias). "Markito fez com que as mulheres deixassem de ser apenas elegantes; ele as queria chiques, mas *sexy*, como as do *jet set* internacional",[28] descreveu Marita de Dirceu, que foi modelo e assistente do estilista. "Ele gostava de abusar das fendas e dos decotes",[29] referendou Mônica Resende, irmã de Markito e cuidadora de seu acervo. Estamos falando de uma época em que na noite a *dance music*, as pistas com luzes hipnóticas, o brilho, o dourado e o lamê – enfim, a cintilância desenfreada – estavam em alta.

Apesar de ter sido um homem da noite, as origens de Markito remontam à pacata Uberaba, MG, terra da bovinocultura e do entranhado conservadorismo típico nas regiões centrais do país. Nasceu em família socialmente bem situada: seu pai, engenheiro civil, possuía fazendas em Minas e no interior de São Paulo; evidentemente, via em Markito um sucessor nos seus negócios agrários. Mas, desde a infância, o garoto demonstrou mais afeição por cultura e arte do que pelas lidas agropecuárias. Com apenas 11 anos Markito perdeu o pai; seguiu buscando atender às expectativas nele depositadas, iniciando um curso de engenharia civil, no final da década de 1960. Mas a vida teve outros planos para ele: durante umas férias em Itaparica, BA – então um reduto jovem –, conheceu uma comunidade *hippie* e aprendeu técnicas de tingimento de tecidos, como o *batik* e o *tie-dye*. Começou assim a personalizar camisetas de malha de algodão com tingimentos, aplique de filó e cetim.

Com 18 anos, foi morar em São Paulo, capital,[30] onde passou a se sustentar com a venda de camisetas e encontrou caminhos para se iniciar definitivamente na profissão: "Ele foi trabalhar no ateliê de costura de uma butique"[31] e, também, caiu na noite... Markito começou a ser figura assídua nas festas, boates e discotecas mais badaladas; gostava de dançar e tinha facilidade para fazer amizades. "Ele sempre foi muito comunicativo, o que ajudou a aumentar a divulgação de seu nome. E, assim, o Markito conseguiu penetrar na alta sociedade de São Paulo",[32] relatou sua irmã. Por volta de 1974, ele montou um ateliê na Alameda Franca, no Jardim Paulista, período em que também fez viagens à França para fazer cursos de desenho; sua produção se voltou inicialmente à roupa feminina exclusiva, sob medida, em que predominavam os tecidos molengos e ajustados ao corpo, como o jérsei. Markito sintetizou um período de transição entre a geração dos costureiros da alta-costura – de Dener e Clodovil – para os estilistas de *prêt-à-porter*. Tanto que, no final da década de 1970, lançou a etiqueta Markito Brazil, para a qual desenhava modelos para produção em série, objetivando o mercado externo: "Era uma etiqueta *habillée*. Ele já tinha conhecido os Estados Unidos e visava vender lá",[33] contou a irmã. Suas roupas foram de fato comercializadas pelo

*A moda brilhante de Markito; boate Gallerie, São Paulo, SP, 1979.*

*Na página ao lado, croqui de Markito com criação para a cantora Gal Costa; c.d. 1970.*

*Abaixo, Sharlene Shorta com criação de Markito; desfile no Maksoud Plaza, São Paulo, SP, 1979.*

magazine Henri Bendel's, uma rede de lojas na *Fifth Avenue* em Nova York,[34] além de ter vestido estrelas internacionais *tops* dos *seventies* – como Diana Ross, Liza Minelli e Bianca Jagger.[35]

"Eram roupas em jérsei muito bonitas, que ele 'poetizava' com bordados",[36] explicou Marita de Dirceu. Os segredos dos belos bordados das roupas de Markito estavam guardados lá, na recôndita Uberaba, de onde ele resgatava tradições de pontos e desenhos especialíssimos. Markito, por sinal, não costurava: "Ele não era um desenhista fabuloso e não costurava, mas tinha um *feeling* extraordinário",[37] confirmou Marita de Dirceu. Desfiles, Markito fez poucos: os dois desfiles mais importantes de sua carreira foram realizados em São Paulo.[38] Em 1978, realizou um desfile no Papagaio Disco Club – onde rolavam os mais quentes embalos da época, rival da Banana Power; no ano seguinte, ele apresentou uma coleção no Maksoud Plaza, tendo na passarela "Betty Lago, Sílvia Pfeifer, Estelão, Vicky Schneider, Monique Evans, Dalma Callado, Mila Moreira e Veluma"[39] – ou seja, as principais modelos da época.

"Começou há poucos anos; mas tornou-se um dos nomes mais conhecidos do Brasil",[40] destacou reportagem da Vogue-Brasil, sobre os "Endereços *In* em São Paulo", em 1979. A carreira de Markito voava a jato, literalmente, num tremendo corre-corre pela ponte aérea Rio-São Paulo: "Ele ficava em São Paulo segunda, terça e quarta e, no Rio, quinta, sexta, sábado e domingo",[41] recordou Marita. No Rio, "ocupava a suíte de um hotel e atendia mais de 30 clientes por dia".[42] Não parava por aí: sua clientela se espalhava, ainda, por diversas outras capitais, como Belo Horizonte, Salvador, Goiânia e Brasília, onde atendia mulheres de políticos e banqueiros.

O início da década de 1980 o flagrou no auge da cintilância, produzindo "cerca de 300 vestidos de noite por mês",[43] talvez o nome mais reluzente da moda brasileira do período, centro dos holofotes do *high society* – Cecília Castro Cunha, Eleonora Mendes Caldeira, Gisela Amaral, Ionita Sales Pinto etc. - e preferido por nove entre dez estrelas da cena nacional, incluindo Betty Faria, Christiane Torloni, Gal Costa, Sonia Braga, Zezé Mota, Simone, Bruna Lombardi e Ney Matogrosso.[44] Seu *prêt-à-porter* era distribuído nas principais capitais por representantes de sua marca, sustentando-se simultaneamente com criações sob medida e produção em série – a preços condizentes. Em 1982, as lojas da Fiorucci, da então empresária Glória Kalil, passaram a comercializar a linha Markito,[45] e teria sido a "primeira vez que um costureiro brasileiro comercializou trajes de noite em uma loja de *casual wear*".[46] Na mesma época, ele apostou, ainda, no *prêt-à-porter* jovem, criando a etiqueta By Markito, que produzia "calças de sarja mais largas, com bolsos grandes, macacões, *tops* de miçangas, para usar com *jeans*",[47] detalhou a irmã dele.

Em pleno ápice, subitamente e com a mesma velocidade com que chegou ao topo, Markito adoeceu e foi levado por uma doença sobre a qual, na época, pouco se sabia e menos ainda se falava, como um tabu, um mal que se devesse evitar a mera menção. Em 1983, Markito faleceu aos 31 anos, em Nova York, onde fora buscar tratamento – ou a esperança de algum – para a Aids. Foi um dos primeiros casos célebres de óbito decorrentes do HIV no Brasil. Sua morte foi alardeada pela imprensa muitas vezes de forma preconceituosa e pouco respeitosa; o tempo nos deu a verdadeira dimensão deste mal humano e do quanto perdemos por ele nos ter ceifado um talento com tanto ainda por contribuir para a moda brasileira.

## Aambra e Abemoda

Num contexto em que o *prêt-à-porter* dominava o mercado, e a moda sob medida se via reduzida a nichos específicos – como roupas de festa e casamentos –, duas entidades surgiram em São Paulo e uma no Rio de Janeiro com o propósito de congregar e representar os interesses de criadores de moda brasileiros. Após a morte de Dener, Clodovil ocupou o posto de costureiro mais famoso do país, tornando-se consequentemente referência central no debate que vinha se desenvolvendo, havia mais de uma década, acerca da criação de uma câmara ou associação que agregasse os criadores de moda brasileiros. Clodovil, porém, prendia-se ainda à ideia da alta-costura como matriz geradora da moda e como laboratório das propostas que iriam alimentar o *prêt-à-porter*, confrontando um mercado que já não operava assim...

As novas gerações de criadores de moda surgiram produzindo para o *prêt-à-porter* aqui e lá fora: em Paris, a ancestral Chambre Syndicale de la Couture Parisienne, detentora da alta-costura, fora integrada, desde 1973, à Fédération Française de la Couture, du Prêt-à-Porter des Couturiers et des Créateurs de Mode, órgão representativo que passou a abarcar também a Chambre Syndicale de la Mode Masculine (das confecções e criadores do segmento) e a Chambre Syndicale du Prêt-à-Porter des Couturiers et des Créateurs de Mode (idem, para moda feminina) – estas duas últimas instituídas igualmente em 1973. A Fédération passou desde então a coordenar as semanas de moda francesas, que contemplavam três calendários sazonais e individualizados de desfiles: um para a *haute couture* e dois outros de *prêt-à-porter*, sendo um de moda masculina e o outro *des créateurs* da moda feminina.[48] No Brasil, até o final da década de 1970, não tínhamos ainda nenhuma organização de criadores. Os lançamentos de moda aqui eram feitos por meio de feiras de negócios, similares em grande parte aos salões de *prêt-à-porter* franceses.

## TELENOVELAS E *MERCHANDISING*

Dez anos depois da produção de sua primeira novela (Ilusões Perdidas, de 1965), a Rede Globo de Televisão, sediada no Rio de Janeiro, estruturou sua programação consolidada na produção de telenovelas, tornando a dramaturgia seu carro-chefe. A Globo, em verdade, apenas deu nova roupagem e acabamento a um produto muito ao agrado do público brasileiro e latino, sucesso desde os tempos do rádio e que também fora o alicerce da primeira emissora nacional, a TV Tupi, dos Diários Associados.

A partir do início da década de 1960, a Globo superou a TV Tupi em dramaturgia e acabamento técnico, tornando-se a poderosa Vênus Platinada que direcionava os hábitos de consumo nacionais, incluindo a moda: "No Brasil, o que mais influencia o comportamento de moda são as novelas da Globo; mais do que revistas ou jornais, que é preciso ter dinheiro para comprar. Novela não, basta ligar a tevê na tomada, é canal aberto. No Rio, quando um personagem cai no gosto popular vai parar nas ruas e a gente vê, depois, coisas na passarela. [...] As pessoas se identificam, elegem seus personagens e seguem sua moda; a Globo sabe desenvolver esta parte estética muito bem...",[1] opinou a jornalista Ruth Joffily.

Explorando principalmente personagens que representam uma "fração cosmopolita e mundana da alta burguesia, e toda a corte de *socialites* que povoam os lugares elegantes da vida noturna do Rio",[2] as telenovelas abriram um fluxo de influências na moda nacional, que teve como mais emblemática a Dancin' Days (de Gilberto Braga), de 1978, com figurino de Marília Carneiro, que "envolveu tanto um caso de sucesso de *merchandising* explícito de uma marca quanto da difusão de uma nova moda".[3] Da noite para o dia, uma marca de *jeans*, a Staroup, aparecendo em *neon* ao fundo da pista de dança na inauguração da boate na novela, com Júlia Matos (Sônia Braga, com calça de cetim vermelha da Fiorucci) dançando com o Dzi Croquette Paulette, se tornou coqueluche nacional, sem falar das meias coloridas de Lurex usadas com sandálias, emblemáticas da era disco. As telenovelas incorporaram o *merchandising* – com a exposição de produtos por personagens no desenvolvimento das tramas –, uma ferramenta poderosa e quase subliminar, com influência direta no consumo de produtos diversos no país, criando tendências de moda. Outro exemplo curioso ocorreu ainda em 1980 durante exibição da novela Água Viva: "Betty Faria, no papel de uma butiqueira, queixou-se meio distraída que andava farta de um certo roxo [lilás]. Conta-se que, nos dias seguintes, o telefone da emissora não parou de tocar, com confeccionistas loucos da vida pedindo urgente retificação do 'equívoco'; pois o tal roxo [lilás] rapidamente encalhava nas prateleiras".[4] Ou seja, o que se dizia na telinha (ainda que distraidamente) rebatia imediatamente nas ruas – como se viu em novelas de sucesso estrondoso, como Elas por Elas (1982), Roque Santeiro (Regina Duarte como viúva Porcina, 1986), Ti-ti-ti (1985/1986), Brega & Chique (1987), Fera Radical (1988, com Malu Mader), Vale Tudo (Quem matou Odete Roitman? 1988/1989), Top Model (1989/1990), Rainha da Sucata (1990) e, exceção à regra, Dona Beja (1986, com Maitê Proença) e Pantanal (1990, com Cristiana Oliveira), ambas da TV Manchete – entre outras posteriores...

---

1     Depoimento ao projeto HMB, gravado em junho de 2007.
2     Moda, Luxo e Economia, de José Carlos Durand; Editora Babel Cultural, São Paulo, SP, 1988.
3     A moda brasileira e a telenovela: um estudo exploratório, de B. A. Velho; Dissertação de mestrado, UFRJ, Rio de Janeiro, RJ, 2000.
4     Moda, Luxo e Economia, de José Carlos Durand; Editora Babel Cultural, São Paulo, SP, 1988.

*Meias com o brilho metálico dos fios lurex usadas com sandálias de salto alto; moda estimulada pela novela Dancin'Days, 1978.*

Em meados de 1983, a diretoria do Sindicato da Indústria da Fiação e Tecelagem em Geral do Estado de São Paulo, decidida a dar um empurrãozinho no setor, convidou costureiros, estilistas e donos de confecção para uma série de reuniões, em sua sede, objetivando a formação de uma entidade classista. Da iniciativa sugiram não uma, mas duas organizações: a Associação Brasileira dos Estilistas de Moda (Abemoda) e a Associação da Alta Moda Brasileira (Aambra). O leitor deve estar imaginando o quão proveitosos foram aqueles debates. E foram de fato auspiciosos em vista dos resultados, mas não se pode dizer que tenham sido pacíficos: "A Abemoda surgiu numa reunião chamada pelos industriais. O Luiz Cavalcante Pessoa, diretor da Fiesp, convidou os estilistas mais conhecidos da época: estavam o Ney Galvão, o Clodovil e outros... Mas o Clodovil chegou lá e quis que tudo fosse do jeito dele, mas as pessoas não aceitaram. Disseram: 'Aqui ninguém está interessado em alta-costura...' Ele respondeu: 'Ah!, então estou fora, porque negócio de pobre não é comigo'. E saiu com essa história da Aambra, que foi uma derivação, uma separação entre alta-costura e *prêt-à-porter*. O pessoal da alta-costura resolveu se juntar e fazer uma entidade deles. As duas entidades existiram simultaneamente",[49] detalhou o estilista José Gayegos – eleito depois como presidente (aliás, o único) da Abemoda.

Mesmo no grupo que se congregou na Abemoda, havia heterogeneidades: "Na segunda reunião que fizemos, participavam também donas de confecção. E houve um momento em que se decidiu que todos os membros deviam ser estilistas, e uma conhecida dona de confecção confirmou que era estilista. Então, o Hélio Martinez [na época, estilista da Rhodia] se levantou e disse: 'A senhora, estilista? Então explique o que isso quer dizer? E mostrou uma revista italiana com uma roupa idêntica ao modelo que aparecia com a marca da confecção dela numa revista brasileira. Foi aquele auê! Eu levantei e disse: 'Estamos tomando a iniciativa de nos reunir e já vamos começar brigando? O Cavalcante Pessoa deu um jeito de cair fora daquela bagunça e eu assumi a coordenação da reunião. Houve, depois, várias reuniões. Fui eleito presidente por unanimidade e a associação foi constituída com estatuto, registro, conta bancária, tudo direitinho...",[50] contou Gayegos, ilustrando com o episódio o contexto da criação de moda no período.

A Abemoda foi registrada em dezembro de 1983, reunindo "mais de 60 profissionais",[51] incluindo filiados de outros estados "como o Rui Spohr, de Porto Alegre, e outros do interior de São Paulo e do Brasil".[52] Efetivamente, a entidade promoveu alguns desfiles, como o realizado na Fenit Verão 1984/85[53] e o do Hotel Maksoud Plaza, em janeiro de 1985, comemorativo de seu primeiro aniversário, tendo como "tema brasileiro" a cangaceira Maria Bonita. Foram desfilados "125 modelos elaborados por 25 estilistas",[54] entre os quais Amalfi, Laura Yamane, Franco Oliveira e um quase garoto de apenas 16 anos chamado Nilton Jum Nakao, que daria ainda muito que falar... "Nos nossos desfiles, a gente não chamava a imprensa, mas só os confeccionistas, porque todo mundo trabalhava para confecções",[55] discriminou Gayegos. A partir daquele ano, porém, a entidade passou a vivenciar dificuldades para promover desfiles e optou por editar *books* de tendências – incluindo croquis dos estilistas e cartelas de cores – como os elaborados para o Verão 1985/86 (tema nacional: Gabriela Cravo e Canela) e Inverno 1987 (tema nacional: Farroupilha). "Nós só tivemos apoio da empresa Lipasa, de mais ninguém! E sabe o que eles fizeram? A cartela de cores, com linhas",[56] lamentou Gayegos.

Naquelas alturas, o presidente da Abemoda desabafava na imprensa sua frustração com a "fraqueza da moda brasileira, que se espelha na fraqueza das próprias entidades do setor".[57] O último evento, possivelmente em 1989, não foi exatamente um desfile, mas uma exposição para lançamento de moda – modalidade provavelmente inédita: "Por falta de recursos, desistimos dos desfiles e, então, fizemos uma grande exposição na Galeria Artefato, na Rua Haddock Lobo. Montamos uma passarela como se fosse um final de desfile, muito bem iluminada, com manequins de vitrine e espaço para as pessoas poderem transitar entre eles. As roupas foram feitas num

*Acima, desfile da Aambra, no Paladium, com modelos de Roberto Issa, em benefício das vítimas da Aids; São Paulo, SP, setembro de 1984.*

*Na página ao lado, retrato de Roberto Issa com modelo não identificada usando* torsade *do estilista; São Paulo, SP, 1981.*

trabalho conjunto com artistas que faziam tecidos artesanais. Depois, fizemos o mesmo na antiga sede da Abravest",[58] explicou Gayegos. A Abemoda durou cerca de seis anos e não teve um "fim oficial" – concluiu Gayegos. "Foi se esvaziando, porque as pessoas só iam lá quando tinha desfile; trabalhar ninguém queria. Tinha um monte de associados, mas que não eram famosos. A última reunião, quando pedi para sair da presidência, aconteceu em 1990. Depois disso, ninguém assumiu e, então, acabou..."[59]

Com a Aambra, a história não foi muito diferente: focada na alta moda, a entidade surgiu em 1984, um ano depois da Abemoda, tendo Clodovil como primeiro presidente – sucedido, um ano depois, por Roberto Issa, e por Sérgio Blain em seu período derradeiro, cobrindo os dois anos de sua curta existência. Entre seus associados estavam os mais conhecidos nomes da alta-costura brasileira, como José Nunes (SP), Galdino José Lenzi (SC), Rui Spohr (RS), Marcílio Campos (PE) e Maria Augusta Teixeira (PA), além dos estrangeiros aqui radicados ou naturalizados brasileiros: Cesar Strasgorodsky, Ugo Castellana, Amalfi e Fernando José – entre outros. Na verdade, tanto a Abemoda incluiu criadores de moda sob medida, como – vice-versa – a Aambra abrigou estilistas com trajetórias no *prêt-à-porter*, caso do próprio Sérgio Blain, que atuava em confecção e mantinha

420

ateliê sob medida: "Foi o Clodovil quem me ligou propondo fundar uma associação de alta moda. A ideia era criar um calendário de desfiles e promover os costureiros, juntando também costureiras e modistas. Queríamos regulamentar quem poderia pertencer à Aambra e, mesmo que fosse alguém do *prêt-à-porter*, ele teria que manter um esquema de desenhar roupas sob medida. Era para ser similar a uma Chambre Syndicale [de Paris]. Só que a Chambre havia sido desse modo nas décadas de 1950 e 1960; depois, já havia mudado bastante, se adaptado. Na Aambra, ainda acreditávamos que a alta-costura seria, no Brasil, o grande veio para podermos criar uma moda brasileira, com a nossa cara, para que, depois, ela fosse levada ao *prêt-à-porter*",[60] confirmou Blain.

O primeiro desfile da Aambra ocorreu em outubro de 1984, no Palácio dos Campos Elíseos, sob os auspícios da Secretaria da Indústria e Comércio do Estado de São Paulo. Houve, em 1985, um desfile no Senac com uma passarela que se estendia até o lado de fora do prédio, de modo que os manequins saíram às ruas para "mostrar a moda também às pessoas que não tinham acesso a desfiles"[61] – explicou Roberto Issa. Um terceiro desfile foi realizado em 1986, na casa de espetáculos Palladium – contando com modelos conhecidas da época, como Monique Evans e Luiza Brunet; nos bastidores, contudo, havia muita improvisação. Segundo Sérgio Blain, a falta de patrocínios dificultava a produção: "Cheguei a fazer, para esses desfiles, alguma coisa em roupa esporte e *tailleurs*. Mas, na maior parte, eram roupas emprestadas pelas clientes. Veja o nosso erro... Mas, paciência, era como a gente podia fazer".[62]

A alta moda feita no Brasil era – segundo Blain – uma roupa "desenhada e feita sob medida em ateliê, mas não chegamos a ter lançamentos de coleções. Foi assim que se costurou a moda brasileira; nós fazíamos meia dúzia de peças para deixar prontas, até porque a televisão nos chamava muito e, então, podíamos dizer: 'Sim, tenho roupas aqui'. Mas não com o intuito de vender as peças ou de ser copiado pelos clientes, como acontecia com a *haute couture* na França".[63]

Os problemas enfrentados pela entidade, de acordo com seu segundo presidente, Roberto Issa (1944- ), foram os mesmos descritos por Gayegos, da Abemoda: "Nossa intenção era popularizar os nomes dos costureiros e chamar a atenção de patrocinadores, para fazermos negócios [...] Mas faltava verbas e havia muitos conflitos de interesses internos. Eu quis viabilizar um *prêt-à porter* autoral, mas a maioria dos costureiros queria continuar em seus ateliês, fazendo aquela coisinha encomendada",[64] ele relatou. Descendente de árabes, o santista Issa integrou a geração paulista de criadores que apareceu no contexto da moda *hippie*, fazendo roupas artesanais, como saias em *patchwork* que vendia para butiques. "Eu comecei a desenhar as roupas copiando figuras dos livros de história, na escola. Depois me matriculei num curso de Belas Artes, aos 14 anos. Fui morar em São Paulo em 1974 e me estabeleci com ateliê na Alameda Casa

Branca, onde estou até hoje",[65] ele contou em 2010. Issa também desenhou para confecções, como a Moda Livre, e chegou a ter sua própria marca durante dois anos. Desde 1976, fixou-se em produzir sob medida, principalmente modelos para festa e noivas.

A Aambra foi dissolvida em 1986: "Não vingou por falta de patrocínio, de visibilidade na imprensa",[66] afirmou Roberto Issa. Para o último presidente da entidade, Sérgio Blain, "ela acabou se perdendo porque éramos um bando de artistas querendo lidar com regulamentações e leis. Então, foi um sonho que quase deu certo...".[67] Incisiva, a jornalista Deise Sabbag – que apoiou a formação da entidade – põe o dedo na ferida: "A Aambra não foi em frente porque seus sócios sofriam de 'egocentria' e a maioria não participava das reuniões e não pagava as mensalidades regularmente".[68] Afinal, divergência entre alta moda e *prêt-à-porter* já era assunto resolvido até mesmo na França, como bem ilustra o próprio Didier Grumbach (presidente da Chambre Syndicale, em 2010), referindo-se ao trabalho de Yves Saint Laurent, para ele o artífice que legitimou o *prêt-à-porter* como território de criação legítimo e independente da matriarca *haute couture*: "Herdeiro de Christian Dior, Yves Saint Laurent coloca o *status* do costureiro, antes de tudo, com sua total liberdade. Com autoridade, ele a manifesta para afirmar seu talento, que a cada coleção avança e que ele renova constantemente. Ele dá ao *prêt-à-porter* novo significado. Descobre que o trabalho solitário da costura, numa constante busca da perfeição, imediatamente consumível, é, em suma, menos criativo que o do *prêt-à-porter*, próximo da adivinhação, que prenuncia os desejos das mulheres ao lhes oferecer, por antecipação, novas formas. Ele troca assim sem dor na consciência seu papel de modelista pelo de estilista. Desde a primeira estação, Yves Saint Laurent precede a costura com brilho, domínio da técnica e invenção, impondo com seu *prêt-à-porter* sua moda ao mundo inteiro".[69]

O próprio Clodovil deu seus pulinhos para fora do ateliê e reconhecia o *prêt-à-porter*, se não como área de criação autônoma, no mínimo como um bom negócio possível aos costureiros. Já em meados dos anos 1970, criou a Clodovil Difusão; em 1981, lançou sua coleção de *jeans*, com divertida campanha publicitária, ilustrada com um cacho de bananas revestido de índigo *blue*, sob o *slogan* "*Jeans* sabor Brasil". Desde 1980, Clodovil havia passado a apresentar um dos quadros de maior audiência do programa feminino TV Mulher, levado ao ar pela Rede Globo. Daí por diante, a carreira de apresentador de tevê – com passagens pela Bandeirantes, CNT, Manchete e Rede TV – se sobrepôs à de costureiro. Em 2006, foi eleito deputado federal, o terceiro mais votado de São Paulo, com quase meio milhão de votos. Faleceu em decorrência de acidente vascular cerebral em 17 de março de 2009. Nem ele nem seus colegas mais famosos conseguiram transpor a barreira do ateliê para o *prêt-à-porter*, pelo menos de forma perene, para se firmarem como grandes grifes nacionais. Em entrevista ainda como presidente da Abemoda, José Gayegos chegou a atribuir aos próprios criadores a responsabilidade por esse insucesso: "Não tenho ilusão [...] Os meus colegas da alta-costura e de *prêt-à-porter* que fazem esses desfiles maravilhosos [...] têm, a maioria, títulos no cartório [...]. Não acho possível acontecer com algum estilista brasileiro o que aconteceu com Calvin Klein, Yves Saint Laurent. Não existe no Brasil empresa que se interesse em promover algo arriscado [...]. Os estilistas [brasileiros], infelizmente, passam uma imagem ruim para os industriais; de pessoas frescas e irresponsáveis".[70] Para Roberto Issa, é difícil afirmar até mesmo "que houve alta-costura no Brasil. Tivemos costureiros artesãos, autores ou criadores de moda, mas foram poucos os que realmente conseguiram ser totalmente originais em suas criações".[71]

"O grande erro da nossa alta-costura foi a falta de conhecimento administrativo. Isso fez com que ela não fosse pra frente. Dener era para ser ainda hoje uma grande grife; Clodovil era para ter sua marca seguindo em frente. Mas aconteceu que o Dener apareceu guiando um trator e nós fomos pulando dentro dele, e fomos abrindo caminho, sem saber direito para onde íamos... A alta-costura brasileira viveu mesmo foi do vestido de noiva. Quando [deixei o trabalho em confecção, em 1984, e] peguei a alta-costura, o forte já eram as noivas. Ficaram as noivas, os vestidos de baile e formatura apenas; a roupa esporte e o *tailleur* desapareceram dos nossos ateliês. [...] Com todos os erros administrativos e com tudo aquilo a que fomos expostos, o valor da alta-costura do Brasil foi o senso patriótico, que era grande em mim, no Clodovil, no Dener, no José Ronaldo, em todos... Havia uma busca pela nossa identidade", ponderou Sérgio Blain.[72]

Naquele mesmo 1986, enquanto a Aambra se dissolvia em São Paulo, surgiu a Câmara de Moda do Rio de Janeiro: "O Rio está efervescendo. A movimentação promete reposicionamentos, muito trabalho e a união dos estilistas cariocas. [...] Os estilistas querem fazer o Brasil reviver os tempos de grande agitação, dos desfiles e lançamentos do Grupo Moda-Rio e de outros movimentos. Quem não se lembra?"[73] – comentou em editorial o Guia Oficial da Moda Brasileira. A iniciativa era festejada como reação da moda carioca para garantir sua condição de vanguarda da moda brasileira – então abalada com o surgimento de grupos regionais de *prêt-à-porter* em São Paulo, Belo Horizonte, Fortaleza e Porto Alegre. "Na verdade, é a primeira vez que se sente ameaçado [...]. O Rio de Janeiro explodiu como capital da moda na década de 1970. Não havia ninguém que fizesse frente à imaginação dos cariocas [...]. [Mas] São Paulo apresentou uma safra admirável de gente que sabe inventar moda",[74] considerou, ainda, o Guia Oficial da Moda.

Estava claro que a Câmara carioca – presidida pelo estilista Gregório Faganello – tinha mais afinidade com o projeto *prêt-à-porter* da Abemoda do que com a elitista Aambra de Clodovil. Além de Faganello, constava entre os filiados: Sonia Mureb (La Bagagerie), Marco Rica (Moda Rica), Lúcia Costa (Renova), Pilar Rossi (Del Pillar), Alice Tapajós, Suely Sampaio (Suka), Biza Vianna, Andréa Saletto, Marília Valls (Blu Blu), Meirinha Zaide (Folly Dolly) e Simon Azulay (Yes, Brasil). Segundo Faganello, a Câmara seria uma associação de classe sem fins lucrativos que – entre outros propósitos – pretendia levar de volta ao Rio eventos perdidos para São Paulo. Entenda-se: as feiras Janeiro Fashion Show e Couromoda, antes realizadas na capital carioca pela Alcântara Machado, haviam sido transferidas para o Parque Anhembi em São Paulo.

*Na página ao lado, Miss Brasil 1979 Marta Jussara veste criação da coleção Balonée de Roberto Issa; São Paulo, SP, 1984.*

*Abaixo, desfile de Clodovil Hernandes em homenagem ao humorista Jô Soares; Museu Brasileiro da Escultura, São Paulo, SP, 1980.*

*Desfile de Clodovil Hernandes em homenagem ao humorista Jô Soares; Museu Brasileiro da Escultura, São Paulo, SP, 1980.*

A entidade tinha, ainda, outras metas menos regionalistas: "A Câmara de Moda do Rio de Janeiro é, de fato, a primeira célula da Câmara de Moda Brasileira. Em nível de Brasil, queremos disciplinar o calendário da moda. Em nível de Rio, queremos devolver à cidade os eventos de moda, porque nós fomos simplesmente podados. [...] É impossível não notar que o brilho da Fenit é dado pelos cariocas. Eu sei que os grandes talentos paulistas não participam da Fenit; mas é lógico que nós não pretendemos dar de bandeja toda a nossa experiência e *know-how* acumulado",[75] argumentou Faganello.

Apesar da empolgação inicial, a Câmara de Moda do Rio vingou ainda menos do que a Abemoda e a Aambra, dissolvendo-se como espuma na praia. Segundo o estilista carioca José Augusto Bicalho, que não se animou a integrá-la ("estava cheio de participar de entidade"): "Baixou um espírito de político da moda no Gregório, mas houve apenas um coquetel de apresentação, e mais nada. Não promoveu um desfile sequer. Acho que durou menos de um ano".[76] Fracionados regional e internamente, os costureiros e os estilistas brasileiros não conseguiram viabilizar uma entidade forte, que representasse seus interesses, durante toda a década de 1980. Nenhuma resposta parece ser suficiente para justificar a subdivisão, naquele princípio de decênio, de entidades que, se não rivalizaram abertamente, acabaram por se enfraquecer. Descontados os egos, os objetivos de todas foram exatamente os mesmos. A suposta divergência entre alta-costura e *prêt-à-porter* ou entre grupos regionais fazia pouco sentido num país com quase tudo por ser construído no segmento: de instituições educacionais a reconhecimento legal e regulamentação da atividade profissional.

## Sindicatos da moda

As representações sindicais de fabricantes de roupa em série começaram a se estruturar no Brasil a partir do período do Estado Novo, de Getúlio Vargas (1937-1945), nos grandes centros urbanos do país. O pioneiro foi o Sindicato Patronal dos Costureiros de São Paulo, que apareceu em 1936 por iniciativa de alfaiates e costureiros: "Foi o início da junção de empresários alfaiates, em maioria imigrantes da Europa que tinham conhecimento técnico do vestuário e perceberam que a indústria seriada seria mais rentável que o trabalho individual. Por isso, montaram uma entidade patronal que pudesse representá-los",[77] relatou Pedro Fortes, diretor-executivo do SindiVestuário em 2010. Dessa entidade, derivaram o Sindicato da Indústria do Vestuário Feminino e Infantojuvenil de São Paulo e Região (Sindivest), e o Sindicato da Indústria do Vestuário Masculino no Estado de São Paulo (Sindiroupas), cujas "cartas sindicais" foram emitidas pelo Ministério do Trabalho em maio de 1941. "O Sindivest e o Sindiroupas foram criados juntos e foram os primeiros reconhecidos do setor do vestuário, em nível nacional. Pelo grupo de trabalho na Confederação Nacional da Indústria (CNI), tínhamos contato com todos os sindicatos patronais e pudemos constatar que os dos outros estados vieram bem depois",[78] atestou Pedro Fortes. Foram fundados, quase na mesma época, o Sindicato da Indústria de Confecção de Roupas e Chapéus de Senhora de São Paulo e o Sindicato dos Oficiais Alfaiates e de Confecção de

Roupas para Homem de São Paulo. Em 1972, uma reforma pleiteada junto ao Arquivo das Entidades Sindicais Brasileiras (Aesb) manteve o Sindivest e o Sindiroupas e criou o Sindicato da Indústria de Camisas para Homem e Roupas Brancas no Estado de São Paulo (Sindicamisas), que, apesar de serem entidades autônomas, passaram a ter atuação conjunta reunidas no Sindivestuário – estrutura que vigorava em 2010, abrangendo mais de 9 mil confecções do Estado de São Paulo (82% das quais micro e pequenas empresas).

O papel do Sindivestuário de São Paulo, assim como das outras entidades sindicais de confeccionistas criadas, principalmente depois da década de 1970, em estados e municípios brasileiros, tem se focado nas negociações coletivas para as convenções salariais, além da prestação de serviços aos associados e defesa de interesses políticos do segmento. Entre os sindicatos de confeccionistas, o Moda-Rio Sindiroupas, surgido em dezembro de 1970, foi o que mais se vinculou a eventos de moda, como as feiras da década de 1980 e o próprio Fashion Rio, já no início do século XXI. A entidade representa as confecções da capital carioca, Grande Rio, Baixada Fluminense e Região Serrana. Seu presidente em 2010, Victor Antônio Misquey, contou que o Moda-Rio Sindiroupas surgiu por iniciativa de empresários de moda masculina: "Eram alfaiates e donos de confecção de roupas masculinas. A princípio, a instituição reunia 30 alfaiates. Em 2010, com o avanço tecnológico, quase não se encontra esse profissional no mercado, com característica artesanal. Apenas cinco alfaiates fazem parte do quadro de associados e, com o deslanche da moda feminina, a maioria entre os quase 200 associados é formada por confecções de moda feminina, algumas detentoras de grifes conhecidas dos grandes eventos de moda no Brasil",[79] afirmou Misquey.

## Abrajeans, depois Abravest

Em dezembro de 1979, ocorreu na Federação do Comércio de São Paulo o Fórum de Debates da Moda Nacional, reunindo representantes de indústrias têxteis, confeccionistas e varejistas de um segmento que explodia no período: o de *jeans*. Promovido pelo Guia Oficial da Moda – publicação especializada –, o evento foi tão bem-sucedido que ganhou outras cinco edições ao longo de dois anos, culminando com a fundação de uma entidade diferenciada por não representar um setor produtivo, mas toda uma cadeia, justamente a do *jeans*. Em março de 1982, foi fundada a Associação Brasileira do Jeans (Abrajeans). Os fundadores estimavam a adesão de cerca de cem associados no primeiro mês de atuação, mas o interesse de empresários superou as expectativas e os sócios chegaram a quase duzentos, entre os quais havia representantes de 15 estados brasileiros.

"Nunca tantas pessoas se uniram em torno de uma associação, com a participação de nomes tão expressivos", afirmou, ao Guia Oficial da Moda, Raul Sulzbacher, da rede de varejo Jeans Store, 3º vice-presidente da entidade. A diretoria tinha como presidente Nelson Alvarenga (da confecção Ellus), como 1º vice-presidente André Ranschburg (da Staroup) e como 2ª vice-presidente Antonia Miguel H. Canteras (da Santista Têxtil) – composição que exemplificava bem sua amplitude setorial. Mas já se evidenciava, desde o início, a predominância das confecções tanto entre os membros

quanto em suas reivindicações: "Naquela época, [a venda de *denim*] era por cotas do tecido. Você tinha um carimbo que definia: mil metros, e acabou... O confeccionista não comprava o que queria; eles [os fabricantes] é que te mandavam o que queriam. Isso tudo fez com que o setor se revoltasse e criássemos a Abrajeans",[81] relatou Roberto Chadad, eleito presidente da entidade a partir de 1984.

O Brasil já dispunha de marcas nacionais reconhecidas internamente, como Gledson, Soft Machine, Mac Chad, Staroup, Ellus, Zoomp etc., todas elas enfrentando as imposições das poucas têxteis fabricantes de *denim* índigo *blue* existentes no país, além da falta de variedade do tecido, que permitissem a diferenciação entre peças populares e modelos especiais: "O primeiro tecido exclusivo que apareceu, na época, e que foi exclusividade por pouco tempo, foi o *denim* com Lycra [com elastano]. Só que deram [com exclusividade para as associadas da Abrajeans] por dois anos e, depois, venderam para Deus e todo mundo. Aparecia no Brás, no Bom Retiro, no Nordeste, em Carapicuíba... O negócio deles era fazer volume",[82] acrescentou Chadad.

As importações, no período, eram sobretaxadas pelo governo (o que equivalia a dizer que estavam proibidas) e a demanda interna por *jeans* crescia a taxas anuais de 20%. Os conflitos de interesses entre confeccionistas e fabricantes de *denim* levaram a Abrajeans a um impasse representativo que, em 1986, fez a entidade sofrer uma drástica reformulação estatutária. Com o nome alterado para Associação Brasileira do Vestuário (Abravest), ela restringiu sua representação exclusivamente às confecções. O período econômico era crítico: abatidas por sucessivos picos inflacionários e pacotes econômicos ineficientes, as confecções enfrentavam crises sobre crises – relembrou Chadad: "No Natal de 1989, o varejo passou por uma crise monumental e os lojistas devolveram mercadorias de todos. Foi uma lástima! A Vila Romana, que então era só fábrica de ternos, vendeu uma grande partida, e, como não estava vendendo, devolveram tudo. O André Brett [sócio da Vila Romana] ficou doente e falou: 'Quer saber? Vou vender no varejo'. Levou a fábrica dele para o Nordeste, e, na Anhanguera, onde tinha uma fábrica, abriu um brutal varejo. Foi marco de uma nova fase: já não tínhamos apenas pronta-entrega da fábrica, mas venda direta ao consumidor. Daí para os *shopping centers* foi um passo, e as grifes brasileiras se misturaram às internacionais".[83]

Uma reivindicação da Abravest, desde os seus primeiros anos, era a abertura do mercado brasileiro às importações. Chadad alegou ter negociado diretamente com a ministra da Economia do governo Fernando Collor, Zélia Cardoso de Mello, itens posteriormente incluídos no famoso Plano Collor – que, finalmente, liberou as importações de alíquotas pesadas. De lá para cá, a entidade buscou, além da atuação política, também

## TEMPLOS DO CONSUMO

Em meados da década de 1960, uma iniciativa do empresário Alfredo Matias apostava em um novo formato de comércio, que vinha prosperando desde a década de 1950 na pujante economia dos EUA: o *shopping mall* ou *shopping center*. Tratava-se da reunião, em espaço fechado e climatizado, de lojas subsequentes, ancoradas por um (ou mais) magazine ou/e supermercado de porte. Matias investiu na construção do primeiro *shopping center* brasileiro, batizado com o nome de Iguatemi e inaugurado em 28 de novembro de 1966, em região então considerada um tanto fora de mão, na capital paulista[1] – a recém-aberta Avenida Faria Lima. Assim recordou o escritor Ignácio de Loyola Brandão, testemunha ocular do evento: "Súbito, lembro-me bem, o choque da notícia. Há uma palavra da época, anos 60 – o pasmo. Um *shopping*? Vão construir um *shopping*! Coisa que somente viajados sabiam o que era; ou, então, tínhamos visto no cinema americano, parte do *american way of life*. Então, a [Rua] Iguatemi mudou, passou a ser a Avenida Faria Lima, larga, urbanizada. O *shopping* nasceu e o paulistano correu, viu e gostou, tomou de amores. Claro, o *shopping* se chamou Iguatemi e a face da cidade mudou. Tinha chegado a modernidade. Mais que isso, o futuro...".[2]

O pioneirismo do Iguatemi – referendado pela Associação Brasileira de Shopping Centers (Abrasce), criada em 1977 – é, todavia, questionado por algumas fontes, que apontam como seu antecessor o Shopping Center do Méier, Rio de Janeiro, RJ, aberto em 1965 na Rua Dias Cruz, no bairro que lhe deu nome. O empreendimento "já possuía loja-âncora (Sears), utilizava o sistema de aluguel percentual, porém com um ponto fraco: seu estacionamento de reduzidas proporções".[3] A polêmica diz respeito, portanto, às características do Méier; segundo a Abrasce, há ainda uma terceira argumentação em defesa de um empreendimento em Santos, SP, como anterior ao Méier. Mesmo nos EUA, é polêmica a identificação do primeiro *shopping* pelos mesmos motivos. Fundamental é entender que os *shopping centers* surgiram em decorrência do afastamento da população das regiões centrais nas grandes cidades, que tradicionalmente abrigavam os centros comerciais abertos, e também em razão de o consumidor ter se transformado de um mero pedestre num ser dotado de "cabeça, tronco e rodas".[4]

Em seus primeiros anos de existência, os *shopping centers* brasileiros amargaram atroz descaso do público. A década de 1970, por exemplo, é considerada "infância" do setor, quando o número desses empreendimentos chegou a sete. Em 1971, foi inaugurado em Brasília, DF, o Conjunto Nacional; em 1973, surgiram o Com-Tour em Londrina, PR, e o Shopping Matarazzo (atual Bourbon) na Vila Pompeia, em São Paulo – todos ancorados por supermercados. Em 1975, o empresário Newton Rique foi considerado visionário ao construir em Salvador, BA, "no meio do nada",[5] o Iguatemi Salvador, que levou 16 meses para ficar pronto.[6] Naquele mesmo ano foi implantado em São Paulo o Continental Shopping, seguido em 1976 pelo Ibirapuera e, em Belo Horizonte, MG, pelo BH Shopping.

Na década de 1980, o setor entrou na puberdade e alcançou a marca de 39 *shopping centers* em operação no país – concentradamente na maior cidade do país, onde foram apelidados "praia dos paulistas". Tiveram suas áreas de lazer e cultura ampliadas a exemplo do Eldorado (1981) e do Morumbi (1982). No Rio de Janeiro, dois empreendimentos foram marcantes: o Rio Sul (de 1980) e o BarraShopping (de 1981),[7] o primeiro estrategicamente localizado próximo a pontos turísticos, como o Pão de Açúcar e o Corcovado. O *boom* se deu na década de 1990, quando os *shopping centers* brasileiros chegaram à maioridade, com o aumento da necessidade de estacionamentos garantidos, maior segurança e praças de alimentação, além dos cinemas.

---

1     Em busca do sucesso perdido, reportagem de Kelly Ferreira; Diário do Comércio, São Paulo, SP, 25 de janeiro de 2010.

2     Uma experiência única, de Ignácio de Loyola Brandão; disponível no site do Iguatemi São Paulo [www.iguatemisp.com.br]; acesso em maio de 2010.

3     Shopping Centers – O investimento que deu certo, de Antônio Paulo Pierotti; Monitor, São Paulo, SP, 1990.

4     Idem.

5     Shopping Center: o consumo celebrado, monografia de Flávio Osório; UFRJ, Rio de Janeiro, RJ, 1996.

6     Histórico Shopping Iguatemi Salvador, texto sem autor indicado; disponível em [www.iguatemisalvador.com.br], acesso em maio de 2010.

7     Uma análise do empreendimento shopping center: surgimento, desenvolvimento e tendências para o futuro, monografia de Daniela Schouchana; Faculdade de Ciências Econômicas do Rio de Janeiro, Rio de Janeiro, RJ, 1995.

apoiar o desenvolvimento tecnológico do setor; por exemplo, com a criação em 2006 do Centro de Estudos, Tecnologia, Informações e Moda (Cetim). Sobre sua longevidade como presidente da entidade (em 2010, Chadad permanecia à frente da Abravest), ele explicou: "Minha família resolveu sair do ramo e como eu não tinha mais confecção e conhecia bem o setor, propuseram que fosse o presidente. Sem fábrica, eu podia brigar com o setor de tecelagem que não acontecia nada com minha empresa; virei um presidente do tipo 'pode bater que eu aguento'".[84]

## Abit, representação nacional

A Associação Brasileira da Indústria Têxtil e de Confecção (Abit) foi criada em abril de 1989, em decorrência da expansão da antiga Associação Têxtil do Estado de São Paulo (Atesp), surgida em 1957. A própria Atesp, contudo, não foi a primeira entidade representativa das têxteis de São Paulo – segmento que está na gênese da industrialização brasileira. Ainda em 1919, grandes empresários do setor – como Horácio Lafer, Francisco Matarazzo, Jorge Street e José Hermírio de Morais – fundaram o Centro das Indústrias de Fiação e Tecelagem de São Paulo, que foi transformado em 1928 no Centro das Indústrias do Estado de São Paulo (Ciesp). Por sua vez, o Ciesp ganhou em 1931 a denominação de Federação das Indústrias do Estado de São Paulo. Ou seja, a poderosa Fiesp – uma das mais fortes entidades empresariais do país – decorreu de uma instituição do setor têxtil (lembrando que o Ciesp foi restabelecido, em 1943, como entidade coligada à Fiesp).

Com o surgimento da Abit, ao final da chamada "década perdida" (a de 1980), a cadeia têxtil voltou a ser representada por uma entidade nacional exclusiva: "Mais que uma reação ao quadro de dificuldades que se arrastava e se agravava, tratava-se de uma iniciativa ousada de enfrentá-las, com a convergência de forças e interesses de todos os envolvidos".[85] Sediada em uma mansão tombada da década de 1920, no bairro de Higienópolis, à Rua Marquês de Itu, na cidade de São Paulo, a Abit passou a agregar indústrias dos setores de fiações, tecelagem, malharia, estamparia e, a partir de 2010, também de confecção – abrangendo cerca de 5 mil associados diretos, entre empresas e sindicatos patronais – tais como o Sindivestuário SP, Moda-Rio Sindiroupas e o Sinditêxtil SP (este, fundado em 1932). Ou seja, a Abit conseguiu o feito de integrar todos os elos da sexta maior cadeia produtiva têxtil do mundo, representando no Brasil cerca de 30 mil empresas, com um faturamento anual estimado em mais de US$ 50 bilhões,[86] em 2010: "É a grande entidade nacional que se encarrega de tentar falar com a extensa cadeia produtiva, do plantador de algodão ao varejo de moda, passando por acabamento, aviamento, uniforme, moda praia, *fitness* etc.",[87] dimensionou Geni Ródio Ribeiro, gerente da entidade, que já tinha sido coordenadora de moda do Grupo Polyenca e da indústria têxtil Darhuj.

Em um país, segundo Geni Ribeiro, com um "mercado seguro de 120 milhões de consumidores", a moda brasileira se sustenta com a demanda interna, ao mesmo tempo em que tenta acompanhar e se promover no mercado global. "Trata-se de um mercado interno bastante pungente e relativamente sofisticado, se comparado há algumas décadas, mas que precisa de maior planejamento, união, investimentos e pesquisa, se quiser se aproximar dos grandes centros mundiais de moda", opinou Geni Ribeiro (Idem). Uma ação externa importante da entidade é o Programa Tex-Brasil, coordenado com a Agência Brasileira de Promoção de Exportação e Investimentos (Apex Brasil): "Além de sinalizar oportunidades de negócio, esse programa permite entender o mercado internacional e a adequação de nossos produtos ao mercado globalizado", relatou Geni (Idem).

## Rio, pronto para levar

No Brasil de meados da década de 1970, quando as iniciativas institucionais e associativas na área da moda ainda eram pífias, a saída encontrada pelos jovens criadores que surgiam em várias capitais do Brasil foi a reunião em grupos informais para a realização de eventos conjuntos. Pioneiro dessa fase, o Grupo Moda-Rio apareceu em fins de 1978, congregando estilistas de pequenas confecções sediadas na capital fluminense. Perdurou até fins de 1982, um feito para uma ação independente. Inspirados no Moda-Rio, outros grupos se formaram posteriormente em diversas capitais do país, configurando um fenômeno histórico que se prolongou por toda a década de 1980. Assim, em 1980, surgiu o Núcleo Paulista de Moda; em 1982, o Grupo Mineiro de Moda; em 1984, o Grupo Ousadia, de Fortaleza, CE; em 1985, o Grupo São Paulo de Moda; em 1986 foi a vez da Cooperativa Paulista de Moda, além de diversos outros grupos com importância circunscrita a contextos locais.

Por meio da ação conjunta sem vínculos formais, estilistas de pequenas confecções se organizavam para promover eventos de moda: desfiles para lançamento de coleções por estação (com ou sem *showrooms* de pronta-entrega e/ou venda por atacado), num formato que os projetava na imprensa e reduzia custos. Mais que isso, os grupos de moda propiciavam uma espécie de *referendum* estético entre seus integrantes, ainda que cada qual buscasse identidade própria. No caso do Grupo Moda-Rio, a reunião de forças objetivou

*Os integrantes do Grupo Moda-Rio: da esq. para a dir., Marco Rica, Sônia Mureb, José Augusto Bicalho, Marília Valls, Teresa Gureg, Luiz de Freitas, Suely Sampaio e Beth Bricio; praia de Ipanema, Rio de Janeiro, RJ, 1979.*

*O estilista José Augusto Bicalho no final do desfile da grife Jo and Co, patrocinado pela Tecelagem Brasil; Hotel Rio Palace, Rio de Janeiro, RJ, 1983.*

*Na página ao lado, criação inspirada na op art da coleção verão Jo and Co, criada por José Augusto Bicalho; Rio de Janeiro, RJ, 1982.*

confrontar as confecções então hegemônicas no mercado nacional (majoritariamente instaladas em São Paulo), e as chamadas "feiras verticais" – realizadas em hotéis da orla marítima com passarelas instaladas nos auditórios e estandes nos apartamentos. Esse modelo de feira dominava o Rio já desde o September Fashion Show, que a Alcântara Machado realizava na década de 1960, no Copacabana Palace, incluindo parte da programação antes apresentada na Fenit paulista.

Na década de 1970, duas empresas dominavam as "feiras verticais" cariocas: a Alcântara Machado, com a (então redenominada) Janeiro Fashion Show, e a Fag Arquitetura Promocional, que realizava o Moda Rio Summer Collection/Butique, entre junho e agosto. Um propósito do Grupo Moda-Rio – cujo nome era, aliás, similar ao do evento da Fag – foi fazer frente aos custos das "feiras verticais". Em sua formação original, o Grupo Moda-Rio incluía sete estilistas de roupas e uma de acessórios: Luiz de Freitas (da Belui e, depois, da Mr. Wonderful), José Augusto Bicalho (da Jo&Co), Marco Rica (da Snoopy e, depois, Moda Rica), Marília Valls (da Blu-Blu), Sonia Mureb (da La Bagagerie), Suely Sampaio (da Suka), Beth Brício (da Persona, depois apenas seu nome) e Teresa Gureghian (da Gureg, que produzia sapatos e acessórios). Sua efetivação não se deu de um dia para o outro; várias tentativas foram feitas antes de o grupo engrenar. A primeira em 1976, quando quatro confecções cariocas promoveram um desfile conjunto no Hotel Méridien – a Jo&Co, a Persona e, ainda, a Gregório's (de Gregório Faganello) e a Alessandra (de Celina Ballona). "Quando fizemos aquele evento, não nos preocupamos com datas para lançamento de coleções. A intenção, na verdade, era ser notícia, abrir espaço na imprensa",[88] explicou o estilista José Augusto Bicalho (José Augusto Santoro Bicalho, 1947- ).

No ano seguinte, 1977, as mesmas confecções – mais a Snoopy, de Marco Rica, e La Bagagerie, de Sonia Mureb – organizaram o Clube dos Lançadores de Moda (Clam), que não efetivou mais do que um único desfile no Hotel Sheraton – segundo Bicalho, porque as reservas financeiras do clube foram empenhadas, pela *promoter* contratada, em champanhe servida durante o coquetel que antecedeu o evento. Em outubro de 1978, o Grupo Moda-Rio finalmente estreou com um desfile no Golden Room do Copacabana Palace e passou a se reunir, duas vezes ao ano, para a realização de desfiles – estruturando o que pode ser considerado o primeiro e incipiente calendário de moda brasileiro, de vida breve. "Ocupávamos os principais hotéis da orla marítima. Isso era uma questão de *marketing*: nunca um hotel escondido. [...] Os hotéis reduziam as diárias, e jornalistas de todo o Brasil eram convidados. Nós botávamos todos na primeira fila; então, passou a existir aquela coisa de que primeira fila era importante",[89] confirmou o mentor da iniciativa. Bicalho não havia se iniciado, como vários de seus contemporâneos, fazendo roupa artesanal *hippie*: "Resolvi ser estilista e me preparei para isso. Em 1966, aos 19 anos, como minha família tinha condições, fui para Paris e estudei na Esmod durante nove meses. Lá aprendi proporção, a fazer moldes, a costurar; ou seja, tudo que falta à moda de hoje em dia",[90] ele acrescentou.

O excelente desenho de Bicalho o levou às redações do jornal Correio da Manhã, da revista Jóia (da Bloch, em que ilustrou a seção Sua Moda Exclusiva, atendendo à pedidos das leitoras); depois, Figurino Moderno, da Vecchi, editando o suplemento Flash, simultaneamente ao trabalho no Globo, onde foi redator do caderno Ela, do qual Nina Chavs era editora – período em que retornou a Paris para cobrir os lançamentos de inverno (Nina odiava o frio europeu). Foi registrando moda francesa para o Globo que Bicalho acompanhou os desfiles da geração *prêt-à-porter* em Paris, nos primeiros anos da década de 1970: "Pelo Globo, voltei a Paris e assisti aos primeiros desfiles de *prêt-à-porter*; um coletivo onde todos desfilavam juntos: Kenzo [Takada, que tinha a butique Jungle Jap], Anne-Marie Berreta, Chantal Thomass – que era Ter et Bantine, na época –, Sonia Rykiel e outros mais. Uma das modelos era a Grace Jones, que desfilava anônima; outra era a Jerry Hall, uma texana enorme, loura e muito desengonçada que só depois pegou ritmo",[91] ele descreveu.

Divisores de uma época, os desfiles dos criadores franceses de *prêt-à-porter* validaram a moda feita em série; aliás, mais adequada a um tempo de consumo em massa. "Entre 1966 e 67, o número de casas de alta-costura inscritas na Câmara Sindical [francesa] passa de 39 para 17. E, a partir dessa data, o faturamento em costura das casas mais famosas declina regular e irreversivelmente."[92] Advindo da tradicional Maison Dior, Yves Saint Laurent – com sua butique YSL Rive Gauche, inaugurada em 1966 – foi o padrinho dessa *nouvelle génération* de criadores. Aliás, a expressão *créateur de mode* (ou *styliste*) passou a ser usada, em substituição a *couturiers*, para designar os nomes que se reuniram, naquele mesmo ano, no Créateurs et Industriels, organizado por Didier Grumbach e Andrée Putman para produzir os desfiles em grupo, justamente aos que Bicalho assistiu e que projetaram, ainda, Emmanuelle Khanh, Christiane Bailly, Jean Cacharel, Dorothée Bis (Jacqueline Jacobson) e Karl Lagerfeld (para Chloé)... Lá (como aqui) o canal de distribuição da moda *prêt-à-porter* eram as butiques, que se multiplicavam.

Foi inspirado nesses franceses que Bicalho propôs a seus colegas cariocas a formatação de desfiles conjuntos: "Aqueles desfiles eram no mesmo esquema dos que eu montei para o Moda-Rio. O Salão do Prêt-à-Porter, que já existia na França, foi como a nossa Fenit, que reunia as principais confecções brasileiras, mas não tinha o charme de um lançamento da moda de estilistas",[93] ele comparou. Bicalho havia montado sua confecção, a Jo&Co, em sociedade com José de Assis Taranto, em 1972. "Na época, ou você seguia o estilo *hippie* artesanal, de roupas coloridas, tingidas, desbotadas, manjadas, ou seguia uma linha que hoje seria patricinha, um estilo americano de se vestir, *clean*, cabelos muito bem penteados, olhos exageradamente pintados, cílios postiços. Eu fiz o equilíbrio das duas coisas",[94] autodefiniu-se. Uma peça da Jo&Co de muito sucesso foi uma jaqueta em brim e veludo, com aplicações de flores felpudas recortadas de panos de prato, fechada com botões de pressão.

Apesar de o Rio ter sido o principal polo de criação de moda do período, a sobrevivência no ramo mesmo para as confecções ali sediadas dependia de projeção na imprensa: "Não era fácil; nossas clientes eram donas de butiques que tinham o costume de arrancar das roupas as etiquetas das confecções para afixar as suas, ou para dizer que eram importadas. A Lelé da Cuca fazia isso, porque vendia Azzaro e outras etiquetas francesas mais. Nos outros estados, em cada capital, havia duas ou três butiques que competiam entre si e também tiravam as etiquetas para não revelar onde tinham comprado as roupas. Naquela época, o comerciante de moda era muito cru e não existia uma ética profissional. Eles deveriam ter orgulho em mostrar que estavam vendendo uma roupa que apareceu num desfile do Rio e que estava na Claudia Moda, mas não tinham... Também não tinham capital de giro e não faziam reposição de estoque programada. Era tudo na medida da necessidade",[95] recordou Bicalho. Sua aproximação com os demais componentes do Moda-Rio se deu naturalmente: afinal, eram todos fornecedores das butiques (exceto por Marília Valls, que desde o início teve loja própria). Bicalho era, por exemplo, fornecedor – além da Lelé da Cuca – da Fruto Proibido, da Aquarius, da Sonia Bernardo, da Movie e da própria Blu-Blu. Apenas em 1976 a Jo&Co abriu loja própria, em Ipanema, dois anos antes de desfilar no Moda-Rio, quando colocou 22 modelos, simultaneamente, na passarela: "Nós inventamos mil situações, dava para fazer teatro e era o que permitia que a gente trocasse as modelos, já que no camarim só cabia uma por vez. [...] Foi a primeira manifestação de grupo no Rio de Janeiro",[96] comparou Bicalho. Sinal dos tempos: o Moda-Rio indiciava também a redemocratização pela qual o país tanto ansiava.

O Moda-Rio fortaleceu a Jo&Co, assim como os demais participantes, até pelo porte dos eventos que realizava. "Os desfiles do Golden Room do Hotel Copacabana Palace deixaram saudades. Dificilmente alguém reconhece um desfile atual com mais pompa que aqueles, no engatinhar glorioso da moda carioca que, a partir do Moda-Rio, avançou para a personalização da roupa",[97] referendou a jornalista Iesa Rodrigues – testemunha ocular dos fatos. "O Moda-Rio estreia com uma semana de moda no Golden

Room do Copacabana Palace. Mesmo usando uma passarela improvisada – uma estrutura de madeira do próprio hotel, que servia para o Chá da Acácia Dourada, antigo evento de moda beneficente –, foi um sucesso e se firmou como polo da moda *Made in Brazil*. Nos anos seguintes, a Semana Moda-Rio ganhou sua própria passarela e lançou manequins como Monique Evans ('uma menina', diz Bicalho), Veluma [...], Vick Schneider, Beth Lago, Fátima Osório, Isis de Oliveira ('andava muito bem, muito bem'). Por ser essencialmente carioca, o Grupo realizava todos os seus desfiles em hotéis da orla marítima. E foi o primeiro a fazer coleções de oitenta, cem peças",[98] descreveu outra jornalista contemporânea, Ana Maria Bahiana.

Entre os jovens confeccionistas do grupo, estavam Sonia Mureb (1948- ) e Suely Sampaio (1950- ), respectivamente, donas das confecções La Bagagerie e Suka. Sônia "ficou conhecida por sua moda prática e urbana"[99] e Suely Sampaio "atraía compradoras ávidas pelos linhos bordados da Suka".[100] A gaúcha Teresa Gureg (Teresa Gureghian, 1944- ), filha de armênios que haviam se radicado no Rio Grande do Sul, foi a única integrante dedicada apenas a calçados e assessórios. Tinha começado em 1976, desenhando modelos fabricados "pela empresa da irmã e do cunhado em São Paulo".[101] Logo teve estrutura própria e se firmou como uma marca referencial na moda de calçado feminino. A mais experiente do Grupo era a dona da Blu-Blu, advinda de experiências em grandes empresas: "Foi a jornalista Gilda Chataignier quem me avisou das primeiras reuniões. Mais tarde, Sonia Mureb me convidou a participar. O objetivo do Grupo pode ser definido em uma expressão: reunir forças. Já éramos etiquetas famosas no Rio, centro da moda brasileira. Mas não dispúnhamos de uma estrutura suficientemente forte para capitalizar esse prestígio. Na base do cada um por si, não conseguíamos avançar",[102] relatou Marília Valls.

Com a reunião de forças, o Moda-Rio pôde contar com suporte publicitário, assessoria de imprensa (da jornalista Sheila Melo) e organizar um calendário conjunto, para o que foi fundamental um patrocínio obtido da têxtil Nova América: "Graças a isso, promovíamos desfiles. [...] Os lançamentos do Moda-Rio eram badaladíssimos; apresentavam uma forma ousada, festiva, irreverente. A imprensa noticiava amplamente.

*Veluma e Yuruáh (de costas) em desfile de coleção primavera-verão de José Augusto Bicalho; Copacabana; Rio de Janeiro, RJ, 1979.*

433

LA BAGAGERIE

Os compradores do país inteiro chegavam aos montes; vendíamos tudo. O sucesso do Moda-Rio foi tão grande que os compradores pagavam adiantado pela mercadoria,"[103] acrescentou Marília. "Criamos um calendário para lançar as coleções numa mesma época e para facilitar a vida dos compradores. Eles vinham de fora e, até então, nós costumávamos vender em casa; eu tinha um armário, no meu quarto. Dormia e acordava olhando para aquele armário. Daí, as clientes chegavam e me perguntavam: 'Cadê o armário milagroso?'",[104] confirmou outro importante protagonista do Grupo, Luiz de Freitas (1941- ), para quem o Moda-Rio teve "um lado muito amador, mas, ao mesmo tempo, todos conseguiram mostrar sua personalidade".[105]

Fluminense de Magé, do distrito de Pau Grande (aliás, mesmo local de outro craque famoso, Garrincha – no caso, da bola), Freitas vivenciou desde cedo um ambiente têxtil, porque seu município girava em torno da América Fabril, indústria pioneira no país, fundada por ingleses (depois rebatizada Nova América, a empresa que patrocinou o Moda-Rio): "Cresci em meio a operários que só tratavam de algodão, tecido que era considerado de pobre. [...] Quando adolescente, me encantei com um retrato de dois metros de altura da [modelo] Veruska; ela tinha vindo ao Brasil contratada pela América Fabril para se apresentar na Fenit. E a estilista da fábrica se chamava Marília Valls, que depois veio a ser minha colega de trabalho. Então, cresci querendo ser a Marília Valls",[106] ele contou. Órfão de pai, Freitas foi criado na casa dos avós maternos e, aos nove anos, aprendeu a fazer roupas observando uma vizinha que costurava "para fora" e estava aprendendo – num curso por correspondência – o "sistema do 'método retangular', que formava as linhas do corpo dentro de um retângulo".[107] Num dia chuvoso, proibido pela avó de sair de casa porque tinha bronquite, Freitas riscou um molde de vestido e levou para a vizinha ver. Ela lhe disse: "Pode pegar o pano e cortar que está tudo certo".[108] Foi o que ele fez e, assim, no domingo seguinte, sua irmã mais velha já foi à missa usando o vestido que ele havia desenhado, cortado e costurado na máquina da avó.

A sina de todo morador de Pau Grande, porém, era trabalhar na América Fabril; Freitas foi cumpri-la como funcionário do almoxarifado. Por pouco tempo; com 18 anos, demitiu-se decidido a ser costureiro, o que evidentemente não seria possível em Pau Grande: "Comecei a ir de trem ao Rio de Janeiro; saltava em Barão de Mauá e ia, de porta em porta, bater nos ateliês para mostrar meus desenhos. E fui tantas vezes ao ateliê da modista Mary Galvão que, um dia, ela falou: 'Não aguento mais te ver. Fica aqui e, quando alguém chegar, você começa a desenhar'. Sabe quem eram as clientes dela? Dercy Gonçalves, Elizeth Cardoso, Elza Soares... Era alta-costura, e a característica maior da Mary era ser bordadeira. Ela bordava para o Dener, Clodovil, José Ronaldo, Maria Augusta [Teixeira]. Fiquei conhecendo o Hugo Rocha... Mas era tudo na linha ateliê, com decoração de cortina de veludo do teto ao chão, atendimento com hora marcada, três ou quatro provas das roupas, que deviam ter dois ou três forros; tudo muito sofisticado... Comecei com essa influência, mas era um curioso e logo descobri que o futuro seria uma coisa chamada *prêt-à-porter*",[109] ele contou.

Freitas partiu, então, para uma confecção própria, que atendia às butiques que estavam surgindo nos bairros mais chiques do Rio. Vendia diretamente de Pau Grande para as butiques Laís (de Laís Palmer), Mônaco (de Telma Serafim), Mariazinha (de Mara MacDowell), e outras. "Comecei a fazer roupa em série, com muito pouco dinheiro; aliás, sem nenhum dinheiro. Mostrava os modelos e as butiques encomendavam. Foi assim que comecei a criar. E nas butiques minhas roupas eram vendidas como se fossem estrangeiras."[110] Freitas criou a marca Belui – junção das primeiras sílabas dos nomes do seu avô, Belmiro, e dele. "Fazia roupa para uma mulher sofisticada, mas já *prêt-à-porter*. A butique Point Rouge, em Ipanema, era uma das minhas compradoras; a dona viajava à Paris e, uma semana antes, ligava para as clientes dizendo: 'Chego tal dia...'. As mulheres corriam para a butique dela. Então, ela juntava as roupas que trazia de lá com as que eu fabricava em Pau Grande. Diabólica, botava minhas roupas na geladeira da butique e dizia: 'Olha, ainda estão geladas do avião...'. Mas era tudo importado de Pau Grande, com cara de Kenzo, Chantal Thomass",[111] ele relatou.

No início da década de 1970, Luiz de Freitas se deu conta de outro fenômeno: as garotas começavam a rejeitar as roupas das butiques pioneiras, porque achavam que pareciam moda de mulher velha: "As coisas estavam mudando e embarquei nessa mudança. Comecei a fazer moda jovem e esqueci aquela roupa de ateliê, porque aquela coisa já era... [...] Foi quando fui pela primeira vez a Nova York [em 1974] levado por um rapaz de São Paulo chamado Jô, que tinha uma butique chamada Kleptomania, na Rua Augusta. A Rua Augusta era uma grande referência para o meu trabalho, porque eu subia com as malas cheias e voltava com elas vazias; vendia tudo para as butiques",[112] ele contou. Nesse contexto, Freitas se identificou inteiramente com a proposta do Moda-Rio: "Nós começamos a fabricar roupa em confecção, mas de forma totalmente autodidata e artesanal, e nos deparávamos com a grande indústria de São Paulo, indústrias enormes com domínios na Fenit. Então, começamos a fazer coisinhas diferenciadas daquelas marcas que vestiam o Brasil. E surgiu a ideia de fazer reuniões; delas nasceu o Grupo Moda-Rio.

*Na página ao lado, publicidade da confecção La Bagagerie; Rio de Janeiro, RJ, março de 1985.*

*Abaixo, a estilista Sônia Mureb (centro) e as modelos Yuruah, Ísis de Oliveira, Stela e outras ao final do desfile da grife La Bagagerie patrocinado por Tecidos Camillo Nader; Hotel Nacional, Rio de Janeiro, RJ, 1980.*

## VOGUE BRASIL X INTERVIEW

Os dois primeiros títulos internacionais de peso editados no Brasil foram as revistas Vogue Brasil e Interview: assim como na moda, as grifes estrangeiras da mídia começavam a desembarcar aqui por meio de licenciamentos. A Vogue teve sua versão brazuca lançada em maio de 1975 pela Editora Três – que havia sido fundada dois anos antes pelo trio formado por Luis Carta (saído da Abril), Domingos Alzugarai e Fabrizio Fasano. Tratava-se de um *franchising* (ou franquia) da editora norte-americana Condé Nast. A Vogue – originalmente surgida nos EUA em 1892 – já havia sido lançada em versões europeias, incluindo a francesa, tornando-se um símbolo internacional de *glamour*. A Editora Três, antes de Vogue, tinha lançado um título feminino batizado Moda Mais, na tradição das revistas com moldes (no caso, 40 por edição); foi lá, aliás, que, a partir de 1983, o modelista e desenhista Gil Brandão teve sua derradeira contribuição profissional. As tentativas para se criar uma versão da Vogue ao Brasil foram feitas em 1974 por Luis Carta, diretamente com Si Newhouse, dono da Condé Nast.

E assim sendo, em outubro de 1976, quando Luis deixou a Três para fundar a Carta Editorial, levou consigo o título e fez dele um dos principais de sua nova empresa. Para cuidar da área de moda – inicialmente do Jornal de Moda e, logo, dos projetos especiais –, Luis convidou a jornalista Regina Guerreiro, com quem já havia trabalhado na revista Manequim, da Editora Abril, na década de 1960. Regina acabou por se tornar uma espécie de versão nacional de Diana Vreeland ou Anna Wintour (retratada no filme O Diabo Veste Prada, 2006), editoras da Vogue americana que fizeram fama pela sagacidade *fashion*, tanto quanto pelo temperamento indomável. Segundo Regina, sua ascensão na revista começou por meio dos projetos especiais: "Me lembrei do livro de ouro do colégio Des Oiseaux e pensei: 'Ah, vamos fazer o livro de ouro na Vogue'. E falei para o Luis: 'Por que a gente não faz um projeto especial?', Vogue de Ouro. E vendi o projeto: fui na Dior, fui em joalherias, fiz um caderno de ouro, incluindo de carro a Rolex e *make up*".[1] A edição vendeu muito bem e "o Luis Carta começou a me amar, virei logo editora da revista".[2]

Em mais de uma década, o nome de Regina e da Vogue Brasil se confundiram: "Eu fiz um caderno *jeans*, e fui crescendo muito. [...] Fiquei importante, a ponto de um dia o Luis Carta dar um murro na mesa e dizer: 'Esta revista não se chama Regina Guerreiro; esta revista se chama Vogue'. Nesse ponto, eu já era uma grande editora".[3] "Eles brigavam muito, porque a imagem que o meu pai queria na Vogue era a de uma mulher sofisticada, bonita, elegante. Para Regina, fazer isso era uma tortura; ela preferia reproduzir um quadro impressionista ou criar uma cena provocativa num cemitério. Ela tinha raiva de mulheres bonitas, sofisticadas e elegantes. [...] Dia e noite, seu assunto era Vogue Brasil e moda. Nada mais. [...] Era como uma religião",[4] relatou a filha de Luis, Patrícia Carta.

Entretanto, a Vogue Brasil não era propriamente uma revista de moda, apesar de dedicar amplo espaço ao tema; acima de tudo, destinava-se ao topo estreito de nossa pirâmide social — mais ainda naquela fase inicial. Em 1987, Luis Carta foi convidado a editar a Vogue Espanha, e se mudou para a corte do rei Juan Carlos, deixando a revista daqui sob comando de seu filho Andrea, de 27 anos — fase em que Regina Guerreiro foi substituída por Gisela Porto. Com o tempo, Vogue Brasil foi se tornando mais comercial. Luis Carta faleceu em 1994, na Espanha. Andrea morreu em 2004, sucedido por Patrícia Carta na direção do título. Vogue Brasil foi — e continuou sendo — um título importante entre as revistas brasileiras de moda. Em julho de 2010, as editoras Condé Nast e Globo anunciaram parceria (com participações, respectivamente, de 30% e 70%) para publicação de títulos da Condé, no Brasil, abrangendo Vogue Brasil e seus filhotes Casa Vogue, Vogue Noivas e Vogue Passarelas.

A mesma durabilidade não foi conquistada por Interview, revista que chegou a concorrer com Vogue Brasil nos primeiros anos, talvez justamente por não ter sido muito mais do que... um frenesi datado. Fundada em 1969 pelo pai do *pop*, o artista plástico Andy Warhol, nos Estados Unidos, Interview nasceu cercada por uma aura de irreverência chique, tratando de artes, comportamento, moda e – principalmente – da vida dos famosos e endinheirados. Uma particularidade: tinha dimensões para lá de grandes, 40,6 cm de altura por 26,7 cm de largura, o dobro das revistas "normais" — mantidas na versão brasileira lançada em 1977 pela Inter Editora, sediada em São Paulo, com edição de Cláudio Schleder (Richard Raillet era o editor internacional). A Interview daqui, porém, colocou-se como missão principal acompanhar as badalações das sociedades carioca e paulistana (principalmente); ou seja, foi "uma das bíblias do *beautiful people*"[5] do período, uma espécie de coluna social gigante, badalando a gente bem, descolados e sacados. Nos editoriais de moda, um dos fotógrafos que mais marcaram a revista foi Klaus Mitteldorf, com suas inconfundíveis fotos de cores superacentuadas. Na virada dos anos 1980 para os anos 1990, o título passou para as mãos da Editora Azul (vinculada ao grupo Abril), teve seu tamanho reduzido e suas pretensões editoriais ampliadas; em 1994, foi parar na Art Editores, dirigida por Michael Koelreutter; retornou à Azul no ano seguinte, editada por Cadão Volpato, onde, em novembro de 1996, encerrou sua trajetória, já com a velha aura de radical chique totalmente apagada...

1   Depoimento ao projeto HMB, gravado em agosto de 2007.
2   O Brasil na Moda, vol. 1, edição de Paulo Borges e João Carrascosa; Editora Caras, São Paulo, SP, 2004.
3   Idem.
4   Idem.
5   Dicionário da Moda, de Marco Sabino; Editora Campus, Rio de Janeiro, RJ, 2007.

*Final de desfile da grife La Bagagerie em que as modelos usam macacões de nylon; a estilista Sônia Mureb, de braço quebrado, entra acompanhada pelo produtor Tuty de Sá; Copacabana Palace, Rio de Janeiro, RJ, 1982.*

Ou a gente se metia a empresário ou não ia conseguir sobreviver. [...] Claro que, depois, nós fomos à luta e abrimos nossas lojas também. Mas naquele momento do Grupo Moda-Rio, a essência era improvisar",[113] descreveu.

Se para Luiz de Freitas o improviso marcou o período, para outros integrantes o *glamour* dos desfiles foi o que ficou: "Fiz um desfile no Rio Palace que foi um dos mais bonitos da minha carreira. O tema era a volta ao mundo. Naquela época, em 1979, os desfiles eram verdadeiras histórias; tínhamos um trabalho enorme. Para cada quadro havia um elemento de cabeça, *bijoux*, sapatos. Ficávamos dois dias no hotel, antes de o desfile acontecer",[114] relatou Marco Rica (1942- ), também integrante do núcleo inicial do Moda-Rio. Nascido em Niterói, RJ, Rica começou na moda – depois de tentar a carreira de bailarino – aos 17 anos, fazendo pulseiras e acessórios em couro que vendia (ele também) para butiques. Por que couro? Porque seu pai, um espanhol, era dono de um curtume na cidade de São Gonçalo, RJ. Seu primeiro ateliê, montado em 1962 no Leblon, se chamou Di Roma, "ainda trabalhando com pedaços de couro que vinham do curtume do pai, mas também já fazendo roupas sob encomenda para noivas e debutantes".[115] Em 1967, abriu a butique Podrecca: "Entre pesquisas por Copacabana, descobre-se a perfeição em cós alto, boca de sino e redingotes. Dentro de baús, escondem-se vestidos de seda, blusas de crepe. O nome é esquisito: Podrecca; o ponto, meio fora do circuito. O jovem perfeccionista é Marco Rica, ao lado de Ruth, sua mulher e companheira de vendas na loja. Marco adora moda, ópera e a família",[116] descreveu a jornalista Iesa Rodrigues.

Daquele começo sofisticado, Marco foi ser estilista "da fábrica Inder, em São Cristóvão, exclusiva da [butique] Liloca, primeira loja carioca a vender moda jovem a preços baixos. As coleções criadas por Marco são históricas e o objetivo de atingir um público de menos posses acabou substituído por fazer moda, simplesmente, já que a Liloca é tão ou mais lançadora que a maioria das etiquetas vigentes. [...] O próximo passo foi a fábrica própria, a Moda Rica",[117] cujo estilo poderia ser definido como "uma feliz união de alta-costura com *prêt-a-porter*".[118] A fama de Rica cresceu tanto que se tornou figurinista de novelas da Globo; criou, por exemplo, as roupas atribuídas ao costureiro interpretado por Reginaldo Farias (o personagem Jacques Léclair) na primeira versão de Ti Ti Ti, de 1985, que rivalizava com o personagem de Luiz Gustavo (Victor Valentim), cujos modelos eram desenhados por Gregório Faganello. Aos que lançavam dúvidas sobre a originalidade de algumas de suas criações, ele retrucou: "Se copiei, não vou negar. Mas fiz melhor do que o original. Se o Thierry Mugler ou o Giorgio Armani vissem a minha interpretação e o meu acabamento, ficariam orgulhosos e me agradeceriam".[119]

A projeção alcançada pelos integrantes do Moda-Rio repercutiu por muitos anos nas carreiras de seus componentes. O formato do evento teve similaridades com um calendário de moda, mas também com as tradicionais feiras de confecções, comuns no período. Segundo José Augusto Bicalho, "um lojista que vinha de Recife, para o evento, não se contentava em fazer um pedido. Tínhamos que ter uma pronta-entrega; tanto que uma roupa em que acreditávamos, já mandávamos cortar e colocar no estoque da confecção antes do desfile. Quem tinha dinamismo de produção tirava no dia seguinte o custo do evento, na pronta-entrega".[120] O Moda-Rio ganhou tal projeção que muitos compradores de outros estados deixaram de viajar para as feiras verticais, que eram realizadas cerca de 15 dias depois. Começou aí um conflito que acabou por afetar a continuidade do grupo...

## O fim do Moda-Rio

Manter unido um grupo informal, integrado por concorrentes, não foi exercício fácil. O Moda-Rio se dissolveu, depois de um último desfile em fins de 1982, "no bojo de mais uma recessão forjada no interior do regime militar",[121] avaliou a jornalista Ruth Joffily. Mas também porque faltou patrocínio, considerou Marília Valls: "Enquanto a Nova América ficou por trás, tudo bem. Ainda tivemos [outros] patrocínios, como o da Camillo Nader [Tecidos Camillo Nader – Rakam – com tecidos desenhados por Emílio Faraht] e o da Tecelagem Brasil. Depois, os patrocínios rarearam e começamos a bater cabeças",[122] ela afirmou, apontando ainda como causa de rusgas as buscas de cada um por propostas autorais. "As rivalidades internas decretaram o fim do Moda-Rio. Nunca alcançamos uma estrutura empresarial eficiente, porque, na verdade, nenhum de nós era empresário tão competente assim. A [Teresa] Gureg bem que tentou pôr ordem na casa. De todos nós, era a que tinha melhor jeito para negócios. Mas era impossível",[123] acrescentou Marília Valls.

Juntem-se a isso os altos custos da produção dos desfiles: "Não abríamos mão de realizar produções de eventos luxuosos, caríssimos, fora da nossa realidade ",[124] continuou a estilista da Blu-Blu. "No Moda-Rio, a gente gastava todo o dinheiro que ganhava numa estação inteira só com um desfile. Contratávamos os melhores manequins, era um verdadeiro *show*; saía tapa por causa dos convites",[125] confirmou Luiz de Freitas. Na opinião de Beth Brício (Beth Carneiro Brício, 1946- ), o grupo "foi acabando porque todo mundo achava que podia se safar sozinho. As pessoas cansavam de se reunir com as tecelagens e nunca chegávamos a acordos como, por exemplo, fazer uma cartela de cores em conjunto. Isso o nosso ego não deixava".[126] Mineira de Belo Horizonte, Beth começou em 1969, como outros colegas, depois de ter "estado na Europa e percebido que a moda por aqui andava um pouco distante do clima *swinging London*".[127] Passou, então, a fazer roupas na cobertura em que morava, em Ipanema, com tecidos que trazia do Paraguai ou mandava tingir e estampar (muitas vezes pelo Daniel Azulay). Em 1971, abriu a butique Persona, em sociedade com Lúcia Costa, que durou pouco, cedendo lugar à loja com seu nome.

No Moda-Rio, "tudo era na criatividade, na loucura, na garra. [...] Acho que nós não estávamos preparados profissionalmente para essa coisa tão importante. Tínhamos o apoio da imprensa, de empresas do Brasil inteiro, apoio de tecelagens e de clientes, que é o mais importante. Vinha gente de todo o Brasil e as pessoas eram recebidas na porta do Copacabana Palace, com champanhe. [...] Acho que o grupo acabou por causa de uma briga. O Moda-Rio se desfez numa noite",[128] ela afirmou. Bicalho esclarece que briga foi essa: "A Tereza Gureg fazia sapatos para todos e resolveu sair do Grupo. Não por desavença, mas porque o grupo estava saindo muito caro para ela, que tinha que fazer para oito coleções e, para isso, empatava um capital muito grande; e sapatos de desfile não podem ser vendidos depois. 'Estou saindo', ela disse, e cada um de nós passou a fazer sapatos com outros criadores. Mas a Beth quis continuar com os sapatos da Gureg. Aí colocamos para ela que não poderia expor sapatos de uma pessoa que estava abandonando o grupo. Ela insistiu e eu disse: 'Então, você sai com ela.' E ela saiu; isso deve ter sido em 1981. A Movie entrou no lugar dela, porque fazia uma moda muito feminina, sensual sem ser óbvia".[129]

As inúmeras motivações alegadas para o fim do Moda-Rio (incluam-se, ainda, possíveis preferências de críticos de moda por este ou aquele participante) se diluem no fervente e eterno caldeirão de vaidades do meio *fashion*. Fato é que se tratava de um grupo informal, sem contratos sociais que estabelecessem regras coletivas a serem seguidas; portanto, de permanência fortuita. Rompidos os interesses mínimos que os unia, findava-se o grupo, que – ademais – fez concorrência pesada às "feiras verticais", no caso, as promovidas pela Fag, sua oponente difícil. Uma portaria do Ministério da Indústria e Comércio (MIC) proibia a realização de feiras similares numa mesma cidade em prazo inferior a seis meses, com o fim de evitar concorrência predatória: "Foi nossa maior guerra: a Fag queria nos proibir de existir. Tivemos uma reunião com eles. Estavam todos os membros do Grupo, mas introduzimos entre nós uma jornalista, a Gisela Porto, editora da revista Domingo do JB, como testemunha. Naquela reunião, eles colocaram todas as suas imposições: 'Vocês não podem desfilar. Não queremos e o Ministério está do nosso lado'. Aí, nós anunciamos: 'Aqui está a jornalista do JB, Gisela Porto'. Então, eles viraram umas feras: levantaram e saíram, sem mais conversa",[130] recordou Bicalho.

Além do nome similar, o Moda-Rio competia diretamente com a feira da Fag, pois também montava *showrooms* de pronta-entrega semelhantes aos das feiras. "Nós fazíamos os desfiles e, no paralelo, havia o comércio das peças. Para se ter uma ideia, eu desfilava num dia, e no outro de manhã tinha fila de compradores que desciam as escadas do nono ao quinto andar",[131] confirmou Bicalho. Durante todos os anos em que ocorreu, portanto, o evento contrariou a proibição do MIC. Bicalho concluiu a história: "Depois de um tempo, nós voltamos a conversar com a Fag e eles nos propuseram que desfilássemos dentro da feira deles. Abririam um espaço especial para nós e nos dariam quantos estandes precisássemos, um por confecção. Claro, eles eram espertos e nós tivemos que aceitar...".[132]

O Moda-Rio acabou sendo absorvido pela feira da Fag. No pouco tempo que existiu, cravou um marco importante na moda brasileira: "O Grupo deu a partida, ensinando ao Brasil que boa moda tem que ter um responsável por ela e que esse profissional chama-se estilista",[133] arrematou o ideólogo do Moda-Rio, cuja confecção – Jo&Co – permaneceu em atividade por cerca de vinte anos; em 2010, Bicalho atuava como consultor de moda, assim como Beth Brício. Teresa Gureg se manteve como marca referencial em calçados femininos – a Teresa Gureg Calçados e Acessórios –, que vendeu a terceiros e ainda sobrevivia em 2010, com loja no Rio de Janeiro; também Marco Rica mantinha-se em atividade, em 2010. Luiz de Freitas teve outras etiquetas, além da Beluí; criou a Vinte Anos (moda jovem) e, no final da década de 1970, a Mr. Wonderful, da costela da qual extraiu, depois, a Miss Divine... Primeira marca de moda masculina ousada do Brasil, a Mr. Wonderful teve sua primeira loja em Ipanema, à Rua Visconde de Pirajá, 503. Na época, o próprio Luiz de Freitas virou um "Sr. Maravilha", assumindo as criações que passou a vestir os cariocas *in*, inclusos artistas internacionais, como o norte-americano Prince e o inglês Freddie Mercury – quando estiveram em turnê pelo Brasil. A loja em Ipanema durou até meados da década de 1990 e teve filiais em São Paulo (Alameda Lorena, 1682), Belo Horizonte (Savassi), Portugal (duas em Lisboa, uma no Porto) e Holanda (Amsterdã), além de representações em Londres e Nova York, onde seus produtos eram comercializados nos magazines Sacs, Bergdorf Goodman e Neiman Marcus, e na loja da atriz Faye Dunaway. O perfume que lançou da marca, o Mr. Wonderful nº 1, cujo frasco era uma coqueteleira em metal prateado, teve Gianni Versace entre seus admi-

*Acima, propaganda da grife Marco Rica; Rio de Janeiro, RJ, novembro de 1987.*

*Na página ao lado, propaganda da coleção outono-inverno 1986 de José Augusto Bicalho com patrocínio da Trevira; Rio de Janeiro, RJ, 1986.*

radores: "Quando esteve em minha loja em Ipanema, ele gostou tanto do perfume que comprou dez frascos para presentear amigos na Itália",[134] contou o estilista. Relançada em 2007,[135] novamente em Ipanema, a marca teve sobrevida de um ano; fechou definitivamente em 2008.

## Marca Rio, cheia de charme

O Rio de Janeiro manteve – entre meados da década de 1970 e a seguinte – a supremacia da moda nacional, polarizando criações em *prêt-à-porter* que se disseminavam para butiques de todo o país. Foi o auge de uma moda solar, arejada, descontraída e cheia de charme, nos primeiros tempos com inspiração *hippie* e, na fase final, de formas reluzentes, sofisticadas e também minimalistas: "Qualquer coisa que fosse do Rio, já tinha um *upgrade*. O Rio era difusor de uma moda descontraída, charmosa, solta e alegre. Tudo o que acontecia no Rio tomava dimensão internacional, maior do que em São Paulo",[136] comentou o estilista José Augusto Bicalho, que integrou aquela geração de estilistas cariocas.

Além dos criadores que fizeram o Grupo Moda-Rio, outros despontaram na mesma época: "Para a mídia, era uma novidade que começava a ofuscar o que existia antes. Esse outro grupo [quase simultâneo ao Moda-Rio] era considerado mais chique, mais sofisticado, mais requintado. Davam coquetéis milionários (sic) para quem nunca tinha tomado champanhe".[137] Entre os destaques dessa safra, tivemos os apelidados *big four* – quarteto integrado por Georges Henri, Maria Cândida Sarmento (da marca Maria Bonita), Andrea Saletto e Alice Tapajós. "Assim como no Carnaval da avenida, que durante anos teve Portela, Salgueiro, Mangueira e Império Serrano como as grandes Escolas de Samba, [...] os *big four* da costura mandavam bem no estilo que a cidade emanava para o resto do país, no varejo e também no atacado [...] Alice Tapajós, Andrea Saletto, Maria Bonita e Georges Henri ditavam, em suas vitrines e nos editoriais dos dois principais jornais cariocas – O Globo, com seu caderno Ela, e o Jornal do Brasil, em seu Caderno B –, o que havia de bom gosto: roupas simples e lindas, onde o que valia eram os cortes e os tecidos, em tempos de minimalismo...",[138] avaliou o jornalista e produtor Sérgio Zobaran. Na verdade, os *big four* ficam incompletos se não incluirmos entre eles Gregório Faganello, outro "emanador" indiscutível de bom gosto carioca, todavia, apesar de seus muitos predicados, portador do pequeno "desajuste" de, originalmente, ser um paulista de Piracicaba. Seriam, então, *big five* e, talvez, pudéssemos também convocar a Beija-Flor.

Uma questão pertinente: havia distinção entre a moda feita pelos *big four* e a do Grupo Moda-Rio? A resposta coube, ainda, a José Augusto Bicalho: "A diferença entre nós do Grupo Moda-Rio e eles era que não tínhamos medo de colocar ousadias em passarelas; de fazer uma roupa com cores como laranja, rosa choque e vermelho. Eles tinham uma moda mais discreta, prática, suave...".[139] Para todos, contudo, valia a referência do minimalismo japonês, cujas linhas influenciaram meio mundo naquele período. Em matéria de tecido, um *must* era o puro linho Braspérola: "Alice Tapajós e Andrea Saletto explodiram nas passarelas e fizeram um enorme sucesso na moda brasileira, agradando principalmente as executivas; o estilista Georges Henri também foi eleito e citado nas colunas sociais da época".[140]

A única dessa turma que não emprestou o próprio nome à marca foi Maria Cândida Sarmento (1938-2002); quer dizer, não diretamente... Preferiu buscar em suas referências nordestinas – ela nasceu em São Luís do Quitunde, AL – o apelido da mulher de Lampião, rei do cangaço, Maria Bonita, para batizar a grife que criou em parceria com a amiga Malba Pimentel Paiva (1936- ), em meados da década de 1970 no Rio. Fazia todo sentido: no início, Maria Cândida empregou rendas e bordados típicos de sua região nas peças que produziu. Uma curiosidade: quando começou a frequentar o ambiente de moda do Rio de Janeiro, Maria Cândida costumava se apresentar com o nome de Marli, porque "tinha horror do nome Maria Cândida". O motivo desse horror? "É que havia na imprensa de Maceió, na época, uma colunista social chamada Maria Cândida que tinha o rosto marcado. Por conta disso, seu nome acabou virando sinônimo de pouca formosura, na região. Como a própria Maria Cândida, da Maria Bonita, não era exatamente um protótipo de beleza, não gostava de usar o nome",[141] relatou o estilista José Augusto Bicalho.

A história pessoal de Maria Cândida remete a referências do Brasil colonial nordestino: "Era filha de dono de um engenho de açúcar, de tradicional família alagoana, e sempre gostou de moda. A vida toda, demonstrou interesse pelo assunto. Era nato...",[142] contou Malba Paiva, amiga e ex-sócia. "Na infância, enquanto colegas se divertiam em brincadeiras, ela fazia roupas para bonecas e, na adolescência, costurava para as amigas."[143] Acabou ingressando, como faziam muitas moças do seu tempo, num curso de Letras, que não chegou a concluir. Optou por sua paixão, as roupas e a moda: "Ela já tinha uma loja em Maceió chamada Pretinha e, na época, vinha ao Rio comprar nossa moda e levar para vender lá...", recordou ainda Bicalho. Ele também descreveu assim os primeiros anos da Maria Bonita, cuja primeira loja foi aberta em Ipanema em 1977: "Ela já estava na ativa aqui, no período em que criamos o Moda-Rio. Fazia roupinhas, tinturava as rendas e *laises*, usava bordados ingleses. Era uma roupa extremamente rococó, ao estilo Elba Ramalho. A loja, na Rua Vinicius de Moraes, era toda de papel de parede rosa e, na vitrine, tinha um travessão de madeira com argolas e cortinas de rendas tinturadas. Completamente diferente do que é hoje: era uma loja extremamente romântica".[144]

Maria Cândida gostava de se definir como uma operária da moda: "Adorava uma boa máquina de costura e era obcecada pelo corte perfeito".[145] Mas ela foi se distanciando aos poucos das origens nordestinas presentes nas peças rebuscadas da primeira fase.

*Acima, logomarca da grife Alice Tapajós; Rio de Janeiro, RJ, 1976.*

*Na página ao lado, publicidade da grife Andréa Saletto; Rio de Janeiro, RJ, 1986.*

## PONTO DE VISTA, DE CRISTINA FRANCO

Teve destaque na década de 1980 a renovação do telejornalismo de moda promovido pela carioca Cristina Franco: desde a década de 1970, ela colaborava com revistas e jornais do Rio de Janeiro e, em 1981, assumiu a coluna televisiva Ponto de Vista, exibida aos sábados como um quadro do Jornal Hoje, que havia sido criado em 1971 pela TV Globo. Por meio dela, muitos brasileiros ouviram "pela primeira vez termos como *prêt-à-porter* e alta-costura".[1] A edição de sábado do jornal tinha um "tom experimental, diferente do adotado nas outras edições",[2] permitindo que Cristina apresentasse a "vanguarda da moda":[3] ela cobria desfiles nacionais e internacionais e dava dicas sobre novidades da moda. "O interessante da minha passagem pela televisão foi, justamente, conseguir tratar do assunto jornalisticamente. Era a única forma de falar de moda, num telejornal. E, sei lá, de repente eu poderia entrar no ar depois [da notícia] de uma catástrofe... Se não tivesse a linguagem certa, iria parecer uma maluca. Por mais que a coluna fosse diferenciada dos padrões vigentes, era extremamente contextualizada, do ponto de vista jornalístico",[4] Cristina reavaliou.

Depois de 15 anos à frente da coluna, Cristina deixou a emissora em 1996: "Comecei a ficar triste, muito triste... E isso foi influenciando minha vida, a ponto de achar que não tinha mais forças para fazer aquilo. Minha saída da Rede Globo não teve nada a ver com o universo da moda; apenas comecei a desgostar daquilo, a achar que o momento não era mais aquele. Que queria outras coisas da minha vida",[5] ela justificou. Cristina passou a atuar como consultora de moda, ocupação que exercia ainda em 2010.

---

1    O Brasil na Moda, vol. 2, edição de Paulo Borges e João Carrascosa; Editora Caras, São Paulo, SP, 2004.
2    Jornal Hoje, texto sem autor identificado. Disponível em [http://memoriaglobo.globo.com/Memoriaglobo/0,27723,GN0-5273-237470,00.html]; Globo, Rio de Janeiro, RJ, acesso em agosto de 2010.
3    Idem.
4    *In*: O Brasil na Moda, vol. 2, edição de Paulo Borges e João Carrascosa; Editora Caras, São Paulo, SP, 2004.
5    Idem.

A identidade de sua marca foi se configurando aos poucos num estilo "*chic* atemporal",[146] mais para uma moda urbana e limpa, com predomínio de tecidos leves adequados ao nosso clima, valorizados por sua obsessão maior, a exatidão do "corte e acabamento".[147] "O blazer, a saia longa e o vestido amplo em tecidos tecnológicos e nos tradicionais linho, seda e algodão, sempre presentes nas coleções em tons sóbrios, são refeitos, ano a ano, em novas versões contemporâneas."[148]

Além de acertar na criação de uma moda ao agrado do público feminino urbano sofisticado, a administração da Maria Bonita – conduzida pela sócia Malba – deu passos precisos: foi, por exemplo, a primeira grife carioca a se estabelecer com loja própria na Rua Oscar Freire, ainda em 1981, e não demorou para que "seus blazers impecáveis"[149] conquistassem também as elegantes de São Paulo. Em 1990, Maria Cândida e Malba criaram a Maria Bonita Extra para atender a um segmento mais jovem, ousado e com preços mais acessíveis: "As peças ganham cores vivas, estampas florais *liberty*, listradas, mas nas coleções de inverno o minimalismo aparece em algumas peças".[150] Em 2002, Maria Cândida faleceu, com 64 anos: havia criado uma marca que se disseminara em mais de 3 mil franquias por todo o país, além de 13 lojas próprias em cinco capitais.[151] Sua assistente, Danielle Jensen, assumiu a criação; Alexandre Aquino passou a ser sócio da marca, que continuou em trajetória ascendente, mesmo sem contar com sua criadora: em 2008, Ana Magalhães tornou-se a *designer* da grife, que, em 2007, possuía lojas próprias em 14 capitais brasileiras e já colocava os pés fora do país, exportando para países como Chile, Japão, Canadá, Angola e EUA.[152]

A trajetória pessoal de Georges Henri Perelmuter (1946-1991) começou bem distante do Nordeste brasileiro; aliás, do próprio Brasil: filho de comerciante de rendas, ele nasceu em Bruxelas (Bélgica) e – reza a lenda –, "ainda no berço, entoava *La Vie en Rose*",[153] a emblemática canção de Edith Piaf. A música foi posta de lado mais tarde, quando ele tentou arquitetura e, depois, eletrônica, para só mais tarde se encontrar na moda. A primeira confecção com seu nome foi aberta em 1975, em plena ascensão da "marca Rio". E no começo, claro, as coisas não foram assim tão fáceis, como recordou seu contemporâneo, José Augusto Bicalho: "Ele era dono de uma fábrica de *jeans* e não existia como estilista; fazia camisas listradinhas... Quando fizemos o primeiro desfile da Jo&Co, a gente sabia que ele existia, mas nem sabia quem era".[154]

A ascensão de Georges Henri, sugeriu Bicalho, estaria relacionada ao sucesso internacional de Giorgio Armani, com o qual foi identificado aqui dentro: "Ele passou a existir com o minimalismo italiano; antes, lutava e morria na praia...". É fato que a moda de Georges Henri tendia, além de Armani, a favor de estilistas que reinavam, então, nos EUA – como Calvin Klein, Ralph Lauren ou Perry Ellis –, que reduziram "as formas tradicionais da camisa, da calça, da saia, do paletó e do vestido à simplicidade mais austera e, ao mesmo tempo, mais confortável", para uma "interação sutil entre o corpo e o tecido".[155] Essa simplicidade elegante deu certo e seu nome virou verniz: dez anos depois, tinha conquistado um lugar ao sol de Copacabana, com apartamento no badalado edifício Chopin, da Avenida Atlântida. Além disso, montou estrutura integrando ateliê, confecção e *showroom* num espaço de três andares na Rua Siqueira Campos, também em Copacabana, onde realizava seus lançamentos: "Poucos desfiles ficaram tanto na plateia de moda quanto os produzidos por Betty Lago [para Henri], no próprio *showroom* [da Siqueira Campus]",[156] referendou a jornalista Iesa Rodrigues. Após a desagregação do Grupo Moda-Rio, os eventos de lançamento de sua marca – promovidos por conta própria – acabaram se tornando referência para os de outras confecções: "A data que ele marcava para seus lançamentos era seguida por Andrea Saletto e Alice Tapajós, porque era o momento em que os compradores vinham ao Rio para as vendas de atacado. [...] Os convidados eram selecionados a dedo. Jornalistas de todo o país, empresários têxteis e os grandes amigos estilistas: Maria Cândida Sarmento, Andrea Saletto, Alice Tapajós e André Brett [da Vila Romana]. Segundo seus amigos, essa era uma característica especial de Georges Henri: ele mantinha relações estreitas com outros estilistas".[157]

Num perfil elaborado pela revista Claudia Moda, em dezembro 1985, Georges Henri se descreveu como típico chefe de família padrão, disciplinado, desportista e *gourmet*. Mas se na vida em família era assim tão pacato, nas colunas sociais e na moda almejava uma imagem de sofisticação reforçada pela origem belga. E de fato ele conseguiu emplacar aquela que talvez tenha sido a primeira grife forte brasileira assentada na imagem do próprio estilista: assinou *jeans*, bijuterias, acessórios, moda feminina, masculina e infantil. Em 1985, contava com uma produção de 9 mil peças mensais, uma loja no Rio e inaugurava mais duas – uma em Ipanema e outra em São Paulo.[158] Para a jornalista Iesa Rodrigues, foi um fenômeno abrangente da década de 1980: "Autor de calças impecáveis, chamou a atenção quando lançou os primeiros modelos no corte *baggy*, em *jeans*. Mas trabalhou bem com o linho, a malha, a seda".[159] A etiqueta

Publicidade da grife George Henri; Rio de Janeiro, RJ, dezembro de 1981.

## MODA BRASIL X CLAUDIA MODA

Foi no decorrer da década de 1980 que revistas exclusivamente voltadas à moda feita em série — ou seja, *prêt-à-porter* — começaram a surgir no Brasil, como um sintoma da chamada "segmentação" da imprensa, que na época apenas começava a se manifestar. Relembrando o início da década de 1980, o produtor Paulo Borges afirmou: "Parar em uma banca de revistas era uma experiência frustrante. [...] Eu queria saber tudo sobre a moda no mundo, mas as revistas importadas ainda eram artigos de luxo e as nacionais davam pouco espaço ao assunto; precisavam abordar, também, culinária, decoração, saúde, beleza. Fora algumas edições especiais da Claudia, uma ou outra revista de moldes e alguns informativos do mercado, não existia um veículo dirigido exclusivamente à moda".[1] A revista pioneira por aqui, focada apenas no mundinho *fashion*, foi Moda Brasil lançada em 1981 pela Editora Rio Gráfica (depois Globo), já abraçando integralmente esse mercado. Claudia Moda, da Editora Abril, veio no ano seguinte. Mas ambas, em seus primeiros anos, não eram mensais: acompanhavam a periodicidade do calendário de lançamentos da moda, por estação, com edições de verão, alto verão e inverno.

O surgimento de Moda Brasil foi saudado pelo público do setor: "Era uma revista que mostrava uma moda de ponta e se dirigia a um leitor mais informado sobre o assunto. As outras davam o serviço; esta falava de tendências. Não era uma revista feminina; era uma revista de moda",[2] comentou ainda Paulo Borges. No *remake* de 2010 da telenovela fashionista Ti-ti-ti, a TV Globo reinventou a redação da revista Moda Brasil, inspirada na que existiu, de fato e de ficção: a primeira versão do folhetim veiculado entre 1985 e 1986. Moda Brasil foi editada, inicialmente, por Nettzy de Carvajal e, em seu período áureo, por Regina Lemos, contando com fotógrafos do naipe de Fernando Louza, Bob Wolfenson, Paulo Rocha, Miro, Isabel Garcia e Márcia Ramalho, entre outros. Posteriormente à Regina Lemos, foi a vez da editora e produtora de moda Ivete Vieira Lopes, que tinha como seu braço direito a também produtora Glória Callado (irmã da modelo brasileira internacional Dalma Callado). Moda Brasil abriu caminho para a segmentação, e logo ganhou concorrente com o aparecimento de Claudia Moda, da Abril.

Até 1982, a revista Claudia publicava edições especiais esporádicas, de acordo com os lançamentos das estações. Naquela época, saíam duas revistas simultaneamente, a Claudia Moda (feminina) e a Claudia Moda Homem. Dali por diante, passou a ter periodicidade regular: "Ganhou uma nova cara, tão moderna quanto a da concorrente, e periodicidade certa. A rivalidade entre as duas foi histórica. Começava pelas capas, que sempre 'gritavam' na banca do jornal. [...] O que chamava a atenção nessas duas revistas era a grossura de sua lombada. Algumas edições chegaram a ter 500 páginas!",[3] acrescentou Paulo Borges. Segundo a jornalista Costanza Pascolato, que em

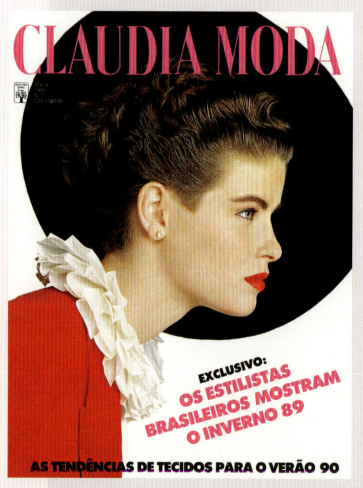

*Acima, Claudia Moda, Ano 9, Nº 1, Editora Abril, São Paulo, SP, janeiro de 1989.*

1983 assumiu o cargo de editora de Moda Feminina de Claudia Moda e conduziu sua modernização, teria sido Moda Brasil que competiu em sucesso comercial com Claudia Moda, depois de esta explodir: "A Claudia Moda tinha algo como 150 páginas editoriais, 500 no geral. Tínhamos que trabalhar muito. Depois, atrás de nossa receita, veio a Moda Brasil, que era maravilhosa e tinha uma direção de arte ainda mais incrível".[4]

Costanza permaneceu cerca de 15 anos na Editora Abril. Fazendo ela própria uma comparação com Regina Guerreiro – com a qual muitas vezes foi equiparada –, argumentou: "Regina é um talento e quis sempre aprender com ela... Talvez eu tivesse uma visão mais 'macrozinha' da moda; mas talvez fosse menos sensível e aperfeiçoada do que ela... [...] Ela era, com certeza, melhor produtora de imagens; mas éramos os 'grandes lances' da época, Regina fazendo uma Vogue, que era elitizada, e eu tendo que ser mais massificada, mas não resistia à tentação de ser experimental".[5] Claudia Moda contou, ao longo de sua história, com diversos profissionais relevantes do jornalismo de moda brasileiro, como Fernando de Barros (moda masculina), Christiane Fleury (moda internacional), Ruth Joffily (cobrindo o Rio) e as colaborações dos fotógrafos Luís Crispino, Bob Wolfenson, Luís Garrido, J. R. Duran, Thomas Susemihl, Clício, Serapião, João Delbúcio, Chico Aragão e Fernando Louza, entre outros, clicando seus editoriais.

Outras revistas exclusivamente de moda surgiram na década de 1980, mais voltadas aos profissionais do setor, como Moda Livre, editada em São Paulo por empresa homônima, a partir de 1983, sob comando da jornalista Laïs Pearson, e Moda Quente, suplemento do jornal O Povo, de Fortaleza, CE, que circulou também depois de 1983. Todas encerraram suas trajetórias no final daquele decênio, vítimas da crise inflacionária que devastou confecções por todo o país e culminou no Plano Collor.[6] "O comecinho dos 1990 foi dramático, a época Collor. Houve uma parada cardíaca na história da moda brasileira. Me lembro que foi um susto, primeiro com o confisco do dinheiro que foi alto, até meio surrealista...",[7] reavaliou Costanza Pascolato. Destinos idênticos abateram nossas primeiras revistas de moda com circulação nacional em bancas: Moda Brasil chegou a comemorar

em 1986 a marca de 1 milhão de exemplares vendidos, mas dois anos depois fechava sua redação;[8] Claudia Moda sobreviveu um pouco mais: foi descontinuada em 1992. Reler antigas edições dessas duas publicações é como dar um passeio (quase) interminável por uma galeria de imagens que recompõem a história da moda brasileira num período ainda de formação.

1   *In*: O Brasil na Moda, vol. 1, edição de Paulo Borges e João Carrascosa; Editora Caras, São Paulo, SP, 2004.
2   Idem.
3   Idem.
4   Depoimento ao projeto HMB, gravado em maio de 2007.
5   Idem.
6   Moda cearense: uma colcha de retalhos, texto de Ana Nadaff; *In*: Moda Brasil: Fragmentos de um vestir tropical, organização de Kátia Castilho e Caril Garcia; Anhembi Morumbi, São Paulo, SP, 2001.
7   Depoimento ao projeto HMB, gravado em maio de 2007.
8   Novela Ti Ti Ti homenageia a revista Moda Brasil, texto sem autor indicado, disponível no blog Moda Brasil [http://www.blogmodabrasil.com.br/2010/07/novela-ti-ti-ti-homenageia-revista-moda.html], acesso em agosto de 2010.

Acima, Moda Brasil, N° 5, Editora Globo, Rio de Janeiro, RJ, outubro de 1984.

Publicidade da grife de Alice Tapajós;
Rio de Janeiro, RJ, março de 1985.

Georges Henri seguiu firme até o final daquela década, quando passou a sofrer – como todo o resto do mercado brasileiro – as consequências da crise inflacionária que devastou o país. Não chegou a viver os tempos de restauração econômica para recuperar sua marca: morreu em 1991 aos 45 anos, em consequência de um tumor no cérebro.[160] Seu filho, Maxime Perelmuter, herdou seu gosto pela moda: lançou-se na passarela em 2000, com a marca British Colony, e é um dos destaques da moda carioca na primeira década do novo milênio.

As duas outras pontas dos *big four* eram Andrea Saletto (1952- ) e Alice Tapajós (Maria Alice Tapajós,[161]), cujas iniciações na moda não fugiram à regra de vários colegas de geração. Andrea, por exemplo, estudava arquitetura no Rio quando começou a vender camisas personalizadas a colegas de faculdade.[162] Daí para trocar o desenho de edificações pelo de roupas foi um pulo; das camisetas para as blusas de linho, mais rápido ainda. De pulo em pulo, abriu uma confecção em 1978: "Logo que Andrea Saletto chegou ao seu primeiro ateliê, em Copacabana, a campainha tocou. Era Georges Henri, que tinha um *show-room* no mesmo prédio [...] Era sua estreia num mercado que começava a criar pequenas fortunas e grandes mitos, como seu novo vizinho".[163]

Andrea encontrou seu nicho fazendo roupas que somavam praticidade *avec elégance*, para uma mulher já inserida no mercado de trabalho: "Houve a consolidação do estilo Andrea Saletto, que traduzia a propriedade e elegância do vestir. [...] Uma camisa branca, uma calça preta, um mocassim idem, e só... Tudo parece extremamente simples, mas os detalhes vão surgindo depois, como numa obra de arquitetura. Por detalhes entendam-se costuras elaboradas, cortes impecáveis e linhas retas remetendo a colunas dóricas ou a obras de Oscar Niemeyer, de quem Andrea é admiradora".[164] Andrea atravessou a crise da virada para a década de 1990 criando roupas para "mulheres reais",[165] como ela mesma conceituou seu trabalho. No ano 2000, apostou em uma segunda marca, a Permanente, mais acessível e esportiva, voltada ao público jovem. Em 2010, mantinha suas duas grifes (Permanente e Andrea Saletto), comercializadas em cinco lojas – três no Rio e duas em São Paulo. Assim, ao criar coleções que "não seguem temas", preferiu fazer de cada estação a "continuidade de um trabalho"[166] que atravessou mais de três décadas.

Já Alice Tapajós formou-se em jornalismo, época em que começou, também de forma um tanto artesanal, fazendo camisas em tricoline, a partir do que diversificou para outras peças e assessórios,[167] abrindo sua primeira loja no Leblon. Contando com assessoria de outra jornalista, Regina Guerreiro, sua moda deu um salto: que "exigiu da parte dela um estilo".[168] Como os demais estilistas de sua afinidade, Alice também preferia fazer lançamentos em coquetéis em seu *showroom* a organizar dispendiosos desfiles coletivos.[169] Moradora do Leblon e frequentadora da alta sociedade carioca, a trajetória da estilista registra alguns episódios turbulentos: em 1991, foi vítima de sequestro; em 1994, anunciou uma "grande virada" de sua grife e a representação de Donna Karan no Brasil, iniciativa que não se efetivou. Ao contrário disso, sua confecção viveu uma fase crítica, e sua última loja, no Shopping Fashion Mall, em São Conrado no Rio, foi "repassada por R$ 700 mil a uma outra empresa".[170] Sem abandonar a moda, em 2005, ela deu a volta por cima e adentrou pelo território dos acessórios, lançando a marca Zibba, de bolsas de luxo, que se mantinha ativa em 2010, com exportações de peças aos EUA, à Suíça e ao Japão, além da venda no Brasil feita pela loja Glamour, no Rio de Janeiro.[171] Ao lado de Georges Henri, Andrea Saletto e das sócias da Maria Bonita, Alice Tapajós compôs uma espécie de novo grupo de moda carioca, "sem um nome oficial, que deu um passo adiante em relação ao Moda-Rio, vendendo um conceito menos espetacular e mais sofisticado no seu quase minimalismo. A invenção inspirada nos estilistas japoneses dava lugar à sofisticação inspirada por Armani e os clássicos italianos".[172]

O quinto nome dos *big four* poderia ter sido Gregório Faganello (1947-1991), da Gregório's, que possivelmente começou antes de todos os outros, ainda no início da década de 1970, fazendo sapatos e bolsas de couro que vendia na feira *hippie* de Ipanema. Economista formado pela Universidade de São Paulo (USP), ele era um paulista infiltrado na moda carioca, que havia se iniciado na carreira pela via do teatro, como figurinista: "No final da década de 1960, eu estava em São Paulo – sou de Piracicaba – e trabalhava com um grupo muito ativo, com atores que depois ficaram famosos, como Juca de Oliveira e Othon Bastos. [...] Paralelamente, tinha um ateliê especializado em roupas de teatro. Naquela época, ganhei uma bolsa da Sorbonne para ir estudar Belas Artes. Só que, antes de ir para a França, resolvi passar umas férias no Rio de Janeiro. Isso modificou todos os meus planos, porque me apaixonei pela cidade. Maria Bethânia me apresentou uma amiga que tinha um ateliê de artesanato e eu fui morar lá, criando bolsas e calçados",[173] ele contou. A viagem ao Rio que mudou o destino de Gregório se deu em 1967. Do artesanato em couro, ele passou às camisas, à moda feminina e virou uma confecção que fornecia peças para a butique Bibba-Ipanema, de José Luiz Queiroz Itajahy.

## COORDENADORES DE MODA

Já desde o final da década de 1970, fiações, tecelagens, estamparias e magazines estruturaram suas coordenadorias de moda, setores responsáveis por absorver as tendências da moda e aplicá-las na produção têxtil, confeccionista e na regulação das compras do varejo. Foram pioneiros da coordenação de moda brasileira profissionais como Aissa Basile Heu (Skaf), Anita Guimarães (Ferreira Guimarães), Edmundo (Nova América), Emílio Faraht (Camilo Nader), Geni Ródio (Polienka), Laura Yamani (Vicunha), Leila Navarro Lins (Multifabril), Lélia Gomes (Ragueb Chofi), Lilian Trebilcock (Mappin), Margareth Medeiros (Pernambucanas), Paulo Roberto Jorge (Bangu), Pedro Hytoshi (Feltrim e Canatiba), Raquel Valente (São Paulo Alpargatas), Regina Andreazzi (Tecelagem São José), Renato Shibukawa (Riachuelo, posteriormente, Marisa e, mais tarde, Pernambucanas), Tânia Mara (Carambeí-Carambela), Tereza Cristina Jorge (Mesbla), Tuti Camargo (TPS), Vivi Dall'Osto (Lipasa), Wilson Hirata (Cianê), Yeda Amaral (Santista), Zita Roncaglio (Internacional Têxtil), entre inúmeros outros.

Em 1970, ele abriu sua própria butique, a Zzzzz, na Rua Visconde de Pirajá, 330, em Ipanema; em 1978, mudou-se para a Rua Figueiredo Magalhães, em Copacabana, com a butique rebatizada com o nome Gregorio's Moda. Em 1985, era um nome nacional e o verdadeiro autor das roupas supostamente criadas pelo personagem Victor Valentim, costureiro interpretado pelo ator Luiz Gustavo na versão original da telenovela Ti-ti-ti (Globo), ano em que produziu "4.500 peças por mês, sendo que 1.500 delas eram voltadas para festas de casamento".[174] Gregório se firmou como criador de roupas para festas, o predileto de nove entre dez atrizes famosas. A razão disso? "Eu posso dizer que quebrei uma barreira que atrapalha o trabalho de muita gente: ir para a Europa copiar. Eu não faço isso; eu crio",[175] ele argumentou. "Gregório gostava do luxo, apesar de, em sua vida, ser uma pessoa muito simples. [...] Dizia que a moda, para ele, estava nas mulheres que via na rua, em Paris",[176] afirmou Ada Faganello, sua viúva. "A moda é a manipulação da vaidade. O indivíduo quando entra neste setor sofre uma tentação muito grande. A tendência é virar purpurina. [...] Claro que somos objetos de consumo; a própria imprensa busca no estilista algum traço incomum. Isso é uma bobagem. Eu, por exemplo, sou um homem caseiro, pacato, o que não impede que a moda seja o grande tesão da minha vida",[177] ele argumentou. A grife do estilista chegou a ter oito lojas próprias nas principais capitais do país, mantidas por Ada durante nove anos, após a morte de Gregório; fecharam as portas em 2000.[178]

Do rol dos criadores da "marca Rio" na década de 1980, muitos nomes se fizeram desagregados de grupos ou interações por afinidades estilísticas. Por exemplo, podemos citar ainda Frankie Mackey (1953- ) e Amaury Veras (1951- ), da grife Frankie & Amaury; Raquel Alt (1953- ), da Shop 126; Cláudia Simões (1954- ); Biza Vianna (Beatriz Vianna, 1954- ), filha de Marília Valls que se estabeleceu com marca própria em 1985; Eunice Fertonani (1953- ), da Fertonani; Marco Sabino (1953- ); e Milton Carvalho ([179]), da Dimpus. No *design* de acessórios, tivemos, criando sapatos, César Coelho Gomes (1949- ), além da marca Czarina, e Glorinha Paranaguá (1952- ). Glorinha distinguiu-se da maior parte de seus contemporâneos por diversos motivos. Para começar, entrou no mercado já no final da década de 1980, após a aposentadoria de seu marido – o diplomata Paulo Paranaguá, com quem teve quatro filhos. Portanto, já no período de menor brilho da "marca Rio".

Nascida na antiga capital federal, ela viveu em diversos países acompanhando o marido e depurando seu olhar para a estética de moda – a começar pela Argentina: "Moramos lá na época de Juan e Evita Perón. Eles estiveram em várias recepções, em nossa embaixada",[180] ela contou. No Velho Continente, residiu na Suécia, Espanha, França e Áustria; em Paris, viveu no último ano da década de 1960, e lá se apaixonou de vez pela moda, acompanhando a "revolução" liderada por Yves Saint Laurent: "Para mim, não havia outro igual",[181] afirmou. Chegou a frequentar a *maison* do grande líder, assim como a de Dior, por meio de amizades estabelecidas com integrantes de suas equipes.[182] Além dessas ricas vivências, Glorinha acumulou matérias-primas, como tecidos e pedrarias trazidos dos diversos países onde morou – o que inclui, ainda, Kuwait, Marrocos e Venezuela. Tudo foi usado no trabalho que passou a desenvolver, quando o casal Paranaguá finalmente se estabeleceu no Rio: "De onde vem a inspiração para as bolsas desta elegante senhora? Do mundo; de uma vida morando em Buenos Aires, Estocolmo, Viena, Kuwait, Madri, Paris, Marrocos e Caracas",[183] resumiram as jornalistas Iesa Rodrigues e Paula Acioli.

A grife Glorinha Paranaguá surgiu, afinal, um tanto casualmente, quando a moda brasileira começava a estruturar suas semanas de moda. Foi assim: ela decidiu fazer uma cópia exata de uma bolsa Chanel que tinha para presentear uma amiga.[184] E não é que deu certo! Tanto que, logo, outras amigas quiseram uma igual; mas ela começou a arriscar variações e, assim, em 1988, surgiu sua coleção inteiramente autoral de setenta bolsas. E todas foram vendidas,[185] o que confirmou não apenas a qualidade do *design*, como a existência de um nicho de mercado carente de maior variedade de produtos nacionais: "Até então, as mulheres tinham apenas uma bolsa preta, uma azul-marinho, uma bege e uma de cetim preto para a noite".[186]

Seu primeiro ateliê e loja foram abertos em Ipanema; as coleções da estilista – apesar da ampla vivência internacional – referenciam-se principalmente em seu carioquês nativo, com bossa na inclusão de materiais da "nossa praia" (como o bambu, a madeira, a palha, o osso e o chifre) e uso de técnicas artesanais da tradição brasileira (com tecidos planos e crochê feito em família): "Acho que esses materiais têm a cara do Rio, no verão",[187] ela comentou. Glorinha produzia também bijuterias, como pulseiras e colares feitos com sobras das alças das bolsas (em osso, chifre, madeira ou papel machê). Em 2010, seu ateliê e loja em Ipanema, bairro que é "seu porto-seguro", se mantinham ativos, vendendo também ao exterior para *magazines* internacionais como Barneys, Colette e Brown's.[188]

*Publicidade da grife de Biza Vianna; Rio de Janeiro, RJ, 1986.*

## A discreta (des)elegância paulista

Quando escreveu a letra de Sampa, em 1978, o compositor baiano Caetano Veloso poetizou que, quando foi a São Paulo pela primeira vez, nada entendeu e chamou de "mau gosto, mau gosto" o que viu, incluindo a "deselegância discreta" das meninas da cidade. Claro! Na década de 1970, São Paulo era apenas uma fria selva de pedra, motor do desenvolvimento do país, em nada comparável ao charme, à ginga, à criatividade e à lubricidade paradisíaca da Cidade Maravilhosa. Enquanto uma expelia fuligem, a outra explodia em luminosidade e formas voluptuosas. São Paulo era uma província pouco prestigiada no território do bom gosto, a despeito das ações promocionais feitas pela Rhodia envolvendo a moda das confecções paulistas na década de 1960: "Ninguém queria nada que parecesse paulista",[189] confirmou a consultora de moda Glória Kalil, dizendo ainda que "o tambor do Brasil era o Rio de Janeiro".[190] "São Paulo era indústria do vestuário; a moda estava no Rio",[191] distinguiu precisa a estilista mineira Terezinha Santos, criadora da marca Patachou.

Mas como neste mundo – mais ainda no mundinho *fashion* – nada se perde e tudo se transforma, São Paulo adentrou a década de 1980 disposta a mudar essa imagem. Os tempos eram propícios: cansada da estética solar da era *hippie*, a moda internacional optava pela estética urbana descolorida e repleta de correntes e alfinetes do movimento *punk*, ou pelo tédio mórbido e cinzento dos *darks* (góticos) ou, ainda, pela egopatia robótica dos *yuppies*. Em qualquer caso, a moda "deixava de ser 'peladinha e bronzeadinha' para ser uma moda de botas e coturnos",[192] acrescentou Kalil. E se lá fora Nova York se consolidava como centro irradiador de inspiração internacional, nada mais natural do que, aqui dentro, São Paulo pisar duro para fazer da própria (des)elegância uma identidade de moda.

Foi nesse cenário que surgiram na pauliceia, a partir de 1980 – e pode-se dizer que por inspiração do finado Grupo Moda-Rio, de 1978 –, iniciativas objetivando a formação de grupos de moda, compostos em maioria por pequenos confeccionistas. Ao longo da década, ocorreram pelo menos três desses grupos: em 1980, foi formado o Núcleo Paulista de Moda; em 1982, houve um segundo grupo que durou o tempo de uma coleção e nem nome teve; em 1985, finalmente, consolidou-se o Grupo São Paulo de Moda. Retomamos, a seguir, as pegadas de cada um deles...

O Núcleo Paulista de Moda foi formado em maio de 1980 por onze confecções: Alcides (de Alcides Nujo), Aquarela (de Ana e Jorge Kauffman), Armazém (de Alba Noschese), Companhia Ilimitada, Decan Deux (de Décio Xavier), G (de Glória Coelho), Huis Clos (de Clô Orozco), Le Truc (de Claude Le Truc), Zoomp (de Renato Kherlakian), Rose Benedetti (da própria) e Tricotage. A iniciativa partiu do catarinense Décio Xavier (cd

1956-1994), que criara em meados dos anos 1970 a Decan Deaux, de existência curta – desativada após sua morte decorrente da Aids. O começo do Núcleo foi ambicioso: instalou sede própria na Avenida Brigadeiro Faria Lima, 1141, 5º andar;[193] contratou funcionários, instituiu reuniões periódicas e contribuição obrigatória aos membros – de modo geral, confecções em início de carreira que buscavam se fortalecer no mercado por meio de desfiles conjuntos, realizados fora das feiras.

Uma exceção à pouca maturidade de mercado era Glória Coelho (1951- ), da G Confecções que, àquela altura, já angariara reconhecimento suficiente para ser um dos alicerces do conjunto: "Desfilamos duas estações no Hotel Maksoud. Era marcada uma data e todos lançavam as coleções, como acontece hoje, no SPFW",[194] ela recordou. Natural de Pedra Azul, MG, Glória viveu poucos anos em seu estado de origem. Sua família transferiu-se para a capital paulista quando ela tinha oito anos, depois de ter iniciado estudos primários num internato de Ilhéus, BA – o Colégio Nossa Senhora da Piedade: "Foi lá que comecei a pensar em moda",[195] ela garantiu. Um ano antes da mudança para São Paulo, Glória ganhou da mãe uma caixinha de costura: "Naquele dia, nem dormi. Fiquei brincando de costurar e bordar".[196] Na adolescência, o gosto pela roupa se acentuou; ela começou a desenhar modelos e fez um curso de corte e costura: "Íamos nas Casas Pernambucanas e comprávamos um monte de tecidos, para a costureira de uma amiga fazer roupas. Eu desenhava; eram coisas simples, mas todo mundo ficava louco com aquilo".[197]

Dali por diante, o que era gosto foi se transformando em negócio: aos 18 anos, Glória personalizava peças para vender às colegas do Instituto de Artes e Decoração, onde estudava em São Paulo. "Eu tinha uma caderneta e todas vinham pagar as contas. Meu pai deixava eu usar um Galaxy dele. Eu chegava no colégio, abria o porta-malas e vendia tudo; me chamavam de 'Salim'...",[198] ela contou. E o negócio tornou-se rentoso: "Vendia no atacado, para butiques e multimarcas. Era inacreditável. Vendíamos tanto que pude comprar um carro".[199] No começo, tudo foi feito em sociedade com três amigas, que não ultrapassaram a fase inicial. Apenas Glória prosseguiu na carreira e se tornou estilista conhecida, já a partir do final da década de 1960: "Foi aí que entrei com minha irmã, Graça. Era tudo no meu quarto, e cresceu tanto que alugamos um apartamento perto de casa e começamos a fazer a G"[200] – registrada em 1974.

Em 1981, já com sua marca estabelecida, Glória integrou o curso de estilismo ministrado pela francesa Marie Rucki na Casa Rhodia. "Meu negócio já ia bem; eu sabia o que estava fazendo. Mas a Marie Rucki foi quem classificou tudo; é minha mestra. Eu

*Os estilistas Glória Coelho e Reinaldo Lourenço; São Paulo, SP, 1990.*

## ARENA & GUELFI E O PROMOSTYL

Num tempo em que acompanhar as chamadas "tendências" da moda internacional era uma necessidade para todo mundo (e mais ainda para o Brasil, que continuava formando sua cultura de moda), cresceu o papel dos *bureaux* de estilo: escritórios especializados que editavam cadernos com cartelas de cores e tendências para cada nova estação da moda – cujo pioneiro fora o francês Promostyl, de Paris, a cargo de Françoise Vicent-Ricard, que, durante a década de 1960, foi exclusivo da Rhodia no Brasil. A partir do final da década de 1970, vários dos cadernos de tendências publicados por *bureaux* internacionais começaram a ser distribuídos e representados no Brasil, por uma empresa formada pelos sócios Norberto Francisco Arena e Natalino Guelfi Rodrigues, a Arena & Guelfi Ltda., que havia se originado da Vip's Promoções – uma importadora de revistas de moda, como a Burda (famosa entre costureiras e modistas pelos seus moldes).

Concorrendo com Arena & Guelfi, havia ainda a HB Revistas Internacionais e Revistas Moura, que também passaram a comercializar revistas importadas e cadernos de tendências de moda. Em 1974, Sébastian de Biesback, sócio e diretor do Promostyl, veio ao Brasil para uma avaliação: "Renovar com a Rhodia ou contratar a Arena&Guelfi",[1] acabando por ficar com a segunda, que passou a distribuir aqui o *trend book* da Promostyl. Com o tempo, o papel dos *bureaux* foi se transformando, sem deixar de existir: a partir de fins da década de 1980, as chamadas tendências de moda já não deviam ser seguidas à risca, mas era necessário fazer uma união entre todos os elos da cadeia da moda – da produção dos fios ao confeccionado pronto. Sua função deixou de ser tutelar na criação com tendências rígidas (qualquer maneira de vestir passou a valer a pena), para prestar direcionamentos aos diversos elos da cadeia. Em 1996, Norberto Arena criou o Arena Bureau de Estilo que, além de representar *bureaux* estrangeiros (Promostyl inclusive), passou a oferecer serviços de assessoria e consultoria em moda, ativo em 2010.

---

1 Arena e a Moda, uma história de amor eterno, de Deborah Nunes Arena; trabalho para obtenção de especialização, Faculdade Santa Marcelina (FASM), São Paulo, SP, 2009.

gostava muito de quando ela ficava nervosa e falava do fundo do coração... Era o mais interessante, porque saíam dela conceitos verdadeiros",[201] ela reavaliou. Depois, veio a tentativa de ação conjunta com outras confecções no pioneiro Núcleo Paulista de Moda. Mas Glória já tinha estruturado uma clientela fiel, independentemente da promoção em feiras. Em 1995, consolidada, lançou uma segunda marca, chamada Carlota Joakina, para "fazer roupas com os tecidos que não tinham mais interesse na G; uma roupa para gente mais jovem, para relaxar",[202] ela distinguiu. Suas duas marcas se efetivaram integrando a elite da moda brasileira, com lançamentos de coleções nas temporadas de moda paulistanas, desde 1994.

Além de Glória e Renato Kherlakian – da Zoomp, marca mais voltada ao *jeans* –, dois outros integrantes do Núcleo que alcançaram representatividade foram Clô Orozco, da Huis Clos, e Jorge Kauffman (1958- ), estilista da Aquarela, etiqueta de moda feminina e masculina aberta por ele – em sociedade com a esposa Ana – em 1979.[203] Kauffman começara sua carreira "no Rio de Janeiro, trabalhando com camisetaria. Sua mudança para São Paulo levou-o a decisões importantes, como abandonar o curso de Letras e se dedicar à moda com empenho".[204] A Aquarela atravessou a década de 1980 como uma marca badalada, participando de diversas edições da Fenit e Fenatec, e adentrou a década seguinte integrando a terceira edição do Phytoervas Fashion, em 1995, "com um desfile masculino muito colorido e dezenas de 'bofes' musculosos".[205] A marca deixou as passarelas em 1996, após o MorumbiFashion. Dois anos mais tarde, o casal montou a Jorge Kaufmann, fechada em 1999. Embora Ana e Jorge não tenham deixado a moda, optaram por uma atuação *low profile*, preservando a marca Aquarela, que em 2010 vendia apenas no atacado. Sobre o período do Núcleo Paulista de Moda, Ana Kauffman guardou recordações conturbadas: "Uma vez, o Núcleo ia apresentar a coleção de inverno, com a Regina Guerreiro na direção, no Hotel Maksoud. Foi um fiasco... Foram duas horas e meia de atraso e ainda roubaram um colar de prata, da produção. Era uma bagunça; mas a gente se divertia bastante".[206]

Para Clô Orozco (Clotilde Maria Orozco de Garcia, 1950- ), o Núcleo foi uma tentativa válida, apesar das efervescências nos bastidores: "Formamos um pequeno grupo que realizava desfiles no Maksoud Plaza, com a Regina Guerreiro fazendo *styling*. [...] E tudo o que acontece hoje já acontecia naquele tempo: manequins que brigavam, a Regina que tinha ataques e desmaiava no meio, a produção que atrasava, tudo igual",[207] ela contou, em 2010, equiparando os desfiles do Núcleo a "um MorumbiFashion em menor escala, com três desfiles por dia".[208] Num ponto, ela distinguiu favoravelmente aquele momento dos tempos mais recentes: "Todos davam a maior força; não tinha a competitividade dos estilistas de agora".[209]

A trajetória de Clô Orozco na moda começou cedo; aliás, desde a infância ela esteve próxima do universo da estética feminina. Sua mãe era cabeleireira, dona do salão Oásis instalado na Praça da República, São Paulo, e, no final da década 1950, ela adorava frequentar o ateliê de costura de duas tias, na Rua Augusta, onde aprendeu a costurar à mão. Mas, quando teve de prestar vestibular, optou por sociologia e também tentou o teatro amador (tendo Sônia Braga entre os colegas iniciantes). Naquela mesma época, a moda começou a entrar de vez em sua vida: primeiro, artesanalmente, confeccionando peças com batique (técnica oriental de impressão), lá mesmo no ateliê das tias, período em que ela "desenha, modela e costura no ateliê da Rua Augusta, dividindo seu tempo entre suas próprias roupas e desenhos exclusivos que fazia para as clientes".[210] Em 1978, em sociedade com a amiga Célia Costa do Couto, abriu uma butique multimarcas chamada Splash, na Rua Pamplona, em São Paulo. A Huis Clos – porta fechada em francês, significando "questão encerrada", nome de peça famosa de Jean-Paul Sartre, traduzida aqui para Entre Quatro Paredes – surgiu no ano seguinte, fornecendo peças para a butique.[211] Mas já em 1980, Clô montou ateliê e *showroom* na Rua Hungria (onde, aliás, também estava instalada a G, de Glória Coelho). A primeira equipe *pocket* da Huis Clos era composta por "um senhor que modelava as peças de noite, um cortador e uma vendedora".[212]

Em 1981, Clô ingressou no curso de Marie Rucki, oferecido pela Casa Rhodia e, poucos anos mais tarde, abriu a primeira loja de sua marca, que teria sido pioneira no Brasil no uso da técnica da *moulage* em confecção, "a grande aventureira a adotar e divulgar essa técnica, em trajes casuais".[213] A trajetória das criações de Clô surgiu, pode-se dizer, com certa influência do existencialismo sartreano, passando depois "pelo raciocínio geométrico dos japoneses, na década de 80, aos tecidos tecnológicos acessíveis a partir de 90".[214] Em 2001, buscou alcançar um público mais jovem com a etiqueta Maria Garcia – extraída de seu nome de batismo. Em 2008, a marca completou 30 anos, com um

*Acima, o estilista Jorge Kauffmann, da grife Aquarela; Claudia Moda, Ano I, Nº 8, São Paulo, SP, janeiro de 1988.*

*Abaixo, grupo de moda paulista, da esq. para a dir., no alto: Clô Orozco (Huis Clos), Décio Xavier (Decan Deux), Alba Noschese (Armazén) e Tufi Duek (Forum); ao meio: estilista da Traveller's, Sonia Coutinho (Sonia Coutinho Prêt-à--Porter), Marco Aurélio (Marco Aurélio Artefatos em Couro), Márcia Gimenez (Equilíbrio) e estilista da Divon; abaixo: estilista da Traveller's, Olga Almeida Prado (Tweed) e Vera Salles Souto (Armazén); São Paulo, SP, maio de 1982.*

desfile na São Paulo Fashion Week, aplaudido de pé: "Quando uma etiqueta tem DNA forte, o registro fica, mesmo que o estilista principal passe o bastão para seu sucessor. Foi assim com a grife Huis Clos. Clô Orosco entregou a direção de criação a Sara Kawasaki, mas o estilo da grife de 30 anos se mantém inalterado",[215] constatou a jornalista Débora Bresser.

Para a Huis Clos, que atravessou várias décadas em destaque na cena da moda brasileira, a experiência com o Núcleo Paulista de Moda teve relevância relativa, até porque se encerrou rapidamente: durou duas estações. "Os compromissos, tanto físicos quanto financeiros, passaram a 'sufocar' seus integrantes, que acabaram por desistir do movimento",[216] registrou o Guia Oficial da Moda Brasileira, de julho de 1982. A iniciativa teria servido, de todo modo, para atrair os olhares do país à moda de São Paulo: "A moda estava associada apenas ao Rio de Janeiro. A partir do Núcleo, clientes começaram a vir também para São Paulo",[217] confirmou Décio Xavier em entrevista de 1986.

Em 1982, a imprensa especializada anunciou o surgimento, em São Paulo, de um novo grupo de moda ainda "sem nome",[218] outra vez formado sob liderança de Décio Xavier, da Decan Deux. "Para mim, particularmente, foi muito difícil ter de aceitar o fim do Núcleo, pois fui seu criador. Mas consegui, novamente, reunir alguns confeccionistas num mesmo objetivo",[219] ele declarou na época. O grupo "sem nome" reuniu dez

456

empresas, três das quais antes pertencentes ao Núcleo Paulista de Moda, que eram a Decan Deux, a Huis Clos e a Armazém, de Alba Noschese. As demais, estreantes em ação conjunta, eram: Divon, Equilíbrio, Traveller's, Forum, Marco Aurélio, Tweed (etiqueta masculina com linha feminina, criada em 1975 por Luiza Pimenta e Olga Almeida Prado) e Sônia Coutinho – tida como a mais experiente da turma. "A gente começou a se falar, porque aqui [em São Paulo] havia aquele negócio de um querer 'comer' o outro. Diziam que o Rio de Janeiro era muito mais avançado, mas eu dizia: 'Não tem nada a ver com o Rio, vamos fazer a nossa moda'",[220] relatou Sônia Coutinho.

O grupo "sem nome" foi uma tentativa de dar "continuidade ao mesmo projeto do Núcleo Paulista de Moda",[221] mas sem "cometer o mesmo erro do Núcleo" – ou seja, sem ter custos excessivos com instalações etc., reduzindo os compromissos ao mínimo necessário: "Não teremos sede, nem encargos, nem funcionários, nem reuniões semanais, como o Núcleo teve. Nosso trabalho consiste em projetarmos o nome de São Paulo para o resto do país, através de lançamentos simultâneos que, sem dúvida, facilitarão a vinda dos compradores dos outros estados para cá",[222] declarou Décio Xavier. A primeira coleção desse grupo de confecções – e a única – foi desfilada durante a 27ª Fenit, com modelos para o verão 1982/1983. Não foram encontrados registros de outras articulações ou desfiles promovidos por esse mesmo grupo.

Mas ele deve ter sido a origem de um terceiro grupo, um pouco mais consistente, que inclusive teve nome próprio – chamou-se Grupo São Paulo de Moda – e reuniu cinco das marcas advindas do grupo de 1982: Armazém, Huis Clos, Forum e Tweed, além da Zoomp (que foi do Núcleo) e, ainda, Nesa Cesar, Tráfico, T. Machione e uma marca infantil na época muito conhecida, Giovanna Baby. Constituído "oficialmente no mês de junho de 1985",[223] este terceiro – e derradeiro – grupo de confecções paulistas foi mais politizado, digamos, em suas pretensões. Uma de suas articuladoras foi Giovanna Kupfer, da Giovanna Baby, que relacionou entre suas metas lutar "contra a deficiência e a ausência de informações que dimensionam o setor [confeccionista], contra a inexpressividade das entidades de classe existentes, que deveriam nos representar, e o descaso do governo em relação ao setor de confecções".[224]

Além disso, pretendia obter "o respeito dos fornecedores de matérias-primas, no que tange a preços e prazos de entrega" e definir "um calendário de lançamentos coerente com as condições de trabalho das confecções e com as necessidades do mercado comprador", fixado para "janeiro (coleções de inverno), de julho (para verão) e de

*Publicidade da grife feminina Tráfico, dos estilistas Márcio Rocha e Abrão Gaureinstein, que integrou o Grupo São Paulo de Moda constituído em 1985; São Paulo, SP, outubro de 1989.*

### ELLE, A MAIS VENDIDA NO MUNDO

O Brasil foi o quinto país onde a revista Elle foi lançada, chegando às bancas em maio de 1988 em grande estilo com capa verde-amarela – a modelo Julie Kowarick vestindo verde, com a logomarca da revista sobreposta, em amarelo. Licenciamento editorial francês, a revista foi criada em 1945 por Hélène Gordon-Lazareff, no conturbado período pós-guerra, que pedia dias melhores, mais bonitos e mais otimistas. Agradou tanto que, 45 anos depois, em 2010, havia se disseminado para 43 países, tornando-se o título de moda mais vendido no mundo, com cerca de 23 milhões de leitores (dado de agosto de 2008). A expansão teve início no final da década de 1980, quando ocorreram os licenciamentos para Inglaterra, Estados Unidos, Espanha e Brasil.

Quando Elle foi lançada aqui, o principal título de moda da Editora Abril era Claudia Moda. A direção da nova revista coube a Leonel Kaz, primeiro diretor de redação, que enfrentou a tarefa de, ao mesmo tempo, preservar os critérios editoriais da matriz e atender às expectativas das leitoras brasileiras. No mais, a equipe era a mesma de Claudia Moda, incluindo Lenita Assef: "Decidiu-se que aquele grupo faria o lançamento da Elle Brasil. Durante um tempo, editamos as duas simultaneamente",[1] observou Lenita, diretora de Elle desde 2002. Para clicar os editoriais do novo título, foi convocado o fotógrafo J. R. Duran: "Nunca houve uma cumplicidade como essa. A gente arriscava e fazia. Na Elle, eu podia experimentar tudo. Eu fazia 80% da revista".[2] Além de Duran, trabalharam para a revista, na época, os fotógrafos Miro, Bob Wolfenson, André Schiliró, Paulo Vainer, Luis Crispino, José Antônio Moraes e Nana Moraes, entre outros.

Elle Brasil seguiu o modelo francês em aspectos como o texto didático, a sofisticação gráfica e o olhar atento ao mercado, mas também absorveu DNA local: "Inicialmente era, como a francesa, uma revista feminina, com um foco importante na moda. Depois, o conteúdo de moda cresceu muito e passou a ser o coração do título. O mesmo não aconteceu com a edição francesa, que é semanal, voltada também para atualidades e *news*. Temos, portanto, um *timing* e uma abordagem que são nossos",[3] distinguiu Assef. Além de Leonel Kaz, dirigiram a redação de Elle os jornalistas Maria da Penha Bueno, Carlos Costa, Regina Guerreiro, Renata Rangel e Lenita Assef.

A polêmica Guerreiro esteve lá entre 1992 e 1996, após deixar a concorrente Vogue Brasil: "Consegui fazer coisas boas na Elle. Por exemplo, a seção Idéia Fixa, em que uma única peça de roupa é usada de diversas maneiras diferentes foi copiada nas Elle do mundo inteiro".[4] Lenita Assef assumiu a redação da revista num período em que a moda iniciou um movimento maior de profissionalização, contando com profissionais advindos de escolas de nível superior e semanas de moda bem estruturadas. "O jornalismo de moda e beleza também evoluiu, passou a ser mais embasado. Elle trouxe para a moda um olhar abrangente, buscando atender a várias faixas de público, porque moda é assunto que interessa a todos os segmentos sociais e etários, dos 15 aos 65 anos. Toda mulher quer se vestir bem e ser moderna. Temos que contemplar a todas",[5] Lenita Assef comentou. Em 2010, a revista atingiu vendagem de cerca de 100 mil exemplares/mês, a maior do segmento de moda no país.

---

1 Depoimento ao projeto HMB, gravado em setembro de 2010.
2 *In*: O Brasil na Moda, edição de João Carrascosa; Editora Caras, São Paulo, SP, 2004.
3 Depoimento ao projeto HMB, gravado em setembro de 2010.
4 Depoimento ao projeto HMB, gravado em agosto de 2007.
5 Depoimento ao projeto HMB, gravado em setembro de 2010.

setembro (para alto-verão)".²²⁵ Segundo Terezinha Machione, dona (com o irmão Francisco) da T. Machione, "todos já vínhamos bem estruturados e nós mesmos decidíamos tudo: data, custos, mídia, local".²²⁶ A T. Machione havia surgido também fazendo peças artesanais, escoadas por meio de butiques, e foi uma das primeiras marcas a ter loja na, depois, sofisticada Rua Oscar Freire. Encerrou atividades em 1997.²²⁷

Apesar de todo o *approach* e a vontade de seus integrantes, o Grupo São Paulo de Moda também teve vida curta: desfilou duas estações; destacando algumas marcas, em particular, a Forum – de Tufi Duek –, que na época tinha apenas três anos: "O Grupo São Paulo durou duas edições. Foi na primeira delas que o Tufi Duek conseguiu, pela primeira vez, fazer a Forum bilhar mais do que a Zoomp. Sua coleção tinha a participação da Denise Stocklos [atriz de teatro, mímica e performática]",²²⁸ recordou a produtora Patrizia Ramalho, que trabalhou nesse desfile com seu marido, Paulo Ramalho. Tufi Duek confirmou o fato: "A Forum se revelou naquele momento como grande nome; tínhamos, ali, um nome a fazer…".²²⁹

Outra confeccionista beneficiada por aquele momento foi a sorocabana Nesa Cesar (Maria Inês Silva e Cesar, 1954- ), que começara também fazendo "tecelagem e virou lojista; lançou as etiquetas Nesa Cesar e Workout".²³⁰ Sobrinha de Carlos Alberto Pereira da Silva, dono da tecelagem Cianê, Nesa atuou na empresa do tio como coordenadora de moda,²³¹ antes de se transformar, "meteoricamente, em uma das estilistas de moda mais criativas e respeitadas em São Paulo",²³² em boa parte por força da projeção alcançada com o Grupo São Paulo de Moda. A marca "espalhou moletom colorido não só pela pauliceia, como pelo Brasil".²³³ Em 1980, ela abriu a loja Frank & Stein, no bairro do Itaim, em São Paulo, SP, onde "ganhou experiência e tédio".²³⁴ Em 1983, montou uma confecção homônima e, no ano seguinte, a Workout,²³⁵ que chegou a ter 26 lojas, foi vendida; Nesa passou a dedicar-se à decoração, primeiro com o brechó Trash Chic e, a partir de 1993, como *designer* de interiores, sua profissão ainda em 2010.

O último evento do Grupo São Paulo de Moda ocorreu em 1986 – com produção de Patrizia e Paulo Ramalho – e ganhou farto editorial de Claudia Moda: "São Paulo-metrópole não é apenas trabalho e agitação, mas também moda e estilo. E isso se comprova pela coleção para outono-inverno 86, do Grupo São Paulo de Moda, formado por nove famosas confecções paulistanas".²³⁶ "Esse grupo durou duas estações

*Acima, publicidade da coleção Primavera 1986, Verão 1987 de Nesa Cesar; São Paulo, SP, 1986.*

*Na página ao lado, Elle, Nº 1; Editora Abril, São Paulo, SP, maio de 1988.*

459

e não sobreviveu, talvez por falta de patrocínio, porque não tínhamos apoio de ninguém",[237] opinou Tufi Duek, da Forum. Ele soube resumir bem o propósito estético dos confeccionistas que o integraram: "Éramos um bando de jovens buscando a identidade da moda brasileira, mas que ainda recebia muita influência da Europa ou do Japão".[238] O mais importante, porém, foi conquistado: São Paulo começou, então, a se firmar como polo de lançamento de moda do país, propósito que se consolidou na década seguinte.

## Feiras X calendários de moda

Nas décadas de 1970 e 1980, o Brasil viveu um período de profusão das feiras de negócios; em particular, das vinculadas à produção têxtil, de roupas e acessórios, resultado do crescimento do setor industrial como um todo e do sucesso da Feira Nacional da Indústria Têxtil (Fenit), criada em 1958 pela promotora Alcântara Machado. Pioneira no ramo têxtil e de moda, a Fenit não foi, porém, a primeira feira de negócios do Brasil. Antes dela, tivemos eventos do gênero ainda não setorizados, como a Feira Internacional de Amostras – promovida anualmente no Rio de Janeiro já desde 1927, que gerava "renda de várias centenas de contos de réis à Prefeitura"[239] e atraía interesse "pelo certâmen entre o nosso povo".[240]

Na década de 1960, as feiras industriais e comerciais passaram a ser reconhecidas e regulamentadas pelo Ministério da Indústria e Comércio (MIC). Eram vistas com bons olhos por constituírem espaços de encontros entre oferta e demanda, estimulando o crescimento setorial num contexto de economia em crescimento – ocorrido na segunda metade da década de 1970 – com "demanda maior que a produção interna".[241] Se mercado havia, porém, nem sempre as feiras se adequavam às necessidades do segmento moda, como demonstrou o estudo Feiras de Moda no Brasil realizado em 1977 pela Unifashion Promotora Nacional de Moda Ltda., empresa ligada ao Centro Brasileiro de Moda (CBM), criado por Augusto Fernandes de Azevedo – que também publicava o Guia Oficial da Moda Brasileira. Com base no Cadastro Nacional de Promotores de Eventos do MIC, o estudo identificou problemas e projetou alternativas para que as feiras pudessem melhor atender às necessidades da moda nacional. Entre os problemas, destacou a "extemporaneidade" das feiras – ou seja, o fato de não obedecerem "à cronologia da moda, resultando em promoções que a ninguém trouxeram benefícios".[242]

Explica-se: até 1973 a Fenit – principal espaço de lançamento da moda no Brasil – era um evento anual, uma periodicidade que não atendia à sazonalidade dos lançamentos de moda, produtos vinculados às estações climáticas. A anualidade foi mantida pela Fenit justamente porque ela era uma feira de negócios, e não um calendário sazonal de desfiles, evento que a França havia definido, fazia décadas, para si e para o resto do mundo *fashion*, como o mais adequado para lançamentos de moda – justamente porque colocava e se prestava mais ao *show* dos criadores do que aos negócios

*Na página ao lado, publicidades da Feira Nacional da Indústria Têxtil (Fenit), Anhembi, São Paulo, SP; 34ª edição, de 8 a 12 de julho de 1987; Fenit-Bitmex, de 6 a 12 de julho de 1977 e 23ª edição, de 29 de maio a 4 de junho de 1981.*

dos confeccionistas. Ultradinâmica, a moda impõe a seus seguidores e, antes deles, a seus criadores e fabricantes, um ciclo de renovação extremamente curto: a cada estação, as coleções devem ser renovadas. Aplica-se melhor aos eventos de lançamento de moda, portanto, a sazonalidade – período de tempo determinado pelas estações do ano – do que a periodicidade anual e/ou arbitrariamente definida.

Ainda na época em que esteve sediada no Ibirapuera, a Fenit – com edições anuais de moda verão – se tornara "muito mais uma 'exposição' com finalidades promocionais do que uma 'feira de indústria e comércio'",[243] observou o estudo da Unifashion, que criticamente a descreveu, ainda, como ponto de encontro "nos quais a 'oferta' e a 'procura' se abraçam cordialmente, tomam seu *whisky* ou o tradicional cafezinho, saboreiam salgadinhos ou amendoins – não faltando, às vezes, o chopinho bem gelado e os *shows* que não vendem, mas constituem 'o espetáculo' – pouco se falando em negócios".[244] A criação de moda permanecia, ainda, um setor imaturo no Brasil, pouco valorizado por uma indústria de roupa pronta em constituição e ainda altamente dependente de lastros do segmento têxtil.

É curioso notar que, em suas proposições finais, o estudo da Unifashion apontou como alternativa, para solucionar o problema dos lançamentos de moda em feiras, a transformação das duas principais que ocorriam na época – a Fenit, de São Paulo, e o Janeiro Fashion Show, do Rio de Janeiro, ambas da Alcântara Machado – em salões do *prêt-à-porter*: "O aumento da eficiência nos eventos de moda deve ser buscado, antes de mais nada, na setorização, transformando-se as feiras atuais em salões de menores dimensões".[245] Compor-se-ia, assim – segundo o estudo –, um "Calendário Permanente" dos eventos de moda brasileiros, integrados por salões nacionais e outros regionais, por segmentos da moda. O estudo elencou, ainda, os principais erros estratégicos das feiras de moda, incluindo entre eles a duração exagerada, o alto custo para expositores e a falta de experiência de promotores "movidos muito mais pelo fascínio de lucros exagerados do que pelo interesse de servir àqueles que arregimentaram para expor ou para comprar mercadorias".[246]

De acordo com dados da Reed Exhibitions/Alcantara Machado[247] – *joint venture* entre o grupo brasileiro e a Reed Exhibitions internacional –, que adquiriu em abril de 2007 os direitos sobre a marca, desde 1973 a periodicidade da Fenit se tornou irregular: de 1973 a 1991, somando 18 anos, ocorreram 26 edições; ou seja, em alguns períodos a feira foi bianual, na tentativa de se adaptar à dinâmica sazonal da moda. Sua natureza a reconduziu, naturalmente, aos negócios, em detrimento do *show* da moda. A despeito disso, as feiras se estabeleceram durante décadas, no Brasil, como espaços por excelência para os lançamentos de moda local – mais de confecções que de estilistas –, até pela ausência de outras iniciativas, associativas ou privadas, que granjeassem credibilidade e força para assumir um calendário sazonal de moda. Aqui, os desfiles eram realizados simultaneamente aos negócios e às promoções junto a clientes varejistas, da década de 1960 até a de 1990. Eventos voltados exclusivamente ao *show* da moda ocorreram episodicamente por iniciativa de grupos independentes ou de entidades de curta duração.

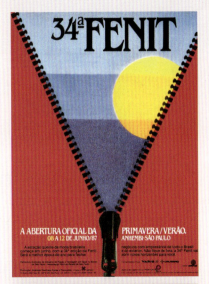

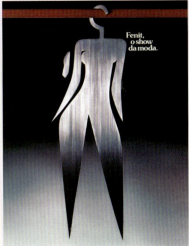

*Na página ao lado, Guia Oficial da Moda Brasileira, editado pelo Centro Brasileiro da Moda (CBM) e Unifashion; São Paulo, SP, Verão 1981-1982.*

*Abaixo, Guia Oficial da Moda Brasileira, editado pelo Centro Brasileiro da Moda (CBM) e Unifashion; São Paulo, SP, Verão 1977-1978.*

Com o tempo, as feiras renderam-se à sua vocação natural para os negócios, segmentando-se com eventos voltados a *trades* específicos. No caso da moda, passamos a ter feiras de maquinário têxtil, de fiação e tecidos; de confeccionados e varejo. "Se, no começo, as feiras contemplavam toda a indústria têxtil, com máquinas de tecelagem e costura e criadores de moda, a partir daquela época cada segmento resolveu seguir seu próprio caminho",[248] relatou Vivi Haydu, ex-modelo e ex-diretora da Fenit. O *glamour* da velha Fenit havia cedido lugar, definitivamente, ao *business*, com o aparecimento de dezenas de feiras regionais e segmentadas. Para se ter uma dimensão dessa diversidade, contamos, com base em publicidades e informes divulgados pelo Guia Oficial da Moda, ao longo da década de 1980, mais de 30 feiras realizadas no período em quase todos os estados brasileiros, concentradamente em São Paulo, no Rio de Janeiro e em Minas Gerais: eventos-feiras como – a título de exemplo – Fidam Americana, Courotec e Francal, em São Paulo; Salão da Moda Mineira e Minas Mostra Mulher (MMM), em Belo Horizonte; Moda Rio Summer Collection/Butique, no Rio; e ainda em outros estados, Feninver, RS, Moda Sergipe, Feira de Moda de Fortaleza (FMF), Ceará Summer Fashion, Feira de Moda do Centro-Oeste etc. Nesse ambiente competitivo, estandes nas feiras mais badaladas se tornaram caros, dificultando o acesso a jovens estilistas.

O estudo da Unifashion foi, evidentemente, ignorado e engavetado pelo Ministério da Indústria e Comércio (MIC). Para evitar a "competição predatória", o órgão optou por baixar uma norma que proibia a realização de feiras correlatas, voltadas a um mesmo segmento de mercado, numa mesma macrorregião – Norte/Nordeste, Centro/Oeste e Sudeste/Sul –, pelo período mínimo de sessenta dias. A regulamentação, com ranços autoritários, promoveu uma verdadeira "reserva de mercado" às grandes promotoras de feiras, já com eventos fixados no Cadastro Nacional de Promotores de Eventos do MIC, o que gerou polêmicas e revolta... Estilistas do Rio de Janeiro e de São Paulo engrossaram o coro dos descontentes com a regra dos "dois meses"! A partir de meados da década de 1970, eles começaram a se organizar em grupos para promover "semanas de moda" independentes, embora enfrentando a norma proibitiva do MIC – que, aliás, não diferenciava uma "feira de negócios" de uma "semana de moda", colocando tudo no mesmo pacote...

Em 1987 o MIC, finalmente, cedeu às pressões e baixou outra portaria liberando os estados da região Sudeste – note-se: justamente o território de atuação da Alcântara Machado – do cumprimento da "regra dos dois meses". Caio de Alcântara Machado, na ocasião, esbra-

vejou: "É uma palhaçada! Aproveito para sugerir que cada município realize sua feira na data que quiser; assim bagunça esse negócio de vez".[249] "Acho contraproducente o Rio lançar uma feira na mesma época que a Fenit, porque isso vai dividir o mercado, vai pulverizá-lo",[250] concordou Alexandre Lichti, então presidente do Clube da Moda Infantojuvenil e Bebê. "Vitória do Rio, que vai realizar, agora, a primeira feira de estilo do país",[251] retrucou o estilista Gregório Faganello, então presidente da Câmara da Moda do Rio de Janeiro. "Até então, o que havia era um sistema cartorial. Agora, as soluções não são mais impostas por portarias, e, sim, pelo mercado",[252] apoiou Nilso Farias, promotor do Minas Mostra Mulher, feira criada em 1983, em Belo Horizonte, MG.

E as datas de lançamento de coleções permaneciam como um entrave. Ainda em 1988, um debate promovido pela revista Claudia Moda demonstrou diversas incoerências no calendário executado pelo setor. "Estamos lançando o inverno para o consumidor final em abril – quando a temperatura média é de 19 graus. E o verão, em setembro – cuja média é de 17 graus. Além disso, muitas lojas estão liquidando o inverno em junho, antes do mês mais frio – julho",[253] apontou Walter Meyer, diretor de Planos e Aplicações da Divisão Têxtil da Rhodia, um dos debatedores do encontro.

## Fenatec: só para tecidos?

Em 1980, quando a setorização das feiras se tornara um caminho sem volta – e a Fenit, um território de domínio das confecções –, a Alcântara Machado decidiu criar a Feira Nacional de Tecelagem (Fenatec), objetivando abrigar exclusivamente os fabricantes de tecidos. Em seus primeiros anos, a Fenatec dividiu com a Fenit o mesmo espaço – o Pavilhão do Anhembi, em São Paulo – e até o mesmo diretor, Pedro Paulo Lamboglia. Na realidade, tentava-se reproduzir no Brasil o que já havia ocorrido anos antes na França: em 1973, o setor da tecelagem francês criou a Première Vision, feira dedicada aos tecidos e realizada separadamente do Salon du Prêt-à-Porter – este só das confecções.

Inicialmente, a Fenatec foi também um evento anual, mas, a partir de 1986, passou a ter três edições por ano: "Primavera/verão, alto verão e inverno, respectivamente nos meses de março, junho – em conjunto com a Fenit; nós dividíamos o pavilhão, 50% do espaço para cada feira – e em outubro. As feiras de verão e alto verão sempre ocorriam no Anhembi e a de inverno era a mais problemática, em razão da falta de espaços em São Paulo. O grande problema com o qual me defrontei foi ter pavilhões condizentes e disponíveis para a realização das edições de inverno. Pelas caracterís-

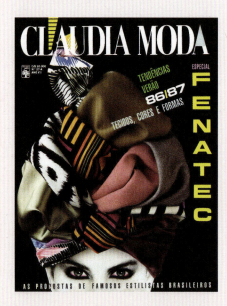

*Claudia Moda Especial Fenatec Verão 1986 - 1987, Ano VII, Nº 27-A; Editora Abril, São Paulo, SP, 1986.*

*Na página ao lado, logotipo da União Nacional da Indústria Têxtil (Unit); São Paulo, SP, novembro de 1989.*

ticas de nosso clima e de nosso parque fabril, que investia pouco nos produtos invernais, precisávamos de um local menor para esta edição. Mas não tínhamos local fixo e vivíamos mudando, constantemente, o que comprometeu esta edição da Fenatec, que ocorreu em vários locais, como o Centro de Convenções Têxtil Internacional Trade Mart",[254] relatou o jornalista Manoel Telles de Souza, que dirigiu a Fenatec entre 1985 e 2000.[255] Ainda de acordo com Telles, o mesmo ocorreu com a Fenit: "A Alcântara Machado bem que tentou fazer algumas edições de inverno da Fenit, mas não teve sucesso, pois o forte do setor sempre foi o verão".[256]

Até 1986, a média anual de público na Fenatec alcançou 80 mil visitantes, girando um volume de negócios equivalente a "100 mil dólares".[257] Participavam da feira grandes têxteis como Alpargatas, Barbero, Braspérola, Cianê, Dupont, Hoechst, Malharia Pettenati, Multifabril, Nova América, Rhodia, Santista, Santo Amaro, Teba, Tecelagem Brasil, Vicunha, entre outras. O setor de maquinário têxtil e de confecção participou da Fenatec por dois anos, até que em 1982 a subsegmentação da cadeia deu outros filhotes: a Feira Internacional de Máquinas e Equipamentos Têxteis (Bitmex), realizada a cada dois anos, e a Feira Internacional de Máquinas e Componentes para a Indústria de Confecções (Feimaco). Em meados de 1980, incluía-se entre os diretores da Fenatec Ana Maria Braga de Carvalho (mais tarde, apresentadora de tevê, de programas femininos, como o Mais Você, da Rede Globo). Teria partido dela a proposta da criação do Centro de Informação de Moda (CIM), para reunir "tecelagens e jornalistas especializados em moda, dispostos a discutir cada tendência para, juntos, fornecerem sugestões aos confeccionistas",[258] conforme ela relatou em entrevista à Claudia Moda/Especial Fenatec, Tendências Verão 86/87.

"Ana Maria 'vendeu' aos empresários têxteis sua primeira inovação frente à Fenatec: a criação do CIM",[259] que nasceu em 1985 operando como uma espécie de *bureau* de estilo; a cada Fenatec, ele apresentava informações sobre tendências de moda, com um caderno contendo cartela de cores e padronagens para as coleções a serem lançadas em 12 meses; além disso, colocava técnicos têxteis de confecção à disposição dos lojistas e promovia grandes desfiles com parcerias entre tecelagens e estilistas. "A intenção era transformar a Fenatec num evento charmoso, que suprisse as necessidades de informações dos confeccionistas, através de bem cuidados desfiles de moda com roupas fabricadas a partir dos produtos ali expostos,"[260] confirmou Ana Maria Braga.

Ou seja, "a feira propriamente dita não tinha desfiles oficiais; mas realizamos alguns com o patrocínio da Rhodia, porque as verbas eram muito escassas na época",[261] esclareceu Manoel Telles. Para promover seus tecidos, muitas das grandes têxteis patrocinavam coleções de estilistas brasileiros ou bancavam a vinda de estilistas internacionais de renome. Em 1986, por exemplo, quando ocorreu a 7ª edição da Fenatec, ocorriam dois desfiles por dia, apresentando "300 roupas diferentes, mobilizando 40 manequins e aproximadamente 200 profissionais",[262] que apresentaram coleções, patrocinadas por indústrias, criadas pelos estilistas Gregório Faganello, José Augusto Bicalho, Lino Villaventura, Nesa Cesar, Lu Pimenta e Olga Almeida Prado, Marco Rica, Luiz de Freitas, Biza Vianna, Márcio Rocha, Liana Gontijo, Renato Loureiro, Jorge Kaufmann e Simão Azulay. Ou seja, a Fenatec havia nascido para se diferenciar da Fenit, mas a cada ano mais se parecia com ela, porque a mera exibição dos tecidos despidos de roupa de moda parecia pouco para cativar as vendas. "Pela credibilidade alcançada pela Fenatec, eu procurava empreender uma política de comercialização diferente da Fenit que, nos últimos anos, vinha fazendo concessões, muito em função do seu envelhecimento e do nascimento de outros eventos. [...] Desde a minha saída [da Alcântara Machado], em 2000, tive oportunidade de visitar algumas edições posteriores da Fenatec, que, ano a ano, foi decaindo",[263] constatou Manoel Telles.

Um fato que confirmava os descompassos da Fenatec foi a criação, em 1989, de um evento concorrente, a feira da União Nacional da Indústria Têxtil (Unit), organizada por um grupo de indústrias que haviam se sentido prejudicadas quando a Alcântara Machado cancelou, de última hora, a edição da Fenatec de outono/inverno prevista para outubro de 1989. Algumas empresas que já estavam com suas coleções prontas "resolveram, então, se organizar para realizar um novo evento",[264] relatou Yuko Suzuki, convidada para assumir a coordenação de moda da Unit. "Começou com 12 tecelagens e chegaram a ser 25",[265] comentou Yuko. As doze tecelagens do grupo inicial, voltadas a produtos têxteis sofisticados, foram Brasilev (malharia), Ciaesa, Cotesp, Internacional Têxtil (malharia), Leslie, Sericitêxtil, Tecelagem Brasil, Tecelagem Nossa Senhora do Brasil, Tecelagem Santaconstância, Tecelagem Sakuda, Têxtil Mouradas e Werner. "A Unit era coordenada por Fernando Rodrigo – que ocupava a assessoria de imprensa da Tecelagem Brasil. A partir de reuniões entre profissionais das empresas, era formado um consenso para elaboração da cartela de cores de cada estação, distribuída aos confeccionistas. Era também elaborado um catálogo de tendências, baseado em pesquisas feitas pelas tecelagens participantes",[266] acrescentou Yuko.

A Unit permaneceu unida até 1996: "Não houve continuidade pelas seguintes razões: entre o final de 1994 e o início de 1995, foi criado o Centro Têxtil Internacional (CTI), com sede na Vila Leopoldina, São Paulo. A ida das tecelagens para o CTI fez com que se perdesse o foco e o conceito da associação, uma vez que o Centro era voltado ao comércio, e não à indústria. Além disso, eu já queria me desligar da Unit; ainda fiquei por mais um ano. Em maio de 1996, saí para montar a Link Editores [que publica o jornal World Fashion] com a jornalista de moda Maria Helena Castilho. A Unit não teve continuidade por falta de coordenação de moda",[267] ela concluiu. Também a Fenatec foi desativada, juntamente com a Fenit, após a venda da empresa Alcântara Machado para a Reed Exhibitions. Assim, o espaço para feiras têxteis e de confecção de porte nacional e de moda ficou aberto, deixando oportunidade para que se fortalecessem os eventos regionais, como a Minas Trend Preview, de Belo Horizonte, MG; a Feira Nacional da Indústria da Moda (Fenim), de Gramado, SC; a Fast Moda, de Salvador, BA; e, em São Paulo, a versão brasileira da Première Vision, batizada como o nome de Première Brasil, realizada pela primeira vez em janeiro de 2010.

## Minas e Ceará na moda

No universo quase sem fim das feiras que se multiplicaram em níveis regionais e municipais, cabe destacar duas por sua repercussão nacional: o Festival da Moda de Fortaleza (FMF) e a feira Minas Mostra Mulher (MMM). Criado em 1982, por iniciativa do empresariado local, representado pela Holanda Empreendimentos, com apoio do governo cearense, o Festival da Moda de Fortaleza (FMF) permanecia em 2010 como um dos mais tradicionais eventos do setor no Nordeste brasileiro. Já antes disso, na Fenit, os cearenses despontaram com criatividade. "O Ceará, depois de São Paulo, Rio de Janeiro e Rio Grande do Sul, assumiu uma postura destacada no *ranking* dos centros brasileiros lançadores de moda, com cheiro europeu",[268] apontou o Guia Oficial da Moda Brasileira, em reportagem sobre a 1ª FMF. A FMF abriu espaço para a cultura de moda regional, como as rendas e os bordados. Mas foi além disso: "Repercutia como um dos 'termômetros' da moda brasileira"[269] e, como espaço de negócios, foi "um dos grandes colaboradores para a abertura de investimentos na área têxtil no Nordeste",[270] durante a década de 1980.

Em Minas Gerais, nos primeiros anos da década de 1970, Nilso Farias, paraibano nascido em 1942 e radicado no estado, deu origem à Expor, uma feira generalista realizada em Belo Horizonte, que, entre as diversas ilhas temáticas, tinha a Rua da Moda. Segundo o promotor, esse pedaço da feira, criado para promover o algodão do estado, cresceu com o tempo e chegou a reunir até 40 confeccionistas. Foi o embrião da Minas Mostra Mulher, feira iniciada em 1983, que instituiu o estado como polo produtor de moda de projeção nacional. Realizado inicialmente no Brasilton Hotel, em Belo Horizonte, a feira, depois, ganhou o espaço do Minascentro e ares de semana de moda, com duas edições anuais, lançando coleções de importantes confecções mineiras, como Divina Decadência, Vide Bula, Tendência, Eliana Queirós – entre outras integrantes do Grupo Mineiro de Moda, que chegou a participar da feira com *stands* e desfiles coletivos.

Até o final da década de 1970, o mercado confeccionista mineiro era incipiente: "Na época, trabalhavam na indústria da confecção em todo o estado apenas 16 mil pessoas. Chegávamos a convidar lojistas para participar da feira em seus primeiros anos, pois não havia produção mineira suficiente",[271] relatou Nilso. Em 1986, a quinta edição do evento registrou volume de negócios recorde, com 120 mil visitantes, 4 milhões de peças vendidas e faturamento total de 5 bilhões de cruzeiros.[272]

O sucesso comercial do Minas Mostra Mulher teria sido resultado de um bom planejamento: "Não interessava trazer a C&A, que pediria 100 mil peças e ninguém conseguiria atendê-la",[273] afirmou Nilso. Era preciso conjugar expositores e compradores de portes proporcionais, sem deixar de ter representatividade: "Não permitíamos que o expositor fizesse uma mega *stand* como se fazia na Fenit. O que nos importava era a coleção lançada, e não a estrutura".[274] A Minas Mostra Mulher foi realizada até 1997; Nilso Farias assim resumiu sua atuação: "Fiz em Minas Gerais o que Caio de Alcântara Machado fez em São Paulo".[275]

*Abaixo, publicidade do Festival da Moda em Fortaleza (FMF); Fortaleza, CE, abril de 1988.*

# Índigo *blue*, índigo blusão

Na década de 1980, os produtos confeccionados em *denim* índigo *blue* atingiram um vulto quantitativo e uma variedade tão expressiva que, é possível afirmar, dominaram o mercado de roupas prontas no Brasil. Ao longo da década de 1970, o consumo de *jeans* cresceu a uma taxa média vertiginosa de 20% ao ano, informou o representante da Alpargatas, Eduardo Buarque de Almeida, durante o Fórum de Debates da Moda Nacional promovido em dezembro de 1980 pelo Guia Oficial da Moda Brasileira.[276] A cadeia do *denim* alcançava uma produção anual de 108 milhões de metros quadrados do tecido, gerando mais de 68 milhões de calças *jeans*, abrangendo centenas de marcas fabricadas por confecções espalhadas por todo o país.[277] Não por outro motivo, a imprensa de moda chamou a década de 1980 de "anos azuis": além das têxteis pioneiras na produção do tecido – Alpargatas, Sudantex e Santista –, diversas empresas investiram pesado para abocanhar uma fatia desse vasto segmento. O uso do *denim* índigo *blue* passou do vestuário (calças, camisas, jaquetas, vestidos, saias etc.) para os acessórios (bolsas, cintos, sapatos entre outros.), migrou para outros segmentos, como decoração (cortinas, sofás etc.), e chegou até os "estofamentos de automóveis e móveis".[278]

Uma década antes, poucos acreditariam que pudéssemos chegar a tal estágio tão rapidamente – até porque o Brasil não produzia um metro sequer de *denim*... No início da década de 1970, para nós era tudo calça Lee! O termo *jeans* era tão pouco usual aqui que muita gente chegou a cogitar que a calça tivesse algum parentesco com a Rita Lee; mas a cantora não tinha nada a ver com as calças – além do nome e de um jeito "meio desligado"...

Na década de 1960, quando as calças de índigo *blue* começaram a se popularizar por aqui, seguindo a onda do *rock'n roll* e do movimento *hippie*, as importadoras da peça davam preferência à marca Lee, apesar de similares já existirem nos EUA há décadas, como a Levi's e a Wrangler. Talvez tenha pesado para isso o fato de a Lee ter sido pioneira no uso de zíper na abertura, mais ao agrado brasileiro que os botões metálicos difíceis de abrir da Levi's. Sinônimo de *jeans*, vários garotos brasileiros de classe média sonharam ter sua calça Lee, o que não era fácil... Sendo importada e sobretaxada, custava caro a bolsos sem reforços; sem dizer que, como de hábito, acabavam chegando por debaixo dos panos, na base do contrabando, e muita gente corria risco para garantir sua muamba...

A MPB também ajudou a popularizar o mito da Lee em músicas como Garota Moderna (Evaldo Gouveia e Jair Amorim), que Wilson Simonal gravou em 1965 ("tão bonita que ela é; cabelos lindos como eu nunca vi; camisa esporte e calça Lee"), ou I Love You (de Roberto e Erasmo Carlos), lançada por Roberto em 1971 ("uma calça Lee agora vou comprar; vou ficar moderninho pra chuchu) e, ainda, Bye Bye Brasil, de Chico Buarque, gravada pelo próprio em 1979 ("no Tocantins, o chefe dos Parintintins vidrou

Acima, publicidade do jeans Levi's; São Paulo, SP, abril de 1979.

Na página ao lado, capa da revista Pop Nº 57; Editora Abril, São Paulo, SP, julho de 1977.

na minha calça Lee"). Mas aos poucos, os Parintintins – como os brasileiros em geral – foram aprendendo a chamar a calça pelo nome que os norte-americanos usavam já desde a década de 1940, ou seja, *jeans*, derivado de Gênes, grafia francesa para a cidade portuária de Gênova, Itália. Lá, os marinheiros usavam, desde o século XVIII, um tipo de calça feita também com um tecido sarjado de algodão grosso fabricado desde fins do século XVII na cidade "de Nîmes", França – daí a corruptela *denim*.

Foram essas as origens etimológicas dos termos... Já a história do modelo da calça que ganhou o nome de *jeans* teve início em 1873, quando dois sócios imigrantes instalados em São Francisco, Califórnia (EUA), registraram a patente do modelo que se convencionou chamar de *five pockets*, dotados de rebites de cobre, pela empresa Levi Strauss & Company. Um deles era o alemão Levi Strauss, que chegara aos EUA em 1847, ou seja, no tempo da chamada "corrida do ouro", e, alguns anos mais tarde, montou em São Francisco, com a irmã e o cunhado, um comércio de tecidos e roupas utilitárias. Entre seus fregueses estava o letão Jacob Davis, um alfaiate que, no intuito de resolver o problema de sua freguesia de mineiros cujos bolsos viviam arrebentando por causa das pedras que carregavam, resolveu reforçá-los nas extremidades com rebites de cobre – uma daquelas ideias simples, que valem muitas pepitas... Surgiram, então, as famosas calças Levi's, que deveriam, portanto, ter se chamado Davis', ou – na pior das hipóteses – Jacob's. Quis o destino, porém, que Jacob tivesse pouco nos bolsos naqueles dias para bancar a patente de sua invenção e se visse obrigado a recorrer ao fornecedor e *muy amigo* Levi: no que deu, todo mundo sabe...

Jacob fazia suas calças rebitadas com um tecido marrom, que em 1911 a Levi Strauss & Co. tirou de linha porque um outro ganhou maior aceitação. Tratava-se de um tipo de *denim* (sarja) de algodão cru tingido com índigo, corante natural de azul intenso extraído da raiz do *indigus*, planta nativa da Índia e de uso tribal secular – daí o nome índigo *blue*. No tingimento normal de tecidos, corantes naturais eram injetados por meio de pressão sobre os fios; com o índigo o tingimento era feito "em mechas, porque ele não reage na fibra, e sim formando uma casca sobre o fio. Seu tingimento é externo. Por isso, quando se desgasta, o tecido índigo embranquece".[279] Ou seja, com o tempo, o tecido desbotava de forma desigual, evidenciando os pontos de maior desgaste... Sem qualquer interesse pelo possível charme desses desgastes provocados pelo uso, mas em sua durabilidade, mineiros, ferroviários, vaqueiros – ou seja, trabalhadores em geral –, adotaram o *jeans*, que logo ganhou peças complementares, como jaquetas e macacões. O sucesso da Levi's evidentemente gerou concorrência: em 1889, Henry David Lee abriu, no Kansas, a Lee, inicialmente focada no macacão; a Wrangler – a preferida dos *cowboys* – teve sua origem numa oficina aberta em 1904, na Carolina do Norte (EUA), por John Hudson, que em 1947, após fusões com concorrentes, registrou a marca Wrangler.

Com o desbotar dos anos, o *jeans* invadiu o dia a dia dos norte-americanos e pulou da realidade para as telas de Hollywood na pele de personagens que, inicialmente, eram trabalhadores braçais figurantes, mas, no conturbado pós-Guerra, ganharam o destaque de protagonistas jovens, contestadores e rebeldes.[280] Das telas, a calça azul se propagou mundo afora, especialmente na década de 1960 quando explodiram a moda *hippie* e os movimentos de protesto contra a Guerra do Vietnã – ou seja, ironicamente, o *jeans* estourou em vendas por ter sido um símbolo de contestação e de anticonsumismo.[281]

Só no final da década de 1960 é que o *jeans* estreou como roupa feminina de moda em passarelas, e, pelo que tudo consta, com o casal francês Marithé e François Girbaud, em 1969, em Paris, quando da abertura de sua primeira butique para a linha *jeans*.[282] Foi um *must* – diriam algumas *socialites*: de roupa de pobre e trabalhador, a peça ganhou permissão para vestir gente bem! "Na década de 1960, começaram todas as revoluções jovens nos Estados Unidos, a Guerra do Vietnã, liberação sexual, liberação feminina, *black power*, minissaia, o *jeans*. Isso influenciou o comportamento no mundo inteiro. Então, a moda começou a ser a expressão menos de uma [camada da] sociedade e mais de grupos; até chegar, hoje, à moda que é uma expressão inteiramente individual",[283] analisou Glória Kalil, que em meados da década de 1970 trouxe para o Brasil a marca italiana Fiorucci – com apelo forte em malharia, mas também produzindo *jeans*. Extrapolando os limites da calça de *denim*, o *jeans* se tornou expressão de um jeito de ser, um estilo de vida. "A geração que adotou o *jeans* como *lifestyle* nunca deixou de usá-lo. Por mais formal que alguém seja, como um juiz que trabalha de beca, com certeza no sábado e no domingo vai estar de *jeans*. Pode ser o presidente do Supremo Tribunal Federal",[284] afirmou Nelson Alvarenga, criador da Ellus – uma das marcas brasileiras mais fortes do segmento.

Foi somente em 1972 que a Alpargatas lançou, finalmente, o primeiro *denim* índigo *blue* do Brasil. Ainda assim, o tecido não foi disponibilizado ao mercado: a empresa o produziu para uso na confecção de sua calça Lee; ou, melhor dizendo, de sua calça *jeans*, batizada com o nome de US Top – uma espécie de Topeka top, associada à sigla de *United States*. O desenvolvimento do produto foi mantido como assunto *top secret*, porque colocou a empresa na condição de

única fabricante brasileira do *denim* – cuja condição ela fez de tudo para preservar nos anos seguintes, período em que comercializou apenas retalhos e sobras de sua produção –, inviabilizando o surgimento de concorrentes de porte para sua linha de roupas da marca US Top. Ou seja, até o início da década de 1980, a Alpargatas manteve o mercado a seco: "Os grandes fornecedores do tecido são outros, não a Alpargatas",[285] confirmou o executivo da empresa Sérgio Chomko, durante a mesa-redonda Moda-Jeans realizada, em dezembro de 1980, na Federação do Comércio do Estado de São Paulo. Os outros a que ele se referiu eram a Sudantex, do Rio de Janeiro, que lançara seu *denim* em 1974[286] –, vendido apenas às confecções que adquiriam sua "cota mínima"[287] – e, em 1975,[288] a Santista Têxtil, que assumiu a posição de grande fornecedora das confecções de *jeans* que brotavam aos borbotões por todo o país.

"Da Santista, comprávamos tanto a mercadoria de primeira como os rolos pequenos de segunda, porque a fome pelo tecido era muito grande",[289] confirmou Gledson José Assunção, dono da Gledson, que foi uma das maiores confecções daquele período. Além do mais, o *denim* da Santista era avaliado no mercado como de melhor qualidade que o da Alpargatas: "Havia uma diferença de tonalidade no tecido produzido por uma e por outra. O importante, para aquela época, era o tecido mais acinzentado. O sonho da Alpargatas era fazer o *denim* da Santista, porque tinha uma coloração mais bonita. Todas as empresas que estavam surgindo queriam usar o tecido da Santista e nós ficávamos com a US Top, que tinha aquele azul mais intenso",[290] comparou Raquel Valente, que atuou como coordenadora de moda da Alpargatas na década de 1980 e, em 2010, coordenava do Curso de Design de Moda da Faculdade Santa Marcelina, em São Paulo.

Novos concorrentes começaram a disputar este mercado apenas no final da década de 1970, quando teve início a produção de *denim* das têxteis Santa Rosa, Ferreira Guimarães e São Pedro. Por volta de 1978, a Alpargatas já começou, também, a fazer tecidos mistos *(blends)*, "combinando algodão com poliéster, para calças, jaquetas e outras peças de vestuário".[291] Pouco depois, a Santista desenvolveu, em sua fábrica de Americana, SP, *blends* de sucesso, como o *stretch*, que virou febre nos anos 1980, somando o *denim* com Elastano da Dupont (Lycra). No início da década de 1980, várias outras têxteis começaram a produzir variações do "verdadeiro" índigo, como Beltramo, Argos e Corduroy e companhias que ainda estavam em fase de implantação dos sistemas de produção do tecido, como Calfat, Vicunha, Matarazzo e Germano Fehr.[292]

Mas, durante toda a década de 1980 – em especial em sua primeira metade –, a US Top da Alpargatas continuou ocupando o posto de *jeans* com maior volume de produção do país, com 18 de suas fábricas direcionadas à confecção de cerca de 22 milhões de calças por ano.[293] Oferecia ao mercado "cerca de 60 modelos diversos de *jeans*, nas linhas básicas e *fashion*, femininas e infantojuvenis".[294] Em 1984, a Alpargatas convocou

*Catálogo de inverno da confecção Laser Jeans, coleção assinada por José Gayegos; São Paulo, SP, 1984.*

José Gayegos para remodelar a US Top, cada vez mais direcionada a um mercado extremamente popular e utilitário – inclusive porque, com o mercado interno fechado, não havia competidores com capacidade para enfrentá-la. A linha *fashion* a que a empresa se referia era a etiqueta Top Plus, criada em 1983 justamente com o objetivo de dar *status* à marca, para que ela pudesse competir nos segmentos de mercado mais exigentes. A tarefa não era fácil; a marca acabou sendo vítima de sua própria popularidade: "Recebíamos informações, por pesquisas de mercado, de que a US Top era a calça do pipoqueiro... Ela aparecia em cenas de assassinatos, vestindo os corpos das vítimas fotografados pelos jornais", contou Raquel Valente. A partir de 1990, com a abertura do mercado brasileiro à importação pelo governo Collor, a competição em todos os segmentos, especialmente no popular, tornou-se ainda mais acirrada. Fortes marcas internacionais entraram no Brasil (Benetton, Diesel etc.) atraindo a atenção do consumidor. O momento levou a Alpargatas, no início da década, a deixar o segmento de confecção e desativar a US Top.

## *Blue jeans* verde e amarelo

Antes mesmo do uso do brim para calças compridas, sucedido pelo *jeans*, em *Terra brasilis*, era comum fazer roupas masculinas em zuarte (do holandês *zwaart*, que significa preto), especialmente as calças, uma vez que era um "tecido de algodão azul, preto ou vermelho [...] mescla de algodão encorpado, rústico, com fios brancos e azuis, azulão",[295] de acordo com o dicionarista Aurélio Buarque de Holanda, em verbete que ilustra seu uso por meio da literatura brasileira, como "calça de zuarte azul, blusa branca, cabelo apanhado na nuca, Francisca fazendo seu estágio no mundo", de Antônio Calado, em Quarup; e em Jana e Joel, de Xavier Marques, que, num diálogo, nos diz: "Eu já te disse, pede a tua avó uma calça de zuarte e uma baeta [tecido felpudo de lã]".[296]

A crescente disponibilização de *denim* índigo *blue* no mercado brasileiro durante a década de 1970 acarretou a formação de um segmento de confecções de *jeans*, concentradas inicialmente em São Paulo e no Rio de Janeiro. A capital fluminense polarizava, na época, os lançamentos de moda feitos no Brasil, produzindo um *prêt-à-porter* feminino mais sofisticado – a chamada "modinha", surgida nas butiques. Naquele período, confecções e butiques mantinham estreita ligação: muitas marcas surgiram das butiques (e com cara de butiques) e, vice-versa, confecções ganhavam popularidade e logo abriam butiques próprias – quase sempre em pequena escala. A longevidade de ambas – confecções e lojas – dependia de "fatores muitas vezes intangíveis, ligados à inventividade na criação dos modelos e sensibilidade para diagnosticar as tendências mais vendáveis, que se somavam à circunstância bem mais concreta de conseguir manter um nível de qualidade julgado aceitável e que se traduzia na manutenção de uma estrutura de empresa pequena".[297] Ou seja, dependia dos arroubos da moda...

E foram justamente aquelas confecções (e butiques) que passaram a oferecer o *jeans* entre seus produtos – ou até se voltaram exclusivamente para ele – e que mais se desenvolveram nos anos seguintes. Esse é o caso da Richard's, marca criada em 1974 por Ricardo Dias da Cruz Ferreira a partir de sua experiência com a butique e confecção Krishna, a qual, reza a lenda, teria sido pioneira entre as pequenas na fabricação de *jeans* no Brasil[298] – provavelmente utilizando sobra de *denim* da Alpargatas. Outra marca carioca que se firmou com a moda *jeans* – ou *streetwear* – foi a Company, criada pelos sócios Mauro Taubman (1960-1994) e Luiz de Freitas Machado (não o Mr. Wonderful) em 1973, em Ipanema. À medida que cresceu como confecção, a Company foi desenvolvendo modelos e se tornando referência para os adolescentes da época. "Os mais velhos com certeza se lembram das filas que se formavam, no fim dos anos 1970, na porta da loja da Garcia D'Ávila. Adolescentes eufóricos acompanhados de pais irritados esperavam a chance de comprar a famosa calça *jeans* carpinteiro – largona, cheia de bolsos e alças espalhadas – ou a mochila, sem a qual não se era nada na escola",[299] além da camisa polo colorida com o logotipo da marca em branco sobre o lado esquerdo do peito, ou seja, um "C" maiúsculo.

A Company ganhou o rótulo de pioneira do *sportswear*, *surfwear* ou *streetwear* – mas, na verdade, o que ela fazia era uma moda jovem com jeito carioca, praieiro. "A Company foi importantíssima: todo adolescente tinha que ter uma mochila ou uma camiseta da marca. Uma vez, comentei com o Mauro Taubman: 'Mas todo mundo te copia...' Ele respondeu: 'Não tem importância, porque, quando estão copiando, já estou com outra coleção pronta; e quem usa Company sabe que já não temos mais aquela estampa'",[300] recordou a jornalista carioca Celina de Farias. A marca se estabeleceu com vários pontos de venda no início da década de 1980 – o principal deles, no Shopping Center Rio Sul – e se diversificou com a criação da Companhia dos Pés, especializada em sapatos: "Nós extrapolamos a ideia de apenas vestir para termos uma filosofia. E o lado esportivo é a forma de conscientizar a juventude. [...] Sou um artista, antes de tudo. Não me considero empresário. Tenho um super grupo que trabalha comigo, mas eu me vejo mais como estilista",[301] explicou Mauro ao Caderno Ela de O Globo em 1990. Quatro anos depois ele faleceu, gerando uma disputa entre seus herdeiros e o sócio Luiz de Freitas Machado, que se arrastou por mais de uma década: em 2003, a marca foi desativada.[302]

Também com forte acento carioca, temperado com ousadias vanguardistas, a Yes Brazil, de Simon Azulay (1950-1989), foi a marca dos descolados e da *high society fashion*. Criada em 1979, a marca foi além de produzir *jeans* – ela propôs "mais um modo de vida cheio de irreverência, cor e sensualidade".[303] Simon inovou pela autenticidade: "Não se sentindo obrigada a seguir tendências internacionais, a Yes Brazil se tornou conhecida por sua forte identidade e pela originalidade de suas estampas, cores e desenhos".[304] Simão nasceu no Pará e migrou com a família para o Rio de Janeiro em 1967, onde começou sua carreira fazendo moda artesanal: "Sua primeira incursão no mundo da

Acima, logomarca da grife Soft Machine, de Tedy Paes; São Paulo, SP, 1981.

moda foi pintando camisetas, tacheando calças de brim e fazendo coleções para outras marcas de roupa".[305] Em 1970, montou a confecção San Sebastian, já demonstrando habilidades como criador que nem sempre foram equivalentes às que tinha como administrador: uma década depois, a San Sebastian faliu e Simon foi desenhar *jeans* para a Chopper, etiqueta do empresário Naum Gorenstein – até ali, principal concorrente da San Sebastian. Paralelamente, Simon manteve um ateliê de alta moda, o Chez Simon, e, segundo seu irmão David Azulay (também estilista e criador da marca Blue Man), teve na Chopper um período de "muito gás, muito poder de compra, de desenvolver o *jeans*, criar novas lavagens, bordados diferentes".[306]

Foi com esse *know-how* que ele abriu, em 1981 – juntamente com David –, a Yes Brazil, marca que aliava "a já conhecida verve criadora de Simon à sensualidade e às cores vibrantes sugeridas pelo cenário do Rio de Janeiro".[307] A Yes Brazil vestiu cariocas que estavam no palco dos anos 1980, como a banda de *pop rock* Blitz; aliás, a cara da época. "Ele [Simão] já começou na Yes Brazil deturpando as formas do *jeans*",[308] definiu Maria Ciribelli, ex-assistente do estilista. Muitas das peças da Yes Brazil eram confeccionadas à mão, repletas de apliques que "pesavam toneladas, porque ele tacheava e fazia bordados com pedrarias".[309] Havia público para isso: tanto que, em meados da década de 1980, a Yes Brazil já contava com 12 lojas, cinco franquias e mais de 300 distribuidores[310] – sempre com menor projeção em São Paulo por motivos óbvios: a cidade preferia a sobriedade aos excessos de Azulay.

Em 1989, a marca ficou órfã: portador do vírus HIV, Simon se foi em pleno auge. O irmão David já havia se retirado do negócio para se dedicar à sua marca de moda praia. Mas a Yes Brazil seguiu em frente sob o comando de Julio Abulafia Salinas, inicialmente com criação da ex-assistente de Simon, Maria Ciribelli; em 2006, a própria filha do criador da marca, Sol Azulay, assumiu a função. Outras marcas do Rio que se destacaram entre os anos 1970 e 1980 foram a Spy & Great, de Nora Sabba, pelo corte "que afina o corpo e faz um bumbum perfeito";[311] a Gang, de Alcyr Amorim, que investiu no licenciamento de personagens de histórias em quadrinhos e desenhos animados; e Boys & Girls, de Silvia Lemos, que compôs o estilo "*punk* neorromântico, tipo Madonna".[312]

Apesar de ter deixado relevos na moda *jeans* – este segmento foi, mais que carioca, um território de bandeirantes –, foi na urbe mais cinzenta do país que a moda jovem encontrou seu *habitat* e se estabeleceu, em especial na década de 1980. Refletiu mudanças que ocorriam também na moda internacional, quando criadores e confeccionistas optavam pelas roupas mais fechadas e pesadas, assumindo o índigo como tecido vital. Surgiram em São Paulo, a partir dos anos 1970, marcas de sucesso que se destacam na memória nacional, casos da Soft Machine, da Staroup ou da Zoomp.

*Na página ao lado, publicidade conceitual da confecção Zoomp; São Paulo, SP, novembro de 1986.*

*Abaixo, publicidade da confecção de jeans Staroup; São Paulo, SP, agosto de 1978.*

Criada em 1973, a Soft Machine foi – pode-se dizer – a grande pioneira do "*jeans* de marca" (como se diz) na pauliceia. Surgiu primeiro como butique na Alameda Franca, fundada pelo argentino Teddy Paez (313). Antes de se transferir para o Brasil, Teddy trabalhara em Buenos Aires, Argentina, como modelo e assistente em um ateliê de alta moda. Em 1972, estabeleceu-se em São Paulo em pleno apogeu do "*prêt-à-porter* informal, improvisado, quase artesanal"[314] das butiques, e começou a confeccionar *jeans* "com retalhos da Alpargatas",[315] investindo em modelagens alternativas, mais sofisticadas, quando só existia a opção da recém-lançada US Top. Com o pouco tecido de que dispunha, Paez era obrigado a redobrar-se na elaboração dos modelos, o que acabou por posicionar a etiqueta de forma diferenciada – como uma roupa especial de preços igualmente especiais. A Soft Machine ousou nos recortes e detalhes e inovou ao aplicar etiquetas (*tags*) chamativas em suas calças: "Quem deu uma virada no *jeans* de marca aqui foi a Soft Machine. Seu *jeans* tinha *design*, criatividade; eles começaram a fazer uns bolsos totalmente diferentes, irregulares. Tinha um corte muito bom",[316] afirmou o estilista José Gayegos, pioneiro no *design* de *jeans* no Brasil. O sucesso da marca atraiu pirataria que, segundo o próprio Paez, teria sido maior do que a produção original. A marca, que chegou a ter lojas próprias em São Paulo, Rio e Nova York, sobreviveu por quase duas décadas, mas "não escapou da crise que levou para o buraco a maioria de seus concorrentes",[317] em 1987.

Contemporânea da Soft Machine, a Staroup pegou as primeiras ondas do *jeans* nacional. Fundada por János Gordon em 1956, com o nome de Star Roupas e instalações na Rua do Hipódromo, no Brás, São Paulo, SP, a empresa começou fabricando calças Far-West, integrando um consórcio de autorizadas da Alpargatas, dona da marca. Quando a Alpargatas encerrou os contratos com terceirizadas, a Star Roupas e suas colegas de Far-West se viram obrigadas a enfrentar sozinhas o mercado, tendo como maior oponente sua antes poderosa aliada: a própria Alpargatas, que havia lançado a marca jovem Topeka. Mirando o mesmo público, a Star Roupas produziu no início calças de brim com marcas relacionadas aos ídolos da Jovem Guarda – como Calhambeque (Roberto Carlos), Ternurinha (Wanderlea) e Tremendão (Erasmo Carlos)[318] – e conseguiu crescer, fazendo moda jovem com sarjas que imitavam o *denim* índigo *blue* – até que dispusesse do próprio.

Em 1978, o húngaro André Ranschburg passou a atuar na empresa de seu tio com a missão de "fazer conhecida uma marca de *jeans*, de quem poucos haviam ouvido falar. Nome da marca: Staroup".[319] Foi quando a empresa – já de considerável porte – passou a usar esta marca. Por sorte, admitida pelo próprio André, a área comercial da Rede Globo procurou, em 1978, "o homem de *marketing* da Staroup",[320] oferecendo espaço de *merchandising* na novela

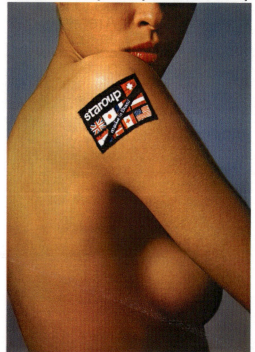

Dancin' Days, de Gilberto Braga. O elenco era estelar: Sônia Braga, Antônio Fagundes, Glória Pires, Reginaldo Faria, Beatriz Segall, Mário Lago, Joanna Fomm, entre outros. O cenário central da novela era uma discoteca. O filme Os Embalos de Sábado à Noite (Saturday Night Fever, 1977), com John Travolta, estourava nos cinemas; a era *disco*, cintilando de brilhos, vidrilhos e maquiagem *glitter*, estava no auge. André conseguiu enxergar o potencial disso tudo e deu sinal verde: "Verde, de vá em frente, e verde, de dólar"[321] – para que o letreiro brilhasse na pista da boate da novela com a marca Staroup. "Conta-se que bastaram alguns *closes* com o *jeans* Staroup no corpo de Júlia

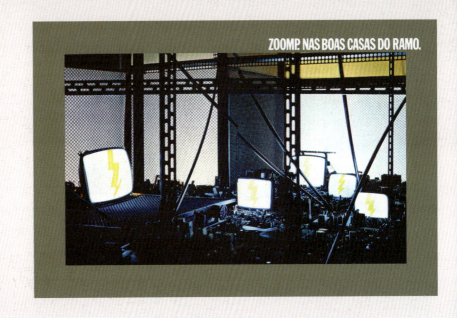

Matos [personagem de Sônia Braga], e mais o brilho do logotipo da empresa no salão da boate 'quente' de Dancing Days para fazer saltar as vendas da empresa de 40 [mil] para 300 mil calças mensais, em 1979 e 1980".[322]

Na mesma época, a Staroup passou a patrocinar concursos de discoteca que elegiam os melhores dançarinos, "tudo em paralelo e no clima da novela".[323] A estratégia foi tão bem-sucedida que, "quase da noite para o dia, a marca Staroup virou a mais conhecida do país".[324] O resultado elevou André de assistente da diretoria a diretor-superintendente em 1983. Ambicioso, ele acompanhou como patrocinador a retransmissão de Dancin' Days em Portugal, planejando tornar a Staroup um produto internacional. Deu certo, tanto que a marca passou a concentrar esforços na exportação, abandonando o mercado interno. No final de 1989, começou a exportar *jeans* para União Soviética, Leste europeu, Estados Unidos e Europa Ocidental. "Depois do Plano Collor, ficou a certeza: nosso futuro não está na 'modinha'",[325] ele concluiu. Ainda em 2010, mas em sérias dificuldades financeiras, a Staroup permanecia produzindo calças *five pockets* e as comercializando no exterior.

De maior longevidade não apenas no imaginário, mas no dia a dia do brasileiro, foi a Zoomp, criada em 1974 por Renato Kherlakian (1950- ): era o "*jeans* do raiozinho". Embora indiretamente, o estilista Gayegos conta que teve alguma influência no trabalho de Renato: "Uma modelo chamada Iara Wilma Sampaio Neiva veio trabalhar comigo como vendedora quando abri meu primeiro ateliê, na Alameda Lorena, ainda em 1967. Um dia, ela me disse: 'Estou aí com o meu namorado, Renato [Kherlakian]; a gente está querendo fazer *jeans*. Pode dar uns conselhos?' Então, a primeira coleção da Zoomp teve meu dedo".[326] Gayegos referiu-se, no entanto, a um período remoto da história da marca, quando o casal Renato e Iara produzia peças femininas que vendia para butiques de São Paulo: "Nasci Kherlakian, gostava de grana; não tinha como fugir disso...",[327] ele próprio afirmou.

A Zoomp veio a público como pequena confecção, instalada na Rua Augusta, 1567, em São Paulo, vendendo para multimarcas: Renato e Álvaro Neiva, seu sócio (e cunhado, na época), apostaram numa linha *casual chic*, produzindo calças, jardineiras, biquínis, coletes, vestidos e jaquetas: "Pois é. Na Rua Augusta, entre mil boutiques, uma confecção muito badalada: Zoomp. Só tem *jeans*"[328] – ou seja, já tudo feito em *denim* nacional. Com bom faro, a marca desenhou um *jeans* especial, almejando um público mais elitizado: "Acertei uma modelagem de calça tão boa que fiquei nela durante quase 15 anos. O 'segredo da Coca-Cola' eu descobri no processo de construção; transformei a maneira de construir o entrepernas e o ganho de uma calça. Levava 30% a mais de tempo na operação, mas eliminava os famosos 'bigodes'. Minha calça parecia de Lycra [elastano], com uma modelagem anatômica, o cós acompanhando a curva do corpo. Quem tinha a bunda levantada, com ela, levantava ainda mais […] O *marketing* da Zoomp era feito de bunda em bunda. Os nossos *outdoors* eram as nádegas das clientes",[329] ele relatou.

A primeira loja Zoomp surgiu no final da década de 1970; nos anos seguintes, o varejo da marca se disseminou pelo país, por meio de lojas próprias e franqueadas, com características inovadoras: "Renato foi uma das pessoas mais visionárias na questão da colocação da roupa no mercado. Foi a primeira loja onde o real consumidor da roupa também vendia a roupa. Não era mais um senhor ou uma senhora que vendiam roupa. O próprio jovem que consumia Zoomp vendia Zoomp, e tinha o corte de cabelo mais legal, a música que tocava na loja era a mais bacana, a arquitetura da loja era fascinante",[330] reavaliou o estilista Walter Rodrigues.

Como outras marcas de sucesso, a Zoomp foi também falsificada às pencas: "A Zoomp se tornou massificada e popularizada, meio ridicularizada até, com a quantidade absurda de falsificações. Foi uma explosão maior até que a da própria Zoomp",[331] admitiu Kherlakian. Buscando um público mais despojado, Renato lançou a Zapping, em 1990, de *streetwear*. E, ao longo do tempo, contratou para desenhar para suas grifes estilistas jovens, que começavam a despontar em meados daquela década, como Marcelo Sommer, Jum Nakao e Alexandre Herchcovitch. A vitalidade, contudo, já não era a mesma na primeira década do terceiro milênio: em 2006, a Zoomp foi vendida para a *holding* HLDC, que adquiriu no pacote dívidas polpudas que levaram a marca, em 2009, a decretar falência.

Outra etiqueta nascida no azular dos anos 1980 que ganhou reconhecimento em *jeanswear* foi a Forum, criada em 1981 por Tufi Duek (1954- ). O foco inicial da marca, porém, foi o *prêt-à-porter* mais sofisticado, trabalhando com tecidos como seda pura, tafetá, chamalote, *tweed* e lãs – bem distantes do *denim*: "Levei quatro anos para fazer uma calça *jeans* e lembro que a primeira coleção foi um fracasso. Tínhamos competidores incríveis, como a Zoomp, a Soft Machine e a Fiorucci; e eu, ali, nascendo para desafiar os leões",[332] recordou Tufi Duek. Na verdade, a Forum foi a segunda marca criada pelo empresá-

*Abaixo, o estilista e empresário Tufi Duek, criador da grife Fórum; Claudia Moda, Ano I, Nº 8, São Paulo, SP, janeiro de 1988.*

*Na página ao lado, logomarca da grife de moda jovem Kuxixo; São Paulo, SP, agosto de 1978.*

rio e estilista; a primeira foi a Triton, de 1975, que se especializou em malharia e roupa jovem. E a origem da Triton, naturalmente, foi a irreverência jovem dos anos 1970: Tufi havia começado a criar estampas para camisetas produzidas pela confecção Este Sol, do Bom Retiro, ainda com 17 anos. A Triton começou tímida, com quatro funcionários, onde todo mundo fazia de tudo um pouco: "A propaganda foi a alavanca para o meu crescimento. A repercussão foi nacional",[333] ele afirmou em 1983, quando a marca já alcançava produção de 75 mil peças mensais. A Forum, naquele momento, era ainda uma garota cheia de pretensões, mas quase desconhecida perto da Triton. Tufi as distinguia assim: "A Triton, como filosofia de imagem e de produto, segue uma tendência mais americana. Já a Forum é mais europeia; utiliza materiais mais nobres para roupas mais clássicas".[334]

A intenção podia ser esta, mas a Forum acabou por ser a mais completa tradução da moda urbana e cosmopolita – e, portanto, paulistana – de sua geração. E encontrou justamente nessa urbanidade sua razão de ser, "num mercado mais seletivo, mais exclusivo, mais moda...".[335] A que atribuiu, o criador, o êxito da Forum justamente com *jeans*? "Eu devo ter feito algo que tinha mais propriedade e originalidade; com mais percepção de valor para os consumidores",[336] ele respondeu. A Forum só tomou corpo – e que corpo – no final dos anos 1980, quando começou a realizar desfiles ou a participar de grupos de moda, em São Paulo e no Rio de Janeiro.

Num mercado ainda não profissionalizado, embora cada vez mais competitivo, Tufi percebeu a importância de se identificar como estilista, além de empresário: "Não se tinha a união da moda, nem faculdades de moda. Era um momento em que se revelava aquele que tinha melhor visão do negócio da moda".[337] Com o passar do tempo, o empresário abriu a Forum By Tufi Duek e também a Tufi Duek. Consagrada, a Forum permaneceu desejada, ainda que Tufi não estivesse mais à frente de sua criação: a marca foi vendida em 2008 para o grupo AMC Têxtil (que adquiriu no pacote também a Triton) e continuava lançando coleções regulares. Em 2010, a criação estava a cargo do estilista Eduardo Pombal.

Ao longo de três décadas – 1970, 1980 e 1990 –, muitas marcas de *jeans* surgiram e sucumbiram às artimanhas do mercado. Algumas poucas se mantinham em 2010, outras se tornaram memória afetiva. Em São Paulo, SP, tivemos MacChad, Gud's (da família Chaddad), e ainda Fjord, Nexus, McKeen, American Denim, Kuxixo, Bavardage, Caos Brasilis, Naftalina e Tweed; no Rio de Janeiro, RJ, Toulon, Energia, Dimpus, Czarina; em Ubá, MG, Wembley; em Fortaleza, CE, Villejack, Five Stars e Anirak; e em Teresina, PI, a famosa Onix Jeans, entre diversas outras. Em 1981, o segmento contava com "mais de 700 marcas de *jeans* disputando o mercado, muitas dessas pouco conhecidas que rotulam produtos não fabricados com o autêntico índigo *blue*".[338] Em meio a tanto *denim* produzido, cortado e recortado, sobrevivemos e acabamos por transformar o *jeans* em sinônimo de Brasil. De norte-americano, o *blue jeans* se tornou verde-amarelo e algumas marcas brasileiras transformaram-se em sinônimo da peça.

477

## Blue jeans com dourado

No início da década de 1980, o *jeans* já vestia o Brasil confortavelmente, com feitios específicos para cada segmento: havia marcas voltadas à produção massiva, com a US Top à frente, e grifes mais restritas produziam modelos sofisticados para o consumidor de alta renda – o que, muitas vezes, gerava discriminações recíprocas. Durante mesa-redonda sobre o tema, promovida pelo Guia Oficial da Moda em 1981, uma representante da Sears criticou donos de grifes que posavam de "nariz arrebitado"[339] em relação às lojas de departamento: "Todos os confeccionistas de *griffe* dizem que nós, magazines, não temos ambiente para vender seus *jeans*. Eu quero só ver quando esses *jeans* não venderem mais em butique onde é que eles vão cair. Vão ter que se sujeitar a ter seus *jeans* dependurados nas araras dos magazines".[340]

Modelistas e criadores do *prêt-à-porter* nacional não assinavam modelos; apenas nomes da *haute couture* eram explorados como grifes – afora algumas tentativas de costureiros nacionais, de voo curto. Era comum que confeccionistas desenvolvessem suas modelagens de *jeans* a partir de peças estrangeiras, como ocorria com tudo mais produzido pelas confecções brasileiras: "Os empresários viajam pelo menos uma vez por ano para a Europa, quando não duas ou três. Assim, a maioria reconhece que não cria propriamente os modelos, mas que adapta as tendências europeias ao meio brasileiro. Mesmo quando deixam de viajar em determinado ano, toda a criação é calçada em informações vindas da Europa, como figurinos estrangeiros, revistas especializadas de moda etc.". [341]

Essa falta de autonomia na modelagem do *jeans*, que evidentemente tinha reflexos na criação, é confirmada pela estilista Raquel Valente: "Comprava-se tudo na Europa, como Lee, Levi's e Mustang, e se estudava toda essa modelagem por aqui. Não tínhamos grandes modelistas naquela época. Geralmente, eram piloteiros e costureiros que passaram a ser modelistas".[342] Como em maioria eram empresas pequenas e médias, tinham flexibilidade para experimentar e, entre erros e acertos, produzir modelos com alguma diversidade, o que nem sempre era "vantajoso para grandes indústrias, que competiam em um mercado com demanda instável".[343] O crescimento rápido do setor expôs, no entanto, a falta de profissionais especializados em *jeans* (assim como em moda, em geral) – impondo a necessidade de formação específica na área.

Um estilista e modelista pioneiro do *jeans* em São Paulo foi José Gayegos, que, no início da década de 1970, fora estudar na Esmod, em Paris, pensando em se dedicar à alta moda ao retornar ao Brasil. Mas, no caminho, ele mudou de ideia: "Eu pensei: 'O dinheiro está nas confecções, e não nos ateliês'. E quando voltei, em 1972, já tinha na cabeça que queria trabalhar com *jeans*. Tanto que, antes, fiz um estágio na empresa Wrangler, em Paris. Porque na Esmod ensinavam traçado de calças, mas não do *jeans*, que era uma coisa nova. Por isso, fui aprender na Wrangler, que tinha um traçado espetacular. [...] Eu desenhava coleções para confecções em menos tempo e recebendo muito mais do que conseguiria perdendo um mês em um vestido, no ateliê",[344] ele relatou.

O primeiro trabalho de Gayegos em seu retorno foi para a Zopa – confecção de Zohrab Asdourian e Paulo Proushan –, que apostou inicialmente nos tecidos de agilon (um tipo de jersei indesmalhável), mas, em meados de 1973, entrou na corrida do *jeans*, já mirando o produto diferenciado para a classe média alta. Gayegos criou coleções ainda para as marcas Laser, MacChad, Nutrisport, além das grifes licenciadas de Valentino e Paco Rabanne. "Já em 1976 eu estava ganhando muito bem, fazendo tudo quanto era grife do Brasil. Cheguei a trabalhar, ao mesmo tempo, para a Alpargatas e para a Lee [licenciamento da Vicunha], fazendo coleções concorrentes",[345] ele recordou. Naquelas alturas, o *jeans* exigia criação: "Comecei a fazer bolsos pequenos embutidos, para variar no bolso relógio. Variei também no bolso de trás, fazendo pequenos detalhes na costura. Ao invés de dois travetes, colocava três. Era perito em pequenos detalhes",[346] relatou. Em 1980, a Cia. York lançou a marca Beatles4Ever, também desenhada por José Gayegos, com apelo juvenil; em 1982, o estilista chegou a ter coleção com seu próprio nome, produzida pela Laser com tecido da Alpargatas – que durou três anos.

Gayegos pegou o surgimento do *denim* com elastano (à época, falava-se em *jeans* com Lycra – marca registrada do fio de elastano da Dupon), o chamado *jeans stretch* – que moldava a calça ao corpo –, e a moda dos detalhes dourados, que tornaram o *jeans* mais feminino: "As primeiras marcas que lançaram *jeans* com Lycra no Brasil foram a Laser, em São Paulo, e a Inega, no Rio de Janeiro",[347] ele garantiu. Em 1983,[348] a Inega lançou a campanha publicitária para divulgar sua coleção de *jeans* com Lycra, justíssimos, sua maior diferenciação no mercado de *jeans* no Rio de Janeiro, com o *slogan* "Barriguinha pra dentro, bundinha pra fora". Gayegos, que fez modelagens para a Laser, afirmou que a marca mantinha "um alto padrão de qualidade [...] Os mercados do Brás e Bom Retiro esperavam as coleções da Laser para copiar".[349]

Foi o tempo do *jeans* classe A, feito "para poucos", como os da Farouche, de São Paulo. Criada em 1975 pelo empresário George Farah, a Farouche apostou na "dedicação e paciência oriental",[350] oferecendo ao mercado *jeans* trabalhados por mãos de "famílias japonesas",[351] selecionadas e treinadas pelo empresário. Nomes da nossa alta-costura também se despiram de resquícios elitistas e adotaram o *jeans*. Clodovil Hernandes lançou o seu *jeans*, com marca dourada, em 1981, pela confecção Ernesto Borger, com uma campanha que vestiu de *denim* um enorme cacho de bananas... A tiragem inicial de 3 mil peças ao mês logo teria sido "aumentada para 7 mil mensais",[352] relatou Tomaz Borger, um dos diretores da empresa, que também explicou seu interesse em licenciar grifes, "mas com uma condição: que fosse uma grife nacional".[353] Guilherme Guimarães teve seu *jeans* no ano seguinte, pela Vila Romana: "Certo dia, perguntaram-me se eu não gostaria de trabalhar com *prêt-à-porter* e eu respondi que só o faria se fosse na companhia

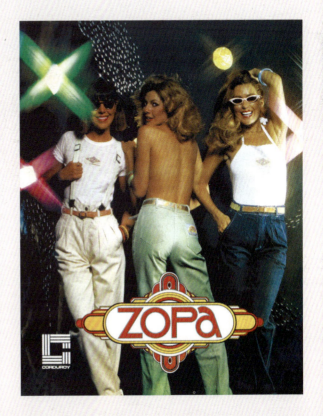

*Publicidade da grife Zopa, com criações do estilista José Gayegos; São Paulo, SP, c.d. 1979.*

do empresário André Brett. Ele ficou sabendo e me ligou, no dia seguinte, propondo que desenvolvesse uma linha de roupas para a Vila Romana. Aceitei",[354] relatou Guilherme Guimarães, que criou para a marca GG (também com logomarca dourada) modelos de *jeans* "justérrimos".[355] A coleção envolvia outras peças do vestuário feminino e teve seu editorial de lançamento fotografado no exterior, como gostavam os nossos costureiros: "Em Key West, na Flórida; e foi super bem-sucedido",[356] afirmou o costureiro. Apesar disso, nem o *prêt-à-porter* de GG nem o de Clodovil tiveram longevidade...

Na linhagem das grifes chiques, o *jeans* que marcou a época foi o da Dijon, com suas "famosas cantoneiras douradas nos bolsos traseiros"[357] e a "cintura alta, que grudava no corpo".[358] Foi o ápice do *jeans stretch*, "com metais e pérolas atrás, na bunda".[359] "Eram plaquetas de metal mesmo. As pessoas falavam que, sempre que sentavam no carro, cortava o couro do banco. Mas ninguém deixava de usar e foram vendidos milhões de peças",[360] recordou Luiza Brunet, que foi "modelo exclusiva" da Dijon e cuja imagem ficou tão associada à marca que uma se tornou a cara – e o corpinho – da outra. A calça virou febre e fetiche no período... A Dijon fora criada em meados da década de 1960, no Rio de Janeiro, pelos irmãos Humberto e Miguel Saade. Fez, inicialmente, moda masculina; "não só de praia, mas camisaria, ternos, uma linha de rigor".[361] Embora tenha lançado seu *jeans* no início da década de 1970, o sucesso só veio nos anos 1980. O *design* dos produtos ficava a cargo da mulher de Humberto, Madeleine Saade, "que viaja e pesquisa coleções de calças, camisetas e vestidos para festas. Humberto pensa. E explode em ideias. Desde que resolveu transformar uma única loja, que agora completa 20 anos de existência, [...] em etiqueta conhecida nacionalmente",[362] informou a revista Domingo, do Jornal do Brasil, em 1983. Mas tanto sucesso, acima de tudo, deveu-se a um *marketing* bem-sucedido, que envolveu fortemente a imagem da modelo e do próprio empresário.

Saade explicou que a ideia de vincular seu produto a modelos surgiu nos desfiles que realizava na Fenit, em São Paulo, quando multidões se juntavam para ver manequins como Elke e Camille nas passarelas: "Humberto começou a basear sua publicidade em gente. Um apelo sensual que era usado até em fotos sem roupas, com as manequins enroladas em tecidos".[363] A parceria entre Brunet e Saade teve início em 1982, quando o empresário propôs à modelo, em início de carreira, um contrato de exclusividade com a promessa de investimentos pesados em divulgação. Ela aceitou e se tornou uma das imagens mais emblemáticas da história do *jeans* brasileiro: Luiza Brunet vestindo *jeans* Dijon, de saltos altos ao lado de Humberto Saade, que posava como "grande caçador branco em pé, ao lado de sua presa"[364] – uma publicidade disseminada por meio das revistas de moda de maior tiragem do país. Apesar de marcante, a parceria durou menos do que muita gente imagina: acabou em 1984, por insatisfação de Luiza com a "exclusividade" alardeada em legendas pelas publicidades da Dijon que, segundo ela, não estava nem mesmo ancorada em contrato formal: "Eu passava horas e horas a fio dentro da Dijon, provando roupas, fazendo pequenos desfiles para clientes e

*Acima, logomarca da grife Dijon, do carioca Humberto Saade, ícone de moda da década de 1980; Rio de Janeiro, RJ, 1981.*

*Na página ao lado, publicidade do jeans com a grife Clodovil Hernandes; São Paulo, SP, dezembro de 1981.*

viajava pelo Brasil inteiro. Era um regime em que se trabalhava bastante",[365] ela relatou. "Fiquei na Dijon por dois anos, mas parece que foram 20".[366] A obsessão pela associação da imagem de ambos levou Saade a solicitar ao Instituto de Marcas e Patentes o registro do nome de Luiza Brunet, após o rompimento da parceria. O caso foi alardeado pela imprensa e terminou com a retirada do pedido de registro pelo empresário. Luiza foi substituída por Monique Evans e Vanessa de Oliveira, também como "modelos exclusivas" da Dijon – mas nenhuma das sucessoras ficou tão associada à marca. Vale a pena lembrar que o conceito de modelo exclusiva foi pioneirismo de Humberto Saade, com Luiza Brunet, antes mesmo de Karl Lagerfeld ter firmado exclusividade com Inès de la Fressange para a casa Chanel, em Paris.

Como a maior parte das grifes brasileiras, a produção da Dijon era também terceirizada – sistema que também acabou por impulsionar confecções de estados brasileiros que não detinham marcas famosas, mas operavam como fornecedoras. A Dijon, por exemplo, em 1982 [367] – ou seja, no seu auge –, operava com a empresa capixaba Mimo, de Maria de Lourdes Almeida Vieira, para produção do *jeans*. "O Espírito Santo passa a integrar o rol de endereços onde se fabrica a tão desejada calça *jeans*",[368] nos municípios polos de confecção Colatina e Vila Velha. "Pelo acordo, a fábrica produz, etiqueta e comercializa. Cabe à Dijon o controle de qualidade para que o licenciamento continue existindo."[369] Na virada da década de 1980 para 1990, o *jeans* Dijon começou a perder brilho, "após pulverizar sua marca em 'n' produtos".[370] O *jeans* Dijon deixou de ser fabricado no início dos anos 2000; mais tarde, Saade reativou os licenciamentos da etiqueta – sem alcançar o mesmo vigor físico dos tempos de Luiza Brunet.

No mesmo período, o *jeans* foi também motivador de um *boom* de licenciamentos de marcas estrangeiras e grifes. A começar pelo *jeans* Pierre Cardin, lançado pela Vila Romana em meados da década de 1970,[371] um sucesso que abriu caminho para a entrada de outras grifes no território do *denim*. Aliás, o termo *griffe* – garra, em francês – surgiu para a moda naquela época, quando as etiquetas pularam de dentro para fora das roupas e se deixaram expor, evidenciando as "garras" do fabricante, como um animal que deixasse marcas no corpo da vítima. Antes, expor uma etiqueta era considerado algo excessivamente publicitário e até mesmo ridículo... Mas os tempos mudaram. O padrão de vestir na sociedade urbana de massa se pasteurizou e passamos a ter necessidade de exibir as grifes para, por meio delas, explicitar nosso *status* social. Ou seja, nos tornamos *out doors* ambulantes assumidos...

Dois tipos de licenciamento marcaram o período, na área do *jeans*: os das grifes da alta-costura e *prêt-à-porter* europeias e o das marcas tradicionais norte-americanas. No segmento das norte-americanas – Lee, Levi's e Wrangler –, esta última foi a primeira a tentar desembarcar por aqui, em 1973, trazida pelo empresário George Farah – também criador da marca Farouche[372] – de São Paulo, com estimativas de produzir 60 mil peças mensais.[373] Mas não vingou, por conta de uma briga judicial com "outra grande fábrica multinacional do Brasil",[374] detentora dos direitos da marca W, também da Wrangler, que só se licenciou aqui dez anos mais tarde pela Hering.[375] A Levi-Strauss rondou cedo o Brasil, planejando instalar uma fábrica própria, negociando com a Santista Têxtil o desenvolvimento do *denim* para viabilizar sua confecção.[376] Foi a primeira a ter produção em território brasileiro: em 1973, a marca passou a ser comercializada pelas Lojas Garbo, em *stands* exclusivos[377] – projeto desenvolvido pelo diretor de *marketing* Raul Sulzbacher que, na época, lá trabalhava.

Percebendo o potencial do produto, naquele mesmo ano,[378] ele propôs à Levi's a criação de lojas exclusivas para venda do *jeans* da marca. Nasceu assim a Jeans Store, rede de varejo que prosperou nos anos seguintes e "ajudou a fazer da calça azul e desbotada uma peça indispensável".[379] No início da década de 1980, a Jeans Store teve 18 lojas,[380] em diversas cidades, e desenvolveu etiqueta própria, a Jeaneration, para cobrir os produtos não fabricados pela norte-americana, como camisas, camisetas e outras peças, fornecidas pela Alpargatas, Zoomp e Triton. O contrato entre Raul e a Levi's, no entanto, era de exclusividade unilateral – ele só podia vender Levi's, mas a Levi's podia se vender para quem quisesse. Resultado: a certa altura, a concorrência dos magazines, "vendendo a mesma calça, a preço 30% mais barato",[381] derrotou a Jeans Store. Em 1985, a parceria se encerrou e a rede passou para a Alpargatas, que a manteve até 1990.

A emblemática Lee, que já era para nós sinônimo de *jeans*, acabou sendo a última a chegar ao Brasil; só foi fabricada aqui no início da década de 1980: "Eu trabalhei na Lee, que era licenciamento do Grupo Vicunha",[382] informou José Gayegos. Com o mercado fechado às importações, não foi mesmo fácil a nenhuma das marcas norte-americanas se instalar no Brasil. Exigia acesso a tecido e estrutura de confecção internamente. A legislação protecionista anti-importação reservou nosso mercado principalmente à US Top, que se manteve como o *jeans* mais popular do país até o início da década de 1990. Os "*jeans* de marca" deram *status* à calça de *denim*. Na esteira do sucesso do *jeans* Pierre Cadin – da Vila Romana –, o Brasil aos poucos se encardiu de licenciamentos *tops*, em especial no início da década de 1980, com a chegada dos *jeans* Yves Saint Laurent, Christian Dior, Cartier, Patek Phillipe, Claude Philippe e Guy Larouche (este indicava o estilista local, Nilo de Almeida).

O mais bem-sucedido dos licenciamentos estrangeiros da época, no entanto, não foi de uma grife tão chique ou mesmo de grande fama internacional. Tratava-se da italiana Fiorucci, que investira em *jeans* e acabara se tornando a marca europeia de desejo entre os jovens, viabilizado aqui por obra de Glória Kalil. Apesar de paulistana e com negócios familiares sediados na cidade natal – era casada com o empresário José Kalil, dono da têxtil Scala D'Oro –, Glória escolheu o Rio de Janeiro para lançar a marca, em 1976, por uma razão "muito simples": "Se você quisesse ter visibilidade nacional, ou ia para o Rio de Janeiro ou ficava restrita como uma marca paulista",[383] ela explicou.

*Na página ao lado, publicidade da grife italiana Fiorucci; Rio de Janeiro, RJ, dezembro de 1983.*

*Abaixo, logotipo da grife Jeaneration, de Raul Sulzbacher; São Paulo, SP, 1983.*

483

Formada em sociologia, Glória iniciou sua carreira como jornalista de moda na Editora Abril, no início da década de 1970, passando depois ao desenvolvimento de produtos na tecelagem Scala D'Oro, em São Paulo. Alguns anos mais tarde, foi apresentada ao italiano Elio Fiorucci, que visitava o Brasil para sondar a possibilidade de abrir lojas em nosso país – sem saber, aliás, que importação por aqui era algo proibido, como muitas coisas mais. Glória, que dispunha da estrutura da Scala D'Oro, lhe propôs assumir uma franquia da marca.[384] Assim, os produtos da Fiorucci, incluindo o *jeans*, começaram a ser fabricados em território nacional, com a mesma tecnologia com que eram feitos na Itália.

"De 1978 a 1986 praticamente reinamos sozinhos. Foi uma detenção de mercado completa",[385] assegurou Glória. A marca ia muito bem, obrigada, mas apenas no Brasil. Na matriz italiana, os negócios caíram e a Fiorucci acabou sendo vendida ao grupo japonês Edwin, em 1990. Glória tinha contrato de concessão de uso por mais três anos: "Tivemos que desmontar a bomba, porque tínhamos 13 lojas próprias, 17 franquias e 150 pontos de venda pelo país",[386] ela contou. "Muita gente perguntou por que não fiz minha marca. Graças a Deus, não fiz! Saí da indústria em uma hora acertada, pois em 1990 houve a abertura de mercado. Foi de uma hora para outra, com uma brutalidade inacreditável",[387] ela relatou, referindo-se às medidas econômicas implementadas pelo Plano Collor – do governo Collor de Mello. Glória saiu em 1993, antes que o mercado despencasse de vez; passou a prestar consultorias e se tornou *best-seller* com publicações sobre moda. A Fiorucci voltou ao Brasil apenas em 2009, franqueada pelo grupo gaúcho Supermarcas.

## Jeans baggy & stone washed

Se as marcas pioneiras da década de 1970 variavam pouco do tradicional modelo *five pockets* com seus rebites, no decênio seguinte o *jeans* entrou, de fato, na moda, ganhando variedades de modelagem além das técnicas de tingimento e lavagem. "Na década de 1980, a modelagem começou realmente a fazer moda. Começaram a fazer *baggy*, semi*baggy*, perna estreita, perna larga, calça chiclete. Foi aí que se começou realmente uma preocupação com moda",[388] avaliou a estilista e educadora Raquel Valente, responsável pela modelagem da US Top entre 1983 e 1990. Ou, como escreveu Deise Sabbag, em 1988: "Todos usam *jeans*. Mas nem todos usam o mesmo tipo de *jeans*".[389] As duas inovações que mais marcaram os anos azuis foram o *stone washed*, técnica de lavagem do *denim* com pedras-pomes, que lhe dá aparência de desgaste "conforme o tempo de exposição da peça na lavagem"[390] (que eventualmente volta à moda), e o modelo *baggy*, uma calça com corte amplo nos quadris, que se afunila nas pernas e se ajusta nos tornozelos.[391]

A *stone washed* teria sido inventada na primeira metade da década de 1960, nos Estados Unidos, por Nudie Cohen, "consultor de roupas *western* de Hollywood".[392] Seu emprego em calças *jeans* teria se iniciado, no entanto, no final da década de 1960, na França, pelo casal Marithé e François Girbaud. Naquele mesmo período, a Levi's começou a empregar a técnica e a Lee a imitou mais tarde, em 1982. "No Brasil, a Ellus foi a pioneira em fazer a lavagem com pedras em seus *jeans* [em 1981], seguida por várias outras marcas fabricantes."[393] Ao casal francês também é creditada a criação da modelagem *baggy* para calças *jeans*, no final da década de 1970. "Calça *baggy* virou coqueluche no mundo inteiro. Depois virou calça brega; e a semi*baggy* era semibrega. Mas eram calças legais de se trabalhar, porque permitiam que a gente colocasse mais coisas em cima",[394] descreveu o estilista José Gayegos.

Na segunda metade da década de 1980, havia no Brasil uma superoferta de *jeans* que contrastava com uma realidade econômica de recessão, inflação e perda de poder aquisitivo. Raul Souza Sulzbacher, dono da rede de lojas Jeans Store, registrou, já em 1985, que a "queda nas vendas [do *jeans*] chegou a 40%".[395] O mercado também começava a se mostrar saturado de modismos: "Os modismos perderam a força. O *jeans* voltou a uma posição mais real, como uma roupa de estudante, do trabalhador e, também, do executivo nos finais de semana",[396] ele afirmou no mesmo ano. Alguns executivos do setor chegaram a acreditar que a febre do *jeans* teria chegado ao fim, mas a história mostrou que não: a peça se firmou como um novo padrão de vestir contemporâneo. Podemos dizer que o *jeans* está acima da moda...

*Publicidade da lavanderia industrial Lavin; São Paulo, SP, 1989.*

## A moda invadiu nossa praia

Na mesma medida em que a liberação comportamental, na década de 1970, reduziu as roupas de banho ao mínimo essencial, confeccionistas brasileiros descobriram ter talento especial – quase nato, diga-se – para fazer uma moda maiúscula com o mínimo de tecido. Não por acaso, foi naquele período que o Rio de Janeiro polarizou a moda nacional e atraiu os olhares dos formadores de opinião (brasileiros ou não) para marcas que surgiram de forma quase artesanal e despretensiosa, mas que acabaram por conquistar expressão mercadológica. Foi um tempo em que se radicalizou o processo de sumarização e, vale dizer, embelezamento das roupas de banho, iniciado na década de 1960 com a popularização do biquíni. Uma moda que começou a surgir naturalmente em nossas praias era, quase sempre, resultado de criações anônimas de jovens que frequentavam nossos 7 mil quilômetros de costa litorânea. As mulheres brasileiras, ao irem à praia – mais especificamente às do Rio de Janeiro –, singularizavam seus biquínis e arriscavam "modelos improvisados, biquínis de crochê ou calcinhas e sutiãs de *lingerie* adaptados caseiramente".[397] A liberação feminina e a contracultura se traduziram, assim, em uma moda juvenil despojada e ousada, emblemada pela tanga que a modelo Rose di Primo usou certa vez, em 1973 – na verdade, "uma calcinha que não tinha dado certo e que foi cortada nas laterais, acrescidas de cordões para serem amarrados nas laterais, deixando os ossinhos da bacia acentuados e revelando a virilha".[398] Rose di Primo acabou sendo a modelo emblema dessa moda que surgira espontaneamente, no Rio, e que remetia às sumárias amarrações usadas pelos nossos ancestrais aborígines. Foi, todavia, "no verão de 1974, que o mundo começou a descobrir o comportamento das brasileiras na praia. Revistas de toda parte [do mundo] mandavam fotógrafos para cá",[399] recordou David Azulay (1953-2009), criador da Blue Man, no início da década de 1970, marca precursora do segmento.

Corte! *Flashback*. Cidade: Rio de Janeiro; período: início dos anos 1970; praia e local em foco: Píer de Ipanema. "Construído no final de 1970 na praia de Ipanema, entre as ruas Montenegro (atual Vinicius de Moraes) e a Farme de Amoedo, para servir de apoio ao emissário submarino de esgoto",[400] o Píer (ou Posto 6) passou a ser o trecho da praia carioca preferido dos artistas, intelectuais, jornalistas e malucos "beleza" em geral: "A gente ficava ali, bundeando, o dia inteiro... Ficávamos até o pôr do sol: eu, Waly, Chacal, José Wilker, Jorge Salomão, Glauber. O Caetano aparecia volta e meia. Começaram a chamar de 'dunas da Gal', porque ela era frequentadora assídua e a mais famosa de todos nós. José Simão já gargalhava e gozava de todo mundo. Era a festa na areia",[401] escreveu o ator, cantor e compositor Jards Macalé. Por lá, as abusadas "cocotinhas do Píer"[402] circulavam vestindo apenas calcinhas pretas e sutiãs coloridos, trajes que substituíram os vestais maiôs "de perninha", ou aqueles "enormes" duas-peças com quase um palmo de largura, ou peças artesanais de crochê em linha de algodão de décadas anteriores.

Jacqueline de Biase (1962- ), estilista da marca Salinas, recordou também as calcinhas da marca Eva, que cumpriam papel de biquíni sofisticado: "Eram de Lycra, boas, grossas, sem acabamento de calcinha e com modelagem ótima! Nas cores preta, azul-marinho e vinho; eram a melhor pedida da época... O problema era o sutiã, que a gente tinha que improvisar cortando cortininha de chitão. Todo mundo na praia usava igual!",[403] ela descreveu. Assim, o Píer de Ipanema acabou virando palco onde experimentos em moda praia rolavam soltos: havia "saias longas com o umbigo de fora e as batas indianas. Havia também quem circulasse vestido de calças Saint-Tropez, macacões e até ponchos".[404] Foi em meio a muitas maluquices criativas que alguém resolveu radicalizar no "tupi *or not* tupi" e apareceu por lá de tanga, ou seja, usando "dois pequenos triângulos de alguma coisa, presos nas laterais por fios finos".[405] A galera – é claro! – adorou a novidade e as tangas foram se multiplicando em variados materiais como crochê, malha, inclusive camurça, até se transformarem numa espécie de estandarte patropi quando, em 1973, foi parar na capa da revista Manchete, vestindo – se é que se possa usar este verbo, no caso – a belíssima Rose di Primo, recém-saída da adolescência, "de tanga e cavalgando uma motocicleta".[406] A coisa toda teria ocorrido de forma um tanto casual: Rose estava no Píer de Ipanema quando foi fotografada em seu biquíni hipercavadão por Antônio Guerreiro. A foto foi parar na mesa de Justino Martins, diretor da Manchete, que logo entendeu o enorme potencial da peça que batizou com o singelo nome de "tanga". A foto e o termo foram reproduzidos em diversas publicações da editora Bloch,[407] e acabaram indo parar também na capa da revista alemã Stern. Rose e sua tanga tornaram-se internacionalmente conhecidas. Mais que isso, a moda usada nas praias brasileiras foi se deixando industrializar, com identidade e estilo marcantes. Já no ano seguinte, Rose di Primo posou para as fotos de divulgação do biquíni *jeans*, um lançamento da marca Blue Man, confecção recém-criada pelo paraense David Azulay – aliás, então, um assíduo frequentador do Píer. A criatividade era nacional, mas o biquíni – não exatamente uma tanga – possuía bandeirinhas norte-americanas como decoração e se tornou sensação nacional, repercutindo até nos EUA, onde ilustrou uma capa da Time, em 1974, ano em que também "uma equipe de jornalistas britânicos do jornal The Sun esteve no Rio de Janeiro para realizar uma matéria sobre biquínis".[408] Naquelas alturas, o Brasil já era apontado em todo canto como "especialista" na matéria.

A tanga foi, portanto, "o primeiro modelo reconhecido como nascido no Rio, em Ipanema".[409] Mais que isso, foi o primeiro produto legitimamente nacional no campo da moda, não por acaso uma invenção que circulava em nosso território desde 1500, quando as caravelas de Cabral por aqui desembarcaram. Ou seja, demoramos precisos 473 anos para redescobrir que nossa vocação e talento na moda tendia mais para despir que para vestir, como reconhecem e apreciam os gringos. Nas tribos tupi-guaranis e tupinambás, as tangas eram confeccionadas com fibras vegetais, contas, penas e até mesmo em cerâmica (caso das tangas marajoaras). Mais do que uma, talvez, inconsciente homenagem aos nossos ancestrais, a tanga apareceu na década de 1970 como inovação e contestação de um tempo em que os jovens desbancaram a alta-costura e passaram a ditar a moda democrática de produção em série.

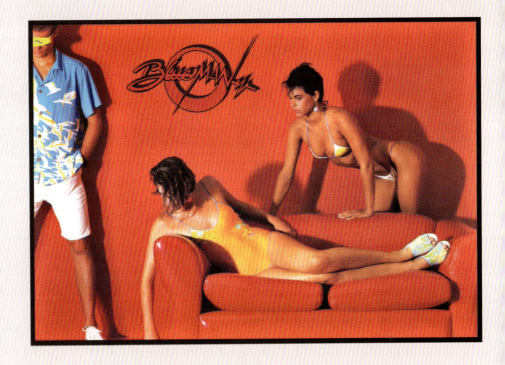

*Acima, publicidade da grife de moda praia Blue Man, do estilista David Azulay; Rio de Janeiro, RJ, outubro de 1984.*

*Na página ao lado, publicidade da grife de moda praia carioca Bum-Bum; Rio de Janeiro, RJ, Claudia Moda, nº 37, ano VII, 1987.*

Tecnicamente, a tanga pode ser descrita como uma "versão reduzida da calcinha do biquíni", formada "por dois minúsculos triângulos de tecido presos por tiras amarradas nos quadris; foi a menor roupa da história da moda. [...] Revolucionou a moda praia internacional, tornou-se símbolo de sensualidade tropical e conquistou fama para o biquíni pequeno, usado à moda brasileira e batizado no exterior de *brazilian bikini* e, posteriormente, de *the string*".[410] A tanga já estava estabelecida praticamente de norte a sul em nossa orla quando começaram retornar ao país ex-militantes e políticos exilados pela ditadura militar; entre eles o jornalista mineiro, de Juiz de Fora, Fernando Gabeira que, em 1979, protagonizou um outro atentado, não contra o poder constituído, mas aos padrões masculinos de vestir: sob *flashes* e olhares de curiosos, ele surgiu no Píer de Ipanema usando uma minúscula tanga "que chocava pelas dimensões (quase um *cache-sex*), cores (lilás e verde) e material (crochê)".[411] Na verdade, tratava-se de uma peça improvisada com a parte de baixo do biquíni que ele emprestara de sua prima, a também jornalista mineira, de Juiz de Fora, Leda Nagle: "Por causa de Gabeira, o que deveria ter sido o 'verão da abertura' em Ipanema tornou-se, para desgosto da esquerda oficial, o 'verão da tanga'."[412] E Gabeira transformou-se em preconizador do crepúsculo das conservadoras formas de vestir do macho brasileiro.

Emoldurada por fatos pitorescos, a moda praia se impôs e se constituiu como mercado consistente, do qual David Azulay foi o "grande precursor".[413] David vivia no Rio de Janeiro desde meados de 1960 e, bem no início da década de 1970, "comprava cintos e pedia para sua mãe, que era bordadeira, dar um toque; então, os vendia de cara nova".[414] Logo ele sacou, observando a turma que frequentava o Píer de Ipanema, que a moçada ansiava por modelitos de praia com mais estilo e ousadia, então indisponíveis em nosso mercado confeccionista, ainda pautado por confecções conservadoras como Manvar e Arp – sem falar dos ancestrais maiôs Catalina.

David percorreu butiques cariocas oferecendo dois modelos de biquínis de *jeans* que haviam sido desenhados pelo irmão dele, Simão, e confeccionados por um costureiro árabe.[415] As butiques adoraram a novidade, mas logo se viu que não funcionavam bem no corpo: "Nem eu, nem Simão, nem as lojistas que o compraram; ninguém se deu conta de que o *jeans* sem lavagem, duro para cacete, não tinha a elasticidade necessária",[416] David recordou. Mas ele não desistiu da proposta. Afinal, estávamos adentrando os "anos azuis", em que tudo era feito com *denim* índigo *blue*. David passou a realizar experiências com a peça e, auxiliado por Antônio Nazaré, o Binha, desenvolveu um modelo de biquíni que se prendia no corpo por meio de laços. Produzido artesanalmente, foi vendido em butiques de Ipanema, no Rio, e logo parou nas butiques de "*hippies* chiques"[417] da Rua Augusta, em São Paulo. Foi a confirmação de que a Blue Man estava no rumo certo: a foto na Time, em 1974, confirmou que sua confecção tinha espaço no mercado externo, ao qual David dedicou boa parte da trajetória de sua confecção.

Já em 1978, ele começou a exportar para os Estados Unidos: "A partir de 1979, a Blue Man passou a usar estampas tropicalistas, um dos fatores que impulsionaram a marca a começar a exportar para a Europa. Alemanha, França e Itália foram os primeiros países que se renderam ao charme da minúscula roupa brasileira".[418] Até meados da década de 1990, a marca esteve fortemente direcionada para fora; mas as crescentes exigências dos estrangeiros – principalmente em relação à modelagem diferenciada – teriam levado David a reverter essa estratégia: "Entendi que o Brasil era, e sempre será, o melhor mercado do mundo para vender biquíni. A partir daí, quando um gringo dizia 'não quero assim, quero assado', eu respondia, 'então tá, muito obrigado, pode ir embora",[419] ele relatou. A partir de 1997, a Blue Man integrou a primeira geração de confecções que desfilou coleções na recém-criada semana de moda brasileira. "Ao longo da década de 90, David redimensionou a empresa e conseguiu levar a Blue Man, intacta, aos anos 2000".[420] A marca sobreviveu à morte de seu criador, ocorrida em 2009.

A Blue Man foi uma pioneira, mas atrás dela vieram outras confecções voltadas ao *beachwear*, incrementando nos acessórios "cheios de bossa"[421] e multiplicando os detalhes, como "argolas, fivelas e outros adereços, que eram opcionais na lateral ou no meio do sutiã do biquíni".[422] Palavras como sensualidade e ousadia são recorrentes em reportagens e anúncios de moda praia: a fibra de elastano Lycra (marca registrada da Dupont, atual Invista, que por aqui virou sinônimo de tecido extensível) conferiu aos modelos a justeza necessária para colar as peças ao corpo e suplantar rapidamente o algodão no segmento.

*Reportagem sobre biquínis;*
*Claudia Moda Ano VII, Nº 37,*
*novembro de 1986.*

Durante a década de 1980, o seminu vanguardista do período anterior se radicalizou, tornando o que já era exíguo ainda menor que o micro, para expor completamente o bumbum feminino: vivemos uma febre de modelos para além do essencial, batizados com os sugestivos nomes de "enroladinho" (*short* de Lycra [elastano] enrolado, formando uma calcinha),[423] "asa-delta", "bustiê cortininha" e "sunquíni", culminando com o "fio dental" – todos prontamente adotados pela geração saúde que habitou o período. Em resumo, foi um tempo em que "transparências, grandes fendas, decotes e roupas curtas", na indumentária normal, vieram se somar "a sumárias tangas ou biquínis usados criativamente enrolados; e aos nossos modelos fio dental ou asa-delta".[424]

E em se tratando do "fio dental", um precursor reconhecido foi Cidinho Pereira (Alcindo Silva Filho, 1948- ) que, em 1979, criou a BumBum – Ipanema, cujo nome já diz tudo, sem constrangimentos. Foi ele quem lançou comercialmente em 1984, depois de uma viagem a Ibiza, Espanha (aliás, o nome da cidade teria sido o nome original de batismo da peça), onde as mulheres usavam um estranho tipo de biquíni, "uma calcinha esquisita que na parte de trás formava um T, com uma espécie de barbante. Achava aquilo horrível, além de não favorecer nem um pouco o corpo feminino".[425] No retorno ao Brasil, Cidinho se debruçou sobre aquele T procurando lhe dar mais curvas e graça. Surgiu daí o minúsculo "fio dental", lançamento da BumBum que, em contrapartida, fez também os maiôs retomarem "sua importância, com alças finas, decotes imensos [...] pernas bem cavadas, drapeados e muitos recortes".[426] Contemporâneos ao "fio dental" foram também os adesivos coloridos, espécies de decalques normalmente com motivos tropicais, "que substituíam a parte de cima do biquíni e se tornaram sensação no verão de 1986".[427] Eles cobriam, de fato, apenas os mamilos e "só podia usar quem tinha seios pequenos ou médios".[428]

A Lenny, de Lenny Niemeyer (1952- ), se destacou menos pelo minimalismo que pela sofisticação de suas peças. Paulista desembarcada no Rio de Janeiro em 1980,[429] começou já apostando no "estilo praia-chique do Brasil",[430] com modelos que vendia para butiques instaladas no Rio, como Fiorucci, Khrishna, Maria Bonita, Philippe Martin e Bee,[431] produzindo roupas estampadas para jovens "colunáveis".[432] "A brasileira, especialmente a carioca, é quem conhece melhor a praia. É na areia que as modas nascem; a gente só vai lá para se inspirar... Às vezes, a gente planeja uma coleção e, na hora agá, tudo muda. Quem de fato inventa a moda praia para o mundo inteiro é o corpo da carioca",[433] ela afirmou. Outras marcas solares surgidas no período foram a Salinas, de Jacqueline de Biase, e a Rygy, de Regina Aragão (1950- ), ambas criadas em 1982. "Era sentada na areia que eu ficava sabendo dos desejos da moçada; ali, sempre vinha alguém pedir um modelo novo, assim ou assado; e eu verificava, quando as meninas estavam dobrando o biquíni, porque ele era grande demais ou o contrário",[434] corroborou Jacqueline, que no início da Salinas teve como sócia Paola Robba, mais tarde estilista da Poko Pano (1988). Diversas outras marcas pegaram a onda da moda praia carioca, como Sandpiper (1983, de Napoleão Fonyat),

*Acima, editorial fotográfico sobre biquínis; Claudia Moda Ano VII, Nº 37, novembro de 1986.*

*Na página ao lado, logomarca em convite do primeiro curso de estilismo da Casa Rhodia; São Paulo, SP, 1978.*

490

Gaúcha (1980) e Kitanga (1984). O segmento cresceu tanto que, em 1987, deu origem ao Grupo Moda Praia Rio, primeiro "movimento", por assim dizer, do setor no país. Apesar de sua "curta duração",[435] o Grupo, integrado por marcas como Blue Man, Rygy, Germany's, Inez Mynssen, Gota d'Água, Lémon, Porta do Sol e Zilda, contribuiu para reforçar a imagem do Rio como lançador de moda praia.[436]

Porém, se tudo começou nas areias do Rio, nas décadas seguintes o segmento se expandiu país afora e adentro, desafiando probabilidades. Ninguém seria capaz, por exemplo, naqueles primórdios, de prever que marcas expressivas brotariam em pleno asfalto paulistano, como acabou acontecendo com a Lygia & Nanny (das ir-mãs Lygia Moreno e Nanny Fry, de 1979), a Rosa Chá (criada por Amir Slama em 1988) e a Cia. Marítima (de Benny Rosset, de 1990): "Nossa moda é boa porque as brasileiras adoram biquíni, conhecem tudo do assunto e exigem qualidade. São elas que fazem a moda praia brasileira. Lembra do biquíni enroladinho dos anos 80? Não foi um estilista quem pensou aquilo, mas uma mulher que, num belo dia de sol, enrolou o seu biquíni e lançou a febre. E o "fio dental"? A mesma coisa: nasceu de um modelo asa-delta encolhido até o limite por alguma carioca",[437] constatou o estilista Benny Rosset. Por meio da moda praia, o Brasil inverteu os papéis: ao invés de irmos lá fora ver o que estava sendo lançado e nos "inspirar", eles – criadores de diversas nacionalidades – passaram a vir aqui ver o que rola em nossas areias para nos tomar como "inspiração".

## Geração Casa Rhodia

Disseminou-se a falsa impressão de que, no período imediatamente posterior aos famo-sos *shows*-desfiles da Fenit, realizados na década de 1960, a atuação da Rhodia na moda brasileira teria deixado de ter consistência. Na verdade, ocorreu apenas uma mudança na estratégia da fabricante de fios sintéticos, que, no decênio seguinte, optou por ações de menor visibilidade ao grande público; a primeira delas foi a reestruturação de seu *marketing*: "O que havia antes era um *marketing* emergente. Em 1970, a Rhodia implan-tou a área, oferecendo cursos de formação em *marketing* para os seus executivos",[438] informou Carlos Mauro Fonseca Rosas, que assumiu em 1970 o Departamento de Orien-tação e Moda da empresa, também responsável por suas apresentações na Fenit.

Nascido no bairro de Moema, o paulistano Carlos Mauro Fonseca Rosas acompa-nhara o próprio surgimento da Fenit – aliás, antes disso, do próprio Ibirapuera. Quando garoto, brincava nas imediações de sua casa em uma "mata impressionante, onde pas-sávamos por uma tribo de índios; e, depois, quando eu tinha 14 anos, abriram a mata e construíram ali alguns prédios; e aquilo veio a se chamar Parque Ibirapuera",[439] ele con-tou. A proximidade da casa paterna do local onde surgiu a Fenit permitiu que Carlos Mauro frequentasse, muito jovem, as primeiras edições da feira e se encantasse com o ambiente da moda. Não deu outra: em 1968, depois de se formar em artes plásticas, ele acabou indo trabalhar na Rhodia, inicialmente como vitrinista, onde pôde ainda acompanhar os bastidores de alguns dos grandes *shows* promovidos por Livio Rangan, e, depois, os episódios que acarretaram a demissão do publicitário...

Em 1970, a Fenit deixou o Ibirapuera para ocupar os pavilhões do Anhembi, onde a Rhodia continuou a ter seu estande, mas já sem "nenhuma preocupação com *shows* espetaculares"[440] – refletindo sua nova estratégia. "Extraíram-se da Fenit os produtos mesclados à alta-costura" a fim de dar espaço aos dirigidos "para a massa e fabricado aos milhares",[441] confirmou Carlos Mauro. A própria feira desistiu do *show* para se tornar um evento de negócios, oferecendo aos expositores estandes modulares iguais e um auditório comum no qual eram realizados todos os desfiles, obedecendo a uma escala fixa, por confecção ou têxtil. Mais importante: deixou de ser aberta ao grande público, transformando-se em um evento restrito ao segmento.

No caso da Rhodia, a nova estratégia implicou abandonar o caráter centralizador e grandiloquente dos eventos que marcaram o período Livio Rangan para investir naquilo que desse suporte à profissionalização das confecções-clientes (internamente chamadas de "homologadas"), por meios menos dispendiosos e mais eficientes, com orientação e formação. Um passo importante foi o incremento do Serviço de Orientação e Promoção de Moda: "Tratava-se de um serviço que vinha se caracterizando desde 1969, incumbido dos clientes diretos ou indiretos, para orientar sobre as tendências, que produto fabricar e com antecedência às estações", afirmou Carlos Mauro. Em síntese, foi o embrião de um *bureau* de estilo empresarial, que contava com as informações exclusivas do Promostyl – o *bureau* francês que inventara os *Cachiers de tendences* ou *trendbooks* (cadernos de tendências). Já desde 1966, a Rhodia publicava e distribuía a seus clientes diretos – têxteis e confecções – os Cadernos de Orientação/Moda, ricamente ilustrados por Alceu Penna.

O Promostyl foi criado também em 1966 e manteve, até o final da década de 1970, contrato de exclusividade com o grupo Rhône-Poulenc, para todo o mundo. Dessa fonte se originou, na Rhodia do Brasil, o serviço Orientação de Moda: "Vinham as informações de lá, que a Rhodia tinha com exclusividade, para divulgação no território nacional sobre tendências", acrescentou Carlos Mauro. "Em 1973, propus me colocar como responsável pela tal Orientação de Moda. E essas informações começaram a se caracterizar, ao longo da década, por meio dos chamados "cadernos de tendências", pelos quais passávamos as mensagens aos empresários. Por exemplo, ao ramo de camisaria, informávamos: 'A tendência do colarinho é aumentar'. Mas eles ainda perguntavam: 'Quantos centímetros?'. Isso foi fato... ",[442] acrescentou Carlos Mauro.

A empresa quis sair do centro do espetáculo para se colocar como articuladora de uma "inteligência têxtil": "O objetivo do Orientação de Moda era informar às fiações, 15 meses antes, quais seriam as cores da moda; três meses depois – ou seja, 12 meses antes das estações –, essa mesma mensagem era repassada às tecelagens e malharias;

ao longo desse processo, informava-se também à imprensa especializada",[443] descreveu Carlos Mauro. O serviço compunha o rol de ações do Serviço Global Rhodia: "Inicialmente, o Orientação de Moda servia a alguns elos da cadeia, vinculado especificamente a estilo. Mas vimos que não adiantava ter um trabalho em estilo e não ter um trabalho mercadológico completo. E o Serviço Global Rhodia passou a trabalhar o *marketing*, em todos os elos da cadeia",[444] acrescentou Rubens Hannun, que atuou entre 1976 e 1988 em diversas gerências da Rhodia.

Para difundir novos conceitos de gestão à cadeia têxtil – em especial entre seus clientes diretos e indiretos –, a Rhodia passou a realizar os Encontros Nacionais de Líderes da Indústria Têxtil (Enlit), cuja primeira edição ocorreu em 1973 na cidade de Natal, RN, reunindo especialistas brasileiros e estrangeiros do setor. Tudo, como sempre, em grande estilo: aviões foram fretados para levar até lá cerca de 200 participantes, entre empresários e jornalistas.[445] Ainda nas palavras de Carlos Mauro, o objetivo era abranger "a programação da moda, a programação do consumo e a programação dos lucros; ou seja, era tudo o que os empresários queriam...".[446] Em miúdos, o Enlit, acima de tudo, pretendeu incutir na cabeça de nossos confeccionistas que, para produzir moda, não bastava viajar à Europa nas temporadas de desfile com um caderninho e uma câmera fotográfica; implicava capacitar as empresas para o desenvolvimento de coleções próprias, programadas com as devidas antecedências.

Participaram do 1º Enlit 28 confecções, às quais foi proposto criar coleções com calendário e obedecendo às tendências da moda, tudo devidamente acordado entre os diversos segmentos da cadeia têxtil.[447] Os empresários receberam *books* de estilo; aliás, com temas brasileiros: "Eles aprenderam, então, o conceito da moda programada com longa antecedência. [A jornalista] Regina Guerreiro produziu uma série de estampados com motivos brasileiros, para a chamada adaptação dessas tendências internacionais ao Brasil",[448] descreveu Carlos Mauro. Naquele evento, foi criado o Gal Moda – nada a ver com a cantora baiana homônima; Gal era sigla de Grupo Avançado de Líderes da Moda, como foi batizado o consórcio de confecções que passou a criar moda feminina e masculina, chancelado por essa etiqueta comum, da mesma forma como operou o Club Um: "O lançamento [da primeira coleção do Gal Moda] aconteceu num navio fretado, o Ana Neri, para 2.200 varejistas do Rio e São Paulo; o desfile foi na boate do Ana Neri, que tinha um pé-direito baixo e, por isso, algumas modelos de 1,80 e ainda usando saltos plataforma tiveram que desfilar quase agachadas... Mesmo assim, foi um evento descomunal que reuniu os mais importantes empresários do varejo, das confecções e da imprensa de moda",[449] relatou Carlos Mauro. O Gal Moda, porém, teve vida curta: teria lançado apenas uma segunda coleção. Juntar confeccionistas concorrentes sob uma mesma etiqueta não foi, em nenhuma das experiências do gênero, tarefa de êxito fácil.

A partir do Gal Moda, a Rhodia foi se reservando ainda mais aos bastidores da "inteligência têxtil": em 1979, integrou o *pool* de empresas que instituiu a Coordenação Industrial Têxtil (CIT), controlado pela Fairway Filamentos e formado também pela

Hoescht e Rhodia-Ster. Um Comitê de Estilo – que integrava a CIT – gerava informações sobre as tendências e definia cartelas de cores, obedecendo ao calendário sazonal da moda: primavera/verão e outono/inverno. "A CIT editava, criava e promovia, para todas as áreas da cadeia têxtil, as tendências de cores, na perspectiva da seleção de matérias-primas e até de formas para as confecções",[450] acrescentou Carlos Mauro. O conceito de *bureau* de estilo, já consolidado na Europa, passava a ser disponibilizado aos confeccionistas brasileiros por meio da CIT.

Havia, contudo, uma carência estrutural na moda brasileira que não poderia ser resolvida por meio de um *bureau* de estilo: a ausência de formação em moda, particularmente em criação/estilismo, problema de solução complexa que passava pela criação e regulamentação de cursos na área – de cursos técnicos à graduação. "Porque ninguém sabia nada por aqui, entende? E todo mundo era inseguro. Naquele estágio, já entendendo que se tratava de criar um Mobral [da moda], uma das primeiras coisas que quis foi saber onde se poderia aprender lá fora... E visitei escolas de lá, fui parar em lugares que eram quase pardieiros, em prédios centenários lá de Paris",[451] recordou Carlos Mauro. Abrindo picadas nesse território quase desértico do ensino de moda no Brasil, a Rhodia anunciou, durante o 2º Encontro Nacional de Líderes da Indústria Têxtil (Enlit) – ocorrido em 1979, em Manaus, AM –, a inauguração da Casa Rhodia, um espaço para orientação e formação em moda, situado na Avenida Brasil, 948, em São Paulo – onde passou a funcionar o Estúdio Rhodia Estilo,[452] voltado para a formação de profissionais de moda. Na verdade, a Casa Rhodia era um desdobramento de outra iniciativa anterior, o Centro Rhodia de Exposição da Indústria e das Artes Têxteis (Creiat), inaugurado quatro anos antes, na Avenida Brasil em São Paulo, com um desfile dos franceses da revista "Dépèche Mode, então chamados *les créateurs*, jovens que estavam caracterizando toda uma estética industrial a partir de suas criações",[453] recordou Carlos Mauro.

O Creiat prestava orientações sobre moda e varejo, realizava desfiles, exposições de tecidos e oferecia cursos de complementação para profissionais da cadeia de moda. A Rhodia enxergava "indícios de que o campo já estava suficientemente consolidado para absorver mão de obra altamente especializada".[454] Tanto que, em 1978, Carlos Mauro, em suas buscas em Paris por formação em criação de moda, conheceu o Studio Berçot – instituição de ensino fundada em 1955 por Suzanne Berçot: "Sobrevivi a umas escadarias de madeira antigas e encontrei uma senhora muito formal, que me explicou como era tudo... Tive a impressão de estar no ateliê do [figurinista e, depois, dramaturgo] Naum Alves de Sousa, na Oscar Freire: um galpão onde ele e seus alunos criaram o grupo teatral Pó de Minoga. [...] Para mim era tudo familiar. Aquele lugar era o Studio Berçot e a senhora muito educada que me atendeu era a Marie Rucki",[455] ele descreveu.

Francesa de Toulouse, Marie Rucki dirigia desde 1970 o Berçot. Naquele contato, foi feito o convite para que ministrasse um curso de criação de moda no Creiat, aceito e efetivado no mesmo ano. Assim, o Serviço de Orientação e Promoção de Moda da Rhodia promoveu, entre 17 de julho e 3 de agosto de 1978, "um curso de vanguarda, voltado para a criação, que visava à indústria do *prêt-à-porter*".[456] Apesar da curta duração, foi um marco na formação de *designers* de moda no Brasil. Com a ampliação das atividades, o Creiat se tornou "pequeno para as necessidades da empresa",[457] que o transformou em Casa Rhodia (abrigada em um casarão da família de Aziz Nader, na Avenida Brasil, 948), oferecendo cursos diversos nas áreas técnico-industrial e de criação. "Na Casa Rhodia, havia o Salão do Futuro, uma sala confidencial que ficava trancada; a chave ficava com a gerência de *marketing*. Ali, eram gerados novos conceitos. E tinha também uma teciteca, com desenvolvimentos da Rhodia a partir das tendências de estilo e das matérias-primas Rhodia. E havia o salão de desfiles e a sala de reuniões, onde foi realizado o primeiro curso de estilismo...",[458] descreveu Carlos Mauro. Entre 1978 e 1980, Marie Rucki ministrou três cursos na Casa Rhodia – mas ainda voltaria ao Brasil diversas vezes, nas décadas de 1980, 1990 e 2000, para dar palestras e *workshops*, a convite da Rhodia e de outras instituições.

Em paralelo aos cursos, a Rhodia prosseguiu assessorando as confecções-clientes: em 1981, realizou a 3ª e última edição do Enlit, em Canelas, RS, enfatizando a importância do planejamento em moda e do *marketing* integrado, com enfoque no consumidor. Sua maior contribuição à moda no período foi mesmo a Casa Rhodia, onde vários criadores jovens que fizeram a moda paulista e brasileira dos anos seguintes passaram pelas mãos de Rucki, como Alba Noschese, Alice Comparato, Andrea Saleto, Caio da Rocha, Clô Orozco, Conrado Segreto, Glória Coelho, Márcia Gimenez, Ocimar Versolato, Reinaldo Lourenço, Rose Benedetti, Walter Rodrigues e Jefferson Kullig. Em momento posterior, quando veio a convite da Escola São Paulo, de Isabela Prata, Pedro Lourenço, filho de Glória Coelho e Reinaldo Lourenço, também estudou com ela. Além desses nomes reconhecidos na moda brasileira, havia outros alunos que eram estilistas têxteis e/ou de empresas de confecção associadas ao CIT. A cada retorno da professora francesa

*Na página ao lado, Marie Rucki, diretora do Studio Berçot, de Paris, na Casa Rhodia; São Paulo, SP, 1978.*

*Ilustração de convite para curso de Marie Rucki no Creiat, Av. Brasil, 948; São Paulo, SP, 1981.*

de moda, havia aulas de reciclagem para ex-alunos, além de palestras de atualização para a imprensa e convidados. "Foi uma influência fundamental a escola de Marie Rucki, feita pela Rhodia. Foi importante porque ensinou um sistema europeu na origem, mas que era uma espécie de escola de criação; não ensinava a fazer *pattern* ou modelagem – infelizmente... Mas foi uma coisa inédita no país",[459] avaliou Costanza Pascolato. Dentre os alunos das primeiras turmas, um em especial ficou na memória de Carlos Mauro Rosas: "Primeiro por telefone, depois pessoalmente, me apareceu um japonezinho que não ia embora e me dizia: 'Eu preciso de uma oportunidade; não tenho dinheiro, não tenho empresa... Preciso de uma oportunidade...'. Achamos que ele nem batia bem, porque não ia embora; no dia seguinte, estava lá de novo! Então, sugeri que dessem uma bolsa de estudo para ele. E esse japonezinho é o Jum Nakao",[460] ele recordou.

O próprio Jum, que fez o curso em meados do ano de 1985, nunca esqueceu aquela noite em que, com 19 anos, ligou para a Coordenação Industrial Têxtil (CIT): "Porque não havia cursos que me satisfizessem naquela época. Procurei, antes, um curso de corte e costura, onde uma mulher me deu um mapa de modelagem, quase um molde de corte e costura, querendo que eu aprendesse a regra para se fazer uma saia, outra regra para se fazer camisa, mais uma para a manga ou a gola... Achei o curso horrível; saí e procurei cursos ligados à moda, mas a maioria era nesse formato. Então, descobri o CIT e liguei, sem saber a diferença entre um desenhista, um modelista e um estilista. Não sabia nada! A pessoa que me atendeu também não conseguia explicar, e chamou outra pessoa, que começou a conversar comigo... Três horas depois, ele continuava me explicando a evolução da moda e como surgiram os costureiros, o que era um estilista...",[461] ele emendou, recordando sua conversa inicial com Carlos Mauro.

Descendente de imigrantes japoneses na terceira geração, Nilton Jum Nakao (1966- ) nasceu e cresceu na capital paulista, revelando desde cedo fascínio por entender o mecanismo das coisas: "Eu não podia ficar solto que desmontava o que tinha pela frente",[462] ele contou.

Antes da CIT, fez também cursos técnicos em eletrônica e computação, mas não encontrou neles "espaço para individualidade ou criatividade".[463] Na CIT, finalmente pôde dar asas à criação, em cursos como desenho de moda, vitrinismo e tecnologia têxtil, além de fazer contato com colegas iniciantes, com os quais formaria, alguns anos depois, a Cooperativa Paulista de Moda: "O Jum tinha dezesseis anos e era um japonês maluco, que só falava de moda. Ele era completamente fissurado em moda; era uma coisa psicótica aquele menino. Era o nosso mascote, que carregávamos sempre para dar sorte",[464] recordou Walter Rodrigues, para quem a Casa Rhodia foi igualmente estruturante, além de "um polo de convergência de pensamentos".[465]

Sobre Marie Rucki, Walter resumiu: "Ela organizou a minha forma de criar, abriu a minha cabeça para a possibilidade de olhar um período, um objeto ou um país e assimilar suas referências para criar uma coleção".[466] Jum Nakao concordou: "O curso da Casa Rhodia instigava o trabalho de observação, como se fôssemos recolhendo o entorno do personagem e do conceito da coleção para, a partir daí, desdobrar para cartela de cores, texturas, estampas e formas".[467] "Para o Brasil chegar a conquistar o mercado internacional tem que acreditar na sua capacidade de se desenvolver e descobrir que tem identidade e que esta identidade tem muito valor lá fora",[468] afirmou Rucki em entrevista de 1997, deixando clara a forma anticolonialista com que se posicionou como educadora nos cursos no Brasil, sempre instigando seus alunos daqui ao reconhecimento de seus contextos culturais. Ilustra bem sua atuação um episódio de 1993, quando teve entre seus alunos um jovem paraense chamado André Lima, que muito falava sobre Maria Antonieta. Marie Rucki lhe sugeriu buscar referências mais próximas...

A Casa Rhodia permaneceu ativa até meados dos anos 2000, período em que contribuiu significativamente para a moda brasileira, como espaço de formação qualificado e já voltado ao *prêt-à-porter*. Durante a década de 1980, diversas instituições educacionais criaram cursos isolados e de graduação na área. Os profissionais de moda brasileiros deixavam, enfim, de ser vistos apenas como seres exóticos, eleitos pelos júris das agulhas de ouro ou pelas mais bem-vestidas da *high society*... Puderam, finalmente, se colocar no mercado como profissionais liberais graduados, semelhantes a diversos outros – ainda que um pouco mais vocacionados ao estrelato. O que se engendrou no período, contudo, só se configurou inteiramente uma década depois...

## Minas abre caminhos na moda

Até o princípio da década de 1980, criação de moda no Brasil era um atributo carioca – do ponto de vista da maior parte dos nossos veículos especializados. São Paulo, SP, era a metrópole das chaminés e Belo Horizonte, MG, no máximo, a capital das broas, do pão de queijo e do Clube da Esquina do Milton Nascimento. Pois foi naquela época que surgiu em Minas um grupo de pequenas confecções que mudou essa percepção e colocou o estado no mapa da moda brasileira. Já desde fins da década de 1960, a região

*Na página ao lado, Marie Ruckie e alunos do curso de estilismo (acima); folder do Estúdio Rhodia Estilo (centro) e desfile de roupa criada por aluno da Casa Rhodia (abaixo); Casa Rhodia, São Paulo, SP, c.d. 1981.*

*Acima, propaganda e logomarca da Patachou, grife da estilista Tereza Santos; Belo Horizonte, MG, 1998.*

*Na página ao lado, criação de Renato Loureiro da coleção Barroco, de verão; Belo Horizonte, MG, 2005.*

da Savassi, na capital mineira, despontara como endereço das novidades da cidade: "O cinema e o restaurante mais legal, assim como as butiques da moda, estavam na Savassi",[469] recordou Terezinha Santos (Tereza Leite Pereira Santos, 1956- ), criadora da marca Patachou, em 1980. Como ocorreu antes com a moda jovem de São Paulo e do Rio de Janeiro, esses empreendimentos surgiram primeiro sob a forma de butiques para, depois, ensaiarem a confecção em série de produtos próprios.

Nascida em Carmo do Rio Claro, MG, Terezinha começou seu negócio com a butique Le Soulier, apenas de sapatos, aberta na segunda metade da década de 1970 – evidentemente, na Savassi. "Seis meses depois, dei início à Patachou; larguei acessórios e sapatos e passei a me dedicar exclusivamente à confecção",[470] ela relatou. Naquele momento, Belo Horizonte já estava repleta de "confecções de fundo de quintal ou portinhas de garagem".[471] "Todos tinham lojas e começavam a confeccionar alguma coisa. Essa 'alguma coisa' acabava virando o principal negócio",[472] completou Renato Loureiro (Renato Antônio da Silva Loureiro, 1943- ), outro dos pequenos confeccionistas que começavam na mesma época que Terezinha. Eram tantos que os mais inventivos acabaram, um dia, se encontrando numa exposição de figurinos patrocinada por uma atacadista – a Ima Tecidos –, evento fortuito que acabou disparando a criação do Grupo Mineiro de Moda (GMM) – e, é claro, qualquer semelhança com o Grupo Moda-Rio não foi mera coincidência...

O ano era 1982 e as dez confecções que formaram o grupo, as seguintes: Allegra (de Helen Carvalho e Sheila Mares Guia), Artimanha (de Mabel Magalhães), Art-Man (uma "dissidência" da Artimanha, de Marcia Corrêa e Luiza Magalhães), Bárbara Bela (de Claudia Carvalho), Comédia (de Liana Fernandes), Femme Fatale (de Eliana Queirós), Frizon (de Claudia Mourão), Patachou (de Terezinha Santos), Pitti (de Renato Loureiro) e Straccio (de Nem Tolentino). "Eram marcas que perseguiam o benfeito, o bem-acabado, o apresentar bem, os desfiles de qualidade",[473] reverenciou o estilista também mineiro Ronaldo Fraga, que surgiu na cena da moda das montanhas alguns anos mais tarde, já devendo tributo ao caminho aberto pelo GMM, que permaneceu atuante com a mesma raiz por longos 12 anos – exceto por poucas mudanças societárias e de nomes (as confecções de Eliana Queirós e Renato Loureiro, por exemplo, passaram a usar os nomes de seus fundadores).

O desfile inaugural foi realizado no clube Via Marquês em Belo Horizonte, "onde cada marca mostrou [apenas] uma roupa".[474] O produtor do evento teria sido um francês que ficou conhecido na capital mineira como Claude "Le Truck".[475] "Não imaginávamos que fosse aparecer Costanza Pascolato, Regina Guerreiro e Fernando de Barros. Mas nós convidamos, e eles vieram",[476] contou Renato Loureiro. Nascido na capital mineira, Loureiro se formou em administração e, em meados da década de 1970, chegou a ter um cargo executivo destacado na L'Oréal de Paris, de Belo Horizonte. A familiaridade com o universo das roupas veio por meio da mãe, que era modista. Por volta de 1978, Loureiro abriu (em sociedade com uma irmã) a loja multimarca Gulp, na Savassi, e pouco depois comprou uma malharia, que produzia uniforme escolar. Por causa dessa malharia, o jornalista Fernando de Barros escreveu que ele dera seus "primeiros passos, na moda do tricô".[477] "Comecei a fazer alguma coisa de tricô para ter um diferencial na loja. Esse diferencial virou meu segmento. Mas eu falava que era produto do Rio de Janeiro, porque se falasse que era de Belo Horizonte ninguém comprava",[478] confessou Renato.

A Pitti, como a confecção foi por ele batizada, começou a dar bons resultados e levou os irmãos ao atacado no início dos anos 1980. "Aí, tive que admitir que a roupa era feita em Belo Horizonte",[479] ele afirmou. Naquelas alturas, Loureiro estreitou contato com os outros confeccionistas, com os quais veio a formar o Grupo Mineiro de Moda; com o tempo, foi se consolidando uma estrutura regional: um comprador de outra localidade visitava o *showroom* de um dos integrantes, que indicava os *showrooms* dos demais. Isso foi possível, também, porque não havia muitos concorrentes diretos: alguns eram fabricantes de acessórios (bolsas, sapatos etc.); outros, de roupa masculina; e mesmo os seis que faziam roupas femininas trabalhavam com materiais e conceitos distintos.

Desde o início, o objetivo central foi fixar um calendário de lançamentos de coleções por estação: "Havia um desencontro de calendários. Cada um lançava sua coleção em um momento diferente. Criamos o grupo para acertar o calendário, para os clientes [...] Era uma maneira de todos os compradores irem numa mesma semana comprar as coleções que ficaram prontas",[480] afirmou Renato Loureiro. Coordenar um calendário de lançamentos não era tarefa fácil: "Havia altas discussões sobre os dias de lançamento",[481] recordou Terezinha Santos. Os desfiles representavam um desafio maior: não se tratava de fixar uma identidade de "moda mineira, mas, sim, uma moda brasileira feita nas Minas Gerais".[482] Para isso, era fundamental que tivessem pompa e circunstância. Em 1983, Regina Guerreiro e Paulo Ramalho – dois nomes da moda paulista – foram contratados para produzir o primeiro grande desfile conjunto, realizado nos pilotis de um prédio em construção (onde foi erguido posteriormente o Shopping Quinta Avenida): "Esse desfile foi bancado pela construtora, para vender o prédio como *shopping*",[483] relatou o produtor de feiras Nilso Farias. "Tivemos apoio da imprensa; mas os que mais nos ajudaram, incentivando e participando dos eventos, foram o Fernando de Barros e a Costanza Pascolato",[484] contou Mabel Magalhães, dona da Artimanha, marca que criou com as sócias Mariza Sallum (que saiu, mais tarde), Márcia Corrêa e Luiza Magalhães (que depois abriram a Art-Man). A Artimanha fez sucesso nos primeiros anos da década de 1980, mas foi vendida em 1997, quando Mabel abriu confecção com seu próprio nome.

Em meados dos anos 1980, o Grupo Mineiro de Moda teve como cenário a arquitetura moderna do Museu de Arte da Pampulha, de Niemeyer, mesma época em que venceu, conjuntamente, o prêmio Oscar da Moda, criado por empresa carioca para "homenagear quem estava se sobressaindo no setor"[485] – quando seus integrantes foram alvos de "um dos momentos mais constrangedores do período: a sonora vaia de seus colegas cariocas".[486] "No

499

Rio de Janeiro, ficou combinado assim: eu ia receber o prêmio, entregaria para o Renato Loureiro e ele o entregaria para Costanza Pascolato, uma homenagem do grupo a quem sempre nos prestigiou. Mas mineiro é jeca mesmo. Até hoje, não entendo por que foi que levantamos, todo mundo, e fomos em fila indiana para o palco. Quando penso nisso... E o pessoal do Rio já estava querendo mesmo vaiar a gente. [...] Então, quando subimos no palco, escutamos aquele uuuuuuuu",[487] relatou Mabel. "Mas não concordo muito quando falam que, naquela época, o Rio estava decaindo. Nós é que estávamos começando; o Brasil todo vinha aqui e isso estava enciumando todo o mundo",[488] ela acrescentou.

Anna Marina, editora de moda do jornal Estado de Minas, confirmou o caso: "o Rio não estava aceitando, de certa forma, o crescimento de Minas na área da moda. À medida que a moda mineira crescia, a moda carioca – que é muito charmosa, e tudo, mas é uma moda extremamente voltada para a praia – começou a cair",[489] ela declarou. Para Renato Loureiro, pareceu um jogo de cartas marcadas: "Nós fomos comunicados que o grupo mineiro seria homenageado pela sua importância na moda brasileira. [...] Mas chegamos lá e não tinha nem lugar para a gente sentar. [...] A Cristiane Torloni me entregou o prêmio e disse: 'Esse é o grupo mineiro, uai!'. A Teresa Gureg ensaiou uma vaia e, aí, todo mundo começou a vaiar",[490] ele contou. Constrangimentos à parte, o evento expôs que a moda feita no Brasil não era mais propriedade de uma única região. Ela se disseminava onde houvesse talento para criação, extrapolando o eixo Rio-São Paulo, dando origem a novos polos. Ronaldo Fraga enfatizou a ausência de regionalismos e até de autenticidade nas criações desses mineiros da primeira leva: "O grupo trazia pouco ou quase nada da cultura mineira na roupa que fazia. Ali, pouquíssimos eram estilistas; a maioria, como em todo o restante da moda nacional, xerocava aquilo que vinha de fora".[491]

É fato que os integrantes do Grupo Mineiro de Moda fugiam da moda folclórica como o diabo da cruz. Já a partir de meados da década de 1980, as pesquisas criativas que faziam não buscavam as entranhas de Minas, mas, sim, o exterior, em viagens à Europa, aos Estados Unidos e ao Japão: "Essas viagens abriram muito nossas cabeças; começamos a ficar mais cosmopolitas",[492] justificou Mabel Magalhães. Reconhecidamente industriais e urbanas, as criações do Grupo Mineiro ficaram, segundo Renato Loureiro, no meio termo: "Não éramos tão *avant-garde* como o pessoal do Rio, nem tão clássicos como os de São Paulo".[493] De qualquer modo, o grupo perseguiu as estéticas que marcaram o período, olhando sempre para cima, querendo atingir a *crème de la crème* da clientela: "Não havia razão para entrarmos em feiras, por exemplo. Afinal, por que sairíamos do nosso próprio *showroom* para ir a um *stand* que acomodava mal o cliente?",[494] questionou Loureiro.

Ao longo da década de 1980, foram realizados desfiles "quase" anuais e grandiloquentes, com uso de luz, cenografia e espaços muito bem selecionados. Para sustentar essas produções, os integrantes – além de patrocínios – mantinham uma "caixinha" mensal e contavam com os melhores produtores e as modelos mais badaladas da época, como Sílvia Pfeifer e Monique Evans. Tudo isso, é claro, não saía barato: algo em torno de "200 e 400 mil dólares, por lançamento".[495] O objetivo era mesmo não deixar pedra sobre pedra na velha Minas Gerais: em 1986, a passarela foi armada na casa de espetáculos Cabaré Mineiro e os modelos, inspirados no japonismo; em 1987, o palco foi o Palácio das Artes; em 1988, a Praça da Estação Ferroviária, no Centro de Belo Horizonte, com produção de Regina Guerreiro e Paulo Ramalho. "A bem da verdade, é bom que se diga que Paulo Ramalho e Regina Guerreiro são bem parecidos com [aquela marca de] sabonete: valem o quanto pesam. E pesam muito, se é verdadeira a história que corria, de que o desfile que produziram para o lançamento das coleções de outono-inverno do Grupo Mineiro de Moda ficou em mais de um milhão de cruzados",[496] segredou, novamente, a jornalista Anna Marina.

"De 100 nomes da moda brasileira, 60 eram cariocas. Nós [mineiros] não tínhamos nomes individuais. Começamos, então, a fazer um trabalho que era mais de *marketing* do que real, vendendo a imagem de Minas como segundo polo de moda; primeiro em importância. O que absolutamente nunca correspondeu à verdade, estatisticamente. Mas o Brasil começou a comprar e a aceitar esta ideia. Com aquele desfile fantástico da Praça da Estação, o Grupo Mineiro de Moda tornou isso inquestionável",[497] avaliou o promotor de feiras Nilso Faria. Totalmente profissionalizados, com *showrooms* em São Paulo e no Rio, o GMM realmente tornou Minas Gerais ponto de parada obrigatório aos compradores de moda do país: "A moda mineira teve todo o aval de uma roupa bem feita, de uma indústria têxtil que nasceu no Estado [...] O *boom* da moda mineira foi, sem dúvida nenhuma, com o Grupo Mineiro de Moda. Até hoje [2007], toda vez que vamos falar em moda mineira, voltamos ao grupo",[498] reforçou o estilista Ronaldo Fraga.

Em decorrência dos efeitos da abertura do mercado brasileiro à importação, pelo governo Collor de Mello, em 1990, o GMM se combaliu, assim como o resto do mercado, e deixou de desfilar por cerca de três anos. Em março de 1994, ressurgiu para um último suspiro, com um desfile quase litúrgico, realizado no adro da Igreja São Francisco de Assis, em Ouro Preto, MG, em clima austero com luzes de velas e música sacra mineira. Foi um rito final, conduzido pelo hábil produtor Paulo Borges. A partir dali, reapareceu apenas em homenagens: "Depois do desfile em Ouro Preto, a preocupação e as prioridades passaram a ser outras",[499] explicou Terezinha Santos.

Caso foi que cada empresa tomou um rumo distinto: umas cresceram, outras optaram por ser pequenas mesmo, outras ainda resolveram virar ateliês de arte. "O grupo não teve um fim. Acabou naturalmente",[500] concluiu a criadora da Patachou, repetindo a tese que muitos utilizam para explicar o fim dos grupos de moda da década de 1980. A Patachou, por sinal, foi uma das marcas mais bem-sucedidas

*Criação de Graça Otoni,
coleção inverno;
Belo Horizonte, MG, 1987.*

501

*Abaixo, publicidade da grife mineira Divina Decadência; Belo Horizonte, MG, outubro de 1986.*

*Na página ao lado, publicidade da grife Graça Otoni primavera-verão 86-87; Belo Horizonte, novembro de 1986.*

do conjunto: em 2010, continuava existindo, mesmo já sem Terezinha Santos, que a vendera a um sócio, em 2006, para se dedicar à marca própria – Tereza Santos –, criada já com vistas ao mercado externo. "Algumas marcas não quiseram mais trabalhar com atacado, como a Art-Man, que abriu cadeia de lojas. Então, não tinha razão de ela continuar lançando coleções. Outros começaram a deixar a confecção, para fazer direção de moda, como a Comédia. Enfim, o grupo foi descontinuado",[501] resumiu Renato Loureiro.

Naquelas alturas, a moda das Gerais já não se resumia, havia tempos, ao Grupo Mineiro de Moda. Outras marcas e estilistas haviam surgido, ao longo da década de 1980, beneficiando-se dos caminhos abertos na área *fashion* aos talentos e à indústria regionais. Até porque, antes do GMM, "a tradição de Minas em moda era zero. Quando começamos, o parque industrial não existia. Foi a partir do grupo que a moda começou a existir",[502] admitiu Terezinha Santos. Mas esse era (pode-se afirmar) um percurso já determinado pelo desenvolvimento econômico que vinha ocorrendo na própria indústria de confecção no estado (assim como no resto do país): ao final da década de 1980, Minas Gerais contava com "mais de 7 mil confecções, entre informais e cadastradas (somando essas últimas cerca de 5 mil), das quais 70% estavam instaladas na capital".[503] Assim, era mesmo inevitável que "Belo Horizonte, de repente, entrasse na rota dos editores de moda e, em consequência, dos compradores".[504]

Outras marcas que apareceram, como a Vide Bula e a Divina Decadência, alcançaram portes maiores, inclusive, do que muitas das empresas que pertenciam ao GMM. A Vide Bula foi criada, em 1982, pelos irmãos Giácomo e Roberta Lombardi, e se destacou como "uma das principais marcas de *jeanswear* do Brasil".[505] Seu início foi semelhante ao das demais confecções do período. Em meados da década de 1970, os irmãos Lombardi abriram uma butique, inicialmente batizada com o nome da marca de *jeans* norte-americana Wrangler, depois alternada para Western e, em seguida, para República dos Gatos. Naquele período, passaram a confeccionar artesanalmente algumas poucas peças que foram a origem da Vide Bula. "Era uma lojinha pequena, praticamente uma *skateshop*. Vendíamos parafina, *skate*, camisetas, tudo para o tal *lifestyle*. Mas fui vendo que o público queria algo mais, e comecei a trazer marcas como Zoomp, Soft Machine, Phillipe Martin, Dimpus, Yes Brazil. Com o passar do tempo, resolvi modificar a cara da loja e fazê-la um pouquinho mais *punk*. Então, quando Londres lançou o movimento *punk*, eu o lancei em Belo Horizonte também",[506] contou Giácomo, sobre seu início.

No princípio dos anos 1980, a marca participou de feiras de moda no Rio de Janeiro; em 1983, apresentou ali uma coleção "totalmente em preto; nenhuma peça de cor",[507] que chamou a atenção de Costanza Pascolato – e passou a ganhar maior presença na imprensa de moda nacional. Dalí por diante, a marca ultrapassou os limites da Serra do Espinhaço e se tornou forte na moda brasileira durante toda a década de 1990. Em 2009, os irmãos Lombardi passaram o bastão: a Vide Bula foi vendida ao grupo PW Brasil Export, de Colatina, ES.

Já a Divina Decadência – de Armando Gaudêncio e Luiz Otávio de Siqueira César – surgiu vendendo calças de *denim stretch*,[508] que fizeram muito sucesso quando a moda se tornou mais sensual, colada ao corpo. O forte da Divina foi a aposta num quadro de divinos estilistas, entre os quais Beth Vasconcelos, Sônia Lessa (que assinava as peças da etiqueta Divina Malha), Inácio Paulo Ribeiro (o Papaulo) e Carlos Carvalho.[509] "Me lembro que, em 1982, a Divina já era uma loucura",[510] recordou Sônia Lessa, que atuou até 1991 na marca, que sobreviveu apenas até a metade daquela década. Descendente da Divina, o estilista Inácio Paulo Ribeiro emigrou para a Inglaterra, onde criou, com sua mulher inglesa, a marca ClementsRibeiro.

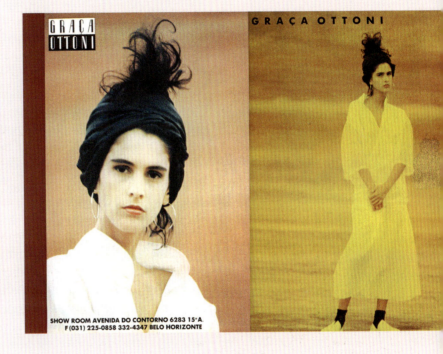

Duas butiques que marcaram época vendendo roupas descoladas na Savassi foram a Via Láctea e a Pop. Nelas, a estilista Graça Ottoni começou a vender peças artesanais, um "legítimo *patchwork* dos anos 80".[511] A coleção verão 1982/1983 foi o marco inaugural da marca, que ainda se mantinha firme e com toda a graça em 2010, somando quase três décadas de estrada. Na mesma ninhada destacou-se, também, a Alphorria, que surgiu como malharia em 1985, "na área de serviço do apartamento da mãe"[512] de sua criadora, Edna Thibau. Quinze anos mais tarde, Edna, comandando cerca de 400 funcionários, desfilou coleção na primeira edição do Fashion Rio, em 2002, "quando o evento saiu das mãos do BarraShopping e se instalou no Museu de Arte Moderna".[513] Na moda de calçados, desde a década de 1980, também houve nomes e marcas mineiras que se destacaram em *design* e moda. Por exemplo, Cândida Andrade, com a marca Arezzo, e os irmãos Birman. Minas Gerais continuou rendendo talentos à moda brasileira durante as décadas que seguiram ao Grupo Mineiro de Moda estilisticamente cada vez mais ensimesmada, ainda que sem deixar de ser universal...

# Ousadias regionais

O crescimento da indústria de confecção na década de 1980 fez a moda se alastrar para muito além do eixo Rio-São Paulo. Manifestações se estruturaram a partir da iniciativa de pequenas confecções que, à imagem e semelhança do pioneiríssimo Grupo Moda-Rio, se reuniam para organizar desfiles conjuntos de suas coleções. Além do Grupo Mineiro de Moda, de Belo Horizonte, MG, surgido em 1982, vieram em seguida o Grupo Capixaba de Moda, de Vitória, ES – integrado pelas etiquetas Marta Sá, Duemme, Jimmy Lapin, Gabin, Mariage e Céu da Boca –, e o Grupo Ousadia, de Fortaleza, CE, de 1984.[514] Isso gerou uma tradição de organização entre os confeccionistas, levando ao surgimento de grupos ainda no final da década de 1990, como o Grupo Brasília de Moda, criado em 1998, formado pelas grifes 2 Tempos, Água da Ilha, Avanzzo, Confraria, Cool Cat, Jukaf, Ki Graça, Mix to Mix, Nágela Maria, No Limits, Nyll, Setemares, SummerShop Upper e Vilma Rocha.[515]

Desses, foi significativo, até por ter surgido em pleno Nordeste brasileiro, o Grupo Ousadia, que era integrado pelas confecções Cabeto, Fátima Castro, Franco Confecções, Gláucia Mota, L'Eléphant Blanc, Majon, Melindre, Naura Franco e Rejane Holanda. Uma articuladora da iniciativa foi Gláucia Mota (1939- ), que em 1977 se estabelecera na capital cearense com uma confecção que apresentava como diferencial o resgate do bordado tradicional do estado: "O Grupo Ousadia reunia as confecções de Fortaleza que tinham a cabeça mais aberta. Nos reunimos e começamos a fazer trabalhos de pesquisa",[516] ela contou. Por trabalhos de pesquisa entende-se "viagens ao exterior", organizadas em grupo, como também ocorria com os outros grupos de moda do período. "Víamos o pessoal do Rio de Janeiro e de São Paulo fazendo pesquisas, através das viagens, e começamos a nos organizar para fazer o mesmo."[517]

Naquele período, o principal evento de moda da capital cearense (também reproduzindo formato hegemônico do "sul maravilha") era a Feira de Moda de Fortaleza (FMF), a cargo de Manoel Holanda, onde o Grupo Ousadia, depois de estruturado, passou a desfilar seus trabalhos conjuntamente, sempre favorecendo bordados e rendas, linhos e algodões, brancos e crus. Fora de seu estado de origem, o grupo marcou presença também na Fenit, de São Paulo, em *stands* conjuntos. "Nos anos 1980, o Ceará tornou-se um polo de confecções e tinha seu grupo de moda, que desfilava na Fenit também. Acho que a característica principal do trabalho desse grupo era o linho, talvez pelo clima, utilizando-se muito também do bordado à máquina e o *Richilieu*...",[518] comentou Beatriz Castro, filha de Fátima Castro. Fátima foi integrante do Ousadia e abriu sua confecção em 1974. "Na época havia em Fortaleza, todo mês de abril, as feiras da Maraponga, um pavilhão que existe até hoje, mas nos anos 1980 estava emergindo forte. Dois que faziam um barulho danado eram Gláucia Mota, com uma roupa bonita em algodão, e o Cabeto, que produzia um masculino diferenciado",[519] destacou Beatriz Castro (depoimento de 2007), que seguiu os passos da mãe e abriu na década de 1990, com Lúcia Neves, a etiqueta Ethos – para produzir roupas exclusivas em bordados manuais, com técnicas tradicionais do Ceará, fugindo das tendências de moda e valorizando o trabalho autoral. Mas o Grupo Ousadia voou além de fronteiras nacionais, levando suas criações a pequenas feiras da Alemanha, Inglaterra, França, países da África e Japão. Neste último, foi convidado a participar da Osaka World Fashion Fair 1989. Mas, para aquele evento, o Ousadia optou por destacar o trabalho de um estilista que nem mesmo fazia parte do grupo, embora já angariasse reconhecimento nacionalmente: Lino Villaventura. Foi a primeira vez que o estilista paraense, então radicado em Fortaleza, apresentou seu trabalho no exterior: "Viajaram alguns membros do Grupo Ousadia e o Lino. Achávamos que ele era um referencial forte para nós e consegui convencer o grupo de que, para desfilar no Japão, tinha que ser só ele",[520] recordou Gláucia Mota.

Em 1991, quando as feiras haviam se esgotado como espaços de desfile, o Ousadia, em plena maturidade, criou o Salão Moda Fortaleza, evento exclusivo para seus integrantes lançarem suas coleções – que acabou rivalizando com a FMF. "Criamos o Salão Moda Fortaleza, pois o FMF estava perdendo a identidade, quando Manoel Holanda [produtor da feira] começou a fazê-la dentro de um *shopping*. Misturava tudo e ninguém sabia o que era lançamento. Uma confusão! Então, fizemos o Salão paralelamente",[521] Gláucia explicitou. Como era de se esperar, o Salão Moda Fortaleza não foi bem-visto pela Holanda Empreendimentos: "Foram brigas horríveis. Nossa intenção não era competir com a FMF; era apenas mostrar nossos lançamentos. Mas, na primeira edição, veio até polícia, porque o Manoel Holanda interditou e chamou oficiais de justiça. Tive que sair da minha casa e me esconder", lamentou Gláucia. A promotora da FMF se apegava a uma regulamentação do Ministério da Indústria e Comércio que impedia a realização de eventos similares sem uma distância mínima de seis meses entre eles.

Mas o final da história foi feliz: "Conseguimos que um desembargador embargasse o mandato do Manoel Holanda e reabrimos o Salão",[522] acrescentou Gláucia. O evento teve ainda sete edições e sobreviveu mais que o próprio Grupo Ousadia: "Acabamos após o governo Collor; muitos fecharam e, depois, tentaram reabrir, mas o grupo não sobreviveu".[523] Em 1994, as atividades do Ousadia estavam encerradas; das confecções e dos estilistas que surgiram na mesma época, na capital cearense, Lino Villaventura – apesar de não tê-lo integrado – foi o que alcançou maior projeção nacional...

## Lino, da tanta ventura

Não é pouco expressivo o rol de criadores de moda de importância nacional originários do Pará: tivemos, para começar, Gutta Teixeira e Dener Pamplona de Abreu; em seguida, surgiram os irmãos Simão e David Azulay e, na geração dos anos 1990, André Lima. E há ainda – de geração intermediária aos citados – um paraense muito especial que muitos pensam ser cearense, porque foi em Fortaleza que ele se lançou como estilista: Lino Villaventura (Antônio Marques dos Santos Neto, 1951- ). Nascido em Belém, único filho homem entre cinco irmãs, seu pai era um comerciante de múltiplos

*Acima, Lino Villaventura o arquiteto da moda, reportagem de Regina Lemos; Claudia Moda Ano IX, Nº 3, São Paulo, SP, novembro de 1989.*

*Na página ao lado, Vanguarda, seção de Costanza Pascolato comenta a influência do Art Déco nas criações de Lino Villaventura, do período; Claudia Moda Ano VII, Nº 29, São Paulo, SP, novembro de 1986.*

negócios, incluindo uma fábrica de guaraná (marca Garoto), uma frota de barcos e até exportação de peles.[524] Mas Lino cresceu, evidentemente, sob muita influência feminina: "Meu pai era filho de português e se casou com uma paraense do interior, de uma família de muitas mulheres; comecei a ter noção sobre roupas com minhas tias-avós, todas muito vaidosas. [...] Minhas duas irmãs mais velhas costuravam e bordavam. Eu conhecia tecidos, porque elas comentavam: 'Meu vestido vai ser de tafetá'; ou 'o meu vai ser de gaze plissada'. [...] Elas copiavam modelos de revistas e davam um toque pessoal, inventavam flores aplicadas e rebordavam aquilo... Eram todas prendadas. [...] Já o meu pai viajava muito, porque tinha empresa de exportação de peles silvestres da Amazônia. Tinha umas embarcações que iam pegar peles no Guaporé [atual Rondônia] e exportava para os Estados Unidos... [...] Mas ele era vaidoso, entendia de tecidos, gostava de coisas boas; era mais exigente que minha mãe",[525] ele recordou.

Apesar de sempre ter gostado de roupas e de "qualquer coisa que tivesse desenvolvimento criativo",[526] não ocorria a Lino, em seu período de formação, trabalhar com moda. Todavia, quando começou a ter uma "identidade própria", ela já se expressava em sua maneira de vestir: "Eu era muito arrojado na minha maneira de vestir. E isso chamava muito a atenção: um cara tímido, que não falava muito e se vestia de uma maneira estranha",[527] ele contou. Em 1969, casualmente, Lino criou trajes carnavalescos para o bloco Os Espantalhos de Tlaxcala, que recebeu o prêmio de Melhor Fantasia no clube Assembleia Paranaense. No início da década de 1970, sua família se mudou para Fortaleza, onde Lino prestou vestibular e passou em engenharia civil. Seus pais mudaram-se novamente, daquela vez para o Rio de Janeiro; mas ele ficou em Fortaleza com a irmã mais nova, continuando os estudos – que acabaram indo apenas até o terceiro ano. Por quê? Bom, por causa da moda...[528]

Desde o período do vestibular, Lino começou a namorar Inez, sua futura esposa: "Eu precisei dar um presente para a Inez, e não sabia o que dar, porque estava sem dinheiro. Minha irmã sugeriu: 'Vamos fazer um presente para ela? Vi numa revista a modelagem de um colete. A gente corta, borda, faz o colete'. Fizemos, e todo mundo gostou... Então, começaram a me encomendar coletes",[529] Lino recordou. E assim, em meados da década de 1970, ele iniciou a produção de "peças sob encomenda para conhecidos e pequenas butiques"[530] de Fortaleza. Em 1976, a solicitação de uma senhora da sociedade cearense, Branca de Castro, consolidou-o na profissão: "Ela me encomendou uma blusa preta, que eu fiz de bandagem bordada, com franja e uma saia. Pensei: 'Como é que eu vou fazer uma saia?' Bom, peguei tiras de bandagem, emendei e ficaram sem simetria. Completei com franjas pretas, bordei e enfiei torçal com pingentes e montei o traje. Ela adorou e no outro dia chegou felicíssima: 'A festa parou, todos loucos pela minha roupa'".[531] No dia seguinte, Lúcio Brasileiro, colunista conhecido de Fortaleza, teceu elogios ao criador que ele batizou de Lino – apelido de infância – Villaventura, devido à localização da vila onde ficava seu ateliê, no bairro Aldeota. Lino, é claro, ficou chateadíssimo e chegou a repreender o jornalista. Mas o nome foi mais forte que a vontade do nomeado; em 1982, ele registrou a marca Lino Villaventura – quatro anos depois de ter se casado com Inez, que se tornou sua parceira também nos negócios, assumindo funções administrativas.

Lino começou criando roupas exclusivas sob medida, incluindo vestidos de noiva e festa, e ao longo dos anos seu trabalho ganhou força e clientela fiel em Fortaleza. Em 1980, ele abriu loja própria, na Avenida Santos Dumont, e realizou seu primeiro desfile no Clube Náutico Atlético Cearense, para lançar sua linha *prêt-à-porter* – para "duas mil pessoas".[532] "Depois dessa loja, comecei a fazer uma produção mais esquematizada, mas nunca deixei de fazer sob medida",[533] ele afirmou. Em 1984, Lino recebeu prêmio de Melhor Coleção no Festival da Moda de Fortaleza (FMF) e começou a chamar a atenção da mídia nacional, a partir da cobertura do evento feita pela jornalista Cristina Franco para o Jornal Hoje, da Rede Globo.[534] Em 1985, ele estava pronto para montar representação em São Paulo, ano também de sua estreia na Fenit,[535] onde, dali por diante, passou a ser presença esperada, assim como na Fenatec: "Fiz seis anos de Fenit",[536] ele confirmou.

Nos anos 1980, as têxteis patrocinavam as coleções de determinados estilistas, feitas com seus tecidos. Na 7ª edição da Fenatec, em 1986, Lino foi bancado pela Tecelagem Nossa Senhora do Brasil, que lhe solicitou modelos sobre quatro temas: Étnico, Paris *Bouvelard*, Orleans América e *Pop Art*,[537] a serem criados com informações sobre tendências repassadas pelo Centro de Informação de Moda (CIM) – então recém-criado. O curioso foi que Lino rejeitou as orientações – "Não sei criar a partir de bases rígidas",[538] ele declarou – e fez uma linda coleção nitidamente inspirada no *Art Déco*. Em 1988, Lino lançou "a ráfia e a palha de buriti como matéria-prima de sua coleção na Fenit".[539]

Seu trabalho assumiu originalidade cada vez maior, e ele se destacou como um criador que fazia "ousadas misturas de tecidos e técnicas – como combinar artesanato com alta-costura".[540] De fato, Lino sempre gostou de contrapor elementos, fossem tecidos, cores ou matérias-primas. "Um dos traços mais marcantes no seu trabalho é a incessante pesquisa de materiais, como palha de buriti, couro de cobra, renda filé, escamas desidratadas de peixe, barbante de puro algodão, gaze de seda pura flocada e resina de polietileno aplicada sobre seda".[541] Para sustentar os experimentos, há a seguinte constatação sobre seu ateliê: "um verdadeiro laboratório de testes e alquimias, onde ele tinge, corta, amacia, torce, estica, desfia".[542] "Era uma coisa obsessiva que eu tinha pelo barbante de algodão; em tudo eu colocava barbante. Renda francesa, caríssima, e eu jogava barbante em cima, porque achava que fazia contraponto para a renda. Depois, vieram as pregas desordenadas; e mais tarde as nervuras",[543] ele concordou.

Ao contrário, porém, do que muitos pensam, Lino demorou a demarcar seu espaço na moda brasileira. Em 1989, era ainda identificado como "pouco conhecido",[544] o que equivalia a enfrentar "enormes dificuldades para construir sua obra".[545] Naquela ocasião, Lino reclamou justamente do pouco espaço que a imprensa dedicava a seu trabalho: "A maioria não está interessada em saber quem é o cara que faz aquelas coisas estranhas no Ceará. Tem editoras que mandam assistentes que nunca ouviram meu nome para conhecer minha coleção; ou então enviam telegramas avisando que viajaram".[546] Foi particularmente difícil para ele o início da década de 1990: "Cheguei até a lançar uma etiqueta mais jovem, a Lino Villaventura Jr., para tentar contornar a crise. Era uma linha mais barata, com muita coisa de brim e sarjas tingidas, pintadas, coloridas. Mas, principalmente depois do Plano Collor, o que sustentou a empresa foi mesmo o 'sob medida'",[547] ele recordou.

As coisas começaram a mudar a partir de 1996, quando Lino passou a integrar o conjunto de criadores que desfilava coleções no MorumbiFashion, e, em seguida, na São Paulo Fashion Week. Dali por diante, seus desfiles bianuais estiveram entre os mais aguardados – e comentados – das semanas de moda paulista. Mais afeito ao *show* das passarelas que ao cotidiano das ruas, ele transcende sem perder as raízes. "Nasci em uma região fortíssima; tudo é muito intenso em Belém. A chuva é exageradíssima, o calor é um absurdo, a comida é muito picante, a cultura popular e as lendas são muito fortes, o cheiro da cidade é muito marcante".[548] Toda essa intensidade pode ser percebida em seus modelos, que evocam – emprestando palavras do jornalista Jackson Araújo – "a falta de ar provocada pela umidade, antes do êxtase da tempestade que surge como tromba-d'água no meio do rio, em frente ao mercado Ver-o-Peso; a calmaria e o frescor na pele orvalhada pelos pingos, depois que a chuva se vai".[549] Lino manteve-se sempre fiel ao seu próprio estilo. Seus desfiles na São Paulo Fashion Week, tão histéricos quanto históricos, tornaram-se eventos aguardados por clientes, convidados, estudantes e imprensa, todos disputando, sem constrangimento, um convite.

# Ney Galvão, sucesso via tevê

A popularidade do baiano Ney Galvão (1952-1991) como costureiro esteve intimamente ligada à sua carreira como apresentador do programa TV Mulher, da Rede Globo – gravado em São Paulo –, onde ele atuou, a partir de 1982, comandando um quadro sobre moda, em substituição a Clodovil Hernandes. Lançado em 1980, o TV Mulher foi um marco inovador no formato dos programas femininos de tevê, até então fechados ao contexto das donas de casa, com dicas sobre culinária, cuidados com a casa etc. Sob a direção do jornalista Nilton Travesso, o TV Mulher voltava-se para uma mulher moderna, urbana e profissionalizada. Lançou apresentadores que tiveram trajetórias posteriores relevantes, como a jornalista Marília Gabriela – âncora ao lado de Ney Gonçalves Dias –, a "sexóloga" Marta Suplicy, cuja especialidade era, por si só, uma novidade à parte, e Clodovil, que estreava na tevê.

Mas Clodovil logo cravou seu primeiro caso de desamor com uma emissora televisiva (outros viriam mais tarde), ao abandonar o programa no ar, ao vivo, por desavença com Marília Gabriela.[550] Foi substituído por Ney Galvão, num caso igualmente rumoroso. Segundo relato do estilista José Gayegos, Ney teria migrado para São Paulo em 1980, a convite justamente de seu colega de profissão: "O Clodovil meio que se apaixonou por ele, e o trouxe para São Paulo. Ney ficou hospedado na casa dele e, quando o Clodovil foi mandado embora da TV Mulher, a Globo entrou em negociações com Ney, que escondeu tudo do Clodovil... Quando este descobriu, colocou o rapaz na rua. Mas aí era tarde e o Ney já tinha sido contratado pela Globo".[551] Não era a primeira experiência de Ney em televisão; ele antes apresentara um quadro semelhante na TV Itapoan, de Salvador. Na Globo, ganhou enorme popularidade com o quadro do TV Mulher, como "uma espécie de 'consultor de moda' das massas",[552] que dava dicas de tendências, respondia a pedidos de modelos por parte das leitoras e fazia entrevistas com personalidades do segmento. Seu jargão, "um cheiro com sabor de dendê",[553] virou marca registrada e era repetido nas ruas.

Nascido em Itabuna, BA, cidade vizinha a Ilhéus, desde criança Ney gostava de palpitar sobre as vestes das irmãs, e "desenhava roupas para bonecas".[554] Sonhava ser psiquiatra, mas foi morar em Salvador com o objetivo de estudar Belas Artes, curso em que se formou pela Universidade Federal da Bahia, no início da década de 1970. Como quase todos os seus contemporâneos, foi um adolescente afinado com o movimento *hippie* que personalizava camisetas em malha de algodão. Começou a desenhar moda criando modelos para a amiga Fátima Costa Teixeira – mais tarde, também sua principal modelo: "Ele era atento a tudo. De um manto de Nossa Senhora, surgia uma roupa",[555] ela recordou. As roupas que fazia para Fátima chamaram a atenção de outras mulheres, e as encomendas começaram a chegar. Assim, "em janeiro de 1974, surgiu na Bahia um estilista que, em poucos meses, se revelou um dos grandes profissionais da alta-costura".[556] Seu primeiro desfile teria sido mais uma

*Croqui de noiva assinado por Ney Galvão, São Paulo, SP, 1989.*

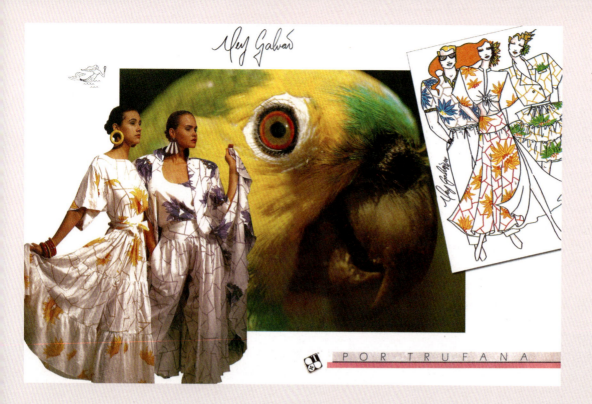

Folder *da coleção verão assinada por Ney Galvão com tecidos Trufana; São Paulo, SP, 1987.*

*performance*, em que o modelo e depois jornalista baiano Jacques de Beauvoir "contracenava com Zizi Possi, ambos vestidos à moda indiana".[557]

Ney não desperdiçava oportunidades: "Escolheu a moda, porque o resultado comercial era mais rápido",[558] afirmou Fátima Teixeira. Ainda quando cursava universidade, abriu ateliê no bairro da Barra, em Salvador, produzindo de roupas casuais a vestidos de noivas. "Nilza Barude o lançou num programa de variedades, chamado Ponto Cinco, na TV Itapoan, antiga Tupi".[559] A partir daí, seu espaço na imprensa baiana só cresceu. "Era conhecido por explorar a brasilidade e temas tropicais em suas coleções."[560] Ligado às tradições baianas, Ney era filho de Oxum, que, aliás, figurava em sua grife. Ele explorou aspectos da cultura brasileira, como o multiculturalismo e o sincretismo religioso, expresso na mistura de materiais, como *jeans*, renda, cetim, algodão, crepe, brocados, sedas, palhas e penas, entre outros. A moda de Ney atendia ao gosto da mulher de classe média, alicerce para seu sucesso televisivo nacional, a partir da entrada na Globo em 1982, ajudada ainda pela repercussão da música baiana no país.

"A partir da década de 80, Ney transforma-se em estilista de fato e passa a mostrar suas criações nos corpos esguios de Monique Evans, Ísis de Oliveira, Veluma e outras beldades importadas do 'sul maravilha'. Quem assistiu ao desfile realizado com as Freneticas, na discoteca Maria Fumaça, nunca vai esquecer. O clima era de loucura total, escândalo! Em Itabuna, não foi diferente, quando Ney criou um *happening* no meio da rua, por onde desfilavam homens ousados, calçados com botas de salto plataforma de

20 centímetros. Escândalo!"[561] Sem jamais abandonar o "sob medida", ele chegou a ter butique em São Paulo, no Jardim América, por onde escoava sua etiqueta *prêt-à-porter*, também distribuída em outros pontos pelo país. Licenciou seu nome para produtos diversos, de "óculos e perfumes até um sofisticado estojo de maquiagem"[562] Faleceu muito jovem em 1991, aos 39 anos, vítima da Aids.

## Cooperação *fashion*

Superados os anos da ditadura militar, o Brasil viveu um tempo de revalorização das organizações sociais participativas, entre elas as cooperativas de trabalho. Foi nesse contexto que surgiu, em 1986, a Cooperativa Paulista de Moda, iniciativa de um grupo de jovens estilistas que haviam se conhecido na Casa Rhodia – instituição pioneira em formação na área, criada em São Paulo pela empresa homônima. Uma rápida olhada pelos nomes que integraram a entidade esclarece por que ela teve importância, apesar de sua curtíssima duração: Conrado Segreto, Flávia Fiorillo, Jum Nakao, Maira Himmelstein, Marjorie Gueller, Paula Lemos, Sylvie Leblanc, Taisa Borges e Walter Rodrigues.[563]

O que, exatamente, esses nove jovens queriam ao formar uma cooperativa de moda? Simples: eles se uniram para oferecer serviços de criação de moda a confecções e, mais relevante, para jogar luz sobre o trabalho especializado (então raro e em fase de reconhecimento em nosso país) – do estilista. "Em comum, eles têm não só o fato de trabalharem para renomadas confecções, como, também, a vontade de buscar espaços próprios de criação – materializando ideias que, aliás, não lhes faltam. [...] O objetivo é oferecer roupas para serem usadas, e não simplesmente delírios"[564] descreveu a jornalista Costanza Pascolato, em reportagem sobre a cooperativa. Vale esclarecer que estávamos em pleno reinado das grifes: "Todas as marcas tinham um nome, mas não era a figura do criador que aparecia. Na Cooperativa, fizemos questão de assinar os nossos nomes, porque aquilo provava que era fruto do nosso pensamento. [...] As pessoas que participaram da Cooperativa disseminaram a necessidade de termos voz própria; só precisávamos de uma mola propulsora"[565] explicou o estilista Walter Rodrigues – um dos idealizadores da entidade.

Em maioria, aqueles jovens eram assistentes em confecções já estabelecidas, como as de Clô Orozco (Huis Clos), Glória Coelho (G) e Márcia Gimenez (Equilíbrio). "Nós nos encontrávamos o tempo todo e isso foi fomentando amizades. Um dia, pensamos: 'Vamos nos unir e fazer alguma coisa?'", acrescentou Rodrigues. Natural da pequena Herculândia, SP, Walter Rodrigues (Walter Luiz Vieira Rodrigues, 1959- ) foi o filho caçula do segundo casamento de seus pais: por parte de mãe, tem oito meio-irmãos, e mais seis por parte de pai, além de duas irmãs mais velhas. Ainda criança, sua família mudou-se para a vizinha Tupã, onde o pai faleceu em 1971. Para manter a família, a mãe de Walter passou a lavar roupas, enquanto ele fazia as entregas. Adolescente, conseguiu

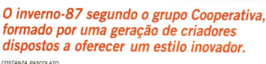

**VANGUARDA**

**O inverno-87 segundo o grupo Cooperativa, formado por uma geração de criadores dispostos a oferecer um estilo inovador.**

COSTANZA PASCOLATO

Da esquerda para a direita: Sylvie, Conrado, Jum, Taisa (segurando a foto de Marjorie), Flávia, Walter, Maira e Paula.

Uma nova geração de estilistas de São Paulo se reuniu recentemente para formar a Cooperativa de Moda. São, ao todo, nove jovens entre 19 e 26 anos. Em comum, têm não só o fato de trabalhar em renomadas confecções como também a vontade de buscar espaços próprios de criação — materializando ideias que, aliás, não lhes faltam.

O grupo, constituído por iniciativa de Walter Rodrigues (estilista e braço-direito de Clô Orozco, da Huis Clos, confecção de primeira linha em São Paulo), partiu de uma proposta bem definida: unir-se para enfrentar mais facilmente os problemas comuns àqueles que querem iniciar uma carreira de estilista de moda. Entre eles, a dificuldade em obter patrocinadores.

Os jovens "cooperados", porém, fazem questão de frisar: embora este trabalho esteja sendo realizado em conjunto, as criações são sempre individuais. A Cooperativa de Moda se propõe a mostrar, a cada estação, nove estilos absolutamente diferentes um do outro. Além disso, cada um deles continuará nos quadros das confecções onde trabalham hoje.

As intenções do grupo parecem sérias — apesar do senso de humor apuradíssimo, seus integrantes mantêm os pés no chão. Assim, o objetivo é oferecer "roupas para serem usadas e não simplesmente delírios", como salienta Walter Rodrigues. Quando indagados se realmente existe um público para seus arrojados estilos, Conrado Segreto não hesita ao identificar quem são as pessoas provavelmente ávidas pelas novidades que o grupo pode oferecer. "São jovens de bom nível de informação e com desejo de ruptura com o convencional." Marjorie Gueller, por sua vez, observa: "Nossa moda será parecida com a gente, com o lugar onde vivemos".

Considerando São Paulo uma metrópole tão urbana quanto os grandes centros estrangeiros, eles se propõem a criar uma moda brasileira sem cair no folclórico. "Nada de araras, bananas ou balangandãs", explica Conrado. Mas o inverso também não será verdadeiro, observa Walter, pois "nem sempre o sucesso na Europa é aceito por aqui". Na verdade, a opção de cada um deles é um estilo contemporâneo, com ou sem influência externa. "Não podemos esquecer a televisão. Diariamente, ela nos mostra tudo o que acontece no mundo. Portanto, mesmo utilizando influências de fora, o resultado não é uma coisa estrangeira, mas universal", conclui Walter.

46 CLAUDIA MODA / CLAUDIA MODA 47

---

*Reprodução de reportagem sobre a Cooperativa Paulista de Moda na Claudia Moda Ano VII, Nº 34, 1986.*

emprego numa banca de livros espíritas: "Lia o dia inteiro",[566] ele recordou. Depois, fez (parcialmente) um curso técnico de química e, em 1976, se tornou vendedor da butique masculina Desacato, cuja dona tinha outra butique de roupa feminina chamada Berly: "Era uma pessoa extremamente antenada. Já comprava Maria Bonita, Marco Rica e Blu-Blu, do Rio de Janeiro, para vender em Tupã".[567] Não demorou para Walter se tornar seu encarregado de compras, quando, periodicamente, viajava à capital paulista; em 1981, a Berly ganhou uma filial em Presidente Prudente e Walter foi cuidar da loja. Dois anos depois, ele se mudou definitivamente para a capital.

Em São Paulo, o primeiro emprego foi na revista Manequim, da Abril, como assistente da jornalista Iza Smith. "Foi um trunfo, porque a palavra Abril era um 'abra-te Sésamo'; com ela você entrava em todos os lugares".[568] Uma das portas que se abriram para Walter foi a da Cori, uma confecção já com longa trajetória, onde ele trabalhou por apenas seis meses, iniciando sua carreira de estilista; em 1984, ele foi para a Huis Clos como assistente de Clô Orozco: "Clô era apaixonada pelos japoneses. O que fazíamos

512

era interpretar essas ideias; às vezes, com alguma inovação ou adaptando ao gosto da brasileira. Principalmente, em questão de volumes, por causa da constituição física da mulher brasileira, que tem muito quadril",[569] ele pontuou. Naquele mesmo ano, Walter fez, ainda, o curso de criação de Marie Rucki, na Casa Rhodia.

A Huis Clos ficava na Rua Hungria, em Pinheiros, próximo da G, de Glória Coelho (onde atuavam Conrado Segreto e Paula Lemos), e da Equilíbrio (onde Flávia Fiorillo era assistente de Márcia Gimenez). Da proximidade física surgiu a Cooperativa Paulista de Moda: "Pouquíssimas empresas tinham equipes de estilo, naquela época, principalmente as grandes. Ninguém sabia por onde começar e onde terminar. Então, a ideia da Cooperativa era prestar serviços para essas grandes empresas",[570] afirmou Walter Rodrigues. "Queríamos que houvesse um mercado receptivo a *designers*, para sairmos daquele universo de costureiros e começarmos a discutir o estilista. Na França, víamos jovens *designers* se estabelecendo e criando uma cultura do estilista de moda",[571] discerniu Jum Nakao. A experiência também se sustentava no conceito do *bureau* de estilo: seus integrantes prestariam serviços como terceirizados e o dinheiro arrecadado, além de mantê-los, seria usado na produção de desfiles de coleções criadas pelos cooperativados – que tinham por lema produzir "uma moda brasileira, mas sem cair no folclórico".[572] "Nada de araras, bananas e balangandãs",[573] confirmou, na época, Conrado Segreto.

Ideologicamente, a Cooperativa estava repleta de ótimas intenções; na prática, não foi tarefa fácil e tudo dependia de muita união. "Nesse movimento, muitas coisas aconteceram, como a união dos cabeleireiros com os estilistas – porque fomos buscar, nos nossos amigos, o suporte para fazer a maquiagem –; a união das agências com os estilistas – porque tivemos as modelos de graça, para poder fazer essa grande brincadeira –; e a participação de produtores de moda", relatou Walter. Uma dificuldade maior – essa, aliás, de todos os tempos e movimentos – foi a obtenção de patrocínios: apenas um foi conseguido, com o empresário Yoshiro Kimoto, do grupo Cosmopolitan, que viabilizou o primeiro desfile do grupo, em fins de 1986 (coleção inverno 1987),[574] realizado no Museu da Imagem e do Som (MIS), São Paulo, no qual cada integrante teve "cinco minutos para mostrar sua coleção; o que dava para seis ou sete peças",[575] detalhou Walter. Naquele mesmo ano, aliás, ele deixou a Huis Clos e, em seguida, também a Cooperativa, para lançar a etiqueta Satori, em sociedade com Áurea Yamashita, repleta de influências "japonistas" – que eram fortes na moda internacional na época. "Enquanto todo mundo fazia saia *balloné*, a gente partia para uma roupa muito limpa, minimalista já",[576] ele relembrou.

O "japonismo" se iniciara nos primeiros anos da década de 1970, com o sucesso de Kenzo Takada e Hanae Mori, estabelecidos em Paris; mas se aprofundou nos anos 1980, com Rei Kawakubo (Comme des Garçons), Yohji Yamamoto e Issey Miyake,[577] "envolvido na adaptação constante da roupa japonesa tradicional".[578] Walter descartou a Satori em 1989 e foi criar para a marca Bicho da Seda, de Odete Moura; em 1992,[579] montou ateliê em Santa Cecília e lançou marca própria (ainda com Áurea Yamashita); fez seu primeiro desfile individual no ano seguinte, na agência Ford Models, sempre associado ao japonismo: "Aí, as pessoas descobriram que eu era 'japonês' e o estigma passou a ser este",[580] ele assentiu. Em 1994, integrou a primeira edição do Phytoervas Fashion...

O mais nipônico (de fato) dentre os estilistas brasileiros, como não poderia deixar de ser, também indicou na moda sua ancestralidade: Jum Nakao, membro destacado da Cooperativa Paulista de Moda, visitou o Japão pela primeira vez em 1988, justamente "quando o mundo da moda estava hipnotizado pela estética dos japoneses".[581] Segundo ele, a Cooperativa Paulista teve uma repercussão proporcional à representatividade que os estilistas tinham no Brasil da época, ou seja, "quase zero".[582] Mas, como Walter, ele se desligou do movimento logo após o primeiro desfile, porque achou que "aquilo não ia dar; serviu como um espaço, mas o momento não era adequado porque a moda não estava na moda, naquela época",[583] afirmou.

Sem dois nomes de relevo – Jum Nakao e Walter Rodrigues –, a Cooperativa se dissolveu em seu segundo ano de vida. "Imagina: nove psicóticos juntos é claro que não ia dar em nada; o projeto era lindo e maravilhoso; mas os egos e a imaturidade das nove pessoas fizeram com que o projeto ruísse de certa forma",[584] psicanalisou Walter Rodrigues. Em 1987, a Cooperativa realizou seu segundo e último desfile patrocinado pela Tecelagem Brasil, no Buffet França, em São Paulo, que foi "uma apresentação de luxo, ainda que uma tremenda crise abalasse os negócios na época"[585] – o Brasil vivia o auge do Plano Cruzado, lançado no ano anterior para combater, sem sucesso, uma inflação galopante. A produção coube a Paulo Borges, que se iniciava na atividade, para quem os criadores, naquele momento, já não aceitavam mais ficar "escondidos atrás de uma marca".[586]

O Brasil era "um território de grifes onde ninguém se expunha como *designer*. Ninguém tinha coragem de dizer 'eu sou um estilista'",[587] Borges reavaliou. "Nós víamos jovens *designers* se estabelecendo e criando uma cultura do estilista de moda e quisemos que aquilo acontecesse, mas acabou não acontecendo. [...] Percebemos que era um tanto quanto *avant-garde*, porque não havia um mercado capaz de absorver essa proposta. Então, todos se recolheram e cada um continuou no seu caminho individual. [...] Só oito anos depois, com o advento do Phytoervas Fashion, é que o mercado, obviamente com todo o suporte de uma grande empresa, começou a se abrir para os estilistas brasileiros",[588] reavaliou Jum Nakao. "Foi praticamente seis anos depois que demos um salto maior, com a formatação do Phytoervas Fashion. Mas, antes dele, essa ebulição começou exatamente com a Cooperativa, que foi quase que uma ruptura",[589] arrematou Walter Rodrigues. Se teve vida curta, a Cooperativa Paulista de Moda serviu para esboçar a cena futura da moda paulista. Das seis moças participantes, duas se destacaram: Sylvie Lebranc, que era estilista da marca Acessory e, especialmente, Marjorie Gueller, que chegou a ter loja própria (na Alameda Franca, em São Paulo), trabalhando com chitas – uma identidade de seu trabalho, sem ser folclórica. Foi, ainda, estilista de Ruth Cardoso no primeiro mandato de Fernando Henrique Cardoso (posteriormente, a ex-primeira-dama vestiu Yohji Yamamoto).

# Profissionalização do *backstage*

O Censo Industrial do IBGE de 1980 apontou a existência de mais que 15 mil estabelecimentos industriais atuando no ramo do vestuário,[590] sem contar as confecções informais que se formavam às pencas. Com tantas linhas de produção de roupas espalhadas pelo país e feiras de negócios se multiplicando, o lançamento de moda passou a carecer de espaços e profissionais adequados. Cada vez mais, jovens egressos de áreas de graduação como artes plásticas ou arquitetura elegiam a criação de roupa como meta profissional. A Casa Rhodia disparou o processo de formação na área, continuado por escolas de graduação reconhecidas que surgiram inicialmente nos estados que concentravam maiores demandas do segmento.

O espetáculo da moda requeria qualificação profissional em todas as suas etapas, da criação dos modelos ao momento ápice de sua apresentação ao público especializado nas passarelas. Desde fins da década de 1970, o setor confeccionista já demandava pessoal especializado para a produção dos desfiles de moda, dos quais o Brasil era carente – os profissionais especialistas do *backstage*. Mas a própria demanda acabou propiciando condições para o surgimento de categorias importantes, como a do "produtor de moda", que a partir do final dos anos 1990 passou a ser chamado aqui no Brasil de *stylist*. Trata-se de uma palavra da língua inglesa que significa, ao pé da letra, "estilista", aqui usada para identificar não o estilista (em inglês, *fashion designer*), mas "aquele que define a imagem de um desfile, catálogo ou editorial de moda; [...] nos desfiles, ele interfere na atitude das modelos e opina sobre cenário e trilha sonora".[591] Ou seja, é o responsável pela produção de desfiles ou de editoriais de moda para revistas, catálogos, vídeos etc. Até a década de 1970, não havia um profissional específico responsável por funções como a concepção de um desfile de moda, montagem do *casting* de modelos, produção da trilha sonora, da iluminação, da cenografia, da divulgação, da edição – entre outras funções da produção dos desfiles. O pioneiro Cyro Del Nero, que exerceu essas (e outras) funções nas realizações da Rhodia, na década de 1960, era na verdade um profissional advindo do teatro.

Naqueles anos embrionários, os desfiles, assim como os editoriais de moda, eram produzidos por profissionais vindos de diversas áreas, como cenografia, produção teatral ou fotografia, ou ainda por qualquer um que se mostrasse razoavelmente habilitado a essas funções. O primeiro profissional que se credenciou, pela prática e pela competência, como produtor de desfiles no Brasil foi Paulo Ramalho: "A profissão, que até o final dos anos 70 não tinha nome, foi batizada por Paulo [Ramalho] como 'produtor de desfile' – aquele que concebe o evento do começo ao fim, contrata modelos, ensaia, cria a trilha sonora, a luz, a cenografia, ajuda na edição das roupas e, quando tudo está pronto, como imaginou e fez acontecer, vai para o camarim soltar os modelos na passarela",[592] escreveram Paulo Borges e João Carrascosa.

Casado com Patrizia desde 1972, Paulo ingressou no universo da moda na década de 1960, também por meio do teatro. Em 1974, o casal criou em São Paulo uma loja de "muamba de roupa importada".[593] Quatro anos mais tarde, ela assumiu o cargo de compradora da butique multimarcas Camomilla, em São Paulo, período em que Paulo entrou no mundo da moda, produzindo editoriais para a editora Abril e fazendo "bicos como assistente de fotógrafo e de iluminador".[594] Por volta de 1977, ele foi contratado como *booker* (aquele que compõe o quadro de modelos de uma agência) pelo francês Bernard Ramus, que acabara de montar a Bernard Models: "No começo, foi muito difícil implantar a ideia de 'agência' na cabeça das pessoas. Ninguém aceitava: nem os clientes, que se viam ameaçados pelo percentual cobrado além dos cachês, nem os modelos, que até então estipulavam eles mesmos o valor de cada trabalho",[595] ele relatou. Possivelmente em 1979, a agência foi contratada para produzir o primeiro desfile da Zoomp, que "aconteceu na Sandália de Prata, uma gafieira no bairro de Pinheiros [São Paulo], onde a gente montou um ringue de boxe como passarela e um apresentador aparecia como juiz da luta, de gravata-borboleta e tudo. Essa foi minha primeira concepção de montagem de desfile",[596] ele recordou.

Também em 1979, ele fez – fora da agência – a produção do desfile Um Dia na Vida do *Jeans*, para a Santista, apresentado na feira Janeiro Fashion Show,[597] realizada pela Alcântara Machado no Rio de Janeiro. Teria sido sua "primeira grande cartada",[598] depois da qual ele deixou a agência para montar, em sociedade com Jorge Almeida Prado, a Malacacheta Produções e Assessoria de Moda, que "começou produzindo os desfiles da empresa Santista, na Fenit",[599] Paulo informou. Nascia, então, a "primeira produtora de desfiles de moda no Brasil"[600] que, ao longo de toda a década de 1980, atuou praticamente solitária no mercado de produção de moda. "A partir de 1983, duas novas fatias do mercado da moda resolveram investir em desfiles: os *shopping centers* [...] e as confecções já mais estabelecidas, algumas individualmente, outras organizadas e fortalecidas em grupos".[601] Para encher os olhos dos compradores e, principalmente, da imprensa, essas empresas gastavam fortunas com a realização de "lançamentos em grandes mansões, hotéis de luxo, jantares e *shows* de alucinar".[602]

Paulo e Patrizia Ramalho formavam uma espécie de casal 20 da produção de moda na época. Por meio da Malacacheta, produziram eventos fundamentais da história da moda brasileira, como desfiles do Grupo Mineiro de Moda ("as seis primeiras edições"),[603] do Grupo São Paulo de Moda, de marcas e estilistas como Zoomp, Forum, Ellus, Glória Coelho e outros. Até meados da década de 1980, a Malacacheta "reinava absoluta no mercado",[604] o que é confirmado por diversas personalidades que iniciaram carreiras naquele período: "Paulo Ramalho fazia desfiles memoráveis. Me fascinava ver aquele monte de estandes com as pessoas entrando, o desfile, as pessoas desfilando, luz, música",[605] reverenciou o produtor Paulo Borges, da SPFW. "Eles [Paulo e Patrizia] faziam todos os desfiles; eram as pessoas mais importantes na área",[606] referendou Jair Mercancini, que entrou no ramo na década seguinte. "Era uma pessoa brilhante, na época [...]. Se você quisesse fazer desfile, você contratava o Paulo, que contratava as modelos e fazia toda a parte organizacional",[607] recordou o estilista Tufi Duek.

Nos anos 1990, tivemos um retrocesso – na moda assim como em todos os demais segmentos – decorrente da crise econômica provocada pelo Plano Collor. Houve uma contenção da verba geral nas empresas, que afetou especialmente as destinadas à promoção de produtos. Além disso, a Malacacheta começou a enfrentar concorrência no trabalho de produção de desfiles – com o surgimento de outros profissionais, como Carlos Pazetto (que começou trabalhando para o mercado publicitário, tornando-se produtor), Paulo Borges, Ruy Furtado (que iniciou a carreira como modelo e depois virou produtor) e Tércio Freitas – muitos deles crias do próprio Paulo Ramalho. "Paulo Borges começou a me incomodar, quando pegou a Azaléia como cliente. [...] Foi ali, por volta de 1990, que ele botou as manguinhas de fora. Até então, éramos nós [Malacacheta] e mais ninguém",[608] relatou Ramalho. Em 1996, a Malacacheta chegou a produzir desfiles dentro do MorumbiFashion. "Fizemos vários desfiles dentro do evento, mas, depois, o cerco foi se fechando. O último desfile que organizamos, no Morumbi, foi para o Mappin, em 1998",[609] Patrizia informou. "O Paulo [Borges] queria fazer o que eu fazia; queria ser eu ou até mais do que eu. Ele se formou assistindo aos meus ensaios de desfile. No começo, eu não me ligava nisso; os ensaios eram abertos, tudo era feito muito às claras. Quem quisesse entrar e olhar entrava. Se não fosse burro, eu é que estaria fazendo essas coisas todas que ele fez. Foi falta de visão comercial",[610] lamentou Ramalho. Para Patrizia Ramalho, porém, Paulo Borges é comparável a um Renato Kherlakian, que "montou uma confecção e deu certo, mas se tivesse montado uma fábrica de pneus também teria dado certo".[611] Já sobre seu marido, considerou que ele é "o oposto disso, é um artesão, um diretor criativo, nunca vai ter a 'sacação' de um homem de negócios".[612] No final da década de 1990, a produção de desfiles se tornou um *business*, exigindo do profissional da área um tino empresarial tão forte quanto senso artístico. Ao longo das décadas seguintes, surgiram no Brasil diversos produtores de moda (ou melhor, *stylists*) de projeção, como Penha Costa Paulo, Ruth Joffily, Lu Catoira, Ivete Vieira Lopes, Leda Gorgone, Jussara Romão, Iza Smith, Paulo Martinez, Tomaz Souza Pinto, Mário Mendes, David Pollack, Maurício Ianês, Felipe Veloso, Chiara Gadaleta, Márcio Banfi, entre outros.

## O segredo de Segreto

Qual era a flor do segredo de Conrado Segreto (1960-1992)? O que explica um estilista de carreira tão curta ter deixado marcas tão consistentes na moda brasileira? Uma resposta possível estaria no próprio jeito de ser de Conrado, uma espécie de "costureiro extemporâneo": ele integrou a geração dos anos 1980, mas tinha atitudes e temperamentos similares aos de Dener e Clodovil, ícones de duas décadas anteriores. "Era desbocado, falava absurdos... Tinha o dom da palavra e uma irreverência que chamava a atenção",[613] descreveu sua irmã, Rita Segreto. Conrado tinha língua afiada e ácida; além disso, era desorganizado administrativamente e vivia envolto numa aura de luxo e *revival*, assediado

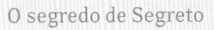
*Croqui do estilista Conrado Segreto; São Paulo, SP, c.d. 1990.*

por mulheres da elite paulistana em busca da exclusividade de suas criações. Tudo isso alimentou uma imagem de criador elitista, afeito às elevações da *haute couture*.

Apesar dessa mitologia, Conrado foi um dos componentes da Cooperativa Paulista de Moda, entidade de jovens profissionais constituída para oferecer, em nosso mercado, uma mão de obra então pouco conhecida. Era um paulistano de classe média com um talento nato para o desenho e para a moda, que se revelou cedo. "Ele tinha três anos e já desenhava mulheres e fadas. A gente adorava os concursos de *misses*; fazíamos um júri e ficávamos julgando e falando das roupas",[614] recordou Rita Segreto. Nos tempos de colégio, anos 1970, havia "aquele bando de 'bichos-grilo', e lá estava ele flanando como um *dandy*, totalmente fora do contexto",[615] descreveu sua colega de Cooperativa, Marjorie Geller. Depois de três anos cursando jornalismo na PUC-SP, abandonou a faculdade para, junto com sua irmã, produzir peças "com a fantasia de vender e de termos alguma coisa juntos".[616] A carreira de estilista teve início no começo da década de 1980, quando ele passou a desenhar modelos infantis para a Ru-ri-ta – confecção tradicional do Bom Retiro.

O traço personalíssimo de Conrado chamou a atenção da jornalista Regina Guerreiro, editora de Vogue Brasil, que o convidou para colaborar com ilustrações de moda. Pelo mesmo motivo, a francesa Marie Rucki, que ministrava cursos de estilismo pela Coordenação Industrial Têxtil (CIT), na Casa Rhodia em São Paulo, lhe ofereceu uma bolsa no Studio Berçot em Paris. Conrado ficou lá por cerca de um ano: "Lembro das cartas que me mandava de Paris, dizendo que não havia nada de novo ali. Ele aguentou o Studio Berçot por um ano e saiu correndo... Achava aquilo um saco",[617] assinalou sua irmã. Ele próprio registrou seu descrédito com as escolas de estilismo: "Pode-se crescer em uma, mas nunca 'nascer'. [...] Comigo, escolas de estilismo não dão certo. Minha experiência no Studio Berçot, de Paris, com Marie Rucki, foi altamente irritante. [...] Eu aprendi na prática. Discordo quando falam que um estilista não precisa de desenhos. O desenho é a mais fiel interpretação daquilo que espero de uma roupa".[618] Na volta de Paris, Conrado trabalhou como assistente de Glória Coelho (na G) – mesmo período em que se juntou ao grupo da Cooperativa Paulista de Moda e, também, desenhou para as linhas *prêt-à-porter* das confecções Diivon, Le Mazelle, Ricardo Facchini e Alegra.

A primeira coleção do estilista – batizada Luxo – foi desfilada em 1989 na Casa Rhodia em alto estilo: o salão foi decorado com tapetes persas, um espelho do século XIX ao fundo, harpistas tocando ao vivo, cerca de 200 convidados.[619] Disseram que ele havia recuperado os tempos glamorosos da alta moda brasileira; vieram as inevitáveis comparações com Dener Pamplona, e o desfile foi parar na capa da revista Veja São Paulo, sob o título "A reinvenção da alta-costura".[620] Assinado por Costanza Pascolato e Fernando Valeika de Barros, o texto enfatizava: "A mulher paulistana tem frequentado cada vez menos ateliês de costura e se ampara no *prêt-à-porter*, menos artesanal, muito mais despojado, mas com soluções práticas que têm mais a ver com o ritmo da cidade. Chega a ser curioso que o jovem Conrado Segreto [então, com 29 anos], mesmo vislumbrando a porta fácil desse mercado, siga exatamente o caminho íngreme da alta-costura, por onde poucos podem ir por absoluta imposição dos obstáculos".[621] "Um rebelde na alta-costura", referendou a jornalista Regina Lemos, editora de Moda Brasil (Editora Globo), em entrevista na qual o estilista (ou costureiro?) explica como reabriu "o caminho da alta-costura":[622] "É uma vocação para o calvário. Eu sou contra as coisas amenas e tênues. Quero coisas absolutas. [...] Faço um desfile de alta-costura, quando ninguém mais pensa nisso. [...] Também tenho a vantagem de conhecer os dois lados: a alta-costura e o *prêt-à-porter*. Isso me faz ficar atento a todas as correntes da moda, além de me poupar de ser vítima daquilo que alguns costureiros de alta-costura são, principalmente no Brasil: eles se fecham em seus ateliês e recebem uma clientela desinteressante e eventual, de casamento e coisas do tipo".[623]

Paulo Borges, que produziu os quatro grandes desfiles feitos por Conrado (e o teve como parceiro em outros trabalhos), definiu assim a personalidade do estilista: "Excêntrico e irreverente, ele falava mal de todo mundo, brigava com todo mundo".[624] "Os recursos eram precários. O Conrado fazia empréstimos em banco e eu quase morria. O Paulo Borges conseguia uns patrocínios bem pequenos e eles laçavam as coleções, que tiveram imprensa maciça",[625] relatou Rita Segreto. A segunda coleção de Conrado, composta por "vestidos longos, justos, cheios de laços, luvas e bolsinhas",[626] foi desfilada no início de 1990, ao ar livre, nas escadarias da Fundação Armando Alvares Penteado (Faap), em São Paulo, sob uma típica garoa paulistana, com pianista ao vivo. "Na época, o japonismo e roupa conceitual estavam despontando, mas o Conrado ia na contramão: ele dignificava a feminilidade, a cintura, o decote, a altivez da mulher",[627] afirmou Rita Segreto. O estilo rebuscado levou-o também à criação de figurinos para as peças Emoções Baratas (1986), Suor Angélica (1990), Solidão e A Comédia (1991).[628] Em 1992, desenhou quatro vestidos comercializados com a boneca Barbie, em comemoração a seus 10 anos de Brasil.

O terceiro desfile, composto por 16 criações e intitulado À la Cruella Cruel (referência à personagem de Cinderela), ocorreu em junho de 1990, tendo como cenário o Museu do Ipiranga sob luzes cor-de-rosa – "a cor preferida de Conrado" –,[629] e ficou marcado pelos excessos: ao lado do Coral Lírico do Theatro Municipal, surgia uma bateria da escola de samba Camisa Verde e Branco e Pinah, da Beija-Flor, como modelo; as criações eram rebuscadas e carregadas nas plumas. "Meu erro foi ter colocado plumas demais. Me deslumbrei e errei a mão",[630] ele admitiu em 1991. Na época, Regina Guerreiro não estava muito simpática a Conrado e logo noticiou que o desfile tinha sido de "bípedes emplumadas". "Meu último desfile, no Museu do Ipiranga, foi a maior pisada no tomate. A capa da Veja SP [...] me subiu à cabeça [...] Fiquei na maior pindaíba no começo deste ano [1991]. Aí parei para pensar. E acho que amadureci",[631] reconheceu Conrado, que viu a clientela evaporar de seu ateliê na Vila Nova Conceição, no antigo sobrado onde morou Reinaldo Lourenço em princípio de carreira. Como se vê, ele não poupava de críticas nem a si mesmo.

*Acima e na página ao lado, croquis do estilista Conrado Segreto; São Paulo, SP, 1992.*

E foi justamente naquele desfile que o estilista lançou sua primeira coleção *prêt--à-porter*, de seriação pequena – 500 peças/mês –, também com apliques de plumas e que igualmente não deu certo: "Tentei o *prêt-à-porter* e foi um fiasco: vendia, mas eu não conseguia entregar as roupas",[632] ele afirmou um ano depois, outra vez parecendo ecoar a voz de Dener. Na opinião de Paulo Borges, seu insucesso com *prêt-à-porter* se deu porque "ele não se acertava com roupas mais simples; não admitia a menor falha, em qualquer detalhe".[633] O último desfile de Conrado ocorreu em 1991, na residência da família Yunes, em São Paulo – mansão neoclássica que sediou a Casa Manchete –, em intenso revivalismo. Tratava-se de um evento beneficente, resgatando o clima dos desfiles frequentados exclusivamente pelo *jet set* de décadas atrás: "Era uma viagem pelo século XIX e pelo cinema dos anos 50, acompanhada das princesas e fadas de Walt Disney".[634] Entre as modelos, Sílvia Pfeifer e Débora Bloch. Conrado comentou numa entrevista sua "mania" de desfilar um número de roupas sempre igual ao da idade que tivesse – na época, 31 anos. "Quando tiver 70 vai ser um problema",[635] ele ironizou. Infelizmente, para a moda brasileira, ele não teve de enfrentar esse problema. Sua carreira meteórica foi interrompida pelo vírus HIV, em 30 de dezembro de 1992: "O Conrado estava bem doente nesse desfile; quase que ele nem acontece",[636] contou o produtor Paulo Borges. Em sua missa de sétimo dia, na Igreja de São Gabriel, na Avenida São Gabriel, (Itaim Bibi, São Paulo, SP), estiveram presentes, entre familiares e amigos, a jornalista Regina Guerreiro e o diretor de teatro José Possi Neto. As criações do estilista marcaram pela intensidade e sensualidade, como ele próprio afirmou: "Roupa e sexo são as duas coisas em que mais penso. E não é à toa que me relaciono sexualmente com meu trabalho. Sou ligado em coisas bonitas e explícitas. Uma roupa, para ser perturbadora, tem que ser sexualmente perturbadora...".[637]

## Moda se aprende na escola

Até meados da década de 1980, um jovem que desejasse trabalhar com criação de moda, no Brasil, enfrentava não apenas o preconceito que cercava esta opção profissional, como, também – e principalmente –, a ausência de escolas ou cursos que ultrapassassem o nível técnico básico: em geral, o trivial curso de corte e costura. Como não tínhamos formação qualificada na área, os pretendentes à carreira tornavam-se autodidatas ou iam buscar formação no exterior, quase sempre em Paris, onde o *design* de moda teve sua origem. Há registros de escolas femininas na França já no século XVII, que promoviam cursos de quatro anos.[638] Uma das primeiras surgidas em Paris foi a atualmente denominada Esmod, fundada em 1841 por Alexis Lavigne.[639] A famosa École de la Chambre Syndicale de la Couture Parisienne, por sua vez, surgiu em 1926, vinculada ao sindicato francês da *haute couture*.

*Na página ao lado, croqui do estilista Conrado Segreto; São Paulo, SP, 1992.*

Em seus primórdios, portanto, o *design* de moda vinculava-se ao artesanato sob medida da *haute couture* ou da alfaiataria masculina. A partir da década de 1950, com a ampliação da produção de roupas em série, o segmento passou a ser incluído na área do *design* industrial, segmento cuja primeira instituição educacional no Brasil foi a Escola Superior de Desenho Industrial (Esdi), na Universidade Estadual da Guanabara (UEG), implantada em 1962. Ainda que tenha contado "com o criador de moda francês Pierre Cardin como professor convidado" e alguns de seus alunos, desenvolvido "projetos acadêmicos envolvendo a área do vestuário e do têxtil",[640] a Esdi, porém, jamais disponibilizou cursos voltados à criação ou modelagem de roupas.

O Brasil tardou, ainda, mais de duas décadas para dispor de cursos superiores específicos de moda, até porque não dispúnhamos de um mercado maduro. Moda era um fenômeno que se entendia ser externo ao Brasil, algo que nos era possível apenas seguir: assim, cabia-nos imitar ou reproduzir, por meio da cópia e da adaptação, o que se fazia lá fora. A função do *designer* de moda não era considerada relevante pelas nossas primeiras confecções, em geral assumida pelos próprios donos do negócio ou "por leigos e autodidatas que aprendiam com o exercício da profissão; [...] acorriam para preencher os quadros das lides têxteis e de moda profissionais das mais diferentes formações e com inúmeras e involuntárias deficiências".[641]

Até o início da década de 1980, quem quisesse estudar moda no Brasil vivia um dilema, como recordou o estilista Walter Rodrigues: "A gente tinha duas possibilidades: fazer arquitetura ou desenho industrial, ambos os cursos diurnos e muito caros. [...] Hoje, podemos dizer que temos escolas de moda reais".[642] A jornalista Laïs Pearson acrescentou: "Moda era uma coisa de comadre, não tinha valor nenhum...".[643] Foi o próprio crescimento da indústria de roupas prontas que impôs a demanda por profissionais dos quais não dispúnhamos, simplesmente porque não havia escolas para formá-los. E as empresas deram-se conta disso muito antes que a academia almejasse "libertar a moda [brasileira] do amadorismo, criando melhores condições de enfrentar a acirrada concorrência externa".[644]

A inevitabilidade da criação de escolas qualificadas para formar profissionais em todas as áreas da moda se evidenciou no início da década de 1980, em particular de especialistas em criação, aqui chamados estilistas – na Europa, eles são denominados criadores, a partir da nomenclatura que lhes foi dada em francês, *créateurs de mode*. Os primeiros cursos independentes foram iniciativas privadas, a exemplo da Casa Rhodia, fundada pela empresa homônima – que ofereceu, a partir de 1978, cursos de curta duração (como o ministrado pela francesa Marie Rucki, do Studio Berçot –, e do Centro de Tecnologia da Indústria Química e Têxtil do Serviço Nacional de Aprendizagem Industrial (Cetiqt), do Rio de Janeiro. Este último, órgão ligado ao Serviço Nacional da Indústria (Senai), que disponibilizou, desde 1984, o primeiro curso de longa duração de *design* de moda, ainda em nível técnico.[645] "Foi o primeiro curso de moda no Brasil, o curso de Estilismo em Confecção Industrial. Funcionou até 2002 e nós, já em 2001, criamos o curso superior de *design* de moda, porque era uma exigência do mercado",[646] informou Lu Catoira, jornalista de moda que foi coordenadora da Faculdade de Design de Moda do Senai-Cetiqt por oito anos.

Não foi fácil montar um curso, mesmo em nível técnico, naquele período, porque faltavam profissionais habilitados para compor o corpo docente, como explicou a também jornalista Celina de Farias – que em 2010 era coordenadora geral do Curso *Design* de Moda do Instituto Zuzu Angel da Universidade Estácio de Sá. "Não tinha professor; ninguém sabia dar aulas... Nós, da imprensa, como eu, a Ruth Joffily e a Ângela Rêgo Monteiro, fomos chamadas porque a gente entendia na prática; o que foi interessante, porque passamos a teorizar nossa prática. Em São Paulo, deve ter ocorrido o mesmo processo: o pessoal da prática teorizou. Comecei a dar aula e a estudar, simultaneamente, e isso foi virando uma 'cachaça'",[647] ela comentou. Mas foi só quando surgiram no Brasil "cursos em nível superior que as pessoas tomaram conhecimento de que a moda poderia render, a quem a estudasse, as mesmas vantagens de um curso de advocacia ou medicina",[648] arrematou a jornalista Laïs Pearson.

A primeira universidade brasileira a investir nesta área de ensino foi a Universidade Federal de Minas Gerais (UFMG), com um curso de extensão de Estilismo e Modelagem do Vestuário, colocado em prática em 1986. "Foi o primeiro contato entre os trabalhos de agulha com a academia, no formato de curso",[649] referendou a pesquisadora da PUC-Paraná, Dorotéia Pires, em artigo na revista Nexos. Segundo o estilista Ronaldo Franga – que integrou uma das primeiras turmas –, "estudantes do Brasil inteiro foram estudar em Minas Gerais".[650] A estilista e diretora da extinta Faculdade Cimo – Centro Integrado de Moda, em Belo Horizonte, MG –, Giselda Moreira Garcia, relatou que partiu dela a iniciativa de propor à Escola de Belas Artes (EBA) da UFMG, por meio da professora Delfina Miranda, a criação do curso: "Consegui o apoio da Associação Mineira das Indústrias de Confecções (Amicon) e a têxtil Cedro Cachoeira forneceu tecidos e maquinário. Cobramos pela inscrição e mensalidade; foi um curso livre e pago, em uma universidade pública",[651] ela afirmou. No histórico disponível no site da EBA/UFMG, contudo, informava-se que a ideia teria partido, em 1984, da própria diretoria da EBA, a qual encarregou a professora Delfina da elaboração de um projeto, efetivado nos anos seguintes, quando "paralelamente, através da estilista Giselda Moreira Garcia, diretora social da extinta Associação Mineira das Indústrias de Confecções, Amicon",[652] a proposta teria sido levada à entidade, que a referendou.

A despeito da origem da iniciativa, o curso foi concebido para formar estilistas, com duração de dois anos: "Não se falava ainda em *design* para a área de desenvolvimento de produto e criação. Oferecíamos matérias como história da moda, modelagem, desenho, estilismo, criação, pesquisa. [...] Mas a Escola era purista e não acreditava em moda; tanto que só virou curso superior em 2009",[653] acrescentou Giselda. É fato que o primeiro "curso superior" de moda do Brasil foi implantado em 1988, em São Paulo, pela

Faculdade Santa Marcelina (Fasm): "Logo que nós começamos o nosso curso [na EBA], a Santa Marcelina ficou sabendo e veio conhecer. Se espelhou nele para abrir seu curso e reivindicou o registro, como curso superior, enquanto aqui continuamos como curso de extensão",[654] confirmou Giselda Moreira.

A história do curso da Fasm remonta, entretanto, a 1964, quando a professora e irmã Eugénie Jeanne Villien – formada em moda na França – introduziu, no núcleo de técnicas industriais das formações superiores de Desenho e Plástica, a matéria Desenho de Moda: "Foi a primeira voz que se levantou em prol de um ensino superior acadêmico na área de moda no Brasil. Como fui sua aluna e, depois, assumi a mesma cátedra, sentia o interesse que esse conhecimento despertava",[655] relatou Vera Lígia Gibert, uma das responsáveis pela implantação do curso da Fasm. E não foi por acaso que a formação em moda surgiu, na academia brasileira, relacionada à arte. Isto se deveu, provavelmente, ao fato de, "no início do século XX, o estudo sistemático do traje ser visto como um ramo derivado da história da arte",[656] avaliou Dorotéia Pires, que incluiu no rol dos cursos surgidos em departamentos de artes os da Universidade de Caxias do Sul, da Universidade Veiga de Almeida (UVA), Rio de Janeiro, e das universidades estaduais de Santa Catarina (em Florianópolis), e de Londrina, PR.

Pelo relato de Vera Lígia Gibert, coordenadora, juntamente com o professor Auresnede Pires Stephan – o professor Eddy –, do bacharelado em Desenho de Moda da Fasm, aprovado pelo Mec pelo Parecer 1021/87, a escola já oferecia, desde 1983, um curso de extensão em Estamparia na área de Design Têxtil, que recebia muitos funcionários de empresas do vestuário: "Percebi, então, que o setor têxtil e de confecções eram dos mais tradicionais e relevantes do parque industrial brasileiro. Apresentava grande potencial, porém carecia da permanente renovação para ganhar competitividade, no contexto internacional".[657] Outra motivação para a criação do curso teria sido "o desejo de identificar a nossa moda como uma manifestação de características brasileiras".[658]

Segundo o professor Eddy, com o apoio da irmã Ângela Rivero, a implantação do bacharelado em Moda pela Fasm atendeu a uma demanda existente, já que os cursos genéricos de Desenho Industrial, que haviam vivido um *boom* no início da década de 1980, eram insuficientes para corresponder ao interesse de muitas alunas que "enveredavam para o universo *fashion*".[659] "Evidentemente, os resultados eram tímidos, pois o conteúdo dos cursos não supria as necessidades básicas na formação acadêmica daquelas jovens. Valia a obstinação, o jeitinho brasileiro, a garra, o talento natural e o apoio de parentes e amigos, geralmente costureiras e figurinistas".[660] Entre alunos que se formaram na Fasm, destacaram-se Alexandre Herchcovitch, Vinícius Campion, Lorenzo Merlino, Thais Losso, Erika Ikezili, Fábia Bercsek, Adriana Barra, Emanuelle Junqueira, Wilson Ranieri, Jefferson de Assis, Carina Duek, Simone Mina, Karlla Girotto, entre outros. "Eu me formei em 1993, junto à quarta turma da Santa Marcelina. Nós somos de uma geração cobaia. Dos professores do corpo docente da faculdade, apenas um professor era da área da moda. O resto não era, justamente porque ninguém era formado ainda na área. Eram professores de artes plásticas, de fotografia, joalheria; eram de outro lugar, que não da moda. [...] Então, aquilo foi superembrionário; agora está bem mais profissionalizado",661 comentou Herchcovitch.

Um dos professores pioneiros da Fasm foi Carlos Mauro Fonseca Rosas, que também atuava como profissional da Rhodia: "Eu estava na Rhodia e, à noite, comecei a passar minha vivência lá. [...] Assumi, com o compromisso de passar as vivências que tinha para o bacharelado e fizemos promoções de integração empresa-escola, com 'n' faculdades... Para uma instituição religiosa, o que seria uma faculdade de moda? Dependendo do repertório de cada um, poderia fazer tailleurzinhos cinza, blusinhas fechadas, o conservador... Mas para um profissional que vinha com especialização, eu passava a vivência que tinha do processo de criação do estilismo, com a apresentação, por exemplo, de uma coleção de protótipos a partir de um estilo. Isso causou alvoroço lá dentro; parava tudo; mas foi uma experiência muito enriquecedora. [...] Eram grupos [de alunos] muito heterogêneos; da elite a pessoas simplíssimas. [...] Certa vez, um jovem disse que ia fazer uma coleção inspirada em Bacon; um grupo entendeu que se tratava do pintor irlandês, já outro, que ele ia fazer uma coleção baseada no *bacon* de hambúrguer".662 Também professora da Fasm desde 1993, Mitsuko Shitara fez a seguinte avaliação: "Desde quando entrei na Santa Marcelina, a moda se profissionalizou e as faculdades também buscam cada vez mais essa profissionalização, com grades [matrizes] curriculares que se adéquem às exigências do mercado. [...] E a faculdade é mais importante agora, porque o diferencial será, cada vez mais, a criação".663

O segundo curso superior de moda do país foi criado em 1990 pela Universidade Anhembi Morumbi, intitulado Negócios da Moda. Em 1991, a Universidade Paulista (Unip) registrou no MEC o terceiro curso e, em 1994, foi a vez do Senac São Paulo assinar convênio com a tradicional École Superieure des Arts et Techniques de la Mode (Esmod), da França, para implantar, no ano seguinte, cursos profissionalizantes de Estilismo e Modelagem, em 1999, absorvidos pelo recém-criado Centro de Educação em Moda, passando a nível superior como um curso de Design de Moda, Estilo/Modelagem.664 A instituição já abrigara o Seminário de Moda do Senac na segunda metade da década de 1980, com a finalidade de transmitir tendências de moda a confeccionistas e profissionais da área. No início dos anos 1990, o seminário transformou-se no Senac Moda Informação que continuava existindo até 2010, quando realizou sua 37ª edição, tendo Renato Shibukawa como editor de conteúdo. "A mudança veio ao encontro das realidades da Internet, da abertura de mercado e da necessidade de produtos mais competitivos. Os consultores, por meio de pesquisas, organizavam didaticamente os temas a serem passados aos participantes. Foi todo segmentado [com palestras sobre moda feminina, masculina, infantil, *surfwear* etc.], e o sucesso se deu também pelo fato de não fazer *merchandising* de nenhum produto. Isso deu credibilidade ao evento",665 relatou Marta Magri, técnica do Senac, ex-integrante da equipe que conceituou o evento.

Realizado em duas edições anuais (março e outubro), o Senac Moda Informação reuniu em sua edição de 2010 em torno de "1500 pessoas de todo o Brasil".666 "Cerca de 75% da indústria do vestuário no Brasil está nas mãos de microempresários e muitos não

*Na página ao lado e abaixo, desfile de conclusão de curso da estilista Renata Zaganim; Faculdade Santa Marcelina (Fasm), São Paulo, SP, 1987.*

têm especialistas e profissionais de moda em suas empresas", comentou Marta Magri, justificando a longevidade do evento, que produzia cadernos contendo croquis, cartelas de cores e sugestões de acessórios e complementos, a cada estação, distribuídos aos participantes e às empresas que necessitam ter essas informações sistematizadas. "Trabalhamos a leitura da macrotendência, e não só o produto",[667] acrescentou Magri.

Já a história da implantação do curso da Esmod no Senac se deu a partir de uma intermediação feita pelo estilista José Gayegos: "A Esmod não queria vir para o Brasil, porque já tinha levado um golpe de 200 mil dólares aqui [em 1987], para variar. Mas o diretor do Senac falou: 'Traz a diretoria para cá!' E nós trouxemos, eles viram que o Senac era uma instituição séria e fizemos um acordo. Trouxemos cinco professores franceses, que ficaram cinco anos aqui. Porque eu disse: 'Nós não temos gente para ensinar aqui, e a metodologia da Esmod é muito particular, uma escola que tem quase 180 anos, uma maravilha. A Esmod veio, então, para cá e eu fiquei 14 anos no Senac",[668] relatou Gayegos. A parceria com a Esmod representava um *referendum* de prestígio: "O Senac percebeu que moda estava virando moda. Foi a época em que tudo aconteceu: começou o Phytoervas, a Santa Marcelina [...] Eu propus acordo com uma escola internacional e aconselhei a Esmod, porque eu tinha estudado lá e achava que tinha o perfil do Senac", acrescentou Gayegos. Os cursos do Senac, da Fundação Armando Álvares Penteado (Faap), assim como todos os outros pioneiros criados em São Paulo, no período, continuavam ativos em 2010, situados entre os mais tradicionais do segmento no país.[669]

Outro curso pioneiro foi o da Faap, instituição que desde meados da década de 1980 promovia cursos livres na área de moda, sob a coordenação do casal Jayme e Matilde Barão, contribuindo para posicionar a escola no circuito do ensino da moda. Ambos se desligariam desse estabelecimento de ensino no final da década de 1990, quando a área passou por reformulações que levaram à implantação do Curso Sequencial de Moda, em agosto de 2001 (duração de dois anos), e, posteriormente, em fevereiro de 2008, do Curso Superior de Design de Moda (duração de quatro anos), ambos sob coordenação de Ivan Bismara e direção de Sílvio Passarelli.

*A professora Serafina Borges do Amaral, uma das pioneiras no estudo da história da moda no Brasil, em palestra durante o Seminário de Moda do Senac; São Paulo, SP, final da década de 1980.*

## Notas

1 *In:* O Brasil na Moda, vol. 1, edição de Paulo Borges e João Carrascosa; Editora Caras, São Paulo, SP, 2004.

2 Moda, Luxo e Economia, de José Carlos Durand; Babel Cultural, São Paulo, SP, 1988.

3 A Moda dos Anos 80, de Deise Sabbag Thamer; Datiloplate, São Paulo, SP, 1987.

4 A revolta das tesouras, reportagem de Olímpia Ciabattari; Última Hora; Editora Última Hora, São Paulo, SP, 8 de dezembro de 1976.

5 Eu, eu, eu... Chega! Agora somos nós..., reportagem de Edilson Gonçalves e Regina Di Marco; Publicação não identificada. *In:* Última Moda; 11 e 12 de dezembro de 1976.

6 A revolta das tesouras, reportagem de Olímpia Ciabattari; Última Hora;Última Hora, São Paulo, SP, 8 de dezembro de 1976.

7 Idem.

8 Idem.

9 Eu, eu, eu... Chega! Agora somos nós..., reportagem de Edilson Gonçalves e Regina Di Marco; Publicação não identificada. *In:* Última Moda; 11 e 12 de dezembro de 1976.

10 Idem.

11 Os donos da moda, nota na coluna Gilda; Zero Hora, Editora Zero Hora, Porto Alegre, RS, 13 de maio de 1970.

12 Costureiro, profissão esperança, reportagem sem autor; O Globo, Editora Globo, Rio de Janeiro, RJ, 20 de maio de 1970.

13 Depoimento ao projeto HMB, gravado em setembro de 2009.

14 Idem.

15 Clodovil chegou malhando Dener, que esnobou o encontro, reportagem sem autor identificado; Zero Hora, Editora Zero Hora, Porto Alegre, RS, 12 de maio de 1970.

16 Idem.

17 Idem.

18 Pois é... Falaram tanto..., reportagem sem autor identificado; Correio da Manhã, Rio de Janeiro, RJ, sem data identificada (recorte acervo Clodovil Hernandes).

19 Estes senhores querem mudar sua imagem, reportagem sem autor identificado; O Estado de S. Paulo, São Paulo, SP, 23 de outubro de 1970.

20 Idem.

21 Dener entrevista Clodovil; Correio da Manhã, Rio de Janeiro, RJ, 5 de outubro de 1970.

22 Dener, O Luxo, de Dener Pamplona de Abreu; 2ª edição, Laudes, Rio de Janeiro, RJ, 1972.

23 Depoimento ao projeto HMB, gravado em fevereiro de 2010.

24 Guia Oficial da Moda Brasileira, Edição nº 100; Unifashion, São Paulo, SP, outubro de 1985.

25 Abrajeans: uma entidade para defender o produto nacional; Guia Oficial da Moda Brasileira, Edição nº 74; Unifashion, São Paulo, SP, março/abril de 1982.

26 Idem.

27 Entrevista Especial Augusto Azevedo; Guia Oficial da Moda Brasileira, Edição nº 100; Unifashion, São Paulo, SP, outubro de 1985.

28 Depoimento ao projeto HMB, gravado em agosto de 2007.

29 Depoimento ao projeto HMB, gravado em junho de 2009.

30 Quem foi Markito?, artigo de Laïs Pearson; Blog Fashion Bubbles [http://www. fashionbubbles.com/historia-da-moda/quem-foi-markito/]. Acesso em agosto de 2010.

31 Idem.

32 Depoimento ao projeto HMB, gravado em junho de 2009.

33 Idem.

34 Quem foi Markito?, artigo de Laïs Pearson; blog Fashion Bubbles [http://www. fashionbubbles.com/historia-da-moda/quem-foi-markito/]. Acesso em: agosto de 2010.

35 Idem.

36 Depoimento ao projeto HMB, gravado em agosto de 2007.

37 Idem.

38 O Brasil na Moda, vol. 1, edição de Paulo Borges e João Carrascosa; Editora Caras, São Paulo, SP, 2004.

39 Idem.

40 Os Endereços In em São Paulo, reportagem de Alice Carta e Ana Maria Sampaio Barros; Vogue Brasil, Nº 49; Carta Editorial, São Paulo, SP, julho de 1979.

41 Depoimento ao projeto HMB, gravado em agosto de 2007.

42 Markito, texto de Marcos Priolli; site Memorial da Fama [http://www. memorialdafama.com/ biografiasMP/Markito.html]. Acesso em agosto de 2010.

43 O Brasil na Moda, vol. 1, edição de Paulo Borges e João Carrascosa; Editora Caras, São Paulo, SP, 2004.

44 Idem.

45 Cronologia Histórica da Moda Brasileira, disponível em [http://www.cosacnaify. com.br/noticias/extra/ modabrasileira/cronologia_ modabr.pdf]; Cosac Naify, São Paulo, SP. Acesso em agosto de 2010.

46 O Brasil na Moda, vol. 1, edição de Paulo Borges e João Carrascosa; Editora Caras, São Paulo, SP, 2004.

47 Depoimento ao projeto HMB, gravado em junho de 2009.

48 Site da Fédération Française de la Couture, du Prêt-à-Porter des Couturiers et des Créateurs de Mode [http://www. modeaparis.com], acesso em junho 2010.

49 Depoimento ao projeto HMB, gravado em abril de 2010.

50 Idem.

51 Estilistas brasileiros unem-se e falam da associação; coluna Toda Moda; Shopping News, São Paulo, SP, 18 de dezembro de 1983.

52 Depoimento de José Gayegos ao projeto HMB, gravado em abril de 2010.

53 Os estilistas brasileiros e suas criações, reportagem sem autor; Moda&Serviço, São Paulo, SP, junho de 1984.

54 Abemoda comemora seu primeiro aniversário, reportagem sem autor identificado; VIT – Vestuário, Indústria e Tecnologia, Ano 3, Edição Nº 20; Espaço de Moda Editorial, São Paulo, SP, janeiro/fevereiro de 1985.

55 Depoimento ao projeto HMB, gravado em abril de 2010.

56 Idem.

57 Abemoda promove tema Farroupilha no inverno 87, reportagem sem autor; Moda&Serviço, Análise Editora Ltda. São Paulo, SP, novembro de 1986.

58 Depoimento ao projeto HMB, gravado em abril de 2010.

59 Idem.

60 Depoimento ao projeto HMB, gravado em março de 2010.

61 Depoimento ao projeto HMB, gravado em junho de 2010.

62 Depoimento ao projeto HMB, gravado em março de 2010.

63 Idem.

64 Depoimento ao projeto HMB, gravado em junho de 2010.

65 Idem.

66 Idem.

67 Depoimento ao projeto HMB, gravado em março de 2010.

68 Depoimento ao projeto HMB, por e-mail, datado de junho de 2010.

69 Histórias da Moda, de Didier Grumbach; Cosac Naify, São Paulo, SP, 2009.

70 *In:* Guia Oficial da Moda Brasileira, Edição nº 100; Centro Brasileiro de Moda/ Unifashion, São Paulo, SP, outubro de 1985.

71 Depoimento ao projeto HMB, gravado em junho de 2010.

72 Depoimento ao projeto HMB, gravado em março de 2010.

73 Rio mobiliza-se e reafirma sua condição de vanguarda, editorial de Mônica Nunes; Guia Oficial da Moda Brasileira, Ano 12, Edição nº 105; Centro Brasileiro de Moda/Unifashion, São Paulo, SP, 1985.

74 Idem.

75 Gregório Faganello. Guia Oficial da Moda Brasileira, Ano 12, Edição nº 105, Centro Brasileiro de Moda/Unifashion, São Paulo, SP, 1885.

76 Depoimento ao projeto HMB, gravado em julho de 2010.

77 Depoimento ao projeto HMB, gravado em julho de 2010.

78 Idem.

79 Depoimento ao projeto HMB, por e-mail, datado de julho de 2010.

80 Abrajeans: uma entidade para defender o produto nacional; Guia Oficial da Moda Brasileira, Edição nº 74; Unifashion, São Paulo, SP, março/abril de 1982 (p. 37).

81 Depoimento ao projeto HMB, gravado em julho de 2007.

82 Idem.

83 Idem.

84 Idem.

85 A História da Indústria Têxtil Paulista, de Francisco Teixeira; Editora Artemeios, São Paulo, SP, 2007.

86 Informações do site da Abit [http://www.abit.org.br/site/], acesso em junho de 2010.

87 Depoimento ao projeto HMB, gravado em outubro de 2007.

88 Depoimento ao projeto HMB, gravado em junho de 2010.

89 In: O Brasil na Moda, vol. 1, edição de Paulo Borges e João Carrascosa; Editora Caras, São Paulo, SP, 2004.

90 Depoimento ao projeto HMB, gravado em junho de 2010.

91 Idem.

92 Histórias da Moda, de Didier Grumbach; Cosac Naify, São Paulo, SP, 2008.

93 Depoimento ao projeto HMB, gravado em junho de 2010.

94 In: O Brasil na Moda, vol. 1, edição de Paulo Borges e João Carrascosa; Editora Caras, São Paulo, SP, 2004.

95 Depoimento ao projeto HMB, gravado em junho de 2010.

96 O Brasil na Moda, vol. 1, edição de Paulo Borges e João Carrascosa; Editora Caras, São Paulo, SP, 2004.

97 O Rio que Virou Moda, de Iesa Rodrigues; Memória Brasil, Rio de Janeiro, RJ, 1994.

98 Almanaque Anos 70, de Ana Maria Bahiana; Ediouro, Rio de Janeiro, RJ, 2006.

99 O Rio que Virou Moda, de Iesa Rodrigues; Memória Brasil, Rio de Janeiro, RJ, 1994.

100 Dicionário da Moda, de Marco Sabino; Editora Campus, Rio de Janeiro, RJ, 2007.

101 Idem.

102 In: Marília Valls: um trabalho sobre moda, de Ruth Joffily; Salamandra, Rio de Janeiro, RJ, 1989.

103 Idem.

104 Depoimento ao projeto HMB, gravado em março de 2007.

105 In: O Brasil na Moda, vol. 1, edição de Paulo Borges e João Carrascosa; Editora Caras, São Paulo, SP, 2004.

106 Depoimento ao projeto HMB, gravado em março de 2007.

107 Idem.

108 Idem.

109 Idem.

110 In: O Brasil na Moda, vol. 1, edição de Paulo Borges e João Carrascosa; Editora Caras, São Paulo, SP, 2004.

111 Depoimento ao projeto HMB, gravado em março de 2007.

112 Idem.

113 Idem.

114 In: O Brasil na Moda, vol. 1, edição de Paulo Borges e João Carrascosa; Editora Caras, São Paulo, SP, 2004.

115 O Rio que Virou Moda, de Iesa Rodrigues; Memória Brasil, Rio de Janeiro, RJ, 1994.

116 Idem.

117 Idem.

118 Reportagem de Maria Silvia Camargo; Revista de Domingo, O Globo, 1992. In.: O Brasil na Moda, vol. 1, edição de Paulo Borges e João Carrascosa; Editora Caras, São Paulo, SP, 2004.

119 In: O Brasil na Moda, vol. 1, edição de Paulo Borges e João Carrascosa; Editora Caras, São Paulo, SP, 2004.

120 Depoimento ao projeto HMB, gravado em março de 2007.

121 Marília Valls: um trabalho sobre moda, de Ruth Joffily; Salamandra, Rio de Janeiro, RJ, 1989.

122 Idem.

123 Idem.

124 Idem.

125 In: O Brasil na Moda, vol. 1, edição de Paulo Borges e João Carrascosa; Editora Caras, São Paulo, SP, 2004.

126 Idem.

127 Idem.

128 Idem.

129 Depoimento ao projeto HMB, gravado em junho de 2007.

130 Idem.

131 Idem.

132 Idem.

133 Marília Valls: um trabalho sobre moda, de Ruth Joffily; Salamandra, Rio de Janeiro, RJ, 1989.

134 Depoimento ao projeto HMB, gravado em julho de 2010.

135 "Mr. Wonderful, o retorno", reportagem de Suzete Aché; O Globo, Rio de Janeiro, RJ, 20 de outubro de 2007.

136 Depoimento ao projeto HMB, gravado em julho de 2010.

137 O Brasil na Moda, vol. 1, edição de Paulo Borges e João Carrascosa; Editora Caras, São Paulo, SP, 2004.

138 Uma visão da moda do Rio nos anos 80, texto de Sérgio Zobaran. Disponível no blog Moda Brasil [http://www2.uol.com.br/modabrasil/rio_link/moda_carioca/index.htm]. Acesso em: agosto de 2010.

139 Depoimento ao projeto HMB, gravado em julho de 2010.

140 Linho: um dos tecidos mais antigos da humanidade, artigo de Leonize Maurílio; disponível no blog Fashion Bubbles [http://fashionbubbles.com/tecnologia-textil-e-da-confeccao/linho-antigos-tecidos-historia/] acesso em agosto de 2010.

141 Depoimento ao projeto HMB, gravado em julho de 2010.

142 Maria Cândida Sarmento e a história da Maria Bonita, reportagem de Gilberto Júnior; Revista Elle; Editora Abril, São Paulo, SP, julho de 2010. In: ModaSpot.com [http://modaspot.abril.com.br/cultura-fashion/maria-candida-sarmento-e-a-historia-da-maria-bonita?pid=5644#galeria]; acesso em agosto de 2010.

143 Idem.

144 Depoimento de Augusto Bicalho ao projeto HMB, gravado em junho de 2010.

145 Maria Cândida Sarmento e a história da Maria Bonita, reportagem de Gilberto Júnior; Revista Elle; Editora Abril, São Paulo, SP, julho de 2010. In: ModaSpot.com [http://modaspot.abril.com.br/cultura-fashion/maria-candida-sarmento-e-a-historia-da-maria-bonita?pid=5644#galeria]; acesso em agosto de 2010.

146 Dicionário da Moda, de Marco Sabino; Editora Campus, Rio de Janeiro, RJ, 2007.

147 Idem.

148 Enciclopédia da Moda, de Georgina O'hara Callan (verbetes brasileiros Cynthia Garcia); Companhia das Letras, São Paulo, SP, 2007.

149 Maria Cândida Sarmento e a história da Maria Bonita, reportagem de Gilberto Júnior; Revista Elle; Editora Abril, São Paulo, SP, julho de 2010. In: ModaSpot.com

150 [http://modaspot.abril. com.br/cultura-fashion/ maria-candida-sarmento- e-a-historia-da-maria- bonita?pid=5644#galeria]; acesso em agosto de 2010.

150 Idem.

151 O adeus à Dama da Moda, nota escrita por Aída Veiga; Revista Época, nº 238; Editora Globo, Rio de Janeiro, RJ, dezembro de 2002. Reproduzida no site da revista [http://revistaepoca. globo.com/ Epoca/0,6993,EPT449838 -1664,00.html]; acesso em agosto de 2010.

152 Dicionário da Moda, de Marco Sabino; Editora Campus, Rio de Janeiro, RJ, 2007.

153 O estilo de Georges Henri, perfil escrito por Christiane Fleury; Claudia Moda, Ano 5, n. 20; Editora Abril, São Paulo, SP, dezembro de 1985.

154 Depoimento ao projeto HMB, gravado em julho de 2010.

155 Idem.

156 O clima irresistível da moda carioca, de Iesa Rodrigues. *In:* Moda Brasil: fragmentos de um vestir tropical, vários autores; Editora Anhembi Morumbi, São Paulo, SP, 2001.

157 O Brasil na Moda, vol. 1, edição de Paulo Borges e João Carrascosa; Editora Caras, São Paulo, SP, 2004.

158 O estilo de Georges Henri, perfil escrito por Christiane Fleury; Claudia Moda, ano 5, n. 20; Editora Abril, São Paulo, SP, dezembro de 1985.

159 O clima irresistível da moda carioca, de Iesa Rodrigues. *In:* Moda Brasil: fragmentos de um vestir tropical, vários autores; Editora Anhembi Morumbi, São Paulo, SP, 2001.

160 Na trilha do sucesso do pai, reportagem de Luciana Franca; IstoÉ/Gente, n 208; Editora Três, São Paulo, SP, 28 de julho de 2003.

161 Datas não disponíveis.

162 Trinta Estilistas – À Moda do Rio, de Iesa Rodrigues e Paula Acioli; Editora Senac, Rio de Janeiro, RJ, 2001.

163 O Brasil na Moda, vol. 1, edição de Paulo Borges e João Carrascosa; Editora Caras, São Paulo, SP, 2004.

164 Trinta Estilistas – À Moda do Rio, de Iesa Rodrigues e Paula Acioli; Editora Senac, Rio de Janeiro, RJ, 2001.

165 Permanente, texto sem autor indicado. Disponível no site UOL Estilo-Moda [http://estilo. uol.com.br/moda/estilistas/ permanente.jhtm]; acesso em setembro 2010.

166 Idem.

167 Dicionário da Moda, de Marco Sabino; Editora Campus, Rio de Janeiro, RJ, 2007.

168 Depoimento de José Augusto Bicalho ao projeto HMB, gravado em julho de 2010.

169 Idem.

170 Estilista Alice Tapajós é acusada de falsidade ideológica. reportagem de Márcia Vieira; Agência Estado; disponível em [http://www. estadao.com.br/noticias/ geral,,156699,0.htm]; Grupo Estado, São Paulo, SP, 14 de abril de 2008; acesso em agosto de 2010.

171 Texto sem autor identificado, publicado no site da loja Glamour [http://www. glamour.com.br/hotsite. asp?hotsite=histmarcas- zibba]; acesso em agosto de 2010.

172 O Brasil na Moda, vol. 1, edição de Paulo Borges e João Carrascosa; Editora Caras, São Paulo, SP, 2004.

173 *In:* Gregório Faganello, entrevista a Débora de Paula Souza; Guia Oficial da Moda Brasileira, Ano 12, Edição Nº 105; Unifashion, São Paulo, SP, agosto de 1986.

174 O Brasil na Moda, vol. 1, edição de Paulo Borges e João Carrascosa; Editora Caras, São Paulo, SP, 2004.

175 *In:* Gregório Faganello, entrevista a Débora de Paula Souza; Guia Oficial da Moda Brasileira, Ano 12, Edição Nº 105; Unifashion, São Paulo, SP, agosto de 1986.

176 *In:* O Brasil na Moda, vol. 1, edição de Paulo Borges e João Carrascosa; Editora Caras, São Paulo, SP, 2004.

177 *In:* Gregório Faganello, entrevista a Débora de Paula Souza; Guia Oficial da Moda Brasileira, Ano 12, Edição Nº 105; Unifashion, São Paulo, SP, agosto de 1986.

178 Dicionário da Moda, de Marco Sabino; Editora Campus, Rio de Janeiro, RJ, 2007.

179 Datas não disponíveis.

180 *In:* Glorinha Paranaguá, texto de Gilberto Júnior; Elle, número não identificado; Editora Abril, São Paulo, SP. Disponível no site [http://elle.abril.com.br/ moda/grifes-tops-estilistas/ historia-da-designer- glorinha-paranagua-540801. shtml?page=page1]; acesso em março 2010.

181 Idem.

182 Trinta Estilistas – À Moda do Rio, de Iesa Rodrigues e Paula Acioli; Editora Senac, Rio de Janeiro, RJ, 2001.

183 Idem.

184 Idem.

185 O Brasil na Moda, vol. 1, edição de Paulo Borges e João Carrascosa; Editora Caras, São Paulo, SP, 2004.

186 Idem.

187 *In:* Trinta Estilistas – À Moda do Rio, de Iesa Rodrigues e Paula Acioli; Editora Senac, Rio de Janeiro, RJ, 2001.

188 Glorinha Paranaguá, texto de Gilberto Júnior; Elle, número não identificado; Editora Abril, São Paulo, SP. Disponível no site [http://elle.abril.com.br/ moda/grifes-tops-estilistas/ historia-da-designer- glorinha-paranagua-540801. shtml?page=page1]; acesso em março 2010.

189 Depoimento ao projeto HMB, gravado em julho de 2007.

190 Idem.

191 Depoimento ao projeto HMB, gravado em julho de 2010.

192 Depoimento ao projeto HMB, gravado em julho de 2007.

193 Dicionário da Moda, de Marco Sabino; Editora Elsevier, Rio de Janeiro, RJ, 2007.

194 Depoimento ao projeto HMB, gravado em agosto de 2010.

195 *In:* O Brasil na Moda, vol. 1, edição de Paulo Borges e João Carrascosa; Editora Caras, São Paulo, SP, 2004.

196 Depoimento ao projeto HMB, gravado em agosto de 2010.

197 Idem.

198 Idem.

199 Idem.

200 Idem.

201 Idem.

202 Idem.

203 O Brasil na Moda, vol. 2, edição de Paulo Borges e João Carrascosa; Editora Caras, São Paulo, SP, 2004.

204 Estilo, texto sem autor; Cláudia Moda, Ano 8, Nº 1; Editora Abril, São Paulo, SP, 1988.

205 O Brasil na Moda, vol. 2, edição de Paulo Borges e João Carrascosa; Editora Caras, São Paulo, SP, 2004.

206 Idem.

207 *In:* O Brasil na Moda, vol. 1, edição de Paulo Borges e João Carrascosa; Editora Caras, São Paulo, SP, 2004.

208 Idem.

209 Idem.

210 Clô Orozco (Coleção Moda Brasileira); Cosac Naify, São Paulo, SP, 2008.

211 O Brasil na Moda, vol. 1, edição de Paulo Borges e João Carrascosa; Editora Caras, São Paulo, SP, 2004.

212 Clô Orozco (Coleção Moda Brasileira); Cosac Naify, São Paulo, SP, 2008.

213 Idem.

214 Clô Orozco, a filósofa da moda, texto sem autor indicado; IstoÉ Gente, Ano II, edição n. 561; Editora Três, São Paulo, SP, 14 de junho de 2010.

215 Com 30 anos de história, Huis Clos é aplaudida de pé,

reportagem de Débora Bresser; Folha de São Paulo, 19 de janeiro de 2008.

216 Grupo de moda é criado em São Paulo, reportagem sem autor identificado; Guia Oficial da Moda Brasileira, n. 75; Unifashion/Centro Brasileiro de Moda, São Paulo, SP, junho/ julho de 1982.

217 *In:* Décio Xavier, entrevista a Ivan Bismarra; Guia Oficial da Moda, ano 12, n. 107; Unifashion/Centro Brasileiro de Moda, São Paulo, SP, mês não identificado de 1986.

218 Grupo de moda é criado em São Paulo, reportagem sem autor identificado; Guia Oficial da Moda Brasileira, n. 75; Unifashion/Centro Brasileiro de Moda, São Paulo, SP, junho/ julho de 1982.

219 Idem.

220 Depoimento ao projeto HMB, gravado em fevereiro de 2010.

221 Grupo de moda é criado em São Paulo, reportagem sem autor identificado; Guia Oficial da Moda Brasileira, n. 75; Unifashion/Centro Brasileiro de Moda, São Paulo, SP, junho/ julho de 1982.

222 Idem.

223 Em São Paulo nove empresas formam grupo de moda, reportagem sem autor identificado; Guia Oficial da Moda, ano 12, n. 99; Unifashion/Centro Brasileiro de Moda, São Paulo, SP, mês não identificado de 1985.

224 Idem.

225 Idem.

226 *In:* O Brasil na Moda, vol. 1, edição de Paulo Borges e João Carrascosa; Editora Caras, São Paulo, SP, 2004.

227 *In:* O Brasil na Moda, vol. 1, edição de Paulo Borges e João Carrascosa; Editora Caras, São Paulo, SP, 2004.

228 *In:* O Brasil na Moda, vol. 2, edição de Paulo Borges e João Carrascosa; Editora Caras, São Paulo, SP, 2004.

229 Depoimento ao projeto HMB,

gravado em julho de 2007.

230 Nesa Cesar, reportagem de Alice Sampaio; Claudia Moda, ano VII, nº 34; Editora Abril, São Paulo, SP, mês não identificado de 1986.

231 Idem.

232 Idem.

233 Idem.

234 Idem.

235 Idem.

236 A moda de São Paulo, em grande estilo, editorial sem autor identificado; Claudia Moda, ano VII, nº 29; Editora Abril, São Paulo, SP, outubro de 1986.

237 Depoimento ao projeto HMB, gravado em julho de 2007.

238 Idem.

239 Fon-Fon, número não identificado; Empresa Fon-Fon e Selecta S/A, 20 de novembro de 1937.

240 Idem.

241 Noberto Arena & a Moda: Uma História de Amor Eterno, de Deborah Nunes Arena; Faculdade Santa Marcelina, Curso de Pós-Graduação em Moda & Criação, São Paulo, SP, 2009.

242 Guia Oficial da Moda Brasileira, Ano IV, nº 17, Verão 77/78; Unifashion/Centro Brasileiro da Moda, São Paulo, SP, 1977.

243 Idem.

244 Idem.

245 Idem.

246 Idem.

247 Próxima de completar 50 anos, Fenit reflete a indústria da moda no país, de Antonio Alves; Material institucional; Reed Exibitions/Alcântara Machado, São Paulo, SP, de 30 de maio de 2007.

248 Depoimento ao projeto HMB, gravado em maio de 2007.

249 Guia Oficial da Moda Profissional, Ano 14, Nº 122; Unifashion/Centro Brasileiro de Moda, São Paulo, SP, 1987.

250 Idem.

251 Idem.

252 Idem.

253 Consenso: Calendário de Moda Deve Mudar, reportagem de Alice Giraldi; Claudia Moda, Ano 8, número 1; Abril, São Paulo, SP, 1988.

254 Depoimento ao projeto HMB, gravado em fevereiro de 2010.

255 Idem.

256 Depoimento ao projeto HMB, gravado em junho de 2010.

257 Claudia Moda, Ano VII, nº 27-A, Especial Fenatec, Tendências Verão 86/87; Editora Abril, São Paulo, SP, 1986.

258 Idem.

259 Idem.

260 Idem.

261 Depoimento ao projeto HMB, gravado em junho de 2010.

262 Claudia Moda, Ano VII, nº 27-A, Especial Fenatec, Tendências Verão 86/87; Editora Abril, São Paulo, SP, 1986.

263 Depoimento ao projeto HMB, gravado em junho de 2010.

264 Depoimento ao projeto HMB, gravado em novembro de 2010.

265 Idem.

266 Idem.

267 Idem.

268 Guia Oficial da Moda Brasileira, Nº 75; Unifashion/ Centro Brasileiro de Moda, São Paulo, SP, maio de 1982.

269 Moda cearense: uma colcha de retalhos, artigo de Ana Nadaff. *In:* Moda Brasil: fragmentos de um vestir tropical, de Carol Garcia e Kátia Castilho; Anhembi Morumbi, São Paulo, SP, 2001.

270 Idem.

271 Depoimento ao projeto HMB, gravado em abril de 2010.

272 Revista Moda & Serviço, n. 40; Análise Editora Ltda, São Paulo, SP, Setembro/outubro de 1986.

273 Depoimento ao projeto HMB, gravado em abril de 2010.

274 Idem.

275 Idem.

276 Guia Oficial da Moda Profissional, nº 61; Unifashion/ Centro Brasileiro de Moda, São Paulo, SP, abril de 1981.

277 Idem.

278 Depoimento de Sérgio Chomko, representante da Alpargatas. *In:* Guia Oficial da Moda Profissional, nº 61; Unifashion/Centro Brasileiro de Moda, São Paulo, SP, abril de 1981.

279 80 Anos de Nossa História, vários colaboradores; São Paulo Alpargatas/Mauro Ivan Marketing Editorial, São Paulo, SP, 1987.

280 O Homem Casual: a roupa do novo século, de Fernando de Barros; Editora Mandarim, São Paulo, SP, 1998.

281 Idem.

282 St. James Fashion Encyclopedia: survey of style from 1945 to the present, de Richard Martin (editor); Visible Ink Press, Detroit, 1997.

283 Depoimento ao projeto HMB, gravado em julho de 2007.

284 Depoimento ao projeto HMB, gravado em abril de 2010.

285 A Moda Jeans e as mudanças da conjuntura econômica brasileira, mesa-redonda transcrita e publicada pelo Guia Oficial da Moda Profissional, Edição nº 61; Unifashion/Centro Brasileiro de Moda, São Paulo, SP, abril de 1981.

286 Guia Oficial da Moda Profissional, Edição nº 66; Unifashion/Centro Brasileiro de Moda, São Paulo, SP, julho de 1981.

287 Depoimento de Nelson Alvarenga ao projeto HMB, gravado em abril de 2010.

288 Santista Têxtil: uma história de inovações, 75 anos, com coordenação geral de Maria Estellita Cavalcanti Pessoa e texto final de Mário Ernesto Humberg; Clã Comunicações, São Paulo, SP, 2004.

289 Depoimento ao projeto HMB, gravado em fevereiro de 2010.

290 Depoimento ao projeto HMB, gravado em maio de 2010.

291 80 Anos de Nossa História, vários colaboradores; São Paulo Alpargatas/Mauro Ivan

Marketing Editorial, São Paulo, SP, 1987.

292 Guia Oficial da Moda Profissional, nº 66; Unifashion/Centro Brasileiro de Moda, São Paulo, SP, julho de 1981.

293 Depoimento de Raquel Valente ao projeto HMB, gravado em maio de 2010.

294 80 Anos de Nossa História; vários colaboradores; São Paulo Alpargatas/Mauro Ivan Marketing Editorial, São Paulo, SP, 1987.

295 Novo Aurélio Século XXI: o Dicionário da Língua Portuguesa, de Aurélio Buarque de Holanda Ferreira, 3ª edição; Nova Fronteira, Rio de Janeiro, RJ, 1999.

296 Idem.

297 O Avesso da Moda: trabalho a domicílio na indústria da confecção, de Alice Rangel de Paiva Abreu; Editora Hucitec, São Paulo, SP, 1986.

298 Dicionário da Moda, de Marco Sabino; Editora Campus, Rio de Janeiro, RJ, 2007.

299 A marca da discórdia, reportagem de Cristina Grillo; Veja-Rio; Editora Abril, Rio de Janeiro, RJ, 20 de agosto de 2003.

300 Depoimento ao projeto HMB, gravado em abril de 2009.

301 In: O Brasil na Moda, vol. 1, edição de Paulo Borges e João Carrascosa; Editora Caras, São Paulo, SP, 2004.

302 A marca da discórdia, reportagem de Cristina Grillo; Veja-Rio; Editora Abril, Rio de Janeiro, RJ, 20 de agosto de 2003.

303 O Brasil na Moda, vol. 1, edição de Paulo Borges e João Carrascosa; Editora Caras, São Paulo, SP, 2004.

304 Dicionário da Moda, de Marco Sabino; Editora Campus, Rio de Janeiro, RJ, 2007.

305 Idem.

306 Depoimento de David Azulay. In: O Brasil na Moda, vol. 1, edição de Paulo Borges e João Carrascosa; Editora Caras, São Paulo, SP, 2004.

307 O Brasil na Moda, vol. 1, edição de Paulo Borges e João Carrascosa; Editora Caras, São Paulo, SP, 2004.

308 Depoimento de Marta Ciribelli, ex-assistente de Simão Azulay. In: O Brasil na Moda, vol. 1, edição de Paulo Borges e João Carrascosa; Editora Caras, São Paulo, SP, 2004.

309 Idem.

310 O Brasil na Moda, vol. 1, edição de Paulo Borges e João Carrascosa; Editora Caras, São Paulo, SP, 2004.

311 O Rio que Virou Moda, de Iesa Rodrigues; Memória Brasil, Rio de Janeiro, RJ, 1994.

312 Idem.

313 Datas não disponíveis.

314 O Brasil na Moda, vol. 1, edição de Paulo Borges e João Carrascosa; Editora Caras, São Paulo, SP, 2004.

315 Depoimento de Tedy Paez. In: O Brasil na Moda, vol. 1, edição de Paulo Borges e João Carrascosa; Editora Caras, São Paulo, SP, 2004.

316 Depoimento ao projeto HMB, gravado em abril de 2010.

317 O Brasil na Moda, vol. 1, edição de Paulo Borges e João Carrascosa; Editora Caras, São Paulo, SP, 2004.

318 Informações do site da empresa, www.staroup.com.br. Acesso em julho de 2010.

319 Quem Não Faz Poeira, Come Poeira, de André Ranschburg; Editora Nova Cultural, São Paulo, SP, 1991.

320 Idem.

321 Idem.

322 Moda, Luxo e Economia, de José Carlos Durand; Editora Babel Cultural, São Paulo, SP, 1988.

323 Quem Não Faz Poeira, Come Poeira, de André Ranschburg; Editora Nova Cultural, São Paulo, SP, 1991.

324 Idem.

325 Idem.

326 Depoimento ao projeto HMB, gravado em abril de 2010.

327 In: O Brasil na Moda, vol. 1, edição de Paulo Borges e João Carrascosa; Editora Caras, São Paulo, SP, 2004.

328 Anúncio publicado em Desfile; Bloch Editores, Rio de Janeiro, RJ, janeiro de 1976. In: Dicionário da Moda, de Marco Sabino; Campus, Rio de Janeiro, RJ, 2007.

329 In: O Brasil na Moda, vol. 1, edição de Paulo Borges e João Carrascosa; Editora Caras, São Paulo, SP, 2004.

330 Depoimento ao projeto HMB, gravado em julho de 2007.

331 In: O Brasil na Moda, vol. 1, edição de Paulo Borges e João Carrascosa; Editora Caras, São Paulo, SP, 2004.

332 Depoimento ao projeto HMB, gravado em julho de 2007.

333 In: Estrelas da Moda Brasileira – Triton, reportagem sem autor; Vogue-Brasil, Edição Nº 91; Carta Editorial, São Paulo, SP, janeiro de 1983.

334 In: Vogue Brasil, nº 91; Carta Editorial, São Paulo, SP 1983.

335 Depoimento ao projeto HMB, gravado em julho de 2007.

336 Idem.

337 Idem.

338 Guia Oficial da Moda Profissional, nº 61; Unifashion/Centro Brasileiro de Moda, São Paulo, SP, abril de 1981.

339 Idem.

340 Idem.

341 O Avesso da Moda: trabalho a domicílio na indústria da confecção, de Alice Rangel de Paiva Abreu; Editora Hucitec, São Paulo, SP, 1986.

342 Depoimento ao projeto HMB, gravado em maio de 2010.

343 O Avesso da Moda: trabalho a domicílio na indústria da confecção, de Alice Rangel de Paiva Abreu; Editora Hucitec, São Paulo, SP, 1986.

344 Depoimento ao projeto HMB, gravado em abril de 2010.

345 Idem.

346 Idem.

347 Idem.

348 Dicionário da Moda, de Marco Sabino; Editora Elsevier, Rio de Janeiro, RJ, 2007.

349 Depoimento ao projeto HMB, gravado em abril de 2010.

350 Vogue Brasil, nº 91; Carta Editorial, São Paulo, SP, 1983.

351 Idem.

352 In: Guia Oficial da Moda Profissional, nº 61; Unifashion/Centro Brasileiro de Moda, São Paulo, SP, abril de 1981.

353 Idem.

354 O Brasil na Moda, vol. 1, edição de Paulo Borges e João Carrascosa; Editora Caras, São Paulo, SP, 2004.

355 Idem.

356 Depoimento ao projeto HMB, gravado em julho de 2009.

357 Dicionário da Moda, de Marco Sabino; Editora Elsevier, Rio de Janeiro, RJ, 2007.

358 Depoimento de Luiza Brunet ao projeto HMB, gravado em setembro de 2007.

359 Depoimento de Roberto Chadad ao projeto HMB, gravado em fevereiro de 2008.

360 Depoimento de Luiza Brunet ao projeto HMB, gravado em setembro de 2007.

361 Depoimento de Humberto Saade. In: O Brasil na Moda, vol. 1, edição de Paulo Borges e João Carrascosa; Editora Caras, São Paulo, SP, 2004.

362 Uma tradição de trinta anos de trabalho enobrece a equipe do clã Saade, texto sem autor indicado; Domingo, revista do Jornal do Brasil, Ano 8, Edição Nº 384; Editora Jornal do Brasil, Rio de Janeiro, RJ, 28 de agosto de 1983.

363 Idem.

364 O Brasil na Moda, vol. 1, edição de Paulo Borges e João Carrascosa; Editora Caras, São Paulo, SP, 2004.

365 Depoimento ao projeto HMB, gravado em setembro de 2007.

366 O Brasil na Moda, vol. 1, edição de Paulo Borges e João Carrascosa; Editora Caras, São Paulo, SP, 2004.

367 O Avesso da Moda: trabalho a domicílio na indústria da

368 confecção, de Alice Rangel de Paiva Abreu; Editora Hucitec, São Paulo, SP, 1986.

368 O *jeans* cresceu e apareceu, artigo de Silvana Holzmeister; *In*: Moda Brasil: fragmentos de um vestir tropical, organizado por Kathia Castilho e Carol Garcia; Editora Anhembi Morumbi, São Paulo, SP, 2001.

369 Idem.

370 Idem.

371 A Indústria Brasileira do Vestuário: história, reflexões e projeções, de Francisco de Paula Ferreira; Editora Brasil Têxtil, São Paulo, SP, 2000.

372 Vogue Brasil, n° 91; Carta Editorial, São Paulo, SP, 1983.

373 Idem.

374 Idem.

375 A Indústria Têxtil Catarinense e o Caso da Cia. Hering, dissertação de mestrado de Isabela Albertina Barreiros Luclktenberg; Universidade Estadual Paulista, Presidente Prudente, SP, 2004.

376 O Brasil na Moda, vol. 1, edição de Paulo Borges e João Carrascosa; Editora Caras, São Paulo, SP, 2004.

377 Idem.

378 De charque de bode a Ferrari, reportagem de Alexa Salomão; Revista Exame, Número 807; Editora Abril, São Paulo, SP, 8 de dezembro de 2003.

379 Idem.

380 O Brasil na Moda, vol. 1, edição de Paulo Borges e João Carrascosa; Editora Caras, São Paulo, SP, 2004.

381 Depoimento de Raul Sulzbacher. *In*: O Brasil na Moda, vol. 1, edição de Paulo Borges e João Carrascosa; Editora Caras, São Paulo, SP, 2004.

382 Depoimento ao projeto HMB, gravado em abril de 2010.

383 Depoimento ao projeto HMB, gravado em julho de 2007.

384 O Brasil na Moda, vol. 1, edição de Paulo Borges e João Carrascosa; Editora Caras, São Paulo, SP, 2004.

385 Depoimento ao projeto HMB, gravado em julho de 2007.

386 Idem.

387 Idem.

388 Depoimento ao projeto HMB, gravado em maio de 2010.

389 A Moda dos Anos 80, de Deise Sabbag Thamer; DCI, São Paulo, SP, 1988.

390 Dicionário da Moda: guia de referência de termos do mercado têxtil e moda, coordenação de Julia Peixoto de Barros Lemos; Companhia Industrial Cataguases/ Instituto Francisca de Souza Peixoto, Cataguases, MG, 2002.

391 Idem.

392 Dicionário da Moda, de Marco Sabino; Editora Elsevier, Rio de Janeiro, RJ, 2007.

393 Idem.

394 Depoimento ao projeto HMB, gravado em abril de 2010.

395 Guia Oficial da Moda Profissional, n° 100; Unifashion/Centro Brasileiro de Moda, São Paulo, SP, 1985.

396 Idem.

397 O Brasil na Moda, vol. 2, edição de Paulo Borges e João Carrascosa; Editora Caras, São Paulo, SP, 2004.

398 Reflexões Sobre Moda, de João Braga, vol. II; Anhembi Morumbi, São Paulo, SP, 2005.

399 O Brasil na Moda, vol. 2, edição de Paulo Borges e João Carrascosa; Editora Caras, São Paulo, SP, 2004.

400 Almanaque Anos 70, de Ana Maria Bahiana; Ediouro, Rio de Janeiro, RJ, 2006.

401 1970: O Verão no Pier, artigo de Jards Macalé; Revista O Globo, Ano 4 , n° 145; Editora O Globo, Rio de Janeiro, RJ, 2 de dezembro de 2007.

402 O Brasil na Moda, vol. 2, edição de Paulo Borges e João Carrascosa; Editora Caras, São Paulo, SP, 2004.

403 Idem.

404 Ela É Carioca: uma enciclopédia da Ipanema; Companhia das Letras, São Paulo, SP, 1999.

405 Almanaque Anos 70, de Ana Maria Bahiana; Ediouro, Rio de Janeiro, RJ, 2006.

406 Ela É Carioca: uma enciclopédia da Ipanema; Companhia das Letras, São Paulo, SP, 1999.

407 Idem.

408 O Brasil na Moda, vol. 2, edição de Paulo Borges e João Carrascosa; Editora Caras, São Paulo, SP, 2004.

409 O Rio que Virou Moda, de Iesa Rodrigues; Memória Brasil, Rio de Janeiro, RJ, 1994.

410 Enciclopédia da Moda de 1840 à década de 90, de Georgina O'Hara Callan (verbetes brasileiros Cynthia Garcia); Companhia das Letras, São Paulo, SP, 2007.

411 Ela É Carioca: uma enciclopédia da Ipanema; Companhia das Letras, São Paulo, SP, 1999.

412 Idem.

413 A Moda Como Ela É: bastidores, criação e profissionalização, de Marcia Disitzer e Silvia Vieira; Senac Nacional, Rio de Janeiro, RJ, 2006.

414 O Pará Faz Moda: de Dener às passarelas do século XXI, de Felícia Assmar Maia e Isadora Avertano Rocha; Idéias&Letras, Aparecida, SP, 2007.

415 O Brasil na Moda, vol. 2, edição de Paulo Borges e João Carrascosa; Editora Caras, São Paulo, SP, 2004.

416 Idem.

417 Idem.

418 O Pará Faz Moda: de Dener às passarelas do século XXI, de Felícia Assmar Maia e Isadora Avertano Rocha; Idéias&Letras, Aparecida, SP, 2007.

419 O Brasil na Moda, vol. 2, edição de Paulo Borges e João Carrascosa; Editora Caras, São Paulo, SP, 2004.

420 Idem.

421 Um Banho de Charme, editorial com reportagem de Gilda Carvalho e Cleo La Porta; Desfile n°88; Bloch Editores, Rio de Janeiro, RJ, janeiro de 1977.

422 Almanaque Anos 70, de Ana Maria Bahiana; Ediouro, Rio de Janeiro, RJ, 2006.

423 A Moda Como Ela É: bastidores, criação e profissionalização, de Marcia Disitzer e Silvia Vieira; Senac Nacional, Rio de Janeiro, RJ, 2006.

424 A Moda dos Anos 80, de Deise Sabbag Thamer; DCI, São Paulo, SP 1987.

425 30 Estilistas – À Moda do Rio, de Iesa Rodrigues e Paula Acioli; Senac; Rio de Janeiro, RJ, 2001.

426 Guia Oficial da Moda Brasileira, n° 75; Unifashion/ Centro Brasileiro de Moda, São Paulo, SP, 1982.

427 Almanaque Anos 80, de Luiz André Alzer e Mariana Claudino; Ediouro, Rio de Janeiro, RJ, 2004.

428 Idem.

429 30 Estilistas – À Moda do Rio, de Iesa Rodrigues e Paula Acioli; Senac; Rio de Janeiro, RJ, 2001.

430 A Moda Como Ela É: bastidores, criação e profissionalização, de Marcia Disitzer e Silvia Vieira; Senac Nacional, Rio de Janeiro, RJ, 2006.

431 O Brasil na Moda, vol. 2, edição de Paulo Borges e João Carrascosa; Editora Caras, São Paulo, SP, 2004.

432 O Rio que Virou Moda, de Iesa Rodrigues; Memória Brasil, Rio de Janeiro, RJ, 1994.

433 O Verão do Biquíni, reportagem de Renato Lemos; Revista O Globo, Ano 4 , n° 145; Editora O Globo, Rio de Janeiro, RJ, 2 de dezembro de 2007.

434 O Brasil na Moda, vol. 2, edição de Paulo Borges e João Carrascosa; Editora Caras, São Paulo, SP, 2004.

435 Dicionário da Moda, de Marco Sabino; Elsevier, Rio de Janeiro, RJ, 2007.

436 Idem.

437 *In*: O Brasil na Moda, vol. 2, edição de Paulo Borges e João

Carrascosa; Editora Caras, São Paulo, SP, 2004.

438 Depoimento ao projeto HMB, gravado em junho de 2007.

439 Idem.

440 Idem.

441 Idem.

442 Idem.

443 Idem.

444 Depoimento ao projeto HMB, gravado em julho de 2010.

445 Depoimento ao projeto HMB, gravado em junho de 2007.

446 Idem.

447 Texto disponível em Ponto e Parágrafo, site do advogado e consultor de *marketing* Marcelo Castelar, ex-funcionário da Rhodia [www.pontoparagrapho.com.br], acesso em julho de 2010.

448 Depoimento ao projeto HMB, gravado em junho de 2007.

449 Idem.

450 Idem.

451 Idem.

452 Idem.

453 Idem.

454 Moda e estilos de vida: um estudo sobre a formação do campo da moda no Brasil, dissertação de mestrado de Karla Bilharinho Guerra; UFMG, Belo Horizonte, MG, 1997.

455 Depoimento ao projeto HMB, gravado em junho de 2007.

456 Baralhos imaginários, artigos de Carlos Mauro. *In:* Glória Coelho (Coleção Moda Brasileira). Cosac Naify, São Paulo, SP, 2007.

457 Informações da empresa, disponíveis em www.rhodia90anos.com.br. Acesso em janeiro de 2010.

458 Depoimento ao projeto HMB, gravado em junho de 2007.

459 Depoimento ao projeto HMB, gravado em maio de 2007.

460 Depoimento ao projeto HMB, gravado em junho de 2007.

461 Idem.

462 Idem.

463 Idem.

464 Depoimento ao projeto HMB, gravado em julho de 2007.

465 Idem.

466 Idem.

467 Depoimento ao projeto HMB, gravado em junho de 2007.

468 Revista Abravest, número não disponível; Abravest, São Paulo, SP, junho de 1997.

469 Depoimento ao projeto HMB, gravado em julho de 2010.

470 Idem.

471 O Brasil na Moda, vol. 1, edição de Paulo Borges e João Carrascosa; Editora Caras, São Paulo, SP, 2004.

472 Depoimento ao projeto HMB, gravado em junho de 2010.

473 Depoimento ao projeto HMB, gravado em agosto de 2007.

474 O Brasil na Moda, vol. 1, edição de Paulo Borges e João Carrascosa; Editora Caras, São Paulo, SP, 2004.

475 Idem.

476 Depoimento ao projeto HMB, gravado em junho de 2010.

477 O Homem Casual, de Fernando de Barros; Mandarim, São Paulo, SP, 1998.

478 Depoimento ao projeto HMB, gravado em junho de 2010.

479 Idem.

480 Idem.

481 Depoimento ao projeto HMB, gravado em julho de 2010.

482 Moda em Minas, reportagem de Laurista Farias. *In:* Revista Etiqueta, ano IX, número 69; Direkta Editora, São Paulo, SP, maio-junho de 1987.

483 Depoimento ao projeto HMB, gravado em abril de 2010.

484 *In:* O Brasil na Moda, vol. 1, edição de Paulo Borges e João Carrascosa; Editora Caras, São Paulo, SP, 2004.

485 O Brasil na Moda, vol. 2, edição de Paulo Borges e João Carrascosa; Editora Caras, São Paulo, SP, 2004.

486 O Brasil na Moda, vol. 1, edição de Paulo Borges e João Carrascosa; Editora Caras, São Paulo, SP, 2004.

487 Idem.

488 Idem.

489 O Brasil na Moda, vol. 2, edição de Paulo Borges e João

Carrascosa; Editora Caras, São Paulo, SP, 2004.

490 Depoimento ao projeto HMB, gravado em junho de 2010.

491 Depoimento ao projeto HMB, gravado em agosto de 2007.

492 *In:* O Brasil na Moda, vol. 1, edição de Paulo Borges e João Carrascosa; Editora Caras, São Paulo, SP, 2004.

493 Depoimento ao projeto HMB, gravado em junho de 2010.

494 Idem.

495 Depoimento de Renato Loureiro ao projeto HMB, gravado em junho de 2010.

496 *In:* O Brasil na Moda, vol. 2, edição de Paulo Borges e João Carrascosa; Editora Caras, São Paulo, SP, 2004.

497 O Brasil na Moda, vol. 1, edição de Paulo Borges e João Carrascosa; Editora Caras, São Paulo, SP, 2004.

498 Depoimento ao projeto HMB, gravado em agosto de 2007.

499 Depoimento ao projeto HMB, gravado em julho de 2010.

500 Idem.

501 Depoimento ao projeto HMB, gravado em junho de 2010.

502 *In:* O Brasil na Moda, vol. 1, edição de Paulo Borges e João Carrascosa; Editora Caras, São Paulo, SP, 2004.

503 Moda em Minas, reportagem de Laurista Farias; *In:* Revista Etiqueta, ano IX, número 69; Direkta Editora, São Paulo, SP, maio-junho de 1987.

504 O Brasil na Moda, vol. 1, edição de Paulo Borges e João Carrascosa; Editora Caras, São Paulo, SP, 2004.

505 Idem.

506 Idem.

507 Idem.

508 Idem.

509 Idem.

510 Idem.

511 Idem.

512 Idem.

513 Idem.

514 O *jeans* cresceu e apareceu, artigo de Silvana Holzmeister; *In:* Moda Brasil: Fragmentos de um Vestir Tropical, de

Kathia Castilho e Carol Garcia (organizadoras); Editora Anhembi Morumbi, São Paulo, SP, 2001.

515 Dicionário da Moda de Brasília, de Marisa Macedo de Oliveira Junqueira (organizadora); Pool, Brasília, DF, 2008.

516 Depoimento ao projeto HMB, gravado em agosto de 2010.

517 Idem.

518 Depoimento ao projeto HMB, gravado em junho de 2007.

519 Idem.

520 Depoimento ao projeto HMB, gravado em agosto de 2010.

521 Idem.

522 Idem.

523 Idem.

524 Lino Villaventura (Coleção Moda Brasileira); Cosac Naify, São Paulo, SP, 2007.

525 Depoimento ao projeto HMB, gravado em julho de 2007.

526 Idem.

527 Idem.

528 Lino Villaventura (Coleção Moda Brasileira); Cosac Naify, São Paulo, SP, 2007.

529 Depoimento ao projeto HMB, gravado em julho de 2007.

530 Lino Villaventura (Coleção Moda Brasileira); Cosac Naify, São Paulo, SP, 2007.

531 Depoimento ao projeto HMB, gravado em julho de 2007.

532 Lino Villaventura (Coleção Moda Brasileira); Cosac Naify, São Paulo, SP, 2007.

533 Depoimento ao projeto HMB, gravado em julho de 2007.

534 Lino Villaventura (Coleção Moda Brasileira); Cosac Naify, São Paulo, SP, 2007.

535 Idem.

536 Depoimento ao projeto HMB, gravado em julho de 2007.

537 Claudia Moda, ano VII, nº 27-A, Especial Fenatec, Tendências Verão 86/87; Editora Abril, São Paulo, SP, 1986.

538 Idem.

539 Lino Villaventura (Coleção Moda Brasileira); Cosac Naify, São Paulo, SP, 2007.

540 O Brasil na Moda, vol. 1, edição de Paulo Borges e João

Carrascosa; Editora Caras, São Paulo, SP, 2004.

541 O Pará Faz Moda: de Dener às passarelas do século XXI, de Felícia Assmar Maia e Isadora Avertano Rocha; Ideias&Letras, Aparecida, SP, 2007.

542 O Arquiteto da Moda, reportagem de autor não identificado; Claudia Moda, Ano 9, nº 3; Editora Abril, São Paulo, SP, 1989.

543 Depoimento ao projeto HMB, gravado em julho de 2007.

544 O Arquiteto da Moda, reportagem de autor não identificado; Claudia Moda, Ano 9, nº 3; Editora Abril, São Paulo, SP, 1989.

545 Idem.

546 Idem.

547 O Brasil na Moda, vol. 1, edição de Paulo Borges e João Carrascosa; Editora Caras, São Paulo, SP, 2004.

548 Depoimento ao projeto HMB, gravado em julho de 2007.

549 O Ilusionista da Moda, artigo de Jackson Araujo; In: Lino Villaventura (Coleção Moda Brasileira); Cosac Naify, São Paulo, SP, 2007.

550 Clodovil Hernandes/Perfil, texto sem autor indicado; Quem Acontece; Editora Globo, Rio de Janeiro, RJ, 29 de abril de 2009, disponível em [http://revistaquem.globo.com], acesso em agosto 2010.

551 Depoimento ao projeto HMB, enviado por e-mail em agosto de 2010.

552 Ney Galvão, simplesmente, artigo de Jô Souza; Moda Brasil [http://www2.uol.com.br/modabrasil/leitura/ney_galvao/index2.htm]. Acesso em agosto de 2010.

553 Idem.

554 Idem.

555 Depoimento ao projeto HMB, gravado em março de 2010.

556 Ney Galvão, simplesmente, artigo de Jô Souza; Moda Brasil [http://www2.uol.com.br/modabrasil/leitura/ney_galvao/index2.htm]. Acesso

em agosto de 2010.

557 Dos balangandãs a axé *look*, artigo de Roberto Pires. *In:* Moda Brasil, Fragmentos de um vestir tropical, de Kátia Castilho e Carol Garcia (organizadoras); Anhembi Morumbi, São Paulo, SP, 2001.

558 Depoimento ao projeto HMB, gravado em março de 2010.

559 Ney Galvão, simplesmente, artigo de Jô Souza; Moda Brasil [http://www2.uol.com.br/modabrasil/leitura/ney_galvao/index2.htm]. Acesso em agosto de 2010.

560 Dicionário da Moda, de Marco Sabino; Editora Elsevier, Rio de Janeiro, RJ, 2007.

561 Dos balangandãs a axé *look*, artigo de Roberto Pires; *In:* Moda Brasil, Fragmentos de um vestir tropical, de Kátia Castilho e Carol Garcia (organizadoras); Anhembi Morumbi, São Paulo, SP, 2001.

562 Ney Galvão, simplesmente, artigo de Jô Souza; Moda Brasil [http://www2.uol.com.br/modabrasil/leitura/ney_galvao/index2.htm]. Acesso em agosto de 2010.

563 Vanguarda, reportagem de Costanza Pascolato; Claudia Moda, nº 34, Ano VII; Editora Abril, São Paulo, SP, 1986.

564 Idem.

565 Depoimento ao projeto HMB, gravado em julho de 2007.

566 Idem.

567 Idem.

568 Idem.

569 Idem.

570 Idem.

571 Depoimento ao projeto HMB, gravado em junho de 2007.

572 Vanguarda, reportagem de Costanza Pascolato; Claudia Moda, nº 34, Ano VII; Editora Abril, São Paulo, SP, primavera de 1986.

573 Idem.

574 Idem.

575 Depoimento ao projeto HMB, gravado em julho de 2007.

576 *In:* O Brasil na Moda, vol. 2, edição de Paulo Borges e João

Carrascosa; Editora Caras, São Paulo, SP, 2004.

577 Dicionário da Moda, de Marco Sabino; Editora Elsevier, Rio de Janeiro, RJ, 2007.

578 Enciclopédia da Moda de 1840 à década de 90, de Georgina O'Hara Callan (verbetes brasileiros Cynthia Garcia); Companhia das Letras, São Paulo, SP, 2007.

579 Walter Rodrigues (Coleção Moda Brasileira), organização João Rodrigues Queiroz e Reinaldo Botelho; Cosac Naify, São Paulo, SP, 2007.

580 *In:* O Brasil na Moda, vol. 2, edição de Paulo Borges e João Carrascosa; Editora Caras, São Paulo, SP, 2004.

581 Idem.

582 Depoimento ao projeto HMB, gravado em junho de 2007.

583 Idem.

584 Depoimento ao projeto HMB, gravado em julho de 2007.

585 O Brasil na Moda, vol. 1, edição de Paulo Borges e João Carrascosa; Editora Caras, São Paulo, SP, 2004.

586 Depoimento ao projeto HMB, gravado em outubro de 2007.

587 Idem.

588 Depoimento ao projeto HMB, gravado em julho de 2007.

589 Depoimento ao projeto HMB, gravado em julho de 2007.

590 *In:* O Avesso da Moda: trabalho a domicílio na indústria de confecção, de Alice Rangel de Paiva Abreu; Editora Hucitec, São Paulo, SP, 1986.

591 Dicionário da Moda, de Marco Sabino; Editora Elsevier, Rio de Janeiro, RJ, 2007.

592 *In:* O Brasil na Moda, vol. 2, edição de Paulo Borges e João Carrascosa; Editora Caras, São Paulo, SP, 2004.

593 Idem.

594 Idem.

595 Idem.

596 Idem.

597 Idem.

598 Idem.

599 Idem.

600 Idem.

601 Idem.

602 O Brasil na Moda, vol. 1, edição de Paulo Borges e João Carrascosa; Editora Caras, São Paulo, SP, 2004.

603 O Brasil na Moda, vol. 2, edição de Paulo Borges e João Carrascosa; Editora Caras, São Paulo, SP, 2004.

604 Idem.

605 Depoimento ao projeto HMB, gravado em outubro de 2007.

606 Depoimento ao projeto HMB, gravado em junho de 2007.

607 Depoimento ao projeto HMB, gravado em julho de 2007.

608 O Brasil na Moda, vol. 2, edição de Paulo Borges e João Carrascosa; Editora Caras, São Paulo, SP, 2004.

609 Idem.

610 Idem.

611 Idem.

612 Idem.

613 Depoimento ao projeto HMB, gravado em março de 2008.

614 Idem.

615 Revista Phytoervas Fashion, 7ª edição; Phytoervas, São Paulo, SP, 1997.

616 Depoimento ao projeto HMB, gravado em março de 2008.

617 Idem.

618 *In:* Um rebelde na alta-costura, entrevista a Regina Lemos; Moda Brasil; Editora Globo, Edição Nº 48, 1988.

619 O Brasil na Moda, vol. 1, edição de Paulo Borges e João Carrascosa; Editora Caras, São Paulo, SP, 2004.

620 Veja São Paulo; Editora Abril, São Paulo, SP, 26 de julho de 1989.

621 Idem.

622 Um rebelde na alta-costura, entrevista a Regina Lemos; Moda Brasil; Editora Globo, Edição Nº 48, 1988.

623 Idem.

624 O Brasil na Moda, vol. 1, edição de Paulo Borges e João Carrascosa; Editora Caras, São Paulo, SP, 2004.

625 Depoimento ao projeto HMB, gravado em março de 2008.

626 O Brasil na Moda, vol. 1,

627 edição de Paulo Borges e João Carrascosa; Editora Caras, São Paulo, SP, 2004.

627 Depoimento ao projeto HMB, gravado em março de 2008.

628 Revista Phytoervas Fashion, 7ª edição; Phytoervas, São Paulo, SP, 1997.

629 O Brasil na Moda, vol. 1, edição de Paulo Borges e João Carrascosa; Editora Caras, São Paulo, SP, 2004.

630 *In*: Segreto ataca de "Sinfonia de Paris", reportagem de Lilian Pacce; Folha de S. Paulo; Grupo Folha, São Paulo, SP, 22 de junho de 1991.

631 *In*: A volta sem plumas de Conrado Segreto, reportagem de Eliana Castro; O Estado de S. Paulo; Grupo Estado, São Paulo, SP, 23 de junho de 1991.

632 Idem.

633 *In*: O Brasil na Moda, vol. 1, edição de Paulo Borges e João Carrascosa; Editora Caras, São Paulo, SP, 2004.

634 Revista Phytoervas Fashion, 7ª edição; Phytoervas, São Paulo, SP, 1997.

635 *In*: A volta sem plumas de Conrado Segreto, reportagem de Eliana Castro; O Estado de S. Paulo; Grupo Estado, São Paulo, SP, 23 de junho de 1991.

636 Depoimento ao projeto HMB, gravado em outubro de 2007.

637 *In*: Um rebelde na alta-costura, entrevista a Regina Lemos; Moda Brasil; Editora Globo, Edição Nº 48, 1988.

638 *In*: A história dos cursos de *design* de moda no Brasil, artigo de Dorotéia Baduy Pires; Revista Nexos: Estudos em Comunicação e Educação, ano VI, nº 9, Especial Moda/ Universidade; Anhembi Morumbi; Editora Anhembi Morumbi, São Paulo, SP, 2002.

639 Esmod International Fashion University Group, site institucional [http://www. esmod.com/fr/index.html]. Acesso em agosto de 2010.

640 A história dos cursos de *design* de moda no Brasil,

artigo de Dorotéia Baduy Pires; Revista Nexos: Estudos em Comunicação e Educação, ano VI, nº 9, Especial Moda/ Universidade; Anhembi Morumbi; Editora Anhembi Morumbi, São Paulo, SP, 2002.

641 O entorno Acadêmico e Industrial Têxtil no Vestir e Morar Brasileiros, de Vera Lígia Gibert; Dissertação de mestrado, USP, São Paulo, SP, 1993.

642 Depoimento ao projeto HMB, gravado em julho de 2007.

643 Depoimento ao projeto HMB, gravado em maio de 2007.

644 A história dos cursos de *design* de moda no Brasil, artigo de Dorotéia Baduy Pires; Revista Nexos: Estudos em Comunicação e Educação, ano VI, nº 9, Especial Moda/ Universidade; Anhembi Morumbi; Editora Anhembi Morumbi, São Paulo, SP, 2002.

645 Idem.

646 Depoimento ao projeto HMB, gravado em agosto de 2007.

647 Depoimento ao projeto HMB, gravado em março de 2007.

648 Depoimento ao projeto HMB, gravado em maio de 2007.

649 A história dos cursos de *design* de moda no Brasil, artigo de Dorotéia Baduy Pires; Revista Nexos: Estudos em Comunicação e Educação, ano VI, nº 9, Especial Moda/ Universidade; Anhembi Morumbi; Editora Anhembi Morumbi, São Paulo, SP, 2002.

650 Ronaldo Fraga (Coleção Moda Brasileira); Editora Cosac Naify, São Paulo, SP, 2007.

651 Texto de "Apresentação", Site Escola de Belas Artes (EBA), da Universidade Federal de Minas Gerais (UFMG); disponível em [www.eba.ufmg.br/cenex/ estilismo/historico/historico. html]. Acesso em dezembro de 2010.

652 Depoimento ao projeto HMB, gravado em abril de 2010.

653 Idem.

654 Idem.

655 *In*: Formação Superior para uma moda autoral, de Astrid Façanha; World Fashion, Ano 15, Edição 99; Link Editora, São Paulo, SP, 2010.

656 A história dos cursos de *design* de moda no Brasil, artigo de Dorotéia Baduy Pires; Revista Nexos: Estudos em Comunicação e Educação, ano VI, nº 9, Especial Moda/ Universidade; Anhembi Morumbi; Editora Anhembi Morumbi, São Paulo, SP, 2002.

657 O entorno Acadêmico e Industrial Têxtil no Vestir e Morar Brasileiros, de Vera Lígia Gibert; Dissertação de mestrado, USP, São Paulo, SP, 1993.

658 Idem.

659 Histórico da Faculdade Santa Marcelina, de Auresned Pires Stephan; FASM, São Paulo, SP, 2010.

660 Idem.

661 Depoimento ao projeto HMB, gravado em julho de 2007.

662 Depoimento ao projeto HMB, gravado em julho de 2007.

663 Depoimento ao projeto HMB, gravado em maio de 2007.

664 A história dos cursos de *design* de moda no Brasil, artigo de Dorotéia Baduy Pires; Revista Nexos: Estudos em Comunicação e Educação, ano VI, nº 9, Especial Moda/ Universidade; Anhembi Morumbi; Editora Anhembi Morumbi, São Paulo, SP, 2002.

665 Depoimento ao projeto HMB, concedido em novembro de 2010.

666 Idem.

667 Idem.

668 Depoimento ao projeto HMB, gravado em maio de 2007.

669 A história dos cursos de *design* de moda no Brasil, artigo de Dorotéia Baduy Pires; Revista Nexos: Estudos em Comunicação e Educação, ano VI, nº 9, Especial Moda/ Universidade; Anhembi Morumbi; Editora Anhembi Morumbi, São Paulo, SP, 2002.

CAPÍTULO **7** SUPERMERCADO DE ESTILOS [ 1991 | 2010 ]

# Com escolas e semanas de moda, setor atinge maturidade

**F**oi a partir da década de 1990 que as primeiras gerações de estilistas e profissionais de moda graduados nas escolas pioneiras do país chegaram ao mercado. Criar moda deixava de ser, finalmente, resultado de oportunidade fortuita, vocação ou talento nato de alguns poucos, para se tornar área de formação profissionalizada, com metodologias e técnicas próprias. As novas gerações de estilistas formados em escolas encontraram um mercado confeccionista mais bem estruturado, mas ainda profundamente marcado pela tradição da cópia e da imitação da moda estrangeira. Lenta e gradualmente, o setor passou a absorver profissionais de criação de moda, já os entendendo como elementos fundamentais para agregar maior valor de *design* e identidade a seus produtos.

Assim, as novas gerações de estilistas que chegavam ao mercado adotavam posturas distintas das que as antecederam, formadas por costureiros que trabalhavam sob medida para as elites ou estilistas empíricos. Já voltados quase inteiramente ao *prêt-à--porter*, os estilistas surgidos a partir da década de 1990 tinham maior independência criativa e buscavam referências próprias. A moda exclusiva sob medida sobreviveu em nichos restritos – como os das roupas de festa ou para noivas –, sem mais deter o *status* de definidora de tendências para o resto da sociedade. Desde o movimento *hippie*,

*Na página ao lado, Carol Trentini desfila peça da coleção outono-inverno 2006 de Lino Villaventura, inspirada no pintor e arquiteto austríaco Hundertwasser; SPFW, São Paulo, SP, janeiro de 2006.*

iniciado na década de 1960, a moda passara a ser determinada por movimentos jovens, referenciados em mudanças de valores e comportamentos sociais – como ocorreu, em seguida, com os movimentos *punk*, *dark*/gótico, *new wave* e outros. Na década de 1990, as novas gerações deixaram de adotar modas padronizadas que uniformizavam as grandes "tribos" de pertencimento. A roupa passou a ser vista como elemento de criação, com múltiplas possibilidades estéticas expressas por opções individuais ou por multifacetadas subtribos: foi o início do "supermercado de estilos" que, como afirmou o sociólogo inglês Ted Polhemus, contribuiu para amalgamar inteiramente o sentido da palavra tendência, em moda.

A maior parte dos estilistas que se projetou na moda nacional na primeira década do século XXI iniciou carreira – não por acaso – em eventos da cena *clubber*, como nos desfiles realizados em boates ou nas feiras alternativas de moda – Mercado Mundo Mix (São Paulo e outras cidades), Babilônia Feira Hype (Rio) ou Rio Moda Hype etc. Na mesma balada, ganharam corpo as semanas de moda – a começar pela Semana de Estilo Leslie (Rio, 1992), seguida pelo Phytoervas Fashion (São Paulo, 1994), continuando com: Semana BarraShopping de Estilo (Rio, 1996), Morumbi-Fashion Brasil (São Paulo, 1996), Semana de Moda/Casa de Criadores (São Paulo, 1997), São Paulo Fashion Week (2001), Fashion Rio (2002) e Rio Summer (Rio, 2008). Todos foram eventos que se sobrepuseram às antigas feiras industriais (Fenit, Fenatec etc.) no lançamento sazonal da moda feita no Brasil.

Esse contexto possibilitou o reconhecimento de diversos talentos, que – saídos de escolas ou não – estabeleceram carreiras reconhecidas, a exemplo de Alexandre Herchcovitch, Ronaldo Fraga, Fause Haten, André Lima, Carlos Tufvesson, Isabela Capeto, Marcelo Sommer, Mário Queiroz, Lorenzo Merlino, Karlla Girotto e outros, sem esquecer criadores e marcas que já vinham atuando desde a década anterior: Glória Coelho, Reinaldo Lourenço, Lino Villaventura, Walter Rodrigues, Jum Nakao, Ellus, Zoomp, Forum, Iódice etc., também absorvidos pelas semanas de moda. Além dos estilistas, outros profissionais ligados à produção da moda

*A modelo Nathalie Edinburgh desfila peça da coleção primavera-verão 2007 de Ronaldo Fraga; SPFW, São Paulo, SP, junho de 2006.*

viram, também, seus espaços de trabalho ampliados, como as modelos – das quais muitas partiram para carreira no exterior – Shirley Mallmann, Fernanda Tavares, Isabeli Fontana, Caroline Ribeiro, Alessandra Ambrósio, Talytha Pugliese, Mariana Weickert e outras; além das *tops* Gisele Bündchen, Raquel Zimmermann etc. A cadeia produtiva da moda brasileira parecia, finalmente, ter se completado, com semanas de lançamentos semestrais ajustadas (ou tentando se adequar) aos ciclos de renovação das coleções disponibilizadas nas vitrines das lojas, estimulando maior inventividade, qualificação e preços competitivos com o produto importado. A moda nacional ocupou uma fatia considerável do mercado interno: em 2005, correspondia a 92% (US$ 23,8 bilhões) do faturamento do setor têxtil/confecções contra 8% (US$ 2,2 bilhões) das exportações.[1]

Lá fora, contudo, a moda feita no Brasil era, ainda, pouco reconhecida, a despeito da boa projeção alcançada por alguns criadores nascidos no Brasil, casos de Francisco Costa (*designer* da Calvin Klein), Inácio Ribeiro (da marca Clements Ribeiro, sediada em Londres) e Gustavo Lins, com marca própria em Paris. Também o jovem estilista Pedro Lourenço atraiu olhares atentos e interessados da imprensa internacional nos dois desfiles que realizou na semana do *prêt-à-porter* em Paris, em 2010. Aos olhos estrangeiros, os segmentos de nossa moda que conseguiram cativar interesse foram os do *jeans* e da moda praia – este último, por meio de marcas como Rosa Chá, Cia. Marítima, Salinas, Blue Man, Lenny e outras –, que agregavam valor como *life style* e alcançaram exportação significativa. Acrescente-se, ainda, que o Brasil possuía, em 2008, mais de 130 cursos superiores de graduação presencial nas áreas de moda, desenho de moda e estilismo – de acordo com o Censo da Educação Superior do Ministério da Educação (MEC) –, superando neste quesito França, Inglaterra, Itália e Estados Unidos, países com mais tradição nesse aspecto. Com tudo isso, a moda feita no Brasil ainda não havia conquistado, em 2010, grande expressão internacional – etapa que o segmento se propunha a superar na segunda década do século XXI. Conhecer melhor a própria história da moda no país era, também, uma necessidade para se alcançar o futuro almejado.

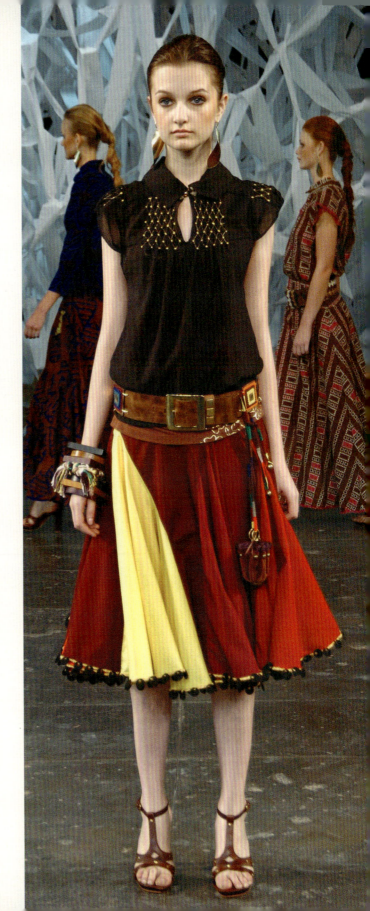

A modelo Jéssica Pauletto desfila peça da coleção outono-inverno 2006 de Isabela Capeto; São Paulo, SP, janeiro de 2006.

## BRASIL, MERCADO ABERTO

O primeiro presidente eleito por voto direto, 25 anos após o golpe que instaurou no Brasil uma ditadura militar, foi o alagoano Fernando Collor de Mello, empossado em março de 1990 sob a promessa de promover uma "caça aos marajás" de Brasília e de estabilizar a economia, combalida por quase duas décadas de inflação galopante – atingindo picos mensais de 28,94%, em 1989. Quatro meses depois de empossado, ele editou o Plano Brasil Novo (ou Plano Collor), um conjunto de medidas que abria o mercado à importação, confiscava a poupança privada e dava início a um programa de desestatização. Para quase todos os segmentos – em particular para a moda – a abertura às importações foi dramática: "O Brasil era um mercado fechado, não tinha nada de importado. O Collor abriu de uma hora para a outra; foi como se pegassem um bebezinho protegido e o jogassem no meio de um zoológico, dizendo: 'Vire-se! Acabou a proteção'. Fomos devorados pelos tigres asiáticos, entre outros",[1] recordou Glória Kalil, então licenciada no Brasil da marca italiana Fiorucci.

O país entrou em recessão, seguida por uma grave crise política desencadeada por denúncias de corrupção, levando as massas às ruas e resultando em um processo de *impeachment* contra Collor, que renunciou ao cargo em outubro de 1992. Seu vice, Itamar Franco, assumiu o poder e lançou, em fevereiro de 1994, um amplo programa de estabilização, batizado de Plano Real, sob o comando do sociólogo e então ministro da Fazenda Fernando Henrique Cardoso. O sucesso do Real elegeu FHC para a Presidência por dois mandatos consecutivos, de 1995 a 2002. Seu sucessor, o ex-operário e fundador do Partido dos Trabalhadores (PT), Luiz Inácio Lula da Silva, foi igualmente ungido ao posto por dois mandatos seguidos, entre 2003 a 2010.

Conquistada a estabilização da moeda, os maiores problemas para o setor têxtil e de confecção do Brasil passaram a ser os altos tributos (o chamado "custo Brasil"), o câmbio e a concorrência externa – em particular, dos produtos chineses. As gestões de Lula foram marcadas por políticas de distribuição de renda (como o programa Bolsa Família), que ajudaram a incrementar o consumo interno. Considerando o período entre 2003 e 2009, o consumo de têxteis *per capita* registrou crescimento médio de 54%, de 8,3 kg para 12,8 kg anuais por habitante.[2] A moda brasileira cresceu, ano após ano, mas focada no mercado interno. As exportações continuaram pouco significativas, sendo os EUA, nosso principal destino.

Em 2009, o setor têxtil e de confecções contava com mais de 30 mil empresas no país, arrecadando acima de R$ 47 bilhões anuais. A região Sudeste continuava sendo a mais expressiva no segmento, respondendo por 46,1% da produção nacional, seguida pela Sul (29,5%), Nordeste (20,5%), Centro-Oeste (2,1%) e Norte (1,8%).[3] Em novembro de 2010, o Brasil elegeu pela primeira vez em sua história uma mulher – Dilma Rousseff – para o cargo máximo da Nação, deixando no ar uma expectativa: uma gestão feminina incluiria mais atenção para a área da moda?

1 Depoimento ao projeto HMB, gravado em julho de 2007.
2 Brasil Têxtil – Relatório Setorial da Indústria Têxtil Brasileira 2010, elaborado pelo Instituto de Estudos e Marketing Industrial. Iemi, São Paulo, SP, 2010.
3 Idem.

## Leslie & BarraShopping inauguram formato

O Rio de Janeiro foi a cidade pioneira na organização de um calendário de desfiles de moda, no Brasil, ainda que operado anualmente e de forma irregular – a Semana de Estilo Leslie surgiu em 1992, por iniciativa da Dupla Assessoria, empresa criada pela jornalista carioca Eloysa Simão em sociedade com o arquiteto italiano, radicado no Brasil, Giorgio Knapp – falecido em 2003. Há registro da organização de uma 1ª Semana de Moda Masculina, no Rio, em janeiro de 1984, com as marcas Yes Brazil, L'Uomo, Mr. Wonderful[2] e outras – evento, contudo, de pouca repercussão e sem continuidade.

Apesar dos desfiles esparsos promovidos pelos chamados "grupos de moda", surgidos em várias capitais do país, durante toda a década de 1980, as feiras têxteis e de confecção foram os espaços hegemônicos para os lançamentos de moda ocorridos naquele período. Foi no início dos anos 1990 que as chamadas "semanas de moda" – que atendiam a um calendário sazonal por estação – começaram a se firmar no Brasil, à semelhança de eventos similares realizados em outras capitais de moda importantes do mundo. "Foi a primeira semana de desfiles do Brasil, inspirada em Paris, mas que não teve o mesmo formato de Paris. Eu quebrei a cabeça durante um ano pensando em como adaptar o formato de Paris para a realidade brasileira. No formato de lá, as grifes pagam fortunas para desfilarem e o evento está nas mãos de uma Câmara Sindical extremamente rigorosa. Existe um mercado muito mais amadurecido e forte economicamente que o nosso. Então, pensei num formato que teria um patrocinador como espinha dorsal e cada estilista faria seu desfile, seu espetáculo. Assim, cheguei à estrutura da Semana de Estilo Leslie, que, depois, foi copiada por todo mundo, usada por diversos eventos. Mas, naquela época, foi a primeira, com toda certeza, a ter esse formato",[3] relatou Eloysa Simão.

A produtora começara na moda pela via do jornalismo: "Abri uma assessoria de imprensa, que foi a primeira especializada em moda, do Rio, e comecei a ter vários clientes. Ao longo desse trabalho, comecei a ver que a melhor forma de comunicar moda era o lançamento através do desfile. Mas, também, que o desfile era muito caro para as médias ou pequenas empresas, como

*Na página ao lado, camisas de João Braga criadas para exposição paralela à Copa do Mundo de Futebol; São Paulo, SP, 1994.*

*Abaixo, desfile da grife Arranha Gato; Semana de Estilo Leslie; Rio de Janeiro, RJ, 1992.*

541

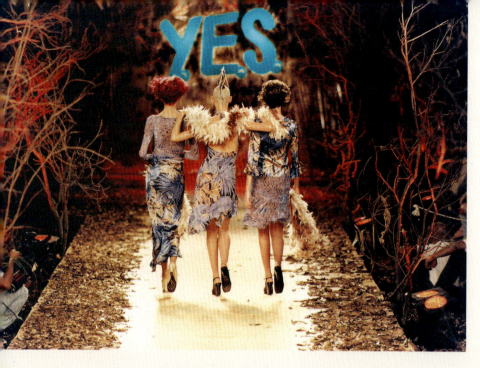

eram minhas clientes. [...] Caros como têm que ser feitos, da forma profissional. E essas empresas precisavam desse cenário profissional. Então, percebi que precisávamos organizar não apenas um calendário de desfiles, mas também tínhamos que buscar os recursos para viabilizá-lo. [...] Quis criar uma solução para os meus clientes",[4] ela explicou. A solução veio com a Semana de Estilo Leslie, sediada no Jockey Clube do Rio de Janeiro e batizada com o nome do patrocinador, o Linifício Leslie – têxtil fabricante de linho, no Rio de Janeiro.

Apesar de inspirada em eventos internacionais similares, a semana de estilo criada pela Dupla distinguia-se, especialmente, por se tratar de uma iniciativa privada, sem vínculos com entidades associativas de costureiros ou estilistas. A semana de moda mais antiga de todas – a de Paris – surgira, como detalhou Eloysa, por iniciativa da Féderation Française de la Couture (inicialmente apenas para *haute couture*, estendida a partir de 1973 ao *prêt-à-porter*); por sua vez, a London Fashion Week foi organizada pelo British Fashion Council; a Milan Fashion Week, pela Câmera Nazionale della Moda Italiana (CNMI); e a semana de moda nova-iorquina, pelo Council of Fashion Designers of America (CFDA).

*Acima, desfile da Yes Brazil na Semana BarraShopping de Estilo, Rio de Janeiro, RJ, 1996.*

*Na página ao lado, acima, croqui do estilista Carlos Tufvesson; Rio de Janeiro, RJ, 2007.*

*Abaixo, montagem de desfile na Semana BarraShopping de Estilo, Rio de Janeiro, RJ, 2000.*

Esta última, aliás, estruturou-se um ano depois da Semana de Estilo Leslie, em 1993, com o nome de 7th On Sixth – referência à 7th e 6th avenues, de Manhattan, onde se situavam *showrooms* de confecções e o Bryant Park, local em que foram feitos os primeiros desfiles. Em 2001, o evento foi adquirido pela empresa IMG, que passou a nomeá-lo com a marca do patrocinador: a partir de 2004, Olympus Fashion Week e, depois de 2008, Mercedes-Benz Fashion Week, marca de automóveis também patrocinadora da semana de moda de Los Angeles, USA, e de Berlim, Alemanha. Ao longo das décadas de 1990 e 2000, semanas de moda surgiram em centenas de cidades de todo o mundo, a partir de iniciativas institucionais ou comerciais.

A Semana de Estilo Leslie teve apenas três edições, uma a cada ano (duas das quais também com patrocínio da Helena Rubinstein), entre 1992 e 1994, caracterizando-se como uma iniciativa privada, sem elos com entidades associativas de criadores de moda – até porque as entidades da área surgidas no Brasil não conseguiram ter perenidade para manter um evento de moda duradouro. A Leslie estreou apresentando, além dos desfiles, "vitrinas de acessórios, amostras de cosméticos da Clinance e o lançamento de um uísque".[5] Em sua primeira edição – em julho de 1992 –, desfilaram as grifes Anonimato, Mariazinha (futura Mara Mac) e Heckel Verri (marca do estilista maranhense homônimo, radicado no Rio). As edições de 1993 e 1994 foram realizadas no Museu Nacional de Belas Artes e apresentaram coleções das marcas Maria Bonita, Blue Man, Art Man (masculina, de Minas), Lenny, Mariazinha, Arranha Gato, Andréa Salleto, Oliver (masculina) e outras.

Em 1995, o Linifício Leslie decidiu deixar o evento, e a Dupla encontrou novo patrocinador no grupo Renasce/Multiplan, dono do BarraShopping, que na época decidiu adotar a moda como estratégia de *marketing*. A primeira edição da Semana de Estilo BarraShopping ocorreu em abril de 1996; meses depois, o grupo Renasce/Multiplan patrocinou em São Paulo o MorumbiFashion – no Morumbi Shopping, também de sua rede. "Em 1995, tivemos uma nova crise financeira e o [Linifício] Leslie não teve mais condições de patrocinar. Então, o BarraShopping comprou o evento, e a Semana BarraShopping de Estilo aconteceu antes do MorumbiFashion. Foi também a primeira semana de moda patrocinada por um *shopping*",[6] destacou Eloysa.

A Semana BarraShopping de Estilo obedeceu, em seus dois primeiros anos – 1996 e 1997 –, ao calendário da moda, realizando eventos semestrais para lançar coleções de outono/inverno e, depois, primavera/verão, respectivamente no começo e no meio do ano. Em sua primeira edição de inverno, em abril 1996, desfilaram marcas como Mr. Wonderful, Frankie & Amaury, Alice Tapajós, Mastroianni e Bonaparte, Maria Bonita Extra, Yamê Reis, Strada (de Carlos Tufvesson), Okai Brasil, Essencial (de Mary Zaide), Salinas, Zona Visual, Bum-Bum e Lucia Costa. Na segunda edição, no Jockey Clube Brasileiro, em julho daquele mesmo ano, apontado como "principal período dos lançamentos de moda, do Rio de Janeiro",[7] reuniu 44 marcas em oito dias. Apesar de a maioria ser sediada no Rio – como Andrea Saletto, Blue Man, Over End, Zau, Cantão, São Sebastião (masculina) e Company –, começaram a aparecer no evento também marcas de São Paulo – Zoomp, M. Officer, Rosa Chá e Mário Queiroz –, de Minas – Artimanha – e até da Bahia – Sarttore (do estilista

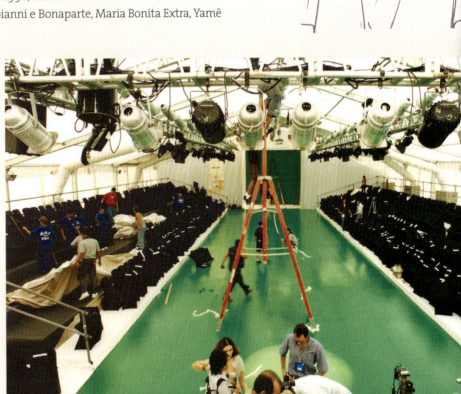

Robério Sampaio).[8] Em entrevista para a tevê, na época, a jornalista de moda Regina Guerreiro considerou que os desfiles padeciam de "uma pitada de humor que desse identidade a cada etiqueta; no final fica tudo muito parecido".[9]

No início de 1997, a Semana migrou para o Museu de Arte Moderna (MAM), onde recebeu 33 marcas apresentando propostas de inverno – com destaques para Frankie & Amaury, Andrea Saletto, Rosa Chá, Maria Bonita Extra, Yes Brasil e Ellus. Houve ainda, naquele ano, uma quarta edição, de verão, mas o propósito de manter a semestralidade não se sustentou: de 1998 a 2001, as edições tornaram-se anuais, com lançamentos apenas de verão no meio do ano. Ao todo, a semana de moda organizada pela Dupla manteve-se vinculada ao BarraShopping por oito edições. Para compensar, a mesma rede de *shopping centers* contratou a Dupla para produzir evento semelhante na Bahia: o Barra Fashion Salvador. Ambos os eventos foram mantidos até 2001, quando o grupo Renasce/Multiplan retirou seu patrocínio (assim como, em São Paulo, deixou também de promover o evento organizado pela empresa Luminosidade). A Semana BarraShopping de Estilo viu-se, então, obrigada novamente a mudar sua nomenclatura, mas dali por diante adotou nome próprio, sem elo com patrocinadores – estava criado o Fashion Rio.

Enquanto duraram os enlaces entre a Dupla e o Linifício Leslie e, depois, com o BarraShopping, diversos criadores e marcas – em particular, os sediados no Rio – tiveram no evento oportunidades de ecoar seus trabalhos para o país, caso, por exemplo, do carioca Carlos Tufvesson (1967- ). Nascido no Rio, Tufvesson teve uma história familiar ligada à moda: sua mãe, Glorinha Pires Rebello, montou, em meados da década de 1970, a Maison D'Ellas, inicialmente dedicada à importação de roupas femininas – num tempo, aliás, em que a importação era proibitiva, devido às altas taxas de impostos incidentes. Justamente por isso, a Maison D'Ellas não teve outra saída, à medida que cresceu, senão estabelecer confecção própria, cujos modelos eram, assumidamente, cópias de estrangeiros: "Minha mãe era honesta em relação a isso. Inclusive vendia, na época, informando: 'Este é um Valentino; este outro é um 'não sei o quê'... Nada era escondido; ela cansou de dar declarações dizendo que copiava mesmo e até se apelidou de Miss Xerox",[10] admitiu Tufvesson.

O estilista acompanhou a trajetória da mãe, mas seu desejo era ser ator. Por volta de 1988, começou a trabalhar com ela como comprador (de acessórios, depois de roupas terceirizadas) como "bico", para fazer algum dinheiro: "Eu sempre acompanhei o processo na fábrica, mas não na parte criativa. Comecei a trabalhar com moda quando fazia teatro e precisava de dinheiro. [...] A Maison D'Ellas montou uma fábrica em Botafogo. Minha mãe tinha dois pontos, trezentos funcionários, mais quatrocentos na costura externa. [...] Depois, chegou a ter seis lojas e foi um *case* de sucesso; na Fenit, ocupava um 'quarteirão'; o *Made in Rio*, na época, era mais importante que o *Made in Brazil*. A Maison D'Ellas gerava, a cada pedido, 1,5 milhão de dólares, nos anos 1980, e isso era uma fábula",[11] ele detalhou.

Uma vez na moda, difícil sair dela: Tufvesson começou a se envolver com criação e, sendo filho da "Miss Xerox", vivenciou o peso que isso representava sobre um criador:

*Croqui do estilista Carlos Tufvesson; Rio de Janeiro, RJ, 2007.*

*Na página ao lado (acima), o estilista Carlos Tufvesson em seu ateliê; Rio de Janeiro, RJ, março de 2007.*

*Abaixo, peça da coleção primavera-verão 2006 de Carlos Tufvsson; Rio de Janeiro, RJ, junho de 2006.*

"Essa indústria da cópia era muito aberta e, quando comecei a trabalhar como estilista, me senti restrito porque, na realidade, minha escola foi esta. [...] Minha geração de estilistas foi responsável por dar uma cara ao que é o *design* brasileiro; nisso as semanas de moda foram muito importantes. Hoje em dia, a gente vive uma realidade completamente diferente dos primórdios. Mas a galera ralou para que isso acontecesse...".[12] A fábrica da Maison D'Ellas produzia 10 mil peças por mês, quando Tufvesson se tornou responsável por uma linha de roupas de noite, até ali terceirizada, batizada com a etiqueta Paralele: "Me entregaram uma linha para fazer, sem eu nunca ter estudado estilismo. Mas eu já trabalhava há seis anos com moda. Comecei com a escola que tinha: a da cópia. Viajava, fotografava vitrines, comprava peças... Dois anos e quatro coleções depois, comecei a achar que podia fazer mais do que rasgar folhas de revistas, botar meu nome e sair agradecendo por um trabalho que não era meu. Não estava confortável",[13] ele relatou.

O desconforto o fez buscar formação onde havia boas escolas de moda: em 1991, conseguiu ser admitido "por currículo profissional" para uma pós-graduação de um ano na Domus Academy de Milão, "onde teve como professores nomes da alta moda italiana, como Gianfranco Ferré e Maurizio Galante, de quem foi assistente".[14] No retorno ao Rio, em meados da década de 1990 – quando a Maison D'Ellas já havia sido engolfada pela debacle geral das confecções brasileiras pós-Plano Collor –, ele criou a marca Strada: "A gente fazia uma moda meio *techno-sportwear*, para homem e mulher. Foi a única vez que fiz moda pra homem".[15] Com a Strada, desfilava na Semana Leslie de Estilo. "O Mercado Mundo Mix foi muito interessante, porque foi uma fase em que ninguém lançava nada. Existia uma estagnação no mercado",[16] ele lembrou. Tufvesson também desenvolveu, no período, uma parceria com a Coopa-Roca – cooperativa de costureiras da favela da Rocinha sob a coordenação da socióloga Maria Tereza Leal –, "enobrecendo o talento artesanal com o acabamento e a modelagem da alta-costura".[17] O resultado foi uma coleção desfilada na Semana BarraShopping de Estilo de 1998: "O desfile marcou, porque foi a primeira vez que aqueles trabalhos manuais e artesanais da Rocinha foram usados em roupas de noite, e chegou ao ponto de terminar com uma noiva que tinha 870 rosas, todas pregadas à mão",[18] descreveu o estilista.

Em 1999, Carlos Tufvesson abriu seu ateliê no Rio de Janeiro, focando peças classificadas como *couture-à-porter*[19] – alinhando-se ao que poderia ser identificado como uma nova "costura brasileira de luxo".[20] Fez fama pela "moda de vestidos de festa elaborados e pela criação de vestidos de noiva"[21] – ou seja, produzindo peças singularizadas e sob medida. A primeira coleção solo foi desfilada em outubro de 1999 no Museu Nacional de Belas Artes, no Rio: "Foi de alta-costura, e esse foi o problema. Não era nem proposto como tal; mas havia peças incríveis e foi muito legal porque [...] teve meia página do caderno Ela do jornal O Globo: 'A estreia de um jovem veterano'. [...] Eu queria ter apresentado aquele desfile na Semana BarraShopping de Estilo, mas me ofereceram um horário ignóbil. Um desfile de alta-costura às duas da tarde? Então, fiz sozinho",[22] contou.

545

## CENA *CLUBBER* & PÓS-MODERNIDADE

Na década de 1990, os jovens brasileiros de classe média aderiram à onda *clubber*, que somava música eletrônica (*trance, house, acid, drum and bass, dubstep, techno*, enfim, bate-estaca pesado) e moda, no *underground* de *clubs* noturnos que se disseminaram pelas grandes cidades, ou também nas megafestas chamadas *raves* (delírios). "A metamorfose costuma ser instantânea. Ontem, seu filho adolescente usava boné, brinquinho em uma das orelhas, camisetas com frases sem sentido e tudo parecia normal. Hoje, ele orgulha-se de uma franja amarela, aparentemente não se incomoda com aquele enfeite de metal espetando na língua [o *piercing*], sai de óculos escuros à noite e tudo continua normal",[1] retratou a revista Veja, em março de 1998.

Fato notório, as roupas adotadas pelos *clubbers* já não mais repetiam "signos tribais" idênticos, como ocorrera com as gerações anteriores de *hippies, punks, darks* (góticos) etc. Para um *clubber*, roupa era matéria de criação — ou seja, moda mesmo! Para "fazer a noite", eles abusavam na "montação" de modelitos ousados — gíria que o meio emprestou das *drag queens*, variações *fashion* e ocasionais dos travestis: "A montação inclui o exagero e o *kitsch*, na arriscada busca pelo limite entre o cafona e o permitido, numa fase de retomada dos valores estéticos da década que — como se diz — o bom gosto 'esqueceu'. Entre os *hypes*, o Lurex e os brilhos; materiais como vinil e o couro sintético em geral. A maquiagem deve ser sempre intensa — batons vermelhos ou fúcsia, os cílios, as sombras fortes, a purpurina",[2] elaborou Erika Palomino, jornalista que fez um registro das baladas paulistanas, noite a noite, em coluna publicada pela Folha de S.Paulo.

O jeito extravagante dos *clubbers* serviu como laboratório caótico e espontâneo para uma jovem "vanguarda da moda" que se formava nas faculdades e encontrou nos (*night*) *clubs* e feiras, frequentados pelos adeptos do movimento, espaço para expressar sua criatividade. Eram, em maioria, "adolescentes de classe média ou média alta, que dedicavam sua vida a frequentar casas noturnas e a consumir a moda chamada *underground*".[3] Nos *clubs*, também ocorriam desfiles de moda, como o realizado no Columbia, na capital paulista, e que marcou "a primeira apresentação de Alexandre [Herchcovitch] — aquela em que Johnny [Luxo] e [a *drag queen*] Márcia Pantera desfilam com rabos de cavalo na bunda sobre a passarela armada na pista".[4]

Originado na Inglaterra e disseminado num mundinho já globalizado e pós-moderno — termo posterior a 1990, caracterizado por uma crise de ideologias e absorção de todos os estilos —, o movimento *clubber* teve como personagens típicos os *promoters*, os DJs e, claro, os estilistas. A todos era obrigatório "dar carão" e se manter ligado no tum, tum, tum de casas noturnas como Nation (1988), Massivo (1991), Sra. Krawitz (1992), Rave (1990), Hell's (1994), B.A.S.E. (1996) em São Paulo,[5] ou, no Rio de Janeiro, Dr. Smith (1991) e as festas ValDemente (1993), entre outros.

1 Tum, tum, tum... O bate-estaca da dance music se torna mania entre os jovens brasileiros, muda hábitos e cria modas, reportagem de Valéria França e Okky de Souza; Veja, edição n. 1539, Editora Abril, 25 de março de 1998.
2 Babado Forte: moda, música e noite na virada do século 21, de Erika Palomino; Mandarim, São Paulo, SP, 1999.
3 A Experiência do Status, de Alexandre Bergamo; Editora Unesp, São Paulo, SP, 2007.
4 Babado Forte: moda, música e noite na virada do século 21, de Erika Palomino; Mandarim, São Paulo, SP, 1999.
5 Idem.

*Abaixo, desfile de Jum Nakao no Phytoervas Fashion; São Paulo, SP, 1997.*

*Na página ao lado, capa do catálogo Phytoervas Fashion, 6ª edição, primavera-verão 1996-1997; São Paulo, SP, 1996.*

Mas, a partir de 2001, Tufvesson participou regularmente da Semana BarraShopping de Estilo. Em 2004, migrou para a São Paulo Fashion Week, onde lançou sua primeira coleção *prêt-à-porter*: "Eu sabia que, para lançar um produto *prêt-à-porter*, precisava ser no São Paulo Fashion Week",[23] explicou. Sua estratégia foi se firmar antes com uma linha de luxo exclusiva para depois investir na produção em série: "Consigo manter as duas frentes de trabalho, até hoje",[24] ele declarou em 2006, já desfilando novamente no Rio. Sua marca forte, contudo, foram sempre as roupas de noite: "Entrei nesse segmento, porque é o que gosto. Não tem o que explicar; faço com um prazer enorme".[25]

## Geração Phytoervas Fashion

A moda e a beleza andaram sempre juntas e, não raro, uma usou a outra para se promover – sem problemas. Nos tempos dos concursos de *misses*, era a moda que coadjuvava nos eventos de beleza; depois, as posições se inverteram e a indústria da beleza passou a patrocinar eventos da moda. Uma associação marcante entre essas duas áreas ocorreu com o Phytoervas Fashion, evento de moda bancado pela famosa marca de cosméticos (mais especificamente de xampus) criada em 1986 pela empresária paulistana Cristiana Arcangeli. Essa inversão sinalizava também que a moda brasileira atingira sua maioridade; até porque já dispúnhamos de cursos superiores na área, que colocavam no mercado as primeiras levas de estilistas profissionais...

Os episódios mais remotos que deram origem ao Phytoervas Fashion datam de 1993, quando a empresa de Arcangeli decidiu patrocinar a edição brasileira do concurso internacional para novas modelos Look of The Year, rebatizado, então, como Phyto Look: "A única coisa que faço questão é que a minha marca apareça!",[26] declarou, na época, Cristiana Arcangeli. Organizado pela agência Elite Models, de Romeu Ferreira Leite, o concurso foi produzido por Paulo Borges, um jovem atinado que se iniciava na área e não deixou escapar o interesse da empresária pelas roupas desfiladas pelas modelos durante o concurso: "A Cristiana Arcangeli quis me conhecer e perguntou quem fazia as roupas. Eu falei: 'São jovens que estão no mercado e ninguém conhece. Com eles, daria para fazer um evento'. Ela falou: 'Se você pensar um evento para jovens assim, eu patrocino'. Aí, veio, em 1993, o patrocínio",[27] recordou Borges.

A passagem foi confirmada por uma modelo, na época muito amiga do produtor, que participou do desfile de abertura do Phyto Look: "Eu era super *top* e o Paulo me chamava para desfilar. Comecei a trabalhar bastante em São Paulo, porque no Rio não tinha muito trabalho, naquela época. Começamos a ficar muito próximos e

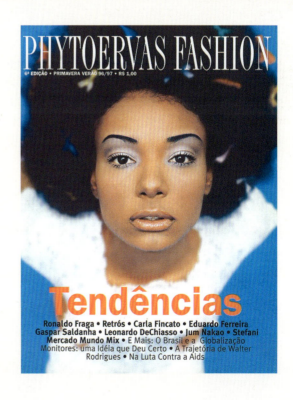

*Acima, desfile da Cia. do Linho durante a 1ª edição do Phytoervas Fashion; São Paulo, SP, 22 de fevereiro de 1994.*

*Na página ao lado, desfile da Cia. do Linho durante a 1ª edição do Phytoervas Fashion; São Paulo, SP, 22 de fevereiro de 1994.*

ele me convidou para trabalhar com ele. Fiquei também muito amiga do Duda [Molinos] e do Mauro [Freire, ambos cabeleireiros e maquiadores]; nós quatro formávamos uma turminha",[28] contou Betty Prado, que alcançara projeção internacional depois de vencer o concurso Face of the 80's, realizado pela agência Ford Models, de Nova York, em 1981. Betty havia retornado ao Brasil e, morando em São Paulo, passou a atuar como modelo e assistente de Paulo quando, em fevereiro do ano seguinte, foi realizada a primeira edição do Phytoervas Fashion, com a proposta de "lançar e desenvolver a carreira de novos talentos da moda".[29] Os três jovens talentos que apresentaram coleções, então, atendiam pelos nomes de Alexandre Herchcovitch, Sônia Maalouli (da Cia. do Linho) e Walter Rodrigues: "Aluguei um galpão [na Vila Olímpia, São Paulo, SP], onde cabiam quinhentas pessoas e gastei, na época, US$ 60 mil",[30] quantificou Cristiana Arcangeli.

"Começou assim: um desfile por noite. Primeiro foi o Walter; depois, a Sônia e, por último, o Alexandre. Foi um sucesso retumbante",[31] detalhou Borges. Não sem percalços, observou Betty Prado: "No segundo dia choveu e inundou tudo, quase perdemos as roupas... Eu era modelo, mas arregacei as calças e peguei o rodo para ajudar a tirar a água, porque o desfile seria à noite. O evento nasceu dessa vontade muito grande que todo mundo tinha de fazer a moda acontecer no Brasil. Foi uma época muito bacana, porque era romântica; não tinha a ver com grana e com mídia".[32] Desses três bandeirantes da primeira edição, Walter Rodrigues era o que atuava na moda havia mais tempo. A Cia. do Linho surgira em 1990: "Comecei a trabalhar com moda influenciada pelo meu pai, que sempre foi do ramo, como atacadista de tecidos",[33] contou a paulistana Sonia Maalouli (1962- ), explicando a gênese da marca. "Na época, o linho era ouro; ter uma cota da Braspérola era uma coisa do além, e o meu pai era o maior atacadista da Braspérola no Brasil. [...] Começamos trabalhando com uma matéria-prima nobre, o linho. [...] E a gente percebeu que faltava no mercado uma roupa benfeita, com bom acabamento, voltada para um público mais jovem."[34]

Herchcovitch terminara seu curso de moda pela Faculdade Santa Marcelina (Fasm), no ano anterior: "Talvez tenha sido o meu primeiro desfile oficial. Tive oportunidade de contar com profissionais trabalhando para mim, em iluminação, som e trilha. Um monte de outras coisas que, até então, eu não havia tido",[35] ele recordou. Walter Rodrigues ressaltou que "no princípio foi uma coisa muito intuitiva; os desfiles aconteciam, mas não tinha passadeira, não tinha camareira, nada disso... Com o Phytoervas essas questões começam a ser pensadas: 'Ah, precisamos ter tantas passadeiras e tantas camareiras. Os cabeleireiros precisam montar equipes...' Porque os desfiles passaram a ser simultâneos, um em seguida do outro; não havia mais espera – e, consequentemente, houve uma 'sindicalização' de todas essas áreas. [...] Antigamente, você dava uma camiseta para a modelo e ela desfilava linda para você, e tudo bem. [...] Quer dizer, a profissionalização aconteceu nos anos 1990, com o advento do Phytoervas, que foi uma idealização desse visionário que é o Paulo Borges. Ele havia feito grandes *shows* na Fenit, para marcas como Azaléia e Zoomp, e começou a se formatar, na cabeça dele, a ideia de uma semana de moda mesmo...".[36]

O evento, mesmo com jeitão alternativo, alcançou repercussão muito além do esperado, atraindo cerca de oitocentas pessoas. Produtor e patrocinador acertaram em cheio, apesar da ressaca inflacionária que ainda combalia a economia nacional: "O Brasil estava vivendo uma espécie de parada cardíaca da indústria da moda [...], que foi aquela fase pós-Collor",[37] reavaliou a empresária Costanza Pascolato. O Phytoervas foi uma espécie de oxigenação feita no boca a boca, com poucos recursos e muita tenacidade de uma equipe empenhada em mostrar que o corpinho da moda brasileira estava vivíssimo – e era muito sedutor: na segunda edição, realizada em julho de 1994, o evento já era apontado como o principal do país no segmento, capaz de transformar nomes desconhecidos em novas revelações "da noite *clubber* para o dia a dia da mídia de moda".[38] Betty Prado enfatizou o espírito colaborativo: "Da primeira à terceira edição, nenhuma modelo ganhou nada, nem roupa... Todo mundo fez de graça; a Claudia Liz, que era supertop; a Alessandra Berriel, os maquiadores, todo mundo".[39]

Vale um parêntese: o Phytoervas ocorreu em plena explosão da onda *clubber*, movida à música bate-estaca, aditivos sintéticos e, claro, muita moda provocativa, feita de matéria plástica, estampada com símbolos sacros e satânicos, como as caveirinhas e chifrinhos coloridos – marcas registradas adotadas por Herchcovitch e seu modelo (e amigo inseparável, no período) Johnny Luxo. A associação entre moda, música eletrônica e baladas noturnas aproximou do Phytoervas a jovem imprensa comportamental, não especializada propriamente em moda; caso da jornalista Erika Palomino, que cobria a cena *clubber* em sua seção devidamente intitulada Noite Ilustrada, na Folha de S.Paulo, com

*Abaixo, criação da coleção outono-inverno 2004 de Fause Haten; SPFW, São Paulo, SP, janeiro de 2004.*

*Na página ao lado (acima), Fause Haten em encerramento de desfile; SPFW, São Paulo, SP, 2007.*

*Na página ao lado (abaixo), criação da coleção outono-inverno 2006 de Fause Haten; SPFW, São Paulo, SP, janeiro de 2006.*

texto carregado de gírias do babado forte: "A Erika cobriu todos os dias. Foi a primeira a dar espaço, porque era uma *clubber* que tinha conhecido o Alexandre nos desfiles que ele fazia nos subsolos das boates, com a Márcia Pantera e outras travecas; ela começou a dar espaço e a promover o evento",[40] confirmou Betty Prado. "Havia casos de jornalistas designados para cobrir esses eventos que precisavam estudar e se preparar para isso. [...] Foi para cobrir o Phytoervas Fashion que eu e vários colegas de outros estados viemos [para São Paulo]",[41] recordou Carol Garcia, então jornalista da Gazeta do Povo, tradicional jornal paranaense.

Na segunda edição do Phytoervas Fashion, o número de estilistas triplicou: em três noites, nove nomes desfilaram suas coleções, num galpão na Rua Cardeal Arcoverde, no bairro de Pinheiros em São Paulo – no local que viria a ser denominado o Espaço Phabrica, bancado pela Phytoervas: "O Paulo vendeu para a Cristiana a ideia de criar um espaço para o evento. Descobrimos um local na Cardeal Arcoverde, que era um escritório, e o arquiteto Ângelo Bueno fez o projeto. Surgiu o Phabrica, e eu fiquei responsável pelo conteúdo internacional. Fui para a Europa e consegui um semestre inteiro de eventos, com exposições e tal",[42] confirmou, ainda, Betty Prado. Entre os destaques da segunda edição estavam Inácio Ribeiro (Papaulo), o estilista mineiro que havia deixado a marca Divina Decadência – ícone da década de 1980 – para criar, em Londres, a confecção Clements Ribeiro, associação entre seu nome e o de sua mulher inglesa, Suzanne Clements. "Ninguém sabia o que era a Clements Ribeiro, no Brasil. Nem mesmo a Clements Ribeiro sabia o que ela seria no mundo. Eu conhecia, porque sabia que o Papaulo tinha sido da Divina Decadência e que estava formando sua marca, que teve o primeiro desfile de sua vida no Phytoervas Fashion",[43] relatou Paulo Borges.

Outro nome que despontou ali foi o do paulistano Fause Haten (1968- ), com a marca de moda feminina Der Haten, criada em 1987. Natural da capital paulista, Fause proveio de família tradicional no ramo: sua avó teve fábrica de gravatas de seda, seu pai trabalhou em indústria de *jeans* e sua mãe costurava roupas infantis.[44] Ainda adolescente, ele decidiu montar uma pequena confecção porque queria "juntar dinheiro e viajar à Europa": "Fui até a Rua 25 de Março comprar tecido, montei um mostruário e saí para vender uma coleção. Minha primeira cliente foi a loja de Traudi Guida [posteriormente dona da Le Lis Blanc]. Ela me propôs vender as peças sob consignação; mas, para falar a verdade, eu nem sabia o que aquilo queria dizer",[45] ele recordou.

Mas Fause passaria por "quatro faculdades"[46] antes de optar definitivamente pela moda. Ou foi a moda que optou por ele? Deu-se que seus negócios com roupas tomaram proporções tão voluptuosas que o fizeram buscar maior aperfeiçoamento na área, encontrado no Centro Brasileiro de Formação Profissional de Moda (Cebrafam), que havia sido criado em 1987 pela Universidade Anhembi Morumbi, ainda em caráter técnico, e que foi transformado, em 1990, no Curso Superior de Moda daquela instituição. Em 1993, a Der Haten debutou nas passarelas, em São Paulo, com um desfile apoiado pela Ford Models.[47] A estreia no Phytoervas Fashion ocorreu no ano seguinte, quando Fause "encheu os olhos da plateia, num desfile emocionante e de concepção impecável"[48] – segundo registrou a jornalista Erika Palomino, na Folha de S.Paulo. E já desde aquelas primeiras coleções, "colou" em Fause o estigma de "costureiro de roupa de noite",[49] como é possível depreender pela descrição feita por Palomino: "Começou com o preto, em vestidos de comprimentos pelo joelho e masculinos secos e justos. A cor vinha também em quimonos e vestidos e *tops* de inspiração oriental. Depois, os verdes em crepes georgetes e linho com seda, abrindo para os vestidos anêmonas, variações sobre a forma do saruel".[50]

Em sua segunda (e última) participação no Phytoervas Fashion, em fevereiro de 1995, o estilista confirmou seu "talento para modelagens sofisticadas, com bom uso de ondulações, pences e texturas".[51] Depois, Fause fez alguns desfiles independentes (ou em parceria com Walter Rodrigues, que também deixara o evento de Cristiana Arcangeli), voltando a desfilar com o produtor Paulo Borges em 1996, quando surgiu o MorumbiFashion Brasil. Em 1997, ele assumiu a marca Fause Haten, pela qual explorou "a parte mais *fashion* de seu talento".[52] Já no final da década de 1990, deu uma guinada e substituiu as "roupas de noite" por um estilo mais extravagante e colorido: no MorumbiFashion de 1999, apresentou uma coleção "conceitual e moderna, que atende com as camisas brancas, coqueluche da estação, e com criativos trabalhos sobre a textura do tecido. Orgânico e *fashion*, sexy como nunca".[53]

Fause ampliou sua inserção mercadológica, até então restrita ao Brasil: em janeiro de 1999, comercializava em Brasília, no Rio de Janeiro e em São Paulo, com estrutura pequena.[54] Em meados de 1999, a Vogue norte-americana divulgou um contrato feito por ele com a loja Giorgio Beverly Hills, em Los Angeles; no início do ano seguinte, ele foi o primeiro brasileiro a participar da semana de lançamento 7th On Sixth, de Nova York, EUA, com uma coleção de primavera, ganhando muitos elogios, mas também uma crítica de Cathy Horyn, do New York Times, para quem seus modelos davam a impressão de "que a pessoa estava sendo sufocada por uma caixa de bombons Godiva, de tanto dourado".[55] O excesso de brilho, contudo, parece ter agradado: no final de 2000, Fause dispunha de "30 pontos de venda no exterior, entre Estados Unidos, Canadá, França e Itália".[56] Em 2002, estreou coleção em Milão, na Itália, e passou a desenvolver projetos especiais, por exemplo, assinando coleções para a loja Riachuelo, executando projetos de decoração e desenhando modelos de óculos, cuecas e joias,[57] mantendo-se em 2010 como um nome referencial de nossa moda.

A terceira edição do Phytoervas Fashion, em fevereiro de 1995, ainda contou com Fause e consagrou o evento definitivamente como grande "circo da moda" nacional,[58] reunindo um público de cerca de 1.200 pessoas, já com regras mais bem definidas. "No terceiro, já era uma coisa absurda: cinco marcas por noite. [...] Tinha virado uma coisa *show* megagrande",[59] mensurou Walter Rodrigues. A seleção dos estilistas passou a ser feita por uma comissão de especialistas e cada um só poderia participar de, no má-

## VAREJO *FASHION* ALTERNATIVO

Um fenômeno que também abriu espaço para o surgimento de jovens estilistas, no Brasil da década de 1990, foi o das feiras alternativas de moda, arte e decoração. Herdeiras diretas das feiras *hippies* da década de 1970, elas operaram como varejo alternativo, ocupando velhos galpões onde, ao embalo de som *techno*, eram montados estandes que ofereciam "mercadoria nova, a preços camaradas."[1] Contribuíram, também, para difundir a cultura *clubber* e suas "tribos" paralelas, divulgando os trabalhos de estilistas, DJs, transformistas, tatuadores, skatistas, artistas plásticos, grafiteiros e outros profissionais do *underground* descolado.

A primeira – e, acima disso, a que alcançou maior projeção – foi a feira Mercado Mundo Mix (MMM), criada em 1994, na capital paulista, inicialmente como um "braço *fashion*" de outro evento marcante, o Festival Mix Brasil da Diversidade Sexual, criado em 1993 pelo jornalista André Fischer. Mas ocorreu que a lojinha *fashion* do Mix Brasil, que, em sua primeira edição, contava apenas doze expositores, cresceu sob a condução de Jair Mercancini e Beto Lago e migrou para um espaço próprio, na Vila Madalena. Dali, passou a ocupar um galpão onde antes funcionara o Cine Clube Elétrico, na Rua Augusta; por último, foi parar num antigo galpão fabril do bairro Barra Funda. Naquelas alturas, a capital paulista tornara-se pequena para o MMM, que começou a itinerar, em fins de semana alternados, por diferentes capitais brasileiras. "Foi viajando pela Europa que eu percebi que tinha muita gente fazendo uma moda que não era a moda comercial dos *shopping centers*. Existia um movimento de rua onde artistas e estilistas se expressavam. Houve, realmente, um *boom* da moda de rua, no mundo",[2] reavaliou Jair Mercancini.

Multidões de "tribos" diversas confraternizavam-se no MMM que, além dos *stands*, tinha som e luz "bombando", ao comando de DJ-locutor que animava a festa, incluindo, é claro, desfiles de moda. Vários estilistas e marcas, mais tarde reconhecidos, começaram ou tiveram seus primeiros pontos de venda na MMM, casos de Alexandre Herchcovitch, João Pimenta, Lorenzo Merlino, Marcelo Sommer, Mário Queiroz, Tais Gusmão, da marca de óculos Chilli Beans, entre outros. "Muita gente aprendeu a trabalhar com o MMM, porque vendia direto e entendia o que seu público queria. Serviu como laboratório para todos nós, inclusive para mim, que nunca tinha feito eventos na vida",[3] comentou Mercancini – que, em 2000, vendeu seus direitos sobre a feira. A marca MMM continuava existindo, em 2010, sob condução de Beto Lago, desdobrada na Galeria Mundo Mix, instalada na Rua Augusta, 2529, em São Paulo, SP, e vinculada ao Projeto Ponto Zero, concurso para jovens estilistas, também com edições em Portugal.

Por sua vez, a Babilônia Feira Hype foi criada "timidamente", em novembro de 1996, no bairro do Flamengo, Rio de Janeiro, RJ, pelos promotores Robert Guimarães e Fernando Molinari: "Um ano depois, ganhou pouso no Jockey";[4] em 1998, passou a realizar edições em São Paulo, mantendo-se ativa ainda em 2010. Lançou para a moda nomes como Constança Bastos e Beto Neves. Já o Mambo Bazar, de menor repercussão, existiu entre 1996 e 2000, num velho casarão de estilo eclético da Avenida Paulista, em São Paulo. Na primeira década do século XXI, o mercado formal e novos espaços fixos – como a Galeria Ouro Fino, na Rua Augusta, na capital paulista – absorveram os trabalhos de muitos criadores e marcas que antes podiam ser escoados por meio das feiras alternativas, esvaziando o sentido que elas tiveram em seus primórdios.

---

1   Camelô *fashion*, reportagem de Roberta Paixão; Veja, n. 1627; Editora Abril, São Paulo, SP, 8 de dezembro de 1999.

2   Depoimento de Jair Mercancini ao projeto HMB, gravado em junho de 2007.

3   Idem.

4   Um mercado fashion, texto editado por Lívia de Almeida; Veja Rio, número não identificado; disponível em [http://veja.abril.com.br/vejarj/310506/veja_15anos.html]; Editora Abril, Rio de Janeiro, 31 de maio de 2006.

ximo, três edições – para que pudesse ser cumprida a meta de lançar novos talentos. Alexandre Herchcovitch gastou seus três cartuchos e, depois, ficou "órfão de evento",[60] e fez dois desfiles por conta própria. Não era o único na condição de sem-evento; outros órfãos do Phytoervas passaram a sofrer o mesmo problema da falta de espaço para lançar suas coleções, como Fause Haten e Walter Rodrigues. A solução para eles viria com a cisão ocorrida na edição de julho de 1995, quando patrocinadora e produtor se desentenderam, e o segundo se retirou do evento: "Saí porque a Cristiana queria fazer do Phytoervas Fashion um grande evento, e eu queria que fosse uma grande plataforma de moda. Eu falei: 'Não acredito em evento.' Ela queria levar 10 mil pessoas para assistir, queria que fosse transmitido ao vivo pela televisão, que tivesse prêmio. Deu no que deu: acabou, porque perdeu o valor de moda. Eu falei: 'A marca Phytoervas é tua... Se fosse minha, eu dizia para você sair; porque [o evento] foi uma ideia minha; foi feito com o meu braço, com o meu *know-how*. Você faz sabonete, eu faço moda...'",[61] argumentou Paulo Borges.

Em sua versão da história, Arcangeli alegou nunca ter tido nada contra Paulo Borges: "Ele sempre foi um excelente profissional. O que aconteceu foi que ele acabou fazendo uns investimentos que deram errado; e se enrolou em questões financeiras. E eu tenho um nome a zelar. Como a Phabrica já estava mesmo pequena para o meu evento, achei que era melhor fechar o lugar e continuar só com o Phytoervas Fashion fora dali. Comuniquei isso a ele e nos separamos, sem mágoas. Não fiquei devendo nada para ele e nem herdei nenhuma dívida sua",[62] ela declarou à época. No período em que ocorreram esses atritos, Betty Prado havia deixado de atuar no Phytoervas para passar uma temporada nos desfiles de Nova York: "A coisa desandou, mas por questões de ego; porque dinheiro a gente nunca viu. [...] Três meses depois [que viajei], a Cristiana e Paulo brigaram. Ela era uma megaempresária e ele estava ainda começando, sem nenhum contrato formalizando a relação; aliás, ninguém ali tinha contrato; todo mundo fazia por prazer, vontade. Então, a Cristiana começou a me ligar, propondo que eu tocasse o evento. No começo, relutei, não quis aceitar. Mas ela insistiu e me trouxe",[63] afirmou Betty Prado, que assumiu a direção a partir de sua quinta edição.

*Fotomontagem de catálogo do Phytoervas Fashion 7ª edição outono-inverno: da esq. para dir., em pé Joy Bar, Jum Nakao, Simone Coimbra, Sebastião Raphael Jr., Haryella Zacharias, Marco Maia, Paula Martins e Luciano Canale; ao centro, Ronaldo Fraga e Eulice Nakao; abaixados, Carla Fincato e Mário Queiroz; São Paulo, SP, 1997.*

553

Acima, criação da grife Do Estilista, de Marcelo Sommer; SPFW, São Paulo, SP, 2008.

Abaixo, arranjo de cabeça da coleção da grife Do Estilista; SPFW, São Paulo, SP, 2008.

"Eu saí da Phabrica e fiz [o evento] em três dias, na Fundação Bienal; e o que antes era para oitocentas pessoas ou mil aglutinadas, se debatendo para poder entrar, passou a receber 3.500 pessoas por dia. Nossa verba era de 80 mil reais; havia um pró-labore mínimo, mas era tudo ainda na camaradagem total",[64] ela acrescentou. Foi naquela quinta edição que surgiu, na passarela do Phytoervas, o mineiro Ronaldo Fraga, apresentando sua inolvidável (inesquecível soa impróprio) coleção Eu Amo Coração de Galinha: "Não eram apenas os estilistas que estavam mudando; era toda uma indústria da moda em transformação. Os jornalistas de moda começaram a escrever coisas que importavam muito mais do que o comprimento das saias ou qual aspecto da coleção vinha de fora. A forma de vender também mudou de cara totalmente. Cobrava-se identidade de tudo; essa era uma palavra que vínhamos usando de forma promíscua, desde os anos 1980. Mas, nos anos 1990, passou-se a cobrar identidade e conceito, na prática",[65] reavaliou o estilista.

Ainda naquela edição, em fevereiro de 1996, desfilaram nomes como Annelise de Salles, Marcos Borches (com Betty Lago no *casting* e coleção inspirada em tribos indígenas brasileiras, em especial na pintura corporal dos Kadiwéu), Jeziel Moraes, Estela Alcântara (Zazá), Emanuelle Serrière (Olive Pour D'Joe l'Éllegant), Eduardo Ferreira (pernambucano que apresentou coleção inspirada em mascates, cortadores de cana, carpideiras e "fantasmas e medos que povoam o inconsciente popular brasileiro"), além da marca Será o Benedito?, de Marcelo Affonseca e Marcelo Gaudi.[66] Houve votação pela plateia da melhor coleção. Venceu Eduardo Ferreira.

Também foi quando ganhou visibilidade o *streetwear* do estilista paulistano Marcelo Sommer (Marcelo de Oliveira Sommer, 1967- ), da marca Sommer, criada em 1995, num desfile de "*casting* heterogêneo com gente como a diva *clubber* Adriana Recchi, o diretor de tevê Jorge do Espírito Santo, a *stylist* Lara Gerin, o *chef* Alex Atala ou o fotógrafo Márcio Neves".[67] Marcelo fez "uma carreira baseada no *streetwear*"[68] e teve uma trajetória condizente com este estilo. Seu primeiro emprego, aos 16 anos, teria sido como *office boy* na Maison Joalheiro; aos 19, tornou-se vendedor da marca Georges Henri. Em 1988, residindo em Londres, arrumou emprego de vendedor na Benetton, em Covent Garden. De volta ao Brasil, em 1989, foi vendedor da Forum e, posteriormente, começou a criar roupas, como assistente da Camisaria Nacional. No início dos anos 1990, foi auxiliar na divisão Calvin Klein, da Vila Romana, e na fábrica de tênis M2000. Retornou a Londres em 1992, onde estudou na Central Saint Martins, University of the Arts e, no ano seguinte, trabalhou no Brasil como "assessor de estilo de Tufi Duek".[69]

Foi no evento alternativo Mercado Mundo Mix que ele lançou oficialmente, em 1995, a marca Sommer "com camisetas polo de tricô e brinquedos de lata".[70] A estreia no Phytoervas Fashion e seu trabalho como editor de moda da revista Trip, a partir de 1997, consolidaram seu nome na cena *fashion* tupiniquim. No final da década de 1990, a marca Sommer ganhou impulso nacional: em 1998, desfilou com destaque de estrela no MorumbiFashion; naquele mesmo ano, Marcelo foi contratado por Renato Kherlakian, para atuar como diretor criativo de sua marca Zapping. Em 1999, ele já assinava duas coleções desfiladas no MorumbiFashion. Em 2004, vendeu a marca Sommer para o grupo catarinense

AMC Têxtil, mas a dirigiu até 2006, quando Thaís Losso assumiu a direção criativa.[71] A partir de então, Marcelo Sommer passou a lançar coleções pela grife Do Estilista.

Na sexta edição – a última semestral –, realizada em julho de 1996, a fórmula do Phytoervas Fashion dava sinais de desgaste, apesar da excitação provocada pelo desfile de Jum Nakao, que propôs sua moda masculina em ousadas sungas, tendo a parte de trás feitas em crochê, com pontos bem abertos, sugerindo uma nudez sutilmente velada e, na parte da frente, imagens sagradas cristãs. Porém, mais que desgastes, o Phytoervas Fashion passou a ter que enfrentar a concorrência pesada de um evento similar: o MorumbiFashion Brasil. Promovido por quem? Por Paulo Borges, claro... Ele avançara em seu projeto e já não se propunha a lançar estreantes, mas a estabelecer uma semana de moda sazonal com estilistas profissionais, preenchendo um vácuo histórico da moda brasileira. Tratava-se de um evento com conceito bastante diverso do Phytoervas, já que abria espaço justamente para abrigar seus órfãos, ou seja, focado na moda profissionalizada. Mesmo assim, armou-se nos bastidores uma feroz competição entre os dois eventos. Isso reforçado pelo fato de, em sua sétima edição, realizada em fevereiro de 1997 – com transmissão exclusiva "bombando" a audiência da MTV –, o Phytoervas ter abandonado seu formato inicial para se tornar um prêmio anual, o Phytoervas Fashion Awards, com destaques para 22 categorias e preservando os desfiles de iniciantes e consagrados como "conteúdo". Aliás, foi naquela edição que venceu, na categoria modelo revelação, uma desconhecida lourinha gaúcha chamada Gisele Bündchen – com apenas 16 anos.

"Foi uma questão de *budget*; para fazer duas edições ao ano, estaríamos gastando em torno de 400 mil e a Cristiana pediu para cortarmos uma edição, alegando que não dava para segurar este valor. Então, tive o *insight* de criar um prêmio de moda e fazer os desfiles dentro dele, tirando a obrigatoriedade de seguir as duas estações. O Phytoervas passou a ser um prêmio de moda, tendo os desfiles como conteúdo. Essa reformatação se justificava, também, porque comecei a perceber que havia uma pressão muito grande em cima de jovens estilistas que não estavam preparados para isso. Era quase cruel. Eles eram jogados nas alturas e, depois, muitos morriam profissionalmente... O prêmio foi, então, uma maneira de justificar uma única edição",[72] detalhou Betty Prado. A oitava e última edição do Phytoervas Fashion, realizada no Ginásio do Ibirapuera, com público de 7 mil pessoas em cada um dos seus três dias, ocorreu em maio de 1998, incluindo desfiles de Alessia Anzaloni, Fernando Sommer,

*O estilista Marcelo Sommer, em foto publicada no catálogo do Phytoervas Fashion, 5ª edição outono-inverno; São Paulo, SP, 1996.*

*Ao lado, a modelo Ana Claudia Michels desfila peça da coleção outono-inverno 2009 da grife Do Estilista; SPFW, São Paulo, SP, 2009.*

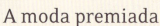

Guilherme Mata, Jum Nakao, Mário Queiroz, Larissa Heringer, Marcelo Quadros, Paula Martins, Retrós e Vera Arruda. A explicação oficial para o fim do evento foi simples: a empresa Phytoervas havia sido vendida para a Clairol, divisão da multinacional de cosméticos Bristol Myers-Squibb, que não se interessava mais em realizar o prêmio de moda – porque tinha em vista outras estratégias de *marketing* para seu produto. Ponto final...

De suas três últimas edições, vale registrar o acirramento da concorrência entre Phytoervas e MorumbiFashion: "Houve uma divisão mesmo: as pessoas tinham que escolher entre trabalhar para o MorumbiFashion ou para o Phytoervas. O Paulo impôs isso já a partir da primeira edição do evento dele; e isso valia também para as agências de modelos, que eram poucas: Ford, Elite, que estava começando. Então, modelos que trabalhavam para o Phytoervas não podiam trabalhar para o Morumbi. Teve uma edição em que o Alexandre Herchcovitch ganhou como estilista revelação, mas não foi pegar o prêmio; mandou o irmão. O Marcelo Sommer também ganhou um prêmio e agradeceu, na fala dele, ao Paulo Borges, que havia se tornado forte no mercado. Ninguém queria se indispor com ele...",[73] relatou Betty Prado.

Além disso, o Phytoervas havia aberto a guarda ao se descaracterizar como espaço de lançamento de novos talentos para priorizar o prêmio de moda. Apareceu então, em 1997, a Semana de Moda (futura Casa dos Criadores), por iniciativa do jornalista André Hidalgo: "A Casa dos Criadores surgiu desse vazio; porque tentei continuar fazendo o Phytoervas, mas não consegui patrocinador. E o André Hidalgo conseguiu fazer com a Fenit, por meio da Vivi Haydu",[74] reconheceu Betty Prado. De modo que o Phytoervas se despediu das passarelas sem deixar grandes lacunas. A própria Betty Prado formatou, a partir de 2000, o Naturaformandomoda, também um prêmio para jovens talentos, que chegou a ter quatro edições. O saldo histórico deixado pelo Phytoervas, contudo, é dos mais positivos: "Foi a partir do sucesso da geração Phytoervas, hoje praticamente toda reunida na São Paulo Fashion Week, que a indústria brasileira de moda recuperou seu *status* no mercado externo e seu fôlego comercial interno",[75] sintetizou a jornalista Carol Garcia.

## A moda premiada

Durante um reencontro entre Clodovil Hernandes e Jô Clemente, o costureiro e apresentador de tevê sugeriu à fundadora da Associação de Pais e Amigos Excepcionais de São Paulo (Apae SP) a ideia de "reviver uma época áurea da moda brasileira",[76] refazendo o Festival da Moda – evento que marcou o final da década de 1950, em São Paulo, organizado pelo consórcio têxtil Matarazzo-Boussac. Não era sem motivo: justamente no Festival da Moda Brasileira Clodovil se projetou, assim como seu arquirrival Dener Pamplona e outros ícones da chamada alta-costura brasileira, premiados com a Agulha de Ouro ou – máximo dos máximos – com a Agulha de Platina, distinções oferecidas pelo evento, que foi o primeiro de importância da moda brasileira. E o dito foi feito: com formato nos moldes do original – inclusive no caráter beneficente, com renda para a Apae –, o prêmio, rebatizado como Agulhas da Alta Moda Brasileira, reentrou em cena em 1997, na Estação Júlio Prestes, São Paulo, reunindo "estilistas de Norte a Sul do Brasil, expoentes máximos da nossa alta-costura [...] [a fim de] apresentar suas criações durante um jantar de gala para mais de mil pessoas".[77]

O concurso – com Clodovil na comissão organizadora – teve caráter nacional, focado na revalorização dos costureiros que produziam moda sofisticada sob medida, buscando abranger inclusive os nomes regionais, como Galdino Lenzi, de Florianópolis, SC; Joaninha Caixeta, de Uberaba, MG; João Espírito Santo, de Curitiba, PR; Maria Zilda Monteiro da Motta, de Salvador, BA; Lia Sestini, de São José do Rio Preto, SP; Lourdinha Noyama, do Recife, PE; Luciano Baron, de Porto Alegre, RS; Mena Fiala, do Rio de Janeiro, RJ; entre outros tantos. Foram 46 homenageados na primeira edição, incluindo estilistas dedicados ao *prêt-à-porter*. Mas, já naquele período, a moda sofisticada sob medida estava restrita a nichos, como o dos vestidos de casamento e para festa. Os lançamentos da moda ocorriam – lá fora e aqui dentro – por meio de semanas de moda voltadas ao *prêt-à-porter* e ao *streetwear*, como o Phytoervas Fashion e o MorumbiFashion, ambos surgidos quase simultaneamente. Retornar às Agulhas de Ouro não deixava de ser extemporâneo, quase *démodé*: não por outra razão, e apesar de toda a pompa e brilho, o evento resistiu durante apenas seis reedições, a última realizada em 2002 – já buscando alcançar nomes da geração de estilistas que despontavam, como Alexandre Herchcovitch, SP; André Lima, SP; Carlos Tufvesson, RJ; e Robério Sampaio, BA; entre outros.

Concursos ou premiações continuariam existindo na área da moda. O próprio Phytoervas Fashion se transformou, em seu último ano, em Phytoervas Awards. O mais provável é que o foco na alta-costura artesanal já não possuísse o mesmo sentido que tivera na década de 1960. Além disso, a longevidade dos prêmios de moda, no Brasil, nunca foi das mais duradouras. Em meados da década de 1980, por exemplo, foram organizados o Oscar da Moda e o Concurso Santista, ambos de curta duração; a partir de 1988, a Vila Romana e a Maison Pierre Cardin promoveram o Prêmio Pierre Cardin ao Jovem Estilista Brasileiro, que oferecia ao ganhador um curso de estilismo e um estágio em Paris.

Entre 1992 e 2000, a destilaria Smirnoff – fabricante de vodcas – promoveu a etapa brasileira do Smirnoff International Fashion Awards, prêmio criado "em Londres, em 1984, e [que] desde então se expandiu para outros países".[78] O vencedor da fase brasileira alcançava a etapa internacional, concorrendo em Nova York à premiação máxima, que não chegou a ser conquistada por um brasileiro. A primeira edição brasileira do Smirnoff International Fashion Awards ocorreu no Museu da Escultura, em São Paulo, e teve como vencedor o estilista paulistano Caio da Rocha (Caio Tarquínio da Rocha, 1958- ), com o vestido-bola, um modelo inspirado no esporte nacional:

*Acima, croqui do modelo Bailarina, do estilista Caio da Rocha, que integrou a coleção Cacilda Becker, desfilada no Teatro Oficina; São Paulo, SP, março de 1994.*

*Na página ao lado, croqui do modelo A Enteada, do estilista Caio da Rocha, que integrou a coleção Cacilda Becker, desfilada no Teatro Oficina; São Paulo, SP, março de 1994.*

"Futebol", 1º lugar

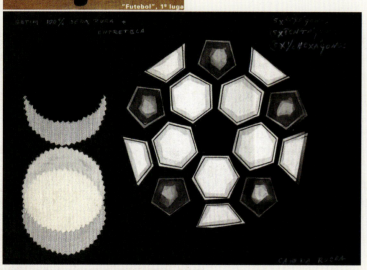

SMIRNOFF INTERNATIONAL FASHION AWARD 1992

"Foi uma homenagem ao futebol antigo, clássico, com roupa em preto e branco",[79] ele comentou. Rocha integrou uma geração de estilistas brasileiros que surgiu na década de 1980; portanto, intermediária entre a era dos costureiros e as semanas de moda. Seu interesse pela profissão adveio de vínculos familiares: seu avô era dono de uma fábrica de equipamentos para tecelagem. Caio se formou em desenho industrial pela Universidade Mackenzie, em São Paulo, no início da década de 1980; começou desenhando roupas esportivas e infantis e, como vários contemporâneos, foi a Paris, quando quis se aperfeiçoar, para estudar na Esmod.

O primeiro desfile ocorreu em 1988 em Porto Rico, integrando um evento internacional a convite do Itamaraty. A vitória no Smirnoff Fashion Awards, em 1992, lhe rendeu uma bolsa de estudos na Central Saint Martins, University of the Arts, College of Art and Design, em Londres. "Depois disso, foi tudo simultâneo: ganhei um Prêmio Shell de figurino, em 1993, com o Ham-Let, no Teatro Oficina; no ano seguinte, ganhei prêmio com figurinos para a peça Cacilda!, dirigida por José Celso Martinez",[80] detalhou. Desde então, Rocha manteve ateliê na Vila Nova Conceição, em São Paulo, criando sob medida e, também, para a etiqueta Felix de prêt-à-porter – ambos ativos em 2010. O Prêmio Smirnoff Awards ainda foi realizado em 1993. A final internacional foi sediada em São Paulo, com a presença de John Galliano como presidente do júri.

Entre 2000 e 2002, aconteceu o Prêmio Abit, organizado pela Associação Brasileira da Indústria Têxtil (Abit), agraciando 25 categorias profissionais (entre pessoas físicas e jurídicas), incluindo as áreas de criação de moda masculina e feminina, vencidas pelas grifes Alexandre Herchcovitch, Forum, Ricardo Almeida, Walter Rodrigues, Reinaldo Lourenço e Rosa Chá. Posteriormente, eventos do gênero foram promovidos ou apoiados por *shopping centers*, caso do Prêmio Moda Brasil, de caráter nacional, produzido pela Gionva, para o Shopping Center Iguatemi, de São Paulo, em 2009. A partir de três indicados, um concorrente em 17 categorias foi premiado, com vitórias também de Alexandre Herchcovitch (masculina), Glória Coelho (feminina), Juliana Jabur (revelação) e Lenny (moda praia), entre outros.

Em 2010, o Rio Sul Shopping Center, do Rio de Janeiro, RJ, promoveu no mês de outubro o Prêmio Rio Sul de Moda – Novos Estilistas, para "comemorar seus 30 anos".[81] Em sua única edição, o evento conferiu às vencedoras Lívia Mello e Ana Lopes (categorias feminina e masculina, respectivamente) um curso de quatro semanas na Parsons School for Design, de Nova York.

# A "Casa" de todos os criadores

O Phytoervas Fashion ainda "bombava" nas passarelas e na mídia quando o jornalista André Hidalgo teve a ideia de formatar uma semana de moda para abrigar os "órfãos" do evento de Cristiana Arcangeli. Nascido em Itararé, interior de São Paulo, André havia se iniciado na moda por meio do jornalismo, como repórter do caderno Ilustrada, da Folha de S.Paulo, onde, inclusive, colaborou na seção Noite Ilustrada, de Erika Palomino. Naquele período, moda e música eletrônica sintonizavam-se numa batida só: em plena balada, parava tudo e começava um desfile de moda. "Os desfiles acontecem até no alternativo horário do Hell´s Club, às seis da manhã como a coleção de verão de Anderson Rubbo para a Ad Libitum (a marca das camisetas do Super-Homem, usadas até por Costanza Pascolato). No desfile, descolados como o VJ da MTV Rodrigo e personagens das antigas, como Elizeu (ex--barman do Madame Satã), entre outros,"[82] escreveu Erika Palomino.

Também frequentador da "cena *clubber*", no início da década de 1990, Hidalgo chegou a produzir um desses desfiles *undergrounds*: "Eu estava fazendo trabalhos como *promoter* do bar Paparazzi na Rua da Consolação, Jardins, que tinha uma programação de *shows*, *performances* e vídeos; era muito efervescente. [...] Era um '*underground* Jardins'. Então, a gente alugou um espaço ao lado do bar, onde funcionava a antiga boate Malícia nos anos 1980, para os eventos comemorativos de um ano do Paparazzi, um dos quais foi o Cinco Nomes, Nova Costura [realizado em 1994], embrião da Casa dos Criadores. Chamei cinco estilistas para um desfile. Foi numa época pré-Mercado Mundo Mix, quando estavam surgindo novos *designers*",[83] ele recordou. Palomino registrou o episódio em seu livro, Babado Forte: "No Galpão, espaço anexo ao bar Paparazzi, onde, depois, funcionou o Latino da *promoter* Bebete Indarte, o evento Cinco Nomes, Nova Costura apresenta o trabalho de jovens estilistas do *underground*. [...] O que se viu a seguir foi o chamado '*boom* da moda' no Brasil, como não se via desde os áureos anos 80. Como a mídia se apressa a celebrar, a moda entra na moda".[84]

Naquele mesmo 1994, teve início o Phytoervas Fashion: "Me lembro que o Phytoervas começou a fazer muito sucesso, porque cobria o evento como editor [de cultura] da revista Interview. Quando saí de lá, percebi que os estilistas estavam usando cada vez mais a noite para fazer desfiles. No [night club] Columbia, na terça-feira, tinha uma pegadinha cultural e depois eles faziam uma coisa meio esquisita. Às duas da manhã, parava tudo para começar um desfile. Como só tinha o Phytoervas, onde cada estilista só podia desfilar até três edições, começou a se formar uma geração de órfãos do evento, que não tinha para onde ir... Porque não havia, ainda, o MorumbiFashion. Um dia, encontrei o Jeziel Moraes, que era sensação do Phytoervas, a Elisa Stecca e o Lorenzo Merlino e começamos a conversar. Eu disse: 'Está fazendo falta um evento para essas pessoas que saem do Phytoervas'. E eles responderam: 'Por que você não faz?'".[85]

*Na página ao lado, o modelo Futebol, de Caio da Rocha, ganhador do 1º lugar no Smirnoff International Fashion Awards, etapa brasileira; São Paulo, SP, 1992.*

*Modelagem da saia do modelo Futebol, de Caio da Rocha; São Paulo, SP, 1992.*

*Abaixo, criação para coleção primavera-verão 2005 de Priscilla Darolt; 16ª Casa de Criadores, São Paulo, SP, julho de 2004.*

*Abaixo, logomarca dos 10 anos da Casa dos Criadores, comemorados na 21º edição do evento; São Paulo, SP, maio de 2007.*

*Na página ao lado, final do desfile da coleção primavera-verão 2010 inspirada no México da grife Gêmeas, das irmãs catarinenses Carolina e Isadora Fóes Krieger; 25ª Casa de Criadores, São Paulo, SP, julho de 2009.*

E Hidalgo, de fato, promoveu um evento em maio de 1997 para lançamento de coleções de inverno, batizado simplesmente como Semana de Moda, a fim de reunir "filhos órfãos" do Phytoervas: Martielo Toledo, Jeziel Moraes, Elisa Stecca e Annelise de Salles e, ainda, Lorenzo Merlino e Marcelo Sommer. "O Lorenzo falou: 'Vamos chamar a Annelise!'; a Elisa falou: 'Vamos chamar o Sommer; topei com ele na rua, e ele quer fazer!' E o Jeziel: 'Vamos chamar o Martielo, que é meu amigo!' Foi bem informal. A gente fez [quase] sem patrocínio; tinha um patrocinador, que era uma marca de cosméticos, que deu 30 mil reais. Aí, modelos fizeram de graça, maquiadores idem; todo mundo fazendo 'pela causa', com um caráter meio de cooperativa. O Paulo Borges deu uma força, passando contatos de som e luz",[86] relatou Hidalgo. Não havia previsão de continuidade ou intenção clara de se criar um novo espaço para lançamento de jovens criadores – até porque jovens criadores todos eram, naquele momento...

Hidalgo explicou, na época, que o evento reunia seis estilistas "que têm certo nome no mercado e que já conseguem ter uma linha de produção e loja própria".[87] Seu objetivo, porém, não era concorrer com o Phytoervas Fashion, "que estava em processo de desgaste interno, que culminou com a venda da marca pela Cristiana Arcangeli. [...] A Casa deve ter acontecido apenas um ano simultaneamente ao Phytoervas. Hoje, as pessoas comparam, naturalmente; mas, na época, era tudo meio ingênuo, ainda... Surgiu de maneira despretensiosa".[88] Foi ali que ocorreu a estreia em passarela de Marcelo Sommer, projetado pelo trabalho que realizara para a Forum. Ele foi o último a apresentar a seguinte coleção: "bem clássica, que traz materiais mais nobres como *cashmère*, xadrez escocês e a risca de giz colorida em lã pura. [...] O ar nostálgico de inspiração *college* é o fio condutor da marca, que lança seu *jeanswear*. O destaque é a calça *worker*, de boca bem larga, que cobre o pé".[89]

A coleção de Sommer chamou a atenção de Paulo Borges, já à frente do MorumbiFashion, criado no ano anterior: "O MorumbiFashion surgiu com toda aquela força do Paulo; ele já era muito respeitado por conta do Phytoervas. Mas o Morumbi tinha uma pegada mais comercial, era um evento das grandes marcas, como Zoomp, Forum, Ellus; foi o auge dessas marcas",[90] afirmou Hidalgo. Sommer pulou, então, para o MorumbiFashion, mas Hidalgo decidiu dar continuidade à sua Semana de Moda: "Acabou o evento [primeira edição] e cada um foi para um lado. Então, eu saquei que tinha que adotar o filho, senão ninguém ia fazer isso... Falei para os meninos: 'Vamos fazer uma segunda edição'. Fizemos uma parceria com o Centro Têxtil [Internacional (CTI)]. Conseguimos patrocinadores de lá [...] Na segunda edição [de verão], foram os mesmos estilistas".[91] No lugar de Sommer, entrou o Ronaldo Fraga, também advindo do Phytoervas.

As três edições seguintes foram bancadas pela Alcântara Machado, promotora da Fenit, que também vivia tempos de desgaste: "Eles perceberam que um caminho seria patrocinar novos talentos. Aí o evento cresceu muito",[92] confirmou Hidalgo. Naquelas alturas de 1999, o Phytoervas já saíra definitivamente de cena e Hidalgo se deu conta da necessidade de conferir a seu evento um conceito que o distinguisse do MorumbiFashion, rapidamente alçado à dianteira dos lançamentos de moda do país. E já que o

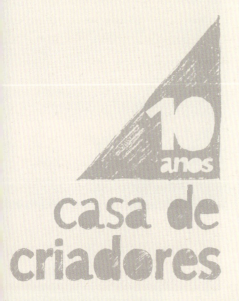

MorumbiFashion se definia como espaço para estilistas profissionais, o vácuo maior era justamente a revelação de jovens estilistas: "Naturalmente, a Casa dos Criadores foi caminhando para a coisa dos novos talentos. Eu percebi isso durante a 3ª edição, quando veio a Alcântara Machado e quis nos tornar um grande evento; mas deixei claro a eles que já existia um grande evento: o MorumbiFashion. Se a gente fosse por este caminho, perderia a força",[93] ele assentiu.

Hidalgo estava, também, atinado com o crescimento dos cursos superiores de moda, que começavam a colocar no mercado levas de jovens ansiosos para mostrar seus trabalhos. A demanda para um evento voltado a jovens talentos se justificativa. Tanto é que a 5ª edição da Semana de Moda, em 1999, foi a maior até então, apresentando 14 estilistas: "Alguns vêm de faculdades de moda; outros tiveram experiências em grandes marcas ou foram revelados por eventos como o Phytoervas Fashion ou o prêmio Smirnoff. Essa é a maior edição do evento em número de participantes. Entre as estreias, estão Mareu Nitschke, que assinava a coleção da Zapping, e Marcelo Quadros, antes no feminino da Ellus. Ambos desfilam amanhã. Cavalera, Jum Nakao (que assina o masculino da Zoomp), o mineiro Ronaldo Fraga e Icarius apresentam hoje suas coleções",[94] registrou Palomino, na Folha de S.Paulo.

A dimensão tomada por essa edição complicou o relacionamento com o patrocinador: a Alcântara Machado quis tornar a Semana de Moda um evento de maior porte, que competisse com o MorumbiFashion. "Aí da 5ª para a 6ª edição, em 1999, nos desentendemos e eles pararam de patrocinar de uma hora para a outra. Mesmo com pouco dinheiro, fomos fazer no Senac",[95] relatou Hidalgo. Foi justamente naquele ano que houve a estreia do paraense André Lima no evento: "Fizemos um *lounge* e colocamos um DJ para tocar; uma novidade para a época, pois era também o auge da música eletrônica e dos DJs".[96]

Mas foi em sua 8ª edição – realizada em julho de 2000 – que a Semana de Moda criada por André Hidalgo amadureceu e encontrou seu formato mais definitivo, passando a adotar o nome de Casa de Criadores – Semana de Moda, aberta a estilistas profissionais de todo o país (selecionados por critérios objetivos) e estabelecendo o projeto LAB (de Laboratório), focado nos jovens talentos: "O evento já estava com nome, mas aconteceu uma crise interna, porque os estilistas me diziam: 'André, eu estou aqui há oito edições e ainda sou chamado de novo estilista. Eu sou criador, não sou novo estilista!' Então, resolvemos mudar o nome para 'Casa de Criadores – Semana de Moda', e depois ficou só Casa de Criadores. E também decidimos criar um espaço específico para os novos talentos, o LAB, com desfiles menores, menos *looks*, reconceituando o evento como sendo de criadores em geral – dos que estão começando [que desfilam no LAB], até os que estão estabelecidos no mercado. [...] Percebi que não podia correr o risco de dizerem: 'O evento é dos amigos, da panelinha do André'. Porque no começo era mesmo um pouco isso... Precisávamos ser democráticos; resolvi chamar um corpo de jurados para avaliar os trabalhos, porque até então os estilistas vinham ao meu escritório com as roupas em uma sacolinha dizendo: 'Olha o que eu faço!' Era super romântico... Não dava mais para ser assim. Criamos critérios: é preciso apresentar um projeto de coleção, com um *look*".[97]

Ao todo, 22 estilistas desfilaram naquele ano, com patrocínios que atingiram 1 milhão de reais, em um espaço da Barra Funda, Zona Oeste de São Paulo: "Foi um marco, porque tive uns cinco ou seis patrocinadores, com liberdade porque não havia uma patrocinadora *master* dominando. Eram investimentos altos, que não acontecem mais".[98] Mas foi pelo projeto LAB que houve as projeções mais notáveis daquele evento, como as estreias de Samuel Cirnansck, Emilene Galende, Simone Nunes, Érika Ikezili, Marúzia Fernandes e Fábia Bercsek (assistente de Alexandre Herchcovitch). André confirmou que, "historicamente, os destaques de cada edição sempre foram os estreantes".[99] A produção do evento reservava-se o direito de convidar marcas que julgasse meritórias: "Se surge alguém incrível, que já tem estrutura e um trabalho reconhecido, convidamos para desfilar na Casa dos Criadores, sem ter que passar pelo LAB".[100]

Em 2002, o evento enfrentou sérias dificuldades: "Até a 11ª edição, fomos bem. Mas na 12ª edição, de 2002, ocorrida no Shopping Eldorado, recebemos calote de um patrocinador de 400 mil reais. Os contratos eram feitos 'de boca', e fiquei devendo, foi dramático! [...] Mas fiz planejamento e arrumei um sócio do mercado financeiro. Foi o momento da profissionalização, quando o mercado de moda também estava supermaduro. As pessoas gostam de falar que tudo é maravilhoso, mas nem sempre é... Tive muitos investimentos de empresas, mas havia outras que nem entendiam o que era a Casa dos Criadores",[101] afirmou Hidalgo. Apesar do "trauma", foi na 12ª edição de verão (lançava-se o inverno em março e o verão em agosto) que apareceu Karlla Girotto, com um desfile de moda-arte tendo o tempo como tema, e os modelos andando em círculos na passarela.

Fazendo um rápido balanço, ao longo de mais de uma década, iniciaram-se pela Casa dos Criadores nomes como Marcelo Sommer, André Lima, Mário Queiroz, Caio Gobbi, Lorenzo Merlino, Marcelo Quadros, Giselle Nasser, Samuel Cirnansck, Érika Ikezili, Cavalera, João Pimenta, Fábia Bercsek, Priscila Darolt, Simone Nunes, Mareu Nitschke, V. Rom, Juliana Jabour, Elisa Chanan, Ivan Aguilar e Rita Wainer (Theodora), entre outros. Ainda assim, o evento nunca perdeu o caráter de "uma espécie de SPFW alternativa, famosa por ser uma incubadora de talento"[102] – como a caracterizou a Folha de S.Paulo, em reportagem por ocasião de seus dez anos de existência. "A Casa dos Criadores foi o berço da nova geração da moda",[103] confirmou Caio Gobbi, em 2007.

Comparada à SPFW, a Casa de Criadores sempre teve estrutura mais enxuta. O estilista não precisa fazer nenhum investimento relativo ao desfile: o evento oferece passarela, som, luz, assessoria de imprensa, convites, modelos, maquiagem e cabelo, além de equipe de *backstage* (camareiras, estagiários etc.): "Sua produção custa R$ 600 mil, uma quantia dez vezes menor que o valor necessário para organizar eventos de grande porte, como o SPFW".[104] Por quê? Simples: na SPFW, realizada no prédio da Bienal no Ibirapuera, cada estilista ou marca dispõe de espaço e equipes próprios, o que nunca custa menos de R$ 100 mil por desfile. "A Casa dos Criadores funciona como um grande treino para a partida oficial",[105] afirmou Alberto Hiar, o Turco Loco, dono da marca Cavalera, à Folha de S.Paulo.

Ao longo de sua trajetória, o evento percorreu diferentes espaços, fechados ou mesmo ao ar livre, como o Viaduto do Chá (em 2005) ou a quadra do estádio do Pacaembu. Em 2006, ocupou a Galeria Prestes Maia (Masp Centro), com a escadaria servindo de passarela. A partir de 2003, passou a ocorrer quase fixamente no Shopping Frei Caneca. Em 2009, sua 26ª edição de outono/inverno 2010 teve seis dias de duração (o dobro dos anteriores), incluindo palestras e um evento extra aos desfiles no Frei Caneca, batizado de Fashion Mob, uma espécie de "desfile passeata" realizado no centro da cidade, aberto a amadores e *performers*. Ao todo, 53 estilistas se inscreveram para integrar os blocos *fashion* que tiveram como *backstage* o Largo do Arouche e as ruas do Centro como passarela; encerraram o desfile no Parque da Luz: "Senti que a moda brasileira precisava dar oportunidade a qualquer pessoa que quisesse mostrar suas criações",[106] justificou Hidalgo. Ao final, houve uma avaliação dos trabalhos e um

vencedor (no caso Luís Leite) passou a integrar o *line-up* da Casa dos Criadores.[107] "A Fashion Mob [que se repetiu em novembro de 2010] foi inspirada nos *flash mobs*. Só que o *flash mob* é ensaiado ou previamente combinado. Na verdade, fizemos uma passeata democrática, da qual todos podem participar. Abrimos inscrição, mas pode-se simplesmente aparecer no dia e desfilar, como efetivamente aconteceu. Agora é o momento de construirmos uma nova história: a do Fashion Mob. Um vez por ano, sempre em novembro e ao ar livre",[108] arrematou Hidalgo. Por essa via aberta, a Casa dos Criadores ampliava ao máximo imaginável seu caráter de espaço para projeção da moda que não tem espaço...

## O Rio de Janeiro continua *fashion*

Em julho de 2002, foi realizada a primeira edição do Fashion Rio, "evento oficial da moda carioca",[109] no Museu de Arte Moderna (MAM), do Rio de Janeiro, RJ. Ao desfazer o vínculo de patrocínio com o grupo Renasce/Multiplan para a semana de moda que havia criado, em 1992, a empresa Dupla, produtora do evento, buscou a chancela da Federação das Indústrias do Rio de Janeiro (Firjan) e da Associação Brasileira de Indústria Têxtil (Abit): "O Rio era e é, sem sombra de dúvida, o melhor cartão-postal do Brasil. É uma ferramenta internacional forte e indiscutível para se chamar atenção para a produção de moda no Brasil. O Rio é idealizado, no imaginário do mundo inteiro, como a capital do verão, das pessoas que vivem um *lifestyle* em torno das águas. Mas sentimos que não conseguiríamos dar forma e conteúdo a tudo isso sem as instituições da categoria. Até porque o mercado já tinha amadurecido; estava em outro momento e as instituições de categoria já compreendiam a necessidade de se trabalhar essa imagem agregada aos negócios. Por outro lado, víamos que só uma imagem não leva a nada... Então, nos unimos à Abit e à Firjan na realização do Fashion Rio",[110] detalhou Eloysa Simão.

Pelo acordo firmado entre Firjan, Abit e Dupla Assessoria, as três instituições teriam representação num conselho gestor que comandaria o evento. Mas o registro da marca Fashion Rio foi feito em nome da Firjan, que, na condição de detentora dos direitos, passou a manter um contrato de produção com a Dupla Assessoria. Assim, o

*Acima, o Fashion Mob, "desfile passeata" que percorreu o Centro da capital paulista integrando o evento Casa dos Criadores, em sua 26ª edição; São Paulo, SP, novembro de 2009.*

*Na página ao lado, criação de primavera-verão 2007 da grife Permanente, de Andréa Salleto; Fashion Rio, Rio de Janeiro, RJ, junho de 2006.*

evento carioca perdeu o caráter privado que teve em sua origem para se vincular a uma entidade associativa empresarial. A primeira edição do Fashion Rio, com direção técnica de Carlos Pazetto (ex-Phytoervas Fashion), em julho de 2002, teve desfiles das grifes Alice Tapajós, Amazon Life (acessórios e bolsas à base de látex), Andrea Saletto, Blue Man, Carlos Tufvesson, Complexo B (moda masculina, criada por Beto Neves em 1994), Lenny, Márcia Ganem, Osklen (*sportwear* do gaúcho radicado no Rio de Janeiro Oskar Metsavaht, surgida em 1990), Rygy, Salinas, Sandpiper, Santa Ephigênia (criada, em 1995, por Marco Maia e Luciano Canale) e M.Officer. Eram quase todas cariocas, exceto pela Alphorria (da mineira Edna Thibau) e da M. Officer (do paulista Carlos Miele), que deixara de se apresentar na SPFW e, dali por diante, abandonaria as passarelas do Brasil por longo tempo: "Não vou mais desfilar no Brasil; quero me concentrar na minha carreira internacional [...]. É uma decisão a que tenho direito. Sou um *designer* brasileiro, mas quero criar para mulheres do mundo todo",[111] ele declarou, em fins de 2002. E de fato só voltou a lançar coleções por aqui em fins de 2008, no Rio Summer, evento com foco exclusivo em exportação.

Miele não foi o único a usar o Fashion Rio como trampolim para o exterior: "A minha escolha pelo Rio tem muito a ver com a internacionalização. Desfilando em Paris, todos perguntam: 'Você é do Rio de Janeiro?' O Rio é a nossa cidade-símbolo no mundo",[112] avaliou Walter Rodrigues, que participou de diversas edições do Fashion Rio. "Tínhamos o objetivo de agregar negócios à passarela. Nossa meta era não apenas fazer um evento que fortalecesse a imagem do setor, mas que fortalecesse, também, o setor do ponto de vista dos negócios e aumentasse as exportações do Brasil",[113] declarou, à época, Eloysa Simão. Naquele mesmo 2002, a empresa A Dupla criou o Fashion Business, uma feira de negócios que ocorria paralelamente ao Fashion Rio: "O Fashion Rio tem uma dualidade fundamental: tem grandes desfiles e o Fashion Business, que congrega cooperativas artesanais e vários polos de produção de moda. Os grandes compradores, internacionais e nacionais, fazem negócios",[114] descreveu a jornalista Iesa Rodrigues. "Mesmo as marcas que não participariam dos desfiles oficiais tinham a oportunidade de mostrar suas coleções no Fashion Business",[115] acrescentou a jornalista Astrid Façanha.

"É o começo de uma cultura de moda",[116] registrou a jornalista Erika Palomino, quando do lançamento do Fashion Business. Em 2004, surgiu o Rio Moda Hype, também promovido pela Dupla, voltado à revelação de novos talentos. A primeira edição foi patrocinada pela prefeitura do Rio de Janeiro, com apoio de Senai, Abit e Firjan: "O Rio Moda Hype é o evento de novos talentos, dentro do Fashion Rio. Os estilistas são novinhos e inexperientes, mas têm um desfile praticamente igual aos grandes desfiles, com as mesmas modelos, equipe de cabeleireiro, *stylist* e tudo",[117] informou Iesa Rodrigues. O Rio Moda Hype oferecia aos participantes selecionados produção completa dos desfiles, equipe de produção e coordenação de moda, direção dos desfiles, *casting*, assessoria de imprensa, cota de matéria-prima, entre outros itens. Lançou uma safra promissora, incluindo nomes de outros estados do país, como Fernanda Yamamoto e Meketref (ambas de SP).

Uma revelação saída das passarelas do Fashion Rio foi Isabela Capeto (Isabela Rothier Wachholz Capeto, 1970- ), que primeiro ganhou visibilidade internacional para, depois, estourar aqui dentro: "O caderno Ela [do jornal O Globo] estava fazendo uma matéria sobre customização e Bebel Moraes me mandou uma jaqueta de *jeans* para que eu fizesse customização. O [consultor de moda] Robert Forrest, que eu já conhecia, viu e disse: 'Me dá essa jaqueta, que vou tentar vender na Browns [multimarcas londrina]'. Produzi mais uma peça e entreguei a ele, que voltou confirmando o pedido da Browns. Então, subloquei a sala de uma amiga e comecei a vender as jaquetas, além de uma coleção que tinha feito inspirada na [artista plástica] Beatriz Milhazes".[118]

Foi assim, um tanto casual, o início da carreira de Isabela, em 2004: ela vendeu para o exterior antes mesmo de ser conhecida em seu país. A jornalista carioca Iesa Rodrigues confirmou: "Isabela Capeto tem de vida profissional a mesma idade nos mercados interno e externo".[119]

Mas seu vínculo com a moda não veio do nada: bem antes, em 1991, Isabela foi cursar estilismo na Accademia di Moda de Florença, Itália, por um motivo curioso: "Eu tentei fazer uma faculdade no Brasil. Tentei passar no Senai-Cetiqt, mas fui reprovada três vezes em desenho. Mas lá fora eu tirei dez em desenho…",[120] explicou a estilista. No retorno ao Rio de Janeiro, em 1993, foi convidada por Maria Cândida Sarmento a trabalhar na grife Maria Bonita. "Eu era assistente da assistente da assistente… Fiquei um ano ali, até que fui demitida",[121] acrescentou. Isabela, então, foi contratada para trabalhar na Bangu, tradicional tecelagem carioca, desenhando estampas. Em 1997, voltou para a Maria Bonita Extra, onde por três anos atuou na equipe de criação, e, depois, migrou para a grife de moda praia Lenny, como assistente de desenvolvimento. Em 2003, "com o fundo de garantia recebido da temporada na Lenny",[122] montou o próprio ateliê, e lançou a etiqueta Ibô. "Eu não queria colocar meu nome porque achava pretensioso. Eu queria chamar de Isabô, meu apelido de infância, mas já havia uma empresa com esse nome registrado. Então, quis colocar Ibô. Mas o Robert Forrest disse: 'Ibô não dá, porque pode ser qualquer coisa'…".[123]

Naquelas alturas, já tinha rolado a história de Forrest levar sua jaqueta para Londres, e Isabela passou a assinar seu nome nas peças que iam para o exterior. No Brasil, manteve a tal Ibô… Em janeiro de 2004, quando da estreia no Fashion Rio, a marca Ibô ainda vigorava. Em junho do mesmo ano, ao lançar a coleção na SPFW, Isabela já tinha se assumido inteiramente Capeto e, em menos de um ano, tornou-se "uma das queridinhas da moda nacional".[124] Logo, também, foco de atenção de revistas estrangeiras: "Entre maio e junho [de 2006], Isabela e suas criações apareceram em 12 revistas diferentes na Europa e nos EUA".[125] Em 2010, a etiqueta tinha três lojas próprias – uma no Rio, duas em São Paulo –, além de ser vendida em diversas multimarcas, aqui e lá fora (isso quer dizer: Estados Unidos, Inglaterra, França, Itália, Espanha, Japão, Emirados Árabes e alguns outros países).

O sucesso do *design* de Isabela no exterior tem razão de ser: sua moda possui DNA próprio e muito brasileiro. O paradoxo é que ela atribui parte disso à sua formação na Itália: "O detalhe, o acabamento, a coisa do 'feito à mão' são coisas muito fortes lá, que me marcaram",[126] contou. Isso também significa dizer que seu trabalho está "pouco sujeito às tendências", mais identificado com "ricas engenharias manuais", por isso mesmo "reduzido em volume de peças e tratado em ambiente de ateliê".[127] Isabela soube traduzir, sobretudo, um jeito carioca de vestir: "Isabela Capeto é o grande charme do Rio",[128] arrematou Celina de Farias. Não por outro motivo, ela foi uma das grifes em que a *holding* InBrands decidiu investir. Desde 2008, o grupo detém 50% da marca...

Ao longo dos anos, tanto o Fashion Rio quanto a São Paulo Fashion Week conquistaram boa projeção interna: "Cerca de 60% dos seus participantes são de outros estados. O Fashion Rio é um evento da moda brasileira no Rio de Janeiro",[129] reafirmou Eloysa Simão. Assim sendo, foi inevitável uma disputa entre os dois eventos, rivalidade que por diversas vezes se explicitou por meio da mídia. O primeiro embate foi registrado ainda em meados de 2002, na primeira edição do evento carioca, por conta de a SPFW ter alterado seu período de realização: "A São Paulo Fashion Week, que todos imaginavam que começaria no dia 8 de julho, acaba de ser marcada para o dia 15. Exatamente na data do evento carioca. Resultado: modelos, estilistas e imprensa especializada vão abandonar o evento do Rio, que tem dez patrocinadores [menos do que o evento paulista]",[130] notificou a jornalista Mônica Bergamo em sua coluna na Folha de S.Paulo. "Jamais ocorreu que uma mudança dessas pudesse ser anunciada depois que o Rio já estava com compromissos marcados",[131] declarou, indignada, a jornalista Cristina Franco ao mesmo jornal. "Eles invadem o meu terreno e depois ficam irritados? Meu evento é considerado o calendário oficial da moda há seis anos. E o deles?",[132] rebateu Paulo Borges. Não parou por aí: "Eles deviam criar um evento independente, com uma cara própria. Irrita-me é o uso indevido das coisas. Não acho certo. Colar um evento na data do outro é claro que não é legal para nenhum dos dois",[133] argumentou o produtor da SPFW. "Imitamos; como assim? O Fashion Rio existe muito antes da São Paulo Fashion Week; só que tinha outro nome",[134] contra-atacou Eloysa Simão.

Ninguém discutia, porém, que os eventos tivessem identidades próprias – refletindo suas regionalidades: "O Rio não vende uma moda! Vende um *lifestyle*. A principal identidade da moda feita no Rio de Janeiro não é a característica da roupa, nem da coleção. É o *lifestyle* carioca, um jeito despojado, bem-humorado e sensual de usar a roupa. [...] Nós [as cariocas] fomos as primeiras a usar Havaianas à noite; as primeiras a usar canga e as primeiras a aposentar a canga; as primeiras a usar o vestido na praia e a usar o biquíni à noite, fora da praia... O *lifestyle* é a principal característica da moda produzida no Rio de Janeiro",[135] identificou Eloysa Simão. "O Rio tem esse clima de eterno verão. A roupa toda preta não pega muito. Já tem mais de dez anos que está na moda o

*Na página ao lado, fachada do Museu de Arte Moderna (MAM), sede do Fashion Rio edição de primavera-verão 2003; Rio de Janeiro, RJ, julho de 2002.*

*Acima, a modelo Ana Claudia Michels desfila peça da coleção outono-inverno 2009 Balneário Viking, de Isabela Capeto; SPFW, São Paulo, SP, janeiro de 2009.*

Croquis da estilista Isabela Capeto para a publicação +B, da Abest; São Paulo, SP, 2010.

*total black* e no Rio não se vê isso; só à noite, e olhe lá",[136] diferenciou a jornalista carioca Iesa Rodrigues. Sua colega e conterrânea Astrid Façanha colocou as coisas da seguinte maneira: "São Paulo tem uma cara mais conceitual, de vanguarda, urbana e futurista. O Rio de Janeiro mantém o seu estilo de vida despojado, e mesmo a moda mais requintada não abre mão do lado sensual".[137]

Para além das identidades *fashion*, havia uma distinção mais relevante ao mercado entre os eventos de moda dos dois estados: se internamente os lançamentos da SPFW tendessem a alcançar maior expressão, no âmbito internacional as coisas se invertiam: "O Fashion Rio não era apenas um evento para fortalecer a imagem do setor, mas para fortalecê-lo do ponto de vista dos negócios; para aumentar as exportações do Brasil. [...] Temos o maior *clipping* [repercussão em mídia] internacional do país; aumentamos as exportações do Rio de Janeiro, por onde se pode avaliar, em cerca de 30%, desde o início do evento. Com toda certeza, contribuímos para o aumento das exportações de estados como Minas Gerais, Bahia, Pernambuco, que são bem fortes e bem representativos dentro do Fashion Rio", avaliou Eloysa Simão, em 2007.

E foram justamente interesses vinculados à exportação da moda brasileira que levaram essa rivalidade a um desfecho digno de novela: em abril de 2009, Eloysa Simão foi dispensada "por carta" dos serviços que prestava ao Fashion Rio. Como assim? Não era a empresa dela, A Dupla, que havia criado o evento? A própria Eloysa confirmou: "Não foi o Fashion Rio que me fez. Fui eu que fiz o Fashion Rio".[138] Mesmo assim, e apesar de sua empresa ser um dos três membros do comitê de gestão do evento – os outros dois eram a Firjan e a Abit –, a marca Fashion Rio não havia sido registrada pela empresa de Simão, mas pela entidade carioca que, em coletiva realizada em 17 de abril daquele ano, confirmou a saída da Dupla e o fechamento de novo contrato de produção com o grupo empresarial InBrands – por sua vez, dono de expressiva participação da Luminosidade, detentora da marca São Paulo Fashion Week (SPFW).

Trocando os fuxicos em miúdos, a produção do Fashion Rio passou, desde então, à Luminosidade, ou seja, ao produtor Paulo Borges. Com essa estratégia, a empresa passou a ter ascendência sobre as duas principais semanas de moda do país: "O contrato de dez anos com a Luminosidade prevê que a Firjan deixe de ser gestora do Fashion Rio e se torne apenas sua patrocinadora. A Federação não revela quanto investe no evento. Segundo Borges, ele custará R$ 7 milhões – R$ 3 milhões a menos que a SPFW".[139] A empresa Dupla Assessoria continuou à frente do Fashion Business, feira cujo licenciamento pertencia a ela e à empresa Scala, que passou a promovê-lo na Marina da Glória, com patrocínio da Federação do Comércio do Rio de Janeiro (Fecomércio RJ), assim como os eventos Minas Trend Preview – realizado em Belo Horizonte –, Top Fashion Bazar – do Rio – e Barra Fashion Bahia – de Salvador.

Em junho de 2009, ocorreu a 1ª edição do Fashion Rio sob condução do produtor Paulo Borges que reduziu o número de participantes de 41, da estação anterior, para

29, incluindo marcas como Acquastudio, Alessa, Apoena (cooperativa de bordadeiras de Brasília), Ausländer, Cantão, Carlos Tufvesson, Cavendish (criada em 1994 pelas irmãs Carla e Paula Cavendish), Claudia Simões, Coven, Espaço Fashion, Filhas de Gaia, Giulia Borges, Graça Ottoni, Juliana Jabour, Lenny, Lilica Ripilica, Luiza Bonadiman, Mara Mac, Maria Bonita Extra, Melk Z-Da, Printing, Redley, Salinas, Sta. Ephigênia, Teça Tessuti, TNG (sigla para *teenager*, criada em São Paulo em 1984 por Tito Bessa), Totem, Victor Dzenk e Walter Rodrigues. As mudanças causaram um previsível auê: "Começou a se perguntar se a monopolização seria saudável para a moda brasileira e se o Rio iria perder a sua identidade. De fato, quando o primeiro evento aconteceu, os cariocas reclamaram que o Fashion Rio, sob a batuta de um paulista, tinha perdido a ginga carioca, deixado de ficar divertido",[140] comentou a jornalista Astrid Façanha.

Repaginado por Borges e InBrands, o Fashion Rio viveu um período de transição que durou, pelo menos, duas coleções: "Pouca coisa sobrou do antigo Fashion Rio, fora as grifes. [...] Para começar, mudou de locação, instalando-se em um belo e funcional conjunto de armazéns reformado do cais do porto. [...] A paulistanização do Fashion Rio foi tão completa que eliminou até a agitação carioca que marcava o evento – com sua mixórdia de tipos e classes sociais, seu caos cordial. Tudo ficou mais sofisticado e elitista. [...] A frieza se espalhou pela apresentação das grifes, apesar de se tratar de uma temporada de verão",[141] descreveram os jornalistas Alcino Leite Neto e Vivian Whiteman, na Folha de S.Paulo. Um ano depois, na 2ª edição da era "borgeana" do evento, os mesmos jornalistas registravam aprovação às mudanças: "Acabou a era carnavalesca do Fashion Rio. Um dos sintomas mais visíveis do 'toque Paulo Borges' no evento [...] foi o corte radical dos cenários mirabolantes, das passarelas exageradas e das encenações *kitsch* que costumavam pipocar na semana carioca".[142] Mais ainda: "A temporada primavera-verão 2011 do Fashion Rio, que terminou na última terça, é um divisor de águas na história do evento. Com o time de grifes mais competente de sua história, a semana carioca reuniu um conjunto de coleções de peso. [...] A fórmula serve para o mercado interno e atrai olhares estrangeiros que devem ajudar a botar o Rio no mapa da capital *fashion* global".[143]

O grande projeto por trás do afastamento da Dupla do Fashion Rio teria sido mesmo a meta de usar o cenário e a fama de cartão-postal para consolidar o Rio de Janeiro como "capital mundial da moda praia".[144] Como realçou, ainda em 2007, a própria Eloysa Simão, "a marca Rio de Janeiro vende muito o Brasil internacionalmente. Um dado a ser salientado é que o produto com o selo Rio tem o maior preço de toda a exportação.

Enquanto os produtos que saem com selos dos outros estados têm preços médios entre R$ 20 e 30, os que saem com selos Rio de Janeiro têm preços médios de R$ 60. Então, é inegável a imagem internacional do Rio de Janeiro".[145] As disputas entre a Dupla e a Luminosidade continuavam em 2010, com a criação da feira de negócios Rio-à-Porter, organizada por Paulo Borges para competir com o Fashion Business.

Reforçando essa estratégia, um acordo entre a InBrands/Luminosidade teria sido fechado também com o Grupo ABC, de Nizan Guanaes, pelo qual Paulo Borges assumiria também a condução do Rio Summer, evento exclusivo de moda praia, criado em 2008 – e que chegara a ser entregue a Eloysa Simão em maio de 2009. Apenas três meses depois, em agosto de 2009, Borges assumiu o cargo declarando: "Cada um dos eventos [Rio Summer e Fashion Rio] terá identidade própria, com conceitos diferentes".[146] Meses depois, em maio de 2010, o produtor paulista, sem mencionar o Rio Summer, anunciou a migração para o Fashion Rio, a partir de 2011, de todas as confecções de moda praia que desfilavam na SPFW: "A partir do segundo semestre de 2011, o Fashion Rio vai finalmente ganhar o título de maior evento de moda praia do mundo, desbancando a Mercedez-Benz Fashion Week Swim, que acontece anualmente na cidade americana [de Miami]",[147] anunciou a Folha de S.Paulo. Pelo acordo, aparentemente, o Fashion Rio teria absorvido o Rio Summer: "A mudança vai fortalecer não só o evento, mas também as grifes, que ganharão mais exposição",[148] argumentou Paulo Borges. Em síntese, todas as rivalidades se resolveram, afinal, por meio da concentração e da segmentação: nossa moda *for export*, com jeitinho e ginga muito mais carioca que paulista, desfilará aos olhos do mundo no cenário esplendoroso da Cidade Maravilhosa.

## SPFW, o calendário referencial

A semana de moda que conquistou maior visibilidade no Brasil, durante a primeira década do século XXI, surgiu em 1996, em São Paulo, com o nome de MorumbiFashion Brasil por iniciativa do produtor Paulo Borges e sua empresa, a Luminosidade. Até então, realizações similares – como a Semana de Estilo Leslie, do Rio, ou o Phytoervas Fashion, de São Paulo – não haviam conseguido engendrar formatos e periodicidades apropriados aos lançamentos de coleções de moda, por estação. Sem eventos fixos com os quais pudessem contar, os estilistas faziam seus lançamentos isoladamente, de acordo com possibilidades individuais: "Quando comecei a cobrir moda [em meados da década de 1980], o Brasil não fazia desfiles de maneira organizada. Íamos a lançamentos de coleção em *showrooms*. Mais tarde, as marcas começaram a fazer desfiles; mas, em janeiro, eu via a marca x lançando inverno e a marca y ainda lançando verão. Era uma loucura! Víamos lançamento de inverno até em maio ou junho. Passavam-se quatro ou cinco meses sem lançamento; depois, três ou quatro marcas resolviam fazer desfiles. E alguns faziam grandes eventos, já outros, coisas pequenas",[149] narrou a jornalista Lilian Pacce.

*Ao lado, peça da coleção primavera-verão 2005 Costura do Invisível, de Jum Nakao; SPFW, São Paulo, SP, junho de 2004.*

"Cada marca desfilava sua coleção quando queria (ou podia)",[150] confirmou sua colega Erika Palomino. "Na temporada [de 1996], por exemplo, chegamos a ter um desfile em janeiro, da Ellus, e outro em maio, de Alexandre Herchcovitch",[151] acrescentou Paulo Borges.

Com os lançamentos de moda ocorrendo desorganizadamente, todos os elos da cadeia da moda – leia-se indústria têxtil, de acessórios e confecções – não funcionavam de forma integrada e as ações de uns não geravam efeitos sobre os outros, ou apenas esporadicamente. A criação de um calendário estável e unificado dos lançamentos de moda, que acabasse "com um dos maiores dramas do mercado",[152] era, portanto, uma expectativa que acabou sendo atendida por meio de uma produtora privada, e viabilizada com o auxílio de patrocínios comerciais. Natural de São José do Rio Preto, Paulo Borges nasceu em 1962, quarto filho de um casal de classe média – seu pai, descendente de árabes, era inspetor de alunos em escola pública e sua mãe, gerente de vendas da Casa Bueno, um magazine local. Aos 16 anos, começou a trabalhar com processamento de dados, transferindo-se, no início dos anos 1980, para a capital paulista com a intenção de estudar comércio exterior e análise de sistemas, além de fazer teatro... Foi "por acaso" que passou a atuar em produção de moda: "Fui ajudar um amigo a fazer um desfile em uma boate, para fazer qualquer coisa: varrer chão, empurrar cadeira, receber as pessoas, passar e lavar roupa. Só que acabei ajudando em tudo; até a ensaiar o desfile e a montar a trilha sonora",[153] ele recordou. Fascinado pelo meio, acabou conseguindo trabalho na revista Vogue Brasil, em 1982: "A diretora da Vogue estava precisando de um assistente e me perguntaram se eu não gostaria de conhecê-la. Falei: 'Claro!' Nem sabia quem era a Regina Guerreiro; fiz uma entrevista e fui trabalhar com ela. Ali, sim, tudo mudou... Porque comecei a ver a moda de forma profissional e a me interessar por aquilo".[154] Paulo caiu no lugar exato, com a pessoa certa e, durante cerca de dois anos, aprendeu a produzir editoriais de moda com a editora que estava fazendo um dos melhores trabalhos do setor. Não que fosse fácil: "Com a Regina Guerreiro, a vida era assim: eu tinha que pegá-la em sua casa, na hora em que ela acordava e a punha na cama, na hora de ela dormir. Não eram oito horas de trabalho, nem havia sábado ou domingo. Eu estava à disposição dela",[155] descreveu.

Uma iniciação com Guerreiro não era pouca coisa: com a exigente editora, ele pôde também conhecer os meandros mais íntimos do *metier*, e estabelecer contatos com pessoas referenciais. Por volta de 1984, Borges deixou a Vogue Brasil apto a alçar carreira solo, passando a produzir desfiles e figurinos para publicidade: "Trabalhei com os grandes cineastas de hoje, porque todos faziam publicidade, como Walter Salles, Fernando Meireles, Arnaldo Jabor e Walter Carvalho. [...] Desfile [naquela época] era só um 'boi de piranha'; na verdade, para as pessoas irem assistir a um desfile, tinha que haver um espetáculo extra: ninguém ia sentar numa cadeira, apenas para ver moda. [...] Me lembro de assistir a um desfile que a Grendene fez, memorável, no Palace, com grandes *designers* internacionais. [...] Mas era assim: depois do desfile, o palco virava e tinha um *show* da Gal Costa e um jantar".[156] Em meados da década de 1980, Borges conheceu Conrado Segreto, de quem se tornou amigo e, depois, sócio, produzindo todos os quatro grandes desfiles que marcaram a breve carreira do estilista.

Ainda no final da década de 1980, ele organizou também os desfiles realizados pela Cooperativa Paulista de Moda (que, além de Segreto, incluía Jum Nakao, Walter Rodrigues e outros) e pelo Grupo Mineiro de Moda. Mas, segundo Borges, até aquela época "ninguém tinha coragem de dizer: 'Eu sou um estilista'. Ficavam todos escondidos atrás de uma marca. A Cooperativa deu um passo nessa direção, porque eram estilistas com objetivo de prestar serviços a confecções e fazerem seus próprios trabalhos. Fui contratado para fazer um desfile da Cooperativa, para a Tecelagem Brasil [no Buffet França]. Foi maravilhoso; só que, no final, tinha também um jantar e o *show* de uma cantora [Elba Ramalho]".[157]

No início da década de 1990, seu circuito de contatos o levou à empresária Cristiana Arcangeli, dona da marca de cosméticos Phytoervas, para quem formatou a primeira semana de moda que produziu – a Phytoervas Fashion, à frente da qual se manteve entre 1994 e julho de 1995. Rompida a parceria com Arcangeli, ainda em 1995 ele criou a Luminosidade e partiu para a formatação de um novo calendário de moda, já com o propósito de instalar "uma cultura de moda no país, como negócio, com a convergência que nitidamente via em Paris, e que não via aqui. [...] O objetivo era construir a percepção, nas pessoas, da cultura do *design*. O país vinha de um histórico inflacionário, no qual a única notícia que se tinha da moda era como causa da inflação. Era assim: 'A inflação desse mês foi causada pelo vestuário...'. As pessoas não entendiam o valor da criação e, por isso, não existia a figura do estilista. Havia o empresário de moda e o costureiro, que era uma bicha afetada, que tinha seu ateliê. O estilista, como *designer* e como criador, não existia. Além disso, naquela época a indústria têxtil só desenvolvia tecidos para as grandes confecções, como Zoomp, Forum, Ellus... Todos abaixo disso compravam o que produzissem e ponto final".[158]

A Luminosidade estava dando sequência, de certo modo, ao protagonismo na produção de eventos de moda que tivera, na década de 1980, a empresa Malacacheta, do produtor Paulo Ramalho – com o qual, aliás, Borges também trabalhara. A diferença foi que Borges, mais que eventos, se propunha à missão ambiciosa de instalar no Brasil uma cultura de moda. A experiência com o Phytoervas Fashion havia aproximado o produtor de "setores da indústria, como empresários, estilistas, jornalistas, e todos os elos necessários para fechar o mecanismo".[159] A fim de viabilizar seu projeto, e já ciente de que a moda transpunha os setores diretamente relacionados à produção de vestuário, o produtor recorreu "desde o [setor] têxtil até o de confecções, passando pela indústria de cosméticos, bebidas, pelo setor financeiro, *shopping centers* e indústria automobilística".[160] Fácil não foi, porque Borges apostava em jovens que poucos conheciam. "As pessoas me perguntam: 'Por que você começou com jovens?'.

*Na página ao lado, peça da coleção outono-inverno 2009 da grife Huis Clos, de Clô Orozco; SPFW, São Paulo, SP, janeiro de 2007.*

*Abaixo, peça da coleção primavera-verão 2009 da grife Forum; SPFW, São Paulo, SP, junho de 2008.*

Respondo: 'Porque eles seriam, e foram, o grande motor de transformação de toda a pirâmide da moda, que hoje a gente vê nitidamente'. [...] Quando eu falava para uma Rhodia, por exemplo: 'Quero que vocês conheçam o Alexandre Herchcovitch', eles respondiam: 'Paulo, não me venha com esse moleque que faz caveiras'. Isso por volta de 1992; ou seja, faz pouquíssimo tempo...".[161]

Esboçado em "duas páginas de papel",[162] o projeto era tão sucinto em seu escopo quanto amplo em suas metas: "Sempre apresentei um projeto [com prazo] de 30 anos, com três etapas muito claras: de 1996 a 2006, criar no Brasil uma cultura de moda, a percepção e a diferença entre comprar moda com *design* e comprar modinha; de 2007 a 2016, trazer a imprensa estrangeira, compradores, começar o negócio da internacionalização da moda; de 2017 a 2026, trabalhar especificamente a qualidade dos negócios e das relações, porque aí é passar a pá no cimento, nos pilares, que estão prontos. E deixava claro, também, que o patrocinador não poderia interferir no conceito do evento, incluindo as datas de realização e as marcas que desfilariam".[163] Ou seja, a proposta original, esboçada em meados da década de 1990, continuava em curso em 2010.

Em 1995, Borges fechou contrato de patrocínio com o Morumbi Shopping – pertencente à rede Renasce/Multiplan, que já patrocinava, no Rio, a Semana BarraShopping de Estilo: "Apresentei [o projeto] para possíveis patrocinadores, e quando apresentei ao Shopping Morumbi, eles compraram o evento inteiro, na hora. Disseram: 'Não apresente para mais ninguém; nós queremos patrocinar, e queremos que se chame MorumbiFashion'. Respondi: 'Me deixa pensar'. Eu tinha acabado de sair da experiência do Phytoervas Fashion. Então, coloquei uma série de regras para que pudesse se chamar MorumbiFashion. A marca registrada, que era Calendário Oficial da Moda Brasileira, seria minha. O contrato dizia que eles poderiam interferir no conceito do evento, na data do evento; mas em quem iria desfilar e como seria feito, não podiam. Então, tudo ficou muito bem combinado, contratualmente. Tanto que, depois, as pessoas que tinham lojas no *shopping* queriam desfilar e o *shopping* dizia: 'Isso não é conosco. É um evento que o *shopping* patrocina.'".[164] Assim, o *shopping*, instalado na Zona Sul de São Paulo desde 1982, anunciou, em agosto de 1995, a inauguração de uma nova ala denominada MorumbiFashion[165] – que funcionou anexa, com lojas de 60 grifes, abrangendo "M. Officer, G, Reinaldo Lourenço, Mezzo Punto, Ralph Lauren e Zapping, entre outras".[166] O patrocínio garantiu cerca de 60% dos custos do investimento inicial; o restante, Borges captou junto a outras empresas. A primeira edição do MorumbiFashion Brasil – Calendário Oficial da Moda Brasileira ocorreu em julho de 1996, apresentando coleções para o verão de 1997, na marquise do Museu de Arte Moderna de São Paulo (MAM), no Ibirapuera, com realização da Luminosidade em parceria com as empresas Face e Standard.

Borges armou-se com registro de patente sobre o formato do projeto Calendário Oficial da Moda Brasileira. O MorumbiFashion Brasil representou, de fato, "uma fase de crescimento para toda a cadeia têxtil brasileira".[167] O projeto atendia à sazonalidade da moda, com dois lançamentos de coleções por ano: de inverno, em fevereiro, e de verão, em julho (mais tarde, essas datas sofreriam ajustes). "Com a criação do calendário, todos os elos da moda tiveram que se entender: a tecelagem tinha que receber o fio na data certa, a confecção tinha que receber o tecido na data certa [...]. Não é que a moda tenha se profissionalizado, por completo, no Brasil. Mas deu à indústria um profissionalismo maior do que antes, porque ela teve que cumprir prazos de verdade",[168] analisou Lilian Pacce. Foi "a primeira vez que as grandes confecções brasileiras aceitaram mostrar suas coleções em um mesmo lugar e numa mesma época",[169] registrou Erika Palomino, apontando, ainda, que "antes, nos tempos do desfile-espetáculo, era mais conveniente que cada grife tentasse superar a outra, em montagens faraônicas que só serviam para distrair a atenção do público do que (em tese) é o mais importante: a qualidade das roupas".[170]

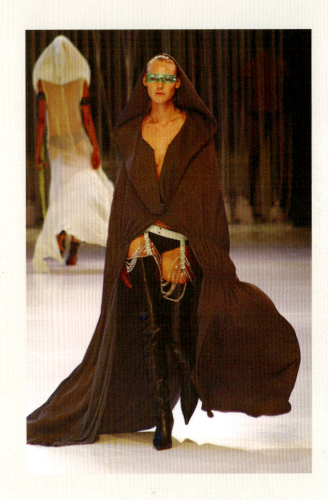

*Acima, peça da coleção outono-inverno 2003 da grife Ellus; SPFW, São Paulo, SP, janeiro de 2003.*

*Na página ao lado, Michele Alves (à frente) ao final do desfile da coleção primavera-verão 2009 da grife Iódice; Rio Summer, Rio de Janeiro, RJ, novembro de 2008.*

O "modelo de inspiração"[171] tomado por Borges, ao formatar o MorumbiFashion Brasil, teria sido a semana de moda 7th On Sixth, criada em 1993 em Nova York (EUA) pelo Council of Fashion Designers of America (CFDA): "De quatro anos para cá, eles conseguiram dar uma guinada e organizar o mercado deles, levando um *glamour* típico de Paris, mas com a vantagem de ter a preocupação com o varejo, o que é muito parecido com o modo como funcionam os lançamentos aqui",[172] ele avaliou, em 1996. A primeira edição do MorumbiFashion Brasil foi aberta com coquetel e desfile de uma coleção de sapatos da Melissa, com *design* do canadense Patrick Cox. Trinta e duas marcas de estilistas brasileiros apresentaram coleções durante sete dias, várias dentre as quais acabaram por compor um núcleo que se tornou frequente no evento, incluindo Alexandre Herchcovitch, Blue Man, Der Haten (Fause Haten), Ellus, Forum, G (Glória Coelho), Huis Clos, Iódice, Lenny, Lino Villaventura, M. Officer, Maria Bonita, Patachou, Reinaldo Lourenço, Renato Loureiro, Ricardo Almeida, Walter Rodrigues e Zoomp.

Tudo parecia fadado ao sucesso; mas não foi bem assim! Pesadas críticas recaíram sobre a primeira edição do evento: "A imprensa estraçalhou quase todos os estilistas. Na visão de alguns, foi mesmo um vexame. Outros achavam aquilo uma agressão gratuita",[173] reavaliou Borges, mais tarde. A queixa recaiu sobre a pouca criatividade, os modelos copiados, a indiferenciação entre as marcas. Talvez a expectativa criada pelas ousadias do Phytoervas Fashion – focado em criadores jovens e experimentalistas – tenha feito o MorumbiFashion Brasil parecer comercial demais. Mas há de se reconhecer que ali se expuseram também as debilidades ainda existentes em segmentos importantes ao suporte dos desfiles, como os de modelos, maquiadores, cabeleireiros etc., cujos poucos profissionais experientes e qualificados se desdobravam para atender às diferentes marcas. O evento, de todo modo, sobreviveu e foi crescendo, a despeito dos incrédulos: "Até a quarta edição [de fevereiro de 1998], as pessoas ainda perguntavam: 'Vai ter o evento novamente? Ouvi dizer que vai acabar! É verdade que o *shopping* não vai mais patrocinar?'".[174]

Em 1999, as datas dos desfiles foram antecipadas em um mês, passando a ocorrer nos meses de janeiro e junho: "O objetivo é que as marcas tenham mais tempo, a partir do momento em que a coleção é mostrada aos compradores, até que eles [os compradores] façam seus pedidos e as roupas cheguem às lojas",[175] anunciou a jornalista Erika Palomino. Dentre as marcas que desfilavam naqueles tempos, muitas não se adaptaram: "Financeiramente, o retorno era zero. [...]. Era um evento que não acrescentava nada, em vendas, para a confecção [...]. Nós participamos de seis edições do Morumbi [até 1999] e não tivemos nenhum retorno em vendas; e o evento acabava por ocupar todo o tempo da empresa. [...] É importante fazer Morumbi, a partir do momento que você precisa consolidar uma marca e um conceito. A Cia. [do Linho] não precisava mais disso. [...] A verba que se gastava com um desfile estamos utilizando de outra maneira, para o departamento comercial estar realmente próximo do cliente",[176] declarou, em 2000, Sônia Maalouli, estilista da marca Cia. do Linho, parceira de primeira hora do

*Acima, peça da coleção outono-inverno 2009 da grife Maria Bonita, com criação da estilista Denielle Jensen; SPFW, São Paulo, SP, janeiro de 2009.*

evento e que, no entanto, sobreviveu apenas até o início do século XXI.

Um nome que desfilou na 1ª edição do MorumbiFashion Brasil e se consolidou quase simultaneamente a ele foi o de Reinaldo Lourenço (Antonio Reinaldo Lourenço Siqueira, 1962- ). Natural de Presidente Prudente, interior paulista, Lourenço demonstrou talento para a moda precocemente. Quando criança, "vendia lencinhos de cambraia pintados à mão, por ele próprio, ou com acabamento de ponto *à jour* feito pela mãe".[177] Na adolescência, costurava para si e para amigos; aos 20 anos, mudou-se para São Paulo a fim de ser assistente da estilista Glória Coelho, dona da marca G, com quem se casou em 1984. Antes ainda, em 1983, teve breve passagem pela revista Claudia Moda, como assistente de Costanza Pascolato. Em 1984, abriu a Camisaria São Paulo, em sociedade com Zizi Carderari e, logo em seguida, lançou grife própria de moda feminina: "No começo, o que eu fazia tinha muita intimidade com o estilo da Glória [Coelho]; as nossas coisas eram muito parecidas. Talvez por ela ser mais velha do que eu, mais conhecida, eu me baseava muito no trabalho dela. Depois, a colaboração passou a ser mútua; ela palpitava na minha coleção e eu palpitava na dela",[178] ele relatou.

Na metade da década de 1980, Lourenço aprimorou seu estilo estudando com a francesa Marie Rucki, na Casa Rhodia, em São Paulo. Em 1990 – mesmo ano em que nasceu seu filho, Pedro Lourenço –, realizou o primeiro desfile no Clube Harmonia, em São Paulo, e, ainda de quebra, abriu sua primeira loja, na Rua Bela Cintra, em São Paulo: "Foi depois desse meu primeiro desfile, no Clube Harmonia, que começaram a comprar minha roupa de verdade",[179] contou. Sua estreia no MorumbiFashion Brasil, em 1996, contribuiu para ampliar a divulgação de seu trabalho e sua grife que, no final da década de 1990,

*Acima, peças da coleção primavera-verão 2010 de Reinaldo Lourenço; teatro da Fundação Armando Álvares Penteado; São Paulo, SP, junho de 2009.*

já estava consolidada. Daí por diante, a estratégia foi ampliar os negócios, com exportação, criação de coleções masculinas (a partir de 2002), e, na primeira década do século XXI, desenvolver projetos paralelos, assinando produtos como meias, joias, camisetas, esmaltes, xampu e condicionadores. Com uma estética fortemente vinculada à moda europeia, em 2009 Lourenço deu uma guinada e – apontou a crítica – "descobriu o Brasil",[180] ao desfilar na Faap, pela SPFW, uma coleção inspirada na aristocracia paulista do café, seu "primeiro desfile com temáticas brasileiras".[181] Em 2010, sua grife mantinha duas lojas em São Paulo: uma na Rua Bela Cintra e outra no Shopping Cidade Jardim.

Também a mulher de Lourenço, Glória Coelho, teve no MorumbiFashion/SPFW uma plataforma estratégica para projetar suas marcas, a G e a Carlota Joakina: "É sempre um momento de trabalho muito intenso; vivemos dois meses em função das semanas de lançamento. Temos peças que nunca saem de estoque; mas, nas épocas de lançamento de coleções, criamos nosso futuro e fazemos um laboratório. É muito caro, porque fazemos muitos testes, investimos muito. Mas vamos, com isso, aprimorando o estilo. Se aprendemos uma nova técnica, avaliamos fundo até esgotar o processo de laboratório",[182] ela avaliou. Apesar de a meta principal do evento, em sua primeira década, ter se voltado ao mercado interno, ações envolvendo figuras e imprensa internacionais sempre foram realizadas. Por exemplo, na 7ª edição, em 1999, a Ellus trouxe a modelo inglesa Kate Moss e, na edição seguinte, a sudanesa Alek Wek. A mídia estrangeira foi mobilizada já desde a 1ª edição, que contou com cobertura de Roger Tredre, do jornal britânico The Observer – mas só mais tarde começou a demonstrar maior interesse. Na 3ª, as jornalistas Graciela Gaviglio, da Argentina, e Olga Araya, do Chile, teriam ficado "impressionadas com a dimensão do evento".[183] "Foi na 4ª ou 5ª edição que a imprensa internacional começou a vir; e me perguntava por que desfilavam grifes, se só deveriam desfilar *designers*. Eu falei: 'Nós não estamos em Paris. É diferente; aqui o mercado tem outra construção, o *jeans* é muito importante, temos grandes marcas de *jeanswear*, que é um estilo de vida muito próprio para o Brasil, e isso não pode ser descaracterizado, desperdiçado'",[184] afirmou Paulo Borges. Na 9ª edição, de 2000, houve cobertura das Vogues francesa e inglesa, Interview (Estados Unidos) e i-D (Inglaterra); em 2001, na 10ª edição, a presença da imprensa internacional já era consistente, incluindo BBC, Sunday Times e Dazed&Confused, da Inglaterra; Vogue, Le Jornale, Le Figaro, L'Officiel e Visionaire, da França; Harper's Bazaar, do México; Vogue, da Rússia; El Clarín e La Nación, da Argentina.[185] Vale lembrar de algumas vindas do jornalista e escritor inglês Colin Mcdowell e da baladíssima jornalista inglesa de moda (já falecida) Isabelle Blow.

As edições do ano 2000 ocorreram nas dependências do próprio Morumbi Shopping, sendo que na 9ª, em meados daquele ano, as grifes foram segmentadas por ramos do mercado e ganharam um dia de moda praia e outro de moda masculina. No ano seguinte, em 2001, o projeto da Luminosidade sofreu uma reviravolta ao perder o patrocínio do Morumbi Shopping. O Calendário Oficial da Moda Brasileira passou, então, a atender pelo nome de São Paulo Fashion Week (SPFW): "Por um lado, queríamos crescer; por outro, o *shopping* queria que ficássemos ali, com o mesmo tamanho e

*Coleção primavera-verão 2010 da grife Cavalera no Elevado Costa e Silva, o Minhocão; SPFW, São Paulo, SP, junho de 2009.*

formato. O resultado foi rescisão das relações",[186] explicou Borges. "Nós vivemos de estratégias, e a nossa, agora, passa distante dos eventos só de moda",[187] justificou, à época, Carlos de Miranda, superintendente do Morumbi Shopping. Se a ruptura foi boa para o *shopping*, à nova SPFW foi excelente: já amadurecido, o projeto da Luminosidade se tornara referencial e, com nome próprio, teve sua identidade fortalecida. Também seu elo com a criação passou a ser maior do que com o comércio de moda.

Tanto foi que, das dependências do espaço comercial de um *shopping center*, a 10ª SPFW – Calendário Oficial da Moda Brasileira retornou ao prédio da Bienal, no Ibirapuera, onde permaneceu a partir de então, apresentando naquela edição as coleções de dois promissores "jovens nomes"[188] da moda brasileira: o mineiro Ronaldo Fraga (advindo do Phytoervas Fashion) e a paulistana Carla Fincato (1965- ), desenhando para a marca *teenager* Carlota Joakina, de Glória Coelho (e, depois, para Ellus e Fit). Outro caso marcante daquela edição foi o afastamento da M. Officer, forte no varejo nacional, do paulistano Carlos Miele (1964- ): "O estilista Carlos Miele ingressou com uma ação contra o diretor da São Paulo Fashion Week, Paulo Borges. Miele se sentiu prejudicado com uma carta, assinada por Borges, na qual comentava um suposto envolvimento do estilista num caso de assédio sexual. Paulo Borges nega ter feito a acusação e diz que entrar na Justiça é um direito de Miele",[189] noticiou a jornalista Mônica Bergamo, em dezembro de 2001. Ainda repercutindo o episódio, Paulo declarou, em 2003: "Ele não se dá comigo. [...] Isso já é antigo".[190] Miele respondeu: "Existem motivos e maneiras para alguém ser excluído de um grupo. Sempre tiveram preconceito em relação às minhas ideias".[191] Em 2010, Carlos Miele detinha três marcas – M. Officer, Carlos Miele e Miele by Carlos Miele – e desfilava na semana de moda de Nova York, tendo ampliado expressivamente sua rede de lojas no Brasil e no exterior, incluindo Nova York, Miami e Paris. Ao longo da primeira década do século XXI, investiu principalmente na internacionalização de sua marca.

No mercado interno, as semanas de moda contribuíram para o amadurecimento do setor, assumindo formatos diversos das estrangeiras. Nos EUA, e mesmo em alguns países europeus, elas surgiram menos dependentes de patrocinadores: estilistas e grifes poderiam participar livremente, sem terem de passar por qualquer tipo de seleção, bastando pagar um valor fixo pelo aluguel da sala de desfile mais um adicional para ter o nome no *line up*. No Brasil, são os patrocinadores que garantem os custos centrais do evento, isso já desde a pioneira Semana de Estilo Leslie, continuando com a SPFW – Calendário Oficial da Moda Brasileira, promovida pela Luminosidade. Os estilistas e as marcas que participam passam antes por uma seleção feita pela organização do evento: "Lá atrás, quando começamos, convidei 35 jornalistas do Brasil ligados à moda, e eles me passaram uma lista de 20 nomes que julgavam os mais importantes daquele momento. Selecionamos os 30 mais citados e, assim, começou. De lá para cá, criamos um comitê. Todos que querem entrar têm que mandar um dossiê com sua estratégia. Apresentamos ao comitê – que hoje é formado por estilistas, mas em outro momento era misto, de estilistas e jornalistas. Os critérios são: *design*, inovação, qualificação, distribuição.

*A modelo Gracie Carvalho desfila peça da coleção primavera-verão 2010 da grife G, da estilista Glória Coelho; SPFW, São Paulo, SP, junho de 2009.*

579

E quando falo *design* quero dizer que tem que haver, na alma da empresa, um criador. Pode ser grife, mas a coleção tem que ser desenvolvida por um *designer* ou equipe de *designers*. Também avaliamos a distribuição, a qualificação do produto, a inovação e a imagem de marca. [...] Não há uma pontuação, mas um parecer: entra ou não entra!",[192] detalhou Borges, em 2007.

As marcas selecionadas ficam responsáveis pela produção de seus próprios desfiles – da cenografia aos convites: "Hoje, a Luminosidade investe em cada edição R$ 6,5 milhões, e os estilistas, nas produções dos seus desfiles, investem [somadas] mais uma quantia como essa. A produção do desfile, a cenografia, o convite, a infra toda é deles. [...] No mundo inteiro não tem nada parecido...",[193] acrescentou Borges, também em 2007. Um ajuste de datas adiantou o evento, em 15 dias, a partir de 2004 – para meados de janeiro e junho (antes, ocorria ao final desses meses). "Essa antecipação faz parte de um processo que deve durar dois anos, de ajustar os lançamentos e pré-lançamentos em todas as etapas da cadeia têxtil, desde fiação e tecelagem até a confecção e o varejo. O objetivo é garantir prazos e condições adequadas de produção, otimizando distribuição e reduzindo os riscos",[194] detalhou Borges. Naquele período, a sedimentação de nosso mercado de moda já era evidente, como constatou a jornalista Erika Palomino: "De cartões de crédito a rações para animais, passando por telefones celulares, equipamentos eletrônicos, bebidas de toda natureza (de energéticos a aguardentes), gomas de mascar, chocolates e desodorantes, absorventes femininos e anticoncepcionais, todos estão interessados na moda".[195]

*Na página ao lado, duas peças da coleção primavera-verão 2011 da grife Tufi Duek; SPFW, São Paulo, SP, junho de 2010.*

*Abaixo, desfile da coleção outono-inverno 2008 de Lino Villaventura; SPFW, São Paulo, SP, janeiro de 2008.*

Ao comemorar dez anos, em janeiro de 2007, a SPFW considerava cumprida a meta para o período; ou seja, a criação de uma cultura de moda no Brasil: "Em seu início, o evento apresentava três desfiles por dia, recebendo um público de 300 pessoas. Esta edição recebeu cerca de 75 mil pessoas, segundo estimativa da organização. Em dez anos, R$ 600 mil de investimentos [por evento] multiplicaram-se, chegando a R$ 5 milhões no ano passado".[196] Desde então, a SPFW passou a acariciar as metas para o período de 2007 a 2016 – ou seja, a internacionalização da moda brasileira –, além de antecipar outras, futuras. A profissionalização da carreira de

modelo – com o estouro de muitas brasileiras no exterior – foi também uma inegável contribuição advinda das semanas de moda locais, e vice-versa: "Oito entre dez campanhas internacionais eram estreladas por nomes como Shirley Mallmann, Gisele Bündchen, Fernanda Tavares, Ana Claudia, Isabeli Fontana, Caroline Ribeiro, Alessandra Ambrósio, Talytha Pugliese, Mariana Weickert, entre outras",[197] relacionou Borges. Ele garantiu, ainda, que o evento paulista já havia entrado para o calendário de moda internacional: "O mundo inteiro, hoje, conhece a SPFW, que passa na Rússia, na Turquia, na França, na Itália, nos Estados Unidos, na América Latina, na China, no Japão. Vêm compradores e jornalistas do mundo inteiro. [...] Por que não é mais importante [no mundo]? Porque falta o negócio; tem que fazer negócio e isso depende de uma estruturação nossa, e não deles".[198]

Em agosto de 2008, a Luminosidade teve "boa parte"[199] de suas ações adquiridas pela *holding* de gestão de marcas InBrands, por valor não revelado: "A Luminosidade era comandada por três sócios. Dois deles, fora Borges, venderam suas ações à InBrands. 'A SPFW nos interessou porque é uma marca forte, uma das maiores *fashion weeks* do mundo, estratégica para o mercado de moda e com uma gestão excepcional', diz o presidente da InBrands, Gabriel Felzenszwalb".[200] Com a nova composição societária, alterações foram feitas na estrutura de gestão da empresa: Paulo Borges permaneceu como presidente até julho de 2010, quando o cargo foi assumido por Gustavo Bernhoeft. Além de membro do conselho de administração, Borges continuou com a diretoria criativa da SPFW.

Os efeitos dos investimentos de capitais na moda se tornaram evidentes, na SPFW de junho de 2009 – cujo montante chegava à casa dos 7 milhões de reais, "a maior parte bancada por patrocínios",[201] e com diferenciação cada vez maior entre as "pequenas grifes das mantidas por grandes grupos":[202] "Enquanto as marcas do grupo InBrands (Ellus, Herchcovitch, Isabela Capeto, 2nd Floor, sem contar a própria SPFW) e AMC Têxtil (Colcci, Forum e Triton) investem 'boladas' em cenários, *castings* com *tops* do primeiro time, os pequenos controlam gastos na ponta da agulha",[203] destacaram os jornalistas Alcino Leite Neto e Vivian Whiteman, na Folha de S.Paulo. Pequenas ou grandes, muitas grifes se consolidaram pela assiduidade na SPFW, que a cada edição apresentava cerca de 40 marcas, dentre as quais, em junho de 2010, 2nd Floor, Adriana Degreas, André Lima, Animale, Cavaleira, Do Estilista (Marcelo Sommer), Ellus, Érika Ikezili, Fábia Bercsek, FH (Fause Haten), Forum, Herchcovitch, Iódice, Isabela Capeto, Jefferson Kullig, João Pimenta, Lino Villaventura, Mário Queiroz, Neon, Osklen, Priscila Darolt, Raya de Goye, Reserva, Ronaldo Fraga, Rosa Chá, Samuel Cirnansck, Simone Nunes, V. ROM e Wilson Ranieri.

Ao final da primeira década do século XXI, as principais semanas de moda do país – a SPFW e o Fashion Rio – passaram por um redesenho que objetivou dar nova definição aos seus papéis. De eventos antes quase rivais, foram ambos colocados sob o comando da *holding* InBrands, após acordo assinado, em 2009, entre a empresa e a Federação das Indústrias do Rio de Janeiro (Firjan) – detentora do título Fashion Rio: "Já cometi a bobagem de vestir, por um breve período, a camisa da competição [com o Fashion Rio]; muito mais por indignação a pessoas que provocaram e à própria imprensa. [...] Mas não existe

competição; para mim, o Fashion Rio não é um calendário de moda. É um evento de moda, que está preocupado em fazer *marketing*",[204] avaliou Borges, em 2007 – quando o Fashion Rio ainda estava sob comando da empresa Dupla.

As ideias defendidas pelo produtor apontavam em direção à polarização dos lançamentos da moda em São Paulo: "Moda não é evento, é negócio; e a moda está centralizada em São Paulo, porque o estado responde por 50% da economia do país. [...] Sabe quantos *showrooms* existem em São Paulo? Cerca de 2 mil; por quê? [...] São Paulo é nossa metrópole internacional, onde as coisas, culturalmente, industrialmente e cientificamente, se desenvolvem. Elas despontam aqui e deságuam em outras águas. Não existe necessidade e nem tem cabimento termos 23 semanas de moda espalhadas pelo país, para desenvolver culturas regionais. As culturas regionais têm que ser desenvolvidas por planos específicos a cada lugar",[205] ele argumentou. Na medida em que SPFW e Fashion Rio estão sob controle único da InBrands e que, desde 2009, a coordenação do segundo passou também às mãos de Borges, as previsões eram de um alinhamento entre as duas semanas de moda, de forma a que se tornassem complementares: o Fashion Rio tendo seu foco voltado para a moda praia (de maior interesse ao mercado externo) e ficando a SPFW com os desfiles de moda adulta urbana.

O que aconteceu com a semana de moda carioca espelhava, ainda, uma tendência internacional de transferência desses eventos à gestão privada. A produção das principais semanas de moda do mundo estava, em 2010, concentrada na poderosa IMG Fashion, cujo portfólio incluía a Mercedes-Benz Fashion Week, realizada nas cidades de Nova York, Miami (EUA) e Berlim (Alemanha); a Rosemount Australian Fashion Week, de Sydney (Austrália); a Lakme Fashion Week, de Mumbai (Índia), a Fashion Fringe at Covent Garden e a London Fashion Week, em Londres (Inglaterra); a Milan Fashion Week, em Milão (Itália); a LG Fashion Week Beauty by L'Oreal, em Paris (França); e a Fashionable Istanbul (Turquia). Nos casos das semanas de moda europeias vinculadas a entidades associativas de estilistas – a exemplo da francesa, inglesa e italiana –, a IMG fechou contratos de representação comercial por tempo determinado, como ocorreu aqui com o Fashion Rio, uma patente da Firjan, com organização repassada à InBrands.

Em 2010, o acerto das datas de lançamento de moda no Brasil ainda gerava debates calorosos. Na opinião do empresário e estilista da Ellus Nelson Alvarenga, sócio da InBrands, o calendário de moda vigente no Brasil é "inviável, uma herança da era da inflação, quando as pessoas compravam muito pouco e tudo era produzido e vendido muito rapidamente".[206] "No exterior, entre a realização dos desfiles e o embarque das mercadorias para os compradores, transcorrem cerca de cinco meses. É um bom tempo para organizar a logística da produção e da distribuição. Aqui, os desfiles de inverno, por exemplo, são feitos em janeiro, e as mercadorias têm que ser entregues no mês seguinte, porque em 1º de março o lojista já quer uma vitrine linda de inverno. Quem tem bola de cristal para saber, com coleções gigantescas, qual vai ser o *mix* de produtos que os lojistas vão querer? Você é obrigado a fazer chutes de antecipação de produtos, que geram sobras enormes e desperdícios", acrescentou Alvarenga.

O problema se espalha pela cadeia: "Tem um monte de datas que ainda estão erradas. Como pode um país tropical, onde janeiro e fevereiro são alta estação de verão, estar em liquidação de verão? É inacreditável o governo não ver que isso é perda de rentabilidade. As pessoas faturam menos e pagam menos impostos, inclusive. Deveria haver uma lei que proibisse liquidação em janeiro e fevereiro, porque não é só uma questão de negócios: é uma questão de rentabilidade e desenvolvimento",[207] analisou Paulo Borges. O produtor concordou com Alvarenga em relação ao "curtíssimo prazo" em que nossa indústria de moda opera, mas observou: "A data da São Paulo Fashion Week é intermediária entre o lançamento, a produção e o varejo. A data está errada? Está. Deveria, na verdade, ser ainda mais cedo, para que se ganhasse tempo na produção. O que entrou nesse ingrediente? O *real time,* a comunicação *on-line,* a velocidade do mundo. Hoje, os europeus sofrem exatamente pelo longo prazo de sua produção e todos precisam criar mecanismos de agilidade. Por isso, nasceu o *fast fashion;* por isso, as pessoas fazem dez coleções num ano... Não dá mais para lançar duas vezes ao ano e ficar quatro ou cinco meses produzindo, porque o confeccionista já foi copiado, e o copiador coloca mais rápido e mais barato no mercado. Então, a gente [no Brasil] ainda ganha, nesse tempo. Provavelmente, o resto do mundo vai estar tentando produzir nos três, dois meses e meio que nós produzimos aqui",[208] ele argumentou.

O debate sobre a eficácia desse ciclo permanecia, em 2010, ainda carente de ajustes, apesar dos avanços inegáveis em relação ao passado: "O SPFW é um extraordinário regulador do setor. Hoje temos um setor identificado, extremamente concorrido; um parque industrial com possibilidades. Não é moderníssimo, mas tem facilidade para ser modernizado, com rapidez. Temos até instituições ajudando, como BNDES, que apoia com investimentos em maquinário e atualização profissional",[209] opinou a consultora Glória Kalil. A meta de dar à moda brasileira criação e qualificação acertáveis a olhos estrangeiros era, contudo, uma bandeira a ser conquistada. No exterior, o Brasil continuava sendo visto primordialmente como produtor de matéria-prima, ou – exceção para a moda praia – da roupa barata, da "modinha pobrezinha" – ainda pelas palavras de Paulo Borges, para quem seriam necessários investimentos consistentes em "organização e planejamento dos nossos lançamentos e distribuição; e de fato exportar e entregar aquilo que está sendo apresentado [na passarela]; de fato sermos mais criativos e termos mais qualidade de produto. [...] Só posso dizer que estarei realizado lá por 2020, porque aí dará para ver o que aconteceu...".[210]

*A princesa e modelo Paola de Orléans e Bragança Sapieha desfila peça da coleção outono-inverno 2005 da grife Cavalera; SPFW, São Paulo, SP, janeiro de 2005.*

583

# Herchcovitch, ousadias vestíveis

As primeiras levas de estilistas que receberam educação superior formal em faculdades brasileiras começaram a chegar ao mercado a partir do início da década de 1990, provocando uma significativa transformação nesse campo profissional – que passou a ser mais compreendido e valorizado. Uma trajetória marcante dessa safra foi a de Alexandre Herchcovitch (1971- ), cuja formação acadêmica se deu pela Faculdade Santa Marcelina (Fasm). Ele acabou por se tornar um dos principais nomes da criação de moda no Brasil, na primeira década do século XXI: "[...] é o primeiro nome consequente saído de uma faculdade de moda do país, numa das primeiras turmas de um curso universitário pioneiro – assim como seu *stylist* e colaborador frequente, o artista plástico Maurício Ianês [formado em Artes Plásticas pela Faap]",[211] referendou o jornalista Álvaro Machado, em artigo sobre o estilista, no qual avaliou (um tanto radicalmente) que "pouca coisa houve digna de registro antes que a geração de Herchcovitch [...] fosse alavancada...".[212] Podem ser incluídos nessa "geração cobaia"[213] – como a definiu o próprio Herchcovitch –, do período em que os cursos de moda estavam em estruturação, estilistas como Lorenzo Merlino, Icarius, Karlla Girotto, Annelise de Salles, Carina Duek, Dudu Bertholini, Rita Comparato (os dois últimos da grife Neon), Vinícius Campion (A Mulher do Padre), Gisele Nasser, Pitty Taliani, Carô Gold (as duas últimas da grife Anapô), Thais Losso, Simone Mina, Fábia Berzeck e, mais recentemente, Wilson Ranieri, Érika Ikezili, Adriana Barra, Heloísa Rocha (Têca), Luciano Ferrari (Lord Lu), entre outros.

Filho de paulistas nascidos no interior, descendentes de poloneses e romenos, Herchcovitch cresceu num ambiente de classe média no bairro do Sumaré, na capital paulista. Seu pai era engenheiro mecânico e sua mãe, uma dona de casa. A vocação para a moda apareceu na adolescência, quando usava roupas rasgadas ou com o logotipo da escola costurado ao contrário: "No colegial, eu não estava satisfeito com as marcas de roupas que encontrava no mercado. Só que minha vontade foi crescendo e passei a fazer a minha roupa",[214] ele recordou. Uma vontade que ganhou reforço quando a mãe montou em casa uma confecção de *lingerie*, período em que Alexandre aprendeu a costurar, com 15 anos. Estaria aí uma explicação possível para a forte presença da roupa de baixo em seu trabalho posterior, "ora amalgamada, como a calça-calcinha, ora evidenciada por meio do uso direto e exacerbado de cores ou da justaposição, isto é, a inversão na ordem das camadas: a calcinha sobre a calça, o sutiãs sobre a blusa, representações concretas, ainda que demovidos de seu fim".[215]

Em 1986, ele ganhou uma máquina de costura e fez para a mãe "um vestido em organza de seda cor de laranja, com bolas de pingue-pongue inseridas na bainha".[216] Já não se tratava de uma máquina comum: "Era industrial. Não era do tipo caseiro, como a que minha mãe tinha e eu usava até ganhar a máquina industrial. Ganhei uma máquina reta e, depois, uma *overlock* e, daí, conseguia fazer tudo o que eu queria. Por muitos anos,

*Peça da coleção masculina primavera-verão 2008 de Alexandre Herchcovitch; SPFW, São Paulo, SP, junho de 2007.*

eu mesmo era quem costurava; uma coisa [de] que gosto",[217] ele relatou. Mas, para que a vocação juvenil se tornasse carreira, seriam necessários estudos. Os cursos em nível superior estavam ainda em implantação no Brasil do final da década de 1980; sua primeira opção foi – como ocorria com muitos criadores de moda brasileiros – pelo curso de artes plásticas da Fundação Armando Alvares Penteado (Faap), iniciado em 1988: "Nesse ano em que cursei a Faap, tomei conhecimento da existência de duas faculdades de moda, que eram a Santa Marcelina e a Anhembi Morumbi. Optei pela Santa Marcelina; tranquei a faculdade de artes plásticas e fui fazer moda".[218] O curso da Faculdade Santa Marcelina (Fasm) havia sido criado no ano anterior e foi um dos pioneiros do país.

Naquela mesma época, Alexandre tornou-se frequentador da noite *clubber* paulistana e conheceu a *drag queen* Márcia Pantera, para quem passou a criar peças com referências sadomasoquistas aos *shows* que ela fazia na boate Nostro Mondo. Começou a conquistar, então, uma boa clientela adepta de ousadias vestíveis composta por *drags*, *hostess* de *clubs* e outras presenças assíduas da noite. Das lojas e marcas que vivenciou naquele período, marcaram a Liquid Sky, de Carlos Slinger, na Alameda Casa Branca (que vendia Vivienne Westwood, mas, em suas palavras, "acabei nunca comprando porque era muito caro para mim");[219] a Universo em Desfile (brechó de Pinheiros onde "o Johnny Luxo trabalhou, no começo dos anos 90");[220] e a Boat, multimarcas onde, pela primeira vez, comercializou sua roupa: "Eu fazia uma pequena produção, mostrava à gerente, ela escolhia o que queria ficar, em consignação, e, depois de um mês, eu ia buscar o resultado das vendas. Afora isso, eu vendia na faculdade e para amigos próximos. Naquela época, era eu sozinho: comprava a matéria-prima, cortava e costurava. [...] Quando comecei, não estava preocupado em formatar um estilo ou uma marca. Eu estava preocupado em entender como se constrói uma roupa".[221] Alexandre iniciou sua carreira dentro dos padrões estéticos do desconstrutivismo, conceito que, na moda, fora introduzido pelos estilistas belgas, sob a batuta de Martin Margiela.

*Peça da coleção feminina primavera-verão 2011 de Alexandre Herchcovitch; SPFW, São Paulo, SP, junho de 2010.*

585

*Acima, peça da coleção masculina primavera-verão 2003 de Alexandre Herchcovitch; SPFW, São Paulo, SP, junho de 2002.*

*À direita, a modelo Geanine Marques, a preferida de Alexandre Herchcovitch, ao lado estilista no encerramento do desfiles de coleção outono-inverno 2007; São Paulo, SP, janeiro de 2007.*

A primeira menção ao trabalho de Alexandre na imprensa ocorreu em 1990, quando ele era ainda estudante, "em matéria sobre Márcia Pantera, na revista Interview".[222] Dois anos mais tarde, ele fez seu primeiro desfile na boate Columbia, em São Paulo, época em que conheceu o produtor Paulo Borges: "Eu o conheci em 1992, quando fiz um desfile numa boate em São Paulo e ele me ajudou a produzir. Daí, ele viu em mim, talvez, um parceiro para as atividades que ele era contratado para fazer."[223] Em 1993, Alexandre fez seu desfile de conclusão de curso na Fasm, no qual "modelos, usando roupas recicladas, queimadas e manchadas, carregavam cruzes invertidas e espalhavam tinta vermelha, imitando sangue, pela passarela".[224] Ele detalhou: "Tínhamos que fazer uma minicoleção de três ou quatro roupas. Acabei fazendo dezoito roupas; chamei amigos para desfilar e teve uma cobertura muito grande da imprensa".[225]

O fato de um trabalho de conclusão de curso contar, na plateia, com nomes como Erika Palomino, Flavia Lafer, Reinaldo Lourenço, Glória Coelho e Paulo Martinez[226] já indicava algo fora do comum naquele aluno de 22 anos. "O ano de 1994 foi superimportante, porque abri minha primeira loja na Alameda Franca, fiz meu primeiro desfile oficial no projeto Phytoervas Fashion, em fevereiro, e realizei um trabalho na Ellus, também como estilista. Fiz [a convite do Paulo Borges] o lançamento de uma fibra para a Rhodia... Foi um ano de muito trabalho".[227]

Alexandre entedia suas criações, naquele período, como veículos de ideias: "Era expressão mesmo; comunicação; tentar falar alguma coisa diferente, que eu não conseguia expressar através das roupas que eu encontrava no mercado. Começou mais ou menos daí...".[228] A imagem que ele construía na mídia era a de um "iconoclasta por excelência [...] apaixonado por temas e formas inusitados",[229] que subvertia ícones como o crucifixo, a lâmina de barbear, a pomba-gira, a famosa caveira negra e os chifrinhos que os *clubbers* adoravam usar e que remetiam tanto ao demoníaco quanto ao dionisíaco. "A primeira peça que eu comercializei foi uma camiseta com uma caveira estampada, e esse item existe até hoje na minha coleção",[230] comentou. Sua moda chocava, mas sem "jamais perder o foco na realização profissional".[231] A jornalista Regina Guerreiro também reconheceu seu talento desde cedo: "Quando conheci o Alexandre, ele morava em uma casinha em Vila Madalena e cortava as roupas em cima de um tapete, que já estava todo picotado. Não tinha nem uma mesa de corte. E veja aonde ele chegou. [...] O Alexandre, desde o começo, foi fortíssimo".[232]

Em 1996, ocorreu sua estreia na primeira edição do MorumbiFashion – já fazendo alfaiataria –, passando a marcar presença em todas as edições do evento, sempre aguardado como uma das atrações principais, pelo inusitado dos seus desfiles, porém, cada vez mais, em razão do amadurecimento no "domínio de processos técnicos, conceitos e matérias-primas sofisticadas".[233] Abriu loja, ateliê e fábrica nos Jardins, em São Paulo, e, em 1998, conceituou uma coleção para a Zoomp, que também "licenciaria sua linha de *jeanswear* e apoiaria sua marca".[234] No mesmo ano, se deixou fotografar para a Vogue Brasil dentro de um caixão, com algodão no nariz. Seria a morte do Alexandre contestador? "Naquela brincadeira, morria o estilista maldito, muitas vezes sem grande tino comercial", ele escreveu em Cartas a um Jovem Estilista.[235] Sua moda passou a exibir maior preocupação com "a sofisticação e alfaiataria",[236] e a imagem de *enfant terrible* se esmaecia. "Ele tinha um olho para o marginal muito forte ao qual, pouco a pouco, renunciou quando começou a desfilar na Europa e caiu na obsessão de fazer alfaiataria, de ser chique. Agora, ele cada vez mais tem feito coleções bonitas. [...] O Alexandre é um nome de peso, autoral e que não está preocupado com quem fez o quê: ele faz e faz bem",[237] avaliou ainda Regina Guerreiro.

Em 2001, Alexandre lançou também, em "série limitada", uma camiseta estampada com uma caveira negra com as orelhas do Mickey Mouse – "ápice da combinação caveira/Disney",[238] dois de seus símbolos recorrentes –, que se tornou permanente e especial. No ano seguinte, assumiu a direção de estilo da Cori, etiqueta de moda para mulheres adultas. "Por trás de uma profissionalização tão veloz, que em apenas dez anos atingiu ápices de realização em coleções femininas de *prêt-à-porter*, parece estar uma abertura mais que democrática para interpretar a maneira de vestir de mais de uma cultura e de mais de uma classe social".[239]

Os licenciamentos cresceram e seu nome passou a figurar em diversos produtos seriados: "Inteligente, Herchcovitch capitalizou a imagem *dark*, mas só até perceber que ela poderia assustar bons negócios".[240] Em 2006, criou uniformes para o McDonald's e seu nome passou a figurar num amplo leque de produtos, de "roupa de cama e banho (Zêlo); sandálias de plástico (Melissa); linha casa (Tok&Stok); isqueiro (Bic); celulares (Motorola); joias (Dryzun); a *underwear* masculino (Lupo)".[241] Também fez negócios com Walt Disney, Hello Kitty (Cadernos Melhoramentos) e Sanrio. "Todos esses licenciamentos buscam, em primeiro lugar, levar o *design* a um número maior de pessoas. Em segundo, a rentabilidade desses negócios é muito importante para o crescimento da marca. Utilizo grande parte da rentabilidade para abrir novas lojas, criar novas linhas, comprar melhores produtos, pagar melhor meus funcionários",[242] ele afirmou.

No auge da fama, em 2007, mereceu reportagem de capa na revista Veja-São Paulo com o título "O monstro das passarelas" qualificando-o como principal "astro da moda nacional",[243] situado no "topo da pirâmide"[244] da moda brasileira. As "monstruosidades" de Alexandre, contudo, haviam migrado das roupas para a encenação dos desfiles – aparecendo nas maquiagens, nos acessórios e na cenografia. Seus modelos já podiam circular pelas ruas tranquilamente, sem assustar ninguém... O estilista havia se tornado

*Peça da coleção primavera-verão 2007 de Alexandre Herchcovitch; SPFW, São Paulo, SP, junho de 2006.*

o nome mais conhecido do setor no Brasil, depois de Dener Pamplona, com mais de 150 produtos licenciados e centenas de milhares de peças vendidas. Para dar conta de tanto trabalho, sua equipe cresceu: "Tenho uma equipe de 65 funcionários espalhados em várias áreas e uma equipe de estilo competente, que entende a marca e, por isso, pode desenhar como eu desenho. [...] O processo de criação não é diferente do de outras marcas ou estilistas: define-se um tema, olha-se o histórico de vendas, escolhem-se as cores, os tecidos e tudo que expressa melhor aquele tema e faz-se a coleção", ele relatou em 2007.

O iconoclasta dos primeiros tempos, de fato, estava morto? "Quem acompanha a minha carreira enxerga ainda isso; mas de outra maneira. Acho que existe uma preocupação comercial, de marca, muito grande. Sou muito maior do que há quinze anos e sei quem é meu público. Faço roupas para este público específico e faço roupas para me agradar também. Mas naquela época não! Eu tinha menos compromissos e tinha essas preocupações muito mais latentes. Agora, elas estão subliminares".[245] Apesar do sucesso, a marca de Alexandre não virou luxo: "Considero que seja [uma marca] sofisticada, ou pelo menos que busca a sofisticação; porém, a precificação não é alta. Não quero ser conhecido como uma marca cara e isso é um direcionamento estratégico".[246] Em 2008, a Herchcovitch;Alexandre (grafia como a marca foi originalmente patenteada) tinha cinco lojas no Brasil e uma franquia no reduto *fashion* de Tóquio (inaugurada em 2007). Naquele mesmo ano, o estilista vendeu 70% da marca para o grupo InBrands, com o qual passou a ter, além de vínculo societário, um contrato profissional para atuar como diretor de criação da própria marca e, a partir do ano seguinte, também para a grife Rosa Chá, do grupo Marisol. Sua grife mantinha, em 2010, duas lojas – uma nos Jardins, em São Paulo, outra no São Conrado Shopping Mall, Rio de Janeiro, além de um *outlet* com coleções passadas, em Itupeva, SP.

Com talento cosmopolita, Alexandre seria um estilista talhado para uma carreira internacional bem-sucedida. A busca por ela começou quase simultaneamente à ascensão no mercado interno: ainda em 1996, ele conseguiu – por meio de amizades – o interesse de três lojas de Nova York;[247] em 1998, realizou seu primeiro desfile no exterior, na embaixada do Brasil em Londres.[248] "Desfilei lá por três coleções; mudei [em outubro de 2000] para [a semana de *prêt-à-porter* de] Paris, onde desfilei oito coleções e, depois [de 2004], mudei para Nova York, onde vou desfilar a minha sexta coleção neste ano [de 2007]",[249] ele informou. "Antes de se lançar ao mercado internacional, estudou os nichos convenientes e, mais do que Paris, visou a Londres e a Nova York. Nessas passarelas, não omitiu o que de mais ousado pesquisou em materiais, como as roupas de látex e mesmo a modelagem de sacos plásticos de lixo, criações que ajudaram a firmar sua imagem e a obter apreciações da crítica especializada".[250]

A perspectiva de uma carreira internacional é algo inerente para Alexandre: "A concorrência é mundial, pelo menos para a minha marca, que pretende vender no mundo inteiro. Esse espírito de estilista brasileiro só existe aqui no Brasil. Lá fora, você é um estilista e ponto. Sua roupa é o que vale. [...] Eles foram os colonizadores, e não os colonizados; estão com uma cabeça à frente da nossa",[251] ele comentou. Confirmando essa afinidade com os padrões internacionais, "duas de suas peças, confeccionadas em látex, fazem parte do acervo do Costume Institute do Metropolitan Museum, de Nova York".[252]

Alexandre é o único nome da moda brasileira incluído no Dictionnaire International de La Mode.[253] Em 2010, encontravam-se calçados de plásticos do estilista para a marca Melissa sendo vendidos na loja/livraria do Musée des Arts Décoratifs de Paris, ou seja, no Museu de Moda do Louvre, em Rue de Rivoli, 107.

Ainda em setembro de 2010, ele continuava desfilando na semana de moda de Nova York não apenas sua marca, mas uma coleção para a Rosa Chá. "No passado, houve uma adaptação [do estilo da Rosa Chá] mais rígida para diversos países, porque o mercado exigia essa adaptação. Mas acho que hoje o mercado está um pouco mais livre para as pessoas usarem exatamente o que as pessoas estão usando no Brasil",[254] Alexandre avaliou. Há quem aponte a ausência de elementos tipicamente brasileiros como dificuldade para a projeção de sua moda lá fora. Ele discorda: "O mundo vai consumir a moda brasileira pelo resultado individual de cada marca. Nenhum comprador está sendo pago para comprar de estilistas brasileiros [...]. A moda – estou falando da criação de um estilista – tem que refletir o que ele é, sua individualidade. [...] O reconhecimento [internacional da moda brasileira] vai se dar individualmente, dependendo do resultado de cada coleção".[255]

*Na página ao lado, peça da coleção masculina outono-inverno 2004 de Alexandre Herchcovitch; SPFW, São Paulo, SP, janeiro de 2004.*

*Abaixo, o estilista Ronaldo Fraga no encerramento do desfile primavera-verão 2010; SPFW, junho de 2009.*

## Safras novas de criatividade

As semanas de moda associadas ao aparecimento de cursos de curta duração e de graduação em estilismo e moda, na década de 1980, contribuíram para projetar e consolidar, no decorrer dos anos 1990, as carreiras de estilistas, surgidos em diferentes regiões do país. Um exemplo é o mineiro Ronaldo Fraga (1966- ), que começou a ganhar reconhecimento ainda durante o Phytoervas Fashion, do qual participou, entre 1996 e 1997, apresentando as coleções Eu Amo Coração de Galinha, Álbum de Família e Em Nome do Bispo: "Com essas três coleções, consigo, ainda hoje, definir o DNA que está na minha roupa e na minha forma de ver moda",[256] ele afirmou. Fraga nasceu em Belo Horizonte, MG. Sua mãe era tecelã da fábrica Renascença, na capital mineira, e seu pai, ferroviário e jogador de futebol. Ambos morreram cedo, quando ele tinha ainda 11 anos. O gosto pelo desenho apareceu quando garoto. Em 1983, ingressou num curso de figurino oferecido pelo Senac de Belo Horizonte: "Era um curso à noite e tinha um monte de travestis que faziam desenho de moda. Eram engraçadíssimos e eu, também, fazia aquilo por farra. Curiosamente, terminado o curso, o Senac me chamou, porque havia emprego para mim em uma loja de tecidos",[257] ele recordou. A vaga era de desenhista numa loja da Avenida Paraná, que concentrava o comércio de noivas, no Centro de Belo

*Acima, peça da coleção Nara Leão Ilustrada por Ronaldo Fraga, primavera-verão 2008; SPFW, São Paulo, SP, junho de 2007. Abaixo, peça da coleção primavera-verão 2011 de Ronaldo Fraga, SPFW, São Paulo, SP, junho de 2010.*

*Na página ao lado, acima, peça da coleção Quem matou Zuzu Angel?, primavera-verão 2002; SPFW, São Paulo, SP, junho de 2001. Abaixo, peça da coleção outono-inverno 2010; SPFW, São Paulo, SP, janeiro de 2010.*

Horizonte: "Quando sentei na cadeira, vi uma fila de 20, 30 mulheres, que nunca diminuía. Elas traziam os tecidos debaixo do braço, esperando um desenho. Eu não entendia nada de nada; caí ali de paraquedas...".[258] O desafio acabou por reforçar a vocação: Fraga redobrou as atenções nos detalhes das roupas que via pelas vitrines da cidade, fossem golas, bolsos, mangas ou babados: "Não raro, acontecia de eu fazer 100 ou 150 desenhos por dia, com o mesmo modelo",[259] ele calculou. Com o tempo, foi dominando cada vez mais a função e a abraçou como profissão.

Em meados da década de 1980, Fraga foi viver em Vitória, ES, prestando serviços a confecções e lecionando desenho de moda; no retorno a Belo Horizonte, em 1987, continuou atendendo a empresas de marcas diversas, "desenhando de roupas infantis a vestidos de noiva, além das próprias roupas".[260] Em 1989, ingressou no curso de Estilismo e Modelagem do Vestuário da Universidade Federal de Minas Gerais (UFMG), um dos pioneiros em moda do país, onde realizou seus primeiros desfiles, fechados ao ambiente escolar. Naquela mesma época, montou a confecção Cenário, que durou cerca de três anos, produzindo "roupas exclusivas, estampadas, modeladas e costuradas artesanalmente, por ele próprio".[261]

Em 1992, já formado, inscreveu-se e foi um dos selecionados para a etapa final do Smirnoff Fashion Awards – concurso que alcançou repercussão expressiva, realizado no Museu Brasileiro de Escultura (Mube), em São Paulo. Naquele mesmo ano, venceu entre "2 mil projetos"[262] inscritos a 2ª edição do concurso promovido pela Santista durante a Feira Nacional de Tecidos (Fenatec), realizada pela Alcântara Machado, em São Paulo. O prêmio era uma bolsa para a Parsons School for Design, de Nova York, onde ele permaneceu durante o ano de 1993, seguindo de lá para Londres a fim de estudar *design* na Central Saint Martins, University of the Arts. Na temporada londrina, montou com seu irmão Rodrigo, também estilista, uma banca de chapéus, roupas e acessórios com a marca The Magic Toy Shop of The Mind em Porto Bello Road e outras feiras locais: "Eu desenhava; eu e meu irmão costurávamos. Fazíamos chapéus em casa e vendíamos na feira",[263] ele relatou. Em julho de 1995, "lançou sua primeira coleção solo para o inverno londrino".[264]

No retorno ao Brasil, em 1995, venceu mais um concurso: o Prêmio Rio Sul de Moda, no Rio de Janeiro, como melhor desfile, realizado pela Alpargatas Santista, para a qual também prestava "serviço de informação de moda".[265] Fraga voltou a fixar residência em Belo Horizonte e, no ano seguinte, começou a desfilar no Phytoervas Fashion, apontado como uma de suas mais consistentes revelações. Entre 1997 e 2000, passou a apresentar suas coleções na recém-criada Casa dos Criadores, em São Paulo: "Até então, investia nos desfiles e vendia peças únicas para amigos".[266] Ao final da década de 1990, já era uma referência no mercado, pela forte identidade de seus modelos, remetendo à cultura mineira ou nacional, sem que isso parecesse redutor ou folclórico. Em 2000, sua primeira loja própria foi inaugurada na capital mineira e, no ano seguinte, estreou na São Paulo Fashion Week, com a coleção Rute-Salomão: "Como brinquei na época, estava sendo promovido ao grupo especial das escolas de samba da moda, que é um circo caro. Apresentar uma coleção na SPFW não é uma coisa fácil; principalmente quando você opta por caminhos, no meu caso, em que a roupa não pode vir sozinha",[267] argumentou.

Os desfiles de Ronaldo Fraga foram sempre marcados por elaboradas e criativas cenografias que ampliavam o impacto dos modelos sobre o público: "Já tem roupa demais no mundo. Então, se pretendo vender um universo inteiro, esse cuidado com trilha, cenografia e com o registro gráfico da coleção é fundamental",[268] justificou. Como descreveu Glória Kalil, "mineiro que é, [ele] carrega no olhar e na inspiração o barroco da sua terra, que impregna, enfeita e reborda nas peças que desenha e nos desfiles que fantasia".[269] As temáticas de suas coleções conseguiam, ainda, a façanha de transformar o local em universal, partindo de referências brasileiras, como as obras dos escritores Carlos Drummond de Andrade, Guimarães Rosa ou da estilista Zuzu Angel. Também o acabamento por vezes cuidadosamente grosseiro evidenciava um propósito "caboclo, interiorano e *low tech*"[270] de Fraga. "A cultura popular, para mim, é fortíssima, uma fonte inesgotável de estímulos. Nunca vou abandonar, por exemplo, a pesquisa das bonecas do Jequitinhonha",[271] reafirmou.

Em 2002, Fraga inaugurou *showroom* em São Paulo; em 2007, abriu loja própria no bairro Vila Madalena. Desde fins da década de 1990, enviava peças ao exterior: "Já vou para 10 anos mandando caixas de Sedex para fora. [...] Mas o que eu gostaria mesmo é de viver num país que tivesse um poder de compra maior e uma cultura de moda, para podermos consumir o que produzimos aqui",[272] lamentou. O estilista participou de todas as edições posteriores à sua estreia na SPFW, até o ano de 2010, o que sem dúvida contribuiu para a solidificação de seu nome na cena da moda brasileira.

Contemporâneo de Fraga, o paraense André Lima (André Luís Cardoso Lima, 1970- ) efetivou sua inserção na cena da moda brasileira após fazer o curso de Marie Rucki, na Casa Rhodia, e assumir a direção criativa da marca Cavalera, em 1996: "Por aqui, começam a emergir para fora do gueto novidades como a marca Cavalera, do músico Igor Cavalera, da banda Sepultura, e do vereador Antonio Hiar, o Turco Loco, acertando com um bom *crossover* de *fashion*, *streeetwear* e um pouco de *clubwear*. Os estilistas são os jovens André Lima e Thais Losso, talento saído da faculdade de moda Santa Marcelina – a mesma de Alexandre Herchcovitch e Lorenzo Merlino.

O mérito da dupla é misturar esses núcleos, apimentando com conceitos de moda o sisudo *streetwear* dos roqueiros. O *hype* começou em 1997, mas André Lima só duraria até o final de 1998, demitido da marca depois de um desfile em que forçou demais os limites do *fashion*, colocando os típicos garotos Cavalera de *leggings* de *lingerie* cor-de-rosa. De fato, o equilíbrio era difícil de alcançar",[273] escreveu Erika Palomino, principal repórter das cenas *clubber* e *fashion* do período.

O curioso registro de Erika expôs tanto o talento quanto o gosto de Lima por testar a elasticidade da moda. Na Cavalera, abusou dos "ícones dos anos 1970 e 80, e personagens da cultura pop nacional como a ex-chacrete Rita Cadillac".[274] Fora da Cavalera, lançou oficialmente a marca André Lima em 1999, com um desfile na Semana de Moda, de André Hidalgo (depois Casa dos Criadores), onde se apresentou até 2001. Justamente naquele último ano, desfilou uma coleção de verão "feita com tecidos de cortina e almofadas, herdados da família, e retalhos de tafetá e zibeline de seda doados pela tecelagem Francesa, da Rua Augusta. Os destaques foram peás em *moulage* que misturavam flores, listras e xadrez. A trilha sonora misturava trechos de entrevista e poemas declamados por Maria Bethânia".[275]

Lima passou a compor as ousadas junções de estampas densas e exuberantes: "A marca André Lima chegou oficialmente ao mercado em 1999, ano em que estreou na Semana de Moda com uma coleção feita de retalhos de tecidos antigos, herança de sua avó materna. Suas peças foram direto da passarela para as araras da Pangea, a *concept store* que também vendia Lino Villaventura, Fause Haten e Walter Rodrigues, entre outros. Seu segundo ponto de venda foi a Daslu; a partir daí, suas coleções invadiram as principais multimarcas do Brasil".[276] A moda hipercolorida e tropicalista de Lima tinha tudo a ver com suas origens: nascido no Pará, ele revelou cedo seu talento para roupas, "logo aos seis anos de idade, provocando burburinho familiar na grande casa em que morava, em Belém, PA",[277] onde sua irmã Cristina tinha uma boneca "que parecia uma americana da seita conservadora *amish,* com vestido longo xadrez, de mangas compridas. Ele recorda: "[...] Um dia tirei uma roupa dela [da boneca] e amarrei um pano, minha primeira *moulage*. Daí me deu uma loucura e cortei curto o cabelo dela, quase *Chanel*. Rapaz, foi uma revolução. [...] Primeiro porque eu tinha destruído o brinquedo da Cristina. Segundo, porque aquilo não era coisa de menino, né? Uma loucura!".[278]

A casa do menino André era habitada por mulheres fortes: a mãe, professora de matemática e português; a avó, costureira que cortava "tudo no olho"; e mais três tias, também professoras: "Claro que conviver com tantas mulheres levou André a transi-

*Acima, peças do estilista André Lima: à esq., modelo da coleção outono-inverno 2006; SPFW, São Paulo, SP, janeiro de 2006; à dir., modelo da coleção primavera-verão 2008; SPFW, São Paulo, SP, junho de 2007.*

*Abaixo, o estilista André Lima ao final do desfile da coleção outono-inverno 2008; SPFW, São Paulo, SP, janeiro de 2008.*

*A modelo Michele Alves desfila peça da coleção outono-inverno do estilista André Lima; SPFW, São Paulo, SP, janeiro de 2006.*

*Acima, peças da coleção primavera-verão 2011 de Walério Araújo; Casa dos Criadores, São Paulo, SP, junho de 2010.*

*Na página ao lado, a modelo Jeísa Chiminazzo desfila peça da coleção primavera-verão 2003 do estilista Lorenzo Merlino; São Paulo, SP, junho de 2002.*

tar com sensibilidade aguçada pelo universo feminino, compreendendo, desde cedo, a linguagem das fêmeas: a roda das saias, os meneios dos cabelos, os perfumes das penteadeiras, a malemolência dos quadris, as insinuações dos olhares, a importância dos espelhos. [...] 'Cada uma tinha um jeito bastante pessoal de se vestir. E usavam muitas estampas. Havia uma forma de expressão própria naquelas estampas. Percebi que elas obedeciam a certas escolhas de padronagens como códigos. Eu brincava com a possibilidade de me comunicar com elas por meio das estampas'!",[279] ele recordou.

Outro vínculo com a moda se deu por meio do pai, que vendia tecidos no interior e levava o garoto em suas viagens: "Loja de tecido para mim era uma Disneylândia",[280] contou. Com 16 anos, Lima entrou na faculdade de arquitetura, mas achou o curso "careta", e o abandonou em 1989 para trabalhar como produtor de figurino na TV Cultura do Pará. Naquele mesmo ano, montou um ateliê na sala de sua casa e passou a vender roupas por encomenda para amigas, familiares, *socialites* e personagens da noite de Belém do Pará.[281] Foi quando se deu conta de que moda podia ser coisa séria: "Ele começava a observar que a moda, como nunca acontecera antes na história, alcançava como veículo de expressão uma dimensão próxima à do cinema e da música. Percebia, também, a importância do surgimento de uma moda brasileira que se fundisse a valores universais. Do Carimbó ao *rock* inglês, dos açaizeiros de Gurupá à Avenida Paulista, do chitão florido ao *crepe de Chine*. Não seria essa mistura entre extremos que se alisam e se arranham, colocando no mesmo balaio o tosco e o sublime, o selvagem e o erudito, os fundamentos do Manifesto Antropofágico, da Tropicália, do Mangue Beat? A fonte jorrava ali".[282]

Em 1990, ainda em Belém, Lima organizou seu primeiro desfile: uma coleção de biquínis. Não demorou para que se tornasse um estilista local badalado. Mas logo também se deu conta de que era na capital paulista que a moda nacional se polarizava; assim, em 1992, mudou-se para São Paulo a fim de – em plena efervescência da noite e da moda *clubber* – trabalhar como produtor de figurino de tevê. No ano seguinte, ingressou no curso de moda que a professora francesa Marie Rucki ministrava por meio da Casa Rhodia/CIT; em 1994, montou estande no Mercado Mundo Mix e fez seu primeiro desfile no clube Columbia, só com modelos negras: em sua fantasia *fashion*, eram "princesas africanas de férias em Paris". Os passos seguintes foram a temporada na Cavalera e o início da carreira solo, com os desfiles na Casa dos Criadores e, depois, na São Paulo Fashion Week.

A estreia na SPFW se deu com uma coleção para o verão 2001/2002: "Em poucas edições do evento, seu nome estava citado entre os principais estilistas brasileiros, irrompendo pelos quatro cantos do país em coleções maximalistas, exuberantes, livres, cheias de experimentação, com *prints* abusados".[283] Intenso como seu conterrâneo Lino

Villaventura, Lima participou de todas as edições da SPFW entre 2001 e o inverno de 2010, somando, até ali, 18 apresentações: "Meu processo parte da cartela de cores e da escolha de estampas. [...] As referências podem vir de várias fontes: uma roupa antiga, obras de arte, livros de fotografia, história de civilizações longínquas, imagens de moda... Em paralelo, começo a juntar as pistas para tentar entender quem é a mulher que vou vestir. O que ela tem? Onde ela vive? Quem é ela? E quem quer ser? A estampa não precisa necessariamente ilustrar essa revelação. A contradição é a grande sacada."[284] De contradição em contradição, Lima compôs grandes acertos.

Ainda dentre os nomes surgidos nas primeiras levas de estilistas formados por escolas de moda brasileiras, tivemos o paulistano Lorenzo Merlino (1974- ), que estreou na SPFW[285] na edição de verão 2003. Sua trajetória profissional guarda semelhanças com a de seus contemporâneos: ele se formou na Faculdade Santa Marcelina (Fasm) em 1994, já despertando atenções no desfile de graduação. Naquele mesmo ano integrou o evento Cinco Nomes, Nova Costura, que reuniu jovens estilistas da cena *underground* paulistana (Anderson Rubbo, Alessandro Tierni, Sandro Brazil, Lorenzo Merlino e Lúcio Praxedes) no Galpão, espaço anexo ao bar Paparazzi, na Rua da Consolação. Lorenzo incluía-se no contexto da moda *clubber*, que também gerou Alexandre Herchcovith e a marca Escola de Divinos – de Heitor Werneck e Paulo Modena –, comercializada na loja Universo em Desfile ou no Mercado Mundo Mix. "Assim, vemos que a moda *clubber* serve como injeção de ânimo nos criadores. Primeiro em São Paulo, depois no Rio, trazendo junto com a falta de preconceitos possibilidades criativas e difusão de ideias que só o *underground* ou o alternativo podem proporcionar. O que se viu, a seguir, foi o chamado *boom* da moda, no Brasil, como não se via desde os áureos anos 80",[286] escreveu a papisa *clubber* Erika Palomino.

Em 1995, Merlino apresentou coleção solo no Hotel Hilton, em São Paulo; em setembro daquele mesmo ano, foi estagiar em Paris, no Studio Berçot, a convite da professora francesa Marie Rucki.[287] Ao retornar ao Brasil, lançou marca própria, em sociedade com Marcelo Barbosa, e passou a desfilar na recém-criada Semana de Moda, entre abril de 1997 e março de 1999.[288] Daí até 2000, realizou desfiles independentes, simultâneos ao calendário de lançamentos. Ainda em setembro de 2000, integrou o time de oito jovens estilistas brasileiros que compuseram o evento Os Modernistas, um desfile paralelo à semana de moda 7th On Sixth, de Nova York – com patrocínio da empresa Tencel.[289]

A moda de Merlino foi sempre identificada como cosmopolita, partindo de inspirações múltiplas, sem enfatizar com temáticas ou

*Criação inspirada em Alice no País das Maravilhas, outono-inverno 2008, da grife Antes de Paris, da estilista Gisele Minasse; São Paulo, SP, janeiro de 2007.*

tradições de brasilidade: "Meu estilo nunca foi o da sensualidade brasileira; agora a onda está a meu favor, numa beleza mais cerebral e diferenciada",[290] ele declarou a Lílian Pacce, em 2001, comentando tendências de androginia na moda. Seis anos mais tarde, sustentava a mesma opção na coleção apresentada na SPFW de 2007, tematizando a banalização da violência de forma "sutil e doce, de maneira quase minimalista. 'Não entendo essa moda panfletária. Seria muito fácil falar da violência e colocar roupas rasgadas ou com sangue na passarela'. Ao escolher o caminho menos óbvio, Lorenzo chegou ao mais bonito. Fez lindos vestidos band-aid",[291] descreveu a revista Elle.

Em junho de 2008, ele retomou os lançamentos em circuito alternativo: "O estilista Lorenzo Merlino mostrou nesta segunda-feira sua coleção para o verão 2009 em duas apresentações para a imprensa, realizadas no Clube Athletico Paulistano, em São Paulo. Para a temporada, Merlino trocou os desfiles tradicionais – inclusive sua participação no calendário oficial da São Paulo Fashion Week – pelo que chamou de Circuito: 'Pretendo não mostrar mais as minhas coleções, no formato tradicional. Quero que as pessoas questionem a moda: como a apresentação é feita, o tema, a coleção', ele contou".[292]

Assim, nas temporadas seguintes, Merlino realizou seus "Circuitos" em locais como os clubes Athletico Paulistano e Pinheiros, a Sala São Paulo e a cobertura do Hotel Tivoli, onde modelos apresentaram suas roupas, ao mesmo tempo em que praticavam ações como jogar futebol, tocar instrumentos, nadar ou compor cenas etc., em roteiros que podiam ser percorridos pela imprensa e pelo público.[293] Os produtos de Merlino eram comercializados por meio de multimarcas nacionais; no mercado externo, desde janeiro de 2003, ele vinha sendo representado em Nova York no *showroom* Opening Ceremony, vendendo para Estados Unidos, Japão e Canadá. Licenciamentos de sua marca incluíam a sandália Melissa Positive + Lorenzo Merlino e uma coleção masculina para a Vila Romana – VR, em 2010.

Alguns nomes que também se destacaram a partir da década de 1990 foram: a paulista Karlla Girotto (1978- ), também formada pela Fasm, que participou da Casa dos Criadores a partir de 1997 e, em 2006, teve sua estreia na SPFW; o pernambucano Walério Araújo (Agnaldo Walério Ferreira de Araújo, 1970- ), que integrou o projeto Amni Hot Spot e desfilou na Casa dos Criadores; o paulistano Samuel Cirnansck (1975- ), que em 2000 fez parte do Projeto Lab, da Casa dos Criadores e, em 2005, ingressou na SPFW, sempre ousado e criativo; Gisele Minasse (1969- ), da grife Antes de Paris, entre outros.

## SPOT PARA NOVOS TALENTOS

Para apoiar e divulgar novos talentos da moda, a Luminosidade – empresa do produtor Paulo Borges – idealizou e lançou, em 2001, o projeto Hot Spot, que recebeu patrocínio estimado em um milhão de reais, anunciados na época do lançamento da Amni – etiqueta de certificação da Rhodia para artigos desenvolvidos com a poliamida 6.6. Aliás, foi nesse mesmo ano que a semana de moda produzida pela Luminosidade se desvinculou do Shopping Morumbi e adotou o nome São Paulo Fashion Week (SPFW). O Hot Spot surgiu, portanto, paralelamente à SPFW, mas com objetivos diferentes: enquanto a segunda voltava-se a estilistas consagrados, o Hot Spot focava os jovens estilistas em ascensão, funcionando como uma espécie de incubadora de talentos.

As metas eram objetivas: dar suporte a grupos de jovens *designers* durante um período determinado (três anos), apoiando-os no aperfeiçoamento do processo criativo, no desenvolvimento de suas marcas e na comercialização de seus produtos, de modo que, ao final, estivessem aptos a se estabelecer por si próprios. A seleção dos participantes baseava-se em portfólio, histórico profissional e entrevistas. O patrocínio do Hot Spot pela Amni se deu entre 2001 de 2006, quando o último grupo de estilistas concluiu o período de três anos na incubadora.

Durante os anos em que foram acompanhados pelo projeto, os jovens estilistas receberam orientação em áreas como estilo, criação e *marketing* e desenvolveram coleções, apresentadas em desfiles. A relação de selecionados do Amni Hot Spot incluiu Adriano Costa, Amapô, Amonstro, Eduardo Inagaki, Emilene Galende, Érica Ikezili, Fabia Bercsek, Francesca Córdova, Gisele Nasser, J. Depeyre, Jefferson de Assis, Julia Aguiar, J.Pig, Jefferson de Assis, Neon, Raquel Uendi, Samuel Cirnansck, Simone Nunes, Walério Araújo e Wilson Ranieri.

Os resultados da primeira gestação do evento (moda verão 2002/2003) foram desfilados em junho de 2002, na Cinemateca Brasileira;[1] ao todo, foram promovidos desfiles de seis coleções.[2] Além disso, as edições da SPFW, já a partir do primeiro ano do projeto, passaram a abrigar estilistas oriundos do Amni-Hot Spot. No último desfile do projeto, em outubro de 2006, no Espaço Iguatemi, em São Paulo, Borges avaliou: "Conseguimos transformar a percepção, a forma como os novos talentos da moda são recebidos pelo mercado. Se antes eram considerados alternativos, hoje são partes integrantes e necessárias, um sopro de futuro para a indústria da moda".[3] Na mesma ocasião, foi anunciado que o projeto se tornaria um concurso nacional denominado Prêmio Hot Spot, com foco em novos talentos, mas conferindo ao vencedor (a ser selecionado por comitês regionais) um "programa de incentivos no valor de R$ 300 mil"[4]. Até 2010, porém, esse propósito não fora concretizado. Sobre sua experiência no Hot Spot, a estilista Simone Nunes comentou, em 2008: "Esse projeto fez os participantes se tornarem empresários. Não éramos somente estilistas; fomos muito bem treinados".[5] Nunes, como alguns outros estilistas advindos da experiência, passaram a desfilar com assiduidade na SPFW.

1    O Brasil na Moda, vol. 2, edição de Paulo Borges e João Carrascosa; Editora Caras, São Paulo, SP, 2004.

2    Evolução com maturidade, matéria de Henriete Mirrione; Use Fashion, ano 2, n. 16; Use Fashion, São Paulo, SP, maio de 2005.

3    Amni Hot Spot começa amanhã e anuncia prêmio de R$ 300 mil, reportagem de Joni Anderson; disponível no site Textilia.net; Alice Ferraz Comunicação & Mkt, 26 de outubro de 2006; [http://www.textilia.net/materias/ler/moda/moda-hit-da-estacao/26102006__amni_hot_spot_comeca_amanha_e_anuncia_premio_de_r_300_mil]. Acesso em setembro de 2010.

4    Idem.

5    Os pequenos estilistas no maior evento de moda do País, reportagem sem autor identificado. O Estado de S. Paulo; disponível em [http://www.estadao.com.br/estadaodehoje/20080617/not_imp190860,0.php]. Grupo Estado, São Paulo, SP, 17 de junho de 2008. Acesso em novembro de 2010.

## Homens, a última fronteira

Pioneiro do jornalismo de moda masculina no Brasil, Fernando de Barros (1915-2002) escreveu, em 1998, que já não havia, então, "padrões muito rígidos para a elegância masculina".[294] Note bem, Barros preferia, ainda, o termo elegância à moda masculina: "Até a metade do século XX, praticamente havia uma única maneira de vestir [para os homens], que era o estilo social. [...] Com o surgimento do *jeans*, da camiseta e a generalização do uso da roupa informal, o paletó teve seu uso restrito ao ambiente de trabalho, onde ainda se pede alguma formalidade, e às ocasiões mais cerimoniosas",[295] ele reconheceu. Barros previu que o passo seguinte da moda masculina seria a "junção entre as roupas clássicas e o estilo informal"; assim, os homens adotariam um "novo modo de vestir, ainda em formação: o estilo casual".[296]

Em 2010, o "homem casual" previsto por Barros transitava corriqueiramente pelas ruas de qualquer cidade do mundo, e as novas gerações pareciam ambicionar mais: uma roupa capaz de expressar individualidades, sem rigidez de formas ou preconceitos. "A moda masculina é a que mais cresce, até em função de estar menos desenvolvida do que a feminina",[297] avaliou o estilista carioca Maximer Perelmuter. E o mercado de moda masculina mostrava-se apto a atender a homens de estilos diversos, dos mais ousados aos clássicos, de terno e gravata – segmento que sobrevivia forte, por exemplo, em coleções voltadas à alfaiataria, caso da rede Vila Romana (VR), que mantinha mais de 30 lojas no país e grandes tiragens, incluindo séries especiais assinadas por estilistas estrangeiros e locais, como a criada por Lorenzo Merlino, lançada em setembro de 2010.

Também entre estilistas, muitos ainda se dedicavam ao clássico e casual, como Eduardo Guinle (c.d. 1957- ), no mercado carioca desde 1984, com loja no Fashion Mall de São Conrado, Rio de Janeiro, e Ricardo Almeida (1955- ), um dos mais apreciados do segmento, com seis lojas próprias, quatro delas em São Paulo. Almeida teve sua estreia

nas passarelas em 1996 – ano inaugural também do MorumbiFashion Brasil – já estruturado na alfaiataria moderna, incluindo peças informais. Paulistano, ele cresceu num ambiente de classe média alta: seu pai era dono da tradicional Casa Almeida Irmãos, comércio de cama, mesa e banho situado na Rua Augusta: "Aos onze anos, eu já trabalhava com ele, nos Natais",[298] recordou. No início da década de 1970, passou a competir como motociclista e foi durante a busca por um patrocinador para seu esporte que chegou à camisaria Dida, na Rua Bela Cintra, em

São Paulo: "Acabei arrumando emprego e fui trabalhar ali, como representante. Com o tempo, pedi para me deixarem comprar os tecidos e fazer os modelos, porque se fizesse algo diferente iria vender mais. Eu era comissionado... Então, aprendi a fazer os moldes com o senhor Raimundo, um baiano que entendia muito de camisas, e dei meus primeiros passos na área de criação",[299] ele contou. Em 1978, Almeida se tornou sócio da Áfrika, confecção de calças masculinas e femininas, cuja participação vendeu em 1983 para montar sua marca própria, passando então a fazer simultaneamente modas masculina e feminina.

"Optei, depois, apenas pela roupa masculina, porque é uma roupa com maior qualidade. O universo feminino pensa muito mais numa roupa que possa ser descartada na estação seguinte. O homem compra menos, mas um produto que dure mais",[300] analisou. Ricardo Almeida apostou em seu nome como marca num momento em que poucos faziam isso – vivia-se sob a égide das grifes. Em 1992, abriu sua primeira loja no Morumbi Shopping e, no ano seguinte, mais uma no Iguatemi. Outro salto importante foi o *merchandising* na telenovela da Rede Globo Explode Coração, de 1995, quando sua roupa passou a vestir "Edson Celulari, no papel de um executivo milionário".[301]

A partir de 1997, os desfiles no MorumbiFashion Brasil serviram para alicerçar a imagem que sua marca já havia capitalizado, de moda para brasileiro classe A. Uma década depois, Ricardo decidiu: "[...] queria dar mais exclusividade para o meu cliente, mais privacidade; quis fazer um trabalho diferente [...]. Acredito muito mais numa marca com peças numeradas do que numa marca com um milhão de peças iguais",[302] ele afirmou, em 2007. Suas coleções passaram a ser apresentadas em eventos próprios ou semanas de moda regionais. Em 2007, realizou desfile na Daslu, em São Paulo; em 2010, durante a 11ª edição do Minas Trend Preview, em Belo Horizonte. Ricardo Almeida construiu uma marca para atender aos homens fiéis ao clássico – como os publicitários, banqueiros e políticos. Não por outro motivo, detève desde 2002 a função de assessor de estilo do próprio presidente da República, Luiz Inácio Lula da Silva.

A alfaiataria clássica permaneceu, mas não foi o segmento em que se deram as maiores mudanças na moda masculina. As inovações estiveram nas mãos dos estilistas que acreditaram que a "moda masculina está se reinventando", como o fluminense Mário Queiroz (1962- ): "Não existe mais um tipo de homem só; então, não existe também uma só moda masculina".[303] Nascido em Niterói, RJ, Queiroz lançou marca própria em 1995, em São Paulo, onde passou a residir no final da década de 1980. Antes, porém, havia percorrido um longo caminho: formado em Comunicação Social pela Faculdade Federal Fluminense, sua carreira começou na malharia Sulfabril, de Santa Catarina – para onde se mudou em meados dos anos 1980 e local, segundo disse, em que "não podia criar nada".[304] Teve, portanto, bons motivos para transferir-se a São Paulo, em seguida, onde se empregou na estamparia Maodé.[305] Dali embarcou para uma temporada na Europa, retornando ao Brasil determinado a criar sua própria confecção, que surgiu

*Na página ao lado (acima), modelo da coleção outono-inverno 2006 do estilista Ricardo Almeida; SPFW, São Paulo, SP, janeiro de 2006.*

*Abaixo, encerramento de desfile da coleção outono-inverno 2001 de Ricardo Almeida; SPFW, São Paulo, SP, fevereiro de 2001.*

*Abaixo, peça da coleção outono-inverno 2004 de Ricardo Almeida; SPFW, São Paulo, SP, janeiro de 2004.*

*Abaixo, o estilista Mário Queiroz no encerramento do desfile de coleção outono-inverno 2006; SPFW, São Paulo, SP, janeiro de 2006.*

*Na página ao lado, peça da coleção primavera-verão 2008 de Mário Queiroz; SPFW, São Paulo, SP, junho de 2007.*

no Rio de Janeiro, batizada com o nome Zero de Conduta – fazendo moda feminina e masculina. Como a nota da grife não cresceu no mercado, Queiroz decidiu fechar as portas em 1989 e ir trabalhar em São Paulo, na Vision Streetwear do Brasil, marca surgida em 1976, nos EUA, vinculada ao *skate*: "Me sinto muito honrado porque durante nove anos desenhei para a Vision Streetwear, que foi a primeira marca de *streetwear*. Foi um marco; assim como o jovem foi um marco na moda",[306] ele reafirmou. Paralelamente, Queiroz integrou a equipe que estruturou o curso de graduação em *design* de moda na Universidade Anhembi Morumbi, onde passou a lecionar, tornando-se um dos "raros exemplos, no Brasil, de estilista bem-sucedido que decidiu fazer carreira acadêmica e se dedicar, também, ao trabalho intelectual".[307]

Da experiência com o *streetwear*, ele partiu para marca própria: "Eu já fazia roupa tradicional, camisaria, *jeans*, mas nada de revelador. O novo foi o *streetwear*. Mas chegou um momento em que eu pensei: 'Quando o cara faz 30 anos, não pode mais se vestir como *skatista*'. E foi aí que surgiu a Mário Queiroz",[308] ele contou. A grife foi criada em 1995 em sociedade com José Augusto Fabron e com distribuição em pontos alternativos, como Mercado Mundo Mix, Blonde Bazar e Mambo Bazar.[309] Por sinal, sua estreia no Phytoervas Fashion, em 1996, ocorreu integrando um grupo de novos estilistas que expunham em estandes do Mundo Mix. No ano seguinte, desfilou sua coleção Touch Me – A Vontade e o Medo de Amar. "Naquele momento, realmente o nome virou marca",[310] ele definiu.

Mario teve sua estreia na SPFW em 2001, primeira edição do evento. Em 2005, desfilou no Salon du Prêt-à-Porter, em Paris. Costuma ser enfático ao distinguir seu trabalho da roupa masculina clássica, que não define como moda, mas como alfaiataria: "Acho que fazer moda é traduzir personalidades; se quero entrar numa loja e sair de lá como *punk*, eu posso... [...] O problema [da moda masculina] está na falta de ofertas. A maioria das cidades não tem lojas multimarcas que apostem no homem ousado. Este é o problema; mas há homens ousados e isso tende a mudar. Eu aposto há doze anos nesse mercado e, desde o início, houve muitas mudanças. Hoje, já não é mais só artista e *designer* que vai à minha loja. Recebo executivos, senhores e garotos; eu acredito nessa mudança".[311] Em 2010, além de manter sua loja e *showroom* no Jardim Paulista, Mário atuava como diretor de moda no Istituto Europeo di Design, em São Paulo, e assinava linhas de joias, cuecas e tênis masculinos.

Assim como Mário Queiroz, outros estilistas que criavam para ambos os gêneros vinham também apresentando propostas fortes de moda masculina, como Alexandre Herchcovitch, Fause Haten, Oskar Metsavaht (Osklen) e Reinaldo Lourenço, surpreendendo ao romper com a monotonia cromática e a rigidez das formas do repertório masculino. Entre os exclusivamente voltados à roupa masculina, dois destaques apontados pela imprensa foram os mineiros Rodrigo Fraga (1967- ), irmão de Ronaldo Fraga, e João Pimenta (1967- ). Rodrigo Fraga começou sua carreira em Belo Horizonte no final da década de 1980 em pequenas confecções. Entre 1991 e 1997, passou uma temporada estudando em Londres; na volta, trabalhou com o irmão até 1999, quando criou sua grife e alcançou "grande demanda de roupas para noivos, com uma linguagem contemporânea", mantendo o foco "na alfaiataria, mas sem deixar de lado a linha casual e esportiva".[312] "Meu trabalho é uma atualização da estética do homem antigo; tenho um pé no retrô e outro no futuro",[313] ele definiu.

João Pimenta conseguiu o feito de colocar a moda masculina em evidência na temporada de moda de 2010, quando de sua estreia na 29ª edição da São Paulo Fashion Week: "Pensei numa brincadeira com a nobreza piolhenta e seus trajes inadequados ao clima e o povo, idolatrando uma fantasia de riqueza. O nosso estilo deve muito àquele encontro na praia",[314] ele argumentou, ao explicar sua inspiração para trajes que somavam elementos de vestes quinhentistas com roupas de surfe.

Pimenta nasceu em Minas Gerais, mas foi criado em Ribeirão Preto, interior de São Paulo. Seu primeiro trabalho foi como empacotador das Pernambucanas: "Lá, teve acesso a peças de tecido que, nos intervalos de seu trabalho na seção de pacotes, enrolava nos manequins, fazendo um tipo de *moulage* (técnica de criar roupas sem molde)".[315] Depois, foi vitrinista e, aos 19 anos, decidiu mudar para a capital paulista, onde conseguiu um emprego na São Caetano, a "rua das noivas", para desenhar vestidos. Depois de quatro anos desenhando noivas, montou estande no Mercado Mundo Mix, no início da década de 1990, no qual elaborava e vendia somente minissaias: "O MMM se firmava como centro de consumo da geração *clubber*, que mudou a noite e a moda de São Paulo. A alguns metros de distância [do seu estande], estava o então iniciante Alexandre Herchcovitch, entre muitos outros que entrariam para o Phytoervas Fashion, evento que deu origem à São Paulo Fashion Week. Com seu jeito tímido, segundo ele, quase 'roceiro', João não frequentava as baladas *hype* e não fazia parte da elite *fashion* nascente. Pensava: 'Quem sou eu para dar credibilidade a uma roupa? Eu não tive educação formal, não viajei, não sou *cool*. Me sentia um *looser*'".[316]

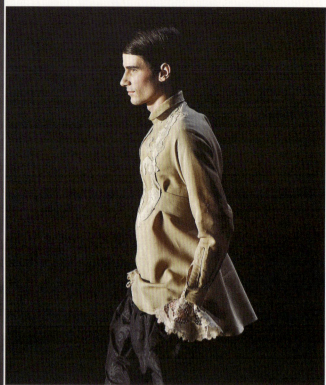

As oportunidades começaram a surgir apenas em 2005, quando desfilou pela primeira vez na Casa de Criadores, conquistando elogios e maior prestígio no mundinho *fashion*. "Suas coleções foram eleitas as melhores do evento, pela crítica especializada. O nível das apresentações era, inclusive, superior ao de muitos desfiles do Fashion Rio e da São Paulo Fashion Week".[317] A moda de Pimenta tem forte acento regional, sem deixar de ser atual e ousada. Ele não teme incluir, em suas coleções, elementos da cultura popular, como fez na 26ª edição da Casa de Criadores, em 2009: "Quem abriu os desfiles da noite de quarta-feira, no Shopping Frei Caneca, foi João Pimenta. Para seu inverno 2010, o estilista foi buscar no Nordeste sua inspiração, e o tema era a missa dos vaqueiros nordestinos. Uma coleção muito bem amarrada, com uma cartela de cores que transmitia a aridez da região retratada. Eram tons terrosos: mel, âmbar, caramelo, camelo e tabaco; que evoluíram gradualmente ao longo da apresentação. O estilista abusou de aventais, vestidos e cinturas marcadas para este vaqueiro do século XXI. Para dar conta de suas modelagens ousadas, João retratou na passarela um homem bruto. [...] O destaque ficou por conta dos materiais utilizados (linho, couro e camurça rústicos e malhas), pelo corte das peças – sempre muito bem pensado e surpreendente – e pelas botas em camurça".[318] Os vaqueiros *fashion* de João Pimenta vieram para tentar uma ocupação do território masculino, última fronteira para a moda no final da primeira década do século XXI.

Intenções semelhantes puderam ser vistas em coleções desfiladas durante as semanas de moda paulista e carioca de 2010. Dentre as mais expressivas tivemos, no Rio, British Colony de Máximer Perelmuter (1979- ) – filho e herdeiro do talento de Georges Henry –; Reserva, criada em 2003, também no Rio, sob comando de Rony Meisler (1981- ); em São Paulo, V. Rom, surgida em 1997 por iniciativa dos estilistas Rogério Hideki e Vitor Santos [319], mais tarde incorporada ao grupo de Alberto "Turco Loco" Hiar (que inclui, também, a Cavalera), com criação, em 2010, a cargo de Igor de Barros. Mesmo as coleções de moda mais casuais refletiam o que se via, também, nas semanas de moda internacionais: homens rasgando a velha fantasia de sóbrios executivos para vestir desejos *fashion*. Parecem cada vez mais verossímeis as previsões do estilista japonês Yohji Yamamoto. Ele teria antevisto para milênio em curso uma histórica inversão de papéis, em que os homens – como ocorria até o século XVIII – passariam a se preocupar com moda muito mais do que as mulheres.[320]

*Na página ao lado, peças da coleção primavera-verão 2011, estreia do estilista João Pimenta na SPFW; São Paulo, SP, junho de 2010.*

*Abaixo, peças da coleção outono-inverno 2006 da grife Rosa Chá; SPFW, São Paulo, SP, janeiro de 2006.*

## Moda praia *for export*

Já desde a década de 1970, a moda praia produzida principalmente no Rio de Janeiro vinha obtendo excelente repercussão internacional, projetando confecções cariocas como Blue Man, Salinas, Bum Bum e Lenny. A imagem de paraíso tropical com mulheres exuberantes ajudou a dar valor ao nosso talento para uma moda que vestia com o mínimo possível. Mas foi a partir da década de 1990, quando também surgiram marcas de moda praia, na aridez do concreto paulistano – por coincidência (ou não) –, como Rosa Chá e Cia. Marítima – que a fama do país se consolidou no segmento e se traduziu em números expressivos de exportação: "Deu no The New York Times. Não é brincadeira não! O jornal publicou matéria mostrando que, neste verão, as mulheres americanas na faixa dos 40 anos estão deixando o recato de lado e aposentando os maiôs na hora de ir à praia. E não é só. É sobre as peças mais ousadas que recai a escolha dessas consumidoras. Os estilistas brasileiros, é claro, não perderam tempo. Pegaram carona na mudança de comportamento e refazem as contas de quanto devem faturar nos Estados Unidos – principal mercado para a moda praia *Made in Brazil*. Entre as marcas preferidas estão a Rosa Chá, a Lenny e a BumBum, encontradas em butiques badaladas como Donna Karan, Saks e Barneys, em Nova York",[321] escreveu a jornalista Paula Pacheco, em reportagem na revista IstoÉ Dinheiro, em junho de 2001.

*Acima e na página ao lado, desfiles da grife Blue Man, coleção primavera-verão 2007; Fashion Rio, RJ, julho de 2007.*

No final da década de 1990, as etiquetas daqui já podiam ser vistas com frequência nas praias mais badaladas do mundo, caso da BumBum, de Cidinho Pereira: "É a única moda que podemos vender em qualquer canto do mundo",[322] comentou, em 2001, Izabel Salles, então gerente comercial da marca, uma das primeiras daqui a serem usadas lá fora, ao lado também da Lenny, da estilista Lenny Niemeyer, com fábrica em Botafogo, Rio, produzindo cerca de 20 mil peças mensais em 2006. "Todo mundo que faz biquíni tem fábrica. Não dá para ser diferente. A produção para exportação e para lojas é bem certa e, dessa maneira, é possível manter a fábrica."[323] Segundo a estilista, foi a partir de 2000 que os Estados Unidos começaram a importar sua moda praia chique regularmente: "Mas, na minha opinião, o mercado mais importante é o da Europa. [...] Esse é um mercado difícil, não dá para entrar errado. Levei muito cano, tive muita devolução, até aprender",[324] avaliou Lenny.

Criada em 1989 pelo paulistano Amir Slama (1966- ) – descendente de romenos e iraquianos –, a Rosa Chá já desfilava desde 2000 na semana de moda de Nova York e exportava, em 2006, 78 mil peças para o exterior, cerca de 13% de sua produção.[325] "O Brasil é, cada vez mais, referência para o mundo. [...] Desde que passamos a exportar um conceito completo de moda, e não apenas biquínis e maiôs, não paramos mais de ganhar espaço no mercado internacional",[326] afirmou Slama. Quando começou a exportar, por volta de 1998, a Rosa Chá viu-se obrigada a ter o mesmo modelo em três tipos de modelagem, de acordo com o destino das peças: a pequena ficava no Brasil, para a Europa iam as médias e para os EUA, as grandes. "Os estrangeiros se encantam com o nosso produto", afirma Slama.[327]

Surgida no popular bairro das confecções da capital paulista, o Bom Retiro, em seus três primeiros anos a Rosa Chá foi "uma pequena confecção",[328] instalada na mesma região onde a família de Slama manteve, na década de 1970, uma empresa que fabricava roupas esportivas: "Meu pai mexia com linha ginástica, fazia muitos colãs e trabalhou com lojas de departamentos, com produção em série e em volume. Depois, ele sofreu um acidente de carro e teve que ficar afastado por muito tempo; acabou encerrando a atividade",[329] recordou Slama, que na adolescência era "um pouco do contra" e queria ficar longe de confecções. Para bancar a vida de jovem solteiro, fazia bicos: "Eu trabalhava num bar, de quinta a domingo. Quando iniciei meu curso de História, na PUC-SP, passei a dar aula, já no segundo ano",[330] contou.

A Rosa Chá surgiu como uma pequena confecção "de fundo de quintal", também no Bom Retiro, sem ter exatamente a meta de fazer uma moda praia que viesse a se tornar "sinônimo de Brasil no exterior".[331] Aliás, as memórias de praia do próprio Slama remontavam a períodos em que a família passava férias no Guarujá, litoral paulista: "E aquela era uma praia extremamente organizada, com os guarda-sóis todos arrumadinhos, desde as seis da manhã".[332] O negócio se formatou de um jeito um tanto casual: "Eu queria me casar e resolvi mexer com moda; chamei Riva, minha esposa ainda hoje, e falei: 'Vamos montar alguma coisa, de modo que eu possa continuar a estudar História e, ao mesmo tempo, construir alguma coisa legal'. [...] Meu pai tinha guardado quatro máquinas de costura e umas sobras de tecido, que me deu. E a gente começou desenvolvendo, também, roupas para ginástica. Eu criava as peças e a Riva saía para vender nas lojas. [...] Hoje as pessoas falam em *business plan*, mas eu nunca pensei em nada disso",[333] ele reavaliou.

O trabalho com roupa de ginástica durou uns seis meses; dali por diante, Slama decidiu que queria fazer mesmo era moda praia, e logo sentiu o peso da escolha que fazia, por estar em pleno Bom Retiro, em São Paulo: "As pessoas resistiam muito: 'Biquíni é do Rio de Janeiro; 'não sei o quê' é de Belo Horizonte, calça é em São Paulo', diziam. Tinha essa rigidez, e foi uma batalha apresentar nosso produto para os lojistas e para a imprensa [...]. Era muito segmentado e até as marcas mais tradicionais do Rio de Janeiro, que existiam também em São Paulo, faziam no máximo uma canga,

um pareô... Não se tirava a moda da praia para adentrar a cidade",334 ele comentou. O segmento se subdividia em marcas de grandes tiragens, como a Manvar, e confecções menores com trabalhos mais "conceituais". As coleções eram produzidas apenas no verão: "As lojas compravam biquínis entre outubro e janeiro. Então, havia nas lojas alguns modelos expostos. Não tinha lojas que mostrassem coleções; o segmento era pouco visível. [...] E não existia uma relação [do consumidor] com a marca tal ou com o estilista tal...".335

Do ponto de vista da forma, a Rosa Chá chegou ao mercado num momento em que as mulheres ainda buscavam peças de praia "extremamente pequenas, nas quais o busto quase não existia". Camisetas e sutiãs procuravam achatar os bustos: "Toda informação estava nas calcinhas e nas partes de baixo. Sinto que os anos 1980 foram ao extremo e os tamanhos se reduziram muito. Forçou-se muito e valorizou-se poder mostrar o corpo de um jeito sensual, mas talvez não muito confortável. [...] Se você pega uma peça dos anos 1980 na mão e olha, parece um biquíni infantil, de criança",336 reavaliou Slama. A Rosa Chá imprimiu um estilo de moda praia que talvez possa ser caracterizado como mais urbano: "Eu sentia que existia uma possibilidade bacana de se pensar um jeito brasileiro de vestir, com elementos que juntassem o dia, a noite e a praia. Eu queria fazer uma moda que tivesse a praia como referência, mas que adentrasse a cidade; então, que misturasse praia com urbano, urbano com praia".337

Um momento-chave para o crescimento da Rosa Chá foi 1991, quando Slama compareceu à feira parisiense Première Vision e fechou acordo com uma tecelagem de Lyon, por meio do qual foi estabelecido que "os tecidos estivessem nas mãos de Slama a tempo de o estilista apresentar sua coleção em junho, antes dos americanos e europeus".338 Paralelamente à formação de parcerias no exterior ("até 1994, 80% da matéria-prima que Slama utilizava vinha de fora"339), ele fortaleceu sua presença no mercado interno: a primeira loja da marca foi criada em 1993. Em 1995, a Rosa Chá entrou nas Galeries Lafayete, de Paris, e, dois anos depois – quando teve sua estreia no MorumbiFashion Brasil –, começou a vender para Nova York. Internamente, o franqueamento da marca crescia, até que, em 1999, por uma "necessidade de mercado",340 ele criou a marca Sais. "Com a Rosa Chá, sempre estive muito focado; queria trabalhar só com lojas exclusivas. [...] Acabamos optando em ter outra linha, sem muita preocupação com desfiles, mais focada na praia mesmo, competindo com outras marcas estabelecidas no mercado",341 contou Slama.

Com *showroom* montado em Nova York, a marca teve a primeira participação na semana de moda nova-iorquina em 2000; cerca de seis anos depois, exportava próximo de 18% das peças produzidas,342 espalhadas por "42 pontos de venda nos EUA e de outras centenas de lojas na Ásia, África e Europa".343 Em maio de 2006, Slama anunciou que a Rosa Chá trocaria a São Paulo Fashion Week pela Olympus Fashion Week, de Nova York. "Decidimos fazer a Rosa Chá em Nova York e manter a Sais na SPFW, nos desfiles de verão",[344] ele afirmou. Meses depois, vendeu 75% da marca para o grupo Marisol, justificando que a grife "precisava de escala: as demandas interna e externa estavam muito fortes".[345] A empresa possuía, então, 22 lojas próprias e cerca de 200 clientes multimarcas no Brasil; com a associação, surgiu uma nova razão social chamada Rosa Chá Estúdio: "Foi uma possibilidade bacana ser contatado pela Marisol, para fazermos essa junção, em moldes que já existem fortes na Europa e Estados Unidos. [...]. É um formato novo, no Brasil, e estamos construindo isso, porque não existe receita pronta. É como se eu estivesse recomeçando, um novo início onde consigo focar mais na criação, no desenvolvimento e quebrar o paradigma do estilista-empresário, que ainda está muito presente na moda brasileira".[346] O estilo da Rosa Chá permaneceu sob direão de Slama até 2009, quando passou às mãos de Alexandre Herchcovitch. Naquele mesmo ano, a grife voltou a desfilar no Brasil, primeiro no Rio Summer e, depois, na SPFW. Slama lançou, então, outra grife de moda praia com seu próprio nome, em 2010.

A incursão da moda praia brasileira no mercado externo teve início, de fato, no final dos anos 1990, coincidindo com um período de *boom* criativo: "Qualquer atitude tem que ser mais radical no começo, para poder se colocar. No caso da moda de verão, a década de 1980 foi mais radical e forte. Depois, as pessoas começaram a olhar de outro jeito. Agora, a forma é nossa; vamos construí-la de outros jeitos",[347] avaliou ainda Slama. Esses jeitos se referenciavam nos próprios consumidores: "É fácil criar a moda praia; mas requer muito detalhe, muita concentração. Existe um país ávido por consumir esse tipo de moda. Mas que é [um público] muito exigente e quer estar muito *up to date* ao que acontece na moda praia. Hoje em dia, a parcela de vendas do biquíni dentro de uma coleção é praticamente de 90%. Há 15 anos, eram 70% de maiôs e 15% de biquínis. A mulher está mais desinibida",[348] opinou Benny Rosset, da Cia. Marítima, em entrevista de 2003.

Criada em 1990 também na capital paulista, a Cia. Marítima "colaborou para que São Paulo ganhasse força no ramo e se consolidasse como importante polo de produção do país".[349] Rosset contava com respaldo de empresa familiar – a têxtil Rosset –, onde começou a trabalhar em meados da década de 1980.[350] Naquele período, a empresa havia adquirido a Valisère

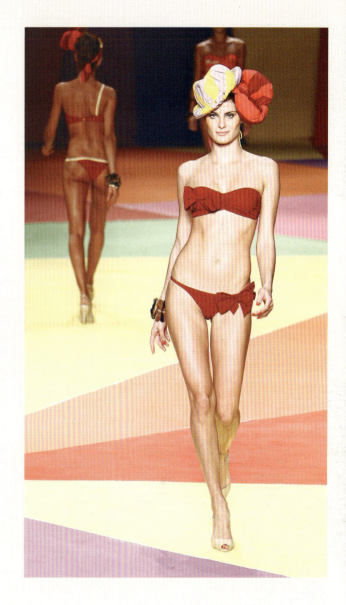

A modelo Isabeli Fontana desfila peça da coleção primavera-verão 2010 da grife Salinas; 15ª edição do Fashion Rio, Rio de Janeiro, RJ, junho de 2009.

Na página ao lado, Ana Claudia Michels (acima) e a estilista Lenny Niemeyer, com modelos, no encerramento do desfile (abaixo); coleção primavera-verão 2005 da grife Lenny; Fashion Rio, Rio de Janeiro, RJ, junho de 2004.

e herdado uma confecção de roupas esportivas. Benny juntou as duas coisas e criou a Cia. Marítima, que, "em seu primeiro ano de atividade, chegou a vender 150 mil peças".[351] Em 1998, a marca teve sua estreia no MorumbiFashion Brasil e não deixou de desfilar em semanas de moda do Rio e de São Paulo, desde então, investindo em *tops* internacionais e nacionais: em 1999, contratou Naomi Campbell para seu desfile na Semana de Estilo BarraShopping, no Rio; no ano seguinte (e durante muitos outros), teve entre suas contratadas Gisele Bündchen. Também naquele ano, Rosset criou as marcas Aqua Mundi e Água Doce, "para suprir um mercado que a matriz já não dava conta de atender".[352]

Aproveitando a experiência com tecelagem, a Cia. Marítima apostou sempre no volume: "A produção de produtos da empresa é de 1.500.000 peças por ano, exportando cerca de 10% da produção".[353] A Cia. Marítima registrou sempre, também, boa *performance* como exportadora, vendendo para as três Américas, Europa e Ásia. E para atender ao mercado externo, os grandes da moda praia produzem em três tipos de modelagens: "A brasileira (pequena), a europeia (cerca de 2 cm maior em cada lado) e a americana – segundo Amir Slama, da Rosa Chá, uma calcinha de biquíni americana equivale a 2,5 calcinhas brasileiras".[354] Outra grife de moda praia que se fortaleceu nos mercados interno e externo foi a cearense Água de Coco, criada em 1985, em Fortaleza, pela estilista Liana Thomaz. A marca desfilou pela primeira vez na São Paulo Fashion Week em 2002 e, além de possuir diversos pontos de venda no Brasil, era vendida nas Américas, Europa e África.

A criação do Rio Summer pelo publicitário Nizan Guanaes, em 2008, representou uma tentativa de sacramentar a moda praia brasileira no mercado internacional: "O evento não deve ser só de moda praia, mas do *lifestyle* brasileiro",[355] afirmou Nizan, na época. Com edições anuais, o Rio Summer voltava seu foco exclusivamente para a exportação, já objetivando "desbancar a Miami Swimwear Week, principal acontecimento mundial do nicho"[356] e prometendo reunir os grandes do segmento no Brasil, como Blue Man, Cia. Marítima, Lenny, Osklen, Rosa Chá, Salinas, Totem e Adriana Degreas, entre outras marcas que apostavam no segmento. A estilista desta última, aliás, assumidamente rejeitava a praia como referência de sua moda sofisticada: "Não vendo biquínis para serem usados em Ipanema. Quem compra minhas criações não vai para praia [...] Não crio para garotas, mas para mulheres maduras, bem resolvidas e muito ricas",[357] afirmou Drageas, demonstrando a diversificação alcançada por nosso mercado.

A primeira edição do Rio Summer ocorreu em novembro de 2008 no Forte de Copacabana, Rio de Janeiro. A segunda, prevista para novembro de 2009, com produção da carioca Eloysa Simão – ex-Fashion Rio –, acabou não se efetivando. No final de 2009, Nizan Guanaes associou-se à InBrands, repassando a gestão do Rio Summer à empresa Luminosidade. Até o final de 2010, não havia sido divulgada qualquer informação nova sobre a manutenção ou associação do evento com o Fashion Rio, também sob condução do mesmo grupo.

*Na página ao lado, capa do catálogo +B Inspiração Brasil, verão 2010, publicado pela Associação Brasileira de Estilistas (Abest); São Paulo, SP, 2009.*

## Abest, moda tem representação

Em 2003, foi criada a Associação Brasileira de Estilistas (Abest), entidade associativa que estabeleceu como objetivo central representar os criadores de moda em atuação no Brasil. Desde os anos 1960, costureiros vinculados à alta moda e estilistas de *prêt-à-porter* vinham almejando compor entidades representativas. Algumas chegaram a compor estatutos – como a Câmara Brasileira de Alta Costura, inspirada na famosa Chambre Syndicale de la Couture Parisienne – ou a concretizar registros e atuar durante determinados períodos – casos da Associação da Alta Moda brasileira (Aambra) e da Associação Brasileira dos Estilistas de Moda (Abemoda), ambas da década de 1980. Mas nenhuma conseguiu desenvolver um trabalho de longo prazo.

A Abest foi a primeira que se estruturou de forma abrangente, ou seja, nos aspectos jurídico, representativo, logístico e político. Surgiu tardiamente e já num contexto bem diverso, por exemplo, das entidades de representação europeias, as mais antigas do setor – como a Chambre Syndicale parisiense. Quando a Abest foi instituída, semanas de moda estavam sendo realizadas, no Rio de Janeiro e em São Paulo, por iniciativa de produtoras privadas; tais modelos acabaram se impondo também na Europa e nos EUA. Portanto, a finalidade de sua criação não foi, como ocorreu com a Aambra ou a Abemoda, organizar os lançamentos da moda produzida por seus associados. Ao contrário, a Abest surgiu até como decorrência da projeção que estilistas em particular e a moda brasileira em geral começavam a alcançar, a partir das semanas de moda existentes.

"Fundar a Abest foi um passo importante nessa questão [da união da categoria]... Pudemos discutir, já a partir do MorumbiFashion Brasil, quando os estilistas sentaram em uma mesa [...] e baixaram as guardas; deixaram seus egos em casa e pensaram um projeto maior, de divulgação dos estilistas brasileiros para o mundo. A Abest foi um passo além... Já não era só a imagem [de cada um]; era unir-se para falar de comercialização. Foi, realmente, um amadurecimento perder o medo do concorrente para trabalharmos juntos, como parceiros",[358] reavaliou o estilista Walter Rodrigues, um dos cinco fundadores da entidade, ao lado de Lino Villaventura, Alexandre Herchcovitch, Serpui Marie e Amir Slama. O surgimento da Abest e sua perenidade – em 2010, completou sete anos de existência – indicaram, sem dúvida, que a moda brasileira havia adentrado um novo momento, certamente mais coeso e estruturado que no passado, quando sofreu com a desagregação consequente, em grande parte, das disputas de egos às quais Rodrigues se referiu.

Ainda na fase da gestação, a ideia central que unia os estilistas em torno da Abest era a divulgação da moda feita no Brasil no exterior – na medida em que o grupo

## PRODUÇÃO TÊXTIL E MEIO AMBIENTE

Na produção em escala industrial das confecções e têxteis, o impacto ecológico se inicia pelo começo: ou seja, pelas fibras de que são feitos os tecidos, que podem ser naturais (biodegradáveis) ou sintéticas (não biodegradáveis). A primeira impressão é de que o maior impacto poluidor caberia às sintéticas. Na prática, nem sempre isso é verdadeiro, se levarmos em conta que a produção das fibras naturais em larga escala demanda uso intensivo de agrotóxicos e adubos químicos necessários ao combate das pragas e doenças, com prejuízos consideráveis ao meio ambiente. O Brasil sofre esse impacto expressivamente, já que temos larga tradição na produção de fibras naturais, com destaque para o algodão, nativo de nosso continente.

Uma alternativa é o cultivo do algodão orgânico, produzido com fertilização, controle de doenças e pragas por meios naturais, sem o uso de químicos sintéticos (como fertilizantes químicos, pesticidas, reguladores de crescimento, desfolhantes e maturadores). Trata-se, porém, de um nicho ainda pouco expressivo, estimado em cerca de 0,3% do mercado internacional, em razão de seu custo de produção ser "um pouco maior do que a produção em sistema convencional".[1] Como compensação, alcança valor mais alto no mercado. No Brasil, no estado da Paraíba, "há seis municípios certificados envolvendo 50 associações de produtores"[2] – para ser considerado orgânico, o produto precisa ser certificado por entidades habilitadas.

O algodão orgânico colorido é uma variedade que evita também o uso dos produtos químicos necessários ao tingimento da fibra, em seu beneficiamento e acabamento. As diversidades coloridas são nativas da América do Sul, e já eram cultivadas por índios do Peru havia muitos anos, em cores variadas "como demonstram escavações realizadas naquele país, cujo material data de 2.500 a.C.".[3] No Brasil, o algodão colorido era usado basicamente para fins ornamentais ou em roupas de pessoas alérgicas à tinta sintética. Sua exploração comercial é recente, impulsionada principalmente pela valorização dos produtos ecológicos.

"Sete anos depois do lançamento da variedade de algodão naturalmente colorido, [ocorrida em 2000], foi colhida a primeira safra comercial da planta, dessa vez nas cores rubi e verde, totalmente produzida de maneira orgânica. O plantio foi realizado na fazenda Santo Antônio, no município de Bom Sucesso, sertão da Paraíba",[4] informou o *site* da Scientific American Brasil. As variedades disponíveis abrangem as cores bege (a primeira), marrom, verde e avermelhadas (rubi). "Existe uma cooperativa [na região Nordeste] com várias associadas que fabricam roupas e outros artigos para venda no Brasil e exterior. São ao todo 70 franqueados."[5] Apesar de ser um nicho com muito a ser explorado, o segmento das fibras orgânicas e da moda sustentável reforça uma identidade de moda eco-*fashion* para o Brasil, de forte apelo internacional: "Afinal, o mercado externo já valoriza o trabalho artesanal brasileiro, que ganhará mais prestígio se tiver um toque *fashion*, uma preocupação ambiental e, ainda, ajudar no desenvolvimento local das populações carentes".[6]

Além das fibras naturais orgânicas, pesquisas avançam em direção a produtos que poderiam ser chamados de biossintéticos, como o bioplástico, lançado pela Basf, empresa de origem alemã, em fins de 2003. Trata-se do "primeiro plástico biodegradável, feito à base de milho. O material é misturado com outro produto – este, sim, feito à base de petroquímica. E a mescla é usada para a conversão em sacolas de compras plásticas".[7] O produto "é largamente utilizado na produção de elementos espessantes e colantes (para diversos fins) e na produção de óleos; além disso, atualmente é utilizado pela indústria de bioplástico, sendo uma importante fonte renovável de matéria-prima".[8] O plástico biodegradável da Basf, aplicado em tecidos, foi usado em uma coleção criada pela estilista Simone Nunes, lançada em junho de 2009 na SPFW: "Ela aplicou por cima de alguns tecidos da sua coleção apresentada na SPFW um plástico biodegradável, compostável e de fonte renovável. Ele é feito à base de milho e o resultado na roupa é de couro craquelado".[9]

Nas confecções, uma iniciativa que tem sido muito debatida é o *design* com o menor desperdício possível, que implica esforços para redução da quantidade de retalhos nas salas de corte, já que eles acabam somando toneladas ao ano. Esse esforço diz respeito tanto ao trabalho do estilista, que deve criar modelos que propiciem o mínimo de desperdício, quanto à adoção de medidas que permitam a reutilização dos retalhos e sobras de material. Na produção têxtil, os avanços para controle e redução do impacto ambiental têm sido significativos, com a adoção de legislações e programas efetivos. Na área do tratamento de efluentes, por exemplo, os resultados são significativos, como no caso da Cia. Industrial Cataguases (CIC), de Cataguases, MG, que implantou um programa de tratamento das águas do rio Pomba, utilizada no beneficiamento de seus tecidos. A empresa também passou a adotar preferencialmente a fibra natural de algodão: "Há uma onda, no mundo inteiro, a favor do natural, do ecológico. É nela que estamos apostando, com bastante entusiasmo. Porque natural é o algodão, que é nosso, e o Brasil tinha se esquecido de cultivar... Nos últimos anos, temos resgatado sua importância",[10] afirmou Hênio Murilo Lemos Filho, diretor comercial da CIC.

Para realizar projetos nos campos social e cultural, a CIC criou o Instituto Francisca de Souza Peixoto, que funciona no prédio onde a indústria começou, tombado pelo Instituto do Patrimônio Histórico e Artístico Nacional (Iphan), com uma área de 11.000 m². Ali são desenvolvidos cerca de 26 projetos de educação, cultura, esporte, saúde e cidadania, atendendo em torno de 4 mil pessoas: "O Instituto é mantido pela empresa, com um repasse mensal, um grande diferencial da Cataguases no que diz respeito à responsabilidade social. Poucas fazem projetos desse tipo que não sejam mantidos via renúncia fiscal. Nós utilizamos, sim, renúncia fiscal, mas apenas em projetos de alcance maior",[11] explicou Marcelo Peixoto, presidente do Instituto.

1. Algodão orgânico carece de pesquisas e *marketing*, artigo de Napoleão E. M. Beltrão e Railda S. Amorim; Visão Agrícola, n. 6, Escola Agrícola Luiz de Queiroz (Esalq), julho/dezembro 2006.
2. Idem.
3. Ecologia faz crescer interesse por algodão colorido, artigo de Luiz Paulo de Carvalho; Visão Agrícola, n. 6, Escola Agrícola Luiz de Queiroz (Esalq), julho/dezembro 2006.
4. Algodão Colorido e Orgânico no Sertão da Paraíba, reportagem sem autor identificado; Scientific American Brasil; Duetto Editorial, São Paulo, SP, 25 de julho de 2007; disponível em [www.sciam.com.br]; acesso em julho de 2010.
5. Ecologia faz crescer interesse por algodão colorido, artigo de Luiz Paulo de Carvalho; Visão Agrícola, n. 6, Escola Agrícola Luiz de Queiroz (Esalq), julho/dezembro 2006.
6. Moda ética, muito além do reciclado, reportagem de Alice Lobo; O Estado de S. Paulo; Grupo Estado, São Paulo, SP, 26 de fevereiro de 2010.
7. Basf Estuda Matérias-Primas Renováveis, reportagem sem autor identificado; Valor Econômico; Valor Econômico S.A., São Paulo, SP, 24 de novembro de 2006.
8. Milho: Outra Fonte Renovável de Matéria-Prima Para o Bioplástico, artigo sem autor identificado; São Paulo, SP, 23 de março de 2009; disponível em Criar E Plantar [www.criareplantar.com.br]; acesso em junho de 2010.
9. Simone Nunes rumo à sustentabilidade; nota sem autor identificado; Claudia, Editora Abril; São Paulo, SP, 19 de junho de 2009; disponível no blog Claudia [claudia.abril.com.br/blog]; acesso em julho de 2010.
10. Depoimento ao projeto HMB, gravado em agosto de 2007.
11. Idem.

*Acima, tear de fiação de Cia. Industrial Cataguases (CIC); Cataguases, MG, 2007.*

formador considerava a questão do calendário interno para lançamentos da moda resolvida: "Temos uma estrutura como o São Paulo Fashion Week, que teve e tem uma função muito importante, de organizar um calendário de moda. Até então, fazíamos os lançamentos fora de ordem. Hoje, temos um calendário e a indústria têxtil, os lojistas e os compradores sabem que existem datas específicas quando as marcas lançam suas coleções. [...] Isso vem sendo importantíssimo para que a gente possa ter *time*, hora certa para preparar as coisas",[359] comentou Amir Slama, presidente da Abest desde o seu surgimento. Assim sendo, os interesses da entidade voltaram-se para o mercado externo: "Nas apresentações que fazíamos fora do Brasil, percebíamos que, quando mostrávamos nosso trabalho – fosse em Nova York ou em Paris –, não estávamos levando apenas nossas marcas. Estávamos levando, também, um conceito do *lifestyle* e dos produtos brasileiros. Em todas as matérias e entrevistas que damos, estava sempre escrito: 'O estilista brasileiro'; ou 'os tecidos brasileiros...'. Então, resolvemos nos juntar para criar uma entidade que pudesse representar o trabalho autoral brasileiro",[360] detalhou ainda Slama.

Já em seu primeiro ano de atuação, a entidade firmou uma parceria – renovada em abril de 2010 – com a Agência Brasileira de Promoção de Exportações e Investimentos (Apex-Brasil),[361] órgão federal vinculado ao Ministério do Desenvolvimento, Indústria e Comércio Exterior, objetivando desenvolver o que foi batizado como Projeto Setorial de Internacionalização da Moda Brasileira: "Sempre nos faltou estrutura, força, e, a partir do momento em que começamos a apresentar coleções lá fora, precisávamos estar com um nível de organização, de profissionalismo igual aos dos demais estilistas internacionais; senão, perderíamos o momento. E foi bacana porque, de imediato, conseguimos apoio aos projetos, através da Apex e, também, de empresas privadas",[362] informou Slama. Dentre as ações previstas, estava o suporte à participação de marcas e estilistas brasileiros em feiras e semanas de moda internacionais, o desenvolvimento de materiais promocionais (como o caderno de tendências +B Inspiração Brasil, anual e bilíngue) e, ainda, a viabilização do Projeto Comprador Brasil.

*Nesta página, duas peças da coleção primavera-verão 2008 de Walter Rodrigues desfiladas no pátio do Arquivo Nacional; Fashion Rio, Rio de Janeiro, RJ, junho de 2007.*

*Na página ao lado, a modelo Camila Mingori desfila peça da coleção primavera-verão 2010 de Walter Rodrigues no Pier Mauá; Fashion Rio, Rio de Janeiro, RJ, junho de 2009.*

Especificamente, o projeto apoiava a participação da moda brasileira na semana de moda de Paris (França) e na Mercedes-Benz Fashion Week de Nova York e Miami (EUA), nas quais as marcas Alexandre Herchcovitch, Carlos Miele, Iódice e Rosa Chá vinham apresentando coleções, regularmente. Também promoveu *showrooms* nos eventos Coterie (NY, EUA), SwimShow (Miami, EUA), Tranoi (Paris, França), Who's Next (Paris, França e Dubai, Emirados Árabes Unidos) e na feira de Tóquio (Japão).[363] Segundo o presidente da Abest, as iniciativas não se restringiram às marcas e aos estilistas consagrados: também novos talentos foram convidados a participar desses *showrooms* internacionais. Nas palavras de Amir Slama, a finalidade era a seguinte: "[para que pudessem] estar acompanhando e aprendendo um pouco com a experiência da gente e, eventualmente, estarem queimando etapas nesse crescimento".[364] O Projeto Comprador Brasil, por sua vez, objetivava trazer ao país duas vezes ao ano, durante as SPFW, compradores de multimarcas europeias, norte-americanas e asiáticas, num esforço para expandir as vendas de marcas daqui para aqueles mercados.

A internacionalização da moda brasileira, contudo, era ainda uma meta dependente de diversos fatores. Um deles, na opinião de Slama, seria a maior capitalização das empresas: "O que eu sinto é que falta iniciativa privada mesmo. Se formos fazer um retrospecto dos últimos quinze, vinte anos, quando essas marcas e estilistas começaram a se formatar, veremos que todas essas estruturas iniciaram muito pequenas. Então, se não tivermos algumas junções, fortificações, não conseguiremos investimentos suficientes para fazer o processo de forma competitiva com o resto do mundo. Porque a Europa e os Estados Unidos estão dessa forma: as grandes casas europeias estão associadas, juntas. Se não conseguirmos fazer junções em nível privado, não conseguiremos fazer frente às demandas do mundo",[365] ele argumentou, justificando a necessidade de associações entre empresas no Brasil.

Em 2010, a Abest contava com 53 marcas associadas que, conjuntamente, exportavam para 48 países, tendo como meta expandir seu alcance para 90 países. De acordo com os últimos dados disponibilizados pela entidade, referentes a 2008, a parceria Abest/Apex-Brasil teria investido R$ 11 milhões em projetos que envolveram a participação em desfiles, *showrooms*, feiras etc., gerando receitas de exportações que somariam mais de US$ 20 milhões.[366] "A moda é do Brasil, produzida no Brasil, mas, a partir do momento que ela vai para fora, passa a ser do mundo; ela passa a se comunicar com o mundo, de um jeito muito próprio. [...] Se ela não tiver dimensão, proporção global, vira uma coisa muito regional, folclórica. O que precisamos, para podermos alcançar resultados melhores e nos fortalecer como marcas e estilistas, fora do Brasil é, realmente, de mais investimentos",[367] definiu Slama.

613

# Estilistas *from Brazil*

Muitos criadores de moda brasileiros formaram-se em escolas de moda francesas, ou de outros países europeus, entre as décadas de 1950 e 1980, retornando depois para desenvolver suas carreiras no Brasil. Exceto pela rara e fugaz trajetória de Ektor – caso já relatado neste volume –, foi a partir dos anos 1990 que profissionais brasileiros começaram a conquistar inserção no mercado externo, seja Europa ou Estados Unidos. O primeiro a ter sucesso lá fora foi o paulista Ocimar Versolato, seguido pelos mineiros Inácio Ribeiro, Francisco Costa e Gustavo Lins, cujas trajetórias se desenvolveram por caminhos bem distintos entre si.

Nascido em São Bernardo do Campo, SP, Ocimar Versolato (1961- ) registrou no histórico de seu *site* ter sido o primeiro brasileiro chancelado pela Chambre Syndicale de la Couture Parisienne para usar o selo de *haute couture* na própria França.[368] Ele começou seus estudos profissionais cursando arquitetura, no Brasil; em 1987, deixou tudo para viver em Paris, onde ingressou no Studio Berçot, de Marie Rucki, e, em seguida, trabalhou para o estilista Hervé Léger. Em 1994, abriu seu próprio ateliê e despertou atenções ao lançar, em março, sua primeira coleção, integrando a programação oficial de *prêt-à-porter* da Chambre Syndicale, sobre a qual declarou, na época: "Para eles, o que importa são as grandes *maisons*. Existe uma hierarquia; quem entra por último tem menos a dizer".[369] Fosse como fosse, dali por diante sua carreira deslanchou: em 1995, ele foi contratado como diretor de criação da Maison Lanvin, em Paris, "responsável pela linha feminina de *prêt-à-porter*".[370] No Brasil, seu sucesso repercutiu rapidamente, apontado como "nosso homem em Paris"[371] ou nosso "primeiro (e único [à época]) estilista brasileiro no *prêt-à-porter* francês".[372]

Assim, no ano de 1996, foi com entusiasmo que a imprensa repercutiu seu primeiro desfile aqui, realizado na estação Júlio Prestes, em São Paulo, com caráter beneficente, integrando "as comemorações dos 30 anos do Shopping Iguatemi".[373] No ano seguinte, Ocimar deixou a Maison Lanvin para assumir uma estratégia mais ambiciosa. "Financiado pelo grupo Pessoa de Queiroz",[374] inaugurou em 1998 a Maison Versolato, na Place Vendôme, em Paris, cuja coleção teve estreia no grupo da *haute couture*. Dois anos mais tarde, a Maison Versolato foi fechada e o estilista voltou a fixar residência no Brasil, encerrando sua trajetória francesa.

Aqui, seu primeiro contrato foi com a empresa O Boticário, para lançar o perfume Glamour. Depois, no início dos anos 2000, causou *frisson* ao anunciar a abertura de uma rede de lojas de roupas de alto luxo com sua grife, em sociedade com os empresários Sandra e Sérgio Habib. O projeto, contudo, também teve vida curta: "Em seis meses, sete luxuosas lojas em São Paulo, Rio e Brasília abriram e fecharam".[375]Segundo algumas fontes, teria havido "desentendimento com os sócios".[376] O próprio Ocimar declarou, na época: "Eles investiram R$ 40 milhões no projeto e até hoje não declararam de onde veio o dinheiro, onde e como foi usado. Abriram as lojas e fecharam na hora que quiseram sem me dar explicação. Qual empresário investe esse valor e quer retorno em seis meses?",[377] questionou. Em 2006, Ocimar voltou a ganhar evidência ao lançar o livro Vestido em Chamas (Editora Aleph), com relatos sobre sua trajetória; em 2009, anunciou nova parceria – então, com o grupo DNA Cosméticos – para o lançamento da rede de franquias Ocimar Versolato Cosmetics, que oferecia 13 tipos diferentes de perfumes e uma linha completa de maquiagem, negócio que permanecia ativo em 2010.

Outro que se deu bem lá fora foi o mineiro Inácio Paulo Ribeiro (1963- ), mas por caminhos bem diferentes: no início dos anos 1990, Ribeiro deixou sua cidade e o trabalho bem-sucedido que vinha desenvolvendo com a grife Divina Decadência para se radicar em Londres, Inglaterra. Naquelas alturas, já era um nome conhecido da moda de Minas Gerais. Natural de Itapecerica, MG, sua família matinha um salão de beleza tradicional na capital mineira, o Villa D'Ella, onde Ribeiro chegou a ter uma iniciação ainda adolescente, antes de optar pela moda. Aos 19 anos, abriu sua primeira confecção, a Fox Atelier: "Passei a fornecer roupas para as principais butiques de Belo Horizonte, entre elas a Betina, a Sapeca e a República dos Gatos. Durou dois anos...",[378] ele recordou. Aliás, foi naquele início da década de 1980 que "a moda começou a adquirir relevância cultural, junto com o *design* industrial".[379] Foi também quando um grupo de confecções de Belo Horizonte organizou o chamado Grupo Mineiro de Moda. Papaulo – seu apelido – fechou a Fox depois de uma crise de estresse e foi trabalhar para a grife Divina Decadência, criada pelo empresário Armando Galdêncio, então produzindo basicamente *jeans*. Não havia, ainda, conquistado "um nome de prestígio".[380] A grife, focada em *streetwear*, passou a seu comando – inicialmente, dividido com Elizabeth Vasconcelos: "Toda a minha educação de moda foi feita em cima do espaço criativo da Divina Decadência. Eu fazia duas viagens por ano à Europa; ia ao Japão regularmente, participava de feiras na Alemanha, em Nova York, Los Angeles. Até pesquisar moda em Cuba eu fui...",[381] ele contou.

A Divina tornou-se uma marca de sucesso da moda jovem brasileira. Apesar disso, em 1988, Ribeiro decidiu dar uma nova reviravolta: largou tudo e foi estudar moda na Central Saint Martins, University of the Arts, em Londres (Inglaterra). Para bancar a ousadia, chegou ao extremo de vender a própria "coleção de discos".[382] Valeu a pena: na Saint Martins, ele conheceu a estilista inglesa Suzanne Clements, com quem se casou em 1992, um ano após terem se formado. Em 1993, por não conseguir trabalho nem lá nem cá, o casal criou a Clements Ribeiro para produzir *prêt-à-porter* feminino, sediada na capital inglesa: "Eu estava metade do ano no Brasil, metade na Europa, tentando arrumar emprego. [...] Fomos obrigados a iniciar o nosso próprio negócio para criar um emprego para nós dois".[383]

De novo, o reconhecimento bateu à porta do estilista: o despojamento da marca, suas inusitadas misturas de cores e, sobretudo, o fato de "ter ressuscitado a caxemira"[384] atraíram atenções e compradores. Em 1994, ainda em seu começo, a marca desfilou uma coleção na segunda edição do Phytoervas Fashion, em São Paulo; no ano seguinte, ocorreu sua estreia na London Fashion Week e assim, ano a ano, foi se

firmando. Em 2000, fechou um "polpudo contrato"[385] com a marca francesa Cacharel, "obtendo sucesso e grande repercussão na imprensa internacional, tornando-se também responsável, em 2001, pela linha infantil da marca".[386] Com Versolato já retornado ao Brasil, uma reportagem da revista Época, de 2002, apontou Inácio Ribeiro como o "único nome e sobrenome [brasileiro] no cenário internacional".[387] A Clements Ribeiro virou uma etiqueta *cult* cobiçada, que caiu no agrado até de estrelas e astros hollywoodianos, como Nicole Kidman e Tom Cruise, além de Michelle Pfeifer, Gwyneth Paltrow, Cameron Diaz e Madonna.[388] "O fato de estarmos baseados em Londres nos coloca no centro do circuito. Nós vendemos para cerca de 16 países: a internacionalização é inegável. Embora eu seja brasileiro, moro em Londres e minha etiqueta é vista como londrina",[389] asseverou Ribeiro.

Confirmando que os caminhos que levam ao topo da moda internacional são muitos (e não têm atalhos), o também mineiro Francisco Costa (1966- ) chegou à direção criativa da famosíssima Calvin Klein, de Nova York, pela via do trabalho cotidiano, galgando degrau por degrau. Nascido em Guarani, MG, Costa passou a infância "cercado pela simplicidade".[390] Sua mãe tinha uma fábrica de roupas infantis, a Maria Hela Confecções: "Quando eu era criança, vivia com tesoura e papel na mão. Comecei a trabalhar cedo e, além de ir à escola, tinha que acompanhar toda a minha família no trabalho da fábrica",[391] ele recordou. Na adolescência, a família mudou-se para o Rio de Janeiro, onde Costa morou até o falecimento da mãe: "Saí do Brasil em 1985. Tinha 19 anos e era um brasileiro em Nova York, sem falar uma palavra do inglês. Quando cheguei, resolvi fazer os cursos noturnos do Fashion Institute of Tecnology (FIT), porque eram mais baratos. Naquela época, descobri que uma associação italiana de tecidos estava promovendo um concurso entre os alunos do curso. Participei e ganhei uma bolsa completa. Foi um reconhecimento e o início de tudo...".[392]

Dali por diante, Costa não perdeu as chances que se sucederam, em passagens por grifes importantes, a começar pela de Oscar de La Renta – casa, aliás, por onde havia também passado outro mineiro, entre o final dos anos 1980 e início da década de 1990, conhecido como Carlinhos, sobre quem pouco se sabe (teria voltado e se estabelecido no Rio de Janeiro, até sua morte). Em 1998, Costa foi para a Gucci: "Antes de sair da Gucci, fiz uma entrevista com o Calvin, mas achei que não era hora de mudar. Um ano depois, fui convidado para trabalhar na Balmain e aceitei. Só que, depois, fui checar toda a estrutura da empresa e mudei de ideia. Decidi voltar para Nova York. Meu companheiro conhece Barry Schwartz, que era sócio do Calvin, e falou a meu respeito. O cargo ainda estava vago e fui imediatamente chamado",[393] detalhou Costa. Enfim, em 2002, o estilista assumiu a direção de criação da divisão de *prêt-à-porter* feminino da Calvin Klein, passando a integrar, desde então, a "elite da indústria da moda".[394] Nos anos de 2006 e 2007, recebeu o prêmio de melhor estilista conferido pelo Council of Designers of America, o "Oscar" da moda norte-americana. Sua estética é minimalista e intelectualizada, de linhas puras e cores sóbrias. As notícias sobre seu sucesso ecoaram no Brasil, principalmente quando Francisco Costa recebeu, em 2008, o Prêmio Moda Brasil, "idealizado pelo empresário José Maurício Machline em parceria com o Shopping Iguatemi".[395]

Também mineiro e, vale dizer (apesar da redundância), igualmente adepto da discrição, Gustavo Lins (1966- ) foi outro brasileiro que conquistou reconhecimento na moda internacional, na primeira década do século XXI. Nascido em Belo Horizonte, MG, Lins foi – diferentemente do que ocorre com a maior parte dos estilistas – um raro caso de manifestação tardia de interesse pela moda: "Eu era nadador e passei toda a minha adolescência usando camisa branca Hering e calça cáqui",[396] ele contou. A identificação com as estéticas construtivas apareceu quando teve de escolher seu curso de graduação: ele se formou em arquitetura, em Belo Horizonte. Em 1987, mudou-se para a Europa pensando em fazer pós-graduação: "Só quando estava em Barcelona, na época em que fui à Europa fazer um mestrado sobre [Antoni] Gaudí, percebi que queria trabalhar com moda".[397] Lins decidiu estudar o ofício por conta própria: "Aprendi minha profissão na Europa, aos 28 anos, de forma autodidata".[398]

Sua grife foi criada em 2003, depois de ele ter feito um périplo por marcas importantes, passando por Hermant Lecoanet, Jean-Paul Gaultier, John Galliano, grupo Moët Hennessy Louis Vuitton (LVMH) e Kenzo. Em 2005, apenas dois anos depois de ter se estabelecido por conta própria, Lins teria recusado convite para desfilar uma coleção de *haute couture*, porque ainda não se sentia preparado: "Eles gostaram da minha sinceridade. Continuaram acompanhando meu trabalho e repetiram o convite no ano seguinte. Daí eu aceitei".[399] Gustavo justificou o convite da Chambre Syndicale: "Eles pesquisaram minha história e não queriam nenhum 'risco tropical' na minha marca. Não querem moda regionalizada [...]. Viram que sou brasileiro, embaixador do Brasil, mas não funciono na caracterização típica do país".[400] A estreia como membro convidado na *haute couture* deu-se, finalmente, em 2007. Em 2010, ele era ainda o "único latino-americano convidado para participar dos desfiles de alta-costura",[401] em Paris. Naquele ano, Lins anunciou que pleitearia a inclusão definitiva de seu nome nos quadros da Chambre Syndicale de la Couture Parisienne: "Decidi fazer minha demanda e vou pedir adesão. A aprovação é alta diplomacia e política: eles detectam a pessoa que tem um talento parisiense, venha ela da China, do Nepal, do Brasil, da Itália ou da Irlanda".[402]

Lins, cuja evidência lá fora mereceu destaque na imprensa brasileira, não tem muitos elogios à roupa feita em seu país de origem: "O brasileiro se veste muito mal. As roupas não têm técnica, nem modelagem",[403] analisou. "O Brasil é muito bom em criação, as marcas têm um potencial muito forte, mas constatamos que, ao nível do produto industrial, há falhas bastante graves. [...] Falhas de qualidade, de acabamento, de corte. Não quero generalizar, pois a criatividade é tão forte que deixamos o julgamento de qualidade de lado. [...] Mas, quando vemos o produto final, percebemos que tem vários problemas de acabamento e modelagem, sobretudo na parte de roupa masculina".[404] Seu colega e conterrâneo Francisco Costa também acha que a indústria

*Na página ao lado (acima), criação da Calvin Klein Collection desenhado pelo brasileiro Francisco Costa; Mercedes-Benz Fashion Week, Nova York, EUA, 2010.*

*Abaixo, o designer brasileiro Francisco Costa; Nova York, EUA, 2010.*

*Nesta página, criação do brasileiro Gustavo Lins; Galeria Joyce, Paris, França, 2010.*

*Abaixo, o estilista Pedro Lourenço e a modelo Carol Trentini ao final do desfile da coleção outono-inverno 2006; Museu Brasileiro da Escultura (Mube), São Paulo, SP, janeiro de 2006.*

de confecção daqui precisa mais do que criatividade para avançar além das fronteiras: "A moda brasileira é muito divulgada no exterior, mas ainda não explodiu economicamente. Acho que as grifes podem encontrar dificuldades, porque os compradores das lojas norte-americanas são muito rigorosos. O padrão de entrega das roupas também tem de ser rigoroso para a relação ser mantida de uma estação para outra. Só assim é que dá para conquistar mercado. Se essa parte não for consistente, não há criatividade que sustente um negócio",[405] salientou.

Talvez por todas essas motivações, nenhum dos três criadores brasileiros de moda brasileiros que, em 2010, mantinham carreiras consistentes no exterior acalentassem projetos de retorno à sua pátria, como fez Versolato. Ao contrário, tudo indica que eles devem vir a contar com reforços de novos nomes daqui tentando carreiras internacionais, caso, por exemplo, de Pedro Lourenço (1990- ), o jovem estilista filho único do casal Glória Coelho e Reinaldo Lourenço; um menino que cresceu vivenciando a moda pelo lado de dentro. Nenhum espanto, portanto, que ele precocemente tenha começado a fazer (ou a brincar de fazer) moda: "Eu cresci envolvido por esse ambiente, e, quando eles perceberam, era tarde demais para me tirar",[406] ele afirmou. Aos 12 anos, Lourenço começou a trabalhar com criação para a marca Carlota Joakina, de sua mãe; em janeiro de 2003, assinou sua primeira coleção para a grife, desfilada na São Paulo Fashion Week.

O mercado logo entendeu que Pedro Lourenço queria (e devia) ser levado a sério: em 2006, o jovem desenhou uma coleção para a marca francesa Lanvin. "Ele [Alber Elbaz, da Lanvin] me pediu para fazer uma coleção de moda praia e me chamou para trabalhar no *backstage* da Lanvin. Por isso, acabei indo pra França",[407] ele contou. Assim, em 2010, fez seu primeiro desfile em Paris, para o qual teria contado com a "KCD (uma das assessorias mais importantes do mundo da moda) e montou uma primeira fila de *designer* veterana: a editora da revista Vogue Paris, Carine Roitfeld, a jornalista britânica Hillary Alexander, do jornal Telegraph, e o editor europeu da Vogue America, Hamish Bowles".[408] Naquele mesmo ano, foi convidado por Donatella Versace para assinar uma linha de sua grife: "O formato do SPFW não serve mais para mim",[409] ele afirmou, em junho de 2010.

## Sustentabilidade *fashion*

Nossa "casa-mundo" olhou para os resíduos acumulados no próprio quintal e se espantou com o futuro que ali se sedimentava. Desde a década de 1980, os países industrialmente desenvolvidos voltaram suas atenções para a busca de meios de produção e consumo sustentáveis, que respeitassem a natureza – assim como as diferenças étnicas e culturais de povos e regiões. Nesse contexto, a moda assumiu as práticas conservacionistas como bandeiras a serem vestidas, a seu favor e do planeta. Já naquela década, o universo dos vestíveis fez incursões na área da reciclagem, iniciativas que só cresceram, até a virada para os anos 1990. A sustentabilidade *fashion* passou a abranger, portanto, a inclusão social e a preservação ambiental – aspectos que afetam todos os elos de sua cadeia produtiva. No âmbito social, as ações se circunscreveram ao trabalho de ONGs e de estilistas isolados; já na questão ambiental, o maior impacto relacionava-se à produção em larga escala, a começar pelas fibras de que são feitos os tecidos.

Estudo de 2008, divulgado pela Rhodia Têxtil, comparou o impacto ambiental inerente aos sistemas de produção das principais fibras empregadas em larga escala pela indústria têxtil brasileira. As fibras têxteis dividem-se em três grandes grupos, de acordo com sua origem primária: o primeiro é o das fibras naturais, sejam de origem animal (como lã, seda etc.), vegetal (por exemplo, linho, algodão etc.) ou mineral (crisotila, crocidolita etc.); o segundo é o das fibras artificiais, produzidas a partir de polímeros naturais (como a viscose); o terceiro é o das fibras sintéticas, obtidas a partir de químicos derivados do petróleo (poliéster, poliamida, elastano etc.). No caso das fibras naturais, o estudo focou as de origem vegetal, de maior emprego no Brasil, e apontou como prejuízo ao meio ambiente o "uso de pesticidas, herbicidas, desfoliantes ou adubos sintéticos"[410] em seu cultivo. Nas artificiais, o problema é a emissão de poluentes durante a produção. Por último, as fibras sintéticas, especialmente o poliéster e a poliamida, "têm contra si, principalmente, o fato de serem produzidas a partir de petróleo, e, portanto, de fonte não renovável".[411] Isso sem falar no seu descarte na natureza, que também contribui para a poluição ambiental. O estudo concluiu, portanto, que, em maior ou menor grau, todas as fibras avaliadas geraram algum tipo de impacto ao meio ambiente. No escopo da pesquisa, não foram consideradas as fibras naturais de origens animal e mineral, nem as vegetais orgânicas – ou seja, aquelas produzidas sem a utilização de produtos químicos –, pelo uso delas ser pouco expressivo no Brasil. No caso das fibras vegetais orgânicas, a ausência de produção em escala se devia aos altos custos gerados.

*Criação da coleção outono-inverno 2010 da grife Osklen, do estilista Oskar Metsavaht, que utilizou lã orgânica em suas criações; SPFW, SP, janeiro de 2010.*

Práticas sustentáveis da moda vêm sendo discutidas desde a década de 1980: os primeiros tempos foram desafiadores: de um lado, havia a preservação; de outro, as novas tecnologias que permitiram ampliar as *performances* industriais (assim como o consumo e o descarte de resíduos). O agravamento das questões ambientais impôs ao mundo a necessidade de que fossem criadas ferramentas efetivas para a superação dos problemas. No campo social, por exemplo, as iniciativas objetivaram: a valorização da mão de obra qualificada, a geração de empregos às populações carentes, o resgate das tradições, a difusão dos conceitos de preservação ambiental, a promoção da autoestima e autossuficiência de populações excluídas, a preferência pelas técnicas artesanais e pelas formas e motivos decorativos associados a uma panóplia de ambientação natural e orgânica, quase mimética à natureza, como cores em tons terrosos, esverdeados e naturais cru. Estimulou-se, ainda, o uso preferencial das fibras naturais, além do estudo e desenvolvimento de fibras sintéticas que fossem biodegradáveis. Afinal, o mote da sustentabilidade é defender "o ecologicamente correto, o economicamente viável, o socialmente justo e o culturalmente aceito".

No Brasil, desenvolveram-se diversas iniciativas de criação de moda com valor social e ambiental agregado, por meio de ONGs, projetos empresariais e governamentais. "Até pouco tempo, moda ecológica no Brasil era sinônimo de roupas e acessórios alternativos que passavam longe das passarelas. Mas este conceito está mudando: estilistas, organizadores dos principais eventos da área e algumas grifes de peso já começaram a virar o jogo",[412] observou a jornalista de moda Alice Lobo. Uma iniciativa pioneira foi a Cooperativa de Trabalho Artesanal e de Costura da Rocinha (Coopa-Roca), fundada em 1981, na favela da Rocinha, Rio de Janeiro, RJ, congregando trabalhadores da comunidade na elaboração de objetos e roupas com *design* que resgatava técnicas artesanais, reaproveitava tecidos e explorava a criatividade carioca. Maria Tereza Leal (Tetê Leal), socióloga e cofundadora da Coopa-Roca, afirmou: "Chamar a roupa da Coopa-Roca de 'uma roupa brasileira' é, para mim, um grande orgulho. Por que não resgatar a referência da nossa cultura no nosso vestuário? [...] A roupa da Coopa-Roca não tem só a carga da técnica tradicional do Nordeste, de aproveitamento de retalhos – que, por isso, traduz uma linguagem chamada 'moda brasileira'... É uma roupa pouco formal; ela é carioca no sentido de que tem uma certa sensualidade nas peças".[413] Voltada ao resgate de técnicas tradicionais – como fuxico, crochê, bordado, nozinho e *patchwork* (trabalho com retalhos) –, a Coopa-Roca criava peças que eram comercializadas em sua sede. Ativa em 2010, havia, também, acumulado um expressivo currículo de participações em cenografias e desfiles de coleções próprias, como os realizados no Fashion Rio (julho de 2002), na SPFW (junho de 2003 e fevereiro de 2004) ou no Parc de la Villette, em Paris, 2005 – este último como parte das comemorações do ano do Brasil na França.[414] Além de um desfile realizado no Phytoervas Fashion, ainda ao tempo da Phabrica, em São Paulo.

A valorização do artesanal esteve presente, ainda, nos trabalhos de diversos estilistas brasileiros. Foi marcante, por exemplo, na parceria desenvolvida pelo paulista Walter Rodrigues com a Associação das Rendeiras de Morros da Mariana, em Ilha Grande, PI, que

*Abaixo e na página ao lado, vestido em renda e detalhe de acessório e peça artesanal da grife Ethos, das estilistas Beatriz Castro e Lúcia Neves; Fortaleza, CE, 2010.*

resultou em peças desenhadas pelo estilista, com o emprego de rendas manuais executadas pelas artesãs da entidade. A coleção foi apresentada na edição verão 2001/2002 da São Paulo Fashion Week, quando Walter foi definido pela jornalista Eva Joory como "um artesão do luxo", que sabe "arriscar e acompanhar as tendências de mercado".[415] Também Lino Villaventura recorreu à manufatura, sem descartar a tecnologia: "A pesquisa de materiais e a coragem de desafiar sua técnica manual para criar novas e incomuns padronagens fazem do ateliê de Lino um verdadeiro laboratório de experimentos",[416] avaliou o jornalista de moda Jackson Araújo, acrescentando: "A construção das ricas roupas com dobraduras em trama de palha de buriti, trecês de restos de fios de *lycra* à moda das cestas indígenas e teia de aranha em metal confirmaram seu poder de transformação dos mecanismos simples da nobre tarefa dos artesãos em novas linguagens e suportes".[417]

As criações do mineiro Ronaldo Fraga, por sua vez, buscaram valorizar a cultura brasileira e o artesanato de seu estado: "O estilista prioriza métodos de coser até hoje praticados por modistas de cidade do interior. A confecção com base neste método, realizada em pequenos ateliês, prevê que o consumidor participe ativamente no feitio da roupa, apontando defeitos, palpitando sobre acabamentos e, sobretudo, experimentando várias vezes a peça, que é moldada no próprio corpo",[418] destacou a jornalista de moda Carol Garcia. Em suas coleções, Ronaldo enveredou "pelas trilhas de um Brasil caboclo, interiorano e *low tech*, [...] construindo pontes entre [ele e] o interior de si, do país onde nasceu e da espécie à qual pertence".[419] Além das questões que permeiam a identidade de seu trabalho, Fraga, em coleções como Quantas Noites Não Durmo (SPFW, janeiro de 2004), explorou diretamente a conscientização ecológica ao apresentar roupas em florais rendados, elaboradas com tecido feitos de algodão naturalmente coloridos, produzidos no estado da Paraíba.

Também sensibilizadas com a sustentabilidade social e ambiental, as marcas Ethos, de Fortaleza, CE, de Beatriz Castro (1960- ) e Lúcia Neves (1939- ), e Apoena, de Brasília, DF, de Kátia Ferreira,[420] valorizaram o caráter étnico e as estéticas regionais, conferindo identidade de *design* brasileiro a seus produtos. A marca Osklen – do estilista gaúcho Oskar Metsavaht (1961- ) – usou lã orgânica, seda ecológica e feltro de lã reciclada em suas coleções; a Iódice empregou, na SPFW de janeiro de 2010, produtos sustentáveis da Amazônia. A estilista carioca Isabela Capeto criou "a partir do reaproveitamento de tecidos", e quando lhe perguntam sobre "o papel da moda no movimento verde", ela argumentou: "É reaproveitar, reinventar...".[421] "O mesmo objetivou Mário Queiroz, ao estampar sobre tecidos antigos, dando um ar totalmente novo a algumas de suas criações. Nesta coleção [janeiro de 2010], ele também trabalhou com algodão orgânico nas suas camisetas".[422] Ele ainda sugeria a seus clientes que utilizassem "peças de coleções antigas, de brechós ou mesmo de outras marcas. Na moda tudo se recicla, e o estilo permanece...".[423]

A empresa EcoSimple, de Americana, SP, na SPFW de junho de 2010, forneceu para a marca Alexandre Herchcovitch tecidos e malhas "produzidos a partir de garrafas PET, roupas usadas, resíduos de processo de fiações, aparas de tecidos descartados em confecções. Materiais que iriam para o lixo são transformados em matérias-primas sustentáveis... O modelo de produção EcoSimple minimiza o impacto ambiental e também favorece dezenas de famílias que encontram nesse trabalho uma forma de transformar suas vidas".[424] As aparas de tecidos provinham de confecções de cidades catarinenses, em especial de Navegantes.

O reaproveitamento de materiais (como refugos de fios e tecidos), o uso de peles sintéticas ou certificadas (de animais sem risco de extinção e abatidos para alimentação) e do "couro vegetal" da Amazônia (suporte têxtil com látex), a adoção de contas de madeira certificadas ou de sementes, assim como o emprego de bordados, aplicações e *patchworks* – entre outras técnicas artesanais aplicadas à industrialização –, foram iniciativas sustentáveis bem-sucedidas na moda brasileira, abrangendo roupas, acessórios e complementos (como calçados e joalheria). "Outra prova de que estilo e moda verde andam juntas é a *stylist* e apresentadora Chiara Gadaleta Klajmic... [que], além de manter o *blog* Ser Sustentável com Estilo, também organiza um Bazar Sustentável, no qual vende acessórios elaborados com resíduos têxteis e outras iniciativas verdes".[425]

Para estimular iniciativas como essas, entidades passaram a editar publicações com o fim de divulgá-las e fortalecê-las, caso da Associação Brasileira de Empresas de Componentes para Couro, Calçados e Artefatos (Assintecal), com sede em Novo Hamburgo, RS, que editava bianualmente um caderno de tendências coordenado por Ilse Guimarães e Walter Rodrigues. A Associação Brasileira de Estilistas (Abest), com sede em São Paulo, SP, mantinha o caderno +B (Mais Brasil), coordenado por Rose Andrade e com produção estilística do artista plástico e professor de moda Sérgio Gregório.

A própria São Paulo Fashion Week teve a sustentabilidade como tema central de sua edição de inverno, em janeiro de 2007. "A moda vai à luta",[426] destacou a manchete da Folha de S.Paulo: "São Paulo Fashion Week começa dia 24 em clima de ativismo social, com campanhas contra a anorexia e a favor da sustentabilidade *fashion*".[427] O objetivo era tornar a moda um veículo de conscientização: "Sustentabilidade é mais que a ecologia; é um modo de aproximar os 'Brasis'; de desenvolver uma rede produtiva e criar um diferencial para o país",[428] sustentou Graça Cabral, diretora institucional da Luminosidade, responsável pela semana de moda. "Nunca vamos dizer que o nosso *design* é melhor que o da Itália ou mais luxuoso que o da França; mas poderemos dizer que é mais sustentável, e isso vai valer ouro no futuro",[429] acrescentou Paulo Borges. A conscientização ecoambiental tornou-se um tema presente a cada edição da SPFW: "A gente usa o SPFW para levar assuntos importantes para o mercado e o grande público. A indústria da moda precisa acordar para a sustentabilidade; queremos tratar da sustentabilidade, sem ser ecochatos",[430] reafirmou Graça Cabral, em 2010.

# Notas

1 Outra vez diante de um novo ciclo?, reportagem sem autor indicado; revista Textília, edição especial de aniversário, V. II, MJC Técnica de Comunicação Ltda., São Paulo, SP, maio/julho 2006.

2 Dicionário de Moda, de Marco Sabino; Campus, Rio de Janeiro, RJ, 2007.

3 Depoimento ao projeto HMB, gravado em agosto de 2007.

4 Idem.

5 O Rio que Virou Moda, de Iesa Rodrigues; Memória Brasil, Rio de Janeiro, RJ, 1994.

6 Depoimento ao projeto HMB, gravado em agosto de 2007.

7 Atrizes grávidas dominam Barrashopping, reportagem de Erika Palomino; Folha de S.Paulo, Empresas Folha da Manhã S.A., São Paulo, SP, 12 de setembro de 1996.

8 Idem.

9 Programa Amaury Jr, 1996, entrevista cedida por Regina Guerreiro; clipping eletrônico, acervo da Dupla, pesquisa realizada em 2010.

10 Depoimento ao projeto HMB, gravado em março de 2007.

11 Idem.

12 Idem.

13 Idem.

14 Enciclopédia da Moda, de Georgina O'hara Callan, com verbetes brasileiros de Cynthia Garcia; Companhia das Letras, São Paulo, SP, 2007.

15 Depoimento ao projeto HMB, gravado em março de 2007.

16 Idem.

17 30 Estilistas – À Moda do Rio, de Iesa Rodrigues e Paula Acioli; Senac, Rio de Janeiro, RJ, 2001.

18 Depoimento ao projeto HMB, gravado em março de 2007.

19 Dicionário da Moda, de Marco Sabino; Elsevier, Rio de Janeiro, RJ, 2007.

20 A Moda Como Ela é: bastidores, criação e profissionalização, de Marcia Disitzer e Silvia Vieira; Senac Nacional, Rio de Janeiro, RJ, 2006.

21 Dicionário da Moda, de Marco Sabino; Elsevier, Rio de Janeiro, RJ, 2007.

22 Depoimento ao projeto HMB, gravado em março de 2007.

23 Idem.

24 A Moda Como Ela é: bastidores, criação e profissionalização, de Marcia Disitzer e Silvia Vieira; Senac Nacional, Rio de Janeiro, RJ, 2006.

25 Depoimento ao projeto HMB, gravado em março de 2007.

26 Mecenas Fashion, reportagem de Elda Priami; Interview, n. 185; Editora Azul, São Paulo, SP, junho de 1996.

27 Depoimento ao projeto HMB, gravado em outubro de 2007.

28 Depoimento ao projeto HMB, gravado em agosto de 2010.

29 O Brasil na Moda, vol. 2, edição de Paulo Borges e João Carrascosa; Editora Caras, São Paulo, SP, 2004.

30 Mecenas Fashion, reportagem de Elda Priami; Interview, n. 185; Editora Azul, São Paulo, SP, junho de 1996.

31 Depoimento ao projeto HMB, gravado em outubro de 2007.

32 Depoimento ao projeto HMB, gravado em agosto de 2010.

33 Gibran Khalil Gibran no outono inverno da Cia. de Linho, texto de Suzana Elias Eazar. Disponível no site Moda Brasil [http://www2.uol.com.br/modabrasil/entrevista/sonia_maalouli/index.htm], acesso em agosto 2010.

34 Idem.

35 Depoimento ao projeto HMB, gravado em julho de 2007.

36 Depoimento ao projeto HMB, gravado em julho de 2007.

37 In: O Quarto Poder da Moda, entrevista com Costanza Pascolato por Suzy Capó; Phytoervas Fashion, 6ª edição; Phytoervas, São Paulo, SP, julho de 1996.

38 Mecenas Fashion, reportagem de Elda Priami; Interview, n. 185; Editora Azul, São Paulo, SP, junho de 1996.

39 Depoimento ao projeto HMB, gravado em agosto de 2010.

40 Idem.

41 Depoimento ao projeto HMB, gravado em junho de 2007.

42 Depoimento ao projeto HMB, gravado em agosto de 2010.

43 Depoimento ao projeto HMB, gravado em outubro de 2007.

44 In: O Brasil na Moda, vol. 2, edição de Paulo Borges e João Carrascosa; Editora Caras, São Paulo, SP, 2004.

45 Idem.

46 Idem.

47 Idem.

48 Estilistas escapam da síndrome de Paris, reportagem de Erika Palomino e Jackson Araújo; Folha de S.Paulo, Empresas Folha da Manhã S.A., São Paulo, SP, 28 de julho de 1994.

49 O Brasil na Moda, vol. 2, edição de Paulo Borges e João Carrascosa; Editora Caras, São Paulo, SP, 2004.

50 Estilistas escapam da síndrome de Paris, reportagem de Erika Palomino e Jackson Araújo; Folha de S.Paulo, Empresas Folha da Manhã S.A., São Paulo, SP, 28 de julho de 1994.

51 Der Haten assume estilo clássico, reportagem de Eva Joory; Folha de S.Paulo, Empresas Folha da Manhã S.A., São Paulo, SP, 9 de fevereiro de 1995.

52 Coluna Noite Ilustrada, de Erika Palomino; Folha de S.Paulo, Empresas Folha da Manhã S.A., São Paulo, SP, 11 de julho de 1997.

53 Momentos da moda, reportagem de Erika Palomino. Folha de S.Paulo, Empresas Folha da Manhã S.A., São Paulo, SP, 25 de janeiro de 1999.

54 Fause Haten e Patachou são emblemas, reportagem de Erika Palomino; Folha de S.Paulo, Empresas Folha da Manhã S.A., São Paulo, SP, 16 de Janeiro de 1999.

55 Nova York pega fogo mesmo com a neve, reportagem de Erika Palomino; Folha de S.Paulo, Empresas Folha da Manhã S.A., São Paulo, SP, 11 de fevereiro de 2000.

56 O Brasil na Moda, vol. 2, edição de Paulo Borges e João Carrascosa; Editora Caras, São Paulo, SP, 2004.

57 Dicionário da Moda, de Marco Sabino; Elsevier, Rio de Janeiro, RJ, 2007.

58 O Brasil na Moda, vol. 2, edição de Paulo Borges e João Carrascosa; Editora Caras, São Paulo, SP, 2004.

59 Depoimento ao projeto HMB, gravado em julho de 2007.

60 Depoimento de Alexandre Herchcovitch ao projeto HMB, gravado em julho de 2007.

61 Depoimento ao projeto HMB, gravado em outubro de 2007.

62 In: A Mulher da Moda, reportagem de André Hidalgo; Interview, n. 199; Editora Azul, São Paulo, SP, agosto de 1996.

63 Depoimento ao projeto HMB, gravado em agosto de 2010.

64 Idem.

65 Depoimento ao projeto HMB, gravado em agosto de 2007.

66 Phytoervas Fashion: 5ª edição, outono-inverno 96, catálogo institucional; Astra Editora, São Paulo, SP, fevereiro de 1996.

67 O Brasil na Moda, vol. 2, edição de Paulo Borges e João Carrascosa; Editora Caras, São Paulo, SP, 2004.

68 Idem.

69 Marcelo Sommer. Coleção Moda Brasileira; Cosac Naify, São Paulo, SP, 2007.

70 Idem.

71 Dicionário da Moda, de Marco Sabino. Elsevier, Rio de Janeiro, RJ, 2007.

72 Depoimento ao projeto HMB, gravado em agosto de 2010.

73 Idem.

74 Idem.

75 Moda e identidade no cenário contemporâneo brasileiro: uma análise semiótica das coleções de Ronaldo Fraga, de Carol Garcia; dissertação de mestrado, PUC-SP, São Paulo, SP, 2002.

76 Agulhas da Alta Moda Brasileira, texto sem autor indicado; Catálogo do evento; Apae SP, São Paulo, SP, 20 de maio de 1997.

77 Idem.

78 Inscrição para o prêmio Smirnoff está aberta, reportagem de Eva Joory; Folha de S.Paulo; Empresas Folha da Manhã SA, São Paulo, SP, 21 de maio de 1994.

79 Depoimento ao projeto HMB, gravado em setembro de 2007.

80 Idem.

81 Prêmio Rio Sul de Novos Estilistas, texto de Marco Sabino; Blog de Marco Sabino; Disponível em [http://www.marcosabino.com/blog/?p=18178], julho de 2010. Acesso em outubro de 2010.

82 Babado Forte: moda, música e noite na virada do Século 21, de Erika Palomino; Mandarim, São Paulo, SP, 1999.

83 Depoimento ao projeto HMB, gravado em setembro de 2010.

84 Babado Forte: moda, música e noite na virada do Século 21, de Erika Palomino; Mandarim, São Paulo, SP, 1999.

85 Depoimento ao projeto HMB, gravado em setembro de 2010.

86 Idem.

87 Evento traz estilistas de 'médio porte', reportagem de Jackson Araújo; Folha de S.Paulo, São Paulo, SP, 5 de maio de 1997.

88 Depoimento ao Projeto HMB, gravado em setembro de 2010.

89 Evento traz estilistas de 'médio porte', reportagem de Jackson Araújo; Folha de S.Paulo, São Paulo, SP, 5 de maio de 1997.

90 Depoimento ao Projeto HMB, gravado em setembro de 2010.

91 Idem.

92 Idem.

93 Idem.

94 5ª Semana de Moda começa hoje com 14 jovens estilistas, texto de Erika Palomino; Folha de S.Paulo, São Paulo, SP, 23 de março de 1999.

95 Depoimento ao projeto HMB, gravado em setembro de 2010.

96 Idem.

97 Idem.

98 Idem.

99 Semana de Moda é vitrine para novatos, reportagem de Alberto Santiago; Folha de S.Paulo, São Paulo, SP, 11 de julho de 2000.

100 Depoimento ao projeto HMB, gravado em setembro de 2010.

101 Idem.

102 Incubadora de grifes faz 10 anos criando tendências, reportagem de Valéria França; Folha de S.Paulo, 5 de maio de 2007.

103 Idem.

104 Idem.

105 Idem.

106 In: Moda ocupa centrão, texto de Vivian Whiteman; Folha de S.Paulo, São Paulo, SP, 20 de novembro de 2009.

107 Depoimento de André Hidalgo ao projeto HMB, gravado em setembro de 2010.

108 Idem.

109 Dicionário da Moda, de Marco Sabino; Elsevier, Rio de Janeiro, RJ, 2007.

110 Depoimento ao projeto HMB, gravado em agosto de 2007.

111 In: Carlos Miele abandona passarelas do Brasil, reportagem de Erika Palomino; Folha de S.Paulo, Empresas Folha da Manhã SA, São Paulo, SP, 25 de setembro de 2002.

112 Depoimento ao projeto HMB, gravado em julho de 2007.

113 Depoimento ao projeto HMB, gravado em agosto de 2007.

114 Depoimento ao projeto HMB, gravado em março de 2007.

115 Depoimento ao projeto HMB, gravado em fevereiro de 2010.

116 Fashion Rio instala cultura de moda, reportagem de Erika Palomino; Folha de S.Paulo,

Empresas Folha da Manhã SA, São Paulo, SP, 26 de julho de 2002.

117 Depoimento ao projeto HMB, gravado em março de 2007.

118 Depoimento ao projeto HMB, gravado em maio de 2009.

119 Depoimento ao projeto HMB, gravado em março de 2007.

120 Depoimento ao projeto HMB, gravado em maio de 2009.

121 Idem.

122 Idem.

123 Idem.

124 Darling, texto de Mônica Bergamo; Folha de S.Paulo, Empresas Folha da Manhã SA, São Paulo, SP, 14 de janeiro de 2004.

125 Carioca tipo exportação, reportagem de Alcino Leite Neto; Folha de S.Paulo, Empresas Folha da Manhã SA, São Paulo, SP, 30 de junho de 2006.

126 Depoimento ao projeto HMB, gravado em maio de 2009.

127 A Moda Como Ela é: bastidores, criação e profissionalização, de Marcia Disitzer e Silvia Vieira; Senac Nacional, Rio de Janeiro, RJ, 2006.

128 Depoimento ao projeto HMB, gravado em março de 2007

129 Depoimento ao projeto HMB, gravado em agosto de 2007.

130 Fagulhas, texto de Mônica Bergamo; Folha de S.Paulo, Empresas Folha da Manhã SA, São Paulo, SP, 1º de junho de 2002.

131 Idem.

132 Idem.

133 "Deviam criar um evento com cara própria", entrevista de Paulo Borges à Mônica Bergamo; Folha de S.Paulo, Empresas Folha da Manhã SA, São Paulo, SP, 5 de janeiro de 2004.

134 "Imitamos, como assim?", entrevista de Eloysa Simão à Mônica Bergamo; Folha de S.Paulo, Empresas Folha da Manhã SA, São Paulo, SP, 15 de janeiro de 2004.

135 Depoimento ao projeto HMB, gravado em agosto de 2007.

136 Depoimento ao projeto HMB, gravado em fevereiro de 2010.

137 Depoimento ao projeto HMB, gravado em março de 2007.

138 In: Eloysa Simão assume o Rio Summer, reportagem de Alcino Leite Neto, seção Última Moda; Folha de S.Paulo, Empresas Folha da Manhã SA, São Paulo, SP, 8 de maio de 2009.

139 O ano zero do novo Fashion Rio, reportagem Alcino Leite Neto; Folha de S.Paulo, Empresas Folha da Manhã SA, São Paulo, SP, 5 de junho de 2009.

140 Depoimento ao projeto HMB, gravado em fevereiro de 2010.

141 Repaginação faz Fashion Rio perder agitação carioca e ficar mais elitista, reportagem de Alcino Leite Neto e Vivian Whiteman; Folha de S.Paulo, Empresas Folha da Manhã SA, São Paulo, SP, 9 de junho de 2009.

142 Fashion Rio na era pós-carnavalesca, reportagem Alcino Leite Neto e Vivian Whiteman; Folha de S.Paulo, Empresas Folha da Manhã SA, São Paulo, SP, 15 de janeiro de 2010.

143 A nova onda carioca, reportagem de Vivian Whiteman; Folha de S.Paulo, Empresas Folha da Manhã SA, São Paulo, SP, 4 de junho de 2010.

144 Rio será capital mundial da moda praia, reportagem de Vivian Whiteman; Folha de S.Paulo, Empresas Folha da Manhã SA, São Paulo, SP, 27 de maio de 2010.

145 Depoimento ao projeto HMB, gravado em agosto de 2007.

146 Paulo Borges assume o comando do Rio Summer, texto publicado no Blog Abril, 31 de agosto de 2009 [www.abril.com.br/blog/claro-rio-summer], acesso em setembro de 2010.

147 Rio será capital mundial da moda praia, reportagem de Vivian

Whiteman; Folha de S.Paulo, Empresas Folha da Manhã SA, São Paulo, SP, 27 de maio de 2010.

148 Idem.

149 Depoimento ao projeto HMB, gravado em agosto de 2007.

150 Inventando moda, artigo de Erika Palomino; Folha de S.Paulo, Empresas Folha da Manhã S.A., São Paulo, SP, 14 de julho de 1996.

151 *In:* MAM será palco de maratona fashion, reportagem de Erika Palomino; Folha de S.Paulo, Empresas Folha da Manhã S.A., São Paulo, SP, 17 de junho de 1996.

152 Inventando moda, artigo de Erika Palomino; Folha de S.Paulo, Empresas Folha da Manhã S.A., São Paulo, SP, 14 de julho de 1996.

153 Depoimento ao projeto HMB, gravado em outubro de 2007.

154 Idem.

155 Idem.

156 Idem.

157 Idem.

158 Idem.

159 O Brasil na Moda, vol. 2, edição de Paulo Borges e João Carrascosa; Editora Caras, São Paulo, SP, 2004.

160 Idem.

161 Depoimento ao projeto HMB, gravado em outubro de 2007.

162 Idem.

163 Idem.

164 Idem.

165 Morumbi terá nova ala com lojas de 60 grifes, reportagem sem autor identificado; Folha de S.Paulo, Empresas Folha da Manhã SA, São Paulo, SP, 26 de agosto de 1995.

166 Idem.

167 O Brasil na Moda, vol. 2, edição de Paulo Borges e João Carrascosa; Editora Caras, São Paulo, SP, 2004.

168 Depoimento ao projeto HMB, gravado em agosto de 2007.

169 MorumbiFashion começa hoje, reportagem de Erika Palomino; Folha de S.Paulo, Empresas Folha da Manhã SA, São Paulo, SP, 22 de julho de 1996.

170 Idem.

171 MAM será palco de maratona fashion, reportagem de Erika Palomino. Folha de S.Paulo, Empresas Folha da Manhã SA, São Paulo, SP, 17 de junho de 1996.

172 Idem.

173 O Brasil na Moda, vol. 2, edição de Paulo Borges e João Carrascosa; Editora Caras, São Paulo, SP, 2004.

174 Idem.

175 Evento revela novas estruturas da moda, reportagem de Erika Palomino; Folha de S.Paulo, Empresas Folha da Manhã SA, São Paulo, SP, 16 de janeiro de 1999.

176 Gibran Khalil Gibran no outono-inverno da Cia de Linho, entrevista a Suzana Elias Eazar; Moda Brasil [http://www2.uol.com.br/modabrasil/entrevista/sonia_maalouli/index.htm], Anhembi Morumbi, São Paulo, SP, 2000. Acesso em setembro de 2010.

177 Reinaldo Lourenço e o Desejo, artigo de Fatima Ali. *In:* Reinaldo Lourenço. Coleção Moda Brasileira. Cosac Naify, São Paulo, SP, 2008.

178 *In:* O Brasil na Moda, vol. 2, edição de Paulo Borges e João Carrascosa; Editora Caras, São Paulo, SP, 2004.

179 Idem.

180 Reinaldo Lourenço descobre o Brasil, reportagem de Alcino Leite Neto e Vivian Whiteman; Folha de S.Paulo, Empresas Folha da Manhã SA, São Paulo, SP, 20 de junho de 2009.

181 Idem.

182 Depoimento ao projeto HMB, gravado em outubro de 2010.

183 Bastidores, texto de Erika Palomino; Folha de S.Paulo, Empresas Folha da Manhã SA, São Paulo, SP, 23 de julho de 1997.

184 Depoimento ao projeto HMB, gravado em outubro de 2007.

185 Por um business melhor, reportagem de Erika Palomino; Folha de S.Paulo, Empresas

Folha da Manhã SA, São Paulo, SP, 30 de janeiro de 2001.

186 O Brasil na Moda, vol. 2, edição de Paulo Borges e João Carrascosa; Editora Caras, São Paulo, SP, 2004.

187 Inédita de Jobim vira tema de shopping, reportagem de Adriana Mattos; Folha de S.Paulo, Empresas Folha da Manhã SA, São Paulo, SP, 24 de janeiro de 2001.

188 MorumbiFashion dá lugar à SP Fashion Week , reportagem de Erika Palomino; Folha de S.Paulo, Empresas Folha da Manhã SA, São Paulo, SP, 9 de dezembro de 2000.

189 Fagulhas, nota de Mônica Bergamo; Folha de S.Paulo, Empresas Folha da Manhã SA, São Paulo, SP, 13 de dezembro de 2001.

190 Guerra de agulhas, reportagem de Leandro Fortino; Folha de S.Paulo, Empresas Folha da Manhã SA, São Paulo, SP, 30 de junho de 2003.

191 Idem.

192 Depoimento ao projeto HMB, gravado em outubro de 2007.

193 Idem.

194 Edição quer fazer dinheiro e falar sério, reportagem de Erika Palomino; Folha de S.Paulo, Empresas Folha da Manhã SA, São Paulo, SP, 17 de junho de 2004.

195 Eles Estão se Conhecendo, texto de Erika Palomino, com reportagem de Henriette Mirrione e Carol Delboni; Folha de S.Paulo Moda, Empresas Folha da Manhã SA, São Paulo, SP, 15 de abril de 2005.

196 SPFW completa dez anos em busca de afirmação no calendário mundial, reportagem de Fernanda Crancianinov; Folha Online; disponível em [http://www1.folha.uol.com.br/folha/ilustrada/ult90u67998.shtml], acesso em outubro 2010.

197 *In:* O Brasil na Moda, vol. 2, edição de Paulo Borges e João Carrascosa; Editora Caras, São

Paulo, SP, 2004.

198 Depoimento ao projeto HMB, gravado em outubro de 2007.

199 É a crise, sorria, reportagem de Alcino Leite Neto e Vivian Whiteman; Folha de S.Paulo, Empresas Folha da Manhã SA, São Paulo, SP, 18 de janeiro de 2009.

200 Idem.

201 Peixes da moda lutam para sobreviver entre tubarões, reportagem de Alcino Leite Neto e Vivian Whiteman; Folha de S.Paulo, Empresas Folha da Manhã SA, São Paulo, SP, 23 de junho de 2009.

202 Idem.

203 Idem.

204 Depoimento ao projeto HMB, gravado em outubro de 2007.

205 Idem.

206 *In:* Superpoderoso da moda, reportagem de Alcino Leite Neto; Folha de S.Paulo, Empresas Folha da Manhã SA, São Paulo, SP, 15 de junho de 2009.

207 Depoimento ao projeto HMB, gravado em outubro de 2007.

208 Idem.

209 Depoimento ao projeto HMB, gravado em julho de 2007.

210 Depoimento ao projeto HMB, gravado em outubro de 2007.

211 Imaginação iconoclasta e método profissional, artigo de Álvaro Machado; *In:* Alexandre Herchcovitch. Coleção Moda Brasileira. Cosac Naify, São Paulo, SP, 2007.

212 Idem.

213 Depoimento ao projeto HMB, gravado em julho de 2007.

214 Idem.

215 O grande Alexandre, artigo de Charles Cosac; *In:* Alexandre Herchcovitch. Coleção Moda Brasileira; Cosac Naify, São Paulo, SP, 2007.

216 Alexandre Herchcovitch. Coleção Moda Brasileira; Cosac Naify, São Paulo, SP, 2007.

217 Depoimento ao projeto HMB, gravado em julho de 2007.

218 Idem.

219 Idem.

220 Idem.

221 Idem.

222 Alexandre Herchcovitch. Coleção Moda Brasileira; Cosac Naify, São Paulo, SP, 2007.

223 Depoimento ao projeto HMB, gravado em julho de 2007.

224 O Brasil na Moda, vol. 2, edição de Paulo Borges e João Carrascosa; Editora Caras, São Paulo, SP, 2004.

225 Depoimento ao projeto HMB, gravado em julho de 2007.

226 O Brasil na Moda, vol. 2, edição de Paulo Borges e João Carrascosa; Editora Caras, São Paulo, SP, 2004.

227 Depoimento ao projeto HMB, gravado em julho de 2007.

228 Idem.

229 Imaginação iconoclasta e método profissional, artigo de Álvaro Machado; In: Alexandre Herchcovitch. Coleção Moda Brasileira; Cosac Naify, São Paulo, SP, 2007.

230 Depoimento ao projeto HMB, gravado em julho de 2007.

231 Imaginação iconoclasta e método profissional, artigo de Álvaro Machado; In: Alexandre Herchcovitch. Coleção Moda Brasileira; Cosac Naify, São Paulo, SP, 2007.

232 Depoimento ao projeto HMB, gravado em agosto de 2007.

233 Imaginação iconoclasta e método profissional, artigo de Álvaro Machado; In: Alexandre Herchcovitch. Coleção Moda Brasileira; Cosac Naify, São Paulo, SP, 2007.

234 O Brasil na Moda, vol. 2, edição de Paulo Borges e João Carrascosa; Editora Caras, São Paulo, SP, 2004.

235 Cartas a um Jovem Estilista, de Alexandre Herchcovitch; Campus, São Paulo, SP, 2007.

236 Depoimento ao projeto HMB, gravado em julho de 2007.

237 Depoimento ao projeto HMB, gravado em agosto de 2007.

238 Imaginação iconoclasta e método profissional, artigo de Álvaro Machado; In: Alexandre Herchcovitch. Coleção Moda

Brasileira; Cosac Naify, São Paulo, SP, 2007.

239 Idem.

240 Retratos de um rebelde com causa, reportagem de Álvaro Leme e Fabio Brisolla; Veja São Paulo, Ano 40, n. 25. Abril, São Paulo, SP, 27 de julho de 2007.

241 Alexandre Herchcovitch. Coleção Moda Brasileira; Cosac Naify, São Paulo, SP, 2007.

242 Depoimento ao projeto HMB, gravado em julho de 2007.

243 Retratos de um rebelde com causa, reportagem de Álvaro Leme e Fabio Brisolla; Veja São Paulo, Ano 40, n. 25. Abril, São Paulo, SP, 27 de julho de 2007.

244 Idem.

245 Depoimento ao projeto HMB, gravado em julho de 2007.

246 Idem.

247 Idem.

248 Idem.

249 Idem.

250 Imaginação iconoclasta e método profissional, artigo de Álvaro Machado; In: Alexandre Herchcovitch. Coleção Moda Brasileira; Cosac Naify, São Paulo, SP, 2007.

251 Depoimento ao projeto HMB, gravado em julho de 2007.

252 Enciclopédia da Moda, de Georgina O'Hara Callan (verbetes brasileiros Cynthia Garcia); Companhia das Letras, São Paulo, SP, 2007.

253 Dictionnaire International De La Mode, de Bruno Remaury (org.); Régard, Paris, 2005.

254 Semana de Moda de NY: marcas brasileiras na vitrine do mundo; Programa Mundo S/A, Globo News; Rede Globo, Rio de Janeiro, RJ, 20 de setembro de 2010.

255 Depoimento ao projeto HMB, gravado em julho de 2007.

256 Depoimento ao projeto HMB, gravado em agosto de 2007.

257 Idem.

258 Idem.

259 Idem.

260 Ronaldo Fraga. Coleção Moda Brasileira; Cosac Naify, São Paulo, SP, 2007.

261 Idem.

262 Idem.

263 Depoimento ao projeto HMB, gravado em agosto de 2007.

264 Phytoervas Fashion: 5ª edição, outono-inverno 96, catálogo institucional; Astra Editora, São Paulo, SP, fevereiro de 1996.

265 Idem.

266 Ronaldo Fraga, Coleção Moda Brasileira; Cosac Naify, São Paulo, SP, 2007.

267 Depoimento ao projeto HMB, gravado em agosto de 2007.

268 Idem.

269 Mulheres fictícias, artigo de Glória Kalil; In: Ronaldo Fraga, Coleção Moda Brasileira; Cosac Naify, São Paulo, SP, 2007.

270 Por uma poética do lugar-comum, artigo de Carol Garcia; In: Ronaldo Fraga, Coleção Moda Brasileira; Cosac Naify, São Paulo, SP, 2007.

271 Depoimento ao projeto HMB, gravado em agosto de 2007.

272 Idem.

273 Babado Forte, moda, música e noite, de Erika Palomino; Mandarim, São Paulo, SP, 1999.

274 André Lima. Coleção Moda Brasileira; Cosac Naify, São Paulo, SP, 2008.

275 Idem.

276 Idem.

277 De bonecas à alta sociedade, reportagem de Fernanda Shimidt, publicada em outubro de 2008 no portal UOL [http://estilo.uol.com.br/moda/ultnot/2008/10/13/ult630u9849.jhtml], acesso em outubro de 2010.

278 Idem.

279 André Lima. Coleção Moda Brasileira; Cosac Naify, São Paulo, SP, 2008.

280 Idem.

281 Idem.

282 Idem.

283 Idem.

284 Idem.

285 Lorenzo Merlino, texto sem autor indicado, publicado no Uol Estilo Moda [http://estilo.uol.com.br/moda/

estilistas/lorenzo_merlino.jhtm]. Acesso em: outubro de 2010.

286 Babado Forte, moda, música e noite, de Erika Palomino; Mandarim, São Paulo, SP, 1999.

287 Biografia, texto disponível no site comercial da marca [http://www.lorenzomerlino.com]. Acesso em: outubro de 2010.

288 Lorenzo Merlino, texto sem autor indicado, disponível no site Uol Estilo Moda [http://estilo.uol.com.br/moda/estilistas/lorenzo_merlino.jhtml]. Acesso em: outubro de 2010.

289 Idem.

290 In: Pelo Mundo da Moda, criadores, grifes e modelos, de Lílian Pacce; Senac, São Paulo, SP, 2007.

291 Lorenzo Merlino Verão 2008, São Paulo Fashion Week, reportagem de Renata Piza, site da revista Elle [http://elle.abril.com.br/desfiles/lorenzo-merlino/desfiles_307403.shtml]. Acesso em: outubro de 2010.

292 Modelos mergulham e jogam futebol em desfile "off-SPFW" de Lorenzo Merlino, reportagem de Fernanda Schimidt, disponível no site Uol Moda Estilo [http://estilo.uol.com.br/moda/ultnot/2008/06/16/ult630u8990.jhtm]. Acesso em: outubro de 2010.

293 Lorenzo Merlino lança verão no Circuito # 3, reportagem de Ricardo Oliveiros, 16 de julho de 2009; disponível no site Fora de Moda [http://www.forademoda.net/2010/?p=2522]. Acesso em: outubro de 2010.

294 O Homem Casual: a roupa do novo século, de Fernando de Barros; Mandarim, São Paulo, SP, 1998.

295  Idem.

296  Idem.

297  Visão da Moda Brasileira, programa 3 – A Moda Masculina, edição de Fábio Mendonça; Entertainment Television Lationoamérica, 30 de setembro de 2003.

298  Depoimento ao projeto HMB, gravado em julho de 2007.

299  Idem.

300  Idem.

301  O Brasil na Moda, vol. 2, edição de Paulo Borges e João Carrascosa; Editora Caras, São Paulo, SP, 2004.

302  Depoimento ao projeto HMB, gravado em julho de 2007.

303  Visão da Moda Brasileira, programa 3 – A Moda Masculina, edição de Fábio Mendonça; Entertainment Television Lationoamérica, 30 de setembro de 2003.

304  Depoimento ao projeto HMB, gravado em julho de 2008.

305  O Brasil na Moda, vol. 2, edição de Paulo Borges e João Carrascosa; Editora Caras, São Paulo, SP, 2004.

306  Depoimento ao projeto HMB, gravado em julho de 2008.

307  Máscaras de Herói, reportagem de Alcino Leite Neto; Folha de S.Paulo, Empresas Folha da Manhã SA, São Paulo, SP, 21 de agosto de 2009.

308  Depoimento ao projeto HMB, gravado em julho de 2008.

309  O Brasil na Moda, vol. 2, edição de Paulo Borges e João Carrascosa; Editora Caras, São Paulo, SP, 2004.

310  O Brasil na Moda, vol. 2, edição de Paulo Borges e João Carrascosa; Editora Caras, São Paulo, SP, 2004.

311  Depoimento ao projeto HMB, gravado em julho de 2008.

312  Rodrigo Fraga retoma sua marca de moda masculina, texto disponível no site [http://www.erikapalomino. com.br/erika2006/fashion. php?m=7770]; acesso em outubro de 2010.

313  Entrevista Rodrigo Fraga, por

Thais Pimenta, em 22 de junho de 2010; disponível no site [http://charmeefunk.com/ site/2010/06/22/entrevista- rodrigo-fraga]; acesso em outubro de 2010.

314  *In:* Moda de João Pimenta tem foco popular, reportagem de Vivian Whiteman; Folha de S.Paulo, Empresas Folha da Manhã SA, São Paulo, SP, 9 de junho de 2010.

315  Idem.

316  Idem.

317  Idem.

318  João Pimenta – Alfaiataria aos vaqueiros nordestinos, texto sem autor identificado; publicado no site da Casa de Criadores, em dezembro de 2009 [http://casadecriadores. com.br/tag/joao-pimenta/]; acesso em outubro de 2010.

319  Datas não disponíveis.

320  Depoimento de Regina Guerreiro. *In:* Visão da Moda Brasileira, programa 3 – A Moda Masculina, editor Fábio Mendonça; Entertainment Television Lationoamérica, 30 de setembro de 2003.

321  Crescem exportações da moda praia para os EUA, reportagem de Paula Pacheco; IstoÉ Dinheiro, nº 199; Editora Três, São Paulo, SP, 9 de junho de 2001.

322  Idem.

323  *In:* A Moda Como Ela É, de Márcia Dsitzer e Silvia Vieira; Senac, São Paulo, SP, 2006.

324  Idem.

325  Idem.

326  Crescem exportações da moda praia para os EUA, reportagem de Paula Pacheco; IstoÉ Dinheiro, nº 199; Editora Três, São Paulo, SP, 9 de junho de 2001.

327  Idem.

328  Dicionário da Moda, de Marco Sabino; Elsevier, Rio de Janeiro, RJ, 2007.

329  Depoimento ao projeto HMB, gravado em outubro de 2007.

330  Idem.

331  A jornada de um exportador, reportagem de Darcio Oliveira. IstoÉ Dinheiro, nº 467; Editora Três, São Paulo, SP, 30 de agosto de 2006.

332  Depoimento ao projeto HMB, gravado em outubro de 2007.

333  Idem.

334  Idem.

335  Idem.

336  Idem.

337  Idem.

338  A jornada de um exportador, reportagem de Darcio Oliveira; IstoÉ Dinheiro, nº 467; Editora Três, São Paulo, SP, 30 de agosto de 2006.

339  Idem.

340  Depoimento ao projeto HMB, gravado em outubro de 2007.

341  Idem.

342  A jornada de um exportador, reportagem de Darcio Oliveira; IstoÉ Dinheiro, nº 467; Editora Três, São Paulo, SP, 30 de agosto de 2006.

343  Idem.

344  Rosa Chá deixa a São Paulo Fashion Week, reportagem sem autor indicado; Folha de S.Paulo; Empresas Folha da Manhã SA, São Paulo, SP, 12 de maio de 2006.

345  A jornada de um exportador, reportagem de Darcio Oliveira; IstoÉ Dinheiro, nº 467; Editora Três, São Paulo, SP, 30 de agosto de 2006.

346  Depoimento ao projeto HMB, gravado em outubro de 2007.

347  Idem.

348  Depoimento de Benny Rosset. *In:* Visão da Moda Brasileira nº 5. Série de programas. E! Entertainment Television, Rio de Janeiro, RJ, 2003.

349  O Brasil na Moda, vol. 2, edição de Paulo Borges e João Carrascosa; Editora Caras, São Paulo, SP, 2004.

350  Idem.

351  Idem.

352  Idem.

353  Cia. Marítima, perfil institucional sem autor indicado. Disponível em www.ciamaritima.com.br. Cia

Marítima, São Paulo, SP, sd; acesso em setembro de 2010.

354  *In:* Pelo Mundo da Moda: criadores, grifes e modelos, de Lilian Pacce; Senac São Paulo, São Paulo, SP, 2007.

355  *In:* Imprensa não deve adular, diz Nizan Guanaes, entrevista a Alcino Leite Neto; Folha de S.Paulo; Empresas Folha da Manhã SA, São Paulo, SP, 14 de novembro de 2008.

356  Rio quer se tornar referência mundial, nota sem autor indicado; Folha de S.Paulo; Emprsas Folha da Manhã SA, São Paulo, SP, 7 de agosto de 2008.

357  *In:* Moda piscina, reportagem de Alcino Leite Neto; Serafina, revista encartada na Folha de S.Paulo; Folha da Manhã S.A., São Paulo, SP, 21 de novembro de 2009.

358  Depoimento ao projeto HMB, gravado em julho de 2007.

359  Depoimento ao projeto HMB, gravado em outubro de 2007.

360  Idem.

361  Idem.

362  Idem.

363  Texto institucional, sem autor indicado, publicado no *site* da Abest [www.abest.com.br/]; acesso em julho de 2010.

364  Depoimento de Amir Slama ao projeto HMB, gravado em outubro de 2007.

365  Abest e Apex-Brasil renovam parceria para levar moda brasileira ao exterior; texto sem autor indicado publicado no portal R7 [http:// entretenimento.r7.com/moda- e-beleza/noticias/abest-e- apex-brasil-renovam-parceria- para-levar-moda-brasileira- ao-exterior-20100408.html], acesso em junho de 2010.

366  Texto institucional, sem autor indicado, publicado no site da Abest [www.abest.com.br/]; acesso em julho de 2010.

367  Depoimento ao projeto HMB, gravado em outubro de 2007.

368  Histórico, texto institucional sem autor indicado, disponível no *site* do estilista [www.

ocimarversolato.com.br]; acesso setembro de 2010.

369 Ocimar Versolato quer ser a cereja do bolo, reportagem de Erika Palomino; Folha de S.Paulo; Empresas Folha da Manhã SA, São Paulo, SP, de 16 de março de 1995.

370 Dicionário da Moda, de Marco Sabino; Elsevier, Rio de Janeiro, RJ, 2007.

371 Ocimar Versolato quer ser a cereja do bolo, reportagem de Erika Palomino; Folha de S.Paulo; Empresas Folha da Manhã SA, São Paulo, SP, de 16 de março de 1995.

372 Idem.

373 Primeiro desfile de Versolato no Brasil terá famosos, reportagem sem autor indicado. Folha de S.Paulo; Empresas Folha da Manhã SA, São Paulo, SP, de 11 de dezembro de 1996.

374 Dicionário da Moda, de Marco Sabino; Elsevier, Rio de Janeiro, RJ, 2007.

375 "O meu espaço ninguém vai tirar", reportagem de Claudia Jordão; IstoÉ Gente, nº 330. Editora Três, São Paulo, SP, 12 de dezembro de 2005.

376 Dicionário da Moda, de Marco Sabino; Editora Elsevier, Rio de Janeiro, RJ, 2007.

377 "O meu espaço ninguém vai tirar", reportagem de Claudia Jordão; IstoÉ Gente, nº 330. Editora Três, São Paulo, SP, 12 de dezembro de 2005.

378 In: O Brasil na Moda, vol. 2, edição de Paulo Borges e João Carrascosa; Editora Caras, São Paulo, SP, 2004.

379 Idem.

380 Idem.

381 Idem.

382 O único que chegou lá, reportagem de Aída Veiga; Revista Época, nº 220; Editora Globo, Rio de Janeiro, RJ, 5 de agosto de 2002.

383 In: O Brasil na Moda, vol. 2, edição de Paulo Borges e João Carrascosa; Editora Caras, São Paulo, SP, 2004.

384 O único que chegou lá, reportagem de Aída Veiga; Revista Época, nº 220; Editora Globo, Rio de Janeiro, RJ, 5 de agosto de 2002.

385 Viva! Tecno-rebeldes se juntam nas pistas brasileiras, artigo de Erika Palomino; Folha de S.Paulo; Empresas Folha da Manhã S.A., São Paulo, SP, 24 de março de 2000.

386 Dicionário da Moda, de Marco Sabino; Elsevier, Rio de Janeiro, RJ, 2007.

387 O único que chegou lá, reportagem de Aída Veiga; Revista Época, nº 220; Editora Globo, Rio de Janeiro, RJ, 5 de agosto de 2002.

388 O Brasil na Moda, vol. 2, edição de Paulo Borges e João Carrascosa; Editora Caras, São Paulo, SP, 2004.

389 Idem.

390 Estilo pão de queijo, entrevista de Francisco Costa à Silvia Rogar; Veja, nº 2001; Editora Abril, São Paulo, SP, 28 de março de 2007.

391 In: O Brasil segundo Francisco Costa, reportagem de Alcino Leite Neto; Folha de S.Paulo Moda, nº 28; Folha da Manhã SA, São Paulo, SP, 18 de dezembro de 2008.

392 Adoro feijão com arroz, reportagem de Bianca Zaramella; IstoÉ Gente, nº 479; Editora Três, São Paulo, SP, 10 de novembro de 2008.

393 Estilo pão de queijo, entrevista de Francisco Costa à Silvia Rogar; Veja, nº 2001; Editora Abril, São Paulo, SP, 28 de março de 2007.

394 Idem.

395 A festa da moda, reportagem de Simone Blanes e Bianca Zaramella; IstoÉ Gente, nº 479; Editora Três, São Paulo, SP, 10 de novembro de 2008.

396 In: Arquitetura com linha e agulha, reportagem de Flávia Pollo; UseFashion Journal, Ano 7, nº 76; Sistema UseFashion de Informações, São Leopoldo, RS, maio de 2010.

397 Idem.

398 Idem.

399 Idem.

400 In: Olhar tridimensional, reportagem de Lilian Monteiro; Estado de Minas; Diários Associados, Belo Horizonte, MG, de 12 de setembro de 2010.

401 Idem.

402 Idem.

403 In: Arquitetura com linha e agulha, reportagem de Flávia Pollo; UseFashion Journal, Ano 7, nº 76; Sistema UseFashion de Informações, São Leopoldo, RS, maio de 2010.

404 In: Criativa, cara e de baixa qualidade, reportagem de Alcino Leite Neto; Folha de S.Paulo; Empresas Folha da Manhã SA, São Paulo, SP, 1 de janeiro de 2010.

405 In: Estilo pão de queijo, entrevista de Francisco Costa à Silvia Rogar; Veja, nº 2001; Editora Abril, São Paulo, SP, 28 de março de 2007.

406 In: Quero ser grande, reportagem de Vítor Angelo; Revista Serafina; Empresas Folha da Manhã SA, São Paulo, SP, outubro de 2010.

407 Idem.

408 Idem.

409 In: "O formato do SPFW não serve mais para mim", reportagem de Jana Rosa; MTV Na Rua; Editora Abril, São Paulo, SP, de 13 de julho de 2010.

410 Estudo Comparativo das Características Ambientais das Principais Fibras Têxteis, de Fernando Barros de Vasconcelos; Rhodia Têxtil, São Bernardo, SP, 2008.

411 Idem.

412 Moda ética, muito além do reciclado, reportagem de Alice Lobo; O Estado de S. Paulo; Grupo Estado, São Paulo, SP, 26 de fevereiro de 2010.

413 Depoimento de Maria Tereza Leal; In: Mas Isto É Moda?, documentário dirigido por Cristiane Mesquita e Malu Pedrosa; Paleo TV, São Paulo, SP, 1998.

414 Site Coopa-Roca [http://www. coopa-roca.org.br/index_port. html]; acesso em agosto de 2010.

415 O Artesão da Noite, artigo de Eva Joory; Walter Rodrigues, Coleção Moda Brasileira; Cosac Naify, São Paulo, SP, 2007.

416 O Ilusionista da Moda, artigo de Jackson Araújo. Lino Villaventura, Coleção Moda Brasileira; Cosac Naify, São Paulo, SP, 2007.

417 Idem.

418 Por Uma Poética do Lugar-comum, artigo de Carol Garcia. Ronaldo Fraga, Coleção Moda Brasileira; Cosac Naify, São Paulo, SP, 2007.

419 Idem.

420 Datas indisponíveis.

421 In: Isabela Capeto Reaproveita e Inventa, nota do Blog Claudia [claudia.abril.com.br/blog]; Editora Abril, São Paulo, SP, 22 de junho de 2009. Acesso em julho de 2010.

422 Moda ética, muito além do reciclado, reportagem de Alice Lobo; O Estado de S. Paulo; Grupo Estado, São Paulo, SP, 26 de fevereiro de 2010.

423 Idem.

424 EcoSimple, filme institucional sem diretor identificado; EcoSimple, Americana, SP, 2010.

425 Moda ética, muito além do reciclado, reportagem de Alice Lobo; O Estado de S. Paulo; Grupo Estado, São Paulo, SP, 26 de fevereiro de 2010.

426 A Moda Vai à Luta, reportagem de Alcino Leite Neto e Viviam Whiteman; Folha de S.Paulo; Empresas Folha da Manhã S.A., São Paulo, SP, 16 de janeiro de 2007.

427 Idem.

428 Idem.

429 Idem.

430 Moda ética, muito além do reciclado, reportagem de Alice Lobo; O Estado de S. Paulo; Grupo Estado, São Paulo, SP, 26 de fevereiro de 2010.

# História da Moda no Brasil:
## das influências às autorreferências

**EDIÇÃO**
Disal Editora

**REALIZAÇÃO**
Pyxis Editorial e
Comunicação Ltda.

**COORDENAÇÃO GERAL**
Luís André do Prado
João Braga

**REDAÇÃO GERAL E TEXTO FINAL**
Luís André do Prado

**SUPERVISÃO DO CONTEÚDO
E REDAÇÃO COMPLEMENTAR**
João Braga

**PRODUÇÃO**
André Larcher

**APOIO DE PRODUÇÃO**
Júlia Portella Sobral

**APOIO DE REDAÇÃO**
André Larcher
Camila Carvas
Ébano Piacentini
Juliana Caldas
Laura Artigas

**REVISÃO 1ª EDIÇÃO**
André Larcher
Camila Zanon
João Braga
Luís André do Prado

**REVISÃO 2ª EDIÇÃO**
Fernanda Guerriero Antunes

**ENSAIOS FOTOGRÁFICOS**
Isaumir Nascimento (RJ)
Rodrigo Zorzi (MG)

**PROJETO GRÁFICO**
Fonte Design / Gilberto Tomé
e Juliana Migueletto

**TRATAMENTO DE IMAGENS**
André Luiz Prado Falco

**METODOLOGIA E PESQUISA**
Pyxis Editorial e
Comunicação Ltda.

**PESQUISADORES**
André Olobardi
Ariane de Oliveira
Camila Passos
Daniela Domingues Leão Rêgo
Denis Abranches
Douglas Balsanelli
Gustavo Garcez
Taís Rios Salomão

**PRODUÇÃO DA PESQUISA**
Alex Olobardi
Adael de F. Alonso

**ORGANIZAÇÃO TEMÁTICA**
Suzana Garcia
Rodrigo Luvizotto

**TRANSCRIÇÃO DE ENTREVISTAS**
Ana Cristina Benvindo
Anderson Soares
Betina Leme
Fernanda Guerriero Antunes
João Pires
Mariana Tavares

**GERENCIAMENTO FINANCEIRO**
Sirlene Silva

**ASSESSORIA JURÍDICA**
Denise Jardim
Guilherme Chaves Sant'Anna

**SECRETARIADO**
Conceição Aparecida Braga Lopes

# ENTREVISTADOS

Nosso agradecimento especial a todos que cordialmente nos atenderam cedendo entrevistas e material documental

- Adolpho Leirner
- Alexandre Herchcovitch
- Amir Slama
- André Hidalgo
- Ângela Rego Monteiro
- Antônio Azevedo
- Arlete Ferragamo
- Astrid Façanha
- Auresnede Pires Stephan
- Beatriz Castro
- Betty Prado
- Caio da Rocha
- Carlos Ferreirinha
- Carlos Mauro Fonseca Rosas
- Carlos Tufvesson
- Carol Garcia
- Celina de Farias
- Cely Geraud
- Clô Orozco
- Clodovil Hernandes
- Costanza Pascolato
- Cristiane Mesquita
- Cristina Araújo Seixas
- Cyro del Nero
- Danuza Leão
- Diaulas de Novaes
- Eliana Tranchesi
- Eliane Sabbagh
- Elke Maravilha
- Eloysa Simão
- Fernando Pires
- Galdino José Lenzi
- Geni Ródio Ribeiro
- Gilda Maria Prochownik

- Giselda Moreira
- Gláucia Amaral
- Gláucia Mota
- Gledson José Assunção
- Glória Coelho
- Glória Kalil
- Glorinha Paranaguá
- Guilherme Guimarães
- Hênio Murilo de Lemos Filho
- Iesa Rodrigues
- Ilka Soares
- Isabela Capeto
- Ivan Bismara
- Jackson Araújo
- Jair Mercancini
- Jefferson Kulig
- João Victorino
- José Augusto Bicalho
- José Gayegos
- José Nunes
- José Padeiro
- Julio Camarero
- Jum Nakao
- Jurandy Valença
- Káthia Castilho
- Laïs Pearson
- Lais Palmer
- Laura Yamane
- Lilian Pacce
- Lino Villaventura
- Lourdinha Noyama
- Lu Catoira
- Luciano Baron

- Luiz de Freitas
- Luiza Brunet
- Lux Vidal
- Manoel Telles de Souza
- Marcelo Peixoto
- Maria do Carmo T. Rainho
- Maria Stela Splendore
- Maria Tereza Gregori
- Marilia Valls
- Mário Queiroz
- Marita de Dirceu
- Marta Magri
- Mary Del Priori
- Matheo Amalfi
- Michel Liebman
- Milton de Carvalho
- Mitsuko Shitara
- Mônica Resende
- Nelson Alvarenga
- Nilso Farias
- Odilon Nogueira
- Paulo Borges
- Pedro Fortes
- Petrô Stival
- Pirilena Lacerda
- Raquel Valente
- Regina Guerreiro
- Renato Loureiro
- Renato Pasmanik
- Ricardo Almeida
- Rita Segreto
- Roberta Lombardi
- Roberto Chadad
- Roberto Issa

- Roberto Marques
- Ronaldo Esper
- Ronaldo Fraga
- Rose Andrade
- Rubens Hannun
- Rui Spohr
- Ruth Joffily
- Saul Olímpico Libman
- Sérgio Blain
- Sérgio Gregório
- Sônia Coutinho
- Sônia Ferraro Dorta
- Suzana Guttman
- Tereza Cristina Etz
- Terezinha Santos
- Tufi Duek
- Ugo Castellana
- Vera Lígia Gibert
- Vera Lima
- Vitalina Alves de Lima
- Vivi Haydu
- Walter Rodrigues
- Yêda Amaral
- Yolanda Cotia
- Yuko Suzuki
- Zury Machado

# AGRADECIMENTOS

A dimensão e abrangência deste projeto torna difícil relacionar, nominalmente, todas as pessoas e instituições que, de forma generosa, nos atenderam e apoiaram, às quais somos sinceramente gratos. Em particular, registramos nossos agradecimentos a:

- Afonso Luz
- Afonso Rodrigues
- Alexia Dechamps
- Ana Carlota Vita
- Ana Célia Aschenbach
- Ana Cláudia Michels
- Ana Elisa Ribeiro
- André Lima
- Andréa Maria Carneiro Braga Pécora
- Anibal Penna
- Antônio Bias Bueno Guillon
- Beatriz Alves Velho
- Belmiro Esteves
- Biblioteca de moda do Senac Lapa Faustolo
- Camillo Sabbagh Neto
- Caio Vinícius
- Cantão
- Casa dos Criadores
- Cavalera
- Cecília Canalle Fornazieri
- Cila
- Cláudia Chohfi
- Cláudia Liz
- Cia. Industrial Cataguases, MG
- Cristiana Arcangeli
- Daslu
- Deise Sabbag
- Disney Rezende
- Dorotéia Baduy Pires
- Dupla Assessoria
- Editora Jaboticaba

- Editora Senac
- Eduardo Borgerth
- Ellus
- Estúdio Preto e Branco
- Faculdade Santa Marcelina, SP
- Família Braga
- Família Camarano Prado
- Famílias Castejón e Hermann
- Família Thomé
- Farol Filmes
- Fátima Costa Toledo
- Fernando Silveira
- Fernanda Celidônio
- Flávia Watanabe
- Forum
- Fundação Bienal/Maria Rita Marinho
- Fundação Instituto Feminino da Bahia/Museu Henriqueta Catharino, Salvador, BA
- Fundação Armando Alvares Penteado, SP
- Gabriel dos Santos Alcaide
- Glória Coelho
- Gonçalo Jr.
- Graça Cabral
- Grêmio Recreativo Escola de Samba Estação Primeira de Mangueira
- Grêmio Recreativo Escola de Samba Porto da Pedra

- Haroldo Baleixe
- Hebe Ribeiro Portella
- Instituto Moreira Salles
- Instituto Zuzu Angel, RJ
- Iódice
- Irmã Ângela Rivero
- Jaime Barão
- Jonas Eduardo Prochownik
- José Eduardo da Rosa Lomba
- José Esteves Neto
- Juliana Maio Gulmini
- Lenny
- Lorenzo Merlino
- Lua Reis
- Lúcia Neves
- InBrands/Luminosidade/ SPFW
- Mara Mac
- Maria Elizabeth Nunes Narciso
- Maria Izabel Branco Ribeiro
- Maria José de Carvalho
- Maria Oracilda
- Maria Tereza de Oliveira Audi
- Mariana Lanari
- Marijara Souza Queiroz
- Mathilde Barão
- Mega Model Brasil
- Mila Moreira
- Museu de Arte Moderna do Rio de Janeiro, RJ
- Museu da República/ Palácio do Catete, RJ

- Museu de Arte de São Paulo, SP
- Museu do Cabangu, Santos Dumont, MG
- Museu Etnográfico da Universidade de São Paulo, SP
- Museu Histórico Nacional, RJ
- Museu Paulista da USP, SP
- Paula Acioli
- Paola de Orléans e Bragança Sapieha
- Patricia Sant'Anna
- Polini Priznic
- Prime Talents
- Raul Chohfi
- Renata Zaganin
- Revista Ready to Wear
- Revista Têxtil
- Ricardo Freitas do Valle
- Roberto Carmo Silveira
- Rodrigo Editore
- Shopping Center Iguatemi, SP
- Simone Mina
- Suzuki Tamura
- Universidade Estácio de Sá, Rio de Janeiro, RJ
- Use Fashion Journal
- Violeta Jafet
- Vogue Brasil
- Way Models
- Yasmin Franca Merelim Magalhães

# REFERÊNCIAS BIBLIOGRÁFICAS

ABREU, Alice Rangel de Paiva. O avesso da moda: trabalho a domicílio na indústria da confecção. São Paulo: Hucitec, 1986.

ABREU, Dener Pamplona de. Dener, o luxo. 2. ed. Laudes: Rio de Janeiro, 1972.

_____. Curso básico de corte e costura. São Paulo: Rideel, s.d.

Agulhas da Alta Moda Brasileira. São Paulo: Apae-SP, 1997. (Catálogo do evento homônimo)

ALENCASTRO, Luiz Felipe de; RENAUX, Maria Luiza. Caras e modos dos migrantes e imigrantes. *In:* ALENCASTRO, Luiz Felipe de (org.). Império: a corte e a modernidade. (História da Vida Privada no Brasil. Vol. 2.) São Paulo: Companhia das Letras, 1998.

ALVES, Antonio. Próxima de completar 50 anos, Fenit reflete a indústria da moda no país. São Paulo: Reed Exibitions/Alcântara Machado, 2007. (Material institucional)

ALVIM, Zuleika; PEIRÃO, Solange. Mappin, 70 anos. São Paulo: Ex Libris, 1985.

ALZER, Luiz André; CLAUDINO, Mariana. Almanaque anos 80. Rio de Janeiro: Ediouro, 2004.

AMERICANO, Jorge. São Paulo naquele tempo: 1895-1915. São Paulo: Saraiva, 1957.

ANDRADE, Oswald de. Um homem sem profissão. São Paulo: Globo, 2002 [1954].

ARANHA, Maria Amélia Arruda Botelho de Souza. Memórias de um vestido. São Paulo: Terra, 2001.

ARAÚJO, Antônio Amaury Correa. Lampião: as mulheres e o Cangaço. São Paulo: Traço, 1985.

ARENA, Deborah Nunes. Arena e a moda, uma história de amor eterno. Trabalho de pós-graduação em Moda & Criação. São Paulo, Faculdade Santa Marcelina, 2009.

ASHCAR, Renata. Brasilessência. Rio de Janeiro: Best Seller, 2001.

AZEVEDO, Paulo Cezar de; LISSOVSKY, Maurício (org.). Escravos Brasileiros do século XIX na fotografia de Christiano Jr. Rio de Janeiro: Ex Libris, 1988.

BAHIANA, Ana Maria. Almanaque anos 70. Rio de Janeiro: Ediouro, 2006.

BARBOSA, Paulo Anthero. Inês Monteiro ou A matrona feroz e os homens bons. São Paulo: Beca Produções Culturais, 1999.

BARBUY, Heloisa. A Cidade-Exposição: comércio e cosmopolitismo em São Paulo, 1860-1914. São Paulo: Edusp, 2006.

BARROS, Edgard Luiz de. Passagens da moda. São Paulo: Senac, 1993.

BARROS, Fernando de. O homem casual. São Paulo: Mandarim, 1998.

BELMONTE. No tempo dos Bandeirantes. 3. ed. São Paulo: Melhoramentos, 1940.

BERGAMO, Alexandre. A experiência do status: Roupa e moda na trama social. São Paulo: Editora da Unesp, 2007.

BERMAN, Débora. 150 anos da indústria têxtil brasileira. Rio de Janeiro: Senai-Cetiqt, 1990.

BESSE, Susan. Modernizando a desigualdade: reestruturação da ideologia de gênero no Brasil (1914-1940). São Paulo: Edusp, 1999.

BONADIO, Maria Claudia. "Dignidade, celibato e bom comportamento: relatos sobre a profissão de modelo e manequim no Brasil dos anos 1960". *In:* Cadernos Pagu, nº 22.Campinas: Unicamp, 2004.

_____. O fio sintético é um show!: Moda, política e publicidade; Rhodia S.A. 1960-1970. Campinas, Unicamp, 2005. Dissertação de mestrado apresentada ao Departamento de História do

Instituto de Filosofia e Ciências Humanas sob a orientação da Profa. Dra. Vera Hercília (Vavy) Pacheco Borges.

_____. Moda e sociabilidade: mulheres e consumo na São Paulo dos anos 1920. São Paulo: Senac, 2007.

BOURDIEU, Pierre. "Gostos de classe e estilos de vida". *In:* Questões de Sociologia. Rio de Janeiro: Marco Zero, 1983.

BRAGA, João. Reflexões sobre moda. Vols. I e II. São Paulo: Editora Anhembi Morumbi, 2005.

BRANDÃO, Gil. A moda através dos tempos. São Paulo: Editora Três, s.d.

_____. Curso de corte & costura. São Paulo: Editora Três, s.d.

BUENO, Eduardo. A viagem do descobrimento: a verdadeira história da expedição de Cabral. Rio de Janeiro: Editora Objetiva, 1998.

_____. Náufragos, traficantes e degredados: as primeiras expedições ao Brasil. Rio de Janeiro: Objetiva, 1998.

_____; ROQUERO, Ana; FERNANDES, Fernando Lourenço et alii. Pau Brasil. São Paulo: Annablume, 2002.

BUITONI, Dulcília H. S. Mulher de papel: a representação da mulher na imprensa brasileira. São Paulo: Loyola, 1981.

CALADO, Carlos. A Divina Comédia dos Mutantes. São Paulo: 34, 1995.

CALDAS, Dario (org.). Homens e comportamento. São Paulo: Senac, 1997.

_____. Universo da moda. São Paulo: Editora Anhembi Morumbi, 1999.

CALLAN, Georgina O'Hara. Enciclopédia da Moda, de 1840 à década de 90. Verbetes brasileiros de Cynthia Garcia. São Paulo: Companhia das Letras, 2007.

CAMINHA, Pero Vaz. Carta a El Rei D. Manuel. São Paulo: Dominus, 1963.

CANABRAVA, Alice P. O algodão em São Paulo; 1861-1875. São Paulo: T.A. Queiroz, 1984.

CANDIDO, Antonio. Os parceiros do rio Bonito. São Paulo: Duas Cidades/34, 2001 [1964].

CARRASCOSA, João; BORGES, Paulo (eds.). O Brasil na moda. 2 vols. São Paulo: Caras, 2004.

CARVALHO, Ana Paula Lima. O cenário da moda do prêt-à-porter no Brasil, do pós-guerra aos anos 50: produção de vestimentas femininas. Rio de Janeiro, PUC-Rio, 2001. Dissertação de Mestrado.

CASCUDO, Luís da Câmara. Civilização e Cultura. São Paulo: Global, 2004.

CASTILHO, Kátia. GARCIA, Carol. Moda Brasil: fragmentos de um vestir tropical. São Paulo: Editora Anhembi Morumbi, 2001.

CASTRO, Ruy. Ela é carioca: uma enciclopédia de Ipanema. São Paulo: Companhia das Letras, 1999.

_____. Carmen: uma biografia. São Paulo: Companhia das Letras, 2005.

CÁURIO, Rita. Artêxtil no Brasil: viagem pelo mundo da tapeçaria. Rio de Janeiro: Rita Cáurio, 1985.

CAVALCANTI, Pedro; DELION, Luciano. São Paulo, a juventude do Centro. São Paulo: Codex, 2004.

CHALHOUB, Sidney (org.). Trabalho, lar e botequim: o cotidiano dos trabalhadores no Rio de Janeiro da Belle Époque. Rio de Janeiro: Nova Fronteira, 2005.

CORNETO, Carlos; GERODETTI, João Emílio. Lembranças de São Paulo: o litoral paulista nos cartões-postais e álbuns de lembranças. São Paulo: Solaris Edições Culturais, 2001.

CORREA, Newton; BASSOUS, Luciana. Responsabilidade social e terceiro setor. Rio de Janeiro: UFRJ, 2008.

CUNHA, Lygia da Fonseca Fernandes da. Riscos Iluminados de mimeo, pertencente à Biblioteca Nacional do Rio de Janeiro, 87p.

D'ÁVILA. Carmen. Boas maneiras. 10. ed. Rio de Janeiro: Civilização Brasileira, 1956.

D'OLIVEIRA, J. J. Machado. Quadro histórico da província de São Paulo até o ano de 1822. São Paulo: Typografia Brasil de Carlos Gerke e Companhia, 1897.

DANTAS, Marcelo; PESSIS, Anne Marie; MARTIN, Gabriela; et alii. Antes. São Paulo: Gráficos Burti, 2004.

DARIAUX, Geneviève Antoine. O livro da elegância. Rio de Janeiro: Record, 1964.

DEBRET, Jean-Baptiste. Viagem pitoresca e histórica ao Brasil. T. 2, vol. 3, p. 159. In: GUERRA, José Wilton N; SEMÕES, Renata da Silva. Equipamentos, usos e costumes da casa brasileira, v. 4. São Paulo: Museu da Casa Brasileira, 2001.

DIAS, Maria Odila Leite da Silva. Quotidiano e poder em São Paulo no século XIX. 2. ed. São Paulo: Brasiliense, 1995.

DISITZSER, Márcia; VIEIRA, Sílvia. A moda como ela é: bastidores, criação e profissionalização. Rio de Janeiro: Senac Nacional, 2006.

DONATO, Hernâni. História dos usos e costumes do Brasil. São Paulo: Melhoramentos, 2005.

DÓRIA, Carlos. Bordado da fama: uma biografia de Dener. São Paulo: Senac, 1998.

DORTA, Sonia Ferraro; NICOLA, Norberto. Arte plumária do Brasil. São Bernardo do Campo, Mercedes-Benz do Brasil, 1982.

_____. Aromeri: arte plumária do indígena brasileiro. São Bernardo do Campo, Mercedez Benz do Brasil, 1986.

_____; CURY, Marília Xavier. A plumária indígena brasileira. São Paulo: Edusp/MAE (Museu de Arqueologia e Etnologia), 2000.

DULCI, Luciana Crivellari. Moda e cinema no Brasil dos anos 50: Eliana e o tipo 'mocinha' nas chanchadas cariocas. Belo Horizonte, UFMG, 2004. Dissertação de mestrado.

DURAND, José Carlos. Vestuário, gosto e lucro. São Paulo: Cortez, 1985.

_____. Moda, luxo e economia. São Paulo: Babel Cultural, 1988.

EcoSimple. EcoSimple, Americana, SP, 2010. (Filme institucional sem diretor identificado)

EDMUNDO, Luiz. O Rio de Janeiro do Meu Tempo. Vol. 1. Brasília: Edições Do Senado Federal, 2003 [1938].

_____. O Rio de Janeiro no tempo dos Vice-Reis (1763-1808). Rio de Janeiro: Itatiaia, 2000.

ELZA, Marzullo. Detalhes de elegância e beleza. Rio de Janeiro: Gráficas O Cruzeiro, 1948.

Estilistas brasileiros: uma história de moda. São Paulo: Senac, 2004. Texto da exposição homônima realizada no Senac em 2004.

EXPILLY, Charles. Mulheres e costumes do Brasil. São Paulo: Nacional, 1977.

FARJADO, Elias; CALAGE, Eloi; JOPPERD, Gilda. Fios e fibras. Rio de Janeiro: Senac Nacional, 2002.

FAUSTO, Boris. História do Brasil. São Paulo: Edusp, 2003.

FERREIRA, Francisco de Paula. A indústria brasileira do vestuário: histórias, reflexões e projeções. São Paulo: Brasil Têxtil, 2000.

FILHA, Dulce C. Monteiro; CORRÊA, Abidack. BNDES, 50 anos/O complexo têxtil. Rio de Janeiro: BNDES, 2002.

FONSECA, Ruben. Agosto. São Paulo: Companhia das Letras, 1990.

FREITAS, Luciana Costa de. Estratégias de design em empreendimentos de moda: as tramas do sucesso empresarial no design de moda na cidade do Rio de Janeiro. Rio de Janeiro, PUC-Rio, 2007. Dissertação de mestrado.

FREYRE, Gilberto. Modos de homem e modas de mulher. Rio de Janeiro: Record, 1987.

FYSKATORIS, Anthoula. O varejo de Moda na Cidade de São Paulo (1910-1940): A Democratização da Moda e a Inserção do Consumo de Baixa Renda. São Paulo: PUC SP, 2006. Dissertação de mestrado.

GARCIA, Carol. Moda e identidade no cenário contemporâneo brasileiro: uma análise semiótica das coleções de Ronaldo Fraga. São Paulo, PUC-SP, 2002. Dissertação de mestrado.

GEISEL, Amália Luay; LODY, Raul. Artesanato brasileiro. Rio de Janeiro: Funarte, 1981.

GIBERT, Vera Lígia. O entorno acadêmico e industrial têxtil no vestir e morar brasileiros. São Paulo, USP, 1993. Dissertação de mestrado.

GODOY, Solange de Sampaio. Por que é que a baiana tem. São Paulo, 2006. Texto do catálogo da exposição "O que é que a Bahia tem" realizada na Pinacoteca do Estado em 2006.

GONTIJO, Silvana. 80 anos de moda no Brasil. Rio de Janeiro: Nova Fronteira, 1987.

GORENDER, Jacob. A face escrava da corte imperial brasileira. In: JUNIOR, Cristiano. Escravos Brasileiros do Século XIX. Rio de Janeiro: Ex Libris, 1988.

GRUMBACH, Didier. Histórias da moda. São Paulo: CosacNaify, 2009.

GUERRA, José Wilton N.; SIMÕES, Renata da Silva. Equipamentos, usos e costumes da Casa Brasileira. Vol. 3. São Paulo, Museu da Casa Brasileira, 2001.

GUERRA, Karla Bilharinho. Moda e estilos de vida: um estudo sobre a formação do campo da moda no Brasil. Belo Horizonte, UFMG, 1997. Dissertação de mestrado.

HERCHCOVITCH, Alexandre. Cartas a um jovem estilista. São Paulo: Campus, 2007.

História da moda no Brasil. Rio de Janeiro, 1998. [Documentário produzido pela Televisão Educativa (TVE) e Faculdade Candido Mendes]

Histórico da Faculdade Santa Marcelina, de Auresned Pires Stephan; Fasm, São Paulo, 2010.

HOLANDA, Aurélio Buarque de. Novo Aurélio século XXI: o dicionário da língua portuguesa. 3. ed. Rio de Janeiro: Nova Fronteira, 1999.

HOLANDA, Sérgio Buarque de. Caminhos e Fronteiras. São Paulo: Companhia das Letras, 1994.

_____. Raízes do Brasil. São Paulo: Companhia das Letras, 1995.

HUBERMAN, Leo. História da riqueza do homem. Rio de Janeiro: Zahar Editores, 1976.

IGLESIAS, Francisco. A industrialização brasileira. São Paulo: Brasiliense, 1985.

JOFFILY, Ruth (ed. executiva). A história da camiseta. Blumenau, Companhia Hering, 1988.

_____. Marília Valls, um trabalho sobre moda. Rio de Janeiro: Salamandra, 1989.

_____. Zuzu Angel: eu sou a moda brasileira. Rio de Janeiro: Instituto Zuzu Angel de Moda, 2006. Folder da exposição homônima.

_____. O Brasil tem estilo? Rio de Janeiro: Senac Nacional, 1999.

JÚNIOR, Gonçalo Silva. Alceu Penna e as garotas do Brasil. São Paulo: CLUQ (Clube dos Quadrinhos), 2004.

JUNQUEIRA, Marisa Macedo de Oliveira (org.). Dicionário da moda de Brasília. Brasília: Pool, 2008.

KOHLER, Carl. História do vestuário. São Paulo: Martins Fontes, 1993.

KORAICHO, Rose. 25 de março: memória da rua dos árabes. São Paulo: Kotim, 2004.

KOSTER, Henry. Viagens ao nordeste do Brasil, p. 416. In: GUERRA, José Wilton N; SEMÕES, Renata da Silva. Equipamentos, usos e costumes da casa brasileira, v. 4. São Paulo: Museu da Casa Brasileira, 2001.

LAMAS, F. G.; LEITÃO, L. F. G. A indústria têxtil em Cataguases. São Paulo, Pesquisa referencial do Museu da Pessoa, 2006.

LEÃO, Danuza. Quase tudo: memórias. São Paulo: Companhia das Letras, 2006.

LEMOS, Julia Peixoto de Barros (coord.). Dicionário da moda: guia de referência de termos do mercado têxtil e moda. Cataguases: Companhia Industrial Cataguases/Instituto Francisca de Souza Peixoto, 2002.

LODY, Raul. Cabelos de axé: identidade e resistência. Rio de Janeiro: Senac, 2004.

LUCCOCK, John. Notas sobre o Rio de Janeiro e partes meridionais do Brasil, pp. 290-91. In: GUERRA, José Wilton N; SEMÕES, Renata da Silva. Equipamentos, usos e costumes da casa brasileira, v. 4. São Paulo: Museu da Casa Brasileira, 2001.

LUCLKTENBERG, Isabela Albertina Barreiros. A indústria têxtil catarinense e o caso da Cia. Hering. Presidente Prudente, Universidade de Estadual Paulista, 2004. Dissertação de mestrado.

MACHADO, Paulo Affonso de Carvalho. Ourivesaria baiana. Rio de Janeiro: Guanabara, 1973.

MAIA, Felícia Assmar; ROCHA, Isadora Avertano. O Pará faz moda. Aparecida: Ideias e Letras, 2007.

MAIOR, Armando Souto. História geral. São Paulo: Editora São Paulo, 1978. p. 190.

MALERONKA, Wanda. Fazer roupa virou moda: um figurino de ocupação da mulher (São Paulo 1920-1950). São Paulo: Senac, 2007.

MARTIN, Richard (ed.). St. James Fashion Encyclopedia: survey of style from 1945 to the present. Detroit: Visible Ink Press, 1997.

MARTINS, José de Souza. A sociabilidade do homem simples: cotidiano e história na modernidade anômala. São Paulo: Hucitec, 2000.

MATARAZZO, Maria Pia et alii. Matarazzo 100 Anos. São Paulo: CL-A Comunicações, 1982.

MATTAR, Denise (curadoria e texto). O preço da sedução: do espartilho ao silicone. São Paulo, Itaú Cultural, 2004.

MELLO E SOUZA, Gilda de. O Espírito das roupas: a moda no século dezenove. São Paulo: Companhia das Letras, 1987.

MELLO E SOUZA, Laura de. História da Vida Privada no Brasil: cotidiano e vida privada na América portuguesa. (História da Vida Privada no Brasil. Vol. 1). São Paulo: Companhia das Letras, 1997.

Mena Fiala, um nome da história da moda. Rio de Janeiro, 1996. Catálogo da exposição homônima realizada no Museu Histórico Nacional (MHN), de 16 de outubro a 24 de novembro de 1996.

MENDES, Diego Marcondes et alii. A era dos cassinos em Poços de Caldas. S. J. da Boa Vista: Unifae, 2007.

MENDONÇA, Ana Rita. Carmen Miranda foi a Washington. Rio de Janeiro: Record, 1999.

MESQUITA, Cristiane; PEDROSA, Malu (dirs.). Mas isto é moda? São Paulo: Paleo TV, 1998. (Documentário)

MORAES, Ana Carolina; BORBA, Breno; CALDEIRA, Juliana; BASTOS, Ludmila; PAIVA, Maria Gabriela T. M. Paiva. A história do soutien. Cidade.

MORAES, Fernando. Chatô, O Rei do Brasil. São Paulo: Companhia das Letras, 1994.

MORAES, Vinicius de. Novos poemas II. Rio de Janeiro: São José, 1959.

MOTTA, Eduardo. O calçado e a moda no Brasil: um olhar histórico. Novo Hamburgo: Assintecal, 2005.

MOUTINHO, Maria Rita; VALENÇA, Máslova Teixeira. A moda no século XX. Rio de Janeiro: Senac, 2005.

MUSSOLINI, Gioconda; SHADEN, Egon. Povos e trajes da América Latina. São Paulo: ECA-USP, 1972.

NABUCO, Carolina. Oito décadas. Rio de Janeiro: Nova Fronteira, 2000.

NACIF, Maria Cristina Volpi. Obra consumada: uma abordagem estética da moda feminina no Rio de Janeiro entre 1932 e 1947. Rio de Janeiro, UFRJ, 1993. Dissertação de mestrado.

NAHES, Semiramis. Revista Fon-Fon: a imagem da mulher no Estado Novo (1937-1945). São Paulo: Arte&Ciência, 2007.

NAZZARÍ, Muriel. "Mudanças nos sobrenomes de mulheres casadas e de filhos – São Paulo, 1640-1870". In: HOLANDA. Heloísa Buarque de; CÂPELATO, Maria Helena Rolim (orgs.). Relações de gênero e diversidade nas Américas. Rio de Janeiro: Expressão e Cultura/São Paulo: Edusp, 1999.

_____. O desaparecimento do dote: mulheres, famílias e mudança social em São Paulo, Brasil, 1600-1900. São Paulo: Companhia das Letras, 2001.

NOVAIS, Fernando A. (coord. geral da coleção). Nosso Século. 5 vols. São Paulo: Abril Cultural, 1980.

NOVO CORREIO DE MODAS: novellas, poesias, viagens, recordações históricas, anedoctas e charadas. Vol.1, nº 1. Rio de Janeiro: editora não identificada, 1852.

OCTÁVIO, Laura Oliveira Rodrigo. Elos de uma corrente. São Paulo: Civilização Brasileira, 1994.

OLIVEIRA, Maria Inês Cortes de. Quem eram os 'negros da guiné'?: A origem dos africanos na Bahia. Afro-Ásia, 19/20 (1997): 37-73. Cidade: Editora.

ORTIZ, Renato. A moderna tradição brasileira. São Paulo: Brasiliense, 1999.

OSÓRIO, Flávio. Shopping center: o consumo celebrado. Rio de Janeiro, UFRJ, 1996. Monografia.

PACCE, Lílian. Pelo mundo da moda: criadores, grifes e modelos. São Paulo: Senac, 2007.

PALOMINO, Erika. Babado forte: moda, música e noite na virada do século 21. São Paulo: Mandarim, 1999.

PECORA, Andréa Maria Carneiro Braga. Normatização da vestimenta: leis suntuárias e seus desdobramentos no Brasil. São Paulo: Senac SP, 2006. Monografia.

PEREIRA, J. C. da Costa. Artesanato e arte popular. Salvador: Livraria Progresso, 1957.

PESSÔA, Maria Helena Estellita Cavalcanti (coord). Santista Têxtil: uma história de inovações – 75 anos. São Paulo: Clã-Comunicações, 2004.

PETRY, Sueli Maria Vanzuita. A fibra que tece a história: a contribuição da indústria têxtil nos 150 de Blumenau. Blumenau: Sintex, 2000.

Phytoervas Fashion: 5ª edição, outono-inverno 96. São Paulo: Astra Editora, fevereiro de 1996. (Catálogo institucional)

Phytoervas Fashion: 6ª edição. São Paulo: Phytoervas, julho de 1996. (Catálogo institucional)

Phytoervas Fashion: 7ª edição. São Paulo: Phytoervas 1997. (Catálogo institucional)

PIEROTTI, Antônio Paulo. Shopping centers: o investimento que deu certo. São Paulo: Monitor, 1990.

PIRES, Dorotéia Baduy. A história dos cursos de design de moda no Brasil. In: Revista Nexus: estudos em comunicação e educação. Especial Moda/Universidade Anhembi Morumbi, Ano VI, nº 9 (2002). São Paulo: Editora Anhembi Morumbi, 2002.

PRIORI, Mary Del. Corpo a corpo com a mulher: pequena história das transformações do corpo feminino no Brasil. São Paulo: Senac, 2000.
_____. História do amor no Brasil. São Paulo: Contexto, 2005.

Programa Mundo S/A, Globo News. Rio de Janeiro: Rede Globo, 20 de setembro de 2010.

QUEIROZ, Fernanda. Os Estilistas. Coleção Mundo da Moda, vol 8. São Paulo: SENAI Cetvest, 1998.

RAINHO, Maria do Carmo Teixeira. A cidade e a moda: novas pretensões, novas distinções – Rio de Janeiro, século XIX. Brasília: Editora UnB, 2002.

RANSCHBURG, André. Quem não faz poeira, come poeira. São Paulo: Nova Cultural, 1991.

REIS, Cláudia Barbosa. Indumentária: estudo do acervo do Museu casa de Rui Barbosa. Rio de Janeiro, Casa de Rui Barbosa, 1999.

REMAURY, Bruno (org.). Dictionnaire International De La Mode. Paris: Régard, 2005.

RIBAS, Sérgio. Gabriella Pascolato, Santa Constância e outras histórias. São Paulo: Jaboticaba, 2007.

RIBEIRO, C. F. et alii. Perspectivas da indústria petroquímica no Brasil. Brasília: Ipea, 1974.

RIBEIRO, Darcy. O povo brasileiro. São Paulo: Companhia das Letras, 1995.

RODRIGUES, Iesa; ACIOLI Paula. 30 Estilistas: à moda do Rio. Rio de Janeiro: Senac, 2001.
_____. O Rio que virou moda. Rio de Janeiro: Memória Brasil, 1994.

ROSA, Mercedes. A ourivesaria do museu Carlos Costa Pinto. São Paulo, 2006. Texto do catálogo da exposição "O que é que a Bahia tem" realizada na Pinacoteca do Estado.

SABINO, Marco. Dicionário da moda. Rio de Janeiro: Elsevier, 2007.

SAINT-HILAIRE, Auguste. Viagem à Província de São Paulo. São Paulo: Martins/Edusp, 1972.

SANT ANNA, Patricia. Moda e arte no Masp: um breve estudo sobre o tema e formação do acervo de vestuário no Museu de Arte de São Paulo 'Assis Chateaubriand' (1947-1972). São Paulo, Museu de Arqueologia e Etnologia da USP (MAE-USP), 2002. Monografia.

SANT'ANNA, Affonso Romano de. Barroco: do quadrado à elipse. Rio de Janeiro: Rocco, 2000.

SANTANA, Hilda Teixeira Souto. Arte têxtil brasileira: bidimensional tridimensional. São Paulo, Unesp, Instituto de Artes, 2004. Dissertação de Mestrado.

SCALZO, Marília (textos); HARA, Helio (cronologia). Trinta anos de moda no Brasil: uma breve história. São Paulo: Livre, 2009.

SCHOUCHANA, Daniela. Uma análise do empreendimento shopping center: surgimento, desenvolvimento e tendências para o futuro. Rio de Janeiro, Faculdade de Ciências Econômicas do Rio de Janeiro, 1995. Monografia.

SCHWARCZ, Lilia Moritz. As Barbas do Imperador: D. Pedro II, um monarca nos trópicos. São Paulo: Companhia das Letras, 2002.

SCLIAR, Moacyr. Oswaldo Cruz: entre micróbios e barricadas. Rio de Janeiro: Relume Dumara/Rioarte, 1996.

SEIXAS, Cristina. A Questão da cópia e da interpretação no contexto da produção de moda da Casa Canadá. Rio de Janeiro, PUC-Rio, Depto. de Arte e Design, 2002. Dissertação de mestrado.

SENNA, Ernesto. O velho comércio do Rio de Janeiro. Rio de Janeiro: G. Ermakoff Casa Editorial, 2006.

SETUBAL, Maria Alice; CARVALHO, Maria do Carmo Brant (coord. geral). Modos de vida dos paulistas: identidades, famílias e espaços domésticos. São Paulo: Cenpec/Imesp, 2004. (Terra Paulista: histórias, arte, costumes. Vol. 2).

SEVCENKO, Nicolau (org.). História da Vida Privada no Brasil. Vol 3. São Paulo: Companhia das Letras, 1998.

SILVA, Erotilde Honório; FURTADO, Tânia Cristina Tavares de Andrade. A mulher na mira do discurso disciplinador do jornal 'O Nordeste' (1920 a 1940). Fortaleza, Universidade de Fortaleza, s.d.

SILVA, Gracilda Alves de Azevedo. Bangu, 100 anos; a fábrica e o bairro. Rio de Janeiro: Sabiá, 1989.

SILVA, Maria Beatriz Nizza da. O Império Luso-Brasileiro (1750-1822). São Paulo: Editorial Estampa, 1986.

SILVA, Priscila Andrade. A moda de Zuzu Angel e o campo do design. Rio de Janeiro, PUC-Rio, 2007. Dissertação de mestrado.

SOARES, Mariza de Carvalho. Mina, Angola e Guinés: nomes d'África no Rio de Janeiro setecentista. Tempo, 6 (1998): 73-93/Rio de Janeiro, 1750-1808. Rio de Janeiro: Paz e Terra, 1988, 389 p.

SOBRAL, Julieta. O desenhista invisível. Rio de Janeiro: Folha Seca, 2007.

SOUZA, José Bernardino. O pau-brasil na história nacional. São Paulo: Companhia Editora Nacional, 1939.

SOUZA, Márcio de. Breve história da Amazônia. São Paulo: Marco Zero, 1994.

SPLENDORE, Maria Stella. Sri Splendore: uma história de vida. Aparecida: Editora Santuário, 2008.

SPOHR, Rui; VIEGAS-FARIA, Beatriz. Memórias alinhavadas. Porto Alegre: Artes e ofícios, 1997.

STEIN, Stanley J. Origens e evolução da indústria têxtil no Brasil, 1850-1950. Rio de Janeiro: Campus, 1979.

STRAUSS, Claude-Lévi. Tristes tropiques. Paris: Plon, 1955.

STROEVE, Tina. De braziliaanse tekeningen van Carlos Julião. Heiloo, 1986.

TEIXEIRA, Francisco. A história da indústria têxtil paulista. São Paulo: Sinditêxtil, 2007.

TEIXEIRA, Heloísa Jochim. Indústria têxtil no RS: 1910-1930. Porto Alegre: Mercado Aberto, 1980.

Estilistas brasileiros: uma história de moda. São Paulo: Senac, 2004. Texto de painel para a exposição homônima realizada de 8 a 18 de dezembro de 2004. Texto histórico elaborado pela Câmara dos Dirigentes Lojistas de Petrópolis (CDL) e Prefeitura Municipal de Petrópolis, enviado ao projeto HMB em julho de 2009.

THAMER, Deise Sabbag. A moda dos anos 80. São Paulo: Datiloplate Artes Gráficas, 1987.

TRINDADE, Simone. Penca de balangandans. São Paulo, 2006. Texto do catálogo da exposição "O que é que a Bahia tem" realizada na Pinacoteca do Estado.

VÁRIOS AUTORES. 80 Anos de Nossa História. São Paulo: São Paulo Alpargatas/Mauro Ivan Marketing Editorial, 1987.

VÁRIOS AUTORES. Brasil Têxtil – Relatório Setorial da Indústria Têxtil Brasileira 2010, elaborado pelo Instituto de Estudos e Marketing Industrial. São Paulo: Iemi, 2010.

VÁRIOS AUTORES. Coleção Moda Brasileira. 10 vols. São Paulo: Cosac Naify, 2008.

VASCONCELOS, Fernando Barros de. Estudo comparativo das características ambientais das principais fibras têxteis; São Bernardo: Rhodia Têxtil, 2008.

VELHO, B. A. A moda brasileira e a telenovela: um estudo exploratório. Rio de Janeiro, UFRJ, 2000. Dissertação de mestrado.

VIDAL, Lux. Grafismo Indígena. São Paulo: Edusp, 1992.

VILLAÇA, Nízia; CASTILHO, Katia. Plugados na moda. São Paulo, Anhembi Morumbi, 2006.

Visão da moda brasileira. Rio de Janeiro: E! Entertainment Television, 2003. (Série de programas)

WAGNER, Renato. Jóia contemporânea brasileira. São Paulo: R. Wagner, 1980.

WERNECK, Humberto (ed. de textos). A revista no Brasil. São Paulo: Abril, 2000.

ZATTERA, Véra Stédile. Gaúcho: vestuário tradicional e costumes. Porto Alegre: Pallotti, 1995.

## PERIÓDICOS CONSULTADOS

A Cigarra Magazine. São Paulo: Diários Associados, edições de 1968.

Aconteceu. Rio de Janeiro: Rio Gráfica Editora, edição de 1954.

Cadernos Pagu. Campinas: IFCH/Unicamp, edição de 2004.

Caras. São Paulo: Editora Caras, edição de 2007.

Claudia. São Paulo: Editora Abril, edições de 1968, 1973, 1977 e 1978.

Claudia Moda. São Paulo: Editora Abril, edições de 1985, 1986, 1988 e 1989.

Correio da Manhã. Rio de Janeiro: Correio da Manhã, edições de 1970.

Desfile. Rio de Janeiro: Bloch Editores, edição de 1977.

Diário do Comércio. São Paulo: DCI, edição de 2010.

Estado de Minas. Belo Horizonte: Diários Associados, edição de 2010.

Eu Sei Tudo, almanaque anual. Rio de Janeiro: Editora Americana, edição de 1917.

Fatos e Fotos. Rio de Janeiro: Bloch Editores, edições de 1962, 1968 e 1969.

Folha de S.Paulo. São Paulo: Empresas Folha da Manhã S/A, edições 1991, 1994, 1995, 1996, 1997, 1999, 2000, 2001, 2002, 2003, 2004, 2006, 2007, 2008, 2009 e 2010.

Folha de S.Paulo Moda. São Paulo, Empresas Folha da Manhã S/A, edições de 2005 e 2008.

Fon-Fon. Rio de Janeiro: Empresa Fon-Fon e Selecta S/A, edições de 1923, 1929, 1930, 1937, 1938, 1939 e 1952.

Frou-Frou. Cidade: Santos & Comp., edições de 1925 e 1926.

Guia Oficial da Moda Brasileira. São Paulo, Centro Brasileiro de Moda/Usefashion, edições de 1977, 1982, 1985 e 1986.

Guia Oficial da Moda Profissional. São Paulo: Centro Brasileiro de Moda, edições de 1981, 1985, 1986, 1987 e 1990.

Habitat. São Paulo: Museu de Arte de São Paulo (Masp), edição de 1952.

Interview. São Paulo: Editora Azul, edições de 1996.

IstoÉ Dinheiro. São Paulo: Editora Três, edições de 2001 e 2006.

IstoÉ Gente. São Paulo: Editora Três, edições de 2003, 2005, 2008 e 2010.

Jóia. Rio de Janeiro: Bloch Editores, edições de 1957, 1959, 1965 e 1967.

Jornal das Damas. Recife: Editora, edição de 1862.

Jornal das Moças. Rio de Janeiro: Editora Jornal das Moças Ltda., edição de 1956.

Jornal das Senhoras. Rio de Janeiro: Editora Jornal das Senhoras, edições de 1905.

Jornal Última Hora. Rio de Janeiro: Editora Última Hora, edição de 1962.

Kósmos. Rio de Janeiro: Editor Mário Behring, edição de 1907.

Manchete. Rio de Janeiro: Bloch Editores, edição de 1952, 1953, 1954, 1955, 1956, 1958, 1960, 1967 e 1971.

Manequim. São Paulo: Editora Abril, edição de 1965.

Mirante das Artes. São Paulo: Museu de Arte de São Paulo (Masp), edição de 1968.

Moda Brasil. Rio de Janeiro: Editora Globo, edição de 1988.

Moda&Serviço. São Paulo: Analise Editora Ltda., edições de 1984 e 1986.

MTV Na Rua. São Paulo: Editora Abril, edição de 2010.

New York Journal. New York: William Randolph Hearst, edição de 1963.

O Cruzeiro. Rio de Janeiro: Diários Associados, edições de 1955, 1956, 1958, 1959, 1960, 1961, 1962 e 1963.

O Estado de S. Paulo. São Paulo: Grupo Estado, edições de 1970, 1991 e 2010.

O Globo. Rio de Janeiro: Editora Globo, edições de 1970, 2005 e 2007.

Paratodos... Rio de Janeiro: Paratodos Magazine, edições de 1926, 1927 e 1930.

Querida. Rio de Janeiro: Rio Gráfica Editores, edições de 1957 e 1967.

Realidade. São Paulo: Editora Abril, edições de 1967 e 1970.

Revista Abravest. São Paulo: Abravest, edição de 1997.

Revista de Domingo (Jornal do Brasil). Rio de Janeiro: Editora Jornal do Brasil, edição de 1972 e 1983.

Revista Época. Rio de Janeiro: Editora Globo, edição de 2002.

Revista Etiqueta. São Paulo: Direkta Editora, edição de 1987.

Revista Exame. São Paulo: Editora Abril, edição de 2003.

Revista Feminina. São Paulo: editora não identificada, edição de 1918.

Revista Fios e Tecidos. São Paulo: Editora Fios e Tecidos, edição de 1971.

Revista Mosaico. Salvador: Revista Mosáico Beleza, Estética e Saúde Ltda, edição de 2009.

Revista Nexos: estudos em Comunicação e Educação (Especial Moda/Universidade). São Paulo: Editora Anhembi Morumbi, edição de 2002.

Revista O Globo. Rio de Janeiro: Editora O Globo, edição de 2007.

Revista Serafina. São Paulo: Empresas Folha da Manhã SA, edição de 2010.

Revista Textília. São Paulo: MJC Técnica de Comunicação Ltda., edição de 2006.

Senhor. São Paulo: Inter Editores, edição de 1971.

Shopping News. São Paulo: DCI, edições de 1981 e 1983.

The New York Times. New York: The New York Times Company, edição de 1968.

Última Hora. São Paulo: Última Hora, edição de 1976.

Use Fashion. São Paulo: Use Fashion, edição de 2005.

Valor Econômico. São Paulo: Valor Econômico S.A., edição de 2006.

Veja. São Paulo: Editora Abril, edições de 1989, 1998, 1999 e 2007.

Veja Rio. Rio de Janeiro: Editora Abril, edições de 2003 e 2006.

Veja São Paulo. São Paulo: Editora Abril, edições de 1989 e 2007.

Vida Doméstica. Rio de Janeiro: Sociedade Gráfica Vida Doméstica Ltda., edição de 1953.

Visão Agrícola. Piracicaba: Escola Agrícola Luiz de Queiroz (Esalq), edição de 2006.

VIT – Vestuário, Indústria e Tecnologia. São Paulo: Espaço de Moda Editorial, edição de 1985.

Vogue Brasil. São Paulo: Carta Editorial, edições de 1979 e 1983.

World Fashion. São Paulo: Link Editora: edição de 2010.

Zero Hora. Porto Alegre: Editora Zero Hora, edições de 1970.

## SITES CONSULTADOS

ABEST. Disponível em: <www.abest.com.br>. Acesso em: jul. 2010.

ABIT. Disponível em: <http://www.abit.org.br>. Acesso em: jun. 2010.

AGÊNCIA ESTADO. Disponível em: <http://www.estadao.com.br>. Acesso em: ago. 2010.

BLOG ABRIL. Disponível em: <www.abril.com.br/blog>. Acesso em: set. 2010.

BLOG CLAUDIA. Disponível em: <claudia.abril.com.br/blog>. Acesso em: jul. 2010.

BLOG DE MARCO SABINO. Disponível em: <http://www.marcosabino.com/blog>. Acesso em: out. 2010.

BLOG FASHION BUBBLES. Disponível em: <http://www.fashionbubbles.com>. Acesso em: ago. 2010.

BOEMIA-NOSTALGIA. Disponível em: <http://boemiaenostalgia.blogspot.com>. Acesso em: mar. 2010.

CÂMARA DOS DIRIGENTES LOJISTAS DE PETRÓPOLIS/PREFEITURA MUNICIPAL DE PETRÓPOLIS. Disponível em: <http://www.cdlpetropolis.com.br>. Acesso em: dez. 2009.

CASA DE CRIADORES. Disponível em: <http://casadecriadores.com.br>. Acesso em: out. 2010.

CENTRO CULTURAL DA REGIÃO DE BANGU. Disponível em: <http://www.bangu.org.br>. Acesso em: abr. 2010.

CENTRO DE ESTUDOS DA EDUCAÇÃO DA UFSC. Disponível em: <http://www.ced.ufsc.br>. Acesso em: fev. 2010.

CENTRO DE PESQUISA E DOCUMEN-
TAÇÃO DO JORNAL DO BRASIL.
Disponível em: <http://cpdocjb.
webnode.com>. Acesso em:
ago. 2009.

CHARME E FUNK. Disponível em:
<http://charmeefunk.com>.
Acesso em: out. 2010.

CIA. MARÍTIMA. Disponível em:
<www.ciamaritima.com.br>.
Acesso em: set. 2010.

COOPA-ROCA. Disponível em:
<http://www.coopa-roca.org.br>.
Acesso em: ago. 2010.

CRIAR E PLANTAR. Disponível em:
<www.criareplantar.com.br>.
Acesso em: jun. 2010.

CRONOLOGIA HISTÓRICA DA MODA
BRASILEIRA. Disponível em:
<http://www.cosacnaify.com.br/
noticias/extra/modabrasileira/
cronologia_modabr.pdf>.
Acesso em: ago. 2010.

ERIKA PALMONINO. Disponível em:
<http://www.erikapalomino.com.
br>. Acesso em: out. 2010.

ESMOD INTERNATIONAL FASHION
UNIVERSITY GROUP. Disponível
em: <http://www.esmod.com/fr/
index.html>. Acesso em: ago. 2010.

FÉDÉRATION FRANÇAISE DE LA
COUTURE, DU PRÊT-À-PORTER
DES COUTURIERS ET DES CRÉA-
TEURS DE MODE. Disponível em:
<http://www.modeaparis.com>.
Acesso em: jun. 2010.

FOLHA ONLINE. Disponível em:
<http://www1.folha.uol.com.br>.
Acesso em: out. 2010.

FORA DE MODA. Disponível em:
<http://www.forademoda.net>.
Acesso em: out. 2010.

GARBO MODA MASCULINA. Disponível em: <http://www.garbo.
com.br>. Acesso em: mar. 2010.

GLAMOUR. Disponível em: <http://
www.glamour.com.br>. Acesso
em: ago. 2010.

GOOGLE BOOKS. Disponível em:
<www.books.google.com.br>.
Acesso em: jan. 2010.

IGUATEMI SÃO PAULO. Disponível
em: <www.iguatemisp.com.br>.
Acesso em: maio 2010.

LIFE IN ITALY. Disponível em:
<www.lifeinitaly.com>.
Acesso em: abr. 2010.

LORENZO MERLINO. Disponível em:
<http://www.lorenzomerlino.
com>. Acesso em: out. 2010.

MEMÓRIA GLOBO. Disponível em:
<http://memoriaglobo.globo.
com>. Acesso em: ago. 2010.

MEMORIAL DA FAMA. Disponível
em: <http://www.memorialdafa-
ma.com>. Acesso em: ago. 2010.

MODA ALMANAQUE. Disponível em:
<http://almanaque.folha.uol.com.
br>. Acesso em: mar. 2010.

MODA BRASIL. Disponível em:
<http://www.blogmodabrasil.
com.br>. Acesso em: ago. 2010.

MODASPOT. Disponível em: <http://
modaspot.abril.com.br>. Acesso
em: ago. 2010.

OCIMAR VERSOLATO. Disponível em:
<www.ocimarversolato.com.br>.
Acesso em: set. 2010.

PONTO PARAGRAPHO. Disponível
em: <www.pontoparagrapho.
com.br>. Acesso em: jul. 2010.

PORTAL R7. Disponível em: <http://
entretenimento.r7.com>. Acesso
em: jun. 2010.

PORTAL UOL. Disponível em: <http://
estilo.uol.com.br>. Acesso em:
out. 2010.

PROJETO BR. Disponível em: <http://
www.projetobr.com.br>. Acesso
em: mar. 2010.

QUEM ACONTECE. Disponível em:
<http://revistaquem.globo.com>.
Acesso em: ago. 2010.

REVISTA ELLE. Disponível em:
<http://elle.abril.com.br>. Acesso
em: out. 2010.

REVISTA ÉPOCA. Disponível em:
<http://revistaepoca.globo.com>.
Acesso em: ago. 2010.

RHODIA. Disponível em: <www.
rhodia90anos.com.br>. Acesso
em: jan. 2010.

RICHARDS. Disponível em: <http://
www.richards.com.br>. Acesso
em: mar. 2010.

SÃO PAULO MINHA CIDADE. Disponível em: <http://www.saopaulo-
minhacidade.com.br>. Acesso em:
mar. 2010.

SCIENTIFIC AMERICAN BRASIL.
Disponível em: <www.sciam.com.
br>. Acesso em: jul. 2010.

SHOPPING IGUATEMI SALVADOR.
Disponível em: <www.iguatemi-

salvador.com.br>.
Acesso em: maio 2010.

STAROUP. Disponível em: <www.sta-
roup.com.br>. Acesso em: jul. 2010.

TEXTILIA. Disponível em: <http://
www.textilia.net/materias/
ler/moda/moda-hit-da-esta-
cao/26102006__amni_hot_spot_
comeca_amanha_e_anuncia_pre-
mio_de_r_300_mil>. Acesso em:
set. 2010.

THE ENCYCLOPEDIA OF CLEVELAND
HISTORY. Disponível em: <http://
ech.cwru.edu/ech-cgi/article.
pl?id=BBI1>. Acesso em: novembro de 2009.

TUDO CULTURAL. Disponível em:
<http://tudocultural.blogspot.
com/2008/08/memria-entre-15-
-e-30-linhas-ducal.html>. Acesso
em: mar. 2010.

UOL ESTILO-MODA. Disponível em:
<http://estilo.uol.com.br/moda/
estilistas/permanente.jhtm>.
Acesso em: setembro 2010.

VICUNHA. Disponível em: <http://
linhadotempo.vicunha.com.br>.
Acesso em: mar. 2010.

# CRÉDITOS DAS IMAGENS

Nossos agradecimentos especiais à fotógrafa Silvia Boriello, cujas imagens ilustram grande parte do capítulo final, assim como aos fotógrafos Luiz Crispino, Ricardo Bennichio, Thomas Susemihl, Tutu Cardoso de Almeida e Valnei Nunes, que igualmente nos cederam imagens. Contamos também com materiais fotográficos e ilustrativos dos acervos do Dedoc/Editora Abril (nossa apoiadora institucional), do Grupo Rhodia e dos Diários Associados S.A./Jornal Estado de Minas. Agradecemos, ainda, aos entrevistados que gentilmente cederam imagens de seus acervos pessoais.

## Apresentação | Introdução

Acervo João Braga p. 5, 7, 18, 19, 20, 21
Foto de Fernando Silveira/Acervo João Braga p. 23, 24
Foto de Valnei Nunes/Acervo do fotógrafo p. 14
Rhodia Brasil/Centro de Documentação (Cedoc) p. 15
Foto de Ricardo Benichio/Acervo Editora Abril S.A. p. 16, 17

## Capítulo 1 | Belle Époque

Acervo Família Camarano Prado p. 31
Acervo Família Castejon p. 67
Acervo Família Chohfi p. 56
Acervo Família Marcondes M. Mota p. 58
Acervo Família Tomé p. 81
Acervo Haroldo Beleixe p. 57
Acervo João Braga p. 29, 32, 33, 34/35, 37, 38, 42, 44, 45, 46, 47, 48, 49, 73, 86, 87
Acervo Mappin/Museu Paulista/Universidade de São Paulo (USP) p. 60, 61
Acervo Pyxis p. 26, 37, 44, 50, 51, 65, 70, 72, 74, 76, 85, 90, 92, 93
Catálogo de Clichês/D. Sales Monteiro/Ateliê Editorial p. 41
Escola Superior de Agricultura "Luiz de Queiroz" (Esalq)/Universidade de São Paulo (USP) p. 40
Fundação Biblioteca Nacional, RJ/Ministério da Cultura (MinC) p. 83
Fundação Casa de Cabangu, Santos Dumont, MG p. 69
Fundação Heydenreich p. 52
Memorial Pernambucanas p. 54
Museu Henriqueta Catharino/Fundação Instituto Feminino da Bahia, Salvador, BA p. 63, 64

## Capítulo 2 | Anos Loucos

Acervo Família Braga p. 113
Acervo Alfonso Carvalho p. 106

Acervo Família Camarano Prado p. 96, 101
Acervo Família Sabbagh p. 122
Acervo João Braga p. 109, 116, 118, 124, 125, 126, 127, 130
Acervo Mappin/Museu Paulista/Universidade de São Paulo (USP) p. 129
Acervo Pyxis p. 100, 102, 103, 105, 108, 110, 111, 112, 114, 115, 120
Biblioteca Família Real da Bélgica p. 99
Fundação Heydenreich p. 121
Memória Gráfica Brasileira [http://www.memoriagraficabrasileira.org] p. 128

## Capítulo 3 | Era do Rádio

Acervo Família Braga p. 136
Acervo Família Castejón p. 151
Acervo Família Hermann p. 142
Acervo Família Libman p. 134, 135, 149, 159, 162, 163
Acervo Família Maffei p. 139
Acervo Família Portella p. 147, 160
Acervo Família Camarano Prado p. 161
Acervo Família Penna p. 177, 178
Acervo Gonçalo Jr. p. 140, 155
Acervo Pyxis p. 132, 133, 137, 138, 141, 143, 144, 145, 146, 147, 148, 157, 158, 159, 165, 166, 167, 169, 170, 171, 175, 180, 181
Diários Associados p. 156, 172, 173, 174
Fundação Heydenreich p. 179
Museu Carmen Miranda/Fundação Anita Mantuano de Artes do Estado do Rio de Janeiro (Funarj) p. 168

## Capítulo 4 | Anos Dourados

Acervo Adolpho Leirner p. 202
Acervo Cristina A. Seixas p. 226
Acervo Darci F. T. Rodrigues/Eduardo Rodrigues p. 247
Acervo Família Libman p. 186, 207, 225, 227, 248
Acervo Família Pascolato p. 233
Acervo Gilda Prochownik p. 199, 200

Acervo Gonçalo Jr. p. 191, 260
Acervo Ilka Soares p. 184, 263, 264
Acervo José Gayegos p. 243
Acervo Pyxis p. 188, 189, 192, 193, 194, 196, 197, 201, 203, 205, 208, 209, 210, 211, 222, 223, 232, 234, 236, 242, 244, 249, 250, 255, 258/259, 267
Acervo Rui Spohr p. 239, 240, 241
Acervo Sergio Blain/fotógrafo não identificado p. 235
Acervo Suzana Yara Guttmann p. 212, 213, 214, 215
Acervo Teresa Cristina Etz p. 266
Acervo Ugo Castellana p. 247
Diários Associados p. 195, 198, 224, 229, 230, 231, 251, 253, 254
Museu de Arte de São Paulo (Masp) Assis Chateaubriand p. 216, 217, 219

## Capítulo 5 | Tropicália & Glamour

Acervo Adolpho Leirner p. 370, 371
Acervo Clodovil Hernandes p. 312, 292
Acervo Cyro Del Nero p. 318, 343, 348
Acervo Gledson p. 393, 394
Acervo João Braga p. 276, 299
Acervo José Augusto Bicalho p. 366
Acervo José Gayegos p. 290, 291, 297, 300, 304, 305
Acervo Matteo Amalfi p. 286. 288, 289
Acervo Pyxis p. 277, 278, 279, 281, 282, 306, 307, 308, 310, 322, 324, 328, 344, 345, 351, 353, 355, 365, 368, 369, 372, 373, 376, 377, 378, 379, 380, 381, 382, 383, 384, 389
Acervo Roberto Marques p. 283
Acervo Ronaldo Esper p. 303
Acervo Sérgio Blain p. 280, 323, 327, 374, 375
Acervo Sônia Coutinho p. 367
Acervo Ugo Castallana p. 314, 315, 316, 319, 320
Acervo Vivi Haydu p. 309
Diários Associados p. 293, 331, 332, 335
Editora Abril S.A. p. 276, 306, 328, 354, 365, 385

Ellus Propag Ltda. p. 395
Fotos de Otto Stupakoff/Acervo Instituto Moreira Salles (IMS) p. 270, 273, 274, 284, 287, 294, 338, 339, 340
Instituto Zuzu Angel de Moda (IZA) da Cidade do Rio de Janeiro, RJ p. 357, 358, 359, 360, 361, 362, 363
Jac Ben Ron/Velho Mandaleiro p. 341, 386, 387
Rhodia Brasil/Centro de Documentação (Cedoc) p. 336, 343, 347, 349, 351, 352, 368

## Capítulo 6 | Anos Azuis

Acervo Carlos Mauro Fonseca Rosas p. 494, 496
Acervo Clodovil Hernandes p. 423, 424, 480
Acervo Fátima Toledo p. 509, 510
Acervo Graça Ottoni p. 501, 503
Acervo José Augusto Bicalho p. 430, 431, 433, 440
Acervo José Gayegos p. 470, 479
Acervo Laís Pearson p. 462, 463
Acervo Marita de Dirceu p. 415, 416, 417
Acervo Pyxis p. 418, 426, 436, 441, 442, 443, 445, 447, 448, 451, 457, 459, 461, 465, 466, 468, 472, 474, 475, 476, 481, 482, 483, 485, 486, 487, 502, 512
Acervo Renato Loureiro p. 499
Acervo Rita Segreto p. 517, 518, 519, 520
Acervo Roberto Issa p. 420, 421, 422
Acervo Sônia Coutinho p. 456
Acervo Sônia Mureb p. 429, 434, 435, 438
Acervo Tereza Santos p. 498
Acervo Ugo Castellana p. 411
Biblioteca Senac Lapa Faustulo p. 526
Editora Abril S.A. p. 405, 446, 458, 464, 469, 506, 507
Ellus Propag Ltda. p. 407, 408
Faculdade Santa Marcelina (Fasm) p. 524, 525
Foto de Luís L. Crispino/Editora Abril S.A. p. 455, 477, 489, 490

## SOBRE OS COORDENADORES DO PROJETO

Foto de Tutu Cardoso de Almeida/
Acervo da fotógrafa p. 453
Rhodia Brasil/Centro de Documentação (Cedoc) p. 491, 494, 496

**Capítulo 7 |
Supermercado de Estilos**
Acervo Caio da Rocha p. 556, 557, 558
Acervo Carlos Tufvesson p. 544, 545
Acervo Casa dos Criadores p. 559, 560, 561, 564, 594
Acervo Cavalera p. 583
Acervo Cristiana Arcangeli p. 547, 548, 549, 553, 555
Acervo Gustavo Lins p. 617
Acervo Iódice p. 574
Acervo Isabela Capeto p. 539, 567
Acervo João Pimenta p. 602
Acervo Jum Nakao p. 546, 570, 571
Acervo Lino Villaventura p. 536
Acervo Lorenzo Merlino p. 595
Acervo Ricardo Almeida p. 598, 599
Acervo Ronaldo Fraga p. 591
Associação Brasileira de Estilistas (Abest) p. 568, 569, 609
Calvin Klein, Inc. New York, NY p. 616
Dupla Assessoria e Comunicação p. 541, 542, 543, 566, 604, 605
Faculdade Armando Alvares Penteado (Faap) p. 577
Foto de Cris Bierrenbach/Acervo Gisele Minasse p. 596
Fotos de Isaumir Nascimento/Acervo Pyxis p. 545, 611
Fotos de Jackson Araújo/João Braga p. 540
Foto de Luís André do Prado/Acervo Pyxis p. 580
Fotos de Patrícia Araújo/Acervo Ethos Arte p. 620, 621
Fotos de Sílvia Boriello/Acervo da fotógrafa p. 538, 550, 551, 554, 555, 565, 572, 573, 575, 576, 578, 579, 581, 584, 585, 586, 587, 588, 589, 590, 592, 593, 600, 601, 603, 606, 607, 612, 613, 618, 619

Luís André do Prado (1955- ) é jornalista, pesquisador e escritor. Nascido em Paraguaçu (MG), atuou nos veículos Estado de Minas, Folha de S.Paulo, IstoÉ e O Estado de S.Paulo. Criou, em 2002, a Pyxis Editorial e Comunicação, proponente do projeto HMB, empresa voltada à pesquisa e produção de conteúdos sobre moda e cultura em geral. É autor da biografia Cacilda Becker, Fúria Santa (Geração Editorial, 2002).

João Braga (1961- ) é professor, pesquisador e escritor. Nascido em Paraíba do Sul (RJ), integra o corpo docente das unidades de moda da Faculdade Santa Marcelina (Fasm), Fundação Armando Alvaro Penteado (Faap) e da Casa do Saber; é autor de História da Moda: Uma Narrativa e da coleção Reflexões Sobre Moda, volumes I, II, III e IV (Todos pela ed. Anhembi Morumbi).

© DISAL EDITORA / PYXIS EDITORIAL, 2011
© LUÍS ANDRÉ DO PRADO E JOÃO BRAGA, 2011

DADOS INTERNACIONAIS DE CATALOGAÇÃO NA PUBLICAÇÃO (CIP)
(CÂMARA BRASILEIRA DO LIVRO, SP, BRASIL)

PRADO, LUÍS ANDRÉ DO
HISTÓRIA DA MODA NO BRASIL: DAS INFLUÊNCIAS ÀS AUTORREFERÊNCIAS /
LUÍS ANDRÉ DO PRADO E JOÃO BRAGA. -- 2. ED. -- BARUERI, SP : DISAL, 2011.
BIBLIOGRAFIA.
ISBN 978-85-7844-094-7

1. MODA - HISTÓRIA I. BRAGA, JOÃO. II. TÍTULO.

11-13277                                    CDD-391.009

ÍNDICES PARA CATÁLOGO SISTEMÁTICO:
1. MODA : HISTÓRIA 391.009

TODOS OS ESFORÇOS FORAM FEITOS
PARA CREDITAR DEVIDAMENTE
AUTORES E PERSONAGENS DAS
IMAGENS CONTIDAS NESTE VOLUME.
EVENTUAIS OMISSÕES NÃO FORAM
INTENCIONAIS E DEVEM LEVAR EM
CONTA A ABRANGÊNCIA HISTÓRICA DA
PESQUISA E NARRATIVA REALIZADAS,
ASSIM COMO AS PRERROGATIVAS LEGAIS
CABÍVEIS A TRABALHOS DESSE PORTE
E CARÁTER, QUE CONTRIBUEM PARA A
VALORIZAÇÃO E O DESENVOLVIMENTO
DA CULTURA NACIONAL. COLOCAMO-
-NOS À DISPOSIÇÃO DE EVENTUAIS
INTERESSADOS EM SANAR OMISSÕES
OU IMPROPRIEDADES PORVENTURA
OCORRIDAS.

ADOTAMOS NA COMPOSIÇÃO
DESTE LIVRO AS SEGUINTES FAMÍLIAS
TIPOGRÁFICAS: THESIS, DE LUCAS DE
GROOT, E EIDETIC, DE RODRIGO XAVIER
CAVAZOS. UTILIZAMOS, NO MIOLO, PAPEL
*COUCHÉ* FOSCO 115 G/M$^2$ E, NA CAPA,
CARTÃO ALTA ALVURA 250 G/M$^2$.
IMPRESSO PELA GRÁFICA NEOBAND,
EM SÃO BERNARDO DO CAMPO, SP,
EM DEZEMBRO DE 2011.